广东统计年鉴

GUANGDONG STATISTICAL YEARBOOK

2022

（总第38期 No.38）

广　东　省　统　计　局
国家统计局广东调查总队　编

Compiled by

Statistics Bureau of Guangdong Province
Survey Office Of National Bureau of Statistics In Guangdong

中国统计出版社
China Statistics Press

图书在版编目（CIP）数据

广东统计年鉴. 2022 = Guangdong Statistical Yearbook 2022 : 汉英对照 / 广东省统计局, 国家统计局广东调查总队编. -- 北京 : 中国统计出版社, 2022.10
ISBN 978-7-5037-9953-2

Ⅰ. ①广… Ⅱ. ①广… ②国… Ⅲ. ①统计资料－广东－2022－年鉴－汉、英 Ⅳ. ①C832.65-54

中国版本图书馆 CIP 数据核字(2022)第 160705 号

广东统计年鉴 2022

作　　者/ 广东省统计局　国家统计局广东调查总队
责任编辑/ 高媛媛
装帧设计/ 广州九禾教育信息咨询有限公司
出版发行/ 中国统计出版社有限公司
地　　址/ 北京市丰台区西三环南路甲 6 号
邮政编码/ 100073
电　　话/ 邮购（010）63376909　书店（010）68783171
网　　址/ http://www.zgtjcbs.com
印　　刷/ 广州星河印刷有限公司
经　　销/ 新华书店
开　　本/ 890mm×1240mm　1/16
字　　数/ 1450 千字
印　　张/ 46.25
版　　别/ 2022 年 10 月第 1 版
版　　次/ 2022 年 10 月第 1 次印刷
定　　价/ 460.00 元　Price：460.00yuan(RMB)

本书附同版本 CD-ROM 一张，光盘内容以书面文字为准。
如有印装差错，由本社发行部调换。

《广东统计年鉴2022》
编委会和编辑出版人员

Guangdong Statistical Yearbook 2022
EDITORIAL BOARD AND STAFF

2022

编者说明

一、《广东统计年鉴2022》系统收录了全省及各市、县（区）2021年经济、社会各方面的统计数据，以及1978年以来各个主要时期全省主要统计数据，是一部全面反映广东国民经济和社会发展情况的资料性年刊。

二、本年鉴正文内容分为23个篇章，即：1.综合；2.国民经济核算；3.人口；4.就业和工资；5.固定资产投资；6.对外经济；7.能源、资源和环境；8.财政、银行和保险；9.价格；10.人民生活；11.农业；12.工业；13.建筑业；14.规模以上服务业；15.运输和邮电；16.批发零售业；17.住宿餐饮业和旅游；18.房地产业；19.教育和科技；20.文化和体育；21.卫生、社会福利、社会保障和其他；22.区域经济主要指标；23.县（市、区）主要经济指标。同时，附录有4个篇章：1.全国31个省（市）主要统计指标；2.中国香港特别行政区和中国澳门特别行政区主要统计资料；3.中国台湾省主要统计指标；4.部分国家和地区主要统计资料。

为方便读者使用，各篇章前设有《简要说明》，对本篇章的主要内容、资料来源、统计范围、统计方法以及历史变动情况予以简要概述，篇末附有《主要统计指标解释》。

三、本年鉴资料主要来自政府各级统计局、国家统计局调查总队的各种统计报表和抽样调查资料；部分资料来自中央部属单位和省直有关部门。附录资料根据国家统计局有关资料整理。

四、本年鉴涉及珠江三角洲、东翼、西翼和山区的具体划分为：

珠江三角洲包括：广州、深圳、珠海、佛山、惠州、东莞、中山、江门和肇庆。

东翼指汕头、汕尾、潮州和揭阳。

西翼指阳江、湛江和茂名。

山区指韶关、河源、梅州、清远和云浮。

五、资料中所使用的度量衡单位，除灌溉、播种面积照顾我国使用习惯继续用“亩”为单位外，其余均采用国际统一标准计量单位。

六、本年鉴中涉及的历史数据，均以最新出版的本年鉴数据为准；年鉴中部分数据合计数或相对数由于单位取舍不同而产生的计算误差，均未做机械调整。

七、本年鉴统计表中的符号使用说明：

“…”表示数据不足本表最小单位数；

“#”表示其中主要项；

“空格”表示该项统计指标数据不详或无该项数据；

“①”表示本表下有注解。

八、与《广东统计年鉴2021》相比较，本年鉴在篇章结构和内容上主要做了如下修订：“综合”部分取消城镇登记失业率；“人口”部分取消广东第七次全国人口普查总户数、总人口和性别比表、每10万人口中拥有的各种受教育程度人数表、主要年龄段人口数表和居住在城乡的人口数表，增加各市按性别、年龄、民族、户口登记状况受教育程度分的人口表以及各市按家庭户规模分的户数表；“就业与工资”部分增加各市就业人员年末人数以及按三次产业分、按城乡分就业人员年末人数表；“对外经济”取消特殊交易品及未分类商品分组指标；“能源、资源和环境”部分取消废气、废水、工业固体废物排放情况指标，增加水环境质量、大气环境质量情况指标；“农业”部分取消桐籽、棕片、松脂、其他作物指标，取消农林牧渔业就业人员指标。

本年鉴在整理编辑过程中，得到省直有关部门和单位的大力支持，在此表示感谢！

EDITOR' S NOTES

Ⅰ. *Gu angdong Statistical Yearbook 2022* is an annual statistical publication, which reflects comprehensively the economic and social development of Guangdong Province. It covers data for 2021 and key statistical data in some historically important years since 1978 at the provincial level and the local levels of city, county and district.

Ⅱ. The yearbook contains twenty-three chapters: 1. General Survey; 2. National Accounts; 3. Population; 4. Employment and Wages; 5. Investment in Fixed Assets; 6. Foreign Trade and Economic Cooperation ; 7. Energy, Resources and Environment ; 8. Government Finance, Banking and Insurance; 9. Prices; 10. People's Living Conditions; 11. Agriculture; 12. Industry; 13. Service Enterprises Above Designated Size; 14.Construction; 15. Transport, Postal and Telecommunication Services; 16. Wholesale , Retail Trades and Tourism; 17. Hotels, Catering Services and Tourism; 18. Real Estate 19. Education, Science and Technology; 20. Culture and Sports. 21.Public Health, Social Welfare, Social Insurance and Others; 22. Main Economic Indicators of Economic Regions; 23. Main Economic Indicators of Counties (County-level Cities) and Districts. Meanwhile, four chapters are listed as appendices: 1. Main Statistical Indicators of 31 Provinces and Municipalities; 2. Main Statistics of Hong Kong and Macao Special Administrative Regions; 3. Main Statistical Indicators of Taiwan Province; 4. Main Statistics of Some Countries and Territories. To facilitate readers, the Brief Introduction at the beginning of each chapter provides a summary of the main contents of the chapter, data sources, statistical scope, statistical methods and historical changes. At the end of each chapter, Explanatory Notes on Main Statistical Indicators are included.

Ⅲ. The data in this yearbook are mainly obtained from regular statistical reports and sample surveys conducted by the Statistical Bureaus at all levels of government and Survey Office of the National Bureau of Statistics. Some data are collected from the departments of the central government and the provincial government. Data in the appendices are compiled from statistical publications published by the National Bureau of Statistics and other sources.

Ⅳ. The pearl river delta, east wing, west wing and mountainous areas in the yearbook are divided as following:

The pearl river delta include Guangzhou, Shenzhen, Zhuhai, Foshan, Jiangmen, Dongguan, Zhongshan, Huizhou and Zhaoqing.

The east wing includes Shantou, Shanwei, Chaozhou and Jieyang.

The west wing includes Zhanjiang, Maoming and Yangjiang.

The mountainous areas include Shaoguan, Heyuan, Meizhou, Qingyuan and Yunfu.

Ⅴ. The units of measurement used in the yearbook are internationally standard measurement units, except that the unit of cultivated land and sown areas uses "mu" with regard to the Chinese tradition.

Ⅵ. Please refer to the newly published version of the yearbook for updated historical data. Statistical discrepancies on totals and relative figures due to rounding are not adjusted in the yearbook.

Ⅶ. Notations used in the yearbook:

" … " indicates that the figure is not large enough to be measured with the smallest unit in the table;

" # " indicates a major breakdown of the total;

" blank space " indicates that the data are unknown or are not available;

" ① " indicates footnotes at the end of the table.

Ⅷ. In comparison with Guangdong Statistical Yearbook 2021, this yearbook has mainly made the following revisions in terms of chapter structure and content: Of the chapter "General Survey", registered urban unemployment rate are deleted; Of the chapter "Population", table of total households、total population and gender ratio、population with various education levels per 100000 people、population of major age groups and population living in urban and rural areas in the Seventh National Census are deleted, table of population by sex, age, nationality, household registration status and education level in each city, and number of households by household size by city are added; Of the chapter "Employment and Wages", number of employed persons at the end of the year in each city and employed persons at the end of the year by three industries and by urban and rural areas are added; Of the chapter "Foreign Economy", grouping index of special trading products and unclassified commodities are deleted; Of the chapter "Energy, Resources and Environment", indicators of waste gas, waste water and industrial solid waste emission are deleted, indicators of water environment quality and atmospheric environment quality are added; Of the chapter "Agriculture", indicators of tung seeds, brown flakes, turpentine and other crop are deleted, indicators of employed persons working in agriculture, forestry, animal husbandry and fishery are deleted.

Acknowledgements: our gratitude goes to relevant departments and units under the provincial government, from which we have received tremendous support when compiling the yearbook.

目　录
CONTENTS

一、综合
General Survey

二、国民经济核算

National Economic Accounts

五、固定资产投资
Investment in Fixed Assets

六、对外经济
Foreign Economy

八、财政、银行和保险

Government Finance，Banking and Insurance

九、价格

Price

十、人民生活

People's Living Conditions

十一、农业

Agriculture

十三、建筑业
Construction

十四、规模以上服务业
Service Enterprises Above Designated Size

十六、批发零售业

Wholesale and Retail Trades

十八、房地产业
Real Estate

二十、文化与体育
Culture and Sports

二十一、卫生、社会福利、社会保障和其他
Public Health, Social Welfare, Social Insurance and Others

二十二、区域主要经济指标
Major Economic Regions

二十三、县（市、区）主要经济指标
Counties and Districts Under City Administration

附录

Appendix

一、综合

GENERAL SURVEY

一　综合

简要说明

一、本篇资料反映广东行政区划、国民经济和社会发展综合资料，并收录了基本单位统计情况。

二、本篇资料分别由广东省民政厅，广东省统计局各专业处、综合统计处、统计执法监督处、普查中心和国家统计局广东调查总队整理提供。

三、综合统计资料是根据广东省统计局各专业统计年报资料以及国家统计局、广东省有关部门提供的统计资料加工整理而成。

四、基本单位资料中的产业活动单位按“在地”原则，国民经济行业分类标准（GB/T 4754-2017)汇总。

1 General Survey

Brief Introduction

Ⅰ.The summary data in this chapter reflect the divisions of administrative areas, summary data on the national economy and social development, and related indications on.

Ⅱ.The data are prepared and provided by the Civil Affairs Department of Guangdong Province., the Division of Professional Statistics, the Division of Comprehensive Statistics, the Division of Law, the Census Center of Statistics Bureau of Guangdong Province, and the Survey Office in Guangdong of National Bureau of Statistics respectively.

Ⅲ.The summary data are processed and prepared on the basis of the annual reports of various specialized fields provided by Statistics Bureau of Guangdong Province and the statistics provided by the National Bureau of Statistics and some related departments of Guangdong Province.

Ⅳ. The data on “Units of Industrial Establishments” of the basic industrial units are prepared on the principle of location and the standard of Industrial Classification of the National Economy(GB/T 4754-2017).

1-1 行政区划（2021年）

Divisions of Administrative Areas (2021)

单位：个 (unit)

市 别	City	地级市 Number of Cities at Prefecture Level	县级市 Number of Cities at County Level	县 Number of Counties	自治县 Number of Autonomous Counties	市辖区 Number of Districts under the Jurisdiction of Cities	市辖镇 Number of Towns under the Jurisdiction of Cities	乡 Number of Townships	民族乡 Ethnic Townships	街道 Number of Street Communities
全 省	**Provincial Total**	**21**	**20**	**34**	**3**	**65**	**1112**	**4**	**7**	**486**
广 州	Guangzhou	1				11	34			142
深 圳	Shenzhen	1				9				74
珠 海	Zhuhai	1				3	15			10
汕 头	Shantou	1		1		6	30			37
佛 山	Foshan	1				5	21			11
韶 关	Shaoguan	1	2	4	1	3	94		1	10
河 源	Heyuan	1		5		1	94		1	6
梅 州	Meizhou	1	1	5		2	104			6
惠 州	Huizhou	1		3		2	48		1	22
汕 尾	Shanwei	1	1	2		1	40			14
东 莞	Dongguan	1					28			4
中 山	Zhongshan	1					15			8
江 门	Jiangmen	1	4			3	61			12
阳 江	Yangjiang	1	1	1		2	38			10
湛 江	Zhanjiang	1	3	2		4	82	2		38
茂 名	Maoming	1	3			2	86			26
肇 庆	Zhaoqing	1	1	4		3	87		1	17
清 远	Qingyuan	1	2	2	2	2	77		3	5
潮 州	Chaozhou	1		1		2	41			5
揭 阳	Jieyang	1	1	2		2	62	2		21
云 浮	Yunfu	1	1	2		2	55			8

注：本行政区划截至2021年底。

Note: The divisions of administrative areas reflect the status at the end of 2021.

1-2 国民经济和社会发展总量与速度指标

指标	Item	1978	1990	2000
人口与就业	**Population and Employment**			
人口（万人）	**Population** (10000 persons)			
年末户籍总人口	Population with Residence Registration at the Year-end	5064.15	6246.32	7498.54
年末常住人口	Permanent Population at the Year-end	5064.15	6347.19	8650.03
男性人口	Male	2586.68	3249.76	4402.87
女性人口	Female	2477.47	3097.43	4247.16
城镇人口	Urban Population		2335.77	4757.52
乡村人口	Rural Population		4011.42	3892.51
就业（万人）	**Employment** (10000 persons)			
年末就业人员人数	Employed Persons at the Year-end	2275.95	3118.10	3989.32
宏观经济	**Macro Economy**			
国民经济核算（亿元）	**National Accounting** (100 million yuan)			
地区生产总值	Gross Domestic Product	185.85	1559.03	10810.21
第一产业	Primary Industry	55.31	384.59	986.32
第二产业	Secondary Industry	86.62	615.86	5042.75
第三产业	Tertiary Industry	43.92	558.58	4781.15
人均地区生产总值（元）	Per Capita Gross Domestic Product (yuan)	370	2484	12817
支出法地区生产总值（亿元）	Gross Domestic Product by Expenditure Approach (100 million yuan)	194.14	1541.99	10810.21
最终消费支出	Final Consumption Expenditures	130.02	938.48	5717.11
居民消费	Household Consumption Expenditures	111.46	807.84	4474.11
政府消费	Government Consumption Expenditures	18.56	130.64	1243.00
资本形成总额	Gross Capital Formation	54.79	502.90	3917.11
固定资本形成总额	Gross Fixed Capital Formation	37.93	336.61	3160.12
存货增加	Changes in Inventories	16.86	166.29	756.99
货物和服务净流出	Net Exports of Goods and Services	9.33	100.61	1175.99
固定资产投资（亿元）	**Investment in Fixed Assets** (100 million yuan)			
固定资产投资总额	Investment in Fixed Assets	27.23	381.47	3233.70
#房地产开发	Real Estate Development		32.70	858.61
消费（亿元）	**Domestic Trade** (100 million yuan)			
社会消费品零售总额	Total Retail Sales of Consumer Goods	79.86	667.36	4320.73
对外贸易（亿美元）	**Foreign Trade** (USD 100 million)			
货物进出口总额	Total Exports and Imports		418.98	1701.06
出口额	Exports		222.21	919.19
进口额	Imports		196.77	781.87
利用外资	**Foreign Capital Utilized**			
实际利用外商直接投资(亿美元)	Foreign Direct Investment Actually Utilized (USD 100 million)		14.60	122.37
实际利用外商直接投资（亿元）	Foreign Direct Investment Actually Utilized (RMB 100 million)			
财政（亿元）	**Government Finance** (100 million yuan)			
地方一般公共预算收入	Local Public Budgetary Revenue	41.82	131.02	910.56
地方一般公共预算支出	Local Public Budgetary Expenditure	28.70	150.69	1069.86
价格指数（上年=100）	**Price Indices** (preceding year=100)			
商品零售价格指数	Retail Price Index	100.4	95.6	99.9
居民消费价格指数	Consumer Price Index		97.5	101.4
工业生产者出厂价格指数	Producer Price Index for Manufactured Goods			103.4
工业生产者购进价格指数	Producer Price Index for Purchased Goods			110.9
能源生产与消费（万吨标准煤）	**Production and Consumption of Energy** (10000 tons of SCE)			
能源生产总量	Total Energy Production		1006.24	3711.69
能源消费总量	Total Energy Consumption		4044.28	9447.70

Principal Aggregate Indicators on National Economic and Social Development and Growth Rates

2010	2020	2021	速度指标(%) Indices and Growth Rates (%)								
			指数(2021为以下各年) Index (2021 as percentage of the following years)					平均增长速度 Average Annual Growth Rate			
			1978	1990	2000	2010	2020	1979–2021	1991–2021	2001–2021	2011–2021
8521.55	9808.66	9946.95	196.4	159.2	132.7	116.7	101.4	1.6	1.5	1.4	1.4
10440.94	12624.00	12684.00	250.5	199.8	146.6	121.5	100.5	2.2	2.3	1.8	1.8
5444.95	6699.56	6693.00	258.7	206.0	152.0	122.9	99.9	2.2	2.4	2.0	1.9
4995.99	5924.44	5991.00	241.8	193.4	141.1	119.9	101.1	2.1	2.2	1.7	1.7
6909.85	9360.70	9466.07		405.3	199.0	137.0	101.1		4.6	3.3	2.9
3531.09	3263.30	3217.93		80.2	82.7	91.1	98.6		-0.7	-0.9	-0.8
6051.00	7039.00	7072.00	310.7	226.8	177.3	116.9	100.5	2.7	2.7	2.8	1.4
45944.62	111151.63	124369.67	12655.5	3001.9	725.1	218.2	108.0	11.9	11.6	9.9	7.4
2199.60	4732.74	5003.66	800.4	335.3	222.5	153.6	107.9	5.0	4.0	3.9	4.0
22917.43	43868.05	50219.19	23523.1	4786.9	795.7	203.8	108.7	13.5	13.3	10.4	6.7
20827.59	62550.84	69146.82	16542.1	2905.7	747.4	239.8	107.5	12.6	11.5	10.1	8.3
44669	88521	98285	5027.6	1488.8	483.3	177.3	107.1	9.5	9.1	7.8	5.3
45944.62	111151.63										
22501.78	56585.06										
17702.35	42098.56										
4799.43	14486.50										
18226.60	49319.71										
17035.10	46332.16										
1191.50	2987.55										
5216.24	5246.86										
16113.19							106.3				
3659.69	17312.74	17465.85		53412.4	2034.2	477.2	100.9		22.5	15.4	15.3
16991.39	40207.85	44187.71	55331.5	6621.3	1022.7	260.1	109.9	15.8	14.5	11.7	9.1
7848.96	10239.02	12795.67		3054.0	752.2	163.0	125.0		11.7	10.1	4.5
4531.91	6282.99	7818.60		3518.6	850.6	172.5	124.4		12.2	10.7	5.1
3317.05	3956.03	4977.07		2529.4	636.6	150.0	125.8		11.0	9.2	3.8
202.61											
	1620.29	1840.02					113.6				
4517.04	12923.85	14105.04	33728.0	10765.6	1549.1	312.3	109.1	14.5	16.3	13.9	10.9
5421.54	17430.79	18247.01	63578.4	12109.0	1705.6	336.6	104.7	16.2	16.7	14.5	11.7
103.3	100.8	101.4									
103.1	102.6	100.8									
103.2	99.0	103.4									
107.3	97.4	108.0									
4858.07	8563.01	8892.72		883.8	239.6	183.1	103.9		7.3	4.2	5.7
25445.22	34502.92	36821.42		910.5	389.7	144.7	106.7		7.4	6.7	3.4

1-2 续表 1

指　标		Item		1978	1990	2000
产业		**Industry**				
农业		**Agriculture**				
农林牧渔业总产值	(亿元)	Gross Output Value of Farming, Forestry, Animal Husbandry and Fishery	(100 million yuan)	85.94	600.71	1701.18
主要农产品产量	(万吨)	Output of Major Farm Products	(10000 tons)			
粮食		Grain		1509.51	1896.29	1822.33
油料		Oil-bearing Crops		36.04	58.93	78.78
糖蔗		Sugarcane		835.42	2093.46	1137.59
茶叶		Tea		0.92	2.59	4.21
水果		Fruits		29.40	328.58	643.52
肉类		Meat		48.45	202.45	324.48
水产品		Aquatic Products		65.50	207.66	593.19
工业		**Industry**				
主要工业产品产量		Output of Major Industrial Products				
布	(亿米)	Cloth	(100 million m)	2.27	4.59	16.99
机制纸及纸板	(万吨)	Machine-made Paper and Paperboard	(10000 tons)	27.47	104.13	260.30
成品糖	(万吨)	Sugar	(10000 tons)	96.15	184.50	91.30
家用电冰箱	(万台)	Household Refrigerators	(10000 sets)		105.75	320.70
家用洗衣机	(万台)	Household Washing Machines	(10000 sets)		143.01	244.18
彩色电视机	(万台)	Color Television Sets	(10000 sets)		262.37	1531.53
照相机	(万架)	Cameras	(10000 sets)		99.30	3545.88
原油	(万吨)	Crude Oil	(10000 tons)	10.22	49.05	1393.17
发电量	(亿千瓦时)	Electricity	(100 million kwh)	92.32	343.98	1292.69
粗钢	(万吨)	Raw Steel	(10000 tons)	35.84	116.96	286.99
钢材	(万吨)	Steel Products	(10000 tons)	43.67	133.74	406.28
水泥	(万吨)	Cement	(10000 tons)	369.08	2070.91	5872.00
汽车	(万辆)	Motor Vehicles	(10000 units)			3.94
规模以上工业企业主要指标		Main Indicators of Industrial Enterprises above Designated Size				
工业增加值	(亿元)	Value-added of Industry	(101 million yuan)	55.59	391.19	3422.60
资产总计	(亿元)	Total Assets	(100 million yuan)	104.06	546.72	14370.57
营业收入	(亿元)	Business Revenue	(100 million yuan)	168.91	689.83	12480.93
利税总额	(亿元)	Pre-tax Profits	(100 million yuan)	32.91	121.50	1042.77
建筑业		**Construction**				
建筑业企业年末就业人员	(万人)	Number of Employed Persons in Construction Enterprises at the Year-end	(10000 persons)	14.78	67.22	141.46
建筑业总产值(当年价)	(亿元)	Gross Output Value (at current prices)	(100 million yuan)	5.47	113.40	944.61
交通运输业		**Transportation**				
客运量	(万人)	Passenger Traffic	(10000 persons)	15906	78046	164791
铁路		Railways		2410	4467	12165
公路		Highways		10897	70681	148945
水运		Waterways		2546	2428	2363
民航		Civil Aviation		53	470	1318
货运量	(万吨)	Freight Traffic	(10000 tons)	15204	85809	119216
铁路		Railways		3206	4803	15172
公路		Highways		3967	63709	75365
水运		Waterways		7887	16198	25696
民航		Civil Aviation		1	8	31
管道		Pipelines		143	1091	2952
港口货物吞吐量	(万吨)	Volume of Freight Handled at Ports	(10000 tons)	7133	11904	31649

1-2 1 continued

2010	2020	2021	速度指标(%) Indices and Growth Rates (%)								
			指数(2021为以下各年) Index (2021 as percentage of the following years)					平均增长速度 Average Annual Growth Rate			
			1978	1990	2000	2010	2020	1979–2021	1991–2021	2001–2021	2011–2021
3697.18	7901.92	8305.84	877.7	383.4	225.5	149.5	107.1	5.2	4.4	3.9	3.7
1249.15	1267.56	1279.87	84.8	67.5	70.2	102.5	101.0	-0.4	-1.3	-1.7	0.2
83.34	113.52	117.30	325.5	199.0	148.9	140.7	103.3	2.8	2.2	1.9	3.2
1064.09	1176.25	1118.20	133.8	53.4	98.3	105.1	95.1	0.7	-2.0	-0.1	0.5
5.38	12.82	13.95	1516.3	538.6	331.4	259.1	108.8	6.5	5.6	5.9	9.0
1049.21	1756.16	1826.73	6213.4	555.9	283.9	174.1	104.0	10.1	5.7	5.1	5.2
454.86	400.99	457.42	944.1	225.9	141.0	100.6	114.1	5.4	2.7	1.6	0.1
729.03	875.81	884.52	1350.4	425.9	149.1	121.3	101.0	6.2	4.8	1.9	1.8
28.27	19.50	25.75	1134.4	561.0	151.6	91.1	130.7	5.8	5.7	2.0	-0.8
1434.68	2435.96	2410.29	8774.3	2314.7	926.0	168.0	99.5	11.0	10.7	11.2	4.8
91.66	119.54	131.42	136.7	71.2	143.9	143.4	106.8	0.7	-1.1	1.7	3.3
1457.76	2305.76	2091.56		1977.8	652.2	143.5	90.5		10.1	9.3	3.3
467.83	741.57	757.57		529.7	310.3	161.9	101.8		5.5	5.5	4.5
4494.78	11233.36	9810.91		3739.3	640.6	218.3	88.1		12.4	9.2	7.4
3798.93	487.45	529.65		533.4	14.9	13.9	91.5		5.5	-8.7	-16.4
1287.15	1613.15	1744.68	17071.2	3556.9	125.2	135.5	108.2	12.7	12.2	1.1	2.8
3101.28	5225.91	6306.23	6830.8	1833.3	487.8	203.3	120.7	10.3	9.8	7.8	6.7
1239.34	3382.34	3178.33	8868.1	2717.4	1107.5	256.5	94.0	11.0	11.2	12.1	8.9
2918.89	4866.19	5111.18	11704.1	3821.7	1258.0	175.1	103.6	11.7	12.5	12.8	5.2
11536.67	17075.63	17005.20	4607.5	821.1	289.6	147.4	97.9	9.3	7.0	5.2	3.6
156.29	313.31	338.46			8590.3	216.6	108.0			23.6	7.3
20338.34	32500.17	37306.53			1286.2	217.1	109.0			12.9	7.3
62626.90	150717.82	175746.01			1179.9	270.7	112.5			12.5	9.5
85824.64	149930.12	173649.71			1364.6	198.5	113.6			13.3	6.4
9418.42	14119.76	16325.16			1545.0	171.1	114.1			13.9	5.0
196.32	342.44	355.40	2404.6	528.7	251.2	181.0	103.8	7.7	5.5	4.5	5.5
4742.09	18429.84	21346.12	390239.9	18823.7	2259.8	450.1	115.8	21.2	18.4	16.0	14.7
467049	87777	62126	388.3	289.0	140.0	74.6	70.8	3.2	3.5	1.6	-2.6
14956	22609	23977	1066.5	591.0	312.5	182.7	106.1	5.7	5.9	5.6	5.6
442224	54946	27567	295.1	180.2	85.5	45.1	50.2	2.5	1.9	-0.7	-7.0
2241	1345	1580	17.8	81.1	83.3	72.7	117.5	-3.9	-0.7	-0.9	-2.9
7628	8878	9002	16597.5	1865.6	665.3	115.0	101.4	12.6	9.9	9.4	1.3
205034	356221	398420	1702.4	727.9	554.3	229.8	111.8	6.8	6.6	8.5	7.9
12170	7845	9919	414.4	243.0	135.2	115.4	126.4	3.4	2.9	1.4	1.3
142389	231171	267489	1595.2	859.5	726.6	248.7	115.7	6.7	7.2	9.9	8.6
43092	103759	107206	955.9	653.8	412.1	225.9	103.3	5.4	6.2	7.0	7.7
116	238	240	19363.4	2349.9	606.4	162.5	100.9	13.0	10.7	9.0	4.5
7267	13209	13564	6710.2	879.5	325.1	137.5	102.7	10.3	7.3	5.8	2.9
122258	202226	209600	3599.9	2157.1	811.3	210.0	103.6	8.7	10.4	10.5	7.0

1-2 续表 2

指　标	Item	1978	1990	2000
邮政、电信	**Postal，Telecommunication**			
邮政业务总量 (亿元)	Business Volume of Postal Services (100 million yuan)		3.91	50.40
电信业务总量 (亿元)	Business Volume of Telecommunications Services (100 million pieces)		22.39	706.82
本地电话用户 (万户)	Number of Subscribers of Local Telephones (10000 accounts)		113.00	1414.94
移动电话用户 (万户)	Number of Subscribers of Mobile Telephones (10000 accounts)		1.11	1357.26
固定互联网宽带接入用户 (万户)	Broadband Subscribers of Internet (10000 accounts)			216.41
国际旅游	**International Tourism**			
国际旅游外汇收入 (亿美元)	Foreign Exchange Earnings from International Tourism (USD 100 million)		7.17	41.12
金融保险	**Banking and Insurance**			
金融机构存款余额 (亿元)	Deposits of Financial Institutions (100 million yuan)			19083.64
金融机构贷款余额 (亿元)	Loans in in Financial Institutions (100 million yuan)			13227.62
保费收入 (亿元)	Premium Income (100 million yuan)		18.05	191.88
教育、科技、文化	**Education, Science and Technology and Culture**			
教育	**Education**			
专任教师数 (万人)	Full-time Teachers (10000 persons)			
普通高等学校	Institutions of Higher Education	0.90	1.57	2.04
中等学校	Secondary Schools	15.93	16.33	27.24
小学	Primary Schools	26.09	27.73	36.41
在校学生数 (万人)	Students Enrollment (10000 persons)			
普通高等学校	Institutions of Higher Education	3.07	9.59	29.95
中等学校	Secondary Schools	316.96	284.52	541.72
小学	Primary Schools	743.02	747.29	929.93
财政教育支出 (亿元)	Government Expenditures on Education (100 million yuan)		21.34	144.39
科技	**Science and Technology**			
研究与试验发展(R&D)活动人员 (万人)	Number of R&D Personnel (10000 persons)			
研究与试验发展(R&D)经费内部支出 (亿元)	Internal Expenditure on R&D (100 million yuan)			
研究与试验发展(R&D)活动课题(项目)数 (个)	Number of R&D Programs/Projects (item)			
文化	**Culture**			
出版数量	Number of Publications			
图书 (亿册)	Number of Books Published (100 million copies)	1.72	2.81	2.70
杂志 (万册)	Number of Magazines Issued (10000 copies)	1519	11325	26299
报纸 (亿份)	Number of Newspapers Issued (100 million copies)	3.19	13.81	34.63

1-2 2 continued

2010	2020	2021	速度指标(%) Indices and Growth Rates (%)								
			指数(2021为以下各年) Index (2021 as percentage of the following years)					平均增长速度 Average Annual Growth Rate			
			1978	1990	2000	2010	2020	1979–2021	1991–2021	2001–2021	2011–2021
118.57	5807.81	3021.10		132818.7	10303.8	3260.5	125.9		26.1	24.7	37.3
4714.37	15025.30	1933.49		773879.0	24514.3	2927.7	127.5		33.5	30.0	35.9
3169.14	2131.87	2072.20		1833.8	146.5	65.4	97.2		9.8	1.8	-3.8
9710.09	15536.92	16267.80		1465567.8	1198.6	167.5	104.7		36.3	12.6	4.8
1523.22	3889.99	4277.71			1976.7	280.8	110.0			15.3	9.8
124.32	23.53	22.40		312.4	54.5	18.0	95.2		3.7	-2.9	-14.4
82019.40	267638.26	293169.22			1536.2	357.4	109.5			13.9	12.3
51799.30	195680.62	222234.29			1680.1	429.0	113.6			14.4	14.2
1421.68	5652.86	5578.96		30908.4	2907.5	392.4	104.1		20.3	17.4	13.2
7.86	12.24	12.88	1431.1	820.4	631.4	163.9	105.2	6.4	7.0	9.2	4.6
45.48	52.05	54.23	340.4	332.1	199.1	119.2	104.2	2.9	3.9	3.3	1.6
43.07	57.34	59.22	227.0	213.6	162.6	137.5	103.3	1.9	2.5	2.3	2.9
142.66	240.02	253.98	8273.0	2648.4	848.0	178.0	105.8	10.8	11.1	10.7	5.4
939.39	743.40	783.17	247.1	275.3	144.6	83.4	105.3	2.1	3.3	1.8	-1.6
848.55	1057.11	1079.01	145.2	144.4	116.0	127.2	102.1	0.9	1.2	0.7	2.2
921.48	3510.56	3796.69		17791.4	2629.5	412.0	108.2		18.2	16.8	13.7
44.66	117.54										
808.75	3479.88										
72747	263694										
2.31	4.34	5.06		180.0	187.3	218.9	116.4		1.9	3.0	7.4
21201	9887	9539		84.2	36.3	45.0	96.5		-0.6	-4.7	-7.0
45.59	15.33	14.48		104.9	41.8	31.8	94.5		0.2	-4.1	-9.9

1-2 续表 3

指　　标	Item	1978	1990	2000
家庭、生活、环境	**Family, People's Livelihood and Environment**			
家庭	**Family**			
城镇居民平均每户家庭人口 (人)	Average Permanent Household Size in Urban Areas (person)	4.84	3.85	3.57
农村居民平均每户家庭人口 (人)	Average Permanent Household Size in Rural Areas (person)	5.99	5.65	5.15
婚姻	**Marriages and Divorces**			
结婚登记总数 (万对)	Registered Number of Marriages (10000 couples)		50.66	56.21
离婚数 (万对)	Number of Divorces (10000 couples)		2.58	4.75
居住	**Residence**			
全省居民人均住户建筑面积(平方米)	Per Capita housing construction are (sq.m)			
城镇居民人均住房建筑面积(平方米)	Per Capita Floor Space of Urban Residents (sq.m)	5.47	15.77	24.60
农村居民人均住房建筑面积(平方米)	Per Capita Floor Space of Rural Residents (sq.m)	8.73	17.39	22.42
生活	**People's Livelihood**			
全省居民人均可支配收入 (元)	Per Capita Disposable Income of Residents (yuan)			
城镇居民人均可支配收入 (元)	Per Capita Disposable Income of Urban Residents (yuan)	412	2303	9762
农村居民人均可支配收入 (元)	Per Capita Disposable Income of Rural Residents (yuan)	193	1043	3654
人民币住户存款 (亿元)	Savings Deposits by Households in Renminbi (100 million yuan)	17.56	752.16	8667.29
工资	**Wages**			
城镇单位就业人员工资总额 (亿元)	Earnings of Employed Persons in Urban Areas (100 million yuan)	30.59	223.29	1057.57
城镇单位就业人员平均工资 (元)	Average Earnings of Employed Persons in Urban Areas (yuan)	615	2929	13859
卫生	**Health Care**			
医院、卫生院 (个)	Number of Hospitals (unit)	1968	1885	2426
执业(助理)医师 (万人)	Number of Doctors (10000 persons)	4.79	8.11	11.12
医院、卫生院床位数 (万张)	Number of Hospital Beds (10000 units)	8.41	11.41	15.72
环境、灾害	**Environment and Disaster**			
火灾发生数 (起)	Number of Fire Disasters (time)		1725	8622
火灾损失 (万元)	Fire Loss (10000 yuan)		9102	10065
交通事故发生数 (起)	Number of Traffic Accidents (time)		25909	66072
交通事故损失 (万元)	Loss of Traffic Accidents (10000 yuan)		5044	27526

注：1.2011—2020年年末常住人口根据2020年第七次全国人口普查数据进行平滑修正。

2.2003年起，职工改为单位从业人员，2000年数据作了相应调整。2006—2009年就业人员人数,根据第六次全国人口普查资料作了相应调整。从2020年起，国家统计局对各省、自治区、直辖市就业人数及其产业构成以常住人口口径统一测算，同时对2010—2019年就业人数及其产业结构进行平滑修正。

3.农业总产值、工业增加值绝对数按当年价格计算，增长速度按可比价计算。

4.工业指标统计范围为规模以上工业企业(即年主营业务收入2000万元以上的法人工业企业，2000—2006年为全部国有工业企业及年主营业务收入500万元以上的非国有工业企业，2011年起，调整为年主营业务收入2000万元及以上的法人工业企业)。

5.2000年起，粮食产量为抽样调查数据。

6.邮电业务总量2000年以前按1990年不变价计算，2000—2010年按2000年不变价计算,2011年起按2010年不变价计算,2017年起电信业务总量按2015年不变价格计算，邮政业务总量仍按2010年不变价计算，2021年起均按2020年不变价计算。

7.1986年以前中等学校不含成人中专数据。

8.城镇居民人均住房建筑面积1995、2000年为使用面积， 2005年以后为建筑面积。

9.2011年起，固定资产投资项目统计起点由50万元提高至500万元，且不包含农村农户投资；2010年以前为全社会固定资产投资。

10.2015年起，地方公共财政预算收入和地方公共财政预算支出统一更名为地方一般公共预算收入和地方一般公共预算支出。

11.2013年起，居民人均可支配收入为城乡一体化住户收支与生活状况调查数据，与此前分城镇和农村住户调查的统计口径不可比，2013年以前农村居民收入为纯收入。

12.2018年起，外商直接投资使用商务部反馈人民币数据。

1-2 3 continued

2010	2020	2021	速度指标(%) Indices and Growth Rates (%)								
			指数(2021为以下各年) Index (2021 as percentage of the following years)					平均增长速度 Average Annual Growth Rate			
			1978	1990	2000	2010	2020	1979–2021	1991–2021	2001–2021	2011–2021
3.21	3.23	3.35	69.2	87.0	93.8	104.4	103.7	-0.9	-0.4	-0.3	0.4
4.95	3.45	3.74	62.4	66.2	72.6	75.6	108.4	-1.1	-1.3	-1.5	-2.5
85.71	63.33	59.11		116.7	105.2	69.0	93.3		0.5	0.2	-3.3
12.70	24.58	16.72		648.1	352.0	131.6	68.0		6.2	6.2	2.5
	40.89	42.23					103.3				
34.13	37.35	38.79	709.1	246.0	157.7	113.7	103.9	4.7	2.9	2.2	1.2
29.23	48.92	50.14	574.3	288.3	223.6	171.5	102.5	4.1	3.5	3.9	5.0
	41029	44993					109.7				
23898	50257	54854					109.1				
7890	20143	22306					110.7				
36318.66	87969.94	96634.05	550307.8	12847.5	1114.9	266.1	109.9	22.2	17.0	12.2	9.3
4484.29	22421.98	24978.70	81656.4	11186.7	2361.9	557.0	111.4	16.9	16.4	16.3	16.9
40432	108045	118133	19208.6	4033.2	852.4	292.2	109.3	13.0	12.7	10.7	10.2
2444	2875	2935	149.1	155.7	121.0	120.1	102.1	0.9	1.4	0.9	1.7
17.51	30.73	32.09	670.0	395.7	288.6	183.3	104.4	4.5	4.5	5.2	5.7
27.7126	52.39	54.66	649.7	479.2	347.8	197.2	104.3	4.4	5.2	6.1	6.4
6065	54711	64134		3717.9	743.8	1057.4	117.2		12.4	10.0	23.9
17500	56007	79931		878.2	794.1	456.7	142.7		7.3	10.4	14.8
30480	26444	48206		186.1	73.0	158.2	182.3		2.0	-1.5	4.3
8051	7673	10534		208.8	38.3	130.8	137.3		2.4	-4.5	2.5

Notes: a)Figures of permanent population at the year-end from 2011 to 2020 have been adjusted in accordance with the flash sums of the 7th National Population Census in 2020.

b)The number of staff and workers has been recoded as employed persons in units since 2003.The data of 2000 have been adjusted accordingly. The number of employed persons from 2006 to 2009 have been adjusted in accordance with the data of the 6th National Census. Since 2020, the NBS is uniformly calculated the number of employed persons and industrial composition by permanent resident method in all Provinces, Autonomous Regions and Municipalities, the number of employed persons and industrial compositon from 2010 to 2019 have been adjusted at the same time.

c)Figures in value terms on gross output value of agriculture and industry are calculated at current prices , whereas their growth rates are calculated at constant prices.

d)The statistical coverage of the industrial indicators refers to the industrial enterprises above designated size, i.e.legal person industrial enterprises with annual main business revenue over 5 million yuan.The industrial indicators from 2000 to 2006 covered all state-owned industrial enterprises and non-state-owned industrial enterprises with annual main business revenue over 5 million yuan. Since 2011, it refers to legal person industrial enterprises with annual principal business revenue of over 20 million yuan.

e) Figures of output of grain have been obtained from sample surveys since 2000.

f)The total business volume of postal and telecommunication services are at 1990 constant prices before 2000 and at 2000 constant prices from 2000 to 2010,and at 2010 constant price since 2010.

g) Before 1986, the figures of secondary schools excluded those of specialized secondary schools for adults.

h) The per capital floor space of urban residents of 1995 and 2000 are useable area, and that since 2005 are building area.

i) Since 2011, the cut-off point of investment statistics is changed from a minimum of 500,000 yuan to a minimum of 5,000,000 yuan, and the data do not include the investment made by rural households. Data before 2010 refer to total investment in fixed assets.

j) From 2015, the name of local government budgetary revenue and local government budgetary expenditure have been changed to local public budgetary revenue and local public budgetary expenditure.

k) Since 2013, Per Capita Disposable Income of Residents are the data of investigation on income and expenditure and living conditions of urban and rural integrated households, it is not comparable with the statistical caliber of previous urban and rural househlods survey. Before 2013, the income of rural residents is net income.

l) Data of foreign direct investment in RMB that approved by Ministry of Commerce have been adopted since 2018.

1—3 国民经济和社会发展结构指标

Composition Indicators of National Economic and Social Development

单位：% (%)

指　标	Item	2000	2010	2015	2020	2021
人口与就业	**Population and Employment**					
人口	**Population**					
城乡结构(常住人口)	Urban and Rural Composition(by permanent population)					
城镇	Urban	55.0	66.2	69.5	74.2	74.6
乡村	Rural	45.0	33.8	30.5	25.8	25.4
性别结构(户籍人口)	Sexual Composition(by residential population)					
男	Male	51.6	51.5	51.5	51.2	51.2
女	Female	48.4	48.5	48.5	48.8	48.8
就业	**Employment**					
产业结构	Industrial Structure					
第一产业	Primary Industry	40.0	24.4	15.9	10.9	10.6
第二产业	Secondary Industry	27.9	42.4	40.0	35.9	36.3
第三产业	Tertiary Industry	32.1	33.2	44.1	53.2	53.1
宏观经济	**Macro Economy**					
国民经济核算	**National Accounts**					
地区生产总值产业结构	Industrial Structure of Gross Domestic Product	100.0	100.0	100.0	100.0	100.0
第一产业	Primary Industry	9.1	4.8	4.3	4.2	4.0
第二产业	Secondary Industry	46.7	49.9	45.4	39.5	40.4
第三产业	Tertiary Industry	44.2	45.3	50.3	56.3	55.6
支出法地区生产总值结构	Domestic Expenditure Structure					
最终消费	Final Consumption	52.9	48.9	51.5	50.9	
居民消费	Household Consumption	41.4	38.5	39.8	37.9	
城镇居民	Urban Households	28.9	33.9	33.5	31.9	
农村居民	Rural Households	12.5	4.6	6.3	6.0	
政府消费	Government Consumption	11.5	10.4	11.7	13.0	
资本形成总额	Gross Capital Formation	36.2	39.3	40.6	44.4	
固定资本形成总额	Gross Fixed Capital Formation	29.2	36.6	39.1	41.7	
存货增加	Changes in Inventories	7.0	2.7	1.5	2.7	
净流出	Net Exports	10.9	11.9	7.8	4.7	
固定资产投资	**Investment**					
按登记注册类型分	Grouped by Status of Registration					
内资	Domestic-funded	82.8	85.4	88.4	92.0	91.3
国有	State-owned	37.7	32.0	21.2	27.6	27.6
集体	Collective-owned	12.2	4.6	4.3	1.3	1.5
股份合作	Cooperative	0.6	0.3	0.4	0.1	0.2
联营	Joint ownership	1.5	0.1	…	…	…
其他有限责任公司	Limited Liability	11.3	21.1	30.7	35.0	32.9
股份有限公司	Share-holding	4.7	5.4	4.2	3.8	3.8
私营	Private	6.4	13.7	22.6	22.6	24.2
个体	Individual	7.7	5.6	1.1	0.1	0.1
其他	Others	0.7	2.6	3.9	1.4	1.0
港澳台商投资	Investment from Hong Kong, Macao & Taiwan	12.9	9.2	6.9	4.4	4.7
外商投资	Foreign investment	4.3	5.4	4.7	3.6	4.0

注：2006—2009年就业人员人数，根据第六次全国人口普查资料作了调整。从2020年起，国家统计局对各省、自治区、直辖市就业人数及其产业构成以常住人口口径统一测算，同时对2010—2019年对就业人数及其产业结构进行平滑修正。

Note: Number of Employed Persons from 2006 to 2009 have been adjusted in accordance with the result of the 6th National Census. Since 2020, the National Bureau of Statistics calculates the number of Employed Persons and Industrial Composition of all Province, Autonomous Region and Municipality directly under the Central Government according to the caliber of permanent population, also adjusted the number of Employed Persons and Industrial Structure from 2010 to 2019.

1-3 续表 1 continued

单位：% (%)

指 标	Item	2000	2010	2015	2020	2021
资金来源结构	Structure of Sources of Funds					
国家预算资金	State Budgetary Appropriation	1.7	2.2	4.9	9.9	9.8
国内贷款	Domestic Loans	17.2	16.8	12.5	17.8	16.2
利用外资	Foreign Investment	10.5	3.3	0.6	0.2	0.3
自筹投资	Fundraising	42.9	56.6	57.9	40.2	43.2
其他投资	Others	27.7	21.1	24.2	31.9	30.6
对外贸易(美元)	**Foreign Trade (USD)**					
出口按贸易方式分	Exports by Customs Regime					
一般贸易	Ordinary Trade	19.0	32.9	42.9	52.6	53.6
加工贸易	Processing Trade	78.1	60.8	43.7	29.7	28.8
其他	Others	2.9	6.3	13.4	17.7	17.6
进口按贸易方式分	Imports by Customs Regime					
一般贸易	Ordinary Trade	26.7	36.0	40.9	49.0	50.2
加工贸易	Processing Trade	63.1	51.4	41.9	25.8	25.0
其他	Others	10.2	12.6	17.2	25.2	24.8
国内贸易	**Domestic Trade**					
社会消费品零售总额结构	Structure of Total Retail Sales of Consumer Goods					
城镇	Urban Areas	76.2	86.9	89.3	89.3	88.1
乡村	Rural Areas	23.8	13.1	10.7	10.7	11.9
能源生产与消费	**Production and Consumption of Energy**					
能源生产总量结构	Structure of Total Energy Production					
原煤	Coal	8.0				
原油	Crude Oil	53.6	37.8	32.8	26.9	28.0
电力	Electricity	27.1	40.7	48.5	55.4	53.9
天然气	Natural Gas	11.3	21.5	18.7	17.7	18.1
一次能源消费总量结构	Structure of Total Primary Energy Consumption					
原煤	Coal	52.2	45.2	40.2	31.3	35.0
原油	Crude Oil	35.0	29.0	25.9	27.2	26.8
电力	Electricity	12.6	20.1	26.8	31.2	26.8
天然气	Natural Gas	0.2	5.7	7.1	10.3	11.4
其他	Others					
农业	**Agriculture**					
农林牧渔业产值结构	Structure of Gross Output Value of Farming, Forestry, Animal Husbandry and Fishery					
农业	Farming	47.5	45.1	47.0	47.7	47.6
林业	Forestry	3.5	4.9	5.8	5.2	6.0
牧业	Animal Husbandry	26.5	26.5	22.6	22.5	20.6
渔业	Fishery	22.5	19.9	20.8	20.0	21.0
农林牧渔专业及辅助性活动	Services for Farming, Forestry, Animal Husbandry and Fishery		3.6	3.9	4.5	4.9
工业(规模以上)	**Industry(aboved designated size)**					
按轻重工业分	Grouped by Light and Heavy Industry					
轻工业	Light Industry	52.9	38.3	38.2	30.6	33.4
重工业	Heavy Industry	47.1	61.7	61.8	69.4	66.6
按经济类型分	Grouped by Ownership					
#国有工业	State-owned Industry	11.6	5.4	0.5	0.4	0.4
集体工业	Collective-owned Industry	9.6	0.9	0.4	0.1	0.1
股份合作工业	Share-holding Cooperative Industry	0.9	0.2	0.1	0.1	0.0
股份制工业	Share-holding Industry	14.3	35.7	53.8	65.1	64.1
外商投资工业	Industry with Foreign Investment	20.2	25.4	20.8	16.8	15.8
港澳台商投资工业	Industry with Investment from Hong Kong, Macao and Taiwan	38.0	27.6	22.3	16.6	18.6
按企业规模分	Grouped by Size of Enterprise					
大型企业	Large	36.2	33.0	44.4	46.5	49.3
中型企业	Medium-sized	11.4	33.3	26.6	22.0	22.3
小微型企业	Small and Micro	52.3	33.7	29.0	31.5	28.4

注：2018年起资金来源中不含5000万元以下项目。

Note: Source of funds exclude projects below 50 million yuan since 2018.

1–3 续表 2 continued

单位：% (%)

指标	Item	2000	2010	2015	2020	2021
建筑业	**Construction**					
按登记注册类型分	Grouped by Status of Registration					
内资	Domestic-funded	97.6	96.5	97.4	98.4	97.8
国有	State-owned	38.8	20.3	9.8	6.1	8.9
集体	Collective-owned	33.2	6.2	4.5	2.4	1.9
股份合作	Cooperative	0.8	0.3	0.1	0.1	0.1
联营	Joint ownership	1.2	0.4	0.1	0.1	0.1
有限责任公司	Limited Liability	13.9	42.0	53.7	49.9	48.5
股份有限公司	Share-holding	5.2	7.3	9.7	6.8	4.7
私营	Private	4.4	18.6	19.6	33.1	33.6
其他	Others	...	1.0	...	...	...
港澳台商投资	Investment from Hong Kong, Macao & Taiwan	1.6	1.5	0.8	0.6	0.9
外商投资	Foreign investment	0.8	2.0	1.7	0.9	1.2
交通运输和旅游	**Transportation and Tourism**					
客运量结构	Structure of Passenger Traffic					
铁路	Railways	7.4	3.2	12.8	25.8	38.6
公路	Highways	90.4	94.6	81.0	62.6	44.4
水运	Waterways	1.4	0.5	1.3	1.5	2.5
民用航空	Civil Aviation	0.8	1.6	4.8	10.1	14.5
货运量结构	Structure of Freight Traffic					
铁路	Railways	12.7	5.9	2.7	2.2	2.5
公路	Highways	63.2	69.4	74.4	64.9	67.1
水运	Waterways	21.6	21.0	20.7	29.1	26.9
民用航空	Civil Aviation	...	0.1	...	0.1	0.1
管道输油(气)	Pipelines	2.5	3.5	2.2	3.7	3.4
接待过夜旅游者人数	Composition of Tourists Staying Overnight					
入境旅游者	Overseas Visitor Arrivals Inbound Tourists	15.6	14.8	9.5	2.0	1.2
国内旅游者	Domestic Tourists	84.4	85.2	90.5	98.0	98.8
教育与科技	**Education and Technology**					
教育	**Education**					
在校学生结构	Structure of Enrolled Students					
大学生	Colleges and Universities	2.1	8.4	11.5	11.8	12.0
中学生	Regular Secondary Schools	32.4	41.7	34.7	36.4	37.0
小学生	Primary Schools	65.5	49.9	53.8	51.8	51.0
专任教师结构	Structure of Full-time Teachers					
大学	Colleges and Universities	3.3	8.7	10.0	10.0	10.2
中学	Secondary Schools	37.3	43.5	42.9	42.8	42.9
小学	Primary Schools	59.4	47.8	47.1	47.1	46.9
科技	**Science and Technology**					
研究与试验发展(R&D)经费内部支出	R&D Expenditure Internal Expenditure					
科学研究与技术开发机构	Scientific Research and Technological Development Institutions		2.6	3.6	5.2	
全日制普通高等学校	Full-time Regular Institutions of Higher Education		3.5	3.5	5.8	
工业企业	Industrial Enterprises		87.0	84.6	86.1	
其他	Others		6.8	8.4	2.9	
研究与试验发展(R&D)经费内部支出	R&D Expenditure Internal Expenditure					
#基础研究	Basic Research		2.1	3.0	5.9	
应用研究	Applied Research		4.6	9.2	9.2	
试验发展	Experimental Development		93.3	87.8	84.9	

1-3 续表 3 continued

单位：% (%)

指 标	Item	2000	2010	2015	2020	2021
生活、卫生、环境	**People's Livelihood，Health Care and Environment**					
生活	**People's Livelihood**					
全省居民消费结构	Composition of Consumption Expenditure Province Wide					
食品烟酒	Food,Tobacco and Liquor			34.5	33.8	33.2
衣着	Clothing			5.3	3.7	4.0
居住	Living			22.3	27.1	25.9
生活用品及服务	Daily Necessities and Services			5.9	5.4	5.1
交通通信	Transportation and Telecommunication			14.4	13.4	13.2
教育文化娱乐	Education,Culture and Entertainment			10.1	8.6	10.3
医疗保健	Health Service			4.7	5.9	6.0
其他用品和服务	Other Necessities and Services			2.8	2.1	2.3
城镇居民消费结构	Composition of Consumption Expenditure of Urban Households					
食品烟酒	Food,Tobacco and Liquor	38.6	36.5	33.2	32.2	31.7
衣着	Clothing	4.6	6.7	5.7	3.8	4.1
居住	Living	13.7	10.4	22.3	28.2	26.5
生活用品及服务	Daily Necessities and Services	7.5	6.5	5.9	5.7	5.1
交通通信	Transportation and Telecommunication	13.4	18.5	15.2	13.8	13.7
教育文化娱乐	Education,Culture and Entertainment	11.5	12.9	10.4	8.8	10.6
医疗保健	Health Service	4.3	5.0	4.3	5.2	5.9
其他用品和服务	Other Necessities and Services	6.4	3.5	3.0	2.3	2.4
农村居民消费结构	Composition of Consumption Expenditure of Rural Households					
食品烟酒	Food,Tobacco and Liquor	49.8	47.7	40.6	40.8	39.3
衣着	Clothing	3.9	3.9	3.3	3.0	3.6
居住	Living	14.3	17.9	22.5	22.3	23.6
生活用品及服务	Daily Necessities and Services	4.7	4.3	5.9	4.7	5.1
交通通信	Transportation and Telecommunication	7.8	11.6	10.5	11.4	11.1
教育文化娱乐	Education,Culture and Entertainment	11.8	5.9	8.6	7.4	8.9
医疗保健	Health Service	3.9	5.6	6.5	8.9	6.7
其他用品和服务	Other Necessities and Services	3.8	3.1	2.2	1.5	1.7
卫生	**Health Care**					
卫生技术人员结构	Structure of Medical Technical Personnel					
#执业(助理)医生	Doctors	42.0	37.7	36.4	36.9	36.6
注册护士	Nurses	31.4	37.1	41.3	45.0	45.9
床位结构	Structure of Hospital Beds					
#医院	Hospitals	71.4	74.7	79.2	81.3	81.5
事故、灾害	**Cash and Disaster**					
火灾事故损失额结构	Structure of Fire Losses Converted into Cash					
特大或重大	Extraordinarily Serious Fires					
较大	Serious Fires		0.2	0.8		0.1
一般	Ordinary Fires		99.8	99.2		99.9
交通事故损失额结构	Structure of Losses from Traffic Accidents Converted into Cash					
机动车道	Roads for Motored Vehicles		81.5	83.9	78.2	76.8
非机动车道	Roads for Nonmotored Vehicles		1.4	1.4	2.6	2.5
混合道	Mixed Roads		12.8	11.8	16.6	15.9
其他道	Others		4.3	3.0	2.7	4.8

注：1.由于数据计算进位的原因，部分结构总和不等于100。
2.按照国家统计局统一部署，广东省从2013年开始正式对外发布全省居民调查数据。

Note: a) Owing to the rounding-off of figures, some totals in this table are not equal to 100.
b) Under the unified deployment by NBS, Since 2013, Guangdong Province has officially released the provincial residents survey data.

1-4 国民经济和社会发展比例和效益指标

Indicators on National Economic and Social Development

指标	Item	2000	2015	2020	2021
人口	**Population and Employment**				
总抚养比 (%)	Gross Dependency Ratio (%)	43.31	34.86	37.79	38.61
少儿抚养比 (%)	Children Dependency Ratio (%)	34.64	23.43	25.97	25.97
老年抚养比 (%)	Old Dependency Ratio (%)	8.67	11.44	11.82	12.64
国民经济核算	**National Accounts**				
第一产业增加值占地区生产总值比重 (%)	Percentage of Value-added of Primary Industry in Gross Domestic Product (%)	9.1	4.3	4.2	4.0
第二产业增加值占地区生产总值比重 (%)	Percentage of Value-added of Secondary Industry in Gross Domestic Product (%)	46.7	45.4	39.5	40.4
第三产业增加值占地区生产总值比重 (%)	Percentage of Value-added of Tertiary Industry in Gross Domestic Product (%)	44.2	50.3	56.3	55.6
文化产业增加值占地区生产总值比重 (%)	Percentage of Value-added of Cultural Industry in Gross Domestic Product (%)		5.2	5.6	
新经济增加值占地区生产总值比重 (%)	Percentage of Value-added of New Economy in Gross Domestic Product (%)			25.4	25.2
全社会劳动生产率 (万元/人)	Gross labour productivity (million yuan/person)	2.78	11.50	15.84	17.63
人民生活	**People's Living Conditions**				
全省居民恩格尔系数 (%)	Engel coefficient for all permanent residents (%)		34.5	33.8	33.2
城镇居民恩格尔系数 (%)	Engel coefficient of permanent urban residents (%)	38.6	33.2	32.2	31.7
农村居民恩格尔系数 (%)	Engel coefficient of permanent rural residents (%)	49.8	40.6	40.8	39.3
城乡收入比 (农村居民收入为1)	Urban and Rural Income ratio (Rural Income as 1)	2.67	2.60	2.50	2.46
财政	**Government Finance**				
一般公共预算收入与地区生产总值之比(%)	Proportion of Government Revenue to GDP (%)	8.4	12.5	11.6	11.3
一般公共预算支出与地区生产总值之比(%)	Proportion of Government Expenditure to GDP (%)	9.9	17.2	15.7	14.7
能源	**Energy**				
能源生产弹性系数	Elasticity Ratio of Energy Production	0.50	2.84	0.96	0.48
电力生产弹性系数	Elasticity Ratio of Electricity Production	1.63	0.06	1.51	2.58
能源消费弹性系数	Elasticity Ratio of Energy Consumption	0.71	0.24	0.46	0.84
电力消费弹性系数	Elasticity Ratio of Electricity Consumption	1.99	0.18	1.50	1.70
能源加工转换总效率 (%)	Total Efficiency of Energy Conversion (%)	66.63	69.07	71.67	70.25
资源环境	**Resources and Environment**				
万元地区生产总值用水量 (立方米)	Water Use Per 10000 Yuan GDP (cu.m)		61	37	33
万元工业增加值用水量 (立方米)	Water Use Per 10000 Yuan of Industrial Added Value (cu.m)		37	21	17
固定资产投资	**Investment in Fixed Assets**				
项目建成投产率 (%)	Rate of Projects Completed and Put into Use (%)	49.3	70.8	38.4	37.4
对外贸易	**Foreign Trade**				
进出口总额相当于地区生产总值比重 (%)	Proportion of Total Value of Imports & Exports to GDP (%)	130.3	85.0	63.8	66.5
高新技术产品出口额占出口总额的比重(%)	Proportion of High and New-tech Products to Total Exports (%)	18.5	35.6	36.6	33.9
一般贸易进出口总额占进出口总额的比重 (%)	Proportion of Ordinary Trade to Total Value of Imports and Exports (%)	22.5	42.2	51.2	52.3
加工贸易进出口总额占进出口总额的比重 (%)	Proportion of Processing Trade to Total Value of Imports and Exports (%)	71.2	43.1	28.2	27.3

1-4 续表 continued

指 标	Item	2000	2015	2020	2021
农业	**Agriculture**				
每公顷播种面积农产品产量 (公斤)	Output of Farm Crops per Hectare of Sown Area (kg)				
粮食	Grain	5879	5524	5749	5783
糖料	Sugar Crops	70380	77619	86004	87045
油料	Oil-bearing Crops	2295	2963	3195	3282
工业	**Industry**				
高技术制造业增加值占规模以上工业比重 (%)	Ratio of Value Added of Advanced Manufacturing Industry to the Industry above designated sized (%)		25.6	31.8	31.3
先进制造业增加值占规模以上工业比重 (%)	Ratio of Value Added of High-tech Industry to the Industry above designated sized (%)		47.9	55.6	55.9
总资产贡献率 (%)	Ratio of Total Assets to Industrial Output Value (%)	8.86	13.58	9.82	9.71
资产负债率 (%)	Assets-Liability Ratio (%)	57.56	57.38	56.30	57.26
成本费用利润率 (%)	Ratio of Profits to Industrial Costs (%)	4.82	6.85	6.82	6.93
产品销售率 (%)	Proportion of Products Sold (%)	97.40	97.11	97.48	97.08
每百元营业收入的成本 (元)	Cost per Every 100 Yuan Revenue in Businesses (yuan)		84.40	82.64	82.90
建筑业	**Construction**				
建筑业劳动生产率 (元/人) (按增加值计算)	Overall Labor Productivity (yuan/person) (in terms of value-added per employee)	39831	103972	124560	131242
交通运输业	**Transport**				
铁路网密度 (公里/万平方公里)	Railway Density (km/10000sq.km)	108	215	274	284
公路网密度 (公里/万平方公里)	Highway Density (km/10000sq.km)	5710	12021	12345	12404
邮电通信业	**Postal and Telecommunication Services**				
电话普及率(含移动电话) (部/百人)	Popularization Rate of Telephone (set/100 persons)	39.5	164.2	140.0	144.6
移动电话普及率 (部/百人)	Popularization Rate of Mobile Telephone (set/100 persons)	15.7	138.4	123.1	128.3
金融业	**Financial Intermediation**				
金融机构存款与地区生产总值之比 (%)	Proportion of Deposits of Financial Institutions to GDP (%)	176.5	217.1	240.8	235.7
金融机构贷款与地区生产总值之比 (%)	Proportion of Loans of Financial Institutions to GDP (%)	122.4	129.5	176.0	178.7
金融机构年末人民币贷、存款余额比例 (%)	Proportion of Loans to Deposits of Financial Institutions in RMB at the year-end (%)	69.7	58.1	73.6	76.4
科技	**Science and Technology**				
研究与试验发展经费内部支出占地区生产总值比重 (%)	Porportion of R&D Expenditure to GDP (%)	0.99	2.43	3.14	
每万人口发明专利拥有量 (件/万人)	Number of patents per 10 000 persons (patents/10 000 persons)		12.80	28.04	34.89
教育	**Education**				
学龄儿童入学率 (%)	Percentage of School-age Children Enrolled (%)	99.70	99.98	100.00	100.00
小学毕业生升学率 (%)	Percentage of Graduates of Primary School Entering Junior Secondary School (%)	96.15	95.85	96.60	97.20
高中毛入学率 (%)	Gross Enrollment Rate of Senior Secondary Schools (%)	38.70	95.70	97.29	97.71
高等教育毛入学率 (%)	Gross Enrollment Rate of High Education (%)	11.35	33.00	53.41	57.65
卫生	**Public Health**				
每千人口执业(助理)医师数 (人)	Number of Licensed(Assistant) Doctors per 10000 Population (person)	1.29	1.96	2.43	2.53
每千人口医疗卫生机构床位数 (张)	Number of Beds of Hospitals and Health Centers per 1000 Population (bed)	1.94	3.73	4.47	4.64
医院病床使用率 (%)	Beds Utilization Rate of Medical Organizations (%)	68.1	83.5	71.0	74.2
城市市政建设	**Municipal Works**				
人均公园绿地面积 (平方米)	Per Capita Public Green Area (Sq.m)		17.40	18.13	17.49

1—5 国民经济和社会发展主要指标占全国比重

Percentage of National Total of Main Indicators of Economic and Social Development of Guangdong

指标	Item	2020 广东 Guang-dong	2020 全国 National Total	2020 广东占全国(%) As Percentage of National Total	2021 广东 Guang-dong	2021 全国 National Total	2021 广东占全国(%) As Percentage of National Total
人口	**Population**						
年末常住人口数（万人）	Permanent Population at the Year-end (10000 persons)	12624.0	141212.0	8.9	12684.0	141260.0	9.0
土地面积（万平方公里）	**Land Area (10000 sp.km)**	**17.98**	**960.0**	**1.9**	**17.98**	**960.0**	**1.9**
国内(地区)生产总值(亿元)	**Gross Domestic Product (100 million yuan)**	**111151.6**	**1013567.0**	**11.0**	**124369.7**	**1143669.7**	**10.9**
第一产业	Primary Industry	4732.7	78030.9	6.1	5003.7	83085.5	6.0
第二产业	Secondary Industry	43868.1	383562.4	11.4	50219.2	450904.5	11.1
第三产业	Tertiary Industry	62550.8	551973.7	11.3	69146.8	609679.7	11.3
人均国内(地区)生产总值（元）	**Per Capita Gross Domestic Product (yuan)**	**88521**	**71828**		**98285**	**80976**	
主要工农业产品产量	**Output of Major Farm Products and Industrial Products**						
粮食（万吨）	Grain (10000 tons)	1267.6	66949.2	1.9	1279.9	68284.7	1.9
油料（万吨）	Oil-bearing Crops (10000 tons)	113.5	3586.4	3.2	117.3	3613.2	3.2
肉类（万吨）	Meat (10000 tons)	401.0	7748.4	5.2	457.4	8990.0	5.1
水产品（万吨）	Aquatic Products (10000 tons)	875.8	6549.0	13.4	884.5	6463.7	13.7
甘蔗（万吨）	sugarcane (10000 tons)	1366.8	10812.1	12.6	1306.6	10666.4	12.2
水果（万吨）	Fruits (10000 tons)	1882.6	28692.4	6.6	1826.7	29970.2	6.1
茶叶（万吨）	Tea (10000 tons)	12.8	293.2	4.4	14.0	316.4	4.4
农用化肥（万吨）	Chemical Fertilizer (10000 tons)	10.5	5496.0	0.2	6.4	5543.6	0.1
发电量（亿千瓦时）	Electricity (100 million kwh)	5225.9	77790.6	6.7	6306.2	85342.5	7.4
水泥（亿吨）	Cement (100 million tons)	1.7	23.9	7.1	1.7	23.8	7.2
布（亿米）	Cloth (100 million m)	19.5	459.2	4.2	25.8	502.0	5.1
机制纸及纸板（万吨）	Machine-made Paper and Paperboard (10000 tons)	2436.0	12700.6	19.2	2410.3	13583.9	17.7
钢材（万吨）	Steel (10000 tons)	4866.2	132489.2	3.7	5111.2	133666.8	3.8
成品糖（万吨）	Sugar (10000 tons)	119.5	1431.3	8.4	131.4	1482.3	8.9
平板玻璃（万重量箱）	Flat Glass (10000 wt.cases)	9963.7	95227.8	10.5	11083.8	101920.7	10.9
家用电冰箱（万台）	Household Refrigerators (10000 units)	2305.8	9014.7	25.6	2091.6	8992.1	23.3
家用洗衣机（万台）	Household Washing Machines (10000 units)	741.6	8041.9	9.2	757.6	8618.5	8.8
彩电电视机（万台）	Color Television Sets (10000 sets)	11233.4	19626.2	57.2	9810.9	18496.5	53.0
房间空气调节器（万台）	Air Conditioners (10000 sets)	6714.6	21035.3	31.9	6736.3	21835.7	30.8
汽车（万辆）	Vehicles	313.3	2532.5	12.4	338.5	2652.8	12.8
微型计算机设备（万台）	Microcomputers (10000 units)	4621.6	37800.4	12.2	5935.4	46692.0	12.7
固定资产投资	**Investment in Fixed Assets**						
房地产开发投资(亿元)	Real Estate Development (100 million yuan)	17312.7	141442.9	12.2	17465.8	147602.1	11.8

1-5 续表 continued

指 标	Item	2020 广东 Guang-dong	2020 全国 National Total	2020 广东占全国(%) As Percentage of National Total	2021 广东 Guang-dong	2021 全国 National Total	2021 广东占全国(%) As Percentage of National Total
运输、邮电	**Transport, Postal and Telecommunication Services**						
货物周转量 (亿吨公里)	Freight Traffic (100 million ton-kilometers)	27575.2	201945.7	13.7	28388.1	223600.4	12.7
旅客周转量 (亿人公里)	Passenger Traffic (100 million person-kilometers)	2617.2	19251.5	13.6	2352.2	19758.2	11.9
港口货物吞吐量 (万吨)	Volume of Freight Handled at Major Coastal Ports (10000 tons)	202225.6	1454991.4	13.9	209599.7	1554534.3	13.5
邮电业务总量 (亿元)	Total Business Volume of Postal and Telecommunication Services (100 million yuan)	20833.1	157816.5	13.2	4928.7	30658.5	16.1
财政金融	**Government Finance and Banking**						
地方一般公共预算收入 (亿元)	Local Public Budgetary Revenue (100 million yuan)	12923.8	100143.2	12.9	14105.0	111077.1	12.7
地方一般公共预算支出 (亿元)	Local Public Budgetary Expenditure (100 million yuan)	17430.8	210583.5	8.3	18247.0	211271.5	8.6
人民币住户存款 (亿元)	Savings Deposits by Residents in Renminbi (100 million yuan)	87969.9	925985.8	9.5	96634.1	1025011.6	9.4
外经	**Foreign Trade**						
出口总额 (亿元)	Total Exports (RMB 100 million)	43493.1	179278.8	24.3	50525.5	217347.6	23.2
进口总额 (亿元)	Total Imports (RMB 100 million)	27369.6	142936.4	19.2	32156.1	173660.9	18.5
实际外商直接投资 (亿元)	Foreign Direct Investment(RMB 100 million)	1620.3	9999.8	16.2	1840.0	11493.6	16.0
国内贸易和物价	**Domestic Trade and Prices**						
社会消费品零售总额 (亿元)	Total Amount of Retail Sales of Consumer Goods (100 million yuan)	40207.9	391980.6	10.3	44187.7	440823.2	10.0
居民消费价格指数	General Consumer Price Index	102.6	102.5		100.8	100.9	
商品零售价格指数	General Retail Price Index	100.8	101.4		101.4	101.6	
人民生活	**People's Livelihood**						
城镇单位就业人员工资总额 (亿元)	Earnings of Urban Employed Persons (100 million yuan)	22422.0	164126.9	13.7	24978.7	180817.5	13.8
全省居民人均可支配收入 (元)	Per Capita Disposable Income of Residents (yuan)	41028.6	32188.8		44993.3	35128.1	
城镇居民人均可支配收入 (元)	Per Capita Disposable Income of Urban Residents (yuan)	50257.0	43833.8		54853.6	47411.8	
农村居民人均可支配收入 (元)	Per Capita Disposable Income of Rural Residents (yuan)	20143.4	17131.5		22306.0	18931.1	
教育、科技、卫生	**Education, Science and Technology and Health Care**						
普通本专科学校在校学生数 (万人)	Students Enrolled in Colleges and Universities (10000 persons)	240.0	3285.3	7.3	254.0	3496.1	7.3
研究与试验发展(R&D)经费内部支出 (亿元)	Internal Expenditure on R&D (100 million yuan)	3479.9	24393.1	14.3		27956.3	
医疗卫生机构床位数(万张)	Number of Hospital Beds (10000 units)	56.5	910.1	6.2	58.9	944.8	6.2
专业卫生技术人员 (万人)	Number of Medical Technical Personnel (10000 persons)	83.2	1067.8	7.8	87.6	1124.2	7.8

注：1.本表水果产量含瓜果产量。
2.全国2021年数为快报数并来自中国统计摘要。
3.2019年起，广东实际外商直接投资使用商务部反馈人民币数据。

Note: a) Data of output of fruits in this table include melons.
b) The 2021 data of the whole nation are based on flash reports and from China Statistical Abstract.
c)Data of foreign direct investment of Guangdong in RMB that are approved by Ministry of Commerce are adopted since 2019.

1-6 各部门机构数

Grassroots Units in Various Sectors

部　门	Sector	2010	2015	2020	2021
农村基层组织 （个）	**Rural Grassroots Units (unit)**				
镇政府	Town Governments	1134	1128	1116	1112
乡政府	Township Governments	11	11	11	11
村民委员会	Villagers' Committees	22140	19632	19425	19430
工业企业 （个）	**Industrial Enterprises (unit)**	**250853**	**379804**	**660897**	**674522**
规模以上工业	Industrial Enterprises above Designated Size	53418	42134	58504	66329
#国有工业	State-owned	567	200	244	215
集体工业	Collective-owned	872	212	105	88
建筑业企业 （个）	**Construction Enterprises (unit)**	**20195**	**36124**	**139563**	**155020**
#国有企业	State-owned	648	482	363	402
批发零售和住宿餐饮企业法人单位数 （万个）	**Number of Corporate Units in Wholesale and Retail Trades, Accommodations and Catering Services (10000 units)**	**22.18**	**41.58**	**115.72**	**119.92**
医疗卫生机构数 （个）	**Health Care (unit)**	16541	21189	55900	57955
#医院、卫生院	Hospitals and Health Centers	2444	2539	2875	2935
提供住宿的社会服务机构	Social Welfare Institutions	2514	1588	2039	2109
教育事业	**Education**				
普通高等学校 （所）	Regular Institutions of Higher Education (unit)	131	143	154	
中等学校 （所）	Secondary Schools (unit)	5146	5078	5325	
#普通中学	Regular Secondary Schools	4334	4434	4783	
小学 （万所）	Primary Schools (10000 units)	1.68	1.01	1.06	
幼儿园 （所）	Kindergartens (unit)	11161	16368	20747	
艺术表演团体 （个）	Art Performance Troupes (unit)	133	72	71	76
文化事业 （个）	Cultural Institutions (unit)	2384	2275	2282	2305
文物事业 （个）	Cultural Relic Establishments (unit)	208	260	348	236
广播电视 （座）	**Radio and Television (unit)**				
广播电台	Radio Stations	22	22	2	2
电视台	Television Stations	24	24	3	3
县、市广播电视台	Radio and Television Stations in Counties and County-level Cities	79	79	95	95
研究机构数 （个）	**Number of R&D Institutions (units)**	**4452**	**8164**	**31772**	
科学研究与技术开发机构	Scientific Research and Technological Development Institutions	186	189	193	
全日制普通高等学校	Full-time Regular Institutions of Higher Education	450	850	1873	
工业企业	Industrial Enterprises	3309	6553	28262	
其他	Others	507	572	1444	

1-7 法人和产业活动单位数
Number of Legal Entities and Industrial Establishments

单位：个 (unit)

项 目	Item	2020 法人单位数 Corporate Units	2020 产业单位数 Industrial Establishments	2021 法人单位数 Corporate Units	2021 产业单位数 Industrial Establishments
全 省	**Provincial Total**	**3526206**	**3798280**	**3634403**	**3894498**
按行业分	By Sector				
农、林、牧、渔业	Farming,Forestry,Animal Husbandry and Fishery	48290	49116	49050	49823
采矿业	Mining	2862	3048	2757	2944
制造业	Manufacture	647485	656453	661042	669491
电力、燃气及水的生产和供应业	Production and Supply of Electric Power, Gas and Water	10550	13007	10723	13015
建筑业	Construction	139563	149938	155020	165561
批发和零售业	Wholesale and Retail Trades	1097327	1183079	1135371	1217915
交通运输、仓储和邮政业	Transport, Storage and Postal Services	82795	98242	87925	102669
住宿和餐饮业	Hotels and Catering Services	59860	73536	63852	77765
信息传输、软件和信息技术服务业	Information Transmission, Computer Services and Software	180483	190518	185523	195172
金融业	Finance	30523	54691	31248	55016
房地产业	Real Estate	132006	154077	139385	160615
租赁和商务服务业	Leasing and Business Services	554117	582982	560720	587115
科学研究和技术服务业	Scientific Research, Technical Services	209766	220773	218335	229418
水利、环境和公共设施管理业	Management of Water Conservancy, Environment and Public Facilities	13668	15033	14912	16206
居民服务、修理和其他服务业	Services to Households,Repair and Other Services	68344	73616	70170	75253
教育	Education	77498	86118	78297	86210
卫生和社会工作	Health and Social Service	19674	25155	19346	24173
文化、体育和娱乐业	Culture, Sports and Entertainment	66685	70179	68047	71407
公共管理、社会保障和社会组织	Public Administration,Social Security and Social Organizations	84710	98719	82280	94730
按注册类型分	By Status of Registration				
内资	Domestic-funded	3439371	3693036	3548646	3790872
国有	State-owned	66592	97945	65282	94121
集体	Collective-owned	126770	135686	135573	143793
股份合作企业	Share-holding Cooperative Enterprises	5053	7316	5250	7430
联营企业	Joint-operation Enterprises	2242	2858	2177	2788
有限责任公司	Limited Liability Corporations	330323	384156	356709	407066
股份有限公司	Share-holding Corporations Ltd.	18523	42091	19418	42574
私营企业	Private Enterprises	2745616	2872526	2834689	2958964
其他	Other	144252	150458	129548	134136
港、澳、台商投资企业	Enterprises with Investment from Hong Kong,Macao and Taiwan	66156	73430	64722	72001
合资经营企业(港或澳、台资)	Joint Ventures	6329	7749	6430	7848
合作经营企业(港或澳、台资)	Cooperative Enterprises	1579	1764	1483	1657
港、澳、台商独资经营企业	Sole Investment Enterprises	56388	61349	54839	59795
港、澳、台商投资股份有限公司	Share-holding Corporations Ltd.	836	1114	870	1169
其他港、澳、台商投资	Other Enterprises	1024	1454	1100	1532
外商投资企业	Enterprises with Foreign Investment	20679	31814	20635	31625
中外合资经营企业	Sino-foreign Joint Ventures	3904	5921	3862	5833
中外合作经营企业	Sino-foreign Cooperative Enterprises	389	502	347	453
外资企业	Foreign-funded Enterprises	14548	22206	14516	22075
外商投资股份有限公司	Share-holding Corporations Ltd.	690	1289	738	1334
其他外商投资	Other Enterprises	1148	1896	1172	1930

注：产业单位数包含法人单位数。
Note: The number of the industrial establishments include the number of the corporate units.

1-8 各市法人和产业活动单位数

Number of Corporate Units and Industrial Establishments by City

单位：个 (unit)

市别	City	2020		2021	
		法人单位数 Corporate Units	产业单位数 Industrial Establishments	法人单位数 Corporate Units	产业单位数 Industrial Establishments
全　省	**Provincial Total**	**3526206**	**3798280**	**3634003**	**3894498**
广　州	Guangzhou	824703	874401	837112	886204
深　圳	Shenzhen	920824	977167	939274	993874
珠　海	Zhuhai	117579	126256	128544	137029
汕　头	Shantou	64859	72146	66828	74016
佛　山	Foshan	264801	285940	277608	297191
韶　关	Shaoguan	43875	49530	49366	55014
河　源	Heyuan	34130	40395	35086	40733
梅　州	Meizhou	39848	46839	39986	46849
惠　州	Huizhou	145687	158515	185855	199090
汕　尾	Shanwei	18805	22057	19013	22254
东　莞	Dongguan	456811	482962	441075	463145
中　山	Zhongshan	126900	136536	136885	146284
江　门	Jiangmen	78610	86439	83222	90653
阳　江	Yangjiang	38168	42222	38812	42770
湛　江	Zhanjiang	77222	89242	80191	92215
茂　名	Maoming	79678	87676	80149	88061
肇　庆	Zhaoqing	43472	50364	42712	48537
清　远	Qingyuan	61138	68955	59523	66483
潮　州	Chaozhou	25300	27958	26211	28868
揭　阳	Jieyang	41512	46178	44705	49247
云　浮	Yunfu	22284	26502	21846	25981
按经济区域分	By Region				
珠三角	Pearl River Delta	2979387	3178580	3072287	3262007
东　翼	Eastern Region	150476	168339	156757	174385
西　翼	Western Region	195068	219140	199152	223046
山　区	Mountainous Region	201275	232221	205807	235060

1-9 按行业和登记注册类型分组的法人单位数（2021年）

Number of Corporate Units by Sector and by Status of Registration (2021)

单位：个 (unit)

项 目	Item	总 计 Total	内资 Domestic-funded	国有 State-owned	集体 Collective-owned	股份合作企业 Share-holding Cooperative Enterprises
全 省	**Provincial Total**	**3634003**	**3548646**	**65282**	**135573**	**5250**
农、林、牧、渔业	Farming,Forestry,Animal Husbandry and Fishery	49050	48350	459	989	47
采矿业	Mining	2757	2710	22	36	3
制造业	Manufacture	661042	631889	978	1520	1089
电力、燃气及水的生产和供应业	Production and Supply of Electric Power, Gas and Water	10723	10365	427	970	43
建筑业	Construction	155020	153946	402	545	167
批发和零售业	Wholesale and Retail Trades	1135371	1113841	2140	3318	1396
交通运输、仓储和邮政业	Transport, Storage and Postal Services	87925	85937	966	377	108
住宿和餐饮业	Hotels and Catering Services	63852	62566	269	195	235
信息传输、软件和信息技术服务业	Information Transmission, Computer Services and Software	185523	179282	434	71	71
金融业	Finance	31248	29845	334	36	105
房地产业	Real Estate	139385	135524	1356	3042	646
租赁和商务服务业	Leasing and Business Services	560720	549666	3284	119158	684
科学研究和技术服务业	Scientific Research, Technical Services	218335	213214	3588	454	159
水利、环境和公共设施管理业	Management of Water Conservancy, Environment and Public Facilities	14912	14743	2013	185	12
居民服务、修理和其他服务业	Services to Households,Repair and Other Services	70170	69642	433	350	200
教育	Education	78297	78073	16177	1575	151
卫生和社会工作	Health and Social Service	19346	19262	4172	744	37
文化、体育和娱乐业	Culture, Sports and Entertainment	68047	67520	1897	185	78
公共管理、社会保障和社会组织	Public Administration,Social Security and Social Organizations	82280	82271	25931	1823	19

1-9 续表 1 continued

单位：个 (unit)

项　　目	Item	联营企业 Joint-operation Enterprises	有限责任公司 Limited Liability Corporations	股份有限公司 Share-holding Corporations Ltd.	私营企业 Private Enterprises	其他 Other
全　　省	**Provincial Total**	**2177**	**356709**	**19418**	**2834689**	**129548**
农、林、牧、渔业	Farming,Forestry,Animal Husbandry and Fishery	36	2485	268	19292	24774
采矿业	Mining	5	411	39	2171	23
制造业	Manufacture	254	7884	3963	541449	3752
电力、燃气及水的生产和供应业	Production and Supply of Electric Power, Gas and Water	81	1853	165	6756	70
建筑业	Construction	51	18561	891	132587	742
批发和零售业	Wholesale and Retail Trades	404	101210	4479	992415	8479
交通运输、仓储和邮政业	Transport, Storage and Postal Services	38	9302	540	74236	370
住宿和餐饮业	Hotels and Catering Services	29	6884	417	54130	407
信息传输、软件和信息技术服务业	Information Transmission, Computer Services and Software	22	18444	1235	158379	626
金融业	Finance	13	5634	1328	22241	154
房地产业	Real Estate	111	23168	1179	105436	586
租赁和商务服务业	Leasing and Business Services	353	48252	2432	364384	11119
科学研究和技术服务业	Scientific Research, Technical Services	65	22156	1273	182509	3010
水利、环境和公共设施管理业	Management of Water Conservancy, Environment and Public Facilities	16	2271	148	9831	267
居民服务、修理和其他服务业	Services to Households,Repair and Other Services	36	5794	348	60886	1595
教育	Education	134	3577	258	41463	14738
卫生和社会工作	Health and Social Service	78	1300	70	9025	3836
文化、体育和娱乐业	Culture, Sports and Entertainment	36	6415	366	56226	2317
公共管理、社会保障和社会组织	Public Administration,Social Security and Social Organizations	415	108	19	1273	52683

1−9 续表 2 continued

单位：个 (unit)

项 目	Item	港、澳、台商投资企业 Enterprises with Investment from Hong Kong, Macao and Taiwan	合资经营企业(港或澳、台资) Joint Ventures	合作经营企业(港或澳、台资) Cooperative Enterprises	港、澳、台商独资经营企业 Sole Investment Enterprises	港、澳、台商投资股份有限公司 Shareholding Corporations Ltd.	其他港、澳、台商投资 Other Enterprises
全 省	**Provincial Total**	**64722**	**6430**	**1483**	**54839**	**870**	**1100**
农、林、牧、渔业	Farming,Forestry,Animal Husbandry and Fishery	625	56	11	541	4	13
采矿业	Mining	33	9	1	23		
制造业	Manufacture	21588	2363	453	18104	400	268
电力、燃气及水的生产和供应业	Production and Supply of Electric Power,Gas and Water	238	109	11	110	4	4
建筑业	Construction	980	83	16	849	16	16
批发和零售业	Wholesale and Retail Trades	15685	952	95	14238	152	248
交通运输、仓储和邮政业	Transport, Storage and Postal Services	1510	186	410	874	22	18
住宿和餐饮业	Hotels and Catering Services	878	207	56	568	17	30
信息传输、软件和信息技术服务业	Information Transmission, Computer Services and Software	5313	280	33	4858	65	77
金融业	Finance	1006	385	12	563	12	34
房地产业	Real Estate	2953	532	241	2077	38	65
租赁和商务服务业	Leasing and Business Services	8748	751	52	7658	80	207
科学研究和技术服务业	Scientific Research, Technical Services	4017	322	32	3541	34	88
水利、环境和公共设施管理业	Management of Water Conservancy, Environment and Public Facilities	134	25	8	99	2	
居民服务、修理和其他服务业	Services to Households,Repair and Other Services	393	51	9	309	11	13
教育	Education	154	28	6	115	3	2
卫生和社会工作	Health and Social Service	62	18	4	35		5
文化、体育和娱乐业	Culture, Sports and Entertainment	403	73	33	275	10	12
公共管理、社会保障和社会组织	Public Administration,Social Security and Social Organizations	2			2		

1–9 续表 3　continued

单位：个 (unit)

项　目	Item	外商投资企业 Enterprises with Foreign Investment	中外合资经营企业 Sino-foreign Joint Ventures	中外合作经营企业 Sino-foreign Cooperative Enterprises	外资企业 Foreign-funded Enterprises	外商投资股份有限公司 Share-holding Corporations Ltd.	其他外商投资 Other Enter-prises
全　省	**Provincial Total**	**20635**	**3862**	**347**	**14516**	**738**	**1172**
农、林、牧、渔业	Farming,Forestry,Animal Husbandry and Fishery	75	15	6	46	3	5
采矿业	Mining	14	6	2	5	1	
制造业	Manufacture	7565	1440	115	5595	198	217
电力、燃气及水的生产和供应业	Production and Supply of Electric Power,Gas and Water	120	49	9	52	7	3
建筑业	Construction	94	28	3	48	3	12
批发和零售业	Wholesale and Retail Trades	5845	673	31	4567	232	342
交通运输、仓储和邮政业	Transport, Storage and Postal Services	478	130	59	244	25	20
住宿和餐饮业	Hotels and Catering Services	408	88	11	236	42	31
信息传输、软件和信息技术服务业	Information Transmission, Computer Services and Software	928	212	7	626	22	61
金融业	Finance	397	192	2	146	34	23
房地产业	Real Estate	908	272	48	480	52	56
租赁和商务服务业	Leasing and Business Services	2306	328	22	1619	78	259
科学研究和技术服务业	Scientific Research, Technical Services	1104	330	15	646	30	83
水利、环境和公共设施管理业	Management of Water Conservancy, Environment and Public Facilities	35	7		19	1	8
居民服务、修理和其他服务业	Services to Households,Repair and Other Services	135	24	6	80	6	19
教育	Education	70	19	4	32		15
卫生和社会工作	Health and Social Service	22	13	1	5		3
文化、体育和娱乐业	Culture, Sports and Entertainment	124	36	6	66	4	12
公共管理、社会保障和社会组织	Public Administration,Social Security and Social Organizations	7			4		3

1-10 各市按机构类型分法人单位数（2021年）

Number of Corporate Units by Type by City (2021)

单位：个 (unit)

市 别	city	法人单位 Corporate Units	企业 Enterprises	事业单位 Institutions	机关 Government Agencies	社会团体 Social Organizations	民办非企业 Non-enterprise Units Run by l NGO	其他组织机构 Other Organizations
全 省	**Provincial Total**	**3634003**	**3319746**	**44918**	**12598**	**28441**	**37520**	**190780**
广 州	Guangzhou	837112	803934	5543	1193	4993	5130	16319
深 圳	Shenzhen	939274	926183	2262	869	3457	4653	1850
珠 海	Zhuhai	128544	124164	818	343	1051	1351	817
汕 头	Shantou	66828	57745	2118	510	1293	1673	3489
佛 山	Foshan	277608	264040	2159	807	2392	2512	5698
韶 关	Shaoguan	49366	31970	2044	720	1115	723	12794
河 源	Heyuan	35086	25353	1235	498	631	973	6396
梅 州	Meizhou	39986	28866	2205	660	1157	1066	6032
惠 州	Huizhou	185855	167431	2254	582	1259	1842	12487
汕 尾	Shanwei	19013	12645	1295	432	441	692	3508
东 莞	Dongguan	441075	429718	1789	755	1305	3631	3877
中 山	Zhongshan	136885	131211	894	198	696	1611	2275
江 门	Jiangmen	83222	67425	1982	553	2117	1172	9973
阳 江	Yangjiang	38812	24882	1048	413	728	916	10825
湛 江	Zhanjiang	80191	54878	3977	812	973	2288	17263
茂 名	Maoming	80149	37316	3680	568	914	1678	35993
肇 庆	Zhaoqing	42712	30193	1995	770	1066	1355	7333
清 远	Qingyuan	59523	30805	1641	540	897	1370	24270
潮 州	Chaozhou	26211	20742	1555	316	638	926	2034
揭 阳	Jieyang	44705	34808	2509	556	723	1507	4602
云 浮	Yunfu	21846	15437	1915	503	595	451	2945
按经济区域分	By Region							
珠 三 角	Pearl River Delta	3072287	2944299	19696	6070	18336	23257	60629
东 翼	Eastern Region	156757	125940	7477	1814	3095	4798	13633
西 翼	Western Region	199152	117076	8705	1793	2615	4882	64081
山 区	Mountainous Region	205807	132431	9040	2921	4395	4583	52437

1-11 各市按行业分法人单位数（2021年）

Number of Corporate Units by Sector by City (2021)

单位：个 (unit)

市　别	city	总　计 Total	农、林、牧、渔业 Farming, Forestry, Animal Husbandry and Fishery	采矿业 Mining	制造业 Manufacture	电力、燃气及水的生产和供应业 Production and Supply of Electric Power, Gas and Water
全　省	**Provincial Total**	**3634003**	**49050**	**2757**	**661042**	**10723**
广　州	Guangzhou	837112	3068	65	84865	763
深　圳	Shenzhen	939274	449	59	127087	433
珠　海	Zhuhai	128544	670	53	11268	192
汕　头	Shantou	66828	1261	27	16355	158
佛　山	Foshan	277608	1213	29	75746	319
韶　关	Shaoguan	49366	4082	214	3176	1217
河　源	Heyuan	35086	6409	305	3173	611
梅　州	Meizhou	39986	4527	284	3505	847
惠　州	Huizhou	185855	3137	221	33037	622
汕　尾	Shanwei	19013	1630	22	1978	216
东　莞	Dongguan	441075	636	30	168798	381
中　山	Zhongshan	136885	834	8	57204	153
江　门	Jiangmen	83222	1952	97	24793	342
阳　江	Yangjiang	38812	1658	101	5710	510
湛　江	Zhanjiang	80191	4266	168	5954	273
茂　名	Maoming	80149	2804	236	4549	771
肇　庆	Zhaoqing	42712	2200	230	6714	684
清　远	Qingyuan	59523	4139	438	4425	1222
潮　州	Chaozhou	26211	1071	23	9556	250
揭　阳	Jieyang	44705	1986	40	9069	339
云　浮	Yunfu	21846	1058	107	4080	420
按经济区域分	By Region					
珠三角	Pearl River Delta	3072287	14159	792	589512	3889
东　翼	Eastern Region	156757	5948	112	36958	963
西　翼	Western Region	199152	8728	505	16213	1554
山　区	Mountainous Region	205807	20215	1348	18359	4317

1-11 续表 1 continued

单位：个 (unit)

市 别	city	建筑业 Construction	批发和零售业 Wholesale and Retail Trades	交通运输、仓储和邮政业 Transport, Storage and Postal Services	住宿和餐饮业 Hotels and Catering Services	信息传输、软件和信息技术服务业 Information Transmission, Computer Services and Software
全 省	**Provincial Total**	**155020**	**1135371**	**87925**	**63852**	**185523**
广 州	Guangzhou	32626	290510	22737	18598	63873
深 圳	Shenzhen	25190	372462	27558	13497	68122
珠 海	Zhuhai	11069	32832	3051	2881	9161
汕 头	Shantou	2161	19101	1775	1610	2058
佛 山	Foshan	9543	94652	6537	5859	8324
韶 关	Shaoguan	3232	8802	981	707	1432
河 源	Heyuan	3069	6583	682	593	897
梅 州	Meizhou	3328	8105	740	461	1652
惠 州	Huizhou	18631	43733	3395	4131	6145
汕 尾	Shanwei	829	3452	328	546	421
东 莞	Dongguan	18549	127058	8012	6203	9891
中 山	Zhongshan	7170	28989	2891	2355	3379
江 门	Jiangmen	4361	16601	1770	1431	1781
阳 江	Yangjiang	1740	7445	735	542	833
湛 江	Zhanjiang	3725	20620	1909	1523	2052
茂 名	Maoming	2394	16142	974	610	1346
肇 庆	Zhaoqing	1844	7878	917	507	1256
清 远	Qingyuan	2187	7351	1200	588	955
潮 州	Chaozhou	725	5195	435	370	393
揭 阳	Jieyang	1558	13125	822	611	1151
云 浮	Yunfu	1089	4735	476	229	401
按经济区域分	By Region					
珠 三 角	Pearl River Delta	128983	1014715	76868	55462	171932
东 翼	Eastern Region	5273	40873	3360	3137	4023
西 翼	Western Region	7859	44207	3618	2675	4231
山 区	Mountainous Region	12905	35576	4079	2578	5337

1-11 续表 2 continued

单位：个 (unit)

市别	city	金融业 Finance	房地产业 Real Estate	租赁和商务服务业 Leasing and Business Services	科学研究和技术服务业 Scientific Research, Technical Services and Geological Prospecting	水利、环境和公共设施管理业 Management of Water Conservancy, Environment and Public Facilities
全　省	**Provincial Total**	**31248**	**139385**	**560720**	**218335**	**14912**
广　州	Guangzhou	5647	34488	137738	73165	2878
深　圳	Shenzhen	14577	26891	140266	60380	2389
珠　海	Zhuhai	6141	7452	21164	10168	651
汕　头	Shantou	246	2251	6478	2788	394
佛　山	Foshan	929	10616	26365	14792	948
韶　关	Shaoguan	163	1925	12905	2205	496
河　源	Heyuan	122	1751	3038	1372	308
梅　州	Meizhou	156	1313	4372	1561	557
惠　州	Huizhou	400	16183	29279	9889	1410
汕　尾	Shanwei	52	1113	3129	569	140
东　莞	Dongguan	1134	11040	45609	18360	1236
中　山	Zhongshan	282	5799	12379	5607	429
江　门	Jiangmen	244	3714	13766	2685	459
阳　江	Yangjiang	72	1649	11491	1215	229
湛　江	Zhanjiang	209	3503	17982	3356	424
茂　名	Maoming	138	2027	34937	2325	385
肇　庆	Zhaoqing	226	2213	7514	2373	355
清　远	Qingyuan	131	3019	24075	2310	465
潮　州	Chaozhou	98	464	1308	999	183
揭　阳	Jieyang	155	989	4643	1303	330
云　浮	Yunfu	126	985	2282	913	246
按经济区域分	By Region					
珠三角	Pearl River Delta	29580	118396	434080	197419	10755
东　翼	Eastern Region	551	4817	15558	5659	1047
西　翼	Western Region	419	7179	64410	6896	1038
山　区	Mountainous Region	698	8993	46672	8361	2072

1-11 续表 3 continued

单位：个 (unit)

市 别	city	居民服务、修理和其他服务业 Services to Households and Other Services	教育 Education	卫生和社会工作 Health Care, Social Security and Social Welfare	文化、体育和娱乐业 Culture, Sports and Recreation	公共管理、社会保障和社会组织 Public Administration and Social Organizations
全 省	**Provincial Total**	**70170**	**78297**	**19346**	**68047**	**82280**
广 州	Guangzhou	17414	13789	3902	20223	10763
深 圳	Shenzhen	18639	15834	3503	15622	6316
珠 海	Zhuhai	3261	2368	768	3341	2053
汕 头	Shantou	1429	2808	676	1572	3680
佛 山	Foshan	5899	4250	1217	5643	4727
韶 关	Shaoguan	839	1526	448	859	4157
河 源	Heyuan	733	1480	413	543	3004
梅 州	Meizhou	596	1689	549	676	5068
惠 州	Huizhou	3779	3615	881	3459	3908
汕 尾	Shanwei	422	1438	211	403	2114
东 莞	Dongguan	7386	5481	1416	6371	3484
中 山	Zhongshan	3048	2399	570	1967	1422
江 门	Jiangmen	1130	1792	553	1069	4682
阳 江	Yangjiang	520	1282	312	532	2236
湛 江	Zhanjiang	1536	5210	1289	1434	4758
茂 名	Maoming	756	4158	775	948	3874
肇 庆	Zhaoqing	664	1859	466	789	4023
清 远	Qingyuan	827	1696	505	813	3177
潮 州	Chaozhou	337	1603	194	562	2445
揭 阳	Jieyang	673	2967	383	852	3709
云 浮	Yunfu	282	1053	315	369	2680
按经济区域分	By Region					
珠 三 角	Pearl River Delta	61220	51387	13276	58484	41378
东 翼	Eastern Region	2861	8816	1464	3389	11948
西 翼	Western Region	2812	10650	2376	2914	10868
山 区	Mountainous Region	3277	7444	2230	3260	18086

1-12 各市按注册类型分法人单位数（2021年）

Number of Corporate Units by Status of Registration by City (2021)

单位：个 (unit)

市别	city	总计 Total	内资 Domestic-funded	国有 State-owned	集体 Collective-owned	股份合作企业 Share-holding Cooperative Enterprises
全省	**Provincial Total**	**3634003**	**3548646**	**65282**	**135573**	**5250**
广州	Guangzhou	837112	819587	8584	14547	1932
深圳	Shenzhen	939274	914515	3793	316	896
珠海	Zhuhai	128544	121292	1586	681	107
汕头	Shantou	66828	66074	3524	2245	262
佛山	Foshan	277608	273686	2608	5146	301
韶关	Shaoguan	49366	48635	3188	8899	147
河源	Heyuan	35086	34003	2053	378	39
梅州	Meizhou	39986	37660	3112	951	50
惠州	Huizhou	185855	181109	3300	9419	126
汕尾	Shanwei	19013	18614	1997	1874	18
东莞	Dongguan	441075	428948	2464	4070	673
中山	Zhongshan	136885	133669	1065	2311	86
江门	Jiangmen	83222	80606	2794	8172	114
阳江	Yangjiang	38812	38435	1686	7074	16
湛江	Zhanjiang	80191	79886	5276	10858	117
茂名	Maoming	80149	79537	4799	31485	62
肇庆	Zhaoqing	42712	41957	3081	4141	29
清远	Qingyuan	59523	58563	2415	19480	69
潮州	Chaozhou	26211	25912	2018	509	99
揭阳	Jieyang	44705	44363	3291	1796	76
云浮	Yunfu	21846	21595	2648	1221	31
按经济区域分	By Region					
珠三角	Pearl River Delta	3072287	2995369	29275	48803	4264
东翼	Eastern Region	156757	154963	10830	6424	455
西翼	Western Region	199152	197858	11761	49417	195
山区	Mountainous Region	205807	200456	13416	30929	336

1-12 续表 1 continued

单位：个 (unit)

市 别	city	联营企业 Joint-operation Enterprises	有限责任公司 Limited Liability Corporations	股份有限公司 Share-holding Corporations Ltd.	私营企业 Private Enterprises	其他 Other
全 省	**Provincial Total**	**2177**	**356709**	**19418**	**2834689**	**129548**
广 州	Guangzhou	299	54247	4086	721863	14029
深 圳	Shenzhen	169	43886	3888	852154	9413
珠 海	Zhuhai	45	39828	590	75498	2957
汕 头	Shantou	89	9650	638	44522	5144
佛 山	Foshan	119	12360	589	246499	6064
韶 关	Shaoguan	46	3077	270	27416	5592
河 源	Heyuan	60	4162	323	19412	7576
梅 州	Meizhou	40	2427	358	23637	7085
惠 州	Huizhou	128	30776	1637	128527	7196
汕 尾	Shanwei	27	1082	125	10799	2692
东 莞	Dongguan	275	103565	3158	304159	10584
中 山	Zhongshan	61	11128	410	116207	2401
江 门	Jiangmen	155	11218	634	51620	5899
阳 江	Yangjiang	20	2333	187	21827	5292
湛 江	Zhanjiang	118	3067	501	50871	9078
茂 名	Maoming	238	8521	583	28095	5754
肇 庆	Zhaoqing	64	2776	291	26396	5179
清 远	Qingyuan	60	2906	285	26754	6594
潮 州	Chaozhou	49	2283	220	17503	3231
揭 阳	Jieyang	83	4827	456	28756	5078
云 浮	Yunfu	32	2590	189	12174	2710
按经济区域分	By Region					
珠 三 角	Pearl River Delta	1315	309784	15283	2522923	63722
东 翼	Eastern Region	248	17842	1439	101580	16145
西 翼	Western Region	376	13921	1271	100793	20124
山 区	Mountainous Region	238	15162	1425	109393	29557

1-12 续表 2 continued

单位：个 (unit)

市别 city		港、澳、台商投资企业 Enterprises with Investment from Hong Kong, Macao and Taiwan	合资经营企业（港或澳、台资） Joint Ventures	合作经营企业（港或澳、台资） Cooperative Enterprises	港、澳、台商独资经营企业 Sole Investment Enterprises	港、澳、台商投资股份有限公司 Share-holding Corporations Ltd.	其他港、澳、台商投资 Other Enterprises
全　省	**Provincial Total**	**64722**	**6430**	**1483**	**54839**	**870**	**1100**
广　州	Guangzhou	10496	1622	400	8064	162	248
深　圳	Shenzhen	20488	1430	185	18384	196	293
珠　海	Zhuhai	6306	632	103	5413	62	96
汕　头	Shantou	550	107	58	358	13	14
佛　山	Foshan	2410	656	54	1615	38	47
韶　关	Shaoguan	648	53	34	542	10	9
河　源	Heyuan	1006	49	27	894	22	14
梅　州	Meizhou	2266	90	29	2119	11	17
惠　州	Huizhou	4038	292	81	3524	78	63
汕　尾	Shanwei	370	25	16	320	4	5
东　莞	Dongguan	8631	505	127	7671	141	187
中　山	Zhongshan	2284	256	34	1917	48	29
江　门	Jiangmen	2087	333	68	1613	44	29
阳　江	Yangjiang	318	43	26	243	2	4
湛　江	Zhanjiang	194	50	27	107	3	7
茂　名	Maoming	565	54	15	481	8	7
肇　庆	Zhaoqing	583	81	23	455	13	11
清　远	Qingyuan	763	70	65	618	3	7
潮　州	Chaozhou	243	34	58	144	4	3
揭　阳	Jieyang	279	22	39	212	4	2
云　浮	Yunfu	197	26	14	145	4	8
按经济区域分	By Region						
珠 三 角	Pearl River Delta	57323	5807	1075	48656	782	1003
东　翼	Eastern Region	1442	188	171	1034	25	24
西　翼	Western Region	1077	147	68	831	13	18
山　区	Mountainous Region	4880	288	169	4318	50	55

1-12 续表 3 continued

单位：个 (unit)

市 别	city	外商投资企业 Enterprises with Foreign Investment	中外合资经营企业 Sino-foreign Joint Ventures	中外合作经营企业 Sino-foreign Cooperative Enterprises	外资企业 Foreign-funded Enterprises	外商投资股份有限公司 Share-holding Corporations Ltd.	其他外商投资 Other Enterprises
全 省	**Provincial Total**	**20635**	**3862**	**347**	**14516**	**738**	**1172**
广 州	Guangzhou	7029	1263	97	5095	182	392
深 圳	Shenzhen	4271	971	47	2903	90	260
珠 海	Zhuhai	946	229	28	594	32	63
汕 头	Shantou	204	38	11	129	12	14
佛 山	Foshan	1512	340	29	1029	60	54
韶 关	Shaoguan	83	27	2	48	3	3
河 源	Heyuan	77	14	3	52	5	3
梅 州	Meizhou	60	16	6	27	5	6
惠 州	Huizhou	708	122	14	494	31	47
汕 尾	Shanwei	29	5	2	18	2	2
东 莞	Dongguan	3496	356	35	2696	226	183
中 山	Zhongshan	932	147	4	690	47	44
江 门	Jiangmen	529	140	8	339	12	30
阳 江	Yangjiang	59	8	4	44	1	2
湛 江	Zhanjiang	111	46	3	50	4	8
茂 名	Maoming	47	14	1	23	4	5
肇 庆	Zhaoqing	172	49	11	102	3	7
清 远	Qingyuan	197	38	13	103	7	36
潮 州	Chaozhou	56	12	19	23	1	1
揭 阳	Jieyang	63	16	5	26	8	8
云 浮	Yunfu	54	11	5	31	3	4
按经济区域分	By Region						
珠 三 角	Pearl River Delta	19595	3617	273	13942	683	1080
东 翼	Eastern Region	352	71	37	196	23	25
西 翼	Western Region	217	68	8	117	9	15
山 区	Mountainous Region	471	106	29	261	23	52

1-13 全省商品、服务类电子商务交易情况

E-commerce Transactions in Commodities and Services of Guangdong

单位：亿元 (100 million yuan)

指　　标	Item	2021	2021比2020年增长(%) Growth Rate in 2021 over 2020(%)
广东商品、服务类电子商务交易额	E-commerce transactions in commodities and services of Guangdong	62508.53	16.0
按交易平台分	According to the Transaction Platform		
广东在本地平台实现的电子商务交易额	E-commerce Transaction Volume of Guangdong on the Local Platform	25659.59	8.6
广东在省外平台实现的电子商务交易额	E-commerce Transaction Volume of Guangdong not on the Local Platform	36848.94	0.2
按交易对象分	According to the Transaction Object		
B2B+B2G	B2B+B2G	26920.11	16.5
B2C+C2C	B2C+C2C	35588.41	15.6
按交易内容分	According to the Transaction Content		
商品	Commodity	49724.86	14.1
服务	Service	12783.66	23.6

注：1.统计范围：辖区内规模以上工业、有资质的建筑业、限额以上批发和零售业、限额以上住宿和餐饮业、房地产开发经营业、规模以上服务业法人单位拥有的商品、服务类电子商务交易平台，辖区内规模以下法人单位拥有的且电子商务年交易额1000万元以上的商品、服务类电子商务交易平台。

2.电子商务交易额=在本地平台实现的电子商务交易额+在省外平台实现的电子商务交易额。

3.2016年起国家统计局仅反馈商品、服务类电子商务交易分地区数据，合约类电子商务交易数据不分地区反馈，增速按可比口径计算。

Note: a)Statistical scope: within the jurisdiction of the industrial enterprises above Designated Size, qualified construction enterprises, the enterprises above designated size in wholesale and retail industry, enterprises above designated size of hotels and catering services,real estate enterprises, the services enterprises above designated size have e-commerce trading platform,within the jurisdiction of the enterprises below the designated size have e-commerce trading platform with e-commerce transaction volume of more than 10 million yuan.

b)E-commerce transaction volume=E-commerce transaction volume of Guangdong on the local platform+E-commerce transaction volume not on the local platform.

c)since 2016, the National Bureau of statistics only feedback the data of commodity and service e-commerce transactions regard of region, but the data of contract e-commerce transaction data regardless of region.And the growth rates are calculated at constant prices.

1-14 粤港澳大湾区主要经济指标（2021年）

Main Indicators of Guangdong-Hong Kong-Macao Greater Bay Area (2021)

地 区	Region	土地面积（平方公里）Land Area (sq.m)	地区生产总值 Gross Domestic Product			人均地区生产总值 Per Capita GDP		
			绝对值（亿元）Absolute (100 million yuan)	绝对值（亿美元）Absolute (USD 100 million)	指数（上年=100）Index (preceding year =100)	绝对值（元）Absolute (100 million yuan)	绝对值（美元）Absolute (USD)	指数（上年=100）Index (preceding year =100)
广 州	Guangzhou	7238.46	28231.97	4376.0	108.1	150366	23307	106.7
深 圳	Shenzhen	1986.41	30664.85	4753.1	106.7	173663	26918	105.0
珠 海	Zhuhai	1725.00	3881.75	601.7	106.9	157914	24477	104.0
佛 山	Foshan	3797.79	12156.54	1884.3	108.3	127085	19698	107.3
惠 州	Huizhou	11350.36	4977.36	771.5	110.1	82113	12728	109.3
东 莞	Dongguan	2460.38	10855.35	1682.6	108.2	103284	16009	107.8
中 山	Zhongshan	1780.99	3566.17	552.8	108.2	80157	12424	107.2
江 门	Jiangmen	9535.19	3601.28	558.2	108.4	74722	11582	107.5
肇 庆	Zhaoqing	14891.43	2649.99	410.8	110.5	64269	9962	110.0
香港特别行政区	Hong Kong Special Administrative Region	1113.8	28616①	3681	107.0	386022①	49662	107.9
澳门特别行政区	Macao Special Administrative Region	33.0	2394②	299	117.1	350445②	43771	116.8

1-14 续表 continued

地 区	Region	年末人口（万人）Population at the Year-end (10000 persons)	港口集装箱吞吐量（万标准集装箱）Container Throughput (10000 TEUs)	进出口总额（亿美元）Total Exports and Imports (USD 100 million)	出口总额（亿美元）Total Exports (USD 100 million)	进口总额（亿美元）Total Imports (USD 100 million)
广 州	Guangzhou	1881.06	2446.65	1674.54	976.18	698.35
深 圳	Shenzhen	1768.16	2876.76	5485.77	2982.12	2503.65
珠 海	Zhuhai	246.67	204.00	513.58	291.76	221.82
佛 山	Foshan	961.26	370.73	952.20	773.59	178.60
惠 州	Huizhou	606.60	50.66	472.96	330.06	142.89
东 莞	Dongguan	1053.68	368.49	2359.97	1479.61	880.36
中 山	Zhongshan	446.69	139.42	417.03	345.33	71.71
江 门	Jiangmen	483.51	173.28	276.93	226.82	50.11
肇 庆	Zhaoqing	412.97	56.14	62.75	42.09	20.67
香港特别行政区	Hong Kong Special Administrative Region	740.31	1780	13210.65	6382.05	6828.60
澳门特别行政区	Macao Special Administrative Region	68.32	12.41	208.39	16.19	192.19

注：1.本表香港、澳门统计数据来自香港政府统计处、澳门统计暨普查局。香港特别行政区和澳门特别行政区地区生产总值为“本地生产总值 ”。澳门特别行政区集装箱吞吐量为载货集装箱吞吐量，其余为集装箱总吞吐量。 本表汇率按照100港币=83.00人民币元，100澳门元=80.58人民币元，100美元=645.15人民币元计算。①为港币元。②为澳门元。

2.本表中，广州、深圳、珠海、佛山、惠州、东莞、中山、江门、肇庆九市土地面积为2020年数据。

Note: a) Data in this chart regarding Hong Kong and Macao come from the Hong Kong Census and Statistics Department,and the Macao Statistics and Census Service. The regional GDP of the Hong Kong Special Administrative Region and the Macao Special Administrative Region are labeled as “Regional GDP.” The container throughput of the Macao Special Adminis-trative Region is the cargo containing container throughput; the other container throughput data is total container throughput.This chart is calculated using currency conversion rates of 100 HKD=83.00RMB, 100MOP=80.85RMB, and 100USD=645.15RMB. ① Hong Kong Dollars. ② Macao Pataca.

b) In this table, the land area data of Guangzhou, Shenzhen, Zhuhai, Foshan, Huizhou, Dongguan, Zhongshan, Jiangmen and Zhaoqing are the data of 2020.

主要统计指标解释

行政区划 指国家对行政区域的划分。根据有关法规规定，我国的行政区域划分如下: (1)全国分为省、自治区、直辖市;(2)省、自治区分为自治州、县、自治县、市; (3)自治州分为县、自治县、市; (4)县、自治县分为乡、民族乡、镇; (5)直辖市和较大的市分为区、县; (6)国家在必要时设立的特别行政区。

发展速度 用以反映社会经济发展程度的相对指标，根据两个不同时期发展水平的对比而得。由于比较的标准时期不同，发展速度可分为定期发展速度和环比发展速度两种。

增长速度 发展速度－1（或100%）就是增长速度。即增长速度＝发展速度－1（或100%）。

平均每年增长速度 我国计算平均增长速度有两种方法，一种是习惯上经常使用的“水平法”，又称几何平均法，是以间隔最后一年的水平同基期水平对比来计算平均每年增长（或下降）的速度；另一种是“累计法”又称代数平均法或方程法，是以间隔年内各年水平的总和同基期水平对比来计算平均每年增长（或下降）的速度。具体计算方法，可参照中国财经出版社出版的《平均增长速度查对表》。

在一般正常情况下，两种方法计算的平均每年增长速度比较接近，但在经济发展不平衡出现大起大落时，两种方法计算的结果差别较大。

本《年鉴》内所列的平均每年增长速度都是用水平法计算的。从某年到某年平均增长速度的年份，均不包基期年在内。如1981－2010年平均每年增长速度，是以1980年为基期，2010年为报告期，年份从1981年算起，共30年。

当年价格 是报告期的实际价格，如工厂的出厂价格、农产品的收购价格、商品的零售价格等。按当年价格计算，是指一些以货币表现的物量指标，如工业总产值、国内生产总值等，按照当年的实际价格来计算总量。按当年价格计算的价值指标，在不同年份之间进行对比时，因为包含有各年间价格变动的因素，不能确切地反映实物量的增减变动。因此，在计算增长速度时都使用按可比价格计算的数字。

国民经济行业分类 自2017年统计年报和2018年定期统计报表开始使用新的《国民经济行业分类》（GB/T 4754-2017）。该分类是由国家统计局组织修订，国家质量监督检验检疫总局和中国国家标准化管理委员会于2017年6月30日发布。这次修订是在2011年分类标准的基础上，参照联合国《所有经济活动的国际标准产业分类》(2006年，修订第四版，简称ISIC/Rev.4)进行的。修订后的《国民经济行业分类》(GB/T 4754-2017）共有门类20个，大类97个，中类473个，小类1382个。

企业(单位)登记注册类型 是以在工商行政管理机关登记注册的各类企业为划分对象，以工商行政管理部门对企业登记注册的类型为依据，将企业登记注册类型分为内资企业、港澳台商投资企业和外商投资企业三大类。内资企业包括国有企业、集体企业、股份合作企业、联营企业、有限责任公司、股份有限公司、私营企业和其他企业；港澳台商投资企业和外商投资企业分别包括合资经营企业、合作经营企业、独资经营企业和股份有限公司等。对不在工商行政管理部门进行登记注册的行政机关、事业单位和社会团体，主要按其经费来源和管理方式进行划分。

国有企业 指企业全部资产归国家所有，并按《中华人民共和国企业法人登记管理条例》规定登记注册的非公司制的经济组织。不包括有限责任公司中的国有独资公司。

集体企业 指企业资产归集体所有，并按《中华人民共和国企业法人登记管理条例》规定登记注册的经济组织。

股份合作企业 指以合作制为基础，由企业职工共同出资入股，吸收一定比例的社会资产投资组建，实行自主经营，自负盈亏，共同劳动，民主管理，按劳分配与按股分红相结合的一种集体经济组织。

联营企业 指两个及两个以上相同或不同所有制性质的企业法人或事业单位法人，按自愿、平等、互利的原则，共同投资组成的经济组织。联营企业包括国有联营企业、集体联营企业、国有与集体联营企业和其他联营企业。

有限责任公司 指根据《中华人民共和国公司登记管理条例》规定登记注册，由两个以上、五十个以下的股东共同出资，每个股东以其所认缴的出资额对公司承担有限责任，公司以其全部资产对其债务承担责任的经济组织。有限责任公司包括国有独资公司以及其他有限责任公司。

股份有限公司 指根据《中华人民共和国公司登记管理条例》规定登记注册，其全部注册资本由等额股份构成并通过发行股票筹集资本，股东以其认购的股份对公司承担有限责任，公司以其全部资产对其债务承担责任的经济组织。

私营企业 指由自然人投资设立或由自然人控股，以雇佣劳动为基础的营利性经济组织。包括按照《公司法》《合伙企业法》《私营企业暂行条例》规定登记注册的私营有限责任公司、私营股份有限公司、私营合伙企业和私营独资企业。

其他企业 指上述企业之外的其他内资经济组织。

合资经营企业（港或澳、台资） 指港澳台地区投资者与内地企业依照《中华人民共和国中外合资经营企业法》及有关法律的规定，按合同规定的比例投资设立、分享利润和分担风险的企业。

合作经营企业（港或澳、台资） 指港澳台地区投资者与内地企业依照《中华人民共和国中外合作经营企业法》及有关法律的规定，依照合作合同的约定进行投资或提供条件设立、分配利润和分担风险的企业。

港澳台商独资经营企业 指依照《中华人民共和国外资企业法》及有关法律的规定，在内地由港澳台地区投资者全额投资设立的企业。

港澳台商投资股份有限公司 指根据国家有关规定，经原外经贸部依法批准设立，其中港、澳、台商的股本占公司注册资本的比例达 25%以上的股份有限公司。凡其中港、澳、台商的股本占公司注册资本的比例小于 25%的，属于内资企业中的股份有限公司。

其他港澳台商投资企业 指在中国境内参照《外国企业或个人在中国境内设立合伙企业管理办法》和《外商投资合伙企业登记管理规定》，依法设立的港、澳、台商投资合伙企业等。

中外合资经营企业 指外国企业或外国人与中国内地企业依照《中华人民共和国中外合资经营企业法》及有关法律的规定，按合同规定的比例投资设立、分享利润和分担风险的企业。

中外合作经营企业 指外国企业或外国人与中国内地企业依照《中华人民共和国中外合作经营企业法》及有关法律的规定，依照合作合同的约定进行投资或提供条件设立、分配利润和分担风险的企业。

外资企业 指依照《中华人民共和国外资企业法》及有关法律的规定，在中国内地由外国投资者全额投资设立的企业。

外商投资股份有限公司 指根据国家有关规定，经原外经贸部依法批准设立，其中外资的股本占公司注册资本的比例达 25% 以上的股份有限公司。凡其中外资股本占公司注册资本的比例小于 25%的，属于内资企业中的股份有限公司。

其他外商投资企业 指在中国境内依照《外国企业或个人在中国境内设立合伙企业管理办法》和《外商投资合伙企业登记管理规定》，依法设立的外商投资合伙企业等。

行政机关、事业单位和社会团体 参照企业登记注册类型，主要按其经费来源和管理方式划分。具体规定如下：

⑴行政机关：包括国家机关和政党机关，原则上均列为“国有”。但有特殊规定的，如供销社等，则列为“集体”。

⑵事业单位：包括经国家机构编制部门和有关业务主管部门批准成立的各类事业单位，不包括实行企业化管理的事业单位。事业单位的划分办法如下：

①由国家财政预算拨款或列入财政预算外资金管理以及经费主要来源于国有主管部门或国有上级单位的事业单位，列为“国有”。

②经费主要来源于集体单位的事业单位，列为“集体”。

③公民个人(或个人合伙)开办的事业单位，列为“私营”。

④上述以外的其他事业单位，如果其经费来源不明确，按管理方式进行归类。

⑶社会团体：包括经民政部门批准成立以及未纳入社会团体管理条例范围的工会、妇联等各类社会团体。社会团体的划分办法如下：

①未纳入民政部社会团体管理条例范围的工会、妇联、共青团、青联、工商联、科协、侨联等社会团体，国家拨款设立的基金会或基金管理组织以及经费主要来源于国有业务主管部门或国有上级单位的社会团体，列为“国有”。

②经费主要来源于集体单位的社会团体，列为“集体”。

③公民个人(或个人合伙)开办的社会团体，划为“私营”。

④上述以外的其他社会团体，如果其经费来源不明确，改按管理方式进行归类。

电子商务交易平台 指在电子商务活动中为交易双方或多方提供交易撮合及相关服务的信息网络系统总合。

Explanatory Notes on Main Statistical Indicators

Divisions of Administrative Areas refer to the divisions of administrative areas by the state. Relevant laws of the People' s Republic of China stipulate the following principles for the divisions of administrative areas: 1)The whole country is divided into provinces, autonomous regions and municipalities directly under the central government; 2) Provinces and autonomous regions are divided into autonomous prefectures, counties, autonomous counties and cities; 3) Autonomous prefectures are divided into counties, autonomous counties and cities; 4) Counties and autonomous counties are divided into townships, ethnic townships and towns, 5) Municipalities under the central government and large cities are divided into districts and counties; 6) The state will, when necessary, establish special administrative regions.

Development Rate is a relative indicator of the degree of social and economic development calculated through the comparison of two different periods in the degree of development. Development rate can take the form of either fixed-base development rate or chain base development rate.

Growth Rate is equal to development rate minus one (or 100%), i.e. growth rate = development rate －1 (or 100%)

Average Annual Growth Rate Two methods for calculating average annual growth rate are applied in China, one is the more commonly-used “level approach” or the method of calculating geometric average, which is derived by comparing the level of the last year of the interval to that of the base year; the other is called “accumulative approach” or algebraic average or equation method, which is derived by comparing the summation of the actual figure of each year in the interval to the figure in the base year. The detailed calculating methods can be found by reference to the Check Table of Average Growth Rate published by China Financial Publishing House.

Under normal conditions the results calculated by the two methods are fairly close, but they differed sharply when uneven economic development occurred with striking fluctuations in growth.

The average annual growth rates listed in this statistical yearbook are calculated by level approach. The base years are not included when the years are listed for average annual growth rates. For instance, the average annual growth rate of 30 years since 1981 is listed as average annual growth rate of 1981-2010, among which 1980 is the base year and 2010 is the reference year.

Current Price refers to the actual price in the reference period, such as ex-factory price, purchasing price of agricultural products, retail price of commodities, etc. Total values of some quantum indicators in value terms at current prices, such as gross industrial output value and gross domestic product, are calculated in accordance with actual prices of the current year. When comparing indicators of value over time at current prices, they cannot accurately reflect the changes in real term due to price fluctuations of each year. That is why growth rates are calculated at constant prices.

Industrial Classification of the National Economy The new Industrial Classification of the National Economy (GB/T 4754-2017) is introduced starting from the compilation of 2017 annual statistics and 2018 regular statistics. The revision, based on the 2011 classification, was organized by the National Bureau of Statistics taking into consideration of the International Standards of the Industrial Classification of All Economic Activities (2006, Revised Fourth Edition, ISIC/Rev.4) of the United Nations. The new Classification was promulgated by the National Administration of Quality Supervision, Inspection and Quarantine and the Standardization Administration of the People's Republic of China on June 30, 2017. The revised version of the Industrial Classification of the National Economy (GB/T 4754-2017) is composed of 20 sections, 97divisions, 473 groups and 1382 classes.

Registration Status of Enterprises (Units) Enterprises are classified into 3 categories, namely domestic-funded enterprises, enterprises with investment from Hong Kong, Macao and Taiwan, and enterprises with foreign investment, according to the registration status of an enterprise in industrial and commercial administration agencies. Domestic-funded enterprises include State-owned enterprises, collective-owned enterprises, cooperative enterprises, joint ownership enterprises, limited liability corporations, share-holding corporations Ltd., private enterprises and other enterprises. Included in the enterprises with investment from Hong Kong, Macao and Taiwan and enterprises with foreign investment are joint-venture enterprises, cooperative enterprises, sole investment enterprises and share-holding corporations Ltd. For government agencies, institutions and social organizations which are not registered in industrial and commercial administration agencies, they are classified mainly by their sources of funding and manner of management.

State-owned Enterprises refer to non-corporation economic units where the entire assets are owned by the State and which have been registered in accordance with the Regulation of the People's Republic of China on the Management of Registration of Corporate Enterprises. Not included from this category are solely State-funded corporations in the limited liability corporations.

Collective-owned Enterprises refer to economic units where the assets are owned collectively and which have been registered in accordance with the Regulation of the People's Republic of China on the Management of Registration of Corporate Enterprises.

Cooperative Enterprises refer to a form of collective economic units (enterprises) where capitals come mainly from employees as their shares, with certain proportion of capital from the outside, where production is organized on the basis of independent operation, independent accounting for profits and losses, joint work, democratic management, and a distribution system that integrates remuneration according to work with dividend according to capital share.

Joint Ownership Enterprises refer to economic units established by two or more corporate enterprises or corporate institutions of the same or different ownership, through joint investment on the basis of voluntary participation, equality, and mutual benefits. They include State joint ownership enterprises; collective joint ownership enterprises; joint State-collective enterprises; and other joint ownership enterprises.

Limited Liability Corporations refer to economic units established with investment from 2-50 investors and registered in accordance with the Regulation of the People's Republic of China on the Management of Registration of Corporations, each investor bearing limited liability to the corporation depending on its share of investment, and the corporation bearing liability to its debt to the maximum of its total assets. Limited liability corporations include solely State-funded limited liability corporations and other limited liability corporations.

Share-holding Corporations Ltd. refer to economic units registered in accordance with the Regulation of the People's Republic of China on the Management of Registration of Corporations, with total registered capital divided into equal shares and raised through issuing stocks. Each investor bears limited liability to the corporation depending on the holding of shares, and the corporation bears liability to its debt to the maximum of its total assets.

Private Enterprises refer to profit-making economic units invested and established by natural persons, or controlled by natural persons using employed labour. Included in this category are private limited liability corporations, private share-holding corporations Ltd., private partnership enterprises and private-funded enterprises registered in accordance with the Company Law, the Law on Partnership Business and Interim Regulations on Private Enterprises.

Other Domestic-funded Enterprises refer to domestic-funded economic units other than those mentioned above.

Joint Venture Enterprises(Funds are from Hong Kong, Macao or Taiwan.) are enterprises established by investors from Hong Kong, Macao and Taiwan with enterprises in the mainland of China in accordance with the Law of the People's Republic of China on Sino-foreign Equity Joint Ventures and other relevant laws, where the establishment of the investment and the sharing of profits and risks are stipulated under joint venture contracts.

Cooperative Enterprises(Funds are from Hong Kong, Macao or Taiwan.) established by investors from Hong Kong, Macao and Taiwan with enterprises in the mainland of China in accordance with the Law of the People's Republic of China on Sino-foreign Contractual Joint Venture and other relevant laws, where the investment or provision of facilities and the sharing of profits and risks are stipulated under cooperative contracts.

Enterprises with Sole (exclusive) Investment from Hong Kong, Macao and Taiwan refer to enterprises established in the mainland of China with exclusive investment from investors from Hong Kong, Macao and Taiwan in accordance with the Law of the People's Republic of China on Wholly Foreign-owned Enterprises and other relevant laws.

Share-holding Corporations Ltd. with Investment from Hong Kong, Macao and Taiwan refer to share-holding corporations Ltd. established with the approval from the former Ministry of Foreign Trade and Economic Relations in line with relevant State regulations, where the share of investment from Hong Kong, Macao or Taiwan businessmen exceeds 25% of the total registered capital of the corporation. In case the share of investment from Hong Kong, Macao or Taiwan is less than 25% of the total registered capital, the enterprise is to be classified as domestic-funded share-holding corporation Ltd.

Other Enterprises with Funds From Hong Kong, Macao and Taiwan refer to partnership enterprises with investments from Hong Kong, Macao and Taiwan established within the territory of China in accordance

With Administrative Measures on the Establishment of Partnership Enterprises in China by Foreign Enterprises or Foreign Individuals and Regulations for the Administration of the Registration of Foreign-invested Partnership Enterprises.

Joint Venture Enterprises with Foreign Investment refer to enterprises jointly established by foreign enterprises or foreigners with enterprises in the mainland of China in accordance with the Law of the People's Republic of China on Sino-foreign Equity Joint Ventures and other relevant laws, where the sharing of investment, profits and risks is stipulated under contract.

Cooperative Enterprises with Foreign Investment refer to enterprises jointly established by foreign enterprises or foreigners with enterprises in the mainland of China in accordance with the Law of the People's Republic of China on Sino-foreign Contractual Joint Ventureand other relevant laws, where the investment or provision of facilities and the sharing of profits and risks are stipulated under cooperative contracts.

Enterprises with Sole (exclusive) Foreign Investment refer to enterprises established in the mainland of China with exclusive investment from foreign investors in accordance with the Law of the People's Republic of China on Wholly Foreign-owned Enterprises and other relevant laws.

Share-holding Corporations Ltd. with Foreign Investment refer to share-holding corporations Ltd. established with the approval from the former Ministry of Foreign Trade and Economic Relations in line with relevant State regulations, where the share of investment from foreign investors exceeds 25% of the total registered capital of the corporation. In case the share of foreign investment is less than 25% of the total registered capital, the enterprise is to be classified as domestic-funded share-holding corporation Ltd.

Other Enterprises with Foreign Funds refer to partnership enterprises established within the territory of China in accordance with Administrative Measures on the Establishment of Partnership Enterprises in China by Foreign Enterprises or Foreign Individuals and Regulations for the Administration of the Registration of Foreign-invested Partnership Enterprises.

Government Agencies, Institutions and Social Organizations are classified into the following categories by source of funds and manner of management taking reference of the registration status of enterprises:

(1) Government agencies: include State and party agencies, classified in principle as State-owned. There are exceptions, such as supply and marketing cooperatives which arc classified as collective-owned.

(2) Institutions: include institutions of various types established with the approval by organization and staffing departments of the government, but exclude institutions where enterprise management system is introduced. Institutions are further classified as follows:

(a) Institutions for which their main budgets are from government budget appropriations or extra-budget funds, or allocated from the budget of their competent government agencies. Such institutions are classified as state-owned.

(b) Institutions for which their budget mainly come from collective units. Such institutions are classified as collective-owned.

(c) Social institutions established by individual or a group of citizens, which are classified as private.

(d) Institutions other than those mentioned above for which their sources of budget are not clear. Such institutions are classified by the manner of management.

(3) Social organizations: include social organizations established with the approval from the Ministry of Civil Affairs, and organizations that are not covered by social organization management regulations such as trade unions, women's federations etc.. Social organizations are further classified as follows:

(a) Social organizations that are not covered by social organization management regulations of the Ministry of Civil Affairs such as trade unions, women federations, communist youth leagues, youth associations, industrial and commerce associations, scientist associations, overseas Chinese associations, etc., foundations and fund management organizations established with funds from the state, and social organizations whose funds mainly come from the budget of their competent government agencies. Such institutions are classified as State-owned.

(b) Social organizations for which their budget mainly come from collective units. Such institutions are classified as collective-owned.

(c) Social organizations established by individual or a group of citizens, which are classified as private.

(d) Social organizations other than those mentioned above for which their sources of budget are not clear. Such organizations are classified by the manner of management.

E-commerce Trading Platform refers to the total information network system which provide the deal making and related service for the transaction parties in e-commerce activities.

二、国民经济核算

NATIONAL ECONOMIC ACCOUNTS

二　国民经济核算

简要说明

一、本篇资料反映广东国民经济核算情况。

二、国民经济核算资料主要包括地区生产总值及其有关资料。地区生产总值是根据不同产业部门、不同支出构成的特点和资料来源情况而采用不同方法计算的。

三、本年鉴公布的地区生产总值以及与之有关的指标数据，最后一年数据不是最终数，还会在获得更多的财务和行政记录等资料后发生变动。如果遇到普查或者重大核算方法改革，在能够获得更详细的基础资料的情况下，地区生产总值的历史数据还会发生变动。2018 年，根据全国第四次经济普查结果和国家统计局地区生产总值统一核算要求，对历史年份全省生产总值进行了修订。2020 年，根据全国第七次人口普查结果，对 2010 年后的人均生产总值及支出法地区生产总值有关数据进行了修订。本年鉴中的数据是修订后的数据。

四、国民经济核算数据绝对数按当年价格计算，速度和指数按不变价格计算。

五、分市的国民经济核算历史数据在 2018 年以前采取分级核算，2018 年及以后采取统一核算方式核算。

六、本篇资料由广东省统计局国民经济核算处整理提供。

2 National Economic Accounts

Brief Introduction

Ⅰ.The data in this chapter reflect the national accounts of Guangdong Province.

Ⅱ. The data on national accounts mainly include gross domestic product (GDP) and related data. Data on GDP are calculated with various approaches in accordance with the features of various industrial sectors, various expenditure structures and the data resources.

Ⅲ. The data on gross domestic product (GDP) and related measures publicized in this statistical yearbook for the latest year is not final and may be altered when more financial and administrative information is available. Major changes to census and accounting policies will lead to changes to GDP and historical data, if more detailed basic information is obtainable. In 2018, provincial GDP data in previous statistical yearbooks was edited according to the results of the 4th National Economic Census and requirements for the unified calculation of national GDP. In 2020, according to the results of the 7th National census, the relevant data of GDP per capita and GDP by expenditure method after 2010 have been revised. Data in this statistical yearbook contains the edited data.

Ⅳ. The data on national accounts are calculated at current prices, and the growth rates and the index are calculated at constant prices.

Ⅴ. Historical data on the economies of sub-cities was calculated with separate hierarchies prior to 2018. Starting in 2018, data was calculated in a unified manner.

Ⅵ. The data in this chapter are prepared and provided by the Division of National Accounts of Statistics Bureau of Guangdong Province.

2-1 国民经济核算主要指标

Main Indicators of Gross Domestic Product

指　　标	Item	2000	2019	2020	2021
地区生产总值 (亿元)	Gross Domestic Product (100 million yuan)	10810.21	107986.92	111151.63	124369.67
第一产业	Primary Industry	986.32	4350.61	4732.74	5003.66
第二产业	Secondary Industry	5042.75	43368.21	43868.05	50219.19
第三产业	Tertiary Industry	4781.15	60268.10	62550.84	69146.82
地区生产总值指数 (上年=100)	Indices of Gross Domestic Product (preceding year=100)	111.7	106.2	102.3	108.0
第一产业	Primary Industry	102.3	103.8	103.7	107.9
第二产业	Secondary Industry	112.3	104.2	101.9	108.7
第三产业	Tertiary Industry	113.5	107.9	102.5	107.5
地区生产总值构成 (%)	Composition of Gross Domestic Product (%)	100.0	100.0	100.0	100.0
第一产业	Primary Industry	9.1	4.0	4.2	4.0
第二产业	Secondary Industry	46.7	40.2	39.5	40.4
第三产业	Tertiary Industry	44.2	55.8	56.3	55.6
地区生产总值贡献率 (%)	Share of the Contribution of the Three Strata of Industry (%)	100.0	100.0	100.0	100.0
第一产业	Primary Industry	1.9	2.4	6.1	4.2
第二产业	Secondary Industry	59.7	30.4	36.1	43.0
第三产业	Tertiary Industry	38.4	67.2	57.8	52.8
地区生产总值拉动率 (%)	Contribution of the Three Strata of Industry to Gross Domestic Product Growth (%)	11.7	6.2	2.3	8.0
第一产业	Primary Industry	0.2	0.1	0.1	0.3
第二产业	Secondary Industry	7.0	1.9	0.8	3.4
第三产业	Tertiary Industry	4.5	4.1	1.3	4.2
人均地区生产总值 (元)	Per Capita Gross Gross Domestic Product Product (yuan)	12817	86956	88521	98285
人均地区生产总值指数 (上年=100)	Indices of Per Capita Gross Domestic Product (preceding year=100)	107.3	104.7	101.1	107.1
支出法地区生产总值 (亿元)	Gross Domestic Product by Expenditure Approach (100 million yuan)	10810.21	107986.92	111151.63	
最终消费支出	Final Consumption Expenditures	5717.11	55827.36	56585.06	
资本形成总额	Gross Capital Formation	3917.11	48076.62	49319.71	
货物和服务净流出	Net Exports of Goods and Services	1175.99	4082.94	5246.86	
支出法地区生产总值构成 (%)	Composition of Gross Domestic Product by Expenditure Approach (%)	100.0	100.0	100.0	
最终消费支出	Final Consumption Expenditures	52.9	51.7	50.9	
资本形成总额	Gross Capital Formation	36.2	44.5	44.4	
货物和服务净流出	Net Exports of Goods and Services	10.9	3.8	4.7	
支出法地区生产总值贡献率(%)	Share of the Contribution of Gross Domestic Product by Expenditure Approach (%)	100.0	100.0	100.0	
最终消费支出	Final Consumption Expenditures	32.9	55.1	-17.5	
资本形成总额	Gross Capital Formation	27.2	49.5	61.6	
货物和服务净流出	Net Exports of Goods and Services	39.9	-4.6	55.9	
文化及相关产业增加值 (亿元)	Value-added of Culture and Related Industries (100 million yuan)		6227.18	6210.60	
新经济增加值 (亿元)	Value-added of New Economy (100 million yuan)		27140.90	28199.82	31312.91
占地区生产总值比重 (%)	Percentage of Value-added of New Economy in Gross		25.1	25.4	25.2

2-2 地区生产总值
Gross Domestic Product

单位：亿元 (100 million yuan)

年份 Year	地区生产总值 Gross Domestic Product	第一产业 Primary Industry	第二产业 Secondary Industry	第三产业 Tertiary Industry	#工业 Industry	#建筑业 Construction	#批发和零售业 Wholesale and Retail Trades	#交通运输、仓储和邮政业 Transport, Storage, and Post	#金融业 Financial Intermediation	#房地产业 Real Estate
1978	185.85	55.31	86.62	43.92	76.12	10.49	19.39	10.05	4.53	1.42
1979	209.34	66.62	91.65	51.06	82.36	9.29	23.52	11.26	4.74	1.62
1980	249.65	82.97	102.53	64.14	89.87	12.66	29.53	13.72	6.10	2.13
1981	290.36	94.30	120.34	75.71	103.60	16.74	33.57	16.71	6.76	2.79
1982	339.92	118.17	135.37	86.39	113.13	22.24	38.07	18.34	7.98	3.39
1983	368.75	121.24	152.27	95.24	125.82	26.45	41.42	19.47	8.94	4.09
1984	458.74	145.25	187.55	125.93	154.33	33.22	54.41	25.68	11.76	5.09
1985	577.38	171.87	229.82	175.69	185.81	44.01	79.86	35.91	12.74	6.16
1986	667.53	188.37	255.88	223.28	208.46	47.42	89.78	40.18	20.84	11.69
1987	846.69	232.14	330.35	284.20	273.77	56.58	104.17	53.20	34.25	16.44
1988	1155.37	306.50	460.17	388.70	386.35	73.82	145.89	65.22	46.80	22.84
1989	1381.39	351.73	554.13	475.53	464.06	90.07	136.65	79.02	72.70	41.36
1990	1559.03	384.59	615.86	558.58	523.42	92.45	152.90	101.61	82.46	42.87
1991	1893.30	416.00	782.67	694.63	675.55	107.12	185.77	138.54	94.83	54.09
1992	2447.54	465.83	1098.75	882.96	899.28	201.04	202.75	96.40	122.79	81.74
1993	3469.28	558.70	1702.46	1208.12	1386.83	318.05	291.79	127.20	149.29	126.09
1994	4619.02	692.25	2249.99	1676.77	1865.44	387.80	416.88	183.19	199.84	170.68
1995	5940.34	864.49	2901.99	2173.86	2454.87	451.40	555.12	238.66	229.27	229.89
1996	6848.22	935.23	3313.55	2599.44	2853.85	464.66	684.33	277.41	264.86	282.32
1997	7792.97	978.32	3713.92	3100.73	3250.72	468.97	809.50	354.11	302.87	339.57
1998	8555.33	994.55	4080.96	3479.82	3584.54	502.87	919.83	388.75	306.39	415.38
1999	9289.64	1009.01	4384.22	3896.41	3864.77	526.56	1006.73	427.02	331.10	500.21
2000	10810.21	986.32	5042.75	4781.15	4518.65	537.06	1175.32	536.54	443.69	616.25
2001	12126.59	988.84	5564.66	5573.09	5012.16	565.75	1323.01	657.08	450.81	682.89
2002	13601.89	1015.08	6209.06	6377.76	5628.70	596.03	1509.35	725.85	454.65	788.40
2003	15979.77	1072.92	7684.41	7222.44	6991.52	710.77	1729.08	747.89	539.41	930.80
2004	18658.34	1219.83	9191.71	8246.80	8433.23	780.81	1950.55	840.80	614.36	1039.13
2005	21962.99	1395.23	11049.21	9518.55	10231.13	847.44	2175.03	1000.38	681.73	1274.31
2006	25961.24	1494.69	13158.01	11308.54	12259.42	934.97	2529.92	1164.22	923.73	1564.13
2007	31742.61	1663.49	16022.56	14056.56	14990.77	1073.17	2957.99	1351.81	1716.57	1969.26
2008	36704.16	1920.80	18519.40	16263.96	17356.70	1208.40	3524.94	1541.26	2019.35	1999.67
2009	39464.69	1945.95	19439.71	18079.03	18128.48	1350.61	4024.32	1486.63	2372.87	2374.45
2010	45944.62	2199.60	22917.43	20827.59	21387.71	1574.96	4825.08	1670.49	2890.11	2672.34
2011	53072.79	2553.17	26161.08	24358.54	24460.73	1755.04	5935.31	1889.87	3326.82	3084.98
2012	57007.74	2711.32	27346.12	26950.30	25526.22	1876.07	6670.82	2100.81	3757.12	3378.45
2013	62503.41	2876.42	29342.97	30284.02	27142.10	2260.48	7404.60	2237.30	4498.84	3956.04
2014	68173.03	3038.71	31930.37	33203.95	29497.80	2496.15	7946.25	2490.13	4872.81	4309.34
2015	74732.44	3189.76	33913.76	37628.92	31315.46	2684.40	8030.87	2662.73	6119.66	5280.52
2016	82163.22	3500.49	35499.24	43163.49	32677.94	2909.50	8924.66	2877.45	6570.01	6615.72
2017	91648.73	3611.44	38536.61	49500.68	35343.97	3289.32	9642.05	3166.69	7311.19	8178.60
2018	99945.22	3836.40	41398.45	54710.37	37651.05	3849.75	10476.03	3363.48	7962.26	8533.74
2019	107986.92	4350.61	43368.21	60268.10	39141.79	4333.96	11000.23	3657.96	8764.09	9543.22
2020	111151.63	4732.74	43868.05	62550.84	39353.92	4616.38	10728.95	3370.13	10016.11	10377.02
2021	124369.67	5003.66	50219.19	69146.82	45142.95	5170.10	12105.50	3957.31	11058.06	10804.67

注：1.1991年以前第一产业不包括农林牧渔服务业，交通运输仓储和邮政业包括电信业，但不包括城市公共交通业，批发与零售业包括餐饮业（以下相关表同）。
2.2013年起，三次产业分类依据国家统计局2012年制定的《三次产业划分规定》执行(以下相关表同)。

Notes: a)In 1991 and prior to it, the primary industry did not include service activities for farming, forestry, animal husbandry and fishery; transport, storage,and postal services included telecommunication services,but excluded urban public transport;and wholesale and retail trades included catering services. The same applies to the following tables.

b)Since 2013, the Three Industries.' classification are divided according to "the Deputy of the three Industries Classification" which was developed by NBS in 2012(the same applies to the following table).

2-3 地区生产总值指数

Indices of Gross Domestic Product

上年=100 (preceding year=100)

年份 Year	地区生产总值 Gross Domestic Product	第一产业 Primary Industry	第二产业 Secondary Industry	第三产业 Tertiary Industry	#工业 Industry	#建筑业 Construction	#批发和零售业 Wholesale and Retail Trades	#交通运输、仓储和邮政业 Transport, Storage, and Post	#金融业 Financial Intermediation	#房地产业 Real Estate
1978	101.0	105.2	98.0	102.1	102.8	70.8	107.4	104.8	93.1	97.5
1979	108.5	106.6	104.7	118.1	106.7	88.7	123.8	113.2	103.7	115.4
1980	116.6	112.4	116.6	121.7	114.4	138.0	119.5	119.4	126.1	136.3
1981	109.0	104.6	112.3	109.4	110.9	122.2	106.4	107.2	106.1	129.1
1982	112.0	112.0	111.5	112.6	109.2	126.3	108.0	117.5	110.0	121.1
1983	107.3	103.2	109.6	108.5	109.3	111.3	106.7	104.8	109.7	117.4
1984	115.6	112.0	118.3	115.2	119.5	112.0	116.6	105.7	116.8	109.5
1985	118.0	105.7	120.2	128.1	120.3	119.5	127.1	122.6	129.5	147.7
1986	112.7	106.2	108.6	125.4	109.1	105.7	118.6	121.6	130.9	161.9
1987	119.6	108.6	126.2	119.4	128.9	109.8	115.0	120.7	138.6	130.7
1988	115.8	105.3	123.4	112.4	125.4	109.1	106.7	120.0	113.3	125.7
1989	107.2	107.0	108.3	105.5	109.8	96.2	79.6	117.4	132.2	140.5
1990	111.6	107.1	112.5	113.2	113.6	102.0	112.7	107.3	117.8	98.1
1991	117.7	105.5	123.7	119.4	123.1	127.5	119.6	128.3	107.2	114.3
1992	122.1	105.6	133.6	119.0	130.6	149.6	119.4	119.6	121.2	146.2
1993	123.0	102.6	136.4	116.8	140.4	117.5	122.0	122.6	102.5	128.8
1994	119.7	103.2	125.8	118.5	127.4	116.5	119.4	127.4	107.4	127.3
1995	115.7	105.4	119.0	114.7	119.9	112.9	115.9	118.0	101.8	122.0
1996	111.3	104.9	112.7	111.5	114.2	102.8	114.2	109.2	107.5	115.6
1997	111.2	104.7	113.0	110.7	114.7	100.2	113.6	108.5	109.6	111.2
1998	110.9	103.8	112.5	110.4	113.1	107.7	115.0	105.6	103.1	110.4
1999	110.3	103.9	110.8	111.3	111.2	107.5	110.4	105.6	110.8	119.3
2000	111.7	102.3	112.3	113.5	113.8	99.4	109.4	118.4	122.7	114.8
2001	110.5	102.2	110.8	112.0	111.3	106.1	111.6	117.7	101.7	108.3
2002	112.4	104.3	113.7	112.5	114.8	103.5	113.3	108.0	100.6	111.3
2003	114.8	102.2	120.2	111.3	120.9	113.2	111.6	105.6	110.7	115.0
2004	113.2	103.8	116.8	110.5	118.4	101.1	108.0	113.0	107.6	105.3
2005	114.2	104.8	115.3	114.3	116.0	106.6	111.1	118.8	107.7	122.1
2006	114.9	103.9	117.2	113.8	117.8	109.0	113.1	116.1	124.1	113.6
2007	115.0	103.1	117.3	113.9	118.0	107.6	108.0	111.1	140.6	114.0
2008	110.5	103.8	111.6	110.0	112.3	100.6	112.6	108.1	109.5	94.2
2009	109.9	105.1	109.1	111.4	108.6	116.0	117.2	104.9	117.7	120.5
2010	112.5	104.5	114.5	110.9	114.7	112.0	114.8	111.3	114.2	104.2
2011	110.2	104.3	110.4	110.7	110.7	105.3	113.9	111.9	107.6	105.7
2012	108.3	103.9	107.3	109.8	107.5	103.5	110.1	112.5	110.7	108.6
2013	108.5	102.4	108.0	109.7	107.9	109.1	110.6	107.5	114.7	111.4
2014	107.8	103.3	108.0	108.0	108.1	106.3	107.3	110.8	108.1	103.0
2015	108.0	103.4	107.0	109.6	107.1	105.6	106.7	106.1	117.6	109.2
2016	107.5	103.1	106.1	109.2	106.3	104.3	107.1	108.2	106.4	110.9
2017	107.5	103.6	106.5	108.6	106.8	103.0	105.4	108.8	107.4	107.4
2018	106.8	104.4	105.9	107.8	105.9	105.5	104.7	106.3	107.9	103.1
2019	106.2	103.8	104.2	107.9	104.0	107.9	103.9	106.7	109.1	108.1
2020	102.3	103.7	101.9	102.5	101.4	107.3	95.7	96.6	109.0	104.2
2021	108.0	107.9	108.7	107.5	109.3	103.2	110.6	111.8	105.9	103.2

2-4 地区生产总值指数

Indices of Gross Domestic Product

1978年=100 (year of 1978=100)

年份 Year	地区生产总值 Gross Domestic Product	第一产业 Primary Industry	第二产业 Secondary Industry	第三产业 Tertiary Industry	#工业 Industry	#建筑业 Construction	#批发和零售业 Wholesale and Retail Trades	#交通运输、仓储和邮政业 Transport, Storage, and Post	#金融业 Financial Intermediation	#房地产业 Real Estate
1978	100.0	100.0	100.0	100.0	100.0	100.0	100.0	100.0	100.0	100.0
1979	108.5	106.6	104.7	118.1	106.7	88.7	123.8	113.2	103.7	115.4
1980	126.5	119.8	122.1	143.7	122.0	122.4	147.9	135.2	130.8	157.3
1981	137.9	125.3	137.1	157.2	135.4	149.6	157.4	144.9	138.7	203.1
1982	154.4	140.4	152.9	177.0	147.9	188.9	169.9	170.2	152.7	245.9
1983	165.6	144.9	167.7	192.0	161.7	210.3	181.4	178.4	167.5	288.7
1984	191.4	162.3	198.4	221.2	193.2	235.5	211.5	188.6	195.6	316.1
1985	225.7	171.5	238.4	283.5	232.3	281.6	268.8	231.3	253.2	466.7
1986	254.5	182.2	259.0	355.4	253.6	297.6	318.6	281.1	331.5	755.4
1987	304.5	197.8	326.9	424.5	326.9	326.9	366.6	339.4	459.3	987.3
1988	352.5	208.2	403.3	477.0	409.9	356.8	391.0	407.1	520.4	1240.6
1989	377.9	222.9	437.0	503.1	450.1	343.3	311.3	478.2	687.9	1743.5
1990	421.6	238.7	491.4	569.3	511.3	350.0	351.0	512.9	810.3	1709.5
1991	496.1	251.8	608.0	679.7	629.2	446.4	419.8	658.1	868.6	1953.5
1992	605.8	266.0	812.3	809.2	822.1	667.9	501.3	787.0	1053.0	2856.3
1993	745.1	272.9	1108.1	945.0	1154.2	784.8	611.5	965.2	1079.1	3678.7
1994	891.9	281.5	1393.9	1119.5	1470.7	914.1	730.2	1229.7	1158.6	4682.6
1995	1031.9	296.8	1658.4	1284.3	1764.1	1032.0	846.3	1451.5	1178.9	5713.4
1996	1148.9	311.3	1869.5	1432.3	2015.2	1060.5	966.8	1585.5	1267.3	6605.0
1997	1278.1	325.9	2111.8	1585.8	2311.5	1062.7	1098.0	1720.9	1388.4	7345.6
1998	1416.9	338.3	2376.1	1751.2	2613.9	1144.7	1262.6	1818.2	1431.8	8111.2
1999	1562.4	351.5	2633.4	1949.3	2906.9	1230.9	1394.4	1920.5	1587.0	9674.1
2000	1745.4	359.7	2956.2	2213.4	3307.7	1223.3	1526.1	2273.9	1946.4	11110.7
2001	1929.2	367.7	3274.5	2478.9	3681.4	1297.8	1703.4	2676.0	1980.2	12036.3
2002	2167.8	383.5	3722.3	2789.5	4227.9	1343.4	1930.1	2891.0	1992.8	13396.0
2003	2488.6	392.1	4474.4	3104.6	5111.6	1520.2	2154.9	3052.3	2206.2	15408.0
2004	2816.2	407.1	5227.8	3429.6	6049.8	1537.2	2326.4	3449.8	2374.2	16219.1
2005	3215.4	426.5	6026.3	3919.2	7017.0	1638.6	2584.7	4098.3	2557.0	19811.1
2006	3693.6	443.2	7060.6	4460.8	8268.1	1786.6	2923.8	4760.0	3173.2	22502.1
2007	4247.7	456.9	8280.0	5080.1	9756.0	1922.4	3158.1	5289.0	4462.7	25655.5
2008	4693.4	474.2	9238.0	5587.0	10958.6	1933.7	3554.7	5719.9	4885.9	24165.1
2009	5156.0	498.6	10077.6	6221.5	11902.6	2242.5	4166.4	5998.2	5748.8	29112.8
2010	5800.4	521.2	11541.2	6898.3	13651.0	2511.1	4783.8	6676.1	6563.5	30332.9
2011	6392.9	543.8	12736.5	7635.2	15117.7	2644.1	5447.7	7471.7	7061.2	32051.5
2012	6920.7	564.8	13661.5	8382.1	16253.0	2737.2	5997.5	8407.9	7817.8	34808.3
2013	7511.9	578.5	14750.3	9197.8	17537.7	2985.0	6635.9	9035.2	8964.4	38783.5
2014	8098.3	597.6	15924.1	9937.5	18953.0	3172.3	7121.9	10009.3	9686.2	39940.8
2015	8749.5	617.8	17033.6	10888.2	20296.3	3349.7	7601.3	10621.5	11390.8	43622.1
2016	9407.4	637.2	18073.6	11885.9	21566.3	3493.0	8140.2	11489.8	12118.9	48381.0
2017	10112.3	660.0	19254.1	12914.0	23039.1	3599.4	8581.1	12505.1	13015.9	51984.1
2018	10801.1	688.9	20383.9	13922.2	24397.5	3797.4	8981.1	13288.9	14040.4	53616.6
2019	11465.5	715.4	21249.5	15025.9	25361.3	4098.7	9331.0	14184.0	15316.1	57968.9
2020	11723.4	741.6	21648.6	15394.4	25715.3	4399.3	8927.8	13698.7	16699.1	60396.3
2021	12655.5	800.4	23523.1	16542.1	28098.1	4540.8	9870.6	15320.9	17688.1	62331.7

2-5 地区生产总值产业构成

Composition of Gross Domestic Product

单位：% (%)

年份 Year	地区生产总值 Gross Domestic Product	第一产业 Primary Industry	第二产业 Secondary Industry	第三产业 Tertiary Industry	#工 业 Industry
1978	100.0	29.8	46.6	23.6	41.0
1979	100.0	31.8	43.8	24.4	39.3
1980	100.0	33.2	41.1	25.7	36.0
1981	100.0	32.5	41.4	26.1	35.7
1982	100.0	34.8	39.8	25.4	33.3
1983	100.0	32.9	41.3	25.8	34.1
1984	100.0	31.7	40.9	27.4	33.6
1985	100.0	29.8	39.8	30.4	32.2
1986	100.0	28.2	38.3	33.5	31.2
1987	100.0	27.4	39.0	33.6	32.3
1988	100.0	26.5	39.8	33.7	33.4
1989	100.0	25.5	40.1	34.4	33.6
1990	100.0	24.7	39.5	35.8	33.6
1991	100.0	22.0	41.3	36.7	35.7
1992	100.0	19.0	44.9	36.1	36.7
1993	100.0	16.1	49.1	34.8	40.0
1994	100.0	15.0	48.7	36.3	40.4
1995	100.0	14.6	48.8	36.6	41.3
1996	100.0	13.6	48.4	38.0	41.7
1997	100.0	12.5	47.7	39.8	41.7
1998	100.0	11.6	47.7	40.7	41.9
1999	100.0	10.9	47.2	41.9	41.6
2000	100.0	9.1	46.7	44.2	41.8
2001	100.0	8.1	45.9	46.0	41.3
2002	100.0	7.5	45.6	46.9	41.4
2003	100.0	6.7	48.1	45.2	43.8
2004	100.0	6.5	49.3	44.2	45.2
2005	100.0	6.4	50.3	43.3	46.6
2006	100.0	5.7	50.7	43.6	47.2
2007	100.0	5.2	50.5	44.3	47.2
2008	100.0	5.2	50.5	44.3	47.3
2009	100.0	4.9	49.3	45.8	45.9
2010	100.0	4.8	49.9	45.3	46.6
2011	100.0	4.8	49.3	45.9	46.1
2012	100.0	4.7	48.0	47.3	44.8
2013	100.0	4.6	46.9	48.5	43.4
2014	100.0	4.5	46.8	48.7	43.3
2015	100.0	4.3	45.4	50.3	41.9
2016	100.0	4.3	43.2	52.5	39.8
2017	100.0	3.9	42.1	54.0	38.6
2018	100.0	3.8	41.4	54.8	37.7
2019	100.0	4.0	40.2	55.8	36.2
2020	100.0	4.2	39.5	56.3	35.4
2021	100.0	4.0	40.4	55.6	36.3

2-6 三次产业贡献率

Contribution Rate of Three Industries

单位：%　　(%)

年份 Year	地区生产总值 Gross Domestic Product	第一产业 Primary Industry	第二产业 Secondary Industry	第三产业 Tertiary Industry	#工业 Industry
1979	100.0	23.9	25.7	50.4	32.4
1980	100.0	22.4	44.2	33.5	34.8
1981	100.0	17.0	56.2	26.8	43.7
1982	100.0	32.1	40.8	27.1	28.3
1983	100.0	14.1	55.7	30.2	45.8
1984	100.0	23.7	50.7	25.6	45.6
1985	100.0	9.5	49.6	41.0	42.6
1986	100.0	13.0	30.4	56.6	27.5
1987	100.0	11.0	57.8	31.2	54.7
1988	100.0	7.6	67.7	24.7	64.4
1989	100.0	20.3	56.5	23.3	59.3
1990	100.0	12.7	53.0	34.3	52.2
1991	100.0	7.6	53.0	39.3	43.8
1992	100.0	5.6	63.0	31.4	48.7
1993	100.0	2.2	71.9	25.9	66.0
1994	100.0	2.6	65.9	31.6	59.7
1995	100.0	4.8	63.9	31.3	58.0
1996	100.0	5.4	61.0	33.6	59.4
1997	100.0	4.9	63.5	31.6	63.5
1998	100.0	3.9	64.4	31.7	60.3
1999	100.0	4.0	59.8	36.2	55.7
2000	100.0	1.9	59.7	38.4	60.6
2001	100.0	1.9	47.7	50.4	44.9
2002	100.0	2.9	51.7	45.4	50.5
2003	100.0	1.2	64.6	34.3	60.8
2004	100.0	2.0	63.4	34.6	63.2
2005	100.0	2.1	55.1	42.8	53.4
2006	100.0	1.7	58.1	40.3	55.9
2007	100.0	1.2	59.1	39.7	57.3
2008	100.0	1.9	57.7	40.4	57.6
2009	100.0	2.5	48.7	48.8	43.6
2010	100.0	1.7	61.0	37.3	57.9
2011	100.0	2.0	50.6	47.4	49.0
2012	100.0	2.1	43.9	53.9	42.5
2013	100.0	1.2	46.2	52.6	43.0
2014	100.0	1.7	50.2	48.1	47.7
2015	100.0	1.7	42.7	55.6	40.8
2016	100.0	1.8	36.8	61.4	34.9
2017	100.0	2.0	39.0	59.0	37.7
2018	100.0	2.5	38.2	59.2	35.6
2019	100.0	2.4	30.4	67.2	26.2
2020	100.0	6.1	36.1	57.8	24.8
2021	100.0	4.2	43.0	52.8	41.3

注：三次产业贡献率指各产业增加值增量与GDP增量之比。

Notes: The contribution rate of three industries refers to the ratio of the value-added increment of each industry to the GDP increment.

2-7 三次产业对地区生产总值增长的拉动

Contribution of the Three Strata of Industry to GDP Growth

单位：百分点 (percentage points)

年份 Year	地区生产总值 Gross Domestic Product	第一产业 Primary Industry	第二产业 Secondary Industry	第三产业 Tertiary Industry	#工 业 Industry
1979	8.5	2.0	2.2	4.3	2.7
1980	16.6	3.7	7.3	5.6	5.8
1981	9.0	1.5	5.1	2.4	3.9
1982	12.0	3.8	4.9	3.2	3.4
1983	7.3	1.0	4.1	2.2	3.3
1984	15.6	3.7	7.9	4.0	7.1
1985	18.0	1.7	8.9	7.4	7.6
1986	12.7	1.7	3.9	7.2	3.5
1987	19.6	2.2	11.4	6.1	10.7
1988	15.8	1.2	10.7	3.9	10.2
1989	7.2	1.5	4.1	1.7	4.3
1990	11.6	1.5	6.1	4.0	6.0
1991	17.7	1.4	9.4	7.0	7.7
1992	22.1	1.2	13.9	6.9	10.8
1993	23.0	0.5	16.5	6.0	15.2
1994	19.7	0.5	13.0	6.2	11.8
1995	15.7	0.7	10.0	4.9	9.1
1996	11.3	0.6	6.9	3.8	6.7
1997	11.2	0.6	7.1	3.5	7.1
1998	10.9	0.4	7.0	3.4	6.6
1999	10.3	0.4	6.1	3.7	5.7
2000	11.7	0.2	7.0	4.5	7.1
2001	10.5	0.2	5.0	5.3	4.7
2002	12.4	0.4	6.4	5.6	6.2
2003	14.8	0.2	9.6	5.1	9.0
2004	13.2	0.3	8.3	4.6	8.3
2005	14.2	0.3	7.8	6.1	7.6
2006	14.9	0.2	8.6	6.0	8.3
2007	15.0	0.2	8.9	6.0	8.6
2008	10.5	0.2	6.1	4.2	6.0
2009	9.9	0.2	4.8	4.8	4.3
2010	12.5	0.2	7.6	4.7	7.2
2011	10.2	0.2	5.2	4.8	5.0
2012	8.3	0.2	3.6	4.5	3.5
2013	8.5	0.1	3.9	4.5	3.7
2014	7.8	0.1	3.9	3.8	3.7
2015	8.0	0.1	3.4	4.5	3.3
2016	7.5	0.1	2.8	4.6	2.6
2017	7.5	0.1	2.9	4.4	2.8
2018	6.8	0.2	2.6	4.0	2.4
2019	6.2	0.1	1.9	4.1	1.6
2020	2.3	0.2	0.8	1.3	0.6
2021	8.0	0.4	3.4	4.2	3.3

注：三次产业拉动指GDP增长速度与各产业贡献率之乘积。
Notes: The Three Industries pulling rate is the growth rate of GDP multiplying industrial contribution rate.

2-8 地区生产总值项目结构

Components of Gross Domestic Product

单位：亿元 (100 million yuan)

年份 Year	地区生产总值 Gross Domestic Product	劳动者报酬 Compens-ation of Employees	生产税净额 Net Taxes on Production	固定资产折旧 Depreciation of Fixed Assets	营业盈余 Operating Surplus	构成(地区生产总值=100) Composition(GDP=100) 劳动者报酬 Compens-ation of Employees	生产税净额 Net Taxes on Production	固定资产折旧 Depreciation of Fixed Assets	营业盈余 Operating Surplus
1978	185.85	112.58	25.13	21.07	27.07	60.6	13.5	11.3	14.6
1979	209.34	126.64	28.07	23.67	30.96	60.5	13.4	11.3	14.8
1980	249.65	151.09	32.62	28.25	37.69	60.5	13.1	11.3	15.1
1981	290.36	175.16	38.66	33.28	43.26	60.3	13.3	11.5	14.9
1982	339.92	207.09	43.58	38.11	51.14	60.9	12.8	11.2	15.0
1983	368.75	222.02	48.33	41.82	56.58	60.2	13.1	11.3	15.3
1984	458.74	274.33	59.74	52.06	72.61	59.8	13.0	11.3	15.8
1985	577.38	343.38	74.24	65.66	94.10	59.5	12.9	11.4	16.3
1986	667.53	393.11	84.86	77.99	111.57	58.9	12.7	11.7	16.7
1987	846.69	486.39	108.63	99.73	151.94	57.4	12.8	11.8	17.9
1988	1155.37	662.14	149.93	135.89	207.41	57.3	13.0	11.8	18.0
1989	1381.39	769.17	176.84	169.99	265.39	55.7	12.8	12.3	19.2
1990	1559.03	864.69	197.92	192.05	304.37	55.5	12.7	12.3	19.5
1991	1893.30	1031.46	248.47	240.20	373.17	54.5	13.1	12.7	19.7
1992	2447.54	1287.81	352.00	328.48	479.25	52.6	14.4	13.4	19.6
1993	3469.28	1822.72	478.22	450.06	718.29	52.5	13.8	13.0	20.7
1994	4619.02	2451.06	630.43	635.37	902.15	53.1	13.6	13.8	19.5
1995	5940.34	3077.86	827.17	907.53	1127.78	51.8	13.9	15.3	19.0
1996	6848.22	3584.34	985.78	1082.01	1196.09	52.3	14.4	15.8	17.5
1997	7792.97	4053.33	1111.15	1217.75	1410.74	52.0	14.3	15.6	18.1
1998	8555.33	4858.94	1268.93	1380.21	1047.25	56.8	14.8	16.1	12.2
1999	9289.64	5109.07	1375.14	1609.72	1195.71	55.0	14.8	17.3	12.9
2000	10810.21	5600.63	1759.12	1884.83	1565.63	51.8	16.3	17.4	14.5
2001	12126.59	6104.83	1939.52	2027.83	2054.41	50.3	16.0	16.7	16.9
2002	13601.89	7116.01	1988.13	2207.47	2290.28	52.3	14.6	16.2	16.8
2003	15979.77	8040.76	2218.26	2532.95	3187.80	50.3	13.9	15.9	19.9
2004	18658.34	9029.45	2573.03	2784.14	4271.72	48.4	13.8	14.9	22.9
2005	21962.99	10496.39	3009.05	3441.43	5016.12	47.8	13.7	15.7	22.8
2006	25961.24	11979.20	3811.24	4090.54	6080.27	46.1	14.7	15.8	23.4
2007	31742.61	14389.27	4758.52	4675.15	7919.67	45.3	15.0	14.7	24.9
2008	36704.16	16817.52	5530.03	5135.55	9221.06	45.8	15.1	14.0	25.1
2009	39464.69	18101.71	5670.02	5448.51	10244.46	45.9	14.4	13.8	26.0
2010	45944.62	20691.03	6336.92	6042.48	12874.19	45.0	13.8	13.2	28.0
2011	53072.79	24527.61	7848.26	6867.08	13829.85	46.2	14.8	12.9	26.1
2012	57007.74	27495.99	8158.27	7455.50	13897.98	48.2	14.3	13.1	24.4
2013	62503.41	29956.43	8826.85	7953.26	15766.86	47.9	14.1	12.7	25.2
2014	68173.03	32662.49	9787.43	9310.13	16412.99	47.9	14.4	13.7	24.1
2015	74732.44	36848.24	9401.15	10391.64	18091.40	49.3	12.6	13.9	24.2
2016	82163.22	40626.09	10237.66	11141.47	20157.99	49.4	12.5	13.6	24.5
2017	91648.73	45801.77	11354.30	11658.95	22833.72	50.0	12.4	12.7	24.9
2018	99945.22	52351.83	11207.94	13362.32	23023.14	52.4	11.2	13.4	23.0
2019	107986.92	56138.18	12849.87	14119.43	24879.44	52.0	11.9	13.1	23.0
2020	111151.63	57374.36	13615.22	15106.29	25055.76	51.6	12.3	13.6	22.5

2-9 支出法地区生产总值

Gross Domestic Product by Expenditure Approach

年份 Year	支出法地区生产总值(亿元) Gross Domestic Product by Expenditure Approach (100 million yuan)	最终消费支出 Final Consumption Expenditure	资本形成总额 Gross Capital Formation	货物和服务净流出 Net Exports of Goods and Services	最终消费率(消费率)(%) Final Consumption Rate (Consumption Rate)(%)	资本形成率(投资率)(%) Capital Formation Rate (Investment Rate)(%)
1978	194.14	130.02	54.79	9.33	67.0	28.2
1979	215.43	147.11	55.86	12.46	68.3	25.9
1980	259.32	180.93	71.37	7.02	69.8	27.5
1981	305.22	201.43	96.74	7.05	66.0	31.7
1982	349.13	233.21	112.35	3.57	66.8	32.2
1983	367.36	252.07	113.49	1.80	68.6	30.9
1984	446.06	288.26	150.07	7.72	64.6	33.6
1985	568.98	347.18	238.58	-16.78	61.0	41.9
1986	650.99	415.91	256.75	-21.67	63.9	39.4
1987	815.05	516.02	312.33	-13.29	63.3	38.3
1988	1129.64	667.03	462.07	0.54	59.0	40.9
1989	1348.54	857.33	472.75	18.46	63.6	35.1
1990	1541.99	938.48	502.90	100.61	60.9	32.6
1991	1847.99	1081.39	610.18	156.42	58.5	33.0
1992	2440.58	1359.08	987.96	93.54	55.7	40.5
1993	3465.31	1852.06	1554.46	58.79	53.4	44.9
1994	4618.25	2598.57	1930.86	88.82	56.3	41.8
1995	5940.34	3363.65	2401.80	174.89	56.6	40.4
1996	6848.22	3859.84	2795.64	192.74	56.4	40.8
1997	7792.97	4245.89	2992.18	554.90	54.5	38.4
1998	8555.33	4583.10	3354.63	617.60	53.6	39.2
1999	9289.64	5085.11	3548.75	655.78	54.7	38.2
2000	10810.21	5717.11	3917.11	1175.99	52.9	36.2
2001	12126.59	6259.29	4476.48	1390.82	51.6	36.9
2002	13601.89	7290.47	4858.53	1452.89	53.6	35.7
2003	15979.77	8647.86	6022.16	1309.75	54.1	37.7
2004	18658.34	10167.48	7350.24	1140.62	54.5	39.4
2005	21962.99	11457.36	8399.25	2106.38	52.2	38.2
2006	25961.24	12643.78	9512.26	3805.20	48.7	36.6
2007	31742.61	14853.52	10967.58	5921.51	46.8	34.6
2008	36704.16	17215.48	12590.33	6898.35	46.9	34.3
2009	39464.69	19196.56	15378.86	4889.27	48.6	39.0
2010	45944.62	22501.78	18226.60	5216.24	49.0	39.7
2011	53072.79	26235.01	21689.40	5148.38	49.4	40.9
2012	57007.74	29581.98	23699.14	3726.62	51.9	41.6
2013	62503.41	30900.24	27020.20	4582.97	49.4	43.2
2014	68173.03	34595.53	29850.24	3727.26	50.7	43.8
2015	74732.44	38116.43	31602.04	5013.97	51.0	42.3
2016	82163.22	42095.22	34647.12	5420.89	51.2	42.2
2017	91648.73	46682.78	39657.57	5308.39	50.9	43.3
2018	99945.22	51531.96	44379.92	4033.34	51.6	44.4
2019	107986.92	55827.36	48076.62	4082.94	51.7	44.5
2020	111151.63	56585.06	49319.71	5246.86	50.9	44.4

注：2013年起，国家统计局推行城乡住户调查一体化改革，支出法地区生产总值数据与以前年份不可比(以下相关表同)。

Notes: The data of gross domestic product by expenditure approach are not comparable to the previous years due to the integrated household reform conducted by the NBS(the same applied to the related table) since 2013.

2-10 资本形成总额及构成

Gross Capital Formation and Composition

年份 Year	资本形成总额(亿元) Gross Capital Formation (100 million yuan)	固定资本形成总额 Gross Fixed Capital Formation	存货变动 Change in Inventories	比重(资本形成总额=100) Proportion (gross capital formation=100) 固定资本形成总额 Gross Fixed Capital Formation	存货变动 Change in Inventories
1978	54.79	37.93	16.86	69.2	30.8
1979	55.86	41.81	14.05	74.8	25.2
1980	71.37	57.15	14.23	80.1	19.9
1981	96.74	73.39	23.34	75.9	24.1
1982	112.35	94.64	17.71	84.2	15.8
1983	113.49	96.80	16.69	85.3	14.7
1984	150.07	133.04	17.03	88.7	11.3
1985	238.58	163.84	74.74	68.7	31.3
1986	256.75	182.15	74.59	70.9	29.1
1987	312.33	197.01	115.32	63.1	36.9
1988	462.07	286.00	176.07	61.9	38.1
1989	472.75	266.68	206.07	56.4	43.6
1990	502.90	336.61	166.29	66.9	33.1
1991	610.18	396.49	213.70	65.0	35.0
1992	987.96	683.66	304.30	69.2	30.8
1993	1554.46	1110.69	443.77	71.5	28.5
1994	1930.86	1375.09	555.76	71.2	28.8
1995	2401.80	1826.18	575.62	76.0	24.0
1996	2795.64	1932.16	863.48	69.1	30.9
1997	2992.18	2096.88	895.30	70.1	29.9
1998	3354.63	2497.33	857.30	74.4	25.6
1999	3548.75	2907.86	640.89	81.9	18.1
2000	3917.11	3160.12	756.99	80.7	19.3
2001	4476.48	3531.49	944.99	78.9	21.1
2002	4858.53	4119.36	739.17	84.8	15.2
2003	6022.16	5096.72	925.44	84.6	15.4
2004	7350.24	6093.41	1256.83	82.9	17.1
2005	8399.25	7577.75	821.50	90.2	9.8
2006	9512.26	8694.07	818.19	91.4	8.6
2007	10967.58	10230.11	737.47	93.3	6.7
2008	12590.33	11803.75	786.58	93.8	6.2
2009	15378.86	14452.53	926.33	94.0	6.0
2010	18226.60	17035.10	1191.50	93.5	6.5
2011	21689.40	20118.29	1571.11	92.8	7.2
2012	23699.14	22860.84	838.30	96.5	3.5
2013	27020.20	25966.92	1053.28	96.1	3.9
2014	29850.24	29021.09	829.15	97.2	2.8
2015	31602.04	30478.30	1123.74	96.4	3.6
2016	34647.12	33279.65	1367.47	96.1	3.9
2017	39657.57	38390.85	1266.72	96.8	3.2
2018	44379.92	42319.88	2060.04	95.4	4.6
2019	48076.62	45950.04	2126.58	95.6	4.4
2020	49319.71	46332.16	2987.55	93.9	6.1

2-11 最终消费及构成

Final Consumption Expenditure and Composition

年份 Year	最终消费支出(亿元) Final Consumption Expenditure (100 million yuan)	居民消费支出 Household Consumption	城镇居民 Urban Households	农村居民 Rural Households	政府消费支出 Government Consumption	比重 Proportion 最终消费支出=100 Final Consumption Expenditure=100 居民消费支出 Household Consumption	政府消费支出 Government Consumption	居民消费支出=100 Household Consumption=100 城镇居民 Urban Households	农村居民 Rural Households
1978	130.02	111.46	40.12	71.34	18.56	85.7	14.3	36.0	64.0
1979	147.11	128.48	46.57	81.91	18.63	87.3	12.7	36.2	63.8
1980	180.93	156.51	60.55	95.95	24.42	86.5	13.5	38.7	61.3
1981	201.43	175.12	64.50	110.62	26.31	86.9	13.1	36.8	63.2
1982	233.21	202.70	74.76	127.93	30.51	86.9	13.1	36.9	63.1
1983	252.07	220.14	85.69	134.45	31.93	87.3	12.7	38.9	61.1
1984	288.26	250.92	105.87	145.05	37.34	87.0	13.0	42.2	57.8
1985	347.18	298.00	137.84	160.16	49.17	85.8	14.2	46.3	53.7
1986	415.91	349.52	164.49	185.03	66.39	84.0	16.0	47.1	52.9
1987	516.02	442.20	223.51	218.69	73.82	85.7	14.3	50.5	49.5
1988	667.03	566.25	283.39	282.86	100.77	84.9	15.1	50.0	50.0
1989	857.33	743.90	377.08	366.82	113.42	86.8	13.2	50.7	49.3
1990	938.48	807.84	406.22	401.62	130.64	86.1	13.9	50.3	49.7
1991	1081.39	923.37	511.00	412.36	158.02	85.4	14.6	55.3	44.7
1992	1359.08	1118.52	648.51	470.01	240.55	82.3	17.7	58.0	42.0
1993	1852.06	1574.61	957.16	617.45	277.45	85.0	15.0	60.8	39.2
1994	2598.57	2287.69	1442.66	845.03	310.88	88.0	12.0	63.1	36.9
1995	3363.65	2912.58	1890.75	1021.83	451.07	86.6	13.4	64.9	35.1
1996	3859.84	3343.00	2154.56	1188.44	516.84	86.6	13.4	64.4	35.6
1997	4245.89	3539.63	2317.15	1222.48	706.26	83.4	16.6	65.5	34.5
1998	4583.10	3781.21	2499.29	1281.92	801.89	82.5	17.5	66.1	33.9
1999	5085.11	4072.05	2774.14	1297.91	1013.06	80.1	19.9	68.1	31.9
2000	5717.11	4474.11	3125.44	1348.67	1243.00	78.3	21.7	69.9	30.1
2001	6259.29	4733.53	3318.28	1415.25	1525.76	75.6	24.4	70.1	29.9
2002	7290.47	5449.58	4025.54	1424.04	1840.89	74.7	25.3	73.9	26.1
2003	8647.86	6537.53	5273.69	1263.84	2110.33	75.6	24.4	80.7	19.3
2004	10167.48	7953.60	6729.38	1224.22	2213.88	78.2	21.8	84.6	15.4
2005	11457.36	8968.54	7560.24	1408.30	2488.82	78.3	21.7	84.3	15.7
2006	12643.78	9895.13	8470.02	1425.11	2748.65	78.3	21.7	85.6	14.4
2007	14853.52	11781.66	10229.41	1552.25	3071.86	79.3	20.7	86.8	13.2
2008	17215.48	13599.73	11812.60	1787.13	3615.75	79.0	21.0	86.9	13.1
2009	19196.56	15261.29	13233.01	2028.28	3935.27	79.5	20.5	86.7	13.3
2010	22501.78	17702.35	15438.42	2263.93	4799.43	78.7	21.3	87.2	12.8
2011	26235.01	20636.84	17860.12	2776.72	5598.17	78.7	21.3	86.5	13.5
2012	29581.98	23321.42	20179.53	3141.89	6260.56	78.8	21.2	86.5	13.5
2013	30900.24	23901.02	20109.64	3791.38	6999.22	77.3	22.7	84.1	15.9
2014	34595.53	26936.81	22536.12	4400.69	7658.72	77.9	22.1	83.7	16.3
2015	38116.43	29356.72	24734.89	4621.84	8759.71	77.0	23.0	84.3	15.7
2016	42095.22	32336.89	27234.11	5102.78	9758.33	76.8	23.2	84.2	15.8
2017	46682.78	35650.88	30154.13	5496.75	11031.90	76.4	23.6	84.6	15.4
2018	51531.96	39312.83	32963.41	6349.42	12219.13	76.3	23.7	83.8	16.2
2019	55827.36	42318.90	35556.70	6762.19	13508.47	75.8	24.2	84.0	16.0
2020	56585.06	42098.56	35482.91	6615.65	14486.50	74.4	25.6	84.3	15.7

2-12 三大需求对地区生产总值增长的贡献率和拉动

Contribution Share and Contribution of the Three Major Demands to GDP Growth

年份 Year	最终消费支出 Final Consumption Expenditure		资本形成总额 Gross Capital Formation		货物和服务净流出 Net Exports of Goods and Services	
	贡献率(%) Contribution Share (%)	拉动(百分点) Contribution (percentage points)	贡献率(%) Contribution Rate (%)	拉动(百分点) Contribution (percentage points)	贡献率(%) Contribution Rate (%)	拉动(百分点) Contribution (percentage points)
1979	95.7	5.3	-13.8	-0.8	18.2	1.0
1980	71.3	13.0	33.5	6.1	-4.8	-0.9
1981	50.5	6.3	56.4	7.1	-6.9	-0.9
1982	72.7	8.3	40.6	4.6	-13.2	-1.5
1983	124.4	5.6	-12.9	-0.6	-11.5	-0.5
1984	56.5	8.5	42.2	6.3	1.3	0.2
1985	32.0	6.9	80.6	17.4	-12.6	-2.7
1986	83.6	8.8	15.5	1.6	0.8	0.1
1987	38.6	4.9	34.9	4.4	26.4	3.3
1988	-2.8	-0.3	60.1	7.4	42.8	5.2
1989	110.8	9.4	-35.6	-3.0	24.8	2.1
1990	60.9	7.2	9.5	1.1	29.6	3.5
1991	39.9	7.1	35.1	6.3	25.0	4.5
1992	56.0	12.4	65.2	14.5	-21.1	-4.7
1993	50.2	11.6	60.1	13.9	-10.3	-2.4
1994	53.8	10.4	36.1	7.0	10.1	1.9
1995	48.5	8.0	39.6	6.5	11.9	2.0
1996	44.8	5.1	52.1	5.9	3.1	0.3
1997	21.6	2.4	7.5	0.8	71.0	8.0
1998	39.4	4.3	43.9	4.8	16.7	1.8
1999	54.5	5.6	22.5	2.3	23.1	2.4
2000	32.9	3.9	27.2	3.2	39.9	4.7
2001	45.8	4.8	49.0	5.2	5.3	0.6
2002	68.0	8.4	23.3	2.9	8.7	1.1
2003	63.4	9.4	50.4	7.5	-13.8	-2.0
2004	56.4	7.4	41.8	5.5	1.8	0.2
2005	43.3	6.1	31.2	4.4	25.6	3.6
2006	32.3	4.8	30.3	4.5	37.4	5.6
2007	46.3	7.0	24.7	3.7	28.9	4.3
2008	46.9	4.9	36.3	3.8	16.8	1.8
2009	65.2	6.4	83.4	8.2	-48.5	-4.8
2010	54.6	6.8	48.7	6.1	-3.3	-0.4
2011	51.0	5.2	50.5	5.2	-1.5	-0.1
2012	57.1	4.7	45.8	3.8	-2.9	-0.2
2013	46.1	0.3	43.5	6.2	10.3	2.0
2014	53.7	4.2	50.7	4.0	-4.4	-0.3
2015	51.9	4.2	49.1	3.9	-1.0	-0.1
2016	53.7	4.0	48.2	3.6	-1.9	-0.1
2017	53.3	4.0	44.7	3.3	2.0	0.2
2018	56.4	3.8	54.8	3.7	-11.1	-0.8
2019	55.1	3.4	49.5	3.0	-4.6	-0.3
2020	-17.5	-0.4	61.6	1.4	55.9	1.3

注：1.三大需求指支出法地区生产总值的三大构成项目，即最终消费支出、资本形成总额、货物和服务净流出。
2.贡献率指三大需求增量与地区支出法生产总值增量之比。
3.拉动指地区生产总值增长速度与三大需求贡献率的乘积。

Notes: a) Three major demands refer to three major components of gross domestic product by expenditure approach,i.e.final consumption expenditure, gross capital formation, and net exports of goods and services.
b) Contribution rate refers to the proportion of the increment of three major demands to the increment of gross domestic product by expenditure approach.
c) Pulling rate refers to the growth rate of gross regional product multiplying the contribution rates of three major demands.

2–13 人均地区生产总值及人均消费水平指数

Indices of Per Capita Gross Domestic Product and Consumption

年份 Year	人均地区生产总值 Per Capita Gross Domestic Product		人均消费水平 Per Capita Consumption					
			全体居民 Households		城镇居民 Urban Households		农村居民 Rural Households	
	绝对数(元) Absolute Figure (yuan)	指数(上年=100) Index (preceding year=100)	绝对数(元) Absolute Figure (yuan)	指数(上年=100) Index (preceding year=100)	绝对数(元) Absolute Figure (yuan)	指数(上年=100) Index (preceding year=100)	绝对数(元) Absolute Figure (yuan)	指数(上年=100) Index (preceding year=100)
1978	370		222		466		171	
1979	410	106.9	252	108.3	507	102.6	196	109.8
1980	481	114.8	302	114.9	620	112.7	228	114.1
1981	550	107.1	332	107.9	627	98.1	260	113.3
1982	633	110.0	377	110.3	696	108.3	298	110.4
1983	675	105.6	403	107.2	764	108.5	310	105.1
1984	827	113.8	453	110.3	878	109.7	334	107.8
1985	1026	116.2	529	105.7	1038	110.2	372	97.4
1986	1164	110.6	609	109.5	1146	108.4	430	106.3
1987	1443	117.0	754	106.4	1382	101.1	515	104.9
1988	1926	113.2	944	96.5	1716	93.2	651	100.5
1989	2251	104.8	1212	119.7	2188	115.0	831	123.1
1990	2484	109.1	1287	109.3	2263	104.7	896	112.9
1991	2941	114.7	1434	108.3	2712	114.8	906	100.2
1992	3699	118.8	1690	114.7	3210	115.7	1023	109.7
1993	5085	119.3	2308	120.5	4280	117.0	1347	117.6
1994	6530	115.5	3234	117.8	5870	115.7	1831	114.3
1995	8139	112.1	3991	110.1	7091	107.6	2206	108.4
1996	9157	108.7	4470	106.9	7660	102.3	2547	111.6
1997	10154	108.4	4612	97.9	7807	95.2	2597	99.6
1998	10850	107.9	4796	104.2	8054	102.2	2681	105.8
1999	11463	107.3	5025	104.5	8598	105.9	2661	100.8
2000	12817	107.3	5305	100.2	9189	100.2	2680	98.7
2001	13952	107.3	5445	101.9	9312	100.3	2759	103.0
2002	15478	111.1	6199	113.2	10358	110.2	2904	105.7
2003	17950	113.3	7342	117.0	11136	106.4	3032	103.4
2004	20647	111.5	8800	115.9	12409	107.9	3386	108.2
2005	23997	112.7	9799	110.0	13609	108.6	3915	113.2
2006	27861	112.8	10619	107.4	14695	106.9	4010	102.2
2007	33236	112.2	12336	112.9	16982	112.6	4401	105.0
2008	37543	107.9	13911	107.1	19101	107.1	4975	105.6
2009	39418	107.3	15243	110.9	20852	111.3	5533	106.9
2010	44669	109.5	17211	109.3	23159	107.5	6255	109.4
2011	50076	107.0	19186	105.8	24943	102.9	7722	112.2
2012	52308	105.3	21123	106.9	27218	106.3	8663	106.7
2013	56029	106.0	21208	110.0	26206	109.6	10543	110.9
2014	59909	105.7	23446	107.6	28586	106.3	12206	112.3
2015	64516	106.1	25138	106.8	30472	105.6	12980	108.5
2016	69671	105.6	27156	105.6	32602	104.8	14356	106.8
2017	76218	105.4	29364	105.4	35110	104.5	15473	107.6
2018	81625	104.9	31837	105.7	37175	103.1	18241	115.2
2019	86956	104.7	33885	105.6	39188	105.1	19797	104.7
2020	88521	101.1	33348	96.1	37906	94.7	20273	98.4
2021	98285	107.1						

注：2006–2009年人均地区生产总值根据2010年第六次全国人口普查结果进行修订，2011–2019年人均地区生产总值根据2020年第七次全国人口普查结果进行修订。

Note: The per capita GDP in 2006-2009 is revised according to the results of the sixth national census in 2010, and the per capita GDP in 2011-2019 is revised according to the results of the seventh national census in 2020.

2-14 人均地区生产总值及人均消费水平指数

Indices of Per Capita Gross Domestic Product and Consumption

年份 Year	人均地区生产总值 Per Capita Gross Domestic Product		人均消费水平 Per Capita Consumption 全体居民 Households		城镇居民 Urban Households		农村居民 Rural Households	
	绝对数（元） Value (yuan)	指数（1978年=100） Index (year of 1978=100)	绝对数（元） Value (yuan)	指数（1978年=100） Index (year of 1978=100)	绝对数（元） Value (yuan)	指数（1978年=100） Index (year of 1978=100)	绝对数（元） Value (yuan)	指数（1978年=100） Index (year of 1978=100)
1978	370	100.0	222	100.0	466	100.0	171	100.0
1979	410	106.9	252	108.3	507	102.6	196	109.8
1980	481	122.6	302	124.4	620	115.6	228	125.2
1981	550	131.3	332	134.2	627	113.4	260	141.9
1982	633	144.4	377	148.1	696	122.8	298	156.7
1983	675	152.4	403	158.7	764	133.3	310	164.8
1984	827	173.5	453	175.0	878	146.3	334	177.6
1985	1026	201.6	529	184.9	1038	161.2	372	172.9
1986	1164	223.1	609	202.5	1146	174.7	430	183.7
1987	1443	260.9	754	215.6	1382	176.6	515	192.6
1988	1926	295.4	944	208.1	1716	164.6	651	193.6
1989	2251	309.6	1212	249.0	2188	189.3	831	238.2
1990	2484	337.7	1287	272.1	2263	198.2	896	269.0
1991	2941	387.4	1434	294.7	2712	227.5	906	269.5
1992	3699	460.3	1690	338.1	3210	263.2	1023	295.7
1993	5085	549.0	2308	407.5	4280	308.1	1347	347.8
1994	6530	633.9	3234	480.2	5870	356.5	1831	397.6
1995	8139	710.7	3991	528.9	7091	383.5	2206	430.8
1996	9157	772.3	4470	565.4	7660	392.3	2547	480.6
1997	10154	837.2	4612	553.4	7807	373.4	2597	478.6
1998	10850	903.3	4796	576.9	8054	381.6	2681	506.5
1999	11463	969.2	5025	602.6	8598	404.2	2661	510.6
2000	12817	1040.3	5305	603.5	9189	405.0	2680	503.8
2001	13952	1115.8	5445	615.2	9312	406.3	2759	519.0
2002	15478	1240.1	6199	696.1	10358	447.6	2904	548.8
2003	17950	1405.3	7342	814.5	11136	476.2	3032	567.2
2004	20647	1566.6	8800	944.4	12409	513.8	3386	613.6
2005	23997	1766.1	9799	1039.2	13609	557.8	3915	694.5
2006	27861	1992.7	10619	1116.5	14695	596.5	4010	709.8
2007	33236	2235.7	12336	1260.3	16982	671.5	4401	745.1
2008	37543	2413.3	13911	1350.1	19101	719.3	4975	787.1
2009	39418	2588.9	15243	1496.8	20852	800.5	5533	841.2
2010	44669	2834.9	17211	1636.4	23159	860.4	6255	920.5
2011	50076	3032.2	19186	1730.9	24943	885.0	7722	1033.1
2012	52308	3192.2	21123	1850.9	27218	940.9	8663	1101.9
2013	56029	3385.1	21208	2035.2	26206	1031.1	10543	1222.5
2014	59909	3577.5	23446	2190.0	28586	1095.8	12206	1372.6
2015	64516	3797.1	25138	2338.3	30472	1157.7	12980	1489.9
2016	69671	4010.1	27156	2469.4	32602	1213.6	14356	1591.5
2017	76218	4227.6	29364	2602.2	35110	1268.1	15473	1711.8
2018	81625	4434.4	31837	2750.1	37175	1307.9	18241	1971.7
2019	86956	4641.2	33885	2903.7	39188	1375.3	19797	2063.7
2020	88521	4693.5	33348	2790.0	37906	1302.6	20273	2029.6
2021	98285	5027.6						

2-15 各市地区生产总值

Gross Domestic Product by City

单位：亿元 (100 million yuan)

市 别	City	2000	2005	2010	2011	2012	2013	2014
广 州	Guangzhou	2505.58	5187.85	10640.67	12199.69	13194.69	15050.40	16135.95
深 圳	Shenzhen	2219.20	5035.77	10069.06	11922.81	13496.27	15234.24	16795.35
珠 海	Zhuhai	335.92	640.53	1241.74	1460.07	1583.66	1780.87	2008.86
汕 头	Shantou	450.16	637.68	1125.75	1271.39	1422.98	1569.58	1710.57
佛 山	Foshan	1050.38	2450.67	5665.45	6231.40	6642.95	7064.30	7509.96
韶 关	Shaoguan	192.72	337.03	624.77	720.26	818.55	898.41	961.90
河 源	Heyuan	87.22	204.81	444.03	519.95	591.42	668.92	734.84
梅 州	Meizhou	180.64	315.17	602.79	686.71	737.60	790.82	870.73
惠 州	Huizhou	439.19	805.11	1723.56	2080.14	2352.46	2674.50	2959.11
汕 尾	Shanwei	128.49	205.75	455.02	539.07	613.73	678.22	729.36
东 莞	Dongguan	821.14	2189.46	4339.85	4887.26	5190.20	5740.44	6174.83
中 山	Zhongshan	345.44	894.59	1808.48	2102.58	2306.52	2470.06	2580.59
江 门	Jiangmen	504.66	801.70	1574.73	1836.72	1892.98	2020.97	2099.29
阳 江	Yangjiang	160.20	294.55	614.99	728.68	831.81	971.17	1066.82
湛 江	Zhanjiang	373.81	682.67	1390.02	1699.02	1845.70	2031.80	2201.88
茂 名	Maoming	417.36	739.13	1482.26	1736.46	1931.69	2186.93	2375.38
肇 庆	Zhaoqing	249.78	420.95	965.12	1169.41	1279.64	1437.04	1580.50
清 远	Qingyuan	157.92	323.60	867.13	1003.69	1025.12	1099.54	1194.42
潮 州	Chaozhou	177.87	283.44	556.51	643.55	699.44	772.28	833.19
揭 阳	Jieyang	311.09	414.00	969.82	1163.38	1306.17	1465.36	1604.73
云 浮	Yunfu	137.70	202.46	396.21	471.45	524.28	596.67	645.74
按经济区域分	By Region							
珠 三 角	Pearl River Delta	8471.28	18426.64	38028.65	43890.08	47939.37	53472.83	57844.44
东 翼	Eastern Region	1067.61	1540.87	3107.09	3617.40	4042.32	4485.43	4877.85
西 翼	Western Region	951.37	1716.35	3487.27	4164.16	4609.20	5189.91	5644.08
山 区	Mountainous Region	756.20	1383.07	2934.93	3402.07	3696.98	4054.36	4407.64

2−15 续表 continued

单位：亿元 (100 million yuan)

市 别	City	2015	2016	2017	2018	2019	2020	2021
广 州	Guangzhou	17347.37	18559.73	19871.67	21002.44	23844.69	25068.75	28231.97
深 圳	Shenzhen	18436.84	20685.74	23280.27	25266.08	26992.33	27759.02	30664.85
珠 海	Zhuhai	2216.54	2452.61	2943.83	3216.78	3444.23	3518.26	3881.75
汕 头	Shantou	1869.53	2097.48	2368.16	2503.08	2687.28	2704.74	2929.87
佛 山	Foshan	8107.60	8756.31	9382.16	9976.72	10739.76	10758.50	12156.54
韶 关	Shaoguan	987.86	1040.69	1133.62	1217.48	1316.35	1375.16	1553.93
河 源	Heyuan	768.68	847.80	968.10	1006.98	1079.75	1114.31	1273.99
梅 州	Meizhou	943.58	1029.74	1086.59	1127.24	1187.08	1227.27	1308.01
惠 州	Huizhou	3090.22	3359.52	3745.75	4003.33	4192.93	4283.72	4977.36
汕 尾	Shanwei	766.86	843.92	904.57	1004.00	1076.27	1112.63	1288.04
东 莞	Dongguan	6665.34	7260.92	8079.20	8818.11	9474.43	9756.77	10855.35
中 山	Zhongshan	2711.36	2830.43	2939.52	3053.73	3123.79	3189.15	3566.17
江 门	Jiangmen	2274.26	2480.94	2745.89	3001.24	3150.22	3202.97	3601.28
阳 江	Yangjiang	1108.12	1117.03	1142.24	1167.73	1291.67	1349.53	1515.86
湛 江	Zhanjiang	2319.49	2487.25	2744.98	2944.48	3055.90	3103.32	3559.93
茂 名	Maoming	2439.73	2618.91	2881.07	3095.11	3248.11	3285.44	3698.10
肇 庆	Zhaoqing	1691.85	1810.67	1964.97	2102.29	2250.67	2313.24	2649.99
清 远	Qingyuan	1266.26	1404.30	1474.54	1575.32	1704.47	1804.36	2007.45
潮 州	Chaozhou	891.11	948.16	960.68	1005.30	1082.94	1102.88	1244.85
揭 阳	Jieyang	1664.39	1804.26	1842.67	2002.09	2099.91	2088.00	2265.43
云 浮	Yunfu	696.60	758.68	804.63	855.67	944.14	1033.62	1138.97
按经济区域分	By Region							
珠 三 角	Pearl River Delta	62541.37	68196.86	74953.26	80440.72	87213.05	89850.38	100585.25
东 翼	Eastern Region	5191.89	5693.82	6076.09	6514.48	6946.39	7008.25	7728.20
西 翼	Western Region	5867.34	6223.19	6768.29	7207.33	7595.68	7738.29	8773.89
山 区	Mountainous Region	4662.99	5081.21	5467.48	5782.69	6231.80	6554.71	7282.33

注：2017年起，深圳市地区生产总值数据包含深汕合作区。

Notes: Since 2017, GDP of Shenshan Special Cooperation Zone is included in that of Shenzhen city.

2-16 各市地区生产总值指数

Indices of Gross Domestic Product by City

上年=100 (preceding year=100)

市别	City	2000	2005	2010	2011	2012	2013	2014
广州	Guangzhou	113.4	113.0	113.0	111.4	110.4	111.5	108.5
深圳	Shenzhen	116.3	115.3	112.3	110.1	110.2	110.6	108.9
珠海	Zhuhai	112.0	113.2	113.3	111.8	107.8	110.9	110.4
汕头	Shantou	107.0	111.3	110.4	110.1	109.5	110.1	108.9
佛山	Foshan	112.5	119.3	114.3	111.5	108.1	109.8	108.2
韶关	Shaoguan	111.3	110.1	112.5	110.3	111.7	110.7	107.6
河源	Heyuan	110.7	122.9	112.5	113.2	111.5	112.1	108.6
梅州	Meizhou	108.1	107.9	114.1	113.6	109.9	111.0	108.6
惠州	Huizhou	111.3	116.1	118.2	115.0	112.6	113.7	110.0
汕尾	Shanwei	111.5	116.0	117.0	114.1	113.4	112.3	109.0
东莞	Dongguan	119.7	119.5	110.4	108.4	106.3	110.0	108.0
中山	Zhongshan	112.4	121.1	113.8	113.1	111.1	109.7	107.5
江门	Jiangmen	110.2	112.6	114.5	113.0	108.2	109.6	107.5
阳江	Yangjiang	109.6	113.9	116.3	114.7	112.5	115.0	110.2
湛江	Zhanjiang	107.1	113.6	114.2	112.8	109.5	111.8	109.8
茂名	Maoming	111.2	114.1	114.0	110.8	110.6	113.6	110.1
肇庆	Zhaoqing	110.6	115.8	115.5	113.7	109.8	109.7	109.7
清远	Qingyuan	108.3	127.7	112.8	108.4	104.8	108.1	107.7
潮州	Chaozhou	105.6	111.5	114.0	113.2	110.5	110.8	108.1
揭阳	Jieyang	105.4	111.3	119.3	114.5	110.7	114.1	110.3
云浮	Yunfu	105.3	113.3	113.9	114.4	113.0	113.5	110.3
按经济区域分	By Region							
珠三角	Pearl River Delta	113.9	115.7	113.1	111.1	109.5	110.7	108.6
东翼	Eastern Region	106.7	112.0	114.6	112.6	110.7	111.8	109.2
西翼	Western Region	109.4	113.8	114.5	112.3	110.5	113.2	110.0
山区	Mountainous Region	108.7	115.7	113.1	111.4	109.5	110.7	108.4

2-16 续表 continued

上年=100 (preceding year=100)

市 别	City	2015	2016	2017	2018	2019	2020	2021
广 州	Guangzhou	108.3	107.6	106.7	106.0	106.9	102.7	108.1
深 圳	Shenzhen	109.0	109.3	108.8	107.7	106.7	103.1	106.7
珠 海	Zhuhai	110.0	108.1	111.1	107.9	106.8	103.0	106.9
汕 头	Shantou	108.4	108.6	109.1	106.9	106.1	102.0	106.1
佛 山	Foshan	108.2	107.9	108.0	106.4	106.8	101.5	108.3
韶 关	Shaoguan	105.9	106.1	106.4	104.0	106.0	103.0	108.6
河 源	Heyuan	106.3	106.6	106.7	105.8	105.5	101.3	108.0
梅 州	Meizhou	108.6	107.8	106.9	102.3	103.4	101.5	105.5
惠 州	Huizhou	109.3	108.1	107.9	105.9	104.2	101.5	110.1
汕 尾	Shanwei	108.1	107.0	108.1	108.0	106.7	104.6	112.7
东 莞	Dongguan	108.4	108.0	108.8	107.5	107.4	101.1	108.2
中 山	Zhongshan	108.2	104.3	103.8	103.1	102.0	101.5	108.2
江 门	Jiangmen	108.4	107.3	108.1	107.8	104.3	102.2	108.4
阳 江	Yangjiang	107.9	106.4	105.8	103.8	108.2	104.4	108.3
湛 江	Zhanjiang	108.7	106.8	106.9	105.7	104.0	101.9	108.5
茂 名	Maoming	107.6	107.4	107.6	105.8	104.3	101.5	107.6
肇 庆	Zhaoqing	107.9	105.0	105.1	106.5	106.3	103.0	110.5
清 远	Qingyuan	108.0	109.3	104.1	104.0	106.3	103.8	108.1
潮 州	Chaozhou	108.2	107.0	106.1	104.9	105.0	101.3	109.3
揭 阳	Jieyang	107.8	107.5	105.2	105.2	103.0	100.2	106.1
云 浮	Yunfu	108.6	108.0	105.3	104.0	106.4	104.1	108.1
按经济区域分	By Region							
珠 三 角	Pearl River Delta	108.6	108.0	107.8	106.8	106.4	102.4	107.9
东 翼	Eastern Region	108.1	107.8	107.2	106.2	105.0	101.7	107.7
西 翼	Western Region	108.1	107.0	107.0	105.4	104.9	102.2	108.1
山 区	Mountainous Region	107.5	107.7	105.8	103.9	105.5	102.8	107.7

2-17 各市地区生产总值指数

Indices of Gross Domestic Product by City

2000年=100 (year of 2000=100)

市别	City	2001	2005	2010	2011	2012	2013	2014
广州	Guangzhou	112.8	191.3	361.2	402.3	444.0	495.3	537.3
深圳	Shenzhen	114.5	213.8	402.8	443.5	488.6	540.5	588.7
珠海	Zhuhai	111.9	190.6	342.3	382.6	412.3	457.4	505.0
汕头	Shantou	98.1	139.9	234.4	258.1	282.7	311.1	338.7
佛山	Foshan	113.2	214.8	454.5	506.8	548.0	601.5	650.9
韶关	Shaoguan	110.2	165.0	301.8	332.9	371.8	411.7	443.0
河源	Heyuan	111.7	215.4	460.6	521.3	581.5	651.6	707.4
梅州	Meizhou	108.6	159.1	270.8	307.5	337.9	375.0	407.1
惠州	Huizhou	109.5	181.9	373.6	429.7	483.8	550.2	605.1
汕尾	Shanwei	108.9	179.3	383.3	437.3	496.0	557.1	607.2
东莞	Dongguan	120.0	252.1	473.2	512.8	545.2	599.9	648.0
中山	Zhongshan	117.0	245.0	467.3	528.4	586.9	643.9	692.1
江门	Jiangmen	105.3	160.2	295.2	333.5	360.9	395.6	425.2
阳江	Yangjiang	109.7	174.4	335.0	384.2	432.1	497.1	548.0
湛江	Zhanjiang	108.3	169.6	307.6	347.1	380.0	425.0	466.6
茂名	Maoming	110.3	176.6	314.5	348.4	385.5	437.9	482.1
肇庆	Zhaoqing	108.2	174.6	339.4	385.8	423.6	464.8	510.0
清远	Qingyuan	106.5	204.6	462.3	501.0	525.1	567.9	611.4
潮州	Chaozhou	106.9	160.4	296.2	335.2	370.5	410.5	443.7
揭阳	Jieyang	103.5	133.0	289.2	331.0	366.5	418.3	461.3
云浮	Yunfu	104.6	151.3	279.1	319.4	360.9	409.8	452.0
按经济区域分	By Region							
珠三角	Pearl River Delta	113.4	205.3	394.4	438.2	479.7	531.2	576.8
东翼	Eastern Region	102.4	146.0	277.8	312.8	346.2	387.1	422.7
西翼	Western Region	109.4	173.4	315.3	354.0	391.3	442.8	487.1
山区	Mountainous Region	108.2	175.2	341.5	380.4	416.5	461.0	499.6

2−17 续表 continued

2000年=100 (year of 2000=100)

市 别	City	2015	2016	2017	2018	2019	2020	2021
广 州	Guangzhou	581.8	626.1	668.2	708.6	757.6	778.1	841.5
深 圳	Shenzhen	641.5	701.5	763.3	822.4	877.1	903.9	964.7
珠 海	Zhuhai	555.4	600.6	667.2	720.1	769.0	792.0	846.8
汕 头	Shantou	367.1	398.7	434.9	464.8	493.2	503.0	533.9
佛 山	Foshan	704.3	760.0	820.6	872.8	932.0	945.7	1024.3
韶 关	Shaoguan	469.1	497.8	529.9	551.0	584.1	601.8	653.7
河 源	Heyuan	752.2	801.7	855.2	904.8	954.6	967.3	1045.1
梅 州	Meizhou	442.0	476.4	509.3	521.0	538.8	547.1	577.3
惠 州	Huizhou	661.2	714.5	771.2	816.4	850.8	863.6	950.9
汕 尾	Shanwei	656.3	702.4	759.6	820.7	875.7	916.0	1032.5
东 莞	Dongguan	702.3	758.1	824.7	886.2	951.4	961.8	1040.6
中 山	Zhongshan	748.7	781.0	811.1	836.3	853.3	866.4	937.5
江 门	Jiangmen	460.8	494.7	534.7	576.4	601.2	614.3	665.8
阳 江	Yangjiang	591.2	628.9	665.4	690.6	747.3	779.8	844.6
湛 江	Zhanjiang	507.0	541.5	578.9	612.1	636.5	648.6	703.8
茂 名	Maoming	518.8	557.1	599.4	633.9	661.2	670.9	722.2
肇 庆	Zhaoqing	550.5	578.1	607.7	647.2	687.7	708.1	782.5
清 远	Qingyuan	660.0	721.2	751.1	781.0	830.2	861.7	931.5
潮 州	Chaozhou	480.1	513.9	545.4	572.2	600.7	608.2	664.9
揭 阳	Jieyang	497.4	534.8	562.7	591.8	609.4	610.4	647.9
云 浮	Yunfu	490.7	530.2	558.2	580.7	618.2	643.2	695.5
按经济区域分	By Region							
珠 三 角	Pearl River Delta	626.2	676.4	729.4	778.7	828.8	848.4	915.0
东 翼	Eastern Region	457.1	492.5	528.0	560.5	588.7	598.7	644.7
西 翼	Western Region	526.4	563.0	602.3	634.8	665.8	680.4	735.5
山 区	Mountainous Region	536.9	578.1	611.5	635.6	670.8	689.7	743.0

2-18 各市第一产业增加值

Value-added of the Primary Industry by City

单位：亿元 (100 million yuan)

市 别	City	2000	2005	2010	2015	2017	2018	2019	2020	2021
广 州	Guangzhou	94.37	130.22	168.62	206.52	220.45	229.18	247.13	286.27	306.41
深 圳	Shenzhen	15.57	9.74	6.11	7.21	19.57	22.61	25.58	25.59	26.59
珠 海	Zhuhai	15.27	22.69	30.00	48.30	48.82	54.10	58.09	51.00	55.02
汕 头	Shantou	39.38	44.52	62.45	91.39	103.39	110.57	120.40	122.51	125.05
佛 山	Foshan	61.74	75.76	98.74	127.29	133.65	144.55	160.40	190.05	210.55
韶 关	Shaoguan	44.01	55.47	87.97	131.73	148.59	156.31	176.67	199.87	215.33
河 源	Heyuan	30.36	42.42	58.69	93.34	102.46	107.84	121.07	133.52	153.81
梅 州	Meizhou	56.02	72.73	118.40	172.97	187.76	196.14	223.63	238.66	251.35
惠 州	Huizhou	62.23	75.10	99.89	146.13	166.57	176.13	206.73	216.98	232.54
汕 尾	Shanwei	46.71	46.12	73.23	112.97	124.42	133.24	149.64	157.16	175.08
东 莞	Dongguan	25.91	21.82	15.56	19.92	22.85	25.83	28.85	30.40	34.66
中 山	Zhongshan	23.51	30.71	48.32	59.56	55.64	63.05	62.69	71.01	90.81
江 门	Jiangmen	69.83	72.47	115.91	170.46	187.35	201.85	254.35	272.91	294.89
阳 江	Yangjiang	62.95	80.38	129.98	190.04	211.46	219.98	244.42	254.74	249.00
湛 江	Zhanjiang	105.06	160.50	279.81	429.39	491.17	528.68	584.25	608.53	640.94
茂 名	Maoming	125.91	167.04	272.89	398.05	470.23	490.57	580.66	648.67	648.85
肇 庆	Zhaoqing	91.75	120.72	189.81	288.50	326.62	348.24	386.58	431.99	458.46
清 远	Qingyuan	61.43	71.54	118.22	192.30	218.90	231.33	262.16	288.85	303.81
潮 州	Chaozhou	28.76	32.64	38.76	62.64	70.56	76.81	98.90	108.93	115.04
揭 阳	Jieyang	71.06	65.20	100.86	141.33	156.99	164.75	186.69	203.41	205.50
云 浮	Yunfu	54.81	63.42	92.46	129.44	142.65	154.79	171.74	191.70	209.96
按经济区域分	By Region									
珠 三 角	Pearl River Delta	460.17	559.23	772.96	1073.87	1181.53	1265.53	1430.38	1576.19	1709.93
东 翼	Eastern Region	185.92	188.48	275.30	408.34	455.36	485.37	555.64	592.01	620.68
西 翼	Western Region	293.92	407.92	682.67	1017.49	1172.86	1239.23	1409.33	1511.94	1538.80
山 区	Mountainous Region	246.64	305.58	475.73	719.77	800.36	846.39	955.27	1052.60	1134.26

2-19 各市第二产业增加值

Value-added of the Secondary Industry by City

单位：亿元 (100 million yuan)

市别	City	2000	2005	2010	2015	2017	2018	2019	2020	2021
广州	Guangzhou	1029.94	2067.00	4053.30	5777.17	5900.61	6109.95	6509.40	6716.16	7722.67
深圳	Shenzhen	1108.76	2709.69	4727.94	7687.41	9337.52	9995.87	10402.00	10380.65	11338.59
珠海	Zhuhai	176.30	344.14	670.63	1043.69	1300.38	1450.82	1519.85	1463.16	1627.47
汕头	Shantou	217.39	328.07	594.67	937.58	1133.70	1221.45	1282.67	1322.53	1412.56
佛山	Foshan	553.61	1494.20	3581.59	5003.35	5465.70	5663.51	6088.54	5887.79	6806.95
韶关	Shaoguan	75.71	143.51	244.52	353.14	396.99	422.29	448.85	474.36	572.94
河源	Heyuan	20.99	80.46	208.19	310.43	341.21	348.49	372.32	388.34	463.15
梅州	Meizhou	63.30	129.80	248.19	347.19	352.33	352.04	369.04	396.35	409.13
惠州	Huizhou	255.26	456.79	1022.99	1744.62	1984.16	2122.20	2158.14	2137.61	2652.76
汕尾	Shanwei	37.31	83.10	199.88	321.40	348.74	371.29	390.94	411.63	498.96
东莞	Dongguan	451.47	1232.14	2313.00	3479.05	4416.53	4960.40	5298.93	5534.57	6319.41
中山	Zhongshan	180.83	548.21	1069.62	1516.61	1512.81	1539.37	1556.02	1525.97	1761.78
江门	Jiangmen	235.11	425.57	868.35	1061.67	1253.29	1328.64	1326.60	1400.69	1640.66
阳江	Yangjiang	47.03	110.83	258.10	503.26	411.29	389.33	443.23	473.81	592.51
湛江	Zhanjiang	135.52	298.80	565.19	892.89	1030.60	1058.79	1045.62	1098.46	1373.18
茂名	Maoming	147.72	260.23	560.77	920.24	1029.84	1084.64	1078.28	1060.92	1319.24
肇庆	Zhaoqing	53.10	99.87	348.13	783.60	833.92	867.26	889.50	895.70	1101.48
清远	Qingyuan	40.72	127.21	397.65	483.73	494.95	537.95	558.19	669.69	794.26
潮州	Chaozhou	86.52	151.68	309.50	476.77	491.61	500.20	517.69	516.15	602.08
揭阳	Jieyang	141.91	202.13	537.79	865.09	771.95	804.38	809.87	775.62	831.53
云浮	Yunfu	39.98	73.69	158.18	274.79	271.11	270.44	302.54	337.90	377.90
按经济区域分	By Region									
珠三角	Pearl River Delta	4044.38	9377.60	18655.55	28097.17	32004.91	34038.02	35748.98	35942.30	40971.75
东翼	Eastern Region	483.13	764.98	1641.84	2600.84	2746.00	2897.32	3001.16	3025.92	3345.13
西翼	Western Region	330.27	669.87	1384.06	2316.39	2471.73	2532.76	2567.13	2633.18	3284.93
山区	Mountainous Region	240.70	554.68	1256.73	1769.29	1856.60	1931.21	2050.94	2266.64	2617.38

2-20 各市第三产业增加值

Value-added of the Tertiary Industry by City

单位：亿元 (100 million yuan)

市　别	City	2000	2005	2010	2015	2017	2018	2019	2020	2021
广　州	Guangzhou	1381.27	2990.63	6418.75	11363.68	13750.61	14663.32	17088.17	18066.32	20202.89
深　圳	Shenzhen	1094.87	2316.34	5335.01	10742.22	13923.18	15247.60	16564.75	17352.77	19299.67
珠　海	Zhuhai	144.35	273.71	541.10	1124.55	1594.63	1711.86	1866.29	2004.10	2199.27
汕　头	Shantou	193.39	265.10	468.63	840.56	1131.07	1171.05	1284.21	1259.71	1392.25
佛　山	Foshan	435.03	880.70	1985.13	2976.96	3782.81	4168.66	4490.82	4680.66	5139.04
韶　关	Shaoguan	73.00	138.05	292.28	502.99	588.04	638.88	690.83	700.92	765.67
河　源	Heyuan	35.87	81.93	177.15	364.91	524.43	550.66	586.36	592.44	657.02
梅　州	Meizhou	61.32	112.64	236.20	423.42	546.50	579.07	594.41	592.26	647.53
惠　州	Huizhou	121.70	273.22	600.68	1199.48	1595.02	1705.00	1828.06	1929.14	2092.06
汕　尾	Shanwei	44.48	76.53	181.92	332.49	431.41	499.47	535.69	543.84	614.00
东　莞	Dongguan	343.76	935.50	2011.28	3166.37	3639.82	3831.87	4146.65	4191.80	4501.28
中　山	Zhongshan	141.09	315.67	690.54	1135.19	1371.08	1451.32	1505.07	1592.17	1713.58
江　门	Jiangmen	199.72	303.66	590.47	1042.13	1305.26	1470.76	1569.27	1529.37	1665.73
阳　江	Yangjiang	50.21	103.33	226.92	414.81	519.49	558.42	604.03	620.98	674.35
湛　江	Zhanjiang	133.24	223.37	545.02	997.21	1223.21	1357.01	1426.03	1396.33	1545.81
茂　名	Maoming	143.73	311.87	648.60	1121.44	1381.00	1519.91	1589.17	1575.86	1730.01
肇　庆	Zhaoqing	104.93	200.37	427.18	619.76	804.42	886.79	974.60	985.55	1090.04
清　远	Qingyuan	55.77	124.85	351.27	590.24	760.68	806.04	884.12	845.82	909.37
潮　州	Chaozhou	62.59	99.12	208.25	351.69	398.51	428.30	466.35	477.80	527.73
揭　阳	Jieyang	98.11	146.66	331.16	657.97	913.74	1032.97	1103.35	1108.97	1228.41
云　浮	Yunfu	42.90	65.34	145.58	292.37	390.87	430.44	469.86	504.02	551.11
按经济区域分	By Region									
珠 三 角	Pearl River Delta	3966.73	8489.80	18600.14	33370.33	41766.82	45137.18	50033.69	52331.89	57903.57
东　翼	Eastern Region	398.57	587.41	1189.95	2182.71	2874.74	3131.79	3389.59	3390.31	3762.39
西　翼	Western Region	327.18	638.56	1420.54	2533.46	3123.70	3435.34	3619.23	3593.17	3950.17
山　区	Mountainous Region	268.86	522.80	1202.47	2173.92	2810.52	3005.09	3225.59	3235.47	3530.70

2-21 各市第一产业增加值指数

Indices of Value-added of the Primary Industry by City

上年=100 (preceding year=100)

市 别	City	2000	2005	2010	2015	2017	2018	2019	2020	2021
广 州	Guangzhou	101.7	105.6	103.1	102.4	102.2	106.0	104.2	109.8	105.5
深 圳	Shenzhen	103.1	79.6	88.8	104.2	126.4	107.3	105.9	96.1	105.1
珠 海	Zhuhai	108.5	105.2	105.5	100.3	108.7	103.5	104.2	101.6	107.1
汕 头	Shantou	105.2	104.6	105.1	103.0	104.0	103.8	102.2	100.0	102.1
佛 山	Foshan	107.2	102.0	104.4	101.5	102.0	105.4	104.2	99.4	109.5
韶 关	Shaoguan	103.6	102.6	105.7	103.8	104.4	105.3	104.6	104.4	113.1
河 源	Heyuan	106.5	102.6	103.3	103.8	104.1	104.5	106.2	105.9	108.0
梅 州	Meizhou	102.8	103.0	106.4	103.4	102.8	104.5	103.6	100.7	105.9
惠 州	Huizhou	106.1	105.6	103.8	104.3	104.5	103.3	102.2	104.4	110.2
汕 尾	Shanwei	106.1	102.5	106.1	104.5	105.6	104.4	104.8	103.9	111.4
东 莞	Dongguan	99.8	102.3	101.5	102.6	102.1	108.8	108.3	105.9	111.8
中 山	Zhongshan	101.9	101.9	103.2	99.6	93.6	104.1	96.0	117.5	120.4
江 门	Jiangmen	104.9	100.9	104.9	103.2	102.6	104.2	106.6	103.3	109.8
阳 江	Yangjiang	106.4	95.5	105.9	103.9	102.3	103.1	100.7	101.5	102.8
湛 江	Zhanjiang	104.0	108.4	104.2	102.9	103.0	103.8	103.4	100.2	107.8
茂 名	Maoming	108.5	104.0	104.1	104.0	103.7	105.2	103.8	105.4	106.8
肇 庆	Zhaoqing	105.0	105.8	105.4	103.8	103.6	104.8	104.7	105.3	107.6
清 远	Qingyuan	102.7	104.0	106.8	104.4	104.7	104.7	104.2	104.7	109.2
潮 州	Chaozhou	101.0	102.1	104.5	102.9	106.2	105.0	103.3	104.4	107.4
揭 阳	Jieyang	104.0	102.9	104.9	103.6	104.0	104.3	103.7	103.1	104.4
云 浮	Yunfu	106.0	106.2	104.6	103.0	105.4	105.3	102.7	108.0	109.7
按经济区域分	By Region									
珠 三 角	Pearl River Delta	104.4	103.6	104.1	102.8	103.1	104.8	104.1	105.3	108.8
东 翼	Eastern Region	104.3	103.0	105.2	103.6	104.8	104.3	103.6	102.8	106.3
西 翼	Western Region	106.6	103.7	104.5	103.5	103.2	104.2	103.1	102.6	106.5
山 区	Mountainous Region	104.1	103.9	105.6	103.7	104.2	104.8	104.1	104.4	109.1

2-22 各市第二产业增加值指数

Indices of Value-added of the Secondary Industry by City

上年=100 (preceding year=100)

市 别	City	2000	2005	2010	2015	2017	2018	2019	2020	2021
广 州	Guangzhou	111.9	113.0	113.0	106.8	104.6	105.4	105.4	103.3	108.5
深 圳	Shenzhen	118.5	117.9	113.8	107.4	109.0	109.2	104.4	101.8	104.9
珠 海	Zhuhai	114.7	116.9	118.2	110.2	111.5	112.6	104.1	101.9	106.5
汕 头	Shantou	107.2	113.5	110.1	107.2	108.4	109.0	102.9	103.6	104.3
佛 山	Foshan	112.4	125.2	115.2	107.3	108.1	106.0	106.8	101.2	109.3
韶 关	Shaoguan	115.6	109.7	113.4	102.8	104.2	101.5	105.9	104.7	108.9
河 源	Heyuan	113.1	145.6	113.9	104.3	101.6	106.0	105.9	101.9	111.1
梅 州	Meizhou	109.2	108.0	118.3	108.5	104.3	101.4	103.1	101.7	102.6
惠 州	Huizhou	113.1	117.4	124.2	109.8	102.6	105.9	101.5	101.6	114.4
汕 尾	Shanwei	115.7	123.8	122.5	106.8	108.0	110.5	106.2	104.0	116.8
东 莞	Dongguan	120.7	120.0	117.5	106.3	110.6	108.7	106.5	99.2	110.5
中 山	Zhongshan	115.3	119.6	115.8	107.2	100.4	100.6	100.9	101.4	111.0
江 门	Jiangmen	111.1	122.3	116.9	108.4	108.5	107.9	100.4	102.9	111.1
阳 江	Yangjiang	111.7	125.2	121.3	110.1	104.4	102.8	113.5	109.5	114.4
湛 江	Zhanjiang	106.2	111.4	116.9	109.9	107.2	104.6	100.8	104.9	111.3
茂 名	Maoming	110.8	114.3	113.8	108.3	105.3	103.0	102.3	100.7	107.8
肇 庆	Zhaoqing	114.2	120.6	130.8	109.6	101.8	108.1	101.4	102.7	115.3
清 远	Qingyuan	104.6	162.1	111.1	106.2	99.6	106.4	104.4	106.3	110.5
潮 州	Chaozhou	105.5	115.1	115.5	106.5	105.5	103.7	101.9	101.5	110.6
揭 阳	Jieyang	104.9	114.3	125.6	106.5	101.3	103.8	100.1	97.4	103.1
云 浮	Yunfu	105.2	128.3	120.2	106.3	97.0	99.5	108.8	104.8	108.3
按经济区域分	By Region									
珠 三 角	Pearl River Delta	114.6	118.3	115.5	107.5	107.2	107.2	104.7	101.7	108.6
东 翼	Eastern Region	106.8	115.1	117.4	106.8	105.5	106.6	102.3	101.5	106.8
西 翼	Western Region	109.2	114.8	116.6	109.3	105.8	103.6	104.0	104.3	110.4
山 区	Mountainous Region	109.5	125.9	114.6	105.8	101.4	103.3	105.4	104.0	108.6

2-23 各市第三产业增加值指数

Indices of Value-added of the Tertiary Industry by City

上年=100 (preceding year=100)

市 别	City	2000	2005	2010	2015	2017	2018	2019	2020	2021
广 州	Guangzhou	116.4	113.3	113.2	109.3	107.9	106.4	107.7	102.3	108.0
深 圳	Shenzhen	113.8	112.3	110.7	110.3	108.7	106.7	108.3	103.9	107.8
珠 海	Zhuhai	108.9	109.2	107.5	110.1	110.8	103.8	109.5	104.1	107.2
汕 头	Shantou	106.9	109.9	111.3	110.6	110.4	104.9	110.1	100.5	108.5
佛 山	Foshan	113.6	112.2	113.0	110.2	108.0	107.0	106.8	102.0	107.0
韶 关	Shaoguan	110.8	114.0	113.3	108.9	108.4	105.2	106.4	101.7	107.2
河 源	Heyuan	112.4	117.1	113.5	109.7	111.4	105.9	105.1	99.9	106.1
梅 州	Meizhou	112.6	110.9	113.2	110.6	110.6	102.2	103.5	101.7	107.3
惠 州	Huizhou	108.6	117.3	110.3	108.9	116.1	106.0	107.8	101.1	105.3
汕 尾	Shanwei	112.0	119.7	114.5	111.3	109.0	107.0	107.7	105.3	110.0
东 莞	Dongguan	120.0	119.4	103.3	110.9	106.7	106.0	108.4	103.4	105.1
中 山	Zhongshan	110.0	126.0	111.4	110.3	108.6	105.9	103.5	101.1	105.0
江 门	Jiangmen	110.2	104.0	111.9	109.1	108.6	108.3	107.9	101.3	105.7
阳 江	Yangjiang	111.1	120.5	116.6	106.2	108.9	105.1	105.4	99.5	105.9
湛 江	Zhanjiang	110.4	119.4	115.8	109.6	108.2	107.5	107.0	100.1	106.7
茂 名	Maoming	114.4	120.5	117.5	108.0	110.8	108.1	105.9	100.8	107.9
肇 庆	Zhaoqing	112.2	120.2	110.2	107.6	109.6	105.5	112.2	102.4	107.5
清 远	Qingyuan	120.0	118.2	117.3	111.0	107.5	102.1	108.3	101.8	105.8
潮 州	Chaozhou	107.8	109.6	113.9	111.7	106.9	106.5	109.1	100.5	108.4
揭 阳	Jieyang	107.2	112.0	113.1	111.5	109.9	106.7	105.8	102.3	108.6
云 浮	Yunfu	104.7	107.8	112.4	114.2	112.6	107.0	106.1	102.1	107.4
按经济区域分	By Region									
珠 三 角	Pearl River Delta	114.1	113.7	110.9	109.8	108.5	106.4	107.9	102.9	107.3
东 翼	Eastern Region	107.7	111.6	112.7	111.1	109.5	106.0	108.2	101.8	108.7
西 翼	Western Region	112.3	120.1	116.8	108.4	109.5	107.3	106.3	100.3	107.1
山 区	Mountainous Region	111.9	113.9	114.3	110.6	109.6	104.1	106.1	101.5	106.7

2-24 各市地区生产总值（2021年）

Gross Domestic Product by City (2021)

单位：亿元 (100 million yuan)

市别	City	地区生产总值 Gross Domestic Product	第一产业 Primary Industry	第二产业 Secondary Industry	第三产业 Tertiary Industry	#农、林、牧、渔业 Farming, Forestry, Animal Husbandry and Fishery	#工业 Industry
广州	Guangzhou	28231.97	306.41	7722.67	20202.89	338.73	6716.71
深圳	Shenzhen	30664.85	26.59	11338.59	19299.67	27.44	10356.03
珠海	Zhuhai	3881.75	55.02	1627.47	2199.27	59.15	1426.96
汕头	Shantou	2929.87	125.05	1412.56	1392.25	132.10	1190.08
佛山	Foshan	12156.54	210.55	6806.95	5139.04	222.57	6414.31
韶关	Shaoguan	1553.93	215.33	572.94	765.67	217.04	469.42
河源	Heyuan	1273.99	153.81	463.15	657.02	155.45	373.88
梅州	Meizhou	1308.01	251.35	409.13	647.53	255.38	296.19
惠州	Huizhou	4977.36	232.54	2652.76	2092.06	234.88	2388.94
汕尾	Shanwei	1288.04	175.08	498.96	614.00	181.16	412.87
东莞	Dongguan	10855.35	34.66	6319.41	4501.28	35.34	6077.51
中山	Zhongshan	3566.17	90.81	1761.78	1713.58	92.13	1649.12
江门	Jiangmen	3601.28	294.89	1640.66	1665.73	303.54	1436.59
阳江	Yangjiang	1515.86	249.00	592.51	674.35	253.88	526.15
湛江	Zhanjiang	3559.93	640.94	1373.18	1545.81	659.07	1125.78
茂名	Maoming	3698.10	648.85	1319.24	1730.01	661.39	1001.94
肇庆	Zhaoqing	2649.99	458.46	1101.48	1090.04	471.87	958.25
清远	Qingyuan	2007.45	303.81	794.26	909.37	317.67	698.83
潮州	Chaozhou	1244.85	115.04	602.08	527.73	119.52	557.05
揭阳	Jieyang	2265.43	205.50	831.53	1228.41	214.19	751.72
云浮	Yunfu	1138.97	209.96	377.90	551.11	217.03	314.62
按经济区域分	By Region						
珠三角	Pearl River Delta	100585.25	1709.93	40971.75	57903.57	1785.65	37424.42
东翼	Eastern Region	7728.20	620.68	3345.13	3762.39	646.98	2911.72
西翼	Western Region	8773.89	1538.80	3284.93	3950.17	1574.34	2653.87
山区	Mountainous Region	7282.33	1134.26	2617.38	3530.70	1162.57	2152.94

2-24 续表 continued

单位：亿元 (100 million yuan)

市别	City	#建筑业 Construction	#批发和零售业 Wholesale and Retail Trades	#交通运输、仓储和邮政业 Transport, Storage and Post	#住宿和餐饮业 Hotels and Catering Services	#金融业 Financial Interme-diation	#房地产业 Real Estate
广　州	Guangzhou	1045.32	3695.55	1524.84	419.39	2467.90	3258.10
深　圳	Shenzhen	1000.84	2667.00	849.71	407.90	4738.81	2554.77
珠　海	Zhuhai	213.64	318.36	70.13	41.21	475.69	400.89
汕　头	Shantou	223.74	316.23	70.95	41.81	150.57	234.06
佛　山	Foshan	395.87	911.81	210.49	138.06	632.14	851.65
韶　关	Shaoguan	103.76	116.00	50.54	18.83	76.42	115.66
河　源	Heyuan	89.36	126.58	21.24	22.29	75.33	144.58
梅　州	Meizhou	113.12	93.39	30.81	19.97	88.87	115.06
惠　州	Huizhou	265.29	325.69	88.72	65.71	286.19	566.32
汕　尾	Shanwei	86.64	129.72	25.62	17.11	59.05	101.23
东　莞	Dongguan	247.56	882.44	241.73	176.71	697.43	704.54
中　山	Zhongshan	113.55	362.01	59.99	48.44	264.80	329.70
江　门	Jiangmen	204.85	197.45	98.27	58.03	260.82	230.97
阳　江	Yangjiang	66.67	151.95	58.44	20.74	69.44	97.80
湛　江	Zhanjiang	253.69	277.73	144.30	50.21	172.26	246.37
茂　名	Maoming	318.07	443.05	153.12	57.42	117.26	194.56
肇　庆	Zhaoqing	143.59	263.62	81.71	45.92	116.79	158.71
清　远	Qingyuan	95.70	131.79	44.79	27.75	124.77	176.29
潮　州	Chaozhou	45.35	130.91	32.80	15.32	57.88	69.42
揭　阳	Jieyang	80.00	450.99	54.74	32.34	73.01	166.01
云　浮	Yunfu	63.48	113.25	44.40	17.54	52.64	87.99
按经济区域分	By Region						
珠 三 角	Pearl River Delta	3630.52	9623.93	3225.57	1401.37	9940.57	9055.65
东　翼	Eastern Region	435.74	1027.84	184.10	106.58	340.52	570.72
西　翼	Western Region	638.43	872.73	355.85	128.37	358.96	538.73
山　区	Mountainous Region	465.42	581.00	191.78	106.39	418.02	639.57

2-25 各市地区生产总值指数（2021年）

Growth Indices of Gross Domestic Product by City (2021)

单位：% (%)

市别	City	地区生产总值 Gross Domestic Product	第一产业 Primary Industry	第二产业 Secondary Industry	第三产业 Tertiary Industry	#农、林、牧、渔业 Farming, Forestry, Animal Husbandry and Fishery	#工业 Industry
广州	Guangzhou	108.1	105.5	108.5	108.0	106.4	109.1
深圳	Shenzhen	106.7	105.1	104.9	107.8	104.6	105.0
珠海	Zhuhai	106.9	107.1	106.5	107.2	106.9	108.6
汕头	Shantou	106.1	102.1	104.3	108.5	102.2	108.5
佛山	Foshan	108.3	109.5	109.3	107.0	109.5	109.3
韶关	Shaoguan	108.6	113.1	108.9	107.2	113.0	112.0
河源	Heyuan	108.0	108.0	111.1	106.1	108.1	112.8
梅州	Meizhou	105.5	105.9	102.6	107.3	105.9	110.6
惠州	Huizhou	110.1	110.2	114.4	105.3	110.3	113.3
汕尾	Shanwei	112.7	111.4	116.8	110.0	111.4	118.2
东莞	Dongguan	108.2	111.8	110.5	105.1	111.7	110.6
中山	Zhongshan	108.2	120.4	111.0	105.0	120.5	110.7
江门	Jiangmen	108.4	109.8	111.1	105.7	110.0	112.9
阳江	Yangjiang	108.3	102.8	114.4	105.9	102.9	115.9
湛江	Zhanjiang	108.5	107.8	111.3	106.7	107.8	113.1
茂名	Maoming	107.6	106.8	107.8	107.9	106.9	108.6
肇庆	Zhaoqing	110.5	107.6	115.3	107.5	107.9	116.6
清远	Qingyuan	108.1	109.2	110.5	105.8	109.2	112.0
潮州	Chaozhou	109.3	107.4	110.6	108.4	107.7	111.5
揭阳	Jieyang	106.1	104.4	103.1	108.6	104.8	105.2
云浮	Yunfu	108.1	109.7	108.3	107.4	109.6	107.9
按经济区域分	By Region						
珠三角	Pearl River Delta	107.9	108.8	108.6	107.3	109.0	108.8
东翼	Eastern Region	107.7	106.3	106.8	108.7	106.5	109.5
西翼	Western Region	108.1	106.5	110.4	107.1	106.6	112.0
山区	Mountainous Region	107.7	109.1	108.6	106.7	109.1	111.3

2-25 续表 continued

单位：% (%)

市 别	City	#建筑业 Construction	#批发和零售业 Wholesale and Retail Trades	#交通运输、仓储和邮政业 Transport, Storage and Post	#住宿和餐饮业 Hotels and Catering Services	#金融业 Financial Intermediation	#房地产业 Real Estate
广 州	Guangzhou	104.2	111.8	109.2	111.3	105.3	109.2
深 圳	Shenzhen	103.5	110.2	109.7	107.3	107.6	102.9
珠 海	Zhuhai	93.1	109.1	107.2	111.2	108.3	106.2
汕 头	Shantou	85.9	107.9	119.6	110.9	104.1	109.5
佛 山	Foshan	109.3	111.3	118.6	114.0	104.2	98.9
韶 关	Shaoguan	97.3	109.6	112.2	106.0	103.2	103.4
河 源	Heyuan	104.1	106.9	130.3	117.6	99.1	101.5
梅 州	Meizhou	84.4	108.3	124.1	115.3	102.2	102.2
惠 州	Huizhou	125.2	111.7	122.7	108.4	104.9	96.6
汕 尾	Shanwei	110.3	114.3	125.7	111.5	100.9	108.4
东 莞	Dongguan	107.5	109.8	107.5	113.8	105.1	92.7
中 山	Zhongshan	114.6	106.5	110.8	110.7	102.5	98.0
江 门	Jiangmen	99.1	109.0	108.4	110.6	103.2	100.4
阳 江	Yangjiang	103.4	104.2	121.8	109.7	102.4	102.0
湛 江	Zhanjiang	103.2	111.0	116.1	111.2	100.5	101.7
茂 名	Maoming	105.5	109.3	119.2	117.7	103.4	100.0
肇 庆	Zhaoqing	106.8	114.9	115.6	108.1	100.7	100.8
清 远	Qingyuan	100.5	110.6	113.7	109.7	102.8	97.9
潮 州	Chaozhou	100.2	109.8	114.3	115.3	103.9	105.4
揭 阳	Jieyang	85.9	107.9	122.4	107.0	101.7	103.6
云 浮	Yunfu	110.2	110.0	122.3	113.6	102.3	100.1
按经济区域分	By Region						
珠 三 角	Pearl River Delta	105.4	110.8	110.2	110.4	106.2	103.2
东 翼	Eastern Region	91.2	108.9	120.2	110.4	103.0	107.0
西 翼	Western Region	104.4	108.9	118.4	113.8	101.8	101.1
山 区	Mountainous Region	97.2	109.1	118.4	112.3	102.0	100.7

2-26 各市地区生产总值产业构成（2021年）

Composition of Gross Domestic Product by Industry by City (2021)

单位：% (%)

市别	City	地区生产总值 Gross Domestic Product	第一产业 Primary Industry	第二产业 Secondary Industry	第三产业 Tertiary Industry	#工业 Industry
广州	Guangzhou	100.0	1.1	27.4	71.6	23.8
深圳	Shenzhen	100.0	0.1	37.0	62.9	33.8
珠海	Zhuhai	100.0	1.4	41.9	56.7	36.8
汕头	Shantou	100.0	4.3	48.2	47.5	40.6
佛山	Foshan	100.0	1.7	56.0	42.3	52.8
韶关	Shaoguan	100.0	13.9	36.9	49.3	30.2
河源	Heyuan	100.0	12.1	36.4	51.6	29.3
梅州	Meizhou	100.0	19.2	31.3	49.5	22.6
惠州	Huizhou	100.0	4.7	53.3	42.0	48.0
汕尾	Shanwei	100.0	13.6	38.7	47.7	32.1
东莞	Dongguan	100.0	0.3	58.2	41.5	56.0
中山	Zhongshan	100.0	2.5	49.4	48.1	46.2
江门	Jiangmen	100.0	8.2	45.6	46.3	39.9
阳江	Yangjiang	100.0	16.4	39.1	44.5	34.7
湛江	Zhanjiang	100.0	18.0	38.6	43.4	31.6
茂名	Maoming	100.0	17.5	35.7	46.8	27.1
肇庆	Zhaoqing	100.0	17.3	41.6	41.1	36.2
清远	Qingyuan	100.0	15.1	39.6	45.3	34.8
潮州	Chaozhou	100.0	9.2	48.4	42.4	44.7
揭阳	Jieyang	100.0	9.1	36.7	54.2	33.2
云浮	Yunfu	100.0	18.4	33.2	48.4	27.6
按经济区域分	By Region					
珠三角	Pearl River Delta	100.0	1.7	40.7	57.6	37.2
东翼	Eastern Region	100.0	8.0	43.3	48.7	37.7
西翼	Western Region	100.0	17.5	37.4	45.0	30.2
山区	Mountainous Region	100.0	15.6	35.9	48.5	29.6

2-27 各市人均地区生产总值

Per Capita Gross Domestic Product by City

单位：元 (yuan)

市别	City	2000	2005	2010	2012	2013	2014	2015
广州	Guangzhou	25758	54160	86582	95550	104235	107528	111060
深圳	Shenzhen	33276	61843	99095	116407	124208	130448	135271
珠海	Zhuhai	28068	45682	80024	93589	100939	109846	117879
汕头	Shantou	9741	12919	21208	26335	28985	31480	34294
佛山	Foshan	20231	42434	80511	85289	87194	89742	94608
韶关	Shaoguan	7028	11608	21996	28909	31726	33954	34854
河源	Heyuan	3826	7483	15234	20078	22746	25034	26304
梅州	Meizhou	4731	7684	14315	17570	18997	21115	23083
惠州	Huizhou	13877	21942	38507	47734	52211	55900	56802
汕尾	Shanwei	5262	7419	15503	21127	23527	25469	26968
东莞	Dongguan	13563	33383	53959	57633	60843	63065	66810
中山	Zhongshan	15077	36800	59411	66860	67973	67955	69129
江门	Jiangmen	12844	19546	35719	42148	44718	46177	49767
阳江	Yangjiang	7377	12724	25640	33787	39105	42717	44085
湛江	Zhanjiang	6231	10269	19945	26373	29047	31487	33184
茂名	Maoming	7981	12743	25328	32856	36984	40105	41171
肇庆	Zhaoqing	7422	11505	24875	32403	36171	39625	42333
清远	Qingyuan	5003	9088	23497	27278	29013	31247	32878
潮州	Chaozhou	7398	11256	21004	26112	28774	31029	33738
揭阳	Jieyang	6001	7417	16585	22315	25099	27558	28692
云浮	Yunfu	6399	8690	16871	22182	25234	27300	29415
按经济区域分	By Region							
珠三角	Pearl River Delta	20369	40661	69281	78967	84537	88318	92510
东翼	Eastern Region	7287	9747	18561	24004	26667	29025	31020
西翼	Western Region	7099	11626	22912	30048	33719	36618	38027
山区	Mountainous Region	5345	8847	18338	22967	25198	27411	29028

2-27 续表 continued

单位：元 (yuan)

市 别	City	2016	2017	2018	2019	2020	2021
广 州	Guangzhou	113400	116051	118511	131400	135315	150366
深 圳	Shenzhen	142494	150739	155320	159883	159820	173663
珠 海	Zhuhai	127167	146096	150345	151702	147164	157914
汕 头	Shantou	38413	43295	45672	48953	49191	53106
佛 山	Foshan	100699	105729	109272	114914	113545	127085
韶 关	Shaoguan	36682	39887	42775	46200	48200	54377
河 源	Heyuan	29216	33585	35131	37838	39209	44886
梅 州	Meizhou	25402	27037	28339	30149	31506	33764
惠 州	Huizhou	60361	66007	69206	70949	71220	82113
汕 尾	Shanwei	29912	33049	36976	39910	41532	48095
东 莞	Dongguan	72028	78637	84708	90696	93194	103284
中 山	Zhongshan	70352	71198	72119	72014	72329	80157
江 门	Jiangmen	53941	59244	64163	66622	67027	74722
阳 江	Yangjiang	44144	44816	45526	50031	51937	58005
湛 江	Zhanjiang	35602	39304	42169	43769	44453	50814
茂 名	Maoming	44151	48330	51394	53326	53411	59648
肇 庆	Zhaoqing	45151	48781	51879	55176	56357	64269
清 远	Qingyuan	36258	37858	40198	43228	45514	50459
潮 州	Chaozhou	36522	37053	38822	41885	42834	48427
揭 阳	Jieyang	31239	32124	35235	37192	37243	40470
云 浮	Yunfu	31943	33805	35941	39635	43365	47685
按经济区域分	By Region						
珠 三 角	Pearl River Delta	97721	103863	108094	114120	115880	128264
东 翼	Eastern Region	34190	36677	39560	42375	42842	47228
西 翼	Western Region	40284	43684	46290	48607	49192	55464
山 区	Mountainous Region	31676	34132	36165	38870	41126	45695

2-28 各市人均地区生产总值指数
Indices of Per Capita Gross Domestic Product by City

上年=100 (preceding year=100)

市 别	City	2000	2005	2010	2012	2013	2014	2015
广 州	Guangzhou	108.4	114.3	105.8	104.6	106.7	104.4	104.0
深 圳	Shenzhen	105.8	111.8	107.8	102.6	104.6	103.8	102.9
珠 海	Zhuhai	104.9	110.5	111.4	102.3	106.4	106.5	107.0
汕 头	Shantou	104.5	110.4	107.8	109.4	109.8	108.5	108.1
佛 山	Foshan	106.3	117.7	109.2	102.8	105.5	104.8	105.7
韶 关	Shaoguan	111.8	108.7	113.2	111.7	110.7	107.6	105.8
河 源	Heyuan	111.9	118.3	110.5	111.8	112.2	108.8	106.8
梅 州	Meizhou	108.9	106.5	113.0	110.7	111.9	109.6	109.5
惠 州	Huizhou	107.7	113.2	112.7	107.7	109.4	106.4	106.3
汕 尾	Shanwei	110.2	113.3	116.6	114.3	113.2	109.7	108.8
东 莞	Dongguan	105.1	119.5	105.5	100.3	105.0	104.1	106.4
中 山	Zhongshan	105.4	120.7	108.2	104.2	104.2	102.9	104.7
江 门	Jiangmen	108.7	112.1	112.3	107.5	108.9	106.8	107.8
阳 江	Yangjiang	109.6	112.7	114.8	111.3	114.0	109.6	107.2
湛 江	Zhanjiang	106.0	111.6	113.5	109.6	111.9	109.8	108.7
茂 名	Maoming	110.5	111.9	115.1	109.9	113.0	109.9	107.6
肇 庆	Zhaoqing	109.9	114.1	113.8	109.3	109.1	109.3	107.7
清 远	Qingyuan	108.8	124.7	112.3	103.8	107.2	106.7	107.1
潮 州	Chaozhou	104.3	110.8	112.4	110.3	110.6	108.0	110.0
揭 阳	Jieyang	103.0	110.2	118.3	111.1	114.4	110.6	108.2
云 浮	Yunfu	105.1	111.8	113.3	113.0	113.5	110.3	108.4
按经济区域分	By Region							
珠 三 角	Pearl River Delta	106.5	114.6	108.2	104.1	106.3	104.9	105.2
东 翼	Eastern Region	105.0	111.1	113.1	110.9	112.0	109.3	108.6
西 翼	Western Region	109.0	112.1	114.3	110.1	112.8	109.9	108.0
山 区	Mountainous Region	109.0	113.5	112.3	109.5	110.7	108.4	107.6

2-28 续表 continued

上年=100 (preceding year=100)

市　别	City	2016	2017	2018	2019	2020	2021
广　州	Guangzhou	102.7	102.0	102.5	104.4	100.6	106.7
深　圳	Shenzhen	102.7	102.7	102.3	102.8	100.2	105.0
珠　海	Zhuhai	105.4	106.3	101.7	100.6	97.8	104.0
汕　头	Shantou	108.4	108.9	106.7	105.9	101.8	105.8
佛　山	Foshan	106.3	105.8	103.4	104.3	100.1	107.3
韶　关	Shaoguan	106.0	106.3	103.8	105.9	102.9	108.4
河　源	Heyuan	107.3	107.4	106.4	106.0	101.8	108.2
梅　州	Meizhou	108.7	107.8	103.4	104.5	102.6	106.1
惠　州	Huizhou	105.6	105.9	103.9	102.0	99.7	109.3
汕　尾	Shanwei	107.9	109.0	108.9	107.4	105.3	112.7
东　莞	Dongguan	106.8	106.7	106.1	107.0	100.9	107.8
中　山	Zhongshan	101.7	101.2	100.5	99.6	99.9	107.2
江　门	Jiangmen	106.7	107.3	106.8	103.2	101.1	107.5
阳　江	Yangjiang	105.7	105.0	103.1	107.5	103.7	107.7
湛　江	Zhanjiang	106.9	106.9	105.8	104.0	101.9	108.1
茂　名	Maoming	107.3	107.1	104.7	103.1	100.5	106.8
肇　庆	Zhaoqing	104.7	104.6	105.9	105.6	102.3	110.0
清　远	Qingyuan	108.7	103.6	103.3	105.7	103.2	107.7
潮　州	Chaozhou	108.9	106.3	105.0	105.1	101.7	109.5
揭　阳	Jieyang	108.0	105.9	106.2	103.6	100.9	106.3
云　浮	Yunfu	107.7	105.1	104.0	106.4	104.0	107.9
按经济区域分	By Region						
珠 三 角	Pearl River Delta	104.6	104.3	103.6	104.0	100.5	106.6
东　翼	Eastern Region	108.3	107.8	106.6	105.3	102.1	107.6
西　翼	Western Region	106.8	106.7	104.9	104.3	101.7	107.5
山　区	Mountainous Region	107.8	105.9	104.1	105.7	103.0	107.7

2-29 各市人均地区生产总值指数
Indices of Per Capita Gross Domestic Product by City

2000年=100 (year of 2000=100)

市别	City	2001	2005	2010	2012	2013	2014	2015
广州	Guangzhou	110.2	194.3	285.9	312.8	333.7	348.3	362.3
深圳	Shenzhen	107.2	175.1	264.6	281.3	294.1	305.2	314.2
珠海	Zhuhai	106.3	162.6	263.9	291.6	310.2	330.4	353.4
汕头	Shantou	95.8	130.9	203.9	241.5	265.2	287.7	310.9
佛山	Foshan	108.6	193.1	335.3	365.3	385.5	403.9	426.7
韶关	Shaoguan	109.7	155.9	291.4	360.1	398.7	428.9	453.9
河源	Heyuan	109.3	179.3	360.2	450.0	505.1	549.4	586.8
梅州	Meizhou	107.5	148.1	245.7	307.5	344.2	377.2	413.1
惠州	Huizhou	105.6	156.9	264.3	310.9	340.1	362.0	384.9
汕尾	Shanwei	106.2	157.9	318.9	416.9	471.8	517.7	563.5
东莞	Dongguan	111.8	232.7	356.2	366.5	384.9	400.6	426.2
中山	Zhongshan	112.9	230.9	351.9	390.0	406.2	417.8	437.5
江门	Jiangmen	123.6	183.1	311.1	373.4	406.8	434.6	468.6
阳江	Yangjiang	108.4	163.6	303.7	381.6	435.2	477.1	511.4
湛江	Zhanjiang	106.0	153.1	264.8	325.8	364.5	400.3	435.2
茂名	Maoming	108.2	159.2	281.0	342.8	387.2	425.6	457.8
肇庆	Zhaoqing	106.4	160.6	294.4	361.0	393.7	430.3	463.5
清远	Qingyuan	104.7	181.4	395.5	441.2	473.1	505.0	541.1
潮州	Chaozhou	105.8	153.1	268.7	332.4	367.6	397.2	436.9
揭阳	Jieyang	101.1	123.6	256.5	324.8	371.7	411.0	444.8
云浮	Yunfu	103.0	139.7	255.8	328.7	373.0	411.3	446.0
按经济区域分	By Region							
珠三角	Pearl River Delta	109.4	186.2	294.6	324.0	344.4	361.1	379.8
东翼	Eastern Region	101.5	140.1	252.3	312.5	349.9	382.5	415.2
西翼	Western Region	107.6	158.9	283.0	348.4	392.9	431.6	466.0
山区	Mountainous Region	106.8	158.7	303.2	367.7	407.1	441.5	475.0

2-29 续表 continued

2000年=100 (year of 2000=100)

市别	City	2016	2017	2018	2019	2020	2021
广州	Guangzhou	372.1	379.6	388.9	406.1	408.6	436.0
深圳	Shenzhen	322.5	331.3	338.9	348.3	348.8	366.2
珠海	Zhuhai	372.6	396.1	402.7	405.2	396.4	412.2
汕头	Shantou	337.0	367.0	391.5	414.7	422.3	446.7
佛山	Foshan	453.8	480.1	496.3	517.8	518.2	555.9
韶关	Shaoguan	481.2	511.3	530.9	562.2	578.4	627.3
河源	Heyuan	629.8	676.3	719.6	762.6	776.0	839.5
梅州	Meizhou	449.0	484.2	500.5	522.8	536.5	569.4
惠州	Huizhou	406.5	430.4	446.9	455.9	454.7	496.8
汕尾	Shanwei	608.0	662.8	721.9	775.6	816.7	920.8
东莞	Dongguan	455.3	485.9	515.4	551.4	556.2	599.4
中山	Zhongshan	445.0	450.3	452.7	450.9	450.4	483.0
江门	Jiangmen	499.8	536.1	572.6	590.8	597.3	641.9
阳江	Yangjiang	540.4	567.6	585.4	629.3	652.5	702.7
湛江	Zhanjiang	465.0	497.3	525.9	547.0	557.4	602.7
茂名	Maoming	491.0	525.7	550.4	567.6	570.3	609.1
肇庆	Zhaoqing	485.2	507.7	537.5	567.4	580.6	638.7
清远	Qingyuan	587.9	608.9	629.2	664.8	686.2	739.2
潮州	Chaozhou	475.8	505.6	531.1	558.4	567.8	621.7
揭阳	Jieyang	480.3	508.9	540.2	559.9	564.8	600.4
云浮	Yunfu	480.5	504.8	525.0	558.6	580.9	626.7
按经济区域分	By Region						
珠三角	Pearl River Delta	397.4	414.4	429.3	446.5	448.9	478.7
东翼	Eastern Region	449.7	484.6	516.6	544.2	555.4	597.9
西翼	Western Region	497.8	531.0	556.9	580.9	590.7	635.1
山区	Mountainous Region	512.2	542.5	564.9	597.1	614.9	662.5

2-30 文化及相关产业增加值

Value-added of Culture and related Industry

单位：亿元 (100 million yuan)

指　　标	Item	2015	2017	2018	2019	2020
文化及相关产业增加值	**Value-added of Culture and related Industry**	**3879.99**	**5002.30**	**5787.81**	**6227.18**	**6210.60**
分行业大类	Grouped by Sector					
文化制造业	Cultural Manufacturing	2101.45	2169.29	2327.75	2419.32	2265.07
文化批发和零售业	Cultural Wholesale and Retail Sale	282.13	391.08	532.89	509.38	506.48
文化服务业	Cultural Services	1496.41	2441.94	2927.17	3298.48	3439.05
分活动性质	Grouped by Nature of Activities					
文化核心领域	Core Areas of Culture	2003.64	2874.71	3370.22	3718.36	3855.85
新闻信息服务	New Information Services	341.74	726.38	835.95	1016.98	1185.11
内容创作生产	Content Creation and Production	815.92	1068.38	1136.88	1241.31	1341.66
创意设计服务	Creative Design Services	472.34	576.44	835.13	848.30	850.02
文化传播渠道	Cultural Transmission Channel	231.11	322.07	385.48	403.53	333.03
文化投资运营	Cultural Investment and Operation	21.08	27.24	32.05	3.94	31.30
文化娱乐休闲服务	Culture and Recreation Services	121.45	154.20	144.73	204.30	114.73
文化相关领域	Culture Related Areas	1876.35	2127.59	2417.58	2508.83	2354.75
文化辅助生产和中介服务	Cultural Auxiliary Production and Intermediary Services	644.69	772.43	920.49	982.26	935.27
文化装备生产	Cultural Equipment Production	449.94	476.50	504.19	576.37	496.93
文化消费终端生产	Cultural Consumer Terminal Production	781.72	878.66	992.90	950.20	922.55

注：若数据分项合计与总计不等，是由于数值修约误差所致。
Note: If the itemized total data is different from the total，caused by Numerical rounding error.

主要统计指标解释

国内（地区）生产总值 指一个国家（或地区）所有常住单位在一定时期内生产活动的最终成果。国内（地区）生产总值有三种表现形态，即价值形态、收入形态和产品形态。从价值形态看，它是所有常住单位在一定时期内生产的全部货物和服务价值与同期投入的全部非固定资产货物和服务价值的差额，即所有常住单位的增加值之和；从收入形态看，它是所有常住单位在一定时期内创造的各项收入之和，包括劳动者报酬、生产税净额、固定资产折旧和营业盈余；从产品形态看，它是所有常住单位在一定时期内最终使用的货物和服务价值与货物和服务净出口价值之和。在实际核算中，国内（地区）生产总值有三种计算方法，即生产法、收入法和支出法。三种方法分别从不同的方面反映国内（地区）生产总值及其构成。

三次产业 三次产业的划分是世界上较为常用的产业结构分类，但各国的划分不尽一致。根据《国民经济行业分类》（GB/T 4754—2017）和国家统计局 2018 年修订的《三次产业划分规定》，我国的三产产业划分是：

第一产业是指农、林、牧、渔业（不含农、林、牧、渔服务业）。

第二产业是指采矿业（不含开采专业及辅助性活动），制造业（不含金属制品、机械和设备修理业），电力、热力、燃气及水生产和供应业，建筑业。

第三产业即服务业，是指除第一产业、第二产业以外的其他行业。

劳动者报酬 指劳动者从事生产活动应获得的全部报酬，既包括货币形式的报酬，也包括实物形式的报酬。主要包括工资、奖金、津贴和补贴，单位为其员工交纳的社会保险费、补充社会保险费和住房公积金、行政事业单位职工的离退休金、单位为其员工提供的其他各种形式的福利和报酬等。

生产税净额 指生产税减生产补贴后的差额。其中，生产税指政府对生产单位从事生产、销售和经营活动，以及因从事生产活动使用某些生产要素（如固定资产和土地等）所征收的各种税收、附加费和其他规费。生产税分为产品税和其他生产税，产品税主要有：增值税、消费税、进口关税、出口税等；其他生产税主要有：房产税、车船使用税、城镇土地使用税等。生产补贴则相反，它是政府为影响生产单位的生产、销售及定价等生产活动而对其提供的无偿支付，包括农业生产补贴、政策亏损补贴、进口补贴等。生产补贴作为负生产税处理。

固定资产折旧 指由于自然退化、正常淘汰或损耗而导致的固定资产价值下降，用以代表固定资产通过生产过程被转移到其产出中的价值。原则上，固定资产折旧应按照固定资产的重置价值计算。

营业盈余 指常住单位创造的增加值扣除劳动者报酬、生产税净额和固定资产折旧后的余额。

支出法国内生产总值 是从最终使用的角度反映一个国家(或地区)一定时期内生产活动最终成果的一种方法，包括最终消费支出、资本形成总额及货物和服务净出口三部分。计算公式为：

支出法国内生产总值=最终消费支出+资本形成总额+货物和服务净出口

最终消费支出 指常住单位为满足物质、文化和精神生活的需要，从本国经济领土和国外购买的货物和服务的支出。它不包括非常住单位在本国经济领土内的消费支出。最终消费支出分为居民消费支出和政府消费支出。

居民消费支出 指常住住户在一定时期内对于货物和服务的全部最终消费支出。居民消费支出除了直接以货币形式购买的货物和服务的消费支出外，还包括以其他方式获得的货物和服务的消费支出，后者称为虚拟消费支出。居民虚拟消费支出主要包括：单位以实物报酬及实物转移的形式提供给劳动者的货物和服务；住户生产用于自身消费的货物（如自产自用的农产品），以及纳入生产核算范围并用于自身消费的服务（如住户的自有住房服务）；银行和保险机构提供的间接计算的金融服务。

政府消费支出 指政府部门为全社会提供的公共服务的消费支出和免费或以较低的价格向居民住户提供的货物和服务的净支出，前者等于政府服务的产出价值减去政府单位所获得的经营收入的价值，后者等于政府部门免费或以较低价格向居民住户提供的货物和服务的市场价值减去向住户收取的价值。

资本形成总额 指常住单位在一定时期内获得减去处置的固定资产和存货的净额，包括固定资本形成总额和存货变动两部分。

固定资本形成总额 指常住单位在一定时期内获得的固定资产减处置的固定资产的价值总额。固定资产是通过生产活动生产出来的，且其使用年限在一年以上、单位价值在规定标准以上的资产，不包括自然资产、耐用消费品、小型工器具。固定资本形成总额包括住宅、其他建筑和构筑物、机器和设备、培育性生物资源、知识产权产品（研发支出、矿藏的勘探、计算机软件）的价值获得减处置。

存货变动 指常住单位在一定时期内存货实物量变动的市场价值，即期末价值减期初价值的差额，再扣除当期由于价格变动而产生的持有收益。存货变动可以是正值，也可以是负值，正值表示存货上升，负值表示存货下降。存货包括生产单位购进的原材料、燃料和储备物资等存货，以及生产单位生产的产成品、在制品和半成品等存货。

货物和服务净出口 指货物和服务出口减货物和服务进口的差额。出口包括常住单位向非常住单位出售或无偿转让的各种货物和服务的价值；进口包括常住单位从非常住单位购买或无偿得到的各种货物和服务的价值。货物的出口和进口都按离岸价格计算。

生产性服务业 是指为生产活动提供的研发设计与其他技术服务、货物运输仓储和邮政快递服务、信息服务、金融服务、节能与环保服务、生产性租赁服务、商务服务、人力资源管理与培训服务、批发经纪代理服务、生产性支持服务。分类执行国家统计局《生产性服务业分类（2015）》标准。

新经济增加值占地区生产总值比重 是指新经济增加值占地区生产总值之比。新经济增加值是指一个国家（或地区）所有常住单位在一定时期内从事新产业、新业态、新商业模式经济生产活动的最终成果，是常住单位进行新产业、新业态、新商业模式经济生产活动的增加值之和。

Explanatory Notes on Main Statistical Indicators

Gross Domestic (Regional) Product refers to the final products produced by all resident units in a country during a certain period of time. Gross domestic (regional) product is expressed in three different perspectives, namely value, income, and products respectively. GDP in its value perspective refers to the balance of total value of all goods and services produced by all resident units during a certain period of time, minus the total value of input of goods and services of the nature of non-fixed assets; in other words, it is the sum of the value-added of all resident units. GDP from the perspective of income refers to the sum of all kinds of revenue, including Compensation of Employees, Net Taxes on Production, Depreciation of Fixed Assets, and Operating Surplus. GDP from the perspective of products refers to the value of all goods and services for final demand by all resident units plus the net exports of goods and services during a given period of time. In the practice of national accounting, gross domestic (regional) product is calculated from three approaches, namely production approach, income approach and expenditure approach, which reflect gross domestic (regional) product and its composition from different angles.

Three Strata of Industry Classification of economic activities into three strata of industry is a common practice in the world, although the grouping varies to some extent from country to country. In China, according to Industrial classification for National Economic Activities (GB/T 4754—2017) and Dividing Basis of Three Industries revised by National Bureau of Statistics in 2018, economic activities are categorized into the following three strata of industry:

Primary industry refers to agriculture, forestry, animal husbandry and fishery industries (not including services in support of agriculture, forestry, animal husbandry and fishery industries).

Secondary industry refers to mining and quarrying(not including support activities for mining), manufacturing(not including repair service of metal products, machinery and equipment), production and supply of electricity, heat, gas and water, and construction.

Tertiary industry refers to all other economic activities not included in the primary or secondary industries.

Compensation of Employees refers to the total payment of various forms to employees for the productive activities they are engaged in. It includes the employces earn in cash or in kind. It mainly include: wages, bonuses and allowances, subsidies, social insurance paid by company or unit for its staff, supplementary social insurance, housing fund, the pension for the employees of the administrative institution, other forms of welfare and remuneration provide by the units for its employees.

Net Taxes on Production refers to taxes on production less subsidies on production. The taxes on production refers to the various taxes, extra charges and fees levied on the production units on their production, sale and business activities as well as on the use of some factors of production, such as fixed assets, land etc. in the production activities they are engaged in. Taxes on production are divided into product tax and other kinds of taxes on production, product tax mainly includes: value-added tax, consumption tax, import duty, export duty; other taxes on production mainly include: House Property Tax, Tax on Vehicles and Boat Operation, Urban Land Use Tax, etc. In contrast to taxes on production, subsidies on production refer to the payment by the government for free to the production units to influence production activities of production units such as production, sales and pricing, which include agricultural production subsidies, subsidies for policy losses, import subsidies, etc. Subsidies on production are therefore regarded as negative taxes on production.

Depreciation of Fixed Assets refers to the decline of the value of fixed assets due to natural deterioration, normal elimination or loss, it reflects the value of transfer of the fixed assets in the production of the current period. In principle, the depreciation of fixed assets should be calculated on the basis of the re-purchased value of the fixed assets.

Operating Surplus refers to the balance of the value added created by the resident units after deducting the labourers remuneration, net taxes on production and the depreciation of fixed assets.

Gross Domestic (Regional) Product Calculated by Expenditure Approach refers to the method of measuring the final results of production activities of a country (region) during a given period from the perspective of final uses. It includes final consumption expenditure, gross capital formation and net export of goods and services. The formula for computation is:

GDP by expenditure approach = final consumption expenditure + gross capital formation + net export of goods and services

Final Consumption Expenditure refers to the total expenditure of resident units for purchases of goods and services from both the domestic economic territory and abroad to meet the needs of material, cultural and spiritual life. It does not include the expenditure of non-resident units on consumption in the economic territory of the country. The final consumption expenditure is broken down into household consumption expenditure and government consumption expenditure.

Household Consumption Expenditure refers to the total expenditure of resident households on the final consumption of goods and services. In addition to the consumption of goods and services bought by the households directly with money, the household consumption expenditure also includes expenditure on goods and services obtained by the households in other ways, i.e. the latter so-called imputed consumption expenditure, which mainly includes: (a) the goods and services provided to households by employers in the form of payment in kind and transfer in kind; (b) goods and services produced and consumed by the households themselves (such as self produced agricultural products); (c) financial intermediate services provided by banking and insurance institutions.

Government Consumption Expenditure refers to the consumption expenditure spent for the provision of public services provided by the government to the whole country and the net expenditure on the goods and services provided by the government to households free of charge or at reduced prices. The former equals to the output value of the government services minus the value of operating income obtained by the government departments. The latter equals to the market value of the goods and services provided by the government free of charge or at reduced prices to the households minus the value received by the government from the households.

Gross Capital Formation refers to the fixed assets acquired less disposals and the net value of inventory, thus including gross fixed capital formation and changes in inventories.

Gross Fixed Capital Formation refers to the value of acquisitions less those disposals of fixed assets during a given period. Fixed assets are the assets produced through production activities with unit value above a specified amount and which could be used for over one year. Natural assets, consumer durables, small instruments are not included. Gross Fixed Capital Formation includes the value of housing, other buildings and structure, equipment and machinery, breeding biological resources, intellectual property right product (expenditure for R&D, the prospecting of minerals and the acquisition of computer software) minus the disposal of them.

Changes in Inventories refers to the market value of the change in the physical volume of inventory of resident units during a given period, i.e. the difference between the values at the beginning and at the end of the period minus the gains due to the change in prices. The changes in inventories can have a positive or a negative value. A positive value indicates an increase in inventory while a negative value indicates a decrease in inventory. The inventory includes raw materials, fuels and reserve materials purchased by the production units as well as the inventory of finished products, semi-finished products and work-in-progress.

Net Export of Goods and Services refers to the exports of goods and services subtracting the imports of goods and services. Exports include the value of various goods and services sold or gratuitously transferred by resident units to non-resident units. Imports include the value of various goods and services purchased or gratuitously acquired resident units from non-resident units. Because the provision of services and the use of them happen simultaneously, the acquisition of services by resident units from abroad is usually treated as import while the acquisition of services by non-resident units in this country is usually treated as export. The exports and imports of goods are calculated at FOB.

Productive Service Industry refers to the production activities to provide R&D design and other technical services, transport, storage and postal services, information services, financial services, energy saving and environmental protection services, production of leasing services, business services, human resource management and training services, wholesale brokerage services, production support services. The classification implemented the Production Service Industry Classification (2015) developed by NBS.

Percentage of Value-added of New Economy in Gross Domestic Product refers to the percentage of value-added of new economy in GDP. The value -added of new economy refers to the final result of all resident units in a country (or a region) engaging in economic production activities of new industries, new forms of business and new business models during a certain period of time. It is the sum of the value-added of economy production activities of permanent units in new industries, new forms of business and new business models.

三、人口

POPULATION

三 人口

简要说明

一、本篇资料反映广东人口发展变化基本情况，主要内容包括：

1. 年末常住人口、年龄性别比例、城镇人口比例以及人口自然增长。数据由广东省统计局根据人口普查、1%人口抽样调查或年度人口变动情况抽样调查评估测算。

2. 1990-2009 年年末常住人口数、出生率、死亡率以及自然增长率，除人口普查和 1%人口抽样调查年份直接计算外，其余年份数据均已按人口普查和 1%人口抽样调查结果作平滑调整。

3. 年末户籍人口、分性别以及迁移变动等，数据来源于广东省公安厅人口统计年报。

二、本资料由广东省统计局人口和就业统计处整理提供。

3 Population

Brief Introduction

Ⅰ. The data in this chapter show the basic conditions of development and changes of population in Guangdong, including mainly:

（1）Permanent population at the end of the year, age and sex ratio, urban population ratio and natural population growth. The data are evaluated and calculated by Guangdong Provincial Bureau of statistics according to the population census, national one-percent sample survey or annual population change sampling survey.

（2）Permanent population at the year-end, birth rate, death rate and natural growth rate of population from 1990 to 2009 result from smooth adjustment on population census and national one-percent sample survey on population with the exceptions of 1990 and 2000 data, which are direct calculated from the result of population censuses.

（3）Registered residence population at the end of the year by gender and migration change etc, the data are obtained from the annual reports of population of Guangdong Provincial Department of Public Security.

Ⅱ. The date in this chapter are prepared and provided by the Division of Population and Employment Statistics of Statistics Bureau of Guangdong Province.

3-1 人口主要指标
Main Population Indicators

项 目	Item	2000	2010	2015	2019	2020	2021
年末常住人口 （万人）	**Permanent Population at the Year-end (10000 persons)**	**8650.03**	**10440.94**	**11678.00**	**12489.00**	**12624.00**	**12684.00**
男性比例 （%）	Proportion of Male Population (%)	50.90	52.15	52.29	52.27	53.07	52.77
女性比例 （%）	Proportion of Female Population (%)	49.10	47.85	47.71	47.73	46.93	47.23
0-14岁人口比例 （%）	Proportion of Population Aged 0-14 (%)	24.17	16.88	17.37	16.28	18.85	18.73
15-64岁人口比例 （%）	Proportion of Population Aged 15-64 (%)	69.78	76.33	74.15	74.72	72.57	72.15
65岁及以上人口比例(%)	Proportion of Population Aged 65 And Over (%)	6.05	6.79	8.48	9.00	8.58	9.12
城镇人口比例 （%）	Proportion of Urban Population (%)	55.00	66.18	69.51	72.65	74.15	74.63
人口密度（人/平方公里）	Population Density (person/sq.km.)	486	581	650	695	702	706
户籍人口	**Population with Residence Registration**						
年末总户数 （万户）	Total Households at the Year-end (10000 households)	1901.91	2296.61	2415.90	2577.14	2622.10	2681.91
年末总人口 （万人）	Total Population at the Year-end(10000 persons)	7498.54	8521.55	9008.38	9663.41	9808.66	9946.95
性别比 （女=100）	Sex Ratio (female=100)	106.70	106.20	106.08	105.25	104.97	104.75
人口变动情况 （‰）	**Status of Population Changes (‰)**						
出生率	Birth Rate	12.91	11.18	11.12	12.54	10.28	9.35
死亡率	Death Rate	4.77	4.21	4.32	4.46	4.70	4.83
自然增长率	Natural Growth Rate	8.14	6.97	6.80	8.08	5.58	4.52
迁入率	Immigration Rate	16.59	12.07	8.34	15.48	14.65	14.65
迁出率	Emigration Rate	12.94	8.35	7.45	8.86	8.71	8.43
总迁移率	Total Migration Rate	29.53	20.42	15.79	24.34	23.37	23.08
净迁移率	Net Migration Rate	3.65	3.72	0.89	6.62	5.94	6.23
跨省净迁移率	Net Cross-Provincial Migration Rate	1.01	2.52	0.80	6.19	5.51	5.87

3−2 人口自然变动情况

Status of Natural Population Changes

单位：万人、‰ (10000 persons, ‰)

年 份 Year	常住人口 Permanent Population	出生 Birth 出生人数 Number of Birth	出生率 Birth Rate	死亡 Death 死亡人数 Number of Death	死亡率 Death Rate	自然增长 Natural Growth 自然增长人数 Number of Natural Growth	自然增长率 Rate of Natural Growth	人口密度（人/平方公里） Population Density (person/sq.km.)
1978	5064.15	111.23	22.14	27.35	5.44	83.88	16.70	285
1980	5230.00	118.31	22.82	28.40	5.48	89.91	17.34	294
1982	5419.35	123.98	23.09	31.79	5.92	92.19	17.17	304
1983	5501.85	114.55	21.00	34.47	6.32	80.08	14.68	309
1984	5585.61	114.86	20.75	34.37	6.21	80.49	14.54	313
1985	5670.65	115.70	20.60	35.53	6.33	80.17	14.27	318
1986	5799.75	126.23	22.15	32.48	5.70	93.75	16.45	323
1987	5931.79	128.00	22.12	32.98	5.70	95.02	16.42	328
1988	6066.84	122.90	20.90	29.81	5.07	93.09	15.83	333
1989	6204.96	121.15	20.27	34.25	5.73	86.90	14.54	338
1990	6347.19	140.11	22.26	36.25	5.76	103.86	16.50	353
1991	6527.01	131.31	20.40	38.04	5.91	93.27	14.49	363
1992	6706.45	125.17	18.92	40.00	6.05	85.17	12.87	373
1993	6936.69	120.00	17.59	38.00	5.57	82.00	12.02	386
1994	7209.58	121.00	17.11	38.00	5.37	83.00	11.74	401
1995	7387.49	123.54	16.93	38.91	5.33	84.63	11.60	411
1996	7569.78	124.80	16.69	42.11	5.63	82.69	11.06	421
1997	7779.69	118.40	15.43	37.83	4.93	80.57	10.50	433
1998	7990.03	117.00	14.84	40.00	5.07	77.00	9.77	444
1999	8217.91	110.00	13.57	39.00	4.81	71.00	8.76	457
2000	8650.03	108.85	12.91	40.21	4.77	68.64	8.14	486
2001	8733.18	107.99	12.42	39.63	4.56	68.36	7.86	486
2002	8842.08	103.94	11.82	39.73	4.52	64.21	7.30	492
2003	8962.69	108.00	12.13	41.98	4.71	66.02	7.42	499
2004	9110.66	106.73	11.81	41.62	4.60	65.11	7.21	507
2005	9194.00	107.11	11.70	42.24	4.68	64.87	7.02	511
2006	9442.07	108.96	11.69	41.53	4.46	67.43	7.24	525
2007	9659.52	112.00	11.73	44.00	4.61	68.00	7.12	537
2008	9893.48	112.00	11.46	43.00	4.40	69.00	7.06	550
2009	10130.19	113.00	11.29	43.00	4.29	70.00	6.99	563
2010	10440.94	115.00	11.18	43.27	4.21	71.73	6.97	581
2011	10756.00	109.44	10.45	45.56	4.35	63.88	6.10	598
2012	11041.00	122.37	11.60	49.06	4.65	73.31	6.95	614
2013	11270.00	113.73	10.71	49.80	4.69	63.93	6.02	627
2014	11489.00	115.39	10.80	50.21	4.70	65.18	6.10	639
2015	11678.00	119.95	11.12	46.60	4.32	73.35	6.80	650
2016	11908.00	129.45	11.85	48.17	4.41	81.28	7.44	663
2017	12141.00	151.63	13.68	50.10	4.52	101.53	9.16	676
2018	12348.00	143.98	12.79	51.22	4.55	92.76	8.24	687
2019	12489.00	143.38	12.54	50.99	4.46	92.38	8.08	695
2020	12624.00	129.08	10.28	59.02	4.70	70.06	5.58	702
2021	12684.00	118.31	9.35	61.12	4.83	57.19	4.52	706

注：2011−2019年年末常住人口根据2020年第七次全国人口普查结果平滑调整。

Note: Figures of permanent population at the year-end from 2011 to 2019 have been adjusted in accordance with the flash sums of the 7th National Population Cencus in 2020.

3-3 常住人口构成

Composition of Permanent Population

单位：万人、% (10000 persons, %)

年份 Year	按性别分 By Sex				按城乡分 By Residence			
	男 Male		女 Female		城镇 Urban		农村 Rural	
	人口数 Population	比重 Proportion	人口数 Population	比重 Proportion	人口数 Population	比重 Proportion	人口数 Population	比重 Proportion
1982	2774.17	51.19	2645.18	48.81	972.23	17.94	4447.12	82.06
1990	3249.76	51.20	3097.43	48.80	2335.77	36.80	4011.42	63.20
2000	4402.87	50.90	4247.16	49.10	4757.52	55.00	3892.51	45.00
2005	4655.84	50.64	4538.16	49.36	5578.92	60.68	3615.08	39.32
2006	4787.13	50.70	4654.94	49.30	5948.50	63.00	3493.57	37.00
2007	4926.36	51.00	4733.16	49.00	6099.02	63.14	3560.50	36.86
2008	5065.46	51.20	4828.02	48.80	6269.50	63.37	3623.98	36.63
2009	5166.40	51.00	4963.79	49.00	6422.54	63.40	3707.65	36.60
2010	5444.95	52.15	4995.99	47.85	6909.85	66.18	3531.09	33.82
2011	5689.92	52.90	5066.08	47.10	7160.27	66.57	3595.73	33.43
2012	5807.57	52.60	5233.43	47.40	7414.03	67.15	3626.97	32.85
2013	5871.67	52.10	5398.33	47.90	7673.74	68.09	3596.26	31.91
2014	6081.13	52.93	5407.87	47.07	7883.75	68.62	3605.25	31.38
2015	6106.43	52.29	5571.57	47.71	8117.38	69.51	3560.62	30.49
2016	6239.79	52.40	5668.21	47.60	8353.46	70.15	3554.54	29.85
2017	6372.81	52.49	5768.19	47.51	8588.54	70.74	3552.46	29.26
2018	6443.19	52.18	5904.81	47.82	8867.10	71.81	3480.90	28.19
2019	6528.00	52.27	5961.00	47.73	9073.26	72.65	3415.74	27.35
2020	6699.56	53.07	5924.44	46.93	9360.70	74.15	3263.30	25.85
2021	6693.00	52.77	5991.00	47.23	9466.07	74.63	3217.93	25.37

注：2011—2019年年末常住人口根据2020年第七次全国人口普查结果平滑调整。

Note: Figures of permanent population at the year-end from 2011 to 2019 have been adjusted in accordance with the flash sums of the 7th National Population Cencus in 2020.

3-4 常住人口年龄结构和抚养比

Age Composition and Dependency Ratio of Permanent Population

单位：万人、% (10000 persons, %)

年份 Year	0—14岁 Aged 0-14 人数 Population	0—14岁 Aged 0-14 比重 Proportion	15—64岁 Aged 15-64 人数 Population	15—64岁 Aged 15-64 比重 Proportion	65岁及以上 Aged 65 and Over 人数 Population	65岁及以上 Aged 65 and Over 比重 Proportion	少年儿童抚养比 Children Dependency Ratio	老年人口抚养比 Old Dependency Ratio	总抚养比 Gross Dependency Ratio
1982	1802.68	33.61	3267.68	60.93	292.83	5.46	55.16	8.96	64.12
1990	1879.73	29.92	4030.66	64.15	372.58	5.93	46.64	9.24	55.88
2000	2088.56	24.17	6029.96	69.78	523.65	6.05	34.64	8.67	43.31
2005	1960.16	21.32	6552.56	71.27	681.28	7.41	29.91	10.40	40.31
2006	1935.62	20.50	6807.73	72.10	698.71	7.40	28.43	10.26	38.70
2007	1941.56	20.10	6983.83	72.30	734.12	7.60	27.80	10.51	38.31
2008	1949.02	19.70	7162.88	72.40	781.58	7.90	27.21	10.91	38.12
2009	1955.13	19.30	7364.65	72.70	810.42	8.00	26.55	11.00	37.55
2010	1760.40	16.88	7963.03	76.33	708.62	6.79	22.11	8.90	31.01
2011	1817.76	16.90	8206.83	76.30	731.41	6.80	22.15	8.91	31.06
2012	1766.56	16.00	8501.57	77.00	772.87	7.00	20.78	9.09	29.87
2013	1649.93	14.64	8699.31	77.19	920.76	8.17	18.97	10.58	29.55
2014	1767.01	15.38	8771.85	76.35	950.14	8.27	20.14	10.83	30.98
2015	2028.47	17.37	8659.24	74.15	990.29	8.48	23.43	11.44	34.86
2016	2051.75	17.23	8838.12	74.22	1018.13	8.55	23.21	11.52	34.73
2017	2089.47	17.21	9004.98	74.17	1046.55	8.62	23.20	11.62	34.83
2018	2121.39	17.18	9162.21	74.20	1064.40	8.62	23.15	11.62	34.77
2019	2033.21	16.28	9331.78	74.72	1124.01	9.00	21.79	12.04	33.83
2020	2374.99	18.85	9144.96	72.57	1081.30	8.58	25.97	11.82	37.79
2021	2376.00	18.73	9151.00	72.15	1157.00	9.12	25.97	12.64	38.61

注：1982、1990、2000、2010、2020年常住人口年龄结构使用普查数据，其合计数据与表3-2不一致。

Note: Age composition of permanent population for the years 1982, 1990, 2000, 2010 and 2020 are census year estimates. Therefore, the total data is inconsistent with table 3-2.

3-5 年末户籍总人口

Total Population with Residence Registration at Year-end

单位：万人、% (10000 persons,%)

年份 Year	总人口 Total Population	按性别分 By Sex			
		男 Male		女 Female	
		人口数 Total Population	比例 Proportion	人口数 Total Population	比例 Proportion
1978	5064.15	2586.68	51.08	2477.47	48.92
1980	5227.67	2671.28	51.10	2556.39	48.90
1982	5415.35	2771.86	51.19	2643.49	48.81
1983	5494.12	2818.92	51.31	2675.20	48.69
1984	5576.62	2865.90	51.39	2710.72	48.61
1985	5655.60	2909.52	51.44	2746.08	48.56
1986	5740.70	2955.68	51.49	2785.02	48.51
1987	5832.15	3003.09	51.49	2829.06	48.51
1988	5928.31	3053.50	51.51	2874.81	48.49
1989	6024.98	3106.37	51.56	2918.61	48.44
1990	6246.32	3213.20	51.44	3033.12	48.56
1991	6348.95	3266.26	51.45	3082.69	48.55
1992	6463.17	3327.67	51.49	3135.50	48.51
1993	6581.60	3390.37	51.51	3191.23	48.49
1994	6691.46	3450.68	51.57	3240.78	48.43
1995	6788.74	3501.19	51.57	3287.55	48.43
1996	6896.77	3559.54	51.61	3337.23	48.39
1997	7013.73	3620.32	51.62	3393.41	48.38
1998	7115.65	3676.95	51.67	3438.70	48.33
1999	7298.88	3769.70	51.65	3529.18	48.35
2000	7498.54	3871.13	51.63	3627.41	48.37
2001	7565.33	3905.28	51.62	3660.05	48.38
2002	7649.29	3948.25	51.62	3701.04	48.38
2003	7723.42	3989.24	51.65	3734.18	48.35
2004	7804.75	4025.87	51.58	3778.88	48.42
2005	7899.64	4080.74	51.66	3818.90	48.34
2006	8048.71	4154.03	51.61	3894.68	48.39
2007	8156.05	4204.47	51.55	3951.58	48.45
2008	8267.09	4263.24	51.57	4003.85	48.43
2009	8365.98	4309.11	51.51	4056.87	48.49
2010	8521.55	4388.61	51.50	4132.94	48.50
2011	8637.19	4445.48	51.47	4191.71	48.53
2012	8635.89	4448.45	51.51	4187.44	48.49
2013	8759.46	4513.51	51.53	4245.95	48.47
2014	8886.88	4577.10	51.50	4309.78	48.50
2015	9008.38	4637.13	51.48	4371.25	48.52
2016	9164.90	4717.29	51.47	4447.61	48.53
2017	9316.91	4788.55	51.40	4528.36	48.60
2018	9502.12	4877.64	51.33	4624.48	48.67
2019	9663.41	4955.32	51.28	4708.09	48.72
2020	9808.66	5023.14	51.21	4785.52	48.79
2021	9946.95	5088.93	51.16	4858.02	48.84

3-6 户籍人口迁移变动情况

Status of Migrant Changes

单位：万人、‰ (10000 persons, ‰)

年份 Year	迁入 Immigration		迁出 Emigration		总迁移 Total Migration		净迁移 Net Migration	
	迁入人数 Number of Immigration	迁入率 Immigration Rate	迁出人数 Number of Emigration	迁出率 Emigration Rate	总迁人数 Total Number of Migration	总迁移率 Total Migration Rate	净迁移人数 Net Number of Migration	净迁移率 Net Migration Rate
1978	81.83	16.29	75.58	15.04	157.41	31.33	6.25	1.25
1980	91.45	17.64	82.09	15.83	173.54	33.47	9.36	1.81
1982	71.63	13.34	65.06	12.11	136.69	25.45	6.57	1.23
1983	66.26	12.14	59.35	10.88	125.61	23.02	6.91	1.26
1984	92.30	16.67	83.31	15.05	175.61	31.72	8.99	1.62
1985	100.10	17.82	84.90	15.12	185.00	32.94	15.20	2.70
1986	85.61	15.02	70.83	12.43	156.44	27.45	14.78	2.59
1987	92.89	16.05	73.26	12.66	166.15	28.71	19.63	3.39
1988	93.82	15.96	73.46	12.49	167.28	28.45	20.36	3.47
1989	95.26	15.94	73.87	12.36	169.13	28.30	21.39	3.58
1990	94.39	15.38	77.07	12.56	171.46	27.94	17.32	2.82
1991	97.23	15.44	83.74	13.30	180.97	28.74	13.49	2.14
1992	135.89	21.21	108.39	16.92	244.28	38.13	27.50	4.29
1993	158.20	24.25	128.06	19.63	286.26	43.88	30.14	4.62
1994	140.93	21.24	115.72	17.44	256.65	38.68	25.21	3.80
1995	108.09	16.04	89.74	13.31	197.83	29.35	18.35	2.73
1996	113.47	16.58	88.88	12.99	202.35	29.57	24.59	3.59
1997	130.94	18.83	98.90	14.22	229.84	33.05	32.04	4.61
1998	117.93	16.69	94.18	13.33	212.11	30.02	23.75	3.36
1999	107.68	14.94	89.13	12.37	196.81	27.31	18.55	2.57
2000	122.72	16.59	95.76	12.94	218.48	29.53	26.96	3.65
2001	109.88	14.59	92.34	12.26	202.22	26.85	17.54	2.33
2002	102.26	13.44	81.95	10.77	184.21	24.21	20.31	2.67
2003	105.27	13.70	83.22	10.83	188.49	24.53	22.05	2.87
2004	133.91	17.25	104.26	13.43	238.17	30.68	29.65	3.82
2005	107.21	13.65	70.45	8.97	177.66	22.62	36.76	4.68
2006	145.49	18.25	80.56	10.10	226.05	28.35	64.93	8.14
2007	119.95	14.80	71.67	8.85	191.62	23.65	48.28	5.96
2008	110.56	13.46	79.47	9.68	190.03	23.14	31.09	3.79
2009	96.80	11.64	64.93	7.81	161.73	19.45	31.87	3.83
2010	101.90	12.07	70.48	8.35	172.38	20.42	31.43	3.72
2011	94.47	11.01	65.37	7.62	159.84	18.63	29.10	3.39
2012	97.91	11.34	112.62	13.04	210.53	24.38	-14.70	-1.70
2013	97.86	11.25	77.72	8.94	175.58	20.19	20.14	2.32
2014	93.48	10.60	68.29	7.74	161.78	18.34	25.19	2.85
2015	74.65	8.34	66.67	7.45	141.32	15.79	7.98	0.89
2016	88.31	9.72	73.84	8.13	162.15	17.84	14.47	1.59
2017	133.09	14.40	85.91	9.30	219.00	23.70	47.18	5.11
2018	160.20	17.02	95.20	10.12	255.40	27.14	64.99	6.91
2019	148.35	15.48	84.90	8.86	233.25	24.34	63.45	6.62
2020	142.67	14.65	84.82	8.71	227.50	23.37	57.85	5.94
2021	144.74	14.65	83.24	8.43	227.98	23.08	61.50	6.23

3–7 各市年末常住人口数

Permanent Population at Year-end by City

单位：万人 (10000 persons)

市 别	City	2000	2005	2010	2015	2016	2017	2018	2019	2020	2021
全 省	**Provincial Total**	**8650.03**	**9194.00**	**10440.94**	**11678.00**	**11908.00**	**12141.00**	**12348.00**	**12489.00**	**12624.00**	**12684.00**
广 州	Guangzhou	994.80	949.68	1270.96	1594.95	1678.38	1746.27	1798.13	1831.21	1874.03	1881.06
深 圳	Shenzhen	701.24	827.75	1043.76	1414.21	1501.51	1587.31	1666.12	1710.40	1763.38	1768.16
珠 海	Zhuhai	123.65	141.57	156.16	189.75	195.98	207.02	220.90	233.18	244.96	246.67
汕 头	Shantou	467.78	494.45	539.62	545.62	546.46	547.51	548.59	549.31	550.37	553.04
佛 山	Foshan	534.05	580.03	719.91	864.34	874.77	899.99	926.04	943.14	951.88	961.26
韶 关	Shaoguan	273.65	292.26	283.02	283.47	283.95	284.47	284.78	285.07	285.53	286.01
河 源	Heyuan	226.78	278.24	295.82	291.24	289.13	287.38	285.89	284.83	283.56	284.09
梅 州	Meizhou	380.52	411.84	424.46	407.01	403.76	400.02	395.51	391.96	387.10	387.69
惠 州	Huizhou	321.80	370.69	460.11	550.41	562.73	572.22	584.72	597.23	605.72	606.60
汕 尾	Shanwei	245.71	279.87	287.34	277.06	274.87	272.55	270.50	268.85	266.94	268.69
东 莞	Dongguan	644.84	656.07	822.48	999.57	1016.58	1038.22	1043.77	1045.50	1048.36	1053.68
中 山	Zhongshan	236.47	243.46	312.27	396.96	407.69	418.04	428.82	438.73	443.11	446.69
江 门	Jiangmen	395.24	410.29	445.08	458.02	461.85	465.12	470.38	475.32	480.41	483.51
阳 江	Yangjiang	217.20	232.14	242.53	252.06	254.02	255.73	257.26	259.09	260.59	262.07
湛 江	Zhanjiang	603.43	668.95	700.38	698.78	698.49	698.30	698.23	698.16	698.07	703.09
茂 名	Maoming	524.82	584.04	582.64	592.62	593.72	598.52	605.95	612.26	618.00	621.97
肇 庆	Zhaoqing	337.69	367.60	392.22	400.30	401.75	403.88	406.58	409.24	411.69	412.97
清 远	Qingyuan	314.98	359.37	370.38	386.29	388.32	390.66	393.12	395.48	397.40	398.28
潮 州	Chaozhou	240.44	252.01	267.21	259.76	259.46	259.09	258.81	258.29	256.66	257.46
揭 阳	Jieyang	524.61	559.69	588.30	578.54	576.60	570.62	565.81	563.42	557.87	561.68
云 浮	Yunfu	215.49	233.99	236.29	237.05	237.98	238.07	238.09	238.33	238.37	239.33
按经济区域分	By Region										
珠 三 角	Pearl River Delta	4289.78	4547.14	5622.95	6868.51	7101.24	7338.07	7545.46	7683.95	7823.54	7860.60
东 翼	Eastern Region	1478.54	1586.02	1682.47	1660.98	1657.39	1649.77	1643.71	1639.87	1631.84	1640.87
西 翼	Western Region	1345.45	1485.13	1525.55	1543.46	1546.23	1552.55	1561.44	1569.51	1576.66	1587.13
山 区	Mountainous Region	1411.42	1575.70	1609.97	1605.06	1603.14	1600.60	1597.39	1595.67	1591.96	1595.40

注：1.2000年全省数据含根据普查误差率推算的漏登人口。
2.2006–2009年年末常住人口根据2010年第六次全国人口普查结果平滑调整。
3.2010年开始，深圳市包含深汕合作区人口。
4.2011–2019年年末常住人口根据2020年第七次全国人口普查结果平滑调整。

Note: a)Data for the permanent population of 2000 has been adjusted to account for the unregistered population,per the Population Census Error Rate.
b)Data for the permanent population from 2006 to 2009 have been adjusted with flash sums from the 6th National Population Census in 2010.
c)Data for the 2010 permanent population of Shenzhen includes the permanent population of the Shenshan Special Cooperation Zone.
d)Figures of permanent population at the year-end from 2011 to 2019 have been adjusted in accordance with the flash sums of the 7th National Population Cencus in 2020.

3-8 各市城镇人口占常住人口的比例

Proportion of Urban Population to Permanent Population by City

单位：%　　　　(%)

市　别	City	2000	2005	2010	2015	2016	2017	2018	2019	2020	2021
全　省	**Provincial Total**	**55.00**	**60.68**	**66.18**	**69.51**	**70.15**	**70.74**	**71.81**	**72.65**	**74.15**	**74.63**
广　州	Guangzhou	83.79	91.51	83.79	84.22	84.35	84.41	84.75	85.13	86.19	86.46
深　圳	Shenzhen	92.46	100.00	99.76	99.81	99.85	99.80	99.82	99.52	99.54	99.81
珠　海	Zhuhai	85.48	87.90	87.66	88.13	88.25	88.34	88.79	89.21	90.47	90.75
汕　头	Shantou	67.00	72.34	68.47	68.98	69.11	69.22	69.58	69.96	70.70	70.74
佛　山	Foshan	75.06	78.39	94.10	94.28	94.33	94.36	94.50	94.67	95.20	95.21
韶　关	Shaoguan	51.13	49.76	52.54	53.60	53.87	54.10	55.11	55.96	57.33	58.13
河　源	Heyuan	26.53	32.47	40.06	41.92	42.38	42.81	44.59	46.13	48.50	49.75
梅　州	Meizhou	37.21	41.63	43.03	44.94	45.44	45.91	47.59	49.10	51.58	52.38
惠　州	Huizhou	51.66	55.01	61.85	64.41	65.08	65.67	67.61	69.61	72.80	72.90
汕　尾	Shanwei	52.58	51.88	54.03	54.79	54.80	54.82	55.32	56.29	57.12	57.56
东　莞	Dongguan	60.04	73.02	88.47	89.14	89.34	89.44	89.93	90.31	92.15	92.24
中　山	Zhongshan	60.67	74.29	87.84	87.41	87.32	87.24	87.15	87.06	86.96	87.00
江　门	Jiangmen	47.08	56.78	62.31	63.53	63.85	64.13	65.12	66.04	67.63	67.84
阳　江	Yangjiang	41.92	44.09	46.82	48.44	48.82	49.18	50.77	52.08	54.16	54.96
湛　江	Zhanjiang	38.47	39.71	36.69	38.67	39.22	39.72	41.33	42.88	45.46	46.46
茂　名	Maoming	37.45	39.30	35.08	36.98	37.51	37.99	39.58	41.09	43.56	45.06
肇　庆	Zhaoqing	32.52	38.99	42.40	44.33	44.83	45.30	46.99	48.52	51.02	51.91
清　远	Qingyuan	32.60	38.46	47.56	49.12	49.53	49.89	51.26	52.47	54.50	55.40
潮　州	Chaozhou	43.41	53.62	62.78	63.10	63.18	63.24	63.55	63.82	64.19	64.80
揭　阳	Jieyang	37.91	41.15	47.33	48.08	48.29	48.47	49.09	49.68	50.65	51.52
云　浮	Yunfu	35.86	37.26	36.97	38.45	38.80	39.14	40.65	41.90	43.77	44.55
按经济区域分	By Region										
珠三角	Pearl River Delta	71.59	77.32	82.71	84.41	84.75	85.04	85.66	86.10	87.24	87.47
东　翼	Eastern Region	50.45	54.75	57.71	58.41	58.56	58.73	59.23	59.78	60.60	61.07
西　翼	Western Region	38.64	40.23	37.69	39.62	40.14	40.61	42.21	43.70	46.15	47.31
山　区	Mountainous Region	36.96	40.16	44.31	45.97	46.39	46.77	48.26	49.56	51.62	52.52

注：1.本表2000年、2005年数据按国家统计局1999年发布的《关于统计上划分城乡的规定（试行）》计算；2006年起数据按国家统计局2006年颁布的《关于统计上划分城乡的暂行规定》计算。
2.2006-2009年年末常住人口根据2010年第六次全国人口普查结果平滑调整，城镇人口比例也作相应调整。
3.2011-2019年年末常住人口根据2020年第七次全国人口普查结果平滑调整，城镇人口比例也作相应调整。

Note: a) The 2000 and 2005 data in this table are calculated according to Interim Regulations on Statistical Classification of Urban and Rural Populati-onissued by National Bureau of Statistics in 1999. The 2006 data are calculated according to Provisional Regulations on Statistical Classifica-tion of Urban and Rural Population issued by National Bureau of Statistics in 2006.
b) Figures of permanent population at the year-end from 2006 to 2009 have been adjusted in accordance with the flash sums of the 6th National Population Cescus in 2010 and the proportion of urban population to permanent population is also adjusted.
c) Figures of permanent population at the year-end from 2011 to 2019 have been adjusted in accordance with the flash sums of the 7th National Population Cencus in 2020. and the proportion of urban population to permanent population is also adjusted.

3-9 各市年末户籍人口数（2021年）
Total Population with Residence Registration at Year-end by City (2021)

单位：万人、%　　(10000 persons,%)

市别	City	总人口 Total Population	按性别分 By Sex 男 Male 人口数 Total Population	比例 Proportion	女 Female 人口数 Total Population	比例 Proportion
全省	**Provincial Total**	**9946.95**	**5088.93**	**51.16**	**4858.02**	**48.84**
广州	Guangzhou	1011.53	501.25	49.55	510.28	50.45
深圳	Shenzhen	627.94	310.41	49.43	317.53	50.57
珠海	Zhuhai	147.83	72.47	49.02	75.36	50.98
汕头	Shantou	577.65	290.83	50.35	286.82	49.65
佛山	Foshan	484.13	234.04	48.34	250.09	51.66
韶关	Shaoguan	336.75	173.71	51.58	163.04	48.42
河源	Heyuan	371.93	191.62	51.52	180.31	48.48
梅州	Meizhou	541.68	280.51	51.78	261.17	48.22
惠州	Huizhou	405.91	202.62	49.92	203.29	50.08
汕尾	Shanwei	364.45	190.60	52.30	173.85	47.70
东莞	Dongguan	278.61	136.06	48.83	142.55	51.17
中山	Zhongshan	198.75	95.68	48.14	103.07	51.86
江门	Jiangmen	402.87	201.68	50.06	201.19	49.94
阳江	Yangjiang	302.75	160.61	53.05	142.14	46.95
湛江	Zhanjiang	865.57	461.72	53.34	403.85	46.66
茂名	Maoming	828.78	444.51	53.63	384.27	46.37
肇庆	Zhaoqing	458.10	238.47	52.06	219.63	47.94
清远	Qingyuan	451.84	234.58	51.92	217.26	48.08
潮州	Chaozhou	275.37	139.90	50.80	135.47	49.20
揭阳	Jieyang	712.56	368.18	51.67	344.38	48.33
云浮	Yunfu	301.95	159.48	52.82	142.47	47.18
按经济区域分	By Region					
珠三角	Pearl River Delta	4015.66	1992.68	49.62	2022.98	50.38
东翼	Eastern Region	1930.05	989.51	51.27	940.54	48.73
西翼	Western Region	1997.09	1066.84	53.42	930.25	46.58
山区	Mountainous Region	2004.15	1039.90	51.89	964.25	48.11

3-10 各市年末户籍迁移人口数（2021年）
Number of Migrant Population at the Year-end by City (2021)

单位：人 (person)

市别	City	迁入 Immigration		迁出 Emigration		净迁移 Net Migration	
		省内迁入 Within Guangdong	省外迁入 Outside Guangdong	迁往省内 Within Guangdong	迁往省外 Outside Guangdong	省内 Within Guangdong	省外 Outside Guangdong
全　省	**Provincial Total**	**718743**	**728649**	**683344**	**149029**	**35399**	**579620**
广　州	Guangzhou	123430	118120	20218	20118	103212	98002
深　圳	Shenzhen	132665	257309	15174	31526	117491	225783
珠　海	Zhuhai	36790	47622	5392	5010	31398	42612
汕　头	Shantou	9469	6674	35910	5226	-26441	1448
佛　山	Foshan	45615	44740	12133	4743	33482	39997
韶　关	Shaoguan	13173	6814	35543	3597	-22370	3217
河　源	Heyuan	7965	5154	33715	5171	-25750	-17
梅　州	Meizhou	7136	5320	53637	4445	-46501	875
惠　州	Huizhou	62452	45431	51456	6097	10996	39334
汕　尾	Shanwei	7545	5393	34006	11083	-26461	-5690
东　莞	Dongguan	44433	87618	5507	2722	38926	84896
中　山	Zhongshan	30207	42228	4082	2310	26125	39918
江　门	Jiangmen	29534	15822	32420	5777	-2886	10045
阳　江	Yangjiang	3112	2432	15318	1545	-12206	887
湛　江	Zhanjiang	26092	5917	62285	8673	-36193	-2756
茂　名	Maoming	32180	6529	59620	10679	-27440	-4150
肇　庆	Zhaoqing	21189	7777	31619	3298	-10430	4479
清　远	Qingyuan	13444	7283	23308	3599	-9864	3684
潮　州	Chaozhou	2826	2077	17174	2115	-14348	-38
揭　阳	Jieyang	59661	5957	109232	8404	-49571	-2447
云　浮	Yunfu	9825	2432	25595	2891	-15770	-459
按经济区域分	By Region						
珠三角	Pearl River Delta	526315	666667	178001	81601	348314	585066
东　翼	Eastern Region	79501	20101	196322	26828	-116821	-6727
西　翼	Western Region	61384	14878	137223	20897	-75839	-6019
山　区	Mountainous Region	51543	27003	171798	19703	-120255	7300

3-11 第七次全国人口普查分性别、户口登记状况人口数

Population fo the 7th National Census by Gender and Household Registration Status

单位：人 (person)

市 别	City	总人口数 Total Population			居住本乡、镇、街道，户口在本乡、镇、街道 Living in rural、town、subdistrict，Registered permanent residence in rural、town、subdistrict		
		合计 Total	男 Male	女 Female	小计 Subtotal	男 Male	女 Female
全 省	**Provincial Total**	**126012510**	**66873646**	**59138864**	**64370531**	**32652666**	**31717865**
广 州	Guangzhou	18676605	9866005	8810600	6986546	3480683	3505863
深 圳	Shenzhen	17494398	9629111	7865287	3268528	1616208	1652320
珠 海	Zhuhai	2439585	1304196	1135389	941969	465568	476401
汕 头	Shantou	5502031	2776205	2725826	4492041	2229378	2262663
佛 山	Foshan	9498863	5163849	4335014	3885782	1891981	1993801
韶 关	Shaoguan	2855131	1452541	1402590	1946536	995946	950590
河 源	Heyuan	2837686	1448488	1389198	1811127	926085	885042
梅 州	Meizhou	3873239	1952489	1920750	2821459	1428436	1393023
惠 州	Huizhou	6042852	3249429	2793423	2670117	1345535	1324582
汕 尾	Shanwei	2738482	1420706	1317776	2005697	1035379	970318
东 莞	Dongguan	10466625	5917079	4549546	2093990	1039002	1054988
中 山	Zhongshan	4418060	2383175	2034885	1619488	798274	821214
江 门	Jiangmen	4798090	2485465	2312625	2738723	1371444	1367279
阳 江	Yangjiang	2602959	1362137	1240822	1752570	918612	833958
湛 江	Zhanjiang	6981236	3640165	3341071	5331640	2801369	2530271
茂 名	Maoming	6174050	3228813	2945237	5084147	2673478	2410669
肇 庆	Zhaoqing	4113594	2141295	1972299	3045758	1557842	1487916
清 远	Qingyuan	3969473	2061098	1908375	2613398	1354192	1259206
潮 州	Chaozhou	2568387	1305930	1262457	2104524	1062904	1041620
揭 阳	Jieyang	5577814	2852630	2725184	5265301	2683647	2581654
云 浮	Yunfu	2383350	1232840	1150510	1891190	976703	914487
按经济区域分	By Region						
珠 三 角	Pearl River Delta	77948672	42139604	35809068	27250901	13566537	13684364
东 翼	Eastern Region	16386714	8355471	8031243	13867563	7011308	6856255
西 翼	Western Region	15758245	8231115	7527130	12168357	6393459	5774898
山 区	Mountainous Region	15918879	8147456	7771423	11083710	5681362	5402348

3-11 续表 continued

单位：人 (person)

市 别	City	居住本乡、镇、街道，户口在外乡、镇、街道，离开户口登记地半年以上 Living in rural、town、subdistrict，Registered permanent residence in other rural、town、subdistrict，Leave registered residence more than half a year			居住本乡、镇、街道，户口待定 Living in rural、town、subdistrict，Registered permanent residence undetermined			原住本乡、镇、街道，现在港澳台或国外工作学习 Original Living in rural、town、subdistrict，now working and studying in Hong Kong, Macao and Taiwan regions of China or overseas		
		小计 Subtotal	男 Male	女 Female	小计 Subtotal	男 Male	女 Female	小计 Subtotal	男 Male	女 Female
全 省	**Provincial Total**	**60635086**	**33711847**	**26923239**	**700586**	**359835**	**340751**	**306307**	**149298**	**157009**
广 州	Guangzhou	11522907	6302836	5220071	91678	48113	43565	75474	34373	41101
深 圳	Shenzhen	14089685	7943327	6146358	101406	52644	48762	34779	16932	17847
珠 海	Zhuhai	1476534	828154	648380	14472	7588	6884	6610	2886	3724
汕 头	Shantou	976345	529388	446957	29984	15481	14503	3661	1958	1703
佛 山	Foshan	5565101	3247371	2317730	36639	19419	17220	11341	5078	6263
韶 关	Shaoguan	896241	450599	445642	9528	4587	4941	2826	1409	1417
河 源	Heyuan	1009881	513978	495903	14275	7155	7120	2403	1270	1133
梅 州	Meizhou	1035174	515667	519507	11945	6129	5816	4661	2257	2404
惠 州	Huizhou	3332388	1882821	1449567	37152	19605	17547	3195	1468	1727
汕 尾	Shanwei	712075	374925	337150	18850	9526	9324	1860	876	984
东 莞	Dongguan	8308567	4843788	3464779	61497	33086	28411	2571	1203	1368
中 山	Zhongshan	2765605	1567974	1197631	26719	14101	12618	6248	2826	3422
江 门	Jiangmen	1924205	1047249	876956	15891	8166	7725	119271	58606	60665
阳 江	Yangjiang	837124	436748	400376	10737	5196	5541	2528	1581	947
湛 江	Zhanjiang	1584833	806490	778343	56526	27681	28845	8237	4625	3612
茂 名	Maoming	1014730	517337	497393	69356	34211	35145	5817	3787	2030
肇 庆	Zhaoqing	1043590	570927	472663	20285	10387	9898	3961	2139	1822
清 远	Qingyuan	1329007	693211	635796	22674	11385	11289	4394	2310	2084
潮 州	Chaozhou	452923	237333	215590	9072	4610	4462	1868	1083	785
揭 阳	Jieyang	279720	152046	127674	31142	15945	15197	1651	992	659
云 浮	Yunfu	478451	249678	228773	10758	4820	5938	2951	1639	1312
按经济区域分	By Region									
珠 三 角	Pearl River Delta	50028582	28234447	21794135	405739	213109	192630	263450	125511	137939
东 翼	Eastern Region	2421063	1293692	1127371	89048	45562	43486	9040	4909	4131
西 翼	Western Region	3436687	1760575	1676112	136619	67088	69531	16582	9993	6589
山 区	Mountainous Region	4748754	2423133	2325621	69180	34076	35104	17235	8885	8350

3-12 第七次全国人口普查分年龄、性别人口数

Population fo the 7th National Census by Age and Gender

单位：人 (person)

市别	City	0-4岁 Age 0-4			5-9岁 Age 5-9			10-14岁 Age 10-14		
		小计 Subtotal	男 Male	女 Female	小计 Subtotal	男 Male	女 Female	小计 Subtotal	男 Male	女 Female
全 省	**Provincial Total**	**7992595**	**4266881**	**3725714**	**8562360**	**4597464**	**3964896**	**7194927**	**3884271**	**3310656**
广 州	Guangzhou	1018823	544130	474693	896850	486117	410733	674516	367286	307230
深 圳	Shenzhen	988112	526558	461554	954240	517563	436677	695760	383582	312178
珠 海	Zhuhai	142225	75350	66875	134764	72073	62691	110480	59713	50767
汕 头	Shantou	381083	200011	181072	446151	231882	214269	398795	207298	191497
佛 山	Foshan	539017	288513	250504	502872	274604	228268	392811	215489	177322
韶 关	Shaoguan	196453	103986	92467	225347	121137	104210	194817	104542	90275
河 源	Heyuan	197651	105523	92128	252998	133844	119154	266872	140070	126802
梅 州	Meizhou	275851	146380	129471	326444	170926	155518	307684	161611	146073
惠 州	Huizhou	394638	210819	183819	459044	245473	213571	400724	215910	184814
汕 尾	Shanwei	215131	114546	100585	260904	136888	124016	231026	121704	109322
东 莞	Dongguan	462959	248472	214487	508673	279822	228851	401243	225067	176176
中 山	Zhongshan	253160	134211	118949	245207	132753	112454	194742	107091	87651
江 门	Jiangmen	261281	137118	124163	268034	142486	125548	239185	127708	111477
阳 江	Yangjiang	175218	93751	81467	213343	115288	98055	196680	106711	89969
湛 江	Zhanjiang	600826	322396	278430	675026	361721	313305	544770	297163	247607
茂 名	Maoming	510381	276674	233707	617388	332979	284409	543334	296573	246761
肇 庆	Zhaoqing	277903	151322	126581	329559	180949	148610	303971	166833	137138
清 远	Qingyuan	299301	161330	137971	345797	188765	157032	281045	151842	129203
潮 州	Chaozhou	158943	83976	74967	173545	90638	82907	163327	85314	78013
揭 阳	Jieyang	465265	245664	219601	505132	263340	241792	453749	236279	217470
云 浮	Yunfu	178374	96151	82223	221042	118216	102826	199396	106485	92911
按经济区域分	By Region									
珠三角	Pearl River Delta	4338118	2316493	2021625	4299243	2331840	1967403	3413432	1868679	1544753
东 翼	Eastern Region	1220422	644197	576225	1385732	722748	662984	1246897	650595	596302
西 翼	Western Region	1286425	692821	593604	1505757	809988	695769	1284784	700447	584337
山 区	Mountainous Region	1147630	613370	534260	1371628	732888	638740	1249814	664550	585264

3-12 续表 1 continued 1

单位：人 (person)

市别	City	15-19岁 Age 15-19 小计 Subtotal	男 Male	女 Female	20-24岁 Age 20-24 小计 Subtotal	男 Male	女 Female	25-29岁 Age 25-29 小计 Subtotal	男 Male	女 Female
全省	**Provincial Total**	**6335235**	**3556607**	**2778628**	**9399562**	**5260488**	**4139074**	**11901905**	**6549206**	**5352699**
广州	Guangzhou	982836	544642	438194	1914992	1018596	896396	2053059	1110255	942804
深圳	Shenzhen	646793	382938	263855	1694893	950940	743953	2471256	1378550	1092706
珠海	Zhuhai	125894	69011	56883	221438	121226	100212	234532	130505	104027
汕头	Shantou	320153	167763	152390	377930	198484	179446	468034	241064	226970
佛山	Foshan	417400	244972	172428	687282	406382	280900	909129	516056	393073
韶关	Shaoguan	140021	75175	64846	119568	64623	54945	153890	80671	73219
河源	Heyuan	162739	85171	77568	124001	67392	56609	169782	88545	81237
梅州	Meizhou	199949	105856	94093	168188	90068	78120	227960	117425	110535
惠州	Huizhou	336626	193560	143066	407949	238782	169167	548509	305419	243090
汕尾	Shanwei	158043	84595	73448	185534	101943	83591	229370	123488	105882
东莞	Dongguan	510253	308134	202119	946691	569886	376805	1159759	689787	469972
中山	Zhongshan	195703	113712	81991	318600	185830	132770	411908	233174	178734
江门	Jiangmen	217226	119488	97738	253308	144397	108911	346349	187791	158558
阳江	Yangjiang	112387	63113	49274	114693	66149	48544	181788	98879	82909
湛江	Zhanjiang	360503	204051	156452	426904	239508	187396	509216	274689	234527
茂名	Maoming	403077	231844	171233	333595	194494	139101	432576	233455	199121
肇庆	Zhaoqing	252430	140600	111830	237293	133304	103989	274441	147533	126908
清远	Qingyuan	195277	106958	88319	185853	103967	81886	262872	138846	124026
潮州	Chaozhou	119970	61956	58014	142833	75306	67527	189406	99860	89546
揭阳	Jieyang	352283	183937	168346	424686	224500	200186	505156	265678	239478
云浮	Yunfu	125672	69131	56541	113331	64711	48620	162913	87536	75377
按经济区域分	By Region									
珠三角	Pearl River Delta	3685161	2117057	1568104	6682446	3769343	2913103	8408942	4699070	3709872
东翼	Eastern Region	950449	498251	452198	1130983	600233	530750	1391966	730090	661876
西翼	Western Region	875967	499008	376959	875192	500151	375041	1123580	607023	516557
山区	Mountainous Region	823658	442291	381367	710941	390761	320180	977417	513023	464394

3-12 续表 2 continued 2

单位：人 (person)

市别	City	30−34岁 Age 30-34 小计 Subtotal	男 Male	女 Female	35−39岁 Age 35-39 小计 Subtotal	男 Male	女 Female	40−44岁 Age 40-44 小计 Subtotal	男 Male	女 Female
全　省	**Provincial Total**	**13183618**	**7173902**	**6009716**	**11079219**	**5950175**	**5129044**	**9023058**	**4785408**	**4237650**
广　州	Guangzhou	2184286	1188099	996187	1755495	941267	814228	1371966	728273	643693
深　圳	Shenzhen	2657062	1504510	1152552	1989484	1113921	875563	1415732	788881	626851
珠　海	Zhuhai	277423	152206	125217	232554	124992	107562	188477	99859	88618
汕　头	Shantou	449896	231041	218855	391797	196676	195121	325908	160649	165259
佛　山	Foshan	1122275	620735	501540	979629	537057	442572	818238	445961	372277
韶　关	Shaoguan	191755	96545	95210	188534	94314	94220	187920	93888	94032
河　源	Heyuan	190067	94321	95746	207209	101996	105213	181940	90239	91701
梅　州	Meizhou	254548	127205	127343	244803	118969	125834	211793	100268	111525
惠　州	Huizhou	620631	335807	284824	561464	300425	261039	457291	245874	211417
汕　尾	Shanwei	204995	107777	97218	188591	97367	91224	141722	71337	70385
东　莞	Dongguan	1488320	860139	628181	1248822	710233	538589	1011608	568028	443580
中　山	Zhongshan	548624	302270	246354	473265	258191	215074	399062	215091	183971
江　门	Jiangmen	437333	230806	206527	387746	203292	184454	355263	184196	171067
阳　江	Yangjiang	196601	101090	95511	182644	94650	87994	181128	92782	88346
湛　江	Zhanjiang	542618	280052	262566	452807	233778	219029	394534	200357	194177
茂　名	Maoming	438488	224591	213897	360861	184343	176518	320074	160698	159376
肇　庆	Zhaoqing	307051	160022	147029	289186	151044	138142	247181	126533	120648
清　远	Qingyuan	313818	159548	154270	296237	152460	143777	253733	130645	123088
潮　州	Chaozhou	192600	100512	92088	174819	89530	85289	162286	81372	80914
揭　阳	Jieyang	393853	207478	186375	322814	167497	155317	261254	130645	130609
云　浮	Yunfu	171374	89148	82226	150458	78173	72285	135948	69832	66116
按经济区域分	By Region									
珠三角	Pearl River Delta	9643005	5354594	4288411	7917645	4340422	3577223	6264818	3402696	2862122
东　翼	Eastern Region	1241344	646808	594536	1078021	551070	526951	891170	444003	447167
西　翼	Western Region	1177707	605733	571974	996312	512771	483541	895736	453837	441899
山　区	Mountainous Region	1121562	566767	554795	1087241	545912	541329	971334	484872	486462

3-12 续表 3 continued 3

单位：人 (person)

市别	City	45-49岁 Age 45-49 小计 Subtotal	男 Male	女 Female	50-54岁 Age 50-54 小计 Subtotal	男 Male	女 Female	55-59岁 Age 55-59 小计 Subtotal	男 Male	女 Female
全　省	**Provincial Total**	**9820206**	**5096764**	**4723442**	**8966587**	**4653924**	**4312663**	**6988172**	**3605405**	**3382767**
广　州	Guangzhou	1469228	773438	695790	1245704	652005	593699	978252	506867	471385
深　圳	Shenzhen	1324952	724232	600720	1043107	567030	476077	681180	352784	328396
珠　海	Zhuhai	209397	110852	98545	181987	97698	84289	136401	72109	64292
汕　头	Shantou	385000	186986	198014	375739	185636	190103	327910	165071	162839
佛　山	Foshan	896569	484538	412031	734965	402722	332243	499036	267465	231571
韶　关	Shaoguan	236969	118433	118536	263907	133859	130048	231238	119318	111920
河　源	Heyuan	208616	103736	104880	220239	113838	106401	188330	99670	88660
梅　州	Meizhou	285987	135672	150315	306700	151461	155239	287056	145360	141696
惠　州	Huizhou	488982	258860	230122	437131	233274	203857	322471	171699	150772
汕　尾	Shanwei	180197	87041	93156	187332	92711	94621	147963	74571	73392
东　莞	Dongguan	996588	545128	451460	736497	409588	326909	422587	231696	190891
中　山	Zhongshan	424209	223425	200784	342273	180790	161483	219527	114739	104788
江　门	Jiangmen	418663	211026	207637	394751	196028	198723	342644	172425	170219
阳　江	Yangjiang	206680	102743	103937	216576	109264	107312	182945	94744	88201
湛　江	Zhanjiang	430982	213176	217806	458432	224497	233935	412645	205637	207008
茂　名	Maoming	373170	177305	195865	424855	200334	224521	378967	186269	192698
肇　庆	Zhaoqing	313142	159259	153883	329282	169345	159937	277186	143088	134098
清　远	Qingyuan	288653	148388	140265	317748	164165	153583	280860	144291	136569
潮　州	Chaozhou	200723	100988	99735	207929	106196	101733	189695	97520	92175
揭　阳	Jieyang	325751	154849	170902	357796	174067	183729	311444	156160	155284
云　浮	Yunfu	155748	76689	79059	183637	89416	94221	169835	83922	85913
按经济区域分	By Region									
珠三角	Pearl River Delta	6541730	3490758	3050972	5445697	2908480	2537217	3879284	2032872	1846412
东　翼	Eastern Region	1091671	529864	561807	1128796	558610	570186	977012	493322	483690
西　翼	Western Region	1010832	493224	517608	1099863	534095	565768	974557	486650	487907
山　区	Mountainous Region	1175973	582918	593055	1292231	652739	639492	1157319	592561	564758

3-12 续表 4 continued 4

单位：人 (person)

市别	City	60-64岁 Age 60-64 小计 Subtotal	男 Male	女 Female	65-69岁 Age 65-69 小计 Subtotal	男 Male	女 Female	70-74岁 Age 70-75 小计 Subtotal	男 Male	女 Female
全 省	**Provincial Total**	**4752066**	**2393321**	**2358745**	**4144845**	**2028352**	**2116493**	**2653440**	**1313194**	**1340246**
广 州	Guangzhou	670265	330993	339272	575892	274257	301635	359016	170902	188114
深 圳	Shenzhen	372864	178559	194305	277841	129820	148021	133648	64517	69131
珠 海	Zhuhai	82125	41682	40443	68490	33454	35036	40396	19468	20928
汕 头	Shantou	266583	134381	132202	236819	114099	122720	146598	69200	77398
佛 山	Foshan	301231	148195	153036	277430	128284	149146	189555	86301	103254
韶 关	Shaoguan	150223	76412	73811	136580	66703	69877	89899	42777	47122
河 源	Heyuan	134024	69909	64115	110887	56341	54546	74788	36975	37813
梅 州	Meizhou	218101	113568	104533	202541	102702	99839	130918	67278	63640
惠 州	Huizhou	194787	100079	94708	155476	76714	78762	98021	49072	48949
汕 尾	Shanwei	118075	59984	58091	105571	52209	53362	71631	40050	31581
东 莞	Dongguan	202605	102456	100149	163526	78536	84990	93621	43408	50213
中 山	Zhongshan	127620	63146	64474	113448	53710	59738	70376	32218	38158
江 门	Jiangmen	252102	128658	123444	244592	123217	121375	171265	85015	86250
阳 江	Yangjiang	117504	61350	56154	112024	57439	54585	77353	41644	35709
湛 江	Zhanjiang	339220	171218	168002	272256	137962	134294	194806	103440	91366
茂 名	Maoming	291030	150106	140924	248329	129288	119041	178309	95654	82655
肇 庆	Zhaoqing	189205	94367	94838	177783	85006	92777	120659	56593	64066
清 远	Qingyuan	187089	95003	92086	170048	85530	84518	108792	53934	54858
潮 州	Chaozhou	151518	76469	75049	139871	67003	72868	85328	41036	44292
揭 阳	Jieyang	268077	137601	130476	247029	120932	126097	149659	77704	71955
云 浮	Yunfu	117818	59185	58633	108412	55146	53266	68802	36008	32794
按经济区域分	By Region									
珠 三 角	Pearl River Delta	2392804	1188135	1204669	2054478	982998	1071480	1276557	607494	669063
东 翼	Eastern Region	804253	408435	395818	729290	354243	375047	453216	227990	225226
西 翼	Western Region	747754	382674	365080	632609	324689	307920	450468	240738	209730
山 区	Mountainous Region	807255	414077	393178	728468	366422	362046	473199	236972	236227

3-12 续表 5 continued 5

单位：人 (person)

市别	City	75-79岁 Age 75-79 小计 Subtotal	男 Male	女 Female	80-84岁 Age 80-84 小计 Subtotal	男 Male	女 Female
全省	**Provincial Total**	**1688428**	**803478**	**884950**	**1238268**	**550340**	**687928**
广州	Guangzhou	215262	98858	116404	165269	73162	92107
深圳	Shenzhen	68961	31004	37957	46252	20522	25730
珠海	Zhuhai	23310	10827	12483	16900	7785	9115
汕头	Shantou	82208	37972	44236	63515	27398	36117
佛山	Foshan	107149	47685	59464	70507	30451	40056
韶关	Shaoguan	63558	28250	35308	47391	19432	27959
河源	Heyuan	62641	28802	33839	46323	19342	26981
梅州	Meizhou	88961	44318	44643	69216	30731	38485
惠州	Huizhou	62727	29582	33145	49939	21841	28098
汕尾	Shanwei	44248	24535	19713	34979	16718	18261
东莞	Dongguan	51010	22545	28465	32588	13943	18645
中山	Zhongshan	35762	15644	20118	24914	10375	14539
江门	Jiangmen	89023	42611	46412	62607	28972	33635
阳江	Yangjiang	56160	28732	27428	40179	18603	21576
湛江	Zhanjiang	145980	73031	72949	112127	52573	59554
茂名	Maoming	135345	68941	66404	97019	47572	49447
肇庆	Zhaoqing	83328	37304	46024	57356	23222	34134
清远	Qingyuan	79474	36464	43010	55022	22861	32161
潮州	Chaozhou	47514	22473	25041	36007	14955	21052
揭阳	Jieyang	92466	47570	44896	73035	33441	39594
云浮	Yunfu	53341	26330	27011	37123	16441	20682
按经济区域分	By Region						
珠三角	Pearl River Delta	736532	336060	400472	526332	230273	296059
东翼	Eastern Region	266436	132550	133886	207536	92512	115024
西翼	Western Region	337485	170704	166781	249325	118748	130577
山区	Mountainous Region	347975	164164	183811	255075	108807	146268

3-12 续表 6 continued 6

单位：人 (person)

市别	City	85-89岁 Age 85-89 小计 Subtotal	男 Male	女 Female	90岁及以上 Age 90 and above 小计 Subtotal	男 Male	女 Female
全省	**Provincial Total**	**735563**	**285721**	**449842**	**352456**	**118745**	**233711**
广州	Guangzhou	99873	40098	59775	45021	16760	28261
深圳	Shenzhen	22938	9815	13123	9323	3385	5938
珠海	Zhuhai	8977	3902	5075	3815	1484	2331
汕头	Shantou	38323	14508	23815	19589	6086	13503
佛山	Foshan	35815	13047	22768	17953	5392	12561
韶关	Shaoguan	26205	9249	16956	10856	3227	7629
河源	Heyuan	26997	9471	17526	11582	3303	8279
梅州	Meizhou	45015	16230	28785	21524	6461	15063
惠州	Huizhou	31333	11638	19695	15109	4601	10508
汕尾	Shanwei	22249	9144	13105	10921	4098	6823
东莞	Dongguan	19793	7333	12460	9482	2878	6604
中山	Zhongshan	13417	4891	8526	6243	1914	4329
江门	Jiangmen	37509	14279	23230	19209	5952	13257
阳江	Yangjiang	25912	10501	15411	13144	4704	8440
湛江	Zhanjiang	69778	30107	39671	37806	14809	22997
茂名	Maoming	58541	26066	32475	28711	11627	17084
肇庆	Zhaoqing	32470	11030	21440	14168	3941	10227
清远	Qingyuan	32764	11532	21232	15090	4569	10521
潮州	Chaozhou	21898	7909	13989	10175	2917	7258
揭阳	Jieyang	44995	17466	27529	23370	7822	15548
云浮	Yunfu	20761	7505	13256	9365	2815	6550
按经济区域分	By Region						
珠三角	Pearl River Delta	302125	116033	186092	140323	46307	94016
东翼	Eastern Region	127465	49027	78438	64055	20923	43132
西翼	Western Region	154231	66674	87557	79661	31140	48521
山区	Mountainous Region	151742	53987	97755	68417	20375	48042

3-13 第七次全国人口普查汉族和各少数民族人口数

Population of The Han and Ethnic Minorities in the 7th National Census

单位：人 (person)

市别	City	汉族 Han	各少数民族 Ethnic Minorities	#壮族 Zhuang	苗族 Miao	瑶族 Yao	土家族 Tujia
全省	**Provincial Total**	**121260372**	**4752138**	**2017275**	**612699**	**514447**	**430936**
广州	Guangzhou	18100214	576391	244373	61811	56542	56125
深圳	Shenzhen	16404563	1089835	452803	131432	78301	103830
珠海	Zhuhai	2335318	104267	40796	10185	10346	12046
汕头	Shantou	5421147	80884	22339	27906	2549	4518
佛山	Foshan	9006581	492282	255592	43501	46636	55004
韶关	Shaoguan	2798832	56299	6151	3017	33976	2195
河源	Heyuan	2798980	38706	6244	8022	1464	6065
梅州	Meizhou	3861110	12129	3001	2913	789	1576
惠州	Huizhou	5761102	281750	80144	58581	23209	36484
汕尾	Shanwei	2725189	13293	5279	2399	746	1495
东莞	Dongguan	9510229	956396	400468	142215	73355	65670
中山	Zhongshan	4080800	337260	186898	30659	37812	32401
江门	Jiangmen	4591759	206331	112684	22040	17697	27057
阳江	Yangjiang	2553280	49679	27974	6952	7481	1381
湛江	Zhanjiang	6936010	45226	26656	4072	2830	1341
茂名	Maoming	6136700	37350	21187	4702	2560	1142
肇庆	Zhaoqing	4044131	69463	31231	8051	5921	9825
清远	Qingyuan	3778532	190941	61474	6259	107574	6505
潮州	Chaozhou	2512703	55684	12822	21237	1190	2718
揭阳	Jieyang	5537113	40701	10327	14059	2237	2015
云浮	Yunfu	2366079	17271	8832	2686	1232	1543
按经济区域分	By Region						
珠三角	Pearl River Delta	73834697	4113975	1804989	508475	349819	398442
东翼	Eastern Region	16196152	190562	50767	65601	6722	10746
西翼	Western Region	15625990	132255	75817	15726	12871	3864
山区	Mountainous Region	15603533	315346	85702	22897	145035	17884

注：1.各少数民族人口数含其他未识别的民族和外国人加入中国籍(入籍)的人口。
2.其中各少数民族中依次为广东省常住人口最多的10个少数民族人数。

Note: a)The population of ethnic minorities includes the population of other unidentified ethnic groups and foreigners who have become Chinese nationals (naturalized).
b)The ethnic minorities inside in turn are 10 nationalities with the largest permanent population in Guangdong Province

3-13 续表 continued

单位：人 (person)

市 别	City	侗族 Dong	布依族 Buyi	彝族 Yi	回族 Hui	满族 Man	畲族 She
全 省	**Provincial Total**	**241790**	**229366**	**141942**	**88346**	**66722**	**42080**
广 州	Guangzhou	28805	21266	13428	19853	15083	4829
深 圳	Shenzhen	60003	48719	38195	30811	30855	6966
珠 海	Zhuhai	4558	2381	3578	3548	3938	538
汕 头	Shantou	4909	8415	3901	953	244	428
佛 山	Foshan	26464	21933	9981	5107	2929	1332
韶 关	Shaoguan	893	623	594	385	467	6447
河 源	Heyuan	1231	950	1305	407	213	10952
梅 州	Meizhou	757	483	476	227	127	568
惠 州	Huizhou	13301	17855	14976	4580	2981	2702
汕 尾	Shanwei	670	510	588	213	92	253
东 莞	Dongguan	58705	72563	39080	14770	5066	3303
中 山	Zhongshan	11622	10176	5123	3321	2117	845
江 门	Jiangmen	5177	5014	3859	1103	626	279
阳 江	Yangjiang	1344	1296	697	197	177	39
湛 江	Zhanjiang	1609	1921	1018	632	474	114
茂 名	Maoming	1095	1667	860	317	253	110
肇 庆	Zhaoqing	6603	1360	1029	727	278	121
清 远	Qingyuan	2285	1189	965	669	547	214
潮 州	Chaozhou	4507	8116	1029	122	68	1903
揭 阳	Jieyang	6218	2521	1016	255	52	89
云 浮	Yunfu	1034	408	244	149	135	48
按经济区域分	By Region						
珠三角	Pearl River Delta	215238	201267	129249	83820	63873	20915
东 翼	Eastern Region	16304	19562	6534	1543	456	2673
西 翼	Western Region	4048	4884	2575	1146	904	263
山 区	Mountainous Region	6200	3653	3584	1837	1489	18229

3-14 第七次全国人口普查分性别、受教育程度的3岁及以上人口数

Number of Population Aged 3 and above by Sex and Education Level in the 7th National Census

单位：人 (person)

市 别	City	3岁及以上人口 Age 3 and above			未上过学 Uneducated		
		合计 Total	男 Male	女 Female	小计 Subtotal	男 Male	女 Female
全 省	**Provincial Total**	**121623816**	**64529347**	**57094469**	**2904977**	**968789**	**1936188**
广 州	Guangzhou	18116477	9566885	8549592	209589	77726	131863
深 圳	Shenzhen	16948438	9338737	7609701	164456	56265	108191
珠 海	Zhuhai	2361509	1262832	1098677	40006	13208	26798
汕 头	Shantou	5293074	2666167	2626907	254839	85415	169424
佛 山	Foshan	9207132	5007864	4199268	133720	46428	87292
韶 关	Shaoguan	2747833	1395818	1352015	107098	23082	84016
河 源	Heyuan	2730733	1391241	1339492	84573	27233	57340
梅 州	Meizhou	3722583	1872200	1850383	110523	37900	72623
惠 州	Huizhou	5826007	3133335	2692672	126189	47650	78539
汕 尾	Shanwei	2619055	1356965	1262090	187908	60382	127526
东 莞	Dongguan	10220947	5785654	4435293	114821	44271	70550
中 山	Zhongshan	4278975	2309354	1969621	62459	21506	40953
江 门	Jiangmen	4655412	2410619	2244793	74079	24592	49487
阳 江	Yangjiang	2509003	1311617	1197386	87894	27805	60089
湛 江	Zhanjiang	6646387	3460241	3186146	274922	92089	182833
茂 名	Maoming	5895209	3077549	2817660	196989	66699	130290
肇 庆	Zhaoqing	3959211	2057323	1901888	114743	35393	79350
清 远	Qingyuan	3805023	1972302	1832721	141644	39078	102566
潮 州	Chaozhou	2481536	1259991	1221545	107766	28080	79686
揭 阳	Jieyang	5313376	2712663	2600713	243303	91383	151920
云 浮	Yunfu	2285896	1179990	1105906	67456	22604	44852
按经济区域分	By Region						
珠 三 角	Pearl River Delta	75574108	40872603	34701505	1040062	367039	673023
东 翼	Eastern Region	15707041	7995786	7711255	793816	265260	528556
西 翼	Western Region	15050599	7849407	7201192	559805	186593	373212
山 区	Mountainous Region	15292068	7811551	7480517	511294	149897	361397

3-14 续表 1 continued 1

单位：人 (person)

市别	City	学前教育 Preschool Education			小学 Primary School		
		小计 Subtotal	男 Male	女 Female	小计 Subtotal	男 Male	女 Female
全　省	**Provincial Total**	**5202168**	**2758368**	**2443800**	**26054418**	**12294766**	**13759652**
广　州	Guangzhou	623672	332563	291109	2573108	1213466	1359642
深　圳	Shenzhen	636897	341508	295389	2000783	964223	1036560
珠　海	Zhuhai	87268	46157	41111	374611	181440	193171
汕　头	Shantou	240496	123745	116751	1562056	720861	841195
佛　山	Foshan	363014	194414	168600	1774661	865313	909348
韶　关	Shaoguan	130126	68528	61598	744191	328793	415398
河　源	Heyuan	132470	69792	62678	721007	329083	391924
梅　州	Meizhou	174823	91008	83815	915266	402903	512363
惠　州	Huizhou	245274	129831	115443	1300285	633426	666859
汕　尾	Shanwei	131984	69217	62767	912310	435755	476555
东　莞	Dongguan	324835	175075	149760	1644668	815822	828846
中　山	Zhongshan	171987	90989	80998	884521	423414	461107
江　门	Jiangmen	172765	90516	82249	1095715	500241	595474
阳　江	Yangjiang	122483	64659	57824	744093	355884	388209
湛　江	Zhanjiang	396267	210053	186214	1807882	864797	943085
茂　名	Maoming	352317	188942	163375	1679093	806805	872288
肇　庆	Zhaoqing	192153	103001	89152	1038270	471272	566998
清　远	Qingyuan	194815	104856	89959	1160561	552211	608350
潮　州	Chaozhou	111546	56948	54598	786563	348825	437738
揭　阳	Jieyang	273849	141054	132795	1700844	790126	910718
云　浮	Yunfu	123127	65512	57615	633930	290106	343824
按经济区域分	By Region						
珠三角	Pearl River Delta	2817865	1504054	1313811	12686622	6068617	6618005
东　翼	Eastern Region	757875	390964	366911	4961773	2295567	2666206
西　翼	Western Region	871067	463654	407413	4231068	2027486	2203582
山　区	Mountainous Region	755361	399696	355665	4174955	1903096	2271859

3-14 续表 2 continued 2

单位：人 (person)

市别	City	初中 Junior Secondary School 合计 Total	男 Male	女 Female	高中 Senior Secondary School 小计 Subtotal	男 Male	女 Female	大专及以上 Junior College and Above 小计 Subtotal	男 Male	女 Female
全　省	**Provincial Total**	**44714248**	**24895602**	**19818646**	**22965096**	**13224360**	**9740736**	**19782909**	**10387462**	**9395447**
广　州	Guangzhou	5505891	3061743	2444148	4109750	2296698	1813052	5094467	2584689	2509778
深　圳	Shenzhen	5457546	3146965	2310581	3627943	2145882	1482061	5060813	2683894	2376919
珠　海	Zhuhai	705039	399299	305740	526337	298946	227391	628248	323782	304466
汕　头	Shantou	1839136	969862	869274	942371	526618	415753	454176	239666	214510
佛　山	Foshan	3449786	1991203	1458583	1952546	1112008	840538	1533405	798498	734907
韶　关	Shaoguan	978465	540957	437508	456394	257084	199310	331559	177374	154185
河　源	Heyuan	1134591	603496	531095	417454	234753	182701	240638	126884	113754
梅　州	Meizhou	1570647	809751	760896	631153	361513	269640	320171	169125	151046
惠　州	Huizhou	2429466	1363900	1065566	980174	560882	419292	744619	397646	346973
汕　尾	Shanwei	946231	530603	415628	296547	177657	118890	144075	83351	60724
东　莞	Dongguan	4418896	2593541	1825355	2331842	1400298	931544	1385885	756647	629238
中　山	Zhongshan	1703938	974180	729758	865995	495033	370962	590075	304232	285843
江　门	Jiangmen	1753867	938516	815351	990927	558961	431966	568059	297793	270266
阳　江	Yangjiang	916847	500354	416493	400947	232111	168836	236739	130804	105935
湛　江	Zhanjiang	2575367	1396236	1179131	976398	565738	410660	615551	331328	284223
茂　名	Maoming	2235589	1197571	1038018	932734	545707	387027	498487	271825	226662
肇　庆	Zhaoqing	1641230	902815	738415	611405	350329	261076	361410	194513	166897
清　远	Qingyuan	1457082	809717	647365	483555	275114	208441	367366	191326	176040
潮　州	Chaozhou	901652	505302	396350	377048	219310	157738	196961	101526	95435
揭　阳	Jieyang	2093566	1120288	973278	755368	435716	319652	246446	134096	112350
云　浮	Yunfu	999416	539303	460113	298208	174002	124206	163759	88463	75296
按经济区域分	By Region									
珠三角	Pearl River Delta	27065659	15372162	11693497	15996919	9219037	6777882	15966981	8341694	7625287
东　翼	Eastern Region	5780585	3126055	2654530	2371334	1359301	1012033	1041658	558639	483019
西　翼	Western Region	5727803	3094161	2633642	2310079	1343556	966523	1350777	733957	616820
山　区	Mountainous Region	6140201	3303224	2836977	2286764	1302466	984298	1423493	753172	670321

3-15 第七次全国人口普查家庭户规模

Household size of the 7th National Census

单位：户、% (household、%)

市别	City	家庭户户数 Family Households	一人户 One person Household 户数 Households	比重 Proportion	二人户 Two persons Household 户数 Households	比重 Proportion
全省	**Provincial Total**	**42469178**	**14109849**	**33.22**	**10298011**	**24.25**
广州	Guangzhou	7185023	2932399	40.81	1863461	25.94
深圳	Shenzhen	6406899	2573200	40.16	1703659	26.59
珠海	Zhuhai	836663	294354	35.18	206905	24.73
汕头	Shantou	1364282	217652	15.95	247432	18.14
佛山	Foshan	3326970	1192097	35.83	876553	26.35
韶关	Shaoguan	969413	242263	24.99	258355	26.65
河源	Heyuan	874581	216888	24.80	192368	22.00
梅州	Meizhou	1198758	280531	23.40	281495	23.48
惠州	Huizhou	1896645	610645	32.20	416533	21.96
汕尾	Shanwei	764298	176269	23.06	144792	18.94
东莞	Dongguan	4388293	2131239	48.57	1226915	27.96
中山	Zhongshan	1697001	677845	39.94	432370	25.48
江门	Jiangmen	1606832	408482	25.42	388817	24.20
阳江	Yangjiang	804747	188356	23.41	179056	22.25
湛江	Zhanjiang	2004387	417058	20.81	417224	20.82
茂名	Maoming	1763265	371227	21.05	375220	21.28
肇庆	Zhaoqing	1319834	351486	26.63	294467	22.31
清远	Qingyuan	1208065	278805	23.08	264844	21.92
潮州	Chaozhou	717700	123004	17.14	150240	20.93
揭阳	Jieyang	1418586	261459	18.43	225331	15.88
云浮	Yunfu	716936	164590	22.96	151974	21.20
按经济区域分	By Region					
珠三角	Pearl River Delta	28664160	11171747	38.97	7409680	25.85
东翼	Eastern Region	4264866	778384	18.25	767795	18.00
西翼	Western Region	4572399	976641	21.36	971500	21.25
山区	Mountainous Region	4967753	1183077	23.82	1149036	23.13

3-15 续表 1 continued 1

单位：户、% (household、%)

市别	City	三人户 Three persons Household 户数 Households	比重 Proportion	四人户 Four persons Household 户数 Households	比重 Proportion	五人户 Five persons Household 户数 Households	比重 Proportion
全省	**Provincial Total**	**6999483**	**16.48**	**5189548**	**12.22**	**2872342**	**6.76**
广州	Guangzhou	1159761	16.14	698575	9.72	302216	4.21
深圳	Shenzhen	939186	14.66	661928	10.33	316389	4.94
珠海	Zhuhai	149124	17.82	98730	11.80	47966	5.73
汕头	Shantou	243732	17.87	232432	17.04	177285	12.99
佛山	Foshan	546021	16.41	378414	11.37	181395	5.45
韶关	Shaoguan	197835	20.41	136284	14.06	72340	7.46
河源	Heyuan	162376	18.57	131796	15.07	82992	9.49
梅州	Meizhou	221326	18.46	175008	14.60	109071	9.10
惠州	Huizhou	311342	16.42	267088	14.08	143350	7.56
汕尾	Shanwei	123848	16.20	114548	14.99	83068	10.87
东莞	Dongguan	493141	11.24	320473	7.30	127030	2.89
中山	Zhongshan	244547	14.41	173574	10.23	85730	5.05
江门	Jiangmen	354019	22.03	239500	14.91	118193	7.36
阳江	Yangjiang	157767	19.60	127449	15.84	70283	8.73
湛江	Zhanjiang	380306	18.97	319922	15.96	208096	10.38
茂名	Maoming	330974	18.77	274214	15.55	181796	10.31
肇庆	Zhaoqing	256073	19.40	197997	15.00	112738	8.54
清远	Qingyuan	236857	19.61	189545	15.69	114603	9.49
潮州	Chaozhou	131718	18.35	120114	16.74	84329	11.75
揭阳	Jieyang	222514	15.69	221110	15.59	184069	12.98
云浮	Yunfu	137016	19.11	110847	15.46	69403	9.68
按经济区域分	By Region						
珠三角	Pearl River Delta	4453214	15.54	3036279	10.59	1435007	5.01
东翼	Eastern Region	721812	16.92	688204	16.14	528751	12.40
西翼	Western Region	869047	19.01	721585	15.78	460175	10.06
山区	Mountainous Region	955410	19.23	743480	14.97	448409	9.03

3-15 续表 2 continued 2

单位：户、% (household、%)

市别	City	六人户 Six persons Household		七人户 Seven persons Household		八人户 Eight persons Household	
		户数 Households	比例 Proportion	户数 Households	比例 Proportion	户数 Households	比例 Proportion
全 省	**Provincial Total**	**1632082**	**3.84**	**699877**	**1.65**	**313946**	**0.74**
广 州	Guangzhou	146641	2.04	44433	0.62	17991	0.25
深 圳	Shenzhen	144497	2.26	40658	0.63	14966	0.23
珠 海	Zhuhai	24430	2.92	7838	0.94	3397	0.41
汕 头	Shantou	120843	8.86	63892	4.68	30311	2.22
佛 山	Foshan	96815	2.91	31530	0.95	12367	0.37
韶 关	Shaoguan	38662	3.99	13908	1.43	5138	0.53
河 源	Heyuan	48444	5.54	21924	2.51	9073	1.04
梅 州	Meizhou	69044	5.76	31113	2.60	14660	1.22
惠 州	Huizhou	80675	4.25	34258	1.81	14758	0.78
汕 尾	Shanwei	53323	6.98	30489	3.99	16390	2.14
东 莞	Dongguan	60292	1.37	17488	0.40	5987	0.14
中 山	Zhongshan	49168	2.90	18251	1.08	7583	0.45
江 门	Jiangmen	66126	4.12	19289	1.20	6634	0.41
阳 江	Yangjiang	42207	5.24	19962	2.48	8981	1.12
湛 江	Zhanjiang	116864	5.83	64276	3.21	34233	1.71
茂 名	Maoming	106005	6.01	57952	3.29	29229	1.66
肇 庆	Zhaoqing	63349	4.80	26257	1.99	9707	0.74
清 远	Qingyuan	69722	5.77	29210	2.42	12086	1.00
潮 州	Chaozhou	61328	8.55	27010	3.76	10134	1.41
揭 阳	Jieyang	131759	9.29	78937	5.56	40756	2.87
云 浮	Yunfu	41888	5.84	21202	2.96	9565	1.33
按经济区域分	By Region						
珠三角	Pearl River Delta	731993	2.55	240002	0.84	93390	0.33
东 翼	Eastern Region	367253	8.61	200328	4.70	97591	2.29
西 翼	Western Region	265076	5.80	142190	3.11	72443	1.58
山 区	Mountainous Region	267760	5.39	117357	2.36	50522	1.02

3-15 续表 3 continued 3

单位：户、% (household、%)

市别	City	九人户 Nine persons Household		十人及以上户 Household with ten persons and above	
		户数 Households	比例 Proportion	户数 Households	比例 Proportion
全　省	**Provincial Total**	**158737**	**0.37**	**195303**	**0.46**
广　州	Guangzhou	9419	0.13	10127	0.14
深　圳	Shenzhen	6534	0.10	5882	0.09
珠　海	Zhuhai	1908	0.23	2011	0.24
汕　头	Shantou	14305	1.05	16398	1.20
佛　山	Foshan	6409	0.19	5369	0.16
韶　关	Shaoguan	2240	0.23	2388	0.25
河　源	Heyuan	4255	0.49	4465	0.51
梅　州	Meizhou	7516	0.63	8994	0.75
惠　州	Huizhou	7457	0.39	10539	0.56
汕　尾	Shanwei	8549	1.12	13022	1.70
东　莞	Dongguan	2937	0.07	2791	0.06
中　山	Zhongshan	4126	0.24	3807	0.22
江　门	Jiangmen	3182	0.20	2590	0.16
阳　江	Yangjiang	4864	0.60	5822	0.72
湛　江	Zhanjiang	18547	0.93	27861	1.39
茂　名	Maoming	15375	0.87	21273	1.21
肇　庆	Zhaoqing	4172	0.32	3588	0.27
清　远	Qingyuan	6062	0.50	6331	0.52
潮　州	Chaozhou	4864	0.68	4959	0.69
揭　阳	Jieyang	21234	1.50	31417	2.21
云　浮	Yunfu	4782	0.67	5669	0.79
按经济区域分	By Region				
珠三角	Pearl River Delta	46144	0.16	46704	0.16
东　翼	Eastern Region	48952	1.15	65796	1.54
西　翼	Western Region	38786	0.85	54956	1.20
山　区	Mountainous Region	24855	0.50	27847	0.56

主要统计指标解释

总人口 指一定时点、一定地区范围内有生命的个人的总和。按不同的统计范围可分为常住人口和户籍人口；统计时点通常为每年12月31日24时。

0-14岁人口比例 （少年儿童人口系数或少年儿童人口比例） 指0-14岁的少年儿童人口与同期总人口之比，反映人口的年龄结构特征。通常以百分比表示。

15-64岁人口比例 （成年人口系数或成年人口比例） 指15-64岁的成年人口与同期总人口之比，反映人口的年龄结构特征。通常以百分比表示。

65岁及以上人口比例 （老年人口系数或老年人口比例） 指65岁及以上的老年人口与同期总人口之比，反映人口的老龄化程度。通常以百分比表示。

城镇人口比例 指城镇人口与同期总人口之比，反映该区域人口的城镇化水平。通常以百分比表示。

人口密度 指某一时点单位土地面积上居住的人口数。通常以每平方公里常住的人口数表示。

性别比 总人口（或分年龄人口）中男性人数与女性人数之比。通常以每100个女性人口相应有多少男性人口表示。

其计算公式为：性别比=男性人口数/女性人口数×100

出生率 也称粗出生率。指某一人口在一定时期（通常为一年）内活产婴儿数与同期总人口的生存人口数（或同期平均总人口、年中人口数）之比。通常以千分比表示。

死亡率 也称粗死亡率。指一定时期（通常为一年）内全部死亡人数与同期平均总人口之比，反映该时期人口的死亡强度。通常以千分比表示。

自然增长率 指一定时期（通常为一年）内人口自然增加数（出生人口减死亡人口）与同期平均总人口之比。通常以千分比表示。

迁入率（迁出率） 指一定时期（通常为一年）内迁入（迁出）人数与同期平均总人口之比。通常以千分比表示。

总迁移率 指一定时期（通常为一年）内人口迁移总量（迁入人口加迁出人口）与同期平均总人口之比。通常以千分比表示。

净迁移率 指一定时期（通常为一年）内人口迁入迁出相抵后（迁入人口减迁出人口）与同期平均总人口之比。通常以千分比表示。

跨省净迁移率 指一定时期（通常为一年）内省外迁入人口和迁往省外（含出国）人口之差与同期平均总人口之比。通常以千分比表示。

总抚养比 总抚养比也称总负担系数，是指人口总体中非劳动年龄人口数（0-14岁人口+65岁及以上人口）与劳动年龄人口数（15-64岁人口）之比，通常用百分比表示。

少年儿童抚养比 少年儿童抚养比也称少年儿童抚养系数，是指某一人口中少年儿童人口数（0-14岁人口）与劳动年龄人口数（15-64岁人口）之比，通常用百分比表示。

老年人口抚养比 老年人口抚养比也称老年人口抚养系数，是指某一人口中老年人口数（65岁及以上人口）与劳动年龄人口数（15-64岁人口）之比，通常用百分比表示。

Explanatory Notes on Main Statistical Indicators

Total Population refers to the total number of people alive within a given area at a certain point of time. It can be divided into the permanent population and the population with residence registration according to different statistical coverage. The reference time of the statistics on total population is usually taken at midnight of December 31.

Proportion of Population Aged 0-14 (coefficient of child population or proportion of child population) refers to the proportion of population aged 0-14 in the total population during the same period of time. It is an indicator of age structure, usually expressed in percentage.

Proportion of Population Aged 15-64 (coefficient of adult population or proportion of adult population) refers to the proportion of population aged 15-64 in the total population during the same period of time. It is an indicator of age structure, usually expressed in percentage.

Proportion of Population Aged 65 and Over (coefficient of aged population or proportion of aged population) refers to the proportion of population aged 65 and over in the total population during the same period of time. It is an indicator of population ageing, usually expressed in percentage.

Proportion of Urban Population refers to the proportion of urban population in the total population during the same period of time. It is an indicator of population urbanization in a certain region, usually expressed in percentage.

Population Density refers to the number of people located in a given land area at a certain point of time, usually expressed in the number of permanent population per square kilometer.

Sex Ratio refers to the ratio of the male population to the female population among the total population (or population grouped by age), usually expressed in the number of males per 100 females.

The following formula is used:

Sex Ration = Number of Male Population / Number of Female Population ×100

Birth Rate (or Crude Birth Rate) refers to the ratio of live births to the total number of population alive (or average population, mid-year population) during a certain period of time (usually one year), expressed in ‰.

Death Rate (or Crude Death Rate) refers to the ratio of deaths to the average population during a certain period of time (usually one year), expressed in ‰. Death rate reflects the death intensity of the population during the same period of time.

Natural Growth Rate refers to the ratio of natural increase in population (number of births minus number of deaths) during a certain period of time (usually one year) to the average population of the same period, expressed in ‰.

Immigration Rate (Emigration Rate) refers to the ratio of the number of immigration (emigration) to the average population during a certain period of time (usually one year), expressed in ‰.

Total Migration Rate refers to the ratio of the total number of migration (number of immigration plus number of emigration) to the average population during a certain period of time (usually one year),expressed in ‰.

Net Migration Rate refers to the ratio of the net number of migration (number of immigration minus number of emigration) to the average population during a certain period of time (usually one year), expressed in ‰

Net Migration Rate across Province refers to the ratio of the number of immigration from outside the province minus the number of emigration to outside the province (including those going abroad) to the average population during a certain period of time (usually one year), expressed in ‰.

Total Dependency Ratio Total dependency ratio is also called total burden coefficient,refers to the ratio of the number of people of non working age (0-14 years old+65 years old and above) to the number of people of working age (15-64 years old) in the population, usually expressed as a percentage.

Child Dependency ratio Child dependency ratio is also called child dependency coefficient,refers to the ratio of the population of children (0-14 years old) to the population of working age (15-64 years old) in a certain population, usually expressed as a percentage.

Old Age Dependency Ratio The dependency ratio of the elderly population is also called the dependency coefficient of the elderly population,refers to the ratio of the number of middle-aged and elderly people (65 years old and above) to the number of working age people (15-64 years old), usually expressed as a percentage.

四、就业和工资

EMPLOYMENT AND WAGES

四 就业和工资

简要说明

一、本篇资料反映广东劳动就业与工资的基本情况。主要内容包括全社会就业人员数，城镇非私营单位就业人员、在岗职工人数，城镇非私营单位就业人员、在岗职工工资总额、平均工资，城镇新增就业人数等。

二、本篇资料由广东省统计局人口和就业统计处整理提供。

三、本篇资料主要根据国家统计调查制度搜集汇总，部分由省人力资源和社会保障厅提供并加工整理。

四、本篇资料中的城镇单位就业人员、在岗职工及其工资统计范围只包括城镇国有、集体及其他经济类型单位，不包括私营企业和个体劳动者。根据国家劳动统计报表制度的统一规定，从 2013 年年报起，将原属于乡镇企业且符合城镇非私营单位条件的“四上”企业（即规模以上工业企业、有资质的建筑业及全部房地产开发经营企业、限额以上批发和零售业、限额以上住宿和餐饮业、部分规模以上服务业企业）纳入城镇单位就业人员及工资统计的范围。

五、1998 年，劳动统计年报中对全部调查单位改按企业登记注册类型分组。即国有单位中不再包括国有联营和有限责任公司中的国有独资公司；城镇集体单位中不再包括集体联营和股份合作企业；其他单位则包括国有联营和有限责任公司中的国有独资公司，集体联营和股份合作企业。

4 Employment and Wages

Brief Introduction

Ⅰ. The data in this chapter reflects the basic situation of labor employment and wages in Guangdong Provincc. The main content includes the number of employees in the whole society, the number of Urban Non private employees and on-the-job employees, the total wages and average wages of Urban Non private employees and on-the-job employees, and the number of new urban employees etc.

Ⅱ. The data in this chapter are prepared and provided by the Division of Population and Employment Statistics of Statistics Bureau of Guangdong Province.

Ⅲ. The data in this chapter are collected and tabulated mainly in accordance with the statistical survey scheme of the National Bureau of Statistics, part of which are processed and prepared from figures provided by Guangdong Provincial Department of Human Resources and Social Security.

Ⅳ. The statistical coverage of urban unit employed persons, fully employed staff and workers, staff and workers and wages in this chapter only includes state-owned units, collective-owned units and other types of ownership in urban areas, but excludes private enterprises and self-employed individuals. According to the The National Reporting Form System on Labour Wage Statistics, from the 2013 annual report.,the four enterprises original part of township enterprise and urban corporate unit excluding private units those are industrial enterprises above designated size,quality of the construction industry and real estate development enterprises,wholesale and retail trade enterprises above designated size, hotels and catering service enterprises above designated size and part of the service industry above designated size, are brought into the scope of statistics on employed person in urban areas and total wage bills.

Ⅴ. In annual labor reports since 1998, survey units are categorized by registration status. As a result, exclusively state-invested companies in state-owned joint ownership units and limited liability companies are no longer entered as state-owned units, and collective-owned joint ownership units and cooperative units are no longer entered as urban collective-owned units. These units excluded from the categories of state-owned joint ownership units and urban collective-owned units are now categorized as units of other types of ownership.

4-1 就业基本情况
Employment

指标	Item	2000	2010	2015	2019	2020	2021
就业人员（万人）	**Number of Employed Persons (10000 persons)**	**3989.32**	**6051.00**	**6566.00**	**6995.00**	**7039.00**	**7072.00**
第一产业	Primary Industry	1593.68	1476.00	1046.00	823.00	767.00	753.00
第二产业	Secondary Industry	1114.86	2566.00	2627.00	2522.00	2526.00	2565.00
第三产业	Tertiary Industry	1280.78	2009.00	2893.00	3650.00	3746.00	3754.00
按城乡分就业人员（万人）	**Number of Employed Persons by Urban and Rural Areas (10 000 persons)**						
城镇就业人员	Urban Employed Persons		4004.55	4822.00	5364.00	5418.00	5473.00
乡村就业人员	Rural Employed Persons		2046.45	1744.00	1631.00	1621.00	1599.00
#城镇非私营单位就业人员（万人）	Urban Employed Persons (10000 persons)	759.21	1118.52	1948.04	2064.59	2085.27	2110.88
国有单位	State-owned Units	425.52	400.65	388.81	385.06	423.26	431.54
城镇集体单位	Urban Collective-owned Units	105.97	57.66	50.34	37.94	36.85	36.32
其他各种单位	Units of Other Types of Ownership	227.73	660.21	1508.89	1641.59	1625.16	1643.02
城镇非私营单位就业人员工资总额（亿元）	**Earnings of Urban Employed Persons (100 million yuan)**	**1057.57**	**4484.29**	**12918.81**	**20510.02**	**22421.98**	**24978.70**
国有单位	State-owned Units	612.17	1951.16	2975.96	5121.88	6287.53	6855.32
城镇集体单位	Urban Collective-owned Units	93.04	129.01	227.71	231.69	261.87	273.36
其他各种单位	Units of Other Types of Ownership	352.37	2404.12	9715.14	15156.46	15872.58	17850.02
城镇非私营单位就业人员平均工资（元）	**Average Labor Remuneration of Urban Employed Persons (yuan)**	**13859**	**40432**	**65788**	**98889**	**108045**	**118133**
国有单位	State-owned Units	14296	49027	76870	134291	149783	160329
城镇集体单位	Urban Collective-owned Units	8605	22453	45027	60649	72174	76875
其他各种单位	Units of Other Types of Ownership	15538	36779	63664	91611	98028	108095

注：2006—2009年就业人员人数，根据第六次全国人口普查资料作了相应调整。从2020年起，国家统计局对各省、自治区、直辖市就业人数及其产业构成以常住人口口径统一测算，同时对2010—2019年就业人数及其产业、城乡结构进行平滑修正。

Note: The number of Employed Persons from 2006 to 2009 have been adjusted in accordance with the data of the 6th National Census. Since 2020, the National Bureau of Statistics calculates the number of Employed Persons and Industrial Composition of all Province、Autonomous Region and Municipality directly under the Central Government according to the caliber of permanent population, also adjusted the number of Employed Persons and Industrial Structure from 2010 to 2019.

4-2 就业人员年末人数
Number of Employed Persons at the Year-end

单位：万人 (10000 persons)

年份 Year	就业人员年末人数 Number of Employed Persons at the Year-end	#城镇非私营单位就业人员 Urban Employed Persons	国有单位 State-owned Units	城镇集体单位 Urban Collective-owned Units	其他单位 Units of Other Types of Ownership	城镇就业人员 Urban Employed Persons	乡村就业人员 Rural Employed Persons
1978	2275.95	515.85	369.04	146.81			
1979	2304.95	535.37	378.57	156.80			
1980	2367.78	563.62	400.19	163.43			
1981	2423.79	587.34	422.03	165.31			
1982	2521.38	608.12	443.43	164.69			
1983	2569.70	612.65	446.51	166.14			
1984	2637.49	631.77	429.65	197.89	4.23		
1985	2731.11	660.82	449.40	203.32	8.10		
1986	2811.92	686.20	465.59	208.85	11.76		
1987	2910.99	720.34	485.59	216.16	18.59		
1988	2994.72	747.67	503.20	216.96	27.51		
1989	3041.27	762.61	511.88	212.50	38.23		
1990	3118.10	785.49	528.13	207.62	49.74		
1991	3259.20	827.58	544.55	216.86	66.17		
1992	3367.21	858.12	559.71	216.57	81.84		
1993	3433.91	877.16	563.63	199.99	113.54		
1994	3493.15	901.57	568.80	202.86	129.91		
1995	3551.20	931.58	565.48	204.12	161.98		
1996	3641.30	920.55	565.68	193.24	161.63		
1997	3701.90	912.74	556.56	181.44	174.74		
1998	3783.87	897.98	521.34	161.50	215.13		
1999	3796.32	793.54	449.87	122.70	220.97		
2000	3989.32	759.21	425.52	105.97	227.73		
2001	4058.63	737.12	400.12	91.33	245.67		
2002	4134.37	751.23	382.91	82.81	285.51		
2003	4395.93	781.14	376.56	78.47	326.11		
2004	4681.89	830.72	374.34	72.28	384.10		
2005	5022.97	904.27	380.19	68.70	455.38		
2006	5177.02	954.44	384.78	67.25	502.41		
2007	5341.50	1001.46	381.00	65.49	554.97		
2008	5471.72	1007.87	385.14	60.64	562.09		
2009	5688.62	1055.03	389.17	58.33	607.53		
2010	6051.00	1118.52	400.65	57.66	660.21	4004.55	2046.45
2011	6087.00	1238.22	423.88	62.83	751.51	4150.51	1936.49
2012	6171.00	1303.98	430.33	55.28	818.38	4305.70	1865.30
2013	6273.00	1966.98	402.75	58.52	1505.71	4454.56	1818.44
2014	6428.00	1973.28	396.20	56.69	1520.39	4642.00	1786.00
2015	6566.00	1948.04	388.81	50.34	1508.89	4822.00	1744.00
2016	6703.00	1957.57	387.75	47.83	1521.99	4998.00	1705.00
2017	6858.00	1963.10	384.09	45.46	1533.56	5187.00	1671.00
2018	6960.00	1994.14	375.11	42.62	1576.41	5314.00	1646.00
2019	6995.00	2064.59	385.06	37.94	1641.59	5364.00	1631.00
2020	7039.00	2085.27	423.26	36.85	1625.16	5418.00	1621.00
2021	7072.00	2110.88	431.54	36.32	1643.02	5473.00	1599.00

注：2006—2009年就业人员人数，根据第六次全国人口普查资料作了相应调整。从2020年起，国家统计局对各省、自治区、直辖市就业人数及其产业构成以常住人口口径统一测算，同时对2010—2019年就业人数及其产业、城乡结构进行平滑修正。1993年及以前城镇单位就业人员为城镇单位职工人数。

Note: Figures of "Number of Employed Persons" from 2006 to 2009 have been adjusted in accordance with the results of the 6th population census. Since 2020, the National Bureau of Statistics calculates the number of Employed Persons and Industrial Composition of all Province、Autonomous Region and Municipality directly under the Central Government according to the caliber of permanent population,also adjusted the number of Employed Persons and Industrial Structure from 2010 to 2019. Employed persons of urban units are the number of staff and workers of urban units in 1993 and before.

4-3 按三次产业分就业人员年末人数

Number of Employed Persons at Year-end by Three strata of Industry

年 份 Year	就业人数 (万人) Total Employed Persons (10000 persons)				构成 (%) Composition in Percentage(%)		
		第一产业 Primary Industry	第二产业 Secondary Industry	第三产业 Tertiary Industry	第一产业 Primary Industry	第二产业 Secondary Industry	第三产业 Tertiary Industry
1978	2275.95	1677.01	312.94	286.00	73.7	13.7	12.6
1979	2304.95	1659.01	381.11	264.83	72.0	16.5	11.5
1980	2367.78	1673.57	404.80	289.41	70.7	17.1	12.2
1981	2423.79	1699.85	409.93	314.01	70.1	16.9	13.0
1982	2521.38	1723.46	447.18	350.74	68.4	17.7	13.9
1983	2569.70	1729.47	458.80	381.43	67.3	17.9	14.8
1984	2637.49	1679.46	498.09	459.94	63.7	18.9	17.4
1985	2731.11	1646.82	614.52	469.77	60.3	22.5	17.2
1986	2811.92	1624.15	637.76	550.01	57.8	22.6	19.6
1987	2910.99	1605.10	704.24	601.65	55.1	24.2	20.7
1988	2994.72	1607.11	743.91	643.70	53.7	24.8	21.5
1989	3041.27	1632.36	747.78	661.13	53.7	24.6	21.7
1990	3118.10	1651.71	848.37	618.02	53.0	27.2	19.8
1991	3259.20	1645.25	932.76	681.19	50.5	28.6	20.9
1992	3367.21	1594.32	1024.98	747.91	47.3	30.5	22.2
1993	3433.91	1512.88	1115.42	805.61	44.1	32.4	23.5
1994	3493.15	1478.37	1172.84	841.94	42.3	33.6	24.1
1995	3551.20	1473.60	1199.00	878.60	41.5	33.8	24.7
1996	3641.30	1481.40	1218.00	941.90	40.7	33.4	25.9
1997	3701.90	1511.38	1217.25	973.27	40.8	32.9	26.3
1998	3783.87	1554.33	1214.96	1014.58	41.1	32.1	26.8
1999	3796.32	1574.25	1181.58	1040.49	41.5	31.1	27.4
2000	3989.32	1593.68	1114.86	1280.78	40.0	27.9	32.1
2001	4058.63	1587.48	1131.96	1339.19	39.1	27.9	33.0
2002	4134.37	1572.92	1202.92	1358.53	38.0	29.1	32.9
2003	4395.93	1617.69	1557.19	1221.05	36.8	35.4	27.8
2004	4681.89	1622.50	1727.86	1331.53	34.7	36.9	28.4
2005	5022.97	1609.89	1916.16	1496.92	32.1	38.1	29.8
2006	5177.02	1562.17	2015.88	1598.97	30.2	38.9	30.9
2007	5341.50	1562.19	2102.28	1677.04	29.2	39.4	31.4
2008	5471.72	1526.66	2172.93	1772.13	27.9	39.7	32.4
2009	5688.62	1514.04	2292.05	1882.53	26.6	40.3	33.1
2010	6051.00	1476.00	2566.00	2009.00	24.4	42.4	33.2
2011	6087.00	1340.00	2611.00	2136.00	22.0	42.9	35.1
2012	6171.00	1243.00	2628.00	2300.00	20.1	42.6	37.3
2013	6273.00	1172.00	2620.00	2481.00	18.7	41.8	39.6
2014	6428.00	1112.00	2606.00	2710.00	17.3	40.5	42.2
2015	6566.00	1046.00	2627.00	2893.00	15.9	40.0	44.1
2016	6703.00	987.00	2611.00	3105.00	14.7	39.0	46.3
2017	6858.00	933.00	2592.00	3333.00	13.6	37.8	48.6
2018	6960.00	864.00	2506.00	3590.00	12.4	36.0	51.6
2019	6995.00	823.00	2522.00	3650.00	11.8	36.1	52.2
2020	7039.00	767.00	2526.00	3746.00	10.9	35.9	53.2
2021	7072.00	753.00	2565.00	3754.00	10.6	36.3	53.1

注：2006–2009年就业人员人数，根据第六次全国人口普查资料作了相应调整。从2020年起，国家统计局对各省、自治区、直辖市就业人数及其产业构成以常住人口口径统一测算，同时对2010–2019年就业人数及其产业、城乡结构进行平滑修正。

Note: Data for the employed population from 2006 to 2009 have been adjusted from the 6th National Census.Since 2020, the National Bureau of Statistics calculates the number of Employed Persons and Industrial Composition of all Province、Autonomous Region and Municipality directly under the Central Government according to the caliber of permanent population, also adjusted the number of Employed Persons and Industrial Structure from 2010 to 2019.

4-4 各市就业人员年末人数

Number of Employed Persons at the Year-end by City

单位：万人 (10000 persons)

市　别	City	2005	2010	2015	2019	2020	2021
全　省	**Provincial Total**	**5022.97**	**6051.00**	**6566.00**	**6995.00**	**7039.00**	**7072.00**
广　州	Guangzhou	574.46	732.93	927.91	1125.89	1158.01	1163.44
深　圳	Shenzhen	576.26	781.45	1083.35	1230.29	1239.61	1245.42
珠　海	Zhuhai	94.01	106.19	124.11	136.92	147.79	148.48
汕　头	Shantou	179.81	245.22	243.92	248.49	246.81	247.97
佛　山	Foshan	348.69	457.09	523.37	588.66	598.10	600.90
韶　关	Shaoguan	138.44	146.89	137.53	133.82	124.99	125.58
河　源	Heyuan	118.20	137.25	131.40	134.19	134.50	135.13
梅　州	Meizhou	211.98	214.47	183.28	169.02	169.43	170.22
惠　州	Huizhou	222.62	268.14	299.29	318.30	320.88	337.58
汕　尾	Shanwei	117.78	122.81	122.34	124.67	124.96	125.55
东　莞	Dongguan	388.13	645.51	680.09	711.10	714.59	717.94
中　山	Zhongshan	188.85	213.71	241.21	264.67	274.62	275.91
江　门	Jiangmen	214.53	257.22	254.36	257.66	256.81	258.01
阳　江	Yangjiang	146.63	135.38	117.13	111.53	113.16	113.69
湛　江	Zhanjiang	305.00	329.61	343.98	336.42	321.14	322.65
茂　名	Maoming	287.36	281.58	282.89	277.76	270.72	271.99
肇　庆	Zhaoqing	215.05	219.61	209.87	202.57	200.74	201.68
清　远	Qingyuan	195.95	202.10	196.50	183.46	182.75	183.61
潮　州	Chaozhou	129.18	142.74	116.98	109.26	108.49	109.00
揭　阳	Jieyang	253.70	278.57	232.25	227.65	231.65	217.54
云　浮	Yunfu	114.30	132.53	114.24	102.67	99.25	99.71
按经济区域分	By Region						
珠三角	Pearl River Delta	2822.60	3681.85	4343.56	4836.06	4911.15	4949.36
东　翼	Eastern Region	680.47	789.34	715.49	710.07	711.91	700.06
西　翼	Western Region	738.99	746.57	744.00	725.71	705.02	708.33
山　区	Mountainous Region	778.87	833.24	762.95	723.16	710.92	714.25

注：从2020年起，国家统计局对各省、自治区、直辖市就业人数及其产业构成以常住人口口径统一测算，同时对2010–2019年就业人数及其产业、城乡结构进行平滑修正。

Note: Since 2020, the National Bureau of Statistics calculates the number of Employed Persons and Industrial Composition of all Province、Autonomous Region and Municipality directly under the Central Government according to the caliber of permanent population, also adjusted the number of Employed Persons and Industrial、City-countryside Structure from 2010 to 2019.

4-5 各市按三次产业分就业人员年末人数

Number of Employed Persons at the Year-end by Strata of Industry by City

单位：万人 (10000 persons)

市别	City	2020 合计 Total	2020 第一产业 Primary Industry	2020 第二产业 Secondary Industry	2020 第三产业 Tertiary Industry	2021 合计 Total	2021 第一产业 Primary Industry	2021 第二产业 Secondary Industry	2021 第三产业 Tertiary Industry
全省	**Provincial Total**	**7039.00**	**767.00**	**2526.00**	**3746.00**	**7072.00**	**753.00**	**2565.00**	**3754.00**
广州	Guangzhou	1158.01	59.30	259.77	838.94	1163.44	58.22	263.78	841.44
深圳	Shenzhen	1239.61	1.23	479.00	759.38	1245.42	1.21	486.40	757.81
珠海	Zhuhai	147.79	4.71	60.48	82.60	148.48	4.62	61.41	82.45
汕头	Shantou	246.81	37.28	97.48	112.05	247.97	36.60	98.99	112.38
佛山	Foshan	598.10	22.86	296.61	278.63	600.90	22.44	301.19	277.27
韶关	Shaoguan	124.99	33.30	25.47	66.22	125.58	32.69	25.86	67.03
河源	Heyuan	134.50	33.67	28.96	71.87	135.13	33.06	29.41	72.66
梅州	Meizhou	169.43	42.96	38.23	88.24	170.22	42.18	38.81	89.23
惠州	Huizhou	320.88	35.56	146.81	138.51	337.58	36.41	152.08	149.09
汕尾	Shanwei	124.96	31.74	29.87	63.35	125.55	31.16	30.33	64.06
东莞	Dongguan	714.59	5.51	447.10	261.98	717.94	5.41	454.00	258.53
中山	Zhongshan	274.62	10.03	155.24	109.35	275.91	9.85	157.64	108.42
江门	Jiangmen	256.81	31.96	84.18	140.67	258.01	31.38	85.48	141.15
阳江	Yangjiang	113.16	27.85	26.22	59.09	113.69	27.34	26.62	59.73
湛江	Zhanjiang	321.14	97.40	74.78	148.96	322.65	95.62	75.93	151.10
茂名	Maoming	270.72	78.63	60.87	131.22	271.99	77.19	61.81	132.99
肇庆	Zhaoqing	200.74	50.87	45.72	104.15	201.68	49.94	46.43	105.31
清远	Qingyuan	182.75	44.24	40.02	98.49	183.61	43.43	40.64	99.54
潮州	Chaozhou	108.49	27.28	38.55	42.66	109.00	26.78	39.15	43.07
揭阳	Jieyang	231.65	61.45	66.62	103.58	217.54	58.83	64.65	94.06
云浮	Yunfu	99.25	29.17	24.02	46.06	99.71	28.64	24.39	46.68
按经济区域分	By Region								
珠三角	Pearl River Delta	4911.15	222.03	1974.91	2714.21	4949.36	219.48	2008.41	2721.47
东翼	Eastern Region	711.91	157.75	232.52	321.64	700.06	153.37	233.12	313.57
西翼	Western Region	705.02	203.88	161.87	339.27	708.33	200.15	164.36	343.82
山区	Mountainous Region	710.92	183.34	156.70	370.88	714.25	180.00	159.11	375.14

注：从2020年起，国家统计局对各省、自治区、直辖市就业人数及其产业构成以常住人口口径统一测算，同时对2010—2019年就业人数及其产业、城乡结构进行平滑修正。

Note: Since 2020, the National Bureau of Statistics calculates the number of Employed Persons and Industrial Composition of all Province、Autonomous Region and Municipality directly under the Central Government according to the caliber of permanent population, also adjusted the number of Employed Persons and Industrial、City-countryside Structure from 2010 to 2019.

4-6 各市按城乡分就业人员年末人数

Number of Employed Persons at the Year-end by Strata of Industry by City

单位：万人 (10000 persons)

市别	City	2010			2020			2021		
		合计 Total	城镇 Urban	乡村 Rural	合计 Total	城镇 Urban	乡村 Rural	合计 Total	城镇 Urban	乡村 Rural
全　省	**Provincial Total**	**6051.00**	**4004.55**	**2046.45**	**7039.00**	**5418.00**	**1621.00**	**7072.00**	**5473.00**	**1599.00**
广　州	Guangzhou	732.93	614.14	118.79	1158.01	1008.22	149.79	1163.44	1015.68	147.76
深　圳	Shenzhen	781.45	781.04	0.41	1239.61	1234.30	5.31	1245.42	1240.20	5.22
珠　海	Zhuhai	106.19	93.09	13.10	147.79	134.58	13.21	148.48	135.45	13.03
汕　头	Shantou	245.22	123.76	121.46	246.81	131.48	115.33	247.97	134.21	113.76
佛　山	Foshan	457.09	378.33	78.76	598.10	570.29	27.81	600.90	573.48	27.42
韶　关	Shaoguan	146.89	72.77	74.12	124.99	65.41	59.58	125.58	66.79	58.79
河　源	Heyuan	137.25	54.98	82.27	134.50	65.88	68.62	135.13	67.45	67.68
梅　州	Meizhou	214.47	92.29	122.18	169.43	86.73	82.70	170.22	88.63	81.59
惠　州	Huizhou	268.14	165.84	102.30	320.88	233.93	86.95	337.58	243.83	93.75
汕　尾	Shanwei	122.81	61.44	61.37	124.96	65.96	59.00	125.55	67.34	58.21
东　莞	Dongguan	645.51	534.04	111.47	714.59	657.42	57.17	717.94	661.57	56.37
中　山	Zhongshan	213.71	164.32	49.39	274.62	238.82	35.80	275.91	240.61	35.30
江　门	Jiangmen	257.22	160.27	96.95	256.81	178.43	78.38	258.01	180.69	77.32
阳　江	Yangjiang	135.38	63.38	72.00	113.16	60.54	52.62	113.69	61.75	51.94
湛　江	Zhanjiang	329.61	120.93	208.68	321.14	148.93	172.21	322.65	152.78	169.87
茂　名	Maoming	281.58	98.78	182.80	270.72	118.93	151.79	271.99	122.25	149.74
肇　庆	Zhaoqing	219.61	93.11	126.50	200.74	107.27	93.47	201.68	109.46	92.22
清　远	Qingyuan	202.10	81.56	120.54	182.75	97.99	84.76	183.61	99.98	83.63
潮　州	Chaozhou	142.74	69.63	73.11	108.49	54.45	54.04	109.00	55.70	53.30
揭　阳	Jieyang	278.57	131.85	146.72	231.65	114.99	116.66	217.54	110.46	107.08
云　浮	Yunfu	132.53	49.00	83.53	99.25	43.45	55.80	99.71	44.69	55.02
按经济区域分	By Region									
珠三角	Pearl River Delta	3681.85	2984.18	697.67	4911.15	4363.26	547.89	4949.36	4400.97	548.39
东　翼	Eastern Region	789.34	386.68	402.66	711.91	366.88	345.03	700.06	367.71	332.35
西　翼	Western Region	746.57	283.09	463.48	705.02	328.40	376.62	708.33	336.78	371.55
山　区	Mountainous Region	833.24	350.60	482.64	710.92	359.46	351.46	714.25	367.54	346.71

注：从2020年起，国家统计局对各省、自治区、直辖市就业人数及其产业构成以常住人口口径统一测算，同时对2010—2019年就业人数及其产业、城乡结构进行平滑修正。

Note: Since 2020, the National Bureau of Statistics calculates the number of Employed Persons and Industrial Composition of all Province、Autonomous Region and Municipality directly under the Central Government according to the caliber of permanent population, also adjusted the number of Employed Persons and Industrial、City-countryside Structure from 2010 to 2019.

4-7 城镇非私营单位就业人员和在岗职工年末人数（2021年）

Number of Employed Persons and Fully Employed Staff and Workers in Urban Non Private Units at the Year-end (2021)

单位：万人 (10000 persons)

行业	Item	就业人员 Employed Persons	国有单位 State-owned Units	城镇集体单位 Urban Collective-owned Units	其他单位 Other Types of Ownership
全省	**Provincial Total**	**2110.88**	**431.54**	**36.32**	**1643.02**
农、林、牧、渔业	Farming, Forestry, Animal Husbandry and Fishery	2.13	1.23	0.04	0.85
采矿业	Mining and Quarrying	1.41	0.12		1.29
制造业	Manufacture	829.95	2.91	2.67	824.37
电力、热力、燃气及水生产和供应业	Production and Supply of Electric Power, Gas and Water	27.51	3.92	0.90	22.69
建筑业	Construction	124.47	13.62	12.95	97.90
批发和零售业	Wholesale and Retail Trade	109.60	3.24	0.69	105.67
交通运输、仓储和邮政业	Transport, Storage and Postal Services	81.12	9.63	0.50	70.99
住宿和餐饮业	Hotels and Catering Services	41.66	1.50	0.20	39.96
信息传输、软件和信息技术服务业	Information Transmission, Computer Services and Software	80.57	2.31	0.04	78.22
金融业	Finance	83.68	7.39	0.05	76.24
房地产业	Real Estate	90.79	4.68	2.02	84.09
租赁和商务服务业	Leasing and Business Services	119.23	13.54	5.74	99.96
科学研究和技术服务业	Scientific Research and Technical Services	51.46	11.73	0.27	39.45
水利、环境和公共设施管理业	Water Conservancy, Environment and Public Facilities Management	21.74	8.85	0.52	12.37
居民服务、修理和其他服务业	Household's Services,Repair and Other Services	12.35	1.22	0.18	10.95
教育	Education	170.20	111.06	5.79	53.36
卫生和社会工作	Health Care and Social Work	95.67	77.66	3.18	14.83
文化、体育和娱乐业	Culture, Sports and Recreation	13.09	5.30	0.10	7.69
公共管理、社会保障和社会组织	Public Administration and Social Security and Social Organizations	154.23	151.65	0.46	2.12

4-7 续表 continued

单位：万人 (10000 persons)

行 业	Item	在岗职工 Fully Employed Staff and Workers	国有单位 State-owned Units	城镇集体单位 Urban Collective-owned Units	其他单位 Other Types of Ownership
全 省	**Provincial Total**	**2027.04**	**416.33**	**34.14**	**1576.56**
农、林、牧、渔业	Farming, Forestry, Animal Husbandry and Fishery	2.07	1.21	0.04	0.81
采矿业	Mining and Quarrying	1.37	0.12		1.25
制造业	Manufacture	823.47	2.79	2.66	818.02
电力、热力、燃气及水生产和供应业	Production and Supply of Electric Power, Gas and Water	27.32	3.85	0.85	22.62
建筑业	Construction	111.39	11.34	11.99	88.06
批发和零售业	Wholesale and Retail Trade	106.74	3.09	0.68	102.97
交通运输、仓储和邮政业	Transport, Storage and Postal Services	79.58	9.38	0.37	69.82
住宿和餐饮业	Hotels and Catering Services	37.05	1.45	0.20	35.41
信息传输、软件和信息技术服务业	Information Transmission, Computer Services and Software	79.30	2.26	0.04	77.01
金融业	Finance	54.54	7.05	0.05	47.44
房地产业	Real Estate	89.09	4.62	1.82	82.65
租赁和商务服务业	Leasing and Business Services	112.83	12.95	5.20	94.67
科学研究和技术服务业	Scientific Research and Technical Services	50.06	11.15	0.26	38.65
水利、环境和公共设施管理业	Water Conservancy, Environment and Public Facilities Management	20.61	8.09	0.46	12.06
居民服务、修理和其他服务业	Household's Services,Repair and Other Services	11.92	1.20	0.18	10.55
教育	Education	164.36	107.35	5.67	51.34
卫生和社会工作	Health Care and Social Work	93.21	76.06	3.13	14.02
文化、体育和娱乐业	Culture, Sports and Recreation	12.39	5.10	0.09	7.19
公共管理、社会保障和社会组织	Public Administration and Social Security and Social Organizations	149.77	147.28	0.45	2.03

4-8 各市城镇非私营单位就业人员和在岗职工（2021年）

Number of Employed Persons and of Fully Employed Staff and Workers in Urban Non Private Units by City (2021)

单位：万人 (10000 persons)

市别	City	就业人员 Employed Persons				在岗职工 Fully Employed Staff and Workers			
		合计 Total	国有单位 State-owned Units	城镇集体单位 Urban Collective-owned Units	其他单位 Other Types of Ownership	合计 Total	国有单位 State-owned Units	城镇集体单位 Urban Collective-owned Units	其他单位 Other Types of Ownership
年末人数	**Year-end Number**								
全省	**Provincial Total**	**2110.88**	**431.54**	**36.32**	**1643.02**	**2027.04**	**416.33**	**34.14**	**1576.56**
广州	Guangzhou	426.94	93.56	5.61	327.77	402.82	90.59	5.15	307.08
深圳	Shenzhen	513.60	63.10	0.66	449.83	499.17	60.61	0.66	437.90
珠海	Zhuhai	79.79	11.10	0.23	68.46	76.39	10.83	0.21	65.36
汕头	Shantou	50.44	18.19	4.86	27.38	48.40	17.56	4.71	26.13
佛山	Foshan	154.55	23.90	2.83	127.82	148.95	23.66	2.76	122.53
韶关	Shaoguan	28.42	12.59	0.82	15.02	26.63	12.19	0.81	13.63
河源	Heyuan	29.11	12.09	0.83	16.20	27.62	11.36	0.82	15.44
梅州	Meizhou	29.04	15.25	1.07	12.72	27.47	14.84	1.03	11.61
惠州	Huizhou	105.41	20.33	0.70	84.38	101.81	19.37	0.68	81.75
汕尾	Shanwei	21.09	9.25	0.97	10.87	20.24	8.97	0.95	10.33
东莞	Dongguan	287.29	18.11	6.23	262.95	282.04	16.76	5.90	259.38
中山	Zhongshan	78.66	9.56	1.44	67.65	76.26	9.39	1.43	65.44
江门	Jiangmen	63.74	16.03	1.39	46.32	60.56	15.65	1.20	43.71
阳江	Yangjiang	17.57	9.33	0.62	7.62	16.86	9.08	0.57	7.21
湛江	Zhanjiang	45.28	21.85	1.10	22.33	40.48	20.90	1.02	18.56
茂名	Maoming	47.65	21.69	2.54	23.42	44.95	20.74	2.43	21.78
肇庆	Zhaoqing	36.75	13.73	0.56	22.46	35.43	13.26	0.56	21.61
清远	Qingyuan	33.95	13.35	0.49	20.11	32.37	12.69	0.47	19.22
潮州	Chaozhou	17.31	6.34	1.60	9.37	15.96	6.27	1.13	8.55
揭阳	Jieyang	26.65	13.98	1.48	11.19	25.76	13.50	1.39	10.87
云浮	Yunfu	17.66	8.22	0.30	9.14	16.89	8.13	0.28	8.48
年平均人数	**Annual Aver-age Number**								
全省	**Provincial Total**	**2114.46**	**427.58**	**35.56**	**1651.32**	**2023.82**	**412.83**	**33.52**	**1577.47**
广州	Guangzhou	428.37	92.99	5.46	329.92	401.66	90.13	5.10	306.42
深圳	Shenzhen	513.97	61.99	0.67	451.31	498.34	59.59	0.66	438.08
珠海	Zhuhai	79.66	10.86	0.22	68.58	76.36	10.60	0.20	65.55
汕头	Shantou	50.18	18.17	4.48	27.54	48.00	17.47	4.36	26.17
佛山	Foshan	154.41	23.69	2.86	127.86	148.10	23.47	2.79	121.85
韶关	Shaoguan	28.66	12.61	0.69	15.36	26.64	12.21	0.68	13.75
河源	Heyuan	28.70	11.96	0.77	15.96	27.15	11.24	0.77	15.14
梅州	Meizhou	29.40	15.09	1.06	13.25	27.45	14.68	1.02	11.75
惠州	Huizhou	106.67	20.11	0.71	85.86	103.03	19.17	0.69	83.16
汕尾	Shanwei	20.98	9.11	1.00	10.88	20.02	8.82	0.97	10.23
东莞	Dongguan	289.43	17.80	6.17	265.47	283.87	16.57	5.84	261.46
中山	Zhongshan	78.85	9.42	1.44	67.99	76.09	9.26	1.42	65.40
江门	Jiangmen	63.74	15.96	1.38	46.40	60.34	15.57	1.21	43.56
阳江	Yangjiang	17.66	9.25	0.74	7.67	16.87	8.97	0.68	7.21
湛江	Zhanjiang	44.94	21.74	0.96	22.24	39.85	20.81	0.89	18.15
茂名	Maoming	46.78	21.47	2.43	22.88	44.15	20.53	2.32	21.30
肇庆	Zhaoqing	37.00	14.09	0.54	22.37	35.67	13.66	0.53	21.49
清远	Qingyuan	33.71	13.18	0.43	20.10	32.08	12.56	0.42	19.10
潮州	Chaozhou	17.39	6.22	1.79	9.38	15.86	6.15	1.28	8.43
揭阳	Jieyang	26.36	13.79	1.49	11.08	25.52	13.35	1.41	10.77
云浮	Yunfu	17.58	8.09	0.28	9.21	16.75	8.00	0.26	8.49

4-9 各市城镇非私营单位各行业在岗职工年末人数（2021年）

Number of Fully Employed Staff and Workers in Urban Non Private Units at the Year-end by Sector and by City (2021)

单位：万人 (10000 persons)

市别	City	合计 Total	农、林、牧、渔业 Farming, Forestry, Animal Husbandry and Fishery	采矿业 Mining and Quarrying	制造业 Manufacture	电力、热力、燃气及水生产和供应业 Production and Supply of Electric Power,Gas and Water	建筑业 Construction	批发和零售业 Wholesale and Retail Trade
全　省	**Provincial Total**	**2027.04**	**2.07**	**1.37**	**823.47**	**27.32**	**111.39**	**106.74**
广　州	Guangzhou	402.82	0.25	0.01	72.51	5.34	17.36	31.65
深　圳	Shenzhen	499.17	0.03	0.39	206.96	4.33	25.52	29.58
珠　海	Zhuhai	76.39	0.10	0.04	34.93	0.75	4.62	3.55
汕　头	Shantou	48.40	0.02		10.96	0.70	11.75	2.12
佛　山	Foshan	148.95	0.02	0.01	80.62	2.24	3.24	7.15
韶　关	Shaoguan	26.63	0.04	0.10	5.76	0.76	3.37	1.01
河　源	Heyuan	27.62	0.06	0.02	10.12	0.62	0.96	0.76
梅　州	Meizhou	27.47	0.10	0.08	4.95	0.90	2.48	0.93
惠　州	Huizhou	101.81	0.08	0.04	62.16	1.59	2.36	3.33
汕　尾	Shanwei	20.24	0.07		7.22	0.30	0.41	0.43
东　莞	Dongguan	282.04	0.12		201.22	2.01	7.57	10.85
中　山	Zhongshan	76.26	0.07		47.51	0.78	1.31	3.28
江　门	Jiangmen	60.56	0.07	0.02	28.48	0.94	3.10	2.94
阳　江	Yangjiang	16.86	0.04	0.01	2.22	0.53	1.68	0.57
湛　江	Zhanjiang	40.48	0.68	0.21	4.50	0.86	4.95	1.90
茂　名	Maoming	44.95	0.03	0.07	3.88	1.41	12.63	2.24
肇　庆	Zhaoqing	35.43	0.07	0.14	13.46	0.83	1.80	0.94
清　远	Qingyuan	32.37	0.08	0.04	11.20	0.64	1.80	1.04
潮　州	Chaozhou	15.96	0.02	0.01	5.02	0.59	1.03	0.57
揭　阳	Jieyang	25.76	0.05		5.37	0.84	2.36	1.00
云　浮	Yunfu	16.89	0.07	0.20	4.43	0.38	1.06	0.89
按经济区域分	By Region							
珠三角	Pearl River Delta	1683.42	0.82	0.63	747.85	18.80	66.90	93.27
东　翼	Eastern Region	110.35	0.16	0.01	28.56	2.43	15.56	4.13
西　翼	Western Region	102.28	0.75	0.29	10.60	2.80	19.26	4.71
山　区	Mountainous Region	130.99	0.34	0.44	36.46	3.29	9.67	4.63

4-9 续表 1 continued 1

单位：万人 (10000 persons)

市别	City	交通运输、仓储和邮政业 Transport, Storage and Postal Services	住宿和餐饮业 Hotels and Catering Services	信息传输、软件和信息技术服务业 Information Transmission, Computer Services and Software	金融业 Finance	房地产业 Real Estate	租赁和商务服务业 Leasing and Business Services	科学研究和技术服务业 Scientific Research and Technical Services
全　省	**Provincial Total**	**79.58**	**37.05**	**79.30**	**54.54**	**89.09**	**112.83**	**50.06**
广　州	Guangzhou	31.78	12.43	26.51	10.48	30.39	50.01	20.14
深　圳	Shenzhen	20.35	11.44	39.34	20.18	30.38	31.08	14.92
珠　海	Zhuhai	2.92	1.83	3.18	1.55	4.12	4.50	1.69
汕　头	Shantou	1.32	0.60	1.20	1.36	1.36	0.83	0.60
佛　山	Foshan	4.66	1.65	1.61	2.94	4.69	4.67	3.09
韶　关	Shaoguan	0.75	0.29	0.24	0.84	0.42	0.43	0.25
河　源	Heyuan	0.58	0.19	0.31	0.94	0.56	0.47	0.42
梅　州	Meizhou	0.64	0.15	0.41	0.75	0.40	0.49	0.33
惠　州	Huizhou	2.29	1.09	0.71	1.23	2.74	2.10	0.85
汕　尾	Shanwei	0.48	0.27	0.31	0.41	0.39	0.37	0.13
东　莞	Dongguan	4.70	3.16	1.66	3.14	4.10	10.19	3.57
中　山	Zhongshan	1.26	0.92	0.60	1.47	2.90	1.93	0.97
江　门	Jiangmen	1.51	0.73	0.53	1.52	1.42	1.41	0.71
阳　江	Yangjiang	0.49	0.13	0.24	0.77	0.26	0.49	0.19
湛　江	Zhanjiang	1.99	0.54	0.45	1.50	1.50	0.84	0.49
茂　名	Maoming	1.32	0.33	0.45	1.15	0.96	1.05	0.46
肇　庆	Zhaoqing	0.74	0.27	0.29	0.85	0.79	0.37	0.27
清　远	Qingyuan	0.66	0.53	0.29	0.83	0.94	0.70	0.48
潮　州	Chaozhou	0.22	0.12	0.29	1.14	0.21	0.15	0.21
揭　阳	Jieyang	0.60	0.23	0.47	0.80	0.34	0.59	0.15
云　浮	Yunfu	0.31	0.15	0.20	0.68	0.24	0.15	0.14
按经济区域分	By Region							
珠三角	Pearl River Delta	70.21	33.51	74.43	43.35	81.53	106.28	46.21
东　翼	Eastern Region	2.63	1.23	2.28	3.72	2.29	1.95	1.08
西　翼	Western Region	3.80	1.00	1.15	3.43	2.72	2.38	1.13
山　区	Mountainous Region	2.94	1.31	1.45	4.05	2.54	2.22	1.63

4-9 续表 2 continued 2

单位：万人 (10000 persons)

市 别	City	水利、环境和公共设施管理业 Management of Water Conservancy, Environment and Public Facilities	居民服务、修理和其他服务业 Household's Services, Repair and Other Services	教育 Education	卫生和社会工作 Health and Social Service	文化、体育和娱乐业 Culture, Sports and Entertainment	公共管理、社会保障和社会组织 Public Management, Social Security and Social Organizations
全 省	**Provincial Total**	**20.61**	**11.92**	**164.36**	**93.21**	**12.39**	**149.77**
广 州	Guangzhou	6.05	2.69	30.20	23.14	3.89	27.98
深 圳	Shenzhen	3.66	3.92	18.61	13.20	2.80	22.49
珠 海	Zhuhai	1.15	0.48	3.67	2.74	1.00	3.56
汕 头	Shantou	0.39	0.30	7.38	3.30	0.30	3.88
佛 山	Foshan	1.46	1.07	11.81	6.31	0.68	11.04
韶 关	Shaoguan	0.68	0.10	4.49	2.30	0.16	4.64
河 源	Heyuan	0.19	0.10	4.92	1.99	0.12	4.29
梅 州	Meizhou	0.43	0.06	5.28	3.31	0.16	5.63
惠 州	Huizhou	0.43	0.26	7.24	4.01	0.47	8.82
汕 尾	Shanwei	0.17	0.05	4.08	1.04	0.05	4.06
东 莞	Dongguan	2.01	1.30	11.58	5.11	1.01	8.74
中 山	Zhongshan	0.74	0.41	4.72	2.89	0.27	4.23
江 门	Jiangmen	0.68	0.20	6.05	3.83	0.25	6.17
阳 江	Yangjiang	0.46	0.04	3.63	2.12	0.09	2.89
湛 江	Zhanjiang	0.53	0.24	9.35	4.86	0.23	4.85
茂 名	Maoming	0.37	0.13	8.65	3.63	0.25	5.95
肇 庆	Zhaoqing	0.44	0.17	5.57	3.06	0.21	5.15
清 远	Qingyuan	0.18	0.15	5.53	1.77	0.19	5.33
潮 州	Chaozhou	0.21	0.04	2.89	0.97	0.09	2.19
揭 阳	Jieyang	0.26	0.16	5.59	2.07	0.10	4.77
云 浮	Yunfu	0.11	0.05	3.12	1.56	0.06	3.11
按经济区域分	By Region						
珠 三 角	Pearl River Delta	16.63	10.51	99.45	64.29	10.58	98.18
东 翼	Eastern Region	1.03	0.55	19.94	7.39	0.54	14.90
西 翼	Western Region	1.36	0.40	21.63	10.61	0.57	13.69
山 区	Mountainous Region	1.59	0.46	23.34	10.93	0.70	23.00

4−10 城镇非私营单位女性就业人员年末人数（2021年）

Number of Females Employed in Urban Non Private Units at the Year-end (2021)

单位：万人 (10000 persons)

行　业	Sector	合计 Total	国有单位 State-owned Units	城镇集体单位 Urban Collective-owned Units	其他单位 Other Types of Ownership
全　省	**Provincial Total**	**886.59**	**201.28**	**14.21**	**671.10**
农、林、牧、渔业	Farming, Forestry, Animal Husbandry and Fishery	0.65	0.33	0.01	0.31
采矿业	Mining and Quarrying	0.24	0.02		0.22
制造业	Manufacture	337.42	0.77	1.52	335.14
电力、热力、燃气及水生产和供应业	Production and Supply of Electric Power, Gas and Water	6.25	1.07	0.22	4.96
建筑业	Construction	19.10	1.66	2.42	15.02
批发和零售业	Wholesale and Retail Trade	55.01	1.17	0.28	53.56
交通运输、仓储和邮政业	Transport, Storage and Postal Services	21.33	2.75	0.17	18.41
住宿和餐饮业	Hotels and Catering Services	22.42	0.75	0.10	21.57
信息传输、软件和信息技术服务业	Information Transmission, Computer Services and Software	30.22	0.85	0.02	29.35
金融业	Finance	46.53	3.45	0.03	43.05
房地产业	Real Estate	34.37	1.66	0.64	32.07
租赁和商务服务业	Leasing and Business Services	41.75	3.47	1.70	36.59
科学研究和技术服务业	Scientific Research and Technical Services	17.97	4.05	0.09	13.83
水利、环境和公共设施管理业	Management of Water Conservancy, Environment and Public Facilities	8.95	3.07	0.18	5.70
居民服务、修理和其他服务业	Household's Services,Repair and Other Services	6.63	0.42	0.06	6.15
教育	Education	114.01	69.72	4.41	39.88
卫生和社会工作	Health Care and Social Service	65.95	53.23	2.16	10.55
文化、体育和娱乐业	Culture, Sports and Entertainment	6.35	2.51	0.05	3.80
公共管理、社会保障和社会组织	Public Administration and Social Security and Social Organizations	51.44	50.34	0.15	0.95

4-11 城镇非私营单位职工工资总额与年平均工资

Total Wages Bill and Average Wage of Staff and Workers in Urban Non Private Units

年份 Year	工资总额（亿元） Total Wages Bill (100 million yuan)				平均工资（元） Average Wage (yuan)			
	合计 Total	国有单位 State-owned Units	城镇集体单位 Urban Collective-owned Units	其他单位 Other Types of Ownership	合计 Total	国有单位 State-owned Units	城镇集体单位 Urban Collective-owned Units	其他单位 Other Types of Ownership
1978	30.59	22.67	7.92		615	638	558	
1979	35.56	26.37	9.19		685	718	605	
1980	42.83	32.00	10.83		789	828	691	
1981	49.40	37.01	12.39		873	912	774	
1982	56.69	43.03	13.66		961	1000	856	
1983	60.85	46.25	14.60		1021	1061	907	
1984	72.82	52.66	19.59	0.57	1187	1261	1017	1697
1985	88.91	63.42	23.85	1.64	1393	1458	1216	2209
1986	102.13	73.10	26.69	2.34	1541	1619	1330	2198
1987	121.10	84.99	31.99	4.12	1743	1805	1544	2469
1988	162.76	113.60	41.23	7.93	2250	2320	1979	3134
1989	200.39	139.38	47.74	13.27	2678	2763	2302	3641
1990	223.29	154.96	50.06	18.27	2929	3000	2508	3972
1991	268.19	179.81	60.15	28.23	3358	3383	2931	4558
1992	334.61	222.27	72.06	40.28	4027	4059	3510	5157
1993	455.33	300.91	83.79	70.63	5327	5431	4388	6435
1994	612.73	401.80	107.03	103.90	7117	7410	5565	8216
1995	734.14	458.86	124.32	150.96	8250	8540	6395	9546
1996	803.50	512.22	124.35	166.93	9127	9494	6799	10569
1997	858.35	539.95	120.36	198.04	9698	10032	6814	11635
1998	899.68	530.11	105.59	263.98	10233	10432	6671	12410
1999	970.70	567.54	101.72	301.44	11309	11579	7025	13492
2000	1038.38	604.59	91.81	341.98	13823	14387	8615	15240
2001	1146.11	663.85	82.67	399.59	15682	16779	9040	16392
2002	1306.32	737.63	80.26	488.43	17814	19696	9881	17597
2003	1515.58	841.02	83.52	591.05	19986	22944	10836	18782
2004	1771.05	942.39	84.73	743.94	22116	25979	11937	20267
2005	2085.64	1058.97	88.63	938.04	23959	28835	13240	21500
2006	2413.63	1165.88	94.91	1152.84	26186	31352	14520	23794
2007	2854.99	1343.92	104.01	1407.06	29443	36396	16328	26215
2008	3294.17	1520.88	110.28	1663.02	33110	40775	18461	29580
2009	3698.34	1687.96	114.71	1895.66	36355	44964	20347	32377
2010	4363.82	1913.19	125.99	2324.64	40358	49610	22470	36347
2011	5444.34	2235.58	149.68	3059.08	45152	54739	25679	41390
2012	6397.01	2508.29	165.71	3723.02	50577	60116	31219	46860
2013	10213.35	2434.53	196.96	7581.85	53611	63390	35812	51717
2014	11471.24	2667.14	221.64	8582.47	59827	69694	40850	57972
2015	12596.61	2927.11	220.22	9449.28	66296	78058	45436	63994
2016	13790.07	3255.53	223.74	10310.80	72848	87482	50159	69844
2017	15110.67	3684.67	238.28	11187.73	80020	99809	55813	75772
2018	17232.72	4096.16	234.67	12901.89	89826	113316	59896	85005
2019	19945.83	5041.31	221.06	14683.47	100689	137123	62239	93065
2020	21804.42	6195.82	251.59	15357.01	110324	152860	73806	99916
2021	24346.28	6749.41	262.95	17333.93	120299	163492	78446	109884

注：从2000年起统计口径为在岗职工。

Note: Since 2000, statistical coverage refers to the fully employed staff and workers.

4-12 各市城镇非私营单位就业人员工资总额和在岗职工年平均工资(2021年)

Total Wages of Employed Persons and Average Wages of Fully Employed Staff and Workers in Urban Non Private Units by City (2021)

市别	City	就业人员工资 Earnings of Employed Persons				在岗职工工资 Wages of Fully Employed Staff and Workers			
		合计 Total	国有单位 State-owned Units	城镇集体单位 Urban Collective-owned Units	其他单位 Other Types of Ownership	合计 Total	国有单位 State-owned Units	城镇集体单位 Urban Collective-owned Units	其他单位 Other Types of Ownership
总额(亿元)	**Total(100 million yuan)**								
全省	**Provincial Total**	**24978.70**	**6855.32**	**273.36**	**17850.02**	**24346.28**	**6749.41**	**262.95**	**17333.93**
广州	Guangzhou	5988.70	1841.00	48.31	4099.39	5795.44	1813.54	46.26	3935.64
深圳	Shenzhen	7887.90	1426.42	6.13	6455.35	7752.34	1402.03	6.06	6344.24
珠海	Zhuhai	957.26	225.36	1.97	729.94	927.39	222.29	1.81	703.30
汕头	Shantou	431.17	190.78	21.07	219.32	417.37	186.84	20.27	210.27
佛山	Foshan	1596.89	406.24	29.33	1161.33	1544.43	404.21	28.95	1111.26
韶关	Shaoguan	301.36	176.79	4.77	119.81	290.84	174.66	4.73	111.45
河源	Heyuan	249.79	127.15	5.44	117.20	243.83	124.06	5.42	114.35
梅州	Meizhou	244.87	149.80	6.07	88.99	238.15	147.94	5.93	84.28
惠州	Huizhou	1044.71	298.07	4.57	742.07	1023.37	293.86	4.51	725.00
汕尾	Shanwei	192.91	112.97	4.68	75.26	188.91	111.88	4.50	72.53
东莞	Dongguan	2562.48	320.47	71.34	2170.67	2525.43	311.46	69.70	2144.28
中山	Zhongshan	776.79	196.27	12.01	568.52	751.88	192.05	11.93	547.90
江门	Jiangmen	583.99	208.65	11.73	363.61	564.66	206.71	10.99	346.97
阳江	Yangjiang	156.78	89.44	3.52	63.83	153.15	87.77	3.16	62.22
湛江	Zhanjiang	429.90	235.40	4.89	189.61	397.82	231.26	4.62	161.95
茂名	Maoming	417.02	233.72	14.02	169.28	405.21	229.52	13.68	162.02
肇庆	Zhaoqing	334.04	164.38	4.23	165.42	327.47	162.33	4.21	160.92
清远	Qingyuan	316.36	165.67	3.59	147.09	308.28	163.17	3.54	141.58
潮州	Chaozhou	142.41	68.01	9.20	65.20	134.91	67.65	6.48	60.78
揭阳	Jieyang	196.70	123.92	5.21	67.58	192.58	121.66	4.95	65.97
云浮	Yunfu	166.67	94.83	1.30	70.54	162.79	94.54	1.24	67.01
平均工资(元)	**Average Wage (yuan)**								
全省	**Provincial Total**	**118133**	**160329**	**76875**	**108095**	**120299**	**163492**	**78446**	**109884**
广州	Guangzhou	139802	197973	88473	124254	144288	201205	90699	128438
深圳	Shenzhen	153471	230122	91455	143035	155563	235268	91297	144818
珠海	Zhuhai	120162	207427	87951	106442	121449	209679	88330	107284
汕头	Shantou	85920	105010	47055	79644	86951	106954	46497	80338
佛山	Foshan	103417	171479	102515	90827	104280	172241	103804	91202
韶关	Shaoguan	105143	140220	68892	77989	109157	143040	69284	81052
河源	Heyuan	87047	106338	70303	73410	89802	110356	70344	75529
梅州	Meizhou	83286	99267	57494	67146	86743	100779	58126	71699
惠州	Huizhou	97935	148231	64761	86428	99329	153283	65004	87178
汕尾	Shanwei	91944	124061	46889	69189	94350	126797	46395	70907
东莞	Dongguan	88535	180071	115675	81768	88965	187964	119434	82011
中山	Zhongshan	98515	208335	83419	83618	98818	207329	83937	83773
江门	Jiangmen	91618	130734	85130	78357	93578	132778	90645	79650
阳江	Yangjiang	88769	96709	47321	83213	90786	97805	46310	86258
湛江	Zhanjiang	95659	108275	50919	85260	99827	111118	52012	89220
茂名	Maoming	89141	108878	57611	73979	91781	111797	58850	76079
肇庆	Zhaoqing	90280	116634	78583	73956	91792	118861	79374	74893
清远	Qingyuan	93857	125719	83858	73181	96112	129892	84691	74140
潮州	Chaozhou	81889	109337	51518	69478	85052	109974	50534	72117
揭阳	Jieyang	74620	89856	34956	60990	75450	91161	35174	61247
云浮	Yunfu	94789	117173	46879	76571	97179	118123	47333	78960

4-13 城镇非私营单位就业人员工资总额（2021年）

Total Wages of Employed Persons in Urban Non Private Units (2021)

单位：亿元 (100 million yuan)

行 业	Item	合计 Total	国有单位 State-owned Units	城镇集体单位 Urban Collective Owned Units	其他单位 Other Types of Ownership
全 省	**Provincial Total**	**24978.70**	**6855.32**	**273.36**	**17850.02**
农、林、牧、渔业	Farming, Forestry, Animal Husbandry and Fishery	16.94	8.64	0.22	8.07
采矿业	Mining and Quarrying	27.40	1.67	0.02	25.71
制造业	Manufacture	7707.95	27.66	15.79	7664.50
电力、热力、燃气及水生产和供应业	Production and Supply of Electric Power, Gas and Water	453.33	51.54	4.86	396.93
建筑业	Construction	1012.98	115.78	62.40	834.80
批发和零售业	Wholesale and Retail Trade	1151.57	42.68	4.12	1104.77
交通运输、仓储和邮政业	Transport, Storage and Postal Services	999.73	120.58	2.52	876.63
住宿和餐饮业	Hotels and Catering Services	225.58	11.04	1.15	213.39
信息传输、软件和信息技术服务业	Information Transmission, Computer Services and Software	1690.98	34.47	0.47	1656.05
金融业	Finance	1796.69	177.09	0.57	1619.03
房地产业	Real Estate	932.19	55.30	14.15	862.74
租赁和商务服务业	Leasing and Business Services	1169.32	120.72	36.30	1012.31
科学研究和技术服务业	Scientific Research and Technical Services	870.61	230.03	2.67	637.90
水利、环境和公共设施管理业	Management of Water Conservancy, Environment and Public Facilities	176.00	86.42	3.63	85.95
居民服务、修理和其他服务业	Household's Services,Repair and Other Services	82.91	13.36	0.98	68.57
教育	Education	2310.75	1741.39	69.47	499.89
卫生和社会工作	Health Care and Social Service	1654.72	1439.36	48.17	167.19
文化、体育和娱乐业	Culture, Sports and Entertainment	173.53	83.38	0.94	89.21
公共管理、社会保障和社会组织	Public Administration and Social Security and Social Organizations	2525.53	2494.21	4.96	26.36

4-14 城镇非私营单位在岗职工工资总额（2021年）

Total Wages of Fully Employed Staff and Workers in Urban Non Private Units (2021)

单位：亿元 (100 million yuan)

行业	Item	合计 Total	国有单位 State-owned Units	城镇集体单位 Urban Collective Owned Units	其他单位 Other Types of Ownership
全省	**Provincial Total**	**24346.28**	**6749.41**	**262.95**	**17333.93**
农、林、牧、渔业	Farming, Forestry, Animal Husbandry and Fishery	16.68	8.56	0.22	7.90
采矿业	Mining and Quarrying	27.19	1.67	0.02	25.50
制造业	Manufacture	7639.82	26.86	15.71	7597.26
电力、热力、燃气及水生产和供应业	Production and Supply of Electric Power, Gas and Water	452.55	51.39	4.75	396.41
建筑业	Construction	916.72	96.88	57.34	762.51
批发和零售业	Wholesale and Retail Trade	1135.58	42.09	4.03	1089.47
交通运输、仓储和邮政业	Transport, Storage and Postal Services	986.34	118.90	2.09	865.35
住宿和餐饮业	Hotels and Catering Services	218.06	10.78	1.13	206.15
信息传输、软件和信息技术服务业	Information Transmission, Computer Services and Software	1678.81	33.99	0.47	1644.35
金融业	Finance	1551.72	174.89	0.57	1376.26
房地产业	Real Estate	922.92	55.04	13.54	854.34
租赁和商务服务业	Leasing and Business Services	1127.89	117.67	33.77	976.45
科学研究和技术服务业	Scientific Research and Technical Services	856.56	224.08	2.62	629.87
水利、环境和公共设施管理业	Management of Water Conservancy, Environment and Public Facilities	171.90	83.89	3.36	84.65
居民服务、修理和其他服务业	Household's Services,Repair and Other Services	80.93	13.24	0.95	66.74
教育	Education	2269.57	1720.04	68.71	480.82
卫生和社会工作	Health Care and Social Service	1628.21	1416.21	47.86	164.13
文化、体育和娱乐业	Culture, Sports and Entertainment	163.42	82.59	0.89	79.93
公共管理、社会保障和社会组织	Public Administration and Social Security and Social Organizations	2501.41	2470.65	4.92	25.84

4-15 城镇非私营单位就业人员年平均工资（2021年）

Average Annual Wages of Employed Persons in Urban Non Private Units (2021)

单位：元 (yuan)

行业	Item	合计 Total	国有单位 State-owned Units	城镇集体单位 Urban Collective Owned Units	其他单位 Other Types of Ownership
全省	**Provincial Total**	**118133**	**160329**	**76875**	**108095**
农、林、牧、渔业	Farming, Forestry, Animal Husbandry and Fishery	77837	68581	52294	92430
采矿业	Mining and Quarrying	187947	138339	43081	192848
制造业	Manufacture	92303	94223	58983	92403
电力、热力、燃气及水生产和供应业	Production and Supply of Electric Power, Gas and Water	164727	130485	55928	174845
建筑业	Construction	83706	91762	50244	86978
批发和零售业	Wholesale and Retail Trade	104679	136629	58958	104040
交通运输、仓储和邮政业	Transport, Storage and Postal Services	121907	124155	49365	122118
住宿和餐饮业	Hotels and Catering Services	54516	74643	55425	53762
信息传输、软件和信息技术服务业	Information Transmission, Computer Services and Software	213031	149342	126482	214981
金融业	Finance	202771	240318	115896	199416
房地产业	Real Estate	100580	120702	71782	100169
租赁和商务服务业	Leasing and Business Services	98762	88318	64541	102145
科学研究和技术服务业	Scientific Research and Technical Services	171581	199392	98121	163854
水利、环境和公共设施管理业	Management of Water Conservancy, Environment and Public Facilities	80231	97007	69021	68749
居民服务、修理和其他服务业	Household's Services,Repair and Other Services	67286	109537	53680	62793
教育	Education	136671	158068	120877	94036
卫生和社会工作	Health Care and Social Service	175780	188217	152548	115269
文化、体育和娱乐业	Culture, Sports and Entertainment	132893	159189	93178	115569
公共管理、社会保障和社会组织	Public Administration and Social Security and Social Organizations	164533	165278	106422	124301

4-16 城镇非私营单位在岗职工年平均工资（2021年）

Average Annual Wages of Fully Employed Staff and Workers in Urban Non Private Units (2021)

单位：元 (yuan)

行 业	Item	合计 Total	国有单位 State-owned Units	城镇集体单位 Urban Collective Owned Units	其他单位 Other Types of Ownership
全 省	**Provincial Total**	**120299**	**163492**	**78446**	**109884**
农、林、牧、渔业	Farming, Forestry, Animal Husbandry and Fishery	78863	69158	52718	94556
采矿业	Mining and Quarrying	192100	138354	43081	197554
制造业	Manufacture	92288	95552	58997	92385
电力、热力、燃气及水生产和供应业	Production and Supply of Electric Power, Gas and Water	165520	132392	57384	175157
建筑业	Construction	85220	93933	49914	88901
批发和零售业	Wholesale and Retail Trade	105851	140765	59302	105149
交通运输、仓储和邮政业	Transport, Storage and Postal Services	122994	125629	54874	123007
住宿和餐饮业	Hotels and Catering Services	59499	75918	55819	58855
信息传输、软件和信息技术服务业	Information Transmission, Computer Services and Software	215115	150938	126482	217065
金融业	Finance	285612	249123	115896	291208
房地产业	Real Estate	101364	121746	75421	100827
租赁和商务服务业	Leasing and Business Services	101522	89954	65420	105159
科学研究和技术服务业	Scientific Research and Technical Services	173330	203850	100362	165039
水利、环境和公共设施管理业	Water Conservancy, Environment and Public Facilities Management	82654	103024	71931	69455
居民服务、修理和其他服务业	Household's Services,Repair and Other Services	68174	111057	54386	63537
教育	Education	138807	161205	122107	93948
卫生和社会工作	Health Care and Social Work	177530	189096	153591	119765
文化、体育和娱乐业	Culture, Sports and Recreation	132078	163267	98734	110656
公共管理、社会保障和社会组织	Public Administration and Social Security and Social Organizations	167623	168373	108659	126709

4-17 各市城镇新增就业人数
Number of New Employment in Urban Area by City

单位：人 (person)

市别	City	2016	2017	2018	2019	2020	2021
全　省	**Provincial Total**	**1470549**	**1488981**	**1476511**	**1399571**	**1336995**	**1403322**
广　州	Guangzhou	427346	413825	407783	337337	295033	335530
深　圳	Shenzhen	103117	100844	109174	160302	173003	187476
珠　海	Zhuhai	46968	46923	47095	40856	38040	42427
汕　头	Shantou	54806	61845	53923	49130	49700	45082
佛　山	Foshan	80852	85918	85741	86570	86176	105181
韶　关	Shaoguan	34846	35001	33414	30342	25342	20701
河　源	Heyuan	40587	43453	45839	36426	36417	28874
梅　州	Meizhou	30679	30726	25788	22085	20942	21228
惠　州	Huizhou	71685	75408	73443	71577	71004	76236
汕　尾	Shanwei	48633	48634	50477	50051	52256	55106
东　莞	Dongguan	83269	85011	95362	94977	94771	112709
中　山	Zhongshan	47128	61073	62009	57094	56989	63074
江　门	Jiangmen	47520	48227	48810	47118	45945	47585
阳　江	Yangjiang	41919	39321	36756	33121	25302	17032
湛　江	Zhanjiang	78482	79831	79821	73809	71914	57949
茂　名	Maoming	71252	70566	64743	60124	50546	50916
肇　庆	Zhaoqing	43516	42740	43791	44684	42128	45605
清　远	Qingyuan	46356	47838	44111	37139	36185	39807
潮　州	Chaozhou	20213	18733	15181	15179	15151	12645
揭　阳	Jieyang	30952	32029	32633	31615	30620	18360
云　浮	Yunfu	20423	21035	20617	20035	19531	19799
按经济区域分	By Region						
珠三角	Pearl River Delta	951401	959969	973208	940515	903089	1015823
东　翼	Eastern Region	154604	161241	152214	145975	147727	131193
西　翼	Western Region	191653	189718	181320	167054	147762	125897
山　区	Mountainous Region	172891	178053	169769	146027	138417	130409

主要统计指标解释

就业人员　指在一定年龄以上，有劳动能力，为取得劳动报酬或经营收入而从事一定社会劳动的人员。具体指年满16周岁，为取得报酬或经营利润，在调查周内从事了1小时（含1小时）以上劳动的人员；或由于学习、休假等原因在调查周内暂时处于未工作状态，但有工作单位或场所的人员；或由于临时停工放假、单位不景气放假等原因在调查周内暂时处于未工作状态，但不满三个月的人员。

单位就业人员　指报告期末最后一日24时在本单位中工作，并取得工资或其他形式劳动报酬的人员数。该指标为时点指标，不包括最后一日当天及以前已经与单位解除劳动合同关系的人员，是在岗职工、劳务派遣人员及其他就业人员之和。就业人员不包括：

(1)离开本单位仍保留劳动关系，并定期领取生活费的人员；

(2)在本单位实习的各类在校学生；

(3)本单位因劳务外包而使用的人员。

在岗职工　指在本单位工作且与本单位签订劳动合同，并由单位支付各项工资和社会保险、住房公积金的人员，以及上述人员中由于学习、病伤、产假等原因暂未工作仍由单位支付工资的人员。在岗职工还包括：

(1)应订立劳动合同而未订立劳动合同人员(如使用的农村户籍人员)；

(2)处于试用期人员；

(3)编制外招用的人员；

(4)派往外单位工作，但工资仍由本单位发放的人员(如挂职锻炼、外派工作等情况)。

工资总额　指根据《关于工资总额组成的规定》(1990年1月1日国家统计局发布的一号令)进行修订，在报告期内(季度或年度)直接支付给本单位全部就业人员的劳动报酬总额。包括计时工资、计件工资、奖金、津贴和补贴、加班加点工资、特殊情况下支付的工资，是在岗职工工资总额、劳务派遣人员工资总额和其他就业人员工资总额之和。

工资总额是税前工资，包括单位从个人工资中直接为其代扣或代缴的房费、水费、电费、住房公积金、职工年金和社会保险基金个人缴纳部分等。

工资总额不论是计入成本的还是不计入成本的，不论是以货币形式支付的还是以实物形式支付的，均应列入工资总额的计算范围。

平均工资　是指在报告期内单位发放工资的人均水平。计算公式为：

$$\text{平均工资} = \frac{\text{报告期工资总额}}{\text{报告期平均人数}}$$

平均工资通常是以年平均工资的形式表现，月平均工资就是用年平均工资除以12求得。

Explanatory Notes on Main Statistical Indicators

Employed Persons refer to persons, aged 16 and over, who performed some work for compensation or business gains for one hour or more during the reference period; or persons who do not work for the reasons of study or on holiday, but had work units or sites during the reference period; or persons temporary absence from a job for disorganization or suspension of work, recession, etc, but not exceeding three months during the reference period.

Persons Employed in Various Units refer to the total number of employees who work at his unit and obtain wages or other forms of payment at the end of the reporting period. This indicator is a kind of time point index and it equals to the sum of the number of employed staff and workers, labor dispatch personnel and other employed persons. Employed persons do not include:

1)persons who have left their working units while keeping their labour contract (employment relation) unchanged and receiving regular alimony;

2)students who do part-time jobs in spare time and all kinds of enrolled students who do internship in various units;

3)persons employed due to labor outsourcing;

Employed Staff and Workers refer to persons who signed labor contracts with working units and working units would pay wages, social insurance and housing funds for them. Persons who have their work posts but are temporarily absent from work for reasons of study or on sick, injury or maternal leave and still receive wages from their working units are also included. Employed staff and workers also include:

1)Persons who should have signed the labor contracts but not (like people with rural household registration);

2)Employees on probation;

3)Employees beyond the staffing quota;

4)Employees who are sent to other working units but still obtain wages from their original units (situations like on-the-job placement, expatriated assignment, etc.)

Total Wage Bill It is revised according to the "Provision of Composition of Total Wages" (Order No.1 by National Bureau of Statistics on January, 1st, ,1990), total wage bill refers to the total remuneration payment to all employed persons in various units during the reporting period (by quarter or by year), including hourly-paid wages, piece-rate wages, bonuses, allowance and subsidies, overtime wages and wages paid under special circumstances. It equals to the sum of total wages of employed staff and workers, dispatch labors and other employed persons.

Total wage bill is pre-tax wages, including the room charges, utility bills, housing funds and social insurance paid or withheld by employee's units.

Total wage bill, whether or not included in cost, whether or not paid in money or in kind, shall be included in the calculation of total wage.

Average Wage refers to the average per capita wage in money terms during a certain period of time for employed persons. It shows the general level of wage income of staff and worker during a certain period of time, one major indicator to reflect the wage level. It is calculated as follows:

$$\text{Average Wage} = \frac{\text{Total Wage Bill of Employed Persons at Reference Time}}{\text{Average Number of Persons Employed at Reference Time}}$$

Average Wage in this yearbook is the annual average wage.The average monthly wage is calculated by dividing the annual average wage by 12.

五、固定资产投资

INVESTMENT IN FIXED ASSETS

五　固定资产投资

简要说明

一、本篇资料反映广东省固定资产投资的基本情况，主要包括：固定资产投资，国有单位固定资产投资情况以及各市固定资产投资的主要指标数据。

二、本篇资料由广东省统计局固定资产投资统计处整理提供。

三、固定资产投资统计的资料来源主要为全面统计报表。按照现行的固定资产投资统计报表制度，固定资产投资按登记注册类型可分为：国有、集体、股份合作、联营、其他有限责任公司、股份有限公司、私营、个体、其他、港澳台投资、外商投资。

四、2011 年起，固定资产投资项目统计起点由 50 万元提高到 500 万元，且不包含农户投资；2010 年以前为全社会固定资产投资。

五、2011 年报起，原国家预算内资金改为国家预算资金。

六、2014 年定报起，固定资产投资取消城乡分组。

5　Investment in Fixed Assets

Brief Introduction

Ⅰ.The data in this chapter reflect the basic conditions of investment in fixed assets of Guangdong Province, mainly including investment in fixed assets in the whole province, investment in fixed assets in the real estate development, and main indicators on investment in fixed assets by city.

Ⅱ.The data in this chapter are prepared and provided by the Division of Investment and Construction Statistics of Statistics Bureau of Guangdong Province.

Ⅲ.The data sources for the statistics of investment in fixed assets mainly come from complete statistical report forms. According to the present regulations on the statistics of investment in fixed assets, the investment in fixed assets is classified by the following status of registration: state-owned units, collective-owned units, Cooperative Units joint ownership units, other Limited liability units, share-holding corporations, units with funds from Hong Kong, Macao and Taiwan, foreign-funded units, private, self-employed individuals and others.

Ⅳ.Since 2011, the cut-off point of investment statistics is changed from a minimum of 500,000 yuan to a minimum of 5,000,000 yuan, and the data do not include the investment made by rural households. Data before 2010 refer to total investment in fixed assets.

Ⅴ.Since 2011, state budget is changed to state and local budget.

VI.Since 2014, fixed asset investment grouped by urban and rural areas is canceled.

5-1 固定资产投资主要指标

Main Indicators of Investment in Fixed Assets

项　目	Item	2000	2010	2015	2019年比2018年增长(%) Growth Rate in 2019 over 2018	2020年比2019年增长(%) Growth Rate in 2020 over 2019	2021年比2020年增长(%) Growth Rate in 2021over 2020
投资完成额　(亿元)	**Investment (100 million yuan)**	**3233.70**	**16113.19**	**30031.20**	**11.1**	**7.2**	**6.3**
#房地产开发	Real Estate Development	858.61	3659.69	8538.47	10.0	9.2	0.9
按登记注册类型分	Grouped by Status of Registration						
内资	Domestic	2676.65	13759.62	26552.22	12.6	8.8	5.3
国有	State-owned	1219.19	5152.60	6363.86	26.8	20.4	6.1
集体	Collective-owned	393.23	735.49	1281.87	4.5	-20.0	19.0
股份合作	Cooperative	19.43	49.91	108.25	-48.7	-30.7	120.7
联营	Joint	47.78	15.05	14.99	-69.1	-62.1	-42.6
其他有限责任公司	Other Limited Liability	366.63	3393.58	9228.26	2.7	7.7	-0.4
股份有限公司	Share-holding	153.58	869.46	1261.28	28.9	-3.0	8.2
私营	Private	207.67	2212.44	6772.59	17.6	8.9	13.7
个体	Self-employed Individual	248.51	909.02	344.79	-11.7	-76.3	10.6
其他	Others	20.63	422.07	1176.33	0.0	-35.3	-27.3
港澳台商投资	Funds from Hong Kong, Macao and Taiwan	416.34	1489.78	2080.99	-0.3	-3.6	12.6
外商投资	Foreign Funded	140.71	863.78	1398.00	-0.9	-14.3	18.3
按构成分	Grouped by Use of Funds						
建筑安装工程	Construction and Installation	2103.78	10396.22	20083.47	12.0	7.3	7.9
设备工具器具购置	Purchase of Equipments and Instruments	597.29	2966.13	5336.57	2.0	-11.7	6.8
其他费用	Others	532.63	2750.84	4611.16	14.4	15.6	2.1
按三次产业分	Grouped by Three Strata of Industry						
第一产业	Primary Industry	23.40	181.83	420.38	-18.0	81.0	31.8
第二产业	Secondary Industry	768.82	5241.53	10184.51	6.3	-1.1	19.4
第三产业	Tertiary Industry	2441.48	10689.83	19426.31	13.0	9.3	2.2
按财务拨贷款合计	**Grouped by Source of Funds**	**3396.79**	**18864.04**	**36352.25**	**10.5**	**14.7**	**9.4**
国家预算资金	State and Local Budget	56.80	411.16	1764.42	19.5	53.5	3.4
国内贷款	Domestic Loans	584.34	3171.76	4546.87	1.9	9.6	4.4
利用外资	Foreign Investment	357.05	630.48	204.11	-6.6	-14.6	37.7
自筹资金	Self-raising Funds	1456.24	10668.57	21056.20	12.3	18.8	13.3
其他资金	Others	942.35	3982.07	8780.65	11.9	5.0	8.9

注：1.2011年起固定资产投资项目统计起点由50万元提高至500万元，且不包含农村农户投资；2010年以前为全社会固定资产投资，下表同。

2.2011年报起，原国家预算内资金改为国家预算资金，下表同。

3.2018年起，资金来源指标不包含5000万元以下项目数据，增速为可比口径，下表同。

Note: a)Since 2011,the cut-off point of investment statistics is changed from a minimum of 500,000 yuan to a minimum of 5,000,000 yuan, and the data do not include the investment made by rural households. Data before 2010 refer to total investment in fixed assets. The same applies to all tables following.

b) Since 2011, state budget is changed to state and local budget.The same applies to all tables following.

c)Since 2018, sources of funds for investment do not include projects under 50 million yuan. The growth rate is caculated by comparable coverage, and the same applies to the following table.

5-2 固定资产投资增长速度
Growth Rate of Investment in Fixed Assets

单位：%

(100 million yuan)

年份 Year	投资总额 Total Investment	#房地产开发 Real Estate Development	按产业分 Grouped by Three Strata of Industry 第一产业 Primary Industry	第二产业 Secondary Industry	第三产业 Tertiary Industry
1978					
1979	3.9		-40.4	74.9	-33.2
1980	35.3		…	33.3	54.1
1981	57.7		11.2	21.3	136.9
1982	40.3		10.7	33.9	50.0
1983	4.7		-13.1	1.3	9.2
1984	47.0		4.5	34.8	59.5
1985	41.6		33.2	91.4	9.4
1986	17.3		-8.4	48.0	-16.5
1987	15.9	62.9	-6.7	18.4	12.3
1988	40.9	34.8	12.6	42.8	38.2
1989	-1.8	119.3	5.7	-46.8	97.6
1990	9.8	-32.1	13.4	25.1	0.6
1991	25.4	52.1	61.0	9.1	36.5
1992	92.8	152.4	-17.8	56.8	117.5
1993	76.8	152.1	25.9	91.7	71.1
1994	31.4	27.7	12.7	36.3	29.2
1995	8.7	39.5	34.2	-4.6	15.2
1996	…	-6.2	36.0	-2.5	0.7
1997	-1.3	-0.1	-15.2	-9.3	2.1
1998	16.1	14.1	18.3	9.4	18.5
1999	13.5	17.8	8.2	11.1	14.3
2000	6.8	20.9	11.2	4.7	7.4
2001	9.4	13.2	-0.1	16.0	7.4
2002	12.3	14.7	3.0	36.5	4.1
2003	26.7	10.6	-39.6	12.2	33.7
2004	19.8	9.9	68.2	57.7	5.4
2005	18.9	17.4	17.3	33.2	10.9
2006	13.5	15.8	71.3	13.2	13.3
2007	18.0	36.6	42.1	8.2	24.4
2008	16.3	16.4	56.7	12.1	18.4
2009	19.6	1.0	18.9	13.2	23.1
2010	20.7	23.6	39.6	17.6	22.0
2011	17.6	31.4	53.9	17.8	17.0
2012	14.6	11.3	28.4	17.7	12.8
2013	18.2	21.2	29.1	13.4	20.5
2014	15.9	17.7	-1.2	16.8	15.9
2015	15.8	11.8	52.5	20.8	12.8
2016	10.0	20.7	5.9	8.9	10.5
2017	13.5	17.2	-11.2	9.4	16.2
2018	10.7	19.3	-20.9	0.6	14.9
2019	11.1	10.0	-18.0	6.3	13.0
2020	7.2	9.2	81.0	-1.1	9.3
2021	6.3	0.9	31.8	19.4	2.2

注：1993年以前房地产开发投资主要是商品房建设投资。

Notes: Prior to 1993, investment in real estate development focused mainly on the construction of commercial buildings.

5-3 按投资主体、建设性质和产业划分固定资产投资情况

Investment in Fixed Assets by Investment Entity, Construction Nature, and Industries

单位：亿元 (100 million yuan)

指标	Item	2010	2015	2017	2019年比2018年增长(%) Growth Rate in 2019 over 2018	2020年比2019年增长(%) Growth Rate in 2020 over 2019	2021年比2020年增长(%) Growth Rate in 2021 over 2020
固定资产投资	Investment in Fixed Assets	16113.19	30031.20	37477.96	11.1	7.2	6.3
按投资主体划分	**Investment Organized by Investment Entity**						
国有投资	State Owned Investments	5152.60	6363.86	7341.39	26.8	20.4	6.1
民间投资	Non-government Investments	5576.67	18052.95	23158.46	6.4	1.1	7.8
按项目划分	**Investment Organized by Project**						
项目投资	Project Investment	12453.50	21492.74	25402.27	12.1	5.7	9.8
#基础设施投资	Infrastructure Investment	5394.68	6976.83	9168.79	22.3	11.6	-2.4
房地产开发投资	Real Estate Development Investment	3659.69	8538.47	12075.69	10.0	9.2	0.9
按建设性质分	**Investment Organized by Nature of Construction**						
新建	New Construction	11717.92	22023.46	29078.94	12.2	9.1	5.8
扩建	Expansion Construction	1799.83	3375.28	3308.90	11.9	-17.9	13.8
改建	Rebuilding Construction	1759.88	3210.15	3749.26	-1.1	15.3	1.5
按产业划分	**Investment Organized by Industry**						
农业投资	Agricultural Investment	181.83	501.09	477.21	-9.2	43.5	25.6
工业投资	Industrial Investment	5200.62	10151.77	12110.44	6.3	-1.1	19.5
#工业技术改造投资	Industrial Technology Advancement Investment		2931.50	4929.44	12.9	-9.6	10.0
制造业投资	Manufacturing Industry Investment	3788.01	8783.30	10311.22	1.0	-5.1	18.7
#先进制造业投资	Advanced Manufacturing Industry Investment		3898.73	3996.50	1.7	-0.4	24.6
#装备制造业投资	Equipment Manufacturing Industry Investment	1261.08	2867.06	4022.28	0.6	-5.2	21.0
#高技术制造业投资	High-tech Manufacturing Industry Investment		1366.55	2103.21	-1.0	6.9	24.8
信息传输、软件和信息技术服务业	Information Transmission, Software, and Information Technology Services	259.32	486.81	541.92	5.3	15.0	5.0

注：1.2012年之前，民间投资数据为民营经济投资口径。投资主体的登记注册类型为股份合作、其他联营、其他有限责任公司、股份有限公司、私营企业、其他企业和个体经营，且控股情况为私人控股。
2.2010年使用《国民经济行业分类》(GB/T 4754—2002)版，为信息传输、计算机服务和软件业数据。
3.2018年起住宅投资不含5000万元以下项目，增速为可比口径，下表同。

Note: a) Prior to 2012, Non-government Investments was private investment. The registration status of investment entity are cooperative enterprises, other joint ownership enterprises, other limited liability companies, share-holding corporations limited , private enterprises, other enterprises and individual businesses, and the holding situation is private holding.
b) 2010 used The National People's Economy Industry Classifications, version (GB/T 4754-2002) for information transmission, computer services, and software industry data
c) As of 2018, Residential Building Investment does not include projects of 50 million RMB and below, growth speeds are calculated with comparable data; same in the subsequent tables

5-4 按资金来源和构成分固定资产投资增速及构成
Growth Rate and Percentage Investment in Fixed Assets by Source of Funds and Structure of Investment

单位：%

(%)

年份 Year	按财务拨贷款资金来源分 By Source of Funds				按构成分 By Structure of Investment		
	国家预算资金 State Budget Funds	国内贷款 Domestic Loans	利用外资 Foreign Investment	自筹和其他资金 Fundraising and Others	建筑安装工程 Construction and Installation	设备工具器具购置 Purchase of Equipment and Instruments	其他费用 Others
增长速度 Growth Rate							
1985	1.8	45.7	73.2	43.1			
1990	7.8	32.5	15.5	-1.7			
1995	30.3	12.1	-3.0	27.1	11.1	-6.9	24.5
1996	-16.5	-7.5	6.4	-4.1	-0.1	7.3	-9.2
1997	-3.4	-14.7	-3.4	2.0	0.3	-6.9	0.1
1998	113.9	39.8	-17.4	22.8	11.7	17.5	34.8
1999	31.0	32.7	-18.0	9.9	16.1	7.7	10.4
2000	-6.8	6.2	10.3	10.7	7.3	1.5	11.2
2001	2.3	1.4	1.1	11.7	9.0	16.9	2.1
2002	26.6	26.4	21.7	13.4	11.1	12.2	17.3
2003	22.6	26.9	29.5	31.5	25.6	24.8	33.5
2004	-19.8	19.0	15.3	21.7	18.2	27.6	16.7
2005	-4.5	20.7	19.9	17.7	19.5	27.7	5.6
2006	52.7	21.5	10.1	16.3	15.5	12.7	6.2
2007	70.0	5.8	13.7	27.5	16.6	10.2	37.3
2008	41.1	7.0	-20.8	9.4	17.3	14.4	15.1
2009	50.0	43.5	-12.5	30.5	23.3	9.0	18.4
2010	8.3	17.7	-7.6	20.8	18.1	20.2	32.0
2011	3.2	-10.0	-0.8	21.9	20.2	16.1	10.2
2012	142.9	15.1	4.4	12.7	16.1	11.4	12.3
2013	17.1	27.4	14.0	21.1	19.3	18.3	13.9
2014	28.9	8.5	-37.1	11.1	16.8	14.0	20.6
2015	24.4	4.5	-49.6	24.5	14.9	25.1	10.4
2016	8.4	9.8	29.2	8.4	6.9	8.8	24.5
2017	27.3	37.3	-1.5	1.7	11.6	11.0	23.6
2018	26.3	8.3	-28.9	9.9	3.4	3.0	38.8
2019	19.5	1.9	-6.6	12.1	12.0	2.0	14.4
2020	53.5	9.6	-14.6	12.4	7.3	-11.7	15.6
2021	3.4	4.4	37.7	11.3	7.9	6.8	2.1

5-4 续表 continued

单位：% (%)

年份 Year	按财务拨贷款资金来源分 By Source of Funds				按构成分 By Structure of Investment		
	国家预算资金 State Budget Funds	国内贷款 Domestic Loans	利用外资 Foreign Investment	自筹和其他资金 Fundraising and Others	建筑安装工程 Construction and Installation	设备工具器具购置 Purchase of Equipment and Instruments	其他费用 Others
构成 Percentage							
1985	8.1	24.8	10.3	56.8	74.9	17.7	7.4
1990	3.2	18.1	14.9	63.9	64.6	27.3	8.1
1995	1.1	15.0	18.5	65.4	64.8	20.0	15.2
1996	0.9	14.3	20.3	64.5	64.7	21.4	13.8
1997	0.9	12.3	19.9	66.9	65.8	20.2	14.0
1998	1.6	14.7	14.0	69.7	63.3	20.5	16.3
1999	2.0	17.7	10.4	69.9	64.7	19.4	15.8
2000	1.7	17.2	10.5	70.6	65.1	18.5	16.5
2001	1.6	16.1	9.8	72.6	64.9	19.8	15.4
2002	1.7	17.4	10.2	70.7	64.2	19.7	16.1
2003	1.6	17.0	10.1	71.3	63.6	19.4	16.9
2004	1.1	16.8	9.8	72.3	62.8	20.7	16.5
2005	0.9	17.2	9.9	72.1	63.1	22.2	14.7
2006	1.1	17.9	9.3	71.7	64.2	22.1	13.7
2007	1.6	15.4	8.6	74.4	63.4	20.6	15.9
2008	2.1	15.4	6.4	76.1	64.0	20.3	15.7
2009	2.4	16.9	4.3	76.4	65.9	18.5	15.6
2010	2.2	16.8	3.3	77.7	64.5	18.4	17.1
2011	2.1	14.4	2.9	80.6	65.4	17.9	16.6
2012	4.4	14.4	2.6	78.6	66.3	17.4	16.3
2013	4.3	15.0	2.5	78.2	66.9	17.4	15.7
2014	4.7	14.4	1.3	79.5	67.4	16.5	16.1
2015	4.9	12.5	0.6	82.1	66.9	17.8	15.4
2016	4.8	12.6	0.7	81.9	65.0	17.6	17.4
2017	5.7	16.1	0.6	77.5	63.9	17.2	18.9
2018	6.8	20.2	0.4	72.6	59.7	14.0	26.3
2019	7.4	18.6	0.3	73.7	60.1	12.8	27.0
2020	9.9	17.8	0.2	72.1	60.3	10.6	29.2
2021	9.8	16.2	0.3	73.7	61.3	10.7	28.1

注：1986年及以后的资金来源为财务拨贷款数，各项相加不等于投资总额；从2012年定报开始，资金来源中的“国家预算内资金”改为“国家预算资金”，包括中央预算资金和地方预算资金，口径有所扩大；2018年起资金来源不含计划总投资5000万元以下项目。

Note: Source of funds for investment since 1986 refers to financial appropriations, which do not add up to total investment.Since 2012,state budget is changed to state and local budget including central budget funds and local budget funds, the caliber has been expanded.Since 2018,sources of funds for Investment do not include projects with total planed investment under 50 million yuan.

5-5 按构成分固定资产投资增长速度

Growth Rate of Investment in Fixed Assets by Structure

单位：% (%)

项　　目	Item	2020 Total	2020 项目投资 Project	2020 房地产开发 Real Estate Devel-opment	2021 Total	2021 项目投资 Project	2021 房地产开发 Real Estate Devel-opment
建设项目个数　（个）	**Number of Projects (unit)**	**0.3**	**0.3**		**9.4**	**9.4**	
其中：本年新开工	Newly-commenced Projects	-10.5	-10.5		-15.2	-15.2	
全部建成投产项目	Projects Completed and Put into Use	-33.0	-33.0		6.7	6.7	
计划总投资　（亿元）	**Total Planned Investment (100 million yuan)**	**16.7**	**17.2**	**16.1**	**15.6**	**18.2**	**12.8**
本年投资总额　（亿元）	**Total Investment in this year (100 million yuan)**	**7.2**	**5.7**	**9.2**	**6.3**	**9.8**	**0.9**
#住宅	Residential Buildings	13.1	535.9	9.7	3.4	-24.7	4.4
按隶属关系分	Investment by Jurisdiction of Management						
中央	Central Investment	8.8	4.8	24.7	1.5	3.1	-3.9
地方	Local Investment	7.0	5.8	8.6	6.4	10.3	1.1
按构成分	Grouped by Structure						
建筑安装工程	Construction and Installation	7.3	9.9	3.0	7.9	9.0	6.1
设备工具器具购置	Purchase of Equipment and Instruments	-11.7	-11.9	-6.1	6.8	7.8	-17.5
其他费用	Others	15.6	12.1	17.4	2.1	15.2	-4.4
财务拨贷款合计　（亿元）	**Total Financial Appropriations (100 million yuan)**	**14.7**	**21.8**	**10.2**	**9.4**	**12.9**	**6.9**
国家预算资金	State and Local Budget	53.5	53.5		3.4	3.4	
国内贷款	Domestic Loans	9.6	8.2	10.5	4.4	24.3	-8.8
利用外资	Foreign Investment	-14.6	-16.1	-1.2	37.7	40.6	16.4
自筹资金	Self-raising Funds	18.8	21.3	16.0	13.3	16.3	9.7
其他资金	Others	5.0	-11.1	6.7	8.9	-13.2	10.8
新增固定资产　（亿元）	**Newly Increased Fixed Assets (100 million yuan)**	**-10.9**	**-5.4**	**-17.2**	**12.0**	**9.9**	**14.7**
房屋建筑面积（万平方米）	**Floor Space of Buildings(10000 sq.m)**						
施工面积	Floor Space under Construction			5.5			2.8
竣工面积	Floor Space Completed			-22.0			3.6
#住宅	Residential Buildings			-15.3			0.3

注：建设项目个数不含房地产开发；2018年起住宅投资、新增固定资产不含5000万元以下项目，增速为可比口径，下表同。

Note: The total number projects under construction excludes the projects of real estate development. Since 2018, residential investment and new fixed assets exclude projects below 50 million yuan. The growth rate is calculated by comparable coverage. The same applies to the following tables.

5-6 各市固定资产投资情况

Investment in Fixed Assets by City

单位：亿元 (100 million yuan)

市别	City	2000	2005	2010	2014	2015	2016	2017	2019年比2018年增长(%) Growth Rate in 2019 over 2018	2020年比2019年增长(%) Growth Rate in 2020 over 2019	2021年比2020年增长(%) Growth Rate in 2021 over 2020
全省	**Provincial Total**	**3233.70**	**7164.11**	**16113.19**	**25928.09**	**30031.20**	**33008.86**	**37477.96**	**11.1**	**7.2**	**6.3**
广州	Guangzhou	923.67	1514.01	3263.57	4889.50	5405.95	5703.59	5919.83	16.5	10.0	11.7
深圳	Shenzhen	677.12	1182.32	1944.70	2717.42	3298.31	4078.16	5147.32	18.8	8.2	3.7
珠海	Zhuhai	95.08	218.23	501.55	1135.05	1305.14	1389.75	1662.02	6.1	13.1	-3.1
汕头	Shantou	112.48	154.14	361.68	1002.73	1274.32	1579.53	2006.40	12.9	-6.4	-25.3
佛山	Foshan	198.96	741.43	1719.63	2612.45	3035.52	3512.04	4265.79	5.4	0.8	7.6
韶关	Shaoguan	56.82	139.75	433.73	746.74	701.67	702.09	692.82	3.6	2.8	2.2
河源	Heyuan	26.54	111.10	242.74	453.29	564.14	652.29	778.47	19.3	5.1	8.9
梅州	Meizhou	44.45	97.66	195.52	407.51	568.06	650.36	806.77	4.0	0.1	-14.8
惠州	Huizhou	77.41	352.37	894.02	1606.71	1863.93	2039.71	2234.88	15.4	16.0	21.8
汕尾	Shanwei	36.21	101.86	366.99	500.97	585.20	652.45	669.33	15.1	14.0	16.9
东莞	Dongguan	102.89	592.20	1114.98	1427.11	1446.52	1557.46	1712.83	17.5	13.0	8.2
中山	Zhongshan	109.95	320.92	660.37	903.66	1055.41	1149.01	1248.48	-17.6	21.5	15.3
江门	Jiangmen	104.34	228.87	631.77	1111.65	1307.87	1517.77	1774.83	8.3	6.9	1.4
阳江	Yangjiang	33.23	82.25	329.20	662.01	691.13	503.92	540.21	15.3	12.6	37.8
湛江	Zhanjiang	68.94	168.00	526.57	1020.76	1313.69	1531.60	1641.53	-2.3	-6.1	19.1
茂名	Maoming	73.57	147.72	244.54	850.55	1115.50	1262.76	1415.73	-7.1	0.7	0.4
肇庆	Zhaoqing	75.29	178.01	625.21	1138.73	1330.03	1373.74	1497.55	10.8	12.1	11.6
清远	Qingyuan	48.37	222.42	996.92	596.35	620.63	620.95	666.31	12.4	8.1	9.5
潮州	Chaozhou	30.70	97.59	182.78	313.01	391.95	454.62	501.05	6.2	-5.7	1.6
揭阳	Jieyang	68.43	115.16	564.07	1093.80	1362.10	1485.54	1667.31	13.7	2.5	-6.4
云浮	Yunfu	32.98	103.44	312.66	738.09	794.15	591.51	628.50	11.4	5.5	4.5
按经济区域分	By Region										
珠三角	Pearl River Delta	2364.71	5328.37	11355.80	17542.28	20048.69	22321.24	25463.54	12.3	9.4	8.1
东翼	Eastern Region	247.82	468.75	1475.51	2910.51	3613.56	4172.14	4844.08	12.7	-1.0	-10.5
西翼	Western Region	175.74	397.97	1100.32	2533.33	3120.31	3298.27	3597.47	-1.3	-0.5	16.7
山区	Mountainous Region	209.16	674.38	2181.56	2941.98	3248.64	3217.21	3572.87	10.2	4.5	2.9

注：2008年前全省总计中含不分区部分。

Note: Provincial total prior to 2008 includes investment unclassified by region.

5-7 各市按项目和房地产开发分固定资产投资增长速度

Growth Rate of Investment in Fixed Assets By Project and Real Estate Development and by City

单位：%　　(%)

市 别	City	2020			2021		
		投资 Total	项目投资 Project	房地产开发 Real Estate Development	投资 Total	项目投资 Project	房地产开发 Real Estate Development
全 省	**Provincial Total**	**7.2**	**5.7**	**9.2**	**6.3**	**9.8**	**0.9**
广 州	Guangzhou	10.0	13.1	6.2	11.7	13.0	10.1
深 圳	Shenzhen	8.2	2.3	16.4	3.7	19.2	-15.4
珠 海	Zhuhai	13.1	7.1	20.4	-3.1	-13.4	8.0
汕 头	Shantou	-6.4	-13.2	33.6	-25.3	-33.6	6.5
佛 山	Foshan	0.8	-6.1	6.7	7.6	14.8	2.3
韶 关	Shaoguan	2.8	4.5	-1.6	2.2	-2.4	14.5
河 源	Heyuan	5.1	6.5	2.2	8.9	11.0	4.2
梅 州	Meizhou	0.1	5.8	-8.4	-14.8	-19.7	-6.3
惠 州	Huizhou	16.0	24.5	9.0	21.8	39.0	5.6
汕 尾	Shanwei	14.0	7.7	34.8	16.9	21.0	6.2
东 莞	Dongguan	13.0	15.2	9.3	8.2	6.3	11.7
中 山	Zhongshan	21.5	68.8	-13.8	15.3	15.7	14.7
江 门	Jiangmen	6.9	5.4	9.2	1.4	9.0	-10.3
阳 江	Yangjiang	12.6	32.4	-21.3	37.8	58.0	-20.3
湛 江	Zhanjiang	-6.1	5.7	-23.6	19.1	15.1	27.2
茂 名	Maoming	0.7	-5.9	11.7	0.4	1.1	-0.5
肇 庆	Zhaoqing	12.1	11.0	14.6	11.6	15.5	3.2
清 远	Qingyuan	8.1	14.4	2.0	9.5	33.6	-17.0
潮 州	Chaozhou	-5.7	-11.5	17.3	1.6	4.4	-6.6
揭 阳	Jieyang	2.5	-11.4	81.9	-6.4	-6.2	-7.0
云 浮	Yunfu	5.5	7.8	0.8	4.5	0.7	12.8
按经济区域分	By Region						
珠 三 角	Pearl River Delta	9.4	9.1	9.8	8.1	14.1	0.7
东 翼	Eastern Region	-1.0	-9.6	42.7	-10.5	-14.2	1.3
西 翼	Western Region	-0.5	6.8	-12.0	16.7	20.9	8.8
山 区	Mountainous Region	4.5	7.6	-0.7	2.9	6.0	-2.6

5-8 各市按登记注册类型分固定资产投资增长速度（2021年）

Growth Rate of Investment in Fixed Assets by Status of Registration and City (2021)

单位：%　　(%)

市 别	City	总计 Total	内资 Domestic	港、澳、台商投资 Funds from Hong Kong Macao and Taiwan	外商投资 Foreign Funded
全 省	**Provincial Total**	**6.3**	**5.3**	**12.6**	**18.3**
广 州	Guangzhou	11.7	15.0	1.5	-25.9
深 圳	Shenzhen	3.7	1.1	49.2	16.0
珠 海	Zhuhai	-3.1	-13.7	28.8	264.6
汕 头	Shantou	-25.3	-25.4	-24.4	-25.6
佛 山	Foshan	7.6	6.1	21.3	26.1
韶 关	Shaoguan	2.2	1.9	13.3	5.9
河 源	Heyuan	8.9	7.1	55.5	23.4
梅 州	Meizhou	-14.8	-14.3	-45.3	21.0
惠 州	Huizhou	21.8	22.4	7.3	34.3
汕 尾	Shanwei	16.9	17.5	-7.7	94.3
东 莞	Dongguan	8.2	8.8	-7.6	24.8
中 山	Zhongshan	15.3	14.1	3.5	60.2
江 门	Jiangmen	1.4	0.8	-12.8	61.4
阳 江	Yangjiang	37.8	37.6	136.6	-83.5
湛 江	Zhanjiang	19.1	19.5	0.7	27.8
茂 名	Maoming	0.4	-1.3	-65.2	996.3
肇 庆	Zhaoqing	11.6	11.6	29.1	-4.0
清 远	Qingyuan	9.5	8.0	-1.8	503.6
潮 州	Chaozhou	1.6	1.9	110.2	-54.3
揭 阳	Jieyang	-6.4	-6.2	-33.7	33.4
云 浮	Yunfu	4.5	8.4	-33.2	-49.0
按经济区域分	By Region				
珠 三 角	Pearl River Delta	8.1	7.3	15.5	16.8
东 翼	Eastern Region	-10.5	-10.3	-17.5	-11.0
西 翼	Western Region	16.7	16.0	8.6	42.0
山 区	Mountainous Region	2.9	2.4	2.7	43.3

注：内资含个体经济，下表同。
Note: Domestic investment include individuals and the same applies to the following table.

5-9 各市按行业分固定资产投资增长速度（2021年）

Growth Rate of Investment in Fixed Assets by Sector and by City (2021)

单位：%　　　　(%)

市　别	City	合计 Total	农、林、牧、渔业 Agriculture, Forestry, Animal Husbandry and Fishery	采矿业 Mining	制造业 Manufacturing	电力、热力、燃气及水的生产和供应业 Production and Supply of Electricity, Gas and Water	建筑业 Construction	批发和零售业 Wholesale and Retail Trades
全　省	**Provincial Total**	**6.3**	**25.6**	**74.9**	**18.7**	**18.1**	**-4.2**	**-4.1**
广　州	Guangzhou	11.7	50.1	2.0	11.9	-5.0	-12.0	-9.0
深　圳	Shenzhen	3.7	-55.3	48.1	22.5	41.7		29.1
珠　海	Zhuhai	-3.1	-31.8	65.8	23.1	-31.6		-9.2
汕　头	Shantou	-25.3	205.8	-100.0	-29.7	-38.2	-81.8	-18.3
佛　山	Foshan	7.6	98.2	97.0	23.9	14.7		-17.2
韶　关	Shaoguan	2.2	27.0	-28.4	25.5	-24.5		119.9
河　源	Heyuan	8.9	40.9	-1.0	-1.0	53.6		-29.8
梅　州	Meizhou	-14.8	-28.4	-34.0	0.3	-11.5		25.0
惠　州	Huizhou	21.8	42.6	3258.8	58.9	6.6		74.5
汕　尾	Shanwei	16.9	32.1	157.8	-3.6	77.1		-33.7
东　莞	Dongguan	8.2	-31.8		25.4	24.8		68.5
中　山	Zhongshan	15.3	-57.6		29.5	53.3		-90.8
江　门	Jiangmen	1.4	31.3	248.1	16.1	1.3		42.4
阳　江	Yangjiang	37.8	40.2	52.6	-19.9	120.5		-51.6
湛　江	Zhanjiang	19.1	43.2	7.7	-9.3	100.2		-26.0
茂　名	Maoming	0.4	40.0	-75.6	28.6	6.1	94.1	-1.1
肇　庆	Zhaoqing	11.6	2.2	571.0	27.2	-36.7		37.1
清　远	Qingyuan	9.5	-21.7	-100.0	52.1	33.4		-25.7
潮　州	Chaozhou	1.6	82.8	530.0	26.3	-20.5		16.6
揭　阳	Jieyang	-6.4	25.7		55.6	-22.1	-100.0	-69.3
云　浮	Yunfu	4.5	57.7	381.0	-26.8	54.8		-8.9
按经济区域分	By Region							
珠 三 角	Pearl River Delta	8.1	15.4	136.5	25.0	6.2	-6.8	11.1
东　翼	Eastern Region	-10.5	54.4	4.4	2.0	-3.0	-9.4	-35.3
西　翼	Western Region	16.7	41.9	-0.4	-3.6	93.6	94.1	-10.3
山　区	Mountainous Region	2.9	19.2	-1.5	7.0	8.6		-3.5

5-9 续表 1 continued 1

单位：% (%)

市别	City	交通运输、仓储和邮政业 Transport, Storage and Post	住宿和餐饮业 Hotels and Catering Services	信息传输、软件和信息技术服务业 Information Transmission, Software and Information Technology Services	金融业 Financial Intermediation	房地产业 Real Estate	租赁和商务服务业 Leasing and Business Services	科学研究和技术服务业 Scientific Research, Technical Service
全　省	**Provincial Total**	**4.5**	**33.0**	**5.0**	**-5.1**	**3.9**	**16.0**	**41.4**
广　州	Guangzhou	8.2	-30.9	11.3	116.0	15.7	62.7	50.4
深　圳	Shenzhen	35.5	387.9	-0.4	-35.0	-6.1	-15.6	89.4
珠　海	Zhuhai	-14.2	37.2	-39.4		9.5	-29.2	-33.0
汕　头	Shantou	-27.8	-45.6	-33.5	-57.0	-0.6	-51.8	-24.7
佛　山	Foshan	-20.5	186.5	-7.9	-29.2	2.5	52.5	217.0
韶　关	Shaoguan	-9.5	30.4	9.3		13.0	17.1	41.5
河　源	Heyuan	-7.8	351.2	39.4		3.7	2.6	
梅　州	Meizhou	-39.0	-100.0	9.2	105.8	-4.9	-22.9	25.2
惠　州	Huizhou	-1.0	-3.9	2.1		6.2	195.4	13.4
汕　尾	Shanwei	56.1	51.4	-28.5		3.1	95.4	1306.0
东　莞	Dongguan	-9.5	-18.5	-33.9	-42.9	9.2	7.6	-0.2
中　山	Zhongshan	13.7	90.9	-21.5		13.6	-6.0	40.8
江　门	Jiangmen	-12.5	-38.1	-5.6		-10.1	63.9	29.8
阳　江	Yangjiang	61.5	-70.6	-33.5		-19.8	-32.5	
湛　江	Zhanjiang	-18.3	8.3	-17.8	-84.8	28.7	508.4	28.8
茂　名	Maoming	-13.6	65.9	26.1		-2.1	164.0	38.6
肇　庆	Zhaoqing	-15.7	216.6	-13.2	-93.5	9.2	79.8	25.9
清　远	Qingyuan	10.2	-23.7	266.9		-16.4	91.3	-34.9
潮　州	Chaozhou	-24.8	-13.5	-6.6		2.5	16.8	61.0
揭　阳	Jieyang	48.1	-41.8	-28.2		-9.1	-55.2	-87.4
云　浮	Yunfu	-33.8	158.3	-41.4		14.0	228.1	9.9
按经济区域分	By Region							
珠三角	Pearl River Delta	8.7	51.5	-2.4	-3.4	4.6	18.9	45.7
东　翼	Eastern Region	0.3	-16.6	-28.0	-57.0	-2.0	-33.7	3.6
西　翼	Western Region	-2.8	6.9	-6.3	-84.8	8.9	195.8	38.3
山　区	Mountainous Region	-11.8	22.3	76.5	171.7	-2.2	30.2	25.6

5-9 续表 2 continued 2

单位：% (%)

市 别	City	水利、环境和公共设施管理业 Management of Water Conservancy, Environment and Public Facilities	居民、修理服务和其他服务业 Household's Services, Repair and Other Services	教育 Education	卫生和社会工作 Health and Social Service	文化、体育和娱乐业 Culture, Sports and Entertainment	公共管理、社会保障和社会组织 Public Management, Social Security and Social Organization
全 省	**Provincial Total**	**-17.5**	**-10.5**	**38.3**	**5.0**	**-3.6**	**-19.6**
广 州	Guangzhou	-15.9	-38.4	46.8	6.5	-16.9	22.4
深 圳	Shenzhen	-25.1	-21.5	39.2	18.6	66.7	12.3
珠 海	Zhuhai	-33.1	9.6	0.5	2.2	-58.1	-68.0
汕 头	Shantou	-38.3	-6.7	-36.9	-33.8	-12.5	-41.0
佛 山	Foshan	2.6	-2.8	73.9	-0.8	18.7	16.8
韶 关	Shaoguan	-22.7	-51.3	10.8	6.5	-11.9	-5.5
河 源	Heyuan	21.4	170.2	121.0	44.3	-19.5	-33.0
梅 州	Meizhou	-1.8	100.1	-24.4	-35.9	-27.0	-53.6
惠 州	Huizhou	40.5	-65.9	40.9	19.8	97.3	24.3
汕 尾	Shanwei	-4.9	-8.9	14.0	-8.6	92.7	-36.8
东 莞	Dongguan	-33.8	255.9	40.2	-14.0	-30.1	65.1
中 山	Zhongshan	-7.4		149.6	-57.2	-48.0	-10.4
江 门	Jiangmen	-4.3	61.5	106.9	-6.5	16.4	-39.3
阳 江	Yangjiang	-12.1		-10.9	34.0	996.8	1077.5
湛 江	Zhanjiang	16.4	296.6	46.3	19.8	-50.9	-32.7
茂 名	Maoming	-6.5	-36.5	31.4	-10.5	-30.3	-56.6
肇 庆	Zhaoqing	-13.3	-96.6	95.4	71.0	-44.7	-21.0
清 远	Qingyuan	27.0		28.6	-12.0	78.5	59.7
潮 州	Chaozhou	-0.3	5.0	40.1	15.8	-7.9	90.6
揭 阳	Jieyang	-54.2	-74.6	11.1	-32.2	-74.2	-70.9
云 浮	Yunfu	45.4		-7.8	92.4	-40.4	291.5
按经济区域分	By Region						
珠 三 角	Pearl River Delta	-15.5	-12.9	48.8	11.8	0.4	-13.8
东 翼	Eastern Region	-36.5	-21.0	-8.3	-23.8	-13.4	-44.6
西 翼	Western Region	2.7	75.7	26.4	10.4	-30.6	-37.0
山 区	Mountainous Region	6.9	84.0	17.5	0.6	-0.1	-21.1

5-10 国有经济固定资产投资主要指标

Main Indicators of Investment in Fixed Assets of State-owned Economy

项　目	Item	2000	2010	2015	2019年比2018年增长(%) Growth Rate in 2019 over 2018	2020年比2019年增长(%) Growth Rate in 2020 over 2019	2021年比2020年增长(%) Growth Rate in 2021 over 2020
建设项目个数　　（个）	**Number of Projects　　(unit)**						
施工项目	Projects under Construction	8934	8669	9997	30.7	16.8	2.4
全部建成投产项目	Projects Completed and Put into Use	4070	4659	5863	52.5	-9.6	9.3
投资总额　　（亿元）	**Total Investment　(100 million yuan)**	**1286.91**	**5152.60**	**6363.86**	**26.8**	**20.4**	**6.1**
#住宅	Residential Buildings	185.38	171.36	184.86	109.3	28.7	48.6
按构成分	Grouped by Structure of Investment						
建筑安装工程	Construction and Installation	835.63	3558.70	4747.02	13.6	23.3	0.7
设备工具器具购置	Purchase of Equipment and Instruments	222.31	741.84	777.93	-23.1	21.7	44.0
其他费用	Others	228.97	852.06	838.91	15.0	9.9	14.8
按建设性质分	Grouped by Type of Construction						
新建	New Construction	635.88	3291.99	4588.39	25.3	19.7	9.2
扩建	Expansion	280.76	684.71	865.39	52.7	25.1	-6.9
改建	Reconstruction	128.62	844.39	718.42	17.2	32.9	-15.4
按资金来源分	Grouped by Source of Funds						
国家预算资金	State and Local Budget	48.77	366.85	1591.75	15.4	59.2	2.9
国内贷款	Domestic Loans	275.53	1111.67	906.61	-16.5	17.2	39.6
利用外资	Foreign Investment	55.08	35.97	1.62	-9.6	-56.1	44.8
自筹资金	Self-raising Funds	743.32	3303.88	3576.48	44.4	11.8	12.5
其他资金	Others	164.21	533.65	668.40	41.2	-6.7	-4.4
新增固定资产　　（亿元）	**Newly Increased Fixed Assets (100 million yuan)**	**1022.34**	**3305.85**	**3901.13**	**10.6**	**-13.3**	**6.5**
房屋建筑面积（万平方米）	**Floor Space of Buildings　(10000 sq.m)**						
施工面积	Floor Space under Construction	5010.21	5043.04	5241.35	10.0	1.3	5.8
竣工面积	Floor Space Completed	2062.14	1261.43	1078.40	100.6	-60.0	-24.8
#住宅	Residential Buildings	1024.44	231.48	139.32	111.7	-65.9	-38.9

注：1.建设项目个数不含房地产开发部分。
2.2019年住宅投资、本年新增固定资产、资金来源、房屋建筑面积均不含5000万元以下项目数据，增速为可比口径。
3.2020年和2021年，住宅投资、本年新增固定资产、资金来源不含5000万元以下项目数据，增速为可比口径；
4.2020年和2021年，房屋建筑面积仅为房地产开发数据，增速为可比口径。
5.2021年资金来源不含5000万元以下项目数据，增速为可比口径。

Note: a)Number of projects and total investment by type of construction exclude real estate development.
b)The residential buildings investment、newly increased fixed assets、fund source and floor space of buildings do not include projects under 50 million yuan in 2019, the growth rate is calculated by comparable coverage.
c)The fund source of residential buildings investment and newly increased fixed assets in 2020 and 2021 do not include the project data under 50 million yuan，the growth rate is calculated by comparable coverage.
d)The floor space of buildings is only the data of real estate development in 2020 and 2021,the growth rate is calculated by comparable coverage.
e)The fund source in 2021 does not include the project data below 50 million yuan，the growth rate is calculated by comparable coverage.

5-11 基础设施完成投资情况

Completed Investment in Basic Infrastructure

单位：亿元、% (100 million yuan %)

年份 Year	基础设施 Infrastructure	电力、燃气及水的生产和供应业 Production and Supply of Electric Power, Gas and Water	交通运输和邮政业 Transport and Postal Services	信息传输、互联网和相关服务业 Information Transmission, Internet and Related Services	水利、环境和公共设施管理业 Management of Water Conservancy, Environment and Public Facilities
1990	132.62	24.73	46.77	28.75	32.37
1995	738.70	137.77	260.49	160.13	180.31
2000	1098.68	204.91	387.43	238.16	268.18
2001	1049.32	225.93	340.61	247.38	235.40
2002	1127.94	300.13	348.87	242.34	236.60
2003	1426.24	338.85	473.57	264.35	349.47
2004	1858.46	548.32	627.93	267.91	414.30
2005	2154.45	691.16	675.40	241.07	546.82
2006	2392.07	714.76	820.49	218.37	638.45
2007	2462.09	636.07	891.56	214.35	720.11
2008	2935.03	749.57	1106.76	242.05	836.65
2009	4488.32	1222.37	1664.65	278.46	1322.84
2010	5394.68	1332.84	1908.64	239.17	1914.02
2011	4544.10	934.31	1657.06	343.39	1609.34
2012	4693.66	1063.32	1700.77	298.32	1631.25
2013	5477.03	1133.46	2243.47	268.04	1832.06
2014	5984.42	1099.42	2528.29	330.82	2025.89
2015	6976.83	1206.47	2929.05	397.89	2443.42
2016	7376.79	1294.06	2883.31	366.82	2832.61
2017	9168.79	1653.88	3600.72	365.33	3548.85
比上年增长(rate)					
2018	8.2	3.0	-0.4	-5.6	22.9
2019	22.3	32.2	12.6	6.8	29.1
2020	11.6	13.1	9.9	22.4	11.5
2021	-2.4	18.1	4.1	5.6	-17.6

5-12 按行业分固定资产投资主要指标增长速度(2021年)

Growth Rate of Main Indicators of Investment by Sector (2021)

单位：% (%)

行业	Sector	投资额 Investment (100 million yuan)	施工项目个数 Number of Projects under Construction (unit)	全部建成投产项目个数 Number of Projects Completed and Put into Use (unit)	新增固定资产 Newly Increased Fixed Assets (100 million yuan)
全省	**Provincial Total**	**6.3**	**9.4**	**6.7**	**12.0**
农、林、牧、渔业	**Farming, Forestry, Animal Husbandry and Fishery**	**25.6**	**12.4**	**67.5**	**37.5**
农业	Farming	4.6	2.6	82.3	16.0
林业	Forestry	5.0	22.2	135.7	96.3
畜牧业	Animal Husbandry	53.7	32.3	64.3	116.4
渔业	Fishery	86.4	75.0	135.7	66.3
农、林、牧、渔专业及辅助性活动	Service Activities for Farming, Forestry, Animal Husbandry and Fishery	-6.3	-0.4	23.8	-57.4
采矿业	**Mining**	**74.9**	**12.6**	**2.2**	**439.7**
煤炭开采和洗选业	Mining and Washing of Coal				
石油和天然气开采业	Extraction of Petroleum and Natural Gas	14.4	37.5		438.1
黑色金属矿采选业	Mining and Dressing of Ferrous Metal Ores	-86.1	-50.0		-100
有色金属矿采选业	Mining and Dressing of Non-Ferrous Metal Ores	-35.0	-23.5	-30.0	335.6
非金属矿采选业	Mining and Dressing of Nonmetal Ores	619.5	26.9	12.1	493.7
开采专业及辅助性活动	Auxiliary Mining Operations	-95.4	-33.3		
其他采矿业	Mining of Other Ores	-79.4	-33.3		
制造业	**Manufacture**	**18.7**	**19.6**	**6.4**	**25.8**
农副食品加工业	Processing of Farm and Sideline Food	21.4	14.7	23.2	-0.7
食品制造业	Manufacture of Food	-4.6	2.6	-10.8	19.2
酒、饮料和精制茶制造业	Manufacture of Wine, Beverage and Refined Tea	23.1	18.5	-9.0	-22.9
烟草制品业	Tobacco Products	90.3	18.2		
纺织业	Textile Industry	-10.1	-20.6	-8.1	-38.6
纺织服装、服饰业	Manufacture of Textile Garments, Apparel	31.8	17.5	13.8	174.6
皮革、毛皮、羽毛及其制品和制鞋业	Leather, Fur, Feather and Related Products, and Footwear	26.6	28.2	46.9	-95.1
木材加工及木、竹、藤、棕、草制品业	Timber Processing, Bamboo, Cane, Palm Fiber & Straw Products	9.5	-3.6	-23.3	-15.9
家具制造业	Manufacture of Furniture	12.3	16.4	-4.0	30.7
造纸和纸制品业	Papermaking and Paper Products	23.3	21.3	25.3	44.2
印刷业和记录媒介复制业	Printing and Record Medium Reproduction	-6.1	9.5	-8.8	4.5
文教、工美、体育和娱乐用品制造业	Manufacture of Culture, Arts, Sports and Entertainment Articles	-1.6	16.1		-54.8
石油加工、炼焦和核燃料加工业	Petroleum Refining, Coking and Nuclear Fuel Processing	61.1	-21.0	-16.7	18.5
化学原料和化学制品制造业	Manufacture of Raw Chemical Materials and Chemical Products	58.3	24.4	31.7	-24.5
医药制造业	Manufacture of Medicines	-14.1	-24.6	-48.9	-8.3
化学纤维制造业	Manufacture of Chemical Fibers	8.0	24.0	-18.2	1597.3
橡胶和塑料制品业	Manufacture of Rubber and Plastic Products	14.5	17.8	-1.6	72.5
非金属矿物制品业	Nonmetal Mineral Products	0.8	16.7	8.5	31.5
黑色金属冶炼及压延加工业	Smelting and Pressing of Ferrous Metals	-22.3	16.7	34.8	132.4
有色金属冶炼及压延加工业	Smelting and Pressing of Nonferrous Metals	9.7	19.1	-4.4	41.8
金属制品业	Metal Products	17.1	35.6	35.8	88.7
通用设备制造业	Manufacture of General-purpose Machinery	7.9	28.3	6.9	63.1
专用设备制造业	Manufacture of Special-purpose Machinery	34.5	33.6	1.9	28.6
汽车制造业	Manufacture of Automobile	-4.0	18.7	18.8	-12.3

注：建设项目个数不含房地产开发，本年新增固定资产不含5000万元以下项目。

Note: Projects under construction do not include real estate investment and newly increased fixed assets do not include project under 50 million.

5-12 续表 1 continued 1

行 业	Sector	投资额 Investment (100 million yuan)	施工项目个数 Number of Projects under Construction (unit)	全部建成投产项目个数 Number of Projects Completed and Put into Use (unit)	新增固定资产 Newly Increased Fixed Assets (100 million yuan)
铁路、船舶、航空航天和其他运输设备制造业	Manufacture of Railway, Slip, Aeronautics and Other Transport Equipment	30.5	22.7	6.0	10.3
电气机械及器材制造业	Manufacture of Electrical Machinery and Equipment	28.7	24.4	12.2	54.7
计算机、通信和其他电子设备制造业	Manufacture of Computers, Communication Equipment and Other Electronic Equipment	28.3	36.2	14.6	43.8
仪器仪表制造业	Manufacture of Instruments and Meters	-7.7	21.2	-1.3	-62.5
其他制造业	Other Manufactures	67.2	24.2	-2.6	45.4
废弃资源综合利用业	Comprehensive Utilization of Waste	66.6	26.1	21.2	140.6
金属制品、机械和设备修理业	Manufacture of Metal Products, Machinery and Equipment Maintenance	69.4	70.0	80.0	426.9
电力、热力、燃气及水生产和供应业	**Production and Supply of Electric Power, Heat Power, Gas and Water**	**18.1**	**11.1**	**1.5**	**6.3**
电力、热力生产和供应业	Production and Supply of Electric Power and Heat Power	35.1	15.9	9.9	17.6
燃气生产和供应业	Production and Supply of Gas	10.5	27.8	108.9	23.5
水的生产和供应业	Production and Supply of Water	-15.7	2.8	-19.5	-18.9
建筑业	**Construction**	**-4.2**		**66.7**	**118.1**
房屋建筑业	Housing Construction	-27.5	50.0		
土木工程建筑业	Civil Engineering Construction	-4.0	16.7	-83.3	61.1
建筑安装业	Construction and Installation				
建筑装饰和其他建筑业	Architectural Decoration and Other Construction	269.9			
批发和零售业	**Wholesale and Retail Trades**	**-4.1**	**-16.8**	**-15.9**	**99.2**
批发业	Wholesale	31.1	-11.3	-13.8	275.6
零售业	Retail Trade	-23.6	-19.1	-16.7	32.3
交通运输、仓储和邮政业	**Transport, Storage and Postal Services**	**4.5**	**-6.5**	**-7.3**	**-33.7**
铁路运输业	Railway Transport	15.2	7.1		12.0
道路运输业	Road Transport	-2.1	-15.6	-10.1	-47.3
水上运输业	Waterway Transport	34.5	16.3	4.8	142.5
航空运输业	Air Transport	46.6	42.9	133.3	110.9
管道运输业	Pipeline Transport	-32.1	4.0	33.3	
多式联运和运输代理业	Multimodal Transportation and Transport Agency Industry	-20.1	36.4		-47.5
装卸搬运和仓储业	Handling, handling and storage	13.2	22.6		-47.1
邮政业	Postal Services	29.0	-29.4	-28.6	5785.4
住宿和餐饮业	**Hotels and Catering Services**	**33.0**	**14.2**	**25.0**	**90.9**
住宿业	Hotels	36.3	18.9	34.8	94.2
餐饮业	Catering Services	-11.7	-7.7	3.2	42.0
信息传输、软件和信息技术服务业	**Information Transmission, Software and Information Technology Services**	**5.0**	**8.5**	**21.5**	**-26.2**
电信、广播电视和卫星传输服务	Telecommunications, Broadcasting Television and Satellite Transmission Services	-19.6	-1.7	25.0	-25.7
互联网和相关服务	Internet and Related Services	104.0	29.8	29.4	-62.9
软件和信息技术服务业	Software and Information Technology Services	3.1	19.3	7.7	-14.9
金融业	**Finance**	**-5.1**	**14.8**	**44.4**	**855.7**
货币金融服务	Monetary and Financial Services	-19.3	3.4	28.6	151.1

5-12 续表 2 continued 2

行　业	Sector	投资额 Investment (100 million yuan)	施工项目个数 Number of Projects under Construction	全部建成投产项目个数 Number of Projects Completed and Put into Use	新增固定资产 Newly Increased Fixed Assets (100 million yuan)
资本市场服务	Capital Market Services	27.5	7.7	-50.0	1023.3
保险业	Insurance	-25.5	11.1		
其他金融活动	Other Financial Activities	511.4	166.7		
房地产业	**Real Estate**	**3.9**	**7.9**	**-7.5**	**17.4**
房地产业	Real Estate	3.9	7.9	-7.5	17.4
租赁和商务服务业	**Leasing and Business Services**	**16.0**	**22.0**	**-2.8**	**17.2**
租赁业	Leasing	-62.6	50.0	50.0	-81.0
商务服务业	Business Services	18.6	21.6	-4.9	35.2
科学研究、技术服务业	**Scientific Research, Technological Services**	**41.4**	**27.5**	**17.0**	**-10.2**
研究与试验发展	Research and Experimental Development	37.7	45.8	54.5	1.0
专业技术服务业	Professional Technical Services	73.6	28.6	13.0	74.6
科技推广和应用服务业	Science and Technology Popularization and Application Services	23.7	2.2	-15.0	-64.6
水利、环境和公共设施管理业	**Management of Water Conservancy, Environment and Public Facilities**	**-17.5**	**-4.3**	**6.4**	**1.6**
水利管理业	Management of Water Conservancy	-4.1	9.3	13.7	-70.6
生态保护和环境治理业	Ecological Protection and Environmental Treatment	-43.7	7.5		-66.2
公共设施管理业	Management of Public Facilities	-15.5	-5.6	6.4	26.8
土地管理业	Land Management	27.4	-60.5	-40.0	
居民服务、修理和其他服务业	**Households' service, Repair and Other Services**	**-10.5**	**-16.4**	**-29.2**	**29.2**
居民服务业	Services to Households	-16.8	-13.0	-11.4	29.1
机动车、电子产品和日用产品修理业	Motor Vehicle, Electronic Products and Consumer Products Repair	-62.6	-52.4	-62.5	
其他服务业	Other Services	115.5	25.0	-35.7	
教育	**Education**	**38.3**	**18.9**	**25.6**	**54.3**
教育	Education	38.3	18.9	25.6	54.3
卫生和社会工作	**Health and Social Work**	**5.0**	**6.0**	**-3.2**	**4.6**
卫生	Health	4.5	3.4	-5.3	-1.2
社会工作	Social Work	13.8	33.3	31.6	2018.4
文化、体育和娱乐业	**Culture, Sports and Recreation**	**-3.6**	**-0.3**	**-7.6**	**15.7**
新闻出版业	Publication	192.7	50.0		
广播、电视、电影和影视录音制作业	Production of Radio, Television, Film and Video Recording	-25.5	-12.9	-7.1	-98.5
文化艺术业	Culture and Arts	-20.4	-4.3	-15.1	-46.9
体育	Sports	2.3	-15.2	-11.9	837.9
娱乐业	Recreation	25.0	20.2	10.3	63.9
公共管理、社会保障和社会组织	**Public Administration, Social Security and Social Organizations**	**-19.6**	**9.3**	**5.2**	**-28.3**
中国共产党机关	Organs of Communist Party of China	-48.3		-25.0	-100.0
国家机构	Government Agencies	-18.7	18.2	14.2	-28.8
人民政协、民主党派	Chinese Peoples Political Consultative Conference, Democratic Parties				
社会保障	Social Security				
群众社团、社会团体和其他成员组织	Mass Organizations, Social Organizations and Other Member Organizations	-2.5	-11.1	54.5	845.8
基层群众自治组织	Self-governing Mass Organizations at the Grass-roots Level	-53.4	-49.2	-45.7	

5-13 各行业财务拨贷款资金来源主要指标增长速度(2021年)

Growth Rate of Main Indicators on Sources of Funds and Loans for Investment by Sector (2021)

单位：%　　(%)

项　目	Item	本年资金来源合计 Sources of Funds	国家预算资金 State and Local Budget	国内贷款 Domestic Loans	利用外资 Foreign Investment	自筹资金 Self-raising Fund	其他资金 Others
全　省	**Provincial Total**	**9.4**	**3.4**	**4.4**	**37.7**	**13.3**	**8.9**
农、林、牧、渔业	**Farming, Forestry, Animal Husbandry and Fishery**	**33.4**	**-5.6**	**16.9**	**186.1**	**55.1**	**-33.8**
农业	Farming	-6.6	-3.1	-75.9		-5.6	9.9
林业	Forestry	49.7		-100.0		101.4	
畜牧业	Animal Husbandry	60.7	-30.5	47.5		79.2	-73.7
渔业	Fishery	59.5	179.3			27.4	1107.8
农、林、牧、渔服务业	Service Activities for Farming, Forestry, Animal Husbandry and Fishery	-5.0	-5.8	15809.1	-100.0	55.4	-64.3
采矿业	**Mining**	**66.9**		**3461.9**		**26.2**	**132.7**
煤炭开采和洗选业	Mining and Washing of Coal						
石油和天然气开采业	Extraction of Petroleum and Natural Gas	14.4				14.4	
黑色金属矿采选业	Mining and Dressing of Ferrous Metal Ores	-85.7					-100.0
有色金属矿采选业	Mining and Dressing of Non-Ferrous Metal Ores	-37.1				-12.4	-96.6
非金属矿采选业	Mining and Dressing of Nonmetal Ores	778.7		3461.9		228.0	
开采辅助活动	Auxiliary Mining Operations	-96.7				-96.7	
其他采矿业	Mining of Other Ores						
制造业	**Manufacture**	**30.0**	**29.4**	**43.2**	**33.5**	**28.7**	**22.4**
农副食品加工业	Processing of Farm and Sideline Food	34.8	4.3	115.3	104.5	29.7	21.7
食品制造业	Manufacture of Food	5.1	-37.2	193.5	1950.1	-3.5	-23.6
酒、饮料和精制茶制造业	Manufacture of Wine,Beverage and refined tea	40.2	-65.5	19.6	-68.8	56.4	-60.2
烟草制品业	Tobacco Products	123.0				123.0	
纺织业	Textile Industry	-5.1	-100.0	-12.2	42.1	-5.0	48.1
纺织服装、服饰业	Manufacture of Textile Garments, Apparel	42.8		43.9		33.6	804.4
皮革、毛皮、羽毛及其制品和制鞋业	Leather, Fur, Feather and Related Products, and Footwear	20.1	37.7	77.7		17.0	-83.5
木材加工及木、竹、藤、棕、草制品业	Timber Processing, Bamboo, Cane, Palm Fiber & Straw Products	17.7		555.8		-1.3	494.9
家具制造业	Manufacture of Furniture	10.4		153.0	-53.4	0.2	61.1
造纸和纸制品业	Papermaking and Paper Products	62.2		324.8		41.8	5933.3
印刷业和记录媒介复制业	Printing and Record Medium Reproduction	16.0		-40.6	-100.0	27.3	159.9
文教、工美、体育和娱乐用品制造业	Manufacture of Culture, Arts, Sports and Entertainment Articles	-1.2		2.4		-5.2	30.5
石油加工、炼焦及核燃料加工业	Petroleum Refining, Coking and Nuclear Fuel Processing	43.2		63.2	-100.0	52.6	-30.5
化学原料及化学制品制造业	Manufacture of Raw Chemical Materials and Chemical Products	77.5	0.9	309.0	14393.2	16.5	98.6
医药制造业	Manufacture of Medicines	7.6	-68.2	54.4		12.6	-72.7
化学纤维制造业	Manufacture of Chemical Fibers	75.2				75.2	
橡胶和塑料制品业	Manufacture of Rubber and Plastic Products	48.5	89.5	206.4	75.5	42.1	-6.0
非金属矿物制品业	Nonmetal Mineral Products	21.5	114.9	33.5	-100.0	20.7	101.8
黑色金属冶炼及压延加工业	Smelting and Pressing of Ferrous Metals	-17.3		603.2		-18.6	
有色金属冶炼及压延加工业	Smelting and Pressing of Nonferrous Metals	25.8	143.3	619.8		18.1	13.4
金属制品业	Metal Products	21.7		-2.4	-8.4	29.4	-61.7
通用设备制造业	Manufacture of General-purpose Machinery	7.7	-98.1	9.5	325.6	10.6	-29.0
专用设备制造业	Manufacture of Special-purpose Machinery	46.4	-65.0	96.7	-61.6	53.7	-36.7
汽车制造业	Manufacture of Automobile	7.9		-25.3	-63.6	16.0	-30.2

5-13 续表 1 continued 1

单位：亿元 (100 million yuan)

项　目	Item	本年资金来源合计 Sources of Funds	国家预算内资金 State Budget	国内贷款 Domestic Loans	利用外资 Foreign Inves-tment	自筹资金 Self-raising Fund	其他资金 Others
铁路、船舶、航空航天和其他运输设备制造业	Manufacture of Railway, Slip, Aeronautics and Other Transport Equipment	18.1		4.7		21.6	-67.8
电气机械及器材制造业	Manufacture of Electrical Machinery and Equipment	47.5	90.4	34.4	-45.0	46.2	137.7
计算机、通信和其他电子设备制造业	Manufacture of Computers, Communication Equipment and Other Electronic Equipment	36.3	380.7	13.6	-79.4	40.8	90.6
仪器仪表制造业	Manufacture of Instruments and Meters	-13.9	-100.0	15.6		-13.2	-84.8
其他制造业	Other Manufactures	51.7		-26.1		51.1	125.6
废弃资源综合利用业	Comprehensive Utilization of Waste	90.6		137.6		75.9	558.4
金属制品、机械和设备修理业	Manufacture of Metal Products, Machinery and Equipment Maintenance	88.3		70.0		82.2	
电力、热力、燃气及水生产和供应业	**Production and Supply of Electric Power, Heat Power, Gas and Water**	**21.5**	**20.7**	**48.9**	**239.8**	**6.6**	**-12.7**
电力、热力生产和供应业	Production and Supply of Electric Power and Heat Power	35.6	265.6	63.4	233.4	15.1	-38.9
燃气生产和供应业	Production and Supply of Gas	22.7	6.8	94.8		18.1	-18.0
水的生产和供应业	Production and Supply of Water	-13.7	3.4	-27.8	-100.0	-23.1	10.2
建筑业	**Construction**	**22.9**	**-47.3**	**67.2**		**-18.7**	
房屋建筑业	Housing Construction	-61.2				-61.2	
土木工程建筑业	Civil Engineering Construction	25.6	-47.3	67.2		-25.3	
建筑安装业	Construction and Installation						
建筑装饰和其他建筑业	Architectural Decoration and Other Construction						
批发和零售业	**Wholesale and Retail Trades**	**10.4**	**-6.5**	**-15.3**	**-87.3**	**15.2**	**65.8**
批发业	Wholesale	59.3	-68.3	-32.9		75.6	272.8
零售业	Retail Trade	-17.6	32.3	-7.8	-87.3	-22.9	-19.4
交通运输、仓储和邮政业	**Transport, Storage and Postal Services**	**3.2**	**8.9**	**5.3**	**28.4**	**5.1**	**-30.1**
铁路运输业	Railway Transport	11.2	10.2	62.3		-37.5	39.4
道路运输业	Road Transport	-5.1	2.1	-1.0	-37.8	-2.9	-54.2
水上运输业	Waterway Transport	40.8	10.9	282.1	-100.0	8.8	5.6
航空运输业	Air Transport	48.9	238.6	-27.2		117.9	12666.4
管道运输业	Pipeline Transport	7.9	-100.0	28.1		27.8	-2.3
多式联运和运输代理业	Multimodal Transportation and Transport Agency Industry	-21.7		272.8		-43.6	28.5
装卸搬运和仓储业	Handling, handling and storage	21.7	159.8	7.8	35.8	20.4	-25.7
邮政业	Postal Services	80.3				77.8	
住宿和餐饮业	**Hotels and Catering Services**	**21.2**		**-37.0**	**-100.0**	**-7.9**	**-2.0**
住宿业	Hotels	22.5		-40.2	-100.0	-9.1	22.7
餐饮业	Catering Services	-9.1				26.0	-94.6
信息传输、软件和信息技术服务业	**Information Transmission, Software and Information Technology Services**	**7.4**	**83.4**	**45.1**	**-66.5**	**2.7**	**4.7**
电信、广播电视和卫星传输服务	Telecommunications, Broadcasting Television and Satellite Transmission Services	-18.0	-78.4	226.2		-19.2	567.3
互联网和相关服务	Internet and Related Services	120.7	889.3	-36	-100	107.2	-60.2
软件和信息技术服务业	Software and Information Technology Services	2.5	-40.8	16.5	42.6	3.8	224.9
金融业	**Finance**	**34.2**	**4420.0**	**62.7**		**25.2**	**-84.2**
货币金融服务	Monetary and Financial Services	43.4		62.7		44.2	-85.0

5-13 续表 2 continued 2

单位：亿元 (100 million yuan)

项目	Item	本年资金来源合计 Sources of Funds	国家预算内资金 State Budget	国内贷款 Domestic loans	利用外资 Foreign Inives-tment	自筹资金 Self-raising Fund	其他资金 Others
资本市场服务	Capital Market Services	56.0				67.1	-100.0
保险业	Insurance	-15.9				-15.9	
其他金融活动	Other Financial Activities	511.1	4420.0			134.9	
房地产业	**Real Estate**	**7.4**	**0.1**	**-6.3**	**-7.2**	**10.0**	**10.9**
房地产业	Real Estate	7.4	0.1	-6.3	-7.2	10.0	10.9
租赁和商务服务业	**Leasing and Business Services**	**13.3**	**35.4**	**37.2**	**816.0**	**9.3**	**3.3**
租赁业	Leasing	-57.2		-96.4		-43.0	60.5
商务服务业	Business Services	15.3	35.4	50.1	816.0	10.5	3.1
科学研究、技术服务业	**Scientific Research, Technological Services**	**38.7**	**105.9**	**18.0**	**-95.2**	**21.6**	**21.3**
研究与试验发展	Research and Experimental Development	27.5	126.7	-1.3		-17.9	93.1
专业技术服务业	Professional Technical Services	73.0	-12.8	37.5		146.9	-51.6
科技推广和应用服务业	Science and Technology Popularization and Application Services	46.2	249.7	22.4	-100.0	53.3	-26.7
水利、环境和公共设施管理业	**Management of Water Conservancy, Environment and Public Facilities**	**-13.8**	**-9.7**	**-9.9**	**7.9**	**-24.3**	**-17.3**
水利管理业	Management of Water Conservancy	-11.8	-2.0	377.2		-36.6	-50.2
生态保护和环境治理业	Ecological Protection and Environmental Treatment	-42.2	-42.3	3.4	-55.8	-59.9	38.2
公共设施管理业	Management of Public Facilities	-10.1	-5.1	-22.3	2214.7	-18.3	-15.0
土地管理业	Land Management	1459.3	32.8				
居民服务、修理和其他服务业	**Households'service,Repair and Other Services**	**36.3**	**370.4**	**139.0**	**11.1**	**32.4**	**-100.0**
居民服务业	Services to Households	12.9	286.0	139.0	11.1	5.4	-100.0
机动车、电子产品和日用产品修理业	Motor Vehicle, Electronic Products and Consumer Products repair	-99.5				-99.5	
其他服务业	Other Services						
教育	**Education**	**28.9**	**14.9**	**10.2**		**73.2**	**-30.5**
教育	Education	28.9	14.9	10.2		73.2	-30.5
卫生和社会工作	**Health and Social Work**	**-5.7**	**1.5**	**-11.3**		**-7.8**	**-36.7**
卫生	Health	-6.6	2.6	-27.2		-9.6	-36.6
社会工作	Social Work	9.6	-26.8	237.0		10.7	-40.5
文化、体育和娱乐业	**Culture, Sports and Recreation**	**-15.3**	**-22.7**	**160.4**	**18.7**	**-16.7**	**-14.9**
新闻出版业	Publication	256.9				146.4	
广播、电视、电影和影视录音制作业	Production of Radio, Television, Film and Video Recording	-29.5	-100.0	-100.0	-8.3	-47.8	195.5
文化艺术业	Culture and Arts	-44.0	-44.8	-63.3		-43.1	-41.0
体育	Sports	-4.1	56.3	-94.5		-45.1	6.1
娱乐业	Recreation	40.0	65.8	248.0		27.0	13.1
公共管理、社会保障和社会组织	**Public Administration, Social Security and Social Organizations**	**-5.8**	**11.3**	**-100.0**		**-29.9**	**-46.1**
中国共产党机关	Organs of Communist Party of China	-64.7	2.6				-82.9
国家机构	Government Agencies	-5.9	11.4	-100.0		-36.8	-49.4
人民政协、民主党派	Chinese Peoples Political Consultative Conference, Democratic Parties						
社会保障	Social Security						
群众社团、社会团体和其他成员组织	Mass Organizations, Social Organizations and Other Member Organizations	22.8				-2.5	
基层群众自治组织	Self-governing Mass Organizations at the Grass-roots Level	60.5				60.5	

5-14 各市财务拨贷款资金来源主要指标增长速度（2021年）

Growth Rate of Main Indicators on Sources of Funds and Loans for Investment by City (2021)

单位：% (%)

市别	City	本年资金来源合计 Sources of Funds	国家预算资金 State and Local Budget	国内贷款 Domestic Loans	利用外资 Foreign Investment	自筹资金 Self-raising Fund	其他资金 Others
全　省	**Provincial Total**	**9.4**	**3.4**	**4.4**	**37.7**	**13.3**	**8.9**
广　州	Guangzhou	14.2	13.5		-78.9	19.2	18.7
深　圳	Shenzhen	16.0	6.7	3.0	-78.6	11.9	35.8
珠　海	Zhuhai	-0.6	-12.5	-8.4	-5.4	-3.8	10.3
汕　头	Shantou	-15.9	-50.9	-26.4		5.8	-49.0
佛　山	Foshan	6.7	33.0	-10.0	-41.7	9.2	9.9
韶　关	Shaoguan	2.2	-11.9	-31.1		24.7	-8.1
河　源	Heyuan	2.1	-30.4	17.3	273.0	5.6	4.9
梅　州	Meizhou	-12.7	-10.3	-23.4	-91.7	-18.1	-2.0
惠　州	Huizhou	12.8	36.2	37.2	62.0	31.4	-11.9
汕　尾	Shanwei	23.3	12.8	207.6		-4.2	14.9
东　莞	Dongguan	5.2	1.8	27.4	48.4	1.5	0.5
中　山	Zhongshan	26.4	-35.9	26.1	-61.9	75.5	7.8
江　门	Jiangmen	-2.3	4.9	-19.0	-31.4	4.9	-3.6
阳　江	Yangjiang	24.7	175.6	20.9		26.8	-2.6
湛　江	Zhanjiang	7.5	-26.9	21.8		16.2	-5.8
茂　名	Maoming	-5.0	8.7	-9.4	-21.8	-17.3	6.3
肇　庆	Zhaoqing	13.7	86.5	-0.6		25.5	-12.1
清　远	Qingyuan	4.4	-0.7	7.5	25.8	20.7	-7.8
潮　州	Chaozhou	-6.8	-10.1	-32.0		1.2	-8.4
揭　阳	Jieyang	19.9	46.0	-32.7	-70.0	30.7	12.8
云　浮	Yunfu	-3.8	32.5	13.3	-97.7	1.0	-20.9
按经济区域分	By Region						
珠三角	Pearl River Delta	11.2	9.2	4.1	-10.8	14.6	11.9
东　翼	Eastern Region	1.4	-28.0	6.9		9.9	-7.1
西　翼	Western Region	6.7	2.4	11.5		7.8	-1.0
山　区	Mountainous Region	-0.3	-9.9	0.5	-7.8	8.1	-6.6

注：资金来源不含计划总投资5000万元以下项目。
Notes: Sources of funds for investment do not include projects under 50 million yuan.

5-15 各市按构成和建设性质分固定资产投资增长速度（2021年）
Growth Rate of Investment in Fixed Assets in Urban Area by Composition of Funds, Type of Construction and City (2021)

单位：%　　(%)

市 别	City	投资额 Total Investment	按构成分 By Composition of Funds 建筑安装工程 Construction and Installation	设备、工具器具购置 Purchase of Equipment and Instruments	其他费用 Others	按建设性质分 By Type of Construction 新建 New Construction	扩建 Expansion	改建和技术改造 Reconstruction and Technological Transformation
全 省	**Provincial Total**	**6.3**	**7.9**	**6.8**	**2.1**	**5.8**	**13.8**	**1.5**
广 州	Guangzhou	11.7	9.2	0.2	17.4	12.3	31.1	-12.5
深 圳	Shenzhen	3.7	9.5	40.4	-13.4	-0.5	17.5	25.7
珠 海	Zhuhai	-3.1	-12.9	26.6	8.4	-3.0	-6.6	-6.2
汕 头	Shantou	-25.3	-21.6	-59.2	-8.0	-21.5	-30.9	-34.4
佛 山	Foshan	7.6	14.0	12.5	-4.0	7.5	25.1	2.8
韶 关	Shaoguan	2.2	-3.4	11.9	20.9	7.6	-25.6	-19.3
河 源	Heyuan	8.9	9.2	7.3	9.1	10.7	16.2	-13.0
梅 州	Meizhou	-14.8	-21.8	-8.0	17.1	-12.6	-30.4	-31.8
惠 州	Huizhou	21.8	22.7	-0.9	30.6	25.0	18.6	-0.5
汕 尾	Shanwei	16.9	19.5	7.6	13.3	20.0	45.2	-19.2
东 莞	Dongguan	8.2	8.0	5.6	10.2	3.1	37.8	22.7
中 山	Zhongshan	15.3	23.4	7.5	2.3	16.1	81.8	-1.8
江 门	Jiangmen	1.4	5.5	2.6	-13.6	-0.5	17.1	12.7
阳 江	Yangjiang	37.8	22.6	91.4	28.0	38.0	46.6	5.2
湛 江	Zhanjiang	19.1	14.5	3.5	53.3	20.8	16.6	-4.4
茂 名	Maoming	0.4	7.9	-9.7	-17.8	-1.3	4.0	17.8
肇 庆	Zhaoqing	11.6	19.0	1.1	-16.8	10.5	-14.1	31.3
清 远	Qingyuan	9.5	11.2	54.2	-17.2	4.3	16.3	-3.4
潮 州	Chaozhou	1.6	11.5	1.9	-33.1	-2.0	32.9	15.0
揭 阳	Jieyang	-6.4	7.5	-35.5	-32.6	-0.4	-19.3	-52.4
云 浮	Yunfu	4.5	16.2	0.7	-39.0	7.1	2.3	-14.7
按经济区域分	By Region							
珠三角	Pearl River Delta	8.1	10.3	13.0	2.9	6.8	21.7	9.1
东 翼	Eastern Region	-10.5	-3.9	-37.3	-14.9	-6.3	-14.8	-29.2
西 翼	Western Region	16.7	13.9	27.4	19.0	17.1	20.5	5.4
山 区	Mountainous Region	2.9	2.1	15.3	-2.0	3.7	-4.6	-17.4

5-16 各市农业、能源、原材料、运输邮电业投资比重

Proportion of Investment in Capital Construction of Agriculture, Energy, Raw Materials, Transport, Post and Telecommunications

市别	City	2020（以投资总额为100） Proportion (total investment=100)				2021（以投资总额为100） Proportion (total investment=100)			
		农、林、牧、渔业 Farming, Forestry, Animal Husbandry and Fishery	能源 Energy	原材料 Raw Materials	交通运输、仓储和邮政业 Transport, Storage and Postal Services	农、林、牧、渔业 Farming, Forestry, Animal Husbandry and Fishery	能源 Energy	原材料 Raw Materials	交通运输、仓储和邮政业 Transport, Storage and Postal Services
全　省	**Provincial Total**	**0.7**	**4.6**	**2.2**	**10.6**	**0.8**	**5.9**	**2.6**	**10.4**
广　州	Guangzhou	0.2	2.5	0.7	13.3	0.3	2.8	0.9	12.9
深　圳	Shenzhen	…	2.1	0.6	9.9	…	2.9	0.5	12.9
珠　海	Zhuhai	0.2	4.4	1.0	5.7	0.1	2.6	2.4	5.1
汕　头	Shantou	0.1	3.2	1.7	9.2	0.6	5.2	2.0	8.9
佛　山	Foshan	0.1	1.3	1.8	5.9	0.1	1.4	2.2	4.3
韶　关	Shaoguan	4.2	9.2	6.9	11.7	5.2	7.9	6.4	10.3
河　源	Heyuan	2.8	4.6	4.2	14.2	3.6	5.5	3.9	12.0
梅　州	Meizhou	1.5	5.9	2.4	19.2	1.3	7.6	2.0	13.8
惠　州	Huizhou	0.4	7.0	2.2	9.6	0.5	6.4	5.7	7.8
汕　尾	Shanwei	2.2	12.6	2.4	8.2	2.5	19.0	0.9	10.9
东　莞	Dongguan	…	4.0	1.5	6.8	…	4.8	1.7	5.7
中　山	Zhongshan	…	1.5	1.0	23.2	…	2.1	1.0	22.9
江　门	Jiangmen	0.9	3.8	4.7	10.2	1.2	3.6	5.8	8.8
阳　江	Yangjiang	0.1	31.8	3.0	12.9	0.1	51.4	2.5	15.1
湛　江	Zhanjiang	2.6	17.0	9.9	14.5	3.1	19.8	8.1	10.0
茂　名	Maoming	2.2	6.8	3.8	18.1	3.1	7.3	5.0	15.6
肇　庆	Zhaoqing	4.6	2.0	6.0	6.5	4.2	1.2	6.8	4.9
清　远	Qingyuan	1.5	6.2	3.9	17.4	1.1	6.6	4.4	17.6
潮　州	Chaozhou	1.6	8.2	1.6	16.2	2.8	5.9	1.1	12.0
揭　阳	Jieyang	0.7	15.7	1.8	6.5	0.9	31.0	3.4	10.2
云　浮	Yunfu	1.8	4.4	16.0	9.8	2.7	6.4	10.6	6.2
按经济区域分	By Region								
珠三角	Pearl River Delta	0.4	2.9	1.6	10.0	0.4	3.1	2.1	10.0
东　翼	Eastern Region	0.8	8.5	1.8	9.0	1.4	15.4	2.0	10.1
西　翼	Western Region	2.0	16.6	6.5	15.4	2.4	23.8	5.9	12.8
山　区	Mountainous Region	2.4	6.2	5.7	14.9	2.8	6.7	5.0	12.8

5-17 各市工业投资比重

Proportion of Industrial Investment by City

市别	City	2020（以投资总额为100） Proportion (total investment=100) 合计 Total	采矿业 Mining	制造业 Manufacturing	电力、燃气及水的生产和供应业 Production and Supply of Electricity,Gas and Water	2021（以投资总额为100） Proportion (total investment=100) 合计 Total	采矿业 Mining	制造业 Manufacturing	电力、燃气及水的生产和供应业 Production and Supply of Electricity,Gas and Water
全　省	**Provincial Total**	**21.9**	**0.4**	**16.2**	**5.3**	**24.6**	**0.6**	**18.2**	**5.9**
广　州	Guangzhou	13.5	…	9.5	4.0	12.9	…	9.5	3.4
深　圳	Shenzhen	13.6	0.7	10.5	2.3	16.6	1.0	12.4	3.2
珠　海	Zhuhai	15.5	0.7	10.5	4.3	17.6	1.3	13.3	3.0
汕　头	Shantou	28.4	…	20.2	8.1	25.7		19.0	6.7
佛　山	Foshan	21.6	…	19.4	2.2	24.7	…	22.3	2.3
韶　关	Shaoguan	29.7	0.6	15.6	13.5	29.6	0.4	19.2	10.0
河　源	Heyuan	28.2	0.3	22.9	5.0	28.1	0.3	20.8	7.0
梅　州	Meizhou	19.8	0.1	9.7	10.0	21.9	0.1	11.4	10.4
惠　州	Huizhou	26.8	0.1	19.0	7.8	33.1	1.5	24.7	6.8
汕　尾	Shanwei	36.1	…	22.3	13.9	39.4	…	18.3	21.0
东　莞	Dongguan	33.9		29.5	4.4	39.2		34.2	5.0
中　山	Zhongshan	19.6		17.9	1.7	22.4		20.1	2.3
江　门	Jiangmen	32.5	0.1	27.3	5.0	36.8	0.5	31.3	5.0
阳　江	Yangjiang	49.6	0.1	17.0	32.6	62.1	0.1	9.9	52.1
湛　江	Zhanjiang	32.9	4.4	18.4	10.2	35.1	4.0	14.0	17.1
茂　名	Maoming	17.7	0.7	9.8	7.2	20.4	0.2	12.6	7.6
肇　庆	Zhaoqing	30.2	0.2	26.1	3.9	33.3	1.4	29.7	2.2
清　远	Qingyuan	16.8	0.2	10.0	6.6	22.0		13.9	8.1
潮　州	Chaozhou	25.3	…	13.7	11.5	26.1	0.1	17.0	9.0
揭　阳	Jieyang	30.8		21.7	9.1	43.8	…	36.2	7.6
云　浮	Yunfu	36.7	0.2	30.8	5.7	30.9	0.9	21.6	8.4
按经济区域分	By Region								
珠三角	Pearl River Delta	19.6	0.3	15.7	3.7	22.3	0.6	18.1	3.6
东　翼	Eastern Region	30.1	…	20.4	9.7	33.8	…	23.2	10.5
西　翼	Western Region	31.3	2.3	15.2	13.8	37.4	2.0	12.6	22.8
山　区	Mountainous Region	25.0	0.3	16.6	8.1	26.1	0.3	17.3	8.6

5-18 新增主要生产能力或效益

Newly Increased Production Capacity or Efficiency

指标	Item	2005	2010	2015	2018	2019	2020
石油加工:	Petroleum Refining:						
蒸馏设备能力(处理万吨/年)	Distillation Equipment Capacity (10000 tons/year)	300		20	210		1000
裂化设备能力(处理万吨/年)	Cracking Equipment Capacity (10000 tons/year)	10	102	17	55		620
加氢精制设备能力 (处理万吨/年)	Hydro-refining Equipment Capacity (10000 tons/year)	120	200				
钢材:	Steels:			512.85	3.00		0.70
热轧钢材 (万吨/年)	Hot-roll (10000 tons/year)	280.35	103.60				
冷轧(拔)钢材 (万吨/年)	Non-hot-roll (10000 tons/year)	377.55	75.45				
铜冶炼 (吨/年)	Copper Smelting (tons/year)	25477	155000	3200	1890		
铝加工材 (吨/年)	Aluminum Processing (tons/year)	119780	184230	397572	337429	165019	151928
铜加工材 (吨/年)	Copper Material (tons/year)			15030			30000
发电机组装机容量 (万千瓦)	Capacity of Generating Sets (10000 kw)	526.93	763.96	770.20	236.54	913.81	879.01
#水力发电 (万千瓦)	Hydropower (10000 kw)	37.32	108.39	7.26	0.16	0.26	1.35
火力发电 (万千瓦)	Thermal Power (10000 kw)	433.57	580.00	559.20	6.00	442.00	619.50
输电线路(11万伏及以上)(公里)	Transmission Lines(≥110000kv) (km)	4066.05	6996.95	3171.11	2721.20	1942.12	3033.96
水泥 (万吨/年)	Cement (10000 tons/year)	1792	1751	638		180	830
塑料树脂及共聚物 (吨/年)	Plastic Resin and Copolymer (ton/year)	32999	340713	204103	260150		
内燃机 (台/年)	Internal Combustion Engine (set/year)						
(万千瓦/年)	(10000 kw/year)						
轿车制造 (万辆/年)	Manufacture of Car (10000 units/year)			28		40	12
电视机 (万部/年)	Television (10000 units/year)						
新建公路 (公里)	Newly Constructed Highways (km)	1860.61	3028.90	2441.95	1115.70	455.00	1298.95
#高速公路 (公里)	Express Highways (km)	187.86	508.70	751.01	733.00	333.00	1118.00
改建公路 (公里)	Reconstructed Highways (km)	5379.79	4253.65	2664.16	728.35	749.65	2666.34
#一级公路 (公里)	First Class Highways (km)	309.70	237.85	197.76	173.00	168.60	331.39
新建独立公路桥梁 (延长米)	Length of Newly Constructed Highway Bridges (m)	13032	22739	14080	35873	15680	5346
(座)	Number of Newly Constructed Highway Bridges(unit)	118	48	22	11	3	4
新(扩)建港口码头 (年吞吐量:万吨)	Annual Handling Capacity of Newly Constructed or Expanded Ports (10000 tons)	3158	3516	704	3991	35	190
(泊位:个)	Number of Berths in Newly Constructed or Expanded Ports (unit)	13	28	14	19	1	1
新(扩)建客、货运站 (个)	Number of Newly Constructed or Expanded Passenger and Freight Stations (unit)	29	22	10	2	2	1
(平方米)	Area of Newly Constructed or Expanded Passenger and Freight Stations (sq.m)	90564	221957	107349	45211	4411	42393
程控交换机(指安装能力) (万线/年)	Program-controlled Switchboards (10 000 lines/year)	82					
飞机购置 (架)	Aircraft Purchase (unit)			33	83	40	23
城市自来水供水能力(万吨/日)	Capacity of City Tap Water Supply (10000 tons/day)	359.41	62.77	0.50	28.00	143.50	59.20
城市污水处理能力 (万吨/日)	Disposal Capacity of City Sewage (10000 tons/day)	124.46	506.88	17.68	94.16	76.75	244.32

主要统计指标解释

固定资产投资额 是以货币形式表现的在一定时期内建造和购置固定资产的工作量以及与此有关的费用的总称。它是反映固定资产投资规模、结构和发展速度的综合性指标，又是观察工程进度和考核投资效果的重要依据。

固定资产投资的资金来源 根据固定资产投资的资金来源不同，分为国家预算资金、国内贷款、债券、利用外资、自筹资金和其他资金来源。

(1)国家预算资金 自 2011 年起，按照全国人大和国务院的要求，各级财政的所有资金，包括税收和非税收入，均必须纳入预算管理，我国已不存在预算外资金的概念，因此各级政府用于固定资产投资的财政资金均为预算资金。由于已经没有预算外资金，因此名称改为国家预算资金，包括中央预算资金和地方预算资金，旧的国家预算内资金的内容和现中央预算资金的内容基本一致。

国家预算包括一般预算、政府性基金预算、国有资本经营预算和社保基金预算。各类预算中用于固定资产投资的资金全部作为国家预算资金填报，其中一般预算中用于固定资产投资的部分包括基建投资、车购税、灾后恢复重建基金和其他财政投资。各级政府债券也应归入国家预算资金。

(2)国内贷款 指报告期固定资产投资单位向银行及非银行金融机构借入的用于固定资产投资的各种国内借款，包括银行利用自有资金及吸收存款发放的贷款、上级主管部门拨入的国内贷款、国家专项贷款（包括煤代油贷款、劳改煤矿专项贷款等），地方财政专项资金安排的贷款、国内储备贷款、周转贷款等。

(3)债券 是企业（公司）或金融机构通过发行各种债券筹集到的用于固定资产投资的资金，包括由银行代理发行的重点企业债券和重点建设债券。

(4)利用外资 指报告期内收到的用于固定资产建造和购置的国外资金（包括设备、材料、技术）。包括对外借款、外商直接投资、外商其他投资。不包括我国自有外汇资金。

(5)自筹资金 指固定资产投资单位报告期内收到的，由各地区、各部门及企事业单位筹集用于固定资产投资的预算外资金，包括中央各部门、各级地方和企事业单位的自筹资金。

(6)其他资金来源 指报告期收到的除以上各种资金之外其他用于固定资产投资的资金。包括集资、个人资金、无偿捐赠的资金及其他单位拨入的资金。

新增生产能力（或工程效益） 指通过固定资产投资活动而增加的设计能力（或工程效益），是以实物形态表示的固定资产投资成果的指标，也是考核投资经济效果的重要依据之一。

新增固定资产 指已经完成建造和购置过程，并已交付生产或使用单位的固定资产的价值。它是表示固定资产投资成果的价值指标，也是反映建设进度，计算固定资产投资效果的重要依据。

基础设施 基础设施投资指在电力、热力的生产和供应业，燃气生产和供应业，水的生产和供应业，铁路运输业，道路运输业，水上运输业，航空运输业，管道运输业，装卸搬运和运输代理业，邮政业，电信、广播电视和卫星传输服务，互联网和相关服务，水利管理业，生态保护和环境治理业和公共设施管理业等行业方面的固定资产投资。

Explanatory Notes on Main Statistical Indicators

Amount of Investment in Fixed Assets refers to the sum in monetary terms of the volume of activities in the construction and purchase of fixed assets as well as related expenses. It is not only a comprehensive indicator of the size, proportional relations and developmental pace of investment in fixed assets, but also an important basis to follow the progress of projects and check the result of investment on. By status of registration, investment in fixed assets consists state-owned, collectively-owned, cooperative, joint, limited-liability, share-holding,, private, self-employed individual, funds from Hong Kong, Macao and Taiwan, foreign funded, and others.

Sources of Funds for Investment in Fixed Assets are categorized as funds from the State budget, domestic loans, foreign investment, self-raised funds, and others, depending on the sources of investment.

(1)State Budgetary Funds Since 2011, in accordance with the requirements of the National People's Congress and the State Council, budgetary funds at all levels, including tax and non-tax revenues, must be included into budgetary management. As a result, the concept of "extra-budgetary funds" no longer exist. Therefore, all the fiscal funds used in fixed asset investment by governments at all levels are state budgetary funds. Without extra-budgetary funds, the name is changed into State Budgetary Funds. It includes central budgetary funds and local budgetary funds. The contents of the previously named "Fund from the State budget" is basically the same as the content of the central budgetary funds.

State budget includes general budget, government fund budget, state-owned capital operation budget and social insurance fund budget. Of all the budgets, the funds used in fixed asset investment are recorded as state budgetary funds. In general budget, the funds used in fixed asset investment include investment in infrastructure, vehicle purchase tax, post-disaster reconstruction fund and other fiscal investments. Government bonds at all levels shall also be included in state budgetary funds.

(2) Domestic loans refer to loans of various forms borrowed by investing units from banks and non-bank financial institutions during the reference period for the purpose of investment in fixed assets, including loans issued by banks from their self-owned funds and deposit, loans appropriated by higher authorities, special loans by government, loans arranged by local government from special funds, domestic reserve loan, and working loan.

(3) Bonds refer to funds raised by enterprises (companies) and financial institutions through issuing various bonds for the purpose of investment in fixed assets, including key enterprise bonds and key construction bonds issued through the agency of banks.

(4) Foreign investment refers to foreign funds received during the reference period for the purpose of construction and purchase of fixed assets (including equipment, materials and technologies). It includes foreign loans, foreign direct investment and other foreign investment, but excludes self-owned foreign exchanges of China.

(5) Fundraising refers to extra-budgetary funds received and raised by enterprises and institutions at all levels during the reference period for the purpose of investment in fixed assets, including funds raised by various departments under the central government, government departments of various levels, enterprises and institutions.

(6) Other funds refer to funds received during the reference period for the purpose of investment in fixed assets which are not included in the above-mentioned sources, including mass financing, individual funds, donations and funds from other units.

Newly Increased Production Capacity (or Project Efficiency) refers to the increase of designed capacity or project efficiency through investment in fixed assets, which is not only an indicator of the accomplishment in kind of investment in fixed assets but also an important basis to check the economic result of investment on..

Newly Increased Fixed Assets refer to the value of fixed assets which have been completed and transferred to production units or users. It is a value indicator of the achievements of investment in fixed assets as well as an important basis to evaluate the result of investment in fixed assets on.

Infrastructure Investment Infrastructure investment refers to the fixed assets investments in the industry of electric power, hot water production and supply industry, gas production and supply industry, water production and supply industry, railway transport, road transport, water transport, air transport industry, pipeline transportation, handling and transportation agent industry, postal services, telecommunications, radio, television and satellite transmission service, Internet and related services, water management industry, ecological protection and environmental governance industry and public facilities management.

六、对外经济

FOREIGN ECONOMY

六 对外经济

简要说明

一、本篇资料综合反映广东对外贸易、利用外资、对外承包工程和劳务合作以及外商投资企业工商登记等历年概况和近年发展的详细情况。

二、本篇资料由广东省统计局贸易外经统计处负责整理、编辑。

三、资料来源和统计范围：

1. 人民币对美元、日元、港元的年平均汇价资料来源于外汇管理部门，是根据当年国家外汇管理局提供的每日汇价进行加权平均计算而得出的。

2. 进出口贸易规模、结构情况资料，来源于海关总署广东分署，统计范围为在广东境内经海关报关注册登记的经营单位（包括有进出口经营权和无进出口经营权的经营单位）。进出口商品价值，出口按离岸价（FOB）、进口按到岸价（CIF）统计；进出口商品分类按海关合作理事会制定的《商品名称及编码协调制度》（HS）目录进行分类统计。

3. 利用外资规模、结构、对外直接投资和广东对外承包工程和劳务合作状况资料来源于广东省商务厅。

4. 外商投资企业注册登记情况资料来源于广东省市场监督管理局。

5. 对外开放使用口岸分布状况资料来源于广东省商务厅。

6 Foreign Economy

Brief Introduction

Ⅰ. This data in this chapter comprehensively reflects the situation of Guangdong's foreign trade, utilization of foreign capital, foreign contracted projects and labor cooperation and the industrial and commercial registration of foreign-funded enterprises over the years and the detailed development in recent years.

Ⅱ. The data in this chapter are prepared and edited by the Division of Trade and External Economic Relations Statistics of Statistics Bureau of Guangdong Province.

Ⅲ. Data sources and statistical coverage:

(1) The data on the average exchange rates of RMB yuan to US dollar, Japanese yen and Hong Kong dollar over the years come from the State Administration of Foreign Exchange. The annual average exchange rate is calculated as the weighted mean of the daily exchange rates provided by the State Administration of Foreign Exchange in current year.

(2) The data on the size and composition of Guangdong's imports and exports come from Guangdong Customs Office. The statistics cover the operating units (with or without the right to handle imports and exports) which have a declaration and register at customs within the boundary of Guangdong. The values of export commodities are calculated on an FOB basis, while the values of import commodities are calculated on a CIF basis. The Harmonized Commodity Description and Coding System (HS) stipulated by the Customs Cooperation Council is used in the classification of import and export commodities.

(3) The data on the scale and composition of the utilization of foreign capital,overseas direct invest ment and the conditions of contracted projects and labor cooperation with foreign countries or territories in Guangdong come from the Department of Commerce of Guangdong Province.

(4) The data on registration status of enterprises with foreign investment come from Guangdong Administration for Market Regulation.

(5) The data on the distribution of ports opening to the outside world come from the Department of Commerce of Guangdong Province.

6-1 对外经济主要指标

Main Indicators of Foreign Trade and Economic Cooperation

指 标	Item	2016	2017	2018	2019	2020	2021
进出口总额 (亿元)	Total Value of Imports and Exports (100 million)	63099.68	68168.86	71645.73	71484.39	70862.64	82681.56
出口总额	Total Exports	39520.54	42192.86	42744.06	43416.04	43493.07	50525.46
进口总额	Total Imports	23579.14	25976.00	28901.67	28068.35	27369.58	32156.10
进出口总额 (亿美元)	Total Value of Imports and Exports (USD 100 million)	9552.86	10066.80	10851.03	10365.78	10239.02	12795.67
出口总额	Total Exports	5985.64	6228.73	6470.46	6294.64	6282.99	7818.60
#农产品	Farm Produce	91.99	94.79	102.70	98.69	93.13	105.98
机电产品	Machanical and Electrical Products	4064.84	4201.31	4470.83	4280.73	4300.84	5407.11
高新技术产品	High and New-tech Products	2135.92	2157.98	2337.57	2192.95	2174.99	2655.31
进口总额	Total Imports	3567.21	3838.06	4380.57	4071.14	3956.03	4977.07
#农产品	Farm Produce	176.61	181.27	199.64	214.80	244.05	292.61
机电产品	Machanical and Electrical Products	2411.23	2571.39	3025.71	2774.47	2733.19	3315.71
高新技术产品	High and New-tech Products	1897.10	2025.79	2410.23	2219.25	2213.40	2750.61
签订利用外资协议(合同)项目 (个)	Number of Projects with Contracted Foreign Capital (unit)	8078	15599				
#外商直接投资	Foreign Direct Investment	8078	15599	35774	14350	12864	16155
签订利用外资协议(合同)金额 (亿美元)	Amount of Contracted Foreign Capital (USD 100 million)	867.34	730.97				
#外商直接投资	Foreign Direct Investment	866.75	730.87	5900.98	5523.84	5032.99	4894.14
实际利用外资额(亿美元)	Amount of Foreign Capital Actually Utilized (USD 100 million)	234.07	229.48				
#外商直接投资	Foreign Direct Investment	233.49	229.07	1450.88	1522.00	1620.29	1840.02
外商投资企业年底工商登记数 (户)	Number of Registered Enterprises with Foreign Investment at the Year-end (unit)	119688	135869	170968	179268	175378	185553
投资总额 (亿美元)	Total Investment (USD 100 million)	7815.71	17622.27	19234.65	19532.52	21670.90	23284.71
注册资本 (亿美元)	Registered Capital (USD 100 million)	5085.88	6431.86	7964.06	8542.58	9853.35	10723.77
对外承包工程合同数(份)	Number of Contracted Projects with Foreign Countries and Territories (unit)	1503	1151	1136	1030	878	787
合同金额 (亿美元)	Contracted Value (USD 100 million)	219.87	221.83	191.47	255.61	187.31	183.52
完成营业额 (亿美元)	Value of Turnover Fulfilled(USD 100 million)	181.64	180.96	175.67	167.06	156.65	156.23
对外劳务人员合同工资总额 (亿美元)	Contracted Value (USD 100 million)	6.55	7.28	6.75	7.36	5.59	6.37
对外劳务人员实际工资总额 (亿美元)	Value of Turnover Fulfilled(USD 100 million)	8.92	8.67	8.56	9.29	7.92	8.74
对外直接投资合同数 (个)	Number of Agreement(Contract)Signed of Overseas Direct Investment (unit)	1429	703	1012	932	865	1075
对外直接投资额 (亿美元)	Amount of Overseas Direct Investment (USD 100 million)	206.84	87.50	138.00	102.77	158.16	169.67

注：1.2018年起，外商直接投资使用商务部反馈人民币数据，计量单位为亿元。

2.2018年起，省商务厅未对外公布利用外资签订项目、合同外资额和实际利用外资数据。

Note: a)Data of foreign direct investment in RMB that are approved by Ministry of Commerce are adopted since 2018. The unit of measurement is 100 million yuan.

b)Data of signed projects, contracted foreign capital and foreign capital actually utilized are not published by Department of Commerce of Guangdong Province since 2018.

6-2 人民币对主要外币中间价汇率（年平均价）

Middle Exchange Rate of RMB Against Major Foreign Currencies (Period Average)

单位：人民币，元 (RMB/yuan)

年份 Year	100美元 100 US Dollars	100日元 100 Japanese Yen	100港元 100 Hong Kong Dollars	100欧元 100 Euros
1987	372.21	2.5799	47.74	
1988	372.21	2.9082	47.70	
1989	376.51	2.7360	48.28	
1990	478.32	3.3233	61.39	
1991	532.33	3.9602	68.45	
1992	551.46	4.3608	71.24	
1993	576.20	5.2020	74.41	
1994	861.87	8.4370	111.53	
1995	835.10	8.9225	107.96	
1996	831.42	7.6352	107.51	
1997	828.98	6.8600	107.09	
1998	827.91	6.3488	106.88	
1999	827.83	7.2932	106.66	
2000	827.84	7.6864	106.18	
2001	827.70	6.8075	106.08	
2002	827.70	6.6237	106.07	800.58
2003	827.70	7.1466	106.24	936.13
2004	827.68	7.6552	106.23	1029.00
2005	819.17	7.4484	105.30	1019.53
2006	797.18	6.8570	102.62	1001.90
2007	760.40	6.4632	97.46	1041.75
2008	694.51	6.7427	89.19	1022.27
2009	683.10	7.2986	88.12	952.70
2010	676.95	7.7279	87.13	897.25
2011	645.88	8.1050	82.97	900.11
2012	631.25	7.9037	81.38	810.78
2013	619.36	6.3323	79.85	822.19
2014	614.28	5.8196	79.22	816.51
2015	622.84	5.1543	80.34	691.41
2016	664.23	6.1243	85.58	734.26
2017	675.18	6.0244	86.64	763.03
2018	661.74	5.9890	84.43	780.16
2019	689.85	6.3389	88.05	772.55
2020	689.76	6.4626	88.93	787.55
2021	645.15	5.8735	83.00	762.93

6-3 进出口总额

Total Value of Imports and Exports

年份 Year	亿元人民币 RMB 100 million				亿美元 USD 100 million			
	进出口总额 Total Imports and Exports	出口 Exports	进口 Imports	差额 Balance	进出口总额 Total Imports and Exports	出口 Exports	进口 Imports	差额 Balance
1987	782.91	377.37	405.54	-28.17	210.37	101.40	108.97	-7.57
1988	1154.40	551.43	602.97	-51.54	310.19	148.17	162.02	-13.85
1989	1324.07	674.09	649.98	24.11	355.78	181.13	174.65	6.48
1990	1994.18	1057.63	936.55	121.08	418.98	222.21	196.77	25.44
1991	2774.47	1430.16	1344.31	85.85	525.21	270.73	254.48	16.25
1992	3584.97	1824.33	1760.64	63.69	657.48	334.58	322.90	11.68
1993	4507.68	2151.54	2356.14	-204.60	783.44	373.94	409.50	-35.56
1994	8354.58	4339.74	4014.84	324.90	966.63	502.11	464.52	37.59
1995	8700.58	4735.73	3964.85	770.88	1039.72	565.92	473.80	92.12
1996	9144.27	4935.21	4209.06	726.15	1099.60	593.46	506.14	87.32
1997	10789.42	6182.77	4606.65	1576.12	1301.20	745.64	555.56	190.08
1998	10745.98	6260.41	4485.56	1774.85	1297.98	756.18	541.80	214.38
1999	11620.08	6432.65	5187.43	1245.22	1403.68	777.05	626.63	150.42
2000	14082.06	7609.42	6472.63	1136.79	1701.06	919.19	781.87	137.32
2001	14608.01	7898.09	6709.91	1188.18	1764.87	954.21	810.66	143.55
2002	18299.78	9804.77	8495.02	1309.75	2210.92	1184.58	1026.34	158.24
2003	23467.12	12651.23	10815.89	1835.34	2835.22	1528.48	1306.74	221.74
2004	29559.57	15856.17	13703.40	2152.76	3571.29	1915.69	1655.60	260.09
2005	35121.80	19542.06	15579.74	3962.32	4280.02	2381.71	1898.31	483.40
2006	42114.53	24119.13	17995.40	6123.73	5272.07	3019.48	2252.59	766.89
2007	48445.43	28210.96	20234.46	7976.50	6340.35	3692.39	2647.96	1044.43
2008	47869.07	28342.66	19526.41	8816.25	6834.92	4041.88	2793.04	1248.83
2009	41736.14	24517.40	17218.74	7298.66	6111.18	3589.56	2521.62	1067.93
2010	53203.22	30718.98	22484.24	8234.74	7848.96	4531.91	3317.05	1214.86
2011	59276.15	34519.93	24756.22	9763.71	9133.34	5317.93	3815.41	1502.52
2012	62123.46	36242.50	25880.96	10361.54	9839.47	5740.59	4098.88	1641.71
2013	67806.10	39513.95	28292.14	11221.81	10918.22	6363.64	4554.58	1809.06
2014	66137.28	39693.38	26443.90	13249.48	10765.84	6460.87	4304.97	2155.90
2015	63559.70	39983.10	23576.60	16406.50	10227.96	6434.68	3793.28	2641.41
2016	63099.68	39520.54	23579.14	15941.40	9552.86	5985.64	3567.21	2418.43
2017	68168.86	42192.86	25976.00	16216.86	10066.80	6228.73	3838.06	2390.67
2018	71645.73	42744.06	28901.67	13842.39	10851.03	6470.46	4380.57	2089.89
2019	71484.39	43416.04	28068.35	15347.69	10365.78	6294.64	4071.14	2223.49
2020	70862.64	43493.07	27369.58	16123.49	10239.02	6282.99	3956.03	2326.96
2021	82681.56	50525.46	32156.10	18369.37	12795.67	7818.60	4977.07	2841.52

注：进出口差额负数为入超。
Note: A negative balance indicates trade deficit. That is, imports surpassing exports.

6-4 按贸易方式和经济类型分的进出口额(人民币)

Total Value of Imports and Exports by Customs Regime and Ownership Type (RMB)

单位：亿元人民币 (RMB 100 million)

项 目	Item	2019 出口 Exports	2019 进口 Imports	2020 出口 Exports	2020 进口 Imports	2021 出口 Exports	2021 进口 Imports
全 省	**Provincial Total**	**43416.04**	**28068.35**	**43493.07**	**27369.58**	**50525.46**	**32156.10**
按贸易方式分	By Customs Regime						
一般贸易	Ordinary Trade	21724.03	13318.72	22893.16	13401.73	27099.60	16135.87
来料加工	Processing and Assembling with Customer's Materials	1373.97	1006.02	974.81	690.77	1136.83	900.18
补偿贸易	Compensation Trade						
进料加工	Processing and Assembling with Import Materials	13564.39	7095.79	11948.55	6362.33	13422.88	7147.74
加工设备	Processing Equipments		11.83		20.76		14.18
外资设备	Foreign-funded Equipments		186.89		75.74		29.46
保税仓库	Bonded Warehouse	4063.44	6260.48	4385.31	6599.57	5356.47	7733.07
捐赠	Donation	1.60	0.01	5.53	2.45	0.14	0.01
其他	Others	2688.61	188.62	3285.70	216.23	3509.54	195.61
按经济类型分	By Type of Ownership						
国有经济	State-owned Economy	2416.91	1776.78	2263.86	1492.07	2544.77	1708.17
集体经济	Collective-owned Economy	1133.10	520.65	1072.73	257.67	1061.14	77.97
私营经济	Private Economy	21636.06	13664.20	23150.36	14529.75	27965.10	17522.95
外商投资经济	Foreign-funded Economy	18091.48	11877.35	16896.57	10985.77	18854.71	12728.75
其他经济	Others	138.48	229.37	109.53	104.32	99.75	118.25

6-5 按贸易方式和经济类型分的进出口额(美元)

Total Value of Imports and Exports by Customs Regime and Ownership Type(USD)

单位：亿美元 (USD 100 million)

项 目	Item	2019 出口 Exports	2019 进口 Imports	2020 出口 Exports	2020 进口 Imports	2021 出口 Exports	2021 进口 Imports
全 省	**Provincial Total**	**6294.64**	**4071.14**	**6282.99**	**3956.03**	**7818.60**	**4977.07**
按贸易方式分	By Customs Regime						
一般贸易	Ordinary Trade	3149.76	1933.36	3306.09	1934.04	4193.24	2496.13
来料加工	Processing and Assembling with Customer's Materials	199.23	146.02	141.00	100.12	176.02	139.42
补偿贸易	Compensation Trade						
进料加工	Processing and Assembling with Import Materials	1967.50	1028.75	1728.18	922.52	2078.04	1106.87
加工设备	Processing Equipments		1.71		2.98		2.20
外资设备	Foreign-funded Equipments		27.33		10.88		4.55
保税仓库	Bonded Warehouse	589.07	906.80	633.99	953.93	829.32	1197.75
捐赠	Donation	0.23	0.00	0.79	0.35	0.02	…
其他	Others	388.84	27.17	472.95	31.20	541.95	30.17
按经济类型分	By Type of Ownership						
国有经济	State-owned Economy	350.60	257.90	326.99	215.23	393.75	264.38
集体经济	Collective-owned Economy	164.34	75.75	155.11	36.98	164.19	12.05
私营经济	Private Economy	3135.58	1981.14	3344.20	2099.50	4326.86	2711.92
外商投资经济	Foreign-funded Economy	2624.40	1723.27	2441.08	1589.25	2918.51	1970.52
其他经济	Others	19.71	33.08	15.61	15.07	15.29	18.20

6-6 按产品类型分的进出口额

Total Value of Imports and Exports by Product Type

项 目	Item	亿元人民币 RMB 100 million			亿美元 USD 100 million		
		2019	2020	2021	2019	2020	2021
出口总额	**Total Exports**	**43416.04**	**43493.07**	**50525.46**	**6294.64**	**6282.99**	**7818.60**
#农产品	Farm Produce	680.61	644.68	684.63	98.69	93.13	105.98
机电产品	Machanical and Electrical Products	29521.84	29756.14	34936.80	4280.73	4300.84	5407.11
自动数据处理设备及其零部件	Automated Data Processing Equipment and their Parts	2588.54	2827.57	3356.13	375.20	409.02	519.75
电工器材	Electrical Equipment	2456.56	2565.79	3114.09	356.22	370.72	482.02
电子元件	Electrical Components	3461.45	3772.46	4457.55	501.48	545.88	690.15
汽车零配件	Automobile Parts	497.73	450.87	553.48	72.23	65.20	85.59
液晶显示板	LCD Display Panels	602.55	547.10	722.41	87.54	79.08	111.78
计量检测分析自控仪器及器具	Automated Measurement, Detection, Analysis Equipment and their Parts	380.28	473.96	461.89	55.17	68.40	71.49
高新技术产品	High and New-tech Products	15130.86	15035.76	17150.36	2192.95	2174.99	2655.31
生物技术	Biotechnology	1.60	1.90	13.29	0.23	0.28	2.07
生命科学技术	Life Sciences Technology	234.54	298.04	382.12	34.01	42.99	59.14
光电技术	Photoelectric Technology	736.89	695.54	897.30	107.00	100.53	138.85
计算机与通信技术	Computer and Communication Technology	11044.40	10620.01	11832.41	1600.45	1536.49	1831.96
电子技术	Electronic Technology	2681.09	2978.56	3506.25	388.58	430.84	542.98
计算机集成制造技术	Computer Integrated Manufacturing Technology	271.72	282.48	326.33	39.40	40.79	50.49
材料技术	Material Technology	78.58	82.75	102.94	11.40	11.96	15.93
航空航天技术	Aerospace Technology	71.96	64.99	66.98	10.41	9.45	10.37
其他	Others	10.08	11.50	22.75	1.46	1.67	3.52
进口总额	**Total Imports**	**28068.35**	**27369.58**	**32156.10**	**4071.14**	**3956.03**	**4977.07**
#农产品	Farm Produce	1480.21	1690.53	1892.15	214.80	244.05	292.61
机电产品	Machinery and Electrical Products	19133.39	18912.22	21420.52	2774.47	2733.19	3315.71
自动数据处理设备及其零部件	Automatic Data Processing Equipment and their Parts	1198.30	1270.26	1388.24	173.77	183.13	214.96
电工器材	Electrical Equipment	1007.69	958.88	989.96	146.15	138.57	153.24
电子元件	Electrical Components	10011.43	10598.19	12842.47	1451.87	1530.66	1988.21
汽车零配件	Automobile Parts	304.49	300.90	278.76	44.16	43.39	43.05
液晶显示板	LCD Display Panels	624.90	494.53	511.57	90.84	71.46	79.19
计量检测分析自控仪器及器具	Automated Measurement, Detection, Analysis Equipment and their Parts	403.17	441.82	377.98	58.51	63.81	58.49
高新技术产品	High and New-tech Products	15305.49	15314.65	17767.27	2219.25	2213.40	2750.61
生物技术	Biotechnology	15.12	20.42	23.73	2.21	2.95	3.66
生命科学技术	Life Sciences Technology	298.17	293.05	316.29	43.23	42.34	48.95
光电技术	Photoelectric Technology	787.51	657.66	663.60	114.48	95.01	102.71
计算机与通信技术	Computer and Communication Technology	3418.26	3272.16	3606.88	494.70	473.80	558.35
电子技术	Electronic Technology	9581.78	10132.47	12286.34	1389.61	1463.27	1902.20
计算机集成制造技术	Computer Integrated Manufacturing Technology	660.37	567.85	527.55	96.22	81.85	81.60
材料技术	Material Technology	87.10	85.35	95.52	12.64	12.33	14.79
航空航天技术	Aerospace Technology	453.84	269.23	237.38	65.69	39.45	36.77
其他	Others	3.34	16.46	9.98	0.48	2.39	1.56

6-7 广东同主要国家(地区)进出口额 (2021年)

Total Value of Imports and Exports with Main Countries and Regions (2021)

国别（地区）	Country (Region)	亿元人民币 RMB 100 million			亿美元 USD 100 million		
		进出口 Total	出口 Exports	进口 Imports	进出口 Total	出口 Exports	进口 Imports
合计	**Total**	**82681.56**	**50525.46**	**32156.10**	**12795.67**	**7818.60**	**4977.07**
亚洲	**Asia**	**50980.86**	**25647.63**	**25333.23**	**7891.33**	**3969.92**	**3921.41**
#香港	Hong Kong, China	11657.24	11368.46	288.78	1805.44	1760.77	44.67
韩国	Republic of Korea	4564.47	1194.25	3370.22	706.48	184.78	521.70
台湾省	Taiwan, China	6352.25	765.24	5587.01	983.41	118.47	864.94
日本	Japan	4607.30	1816.28	2791.02	712.59	281.00	431.59
越南	Vietnam	3071.98	1546.25	1525.73	475.44	239.31	236.13
马来西亚	Malaysia	2928.04	1103.81	1824.23	453.22	170.76	282.47
泰国	Thailand	1949.32	903.52	1045.79	301.65	139.78	161.87
印度	India	1549.01	1356.04	192.97	239.62	209.74	29.88
新加坡	Singapore	1276.68	717.99	558.69	197.54	111.09	86.45
菲律宾	Philippines	1291.07	721.66	569.41	199.81	111.65	88.16
印度尼西亚	Indonesia	1542.66	898.42	644.23	238.77	138.99	99.78
阿联酋	United Arab Emirates	789.01	630.28	158.72	122.13	97.53	24.61
沙特阿拉伯	Saudi Arabia	701.41	499.07	202.34	108.50	77.15	31.35
东盟	Association of Southeast Asian Nations	12415.15	6140.86	6274.29	1921.51	950.12	971.39
非洲	**Africa**	**2784.73**	**2001.94**	**782.79**	**430.66**	**309.46**	**121.20**
#南非	South Africa	788.57	260.86	527.72	122.03	40.34	81.69
尼日利亚	Nigeria	364.63	350.39	14.23	56.33	54.12	2.21
欧洲	**Europe**	**12382.77**	**9512.57**	**2870.20**	**1915.96**	**1471.87**	**444.09**
#德国	Germany	2170.20	1484.30	685.90	335.80	229.66	106.14
英国	United Kingdom	1416.01	1257.08	158.93	219.07	194.48	24.59
荷兰	Netherlands	1451.41	1334.90	116.51	224.56	206.54	18.02
法国	France	1114.12	761.82	352.30	172.41	117.89	54.53
意大利	Italy	915.54	675.73	239.81	141.62	104.56	37.06
俄罗斯	Russia	866.37	735.01	131.36	134.10	113.76	20.35
西班牙	Spain	656.38	541.79	114.59	101.53	83.81	17.72
波兰	Poland	561.26	534.00	27.26	86.86	82.64	4.22
比利时	Belgium	471.70	348.43	123.28	73.00	53.90	19.11
瑞士	Switzerland	530.42	91.25	439.17	82.05	14.12	67.93
匈牙利	Hungary	284.43	247.46	36.97	44.00	38.27	5.72
瑞典	Sweden	196.45	157.47	38.98	30.40	24.37	6.03
捷克	Czech	236.38	201.36	35.02	36.58	31.16	5.42
欧盟	European Union	9232.97	7183.57	2049.40	1428.60	1111.49	317.11
拉丁美洲	**Latin America**	**3986.18**	**2960.13**	**1026.05**	**616.63**	**457.96**	**158.67**
#墨西哥	Mexico	1292.06	1115.34	176.73	199.95	172.59	27.36
巴西	Brazil	1034.24	588.88	445.36	160.00	91.08	68.92
智利	Chile	462.37	267.09	195.28	71.44	41.33	30.12
阿根廷	Argentina	196.76	133.63	63.13	30.43	20.67	9.77
北美洲	**North America**	**10692.66**	**9373.14**	**1319.52**	**1654.30**	**1450.06**	**204.24**
#美国	United States of America	9723.59	8616.36	1107.23	1504.37	1333.00	171.37
加拿大	Canada	966.25	756.11	210.14	149.49	116.96	32.54
大洋洲及其他	**Oceania and others**	**1854.37**	**1030.06**	**824.31**	**286.79**	**159.33**	**127.46**
#澳大利亚	Australia	1520.99	869.24	651.75	235.32	134.46	100.86
新西兰	New Zealand	227.92	119.81	108.12	35.26	18.53	16.73

注：本表数字按产销国别原则统计。

Note: The data in the table are calculated on the basis of production and consumption countries.

6-8 进出口商品分类金额（2021年）

Total Value of Imports and Exports by Category of Commodities (2021)

商品类别	Category of Commodities	万元人民币 RMB10 000		万美元 USD 10 000	
		出口 Exports	进口 Imports	出口 Exports	进口 Imports
全 省	**Provincial Total**	**505254647**	**321560971**	**78185951**	**49770741**
第一类 活动物；动物产品	**Live Animals and Animal Products**	**1405144**	**6148416**	**217511**	**950886**
活动物	Live Animals	165761	1801	25659	279
肉及食用杂碎	Meat and Edible Haslets	330658	3967746	51191	613706
水产品	Aquatic Products	819424	1388645	126836	214674
乳品、蛋品、天然蜂蜜、其他食用动物产品	Dairy Products, Eggs, Natural Honey and Other Edible Animal Products	55328	704320	8568	108925
其他动物产品	Other Animal Products	33974	85904	5257	13301
第二类 植物产品	**Plant Products**	**960704**	**6752544**	**148703**	**1043863**
树苗及花草	Saplings, Flowers and Herbs	71331	27612	11032	4269
蔬菜	Edible Vegetables	242189	67859	37488	10512
水果及坚果	Fruits and Nuts	236771	3427562	36690	528986
咖啡、茶叶及调味香料	Coffee, Tea and Spices	138286	205937	21395	31865
谷物	Cereals	63	1708785	10	264612
制粉工业产品	Flour, Starch and Related Products	85205	126620	13187	19599
植物油籽及果实、种子、药材及饲料	Oil Seeds and Kernels, Seeds, Medical Materials and Forage	104857	1137149	16214	176133
虫胶、树胶、树脂	Shellac, Gum, Resin	45852	34469	7092	5327
编结植物材料、其他植物产品	Stuff of Knitting Plant, Other Plants and Related Products	36148	16550	5595	2560
第三类 动、植物油脂及蜡	**Animal Fat, Vegetable Oil and Wax**	**216611**	**869103**	**33510**	**134400**
第四类 食品、烟草及制品	**Food, Tobacco and Related Products**	**4179997**	**4924712**	**647066**	**761839**
动物产品制品	Animal Products	1538792	45912	238175	7100
糖及糖食	Sugar and Sugar Products	442083	422734	68429	65288
可可及可可制品	Cocoa and Cocoa Products	88360	119149	13689	18466
粮食及乳制品、糕饼点心	Foodstuff, Dairy Products and Pastry Products	565261	1571075	87512	243025
蔬菜、水果等植物制品	Products of Vegetables and Fruits	210337	322485	32555	49948
杂项制品	Miscellaneous Edible Products	494219	859974	76493	132851
饮料、酒及醋	Beverages, Liquor and Vinegar	618728	971565	95850	150419
食品的残渣、动物饲料	Dreg of Food, Animal Forage	173826	516656	26880	80005
烟草及烟草制品	Tobacco and Related Products	48391	95163	7483	14737
第五类 矿产品	**Minerals**	**3255295**	**18152131**	**503549**	**2810598**
盐、硫磺、建筑材料	Salt, Sulphur, Building Materials	577032	456652	89262	70676
矿砂、矿渣及矿灰	Ore, Slag and Mortar	58387	5919640	8991	916074
矿物燃料、矿物油及产品	Mineral Fuels, Mineral Oils and Related Products	2619875	11775839	405295	1823848
第六类 化工产品	**Chemicals**	**9479412**	**13196464**	**1467096**	**2040904**
无机化学品	Inorganic Chemicals	1074015	809308	166213	125231
有机化学品	Organic Chemicals	1468525	2791346	227374	432205
药品	Medicinal and Pharmaceutical Products	1576978	2636734	244149	408196
肥料	Fertilizer	35416	50884	5483	7842
鞣料、染料浸膏、染料、颜料、油漆、油墨	Tanning Materials, Dyeing Extracts, Dyestuff, Colourant, Paint and Printing Ink	729413	704081	112862	108928

6-8 续表 1 continued 1

商品类别	Category of Commodities	万元人民币 RMB10 000		万美元 USD 10 000	
		出口 Exports	进口 Imports	出口 Exports	进口 Imports
化妆品及其原料、芳香料制品	Cosmetics and Cosmetic Raw Materials, Perfume Products	1292984	2191886	200099	337716
洗涤用品	Detergents	765088	693038	118350	107212
蛋白类物质、改性淀粉、胶、酶	Protein Materials, Modified Starch, Gum and Enzyme	532618	646464	82409	100031
炸药、烟火制品、易燃材料制品	Explosive, Pyrotechnic Products, Inflammable Material Products	9113	40	1410	6
照相及电影用品	Photographic and Film Products	105530	497758	16331	76982
杂项化学产品	Miscellaneous Chemical Products	1889731	2174927	292417	336555
第七类 塑料、橡胶及其制品	**Plastics, Rubber and Related Products**	**19049304**	**15202274**	**2946591**	**2353069**
塑料及其制品	Plastics and Related Products	17703955	14009730	2738439	2168530
橡胶及其制品	Rubber and Related Products	1345349	1192544	208152	184539
第八类 皮革、毛皮及其制品、旅行用品、手提包	**Leather, Furs and Related Products, Travel Articles, Handbags**	**6092667**	**937891**	**942447**	**144876**
生皮及皮革	Raw Hides and Leather	193712	625088	29992	96812
皮革制品、旅行用品及手提包	Leather Products, Travel Articles and Handbags	5881056	272966	909684	41892
毛皮、人造毛皮及制品	Furs, Artificial Furs and Related Products	17899	39837	2771	6173
第九类 木及木制品、草柳编结品	**Wood and Wooden Products, Straw and Wicker Knitting Products**	**1252747**	**1574463**	**193825**	**243604**
木及木制品、木炭	Wood and Wooden Products, Charcoal	1093266	1570253	169164	242953
软木及软木制品	Cork and Related Products	1645	2102	254	325
草柳编结品	Straw and Wicker Knitting Products	157836	2108	24407	326
第十类 木浆、纸、纸板及制品	**Wood Pulp, Paper, Paperboard and Related Products**	**4973148**	**3252664**	**769473**	**503377**
木浆及其他纤维素浆、废碎纸板	Wood Pulp and Cellulose Pulp, Waste Paper and Paperboard	5202	1371448	805	212145
纸及纸板、纸浆、纸制品	Paper, Paperboard, Paper Pulp, Paper Products	3473583	1534559	537387	237579
书籍、印刷品、设计图纸	Books, Printed Matter, Design Blueprint	1494364	346657	231281	53653
第十一类 纺织原料及纺织制品	**Textile Materials and Products**	**28896337**	**3100379**	**4470510**	**479412**
蚕丝	Natural Silk	42237	5784	6542	896
羊毛、动物毛、毛纱线及制品	Wool, Animal Hair, Woolen Yarn and Woven Fabrics	26732	82885	4136	12829
棉花	Cotton	863035	771342	133534	119336
其他纺织纤维、纸纱线及机织物	Other Textile Fibers, Yarn and Related Woven Fabrics	119930	39544	18588	6128
化学纤维长丝	Chemical Fiber, Continuous Filament	566039	488210	87549	75581
化学纤维短丝	Chemical Fiber, Staple Fiber	220631	161276	34127	24969
絮胎、毡尼及无纺物、特种纱线、线绳索缆	Wadding, Felt and Adhesive-bond Fabrics, Special Yarn, Threads, Ropes, Cables	802095	201136	124029	31128
地毯及纺织铺地制品	Carpets and Related Woven Products	130729	4718	20221	730
特种机织物、纺织装饰品、刺绣品	Special Woven Fabrics, Woven Ornaments, Embroidery	769960	78377	119139	12135
浸渍、涂布、包覆或层压的纺织物	Impregnated, Coated, Covered or Laminated Textile Products	784669	223621	121411	34607
针织物及钩编织物	Knit Wear and Crocheted Fabrics	2456705	246028	380207	38091
针织或钩编的服装及衣着附件	Knitted or Crocheted Garments and Clothing Accessories	9630589	340778	1490313	52439
非针织或非钩编的服装及衣着附件	Garments Not Knitted or Not Crocheted and Clothing Accessories	9902592	382484	1531922	59055
其他纺织制成品、成套物品	Other Textile Products	2580394	74196	398792	11489
第十二类 鞋帽伞杖、加工羽毛、人造花、人发制品	**Footwear, Headgear, Umbrellas, Canes, Processed Feather, Artificial Flowers, Wigs**	**9957108**	**311729**	**1540016**	**47983**
鞋类及零件	Footwear and Accessories	7644442	285954	1182447	44007
帽类及零件	Headgear and Accessories	744025	18544	115114	2856

6-8 续表 2 continued 2

商品类别	Category of Commodities	万元人民币 RMB10 000		万美元 USD 10 000	
		出口 Exports	进口 Imports	出口 Exports	进口 Imports
伞、杖、鞭及零件	Umbrellas, Canes, Whips and Accessories	172666	1504	26720	233
加工羽毛、羽绒及制品、人造花、人发制品	Processed Feathers, Down and Related Products, Artificial Flowers, Wigs	1395975	5727	215735	887
第十三类 石材制品、陶瓷产品、玻璃及其制品	**Stone Products, Ceramics, Glass and Glassware**	**10377259**	**2299651**	**1604299**	**355906**
矿物材料的制品	Stone and Related Products	1744240	263932	269609	40856
陶瓷产品	Ceramics	5511160	125559	851727	19420
玻璃及其制品	Glass and Glassware	3121859	1910160	482964	295629
第十四类 珠宝首饰、硬币	**Jewellery, Coins**	**8448849**	**14681730**	**1309758**	**2274113**
第十五类 贱金属及其制品	**Base Metals and Related Products**	**27677174**	**15201058**	**4281303**	**2353662**
钢铁	Iron and Steel	2230802	3150812	345334	487562
钢铁制品	Iron and Steel Products	10934321	880372	1690860	136160
铜及其制品	Copper and Related Products	936976	6871512	145046	1063994
镍及其制品	Nickel and Related Products	10497	399241	1625	61897
铝及其制品	Aluminum and Related Products	4437356	2503556	686584	388031
铅及其制品	Lead and Related Products	6815	18163	1055	2810
锌及其制品	Zinc and Related Products	34602	182198	5356	28203
锡及其制品	Tin and Related Products	84186	64191	13042	9949
其他贱金属金属陶瓷及其制品	Other Base Metals, Metallic Ceramics and Related Products	586575	559556	90846	86652
贱金属工具器具利口器餐具及零件	Base Metal Tools, Utensils, Sharp Tools, Dinner-sets and Accessories	3088959	332853	477876	51484
贱金属杂项制品	Miscellaneous Base Metal Products	5326085	238605	823679	36918
第十六类 机械、电气设备、电视机及音响设备	**Machinery, Electric Equipment, TV Sets, Sound Appliances**	**271209619**	**192988308**	**41980548**	**29874649**
核反应堆、锅炉、机械设备及零件	Nuclear Reactor, Boilers, Mechanic Equipment and Accessories	73334259	27028011	11349592	4183035
机电、电气设备、电视机及音响设备	Machinery, Electric Equipment, TV Sets and Sound Appliances	197875360	165960297	30630955	25691614
第十七类 车辆、航空器、船舶及有关运输设备	**Vehicles, Aircraft, Ships and Related Transport Equipment**	**15058282**	**4394933**	**2330018**	**679524**
铁道及电车机车、车辆及零件	Rail Locomotives, Tramcars and Accessories	3245049	7973	502415	1234
车辆及零附件	Vehicles and Related Parts and Accessories	9727065	2802878	1504396	433089
航空器、航天器及零件	Aircraft, Spacecraft and Related Parts and Accessories	274218	1265175	42450	196076
船舶及浮动结构体	Ships and Related Products	1811950	318908	280757	49125
第十八类 仪器、医疗器械、钟表及乐器	**Instruments, Medical Instruments and Equipment,Clocks and Watches, Musical Instruments**	**22196759**	**14537171**	**3435201**	**2249473**
光学、照相电影、计量检验、医疗仪器设备	Optical, Photographic, Film, Measuring and Checking, Medical Instruments and Equipment	19991412	13715132	3093843	2122518
钟表及零件	Clocks, Watches and Parts	1710404	791399	264808	122216
乐器及零附件	Musical Instruments and Parts	494944	30640	76551	4739
第十九类杂项制品	**Miscellaneous Manufactured Articles**	**49660181**	**1517913**	**7679528**	**234828**
家具、床上用品、照明装置、发光标志	Furniture, Bed Articles, Lighting Apparatus, Radiate Marks	27366665	326564	4231150	50521
玩具、游戏、运动用品及零附件	Toys, Game Goods, Sports Articles and Related Parts and Accessories	19802158	748110	3062996	115721
杂项制品	Miscellaneous Manufactured Articles	2491357	443239	385382	68586
第二十类 艺术品、收藏品及古物	**Works of Art, Collection Pieces and Antiques**	**81988**	**94376**	**12783**	**14517**

6-9 出口主要商品数量和金额（2021年）

Volume and Value of Main Export Commodities (2021)

商品名称		Item		数量 Volume	金额 Value 万元人民币 RMB 10 000	金额 Value 万美元 USD 10 000
肉类(包含杂碎)	(吨)	Meat Products (Including Minced Products)	(tonnes)	131339	331307	51292
水产品	(吨)	Aquatic Products	(tonnes)	609230	2184199	338088
蔬菜及食用菌	(吨)	Vegetables and Edible Fungi	(tonnes)	506569	281060	43505
干鲜瓜果及坚果	(吨)	Dried and Fresh Fruits and Nuts	(tonnes)	218473	235573	36505
茶叶	(吨)	Tea Leaves	(tonnes)	5231	42277	6542
粮食	(吨)	Grain	(tonnes)	101939	35812	5544
罐头	(吨)	Canned Products	(tonnes)	52252	61344	9497
酒类及饮料	(吨)	Liquor and Drinks	(tonnes)	1283808	614563	95206
烟草及其制品	(吨)	Tobacco and Tobacco Products	(tonnes)	11824	48391	7483
制盐	(吨)	Salt	(tonnes)	9468	4204	651
水泥及水泥熟料	(吨)	Cement and Cement Clinker	(tonnes)	1080791	38884	6013
钨品	(吨)	Tungsten Products	(tonnes)	1557	36151	5598
煤及褐煤	(吨)	Coal and Lignite	(tonnes)	265117	31484	4858
焦炭及半焦炭	(吨)	Coke and Semi-coke	(tonnes)	314959	58081	8943
成品油	(吨)	Refined Oil	(tonnes)	2127710	749011	115775
氧化铝	(吨)	Aluminum Oxide	(tonnes)	1220	1450	224
稀土及其制品	(吨)	Rare Earths and Rare Earth Products	(tonnes)	3343	95994	14859
基本有机化学品		Basic Organic Chemical Products			928868	143861
医药材及药品	(吨)	Medicinal Materials and Drugs	(tonnes)	103210	2061195	319052
肥料	(吨)	Fertilizer	(tonnes)	184828	36392	5633
合成有机染料	(吨)	Synthetic Organic Dyes	(tonnes)	6915	19738	3052
美容化妆品及洗护用品	(吨)	Cosmetics and Skincare Products	(tonnes)	373998	1116470	172794
烟花、爆竹	(吨)	Fireworks and Firecrackers	(tonnes)	2183	4517	698
橡胶轮胎	(吨)	Rubber Tires	(tonnes)	237769	382079	59120
皮革、毛皮及其制品		Leather, Furs, and their Products			986830	152734
箱包及类似容器	(吨)	Luggage Bags and Similar Containers	(tonnes)	644571	5414728	837520
木及其制品	(吨)	Wood and Wood Products	(tonnes)	951900	1091024	168817
植物材料编结品	(吨)	Knitted Plant Material Products	(tonnes)	55872	157836	24407
纸浆、纸及其制品	(吨)	Paper Pulp, Paper, and their Products	(tonnes)	1733845	3478785	538192
纺织原料	(吨)	Textile Raw Materials	(tonnes)	29699	27321	4228
纺织纱线、织物及其制品		Textile Yarn, Fabric, and their Products			9335655	1444020
服装及衣着附件		Clothing and Clothing Accessories			20246818	3132625
鞋靴	(吨)	Footwear	(tonnes)	829297	6781269	1048875
帽类	(万个)	Hats	(ten thousand)	56384	708666	109646
伞	(吨)	Umbrellas	(tonnes)	25020	109951	17011
花岗岩石材及其制品	(吨)	Granite Materials and Products	(tonnes)	90764	54614	8441
陶瓷产品	(吨)	Pottery Products	(tonnes)	8487807	5511160	851727
玻璃及其制品		Glass and Glassware			3231941	499976

6–9 续表 continued

商品名称	Item	数量 Volume	金额 Value 万元人民币 RMB 10 000	万美元 USD 10 000
珍珠、宝石及半宝石	Pearls, Precious Stones, and Semi-Precious Stones		691159	107086
贵金属或包贵金属的首饰(吨)	Precious Metals or Jewelry with Precious Metals(tonnes)	752	6161415	955368
铁合金 (吨)	Ferroalloy (tonnes)	378891	394957	61243
钢材 (吨)	Steel (tonnes)	2473904	2353588	364093
未锻轧铜及铜材 (吨)	Unwrought Copper and Copper Materials (tonnes)	111920	737284	114141
未锻轧铝及铝材 (吨)	Unwrought Aluminum and Aluminum Materials (tonnes)	909850	2065700	319674
家具及其零件	Furniture and Furniture Parts		13350437	2064312
玩具	Toys		11695644	1808831
体育用品及设备	Sports Equipment and Devices		3177547	491440
笔及其零件	Pens and Pen Parts		159599	24682
机械基础件	Basic Mechanical Parts		2212867	342379
手用或机用工具 (吨)	Hand or Machine Tools (tonnes)	248972	1427199	220808
农业机械	Agricultural Machinery		302041	46710
食品加工机械 (万台)	Food Processing Machinery (10000 units)	421	330520	51124
包装机械 (万台)	Packaging Machinery (10000 units)	848	501676	77600
印刷、装订机械及其零件	Printing and Binding Machinery and their Parts		5400711	835832
通用机械设备	General Machinery		7170228	1109195
纺织机械及其零件	Textile Machinery and their Parts		333634	51571
缝制机械及其零件	Sewing Machinery and their Parts		136788	21155
机床 (万台)	Machine Tools (10000 units)	173	882342	136522
自动数据处理设备及其零部件	Automatic Data Processing Equipment and their Parts		33561276	5197505
电工器材	Electrical Equipment		31140877	4820176
手机 (万台)	Mobile Phones (10000 units)	29463	25598160	3964592
家用电器	Household Appliances		32829255	5077528
音视频设备及其零件	Audiovisual Equipment and their Parts		13200666	2042735
电子元件	Electrical Components		44575550	6901525
集装箱 (万个)	Containers (10000 units)	84	3224017	499161
摩托车 (万辆)	Motorcycles (10000 units)	989	2216769	342880
自行车 (万辆)	Bicycles (10000 units)	617	428582	66312
摩托车及自行车的零配件	Motorcycle and Bicycle Parts		2252504	348331
汽车 (包含底盘)	Automobiles (Including Chassis)		531884	82301
汽车零配件	Automobile Parts		5534752	855920
婴孩车及其零件 (吨)	Baby Carriages and their Parts (tonnes)	78803	379105	58647
船舶	Ships		1514764	234518
眼镜及其零件	Eyeglasses and their Parts		1517698	234911
液晶显示板	LCD Display Panels		7224106	1117776
计量检测分析自控仪器及器具	Automated Measurement, Detection, Analysis Devices		4618948	714906
医疗仪器及器械	Medical Equipment and Devices		3991051	617628
钟表及其零件	Clocks and their Parts		1710404	264808
灯具、照明装置及其零件	Lamps, Lighting Devices, and their Parts		12547236	1939640
游戏机及其零附件	Gaming Consoles and their Parts		1608426	249056

6-10 进口主要商品数量和金额（2021年）

Volume and Value of Main Import Commodities (2021)

商品名称	Item	数量 Volume	金额 Value 万元人民币 RMB 10 000	万美元 USD 10 000
肉类(包含杂碎) (吨)	Meat Products (Including Minced Products) (tonnes)	2034966	4022059	622116
#猪肉及猪杂碎 (吨)	Pork and Minced Pork Products (tonnes)	934920	1651613	255304
水产品 (吨)	Aquatic Products (tonnes)	371227	1446785	223668
乳品 (吨)	Dairy Products (tonnes)	449416	1558820	241089
#奶粉 (吨)	Milk Powder (tonnes)	206820	1285788	198870
干鲜瓜果及坚果 (吨)	Dried and Fresh Fruit and Nuts (tonnes)	1738461	3307696	510429
粮食 (吨)	Grain (tonnes)	10434915	2709995	419725
#稻谷及大米 (吨)	Unmilled and Milled Rice (tonnes)	2302287	661353	102368
大豆 (吨)	Soybeans (tonnes)	2457263	921967	142841
食用植物油 (吨)	Edible Vegetable Oils (tonnes)	625866	420543	65009
#棕榈油 (吨)	Palm Oil (tonnes)	471022	262722	40603
食糖 (吨)	Sugar (tonnes)	1049451	279568	43139
酒类及饮料	Liquor and Drinks		981621	151995
#葡萄酒 (升)	Wine (liters)	74258	237342	36702
制盐 (吨)	Salt (tonnes)	8516	2931	453
金属矿及矿砂 (吨)	Metal Ores and Other Ores (tonnes)	54514058	5924688	916855
#铁矿砂及其精矿 (吨)	Iron Ore and Iron Ore Concentrate (tonnes)	41256225	4517383	698984
煤及褐煤 (吨)	Coal and Lignite (tonnes)	62482204	3813447	590513
原油 (吨)	Crude Oil (tonnes)	6290104	2042479	316987
成品油 (吨)	Refined Oil (tonnes)	1449775	677226	104895
#航空煤油 (吨)	Aviation Kerosene (tonnes)	313423	114882	17763
天然气 (吨)	Natural Gas (tonnes)	7468123	1886239	292505
#液化天然气 (吨)	Liquid Natural Gas (tonnes)	7468123	1886218	292502
多晶硅 (吨)	Polysilicon (tonnes)	183	1286	197
基本有机化学品	Basic Organic Chemicals		2811226	435290
医药材及药品 (吨)	Medicinal Materials and Drugs (tonnes)	38508	2744256	424817
肥料 (吨)	Fertilizer (tonnes)	310098	50868	7840
美容化妆品及洗护用品 (吨)	Cosmetics and Skincare Products (tonnes)	77764	2168466	334047
初级形状的塑料 (吨)	Plastics in their Initial Form (tonnes)	8530756	10870011	1682800
塑料制品	Plastic Products		3330473	515242
天然及合成橡胶(包括胶乳) (吨)	Natural and Synthetic Rubber (Including Latex) (tonnes)	330180	460271	71244
皮革、毛皮及其制品	Leather, Furs, and their Products	169437	772226	119340
木及其制品 (吨)	Wood and Wood Products (tonnes)	6213727	1469760	227413
#锯材 (吨)	Saws (tonnes)	3334395	933041	144394
纸浆、纸及其制品 (吨)	Paper Pulp, Paper, and their Products (tonnes)	6791079	2820416	436487
#纸浆 (吨)	Paper Pulp (tonnes)	3474053	1285857	198908
纺织原料 (吨)	Textile Raw Materials (tonnes)	175615	136023	21062
纺织纱线、织物及其制品	Textile Yarn, Fabric, and their Products		2240613	346781
#纺织纱线 (吨)	Textile Yarn (tonnes)	402004	985910	152567

6-10 续表 continued

商品名称		Item		数量 Volume	金额 Value 万元人民币 RMB 10 000	万美元 USD 10 000
服装及衣着附件		Clothing and Clothing Accessories			872564	134526
玻璃及其制品		Glass and Glassware			1917141	296711
珍珠、宝石及半宝石		Pearls, Precious Stones, Semi-Precious Stones			4368239	677350
#钻石	(克拉)	Diamonds	(carats)	7745275	3536912	547759
钢材	(吨)	Steel	(tonnes)	3533379	2768973	428473
未锻轧铜及铜材	(吨)	Unwrought Copper and Copper Materials	(tonnes)	699340	4434762	686695
未锻轧铝及铝材	(吨)	Unwrought Aluminum and Aluminum Materials	(tonnes)	687392	1311608	203269
机械基础件		Basic Mechanical Parts			1179335	182372
农业机械		Agricultural Machinery			19757	3060
食品加工机械	(台)	Food Processing Machinery	(units)	29387	49592	7672
包装机械	(台)	Packaging Machinery	(units)	12420	147250	22764
印刷、装订机械及其零件		Printing and Binding Machinery, and their Parts			1554733	240620
#打印机、复印机及一体机	(万台)	Printers, Copiers, and All-in-one Machines	(10000 units)	152	411974	63742
通用机械设备		General Mechanical Equipment			1362128	210675
机床	(台)	Machine Tools	(units)	19021	800200	123728
自动数据处理设备及其零部件		Automatic Data Processing Equipment and their Parts			13882375	2149621
#存储部件	(万台)	Storage Components	(10000 units)	8833	4387848	679351
自动数据处理设备的零件、附件	(吨)	Parts and Accessories of Automatic Data Processing Equipment	(tonnes)	38867	6564753	1016641
半导体制造设备	(台)	Semiconductor Manufacturing Equipment	(units)	14223	1690537	261431
#制造平板显示器用的机器及装置	(台)	Flat Panel Display Manufacturing Machinery and Equipment	(units)	2174	616342	95146
电工器材		Electrical Equipment			9899619	1532395
#电气控制装置		Electrical Control Devices			4894490	757673
电线及电缆	(吨)	Electrical Wires and Cables	(tonnes)	58716	1080304	167246
音视频设备及其零件		Audiovisual Equipment and their Parts			2575808	398646
#音视频设备的零件		Audiovisual Equipment Parts			2042327	316098
电子元件		Electrical Components			128424711	19882104
#集成电路	(万个)	Integrated Circuits	(10000 units)	231322494	108983059	16873423
汽车	(包含底盘)	Automobiles	(Including Chassis)		314733	48806
#乘用车	(辆)	Passenger Automobiles	(units)	4629	277991	43125
汽车零配件		Automobile Parts			2787588	430459
飞机及其他航空器	(架)	Aircraft and other Aviation Vehicles	(units)	276	991239	153645
航空器零部件		Aircraft Parts			1106616	171377
船舶		Ships			281902	43409
液晶显示板	(万个)	LCD Panels	(10000 units)	70650	5115684	791859
计量检测分析自控仪器及器具		Automated Measurement, Detection, Analysis Equipment and Appliances			3779797	584940
医疗仪器及器械		Medical Devices and Equipment			869313	134478
钟表及其零件		Clocks and their Parts			791399	122216
#手表	(万只)	Wristwatches	(10000 units)	2364	445710	68679

6-11 各市出口总额
Total Value of Exports by City

市 别	City	亿元 RMB100 million					亿美元 USD100 million				
		2017	2018	2019	2020	2021	2017	2018	2019	2020	2021
全 省	**Provincial Total**	**42192.86**	**42744.06**	**43416.04**	**43493.07**	**50525.46**	**6228.73**	**6470.46**	**6294.64**	**6282.99**	**7818.60**
广 州	Guangzhou	5792.43	5607.50	5258.47	5423.35	6311.24	853.20	848.50	762.24	782.18	976.18
深 圳	Shenzhen	16542.62	16295.17	16715.50	16973.87	19262.61	2443.59	2463.36	2422.16	2453.29	2982.12
珠 海	Zhuhai	1883.07	1886.97	1654.56	1608.52	1885.62	278.89	286.51	239.89	232.44	291.76
汕 头	Shantou	453.93	408.67	464.00	542.47	601.15	67.12	61.95	67.33	78.03	92.91
佛 山	Foshan	3153.68	3527.26	3727.67	4131.13	5007.31	464.84	535.60	540.88	597.85	773.59
韶 关	Shaoguan	76.30	72.47	75.24	71.06	92.49	11.28	10.95	10.91	10.30	14.32
河 源	Heyuan	195.36	215.30	251.20	242.05	246.64	28.85	32.44	36.27	35.05	38.17
梅 州	Meizhou	114.94	117.90	100.74	86.79	97.83	16.97	17.92	14.64	12.52	15.14
惠 州	Huizhou	2233.11	2208.83	1821.63	1687.77	2132.23	329.60	334.62	264.61	243.88	330.06
汕 尾	Shanwei	88.14	87.73	87.56	88.88	112.17	13.02	13.23	12.70	12.80	17.37
东 莞	Dongguan	7024.10	7955.59	8658.71	8280.87	9559.22	1038.12	1204.42	1255.11	1195.20	1479.61
中 山	Zhongshan	2055.54	1801.70	1929.14	1815.00	2231.46	302.78	273.22	280.24	262.05	345.33
江 门	Jiangmen	1075.56	1122.99	1136.08	1125.69	1465.60	158.62	170.35	164.89	162.58	226.82
阳 江	Yangjiang	113.49	107.20	117.12	142.59	186.84	16.75	16.22	16.98	20.59	28.92
湛 江	Zhanjiang	217.07	206.68	209.38	193.03	212.70	32.03	31.29	30.37	27.94	32.92
茂 名	Maoming	97.22	127.32	170.55	169.24	170.84	14.44	18.98	24.69	24.62	26.41
肇 庆	Zhaoqing	222.26	237.61	271.67	299.87	271.96	32.78	35.99	39.33	43.48	42.09
清 远	Qingyuan	184.94	200.25	214.54	210.06	238.62	27.27	30.28	31.10	30.32	36.93
潮 州	Chaozhou	176.18	173.95	180.75	152.52	193.02	25.99	26.35	26.23	22.05	29.87
揭 阳	Jieyang	401.85	320.26	308.36	181.08	163.46	59.20	48.75	44.89	26.10	25.29
云 浮	Yunfu	91.08	62.70	63.15	67.25	82.47	13.40	9.51	9.15	9.72	12.76
按经济区域分	By Region										
珠 三 角	Pearl River Delta	39982.37	40643.62	41173.44	41346.06	48127.25	5902.41	6152.58	5969.36	5972.95	7447.57
东 翼	Eastern Region	1120.10	990.61	1040.68	964.94	1069.80	165.34	150.28	151.16	138.97	165.44
西 翼	Western Region	427.78	441.21	497.05	504.86	570.38	63.22	66.49	72.04	73.15	88.25
山 区	Mountainous Region	662.62	668.62	704.87	677.20	758.04	97.76	101.10	102.07	97.91	117.33

6-12 各市进口总额
Total Value of Imports by City

市别	City	亿元 RMB100 million					亿美元 USD100 million				
		2017	2018	2019	2020	2021	2017	2018	2019	2020	2021
全 省	**Provincial Total**	**25976.00**	**28901.67**	**28068.35**	**27369.58**	**32156.10**	**3838.06**	**4380.57**	**4071.14**	**3956.03**	**4977.07**
广 州	Guangzhou	3923.09	4204.09	4745.04	4108.57	4513.85	579.30	636.55	688.29	593.94	698.35
深 圳	Shenzhen	11481.87	13702.08	13065.11	13534.75	16174.13	1697.87	2075.86	1893.54	1955.72	2503.65
珠 海	Zhuhai	1109.45	1360.72	1253.98	1124.38	1433.95	163.96	207.01	182.26	162.54	221.82
汕 头	Shantou	142.04	146.92	136.52	139.17	152.28	20.97	22.32	19.84	20.05	23.56
佛 山	Foshan	1203.90	1071.78	1100.73	929.29	1153.93	177.77	162.06	159.79	134.54	178.60
韶 关	Shaoguan	90.53	83.53	107.03	115.43	127.89	13.33	12.64	15.54	16.67	19.79
河 源	Heyuan	65.01	55.35	51.77	51.14	60.24	9.64	8.35	7.51	7.42	9.33
梅 州	Meizhou	17.80	17.32	19.88	12.20	23.94	2.63	2.63	2.90	1.76	3.71
惠 州	Huizhou	1182.54	1125.84	888.02	800.61	922.82	174.57	170.96	129.00	115.92	142.89
汕 尾	Shanwei	110.78	89.99	80.18	80.76	91.23	16.30	13.66	11.64	11.64	14.13
东 莞	Dongguan	5235.62	5464.32	5175.60	5022.73	5687.35	772.91	829.06	751.05	725.79	880.36
中 山	Zhongshan	526.39	539.90	458.01	393.91	463.34	77.77	81.87	66.51	56.94	71.71
江 门	Jiangmen	309.45	349.22	289.28	303.25	323.71	45.75	52.84	42.00	43.90	50.11
阳 江	Yangjiang	28.82	30.66	34.66	49.14	81.74	4.29	4.64	5.03	7.09	12.65
湛 江	Zhanjiang	128.63	172.34	204.51	251.61	331.80	19.00	26.13	29.67	36.55	51.38
茂 名	Maoming	38.69	24.42	25.82	30.03	58.52	5.73	3.71	3.75	4.36	9.06
肇 庆	Zhaoqing	135.65	152.22	132.71	113.28	133.49	19.99	23.05	19.33	16.38	20.67
清 远	Qingyuan	145.18	212.24	201.70	216.40	297.83	21.43	32.22	29.30	31.34	46.11
潮 州	Chaozhou	34.69	32.37	34.85	29.41	48.40	5.12	4.94	5.07	4.26	7.48
揭 阳	Jieyang	23.46	21.17	16.15	13.23	24.99	3.47	3.22	2.35	1.91	3.87
云 浮	Yunfu	42.42	45.19	46.82	50.30	50.67	6.28	6.84	6.78	7.30	7.83
按经济区域分 By Region											
珠 三 角	Pearl River Delta	25107.96	27970.16	27108.47	26330.76	30806.57	3709.89	4239.27	3931.77	3805.68	4768.16
东 翼	Eastern Region	310.97	290.45	267.70	262.57	316.90	45.86	44.14	38.89	37.86	49.04
西 翼	Western Region	196.13	227.42	264.99	330.78	472.05	29.01	34.48	38.45	48.00	73.10
山 区	Mountainous Region	360.93	413.63	427.19	445.47	560.58	53.31	62.68	62.03	64.48	86.78

6-13 各市外商投资企业出口总额

Total Value of Exports of Enterprises with Foreign Investment by City

市别	City	亿元人民币 RMB100 million					亿美元 USD100 million				
		2017	2018	2019	2020	2021	2017	2018	2019	2020	2021
全　省	**Provincial Total**	**19466.95**	**19382.28**	**18091.48**	**16896.57**	**18854.71**	**2874.06**	**2934.98**	**2624.40**	**2441.08**	**2918.51**
广　州	Guangzhou	2093.53	2040.15	1942.14	1622.74	1910.52	308.96	309.42	282.03	234.42	295.63
深　圳	Shenzhen	6918.86	6875.74	6296.21	6255.14	6677.36	1022.13	1039.29	912.28	904.63	1033.84
珠　海	Zhuhai	788.04	829.52	748.36	702.53	747.33	116.39	125.85	108.53	101.57	115.69
汕　头	Shantou	85.16	77.93	70.04	54.17	55.23	12.56	11.82	10.17	7.82	8.55
佛　山	Foshan	1252.44	1297.25	1279.29	1229.00	1442.58	184.70	196.85	185.81	177.36	223.20
韶　关	Shaoguan	49.92	43.55	46.05	39.11	49.05	7.37	6.58	6.67	5.64	7.59
河　源	Heyuan	142.07	141.98	136.48	125.73	142.30	20.97	21.50	19.81	18.14	22.02
梅　州	Meizhou	37.15	34.76	28.09	24.43	26.60	5.48	5.27	4.08	3.53	4.12
惠　州	Huizhou	1975.71	1922.73	1491.07	1305.07	1562.47	291.61	291.39	216.68	188.57	241.86
汕　尾	Shanwei	71.89	75.93	79.21	65.52	88.07	10.62	11.43	11.49	9.47	13.64
东　莞	Dongguan	4006.77	3990.31	3992.17	3727.36	4080.36	591.49	604.24	578.98	537.93	631.56
中　山	Zhongshan	1027.86	1012.20	977.99	882.02	1009.53	151.67	153.53	142.04	127.25	156.25
江　门	Jiangmen	537.32	594.92	579.04	533.62	667.32	79.27	90.29	84.07	77.08	103.28
阳　江	Yangjiang	13.33	11.63	10.69	12.25	20.83	1.96	1.76	1.55	1.77	3.22
湛　江	Zhanjiang	66.75	51.19	44.32	26.24	27.25	9.84	7.77	6.43	3.78	4.22
茂　名	Maoming	18.61	11.10	10.46	7.95	7.89	2.76	1.68	1.52	1.15	1.22
肇　庆	Zhaoqing	129.00	126.17	121.36	86.91	105.83	19.02	19.13	17.63	12.56	16.38
清　远	Qingyuan	139.99	146.59	143.82	128.56	148.52	20.65	22.20	20.88	18.57	22.99
潮　州	Chaozhou	24.04	16.89	15.85	10.40	10.22	3.54	2.57	2.30	1.50	1.58
揭　阳	Jieyang	57.45	46.51	40.42	25.75	25.70	8.47	7.08	5.88	3.71	3.98
云　浮	Yunfu	31.05	35.24	38.41	32.08	49.74	4.59	5.32	5.57	4.65	7.70
按经济区域分	By Region										
珠三角	Pearl River Delta	18729.54	18688.99	17427.64	16344.38	18203.30	2765.25	2829.99	2528.05	2361.36	2817.68
东　翼	Eastern Region	238.54	217.27	205.52	155.84	179.23	35.19	32.90	29.84	22.50	27.75
西　翼	Western Region	98.69	73.91	65.47	46.44	55.96	14.57	11.21	9.50	6.70	8.66
山　区	Mountainous Region	400.19	402.11	392.85	349.92	416.21	59.06	60.88	57.01	50.52	64.42

6-14 各市外商投资企业进口总额

Total Value of Imports of Enterprises with Foreign Investment by City

市别	City	亿元人民币 RMB100 million					亿美元 USD100 million				
		2017	2018	2019	2020	2021	2017	2018	2019	2020	2021
全省	**Provincial Total**	**12456.14**	**13020.99**	**11877.35**	**10985.77**	**12728.75**	**1839.53**	**1970.90**	**1723.27**	**1589.25**	**1970.52**
广州	Guangzhou	2048.07	2157.97	2277.76	1863.76	1950.82	302.24	326.74	330.88	269.03	301.78
深圳	Shenzhen	4767.20	5338.23	4497.07	4267.97	5081.87	704.42	806.48	651.55	618.07	786.81
珠海	Zhuhai	587.42	707.40	696.59	633.48	755.26	86.86	107.43	101.03	91.55	116.92
汕头	Shantou	48.38	50.37	39.72	32.60	32.08	7.14	7.62	5.78	4.70	4.96
佛山	Foshan	591.02	560.52	527.14	481.82	569.39	87.29	84.71	76.52	69.71	88.13
韶关	Shaoguan	11.59	14.45	17.15	14.69	20.81	1.71	2.17	2.49	2.12	3.22
河源	Heyuan	54.60	46.37	38.48	34.93	45.55	8.08	7.01	5.57	5.06	7.06
梅州	Meizhou	9.65	9.99	8.54	8.63	9.84	1.42	1.52	1.24	1.24	1.52
惠州	Huizhou	1039.82	960.37	687.88	550.25	623.30	153.44	146.10	100.08	79.67	96.50
汕尾	Shanwei	100.34	82.85	75.03	64.42	60.76	14.75	12.56	10.89	9.29	9.41
东莞	Dongguan	2324.94	2170.83	2228.26	2305.80	2719.63	343.16	328.89	323.43	333.55	421.15
中山	Zhongshan	425.17	431.92	357.51	303.26	351.13	62.82	65.45	51.92	43.79	54.35
江门	Jiangmen	211.73	234.51	171.50	181.18	188.18	31.29	35.53	24.91	26.21	29.13
阳江	Yangjiang	15.95	21.02	24.73	25.61	30.63	2.38	3.18	3.60	3.68	4.74
湛江	Zhanjiang	23.01	33.96	47.57	64.98	118.98	3.39	5.11	6.88	9.53	18.44
茂名	Maoming	11.36	4.55	4.62	9.61	19.70	1.70	0.69	0.67	1.40	3.04
肇庆	Zhaoqing	78.08	67.69	57.78	48.41	44.86	11.51	10.26	8.43	6.99	6.94
清远	Qingyuan	63.75	82.07	71.12	70.84	84.52	9.41	12.49	10.31	10.23	13.09
潮州	Chaozhou	15.89	15.80	19.65	6.93	10.48	2.35	2.40	2.86	1.00	1.62
揭阳	Jieyang	5.82	6.10	5.44	3.31	3.36	0.86	0.93	0.79	0.48	0.52
云浮	Yunfu	22.34	24.01	23.79	13.29	7.59	3.31	3.63	3.45	1.92	1.17
按经济区域分	By Region										
珠三角	Pearl River Delta	12073.45	12629.45	11501.49	10635.93	12284.45	1783.03	1911.59	1668.74	1538.59	1901.71
东翼	Eastern Region	170.44	155.12	139.85	107.26	106.69	25.10	23.51	20.33	15.47	16.51
西翼	Western Region	50.32	59.52	76.92	100.20	169.31	7.47	8.98	11.15	14.61	26.23
山区	Mountainous Region	161.93	176.90	159.08	142.38	168.30	23.93	26.82	23.06	20.57	26.07

6-15 外商投资企业进出口主要指标（2021年）

Main Indicators on Imports and Exports of Enterprises with Foreign Investment(2021)

项 目	Item	亿元人民币 RMB 100 million			亿美元 USD 100 million		
		进出口总额 Total	出口 Exports	进口 Imports	进出口总额 Total	出口 Exports	进口 Imports
全 省	**Provincial Total**	**31583.46**	**18854.71**	**12728.75**	**4889.04**	**2918.51**	**1970.52**
按贸易方式分	By Customs Regime						
一般贸易	Ordinary Trade	10169.21	6035.36	4133.85	1573.46	934.01	639.45
来料加工	Processing and Assembling with Customer's Materials	1419.99	811.53	608.46	219.89	125.65	94.24
进料加工	Processing and Assembling with Import Materials	16450.69	10837.40	5613.29	2546.86	1677.65	869.21
加工设备	Processing Equipments	12.50		12.50	1.94		1.94
外资设备	Foreign-funded Equipments	29.46		29.46	4.55		4.55
保税仓库	Bonded Warehouse	3473.01	1163.24	2309.77	537.92	180.09	357.83
其他	Others	28.61	7.18	21.43	4.43	1.11	3.32
按经济类型分	By Type of Ownership						
合作经营企业	Joint Ventures	197.11	160.06	37.05	30.51	24.78	5.73
合资经营企业	Cooperative Enterprises	7823.11	4653.47	3169.64	1210.77	720.09	490.68
外资(独资)企业	Enterprises with Sole Foreign Investment	23563.23	14041.18	9522.05	3647.76	2173.64	1474.12
按产品类型分	By Type of Product						
#机电产品	Machanical and Electrical Products	23478.13	14904.72	8573.42	3634.39	2307.11	1327.29
高新技术产品	High and New-tech Products	13925.26	7553.17	6372.09	2156.18	1169.46	986.72
#计算机与通信技术	Computer and Communication Technology	6691.66	5220.84	1470.82	1036.13	808.39	227.74
电子技术	Electronic Technology	5399.52	1399.38	4000.14	836.21	216.69	619.51
按主要国家(地区)分	By Main Country (Region)						
亚洲	**Asia**	**21136.31**	**10807.90**	**10328.41**	**3272.35**	**1673.38**	**1598.97**
中国香港	Hong Kong, China	6385.12	6296.85	88.26	988.86	975.18	13.68
中国澳门	Macao, China	37.18	33.94	3.24	5.76	5.26	0.50
中国台湾	Taiwan, China	2589.78	406.94	2182.84	401.00	63.01	337.99
日本	Japan	2695.03	1006.51	1688.51	416.88	155.72	261.16
韩国	Republic of Korea	2027.71	534.74	1492.97	313.96	82.80	231.17
东盟	Association of Southeast Asian Nations	3922.06	1806.55	2115.51	607.17	279.64	327.54
中东十七国	The Seventeen Countries of the Middle East	728.14	426.75	301.39	112.73	66.05	46.68
非洲	**Africa**	**442.08**	**221.43**	**220.65**	**68.44**	**34.26**	**34.19**
欧洲	**Europe**	**4114.65**	**3047.08**	**1067.57**	**636.75**	**471.55**	**165.20**
欧盟	European Union	3280.81	2409.43	871.38	507.70	372.86	134.84
#英国	United Kingdom	458.51	407.02	51.50	70.96	62.99	7.97
德国	Germany	898.76	586.01	312.74	139.09	90.70	48.39
法国	France	349.15	205.15	143.99	54.03	31.74	22.29
意大利	Italy	313.25	186.86	126.39	48.45	28.91	19.54
荷兰	Netherlands	581.12	525.69	55.43	89.92	81.34	8.57
芬兰	Finland	23.54	10.80	12.74	3.64	1.67	1.97
瑞士	Switzerland	110.21	32.33	77.88	17.06	5.01	12.06
俄罗斯	Russia	184.46	146.08	38.38	28.54	22.61	5.93
拉丁美洲	**Latin America**	**1327.00**	**953.62**	**373.39**	**205.35**	**147.55**	**57.79**
北美洲	**North America**	**4035.36**	**3517.05**	**518.31**	**624.43**	**544.17**	**80.26**
加拿大	Canada	283.48	242.28	41.20	43.86	37.48	6.38
美国	United States of America	3751.50	3274.39	477.11	580.51	506.63	73.88
大洋洲及其他	**Oceania and Others**	**528.05**	**307.63**	**220.43**	**81.72**	**47.60**	**34.12**
澳大利亚	Australia	436.39	268.78	167.61	67.53	41.59	25.94
新西兰	New Zealand	72.80	33.17	39.63	11.27	5.13	6.14

6-16 外商投资企业出口主要商品数量和金额（2021年）

Volume and Value of Main Export Commodities of Enterprises with Foreign Investment (2021)

商品名称		Item		数量 Volume	金额 Value 万元人民币 RMB10 000	万美元 USD 10 000
肉类(包含杂碎)	(吨)	Meat Products (Including Minced Meat)	(tonnes)	20195	54685	8469
水产品	(吨)	Aquatic Products	(tonnes)	71596	324083	50172
蔬菜及食用菌	(吨)	Vegetables and Edible Fungi	(tonnes)	68553	66928	10361
干鲜瓜果及坚果	(吨)	Dried and Fresh Fruits and Nuts	(tonnes)	10594	27678	4287
茶叶	(吨)	Tea Leaves	(tonnes)	875	5295	818
粮食	(吨)	Grain	(tonnes)	77631	26672	4129
罐头	(吨)	Canned Products	(tonnes)	18248	18055	2795
酒类及饮料		Liquor and Drinks			512908	79460
烟草及其制品	(吨)	Tobacco and Tobacco Products	(tonnes)	91	9516	1468
制盐	(吨)	Salt	(tonnes)	2240	1981	306
水泥及水泥熟料	(吨)	Cement and Cement Clinker	(tonnes)	955679	32003	4948
钨品	(吨)	Tungsten Products	(tonnes)	0	56	9
成品油	(吨)	Refined Oil	(tonnes)	640391	234676	36290
氧化铝	(吨)	Alumina	(tonnes)	114	320	50
稀土及其制品	(吨)	Rare Earths and their Products	(tonnes)	645	32511	5034
基本有机化学品		Basic Organic Chemical Products			306553	47498
医药材及药品	(吨)	Medicinal Materials and Drugs	(tonnes)	36092	221219	34200
肥料	(吨)	Fertilizer	(tonnes)	22001	3984	615
合成有机染料	(吨)	Synthetic Organic Dyes	(tonnes)	565	4306	666
美容化妆品及洗护用品	(吨)	Cosmetics and Skincare Products	(tonnes)	223404	494747	76572
塑料制品	(吨)	Plastic Products		1696610	4381328	677976
橡胶轮胎	(吨)	Rubber Tires	(tonnes)	114156	169900	26290
皮革、毛皮及其制品		Leather, Furs, and their Products			425330	65833
箱包及类似容器	(吨)	Luggage Bags and Similar Containers	(tonnes)	112611	1098217	169957
木及其制品	(吨)	Wood and Wood Products	(tonnes)	171381	298571	46210
植物材料编结品	(吨)	Woven Plant Material Products	(tonnes)	2538	7025	1088
纸浆、纸及其制品	(吨)	Paper Pulp, Paper, and their Products	(tonnes)	716140	1093250	169216
纺织原料	(吨)	Textile Raw Materials	(tonnes)	150	583	90
纺织纱线、织物及其制品		Textile Yarn, Fabric, and their Products			3731573	577359
服装及衣着附件		Clothing and Clothing Accessories			3214311	497596
鞋靴	(吨)	Footwear	(tonnes)	108780	1545813	239324
帽类	(个)	Hats	(units)	204385	310207	48001
伞	(吨)	Umbrellas	(tonnes)	5205	22386	3465
花岗岩石材及其制品	(吨)	Granite Materials and Products	(tonnes)	6306	4470	693
陶瓷产品	(吨)	Pottery Products	(tonnes)	482663	286225	44271
玻璃及其制品		Glass and Glassware			1105271	171169
珍珠、宝石及半宝石		Pearls, Precious Stones and Semi-precious Stones			625450	96906
贵金属或包贵金属的首饰	(克)	Precious Metals or Jeweler with Precious Metals	(carats)	114488	2594913	402202

6-16 续表 continued

商品名称	Item	数量 Volume	金额 Value 万元人民币 RMB10 000	万美元 USD 10 000
钢材 (吨)	Steel (tonnes)	453783	466409	72160
未锻轧铜及铜材 (吨)	Unwrought Copper and Copper Materials (tonnes)	62772	405145	62751
未锻轧铝及铝材 (吨)	Unwrought Aluminum and Aluminum Materials (tonnes)	222689	487704	75478
家具及其零件	Furniture and their Parts		2804058	433836
玩具	Toys		3744540	579506
体育用品及设备	Sports Equipment and Devices		1481355	229227
笔及其零件	Pens and Pen Parts		59398	9189
机械基础件	Basic Mechanical Parts		719142	111298
手用或机用工具 (吨)	Hand or Machine Tools (tonnes)	78076	463847	71766
农业机械 (万台)	Agricultural Machinery (10000 units)	6746	222248	34373
食品加工机械 (万台)	Food Processing Machinery (10000 units)	52	65097	10076
包装机械	Packaging Machinery		105585	16337
印刷、装订机械及其零件	Printing, Binding Machinery and their Parts		3787654	586189
通用机械设备	General Mechanical Equipment		3289884	508899
纺织机械及其零件	Textile Machinery and their Parts		115435	17861
缝制机械及其零件	Sewing Machinery and their Parts		19908	3082
机床 (万台)	Machine Tools (10000 units)	97	137243	21235
自动数据处理设备及其零部件	Automatic Data Processing Equipment and their Parts		17099663	2647470
电工器材	Electrical Equipment		14478435	2241323
手机 (万台)	Mobile Phones (10000 units)	6452	11643577	1803755
家用电器	Household Appliances		16540039	2558140
音视频设备及其零件	Audiovisual Equipment and their Parts		4275714	661592
电子元件	Electrical Components		18063365	2796716
集装箱 (万个)	Containers (10000 units)	51	1898381	293805
摩托车 (万辆)	Motorcycles (10000 units)	208	746483	115480
自行车 (万辆)	Bicycles (10000 units)	138	98879	15300
摩托车及自行车的零配件	Motorcycle and Bicycle Parts		769172	119051
汽车 (包含底盘)	Automobiles (Including Chassis)		196003	30310
汽车零配件	Automobile Parts		2329013	360257
婴孩车及其零件 (吨)	Baby Carriages and their Parts (tonnes)	43668	220669	34135
船舶	Ships		96563	14941
眼镜及其零件	Eyeglasses and their Parts		621476	96233
液晶显示板 (万个)	LCD Panels (10000 units)	46872	5251418	812630
计量检测分析自控仪器及器具	Automated Measurement, Detection, Analysis Devices and Appliances		2252001	348591
医疗仪器及器械	Medical Devices and Equipment		1581066	244677
钟表及其零件	Clocks and their Parts		1224260	189587
灯具、照明装置及其零件	Lamps, Lighting Devices, and their Parts		1754784	271483
游戏机及其零附件	Gaming Consoles and their Parts		1195068	185080

6-17 外商投资企业进口主要商品数量和金额（2021年）

Volume and Value of Main Import Commodities by Enterprises with Foreign Investment (2021)

商品名称		Item		数量 Volume	金额 Value 万元人民币 RMB10 000	万美元 USD 10 000
肉类(包含杂碎)	(吨)	Meat Products (Including Minced Products)	(tonnes)	89051	277329	42996
#牛肉及牛杂碎	(吨)	Beef and Minced Beef Products	(tonnes)	57722	231981	35970
猪肉及猪杂碎	(吨)	Pork and Minced Pork Products	(tonnes)	8937	16661	2582
水产品	(吨)	Aquatic Products	(tonnes)	62062	196387	30355
#冻鱼	(吨)	Frozen Fish	(tonnes)	9826	14643	2270
乳品	(吨)	Dairy Products	(tonnes)	227816	809661	125226
#奶粉	(吨)	Milk Powder	(tonnes)	87538	676845	104700
干鲜瓜果及坚果	(吨)	Dried and Fresh Fruit and Nuts	(tonnes)	210403	594018	91838
粮食	(吨)	Grain	(tonnes)	1381661	481255	74582
#小麦	(吨)	Wheat	(tonnes)	192393	40118	6228
大麦	(吨)	Barley	(tonnes)	65950	12131	1876
大豆	(吨)	Soybeans	(tonnes)	1024117	391820	60718
食用植物油	(吨)	Edible Vegetable Oils	(tonnes)	547860	345536	53409
#棕榈油	(吨)	Palm Oil	(tonnes)	470944	262646	40592
食糖	(吨)	Sugar	(tonnes)	24430	8205	1272
酒类及饮料		Liquor and Drinks			148905	23053
#啤酒	(升)	Beer	(liters)		4273	662
制盐	(吨)	Salt	(tonnes)	2002	917	142
金属矿及矿砂	(吨)	Metal Ores and Other Ores	(tonnes)	20081528	2395561	370961
铁矿砂及其精矿	(吨)	Iron Ore and Iron Ore Concentrate	(tonnes)	16647373	1860626	288003
煤及褐煤	(吨)	Coal and Lignite	(tonnes)	10022071	643340	99709
原油	(吨)	Crude Oil	(tonnes)	2328591	774495	120091
成品油	(吨)	Refined Oil	(tonnes)	285615	180848	27952
天然气	(吨)	Natural Gas	(tonnes)	3944389	455290	70435
基本有机化学品		Basic Organic Chemicals			1803174	279183
#二甲苯	(吨)	Xylene	(tonnes)	1128269	625160	96817
医药材及药品	(吨)	Medicinal Materials and Drugs	(tonnes)	16672	979600	151484
肥料	(吨)	Fertilizer	(tonnes)	304697	49435	7621
#氯化钾	(吨)	Potassium Chloride	(tonnes)	304602	49062	7563
美容化妆品及洗护用品	(吨)	Cosmetics and Skincare Products	(tonnes)	20124	228890	35414
初级形状的塑料	(吨)	Plastics in their Initial Form	(tonnes)	3961818	5807563	899153
塑料制品	(吨)	Plastic Products		197353	2017185	312096
天然及合成橡胶(包括胶乳)	(吨)	Natural and Synthetic Rubber (Including Latex)	(tonnes)	127066	213374	33033
皮革、毛皮及其制品	(吨)	Leather, Furs, and their Products		88086	360149	55772
#牛皮革及马皮革	(吨)	Cow Leather and Horse Leather	(tonnes)	80453	306621	47489
木及其制品	(吨)	Wood and Wood Products	(tonnes)	290406	94607	14652
#锯材	(吨)	Saws	(tonnes)	92182	39575	6128
纸浆、纸及其制品	(吨)	Paper Pulp, Paper, and their Products	(tonnes)	4362647	1785528	276311
#纸浆	(吨)	Paper Pulp	(tonnes)	2544734	898175	138941

6-17 续表 continued

商品名称	Item	数量 Volume	金额 Value 万元人民币 RMB10 000	万美元 USD 10 000
纺织原料 (吨)	Textile Raw Materials (tonnes)	47996	67945	10518
#棉花 (吨)	Cotton (tonnes)	28448	36660	5673
纺织纱线、织物及其制品	Yarn, Fabric, and their Products		1614280	249909
#纺织纱线 (吨)	Textile Yarn (tonnes)	233285	693427	107347
服装及衣着附件	Clothing and Clothing Accessories		242688	37537
玻璃及其制品	Glass and Glassware		1562015	241758
#玻璃纤维及其制品 (吨)	Glass Fibre and Glass Fibre Products (tonnes)	51743	200687	31063
珍珠、宝石及半宝石	Pearls, Precious Stones, and Semi-precious Stones		1610618	249575
#钻石 (克拉)	Diamonds (carats)	3994971	1547353	239779
钢材 (吨)	Steel (tonnes)	2946242	2154201	333270
未锻轧铜及铜材 (吨)	Unwrought Copper and Copper Materials (tonnes)	332245	2394826	370751
未锻轧铝及铝材 (吨)	Unwrought Aluminium and Aluminium Materials (tonnes)	180326	447448	69307
机械基础件	Basic Mechanical Parts		891107	137809
农业机械 (万台)	Agricultural Machinery (10000 units)	86	5588	865
食品加工机械 (台)	Food Processing Machinery (units)	5230	23697	3661
包装机械 (台)	Packaging Machinery (units)	4320	90704	14025
印刷、装订机械及其零件	Printing, Binding Machinery and their Parts		880251	136253
#打印机、复印机及一体机(万台)	Printers, Copiers, and All-in-one Machines (10000 units)	58	91370	14141
通用机械设备	General Mechanical Equipment		840299	129901
#阀门及类似装置 (万套)	Valves and Similar Devices (10000 sets)	9512	331802	51288
机床 (台)	Machine Tools (units)	3760	283681	43789
自动数据处理设备及其零部件	Automatic Data Processing Equipment and their Parts		5295903	820074
存储部件 (台)	Storage Components (units)	25186	1276030	197594
#自动数据处理设备的零件、附件 (吨)	Accessories and Parts of Automatic Data Processing Equipment (tonnes)	24248	3023432	468169
半导体制造设备 (台)	Semiconductor Manufacturing Equipment (units)	2709	1022625	158149
#制造平板显示器用的机器及装置 (台)	Flat Panel Display Manufacturing Equipment and Devices (units)	1056	578025	89227
电工器材	Electrical Equipment		5686234	880201
#电气控制装置	Electrical Control Devices		2615034	404777
音视频设备及其零件	Audiovisual Equipment and their Parts		2150466	332820
#电子元件	Electrical Components		42508153	6583187
二极管及类似半导体器件 (万个)	Diodes and Similar Semiconductor Devices (10000 units)	11871093	4095294	633993
#集成电路 (万个)	Integrated Circuits (10000 units)	8305210	32915429	5098177
汽车(包含底盘) (辆)	Automobiles (Including Chassis) (units)	679	62392	9650
汽车零配件	Automobile Parts		2220312	342969
船舶	Ships		261981	40320
液晶显示板 (万个)	LCD Panels (10000 units)	27328	3078903	476651
计量检测分析自控仪器及器具	Automatic Measuring, Detection, Analysis Devices and Equipment		1554490	240543
医疗仪器及器械	Medical Devices and Equipment		156478	24202
钟表及其零件	Clocks and their Parts		552256	85486
手表 (万只)	Wristwatches (10000 units)	2018	235846	36482

6-18 私营企业进出口主要指标（2021年）

Main Indicators on Imports and Exports of Private Enterprises (2021)

项 目	Item	亿元人民币 RMB100 million			亿美元 USD 100 million		
		进出口总额 Total	出口 Exports	进口 Imports	进出口总额 Total	出口 Exports	进口 Imports
全 省	**Provincial Total**	**45488.05**	**27965.10**	**17522.95**	**7038.78**	**4326.86**	**2711.92**
按贸易方式分	By Customs Regime						
一般贸易	Ordinary Trade	29411.74	18831.81	10579.93	4550.49	2913.80	1636.69
来料加工	Processing and Assembling with Customer's Materials	563.33	290.38	272.95	87.25	44.97	42.28
进料加工	Processing and Assembling with Import Materials	3783.19	2318.49	1464.70	585.94	359.08	226.86
加工设备	Processing Equipments	1.68		1.68	0.26		0.26
保税仓库	Bonded Warehouse	8260.92	3110.31	5150.60	1279.28	481.66	797.62
其他	Others	3467.19	3414.11	53.08	535.56	527.35	8.21
按产品类型分	By Type of Product						
#机电产品	Machanical and Electrical Products	29261.98	17204.68	12057.31	4528.84	2662.52	1866.32
#自动数据处理设备及其零部件	Automatic Data Processing Machine and Components	2230.03	1434.49	795.54	345.45	222.25	123.20
高新技术产品	High and New-tech Products	18988.22	8187.51	10800.71	2939.66	1267.71	1671.95
#计算机与通信技术	Computer and Communication Technology	7468.47	5437.60	2030.87	1156.26	841.91	314.35
电子技术	Electronic Technology	9915.11	1988.17	7926.94	1535.03	307.91	1227.12
按主要国家(地区)分	By Main Country (Region)						
亚洲	**Asia**	**27000.83**	**13139.54**	**13861.29**	**4178.99**	**2033.50**	**2145.49**
中国香港	Hong Kong, China	4863.25	4685.23	178.03	753.28	725.77	27.51
中国澳门	Macao, China	48.33	47.79	0.54	7.49	7.40	0.08
中国台湾	Taiwan, China	3575.75	310.39	3265.36	553.52	48.04	505.48
日本	Japan	1607.42	689.20	918.22	248.61	106.64	141.98
韩国	Republic of Korea	2355.37	572.47	1782.89	364.47	88.55	275.93
东盟	Association of Southeast Asian Nations	7548.36	3783.93	3764.43	1168.15	585.35	582.80
中东十七国	The Seventeen Countries of the Middle East	1993.69	1727.78	265.91	308.36	267.18	41.18
非洲	**Africa**	**2041.71**	**1536.42**	**505.30**	**315.63**	**237.42**	**78.22**
欧洲	**Europe**	**7170.86**	**5616.69**	**1554.17**	**1109.51**	**869.06**	**240.45**
欧盟	European Union	5148.57	4122.92	1025.66	796.62	637.92	158.70
#英国	United Kingdom	879.49	784.59	94.91	136.05	121.37	14.68
德国	Germany	1128.86	809.82	319.04	174.66	125.27	49.38
法国	France	703.49	515.50	187.99	108.87	79.78	29.09
意大利	Italy	519.90	416.21	103.69	80.43	64.41	16.02
荷兰	Netherlands	748.64	698.74	49.90	115.82	108.10	7.72
俄罗斯	Russia	554.99	498.58	56.41	85.91	77.18	8.74
拉丁美洲	**Latin America**	**2169.96**	**1654.75**	**515.21**	**335.58**	**255.99**	**79.59**
北美洲	**North America**	**6044.48**	**5381.67**	**662.81**	**935.05**	**832.51**	**102.53**
加拿大	Canada	583.43	460.98	122.45	90.27	71.31	18.96
美国	United States of America	5458.66	4920.44	538.21	844.41	761.16	83.25
大洋洲及其他	**Oceania and others**	**1060.20**	**636.02**	**424.18**	**164.02**	**98.38**	**65.64**
澳大利亚	Australia	889.38	542.09	347.30	137.60	83.85	53.75
新西兰	New Zealand	134.27	72.47	61.80	20.76	11.21	9.56

6-19 利用外资情况
Utilization of Foreign Capital

年份 Year	签订项目（个） Number of Signed Projects (unit)	#外商直接投资 Foreign Direct Investment	合同外资额（万美元） Amount of Contracted Foreign Capital (USD 10000)	#外商直接投资 Foreign Direct Investment	实际使用外资（万美元） Amount of Foreign Capital Actually Utilized (USD 10000)	#外商直接投资 Foreign Direct Investment
1979	1642	70	22889	14616	9143	3074
1980	5048	188	138920	120046	21419	12320
1981	6803	236	167507	156206	28837	17326
1982	8171	151	155916	147698	28103	17123
1983	11318	412	72660	61552	40685	24523
1984	17452	1105	144489	116958	64379	54163
1985	13621	1640	256521	200073	91910	51529
1986	9417	774	183480	85902	142829	64392
1987	6999	1186	201750	124647	121671	59396
1988	7662	2741	382748	224196	243965	91906
1989	6636	2438	362311	243813	239915	115644
1990	7196	3042	316751	268958	202347	145984
1991	8507	4554	580152	490530	258250	182286
1992	12916	9769	1986673	1885764	486147	355150
1993	19012	16768	3489660	3314887	965225	749805
1994	11956	10558	2638753	2382441	1144664	939708
1995	9345	8177	2610480	2483244	1210037	1018028
1996	5955	4608	1744639	1554584	1389943	1162362
1997	17737	3744	964527	769202	1420519	1171083
1998	15459	4349	1237802	916180	1509945	1202005
1999	14824	3013	871592	617451	1447383	1220300
2000	16879	4245	1108598	868393	1457466	1223720
2001	13198	5317	1580386	1343463	1575526	1297240
2002	11706	6613	1890108	1617119	1658946	1311071
2003	11472	7306	2446711	2178926	1894081	1557779
2004	10530	8322	2217800	1936046	1289900	1001158
2005	11786	8384	2675695	2374365	1517358	1236391
2006	11276	8452	2838923	2456820	1780780	1451065
2007	11705	9506	3646583	3393817	1961771	1712603
2008	8980	6999	3071447	2863991	2126657	1916703
2009	5693	4346	1824109	1755834	2028688	1953460
2010	6022	5641	2516987	2460075	2102646	2026098
2011	7289	7035	3485492	3469238	2232847	2179836
2012	6263	6043	3544579	3499424	2410578	2354911
2013	5740	5520	3666273	3631343	2532719	2495210
2014	6175	6016	4339446	4305905	2727751	2687144
2015	7033	7029	5614566	5611000	2702512	2687546
2016	8078	8078	8673350	8667477	2340689	2334921
2017	15599	15599	7309658	7308672	2294813	2290668
2018		35774		5900.98④		1450.88④
2019		14350		5523.84		1522.00
2020		12864		5032.99		1620.29
2021		16155		4894.14		1840.02

注：1.2002年起，外商直接投资统计口径调整，企业投资总额内的境外借款只包括外方股东贷款。
2.2004年实际利用外商直接投资统计口径作了调整，与2003年以前的年份不可比。
3.2004年起，签订项目数、合同外资额、实际利用外资不包含对外借款。
4.2018年起，外商直接投资使用商务部反馈人民币数据，单位为亿元。
5.2018年起，省商务厅未对外公布利用外资签订项目、合同外资额和实际利用外资数据。

Notes:a)Since 2002, the foreign direct investment statistic has been adjusted, of which the overseas borrowings in total investment of enterprises only include loans by foreign shareholders.

b)The foreign direct investment actually utilized of 2004 is adjusted, incomparable to values of preceding years.

c)Since2004,the number of signed projects,amount of contracted foreign capital and foreign capital actually utilized exclude foreign borrowings.

d)Data of foreign direct investment in RMB that are approved by Ministry of Commerce are adopted since 2018. The data unit in 2018 is RMB 100 million.

e)Data of signed projects, contracted foreign capital and foreign capital actually utilized are not published by Department of Commerce of Guangdong Province since 2018.

6-20 分行业外商直接投资（2021年）
Foreign Direct Investment by Sector (2021)

指　　标	Item	签订项目（个）Number of Signed Projects (unit)	合同利用金额（万元）Amount of Contracted Foreign Capital (RMB 10000)	实际使用金额（万元）Amount of Foreign Capital Actually Utilized (RMB 10000)
全　省	**Provincial Total**	**16155**	**48941422**	**18400192**
农、林、牧、渔业	Farming,Forestry,Anima Husbandry and Fishery	92	338176	6808
采矿业	Mining	7	137166	59276
制造业	Manufacture	947	7931589	3100434
电力、热力、燃气及水生产和供应业	Production and Supply of Electric Power, Gas and Water	22	157055	269140
建筑业	Construction	312	1038681	23904
批发和零售业	Wholesale and Retail Trades	5514	3349085	1313083
交通运输、仓储和邮政业	Transport, Storage and Postal Services	259	788428	130919
住宿和餐饮业	Hotels and Catering Services	532	545470	6182
信息传输、软件和信息技术服务业	Information Transmission, Computer Services and Software	1475	6039747	2415074
金融业	Finance	114	1923542	234614
房地产业	Real Estate	512	3360331	3419891
租赁和商务服务业	Leasing and Business Services	2925	17776029	5274234
科学研究和技术服务业	Scientific Research, Technical Services	2235	4469535	1777130
水利、环境和公共设施管理业	Management of Water Conservancy,Environment and Public Facilities	31	113460	284246
居民服务、修理和其他服务业	Services to Households,Repair and Other Services	296	338843	59605
教育	Education	94	132437	495
卫生和社会工作	Health and Social Service	42	59270	16320
文化、体育和娱乐业	Culture, Sports and Entertainment	744	442070	8837
公共管理、社会保障和社会组织	Public Administration,Social Security and Social Organizations	2	508	

6-21 分国家(地区)实际使用外资金额

Actual Value of Foreign Capital Used in Countries and Regions

单位：万美元 (USD 10000)

指　　标	Item	2000	2010	2015	2019	2020	2021
合　计	**Total**	**1223720**	**2026098**	**2687546**	**15219975**	**16202914**	**18400192**
亚洲	**Asia**	**927071**	**1486723**	**2268764**	**13580593**	**14759426**	**16972216**
#中国香港	Hong Kong, China	744826	1291738	2047856	10511307	11892901	14314569
中国台湾	Taiwan, China	49746	24543	10525	72975	53266	43919
中国澳门	Macao, China	26137	30189	73718	1012012	1352295	1200837
日本	Japan	30852	51044	45514	499154	399495	226567
新加坡	Singapore	49115	46482	47343	765966	826600	769122
韩国	Republic of Korea	13671	20658	34770	667137	191592	405758
文莱	Brunei		8825	3133	2698		3287
马来西亚	Malaysia	4993	5133	4541	4352	3818	748
泰国	Thailand	2895	998	822	23897	22109	2433
印度尼西亚	Indonesia	3352	877	36	172	18	29
阿联酋	United Arab Emirates	100	5370	10			39
菲律宾	Philippines	191	91	5	127	134	
印度	India	964	69	148	1486	1678	2406
非洲	**Africa**	**4272**	**16972**	**12060**	**63960**	**62619**	**29763**
#毛里求斯	Mauritius	4576	14738	7327	45117	39189	17554
塞舌尔	Seychelles		1772	4635	18736	23430	12072
欧洲	**Europe**	**38643**	**78713**	**83864**	**427524**	**322300**	**629418**
#荷兰	Netherlands	7886	9646	7246	41563	21553	36216
英国	United Kingdom	8258	1859	13139	93142	16183	70093
法国	France	4551	52008	21078	163919	13301	11318
德国	Germany	10057	3657	33898	66657	95280	292691
瑞士	Switzerland	3349	2839	1191	10045	10764	51117
意大利	Italy		1736	1344	4221	752	2194
西班牙	Spain	44	2089	444	958	1656	4536
芬兰	Finland	2302	18		830	18345	31062
卢森堡	Luxembourg	90	660	860	41470	57709	116900
爱尔兰	Ireland		2010	3762	2647	101	3637
瑞典	Sweden	360	500	647	600	1294	4799
奥地利	Austria	101	1000		839	17335	3600
比利时	Belgium	499	60	129			
丹麦	Denmark		201	11	9	1423	455
拉丁美洲	**Latin America**	**161983**	**303059**	**142932**	**1043377**	**959389**	**576009**
#维尔京群岛	Virgin Islands	149200	270979	123429	755840	810268	498419
开曼群岛	Cayman Islands	6694	24644	16671	285006	148307	74566
巴哈马	Bahamas	3543	1649	1019			
巴巴多斯	Barbados		3254	701			346
巴拿马	Panama	1544	1953	288	212		
北美洲	**North America**	**74453**	**40816**	**35221**	**36685**	**29500**	**113355**
#美国	United States of America	66972	25388	19049	22812	23376	103948
百慕大	Bermuda	2320	13341	15808	10081	3117	800
加拿大	Canada	5161	2087	364	3792	3007	8607
大洋洲	**Oceania**	**14510**	**53171**	**57284**	**67837**	**64291**	**79429**
#萨摩亚	Samoa	8942	49714	54362	57604	56063	72567
澳大利亚	Australia	4697	2869	2538	7703	5672	800
马绍尔群岛	Marshall Islands	680	183	384		713	
新西兰	New Zealand	86	181		1189	202	
其它	**Others**	**2788**	**46644**	**87276**		**5389**	**2**
#投资性公司投资	Investment Companies		35196	87119			
创业投资公司投资	Resuccess Investments Limited			157			

注： 2018年起，外商直接投资使用商务部反馈人民币数据，单位为万元。

Note: Data of direct investment in RMB that are approved by Ministry of Commerce are adopted since 2018. The data unit in 2018 is RMB 10000.

6-22 各市外商直接投资

Foreign Direct Investment by City

市 别	City	2020			2021		
		签订项目(个) Number of Signed Projects (unit)	合同利用金额(万元) Amount of Contracted Foreign Capital (RMB 10000)	实际使用金额(万元) Amount of Foreign Capital Actually Utilized (RMB 10000)	签订项目(个) Number of Signed Projects (unit)	合同利用金额(万元) Amount of Contracted Foreign Capital (RMB 10000)	实际使用金额(万元) Amount of Foreign Capital Actually Utilized (RMB 10000)
广 州	Guangzhou	2695	15453892	4937180	4048	14489159	5432585
深 圳	Shenzhen	4434	16230544	5954181	5788	16968456	7300994
珠 海	Zhuhai	2624	8036238	1780516	2578	8037428	2022408
汕 头	Shantou	48	121692	21491	47	142449	52437
佛 山	Foshan	523	2127873	459187	668	1109147	335367
韶 关	Shaoguan	17	131272	141282	25	40446	68327
河 源	Heyuan	40	247419	64591	28	220494	106059
梅 州	Meizhou	26	14539	14463	26	110103	16071
惠 州	Huizhou	420	1639515	556721	410	1654722	743862
汕 尾	Shanwei	49	96803	16511	49	135050	31617
东 莞	Dongguan	896	3606826	796305	1205	2260347	953237
中 山	Zhongshan	459	839127	405449	522	966339	377290
江 门	Jiangmen	354	830196	566200	432	622561	229831
阳 江	Yangjiang	40	72615	11487	15	55779	60172
湛 江	Zhanjiang	29	54438	248981	44	1449675	296818
茂 名	Maoming	14	127495	41400	27	184692	45516
肇 庆	Zhaoqing	90	150838	58464	121	190141	81279
清 远	Qingyuan	55	303984	72727	63	56045	100091
潮 州	Chaozhou	11	54999	22927	7	58679	57966
揭 阳	Jieyang	9	68014	16096	17	93667	27368
云 浮	Yunfu	31	121540	16754	35	96064	23476
按经济区域分	By Region						
珠 三 角	Pearl River Delta	12495	48915049	15514203	15772	46298300	17476853
东 翼	Eastern Region	117	341508	77025	120	429845	169388
西 翼	Western Region	83	254548	301868	86	1690146	402506
山 区	Mountainous Region	169	818754	309817	177	523152	314024

注：2018年起，外商直接投资使用商务部反馈人民币数据。
Note: Data of direct investment in RMB approved by Ministry of Commerce are adopted since 2018.

6-23 分行业外商投资企业工商注册登记情况（2021年末）

Registration Status of Enterprises with Foreign Investment by Sector (Year-end of 2021)

行业	Sector	企业数（户）Number of Registered Enterprises (unit)	投资总额（亿美元）Total Investment (USD 100 million)	注册资本（亿美元）Registered Capital (USD 100 million)	#外方 Capital Invested by Foreign Partners
全　省	**Provincial Total**	**185553**	**23284.71**	**10723.77**	**8129.76**
农、林、牧、渔业	Farming,Forestry,Anima Husbandry and Fishery	1936	8579.95	205.48	199.40
采矿业	Mining	64	6.50	4.37	2.40
制造业	Manufacture	37846	3743.02	2386.90	1763.24
电力、热力、燃气及水生产和供应业	Production and Supply of Electric Power, Gas and Water	750	649.02	275.73	104.11
建筑业	Construction	2932	217.19	156.68	110.06
批发和零售业	Wholesale and Retail Trades	60868	977.23	684.15	586.70
交通运输、仓储和邮政业	Transport, Storage and Postal Services	4044	313.04	205.86	136.25
住宿和餐饮业	Hotels and Catering Services	7885	66.75	49.35	39.91
信息传输、软件和信息技术服务业	Information Transmission, Computer Services and Software	12787	839.18	589.64	543.11
金融业	Finance	4106	1163.89	1208.24	721.75
房地产业	Real Estate	5838	1559.24	1116.51	950.66
租赁和商务服务业	Leasing and Business Services	24769	3956.92	3015.22	2338.46
科学研究和技术服务业	Scientific Research, Technical Services	14339	905.84	601.07	444.22
水利、环境和公共设施管理业	Management of Water Conservancy,Environment and Public Facilities	350	68.08	41.07	34.34
居民服务、修理和其他服务业	Services to Households,Repair and Other Services	2859	72.59	60.26	51.65
教育	Education	322	4.45	3.44	2.60
卫生和社会工作	Health and Social Service	127	23.49	18.50	10.62
文化、体育和娱乐业	Culture, Sports and Entertainment	2568	99.09	73.28	66.30
其他	Others	1163	39.23	28.02	24.00

6–24 各市外商投资企业工商注册登记情况（2021年末）

Registration Status of Enterprises with Foreign Investment by City(Year-end of 2021)

市 别	City	企业数(户) Number of Registered Enterprises(unit)	投资总额 (亿美元) Total Investment (USD 100 million)	注册资本 (亿美元) Registered Capital (USD 100 million)	#外方 Capital Invested by Foreign Partners
全 省	**Provincial Total**	**185553**	**23284.71**	**10723.77**	**8129.76**
广 州	Guangzhou	34886	12109.49	3044.06	2290.56
深 圳	Shenzhen	71235	5106.51	3946.26	2812.43
珠 海	Zhuhai	16582	1101.88	935.04	709.49
汕 头	Shantou	1387	102.81	76.27	60.34
佛 山	Foshan	8469	987.06	553.01	452.60
韶 关	Shaoguan	1058	42.08	31.17	24.59
河 源	Heyuan	2297	108.17	67.29	58.52
梅 州	Meizhou	3819	47.45	35.41	32.06
惠 州	Huizhou	8597	1008.06	365.90	301.53
汕 尾	Shanwei	808	43.29	33.39	29.71
东 莞	Dongguan	15181	873.04	623.62	579.35
中 山	Zhongshan	5482	241.68	174.35	149.93
江 门	Jiangmen	5789	516.18	259.82	194.97
阳 江	Yangjiang	755	224.13	66.64	32.84
湛 江	Zhanjiang	981	206.05	99.35	75.72
茂 名	Maoming	1545	59.46	32.74	24.69
肇 庆	Zhaoqing	2933	235.23	178.25	169.69
清 远	Qingyuan	1682	131.22	84.22	62.84
潮 州	Chaozhou	596	15.97	13.67	10.50
揭 阳	Jieyang	777	27.65	19.84	16.10
云 浮	Yunfu	614	33.54	21.26	16.61
局本部	Unclassified by Region	80	63.75	62.21	24.67

6-25 一类口岸开放使用情况（2021年末）
Opening and Operating Status of Category-1 Ports (Year-end of 2021)

市别	City	个数 Number	口岸类型 Name of Ports 水运	Water Transport	陆运	Land Transport	空运 Air Transport
合计	**Total**	**56**	**35**		**16**		**5**
广州	Guangzhou	6	广州港口岸 广州南沙港口岸 广州莲花山港口岸 增城新塘港客运口岸	Guangzhou Port Nansha Port Lianhuashan Port Xintang Port	广州火车东站铁路口岸	Guangzhou East Railway Station for Passenger Service	白云国际机场 Baiyun International Airport
深圳	Shenzhen	16	蛇口工业区码头 赤湾码头 大铲湾港区 妈湾码头 盐田码头 大亚湾核电站专用码头	Shekou Port Chiwan Port Dachan Bay Port Mawan Port Yantian Port Dayawan Port	罗湖 文锦渡 沙头角 皇岗 深圳湾 福田 广深港高铁西九龙站 莲塘 深圳(笋岗)铁路口岸	Luohu Wenjindu Shatoujiao Huanggang Shenzhen Bay Futian Guangzhou-Shenzhen-Hong Kong Express Rail Link West Kowloon Terminus Liantang Shenzhen(Sungang) Railway Station	深圳宝安国际机场 Shenzhen International Airport
珠海	Zhuhai	10	九州港口岸 湾仔口岸 珠海港口岸 万山港口岸 斗门港口岸	Jiuzhou Port Wanzai Port Zhuhai Port Wanshan Port Doumen Port	拱北 横琴 珠澳跨境工业区专用口岸 港珠澳大桥珠海公路口岸 珠海青茂口岸	Gongbei Hengqin The Industrial Zone Dedicated port cross-border between The Pearl River Delta and Macao Zhuhai Port of Hong Kong Zhuhai Macao Bridge Qingmao Port	
汕头	Shantou	2	汕头港口岸 潮阳港口岸	Shantou Port Chaoyang Port			
梅州	Meizhou	1					梅县机场 Meixian Airport
惠州	Huizhou	1	惠州港口岸	Huizhou Port			
汕尾	Shanwei	1	汕尾港口岸	Shanwei Port			
东莞	Dongguan	2	虎门港口岸	Humen Port	东莞常平铁路客运	Dongguan Changping Railway Stations for Passenger Service	
中山	Zhongshan	1	中山港口岸	Zhongshan Port			
江门	Jiangmen	5	江门客运港口岸 开平三埠港客运口岸 台山广海港口岸 鹤山港客运口岸 新会港口岸	Jiangmen Port Sanfu Port Guanghai Port Heshan Port Xinhui Port			
佛山	Foshan	3	顺德容奇港口岸 南海港口岸 高明港客运口岸	Shunde Port Nanhai Port Gaoming Port			
阳江	Yangjiang	1	阳江港口岸	Yangjiang Port			
湛江	Zhanjiang	2	湛江港口岸	Zhanjiang Port			湛江机场 Zhanjiang Airport
茂名	Maoming	1	茂名港口岸	Maoming Port			
肇庆	Zhaoqing	1	肇庆港客运口岸	Zhaoqing Port			
潮州	Chaozhou	1	潮州港口岸	Chaozhou Port			
揭阳	Jieyang	2	揭阳港口岸	Jieyang Port			揭阳潮汕国际机场 Jieyang International Airport

注：目前为止江门三埠港客运口岸、肇庆港客运口岸暂停运作。
Note: To date，Jiangmen Sanfu Port，Zhaoqing Port are temporarily out of operation.

6-26 对外经济技术合作情况

Economic and Technical Cooperation with Foreign Countries and Regions

年 份 Year	对外承包工程 Contracted Projects				对外劳务合作 Labor Services		
	签订合同数 (个) Number of Contracts Signed (unit)	合同金额 (万美元) Contracted Value (USD 10000)	营业金额 (万美元) Value of Turnover (USD 10000)	年末在外人数 (人) Number of Persons Abroad at the Year-end (person)	劳务人员合同工资总额 (万美元) Total Wages of Contract Workers (USD 10000)	劳务人员实际收入总额 (万美元) Actual Total Income of Contract Workers (USD 10000)	年末在外人数 (人) Number of Persons Abroad at the Year-end (person)
1985	28	1897	2491	305	424	433	1197
1990	23	5953	7586	688	6055	3189	8045
1995	29	19183	10924	850	20593	17775	33263
1996	37	14823	9474	1680	11784	19365	23319
1997	67	22435	10940	354	17356	14743	22857
1998	28	13331	17526	566	12925	14464	20816
1999	63	52961	21857	603	9327	13230	19128
2000	86	36555	34515	634	12941	10777	19564
2001	250	53924	26192	641	13271	11752	30695
2002	165	64827	58986	643	19114	17059	18922
2003	193	97055	86898	730	23132	21926	21738
2004	810	168338	161287	856	27392	28315	17043
2005	2061	326752	247189	606	32762	30878	20469
2006	1625	458442	344170	752	41898	37030	27024
2007	757	597733	546069	946	80824	62927	27880
2008	331	844352	686045	886	68209	58420	33691
2009	556	814859	758799	2105	45718	59469	33124
2010	605	986740	820815	4554	76575	58428	33901
2011	528	1343526	1134158	4017	46578	46445	38621
2012	517	1905053	1605342	3863	46643	38600	44301
2013	617	2366492	2286507	3243	53917	44689	54272
2014	1139	1524873	1241121	3405	138820	66218	72788
2015	1937	2072350	1987790	3633	139705	117787	81600
2016	1503	2198726	1816382	4350	65540	89185	80468
2017	1151	2218294	1809649	6293	72805	86660	79440
2018	1136	1914713	1756733	10507	67494	85623	82329
2019	1030	2556123	1670589	9025	73640	92860	84216
2020	878	1873148	1566539	10542	55850	79177	60035
2021	787	1835162	1562286	2303	63696	87394	10601

注：1.2009年以后，“对外承包工程”包含“对外设计咨询”。
2.2011年对外劳务合作统计口径调整。

Note: a) After 2009, foreign design consultation is included in foreign contracted projects.
b) The statistics coverage of foreign labor service has been adjusted in 2011.

6-27 分国别(地区)对外直接投资
Foreign Direct Investment by Country (Region)

国家(地区)	Country of Region	企业个数（个）Number of Projects (unit)			对外直接投资额（万美元）Net Overseas Direct Investment (USD10000)		
		2019	2020	2021	2019	2020	2021
合计	**Total**	**932**	**865**	**1075**	**1027731**	**1581557**	**1696707**
亚洲	**Asia**	**693**	**681**	**887**	**731070**	**993956**	**1128470**
#中国香港	Hong Kong, China	431	449	712	674883	945305	1067363
中国澳门	Macao, China	12	22	29	2851	1579	6752
印度尼西亚	Indonesia	14	9	5	3908	2032	2799
泰国	Thailand	14	12	7	3999	2450	3653
新加坡	Singapore	21	37	32	19221	10858	29299
韩国	Republic of Korea	15	6	14	116	222	1453
日本	Japan	22	19	15	1632	882	1778
中国台湾	Taiwan, China	5	8	5	74	10	184
马来西亚	Malaysia	21	11	11	3983	8536	4143
印度	India	32	16	7	968	1801	42
越南	Vietnam	59	61	26	6990	8538	6162
柬埔寨	Cambodia	8	4	3	9204	5023	3144
以色列	Israel	4	4	3	451	400	473
老挝	Laos	4	3	1	893	303	306
非洲	**Africa**	**37**	**9**	**20**	**6487**	**3610**	**1343**
#加纳	Ghana	4	1	2		704	222
肯尼亚	Kenya	2	1	2	38	20	30
塞舌尔	Seychelles	1		3	1642	135	5
欧洲	**Europe**	**73**	**70**	**59**	**17176**	**37443**	**38388**
#法国	France	4	5	2	267	9	108
爱尔兰	Ireland	1				241	1308
荷兰	Netherlands	1	10		623	670	
俄罗斯	Russia	7	5	4	111	11	1
德国	Germany	12	19	15	5297	26401	8056
英国	United Kingdom	7	9	12	561	2498	179
卢森堡	Luxembourg	1			2489	788	1270
意大利	Italy	10	3	5	3544	2484	2084
瑞士	Switzerland	3		2			1
瑞典	Sweden	3	2	2	459	1	2838
挪威	Norway	2	1		88	91	47
波兰	Poland	3	4	4	310	886	1464
匈牙利	Hungary	2	1	1	17	829	1934
拉丁美洲	**Latin America**	**32**	**17**	**43**	**36581**	**167123**	**104955**
#英属维尔京群岛	Virgin Islands	5	3	2	7953	139095	64397
开曼群岛	Cayman Islands	15	11	29	26123	26934	38285
巴西	Brazil	4	1	2	1166	185	906
秘鲁	Peru	1		2			190
墨西哥	Mexico	3		6	250		160
智利	Chile	1		1		50	50
北美洲	**North America**	**88**	**74**	**64**	**26806**	**15665**	**14287**
#美国	United States of America	82	69	58	26480	15213	12796
加拿大	Canada	6	5	5	326	452	1490
大洋洲	**Oceania**	**9**	**14**	**2**	**13722**	**4770**	**5105**
#新西兰	New Zealand	1	5		4942	3082	185
澳大利亚	Australia	7	9	1	7725	507	1539
巴布亚新几内亚	Papua New Guinea				437	1180	3380
斐济	Fiji				618		
利润再投资分摊	**Reinvested profit sharing**				**195889**	**358990**	**404159**

6-28 分行业对外直接投资（2021年）

Foreign Direct Investment by Sector (2021)

单位：万美元 (USD 10 000)

分组指标	Indexes by Group	新增企业个数 Number of New Companies	对外直接投资额 Direct Investment in Foreign Companies
全 省	**Provincial Total**	**1075**	**1696707**
农、林、牧、渔业	Agricultural, Forestry, Husbandry, and Fishing Industries	8	137
采矿业	Mining Industry	4	7203
制造业	Manufacturing Industry	99	203639
电力、热力、燃气及水的生产和供应业	Electricity, Heat, Gas, and Water Production and Supply Industries	7	14594
建筑业	Construction Industry	6	7772
批发和零售业	Wholesale and Retail Industries	508	392236
交通运输、仓储和邮政业	Transportation, Storage, and Postal Industries	35	88649
住宿和餐饮业	Accommodation and Catering Industries	2	16680
信息传输、软件和信息技术服务业	Information Transmission, Software, and Information Technology Industries	115	26069
金融业	Financial Industry	7	22393
房地产业	Real Estate Industry	2	5952
租赁和商务服务业	Leasing and Business Services Industries	53	469520
科学研究和技术服务业	Scientific Research and Technical Services Industries	62	18342
水利、环境和公共设施管理业	Water Conservation, Environment, and Public Facility Management Industries	2	4309
居民服务、修理和其他服务业	Resident Services, Repairs, and Other Service Industries	2	14661
教育	Education		201
卫生和社会工作	Health and Social Work	1	157
文化、体育和娱乐业	Culture, Sports and Entertainment Industries	1	31
公共管理、社会保障和社会组织	Public Management, Social Security, Social Organization		
其他	Others		404160
利润再投资分摊	Profit Reinvestment and Sharing	161	

主要统计指标解释

货物进出口总额 指实际进出我国国境的货物总金额。包括对外贸易实际进出口货物，来料加工装配进出口货物，国家间、联合国及国际组织无偿援助物资和赠送品，华侨、港澳台同胞和外籍华人捐赠品，租赁期满归承租人所有的租赁货物，进料加工进出口货物，边境地方贸易及边境地区小额贸易进出口货物，中外合资企业、中外合作经营企业、外商独资经营企业进出口货物和公用物品，到、离岸价格在规定限额以上的进出口货样和广告品(无商业价值、无使用价值和免费提供出口的除外)，从保税仓库提取在中国境内销售的进口货物，以及其他进出口货物。该指标可以观察一个国家在对外贸易方面的总规模。我国规定出口货物按离岸价格统计，进口货物按到岸价格统计。

商品目的地进口额和商品货源地出口额 目的地进口额指进口货物的消费、使用或最终抵运地的实际进口额；货源地出口额指出口货物的产地或原始发货地的实际出口额。

利用外资 指我国政府、部门、企业和其他经济组织通过对外借款、吸收客商直接投资以及向境外发行债券、股票等方式筹借的境外资金。

外资的形式可以是现汇、实物、工业产权或专有技术等有形资本和无形资本。

我国自有外汇和中国银行自有外汇资金发放的外汇贷款购置国外设备和材料，华侨、港澳同胞的捐赠，联合国或其他国际组织的无偿赠送资金、无偿援建的项目均不属于外资范围 。

利用外资的方式有：对外借款，外国（或港澳地区）企业和经济组织或个人在我国境内开办独资企业、与我国境内的企业或组织共同开办合资企业、合作经营(企业)项目或合作开发资源，以及补偿贸易、国际租赁等。

补偿贸易 是以商品或劳务偿还贷款的一种贸易方式。即由客商提供设备、原材料、生产技术，以这些设备、原材料、生产技术生产的产品或是用双方协商的其他产品价值去支付 （偿还）进口设备、原材料价款。

对外借款 指我国政府、部门、企业和中国银行等单位向国际金融组织 、外国政府、企业等借用的长期、短期资本，到期需还本付息。借款按不同渠道划分为：①外国政府贷款； ②国际金融组织贷款；③外国银行贷款；④出口信贷；⑤发行债券。

外商直接投资 指外国企业和经济组织或个人（包括华侨、港澳同胞以及我在境外注册的企业）按我国有关政策、法规，在我国境内开办外商独资企业，与我国境内的企业或经济组织共同举办中外合资企业、合作经营企业或合作开发资源的投资，以及外商从企业得到收益的再投资。2002 年起“外商直接投资”统计口径调整，“企业投资总额内的境外借款”只包括“企业投资总额内直接投资者对企业的贷款,即外方股东贷款”。不包括“直接投资者提供担保的第三方对企业的贷款即外方股东担保贷款”和“其他方式的企业境外借款即其他境外借款。”

国际租赁 指出租者用自有资金，或向银行借款购买资本设备租给承租者在约定的期限内使用，承租者依约按期付给出租者一定租金，在租赁期内设备的使用属于承租者，设备的所有权属于出租者，租期满后，出租者对设备具有支配权：收回、作价出卖或赠送企业。

对外直接投资 指我国企业、团体等(简称境内投资主体) 在国外及港澳台地区以现金、实物、无形资产等方式投资，并以控制国(境)外企业的经营管理权为核心的经济活动。对外直接投资的内涵主要体现在一经济体通过投资于另一经济体而实现其持久利益的目标。

Explanatory Notes on Main Statistical Indicators

Total Import and Export of Goods refer to the real value of commodities imported and exported across the border of China. They include the actual imports and exports through foreign trade, imported and exported goods under the processing and assembling trades and materials, supplies and gifts as aid given gratis between governments and by the United Nations and other international organizations, and contributions donated by overseas Chinese, compatriots in Hong Kong and Macao and Chinese with foreign citizenship, leasing commodities owned by tenant at the expiration of leasing period, the imported and exported commodities processed with imported materials, commodities trading in border areas, the imported and exported commodities and articles for public use of the Sino-foreign joint ventures, cooperative enterprises and ventures with sole foreign investment. Also included is import or export of samples and advertising goods for which CIF or FOB value are beyond the permitted ceiling (excluding goods of no trading or use value and free commodities for export), imported goods sold in China from bonded warehouses and other imported or exported goods. The indicator of the total imports and exports at customs can be used to observe the total size of external trade in a country. In accordance with the stipulation of the Chinese government, imports are calculated at CIF, while exports are calculated at FOB.

Import or Export Value by Location of China's Foreign Trade Managing Units refers to actual value of imports and exports carried out by corporations which have been registered by the local Customs house and are vested with right to run import export business.

Utilization of Foreign Capital refers to funds financed from abroad by means of loans, foreign direct investment, and issuing bonds and shares undertaken by the Chinese governments at all levels, various departments, enterprises and other economic units.

The types of foreign capital include tangible capital and intangible capital, such as remittance, goods, industrial property rights and know-how.

Those excluded are the purchases of foreign equipment and materials with loans from state-owned foreign exchange and foreign exchange owned by the Bank of China, donations by overseas Chinese, compatriots in Hong Kong and Macao, and funds and projects as aid given gratis by the United Nations and other international organizations.

Utilization of foreign capital takes the forms of loans from abroad, sole investment in enterprises in the boundary of China by foreign (or Hong Kong and Macao) enterprises, economic organizations or individuals, investment in Sino-foreign joint ventures, cooperative projects (enterprises), cooperative exploitation of natural resources with enterprises or organizations in China, compensation trade and international lease, etc.

Compensation Trade refers to a kind of trade returning loans with commodities or services, i.e. imported equipment, raw materials and production technology provided by foreign entrepreneurs are repaid (returned) by means of the products produced with such equipment, raw materials and production technology or by means of the value of other products negotiated by both sides.

Foreign Loans refer to long-term capital and short-term capital borrowed from international financial organizations, foreign governments and enterprises by the Chinese governments at all levels, by various departments, enterprises and the Bank of China, etc, and repaid with interest at maturity. Foreign loans can be divided according to channels into: ①loans from foreign governments; ②loans from international financial organizations; ③loans from foreign banks; ④export credit; ⑤bonds and shares issued abroad.

Foreign Direct Investment refers to investment inside China by foreign enterprises and economic organizations or individuals (including overseas Chinese, compatriots from Hong Kong and Macao, and Chinese enterprises registered abroad), following the relevant policies and laws of China, for the establishment of foreign sole investment enterprises, Sino-foreign joint ventures and cooperative enterprises or for cooperative exploitation of resources with enterprises or economic organizations in China, and re-investment of foreign entrepreneurs with the profits gained from such enterprises and corporations. Starting from 2002, the foreign direct investment statistic has been adjusted such that the overseas borrowings in total investment of enterprises only include loans to the enterprises by direct investors or, in other terms, loans by foreign shareholders, but exclude loans from the third party guaranteed by the direct investors or, in other terms, loans guaranteed by the foreign shareholders, and overseas borrowings by enterprises in other manners or, in other terms, other overseas borrowings.

International Lease refers to the lease of which tenants rent the equipment purchased by lessors with their own money or loans from banks during a fixed period and repay a sum of leasing expenses to lessors according to contracts. During the leasing period, tenants have the right to use the equipment while lessors maintain possession of the equipment. At the expiration of the leasing period, lessors have the right to dispose the equipment: take it back, sell it at a fixed price, or donate it to an enterprise.

Overseas Direct Investment refers to investment made by domestic enterprises and organizations (referred to as domestic investors) in foreign countries and Hong Kong SAR, Macao SAR and Taiwan province in forms of cash, physical investment and intangible assets, and the economic activities centring on operation and management of those enterprises are under the control of domestic investors. The content of overseas direct investment mainly reflects one economic entity by investing in another economic entity to achieve its goal of lasting interest.

七、能源、资源和环境

ENERGY, RESOURCES AND ENVIRONMENT

七　能源、资源和环境

简要说明

一、本篇资料反映广东自然资源状况、能源生产、能源消费、能耗水平和生态环境事业等情况。能源情况主要包括：能源生产、消费及品种构成，分行业能源消费总量，综合能源平衡，各市能源单耗，能源生产和消费弹性系数，能源加工转换效率，生活用能源消费等资料。自然资源包括土地 、气候、森林、水利、矿产资源情况。环保部分主要包括水环境、大气环境、生态环境、城市环境、农村环境、自然灾害等。

二、本篇资料由广东省统计局综合统计处、能源统计处根据有关资料和调查结果整理提供。

三、能源资料取自全省《地区能源平衡表》《工业企业能源购进、消费及库存表》等。地区能源平衡表编制范围为辖区内生产和消费能源的单位；规模以上工业企业的能源消费根据国家统计局制定的报表制度由统计系统搜集资料逐级汇总上报；加工转换消费来源于《工业企业能源购进、消费及库存附表》；其他数据来源于有关厅 (局)、公司或企业。矿产、土地资源、海洋资料由省自然资源厅提供；气象资料由省气象局提供；森林资源资料由省林业局提供；水利资料由省水利厅提供；环保事业情况由省生态环境厅提供；城市建设情况由省住房和城乡建设厅提供。

四、关于数据口径与计算的说明：

1．2015 年以后的数据已按第四次全国经济普查结果进行调整。

2．能源生产与消费弹性系数分别按能源生产、消费增长速度与地区生产总值增长速度计算。

3．在地区能源平衡表中，进口量和出口量采用海关统计数据，电力折算标准煤系数按平均发电煤耗计算。

4．能源加工转换效率表中的电力折算标准煤系数采用当量值计算，每千瓦小时折 0.1229 千克标准煤。

7 Energy ,Resources and Environment

Brief Introduction

Ⅰ. The data in this chapter reflect the natural resource, energy production, consumption, and efficiency and environmental protection of Guangdong Province. The data on energy mainly including the energy production and consumption and their composition, the energy consumption by sector, the overall balance of energy, energy consumption per unit by city, the elasticity ratios of energy production and consumption, the efficiency of energy conversion and the consumption of energy for non-production use, etc. The data on natural resource cover land, climate, forest, water conservancy and mineral resources. The data on environmental protection mainly include water environment, atmospheric environment, ecological environment, urban environment, rural environment, natural disasters, etc.

Ⅱ. The data in this chapter are prepared and provided by the Division of Comprehensive Statistics of Statistics Bureau of Guangdong Province and the Division of Energy Statistics of Statistics Bureau of Guangdong Province.

Ⅲ. The data in this chapter come from the Energy Balance Sheet of the whole province and the Sheets of Energy Purchase, Consumption and Storage of Key Energy Consumption Industrial Enterprises. The coverage of the regional energy balance includes the units that produce and consume energy. Among them, the data on the energy consumption of industrial enterprises above designated size are collected by the statistical agencies in accordance with the statistical reporting scheme stipulated by the National Bureau of Statistics and tabulated and reported to the higher authorities level by level; the data on the energy processing, transformation and consumption are derived from the Sheets of Energy Purchase, Consumption and Storage of Key Energy Consumption Industrial Enterprises; other data are provided by related government departments, companies and enterprises. The data on mineral and land resources an ocean are provided by Department of Natural Resources of Guangdong Province. The data on meteorological phenomena are provided by the Meteorological Bureau of Guangdong Province. The data on forest are provided by the Forestry Administration of Guangdong Province. The data on water conservancy are provided by the Water Resources Department of Guangdong Province. The data on environmental protection are provided by Department of Ecology and Environment of Guangdong Province. The data on urban construction are provided by Department of Housing and Urban Rural Development of Guangdong Province.

Ⅳ. Data coverage and calculation:

(1) Since 2015,data have been adjusted in accordance with the figures from the third china economics census.

(2) The elasticity ratio of energy production is calculated as the quotient of the growth rate of energy production divided by the growth rate of GDP; and the elasticity ratio of energy consumption is calculated as the quotient of the growth rate of energy consumption divided by the growth rate of GDP.

(3) In the energy balance sheet, the data on the imports and exports are data from the customs statistics.The ratio for converting electric power into the standard coal equivalent is calculated according to the average consumption of coal for generating electricity.

(4) In the table on the efficiency of energy conversion, the ratio for converting electric power into the standard coal equivalent is calculated on the basis of heat value equivalent.One kilowatt is equal to 0.1229 kg SCE.

7-1 能源主要指标
Main Indicators of Energy

项 目	item	2019	2020	2021
一、能源生产	**Production of Energy**			
(一)一次能源生产量	Primary Energy Output			
原油 (万吨)	Crude Oil (10000tons)	1475.07	1613.15	1744.68
天然气 (亿立方米)	Natural Gas (100 million cu.m)	112.08	131.59	132.48
一次电 (亿千瓦时)	Primary Electricity (100 million kwh)	1617.14	1622.79	1667.66
(二)二次能源生产量	Secondary Energy Output			
原油加工量 (万吨)	Crude Oil Processing Capacity (10000tons)	5587.93	6211.95	6740.95
汽油 (万吨)	Gasoline (10000tons)	1165.50	1206.19	1417.41
煤油 (万吨)	Kerosene (10000tons)	840.45	668.74	633.73
柴油 (万吨)	Diesel Oil (10000tons)	1469.20	1592.53	1649.54
燃料油 (万吨)	Fuel Oil (10000tons)	174.13	576.73	644.22
液化石油气 (万吨)	Liquefied Petroleum Gas (10000tons)	461.35	464.49	503.72
发电量 (亿千瓦时)	Power Generation (100 million kwh)	3433.89	3603.12	4638.57
二、能源消费 (万吨标准煤)	**Consumption of Energy (10000 tons of SCE)**			
能源消费总量	Total Energy Consumption	34141.89	34502.92	36821.42
第一产业	Primary Industry	618.21	670.30	711.81
第二产业	Secondary Industry	20077.86	20510.49	21881.43
第三产业	Tertiary Industry	8007.62	7634.13	8343.72
居民消费量	Household Consumption	5438.21	5688.01	5884.46
三、节能减排 (%)	**Energy Conservation (%)**			
单位GDP能耗上升或下降(±)	Energy Consumption per Unit of GDP rises or decreases (±)	-3.52	-1.16	-1.20
规模以上工业单位工业增加值能耗上升或下降(±)	Energy Consumption per Unit of Industrial Value-added rises or decreases (±)	-5.21	1.21	1.70
单位GDP电耗上升或下降(±)	Electricity Consumption per Unit of GDP rises or decreases (±)	-0.24	1.16	5.20

7-2 能源生产总量及构成
Total Production of Energy and its Composition

项 目	Item	2000	2005	2010	2015	2019	2020	2021
能源生产总量 (万吨标准煤)	**Total Energy Production (10000 tons of SCE)**	**3711.69**	**4758.79**	**4858.07**	**6862.51**	**8377.25**	**8563.01**	**8892.72**
构 成 (%)	Composition (%)	100.0	100.0	100.0	100.0	100.0	100.0	100.0
原 煤	Coal	8.0	7.2					
原 油	Crude Oil	53.6	44.1	37.8	32.8	25.2	26.9	28.0
天然气	Natural Gas	11.3	12.5	21.5	18.7	17.8	17.7	18.1
一次电力及其他能源	Primary Electricity and Other Energy	27.1	36.2	40.7	48.5	57.1	55.4	53.9

7-3 能源消费总量及构成

Total Consumption of Energy and Its Composition

年份 Year	一次能源消费量(万吨标准煤) Primary Energy Consumption (10000 tons of SCE)	构成(%) Composition(%) 合计 Total	原煤 Coal	原油 Crude Oil	天然气 Natural Gas	一次电力及其他能源 Primary Electricity and Other Energy	终端能源消费量(万吨标准煤) Final Energy Consumption (10000 tons of SCE)	构成(%) Composition(%) 合计 Total	原煤 Coal	油品 Oil Products	电力 Elect-ricity	其他 Others
1990	3690.25	100.0	56.5	35.3		8.2	3936.44	100.0	33.6	22.4	33.0	11.0
1995	6147.61	100.0	56.4	28.5	0.2	14.9	7062.28	100.0	27.0	20.9	39.7	12.4
2000	7983.46	100.0	52.2	35.0	0.2	12.6	9080.20	100.0	17.1	22.6	45.4	14.9
2001	8169.60	100.0	52.5	34.0		13.5	9775.15	100.0	15.9	22.6	46.1	15.4
2002	9036.40	100.0	51.9	31.0		17.1	10861.68	100.0	14.5	21.6	49.2	14.7
2003	10462.09	100.0	53.5	28.6	0.2	17.7	12414.48	100.0	17.8	22.6	44.5	15.1
2004	12013.14	100.0	51.4	28.4	0.2	20.0	14487.74	100.0	11.7	20.7	52.6	15.0
2005	13086.58	100.0	52.8	26.1	0.3	20.8	17255.84	100.0	10.9	23.6	50.7	14.8
2006	15281.00	100.0	50.4	26.2	1.3	22.1	19254.03	100.0	12.5	23.7	48.7	15.1
2007	17344.10	100.0	52.0	24.2	3.5	20.3	21427.33	100.0	12.0	22.2	49.3	16.5
2008	17679.13	100.0	50.8	24.6	4.1	20.5	22671.76	100.0	13.8	21.2	48.5	16.5
2009	19235.86	100.0	46.5	27.5	5.4	20.6	23943.39	100.0	12.2	20.9	46.3	20.6
2010	21942.15	100.0	45.2	29.0	5.7	20.1	24594.92	100.0	9.7	18.8	50.4	21.1
2011	23318.44	100.0	50.2	27.0	6.4	16.4	26223.64	100.0	10.3	16.8	51.5	21.4
2012	23786.60	100.0	46.4	27.1	6.4	20.1	26763.90	100.0	9.7	16.7	52.2	21.4
2013	24930.93	100.0	46.4	27.1	6.5	20.0	27666.36	100.0	10.4	16.8	51.0	21.8
2014	25636.29	100.0	43.7	26.6	6.8	22.9	28669.57	100.0	10.2	16.6	53.5	19.7
2015	26999.64	100.0	40.2	25.9	7.1	26.8	29359.74	100.0	10.0	16.8	52.2	21.0
2016	28179.17	100.0	38.2	25.6	7.8	28.4	30700.98	100.0	9.8	18.1	52.6	19.5
2017	29253.74	100.0	38.7	25.4	8.2	27.7	31645.79	100.0	8.1	17.7	54.5	19.7
2018	30154.66	100.0	37.2	28.1	8.3	26.4	32760.73	100.0	7.2	17.2	54.6	21.0
2019	31122.99	100.0	34.2	25.9	8.7	31.2	33359.42	100.0	6.4	16.9	57.1	19.6
2020	32818.22	100.0	31.3	27.2	10.3	31.2	33774.90	100.0	6.3	15.6	58.0	20.1
2021	36221.32	100.0	35.0	26.8	11.4	26.8	35955.63	100.0	5.2	13.6	61.0	20.2

7-4 综合能源平衡表
Overall Energy Balance Sheet

单位：万吨标准煤 (10000 tons of SCE)

项 目	Item	2000	2010	2015	2019	2020	2021
可供本地区消费的能源量	**Total Energy Available for Consumption by Locality**	**9447.70**	**25445.22**	**30117.44**	**34141.89**	**34502.92**	**36821.42**
年初库存量	Stock at the Year-beginning	675.20	1347.93	1635.41	2390.77	2810.98	2389.88
一次能源生产量	Primary Energy Output	3711.69	4858.07	7126.26	8377.25	8563.01	8892.72
外省调入量	Allocation from Other Provinces	5628.27	15570.94	20486.80	18233.48	18114.15	19247.95
进口量	Imports	2757.39	8112.34	6732.49	19653.25	18952.08	20027.99
境内轮船和飞机在境外加油量	Petroleum Consumed by Chinese Airplanes and Ships Abroad		183.44	220.81	396.12	117.84	175.81
本省调出量(-)	Allocation over Other Provinces(-)	-1599.39	-1294.98	-2392.60	-9531.37	-9703.98	-9369.68
出口量(-)	Exports(-)	-980.31	-1700.12	-1377.99	-2176.18	-1819.78	-2145.51
境外轮船和飞机在境内加油量(-)	Petroleum Consumed by Foreign Airplanes and Ships in China(-)	-62.51	-275.16	-336.16	-367.86	-110.38	-158.04
年末库存量(-)	Stock at the Year-end(-)	-779.26	-1357.25	-1977.58	-2833.58	-2421.02	-2239.69
加工转换投入(-)产出(+)量	**Input Output in Processing and Transformation**	**-35.74**	**-92.50**	**-0.11**	**24.09**	**-42.04**	**-72.39**
火力发电	Thermal Power						
供热	Heating		-90.80	-128.38	-244.87	-223.60	-216.53
洗选煤	Coal Washing						
炼焦	Coking	-3.85	-2.25	-8.76	-50.07	-54.66	-43.07
炼油及煤制油	Petroleum Refining	-26.89	205.83	-185.30	-277.07	-408.96	-463.28
制气	Gas Production	-5.00	-1.08	-31.76	-28.90	-35.07	-57.87
回收能	Recovery of Energy	96.59	123.70	365.40	625.90	680.70	709.15
损失量	**Losses**	**331.76**	**757.80**	**757.59**	**806.55**	**685.97**	**793.40**
#运输和输配损失	Losses in Transmission	318.75	732.46	741.70	755.70	654.40	696.47
终端消费量	**End-use**	**9080.20**	**24594.92**	**29359.74**	**33359.42**	**33774.90**	**35955.63**
第一产业	Primary Industry	353.56	400.60	501.98	618.21	670.30	711.81
农、林、牧、渔业	Farming, Forestry, Animal Husbandry and Fishery	353.56	400.60	501.98	618.21	670.30	711.81
第二产业	Secondary Industry	5790.91	16452.13	18179.56	19305.59	19791.89	21025.50
工业	Industry	5693.02	15813.16	17445.74	18579.03	19056.24	20304.99
#用作原料材料	As Raw Materials and Fuel	86.44	990.06	586.76	1286.12	1328.70	1193.32
建筑业	Construction	97.90	638.97	733.82	726.56	735.65	720.51
第三产业	Tertiary Industry	1648.93	4749.44	6256.26	7997.42	7624.71	8333.86
交通运输仓储及邮电通信业	Transport, Storage, Postal and Telecommunication Services	957.92	2332.91	3137.15	3814.82	3395.70	3307.71
批发和零售贸易业、餐饮业	Wholesale and Retail Trade and Catering Services	403.21	1202.83	1479.01	1769.34	1765.40	2096.29
其他	Others	287.81	1213.70	1640.10	2413.26	2463.61	2929.85
生活消费	Residential Consumption	1286.80	2992.75	4421.95	5438.21	5688.01	5884.46
城镇	Urban Areas	818.33	1896.70	2796.08	3403.44	3527.24	3650.28
乡村	Rural Areas	468.45	1096.05	1625.86	2034.76	2160.77	2234.18
平衡差额	**Balance**						
消费量合计	**Total Energy Consumption**	**9447.70**	**25445.22**	**30117.44**	**34141.89**	**34502.92**	**36821.42**

7-5 分行业能源消费总量和原煤、电力消费量（2021年）

Consumption of Total Energy, Coal and Electricity by Sector (2021)

行业	Sector	能源消费总量（万吨标准煤）Total Energy Consumption (10000 tons of SCE)	原煤消费量（万吨）Coal Consumption (10000 tons)	电力消费量（亿千瓦小时）Electricity Consumption (100 million kwh)
消费总量	**Total**	**36821.42**	**18962.99**	**7866.63**
农、林、牧、渔业	**Farming,Forestry,Animal Husbandry and Fishery**	**711.81**	**40.05**	**157.9**
工业合计	**Industry**	**21170.78**	**18844.64**	**4633.4**
采矿业	**Mining and Quarrying**	**219.28**	**6.13**	**22.29**
煤炭开采和洗选业	Mining and Washing of Coal	0.01		
石油和天然气开采业	Extraction of Petroleum and Natural Gas	140.41		0.95
黑色金属矿采选业	Mining and Dressing of Ferrous Metal Ores	5.86	0.19	1.65
有色金属矿采选业	Mining and Dressing of Nonferrous Metal Ores	18.27	1.49	5.58
非金属矿采选业	Mining and Dressing of Nonmetal Ores	51.55	4.45	14.06
开采专业及辅助性活动	Auxiliary Minning Operations Mining	3.00		0.05
其他采矿业	Mining and Dressing of Other Ores	0.18		
制造业	**Manufacturing**	**18103.11**	**3816.45**	**3686.29**
农副食品加工业	Processing of Farm and Sideline Food	278.08	18.31	61.55
食品制造业	Manufacture of Food	179.27	21.16	40.30
酒、饮料和精制茶制造业	Manufacture of Wine, Beverage and Tea	104.93	10.03	25.07
烟草制品业	Tobacco Products	8.28		2.20
纺织业	Textile Industry	548.66	159.26	102.68
纺织服装、服饰业	Manufacture of Textile Garments, Footwear and	144.69	33.33	35.84
皮革、毛皮、羽毛(绒)及其制品业	Leather, Fur, Feather, Down and Related Products	96.36	1.16	28.83
木材加工及木、竹、藤、棕、草制品业	Timber Processing, Bamboo, Cane, Palm Fiber & Straw Products	84.97	0.81	25.34
家具制造业	Manufacture of Furniture	107.55	0.19	33.53
造纸及纸制品业	Papermaking and Paper Products	955.94	704.34	200.37
印刷业和记录媒介的复制	Printing and Record Medium Reproduction	158.36	47.79	45.04
文教、工美、体育和娱乐用品制造业	Manufacture of Cultural, Educational and Sports Articles	159.42	0.40	50.67
石油加工、炼焦及核燃料加工业	Petroleum Refining, Coking, and Nuclear Fuel Processing	2025.43	398.55	115.93
化学原料及化学制品制造业	Manufacture of Raw Chemical Materials and Chemical Products	1811.26	103.41	227.42
医药制造业	Manufacture of Medicines	129.87	5.50	33.32
化学纤维制造业	Manufacture of Chemical Fibers	50.36	2.25	12.80
橡胶和塑料制品业	Rubber Products	883.64	23.20	270.38
非金属矿物制品业	Nonmetal Mineral Products	3070.75	1668.67	408.95
黑色金属冶炼及压延加工业	Smelting and Pressing of Ferrous Metals	1940.19	521.75	286.20
有色金属冶炼及压延加工业	Smelting and Pressing of Nonferrous Metals	557.88	62.69	134.98
金属制品业	Metal Products	853.26	15.49	251.47
通用设备制造业	Manufacture of General-purpose Machinery	226.56	5.36	69.69
专用设备制造业	Manufacture of Special-purpose Machinery	245.02	2.58	80.42
汽车制造业	Manufacture of Automobile	331.63	0.04	104.46
铁路、船舶、航空航天和其他运输设备制造业	Manufacture of Railway ,Ship,Aeronautics and Other Transport Equipment	66.70	0.24	17.61
电气机械及器材制造业	Manufacture of Electrical Machinery and Equipment	794.13	0.53	258.89
通信设备、计算机及其他电子设备制造业	Manufacture of Communication Equipment, Computers and Other Electronic Equipment	2103.85	3.95	711.00
仪器仪表制造业	Manufacture of Instruments and Meters	57.76		18.67
其他制造业	Handicraft and Other Manufactures	37.10	1.20	10.51
废弃资源综合利用业	Recycling and Disposal of Waste	84.34	4.26	20.15
金属制品、机械和设备修理业	Manufacture of Metal Products,Machinery and Equipment Maintenance	6.86		2.02
电力、燃气及水的生产和供应业	**Production and Supply of Electric Power,Gas and Water**	**2848.39**	**15022.06**	**924.82**
电力、热力的生产和供应业	Production and Supply of Electric Power and Heat Power	2555.23	15008.95	827.03
燃气生产和供应业	Production and Supply of Gas	25.03	0.58	6.95
水的生产和供应业	Production and Supply of Water	268.12	12.53	90.84
建筑业	**Construction**	**720.51**	**4.01**	**113.12**
交通运输、仓储及邮政业	**Transport, Storage,Postal and Telecommunication Services**	**3307.71**	**4.32**	**163.07**
批发和零售贸易餐饮业	**Wholesale and Retail Trade and Catering Services**	**2096.29**	**23.86**	**520.80**
其他行业	**Others**	**2929.85**	**11.92**	**961.10**
生活消费	**Non-production Consumption**	**5884.46**	**34.19**	**1317.24**

7-6 各市电力消费量

Electricity Consumption by City

单位：亿千瓦小时 (100 million kwh)

市别	City	2000	2005	2010	2015	2017	2018	2019	2020	2021
全省	**Provincial Total**	**1334.58**	**2673.56**	**4060.13**	**5310.69**	**5958.97**	**6323.35**	**6695.85**	**6926.12**	**7866.63**
广州	Guangzhou	238.78	425.67	625.90	779.32	869.59	936.90	1005.58	996.72	1119.73
深圳	Shenzhen	190.35	440.21	663.55	806.68	872.15	907.19	972.98	983.34	1103.40
珠海	Zhuhai	30.82	61.58	102.26	145.37	162.67	175.99	189.91	193.20	218.22
汕头	Shantou	43.91	87.60	136.81	178.01	200.93	209.36	211.99	218.46	249.30
佛山	Foshan	168.84	316.29	463.08	587.84	673.82	690.85	702.65	710.30	780.79
韶关	Shaoguan	35.81	58.72	84.06	111.31	119.48	133.64	144.23	154.09	167.61
河源	Heyuan	9.27	23.90	51.52	78.06	86.26	89.84	97.40	99.38	115.75
梅州	Meizhou	22.70	40.40	60.88	77.98	89.52	99.11	104.67	112.07	123.41
惠州	Huizhou	43.53	105.22	192.46	290.62	368.35	408.38	425.88	447.84	510.36
汕尾	Shanwei	9.35	16.87	29.73	47.05	54.96	56.83	60.56	65.95	73.91
东莞	Dongguan	179.78	419.83	562.00	666.84	760.68	806.64	850.70	873.90	1001.18
中山	Zhongshan	54.54	123.63	186.65	245.51	279.43	293.01	310.04	316.58	357.17
江门	Jiangmen	64.65	113.63	165.21	237.13	267.12	281.78	294.71	309.07	350.84
阳江	Yangjiang	12.09	22.46	40.43	98.21	112.25	119.84	134.26	145.20	148.99
湛江	Zhanjiang	24.15	49.09	78.68	116.04	181.45	196.43	212.65	237.97	280.77
茂名	Maoming	29.98	40.11	65.80	98.40	106.94	115.18	123.63	133.38	152.87
肇庆	Zhaoqing	24.00	48.58	105.08	152.30	168.79	171.81	180.44	182.28	210.64
清远	Qingyuan	22.60	59.47	125.53	179.27	177.27	198.72	216.03	240.18	276.33
潮州	Chaozhou	13.95	33.17	59.16	75.59	85.70	91.10	95.59	101.11	115.34
揭阳	Jieyang	22.51	51.13	98.68	152.71	148.68	155.88	157.06	166.94	188.19
云浮	Yunfu	12.14	21.55	34.89	57.81	64.16	68.58	74.45	78.56	85.17
按经济区域分	By Region									
珠三角	Pearl River Delta	995.29	2054.64	3066.18	3911.61	4422.61	4672.54	4932.88	5013.23	5652.34
东翼	Eastern Region	89.72	188.77	324.38	453.34	490.27	513.18	525.21	552.46	626.74
西翼	Western Region	66.22	111.66	184.91	312.65	400.64	431.45	470.54	516.55	582.63
山区	Mountainous Region	102.52	204.04	356.88	504.43	536.69	589.89	636.79	684.29	768.27

注：由于各市电力消费量不包含不分区域线损，全省数不等于分市数合计。

Note: Because the electricity consumption by region doesn't include line losses , the sum of electricity consumption by cities is different from the provincial total.

7-7 各市单位GDP能耗增长速度

Growth Rate of Energy Consumption Per Unit GDP by City

单位：% (%)

市别	City	2010	2012	2013	2014	2015	2016	2017	2018	2019	2020	2021
全省	**Provincial Total**	**-2.94**	**-5.38**	**-4.55**	**-3.56**	**-5.71**	**-3.62**	**-3.69**	**-3.42**	**-3.52**	**-1.16**	**-1.2**
广州	Guangzhou	-4.60	-4.94	-5.14	-3.52	-4.52	-4.96	-4.81	-3.24	-3.86	-4.23	-1.8
深圳	Shenzhen	-2.94	-4.51	-5.12	-4.35	-3.26	-4.21	-4.23	-4.20	-3.54	-5.54	1.0
珠海	Zhuhai	-3.67	-4.75	-4.98	-4.12	-2.80	-3.94	-4.20	-1.26	-3.09	-0.44	-2.1
汕头	Shantou	-3.19	-4.48	-3.99	-3.85	-6.81	-3.00	-5.04	-4.13	-2.75	-2.19	-0.3
佛山	Foshan	-4.38	-4.53	-4.54	-4.45	-5.64	-6.63	-5.13	-5.20	-4.90	-5.26	-1.7
韶关	Shaoguan	-1.57	-4.31	-4.31	-5.01	-7.95	-3.81	3.20	1.76	-1.00	-1.46	-5.4
河源	Heyuan	-1.06	-6.36	-3.67	-2.21	-4.08	-4.08	-4.15	0.14	-0.50	-8.32	5.6
梅州	Meizhou	-3.23	-4.86	-4.51	-3.69	-5.91	-3.80	-4.80	12.80	-0.02	2.15	-2.2
惠州	Huizhou	-5.82	-3.91	-4.35	-3.69	-7.10	-1.52	6.28	10.25	1.72	2.28	-5.3
汕尾	Shanwei	-2.02	-3.63	-5.69	-1.12	2.03	-3.01	-0.94	-4.57	1.43	-0.69	-3.2
东莞	Dongguan	-2.02	-4.46	-5.35	-5.88	-7.90	-4.65	-4.87	-5.55	-4.46	-2.91	-4.0
中山	Zhongshan	-1.50	-3.91	-3.98	-3.81	-3.91	-3.89	-3.73	-3.78	-1.33	-6.22	-0.3
江门	Jiangmen	-2.30	-5.23	-4.49	-3.02	-6.63	-4.52	-4.61	-4.89	-2.46	-2.51	-2.3
阳江	Yangjiang	-1.00	-3.91	-3.97	-3.38	-4.12	7.16	5.46	5.65	4.01	-1.06	-12.7
湛江	Zhanjiang	-0.30	-4.21	-4.04	-4.03	-2.57	38.35	8.77	-3.81	-1.68	11.36	13.6
茂名	Maoming	-4.25	-5.16	-4.21	-2.38	-7.36	-2.82	-4.41	-0.75	-3.82	-7.09	-5.0
肇庆	Zhaoqing	-2.44	-4.94	-4.03	-3.51	-4.51	-5.35	-1.97	-6.90	-3.49	-2.63	-8.0
清远	Qingyuan	-1.96	-6.82	-2.81	-3.03	-7.73	-4.04	-3.93	3.60	-3.08	-3.12	-8.0
潮州	Chaozhou	-3.32	-5.55	-4.82	-3.55	-6.67	-4.07	-3.82	-4.26	-3.45	-2.12	-2.2
揭阳	Jieyang	-2.21	-5.00	-4.50	-2.00	-6.35	-4.43	2.79	-6.93	-3.50	-4.81	0.8
云浮	Yunfu	-1.54	-6.95	-3.90	-3.08	-2.86	-4.76	-4.17	-5.15	-4.09	-3.59	-6.2

注：本表为当年节能考核确认数。
Note: Data in this table is the confirmed figure of energy saving assessment in the current year.

7-8 各市单位GDP电耗增长速度

Growth Rate of Electricity Consumption per Unit of GDP by City

单位：% (%)

市别	City	2010	2012	2013	2014	2015	2016	2017	2018	2019	2020	2021
全省	**Provincial Total**	**0.03**	**-2.90**	**-3.62**	**0.59**	**-6.10**	**-1.73**	**-1.19**	**-0.64**	**-0.24**	**1.16**	**5.2**
广州	Guangzhou	-2.53	-4.59	-8.21	-0.77	-6.13	-2.36	-1.32	-2.27	0.50	-3.49	3.9
深圳	Shenzhen	1.00	-3.28	-8.30	-0.65	-5.01	-4.17	-4.82	-3.62	-0.39	-1.93	5.2
珠海	Zhuhai	-1.21	-2.49	-6.23	0.04	-1.61	-3.10	-2.54	0.18	1.04	-1.23	5.6
汕头	Shantou	-0.62	-5.87	-5.37	-0.79	-5.78	-1.33	-3.61	-2.19	-4.57	1.03	7.5
佛山	Foshan	-2.76	-3.48	-5.07	-1.44	-3.95	-2.48	0.08	-3.52	-4.86	-0.45	1.5
韶关	Shaoguan	2.44	-7.32	0.80	-0.04	-12.00	-5.49	0.96	7.25	2.03	3.73	0.1
河源	Heyuan	3.54	-11.21	0.30	2.97	-2.96	-1.69	-1.47	7.23	2.76	0.68	7.9
梅州	Meizhou	-4.67	-8.37	-5.32	1.06	-6.18	0.60	-0.52	8.14	2.14	5.37	3.8
惠州	Huizhou	-1.64	-3.68	-3.82	1.15	-3.56	2.83	5.80	4.59	0.08	3.61	3.5
汕尾	Shanwei	-5.82	-4.08	-4.46	6.59	-0.63	0.06	0.48	-1.12	-0.13	3.53	0.8
东莞	Dongguan	2.84	-2.85	-6.17	-1.50	-6.54	-2.62	0.23	-1.28	-1.82	1.62	5.9
中山	Zhongshan	1.38	-6.31	-4.42	1.35	-4.73	-1.97	1.10	-0.98	4.56	0.57	4.3
江门	Jiangmen	1.60	-3.32	-3.71	1.96	-4.00	-2.43	-0.56	-2.15	0.14	2.52	4.7
阳江	Yangjiang	5.66	19.28	4.50	6.41	-0.21	0.06	0.90	2.55	3.46	3.54	-5.3
湛江	Zhanjiang	-0.12	0.74	-6.17	1.39	-2.28	22.37	10.83	2.13	4.10	9.83	8.6
茂名	Maoming	-4.65	-3.95	-6.32	4.75	-3.86	-1.38	-4.31	2.09	2.79	6.26	6.5
肇庆	Zhaoqing	1.74	-3.31	-2.46	-0.40	-9.92	-0.42	0.74	-4.53	-1.16	-1.89	4.6
清远	Qingyuan	-2.32	-0.10	1.74	2.82	-4.91	-0.04	-12.64	7.85	2.21	2.07	6.6
潮州	Chaozhou	0.85	-6.12	-7.05	1.12	-6.44	-1.35	0.33	0.95	-0.07	4.46	4.4
揭阳	Jieyang	-3.58	-3.62	-1.80	3.66	-11.03	-0.87	-12.04	-0.47	-2.18	6.11	6.2
云浮	Yunfu	0.24	-3.70	1.74	1.64	-2.85	-1.09	0.22	2.89	2.32	1.42	0.3

7-9 各市单位工业增加值能耗增长速度

Growth Rate of Energy Consumption per Unit of Industrial Value-added by City

单位：% (%)

市 别	City	2010	2012	2013	2014	2015	2016	2017	2018	2019	2020	2021
全 省	**Provincial Total**	**-6.88**	**-11.18**	**-4.97**	**-9.25**	**-10.47**	**-3.75**	**-0.01**	**-2.35**	**-5.21**	**1.21**	**1.7**
广 州	Guangzhou	-12.61	-16.98	-10.89	-11.91	-13.03	-6.55	-4.85	-6.54	-7.50	-1.67	-3.7
深 圳	Shenzhen	-3.72	-12.68	-9.49	-8.45	-11.07	-4.98	-0.75	-11.24	-3.89	-4.82	5.5
珠 海	Zhuhai	-10.52	-16.62	-9.17	-8.49	-1.88	-7.12	-6.76	-8.79	-9.57	-1.21	6.6
汕 头	Shantou	18.74	-22.41	5.35	-11.22	-16.00	-16.78	4.86	3.28	-11.19	-0.78	2.7
佛 山	Foshan	-10.48	-4.91	-11.45	-12.54	-13.77	-8.32	-6.36	-8.77	-8.92	-8.28	-3.9
韶 关	Shaoguan	-2.11	-16.04	-10.61	-12.81	-8.66	-0.49	12.52	4.52	-2.18	2.82	2.2
河 源	Heyuan	-1.15	-27.94	-15.94	-19.33	-13.26	-9.65	1.44	-2.77	-14.16	-12.56	35.9
梅 州	Meizhou	-15.33	-18.71	-3.25	-14.92	-15.48	1.49	-23.41	26.20	4.12	4.58	6.9
惠 州	Huizhou	-16.87	-11.08	-18.18	-14.15	-12.31	-4.59	10.28	11.61	6.10	5.28	-9.4
汕 尾	Shanwei	-14.25	6.26	-30.74	-14.92	26.15	-2.24	14.78	-4.74	21.16	1.99	-0.3
东 莞	Dongguan	-10.92	-11.42	-8.45	-9.74	-10.88	-3.93	-7.95	-9.15	-11.94	-3.24	-1.6
中 山	Zhongshan	-3.84	-21.83	-12.34	-3.84	4.91	-1.58	-1.62	-6.02	-2.30	-2.02	-10.8
江 门	Jiangmen	-12.91	-15.35	-0.53	-17.45	-14.93	-10.89	-4.84	0.02	-10.32	0.65	5.5
阳 江	Yangjiang	58.95	-17.53	-16.69	-1.16	-10.30	4.58	5.45	8.01	-11.08	-4.48	-12.5
湛 江	Zhanjiang	-4.35	-5.21	-7.40	-17.83	-11.45	43.40	13.09	-3.68	-1.26	17.93	16.4
茂 名	Maoming	-9.91	-20.08	-11.53	-5.04	-11.60	-6.55	-3.09	2.78	-2.17	5.26	5.9
肇 庆	Zhaoqing	-7.65	-9.04	-9.31	-9.80	-12.94	-8.39	-0.51	-8.21	-7.19	0.25	-16.6
清 远	Qingyuan	-16.28	-20.63	-0.74	-9.52	-9.16	-7.39	-0.73	-1.59	-5.51	-3.94	-10.2
潮 州	Chaozhou	17.93	-18.92	-16.05	-21.13	-13.16	-11.45	11.53	-3.79	-3.90	-8.42	6.2
揭 阳	Jieyang	-15.49	-23.59	24.31	-18.62	-15.54	-17.50	15.12	-5.74	-6.49	4.39	9.8
云 浮	Yunfu	-9.70	-25.69	-21.35	-14.19	-10.32	-7.55	-2.37	-8.81	-11.54	-3.43	-8.6

7-10 平均每天各种能源消费量

Average Daily Energy Consumption by Variety

能源品种	Energy Variety	2000	2005	2010	2015	2019	2020	2021
合 计(吨标准煤)	**Total (ton of SCE)**	**248773**	**472363**	**721776**	**804376**	**913957**	**925340**	**985086**
煤 炭 (吨)	Coal (Ton)	59590	78227	143273	135415	102072	100542	75952
焦 炭 (吨)	Coke (Ton)	3973	8058	13314	14875	26988	27718	25546
原 油 (吨)	Crude Oil (Ton)	250	178	480	635	720	772	808
燃料油 (吨)	Fuel Oil (Ton)	9248	18288	13141	8253	8571	7812	10123
汽 油 (吨)	Gasoline (Ton)	8226	19330	29693	33601	42730	41242	34725
煤 油 (吨)	Kerosene (Ton)	2444	4212	5532	7510	8574	7655	9984
柴 油 (吨)	Diesel Oil (Ton)	18726	34920	45370	43303	45752	42118	37197
液化石油气 (吨)	Liquefied Petroleum Gas(Ton)	8720	16676	16023	18510	20445	16956	16671
电 力(万千瓦时)	Electricity (10000 kwh)	33978	69671	105290	139035	176442	183624	208886

7-11 平均每人年生活用能源

Annual per Capita Energy Consumption of Households

能源品种	Energy Variety	2000	2005	2010	2015	2019	2020	2021
合　计（千克标准煤）	**Total (kg of SCE)**	**148.90**	**227.85**	**290.97**	**381.75**	**437.91**	**452.99**	**465.03**
煤　炭　（千克）	Coal (kg)	9.63	10.54	6.14	5.75	5.30	5.17	3.54
汽　油　（千克）	Gasoline (kg)	4.42	14.57	36.95	46.50	62.02	62.03	49.45
煤　油　（千克）	Kerosene (kg)	0.24	0.33	0.35	0.35	0.27	0.26	0.23
柴　油　（千克）	Diesel Oil (kg)	0.57	0.98	1.39	1.65	1.69	1.67	1.55
液化石油气　（千克）	Liquefied Petroleum Gas(kg)	31.47	43.66	27.42	40.19	39.34	33.54	33.78
电　力　（千瓦时）	Electricity (kwh)	239.09	359.06	536.60	730.31	868.56	939.33	1040.97

7-12 分品种生活能源年消费总量

Annual Total Energy Consumption of Households by Variety

能源品种	Energy Variety	2000	2005	2010	2015	2019	2020	2021
合　计（万吨标准煤）	**Total (10000 tons of SCE)**	**1286.80**	**2100.39**	**2992.75**	**4421.95**	**5438.21**	**5688.01**	**5884.46**
煤　炭　（万吨）	Coal (10000 tons)	83.22	96.46	63.19	66.57	65.87	64.91	44.77
汽　油　（万吨）	Gasoline (10000 tons)	38.20	133.36	380.05	538.63	770.20	778.93	625.71
煤　油　（万吨）	Kerosene (10000 tons)	2.10	2.98	3.60	4.11	3.30	3.30	2.87
柴　油　（万吨）	Diesel Oil (10000 tons)	4.90	8.93	14.30	19.10	20.96	20.97	19.58
液化石油气　（万吨）	Liquefied Petroleum Gas(10000 tons)	271.96	399.55	282.01	465.57	488.56	421.12	427.45
电　力(亿千瓦小时)	Electricity (100 million kwh)	206.62	328.62	551.92	845.96	1078.62	1179.47	1317.24

7-13 能源加工转换效率

Efficiency of Energy Conversion

单位：%　　(%)

年 份 Year	火力发电 Thermal Power Generation	供 热 Heating	炼 焦 Coking	炼 油 Petroleum Refining	制 气 Gas Production
1990	31.13	79.21	93.48	99.44	
1995	31.85	80.07	90.93	99.89	86.17
2000	37.20	87.19	94.35	99.02	79.18
2001	37.21	85.09	95.23	99.12	77.90
2002	36.36	76.40	94.27	98.40	80.08
2003	40.69	71.43	82.36	98.57	78.67
2004	35.53	86.10	91.53	99.29	79.70
2005	36.22	95.99	96.66	99.53	79.18
2006	37.74	88.49	96.95	99.80	95.40
2007	38.80	70.66	99.02	99.79	97.22
2008	38.00	77.34	98.43	99.10	95.65
2009	38.69	82.15	98.31	99.58	93.47
2010	38.90	82.80	99.08	98.12	87.81
2011	38.22	79.19	98.69	98.54	89.87
2012	38.49	78.26	97.57	98.17	89.77
2013	39.66	79.57	96.01	98.48	91.00
2014	39.72	75.73	96.15	97.42	71.51
2015	40.62	84.02	97.15	97.69	57.39
2016	40.78	83.32	97.91	99.03	60.99
2017	40.79	84.41	96.56	95.78	62.77
2018	41.70	81.59	92.63	99.47	57.40
2019	41.58	79.64	93.56	97.10	62.80
2020	42.04	82.00	93.10	96.43	64.00
2021	42.75	85.02	94.79	97.07	65.00

7-14 能源生产弹性系数

Elasticity Ratio of Energy Production

年份 Year	能源生产比上年增长(%) Growth Rate of Energy Production over Preceding Year(%)	电力生产比上年增长(%) Growth Rate of Electricity Production over Preceding Year(%)	本省生产总值比上年增长(%) Growth Rate of Gross Domestic Product(GDP) over Preceding Year(%)	能源生产弹性系数 Elasticity Ratio of Energy Production	电力生产弹性系数 Elasticity Ratio of Electricity Production
1986	1.0	8.0	12.7	0.08	0.63
1990	0.3	15.3	11.6	0.02	1.32
1995	14.7	6.6	15.6	0.94	0.42
1996	43.3	10.7	11.3	3.83	0.95
1997	8.5	8.0	11.2	0.76	0.71
1998	-4.1	5.6	10.8		0.52
1999	-10.3	9.8	10.1		0.97
2000	5.8	18.7	11.5	0.50	1.63
2001	-8.2	5.9	10.5		0.56
2002	6.5	12.4	12.4	0.52	1.00
2003	12.7	17.7	14.8	0.86	1.20
2004	18.6	11.9	14.8	1.26	0.80
2005	-6.7	7.4	13.8		0.54
2006	-8.1	8.5	14.6		0.58
2007	-5.7	8.9	14.7		0.61
2008	12.5	-0.4	10.1	1.24	
2009	-0.6	-0.6	9.7		
2010	10.6	20.1	12.4	0.85	1.62
2011	-0.2	15.6	10.0		1.56
2012	5.0	-1.8	8.2	0.61	
2013	5.4	6.7	8.5	0.64	0.79
2014	4.3	0.5	7.8	0.55	0.06
2015	22.7	0.5	8.0	2.84	0.06
2016	4.0	5.7	7.5	0.53	0.76
2017	-1.4	6.4	7.5		0.85
2018	0.6	3.5	6.8	0.09	0.51
2019	18.3	7.1	6.2	2.96	1.14
2020	2.2	7.1	2.3	0.96	1.51
2021	3.9	20.7	8.0	0.48	2.58

7-15 能源消费弹性系数

Elasticity Ratio of Energy Consumption

年份 Year	能源消费比上年增长 (%) Growth Rate of Energy Consumption over Preceding Year(%)	电力消费比上年增长(%) Growth Rate of Electricity Consumption over Preceding Year(%)	本省生产总值比上年增长(%) Growth Rate of Gross Domestic Product(GDP) over Preceding Year(%)	能源消费弹性系数 Elasticity Ratio of Energy Consumption	电力消费弹性系数 Elasticity Ratio of Electricity Consumption
1986	8.4	4.7	12.7	0.66	0.37
1990	4.1	14.3	11.6	0.35	1.24
1995	9.2	7.6	15.6	0.59	0.49
1996	5.5	8.9	11.3	0.48	0.79
1997	2.7	7.1	11.2	0.24	0.64
1998	5.3	7.5	10.8	0.49	0.70
1999	4.3	10.0	10.1	0.42	0.99
2000	8.2	22.9	11.5	0.71	1.99
2001	7.7	9.3	10.5	0.74	0.88
2002	11.6	15.7	12.4	0.93	1.27
2003	15.4	20.3	14.8	1.04	1.37
2004	16.1	17.5	14.8	1.09	1.18
2005	16.8	12.0	13.8	1.22	0.87
2006	11.2	12.4	14.6	0.77	0.85
2007	10.9	13.0	14.7	0.74	0.88
2008	5.3	3.3	10.1	0.52	0.32
2009	6.9	2.9	9.7	0.71	0.30
2010	8.9	12.5	12.4	0.72	1.00
2011	5.8	8.3	10.0	0.58	0.83
2012	2.3	5.0	8.2	0.28	0.61
2013	3.6	4.5	8.5	0.42	0.53
2014	3.9	8.4	7.8	0.50	1.08
2015	1.9	1.4	8.0	0.24	0.18
2016	3.6	5.6	7.5	0.48	0.75
2017	3.5	6.2	7.5	0.47	0.83
2018	3.2	6.1	6.8	0.47	0.90
2019	2.4	5.9	6.2	0.39	0.95
2020	1.1	3.4	2.3	0.46	1.50
2021	6.7	13.6	8.0	0.84	1.70

7-16 自然资源（2021年）
Natural Resources (2021)

项　　目		Item		2021
一、土地资源和海洋		Land Resources and Sea		
土地面积	（平方公里）	Total Land Area	(sq.km)	179774
耕　地	（万公顷）	Cultivated Land	(10000 hectares)	189.87
林　地	（万公顷）	Afforested Land	(10000 hectares)	1077.51
园　地	（万公顷）	Plantation	(10000 hectares)	131.87
牧草地	（万公顷）	Grass Land	(10000 hectares)	0.04
海域总面积	（万平方公里）	Total Area of Sea	(10000 sq.km)	41.9
海洋滩涂面积	（万公顷）	Sea Beach Area	(10000 hectares)	18.0
海岛面积	（平方公里）	Area of Islands	(sq.km)	1513.2
大陆海岸线长度	（公里）	Length of Continental Coastline	(km)	4114.4
岛屿岸线长度	（公里）	Length of Island Coastline	(km)	2378.7
岛屿个数	（个）	Number of Islands	(unit)	1963
二、气候		Climate		
年平均降雨量	（毫米）	Annual Average Precipitation	(mm)	1358.0
年平均气温	（摄氏度）	Annual Average Temperature	(℃)	23.0
年日照时数	（小时）	Annual Sunshine Hours	(hour)	2058.8
三、森林		Forest		
森林蓄积量	（亿立方米）	Total Standing Stock Volume	(100 million cu.m)	6.24
森林覆盖率	（%）	Forest Coverage Rate	(%)	58.74
四、水力水产		Hydropower and Aquatic Products		
水能资源理论蕴藏量	（万千瓦）	Theoretical Hydropower Resources	(10000 kw)	1137.0
#技术可开发量		Developable Resources		864.6
五、矿产		Mineral Resources		
煤保有资源储量	（万吨）	Ensured Reserve of Coal	(10000 tons)	48432
铁矿石保有资源储量	（万吨）	Ensured Reserve of Iron Ore	(10000 tons)	58863
硫铁矿保有资源储量	（万吨）	Ensured Reserve of Pyrite Ore	(10000 tons)	32368

注：1.表中土地面积、耕地、林地、园地、牧草地数据为2020年数据。
2.海域总面积包括内水领海专属经济区面积。
3.大陆海岸长度来源于2008年省政府批复岸线；海岛面积、岛岸线长度、岛屿个数来源于2013年广东省海岛地名普查；海域总面积包括内水领海专属经济区面积。
4.森林覆盖率、森林蓄积量根据森林资源档案更新结果填报，数据统计口径改变。

Notes: a) The data of Total Land Area, Cultivated Land, Afforested Land, Plantation, Grass Land in the table is based on the data of 2020.
b) Total Area of Sea includes the area of exclusive economic zone of internal waters and territorial waters.
c) The length of continental coastline approved by the Guangdong Provincial Government in 2008; the area of islands, the length of the islanc coastline, and the number of islands are from the geographical name survey of Guangdong Province in 2013; the total area of sea includе the area of the exclusive economic zone of internal waters and territorial waters.
d) The forest coverage rate and total standing stock volume shall be filled in according to the results of the fourth class II forest resources survey and the annual update results data statistical caliber has changed.

7-17 各地区年平均气温

Average Temperature by Region

单位：摄氏度 (℃)

年份 Year	粤北 Northern Regions	粤东北 North Eastern Regions	粤西北 North Western Regions	粤东 Eastern Regions	粤中 Central Regions	粤西 Western Regions
1980	20.7	21.5	22.5	21.2	22.2	23.4
1985	20.2	20.9	22.0	21.1	21.6	22.6
1990	21.1	21.5	22.8	21.8	22.6	23.4
1995	20.0	20.0	22.2	21.6	22.3	23.0
1996	19.9	21.4	22.4	21.9	21.6	23.3
1997	20.4	21.3	22.7	22.1	22.0	23.7
1998	21.2	22.5	23.3	23.0	22.8	24.5
1999	20.8	21.9	22.7	22.6	22.5	24.0
2000	20.4	21.9	22.6	22.5	22.5	23.8
2001	20.5	22.0	22.5	22.7	22.6	23.8
2002	21.0	22.3	22.8	23.0	23.0	24.1
2003	20.9	21.9	22.9	22.6	23.0	24.4
2004	20.8	21.6	22.6	22.6	22.8	23.2
2005	20.5	21.6	22.5	22.3	22.8	23.0
2006	20.8	22.1	23.1	22.8	23.2	23.4
2007	21.2	22.0	23.0	22.9	23.2	23.2
2008	20.5	21.5	22.1	22.3	22.5	22.4
2009	20.6	22.3	22.9	22.6	23.0	23.3
2010	20.0	21.8	22.4	22.3	22.5	23.3
2011	19.6	21.7	22.3	22.1	21.4	22.4
2012	19.6	22.0	22.4	22.3	21.7	23.2
2013	20.0	21.2	22.7	22.6	21.5	23.0
2014	20.4	21.7	22.8	22.8	21.7	23.3
2015	20.8	22.0	23.4	23.5	22.3	24.3
2016	20.7	21.7	22.5	23.3	22.0	23.6
2017	20.8	22.0	22.6	23.5	22.1	23.7
2018	21.2	21.7	20.7	22.7	22.4	22.9
2019	21.4	22.0	20.9	23.1	22.9	23.7
2020	21.2	22.5	23.1	23.9	22.7	24.3
2021	21.4	23.0	23.3	24.2	22.9	24.2

7-18 各地区年降雨量

Annual Precipitation by Region

单位：毫米 (mm)

年份 Year	粤北 Northern Regions	粤东北 North Eastern Regions	粤西北 North Western Regions	粤东 Eastern Regions	粤中 Central Regions	粤西 Western Regions
1980	1459.4	1461.7	1586.1	1369.1	1492.2	2274.0
1985	1360.2	1607.8	1726.9	1481.3	1706.0	2411.3
1990	1436.6	1709.0	1284.8	2236.9	1239.5	1510.2
1995	1506.9	1171.0	1766.4	1512.2	1752.4	2082.9
1996	1633.1	1361.5	1693.1	1409.0	1683.4	1222.6
1997	2045.3	1847.5	1815.3	2040.9	1997.3	2344.3
1998	1862.3	1458.2	1737.5	1593.6	1736.1	1266.4
1999	1314.3	1033.8	1318.7	1517.4	1620.4	1392.6
2000	1565.8	1850.9	1318.2	1486.7	1798.9	1762.7
2001	1689.8	1560.3	1889.2	1947.9	2678.9	2314.5
2002	1814.9	1110.3	1480.9	1409.7	1866.7	2263.3
2003	1388.2	1415.2	1251.8	1406.6	1338.7	1372.4
2004	1156.3	1251.8	1034.7	1379.7	1636.5	1068.5
2005	1772.2	1647.3	1905.2	1631.3	1986.2	1387.3
2006	1782.8	2040.2	1727.0	2507.7	2175.7	1149.8
2007	1502.3	1399.2	1252.4	1482.2	1370.3	1620.8
2008	1553.1	1300.2	2221.0	2123.6	2284.0	1865.2
2009	1275.5	1246.7	1440.4	927.9	1472.6	1849.9
2010	2104.4	1416.1	1419.6	1350.3	2353.6	1952.3
2011	1443.0	1233.1	1277.2	1027.0	1632.3	1408.5
2012	2056.3	1460.5	1919.2	1247.1	1813.9	2068.6
2013	1654.0	1930.2	1736.2	1887.2	2095.4	2084.2
2014	1517.0	1164.9	1788.2	1416.5	2234.0	1468.9
2015	2128.7	1696.3	1848.1	1446.6	2471.9	1328.9
2016	2428.9	2410.3	2132.5	2174.7	2939.7	1820.0
2017	1397.2	1396.3	1275.8	1419.0	2067.4	1760.7
2018	1547.0	1364.9	1691.3	1672.6	1795.1	1902.7
2019	1963.4	1872.2	1988.1	1721.9	1918.4	1716.0
2020	1719.5	1122.7	1057.4	1207.5	1916.2	1568.9
2021	1168.9	823.4	1064.3	923.5	1544.1	1123.8

7-19 各地区年日照时数
Annual Sunshine Hours by Region

单位：小时 (hour)

年份 Year	粤北 Northern Regions	粤东北 North Eastern Regions	粤西北 North Western Regions	粤东 Eastern Regions	粤中 Central Regions	粤西 Western Regions
1980	1754.1	1811.1	1945.8	1989.2	1921.8	2036.5
1985	1701.6	1926.7	1613.3	1900.6	1406.0	1868.4
1990	1613.9	1893.1	1542.8	1921.3	1648.7	1877.4
1995	1420.6	1868.7	1704.6	2038.3	1559.6	1828.3
1996	1626.5	1965.7	1796.9	2094.8	1564.7	2042.3
1997	1349.1	1490.2	1454.9	1985.8	1209.8	1895.1
1998	1578.3	1689.6	1546.1	1917.5	1469.4	1994.0
1999	1564.0	1819.7	1699.0	2237.0	1599.5	2050.7
2000	1497.2	1672.6	1714.1	2126.3	1609.2	1855.3
2001	1613.0	1884.0	1559.2	2199.8	1651.0	1794.6
2002	1506.4	1813.2	1521.7	2266.6	1566.5	1783.8
2003	1821.1	2030.1	1762.6	2341.5	1741.6	2144.5
2004	1818.5	2117.1	1640.2	2433.5	1767.4	2024.7
2005	1491.2	1736.4	1345.6	1849.5	1288.5	1784.4
2006	1487.7	1779.4	1454.8	1843.5	1328.7	1664.3
2007	1736.3	1750.6	1722.4	1961.2	1616.0	1778.7
2008	1545.0	1853.1	1638.8	1852.1	1482.2	1864.4
2009	1852.9	1962.9	1531.8	2059.8	1671.8	1981.8
2010	1631.0	1676.9	1356.5	1855.5	1484.0	1878.4
2011	1783.8	1901.1	1709.7	2077.9	1878.4	1822.3
2012	1501.0	1660.3	1361.1	1650.4	1471.2	1544.0
2013	1731.5	1827.8	1624.2	1865.8	1582.9	1811.2
2014	1886.2	1997.5	1744.5	1957.8	1613.6	1991.5
2015	1540.8	1740.4	1583.0	2010.7	1594.3	2008.1
2016	1629.2	1553.6	1466.2	1701.0	1451.8	1963.9
2017	1738.9	1831.4	1605.4	1994.6	1671.5	1891.9
2018	1609.7	1700.5	1541.2	2066.9	1556.8	1687.7
2019	1653.8	1757.2	1566.6	1971.3	1660.3	1771.2
2020	1581.8	1830.7	1724.0	2426.4	1661.4	1803.9
2021	1898.0	2142.3	1948.9	2567.0	1946.8	2080.8

7-20 各市土地面积和人口密度

Land Area and Population Density by City

市 别	City	土地面积 (平方公里) Land Area (sq.km)	人口密度 (人/平方公里) Population Density (persons/sq.km)								
			2000	2005	2010	2015	2017	2018	2019	2020	2021
全 省	**Provincial Total**	**179774.00**	**486**	**511**	**581**	**650**	**676**	**687**	**695**	**702**	**706**
广 州	Guangzhou	7238.46	1337	1277	1744	2200	2409	2480	2530	2589	2599
深 圳	Shenzhen	1986.41	3596	4239	5311	7081	7947	8341	8611	8877	8901
珠 海	Zhuhai	1725.00	758	839	944	1095	1192	1272	1352	1420	1430
汕 头	Shantou	2204.20	2263	2395	2400	2481	2490	2495	2492	2497	2509
佛 山	Foshan	3797.79	1400	1507	1871	2276	2370	2438	2483	2506	2531
韶 关	Shaoguan	18412.66	149	159	154	154	154	155	155	155	155
河 源	Heyuan	15653.63	143	176	189	186	184	183	182	181	181
梅 州	Meizhou	15864.51	240	259	267	257	252	249	247	244	244
惠 州	Huizhou	11350.36	288	332	405	485	504	515	526	534	534
汕 尾	Shanwei	4865.01	465	531	600	569	560	556	553	549	552
东 莞	Dongguan	2460.38	2615	2662	3328	4063	4220	4243	4249	4261	4283
中 山	Zhongshan	1780.99	1313	1352	1735	2226	2344	2404	2463	2488	2508
江 门	Jiangmen	9535.19	414	430	467	482	489	495	498	504	507
阳 江	Yangjiang	7966.79	278	297	304	317	321	323	325	327	329
湛 江	Zhanjiang	13263.76	487	536	530	527	527	526	526	526	530
茂 名	Maoming	11451.25	457	510	510	519	524	530	535	540	543
肇 庆	Zhaoqing	14891.43	227	247	265	269	271	273	275	276	277
清 远	Qingyuan	19035.48	164	188	193	203	205	207	208	209	209
潮 州	Chaozhou	3159.89	780	810	862	826	824	823	817	812	815
揭 阳	Jieyang	5266.10	999	1068	1117	1099	1084	1074	1070	1059	1067
云 浮	Yunfu	7785.16	277	301	304	304	306	306	306	306	307

注：1. 2000、2010、2020年所使用人口数据为第五次、第六次、第七次全国人口普查结果，2005年使用人口数据为广东省2005年全国1%人口抽样调查结果。2015-2019年人口数据根据第七次全国人口普查结果修正后使用。

2. 表中土地面积数为2020年数据，2020、2021年计算人口密度所使用的土地面积均为2020年数据。

Note: a) The population data used in 2000、2010 and 2020 are the results of the 5th、6th and 7th Population Censuses, the population data used in 2005 is the result of 1% national population sample survey in Guangdong Province in 2005. The population data of 2015-2019 are used according to revised results of the 7th National Census.

b) The number of land area in table is based on the data of 2020, all land areas used in population density in 2020、2021 are the data of 2020.

7-21 水资源及供水用水基本情况

Water Resources, Water Supply and Water use

项目	item	2010	2015	2019	2020	2021
年平均降水量 (毫米)	Precipitation per Year (mm)	1927.1	1875.7	1993.6	1574.1	1420.9
水资源总量 (亿立方米)	Total Amount of Water Resource (100 million cu.m)	1998.8	1933.4	2068.2	1626.0	1221.1
#地表水资源量	Surface Water Resources	1989.5	1923.4	2058.3	1616.3	1211.3
地下水资源量	Groundwater Resources	478.3	461.4	508.2	399.1	301.3
人均水资源量 (立方米/人)	Per Capita Amount of Water Resource (cu.m/person)	1915	1782	1809	1296	966
供水总量 (亿立方米)	Water Supply (100 million cu.m)	469.0	443.1	412.3	405.1	407.0
地表水	Surface Water	446.4	426.0	397.5	390.4	394.0
地下水	Groundwater	21.3	15.3	11.8	11.1	8.6
其他	Others	1.3	1.7	3.0	3.6	4.4
用水总量 (亿立方米)	Total Water Consumption (100 million cu.m)	469.0	443.1	412.3	405.1	407.0
#农业用水	Agriculture	231.3	227.0	208.5	210.8	204.2
工业用水	Industry	138.8	112.5	94.6	80.4	78.2
生活用水	Living	90.4	98.3	103.5	107.9	117.9
生态环境补水	Ecology	8.5	5.3	5.7	6.0	6.7
人均用水量 (立方米/人)	Per Capita Water Consumption (cu.m/person)	450	411	361	323	322
万元GDP用水量 (立方米/万元)	Water Consumption per 10000 Yuan of GDP (cu.m/10000 yuan)	103	61	38	37	33
万元工业增加值用水量 (立方米/万元)	Water Consumption per 10000 Yuan of Value-added of Industry (cu.m/10000 yuan)	65	37	24	21	17

7−22 环境保护基本情况

Basic Conditions of Environmental Protection

项　目	item	2010	2015	2019	2020	2021
水环境	**Water Environment**					
优良水体比例 (%)	Proportion of Excellent Water (%)					
地表水国考断面	National Examination Section of Surface water		77.5	77.5	87.3	90.5
地表水省考断面	Provincial Section of Surface Water		76.2	80.4	86.3	87.5
劣V类水体比例 (%)	Proportion of Inferior Class V water (%)					
地表水国考断面	National Examination Section of Surface water		8.5	7.0	0.0	1.4
地表水省考断面	Provincial Section of Surface Water		9.8	6.0	1.2	1.2
大气环境	**Atmospheric Environment**					
二氧化硫浓度 (微克/立方米)	Sulfur Dioxide Concentration (microgram / cubic meter)		12	9	8	8
二氧化氮浓度 (微克/立方米)	Nitrogen Dioxide Concentration (microgram / cubic meter)		24	26	21	22
颗粒物PM10浓度 (微克/立方米)	Respirable Suspended Particulates Concentration (microgram / cubic meter)		47	46	38	40
颗粒物PM2.5浓度(微克/立方米)	Fine Suspended Particulates Concentration (microgram / cubic meter)		31	27	22	22
一氧化碳浓度 (毫克/立方米)	Carbon Monoxide Concentration (milligram / cubic meter)		1.3	1.2	1.0	0.9
臭氧浓度 (微克/立方米)	Ozone Concentration (microgram / cubic meter)		126	158	138	144
空气质量达二级标准城市数(个)	Number of Cities Meeting Grade Ⅱ Air Quality Standard (unit)	21	16	14	20	18
生态环境	**Ecological Environment**					
人均耕地面积 (亩)	Per Capita Area of Cultivated Land (mu)	0.37	0.36	0.23	0.23	
新增水土流失治理面积(千公顷)	Area of Soil Erosion under Control (1000 hectares)	44.56	72.61	110.93	95.63	80.83
森林面积 (万公顷)	Forest Area (10000 hectares)	1036.28	1086.11	1052.41	1053.22	1054.70
森林覆盖率 (%)	Forest Coverage Rate (%)	57.00	58.88	58.61	58.66	58.74
人均森林面积 (公顷)	Per Capita Forest Area (hectare)	0.1	0.1	0.1	0.1	0.1
活立木蓄积量 (万立方米)	Volume of Standing Forest Stock (10000 cu.m)	43936	56636	58271	60422	62824
森林蓄积量 (万立方米)	Stock Volume of Forest (10000 cu.m)	43190	56128	57869	58400	62370
当年营造林面积 (万公顷)	Afforested Area in Current Year (10000 hectares)	30.77	107.34	74.73	78.07	47.21
自然保护区数 (个)	Number of Natural Reserves (unit)	357	377	377	377	377
自然保护区面积 (万公顷)	Area of Natural Reserves (10000 hectares)	164.44	168.89	169.50	169.50	169.50

注：国考地表水断面，2015−2020年为71个，2021年起增至149个；省考地表水断面，2015年为164个，2019年起为168个。

Note: 71 surface water sections in the national examination from 2015 to 2020 and increase to 149 from 2021; 164 surface water sections in the provinc examination in 2015 and increase to 168 from 2019.

7−22 续表 continued

项 目	item	2010	2015	2019	2020	2021
城市环境	**Urban Environment**					
城市供水普及率 (%)	Popularization Rate of Tap Water in Urban Areas (%)	98.4	98.5	99.1		100.0
城市污水排放量 (万吨)	Volume of Municipal Sewage Discharge (10000 tons)	506546	671363	808535	830750	961591
城市污水处理量 (万吨)	Volume of Municipal Sewage Disposal (10000 tons)	436041	628706	782028	811273	944597
城市污水处理厂集中处理率(%)	Rate of Municipal Sewage Disposal (%)	73.1	93.3	96.5	97.6	97.6
城市生活垃圾无害化处理率(%)	Rate of Harmless Disposal of Urban Domestic Waste (%)	72.1	91.6	99.95	99.95	98.95
城市燃气普及率 (%)	Popularization Rate of Gas in Urban Areas (%)	95.8	97.6	97.9	98.8	98.2
城市人均公园绿地面积(平方米)	Per Capita Urban Public Green Area (sq.m)	13.29	17.4	18.13	18.13	17.49
建成区绿化覆盖率 (%)	Green Coverage Rate in Built-up Areas (%)	41.3	41.4	43.3	43.4	42.3
城市公共交通车辆运营数 (标台)	Number of Public Transportation Vehicles (Unit)	45850	62947	76484	77687	76570
农村环境	**Rural Environment**					
农村自来水普及率 (%)	Popularization Rate of Tap Water in Rural Areas (%)	59.5	83.4	91.9	92.7	99.1
无害化卫生厕所普及率 (%)	Popularization Rate of Harmless Sanitary Toilets (%)	77.7	87.2	98	99	99.4
农村沼气池产气总量 (万立方米)	Total Output of Biogas from Rural Biogas Pools (10000 cu.m)	18724	36617	20517	21443	33661
自然灾害	**Natural Disasters**					
地质灾害次数 (次)	Number of Geological Disasters (unit)	600	191	327	230	3
地质灾害直接经济损失 (万元)	Direct Economic Loss due to Geological Disasters (10000 yuan)	22732	3666	7558	1956	21
海洋灾害发生次数 (次)	Number of Marine Disasters (time)	14	9	19	24	35
海洋灾害直接经济损失 (亿元)	Direct Economic Loss due to Marine Disasters (100 million yuan)		28.77	0.03	0.49	0.28
森林火灾次数 (次)	Number of Forest Fires (time)	59	273	126	114	98

注：1.城市污水排放量、城市污水处理量、 城市污水处理厂集中处理率相关数据源自2021年中国城市建设统计年鉴的初稿。
2.森林覆盖率、森林蓄积量根据省第四次森林资源二类调查成果及年度更新结果填报。

Notes: a) The relevant data of municipal sewage discharge, municipal sewage treatment capacity and centralized treatment rate of municipal sewage treatment plants are from the first draft of China's statistical yearbook of urban construction in 2021.
b) The forest coverage and forest stock shall be filled in according to the results of the fourth class II forest resources survey and the annual update results of the province.

7-23 各市水环境质量情况（2021年）

Statistics on Water Environment Quality by City(2021)

单位：%　　　　(%)

市 别	City	149个国控地表水断面 149 State Controlled Surfacc Water Sections		168个省考地表水断面 168 Provincial Surface Water Section	
		优良率 Excellent Rate	劣V类比例 Proportion of Inferior to Class V	优良率 Excellent Rate	劣V类比例 Proportion of Inferior to Class V
全 省	**Provincial Total**	**90.5**	**1.4**	**87.5**	**1.2**
广 州	Guangzhou	92.3		76.9	
深 圳	Shenzhen	83.3		71.4	
珠 海	Zhuhai	100.0		100.0	
汕 头	Shantou	80.0		75.0	
佛 山	Foshan	85.7		84.6	
韶 关	Shaoguan	100.0		100.0	
河 源	Heyuan	100.0		100.0	
梅 州	Meizhou	100.0		100.0	
惠 州	Huizhou	90.9		88.9	
汕 尾	Shanwei	80.0		100.0	
东 莞	Dongguan	57.1		57.1	
中 山	Zhongshan	100.0		83.3	
江 门	Jiangmen	100.0		100.0	
阳 江	Yangjiang	100.0		100.0	
湛 江	Zhanjiang	100.0		75.0	
茂 名	Maoming	83.3		85.7	
肇 庆	Zhaoqing	100.0		100.0	
清 远	Qingyuan	100.0		86.7	
潮 州	Chaozhou	75.0	25.0	83.3	16.7
揭 阳	Jieyang	60.0	20.0	57.1	14.3
云 浮	Yunfu	100.0		100.0	

7-24 各市大气环境质量情况（2021年）

Statistics on Atmospheric Environmental Quality by City(2021)

市 别	City	SO_2年平均浓度($\mu g/m^3$) Annual Average Concentration of Sulfur Dioxide ($\mu g/m^3$)	NO_2年平均浓度($\mu g/m^3$) Annual Average Concentration of Nitrogen Dioxide ($\mu g/m^3$)	颗粒物PM_{10}年平均浓度($\mu g/m^3$) Annual Average Concentration of Respirable Suspended Particulates ($\mu g/m^3$)	颗粒物$PM_{2.5}$年平均浓度($\mu g/m^3$) Annual Average Concentration of Fine Suspended Particulates ($\mu g/m^3$)	O_3-8h第90百分位数浓度($\mu g/m^3$) O_3-8h 90th Percentile Concentration ($\mu g/m^3$)	CO第95百分位数浓度(mg/m^3) 95th Percentile Concentration of CO (mg/m^3)	空气质量达到及好于二级的天数(天) Days with Air Quality Reaching or Better than Grade II (day)	AQI达标率(%) AQI Compliance Rate (%)
全 省	**Provincial Total**	**8**	**22**	**40**	**22**	**144**	**0.9**	**7229**	**94.3**
广 州	Guangzhou	8	34	46	24	160	1.0	323	88.5
深 圳	Shenzhen	6	24	37	18	130	0.8	351	96.2
珠 海	Zhuhai	6	22	37	20	144	0.8	347	95.1
汕 头	Shantou	9	16	35	20	138	0.8	361	98.9
佛 山	Foshan	8	32	46	23	169	1.0	312	85.5
韶 关	Shaoguan	9	19	39	24	140	1.0	359	98.4
河 源	Heyuan	7	19	39	21	133	1.0	353	96.7
梅 州	Meizhou	7	21	33	20	122	0.8	363	99.5
惠 州	Huizhou	8	20	40	19	145	0.7	345	94.5
汕 尾	Shanwei	8	11	32	18	138	0.8	355	97.3
东 莞	Dongguan	9	29	42	22	165	0.9	315	86.3
中 山	Zhongshan	5	25	39	20	154	0.9	328	89.9
江 门	Jiangmen	7	30	45	23	163	1.0	319	87.4
阳 江	Yangjiang	7	17	37	21	140	0.9	348	95.3
湛 江	Zhanjiang	9	14	37	23	131	0.8	359	98.4
茂 名	Maoming	11	14	41	21	125	0.9	361	98.9
肇 庆	Zhaoqing	10	26	38	22	145	0.9	342	93.7
清 远	Qingyuan	7	24	40	23	158	1.1	330	90.4
潮 州	Chaozhou	9	15	41	23	144	0.9	353	96.7
揭 阳	Jieyang	8	19	44	27	146	1.0	351	96.2
云 浮	Yunfu	11	24	44	24	124	1.0	354	97.0

7-25 各市城市建设基本情况

Basic Statistics on Urban Sanitation by City

市别	City	城市污水处理率 (%) Rate of Sewage Treatment				城市生活垃圾无害化处理率 (%) Rate of Consumption Waste Treatment			
		2010	2015	2020	2021	2010	2015	2020	2021
全省	**Province Total**	**73.1**	**93.7**	**97.7**	**98.2**	**72.1**	**91.6**	**99.95**	**98.95**
广州	Guangzhou	88.1	93.2	97.9	97.7	92.0	95.2	100.0	100.0
深圳	Shenzhen	88.9	96.6	98.1	98.3	94.6	100.0	100.0	100.0
珠海	Zhuhai	84.7	95.7	96.8	99.6	92.3	100.0	100.0	100.0
汕头	Shantou	57.9	90.2	98.1	98.7	64.4	92.6	100.0	100.0
佛山	Foshan	79.7	94.4	100.3	101.3	95.6	100.0	100.0	100.0
韶关	Shaoguan	53.6	86.2	99.99	101.9	100.0	100.0	100.0	100.0
河源	Heyuan	43.0	92.9	95.1	97.7	96.5	100.0	98.2	86.4
梅州	Meizhou	33.7	88.6	100.0	99.0	100.0	100.0	100.0	100.0
惠州	Huizhou	71.5	97.6	98.8	98.0	100.0	100.0	100.0	100.0
汕尾	Shanwei	18.6	89.1	97.4	96.5		100.0	100.0	100.0
东莞	Dongguan	91.1	96.5	96.2	97.2	100.0	100.0	100.0	100.0
中山	Zhongshan	85.1	96.0	95.8	89.6	100.0	100.0	100.0	100.0
江门	Jiangmen	63.5	91.6	97.5	97.5	100.0	100.0	100.0	100.0
阳江	Yangjiang	54.6	85.5	100.0	119.4	100.0	100.0	100.0	100.0
湛江	Zhanjiang	39.6	88.5	98.8	96.7	97.4	100.0	100.0	79.1
茂名	Maoming	34.4	88.4	98.9	103.3		100.0	100.0	100.0
肇庆	Zhaoqing	70.5	85.1	99.2	96.7	83.8	100.0	100.0	100.0
清远	Qingyuan	70.4	87.6	96.9	93.8	100.0	100.0	100.0	100.0
潮州	Chaozhou	33.5	79.7	96.0	106.7	100.0	79.3	100.0	100.0
揭阳	Jieyang	20.8	89.8	96.0	97.0	90.0	95.0	100.0	100.0
云浮	Yunfu	63.7	93.1	99.6	96.9	100.0	100.0	100.0	100.0

7–25 续表 continued

市别	City	城市公共交通车辆标准运营数（标台）Number of Public Transportation Vehicles (unit)				城市人均公园绿地面积（平方米）Per Capital Area of Parks and Green Land in City (sq.m)			
		2010	2015	2020	2021	2010	2015	2020	2021
全省	**Province Total**	**45850**	**62947**	**77687**	**76570**	**13.29**	**17.40**	**18.13**	**17.49**
广州	Guangzhou	10232	16179	18858	18842	11.87	21.82	23.35	24.51
深圳	Shenzhen	14677	17943	20830	19820	16.40	16.91	15.00	15.59
珠海	Zhuhai	1557	2349	3134	3117	13.70	19.50	22.04	12.44
汕头	Shantou	1111	1253	2285	2279	12.20	15.01	15.15	22.18
佛山	Foshan	3715	6783	7181	7164	10.20	14.69	19.21	11.97
韶关	Shaoguan	460	635	824	776	11.80	12.50	16.71	19.25
河源	Heyuan	294	330	405	520	12.10	12.55	13.06	20.17
梅州	Meizhou	238	925	1815	1816	11.80	16.70	19.40	13.71
惠州	Huizhou	1124	2446	3279	3144	11.10	17.75	16.79	17.68
汕尾	Shanwei	199	344	1378	1311	10.70	13.48	15.04	17.57
东莞	Dongguan	6129	5346	6649	6650	15.30	19.36	19.83	16.15
中山	Zhongshan	2151	2436	2689	2657	11.90	18.39	14.22	16.76
江门	Jiangmen	924	1524	1856	1872	11.00	17.75	20.16	10.79
阳江	Yangjiang	143	242	481	412	10.60	11.17	24.43	14.62
湛江	Zhanjiang	735	1167	1121	1246	12.70	13.94	10.29	21.92
茂名	Maoming	392	511	1170	1134	10.00	13.74	18.10	15.04
肇庆	Zhaoqing	443	814	1121	1145	22.70	20.73	19.94	21.61
清远	Qingyuan	633	778	1119	1147	11.30	13.03	14.54	11.80
潮州	Chaozhou	140	192	390	388	10.30	10.57	14.97	13.71
揭阳	Jieyang	377	387	679	651	12.90	8.65	15.04	13.84
云浮	Yunfu	176	362	423	480	12.10	12.70	17.39	17.49

注：标台营运数为不含轨道交通数。

Note: Data of track transport is not included in the number of vehicles.

主要统计指标解释

能源生产总量 指一定时期内全国（地区）一次能源生产量的总和，是观察全国（地区）能源生产水平、规模、构成和发展速度的总量指标。一次能源生产量包括原煤、原油、天然气、水电、核能及其他动力能（如风能、地热能等）发电量。不包括低热值燃料生产量、生物质能、太阳能等的利用和由一次能源加工转换而成的二次能源产量。

能源消费总量 指一定时期内全国（地区）生产和生活消费的各种能源的总和，是观察能源消费水平、构成和增长速度的总量指标，能源消费总量包括原煤和原油及其制品、天然气、电力。不包括低热值燃料、生物质能和太阳能等的利用 。能源消费总量分为三部分，即终端能源消费量、能源加工转换损失量和损失量。

(1)终端能源消费量 指一定时期内全国（地区）生产和生活消费的各种能源在扣除了用于加工转换二次能源消费量和损失量以后的数量。

(2)能源加工转换损失量 指一定时期内全国（地区）投入加工转换的各种能源数量之和与产出各种能源产品之和的差额。它是观察能源在加工转换过程中损失量变化的指标。

(3)能源损失量 指一定时期内能源在输送、分配、储存过程中发生的损失和由客观原因造成的各种损失量。不包括各种气体能源放空、放散量。

能源生产弹性系数 是研究能源生产增长速度与国民经济增长速度之间关系的指标。计算公式：

$$\text{能源生产弹性系数}=\frac{\text{能源生产总量增长速度}}{\text{国民经济增长速度}}$$

国民经济增长速度，可根据不同的目的或需要，用国民生产总值，国内生产总值等指标来计算，本资料是采用国内生产总值指标计算的。

电力生产弹性系数 是研究电力生产增长速度与国民经济增长速度之间关系的指标。一般来说，电力的发展应当快于国民经济的发展，也就是说电力应超前发展。计算公式：

$$\text{电力生产弹性系数}=\frac{\text{电力生产量增长速度}}{\text{国民经济增长速度}}$$

能源消费弹性系数 是反映能源消费增长速度与国民经济增长速度之间比例关系的指标。计算公式：

$$\text{能源消费弹性系数}=\frac{\text{能源消费量增长速度}}{\text{国民经济增长速度}}$$

电力消费弹性系数 是反映电力消费增长速度与国民经济增长速度之间比例关系的指标。计算公式：

$$\text{电力消费弹性系数}=\frac{\text{电力消费量增长速度}}{\text{国民经济增长速度}}$$

能源加工转换效率 指一定时期内能源经过加工、转换后，产出的各种能源产品的数量与同期内投入加工转换的各种能源数量的比率。它是观察能源加工转换装置和生产工艺先进与落后、管理水平高低等的重要指标。计算公式：

$$\text{能源加工转换效率}=\frac{\text{能源加工、转换产出量}}{\text{能源加工、转换投入量}}\times 100\%$$

土地资源 土地指陆地的表层部分，它主要由岩石、岩石的风化物和土壤构成。土地资源按利用类型可以分为农用地、建筑用地和未利用地。农用地包括耕地、园地、林地、牧草地和水面。建筑用地包括居民点及工矿用地、交通用地和水利设施用地。未利用地指农用地和建筑用地以外的土地，包括滩涂、荒漠、戈壁、冰川和石山等。

耕地面积 指经过开垦用以种植农作物并经常进行耕耘的土地面积。包括种有作物的土地面积、休闲地、新开荒地和抛荒未满三年的土地面积。

林业用地面积 指生长乔木、竹类、灌木、沿海红树林等林木的土地面积，包括有林地、灌木林、疏林地、未成林造林地、迹地、苗圃等。

草地面积 指牧区和农区用于放牧牲畜或割草，植被盖度在 5% 以上的草原、草坡、草山等面积。包括天然的和人工种植或改良的草地面积。

森林资源 指森林、林木、林地以及依托森林、林木、林地生存的野生动物、植物和微生物。林木指树木和竹子。森林指以乔木为主体的植物群落，是集生的乔木及与共同作用的植物、动物、微生物和土壤、气候等的总体。

活立木总蓄积量 指一定范围内土地上全部树木蓄积的总量，包括森林蓄积、疏林蓄积、散生木蓄积和四旁树蓄积。

森林覆盖率 指一个国家或地区森林面积占土地总面积的百分比。森林覆盖率是反映森林资源的丰富程度和生态平衡状况的重要指标。在计算森林覆盖率时，森林面积包括郁闭度 0.2 以上的乔木林地面积和竹林地面积，国家特别规定的灌木林地面积、农田林网以及四旁(村旁、路旁、水旁、宅旁)林木的覆盖面积。计算公式为:

$$\text{森林覆盖率}(\%)=\frac{\text{森林面积}}{\text{土地总面积}}\times 100\%$$

森林面积 指由乔木树种构成，郁闭度 0.2 以上(含 0.2)的林地或冠幅宽度 10 米以上的林带的面积，即有林地面积。森林面积包括天然起源和人工起源的针叶林面积、阔叶林面积、针阔混交林面积和竹林面积，不包括灌木林地面积和疏林地面积。

森林蓄积量 指一定森林面积上存在着的林木树干部分的总材积。它是反映一个国家或地区森林资源总规模和水平的基本指标之一，也是反映森林资源的丰富程度、衡量森林生态环境优劣的重要依据。

水资源 水在自然界中以固体、液体和气态三种聚集状态存在，分布于海洋、陆地(包括土壤)以及大气之中，通过水循环形成水资源。水资源包括经人类控制并直接可供灌溉、发电、给水、航运、养殖等用途的地表水和地下水，以及江河、湖泊、井、泉、潮汐、港湾和养殖水域等。水资源是发展国民经济不可缺少的重要自然资源。

矿产资源 矿产资源指由地质作用形成的，具有利用价值的，呈固态、液态、气态的自然资源，是社会发展的重要物质基础。

矿产基础储量 基础储量是查明矿产资源的一部分。它能满足现行采矿和生产所需的指标要求，是控制的、探明的并通过可行性或预可行性研究认为属于经济的、边界经济的部分，用未扣除设计、采矿损失的数量表表示。

矿产保有资源储量 指查明的矿产资源储量（资源储量=基础储量+资源量）扣除已开采部分损失量和加减应勘查，重算或其它原因增减量而得出的年底实有资源储量。

Explanatory Notes on Main Statistical Indicators

Total Energy Production refers to the total production of primary energy by all energy producing enterprises in the country (region) in a given period of time. It is a comprehensive indicator of the capacity, scale, composition and development speed of energy production of the country (region). The production of primary energy includes that of coal, crude oil, natural gas, hydropower and electricity generated by nuclear energy and other means such as wind power and geothermal power. However, it excludes the production of fuel of low calorific value, bioenergy, solar energy and secondary energy converted from primary energy.

Total Domestic Energy Consumption refers to the total consumption of energy of various kinds by production sectors and households in the country (region) in a given period of time. It is a comprehensive indicator of the scale, composition and development speed of energy consumption. The total energy consumption includes that of coal, crude oil and their products, natural gas and electricity, but excludes the consumption of fuel of low calorific value, bioenergy and solar energy. Total domestic energy consumption can be divided into three parts:

(1) Final Energy Consumption: This refers to the total energy consumption by production sectors and households in the country (region) in a given period of time, excluding primary energy consumption and loss in the process of conversion into secondary energy.

(2)Loss During the Process of Energy Conversion: This refers to the total input of various kinds of energy for conversion minus the total output of various kinds of energy in the country (region) in a given period of time. It is an indicator of the loss that occurs during the process of energy conversion.

(3)Loss: This refers to the total loss of energy during the course of energy transmission, distribution and storage and the loss caused by any objective reason in a given period of time, excluding the loss of various kinds of gas due to gas discharges and stocktaking.

Elasticity Ratio of Energy Production is an indicator of the relationship between the growth rate of energy production and the growth rate of the national economy. The formula is:

$$\text{Elasticity Ratio of Energy Production} = \frac{\text{Growth Rate of Energy Production}}{\text{Growth Rate of National Economy}}$$

The average annual growth rate of the national economy can be shown by the gross national product, gross domestic product and other indicators, depending on the purposes or needs. The gross domestic product is used in the calculation of the ratio in this chapter.

Elasticity Ratio of Electricity Production is an indicator of the relationship between the growth rate of electricity production and the growth rate of the national economy. Generally speaking, the growth rate of electricity production should be higher than that of the national economy; in other words, electricity production should develop in advance of the national economy. Its formula is:

$$\text{Elasticity Ratio of Electricity Production} = \frac{\text{Growth Rate of Electricity Production}}{\text{Growth Rate of National Economy}}$$

Elasticity Ratio of Energy Consumption is an indicator of the relationship between the growth rate of energy consumption and the growth rate of the national economy. The formula is:

$$\text{Elasticity Ratio of Energy Consumption} = \frac{\text{Growth Rate of Energy Consumption}}{\text{Growth Rate of National Economy}}$$

Elasticity Ratio of Electricity Consumption is an indicator of the relationship between the growth rate of electricity consumption and the growth rate of the national economy. The formula is:

$$\text{Elasticity Ratio of Electricity Consumption} = \frac{\text{Growth Rate of Electricity Consumption}}{\text{Growth Rate of National Economy}}$$

Efficiency of Energy Processing and Conversion refers to the ratio of the total output of energy products of various kinds after processing and conversion to the total input of energy of various kinds for processing and conversion in the same reference period. It is an important indicator of the current conditions of energy processing and conversion equipment, production technique and management. The formula is:

$$\text{Efficiency of Energy Processing \& Conversion} = \frac{\text{Output of Energy after Processing \& Conversion}}{\text{Input of Energy for Processing \& Conversion}} \times 100\%$$

Land Resource Land refers to the surface of the earth, consisting of mainly rocks and its weathering and earth. Land resource can be classified, by its utilization, as land for agriculture, land for construction and unused land. Land for agriculture includes cultivated land, plantation, forestland, grassland and waters. Land for construction includes land for residential purpose, for manufacturing and mining, for transportation and for water conservancy projects. Unused land refers to land other than land for agriculture and construction, including beaches, deserts, Gobi, glaciers and rock mountains.

Area of Cultivated Land refers to area of land reclaimed for the regular cultivation of various farm crops, including crop-cover land, fallow, newly reclaimed land and land laid idle for less than 3 years.

Area of Afforested Land refers to land for trees, bamboos, bushes and mangrove including forest-cover land, bush-covered land, sparse forest land, land planned for forestation, slash and nurseries of young trees.

Area of Grassland refers to areas of grassland, grass-slopes and grass-covered hills with a vegetation-covering rate of over 5% that are used for animal husbandry or harvesting of grass. It includes natural, cultivated and improved grassland areas.

Forest Resource refers to forests, trees, forestland and wild animals, plants and microorganism that live on forests and trees. Trees include trees and bamboos. Forest refers to the population of clusters of trees and other plants, animals and microorganism as well as the earth and climate that have interactions with the trees.

Total Standing Stock Volume refers to the total stock volume of trees growing in land, including trees in forests, tress in sparse forests, scattered trees and trees planted by the side of villages, farm houses and along roads and rivers.

Forest Coverage Rate refers to the ratio of area of afforested land to total land area. It is a very important indicator that reflects the status of abundance of forest resource and ecosystem balance. Forest area includes the area of trees and bamboo growing with a canopy density above 0.2, the area of shrubby trees according to regulations of the government, the area of forest land inside farm land and the area of trees planted by the side of villages, farm houses and along roads and rivers. The formula for calculating forest coverage rate is as follows:

Forest Coverage Rate (%) = (Area of Afforested Land/Area of Total Land) × 100%

Forest Area refers to wooded area, i.e. the area of forest where trees and bamboo grow with a canopy density above 0.2 (inclusive) or a crown width above 10 meters, including natural and planted coniferous forest, broad-leaved forest, mixed forest, and bamboo groves, but excluding shrubbery and open forest.

Stock Volume of Forest refers to total stock volume of wood growing in forest area, which shows the total size and level of forest resources of a country or a region. It is also an important indicator of the richness of forest resource and the status of forest ecological environment.

Water Resource Water exists in the nature in solid, liquid and gaseous states, is distributed in the ocean, land (including earth) and air, and constitutes water resource through circulation. Water resource includes surface water and underground water that is controlled by human beings for irrigation, power-generation, water supply, navigation and cultivation. It also includes rivers, lakes, wells, springs, tides, gulfs and water area for cultivation. Water resource as an indispensable natural resource for the development of national economy.

Mineral Resources refer to useful natural resources enriched due to geological processes, in the form of solid, liquid or gas. Minerals are important material basis for social development.

Basic Reserves of Mineral Resources Basic reserves are part of total identified mineral resources that meet present mining and production standards, which is the part of reserve controlled, proven, and found to be of economic or marginal value through feasibility assessment or pre-feasibility study. Basic reserves are indicated as a figure including designing and mining loss.

Ensured Reserves of Mineral Resources refer to the actual reserves of mineral resources at the year-end, calculated as the proven reserves of mineral resources (Reserves of Mineral Resources = Basic Reserves + Resource) minus losses in previous extraction processes, plus or minus increases or losses due to exploration, recalculation or other reasons.

八、财政、银行和保险

GOVERNMENT FINANCE, BANKING AND INSURANCE

八　财政、银行和保险

简要说明

一、本篇资料反映广东地方公共财政预算收支、银行、保险等方面的基本情况。

二、本篇资料由广东省统计局综合统计处负责整理、编辑。

三、资料来源：

财政资料根据广东省财政厅提供的历年《广东省财政总决算报表》有关项目加工整理。

银行资料由中国人民银行广州分行提供。

保险业务资料由中国银行保险监督管理委员会广东监管局提供。

8　Government Finance，Banking and Insurance

Brief Introduction

Ⅰ. The data in this chapter show the basic situation of local government general budgetary revenue and expenditure, banking and insurance of Guangdong Province.

Ⅱ. The data in this chapter are prepared by the Division of Comprehensive Statistics of Statistics Bureau of Guangdong Province.

Ⅲ. Data sources:

The data on local government finance are prepared in accordance with the related tables of the Total Final Accounts of Government Finance of Guangdong provided by Guangdong Provincial Department of Finance.

The data on banking are provided by Guangzhou Branch of the People's Bank of China.

The data on insurance are provided by Guangdong Bureau of China Banking and Insurance Regulatory Commission.

8-1 地方一般公共预算收支和增长速度

Local Government General Public Budget Revenue and Expenditure and Their Growth Rates

单位：亿元 (100 million yuan)

年份 Year	地方一般公共预算收入 Local Government General Public Budget Revenue	#税收收入 Taxes	地方一般公共预算支出 Local Government General Public Budget Expenditure	收支差额 Balance	增长速度(%) Growth Rate (%) 地方一般公共预算收入 Local General Government Public Budget Revenue	地方一般公共预算支出 Local General Government Public Budget Expenditure	地方一般公共预算收入占地区生产总值的比重(%) Percentage of Budgetary Revenue to GDP (%)
1978	41.82	25.78	28.70	13.12	17.9	42.6	22.5
1979	36.25	25.98	29.88	6.37	-13.3	4.1	17.3
1980	37.79	27.72	27.04	10.75	4.2	-9.5	15.1
1981	41.01	30.84	29.60	11.41	8.5	9.5	14.1
1982	42.23	34.72	33.34	8.89	3.0	12.6	12.4
1983	44.29	38.52	37.45	6.84	4.9	12.3	12.0
1984	49.28	43.59	47.18	2.10	11.3	26.0	10.7
1985	69.27	65.25	66.74	2.53	40.6	41.5	12.0
1986	82.41	73.29	89.55	-7.14	19.0	34.2	12.3
1987	95.88	88.65	96.59	-0.71	16.3	7.9	11.3
1988	107.57	119.17	115.20	-7.63	12.2	19.3	9.3
1989	136.87	145.02	141.16	-4.29	27.2	22.5	9.9
1990	131.02	135.62	150.69	-19.67	-4.3	6.8	8.4
1991	177.35	158.31	182.48	-5.13	35.4	21.1	9.4
1992	222.64	195.98	219.61	3.03	25.5	20.3	9.1
1993	346.56	310.78	331.27	15.29	55.7	50.8	10.0
1994	298.70	275.06	416.83	-118.13	-13.8	25.8	6.5
1995	382.34	353.64	525.63	-143.29	28.0	26.1	6.4
1996	479.45	438.25	601.23	-121.78	25.4	14.4	7.0
1997	543.95	494.76	682.66	-138.71	13.5	13.5	7.0
1998	640.75	545.62	825.61	-184.86	17.8	20.9	7.5
1999	766.19	645.28	1034.44	-268.25	19.6	25.3	8.3
2000	910.56	798.61	1069.86	-159.30	18.8	3.4	8.4
2001	1160.51	1014.72	1321.33	-160.82	27.5	23.5	9.6
2002	1201.61	1032.33	1521.08	-319.47	3.5	15.1	8.8
2003	1315.52	1109.50	1695.63	-380.11	9.5	11.5	8.2
2004	1418.51	1191.55	1852.95	-434.44	7.8	9.3	7.6
2005	1807.20	1526.97	2289.07	-481.87	27.4	23.5	8.2
2006	2179.46	1850.44	2553.34	-373.88	20.6	11.5	8.4
2007	2785.80	2415.47	3159.57	-373.77	27.8	23.7	8.8
2008	3310.32	2864.79	3778.57	-468.25	18.8	19.6	9.0
2009	3649.81	3130.61	4334.37	-684.56	10.3	14.7	9.2
2010	4517.04	3803.47	5421.54	-904.50	23.8	25.1	9.8
2011	5514.84	4548.66	6712.40	-1197.56	22.1	23.8	10.4
2012	6229.18	5073.88	7387.86	-1158.68	13.0	10.1	10.9
2013	7081.47	5767.94	8411.00	-1329.53	13.7	13.8	11.3
2014	8065.08	6510.47	9152.64	-1087.56	13.9	8.8	11.8
2015	9366.78	7377.07	12827.80	-3461.01	11.9	40.1	12.5
2016	10390.35	8098.63	13446.09	-3055.74	10.3	4.8	12.6
2017	11320.35	8871.89	15037.48	-3717.13	10.9	11.8	12.4
2018	12105.26	9737.51	15729.26	-3624.00	7.9	4.6	12.1
2019	12654.53	10063.95	17297.85	-4643.32	4.5	10.0	11.8
2020	12923.85	9881.95	17430.79	-4506.94	2.1	0.8	11.7
2021	14105.04	10785.23	18247.01	-4141.97	9.1	4.7	11.3

注：2015年起，地方公共财政预算收入和地方公共财政预算支出统一更名为地方一般公共预算收入和地方一般公共预算支出，财政收入按可比口径计算。

Note: From 2015, the name of local government budgetary revenue and local government budgetary expenditure have been changed to local public budgetary revenue and local public budgetary expenditure.Growth rates of revenue are caculated by comparable caliber.

8-2 地方一般公共预算收支基本情况

Basic Items of General Public Budget Revenue and Expenditure

单位：亿元 (100 million yuan)

指　标	Item	2010	2015	2017	2018	2019	2020	2021
一、地方一般公共预算收入	**General Public Budget Revenue**	**4517.04**	**9366.78**	**11320.35**	**12105.26**	**12654.53**	**12923.85**	**14105.04**
税收收入	Tax Revenue	3803.47	7377.07	8871.89	9737.51	10063.95	9881.95	10785.23
#增值税	Value-added Tax	657.82	1339.16	3675.43	3922.94	3977.07	3693.94	4091.37
企业所得税	Corporate Income Tax	678.75	1303.11	1767.83	1876.46	2001.21	1946.60	2111.31
个人所得税	Individual Income Tax	287.26	510.14	755.91	868.08	656.19	760.88	916.19
城市维护建设税	City Maintenance and Construction Tax	135.97	457.05	534.97	592.94	598.98	581.28	630.05
房产税	House Property Tax	122.44	241.00	299.46	361.21	356.76	315.94	374.14
印花税	Stamp Tax	69.93	141.41	142.29	152.27	152.10	166.46	196.79
土地增值税	Land Appreciation Tax	189.79	576.75	839.11	1056.11	1402.89	1375.09	1392.05
耕地占用税	Farm Land Occupation Tax	56.03	95.38	66.26	53.78	58.34	58.71	50.96
契税	Deed Tax	235.51	427.24	578.75	601.70	640.89	783.82	809.80
非税收入	Non-tax Revenue	713.57	1989.71	2448.46	2367.74	2590.58	3041.90	3319.80
专项收入	Special Program Receipts	97.35	598.77	873.93	956.92	892.51	974.77	1199.34
行政事业性收费收入	Charge of Administrative and Units	293.43	408.19	285.37	230.79	292.06	226.87	292.42
罚没收入	Penalty Receipts	95.62	155.77	224.67	236.07	231.11	238.46	263.19
国有资本经营收入	Operation Income from State-owned Assets	90.00	62.70	39.16	40.74	90.03	93.26	101.15
国有资源(资产)有偿使用收入	Income from Use of State-owned Resources Assets	81.88	355.19	554.39	562.62	731.60	1190.99	1110.55
其他收入	Other Non-tax Revenue	55.29	409.09	470.94	340.59	353.28	317.54	353.14
二、地方一般公共预算支出	**General Public Budget Expenditure**	**5421.54**	**12827.80**	**15037.48**	**15729.26**	**17297.85**	**17430.79**	**18247.01**
#一般公共服务	Expenditure for General Public Services	685.39	1018.91	1355.60	1556.29	1855.32	1889.53	1828.89
教育	Expenditure for Education	921.48	2040.65	2575.52	2792.90	3210.51	3510.56	3796.69
科学技术	Expenditure for Science and Technology	214.44	569.55	823.89	1034.71	1168.79	955.73	982.76
文化旅游体育与传媒	Expenditure for Culture, Tourism, Sports and Media	166.16	194.58	285.87	321.84	350.33	417.22	395.59
社会保障和就业	Expenditure for Social Safety Net and Employment Effort	469.58	1064.91	1423.33	1508.02	1703.48	1807.20	2131.89
卫生健康	Expenditure for Health Care	304.04	918.36	1307.56	1407.51	1579.60	1772.99	1857.10
节能环保	Expenditure for Energy Conservation and Environment Protection	239.16	322.33	433.23	567.41	747.44	517.76	493.55
城乡社区	Expenditure for Urban and Rural Community Affairs	407.64	1174.16	2180.53	2083.14	2413.84	1574.89	1556.64
农林水	Expenditure for Agriculture, Forestry and Water Conservancy	325.02	811.90	754.40	909.78	957.68	1125.81	1109.47
交通运输	Expenditure for Transportation	318.17	1982.63	848.40	617.33	525.23	652.43	728.22
其他支出	Other Expenditure	331.54	428.10	96.18	100.62	39.55	30.47	43.99

8-3 各市地方一般公共预算收支

Local Government General Budgetary Revenue and Expenditure by City

单位：亿元 (100 million yuan)

市别	City	地方一般公共预算收入 Local Government General Budgetary Revenue								
		2000	2005	2010	2015	2017	2018	2019	2020	2021
全省	**Provincial Total**	**910.56**	**1807.20**	**4517.04**	**9366.78**	**11320.35**	**12105.26**	**12654.53**	**12923.85**	**14105.04**
广州	Guangzhou	200.55	371.26	872.65	1349.47	1536.74	1634.22	1699.04	1722.79	1884.26
深圳	Shenzhen	221.92	412.38	1106.82	2726.85	3332.13	3538.44	3773.38	3857.46	4257.70
珠海	Zhuhai	24.23	48.97	124.53	269.96	314.38	331.47	344.49	379.13	448.19
汕头	Shantou	18.94	29.44	72.65	131.26	150.07	131.52	138.25	143.47	146.35
佛山	Foshan	59.53	130.85	306.05	557.55	661.58	703.14	731.62	753.56	808.26
韶关	Shaoguan	8.63	19.93	47.81	85.23	88.71	94.70	101.05	105.12	109.08
河源	Heyuan	2.55	8.52	25.09	67.48	71.19	76.95	77.48	79.81	84.30
梅州	Meizhou	7.18	15.18	38.95	103.59	108.55	97.09	91.59	88.19	95.01
惠州	Huizhou	12.94	34.72	131.23	340.02	389.08	393.01	400.86	412.25	455.39
汕尾	Shanwei	4.16	7.09	26.23	28.83	36.77	41.83	42.45	46.01	52.77
东莞	Dongguan	30.22	103.97	277.84	517.97	592.07	649.91	673.27	694.75	769.57
中山	Zhongshan	17.46	54.26	139.38	287.51	312.76	315.23	283.42	287.57	316.47
江门	Jiangmen	21.24	41.63	104.29	199.01	222.37	244.05	256.83	264.00	279.87
阳江	Yangjiang	3.89	8.70	26.77	67.93	60.65	62.62	64.30	65.70	77.67
湛江	Zhanjiang	12.44	24.01	66.23	121.86	135.00	121.84	131.27	137.78	160.40
茂名	Maoming	9.08	21.26	51.95	113.92	130.14	136.14	139.89	142.66	148.42
肇庆	Zhaoqing	10.97	20.44	76.80	143.36	94.85	106.04	114.21	124.51	146.46
清远	Qingyuan	4.53	13.25	72.79	108.38	103.07	111.90	118.54	123.62	137.42
潮州	Chaozhou	4.60	8.64	23.25	47.20	44.60	47.37	48.01	48.63	51.77
揭阳	Jieyang	9.24	11.19	38.65	77.40	72.81	79.34	73.02	73.97	79.31
云浮	Yunfu	3.65	9.33	23.54	58.70	57.49	57.64	60.48	65.89	75.24
按经济区域分	By Region									
珠三角	Pearl River Delta	599.06	1218.48	3139.58	6391.70	7455.96	7915.51	8277.11	8496.03	9366.17
东翼	Eastern Region	36.94	56.38	160.78	284.69	304.25	300.07	301.73	312.09	330.21
西翼	Western Region	25.41	53.96	144.95	303.71	325.79	320.59	335.46	346.15	386.49
山区	Mountainous Region	26.54	66.21	208.18	423.38	429.01	438.28	449.14	462.62	501.05

8−3 续表 continued

单位：亿元 (100 million yuan)

市 别	City	地方一般公共预算支出 Local Government General Budgetary Expenditure								
		2000	2005	2010	2015	2017	2018	2019	2020	2021
全 省	**Provincial Total**	**1069.86**	**2289.07**	**5421.54**	**12827.80**	**15037.48**	**15729.26**	**17297.85**	**17430.79**	**18247.01**
广 州	Guangzhou	240.72	438.41	977.32	1727.72	2186.01	2506.18	2865.33	2952.65	3021.18
深 圳	Shenzhen	225.04	599.16	1266.07	3521.67	4593.80	4282.56	4552.73	4178.42	4570.22
珠 海	Zhuhai	31.14	57.77	166.41	388.77	493.89	572.52	615.74	677.62	786.66
汕 头	Shantou	27.90	50.14	121.71	280.98	331.63	327.10	386.54	427.26	412.92
佛 山	Foshan	72.48	150.85	363.35	799.93	774.96	806.54	941.32	1003.04	1072.01
韶 关	Shaoguan	19.94	44.55	100.24	287.07	310.75	338.73	377.59	370.14	370.19
河 源	Heyuan	16.78	37.00	94.55	268.38	282.16	331.15	370.22	361.76	347.08
梅 州	Meizhou	23.84	46.25	117.98	376.37	395.17	445.14	443.84	474.35	443.07
惠 州	Huizhou	20.14	52.41	185.44	486.07	554.01	544.22	614.86	637.37	663.31
汕 尾	Shanwei	9.99	20.05	56.51	212.95	222.60	251.92	278.92	266.51	279.62
东 莞	Dongguan	33.61	117.04	289.83	581.24	667.65	765.41	863.01	840.33	882.53
中 山	Zhongshan	19.24	56.71	145.85	355.37	455.22	437.92	411.74	375.63	472.48
江 门	Jiangmen	28.18	54.24	132.98	292.90	333.26	377.88	421.24	442.38	460.25
阳 江	Yangjiang	11.00	23.17	64.92	170.91	193.15	226.21	242.34	249.84	242.62
湛 江	Zhanjiang	27.82	57.95	153.65	412.36	442.70	481.37	503.10	538.59	547.39
茂 名	Maoming	20.67	45.28	122.49	346.78	381.41	425.12	458.12	479.75	489.54
肇 庆	Zhaoqing	20.09	40.64	127.66	267.71	271.15	315.72	351.65	430.58	396.80
清 远	Qingyuan	16.35	38.15	132.81	292.59	304.63	342.01	395.28	411.84	406.78
潮 州	Chaozhou	11.31	21.36	55.99	147.67	142.78	184.89	197.16	217.17	209.97
揭 阳	Jieyang	19.50	30.99	94.68	276.88	284.70	313.74	349.69	374.48	365.75
云 浮	Yunfu	11.18	23.87	69.28	157.42	181.49	215.61	242.99	263.10	255.68
按经济区域分	By Region									
珠 三 角	Pearl River Delta	690.64	1567.23	3654.91	8421.36	10329.95	10608.94	11637.61	11538.02	12325.44
东 翼	Eastern Region	68.70	122.50	328.89	918.47	981.71	1077.65	1212.31	1285.41	1268.25
西 翼	Western Region	59.49	126.40	341.06	930.04	1017.27	1132.70	1203.57	1268.18	1279.55
山 区	Mountainous Region	88.09	189.83	514.86	1381.84	1474.19	1672.63	1829.92	1881.20	1822.80

8-4 各市人均地方一般公共预算收入

Per Capita Local Government General Public Budget Revenue by City

单位：元 (yuan)

市别	City	2000	2005	2010	2015	2017	2018	2019	2020	2021
全省	**Provincial Total**	**1087.68**	**1974.59**	**4390.34**	**8086.31**	**9414.40**	**9886.28**	**10190.06**	**10292.55**	**11146.70**
广州	Guangzhou	2061.72	3875.93	7100.70	8639.48	8974.56	9221.44	9362.79	9299.20	10035.75
深圳	Shenzhen	3327.64	5064.37	10892.78	20006.93	21618.61	21752.07	22350.72	22209.02	24112.41
珠海	Zhuhai	2024.57	3492.54	8025.47	14357.08	15601.79	15492.16	15172.94	15858.65	18232.99
汕头	Shantou	409.83	596.51	1368.64	2407.85	2743.61	2399.86	2518.51	2609.28	2652.74
佛山	Foshan	1146.57	2265.69	4349.20	6506.03	7455.45	7701.32	7828.20	7953.07	8449.55
韶关	Shaoguan	314.70	686.57	1683.27	3007.06	3121.19	3327.22	3546.71	3684.42	3816.95
河源	Heyuan	111.86	311.21	860.81	2309.10	2469.70	2684.66	2715.10	2808.12	2970.08
梅州	Meizhou	188.06	370.01	924.97	2534.21	2701.02	2440.83	2326.11	2264.01	2452.61
惠州	Huizhou	408.85	946.27	2931.87	6249.93	6856.40	6793.88	6783.02	6853.94	7512.70
汕尾	Shanwei	170.37	255.84	893.66	1013.77	1328.53	1540.63	1574.15	1717.59	1970.40
东莞	Dongguan	503.97	1585.20	3454.53	5191.88	5762.78	6243.17	6444.99	6636.08	7322.12
中山	Zhongshan	762.08	2231.98	4578.83	7330.21	7575.29	7444.60	6533.77	6522.11	7113.32
江门	Jiangmen	540.87	1014.97	2365.62	4354.90	4797.84	5217.49	5431.53	5524.66	5807.00
阳江	Yangjiang	179.12	375.62	1116.06	2702.53	2379.56	2441.24	2490.54	2528.64	2972.00
湛江	Zhanjiang	207.35	361.18	950.34	1743.37	1932.94	1744.89	1880.07	1973.61	2289.50
茂名	Maoming	173.63	366.48	887.70	1922.51	2183.15	2260.51	2296.69	2319.25	2393.93
肇庆	Zhaoqing	325.95	558.68	1979.41	3587.10	2354.79	2616.84	2799.84	3033.31	3552.04
清远	Qingyuan	143.50	372.24	1972.39	2814.05	2646.32	2855.33	3006.25	3118.16	3454.22
潮州	Chaozhou	192.52	343.30	877.50	1787.07	1720.02	1829.33	1856.96	1888.80	2014.12
揭阳	Jieyang	178.24	200.52	660.97	1334.38	1269.37	1396.29	1293.20	1319.44	1416.77
云浮	Yunfu	169.61	400.53	1002.33	2478.70	2415.33	2421.18	2538.97	2764.31	3149.97
按经济区域分	By Region									
珠三角	Pearl River Delta	1442.48	2688.72	5717.85	9454.50	10331.72	10636.60	10869.90	10957.32	11943.50
东翼	Eastern Region	252.38	356.63	960.44	1700.98	1836.54	1822.19	1837.83	1907.79	2017.93
西翼	Western Region	189.61	365.50	952.37	1968.43	2102.68	2059.04	2142.85	2200.44	2443.18
山区	Mountainous Region	187.58	423.54	1300.73	2635.60	2678.19	2740.98	2813.21	2902.57	3143.97

注：本表按年中常住人口数计算。
Note: The data in this table are calculated by permanent population of the year.

8-5 各市财政收支（2021年）

单位：亿元

项　　目	Item	全　省 Provincial Total	广　州 Guangzhou
一、地方一般公共预算收入	**General Public Budget Revenue of Local Governments**	**14105.04**	**1884.26**
税收收入	Tax Revenue	10785.23	1410.06
#增值税	Value-added Tax	4091.37	440.35
企业所得税	Corporate Income Tax	2111.31	226.98
个人所得税	Individual Income Tax	916.19	95.86
城市维护建设税	City Maintenance and Construction Tax	630.05	148.12
房产税	House Property Tax	374.14	109.01
土地增值税	Land Appreciation Tax	1392.05	105.37
耕地占用税	Farm Land Occupation Tax	50.96	5.36
契税	Deed Tax	809.80	198.38
非税收入	Non-tax Revenue	3319.80	474.19
专项收入	Special Program Receipts	1199.34	226.83
行政性收费收入	Charge of Administrative and Units	292.42	39.01
罚没收入	Penalty Receipts	263.19	44.86
国有资本经营收入	Operation Income from State-owned Assets	101.15	8.59
国有资源(资产)有偿使用收入	Income from Use of State-owned Resources Assets	1110.55	65.10
其他收入	Other Non-tax Revenue	353.14	89.79
二、地方一般公共预算支出	**General Public Budget Expenditure of Local Governments**	**18247.01**	**3021.18**
#一般公共服务	Expenditure for General Public Services	1828.89	315.59
教育	Expenditure for Education	3796.69	589.09
科学技术	Expenditure for Science and Technology	982.76	201.25
文化旅游体育与传媒	Expenditure for Culture, Tourism, Sports and Media	395.59	46.86
社会保障和就业	Expenditure for Social Safety Net and Employment Effort	2131.89	368.06
卫生健康	Expenditure for Health Care	1857.10	316.72
节能环保	Expenditure for Energy Conservation and Environment Protection	493.55	73.70
城乡社区	Expenditure for Urban and Rural Community Affairs	1556.64	312.91
农林水	Expenditure for Agriculture, Forestry and Water Conservancy	1109.47	82.39
交通运输	Expenditure for Transportation	728.22	51.22

Basic Conditions of Local Government General Public Budget Revenue and Expenditure by City (2021)

(100 million yuan)

深 圳 Shenzhen	珠 海 Zhuhai	汕 头 Shantou	佛 山 Foshan	韶 关 Shaoguan	河 源 Heyuan	梅 州 Meizhou	惠 州 Huizhou	汕 尾 Shanwei
4257.70	**448.19**	**146.35**	**808.26**	**109.08**	**84.30**	**95.01**	**455.39**	**52.77**
3450.41	314.14	103.51	545.71	59.34	50.98	57.80	335.02	29.78
1198.30	79.71	30.26	163.98	17.79	14.42	16.53	100.87	6.45
779.23	60.87	12.03	66.53	5.37	4.13	6.09	42.53	2.78
458.64	27.50	3.10	27.17	1.72	2.00	2.25	8.93	0.75
200.32	26.01	9.38	49.40	7.32	3.76	8.11	30.34	2.30
74.60	16.34	7.52	39.11	4.17	3.07	2.81	17.02	1.25
498.15	42.47	11.37	58.66	3.30	4.29	6.72	45.43	4.40
1.99	3.64	1.17	1.82	3.52	4.71	2.33	4.40	2.98
158.83	40.07	19.25	101.80	7.79	8.57	7.01	62.67	5.50
807.29	134.05	42.84	262.55	49.74	33.32	37.21	120.37	23.00
375.15	88.33	16.90	57.23	5.89	3.35	6.50	53.70	4.82
43.00	4.71	4.67	16.39	3.10	8.31	2.72	10.57	3.24
36.98	5.73	4.71	15.14	6.18	4.86	2.54	18.74	2.15
14.41	0.87	0.94	22.76	1.70	0.06		0.22	0.03
247.06	21.88	10.33	103.27	28.17	14.58	23.28	25.97	8.91
90.69	12.54	5.30	47.77	4.70	2.15	2.17	11.16	3.85
4570.22	**786.66**	**412.92**	**1072.01**	**370.19**	**347.08**	**443.07**	**663.31**	**279.62**
413.27	72.15	49.26	137.53	46.11	41.75	48.10	78.53	25.25
964.56	114.98	102.26	194.38	61.88	71.47	89.33	137.57	60.05
382.25	49.51	6.51	101.66	3.74	2.95	2.27	23.62	5.13
76.87	18.96	12.09	18.07	8.06	3.97	7.67	15.24	8.19
300.52	85.02	74.86	106.08	62.95	56.06	80.55	81.27	38.20
510.93	47.25	44.31	102.69	37.64	35.44	54.45	62.94	34.25
179.40	16.82	12.09	18.31	8.63	5.08	8.08	13.70	5.63
613.97	96.23	25.02	112.66	18.83	19.66	20.89	74.27	28.54
128.06	23.73	26.94	35.16	54.28	44.31	60.11	49.42	36.15
210.65	51.43	12.13	37.11	14.37	12.64	20.54	17.26	7.87

8-5 续表

单位：亿元

项　目	Item	东 莞 Dongguan	中 山 Zhongshan
一、地方一般公共预算收入	**General Public Budget Revenue of Local Governments**	**769.57**	**316.47**
税收收入	Tax Revenue	632.79	227.45
#增值税	Value-added Tax	255.94	80.11
企业所得税	Corporate Income Tax	76.24	29.71
个人所得税	Individual Income Tax	29.92	8.77
城市维护建设税	City Maintenance and Construction Tax	56.12	19.95
房产税	House Property Tax	34.52	17.70
土地增值税	Land Appreciation Tax	70.96	22.17
耕地占用税	Farm Land Occupation Tax	2.65	1.78
契税	Deed Tax	64.29	33.00
非税收入	Non-tax Revenue	136.78	89.03
专项收入	Special Program Receipts	56.63	29.60
行政性收费收入	Charge of Administrative and Units	27.36	11.24
罚没收入	Penalty Receipts	11.86	10.52
国有资本经营收入	Operation Income from State-owned Assets	6.20	
国有资源(资产)有偿使用收入	Income from Use of State-owned Resources Assets	28.72	24.71
其他收入	Other Non-tax Revenue	6.02	12.96
二、地方一般公共预算支出	**General Public Budget Expenditure of Local Governments**	**882.53**	**472.48**
#一般公共服务	Expenditure for General Public Services	85.40	51.88
教育	Expenditure for Education	213.69	107.05
科学技术	Expenditure for Science and Technology	32.83	25.53
文化旅游体育与传媒	Expenditure for Culture, Tourism, Sports and Media	25.31	10.23
社会保障和就业	Expenditure for Social Safety Net and Employment Effort	61.54	56.77
卫生健康	Expenditure for Health Care	72.60	39.39
节能环保	Expenditure for Energy Conservation and Environment Protection	52.99	9.96
城乡社区	Expenditure for Urban and Rural Community Affairs	52.54	44.94
农林水	Expenditure for Agriculture, Forestry and Water Conservancy	33.16	29.49
交通运输	Expenditure for Transportation	33.89	25.92

continued

(100 million yuan)

江 门 Jiangmen	阳 江 Yangjiang	湛 江 Zhanjiang	茂 名 Maoming	肇 庆 Zhaoqing	清 远 Qingyuan	潮 州 Chaozhou	揭 阳 Jieyang	云 浮 Yunfu
279.87	**77.67**	**160.40**	**148.42**	**146.46**	**137.42**	**51.77**	**79.31**	**75.24**
176.89	53.33	97.89	83.00	90.33	96.27	32.99	46.71	38.02
55.25	17.02	33.19	30.34	25.38	32.11	10.40	14.48	9.62
19.11	7.54	12.10	7.38	9.90	14.20	2.99	3.62	4.62
4.83	1.43	2.73	1.99	3.11	2.85	1.14	1.22	1.46
14.80	5.02	10.29	12.85	7.49	8.08	2.92	4.65	2.81
14.50	2.83	4.55	3.13	7.24	5.32	3.17	3.62	2.66
20.43	4.45	8.83	7.69	8.99	8.50	2.99	6.28	3.46
2.92	1.36	2.51	1.61	2.63	1.27	1.04	0.47	0.84
25.43	7.39	15.40	10.42	14.64	14.79	3.94	5.50	5.13
102.99	24.34	62.51	65.42	56.13	41.16	18.79	32.60	37.22
24.36	4.27	11.89	9.87	5.97	7.31	5.03	6.04	2.37
7.68	3.48	4.11	10.38	5.99	3.19	3.20	5.14	1.34
8.81	3.68	5.78	5.79	4.56	8.06	4.92	3.88	1.95
6.63	0.10	0.28	0.06	0.03	0.00	0.04	1.30	0.10
47.77	9.92	34.07	36.01	38.10	13.59	3.83	10.73	28.23
7.74	2.89	6.37	3.31	1.47	9.01	1.76	5.50	3.22
460.25	**242.62**	**547.39**	**489.54**	**396.80**	**406.78**	**209.97**	**365.75**	**255.68**
50.82	22.56	49.44	41.69	50.62	43.65	22.15	31.68	31.09
90.00	44.68	122.28	135.29	79.04	90.32	44.88	90.16	53.80
17.51	0.46	1.67	3.40	10.94	3.68	1.08	2.51	2.23
12.10	4.46	13.69	13.21	7.22	7.18	3.43	6.10	4.29
82.16	36.92	109.78	81.52	59.80	63.21	36.13	65.92	41.14
52.33	29.23	76.32	62.17	47.44	44.00	28.12	61.18	30.63
5.58	3.16	6.27	11.89	5.53	6.60	3.52	10.50	3.14
17.00	10.18	18.04	16.27	19.12	23.77	8.38	10.03	11.59
43.54	34.16	63.97	48.49	47.39	59.20	22.20	42.10	33.31
13.14	13.89	22.61	21.22	14.27	9.92	6.84	11.15	8.42

8-6 历年金融机构存贷款

Deposits and Loans in All Financial Institutions

单位：亿元 (100million yuan)

年 份 Year	金融机构本外币存款余额 Deposits in Renminbi and Foreign Currencies in All Financial Institutions	#住户存款 Savings Deposit by Household	金融机构本外币贷款余额 Loans and Loans in Renminbi and Foreign Currencies in Financial Institutions	金融机构人民币存款余额 Deposits in Renminbi Currencies in Financial Institutions	#人民币住户存款 Savings Deposit by Household in Renminbi	金融机构人民币贷款余额 Loans in Renminbi Currencies in Financial Institutions
2000	19083.64	10031.68	13227.62	16919.98	8667.29	11787.14
2001	21714.85	11386.03	14472.08	19449.34	9930.12	13192.74
2002	25409.90	13372.85	16840.39	22975.88	11819.09	15314.56
2003	29640.83	15590.68	20126.24	27240.23	14061.77	18287.58
2004	33252.01	17631.07	21955.28	30869.62	16193.41	19671.52
2005	38119.91	20267.76	23261.21	35958.71	19051.35	20965.55
2006	43262.20	22677.19	25935.19	41146.58	21584.60	23617.49
2007	48955.03	23013.34	30617.27	47016.48	22242.70	27497.88
2008	56119.28	28181.18	33755.62	54309.57	27481.56	30964.62
2009	69691.46	32136.32	44510.22	67742.59	31411.40	39683.65
2010	82019.40	36965.75	51799.30	79957.97	36318.66	47191.56
2011	91590.15	41061.56	58615.27	89168.60	40405.07	53411.83
2012	105099.55	46265.58	67077.08	99934.60	45533.78	59967.26
2013	119685.15	50638.64	75664.16	114855.02	49891.35	68491.93
2014	127881.47	53215.87	84921.79	121964.85	52410.55	77889.50
2015	160388.22	55008.70	95661.12	153551.79	54238.30	89289.27
2016	179829.19	59768.75	110928.41	171024.47	58618.89	103649.79
2017	194535.75	62942.27	126031.95	184779.60	61890.08	118978.62
2018	208051.16	70293.46	145169.39	199576.08	69231.95	139100.04
2019	232458.64	78959.14	167994.58	222962.37	77943.89	162378.43
2020	267638.26	88976.65	195680.62	257851.63	87969.94	189802.41
2021	293169.22	97598.57	222234.29	282489.30	96634.05	215784.19

注：2015年前，住户存款主要为居民储蓄存款。

Note：Before 2015, the savings by households are mainly savings by residents.

8-7 金融机构本外币存贷款余额

Deposits and Loans in Renminbi and Foreign Currencies in All Financial Institutions

单位：亿元 (100million yuan)

指　　标	Item	2018	2019	2020	2021	2021年比2020年增长(%) Growth Rate in 2021 over 2020(%)
一、各项存款	**Total Deposits**	**208051.16**	**232458.64**	**267638.26**	**293169.22**	**9.5**
境内存款	Domestic Deposits	200853.30	223582.69	257410.78	282596.96	9.8
住户存款	Deposits of Households	70293.46	78959.14	88976.65	97598.57	9.7
活期存款	Demand Deposits	37699.36	42187.05	46576.09	49607.97	6.5
定期及其他存款	Time & Other Deposits	32594.10	36772.10	42400.57	47990.60	13.2
非金融企业存款	Deposits of Non-financial Enterprises	76871.04	87267.57	102596.79	110133.55	7.4
活期存款	Demand Deposits	25389.14	26923.32	28669.72	29772.63	3.9
定期及其他存款	Time & Other Deposits	51481.90	60344.25	73927.07	80360.92	8.7
政府存款	Deposits of Government	34634.76	37231.19	38421.43	41917.79	9.1
财政性存款	Fiscal Deposits	4370.85	3560.84	4304.07	5140.81	19.4
机关团体存款	Deposits of Government Departments &	30263.91	33670.35	34117.36	36776.99	7.8
非银行业金融机构存款	Deposits of Non-banking Financial Institutions	19054.03	20124.78	27415.91	32947.06	20.2
境外存款	Overseas Deposits	7197.87	8875.95	10227.49	10572.25	3.4
二、各项贷款	**Total Loans**	**145169.39**	**167994.58**	**195680.62**	**222234.29**	**13.6**
境内贷款	Domestic Loans	141514.41	164261.54	192014.72	218200.07	13.6
住户贷款	Loans to Households	62130.45	72312.44	82517.46	93239.77	13.0
#短期贷款	Short-term Loans	12715.16	14687.59	13205.25	14771.61	11.9
中长期贷款	Mid & Long-term Loans	49415.29	57624.85	69312.21	78468.16	13.2
非金融企业及机关团体贷款	Loans to Non-financial Enterprises and Government Departments & Organizations	79302.41	91669.98	109221.81	124834.12	14.3
#短期贷款	Short-term Loans	26276.52	27252.97	31123.74	32697.21	5.1
中长期贷款	Mid & Long-term Loans	45887.35	55386.69	68304.93	79496.95	16.4
非银行业金融机构贷款	Loans to Non-banking Financial Institutions	81.55	279.12	275.45	126.18	-54.2
境外贷款	Overseas Loans	3654.98	3733.05	3665.90	4034.22	10.1

注：2015年起银行资金来源项目使用新的分类。
Note: Since 2015, new categorization is applied to items of bank fund sources.

8-8 金融机构人民币存贷款余额

Deposits and Loans in Renminbi in All Financial Institutions

单位：亿元 (100 million yuan)

指　　标	Item	2018	2019	2020	2021	2021年比2020年增长(%) Growth Rate in 2021 over 2020(%)
一、各项存款	**Total Deposits**	**199576.08**	**222962.37**	**257851.63**	**282489.30**	**9.6**
境内存款	Domestic Deposits	195007.30	217840.14	251502.64	275598.99	9.6
住户存款	Deposits of Households	69231.95	77943.89	87969.94	96634.05	9.9
活期存款	Demand Deposits	37066.21	41594.95	45943.18	48985.03	6.6
定期及其他存款	Time & Other Deposits	32165.75	36348.94	42026.76	47649.03	13.4
非金融企业存款	Deposits of Non-financial Enterprises	72282.57	82738.79	97912.35	104492.67	6.7
活期存款	Demand Deposits	23763.61	25199.33	26713.28	27374.28	2.5
定期及其他存款	Time & Other Deposits	48518.96	57539.47	71199.07	77118.39	8.3
政府存款	Deposits of Government	34622.27	37215.83	38409.77	41908.58	9.1
财政性存款	Fiscal Deposits	4370.85	3560.84	4304.07	5140.81	19.4
机关团体存款	Deposits of Government Departments & Organizations	30251.42	33654.99	34105.70	36767.77	7.8
非银行业金融机构存款	Deposits of Non-banking Financial Institutions	18870.51	19941.63	27210.58	32563.69	19.7
境外存款	Overseas Deposits	4568.78	5122.23	6349.00	6890.31	8.5
二、各项贷款	**Total Loans**	**139100.04**	**162378.43**	**189802.41**	**215784.19**	**13.7**
境内贷款	Domestic Loans	138122.40	161326.61	188651.84	214464.29	13.7
住户贷款	Loans to Households	62124.41	72302.73	82512.79	93234.78	13.0
#短期贷款	Short-term Loans	12710.74	14679.39	13201.52	14767.38	11.9
中长期贷款	Mid & Long-term Loans	49413.67	57623.34	69311.27	78467.40	13.2
非金融企业及机关团体贷款	Loans to Non-financial Enterprises and Government Departments & Organizations	75916.44	88744.77	105863.59	121103.34	14.4
#短期贷款	Short-term Loans	23788.07	25140.19	28699.38	29969.33	4.4
中长期贷款	Mid & Long-term Loans	45177.35	54724.22	67510.75	78625.19	16.5
非银行业金融机构贷款	Loans to Non-banking Financial Institutions	81.55	279.12	275.45	126.18	-54.2
境外贷款	Overseas Loans	977.64	1051.82	1150.58	1319.90	14.7

注：2015年起银行资金来源项目使用新的分类。

Note: Since 2015, new categorization is applied to items of bank fund sources.

8-9 各市中资金融机构基本情况

Basic Conditions of Chinese-funded Financial Institutions by City

市别	City	2005 机构数(个) Number of Financial Institutions	2005 年末从业人员(人) Number of Employed Persons at the Year-end	2005 人民币存款(亿元) Total Deposits (100 million yuan)	2005 人民币贷款(亿元) Total Loans (100 million yuan)	2010 机构数(个) Number of Financial Institutions	2010 年末从业人员(人) Number of Employed Persons at the Year-end	2010 人民币存款(亿元) Total Deposits (100 million yuan)	2010 人民币贷款(亿元) Total Loans (100 million yuan)
全　省	**Provincial Total**	**15433**	**222738**	**35783.57**	**20745.27**	**14983**	**258254**	**78285.89**	**46099.26**
广　州	Guangzhou	2053	45800	11065.22	6873.34	2395	58412	22775.49	14597.74
深　圳	Shenzhen	1119	28354	8478.18	6168.03	1286	41483	20210.75	13708.16
珠　海	Zhuhai	417	6798	925.47	424.33	406	7664	2542.56	1203.85
汕　头	Shantou	655	9196	955.34	391.08	632	9476	1849.14	627.91
佛　山	Foshan	1913	21732	3770.74	2056.29	1775	25815	8293.02	4729.61
韶　关	Shaoguan	406	5153	461.78	166.55	401	5317	903.67	346.28
河　源	Heyuan	349	3759	204.20	107.99	325	3828	496.83	335.32
梅　州	Meizhou	635	7373	429.79	206.37	529	6371	835.07	330.25
惠　州	Huizhou	664	8012	781.79	367.23	650	9065	2038.58	1096.21
汕　尾	Shanwei	246	2937	140.77	57.21	217	2965	326.96	130.20
东　莞	Dongguan	1262	14985	2933.40	1500.52	1221	19395	5915.54	3302.49
中　山	Zhongshan	586	7837	1131.19	479.02	568	9017	2596.88	1324.65
江　门	Jiangmen	906	11627	1163.76	534.17	819	11194	2214.97	973.75
阳　江	Yangjiang	289	3986	245.37	99.66	268	3806	564.19	283.93
湛　江	Zhanjiang	931	10663	705.32	285.97	780	10321	1556.00	714.40
茂　名	Maoming	717	7915	521.02	225.46	612	7670	1025.39	361.30
肇　庆	Zhaoqing	551	7120	478.15	229.43	494	6874	1057.35	642.04
清　远	Qingyuan	471	5510	386.23	175.08	447	5620	986.45	510.26
潮　州	Chaozhou	304	4087	324.04	132.34	275	4187	649.81	205.91
揭　阳	Jieyang	613	6120	468.15	169.19	586	6178	963.79	400.68
云　浮	Yunfu	346	3774	213.66	96.02	297	3596	483.45	274.32
按经济区域分	By Region								
珠三角	Pearl River Delta	9471	152265	30727.90	18632.36	9614	188919	67645.13	41578.51
东　翼	Eastern Region	1818	22340	1888.30	749.81	1710	22806	3789.69	1364.70
西　翼	Western Region	1937	22564	1471.71	611.09	1660	21797	3145.59	1359.62
山　区	Mountainous Region	2207	25569	1695.66	752.01	1999	24732	3705.47	1796.43

8-9 续表 continued

市别	City	2020 机构数(个) Number of Financial Institutions	2020 年末从业人员(人) Number of Employed Persons at the Year-end	2020 人民币存款(亿元) Total Deposits (100 million yuan)	2020 人民币贷款(亿元) Total Loans (100 million yuan)	2021 机构数(个) Number of Financial Institutions	2021 年末从业人员(人) Number of Employed Persons at the Year-end	2021 人民币存款(亿元) Total Deposits (100 million yuan)	2021 人民币贷款(亿元) Total Loans (100 million yuan)
全省	**Provincial Total**	**16403**	**345003**	**254232.47**	**186839.24**	**16349**	**347556**	**278763.89**	**212409.63**
广州	Guangzhou	2693	94397	64152.56	52429.68	2699	95669	71463.08	58991.30
深圳	Shenzhen	1820	62049	95096.94	63091.82	1869	63828	105322.09	72218.17
珠海	Zhuhai	491	11041	9153.45	7480.21	490	11106	10121.57	8649.11
汕头	Shantou	647	10953	4062.84	2178.27	639	10930	4444.39	2460.97
佛山	Foshan	1761	30977	18698.23	14257.73	1722	30932	20035.34	16140.67
韶关	Shaoguan	409	5498	2079.80	1299.44	409	5456	2217.74	1494.19
河源	Heyuan	347	4606	1530.15	1567.23	350	4646	1550.99	1664.13
梅州	Meizhou	577	6931	2432.19	1587.66	574	6943	2573.49	1754.08
惠州	Huizhou	734	12253	6799.66	6802.21	740	12317	7201.05	8058.49
汕尾	Shanwei	213	3033	1069.39	677.89	209	2937	1051.41	811.78
东莞	Dongguan	1377	25237	17362.15	11952.15	1374	25247	19114.29	14003.50
中山	Zhongshan	618	11423	6518.55	5528.87	614	11407	6803.61	6251.09
江门	Jiangmen	879	12685	5352.37	4333.23	865	12598	5730.05	4904.58
阳江	Yangjiang	277	4395	1634.50	1349.73	277	4420	1737.13	1518.08
湛江	Zhanjiang	755	11121	3924.35	2921.85	741	11003	4175.58	3139.17
茂名	Maoming	614	8140	3240.97	1868.63	602	8108	3424.27	2121.35
肇庆	Zhaoqing	516	8040	2853.10	2481.24	512	8068	3011.24	2623.83
清远	Qingyuan	466	6763	2688.49	2202.58	460	6672	2797.95	2468.47
潮州	Chaozhou	292	4463	1610.98	547.63	294	4450	1725.68	654.53
揭阳	Jieyang	607	7172	2591.49	1233.22	602	7037	2763.62	1354.72
云浮	Yunfu	310	3826	1380.31	1047.98	307	3782	1499.33	1127.41
按经济区域分	By Region								
珠三角	Pearl River Delta	10888	268065	225987.00	168357.14	10885	271172	248802.31	191840.75
东翼	Eastern Region	1759	25621	9334.71	4637.01	1744	25345	9985.10	5282.00
西翼	Western Region	1646	23656	8799.83	6140.21	1620	23531	9336.99	6778.60
山区	Mountainous Region	2109	27624	10110.94	7704.89	2100	27499	10639.49	8508.28

注：1.本表存贷款统计口径为中资金融机构人民币存贷款。

2.机构数和年末从业人员统计范围为银行业及相关金融机构(不含人民银行、外资银行及资产管理公司)。

Notes: a) Deposits and loans in this table refer to the deposits and loans in Renminbi in domestic-funded financial institutions.

b) The number of financial institutions and the number of employed persons at the year-end refer to those in banking and related financial institutions (excluding the People's Bank of China, foreign-funded banks and assets management companies).

8-10 各市金融机构本外币存贷款
Deposits and Loans in Renminbi and Foreign Currencies in All Financial Institutions by City

单位：亿元 (100 million yuan)

市别	City	各项存款 Total Deposits								
		2000	2005	2010	2015	2017	2018	2019	2020	2021
全　省	**Provincial Total**	**19083.64**	**38119.91**	**82019.40**	**160388.22**	**194535.75**	**208051.16**	**232458.64**	**267638.26**	**293169.22**
广　州	Guangzhou	6200.47	11734.10	23953.96	42843.67	51369.03	54788.09	59131.20	67798.81	74988.86
深　圳	Shenzhen	3942.00	9486.76	21937.89	57778.90	69668.31	72550.36	83942.45	101897.31	112545.17
珠　海	Zhuhai	521.71	1014.08	2748.70	5383.73	6928.74	7542.91	9047.24	9604.51	10496.05
汕　头	Shantou	600.21	995.64	1873.03	2857.20	3341.60	3579.40	3861.01	4130.81	4516.63
佛　山	Foshan	2119.08	3906.93	8462.33	11867.67	14042.40	15372.81	16948.10	19161.40	20606.98
韶　关	Shaoguan	263.73	468.35	907.75	1532.91	1754.98	1849.76	1944.17	2089.98	2231.08
河　源	Heyuan	91.12	205.94	500.02	988.90	1248.00	1376.19	1448.09	1544.34	1567.98
梅　州	Meizhou	219.47	438.71	839.63	1565.28	2014.78	2132.87	2251.36	2438.24	2579.03
惠　州	Huizhou	394.44	823.96	2090.14	3836.10	5485.55	6171.35	6558.61	7235.61	7809.67
汕　尾	Shanwei	78.19	144.45	332.70	631.03	836.84	940.46	1002.60	1073.29	1057.07
东　莞	Dongguan	1327.79	3036.77	6077.87	9968.80	12497.97	14157.22	16426.44	18232.83	20315.59
中　山	Zhongshan	619.44	1186.76	2665.35	4378.36	5413.77	5930.49	6345.05	6921.69	7332.85
江　门	Jiangmen	805.18	1279.67	2285.75	3766.81	4271.88	4528.88	4946.81	5475.45	5864.34
阳　江	Yangjiang	142.73	248.75	575.32	1014.74	1230.77	1386.49	1486.24	1639.46	1744.28
湛　江	Zhanjiang	408.90	716.97	1565.19	2684.61	3061.15	3343.59	3651.54	3938.27	4191.05
茂　名	Maoming	332.55	524.90	1028.67	1974.75	2452.39	2725.29	3012.91	3246.33	3432.91
肇　庆	Zhaoqing	281.64	493.23	1072.54	1785.01	2259.76	2495.80	2642.47	2893.08	3052.70
清　远	Qingyuan	213.85	393.96	995.36	1699.82	2162.89	2336.34	2564.42	2710.50	2827.48
潮　州	Chaozhou	162.70	328.97	653.27	1076.19	1267.02	1369.72	1489.43	1621.68	1735.33
揭　阳	Jieyang	240.07	473.60	967.03	1837.87	2107.05	2273.64	2429.00	2599.43	2770.96
云　浮	Yunfu	118.37	217.40	486.93	915.88	1120.86	1199.50	1329.49	1385.24	1503.20
按经济区域分	By Region									
珠三角	Pearl River Delta	16211.75	32962.25	71294.51	141609.04	171937.41	183537.91	205988.39	239220.69	263012.21
东　翼	Eastern Region	1081.18	1942.66	3826.04	6402.29	7552.51	8163.22	8782.04	9425.22	10080.00
西　翼	Western Region	884.18	1490.63	3169.17	5674.10	6744.31	7455.37	8150.69	8824.06	9368.24
山　区	Mountainous Region	906.54	1724.37	3729.68	6702.78	8301.52	8894.66	9537.52	10168.30	10708.77

8−10 续表 continued

单位：亿元 (100 million yuan)

市 别	City	各项贷款 Total Loans								
		2000	2005	2010	2015	2017	2018	2019	2020	2021
全 省	**Provincial Total**	**13227.62**	**23261.21**	**51799.30**	**95661.12**	**126031.95**	**145169.39**	**167994.58**	**195680.62**	**222234.29**
广 州	Guangzhou	4226.65	7622.20	16284.31	27296.16	34137.05	40749.32	47103.31	54387.64	61399.61
深 圳	Shenzhen	3032.13	7596.72	16808.12	32449.04	46329.33	52539.79	59461.39	68020.54	77240.78
珠 海	Zhuhai	349.20	486.72	1472.54	2969.70	4806.88	5238.24	6358.61	7626.26	8909.80
汕 头	Shantou	476.66	421.36	661.52	1199.00	1551.72	1955.95	2168.92	2220.33	2516.74
佛 山	Foshan	1581.90	2122.74	4868.99	7950.53	9376.97	10457.65	12175.18	14507.62	16474.11
韶 关	Shaoguan	149.23	169.68	376.06	731.84	876.77	956.33	1110.56	1316.85	1504.19
河 源	Heyuan	62.19	108.13	338.69	801.08	1018.44	1154.17	1346.12	1572.17	1671.36
梅 州	Meizhou	147.02	206.44	331.10	736.41	984.54	1171.70	1352.38	1588.81	1758.09
惠 州	Huizhou	221.42	409.44	1225.71	2701.60	4012.86	4886.82	5848.89	7183.93	8478.86
汕 尾	Shanwei	68.74	57.21	131.12	306.14	407.80	425.40	521.64	680.92	819.04
东 莞	Dongguan	642.33	1540.48	3441.99	5980.90	6986.26	8209.70	10132.14	12777.12	14931.21
中 山	Zhongshan	382.09	498.05	1373.62	2894.32	3734.93	4036.39	4912.91	5711.18	6486.49
江 门	Jiangmen	574.26	565.45	1032.46	2218.01	2796.77	3140.85	3667.71	4390.98	4970.31
阳 江	Yangjiang	89.71	100.66	292.24	757.74	932.87	1006.16	1173.23	1353.97	1522.11
湛 江	Zhanjiang	294.70	310.03	721.00	1568.76	1869.22	2164.16	2508.25	2932.33	3153.76
茂 名	Maoming	211.96	230.93	362.40	858.33	1146.37	1326.32	1582.35	1871.39	2126.26
肇 庆	Zhaoqing	217.44	232.13	652.01	1281.52	1501.96	1825.47	2156.79	2485.60	2639.61
清 远	Qingyuan	150.82	179.13	520.62	1061.23	1372.25	1559.72	1886.24	2218.01	2487.61
潮 州	Chaozhou	118.57	137.20	219.41	369.04	399.88	417.44	467.17	549.47	657.41
揭 阳	Jieyang	131.25	169.40	407.06	931.72	1057.63	1154.75	1182.07	1236.62	1358.28
云 浮	Yunfu	84.12	97.10	278.34	598.05	731.45	793.07	878.74	1048.88	1128.67
按经济区域分	By Region									
珠 三 角	Pearl River Delta	11227.42	21073.93	47159.74	85741.78	113683.01	131084.22	151816.93	177090.87	201530.79
东 翼	Eastern Region	795.23	785.17	1419.10	2805.90	3417.03	3953.54	4339.79	4687.33	5351.47
西 翼	Western Region	596.37	641.62	1375.65	3184.82	3948.46	4496.65	5263.82	6157.70	6802.13
山 区	Mountainous Region	593.39	760.49	1844.81	3928.63	4983.45	5634.99	6574.04	7744.72	8549.91

8-11 各市金融机构住户存款

Savings Deposit by Household in All Financial Institutions by City

单位：亿元 (100 million yuan)

市 别	City	中外资金融机构本外币住户存款 Savings Deposit by Household in Renminbi and Foreign Currencies in All Financial Institutions								
		2000	2005	2010	2015	2017	2018	2019	2020	2021
全 省	**Provincial Total**	**10031.68**	**20267.76**	**36965.75**	**55008.70**	**62942.27**	**70293.46**	**78959.14**	**88976.65**	**97598.57**
广 州	Guangzhou	2683.38	5475.77	9302.33	13602.38	15032.29	16456.56	18383.44	21177.97	23151.08
深 圳	Shenzhen	1391.78	3525.70	6918.19	9680.24	11159.78	13810.06	16327.05	19031.88	20834.08
珠 海	Zhuhai	262.41	513.72	982.54	1322.97	1542.24	1772.01	1985.20	2243.02	2498.01
汕 头	Shantou	401.88	765.26	1305.62	1918.05	2183.40	2345.66	2614.33	2825.22	3066.23
佛 山	Foshan	1359.52	2465.51	4460.82	6232.20	7019.38	7577.50	8383.03	9259.24	10124.60
韶 关	Shaoguan	172.46	320.00	562.11	925.18	1086.75	1195.08	1315.94	1459.06	1607.29
河 源	Heyuan	71.32	146.36	314.33	591.09	722.30	786.26	864.07	950.91	1045.01
梅 州	Meizhou	166.95	326.86	582.20	1061.20	1249.65	1347.89	1517.82	1679.03	1864.83
惠 州	Huizhou	276.61	548.27	1044.17	1729.01	2168.88	2376.43	2614.95	2910.72	3244.63
汕 尾	Shanwei	58.89	111.83	231.32	388.93	471.84	501.36	534.84	582.34	628.54
东 莞	Dongguan	753.78	1796.69	3425.89	4630.69	5160.71	5656.01	6365.70	6998.52	7655.09
中 山	Zhongshan	409.23	764.69	1462.96	2108.53	2435.73	2642.90	2896.31	3246.66	3560.37
江 门	Jiangmen	607.54	951.96	1516.72	2270.52	2597.46	2783.43	3059.53	3394.16	3757.84
阳 江	Yangjiang	107.92	192.35	386.82	665.27	796.34	870.85	976.68	1102.18	1217.15
湛 江	Zhanjiang	310.23	514.85	945.28	1684.28	1963.10	2127.66	2339.16	2525.38	2771.94
茂 名	Maoming	251.70	413.71	752.61	1413.64	1665.26	1813.69	1996.80	2192.91	2426.31
肇 庆	Zhaoqing	197.68	347.39	657.31	1160.94	1388.91	1532.75	1645.21	1787.68	1992.83
清 远	Qingyuan	152.70	279.69	593.11	1013.87	1245.60	1380.66	1517.73	1676.20	1848.61
潮 州	Chaozhou	111.07	246.32	461.35	748.54	844.81	919.27	1016.19	1116.17	1222.22
揭 阳	Jieyang	190.83	392.24	716.17	1251.86	1469.54	1607.27	1734.69	1870.86	2048.80
云 浮	Yunfu	93.82	168.58	343.92	609.30	738.30	790.18	870.46	946.56	1033.09
按经济区域分	By Region									
珠 三 角	Pearl River Delta	7941.93	16389.71	29770.92	42737.49	48505.37	54607.65	61660.42	70049.84	76818.54
东 翼	Eastern Region	762.66	1515.65	2714.46	4307.37	4969.59	5373.55	5900.06	6394.59	6965.80
西 翼	Western Region	669.84	1120.91	2084.70	3763.19	4424.70	4812.19	5312.63	5820.47	6415.40
山 区	Mountainous Region	657.25	1241.49	2395.67	4200.64	5042.61	5500.07	6086.03	6711.76	7398.83

8-11 续表 continued

单位：亿元 (100 million yuan)

市 别	City	中资金融机构人民币住户存款 Savings Deposit by Household in Renminbi in Chinese-funded Financial Institutions								
		2000	2005	2010	2015	2017	2018	2019	2020	2021
全 省	**Provincial Total**	**8667.29**	**19051.35**	**36219.15**	**54114.45**	**61756.26**	**69083.50**	**77790.28**	**87826.30**	**96486.15**
广 州	Guangzhou	2239.64	5024.69	9013.15	13236.26	14554.98	15965.46	17903.24	20703.72	22696.13
深 圳	Shenzhen	1082.43	3229.38	6717.05	9429.42	10807.45	13441.61	15971.13	18674.43	20484.90
珠 海	Zhuhai	216.08	480.87	957.58	1296.96	1506.42	1736.03	1950.23	2209.72	2465.54
汕 头	Shantou	351.40	733.50	1291.11	1897.90	2160.01	2323.45	2592.37	2802.94	3045.15
佛 山	Foshan	1216.98	2358.78	4406.34	6170.92	6938.22	7496.55	8306.48	9185.36	10053.82
韶 关	Shaoguan	165.47	313.97	559.16	921.64	1082.60	1190.82	1311.80	1455.19	1603.75
河 源	Heyuan	69.96	145.12	313.64	590.09	721.19	785.18	863.11	949.95	1044.09
梅 州	Meizhou	155.14	318.77	578.33	1057.84	1245.59	1343.90	1514.10	1675.55	1861.56
惠 州	Huizhou	249.31	522.21	1031.63	1717.05	2151.03	2359.43	2599.07	2895.98	3230.42
汕 尾	Shanwei	54.18	108.39	229.73	385.72	468.68	498.56	532.67	580.30	625.57
东 莞	Dongguan	672.07	1728.28	3384.45	4587.86	5097.55	5595.25	6308.80	6944.74	7603.58
中 山	Zhongshan	354.65	725.06	1442.18	2082.30	2405.02	2611.80	2866.87	3217.59	3532.27
江 门	Jiangmen	483.75	851.93	1461.98	2228.65	2546.23	2732.50	3011.77	3348.82	3713.01
阳 江	Yangjiang	104.99	189.91	385.69	663.22	794.03	868.71	974.68	1100.25	1215.29
湛 江	Zhanjiang	298.14	505.70	940.08	1675.56	1952.70	2117.25	2329.34	2516.73	2763.52
茂 名	Maoming	247.45	410.02	750.67	1410.49	1661.61	1810.33	1993.71	2189.85	2423.38
肇 庆	Zhaoqing	184.21	335.91	650.23	1151.53	1379.82	1523.58	1636.17	1779.19	1984.74
清 远	Qingyuan	146.27	273.86	590.26	1010.55	1241.50	1376.56	1513.83	1672.42	1844.92
潮 州	Chaozhou	104.19	242.65	459.60	744.83	840.25	914.90	1011.24	1111.19	1217.59
揭 阳	Jieyang	180.82	387.29	714.16	1247.84	1464.85	1603.18	1730.83	1867.38	2045.39
云 浮	Yunfu	90.13	165.09	342.13	607.82	736.54	788.45	868.86	944.99	1031.56
按经济区域分	By Region									
珠 三 角	Pearl River Delta	6699.12	15257.09	29064.60	41900.94	47386.71	53462.21	60553.76	68959.55	75764.409
东 翼	Eastern Region	690.59	1471.82	2694.60	4276.29	4933.78	5340.09	5867.10	6361.81	6933.6899
西 翼	Western Region	650.58	1105.62	2076.44	3749.27	4408.34	4796.30	5297.73	5806.83	6402.1891
山 区	Mountainous Region	626.97	1216.81	2383.51	4187.95	5027.42	5484.91	6071.69	6698.11	7385.8629

8-12 财产保险公司主要指标
Main Indicators of Property Insurance Companies

单位：万元 (10000 yuan)

项　目	Item	2018 保费收入 Premium Income	2018 赔款支出 Indemnity Expenditure	2019 保费收入 Premium Income	2019 赔款支出 Indemnity Expenditure
合　计	**Total**	**13814405.68**	**7942861.26**	**15868667.50**	**8397135.54**
企业财产保险	Enterprise Property Insurance	661735.67	487691.57	726256.25	387038.64
家庭财产保险	Household Property Insurance	96749.62	63369.85	100856.05	39296.98
#投资型家财险	Of Which: Investment-Linked Household Property Insurance	260.50	85.45	221.39	72.21
机动车辆保险	Motor Vehicle Insurance	8723834.76	4971128.35	9326355.14	4968514.02
工程保险	Project Insurance	258034.12	100235.51	233185.71	147642.64
责任保险	Liability Insurance	772012.09	310181.58	1090525.02	387151.55
信用保险	Credit Insurance	377226.08	375423.61	413078.26	303198.34
保证保险	Guarantee Insurance	1261420.19	836804.49	1736033.55	1011352.95
#机动车辆消费贷款保证保险	Of Which: Motor Vehicle Consumption Loan Guarantee Insurance	2377.05	6752.56	620.60	5109.25
个人贷款抵押房屋保证保险	Personal Loan Home Mortgage Guarantee Insurance	-245.06	2.25	25.48	69.39
船舶保险	Ship Insurance	53302.12	37354.08	54546.38	34094.35
货物运输保险	Freight Transport Insurance	139850.69	82089.50	142316.35	83312.90
特殊风险保险	Peculiar Risk Insurance	157804.71	57724.11	208530.16	93605.45
农业保险	Agriculture Insurance	154487.97	98581.46	188238.06	132954.33
健康险	Health Insurance	488248.98	345780.89	699523.49	569635.07
意外伤害保险	Accident Injury Insurance	614490.72	149815.25	837302.90	171666.96
其他险	Other Property Insurance	55207.95	26681.00	111920.19	67671.36

8-12 续表 continued

单位：万元 (10000 yuan)

项　目	Item	2020 保费收入 Premium Income	2020 赔款支出 Indemnity Expenditure	2021 保费收入 Premium Income	2021 赔款支出 Indemnity Expenditure
合　计	**Total**	**15540749.10**	**9300861.80**	**16162145.15**	**9269796.23**
企业财产保险	Enterprise Property Insurance	795692.90	337640.99	871085.52	367995.38
家庭财产保险	Household Property Insurance	123852.11	51618.44	139119.85	59634.32
#投资型家财险	Of Which: Investment-Linked Household Property Insurance	209.94	100.90	332.23	48.50
机动车辆保险	Motor Vehicle Insurance	9289970.36	5268930.42	9067603.25	5665520.84
工程保险	Project Insurance	222866.03	123111.41	246614.23	121676.47
责任保险	Liability Insurance	1350390.88	481196.97	1578364.74	645465.10
信用保险	Credit Insurance	393167.30	273109.91	409657.71	116910.98
保证保险	Guarantee Insurance	692276.82	1439051.39	471839.57	493981.50
#机动车辆消费贷款保证保险	Of Which: Motor Vehicle Consumption Loan Guarantee Insurance	468.51	9104.92	373.31	-1327.18
个人贷款抵押房屋保证保险	Personal Loan Home Mortgage Guarantee Insurance	233.49	29.40	27.16	9.63
船舶保险	Ship Insurance	66021.87	33693.26	62585.61	44302.37
货物运输保险	Freight Transport Insurance	144588.33	66686.97	205967.37	90788.05
特殊风险保险	Peculiar Risk Insurance	231570.91	104803.11	189015.06	66699.20
农业保险	Agriculture Insurance	267447.12	141322.47	483778.60	247499.63
健康险	Health Insurance	1085692.57	684118.60	1342157.14	918064.21
意外伤害保险	Accident Injury Insurance	722298.68	197367.52	860881.05	251506.67
其他险	Other Property Insurance	154913.21	98210.35	233475.44	179751.52

注：因部分机构正在风险处置，表中2021年保险统计数据均不包括该部分机构数据。
Note: As some institutions are under risk disposal, the insurance statistics of 2021 in the table do not include the data of these institutions.

8-13 人身保险公司主要指标
Main Indicators of Life Insurance Companies

单位：亿元 (100 million yuan)

项　　目	Item	2018	2019	2020	2021
保费收入	**Premium Income**	**3282.45**	**3909.83**	**4098.78**	**3963.50**
按险种分	Premium by Line of Business:				
寿险	Life Insurance	2571.73	3011.38	3062.64	2921.43
个人业务	Personal Business	2565.46	3000.94	3052.12	2912.23
新单保费	New Business Premium	1080.37	1313.48	1189.49	1129.28
续期保费	Renewal Premium	1485.09	1687.46	1862.63	1782.95
团体业务	Group Business	6.27	10.44	10.53	9.21
新单保费	New Business Premium	4.67	8.78	8.43	6.57
续期保费	Renewal Premium	1.60	1.66	2.10	2.64
意外伤害险	Accident Injury Insurance	111.40	111.26	103.39	97.38
一年期以内业务	Within One-year	4.92	16.64	15.74	13.47
一年期业务	One Year	59.82	47.75	45.27	44.25
一年以上业务	Over One-year Period Business	46.66	46.87	42.37	39.65
健康险	Health Insurance	599.31	787.19	932.75	944.69
一年期以内及一年期业务	Within One Year and One-year Period Business	117.07	152.02	171.37	165.95
个人业务	Personal Business	57.66	72.18	81.81	74.62
团体业务	Group Business	59.41	79.83	89.56	91.33
一年期以上业务	Over One-year Period Business	482.24	635.17	761.38	778.74
个人业务	Personal Business	472.12	618.08	728.70	759.35
团体业务	Group Business	10.12	17.09	32.69	19.39
按新型产品分:	Premium by New Product:				
寿险保费收入合计	Total Life Insurance Premium Income	2571.73	3011.38	3062.64	2921.43
普通寿险	Ordinary Insurance	1251.41	1476.98	1725.99	1816.49
新单保费	New Business Premium	530.18	600.56	582.89	635.45
续期保费	Renewal Premium	721.23	876.42	1143.09	1181.04
分红寿险	Dividend Insurance	1308.99	1522.57	1324.96	1093.88
新单保费	New Business Premium	554.15	720.60	613.49	498.78
续期保费	Renewal Premium	754.85	801.96	711.47	595.10
投资连结保险	Investment Link Insurance	1.29	1.36	1.37	1.37
万能寿险	Universal Life Insurance	10.05	10.48	10.32	9.70
赔付支出	**Total Payment Expenditure**	**609.87**	**585.79**	**659.43**	**954.09**
赔款支出	Total Indemnity Expenditure	81.03	102.17	112.56	131.51
意外伤害险	Accident Injury Insurance	13.82	14.21	14.80	15.79
一年期以内业务	Within One-year Period Business	0.59	3.07	3.96	3.97
一年期业务	One-year Period Business	13.23	11.14	10.84	11.81
一年期以内及一年期健康险	Within One Year and One-year Period Health Insurance Business	67.21	87.96	97.76	115.72
个人业务	Personal Business	16.74	25.57	27.24	32.66
团体业务	Group Business	50.47	62.39	70.52	83.06
死伤医疗给付合计	Total Payment for Death, Injury and Medical Treatment	74.08	104.99	129.56	175.01
寿险	Life Insurance	23.91	28.10	30.26	34.25
个人业务	Personal Business	21.70	25.08	26.98	31.05
团体业务	Group Business	2.21	3.02	3.28	3.20
一年期以上健康险	Over One-year Period Health Insurance	50.17	76.90	99.30	140.77
个人业务	Personal Business	48.49	74.89	97.76	137.91
团体业务	Group Business	1.68	2.01	1.53	2.86
满期给付合计	Total Mature Payment	297.98	253.36	306.68	538.22
寿险	Life Insurance	297.65	252.88	248.17	260.92
个人业务	Personal Business	294.04	250.24	245.48	257.52
团体业务	Group Business	3.61	2.64	2.69	3.40
一年期以上健康险	Over One-year Period Health Insurance	0.33	0.48	58.51	277.31
个人业务	Personal Business	0.33	0.48	58.51	277.31
团体业务	Group Business		…		
年金给付合计	Total Annuity Payment	156.08	125.01	110.59	109.32
个人业务	Personal Business	151.86	121.81	107.09	104.72
团体业务	Group Business	4.22	3.20	3.49	4.60
退保金	**Withdrawal Amount Insured**	**915.79**	**633.82**	**372.69**	**388.14**
寿险	Life Insurance	785.19	596.32	351.68	360.06
个人业务	Personal Business	784.30	594.90	351.03	357.26
团体业务	Group Business	0.89	1.42	0.65	2.80
一年期以上健康险	Over One-year Period Health Insurance	130.61	37.50	21.01	28.09

注：因部分机构正在风险处置，表中2021年保险统计数据均不包括该部分机构数据。

Note: As some institutions are under risk disposal, the insurance statistics of 2021 in the table do not include the data of these institutions.

8-14 保险业务主要指标

Main Indicators of Insurance Business

指　标	Indicators	2010	2015	2017	2018	2019	2020	2021
保费收入　（亿元）	**Premium of Insurance (100 million yuan)**	**1421.68**	**2814.37**	**4304.60**	**4663.89**	**5496.70**	**5652.86**	**5579.72**
财产险	Property Insurance	429.62	879.87	1105.34	1271.17	1433.18	1373.28	1395.91
人寿险	Life Insurance	892.71	1537.11	2533.14	2571.73	3011.38	3062.64	2921.43
健康险	Health Insurance	67.34	310.52	527.79	648.14	857.14	1041.32	1078.91
人身意外伤害险	Personal Accident Insurance	32.01	86.88	138.34	172.85	194.99	175.62	183.46
各项赔款和给付（亿元）	**Payment (100 million yuan)**	**318.21**	**882.32**	**1142.38**	**1403.46**	**1425.25**	**1589.47**	**1881.04**
财产险	Property Insurance	194.77	435.38	549.07	744.73	765.58	841.94	810.02
人寿险	Life Insurance	85.58	355.92	450.70	477.64	405.98	389.01	404.48
健康险	Health Insurance	29.52	76.95	118.98	152.29	222.30	323.98	625.60
人身意外伤害险	Personal Accident Insurance	8.34	14.07	23.63	28.80	31.38	34.54	40.94
保险公司数　（家）	**Number of Insurance Companies (unit)**	**65**	**90**	**109**	**111**	**113**	**114**	**118**
#财产保险公司	Property Insurance Companies	32	40	51	52	53	54	55
人身保险公司	Life Insurance Companies	33	50	58	59	60	60	63
#中资保险公司	Domestic Funded Insurance Companies	41	60	74	76	78	79	82
外资保险公司	Foreign-funded Insurance Companies	24	30	35	35	35	35	36
保险公司总资产（亿元）	**Total Assets of Insurance Companies(100 million yuan)**	**3252.03**	**9959.67**	**12101.88**	**13037.68**	**14884.76**	**16916.68**	**18621.65**
#财产险公司	Property Insurance Companies	289.98	776.08	1058.64	1110.77	1196.67	1345.15	1404.12
寿险公司	Life Insurance Companies	2916.99	8190.30	10583.70	11529.09	13179.93	14892.66	16412.98
保险公司分支机构（家）	**Number of Institutions of Insurance Companies (Unit)**	**2288**	**5578**	**6005**	**6098**	**6167**	**6306**	**6256**
从业人员数　（万人）	**Employed Persons (person)**	**26.47**	**51.98**	**76.56**	**81.40**	**82.16**	**79.15**	**54.37**

注：1. “保险公司分支机构(家)”统计指标从2014年进行了调整，包括省级分公司、地市级分公司和中心支公司、支公司、营业部、营销服务部及电销专属机构。

2. 因部分机构正在风险处置，表中2021年保险统计数据均不包括该部分机构数据。

Note: a).The number of institutions of insurance companies were adjusted from 2014, including the provincial branch, municipal branch,central branc sales department, marketing department and telemarketing exclusive agency.

b).As some institutions are under risk disposal, the insurance statistics of 2021 in the table do not include the data of these institutions.

8-15 分市原保险保费收入和赔付支出情况（2021年）

Premium of Primary Insurance and Payment by City (2021)

单位：亿元　　(100 million yuan)

地区	Region	原保险保费收入 Premium of Primary Insurance			赔付支出 Payment		
		小计 Sub-total	财产险业务 Property Insurance	人身险业务 Life Insurance	小计 Sub-total	财产险业务 Property Insurance	人身险业务 Life Insurance
全　省	**Provincial Total**	**5579.72**	**1395.91**	**4183.81**	**1881.04**	**810.02**	**1071.02**
广　州	Guangzhou	1463.36	344.88	1118.48	613.69	207.08	406.61
深　圳	Shenzhen	1426.51	376.73	1049.78	466.05	213.54	252.52
珠　海	Zhuhai	176.42	33.52	142.89	42.55	20.32	22.23
汕　头	Shantou	525.20	141.04	384.16	198.81	84.64	114.17
佛　山	Foshan	215.06	49.72	165.34	51.97	27.96	24.01
韶　关	Shaoguan	77.46	22.20	55.26	21.53	11.60	9.93
河　源	Heyuan	173.86	47.29	126.57	49.31	27.35	21.96
梅　州	Meizhou	561.82	122.94	438.88	138.30	68.74	69.56
惠　州	Huizhou	166.76	36.28	130.48	39.47	20.41	19.06
汕　尾	Shanwei	123.06	26.06	97.00	35.52	15.41	20.11
东　莞	Dongguan	26.30	8.71	17.59	9.17	4.08	5.09
中　山	Zhongshan	49.42	11.92	37.49	13.45	6.97	6.48
江　门	Jiangmen	70.22	19.87	50.34	20.58	11.80	8.78
阳　江	Yangjiang	104.40	29.29	75.12	41.47	18.45	23.02
湛　江	Zhanjiang	95.66	28.31	67.35	31.79	15.54	16.25
茂　名	Maoming	49.21	13.92	35.29	15.14	8.91	6.23
肇　庆	Zhaoqing	62.51	16.90	45.61	18.78	9.82	8.96
清　远	Qingyuan	61.04	18.27	42.78	23.74	10.40	13.34
潮　州	Chaozhou	40.33	14.00	26.34	15.37	8.08	7.29
揭　阳	Jieyang	74.46	22.64	51.82	23.09	12.29	10.80
云　浮	Yunfu	36.65	11.42	25.23	11.25	6.62	4.63

注：1.赔付支出不包括直保公司的分保赔付支出。
2.因部分机构正在风险处置，表中2021年保险统计数据均不包括该部分机构数据。

Note: a) The payment does not include the reinsurance payment of the direct insurance company.
b)As some institutions are under risk disposal, the insurance statistics of 2021 in the table do not include the data of these institutions.

主要统计指标解释

一般公共预算收入 指国家财政参与社会产品分配所取得的收入，是实现国家职能的财力保证。主要包括：

（1）各项税收：包括国内增值税、国内消费税、进口货物增值税和消费税、出口货物退增值税和消费税、营业税、企业所得税、个人所得税、资源税、城市维护建设税、房产税、印花税、城镇土地使用税、土地增值税、车船税、船舶吨税、车辆购置税、关税、耕地占用税、契税、烟叶税等。财政收入按现行分税制财政体制划分为中央本级收入和地方本级收入。

（2）非税收入：包括专项收入、行政事业性收费、罚没收入和其他收入。

一般公共预算支出 指国家财政将筹集起来的资金进行分配使用，以满足经济建设和各项事业的需要。主要包括：一般公共服务、外交、国防、公共安全、教育、科学技术、文化体育与传媒、社会保障和就业、医疗卫生与计划生育、节能环保、城乡社区、农林水、交通运输、资源勘探信息等、商业服务业等、金融、援助其他地区、国土海洋气象等、住房保障、粮油物资储备、政府债务付息等方面的支出。财政支出根据政府在经济和社会活动中的不同职权，划分为中央财政支出和地方财政支出。

信贷资金 指金融机构以信用方式集聚和分配的货币资金。金融机构信贷资金的来源有各项存款、金融债券、对国家金融机构负债、流通中现金、其他项目等；信贷自己的运用有各项贷款、有价证券及投资、黄金占款、外汇买卖、财政借款及在国家金融机构中的资产等。

存款 指企业、机关、团体或居民根据资金必须收回的原则，把货币资金存入银行或其他信用机构保管并取得一定利息的一种信用活动形式。根据存款对象或性质的不同可划分为住户存款、非金融企业存款、政府存款、非银行业金融存款等科目。它是银行信贷资金的主要来源。

贷款 指银行或其他信贷机构根据资金必须归还的原则，按一定利率，为企业、个人等提供资金的一种信用活动形式。我国银行贷款分为短期贷款、中长期贷款、融资租赁、票据融资、各项垫款、境外贷款等。

住户存款 个人客户在其他存款性公司开立账户并存入资金或货币，由其他存款性公司出具存款凭证，个人客户凭存款凭证可以支取本金或利息的存款。

保险金额 指保险人承担赔偿或者给付保险金责任的最高限额。

保费 指投保人为取得保险人在约定范围内所承担赔偿责任而支付给保险人的费用。

赔款 指保险人根据保险合同的规定，向被保险人支付的赔偿保险责任损失的金额。

给付 包括死伤医疗给付和满期给付。死伤医疗给付是指保险人根据人寿保险及长期健康保险合同的规定，因被保险人在保险期内发生保险责任范围内的保险事故支付给被保险人（或受益人）的金额。满期给付是指被保险人生存期满，保险人按人寿保险合同规定支付给被保险人的满期保险金额。

Explanatory Notes on Main Statistical Indicators

General Public Budgetary Revenue refers to income for the government finance through participating in the distribution of social products. It is the financial guarantee to ensure government functioning. The contents of government revenue include the following main items:

(1) Various tax revenues, including domestic value added tax (VAT), domestic consumption tax, VAT and consumption tax from imports, VAT and consumption tax rebate for exports, business tax, corporate income tax, individual income tax, resource tax, city maintenance and construct tax, house property tax, stamp tax, urban land use tax, land appreciation tax, tax on vehicles and boat operation, ship tonnage tax, vehicle purchase tax, tariffs, farm land occupation tax, deed tax, and tobacco leaf tax, etc.

(2) Non-tax revenue, including special program receipts, charge of administrative and institutional units, penalty receipts and others non-tax receipts.

General Public Budgetary Expenditure refers to the distribution and use of the funds which the government finance has raised, so as to meet the needs of economic construction and various undertakings. It includes the following main items: expenditure for general public services, expenditure for foreign affairs, expenditure for national defence expenditure for public security, expenditure for education, expenditure for science and technology, expenditure for culture, sport and media, expenditure for social safety net and employment effort, expenditure for medical and health care and family planning, expenditure for energy conservation and environment protection, expenditure for urban and rural community affairs, expenditure for agriculture, forestry and water conservancy, expenditure for transportation, expenditure for resource exploration and information, expenditure for affairs of commerce and services, expenditure for finance, aid to other regions, expenditure for land, ocean and weather, expenditure for housing security, expenditure for grain & oil reserves, interest payment for public debts. General public budget expenditure is divided into general public budget expenditure of central government and general public budget expenditure of local government according to the different functions of the governments played in economic and social activities.

Credit Funds refer to the monetary funds accumulated and distributed in the means of credit by the financial institutions. The sources of credit funds include various deposits, financial bonds, liabilities to international financial institutions, currency in circulation, other items. The uses of credit funds include loans, securities and investment, position for bullion purchase, foreign exchange trading, advances to treasury, and assets with international financial institutions.

Deposit is a form of credit by which enterprises, institutions, organizations or households can put money into banks and other credit institutions for safekeeping and interest earning under the principle of free withdrawal. According to different depositors, deposits are divided into household deposits, non financial enterprise deposits, government deposits, non banking financial institutions deposits. Deposits are major sources of the credit funds of banks.

Loan is a form of credit by which banks and other credit institutions provide funds at certain interest rate to enterprises and individuals in the light of the principle of unconditional repayment. Loans from Chinese banks include short-term loan, medium-term and long-term loans, financial lease, bill financing, various money advanced, foreign loans.

Savings Deposits refer to the capital which is deposited in the account opened in the reserve corporation by the individual with a deposit certificate as the proof, the principal and interest of which can be withdrew with the deposit certificate.

Amount Insured refers to the maximum that the insurant will get for the claim of the case sured.

Premium is the fee paid by the insurant to the insurer to obtain the obligation of compensation from the insurance within the agreed terms. is the compensation paid by the insurer to the insurant in accordance with the insurance contract.

Settled Claim is the compensation paid by the insurer to the insurant in accordance with the insurance contract.

Payment includes payment for death, injury or medical treatment and payment at maturity. Payment for death, injury or medical treatment refers to the money paid to the insurant (or the beneficiary) in accordance with the life or health insurance contract when the insurant encounters accidents within the insured period covered in the contract. Payment at maturity refers to the payment to the insurant in accordance with the life insurance contract at the end of the insured period.

九、价格

PRICE

九 价格

简要说明

一、本篇资料反映生产、流通、消费与投资等环节的价格变动情况。主要包括居民消费价格指数、商品零售价格指数、工业生产者出厂价格指数、工业生产者购进价格指数、农产品生产者价格指数。

二、本篇资料由国家统计局广东调查总队消费价格调查处和生产投资价格调查处整理提供。

三、居民消费价格指数、商品零售价格指数采用分层随机抽样调查方法编制，即在全省选择不同经济区域的市、县以及有代表性的商品和服务项目作为样本，对市场价格进行经常性调查，以样本推断总体。

四、工业生产者出厂价格指数和工业生产者购进价格指数均采用重点调查与典型调查相结合的方法统计。

五、农产品生产者价格指数采用抽样调查和重点调查相结合的调查方法进行统计。

9 Price

Brief Introduction

Ⅰ. The data in this chapter reflect price changes in production, circulation，consumption and investment, including mainly consumer price indices, retail price indices, price indices of means of agricultural production, producer price indices for manufactured goods, producer price indices for purchased goods, producers’ price indices for farm products.

Ⅱ. The data are prepared and provided by the Division of Consumers Price Survey and the Division of Production Price Survey under Guangdong Survey Office of the National Bureau of Statistics.

Ⅲ. The data for the calculation of consumer price indices and retail price indices in the province are collected through stratified random sampling. Cities and counties distributed in different economic regions of the province are selected as sample areas, and representative commodities and services are selected as sample commodities and services. Regular surveys are conducted to collect data on market prices. The data on the population are estimated on the basis of the sample.

Ⅳ. The data for the calculation of producer price indices for manufactured goods and producer price indices for purchased goods are all collected through key-point survey combined with typical survey.

Ⅴ. The data for the calculation of producers’ price indices of farm products are collected through sampling survey combined with key-point survey.

9-1 各种价格指数

Price Indices

上年=100 (preceding year=100)

年份 Year	商品零售价格指数 Retail Price Indices	居民消费价格指数 Consumer Price Indices	城市居民消费价格指数 Urban	农村居民消费价格指数 Rural	工业生产者出厂价格指数 Producer Price Index for Industrial Products	工业生产者购进价格指数 Purchasing Price Index for Industrial Products
1978	100.4		100.3			
1979	103.0		104.6			
1980	108.5		109.5			
1981	109.3		106.3			
1982	102.3		102.6			
1983	100.7		102.8			
1984	101.2	101.3	101.9	100.4		
1985	113.6	114.8	117.1	111.2		
1986	104.8	104.9	104.7	105.3		
1987	111.7	111.2	112.8	109.7		
1988	130.2	129.4	129.5	129.3		
1989	121.0	122.1	121.9	122.4		
1990	95.6	97.5	97.4	97.6		
1991	100.6	101.2	102.3	99.9		
1992	105.8	107.3	108.4	105.9		
1993	118.2	121.6	122.0	120.6		
1994	118.9	121.7	121.0	122.5		
1995	111.6	114.0	113.1	115.3		
1996	104.4	107.0	107.2	106.5		
1997	100.1	101.9	102.1	101.5	100.1	97.3
1998	97.0	98.2	98.3	98.1	94.8	91.4
1999	96.7	98.2	98.4	97.7	97.7	97.8
2000	99.9	101.4	102.2	100.0	103.4	110.9
2001	98.7	99.3	99.2	99.6	98.5	99.1
2002	98.5	98.6	98.6	98.6	96.5	96.3
2003	100.0	100.6	100.7	100.4	99.3	104.1
2004	102.9	103.0	102.6	103.7	101.7	110.6
2005	101.8	102.3	102.0	102.7	101.5	105.0
2006	101.5	101.8	101.8	101.6	101.4	103.6
2007	103.4	103.7	103.7	103.5	101.3	103.3
2008	106.0	105.6	105.5	105.8	103.1	107.9
2009	96.8	97.7	97.6	97.8	95.8	93.8
2010	103.3	103.1	103.1	103.2	103.2	107.3
2011	105.1	105.3	105.3	105.6	103.7	107.3
2012	102.2	102.8	102.8	102.9	99.5	99.5
2013	101.0	102.5	102.4	102.7	98.8	98.2
2014	101.4	102.3	102.3	102.1	98.9	98.8
2015	99.6	101.5	101.6	101.3	96.8	95.3
2016	100.8	102.3	102.4	102.0	99.4	98.0
2017	101.6	101.5	101.7	100.8	103.3	105.3
2018	102.1	102.2	102.2	101.9	101.8	102.5
2019	101.4	103.4	103.1	104.6	100.2	99.2
2020	100.8	102.6	102.6	103.0	99.0	97.4
2021	101.4	100.8	101.0	100.1	103.4	108.0

9–2 各种价格定基指数

Fixed-base Price Indices

年份 Year	商品零售价格指数(1978年为100) Retail Price Indices (1978=100)	居民消费价格指数(1983年为100) Consumer Price Indices (1983=100)	城市居民消费价格指数(1983年为100) Urban (1983=100)	农村居民消费价格指数(1983年为100) Rural (1983=100)	工业生产者出厂价格指数(1996年为100) Producer Price Index for Industrial Products (1996=100)	工业生产者购进价格指数(1996年为100) Purchasing Price Index for Industrial Products (1996=100)
1978	100.0					
1979	103.0					
1980	111.8					
1981	122.0					
1982	124.9					
1983	125.7	100.0	100.0	100.0		
1984	127.2	101.3	101.9	100.4		
1985	144.5	116.3	119.3	111.6		
1986	151.5	122.0	124.9	117.6		
1987	169.2	135.7	140.9	129.0		
1988	220.3	175.5	182.5	166.8		
1989	266.6	214.3	222.5	204.1		
1990	254.8	209.0	216.7	199.2		
1991	256.4	211.5	221.7	199.0		
1992	271.3	226.9	240.3	210.7		
1993	320.6	275.9	293.1	254.2		
1994	381.3	335.8	354.7	311.3		
1995	425.6	382.8	401.2	359.0		
1996	444.3	409.6	430.1	382.3	100.0	100.0
1997	444.7	417.4	439.1	388.1	100.1	97.3
1998	431.4	409.9	431.6	380.7	94.9	88.9
1999	417.1	402.5	424.7	371.9	92.7	86.9
2000	416.7	408.1	434.1	371.9	95.9	96.4
2001	411.3	405.3	430.6	370.4	94.5	95.5
2002	405.1	399.6	424.6	365.3	91.2	92.0
2003	405.1	402.0	427.5	366.7	90.6	95.8
2004	416.9	414.1	438.6	380.3	92.1	106.0
2005	424.4	423.6	447.4	390.5	93.5	111.3
2006	430.8	431.2	455.5	396.8	94.8	115.3
2007	445.4	447.2	472.3	410.7	96.0	119.1
2008	472.2	472.2	498.3	434.5	99.0	128.4
2009	457.1	461.3	486.3	424.9	94.9	120.4
2010	472.2	475.6	501.4	438.5	97.9	129.2
2011	496.3	500.8	528.0	463.1	101.4	138.6
2012	507.2	514.8	542.8	476.5	100.9	137.9
2013	512.3	527.7	555.8	489.4	99.7	135.4
2014	519.5	539.8	568.6	499.7	98.6	134.0
2015	517.4	547.9	577.7	506.2	95.4	127.7
2016	521.5	560.5	591.6	516.3	94.8	125.1
2017	529.8	568.9	601.7	520.4	97.9	131.8
2018	540.9	581.4	614.9	530.3	99.7	135.1
2019	548.5	601.2	634.0	554.7	99.9	134.0
2020	553.1	616.9	650.4	571.4	98.9	130.5
2021	560.8	621.8	656.9	572.0	102.3	140.9

9-3 居民消费价格分类指数（2021年）

Consumer Price Indices by Category (2021)

上年=100 (preceding year=100)

项 目	Item	全省 Provincial Indices	城市 Urban Indices	农村 Rural Indices
居民消费价格总指数	**Consumer Price Index**	**100.8**	**101.0**	**100.1**
非食品烟酒价格指数	**Non food,tobacco and alcohol price index**	**101.5**	**101.5**	**101.6**
服务价格指数	**Service Price Index**	**100.8**	**100.8**	**100.4**
消费品价格指数	**Consumer Goods Price Index**	**100.9**	**101.1**	**100.0**
扣除鲜菜鲜果价格指数	**Price Index Deducting Fresh Vegetables and Fruits**	**100.8**	**100.9**	**100.1**
食品烟酒	**Foods,tobacco and alcohol**	**99.4**	**99.8**	**97.3**
食品	Foods	97.7	98.3	95.6
粮食	Grain	101.4	101.4	101.4
#大米	Rice	101.3	101.5	100.8
粮食制品	Grain Products	101.6	101.4	102.4
薯类	Tubers	99.6	99.3	101.8
豆类	beans	103.2	103.9	101.4
食用油	edible oil	109.0	109.2	108.5
菜及食用菌	Vegetables and Edible Fungi	102.5	103.0	100.0
#鲜菜	Fresh Vegetables	102.8	103.4	100.1
畜肉类	Neat of animal	81.5	82.8	77.8
#猪肉	Pork	72.8	73.8	69.9
禽肉类	Meat of poultries	98.3	98.7	97.3
水产品	Aquatic Products	105.4	105.8	104.2
蛋类	Eggs	107.3	106.5	110.1
奶类	Milk	101.7	102.0	100.0
干鲜瓜果类	Dried and Fresh Melons and Fruits	100.9	100.8	101.6
#鲜果	Fresh Fruits	101.1	101.0	101.9
糖果糕点类	Candy and pastry	101.4	101.5	101.0
调味品	Condiment	101.4	101.3	101.7
其他食品类	Other Foods	100.3	99.9	102.1
茶及饮料	Tea and Beverages	101.9	102.4	99.8
烟酒	Tobacco and Alcohol	102.6	102.7	102.5
卷烟	Cigarettes	102.7	102.7	102.6
酒类	Alcohol	102.4	102.5	102.1
在外餐饮	Outside catering	101.9	102.0	101.6
衣着	**Clothing**	**100.3**	**100.4**	**99.6**
服装	Garments	100.6	100.8	99.7
衣着材料及配件	Clothing Materials and Accessories	100.8	100.3	104.3
衣着服务费	Clothing Services Fee	102.1	102.2	100.9
鞋类	Footwear	99.0	98.9	99.6
鞋类服务	Footwear Services	101.8	101.9	101.3
居住	**Residence**	**101.0**	**100.8**	**101.8**
租赁房房租	Rental housing	100.0	99.8	101.8
住房保养维修及管理	Housing maintenance and management	102.8	103.0	101.8
水电燃料	Hydropower fuel	103.1	102.4	107.1
自有住房	Own housing	100.0	100.0	99.5

9-3 续表 continued

上年=100 (preceding year=100)

项 目	Item	全省 Provincial Indices	城市 Urban Indices	农村 Rural Indices
生活用品及服务	**Daily Necessities and Services**	**100.6**	**100.6**	**100.6**
家具及室内装饰品	Furniture and Interior Decorations	100.8	101.0	99.8
家具	Furniture	100.8	101.0	99.8
室内装饰品	Interior Decorations	100.9	101.0	99.5
家用器具	Home Appliances	101.1	100.9	102.0
家用纺织品	Home Textiles	98.8	98.5	100.7
家庭日用杂品	Household Groceries	100.3	100.4	99.9
个人护理用品	Personal-care Supply	99.3	99.3	99.3
家庭服务	Domestic Service	102.8	102.7	103.9
交通通信	**Transportation and Communication**	**104.4**	**104.3**	**104.6**
交通	Transportation	105.8	105.6	106.5
交通工具	The Traffic Tools	98.9	99.1	98.3
交通工具用燃料	The Vehicles Fuel	115.9	115.7	117.1
交通工具使用和维修	Vehicle usage and Maintenance	102.7	102.9	100.5
交通费	Transportation	103.2	103.3	101.4
通信	Communication	100.5	100.6	100.3
通信工具	Communication Tools	102.5	102.5	102.8
通信服务	Communication Service	99.9	100.0	99.7
邮递服务	Postal Service	98.8	98.8	99.0
教育文化娱乐	**Education Culture and Entertainment**	**101.8**	**101.9**	**101.3**
教育	Education	102.6	102.6	102.1
教育用品	Education Supplies	101.6	101.9	99.8
教育服务	Education Services	102.6	102.7	102.2
文化娱乐	Cultural Entertainment	100.5	100.7	99.5
文娱耐用消费品	Recreational Consumer Goods	100.3	99.9	102.4
其他文娱用品	Other Entertainment Items	101.0	101.7	96.9
文化娱乐服务	Cultural Entertainment Service	101.3	101.1	102.8
旅游	Tourism	99.8	100.1	95.9
医疗保健	**Health care**	**100.2**	**100.5**	**99.5**
药品及医疗器具	Medicines and Medical Instruments	100.8	101.3	98.7
中药	Traditional Chinese Medicine	103.0	103.7	100.7
西药	Western Medicines	99.5	99.9	98.3
滋补保健品	Nourishing Health Products	102.6	103.1	98.8
医疗卫生器具	Medical Appliance	96.9	97.2	94.9
保健器具	Health Care Appliances	99.1	99.2	98.8
医疗服务	Medical Services	100.1	100.2	99.6
其他用品及服务	**Other Goods and Services**	**98.5**	**98.2**	**100.2**
其他用品	Other Products	99.4	99.5	99.2
其他服务	Other Service Class	97.8	97.4	101.2

9–4 商品零售价格分类指数（2021年）

Retail Price Indices by Category (2021)

上年=100 (preceding year=100)

项 目	Item	全省 Provincial Indices	城市 Urban Indices	农村 Rural Indices
商品零售价格指数	**Retail Price Index**	**101.4**	**101.5**	**101.2**
食品	**Foods**	**99.3**	**99.6**	**97.1**
粮食	Grain	101.4	101.4	101.6
#大米	Rice	101.4	101.5	100.9
粮食制品	Grain Products	101.6	101.4	103.2
薯类	Tubers	99.3	99.1	101.1
豆类	Beans	103.2	103.9	100.7
食用油	Edible Oil	108.9	109.0	108.7
菜及食用菌	Vegetables and Edible Fungi	102.6	102.9	100.4
#鲜菜	Fresh Vegetables	102.9	103.3	100.5
畜肉类	Neat of Animal	82.0	82.6	79.1
#猪肉	Pork	73.2	73.6	71.6
禽肉类	Meat of Poultris	98.5	98.5	98.6
水产品	Aquatic Products	105.4	105.7	103.7
蛋类	Eggs	106.8	106.3	109.6
奶类	Milk	101.9	102.1	100.2
干鲜瓜果类	Dried and Fresh Melons and Fruits	101.1	101.0	101.6
#鲜果	Fresh Fruits	101.3	101.2	102.0
糖果糕点类	Candy and Pastry	101.5	101.4	102.1
调味品	Condiment	101.7	101.8	101.6
其他食品类	Other Foods	100.2	100.0	102.2
餐饮业零售	Catering Retail	102.1	102.1	101.4
饮料、烟酒	**Beverages, Tobacco and Alcohol**	**102.5**	**102.5**	**102.1**
茶及饮料	Tea and Beverages	102.2	102.4	100.0
卷烟	Cigarettes	102.6	102.6	102.4
酒类	Alcohol	102.5	102.4	103.9
服装、鞋帽	**Garments, Shoes and Hats**	**100.3**	**100.5**	**99.3**
服装	Garments	100.6	100.8	99.1
鞋帽袜	Shoes, Hats and Socks	99.5	99.4	99.6
其他衣着配件	Other Clothing Accessories	99.5	99.2	101.8
纺织品	**Textiles**	**100.4**	**100.4**	**101.3**
服装材料	Clothing Material	102.0	102.0	101.9
床上用品	Bed Articles	98.7	98.4	100.9

9-4 续表 continued

上年=100 (preceding year=100)

项 目	Item	全省 Provincial Indices	城市 Urban Indices	农村 Rural Indices
家用电器及音像器材	**Household Appliances, Audio and Video Equipment**	**100.7**	**100.3**	**103.6**
家庭设备	Household Facilities	101.1	100.9	102.4
文娱用耐用消费品	Durable Consumer Goods for Cultural and Recreational Use	99.9	99.5	102.8
专业音像器材	Audio and Video Equipment	100.8	99.4	114.7
文化办公用品	**Cultural and Office Appliances**	**101.3**	**101.3**	**101.5**
日用品	**Articles for Daily Use**	**99.8**	**99.8**	**99.6**
日用百货	General Merchandise for Daily Use	100.2	100.3	100.0
厨具餐具茶具	Kitchenware, Tableware and Tea Set	97.9	98.0	97.7
清洗用品	Cleaning Supplies	100.8	100.8	100.5
其他日用品	Other Articles for Daily Use	99.6	99.7	99.4
体育娱乐用品	**Sports and Recreation Articles**	**101.5**	**101.8**	**98.0**
体育户外用品	Sports Outdoor Products	99.5	99.9	92.8
娱乐用品	Recreation Articles	101.7	102.0	98.4
交通、通信用品	**Transportation and Communication Appliances**	**99.3**	**99.3**	**98.9**
交通运输机械	Transportation Machinery	98.9	98.9	98.9
通信器材	Communication Equipment	102.1	102.1	103.0
家具	**Furniture**	**101.3**	**101.4**	**100.1**
化妆品	**Cosmetics**	**99.4**	**99.4**	**99.1**
金银饰品	**Gold and Silver Jewelry**	**100.2**	**100.2**	**100.7**
中西药品及医疗保健用品	**Traditional Chinese & Western Medicines and Health Care Articles**	**100.8**	**101.1**	**98.4**
医疗卫生器具	Medical Appliance	96.8	97.0	95.1
中药	Traditional Chinese Medicine	102.8	103.3	100.2
西药	Western Medicines	99.6	100.1	97.4
保健器具及用品	Health Equipment and Supplies	102.6	102.8	99.8
书报杂志及电子出版物	**Books, Newspapers, Magazines and Electronic Publications**	**101.4**	**101.6**	**99.3**
教材及参考书	Teaching Materials and Reference Books	101.4	101.6	99.2
书报杂志及音像制品	Books, Newspapers, Magazines and Audio-Visual Products	99.7	99.7	99.6
计算机办公软件	Computer Office Software	103.5	103.8	99.1
燃料	**Fuels**	**114.3**	**113.3**	**123.5**
煤炭及制品	Coal and Its Products	113.1	114.4	101.8
石油及制品	Petroleum and Its Products	114.3	113.3	123.5
建筑材料及五金电料	**Building Materials and Hardware**	**101.6**	**101.8**	**100.6**
建筑装璜材料	Building Decoration Materials	102.6	102.8	101.4
五金水暖	Plumbing Hardware	100.4	100.6	99.7

9-5 各市居民消费价格分类指数（2021年）

Consumer Price Indices by Category and by City (2021)

上年=100 (preceding year=100)

市别	City	总指数 General Indices	服务价格 Service Price	食品烟酒 Foods Tobacco and Alcohol	食品 Foods	#粮食 Grain	食用油 Edible Oil	鲜菜 Vegetables	畜肉类 Meat of Livestock	禽肉类 Meat of Poultry	水产品 Aquatic Products	蛋类 Eggs
广州	Guangzhou	101.1	101.3	99.9	98.4	103.4	107.0	102.0	82.5	99.0	107.3	105.2
深圳	Shenzhen	100.9	100.4	100.2	97.6	98.6	109.5	103.8	81.5	95.3	103.7	105.2
珠海	Zhuhai	100.8	100.8	98.9	97.2	103.0	103.8	105.8	78.7	97.1	100.7	105.7
汕头	Shantou	100.7	100.0	100.3	99.5	100.8	112.1	104.6	86.4	102.1	104.3	103.2
佛山	Foshan	101.1	101.0	99.5	99.3	101.3	110.3	107.0	85.3	100.7	107.9	115.4
韶关	Shaoguan	100.2	99.4	98.5	97.3	100.7	107.4	103.0	79.5	93.2	110.9	106.0
河源	Heyuan	100.4	101.1	98.5	97.4	100.1	111.9	103.8	81.9	97.8	108.3	100.0
梅州	Meizhou	100.1	98.9	98.8	98.4	101.9	101.8	102.5	83.2	97.7	109.6	111.0
惠州	Huizhou	101.5	101.9	99.6	97.7	101.5	109.2	100.8	82.3	98.5	103.5	103.6
汕尾	Shanwei	100.3	99.9	99.7	97.8	102.6	104.5	105.2	80.8	96.5	105.5	105.2
东莞	Dongguan	101.1	100.4	100.1	99.1	101.7	113.2	99.7	83.2	103.3	107.7	102.2
中山	Zhongshan	101.1	99.7	100.8	99.8	100.7	112.6	101.7	84.7	95.8	108.5	108.7
江门	Jiangmen	101.2	100.8	99.9	99.4	102.1	113.9	103.2	83.6	99.6	106.2	109.7
阳江	Yangjiang	100.7	101.0	98.6	97.2	100.6	108.8	102.3	81.0	101.0	103.3	106.8
湛江	Zhanjiang	100.6	100.7	99.2	97.2	99.8	113.0	102.3	82.7	98.0	102.9	102.6
茂名	Maoming	100.7	100.7	98.8	97.5	101.8	107.8	102.0	80.9	101.0	103.2	107.5
肇庆	Zhaoqing	101.0	101.1	99.6	97.4	104.2	110.5	98.6	82.2	96.5	108.2	106.7
清远	Qingyuan	100.7	100.4	98.7	97.0	97.0	104.9	98.8	82.3	100.3	106.9	108.0
潮州	Chaozhou	100.0	100.1	98.0	96.9	101.0	113.1	98.4	82.3	97.4	104.9	107.3
揭阳	Jieyang	100.6	100.3	99.4	98.2	100.0	111.4	102.9	85.4	99.9	100.5	111.0
云浮	Yunfu	100.0	99.5	98.5	97.2	101.7	116.3	100.7	79.8	96.1	105.4	107.4

9-5 续表 continued

上年=100 (preceding year=100)

市别	City	干鲜瓜果类 Fruits and Nuts	茶及饮料 Tea and Beverages	烟酒 Tobacco and Alcohol	在外餐饮 Dining Out	衣着 Clothing	居住 Housing	生活用品及服务 Articles for Daily Use and Services	交通通信 Transport and Communications	教育文化娱乐 Education Culture and Recreation	医疗保健 Health Care	其他用品及服务 Other Articles and Services
广州	Guangzhou	101.3	99.7	103.4	102.2	101.1	101.7	100.1	104.0	101.7	100.4	97.1
深圳	Shenzhen	102.1	106.2	102.6	103.3	100.3	99.9	101.7	104.4	102.2	99.9	98.4
珠海	Zhuhai	105.3	99.8	101.5	102.2	97.3	102.3	100.6	104.5	99.4	100.4	96.8
汕头	Shantou	101.0	101.8	105.7	100.3	99.5	101.0	100.7	103.0	100.4	100.3	99.9
佛山	Foshan	96.8	103.7	99.5	99.7	100.5	100.6	99.9	104.7	102.6	101.1	99.0
韶关	Shaoguan	101.1	102.2	100.1	101.0	100.0	99.8	100.4	104.8	101.2	100.1	96.9
河源	Heyuan	98.0	101.2	104.5	99.5	97.6	102.3	100.5	103.1	101.4	101.0	99.4
梅州	Meizhou	99.7	100.4	101.6	98.7	101.5	100.0	100.1	103.4	100.3	100.9	98.2
惠州	Huizhou	101.4	100.6	102.1	103.0	100.8	101.6	101.0	105.4	101.6	102.4	101.7
汕尾	Shanwei	100.9	100.4	102.2	103.6	99.1	100.1	99.2	103.2	99.7	103.1	99.9
东莞	Dongguan	102.3	101.2	107.0	100.7	98.9	100.4	100.6	104.6	102.0	100.9	99.0
中山	Zhongshan	105.7	101.7	103.3	102.2	102.3	98.2	101.6	104.8	102.8	101.3	99.5
江门	Jiangmen	100.7	102.0	104.6	99.8	100.0	101.3	100.7	104.5	101.8	100.8	98.0
阳江	Yangjiang	97.1	100.0	100.3	102.0	100.3	100.7	101.4	104.4	103.7	99.9	99.9
湛江	Zhanjiang	98.1	99.5	101.4	103.4	102.1	100.7	99.6	103.6	103.7	100.2	96.4
茂名	Maoming	100.4	100.4	100.7	102.0	99.8	101.2	99.9	105.0	101.9	100.3	100.2
肇庆	Zhaoqing	95.3	103.2	100.2	103.6	99.8	102.1	100.8	103.9	101.8	100.5	96.1
清远	Qingyuan	104.2	102.1	102.9	102.1	100.4	101.1	99.6	104.3	102.2	100.9	98.4
潮州	Chaozhou	100.7	99.0	100.6	99.7	101.7	100.6	101.0	104.0	101.1	99.8	101.4
揭阳	Jieyang	102.2	100.4	102.4	101.3	100.8	101.9	100.5	103.5	100.4	100.6	100.0
云浮	Yunfu	99.4	101.2	101.1	101.5	99.9	100.6	100.0	103.4	100.2	99.0	100.2

9-6 各市服务项目价格分类指数（2021年）

Service Price Indices by Category and by City (2021)

上年=100 (preceding year=100)

市别	City	服务价格 Service Price	#租赁房房租 Rent of Rental Housing	家庭服务 Household Services	交通费 Traffic Fee	通信服务 Communication Services	邮递服务 Postal Service	教育服务 Education Service	文化娱乐服务 Cultural and Recreational Services	旅游 Tourism	医疗服务 Medical Service	其他服务 Other Service
广州	Guangzhou	101.3	101.1	103.4	102.0	100.0	99.3	104.4	101.3	95.1	100.0	96.3
深圳	Shenzhen	100.4	98.9	102.0	104.0	100.0	97.8	102.5	101.6	102.5	100.0	97.7
珠海	Zhuhai	100.8	101.2	99.7	101.1	100.0	98.1	98.7	97.5	104.3	100.0	94.7
汕头	Shantou	100.0	99.3	101.8	102.4	100.0	96.8	101.2	100.0	95.1	100.0	99.4
佛山	Foshan	101.0	102.7	102.7	104.5	99.8	98.8	101.6	101.1	110.7	100.7	98.4
韶关	Shaoguan	99.4	99.0	100.0	102.0	100.0	99.8	101.0	100.1	97.3	100.0	94.7
河源	Heyuan	101.1	100.9	99.8	102.3	100.0	102.9	102.6	97.8	99.0	100.4	99.1
梅州	Meizhou	98.9	98.3	100.5	101.7	100.0	95.2	100.4	100.7	98.4	100.0	97.7
惠州	Huizhou	101.9	100.6	105.6	105.6	100.0	100.2	103.3	100.2	92.6	103.2	101.5
汕尾	Shanwei	99.9	97.9	99.1	105.9	100.0	101.1	99.7	101.2	97.2	106.4	99.9
东莞	Dongguan	100.4	99.1	103.8	101.7	99.9	100.0	102.5	101.0	103.1	100.0	98.6
中山	Zhongshan	99.7	94.9	104.5	102.4	100.7	99.9	104.4	101.2	100.1	101.5	98.7
江门	Jiangmen	100.8	99.3	102.1	103.0	100.0	100.0	102.4	100.6	100.4	100.0	96.6
阳江	Yangjiang	101.0	98.8	102.9	101.1	102.9	100.0	104.8	101.0	99.8	100.0	99.9
湛江	Zhanjiang	100.7	99.9	101.6	100.1	100.0	100.0	103.9	101.3	108.8	99.2	93.7
茂名	Maoming	100.7	99.3	103.0	99.1	100.4	99.8	102.1	103.3	99.0	100.0	100.4
肇庆	Zhaoqing	101.1	100.1	103.3	103.5	100.0	101.5	101.4	99.1	106.8	100.0	92.9
清远	Qingyuan	100.4	94.1	100.1	102.8	100.0	99.2	103.4	101.2	98.5	99.8	96.7
潮州	Chaozhou	100.1	97.9	101.1	103.1	99.9	100.8	101.2	102.8	99.4	100.0	100.0
揭阳	Jieyang	100.3	100.0	104.3	101.1	100.0	100.3	100.6	101.6	98.5	100.0	101.2
云浮	Yunfu	99.5	98.7	101.9	102.8	100.0	98.6	100.9	101.3	90.8	98.5	100.2

9-7 工业生产者出厂价格指数
Producer Price Indices for Industrial Products

上年=100 (preceding year=100)

项目	Item	2016	2017	2018	2019	2020	2021
工业生产者出厂价格指数	**Producer Price Index for Industrial Products**	**99.4**	**103.3**	**101.8**	**100.2**	**99.0**	**103.4**
按轻重工业分	**Grouped by Light and Heavy Industries**						
轻工业	Light Industry	100.7	101.9	100.7	100.7	99.7	101.7
以农产品为原料	Using Farm Products as Raw Materials	100.6	102.2	101.2	101.4	100.3	101.8
以非农产品为原料	Using Non-farm Products as Raw Materials	100.7	101.7	100.3	100.2	99.3	101.7
重工业	Heavy Industry	98.7	104.1	102.4	99.9	98.6	104.2
采　掘	Mining and Quarrying	95.9	116.8	108.8	100.2	92.9	118.5
原　料	Raw Materials	96.0	107.5	104.6	98.1	94.5	110.9
加　工	Processing	99.5	102.9	101.6	100.4	99.9	102.6
按生产生活资料分	**Grouped by Production and Living Materials**						
生产资料	Means of Production	98.6	104.5	102.6	100.0	98.6	105.0
采　掘	Mining and Quarrying	95.9	116.8	108.8	100.2	92.9	118.5
原　料	Raw Materials	95.9	107.5	104.6	98.0	94.2	110.9
加　工	Processing	99.4	103.5	101.8	100.5	99.9	103.5
生活资料	Living Materials	100.8	101.3	100.5	100.5	99.7	100.4
食　品	Food	101.4	101.9	101.0	102.3	102.7	101.5
衣　着	Clothing	101.3	101.3	99.8	102.2	99.0	98.4
一般日用品	Articles for Daily Use	101.5	101.2	100.4	101.3	100.8	100.6
耐用消费品	Durable Consumer Goods	100.0	101.0	100.5	99.0	98.4	100.3
按工业部门分	**Grouped by Industrial Sectors**						
冶金工业	Metallurgical Industry	98.9	114.6	106.6	100.6	100.2	115.7
电力工业	Power Industry	98.8	98.7	96.0	98.8	97.5	98.8
石油工业	Petroleum Industry	90.7	118.1	115.0	95.9	83.8	124.5
化学工业	Chemical Industry	98.7	104.2	103.0	99.1	98.1	106.2
机械工业	Machine Manufacturing Industry	99.7	100.6	100.0	100.2	99.4	100.6
建筑材料工业	Building Materials Industry	98.0	104.8	106.4	100.2	100.1	104.0
森林工业	Timber Industry	101.4	101.2	100.8	101.2	99.9	100.4
食品工业	Food Industry	100.1	101.4	101.1	102.0	102.9	103.5
纺织工业	Textile Industry	99.4	102.1	101.7	101.7	99.1	99.9
缝纫工业	Tailoring Industry	101.4	102.6	100.4	102.3	98.9	98.8
皮革工业	Leather Industry	101.0	99.1	98.7	102.3	99.2	96.2
造纸工业	Paper Making Industry	99.9	107.2	105.7	96.0	96.5	106.0
文教艺术用品工业	Industry for Cultural, Educational & Art Articles	102.2	101.3	100.0	102.7	101.0	100.6
其它工业	Others	103.9	101.4	98.0	103.0	104.4	101.1

9-8 工业生产者购进价格指数

Purchasing Price Indices for Industrial Producers

上年=100 (preceding year=100)

项 目	Item	2016	2017	2018
工业生产者购进价格指数	**Producer Price Index for Purchased Goods**	**98.0**	**105.3**	**102.5**
按材料类别分	**Grouped by Type of Material**			
燃料、动力类	Fuels and Power	94.8	106.2	103.7
黑色金属材料类	Ferrous Materials	97.2	115.8	104.8
#钢材	Steel	98.1	115.8	105.0
其它	Others	95.7	115.9	104.4
有色金属材料和电线类	Nonferrous Materials and Wires	97.3	115.0	104.2
化工原料类	Chemical Materials	97.9	107.1	103.4
木材及纸浆类	Timber and Paper Pulp	99.8	108.6	106.2
建筑材料及非金属矿类	Building Materials and Nonmetal Minerals	96.0	108.2	115.2
其它工业原材料及半成品类	Other Raw Materials and Semi-finished Products	99.2	102.4	100.3
农副产品类	Agricultural Products	99.6	103.6	99.0
纺织原料类	Textile Raw Materials	98.9	103.5	103.0

9-8 续表 continued

上年=100 (preceding year=100)

项 目	Item	2019	2020	2021
工业生产者购进价格指数	**Producer Price Index for Purchased Goods**	**99.2**	**97.4**	**108.0**
按材料类别分	**Grouped by Type of Material**			
燃料、动力类	Fuels and Power	99.7	91.4	118.4
黑色金属材料类	Ferrous Materials	101.1	98.8	119.5
#钢材	Steel	98.2	98.1	119.5
其它	Others	106.0	100.1	120.6
有色金属材料和电线类	Nonferrous Materials and Wires	96.9	99.9	126.4
化工原料类	Chemical Materials	97.3	94.6	109.8
木材及纸浆类	Timber and Paper Pulp	96.2	96.2	104.7
建筑材料及非金属矿类	Building Materials and Nonmetal Minerals	103.4	102.4	102.1
其它工业原材料及半成品类	Other Raw Materials and Semi-finished Products	99.2	99.3	102.8
农副产品类	Agricultural Products	100.6	103.6	99.5
纺织原料类	Textile Raw Materials	100.2	96.4	100.0

9-9 各市工业生产者出厂价格指数
Producer Price Indices for Industrial Products by City

上年=100 (preceding year=100)

市别	City	2014	2015	2016	2017	2018	2019	2020	2021
全省	**Provincial Total**	**98.9**	**96.8**	**99.4**	**103.3**	**101.8**	**100.2**	**99.0**	**103.4**
广州	Guangzhou	98.2	96.8	98.8	102.3	101.0	99.1	99.4	104.1
深圳	Shenzhen	99.1	97.6	99.3	101.8	100.2	100.0	99.0	101.9
珠海	Zhuhai	98.5	96.9	99.4	103.2	101.9	100.1	97.9	103.5
汕头	Shantou	100.0	98.6	100.3	102.0	100.8	100.9	99.5	101.6
佛山	Foshan	98.8	97.2	99.2	104.5	101.9	100.2	99.0	104.1
韶关	Shaoguan	97.1	92.1	99.0	110.2	104.8	99.8	99.3	111.6
河源	Heyuan	97.5	93.6	100.2	107.9	102.1	100.4	99.7	103.9
梅州	Meizhou	99.7	95.8	99.5	103.2	103.1	101.6	100.3	103.2
惠州	Huizhou	97.5	92.5	98.3	104.2	102.8	99.3	97.5	107.1
汕尾	Shanwei	99.9	98.6	100.9	102.0	99.6	101.1	100.6	101.2
东莞	Dongguan	99.0	98.2	99.9	101.7	100.6	100.4	99.4	101.8
中山	Zhongshan	99.4	98.0	99.7	102.5	101.1	100.3	99.1	102.1
江门	Jiangmen	99.4	97.8	99.3	103.5	102.0	99.8	98.7	103.7
阳江	Yangjiang	98.6	95.2	99.9	106.9	103.4	100.0	99.9	110.5
湛江	Zhanjiang	97.7	91.7	99.2	105.6	103.4	99.7	97.4	111.3
茂名	Maoming	97.0	81.8	95.5	110.7	109.0	97.6	91.4	119.0
肇庆	Zhaoqing	98.5	96.3	98.9	105.2	102.4	99.8	99.4	105.8
清远	Qingyuan	99.0	94.6	97.8	107.9	104.6	99.6	98.8	108.0
潮州	Chaozhou	100.0	97.2	99.4	101.7	101.6	101.2	99.3	104.7
揭阳	Jieyang	99.5	97.6	100.4	104.4	102.3	101.1	98.9	103.0
云浮	Yunfu	100.5	96.8	98.9	102.6	103.4	98.1	97.3	102.5

9-10 分行业工业生产者出厂价格指数

Producer Price Indices for Industrial Products by Sector

上年=100 (preceding year=100)

项 目	Item	2018	2019	2020	2021
工业生产者出厂价格指数	**Producer Price Index for Manufactured Goods**	**101.8**	**100.2**	**99.0**	**103.4**
按工业行业分	**Grouped by Industrial Sector**				
#石油和天然气开采业	Extraction of Petroleum and Natural Gas	115.1	96.7	82.6	123.5
黑色金属矿采选业	Mining and Processing of Ferrous Metal Ores	84.8	112.1	115.9	155.9
有色金属矿采选业	Mining and Processing of Non-ferrous Metal Ores	105.2	95.6	106.3	110.5
非金属矿采选业	Mining and Processing of Nonmetal Ores	107.0	104.0	102.5	99.2
农副食品加工业	Processing of Foods from Agricultural Products	101.1	101.8	104.7	107.3
食品制造业	Processing of Foodstuff	101.6	100.3	99.9	100.1
酒、饮料和精制茶制造业	Manufacture of Liquor, Beverages and Refined Tea	100.7	103.7	102.4	99.4
烟草制品业	Manufacture of Tobacco	100.3	104.5	103.1	102.1
纺织业	Textile Industry	100.6	102.8	99.2	99.5
纺织服装、服饰业	Manufacture of Texile, Wearing Apparel and Accessories	100.9	101.4	98.8	98.6
皮革、毛皮、羽毛及其制品和制鞋业	Manufacture of Leather,Fur, Feather and Related Products and Footware	99.1	102.4	99.3	98.4
木材加工及木、竹、藤、棕、草制品业	Processing of Timber, Manufacture of Wood, Bamboo, Rattan, Palm and Straw Products	102.1	97.7	99.4	103.6
家具制造业	Manufacture of Furniture	100.7	102.2	98.7	98.7
造纸和纸制品业	Manufacture of Paper and Paper Products	105.7	96.0	96.5	106.0
印刷和记录媒介复制业	Printing, Reproduction of Recording Media	100.5	102.6	99.8	99.5
文教、工美、体育和娱乐用品制造业	Manufacture of Articles for Cultrue, Education, Arts and Crafts, Sport and Entertainment Activities	98.4	103.8	104.9	102.8
石油加工、炼焦和核燃料加工业	Processing of Petroleum, Coking, Processing of Nuclear Fuel	116.6	95.6	82.2	130.0
化学原料和化学制品制造业	Manufacture of Raw Chemical Materials and Chemical Products	104.4	97.0	97.1	112.1
医药制造业	Manufacture of Medicines	103.4	103.4	101.4	97.6
化学纤维制造业	Manufacture of Chemical Fibers	106.3	96.9	89.4	114.3
橡胶和塑料制品业	Manufacture of Rubber and Plastic Products	101.6	100.4	98.1	102.3
非金属矿物制品业	Manufacture of Non-metallic Mineral Products	106.1	100.1	99.9	103.9
黑色金属冶炼和压延加工业	Smelting and Pressing of Ferrous Metals	113.0	99.1	98.3	123.3
有色金属冶炼和压延加工业	Smelting and Pressing of Nonferrous Metals	105.9	99.3	101.2	123.5
金属制品业	Manufacture of Metal Products	103.8	101.2	100.1	107.6
通用设备制造业	Manufacture of General-purpose Machinery	99.7	101.4	101.2	101.3
专用设备制造业	Manufacture of Special-purpose Machinery	101.5	100.5	100.3	100.3
汽车制造业	Manufacture of Automobiles	100.3	100.3	101.4	99.5
铁路、船舶、航空航天和其他运输设备制造业	Manufacture of Railway, Ship, Aerospace and Other Electronic Equipment	100.7	101.1	100.3	101.0
电气机械和器材制造业	Manufacture of Electrical Machinery and Equipment	101.2	98.9	97.7	101.4
计算机、通信和其他电子设备制造业	Manufacture of Communication Equipment, Computers and Other Electronic Equipment	99.3	100.4	99.6	100.2
仪器仪表制造业	Manufacture of Measuring Instruments and Machinery	100.9	102.3	98.0	98.7
其他制造业	Other Manufacturing	99.7	100.3	98.8	99.4
废弃资源综合利用业	Utilization of Waste Resources	106.4	102.7	98.9	113.9
金属制品、机械和设备修理业	Repair Service of Metal Products,Machinery and Equipment	101.6	98.8	120.3	99.0
电力、热力生产和供应业	Production and Supply of Electric Power and Heat Power	95.8	99.1	97.6	98.8
燃气生产和供应业	Production and Supply of Gas	106.0	96.5	93.7	110.3
水的生产和供应业	Production and Supply of Water	98.8	98.3	100.0	100.8

注：2016年起，由于使用新的国民经济行业分类GB/4754-2011，之前年份个别行业数据缺失或数据涵盖范围存在差异。

Note: Since 2016 indices are by the industrial classification standard of 2011's version.Datas are lost in some sub-industries and there are differences in the scope of datas calculated.

9-11 农产品生产者价格指数

Producer Price Indices for Farm Products

上年=100 (preceding year=100)

项 目	Item	2016	2017	2018	2019	2020	2021
农产品生产者价格指数	**Producer Price Indices for Farm Products**	**106.5**	**99.4**	**101.3**	**107.3**	**104.7**	**98.8**
农业产品	**Farm Products**	**107.9**	**100.9**	**100.1**	**103.5**	**99.8**	**100.8**
谷物	Cereal	98.7	100.5	101.0	98.3	100.5	104.1
#稻谷	Rice	98.7	100.5	101.0	98.3	100.5	104.1
薯类	Potato	108.6	107.6	106.3	103.1	99.4	95.5
油料	Oil-Bearing Crops	102.9	98.8	102.2	103.8	106.2	100.9
豆类	Beans	104.5	96.4	102.2	99.4	102.3	106.6
糖料	Sugar Crops	110.2	114.4	91.4	93.6	105.0	101.0
未加工烟草	Raw Tobacco	101.6	99.4	97.5	102.8	101.8	104.9
蔬菜及食用菌	Vegetables & Edible Fungi	114.8	95.6	101.1	102.3	100.4	103.3
#叶菜类蔬菜	Leaf Vegetable	112.0	90.9	103.1	103.2	99.0	102.8
白菜类蔬菜	Chinese Cabbage Vegetable	124.0	90.3	100.6	102.3	101.0	102.6
芥菜类蔬菜	Mustard Vegetable	118.0	95.1	99.2	100.7	101.3	106.5
甘蓝类蔬菜	Brassica Vegetable	116.4	85.9	100.7	98.6	102.8	103.6
根茎类蔬菜	Root Vegetable	132.1	93.9	104.9	92.8	98.5	102.7
瓜菜类蔬菜	Cucurbita Vegetable	104.0	104.8	98.6	104.8	101.5	100.4
豆类蔬菜	Bean Vegetable	100.5	102.8	99.2	105.6	97.7	108.8
茄果类蔬菜	Solanaceous Vegetable	113.0	101.7	103.0	113.1	94.3	102.7
莴苣及菊苣类蔬菜	Lettuce Vegetable	122.4	94.5	102.9	101.3	108.7	100.0
葱蒜类蔬菜	Bulb Vegetable	102.2	98.9	102.1	97.1	101.7	106.9
花卉	Flowers	105.6	104.4	101.6	94.5	102.3	96.0
盆景及园艺产品	Potted Landscape and Gardening Products	102.0	94.7	99.2	94.1	93.2	98.8
水果及坚果	Fruit and Nuts	110.5	106.1	95.0	124.0	96.7	93.7
茶及饮料原料	Tea and Beverage Raw Meterials	105.5	103.7	104.6	102.2	99.8	101.6
林业产品	**Forestry Products**	**98.4**	**102.0**	**99.4**	**98.0**	**99.5**	**109.3**
育种和育苗	Seed Breeding and Seedling	97.1	93.5	100.1	98.2	103.9	102.0
木材采伐产品	Wood Logging	99.0	100.5	101.2	99.9	98.4	108.0
竹材采伐产品	Bamboo Logging	97.2	99.8	100.5	100.1	96.1	102.5
林产品	Forestry Products	99.2	117.1	93.2	91.2	99.4	127.1
饲养动物及其产品	**Farm Animal and Products**	**109.2**	**92.0**	**101.6**	**121.0**	**119.5**	**88.2**
活牲畜	Live Animals	122.5	89.1	89.7	140.5	157.9	69.1
#猪	Pig	122.5	89.1	89.7	140.5	157.9	69.1
活家禽	Live Birds	99.5	96.7	107.5	109.3	89.0	103.1
#鸡	Chicken	97.4	98.6	103.9	108.8	92.0	103.2
鸭	Duck	101.3	99.7	111.9	107.5	89.3	107.0
畜禽产品	Animal and Bird Products	96.2	87.6	120.3	95.7	88.7	104.3
#鸡蛋	Chicken Eggs	99.5	81.2	112.9	99.7	94.7	100.4
鸭蛋	Duck Eggs	88.0	103.1	138.4	85.9	74.0	113.9
渔业产品	**Fishery Products**	**104.2**	**103.9**	**103.6**	**102.1**	**99.2**	**105.0**
海水养殖产品	Marine Farm Products	105.4	104.9	103.2	103.5	97.3	102.4
#海水养殖鱼	Marine Farm Fish	103.4	104.8	104.6	105.1	99.3	101.3
海水养殖虾	Marine Farm Shrimp	103.9	103.1	100.3	99.1	99.6	101.5
海水捕捞产品	Marine Catching Products	104.0	104.7	105.6	105.2	101.2	106.0
#海水捕捞鲜鱼	Marine Catching Fish	103.6	104.3	106.3	105.7	100.5	101.4
海水捕捞虾	Marine Catching Shrimp	110.1	107.4	103.4	105.0	105.8	105.8
淡水养殖产品	Freshwater Farm Products	101.8	103.0	101.9	100.4	98.5	104.3
#养殖淡水鱼	Freshwater Fram Fish	100.9	103.2	102.0	99.4	101.5	105.2
淡水养殖虾	Freshwater Fram Shrimp	105.9	102.0	101.3	104.0	87.1	100.6
淡水捕捞产品	Freshwater Catching Products	109.9	102.8	109.9	100.2	106.2	110.1
#捕捞淡水鱼	Freshwater Catching Fish	116.8	101.7	112.4	100.0	107.0	102.3
淡水捕捞鲜虾	Freshwater Catching Shrimp	113.5	105.9	106.7	100.1	102.5	110.1

主要统计指标解释

居民消费价格指数 是度量生活消费品及服务项目价格水平随着时间而变动的相对数，反映居民家庭购买的消费品及服务项目价格水平的变动情况。该指数是宏观经济分析、决策、调控和价格总水平监测以及国民经济核算的重要指标，其按年度计算的变动率通常被用来作为反映通货膨胀(或紧缩)程度的指标。

城市居民消费价格指数 是反映城市居民家庭所购买的生活消费品和服务项目价格变动趋势和变动程度的相对数。编制该指数，可以观察和分析消费品的零售价格和服务项目价格变动对城市居民生活消费支出的影响，作为研究城市居民生活和制定工资政策的依据。

农村居民消费价格指数 是反映农村居民家庭所购买的生活消费品和服务项目价格变动趋势和变动程度的相对数。编制该指数，可以观察农村消费品的零售价格和服务项目价格变动对农村居民生活消费支出的影响，反映农村居民生活水平的实际变化情况，为分析和研究农村居民生活问题提供依据。

商品零售价格指数 是度量市场商品零售价格水平变动趋势和变动程度的相对数，反映商品在流通过程中最后一个环节的价格即工业、商业、餐饮业和其他零售企业向城乡居民、机关团体出售生活消费品和办公用品价格水平的变动趋势和变动程度。其目的在于掌握商品价格的变动趋势，为国家宏观调控和国民经济核算提供参考依据。

工业生产者出厂价格指数 是反映工业企业产品第一次出售时的出厂价格变化趋势和变动幅度的相对数（2010 年前称工业品出厂价格指数），是综合了工业企业出售给本企业以外所有单位和个人的各种产品价格指数计算取得。是反映某一时期工业生产领域价格变动情况的重要经济指标，也是制定有关经济政策和国民经济核算的重要依据。

工业生产者购进价格指数 是反映工业企业作为中间投入产品购进价格的变化趋势和变动幅度的相对数（2010 年前称原材料、燃料、动力购进价格指数）。反映工业企业作为生产投入而从物资交易市场和能源、原材料生产企业购买原材料，燃料和动力产品时，所支付的价格水平变动趋势和程度的重要指标，是扣除工业企业物质消耗成本中的价格变动影响的重要依据。

农产品生产者价格指数 是反映农产品生产者第一手(直接)出售其产品时实际获得的单位产品价格。开展农产品生产者价格调查是为了全面收集农产品生产者价格资料，客观反映农产品生产者价格水平和结构变动情况，满足农业与国民经济核算需要，为各级政府制定农业保护与农产品流通政策提供决策依据，向社会各界提供优质的农产品价格信息服务。

Explanatory Notes on Main Statistical Indicators

Consumer Price Indices measure the relative change with time in prices of consumer goods and services, reflecting the rates of change in consumer goods and services purchased by households. It is an important indicator for macroeconomic analysis, decision-making, regularization and control, supervision of general price level and national economic accounting. The annualized rates of change are generally considered as an indicator of inflation or deflation.

Consumer Price Indices of Urban Households reflect the trend and degree of changes in prices of consumer goods and services purchased by urban households and can be used to observe and analyze the impact of price changes in consumer goods and services on urban household living expenditures, thus providing the basis for policy making concerning the living cost and the wages of urban staff and workers.

Consumer Price Indices of Rural Households reflect the trend and degree of changes in prices of consumer goods and services purchased by rural households and can be used to observe and analyze the impact of change in prices of consumer goods and services on living expenditure and actual changes in the living standards of rural residents, thus providing the basis for analysis and research on the conditions of life in rural areas.

Retail Price Indices measure the relative trend and degree of changes in retail prices of commodities, reflecting the trend of changes in prices in the last link of circulation, i.e. prices of consumer goods and office appliances sold to households or organizations by enterprises of industry, commerce, catering services and other retail trades. It reflects the trend of price changes and provides a reference for macroeconomic adjustment and control as well as national economic accounting.

Producer Price Indices for Manufactured Goods reflect the trend and degree of changes in general ex-factory prices of all manufactured goods on first sale (it was referred to as Ex-factory Price Indices for Industrial Goods). It is calculated on the basis of sales of manufactured goods by an industrial enterprise to all units outside the enterprise, as well as sales of consumer goods to residents.It is an import index reflecting the price changes on the course of industrial production, and provides important data for economic policy making and national economic accounting

Producer Price Indices for Purchased Goods reflect the trend and degree of changes in prices paid by industrial enterprises when they purchase production input (it was referred to as Purchasing Price Indices of Raw Materials, Fuels and Power). They reflect changes in the level and degree of prices paid by industrial enterprises when they purchase production input such as raw materials, fuels and power from the market or from other energy or raw materials producing enterprises. These indices provide an important basis for measuring the material consumption of industrial enterprises after removing the influence of price changes.

Producer Price Indices of Agricultural Products refer to the actual prices per unit of agricultural products at which the producers of the agricultural products directly sell them. The purpose of conducting the survey of producer prices of agricultural products is to comprehensively collect the data on the producer prices of agricultural products, objectively reflect the situations of the level and structural changes of the producer prices of agricultural products, meet the needs of conducting the agricultural accounts and national accounts, provide the government at different levels with the base data for making the policies of protecting agriculture and circulation of agricultural products and provide the various social circles with the high quality information on the prices of agricultural products.

十、人民生活

PEOPLE'S LIVING CONDITIONS

十 人民生活

简要说明

一、本篇资料反映广东居民生活状况，主要内容包括广东全体居民及分城乡居民家庭人口、收入与消费支出结构、住房面积和主要耐用消费品拥有量等。

二、本篇资料由国家统计局广东调查总队居民收支调查处整理提供。

三、居民调查资料采用二相抽样和多阶段抽样相结合的调查方法统计。

四、2013 年国家统计局实行城乡住户一体化调查改革，将过去城镇与农村分别开展的调查体系，按照统一指标、统一方法、统一标准、统一调查、统一程序的原则，整合为城乡一体化住户调查新体系。由于新旧调查体系在调查范围和对象、城乡划分标准、样本抽选方法、计算和汇总方式、指标名称和口径等都发生了变化，新旧口径指标数据衔接困难。

五、旧调查体系的农村居民纯收入指标在新的调查体系中统一为城乡可比的可支配收入，旧调查体系中的城乡经营性收入、财产性收入与转移性收入在新的调查体系中统一为经营净收入、财产净收入与转移净收入。

六、2013 年起为新口径数据， 2013 年以前的为旧调查体系的数据。

七、珠三角地区 9 市指广州、深圳、珠海、佛山、惠州、东莞、中山、江门、肇庆。粤东西北 12 市指汕头、韶关、河源、梅州、汕尾、阳江、湛江、茂名、清远、潮州、揭阳和云浮市。东翼 4 市指汕头、汕尾、潮州、揭阳市。西翼 3 市指阳江、湛江、茂名市。山区 5 市指韶关、河源、梅州、清远、云浮。

10 People's Living Conditions

Brief Introduction

Ⅰ. The data in this chapter show the basic conditions of the people’s livelihood in the urban and rural areas of Guangdong Province. The main contents include urban and rural households population, per capita income and consumption expenditure structure, housing area and possession of the major consumer goods.

Ⅱ.The data in this chapter are prepared and provided by Division of Income and Expenditure Survey and under Guangdong Survey Office of the National Bureau of Statistics.

Ⅲ.The survey data of urban and rural residents are collected through two-phase sampling scheme combined with multi-stage sampling scheme.

Ⅳ.The National Bureau of Statistics of China started an integrated reform of household survey in 2013, including both rural and urban households. According to the principle of unified index, unified standard, unified survey, unified software, unified release, the separate urban and rural household surveys are changed to the integrated household income and expenditure survey. Because there are great difference of survey scope and object, survey methodology, sample selection, data collection methodology between the integrated and the separate household survey, the data produced by the integrated system of household survey are not comparable to those produced by the separate urban and rural household surveys prior to 2013.

Ⅴ.The net income of rural households of the old household survey are integrated to the disposal income of rural households in the new household survey since 2013. Income from properties, transfers and business of the old household survey are unified to net income from properties, transfers and business in the new household survey.

Ⅵ.Data before 2013 are produced by the old survey system , data since 2013 are new scope.

VII. The 9 Cities of the Pearl River Delta refer to Guangzhou, Shenzhen, Zhuhai, Foshan, Huizhou, Dongguan, Zhongshan, Jiangmen, and Zhaoqing. The 12 Cities of the Eastern-Western-Northern Region refer to Shantou, Shaoguan, Heyuan Meizhou, Shanwei, Yangjiang, Zhanjiang, Maoming, Qingyuan, Chaozhou, Jieyang, and Yunfu. The 4 Cities of the Eastern Region refer to Shantou, Shanwei, Chaozhou, and Jieyang. The 3 Cities of the Western Region refer to Yangjiang, Zhanjiang, and Maoming. The 5 Cities of the Mountainous Region refer to Shaoguan, Heyuan, Meizhou, Qingyuan, and Yunfu.

10-1 全省居民家庭基本情况

Basic Conditions of Households Province Wide

指　标	Item	2016	2017	2018	2019	2020	2021
调查户数 （户）	**Survey of households (households)**	**8154**	**8082**	**7900**	**7900**	**7900**	**7900**
平均每户常住人口（人）	Avcrage Number of per Permanent Household (person)	3.06	3.08	3.26	3.28	3.29	3.46
平均每户就业人口（人）	Average Number of Employed Persons per Household (person)	1.76	1.77	1.75	1.74	1.70	1.80
人均住房建筑面积（平方米）	**Per Capita housing construction area (square meter)**	**36.30**	**36.94**	**38.46**	**39.75**	**40.89**	**42.23**
人均可支配收入(元)	**Per Capita Disposable Income (yuan)**	**30295.8**	**33003.3**	**35809.9**	**39014.3**	**41028.6**	**44993.3**
1.工资性收入	Income of Wages and Salaries	21361.9	23052.9	24749.0	26554.3	27824.4	30777.3
2.经营净收入	Net Business Income	4101.8	4420.9	4734.5	5154.7	5037.4	5729.1
3.财产净收入	Net Income from Properties	3096.5	3602.0	4131.4	4776.9	5339.1	5831.3
4.转移净收入	Net Income from Transfers	1735.6	1927.5	2194.9	2528.4	2827.7	2655.6
可支配收入构成（%）	**Composition of Disposable Income (%)**	**100.0**	**100.0**	**100.0**	**100.0**	**100.0**	**100.0**
1.工资性收入	Income of Wages and Salaries	70.5	69.9	69.1	68.1	67.8	68.4
2.经营净收入	Net Business Income	13.5	13.5	13.2	13.2	12.3	12.7
3.财产净收入	Net Income from Properties	10.2	10.8	11.5	12.2	13.0	13.0
4.转移净收入	Net Income from Transfers	5.8	5.8	6.1	6.5	6.9	5.9
人均消费支出 （元）	**Per Capita Consumption Expenditure (yuan)**	**23448.4**	**24819.6**	**26054.0**	**28994.7**	**28491.9**	**31589.3**
1.食品烟酒	Food,Tobacco and Liquor	8015.1	8317.0	8480.8	9369.2	9629.3	10484.6
2.衣着	Clothing	1209.9	1230.3	1135.3	1192.2	1044.5	1278.0
3.居住	Living	5247.0	5790.9	6643.3	7329.1	7733.0	8189.6
4.生活用品及服务	Daily Necessities and Services	1402.0	1447.4	1440.8	1560.2	1560.6	1614.1
5.交通通信	Transportation and Telecommunication	3296.5	3380.0	3423.9	3833.6	3808.7	4164.6
6.教育文化娱乐	Education,Culture and Entertainment	2451.2	2620.4	2750.9	3244.4	2442.9	3241.6
7.医疗保健	Health Service	1144.9	1319.5	1520.8	1770.4	1677.9	1900.9
8.其他用品和服务	Other Necessities and Services	681.9	714.1	658.2	695.5	595.1	715.9
消费支出构成 （%）	**Composition of Consumption Expenditure (%)**	**100.0**	**100.0**	**100.0**	**100.0**	**100.0**	**100.0**
1.食品烟酒	Food,Tobacco and Liquor	34.2	33.5	32.6	32.3	33.8	33.2
2.衣着	Clothing	5.2	5.0	4.4	4.1	3.7	4.0
3.居住	Living	22.4	23.3	25.5	25.3	27.1	25.9
4.生活用品及服务	Daily Necessities and Services	6.0	5.8	5.5	5.4	5.4	5.1
5.交通通信	Transportation and Telecommunication	14.0	13.6	13.1	13.2	13.4	13.2
6.教育文化娱乐	Education,Culture and Entertainment	10.4	10.6	10.6	11.2	8.6	10.3
7.医疗保健	Health Service	4.9	5.3	5.8	6.1	5.9	6.0
8.其他用品和服务	Other Necessities and Services	2.9	2.9	2.5	2.4	2.1	2.3

10-2 按收入五等份分组的全省居民人均可支配收入
Per Capita Disposable Income of Households Province Wide by Income Quintile

单位：元 (yuan)

年份 Year	低收入户 (20%) Low Income Households (20%)	中等偏下户 (20%) Lower Middle Income Households (20%)	中等收入户 (20%) Middle Income Households (20%)	中等偏上户 (20%) Upper Middle Income Households (20%)	高收入户 (20%) High Income Households (20%)
2015	9061.46	17872.97	27320.78	37925.00	63045.38
2016	9544.65	19574.65	30598.48	41989.63	68599.33
2017	10534.31	20963.27	32339.36	45235.77	75774.57
2018	11241.71	21673.77	33984.26	49984.23	82444.32
2019	11824.33	23226.18	36697.84	54261.18	89717.48
2020	12665.68	23627.34	37656.83	55938.37	93242.94
2021	14229.00	26527.86	40839.11	60156.03	98481.33

10-3 全省居民人均主要食品消费量
Per Capita Consumption of Major Foods Province Wide

单位:千克 (Kg)

指　标	Item	2016	2017	2018	2019	2020	2021
粮食	Grain	118.12	116.80	108.67	115.90	128.21	111.59
谷物	Cereal	109.94	108.86	101.08	106.67	118.36	103.75
薯类	Tuber	1.55	1.64	1.54	1.65	1.62	1.29
豆类	Beans and the Products	6.63	6.30	6.05	7.59	8.22	6.54
油脂类	Oil and Fats	9.57	9.23	9.16	9.03	9.94	10.35
#植物油	Vegetable Oil	9.17	8.83	8.58	8.47	9.50	9.78
蔬菜及菜制品	Vegetable and Mushroom	98.72	100.76	100.57	109.45	113.01	97.86
#鲜菜	Fresh Vegetables	94.62	96.66	97.19	105.74	109.33	95.02
肉类	Products of Meat	36.16	36.51	40.99	38.73	33.61	37.58
#猪肉	Pork	29.07	29.07	34.02	30.71	25.96	29.61
禽类	Poultry	20.07	20.62	21.08	25.92	31.12	24.56
#鸡	Chick	13.18	13.40	13.74	16.62	19.54	15.71
水产品	Aquatic Products	21.98	22.85	22.03	28.61	30.01	27.55
#鱼类	Fresh	16.44	16.86	16.35	21.05	22.28	20.19
蛋类及蛋制品	Eggs and Egg Products	7.03	7.32	7.39	8.37	9.87	8.40
#鲜蛋	Fresh Eggs	6.65	6.89	7.06	8.01	9.50	8.09
奶及奶制品	Milk and Dairy Products	7.54	7.71	8.63	8.83	9.59	12.85
#鲜奶	Fresh Milk	4.14	4.21	4.65	5.36	6.40	9.18
干鲜瓜果类	Dried and Fresh Melons and Fruits	38.12	40.11	39.45	47.22	47.47	44.83
#鲜瓜果	Fresh Melons and Fruits	34.59	36.39	35.66	43.04	43.55	41.35
糖果糕点类	Candy Pastry	6.54	6.32	6.95	7.21	6.46	6.33
#食糖	Sugar	1.54	1.54	1.56	1.55	1.58	1.15

10-4 全省居民平均每百户年末主要耐用消费品拥有量
Main Durable Consumer Goods Owned per 100 Households Province wide

指 标		Item		2016	2017	2018	2019	2020	2021
家用汽车	(辆)	Car	(set)	29.36	31.58	36.94	41.27	42.68	47.63
摩托车	(辆)	Motorcycle	(set)	62.78	64.24	67.25	66.44	65.54	63.55
助力车	(台)	Electric Bicycle	(set)	27.17	30.88	34.60	39.65	41.77	54.64
洗衣机	(台)	Washing Machine	(set)	75.09	78.18	89.73	92.65	93.16	98.08
电冰箱(柜)	(台)	Refrigerator	(set)	80.69	84.44	94.41	97.64	98.23	103.16
微波炉	(台)	Microwave Oven	(set)	36.11	38.13	39.16	41.12	41.82	42.84
彩色电视机	(台)	Color Television	(set)	104.84	106.91	109.07	110.19	110.48	108.36
空调	(台)	Air Conditioner	(set)	136.18	145.24	176.07	187.85	190.13	224.33
热水器	(台)	Water Heater	(unit)	85.23	88.72	99.43	101.52	104.22	104.65
排油烟机	(台)	Fume hood	(set)	52.67	55.35	65.54	68.33	69.39	72.29
移动电话	(部)	Mobile Phone	(set)	241.86	248.76	268.23	270.56	268.44	280.13
计算机	(台)	Computer	(set)	73.94	75.83	69.34	72.59	74.33	67.81
照相机	(台)	Camera	(set)	24.74	24.61	15.88	16.26	16.21	11.41

10-5 各市全体居民人均可支配收入

Per Capita Disposable Income of Households by City

单位：元 (yuan)

市别	City	2016	2017	2018	2019	2020	2021
全 省	**Provincial Total**	**30295.8**	**33003.3**	**35809.9**	**39014.3**	**41028.6**	**44993.3**
广 州	Guangzhou	46667.0	50782.2	55276.1	60073.8	63289.2	68908.3
深 圳	Shenzhen	48695.0	52938.0	57543.6	62522.4	64877.7	70847.3
珠 海	Zhuhai	40154.1	44043.1	48107.1	52495.1	55936.1	61390.0
汕 头	Shantou	20713.0	22521.0	24428.0	26612.8	28220.5	30969.7
佛 山	Foshan	41940.7	45813.3	49629.5	54042.7	56244.8	61700.2
韶 关	Shaoguan	19977.5	21865.9	23676.0	25805.5	27546.2	30211.5
河 源	Heyuan	16077.4	17717.7	19397.1	21052.3	22291.1	24626.5
梅 州	Meizhou	17986.6	19635.0	21217.0	22903.9	23872.6	26209.8
惠 州	Huizhou	28061.4	31090.6	33929.9	37159.6	39745.4	43350.5
汕 尾	Shanwei	17936.7	19325.8	21001.1	22782.9	24427.0	27422.8
东 莞	Dongguan	41901.9	45450.6	49331.0	53657.2	56533.1	62126.5
中 山	Zhongshan	40012.4	43553.7	46865.0	50477.6	52753.6	57900.8
江 门	Jiangmen	24426.7	26850.6	29546.9	32323.3	33666.5	37068.4
阳 江	Yangjiang	19513.2	21443.9	23281.8	25131.1	26591.4	29167.9
湛 江	Zhanjiang	17934.4	19631.6	21426.9	23320.4	24986.3	27646.3
茂 名	Maoming	18402.7	19885.2	21349.9	23179.0	24600.4	26728.6
肇 庆	Zhaoqing	20579.8	22360.0	24070.9	26121.5	27496.2	30394.1
清 远	Qingyuan	18859.3	20692.0	22369.4	24362.0	26055.0	28741.3
潮 州	Chaozhou	18060.5	19429.0	20895.1	22542.4	23302.5	25083.7
揭 阳	Jieyang	17654.1	18750.1	20042.3	21341.1	21821.5	23780.5
云 浮	Yunfu	16517.6	17874.5	19239.1	20938.1	22306.2	24610.9
按经济区域分	By Region						
珠 三 角	Pearl River Delta	40109.1	43840.1	47911.0	52213.7	54809.6	60729.7
粤东西北	East and West and Mountain Area	18364.5	19948.4	21578.1	23383.7	24716.7	27191.4
东 翼	Eastern Region	18744.6	20166.7	21754.2	23483.6	24575.6	27006.0
西 翼	Western Region	18364.5	20016.4	21691.0	23550.9	25087.4	27538.1
山 区	Mountainous Region	17967.6	19657.1	21288.0	23120.3	24504.7	27038.0

注：按照国家统计局的统一部署，广东省分市县城乡一体化住户调查工作从2013年底正式启动，从2014年开始正式对外发布分市全体居民人均可支配收入数据。

Note: Under the unified deployment by NBS, Guangdong province started an integrated household survey by city and county since 2013,including both urban and rural households. Since 2014 the data of per capita disposal income and expenditures of all households in the province by city is released officially after the transitional period.

10-6 各市全体居民人均可支配收入来源（2021年）
Per Capita Disposable Income of Households by Sources and City (2021)

单位：元 (yuan)

地区	City	可支配收入 Disposable Income	工资性收入 Income of Wages and Salaries	经营净收入 Net Business Income	财产净收入 Net Income from Property	转移净收入 Net Income from Transfer
全 省	**Provincial Total**	**44993.3**	**30777.3**	**5729.1**	**5831.3**	**2655.6**
广 州	Guangzhou	68908.3	45489.5	4287.8	13051.3	6079.8
深 圳	Shenzhen	70847.3	59094.8	7238.5	6747.5	-2233.4
珠 海	Zhuhai	61390.0	45597.4	4423.7	7828.3	3540.6
汕 头	Shantou	30969.7	21389.2	3619.3	1902.6	4058.6
佛 山	Foshan	61700.2	37780.5	7101.0	12241.6	4577.1
韶 关	Shaoguan	30211.5	18654.7	5754.4	1635.2	4167.2
河 源	Heyuan	24626.5	15472.8	4428.0	835.3	3890.4
梅 州	Meizhou	26209.8	15016.1	4658.9	1109.0	5425.8
惠 州	Huizhou	43350.5	28972.8	7811.7	4578.8	1987.2
汕 尾	Shanwei	27422.8	15819.1	5826.6	1250.3	4526.8
东 莞	Dongguan	62126.5	43236.4	6569.6	12637.4	-317.0
中 山	Zhongshan	57900.8	39121.5	7091.1	6727.1	4961.1
江 门	Jiangmen	37068.4	26360.8	3303.0	3474.5	3930.1
阳 江	Yangjiang	29167.9	16914.7	6773.7	1758.1	3721.4
湛 江	Zhanjiang	27646.3	15068.5	5415.0	1603.3	5559.5
茂 名	Maoming	26728.6	15654.2	4065.0	1429.8	5579.6
肇 庆	Zhaoqing	30394.1	19145.3	5122.3	1717.3	4409.1
清 远	Qingyuan	28741.3	17867.8	5522.2	1296.7	4054.6
潮 州	Chaozhou	25083.7	14913.9	4312.3	1395.6	4462.0
揭 阳	Jieyang	23780.5	13556.6	5194.9	1152.7	3876.3
云 浮	Yunfu	24610.9	16410.0	3934.9	1189.4	3077.1

10-7 各市全体居民人均消费支出
Per Capita Consumption Expenditure of Households by City

单位：元 (yuan)

市 别	City	2016	2017	2018	2019	2020	2021
全 省	**Provincial Total**	**23448.4**	**24819.6**	**26054.0**	**28994.7**	**28491.9**	**31589.3**
广 州	Guangzhou	35388.0	37496.1	39467.1	42308.7	41400.3	44253.1
深 圳	Shenzhen	36480.6	38320.1	40535.0	43112.7	40581.1	46285.7
珠 海	Zhuhai	30479.3	32981.4	35081.4	38211.8	36359.7	42333.7
汕 头	Shantou	17532.6	18789.2	19186.8	20944.5	21256.8	22493.0
佛 山	Foshan	30561.6	32648.0	34052.6	37160.3	36936.0	40545.2
韶 关	Shaoguan	14804.1	16055.7	17207.8	18727.2	18800.2	21335.8
河 源	Heyuan	12236.8	13580.7	14593.5	15604.9	16003.5	18030.4
梅 州	Meizhou	13823.9	15298.6	15912.5	16822.5	17071.0	18931.3
惠 州	Huizhou	20461.3	22968.8	24461.9	26610.7	26232.4	29175.7
汕 尾	Shanwei	14167.0	15180.9	16414.2	17834.1	18773.8	20497.6
东 莞	Dongguan	29905.6	31849.5	33208.9	35729.7	34259.8	39078.9
中 山	Zhongshan	26636.9	29034.2	31057.9	33959.0	32735.5	37852.7
江 门	Jiangmen	17281.9	19302.4	19751.6	21647.4	21898.7	24192.8
阳 江	Yangjiang	15793.9	17217.9	17850.1	18918.8	19181.0	21018.8
湛 江	Zhanjiang	13303.6	14513.9	15302.6	16312.4	16559.7	18858.3
茂 名	Maoming	13480.1	14494.5	15440.7	16517.1	17014.9	18276.5
肇 庆	Zhaoqing	13927.6	14867.7	15505.6	17021.7	16777.3	19094.7
清 远	Qingyuan	14403.0	15580.2	16709.5	17981.4	18247.9	20404.0
潮 州	Chaozhou	13752.1	14561.9	15616.1	16840.8	17472.2	18887.9
揭 阳	Jieyang	13248.7	14036.1	14574.3	15140.1	15565.8	17824.2
云 浮	Yunfu	12323.9	13383.4	13672.1	14882.9	14833.8	16428.5

注：按照国家统计局的统一部署，广东省分市县城乡一体化住户调查工作从2013年底正式启动，从2014年开始正式对外发布分市全体居民人均消费支出数据。

Note: Under the unified deployment by NBS, Guangdong province started an integrated household survey by city and county since 2013, including both urban and rural households. Since 2014 the data of per capita disposal income and expenditures of all households in the province by city is released officially after the transitional period.

10-8 城镇居民家庭基本情况

Basic Situation of Urban Households

指 标	Item	2016	2017	2018	2019	2020	2021
调查户数 (户)	**Survey of households (household)**	**5542**	**5477**	**5550**	**5550**	**5550**	**5550**
平均每户常住人口 (人)	Average number of residents per Permanent Household (person)	2.83	2.87	3.18	3.21	3.23	3.35
平均每户就业人口 (人)	Average Number of Employed Persons per Permanent Household (person)	1.66	1.67	1.73	1.73	1.69	1.77
人均住房建筑面积(平方米)	**Per Capita housing construction area (sq.m)**	**32.74**	**33.09**	**34.49**	**35.73**	**37.35**	**38.79**
人均可支配收入 (元)	**Per Capita Disposable Income (yuan)**	**37684.3**	**40975.1**	**44341.0**	**48117.6**	**50257.0**	**54853.6**
1.工资性收入	Income of Wages and Salaries	27965.3	30087.3	32180.1	34151.9	35429.3	38605.8
2.经营净收入	Net Business Income	4203.9	4560.8	4872.6	5473.8	5237.3	5855.2
3.财产净收入	Income from Properties	4374.8	5077.2	5816.6	6686.2	7425.9	8020.1
4.转移净收入	Income from Transfers	1140.3	1249.8	1471.7	1805.7	2164.4	2372.5
人均消费支出 (元)	**Per Capita Consumption Expenditure(yuan)**	**28613.3**	**30197.9**	**30924.3**	**34424.1**	**33511.3**	**36621.1**
1.食品烟酒	Food,Tobacco and Liquor	9421.6	9711.7	9780.2	10757.5	10794.7	11622.0
2.衣着	Clothing	1583.4	1587.1	1415.3	1480.8	1282.1	1519.9
3.居住	Living	6410.4	7127.8	8147.8	8961.6	9457.9	9696.4
4.生活用品及服务	Daily Necessities and Services	1721.9	1782.8	1726.2	1894.8	1895.3	1874.8
5.交通通信	Transportation and Telecommunication	4198.1	4285.5	4107.3	4597.1	4626.3	5008.5
6.教育文化娱乐	Education,Culture and Entertainment	3103.4	3284.3	3335.7	3984.5	2958.7	3872.8
7.医疗保健	Health Service	1304.5	1503.6	1591.3	1883.0	1748.6	2143.7
8.其他用品和服务	Other Necessities and Services	870.1	915.1	820.5	864.9	747.7	882.9
消费支出构成 (%)	**Composition of Consumption Expenditure**	**100.0**	**100.0**	**100.0**	**100.0**	**100.0**	**100.0**
1.食品烟酒	Food,Tobacco and Liquor	32.9	32.2	31.6	31.2	32.2	31.7
2.衣着	Clothing	5.5	5.3	4.6	4.3	3.8	4.1
3.居住	Living	22.4	23.5	26.3	26.0	28.2	26.5
4.生活用品及服务	Daily Necessities and Services	6.0	5.9	5.6	5.5	5.7	5.1
5.交通通信	Transportation and Telecommunication	14.7	14.2	13.3	13.4	13.8	13.7
6.教育文化娱乐	Education,Culture and Entertainment	10.9	10.9	10.8	11.6	8.8	10.6
7.医疗保健	Health Service	4.6	5.0	5.1	5.5	5.2	5.9
8.其他用品和服务	Other Necessities and Services	3.0	3.0	2.7	2.5	2.3	2.4

10-9 历年城镇居民人均可支配收入及生活消费支出(1978-2012年)

Per Capita Disposable Income and Consumption Expenditure of Urban Households (1978-2012)

年份 Year	人均可支配收入(元) Per Capita Disposable Income (yuan)	指数 Index 名义增长(上年为100) Nominal Growth (preceding year=100)	实际增长(上年为100) Real Growth (preceding year=100)	实际增长(1978年为100) Real Growth (1978=100)	人均消费支出(元) Per Capita Consumption Expenditure (yuan)	指数 Index 名义增长(上年为100) Nominal Growth (preceding year=100)	实际增长(上年为100) Real Growth (preceding year=100)	恩格尔系数(%) Engle Coefficient (%)
1978	412.13	101.0	96.6	100.0	399.96	106.3	101.5	66.6
1979	416.33	101.0	96.6	96.6	424.96	106.3	101.5	67.0
1980	472.57	113.5	103.7	100.1	485.76	114.3	104.5	65.5
1981	560.69	118.6	111.6	111.7	517.44	106.5	100.2	65.8
1982	631.45	112.6	109.8	122.7	592.08	114.4	111.5	64.2
1983	714.20	113.1	110.0	135.0	660.12	111.5	108.5	64.5
1984	818.37	114.6	112.4	151.8	744.36	112.8	110.7	63.6
1985	954.12	116.6	99.6	151.1	889.56	119.5	102.1	58.3
1986	1102.09	115.5	110.3	166.7	998.88	112.3	107.2	58.6
1987	1320.89	119.9	106.3	177.1	1215.84	121.7	107.9	56.7
1988	1583.13	119.9	92.6	163.9	1506.99	123.9	95.7	56.7
1989	2086.21	131.8	108.1	177.2	1921.05	127.5	104.6	56.5
1990	2303.15	110.4	113.3	200.8	1983.86	103.3	106.0	57.2
1991	2752.18	119.5	116.8	234.6	2388.77	120.4	117.7	53.1
1992	3476.70	126.3	116.5	273.4	2830.62	118.5	110.4	51.5
1993	4632.38	133.2	109.2	298.6	3777.43	133.4	110.3	48.9
1994	6367.08	137.4	113.6	339.2	5181.30	137.2	113.4	46.4
1995	7438.68	116.8	103.3	350.4	6253.68	120.7	106.7	48.0
1996	8157.81	109.7	102.3	358.4	6736.09	107.7	100.5	47.3
1997	8561.71	105.0	102.8	368.4	6853.48	101.7	99.7	46.0
1998	8839.68	103.2	105.0	387.0	7054.09	102.9	104.7	44.1
1999	9125.92	103.2	104.9	406.0	7517.81	106.6	108.3	40.6
2000	9761.57	107.0	104.7	424.9	8016.91	106.6	104.3	38.6
2001	10415.19	106.7	107.6	457.0	8099.63	101.0	101.8	38.1
2002	11137.20	109.1	110.6	495.7	8988.48	111.0	112.6	38.5
2003	12380.40	111.2	110.4	547.2	9636.24	107.2	106.5	37.2
2004	13627.65	110.1	107.3	587.0	10694.79	111.0	108.2	37.0
2005	14769.94	108.4	106.3	623.8	11809.87	110.4	108.2	36.1
2006	16015.58	108.4	106.5	664.3	12432.22	105.3	103.4	36.2
2007	17699.30	110.5	106.6	707.9	14336.87	115.3	111.2	35.3
2008	19732.86	111.5	105.7	748.3	15527.97	108.3	102.7	37.8
2009	21574.72	109.3	112.0	838.1	16857.51	108.6	111.3	36.9
2010	23897.80	110.8	107.5	901.0	18489.53	109.7	106.4	36.5
2011	26897.48	112.6	106.9	963.2	20251.82	109.5	104.0	36.9
2012	30226.71	112.4	109.3	1052.8	22396.35	110.6	107.6	36.9

10-10 全省城镇居民人均主要食品消费量

Per Capita Consumption of Major Foods of Urban Households

单位:千克 (Kg)

指 标	Item	2016	2017	2018	2019	2020	2021
粮食	Grain	96.52	93.75	93.89	100.79	108.86	94.50
谷物	Cereal	88.46	85.89	86.28	91.70	99.56	86.98
薯类	Tuber	1.57	1.59	1.54	1.71	1.75	1.40
豆类	Beans and the Products	6.50	6.26	6.07	7.38	7.55	6.13
油脂类	Oil and Fats	9.21	8.98	8.16	8.42	9.14	9.30
#植物油	Vegetable Oil	8.93	8.70	7.77	7.97	8.81	8.91
蔬菜及菜制品	Vegetable and Mushroom	97.95	100.76	98.52	110.64	113.70	94.22
#鲜菜	Fresh Vegetables	93.18	96.08	94.86	106.65	109.81	91.22
肉类	Products of Meat	36.35	36.59	40.71	39.44	34.35	36.56
#猪肉	Pork	28.18	28.17	33.07	30.56	25.81	27.97
禽类	Poultry	19.15	19.28	19.80	23.86	28.06	21.93
#鸡	Chick	12.59	12.46	13.06	15.69	18.06	14.19
水产品	Aquatic Products	23.48	24.51	23.06	29.49	30.07	28.74
#鱼类	Fresh	17.19	17.75	16.76	21.19	21.71	20.84
蛋类及制品	Eggs and Egg Products	7.33	7.57	7.58	8.66	10.19	8.52
#鲜蛋	Fresh Eggs	6.86	7.04	7.19	8.24	9.76	8.17
奶及奶制品	Milk and Dairy Products	9.73	9.74	10.76	10.80	11.75	14.97
#鲜奶	Fresh Milk	5.55	5.55	5.79	6.55	7.84	10.61
干鲜瓜果类	Dried and Fresh Melons and Fruits	43.47	45.46	45.14	53.85	53.51	48.58
#鲜瓜果	Fresh Melons and Fruits	39.42	41.35	41.07	49.30	49.18	44.89
糖果糕点类	Candy Pastry	6.89	6.49	7.75	7.89	6.96	6.81
#食糖	Sugar	1.27	1.26	1.41	1.40	1.45	1.07

10-11 全省城镇居民平均每百户年末主要耐用消费品拥有量

Main Durable Consumer Goods Owned per 100 Urban Households at the Year-end

项 目		Item		2016	2017	2018	2019	2020	2021
家用汽车	(辆)	Car	(set)	34.65	36.69	42.92	47.63	48.88	53.77
摩托车	(辆)	Motorcycle	(set)	41.38	42.62	46.42	45.55	44.90	45.13
助力车	(台)	Electric Bicycle	(set)	24.00	28.10	34.08	39.31	41.50	53.95
洗衣机	(台)	Washing Machine	(set)	75.32	78.08	91.84	93.75	94.33	98.65
电冰箱	(台)	Refrigerator	(set)	79.17	83.18	95.04	97.91	98.55	103.27
微波炉	(台)	Microwave Oven	(set)	41.49	43.69	44.28	46.14	46.91	46.15
彩色电视机	(台)	Color Television	(set)	99.57	101.97	105.94	107.57	108.23	106.94
空调	(台)	Air Conditioner	(set)	155.97	164.88	202.39	212.11	213.87	244.28
热水器	(台)	Water Heater	(unit)	85.34	88.81	101.71	102.99	105.27	105.84
排油烟机	(台)	Fume Hood	(set)	59.30	61.90	72.47	75.09	75.91	77.53
移动电话	(部)	Mobile Telephone	(set)	228.18	234.79	258.88	263.99	264.56	274.77
计算机	(台)	Computer	(set)	86.96	88.29	83.66	86.82	88.63	80.19
照相机	(台)	Camera	(set)	32.20	32.00	20.50	21.21	21.42	14.82

10−12 各市城镇居民人均可支配收入
Per Capita Disposable Income of Urban Households by City

单位：元 (yuan)

市 别	City	2016	2017	2018	2019	2020	2021
全 省	**Provincial Total**	**37684.3**	**40975.1**	**44341.0**	**48117.6**	**50257.0**	**54853.6**
广 州	Guangzhou	50940.7	55400.5	59982.1	65052.1	68304.1	74416.2
深 圳	Shenzhen	48695.0	52938.0	57543.6	62522.4	64877.7	70847.3
珠 海	Zhuhai	42537.4	46826.4	50713.0	55219.3	58474.7	64233.7
汕 头	Shantou	25120.9	27175.1	29077.3	31415.8	32921.9	35600.7
佛 山	Foshan	43120.3	46848.5	50736.9	55232.8	57444.9	62942.3
韶 关	Shaoguan	25854.6	28305.9	30287.3	32633.9	34418.2	37623.5
河 源	Heyuan	21817.3	23779.6	25491.8	27128.5	28018.2	30445.7
梅 州	Meizhou	23642.4	25694.6	27385.3	29235.3	29942.2	32751.5
惠 州	Huizhou	33212.8	36608.3	39573.6	42999.4	45474.5	49243.0
汕 尾	Shanwei	22389.2	24085.5	26012.3	28051.3	29860.3	33081.8
东 莞	Dongguan	43096.2	46739.1	50721.3	55155.9	58051.9	63739.8
中 山	Zhongshan	41612.8	45295.3	48803.6	52502.4	54737.3	60322.7
江 门	Jiangmen	29557.2	32477.8	35465.8	38595.2	39922.9	43621.8
阳 江	Yangjiang	25281.0	27568.1	29360.1	31255.7	32310.8	35069.1
湛 江	Zhanjiang	24887.2	27119.3	29046.3	31240.7	32925.6	35988.8
茂 名	Maoming	23322.6	25315.4	27163.4	29404.9	30733.0	33423.9
肇 庆	Zhaoqing	25907.2	28276.1	30679.6	33259.8	34752.0	37791.4
清 远	Qingyuan	25266.9	27610.0	29377.0	31597.1	33159.2	36171.6
潮 州	Chaozhou	21787.1	22695.0	24170.2	25827.7	26440.2	28403.1
揭 阳	Jieyang	22944.2	24099.7	25425.2	26745.5	27066.4	29397.1
云 浮	Yunfu	21887.5	23446.0	24946.5	26806.5	28329.8	30951.9
按经济区域分	By Region						
珠 三 角	Pearl River Delta	43967.4	47926.9	52129.1	56638.7	59225.1	65118.6
粤东西北	East and West and Mountain Area	23871.9	25767.5	27522.0	29523.1	30759.0	33564.5
东 翼	Eastern Region	23478.3	25029.1	26694.2	28569.8	29622.2	32240.7
西 翼	Western Region	24390.2	26542.6	28404.7	30552.5	31971.0	34861.6
山 区	Mountainous Region	23963.1	26084.4	27826.9	29828.0	31095.7	34008.9

注：按照国家统计局的统一部署，广东省分市县城乡一体化住户调查工作从2013年底正式启动，从2014年开始正式对外发布分市城镇居民人均可支配收入数据。

Note: Under the unified deployment by NBS, Guangdong province started an integrated household survey by city and county since 2013,including both urban and rural households . Since 2014 the data of per capita disposal income of all households in the province by city is released officially after the transitional period.

10−13 各市城镇居民人均可支配收入来源（2021年）

Per Capita Disposable Income of Urban Households by Sources and City (2021)

单位：元 (yuan)

地 区	City	可支配收入 Disposable Income	工资性收入 Income of Wages and Salaries	经营净收入 Net Business Income	财产净收入 Net Income from Property	转移净收入 Net Income from Transfer
全 省	**Provincial Total**	**54853.6**	**38605.8**	**5855.2**	**8020.1**	**2372.5**
广 州	Guangzhou	74416.2	48712.8	4345.9	14607.9	6749.5
深 圳	Shenzhen	70847.3	59094.8	7238.5	6747.5	-2233.4
珠 海	Zhuhai	64233.7	47912.1	4389.0	8296.6	3636.0
汕 头	Shantou	35600.7	23933.6	4559.2	2707.6	4400.3
佛 山	Foshan	62942.3	38461.9	7174.5	12600.6	4705.3
韶 关	Shaoguan	37623.5	25516.3	4660.1	2170.9	5276.3
河 源	Heyuan	30445.7	20025.8	4688.6	1494.9	4236.4
梅 州	Meizhou	32751.5	19934.0	4668.9	2103.0	6045.5
惠 州	Huizhou	49243.0	33682.2	7916.2	5718.6	1925.9
汕 尾	Shanwei	33081.8	18944.0	6774.3	2032.8	5330.7
东 莞	Dongguan	63739.8	43859.2	6813.4	13293.4	-226.2
中 山	Zhongshan	60322.7	40718.5	7359.1	6997.0	5248.1
江 门	Jiangmen	43621.8	30742.3	3483.6	4602.2	4793.7
阳 江	Yangjiang	35069.1	21564.5	5892.6	3143.7	4468.4
湛 江	Zhanjiang	35988.8	21790.2	4833.4	3246.8	6118.4
茂 名	Maoming	33423.9	22329.5	5179.1	2325.0	3590.3
肇 庆	Zhaoqing	37791.4	25479.9	4507.3	2778.0	5026.2
清 远	Qingyuan	36171.6	23815.9	5326.2	2143.3	4886.3
潮 州	Chaozhou	28403.1	17197.7	3514.9	2130.3	5560.3
揭 阳	Jieyang	29397.1	16350.8	6532.6	2193.5	4320.3
云 浮	Yunfu	30951.9	21283.1	3443.0	2684.7	3541.0

10-14 各市城镇居民人均消费支出

Per Capita Consumption Expenditure of Urban Households by City

单位：元 (yuan)

市 别	City	2016	2017	2018	2019	2020	2021
全 省	**Provincial Total**	**28613.3**	**30197.9**	**30924.3**	**34424.1**	**33511.3**	**36621.1**
广 州	Guangzhou	38398.2	40636.8	42181.0	45049.3	44283.4	47161.9
深 圳	Shenzhen	36480.6	38320.1	40535.0	43112.7	40581.1	46285.7
珠 海	Zhuhai	32150.5	34734.7	36818.8	40030.5	37777.6	43956.5
汕 头	Shantou	20721.3	21777.6	21998.3	23853.7	24049.9	25268.0
佛 山	Foshan	31303.2	33451.0	34803.5	37970.2	37664.0	41327.2
韶 关	Shaoguan	18142.5	19630.2	20808.0	22472.7	22162.1	25079.0
河 源	Heyuan	15122.9	16458.2	17343.1	18227.6	18320.0	20165.0
梅 州	Meizhou	16835.4	18474.0	18659.0	19447.4	19479.0	21415.2
惠 州	Huizhou	23778.5	26423.8	27772.5	30008.8	29369.0	32431.0
汕 尾	Shanwei	17374.3	18497.3	19800.8	21421.5	22492.5	24292.0
东 莞	Dongguan	30687.7	32498.3	33675.1	36198.4	34706.3	39802.6
中 山	Zhongshan	27630.9	30131.5	32180.4	35173.2	33773.6	39143.7
江 门	Jiangmen	20459.1	22905.9	23237.4	25679.4	25477.6	27912.1
阳 江	Yangjiang	19757.9	21514.3	21782.2	22838.0	22895.4	23892.6
湛 江	Zhanjiang	18416.5	20014.0	20214.0	21058.9	21006.8	23270.4
茂 名	Maoming	16266.1	17511.8	18022.0	19256.0	19440.4	20638.6
肇 庆	Zhaoqing	17882.8	18945.0	19984.4	21685.4	20990.2	23028.1
清 远	Qingyuan	17795.5	19232.3	20270.2	21620.2	21774.1	23987.5
潮 州	Chaozhou	15861.0	16257.3	17386.4	18569.1	19109.3	20533.8
揭 阳	Jieyang	16060.9	16746.7	16907.5	17183.7	17416.5	19781.6
云 浮	Yunfu	14729.8	15920.8	16398.4	17638.7	17536.5	19057.1

注：按照国家统计局的统一部署，广东省分市县城乡一体化住户调查工作从2013年底正式启动，从2014年开始正式对外发布分市城镇居民人均消费支出数据。

Note: Under the unified deployment by NBS, Guangdong province started an integrated household survey by city and county since 2013, including both urban and rural households. Since 2014 the data of per capita expenditures of all households in the province by city is released officially after the transitional period.

10-15 农村居民家庭基本情况
Basic Conditions of Rural Households

指 标	Item	2016	2017	2018	2019	2020	2021
调查户数 （户）	**Survey of households (household)**	**2612**	**2605**	**2350**	**2350**	**2350**	**2350**
平均每户常住人口 （人）	Average number of residents per Permanent Household (person)	3.69	3.65	3.45	3.47	3.45	3.74
平均每户就业人口 （人）	Average Number of Employed Persons per Permanent Household (person)	2.07	2.03	1.81	1.76	1.72	1.88
人均住房建筑面积（平方米）	**Per Capita housing construction area (sq.m)**	**43.92**	**45.27**	**47.13**	**48.68**	**48.92**	**50.14**
人均可支配收入 （元）	**Per Capita Disposable Income (yuan)**	**14512.2**	**15779.7**	**17167.7**	**18818.4**	**20143.4**	**22306.0**
1.工资性收入	Income of Wages and Salaries	7255.3	7854.6	8510.7	9698.7	10613.5	12765.0
2.经营净收入	Net Business Income	3883.6	4118.6	4432.7	4446.9	4584.9	5438.8
3.财产净收入	Income from Properties	365.8	414.8	448.9	541.0	616.1	795.3
4.转移净收入	Income from Transfers	3007.5	3391.7	3775.5	4131.7	4328.9	3306.8
人均消费支出 （元）	**Per Capita Consumption Expenditure (yuan)**	**12414.8**	**13199.6**	**15411.3**	**16949.4**	**17132.3**	**20011.8**
1.食品烟酒	Food,Tobacco and Liquor	5010.5	5303.9	5641.2	6289.3	6991.8	7867.4
2.衣着	Clothing	412.0	459.5	523.6	552.0	506.9	721.4
3.居住	Living	2761.9	2902.4	3355.8	3707.4	3829.2	4722.4
4.生活用品及服务	Daily Necessities and Services	718.6	722.8	817.0	817.9	803.2	1014.2
5.交通通信	Transportation and Telecommunication	1370.5	1423.6	1930.4	2139.8	1958.1	2222.9
6.教育文化娱乐	Education,Culture and Entertainment	1057.8	1186.0	1473.0	1602.7	1275.5	1789.4
7.医疗保健	Health Service	803.9	921.7	1366.7	1520.7	1517.9	1342.2
8.其他用品和服务	Other Necessities and Services	279.8	279.7	303.6	319.8	249.8	331.8
消费支出构成 （%）	**Composition of Consumption Expenditure**	**100.0**	**100.0**	**100.0**	**100.0**	**100.0**	**100.0**
1.食品烟酒	Food,Tobacco and Liquor	40.4	40.2	36.6	37.1	40.8	39.3
2.衣着	Clothing	3.3	3.5	3.4	3.3	3.0	3.6
3.居住	Living	22.2	22.0	21.8	21.9	22.3	23.6
4.生活用品及服务	Daily Necessities and Services	5.8	5.5	5.3	4.8	4.7	5.1
5.交通通信	Transportation and Telecommunication	11.0	10.8	12.5	12.6	11.4	11.1
6.教育文化娱乐	Education,Culture and Entertainment	8.5	9.0	9.6	9.5	7.4	8.9
7.医疗保健	Health Service	6.5	6.9	8.9	9.0	8.9	6.7
8.其他用品和服务	Other Necessities and Services	2.3	2.1	2.0	1.9	1.5	1.7

注：2013年起为新口径数据。
Note: Since 2013, the relative data of rural households have been calculated according to the new standard.

10-16 历年农村居民人均纯收入及生活消费支出（1978-2012年）

Per Capita Income and Consumption Expenditure of Rural Households (1978-2012)

年份 Year	人均纯收入（元） Per Capita Net Income (yuan)	指数 Index			人均消费支出（元） Per Capita Living Expenditure (yuan)	指数 Index		恩格尔系数（%） Engle Coefficient (%)
		名义增长（上年为100） Nominal Growth (Preceding year=100)	实际增长（上年为100） Real Growth (Preceding year=100)	实际增长（1978年为100） Real Growth (1978=100)		名义增长（上年为100） Nominal Growth (Preceding year=100)	实际增长（上年为100） Real Growth (Preceding year=100)	
1978	193.25	107.9		100.0	184.89	97.4		61.7
1979	222.72	115.2	113.6	113.6	205.18	111.0	110.1	59.9
1980	274.37	123.2	119.4	135.6	222.22	108.3	103.9	60.4
1981	325.37	118.6	111.4	151.1	266.05	119.7	112.1	59.3
1982	381.79	117.3	112.7	170.3	312.44	117.4	116.2	58.4
1983	395.92	103.7	107.0	182.2	328.76	105.2	106.3	60.3
1984	425.34	107.4	107.2	195.3	346.19	105.3	105.0	59.3
1985	495.31	116.5	109.8	214.5	388.00	112.1	105.7	60.4
1986	546.43	110.3	107.6	230.8	454.06	117.0	111.1	58.8
1987	662.24	121.2	111.1	256.4	545.25	120.1	109.5	57.3
1988	808.70	122.1	102.7	263.3	684.67	125.6	103.2	55.2
1989	955.02	118.1	102.0	268.6	870.59	127.2	107.3	53.7
1990	1043.03	109.2	101.6	272.9	932.63	107.1	99.7	57.7
1991	1143.06	109.6	109.4	298.5	942.40	101.1	101.2	57.4
1992	1307.65	114.4	110.4	329.6	1060.29	112.5	108.8	54.0
1993	1674.78	128.1	106.1	349.7	1391.01	131.2	106.8	52.8
1994	2181.52	130.3	103.8	363.0	1882.00	135.3	103.6	55.6
1995	2699.24	123.7	106.5	386.6	2255.01	119.8	105.3	54.5
1996	3183.46	117.9	107.6	415.9	2584.16	114.6	106.9	51.6
1997	3467.69	108.9	104.2	433.4	2617.65	101.3	100.3	52.3
1998	3527.14	101.7	103.4	448.2	2683.18	102.5	103.8	51.1
1999	3628.93	102.9	106.2	475.9	2645.94	98.6	101.7	50.7
2000	3654.48	100.7	100.9	480.2	2646.02	100.0	100.0	49.8
2001	3769.79	103.2	103.5	497.0	2703.36	102.2	102.5	49.9
2002	3911.91	103.8	105.1	522.4	2825.01	104.5	106.0	47.6
2003	4054.58	103.6	103.4	540.1	2927.35	103.6	103.4	47.9
2004	4365.87	107.7	104.0	561.8	3240.78	110.7	106.7	48.8
2005	4690.49	107.4	104.5	587.0	3707.73	114.4	111.4	48.3
2006	5079.78	108.3	106.4	624.6	3885.97	104.8	103.2	48.6
2007	5624.04	110.7	106.5	665.5	4202.32	108.1	104.5	49.7
2008	6399.77	113.8	107.6	715.8	4872.96	115.9	109.6	49.0
2009	6906.93	107.9	110.7	792.4	5019.81	103.0	105.3	48.3
2010	7890.25	114.2	110.3	874.0	5515.58	109.9	106.5	47.7
2011	9371.73	118.8	111.9	978.0	6725.55	121.9	115.5	49.1
2012	10542.84	112.5	109.3	1069.0	7458.56	110.9	107.8	49.1

注：本表数据来源于2013年之前分别开展的城镇住户调查和农村住户调查。

Note: The data shown in the table are compiled on the basis of the urban and rural househould surveys before year 2013.

10-17 全省农村居民人均主要食品消费量

Per Capita Consumption of Major Foods of Rural Households

单位:千克 (Kg)

指标	Item	2016	2017	2018	2019	2020	2021
粮食	Grain	164.25	166.58	140.98	149.44	171.99	150.91
谷物	Cereal	155.83	158.47	133.41	139.86	160.93	142.35
薯类	Tuber	1.50	1.74	1.56	1.52	1.32	1.05
豆类	Beans and the Products	6.92	6.37	6.02	8.05	9.74	7.50
油脂类	Oil and Fats	10.34	9.78	11.34	10.40	11.76	12.75
#植物油	Vegetable Oil	9.67	9.12	10.37	9.56	11.06	11.78
蔬菜及菜制品	Vegetable and Mushroom	100.38	100.75	105.04	106.80	111.45	106.24
#鲜菜	Fresh Vegetables	97.69	97.90	102.29	103.70	108.25	103.75
肉类	Products of Meat	35.77	36.35	41.62	37.14	31.92	39.93
#猪肉	Pork	30.98	31.02	36.12	31.06	26.32	33.39
禽类	Poultry	22.05	23.50	23.87	30.49	38.04	30.62
#鸡	Chick	14.43	15.42	15.25	18.68	22.88	19.23
水产品	Aquatic Products	18.78	19.24	19.79	26.64	29.86	24.81
#鱼类	Fresh	14.83	14.95	15.47	20.73	23.56	18.70
蛋类及蛋制品	Eggs ang Egg Products	6.40	6.77	6.96	7.73	9.14	8.13
#鲜蛋	Fresh Eggs	6.20	6.55	6.78	7.50	8.92	7.92
奶及奶制品	Milk and Dairy Products	2.86	3.32	3.99	4.48	4.72	7.97
#鲜奶	Fresh Milk	1.12	1.33	2.16	2.72	3.14	5.88
干鲜瓜果类	Dried and Fresh Melons and Fruits	26.69	28.55	27.01	32.51	33.79	36.20
#鲜瓜果	Fresh Melons and Fruits	24.27	25.69	23.83	29.16	30.81	33.18
糖果糕点类	Candy Pastry	5.80	5.93	5.22	5.70	5.32	5.22
#食糖	Sugar	2.12	2.12	1.90	1.88	1.87	1.33

10-18 全省农村居民平均每百户年末主要耐用品拥有量

Main Durable Consumer Goods Owned per 100 Rural Households at the Year-end

项目		Item		2016	2017	2018	2019	2020	2021
家用汽车	(辆)	Car	(set)	14.63	17.57	22.73	26.01	27.69	31.84
摩托车	(辆)	Motorcycle	(set)	122.27	123.63	116.73	116.58	115.45	110.87
助力车	(台)	Electric Bicycle	(set)	36.00	38.50	35.84	40.49	42.42	56.40
洗衣机	(台)	Washing Machine	(set)	74.43	78.46	84.71	89.98	90.32	96.62
电冰箱(柜)	(台)	Refrigerator	(set)	84.90	87.93	92.94	97.00	97.48	102.86
微波炉	(台)	Microwave Oven	(set)	21.10	22.90	27.01	29.09	29.52	34.33
彩色电视机	(台)	Color Television	(set)	119.49	120.47	116.51	116.47	115.93	112.01
空调	(台)	Air Conditioner	(set)	81.17	91.33	113.53	129.63	132.71	173.09
热水器	(台)	Water Heater	(unit)	84.93	88.49	94.02	97.99	101.70	101.59
排油烟机	(台)	Fume hood	(set)	34.30	37.30	49.07	52.12	53.62	58.82
移动电话	(部)	Mobile Phone	(set)	279.89	287.12	290.44	286.34	277.85	293.90
计算机	(台)	Computer	(set)	37.73	41.61	35.29	38.45	39.75	36.02
照相机	(台)	Camera	(set)	4.10	4.20	4.88	4.38	3.60	2.65

10-19 各市农村居民人均可支配收入
Per Capita Disposal Income of Rural Households by City

单位：元 (yuan)

市别	City	2016	2017	2018	2019	2020	2021
全省	**Provincial Total**	**14512.2**	**15779.7**	**17167.7**	**18818.4**	**20143.4**	**22306.0**
广州	Guangzhou	21448.6	23483.9	26020.1	28867.9	31266.3	34533.3
深圳	Shenzhen						
珠海	Zhuhai	22889.4	23496.4	26198.4	29069.3	31118.6	34394.0
汕头	Shantou	13662.9	14904.7	16246.1	17735.3	18962.5	20819.2
佛山	Foshan	24159.2	26389.6	28764.7	31503.4	33440.2	37067.0
韶关	Shaoguan	12790.3	14107.6	15433.7	16940.1	18288.7	20252.9
河源	Heyuan	12045.6	13300.8	14620.3	16030.3	17313.4	19146.3
梅州	Meizhou	12991.2	14088.5	15173.3	16447.2	17430.1	19241.2
惠州	Huizhou	17602.5	19284.3	21039.1	23027.4	24925.1	27580.0
汕尾	Shanwei	12441.8	13501.3	14851.5	16304.7	17732.3	19884.5
东莞	Dongguan	26526.3	29078.3	32276.9	35904.5	38827.2	43187.8
中山	Zhongshan	27528.9	30012.4	32263.3	35121.6	37632.8	41749.9
江门	Jiangmen	15226.3	16473.3	18153.6	19873.3	21129.4	23376.4
阳江	Yangjiang	13960.5	15341.7	16799.1	18331.9	19981.8	22195.6
湛江	Zhanjiang	13335.8	14484.0	15888.9	17343.0	18758.2	20692.7
茂名	Maoming	14519.9	15695.2	16950.8	18482.2	19621.2	21561.2
肇庆	Zhaoqing	15115.0	16430.5	17695.7	19217.0	20627.5	22688.7
清远	Qingyuan	12873.0	14026.8	15162.9	16523.8	17881.3	19841.2
潮州	Chaozhou	12558.5	13672.9	14944.5	16359.6	17265.7	19133.6
揭阳	Jieyang	12250.6	13206.7	14421.7	15675.4	16311.9	18015.8
云浮	Yunfu	13016.1	14124.4	15240.3	16646.2	17776.9	19675.1
按经济区域分	By Region						
珠三角	Pearl River Delta	19063.7	20813.5	22805.6	25025.8	26856.5	30464.7
粤东西北	East and West and Mountain Area	13147.1	14297.8	15570.2	16992.8	18176.9	20112.8
东翼	Eastern Region	12667.1	13732.9	15013.2	16386.8	17357.1	19211.4
西翼	Western Region	13890.8	15081.6	16434.7	17932.4	19267.8	21261.0
山区	Mountainous Region	12747.4	13924.7	15111.5	16490.8	17698.0	19599.6

注：1.按照国家统计局的统一部署广东省分市县城乡一体化住户调查工作从2013年底正式启动，从2014年开始正式对外发布分市农村居民人均可支配收入数据，不再发布分市农村居民人均纯收入数据，这两项收入指标数据在调查范围、调查方法和统计口径上均有一定变化，不完全可比。
2.深圳因完全城市化，无相关数据。

Note: a)Under the unified deployment by NBS, Guangdong province started an integrated household survey by city and county since the end of the 2013, including both urban and rural households. Since 2014 the data of per capita disposal income and expenditures of all households in the province by city is released officially after the transitional period. The coverage, methodology and definitions used in the integrated rural survey are different from the survey prior to 2013, therefore the disposable income of rural household of 2014 are different from the net income of rural household prior to 2013.
b)There is no data of Shenzhen city due to its totally urbanization.

10-20 各市农村居民人均可支配收入来源（2021年）

Per Capita Disposable Income of Rural Households by Sources and City(2021)

单位：元 (yuan)

地区	City	可支配收入 Disposable Income	工资性收入 Income of Wages and Salaries	经营净收入 Net Business Income	财产净收入 Net Income from Property	转移净收入 Net Income from Transfer
全　省	**Provincial Total**	**22306.0**	**12765.0**	**5438.8**	**795.3**	**3306.8**
广　州	Guangzhou	34533.3	25372.0	3925.5	3336.2	1899.6
深　圳	Shenzhen					
珠　海	Zhuhai	34394.0	23623.0	4753.0	3383.0	2635.0
汕　头	Shantou	20819.2	15177.5	2274.9	626.3	2740.5
佛　山	Foshan	37067.0	24266.5	5643.8	5122.4	2034.3
韶　关	Shaoguan	20252.9	9435.8	7224.6	915.4	2677.0
河　源	Heyuan	19146.3	11185.1	4182.5	214.1	3564.6
梅　州	Meizhou	19241.2	9777.3	4648.2	50.0	4765.7
惠　州	Huizhou	27580.0	16368.6	7531.8	1528.3	2151.3
汕　尾	Shanwei	19884.5	11656.5	4564.1	207.9	3456.0
东　莞	Dongguan	43187.8	35161.0	3708.3	4936.7	-618.2
中　山	Zhongshan	41749.9	28473.5	5302.2	4926.5	3047.7
江　门	Jiangmen	23376.4	17206.6	2925.5	1118.4	2125.9
阳　江	Yangjiang	22195.6	11421.0	7814.7	121.0	2838.9
湛　江	Zhanjiang	20692.7	9465.9	5899.8	233.4	5093.7
茂　名	Maoming	21561.2	10502.2	3205.2	738.9	7114.9
肇　庆	Zhaoqing	22688.7	12547.0	5763.0	612.3	3766.4
清　远	Qingyuan	19841.2	10743.1	5756.9	282.7	3058.4
潮　州	Chaozhou	19133.6	10820.2	5741.6	78.6	2493.2
揭　阳	Jieyang	18015.8	10688.8	3822.0	84.6	3420.5
云　浮	Yunfu	19675.1	12616.0	4317.8	25.3	2716.0

10-21 全省各市农村居民人均消费支出
Per Capita Consumption Expenditure of Rural Households by City

单位：元 (yuan)

市别	City	2016	2017	2018	2019	2020	2021
全省	**Provincial Total**	**12414.8**	**13199.6**	**15411.3**	**16949.4**	**17132.3**	**20011.8**
广州	Guangzhou	17595.1	18932.3	20633.9	22521.9	22990.1	26099.2
深圳	Shenzhen						
珠海	Zhuhai	18372.6	20038.1	20474.7	22573.0	22498.4	26928.2
汕头	Shantou	12019.8	13345.6	14054.2	15373.1	15743.2	16914.0
佛山	Foshan	16735.9	18262.0	19905.6	21822.5	22258.9	25035.2
韶关	Shaoguan	10825.0	11810.1	12719.5	13864.3	14271.2	16306.6
河源	Heyuan	10211.4	11484.1	12438.4	13437.2	13990.0	16020.0
梅州	Meizhou	11164.0	12392.0	13221.5	14145.7	14515.1	16285.3
惠州	Huizhou	13726.4	15576.2	16900.2	18387.4	18118.6	20462.9
汕尾	Shanwei	10294.1	11122.6	12258.2	13422.8	14191.6	15443.0
东莞	Dongguan	21539.4	23090.2	25354.5	27720.6	26890.2	30583.7
中山	Zhongshan	19275.6	20832.6	22603.3	24750.6	24824.9	29243.7
江门	Jiangmen	11584.2	12655.9	13041.6	13643.5	14727.1	16422.2
阳江	Yangjiang	11977.7	12931.4	13656.4	14603.2	14888.4	17623.3
湛江	Zhanjiang	9921.8	10732.6	11732.8	12730.1	13071.1	15180.8
茂名	Maoming	11698.2	12481.2	13487.4	14450.9	15045.5	16453.4
肇庆	Zhaoqing	9975.9	10925.6	11358.5	12510.3	12789.0	14997.4
清远	Qingyuan	11233.7	12168.2	13047.7	14039.3	14190.8	16111.6
潮州	Chaozhou	10825.4	11573.9	12399.6	13588.0	14322.4	15937.7
揭阳	Jieyang	10376.3	11227.2	12138.1	12997.6	13621.7	15815.3
云浮	Yunfu	10271.4	11169.9	11761.9	12867.5	12801.6	14382.1

注：按照国家统计局的统一部署，广东省分市县城乡一体化住户调查工作从2013年底正式启动，从2014年开始正式对外发布分市农村居民人均消费支出数据。

Note: Under the unified deployment by NBS, Guangdong province started an integrated household survey by city and county since the end of the 2013, including both urban and rural households. Since 2014 the data of per capita disposal income and expenditures of all households in the province by city is released officially after the transitional period.

10-22 全省、城镇、农村居民人均可支配收入及生活消费支出(2013-2021年)

Per Capita Disposable Income and Consumption Expenditure of Households (2013-2021)

年份 Year	人均可支配收入(元) Per Capita Disposable Income (yuan)	指数 Index 名义增长(上年为100) Nominal Growth (Preceding year=100)	指数 Index 实际增长(上年为100) Real Growth (Preceding year=100)	人均消费支出(元) Per Capita Consumption Expenditure (yuan)	指数 Index 名义增长(上年为100) Nominal Growth (Preceding year=100)	指数 Index 实际增长(上年为100) Real Growth (Preceding year=100)	恩格尔系数(%) Engle Coefficient (%)
全省居民 Provincial Household							
2013	23420.7	110.1	107.4	17421.0	108.9	106.2	35.0
2014	25685.0	109.7	107.2	19205.5	110.2	107.7	34.3
2015	27858.9	108.5	106.9	20975.7	109.2	107.6	34.5
2016	30295.8	108.7	106.3	23448.4	111.8	109.3	34.2
2017	33003.3	108.9	107.3	24819.6	105.8	104.2	33.5
2018	35809.9	108.5	106.2	26054.0	105.0	102.7	32.6
2019	39014.3	108.9	105.3	28994.7	111.3	107.6	32.3
2020	41028.6	105.2	102.5	28491.9	98.3	95.8	33.8
2021	44993.3	109.7	108.8	31589.3	110.9	110.0	33.2
城镇居民 Urban Household							
2013	29537.3	109.5	106.9	21621.5	107.8	105.3	33.6
2014	32148.1	108.8	106.4	23611.7	109.2	106.7	33.2
2015	34757.2	108.1	106.4	25673.1	108.7	107.0	33.2
2016	37684.3	108.4	105.9	28613.3	111.5	108.8	32.9
2017	40975.1	108.7	106.9	30197.9	105.5	103.7	32.2
2018	44341.0	108.2	105.9	30924.3	102.4	100.2	31.6
2019	48117.6	108.5	105.2	34424.1	111.3	108.0	31.2
2020	50257.0	104.4	101.8	33511.3	97.3	94.9	32.2
2021	54853.6	109.1	108.1	36621.1	109.3	108.2	31.7
农村居民 Rural Household							
2013	11067.8	110.7	107.8	8937.8	111.9	109.0	42.1
2014	12245.6	110.6	108.3	10043.2	112.4	110.1	39.5
2015	13360.4	109.1	107.7	11103.0	110.6	109.2	40.6
2016	14512.2	108.6	106.5	12414.8	111.8	109.6	40.4
2017	15779.7	108.7	107.8	13199.6	106.3	105.5	40.2
2018	17167.7	108.8	106.8	15411.3	116.8	114.6	36.6
2019	18818.4	109.6	104.8	16949.4	110.0	105.2	37.1
2020	20143.4	107.0	103.9	17132.3	101.1	98.1	40.8
2021	22306.0	110.7	110.6	20011.8	116.8	116.7	39.3

注：本表数据来源于自2013年起开展的城乡一体化住户收支和生活状况调查。

Notes: The data shown in the table are compiled on the basis of the integrated household income and expenditure survey carried out since 2013, including both urban and rural households.

主要统计指标解释

一、城乡一体化住户收支与生活状况调查指标解释

从2012年四季度起，国家统计局对分别进行的城乡住户调查实施了一体化改革，规范了城乡划分范围，统一了城乡居民收入指标名称、分类和统计标准，建立了城乡统一的一体化住户调查，并据此采集全国居民有关数据。

（一）居民可支配收入

居民可支配收入指居民可用于最终消费支出和储蓄的总和，即居民可用于自由支配的收入。既包括现金收入，也包括实物收入。按照收入的来源，可支配收入包含四项，分别为：工资性收入、经营净收入、财产净收入和转移净收入。

工资性收入 指就业人员通过各种途径得到的全部劳动报酬和各种福利，包括受雇于单位或个人、从事各种自由职业、兼职和零星劳动得到的全部劳动报酬和福利。

经营净收入 指住户或住户成员从事生产经营活动所获得的净收入，是全部经营收入中扣除经营费用、生产性固定资产折旧和生产税之后得到的净收入。计算公式为：

经营净收入=经营收入-经营费用-生产性固定资产折旧-生产税

财产净收入 指住户或住户成员将其所拥有的金融资产、住房等非金融资产和自然资源交由其他机构单位、住户或个人支配而获得的回报并扣除相关的费用之后得到的净收入。财产净收入包括利息净收入、红利收入、储蓄性保险净收益、转让承包土地经营权租金净收入、出租房屋净收入、出租其他资产净收入和自有住房折算净租金等。财产净收入不包括转让资产所有权的溢价所得。

转移净收入 计算公式为：转移净收入=转移性收入-转移性支出

转移性收入 指国家、单位、社会团体对住户的各种经常性转移支付和住户之间的经常性收入转移。包括养老金或退休金、社会救济和补助、政策性生产补贴、政策性生活补贴、救灾款、经常性捐赠和赔偿、报销医疗费、住户之间的赡养收入，本住户非常住成员寄回带回的收入等。转移性收入不包括住户之间的实物馈赠。

转移性支出 指调查户对国家、单位、住户或个人的经常性或义务性转移支付。包括缴纳的税款、各项社会保障支出、赡养支出、经常性捐赠和赔偿支出以及其他经常转移支出等。

（二）居民消费支出

居民消费支出是指居民用于满足家庭日常生活消费需要的全部支出，既包括现金消费支出，也包括实物消费支出。消费支出可划分为食品烟酒、衣着、居住、生活用品及服务、交通通信、教育文化娱乐、医疗保健以及其他用品及服务八大类。

食品烟酒 指用于各种食品和烟草、酒类的支出。

衣着 指与居民穿着有关的支出，包括服装、服装材料、鞋类、其他衣类及配件、衣着相关加工服务的支出。

居住 指与居住有关的支出，包括房租、水、电、燃料、物业管理等方面的支出，也包括自有住房折算租金。

生活用品及服务 指家庭及个人的各类生活品及家庭服务。包括家具及室内装饰品、家用器具、家用纺织品、家庭日用杂品、个人用品和家庭服务。

交通通信 指用于交通和通信工具及相关的各种服务费、维修费和车辆保险等支出。

教育文化娱乐 指用于教育和文化娱乐方面的支出。

医疗保健 指用于医疗和保健的药品、用品和服务的总费用。包括医疗器具及药品，以及医疗服务。

其他用品及服务 指无法直接归入上述各类支出的其他用品与服务支出。

二、2012年及以前的分城镇和农村住户调查指标解释

2012年及以前年份，中国的住户调查一直分城乡分别开展。由于分别调查，农村与城镇居民收入、支出等指标的统计口径有所不同，数据也不完全可比，城镇调查城镇居民可支配收入，农村调查农村居民纯

收入。城镇居民收入与支出数据，指现金收入或现金支出，不包括实物收支；其中，计算城镇居民人均可支配收入和消费支出时，不包括自有住房折算租金，也不包括购建房支出。农村居民收入与支出数据，分为总收支和现金收支，即农村居民的总收支部分包括了自产自用的实物收支；其中，计算农村居民人均纯收入和消费支出时，也不包括自有住房折算租金，但农村居民居住消费支出中，包括了购建房支出。为了保持历史数据的可比，本年鉴中2012年及以前年份的数据和指标解释仍保持了原城镇住户调查和农村住户调查方案的原貌。

（一）城镇住户调查

城镇家庭人口 指居住在一起，经济上合在一起共同生活的家庭成员。凡计算为家庭人口的成员其全部收支都包括在本家庭中。

城镇居民家庭可支配收入 指家庭成员得到可用于最终消费支出和其他非义务性支出以及储蓄的总和，即居民家庭可以用来自由支配的收入。它是家庭总收入扣除交纳的个人所得税、个人交纳的社会保障支出以及记账补贴后的收入。计算公式为：

城镇居民家庭可支配收入=家庭总收入-交纳个人所得税-个人交纳的社会保障支出-记账补贴

（二）农村住户调查

农村住户 指农村常住户。农村常住户指长期(一年以上)居住在乡镇(不包括城关镇)行政管理区域内的住户，以及长期居住在城关镇所辖行政村范围内的农村住户。户口不在本地而在本地居住一年及以上的住户也包括在本地农村常住户范围内；有本地户口，但举家外出谋生一年以上的住户，无论是否保留承包耕地都不包括在本地农村住户范围内。

农村居民家庭纯收入 指农村住户当年从各个来源得到的总收入相应地扣除所发生的费用后的收入总和。计算公式为：

农村居民家庭纯收入=总收入-家庭经营费用支出-税费支出-生产性固定资产折旧-赠送农村内部亲友

纯收入主要用于再生产投入和当年生活消费支出，也可用于储蓄和各种非义务性支出。“农民人均纯收入”是按人口平均的纯收入水平，反映的是一个地区农村居民的平均收入水平。

Explanatory Notes on Main Statistical Indicators

Ⅰ. Integrated Urban and Rural Households Survey on Income and Expenditures and Living Conditions

Since the fourth quarter of 2012, the NBS has launched its reform on the household survey programme, to form an integrated survey, instead of the two separate urban and rural household surveys. The reform regulates the division of urban and rural areas, integrates the concepts, classifications and standards, conducts the integrated household survey, and collects household data in the whole country thereafter.

1. Disposable Income of Households

Disposable Income of Households refers to the income of households for purpose of final expenditure and savings. It includes income both in cash and in kind. By sources of income, disposable income includes four categories: income from wages and salaries, net business income, net income from properties and net income from transfer.

Income from Wages and Salaries refers to remuneration of labour and salaries from all kinds of sources, including those employed by other units or individuals, freelance work, part-time jobs, and sporadic labour.

Net Business Income refers to net income earned by households and their members engaged in production and business activities. It refers to the net income of operating revenue minus operating costs, depreciation of productive fixed assets, and production tax. The formula is:

Net Business Income=Operating Revenue-Operating Costs-Depreciation of Productive Fixed Assets-Production Tax

Net Income from Properties refers to the net income received as returns by households or members of financial assets, non-financial assets such as housing, to other institutions, households or individuals, and minus relevant costs. Net income from properties includes net income of interest, bonus income, net income of saving insurance, net income of rents of transferring management right of contract land, income of renting housing, income of renting other assets, net converted rents of self-owned housing. Net income from properties do not include premium of transferring ownership of assets.

Net Income from Transfer The formula is:

Net Income from Transfer=Income from Transfers-Expenditure from Transfer

Income from Transfer refers to the regular transfer from country, institutions, social communities to households and between households. It includes old-age and retirement pension, disaster relief funds, regular donation and compensation, applying for medical fees, supporting income between households, income from non-usual-residing members of households, etc. Income from transfer do not include presents in kinds between households.

Expenditure from Transfer refers to regular or deontic transfer from households to country, institutions, households or individuals. It includes taxes paid, expenditure of all kinds of social security, supporting expenditure, regular donation and compensation and other regular transfer expenditure, etc.

2. Consumption Expenditure of Households

Consumption Expenditure of Households refers to all expenditure of households for living expenditure to satisfy family daily living. It includes expenditure in cash and in kind. It includes eight categories: food, tobacco and liquor, clothing, residence, household facilities, articles and services, transport and communications, education, cultural and recreational activities, health care and medical services, and miscellaneous goods and services.

Food, Tobacco and Liquor refers to expenditure for food, tobacco and liquor of all kinds.

Clothing refers to expenditure related to clothing, including clothes, clothing materials, footwear, other clothing and accessories, processing services related to clothing.

Residence refers to expenditure related to residence, including housing rents, water, electricity, fuel, property management, and including converted self-owned housing rents.

Household Facilities, Articles and Services refers to expenditure for family and individual articles for living purpose and family services. It includes furniture and interior decoration, home appliances, home textiles, household miscellaneous daily articles, personal articles, and family services.

Transport and Communications refers to expenditure for transport and communication and related services, maintenance and repairs, and vehicle insurance.

Education, Cultural and Recreational Activities refers to expenditure on education, cultural and recreational activities.

Health Care and Medical Services refers to expenditure on drugs, supplies and services of medical and health care. It includes medical appliances and drugs, and medical services.

Miscellaneous Goods and Services refers to expenditure of all kinds of expenditure of other articles and services that can not divided into the category above.

II. Explanatory on Indicators before 2012

Prior to 2012, household surveys in China were conducted separately in urban and rural areas. Statistical coverage of indicators of household income and expenditure of urban and rural households were different, data were not comparable completely. Disposable income was surveyed in urban households, and net income was surveyed in rural households. Income and expenditure of urban households refer to that in cash, not including physical payments. Among which, when calculating per capita disposable income and consumption, self-owned housing conversion rental is not included, and expenditure of purchasing housing is not included either. Income and expenditure of rural households are divided into that of total and in cash, that is, total income and expenditure include self occupied physical payments. Among which, when computing per capita net income and expenditure of rural households, self-owned housing conversion rental is not included, but purchasing of housing is included in consumption expenditure of rural households.

For comparable reason, data prior to 2012 in this yearbook were still original urban households and rural households survey.

1. Urban Household Survey

Population of Urban Households refer to members of households living and sharing economically together in the urban areas. All the income and expenditure of all the members of such households are included in the income and expenditure of the household.

Disposable Income of Urban Households refers to the actual income at the disposal of members of the households which can be used for final consumption, other non-compulsory expenditure and savings. This equals to total income minus income tax, personal contribution to social security and subsidy for keeping diaries in being a sample household. The following formula is used:

Disposable Income of Urban Households= total household income - income tax - personal contribution to social security - subsidy for keeping diaries for a sampled household

2. Rural Household Survey

Rural Households refer to usual resident households in rural areas. Usual resident households in rural areas are households residing on a long term basis(for more than one year) in the areas under the administration of township governments (not including county towns), and in the areas under the administration of villages in county towns. Households residing in the current addresses for over one year with their household registration in other places are still considered as resident households of the locality. For households with their household registration in one place but all members of the households having moved away to make a living in another place for over one year, they will not be included in the rural households of the area where they are registered, irrespective of whether they still keep their contracted land.

Net Income of Rural Households refers to the total income of rural households from all sources minus all corresponding expenses. The formula for calculation is as follows:

Net income of rural households = total income - household operation expenses - taxes and fees-depreciation of fixed assets for production - gifts to rural relatives.

Net income is mainly used as input for reinvestment in production and as consumption expenditure of the year, and also used for savings and non-compulsory expenses of various forms. "Per capita net income of farmers" is the level of net income averaged by population, reflecting the average income level of rural population in a given area.

十一、农业

AGRICULTURE

十一　农业

简要说明

一、本篇资料反映广东省农业生产和农村经济的基本情况。内容主要包括农业产值、主要产品产量、农业自然灾害等方面的统计资料。

二、本篇资料主要由广东省统计局农村社会经济统计处，国家统计局广东调查总队农业调查处、农村调查处整理提供。

三、本篇资料根据国家统计局农业统计报表制度填报。农林牧渔业综合统计报表制度的统计范围包括各市县区各种经济类型的全部农林牧渔业以及各非农行业附属的农林牧渔业生产单位。

四、根据《全国农业普查条例》，本篇资料的 1996 年部分数据以第一次全国农业普查结果为基础做了调整，2006 年部分数据以第二次全国农业普查结果为基础做了调整，2007-2017 年部分数据以第三次全国农业普查结果为基础做了调整。

11 Agriculture

Brief Introduction

Ⅰ.The data in this chapter show the basic conditions of agricultural production and rural economy in Guangdong Province, including mainly rural labor forcc, output value of agriculture, output of major products, as well as statistics on natural disasters in agriculture enterprises.

Ⅱ.The data in this chapter are mainly prepared and provided by the rural social and Economic Statistics Department of the Guangdong Provincial Bureau of statistics, the agricultural investigation department and the rural investigation department of the Guangdong Survey Corps of the National Bureau of Statistics.

Ⅲ.The data is filled in according to the agricultural statistical report system of the National Bureau of statistics. The statistical scope of the comprehensive statistical reporting system of agriculture, forestry, animal husbandry and fishery includes all agriculture, forestry, animal husbandry and fishery of various economic types in all cities, counties and districts, as well as the agricultural, forestry, animal husbandry and fishery production units affiliated to various non-agricultural industries.

Ⅳ. Some data of 1996 in this chapter are adjusted in accordance with the regulations of the first national agricultural census，some data of 2006 in this chapter are adjusted in accordance with the regulations of the second national agricultural census，some data from 2007-2017 in this chapter are adjusted in accordance with the regulations of the third national agricultural census.

11-1 农业主要指标
Main Indicators of Agriculture

指　标	Item	2000	2010	2015	2019	2020	2021
乡镇户数	Number of Rural Households (10000 households)	1419.91	1686.62	1689.97	1723.91	1751.29	1835.46
乡镇人口 (万人)	Rural Population (10000 persons)	6046.62	6805.44	6863.20	6873.49	6858.00	6751.80
化肥施用量(折纯) (万吨)	Consumption of Chemical Fertilizers (100 percent equivalent,10000 tons)	176.20	233.42	238.17	225.79	219.80	212.87
#氮肥	Nitrogenous Fertilizer	95.89	94.93	90.78	86.27	84.11	80.06
磷肥	Phosphate Fertilizer	18.36	24.75	29.03	26.45	25.80	25.98
钾肥	Potash Fertilizer	35.84	46.74	47.00	43.27	41.68	40.80
农药使用量 (万吨)	Consumption of Pesticides (10000 tons)	8.47	9.10	9.23	8.75	8.32	7.74
农村用电量 (亿千瓦时)	Electricity Consumed in Rural Areas (100 million kwh)	405.45	1044.26	1326.20	1448.04	1467.46	1392.33
农林牧渔业总产值(亿元)	Gross Output Value of Agriculture (100 million yuan)	1701.18	3697.18	5303.63	7175.89	7901.92	8305.84
农林牧渔业增加值(亿元)	Value-added of Agriculture (100 million yuan)	1005.14	2254.49	3275.05	4478.28	4880.83	5169.53
农作物总播种面积(万亩)	Total Sown Area (10000 mu)	7735.35	6394.16	6291.83	6536.07	6677.71	6747.53
粮食作物	Grain Corps	4649.83	3579.49	3289.94	3240.96	3307.03	3319.55
经济作物	Economics Corps	2940.05	2814.67	3001.88	3295.11	3370.68	3427.98
人工造林面积 (万亩)	Afforested Area in Barren Mountains (10000 mu)	25.76	142.72	177.69	33.20	30.03	29.61
主要产品产量 (万吨)	Output of Major Products (10000 tons)						
粮食	Grain	1822.33	1249.15	1211.66	1240.80	1267.56	1279.87
糖蔗	Sugarcane	1137.59	1064.09	1093.58	1241.64	1176.25	1118.20
花生	Peanuts	77.68	81.59	94.48	108.69	112.05	115.87
烟叶	Tobacco	6.21	5.00	4.52	4.17	4.12	3.88
蔬菜	Vegetables	2214.80	2550.50	2994.65	3527.96	3706.85	3855.73
水果	Fruits	643.52	1049.21	1298.52	1644.38	1756.16	1826.73
水产品	Aquatic Products	593.19	729.03	803.71	866.40	875.81	884.52
猪肉	Pork	206.85	285.14	296.31	221.93	192.42	263.23
效益指标	Efficiency Indicators						
农业中间消耗率 (%)	Farming, Forestry, Animal Husbandry and Fishery	40.9	39.0	38.2	37.6	38.2	38.0
淡水养殖水面 (元/亩)	Freshwater Aquatic Cultivation Area (yuan/mu)	3643	6930	10264	15366	16698	17727
生猪出栏率 (%)	Slaughtered Fattened Hog Rate (%)	146	156	172	145	190	189

注：1.2004年起粮食播种面积含大豆，下表同。
2.经济作物包括甘蔗、油料作物、麻类、烟叶、药材、蔬菜、瓜果类、其他农作物，下表同。
3.2021年农林牧渔业增加值为快报数。

Notes: a) Since 2004, the sown area of grain has included that of soybeans. The same applies to the following tables.
b) Economics crops include sugarcane, oil crops, hemp, tobacco leaves, medicinal materials, vegetables, melons and fruits, and other crops, the same below.
c) In 2021, the Value-added of Agriculture is the result of express report.

11-2 各市农村基层组织情况（2021年）

Basic Conditions of Rural Grassroots Units by City (2021)

市别	City	乡镇个数 (个) Number of Townships (unit)	村民委员会个数 (个) Number of Villagers' Committees (unit)	乡镇户数 (万户) Number of Rural Households (10000 households)	乡镇人口 (万人) Rural Population (10000 persons)
全　省	**Provincial Total**	**1123**	**19430**	**1835.46**	**6751.80**
广　州	Guangzhou	34	1145	238.26	705.97
深　圳	Shenzhen			1.47	6.70
珠　海	Zhuhai	15	122	13.20	49.56
汕　头	Shantou	30	558	93.13	443.50
佛　山	Foshan	21	329	103.76	370.86
韶　关	Shaoguan	95	1208	48.79	171.47
河　源	Heyuan	95	1251	72.89	292.81
梅　州	Meizhou	104	2047	85.84	296.60
惠　州	Huizhou	49	1043	80.58	336.19
汕　尾	Shanwei	40	723	62.15	239.47
东　莞	Dongguan	28	350	84.61	278.61
中　山	Zhongshan	15	150	154.83	374.64
江　门	Jiangmen	61	1056	83.64	298.56
阳　江	Yangjiang	38	710	44.93	165.00
湛　江	Zhanjiang	84	1637	146.05	610.02
茂　名	Maoming	86	1628	137.70	559.78
肇　庆	Zhaoqing	88	1255	80.24	309.10
清　远	Qingyuan	80	1031	79.87	319.92
潮　州	Chaozhou	41	894	59.70	229.58
揭　阳	Jieyang	64	1446	106.49	478.38
云　浮	Yunfu	55	847	57.34	215.08
按经济区域分	By Region				
珠三角	Pearl River Delta	311	5450	840.59	2730.20
东　翼	Eastern Region	175	3621	321.47	1390.93
西　翼	Western Region	208	3975	328.68	1334.81
山　区	Mountainous Region	429	6384	344.72	1295.88

注：乡镇个数、村民委员会个数为广东省民政厅统计年报数。
Note: The number of townships comes from the annual reports of Guangdong Provincial Department of Civil Affairs.

11−3 农业生产条件

Agricultural Production Basic Conditions

指 标	Item	2018	2019	2020	2021
农业机械化情况	**Mechanization of Agriculture**				
农业机械总动力 (万千瓦)	Total Agricultural Machinery Power (10 000 kw)	2429.94	2455.79	2495.43	2524.48
机耕面积 (千公顷)	Total Area Cultivated Using Machinery (10 000 hectares)	3614.85	3724.21	3825.98	3877.57
机播面积 (千公顷)	Total Area Sown Using Machinery (1 000 hectares)	368.28	404.32	504.99	616.27
农村电气化情况	**Electrification of Rural Areas**				
农村用电量 (亿千瓦小时)	Electricity Consumed in Rural Areas (kwh)	1443.10	1448.04	1467.46	1392.33
农用物资使用情况	**Use of Agricultural Materials**				
化肥施用量(折纯量) (万吨)	Consumption of Chemical Fertilizers(pure) (10 000 tons)	231.32	225.79	219.80	212.87
农用塑料薄膜使用量 (万吨)	Plastic Agricultural Film Used (10 000 tons)	4.48	4.38	4.26	4.30
农用柴油使用量 (万吨)	Diesel Used in Agriculture (10 000 tons)	88.52	85.55	85.81	85.42
农药使用量 (万吨)	Consumption of Pesticides (10 000 tons)	9.37	8.75	8.32	7.74
农田水利情况	**Agricultural Water Conservation**				
耕地灌溉面积 (千公顷)	Irrigated Area of Cultivated Land (10 000 hectares)	1775.21	1773.40	1776.46	1776.46
高效节水灌溉建设任务 (千公顷)	Construction task of efficient and water-saving irrigation (10 000 hectares)		6.10	5.34	7.39
除涝面积 (千公顷)	Areas with Flood Prevention Measures (10 000 hectares)	541.24	541.89	543.82	552.74
新增水土流失治理面积 (千公顷)	Areas Newly Treated for Water and Soil Erosion (10 000 hectares)	119.20	110.93	95.63	80.83
堤防长度 (公里)	Total Length of Dikes (10 000 km)	28500.50	32135.54	31929.09	31910.76
堤防保护耕地面积 (千公顷)	Dike protection Area of Cultivated Land(10 000 hectares)	1128.78	1132.66	1135.29	1136.61

注：2018年机耕面积根据第三次全国农业普查数据予以调整。
Notes: Data of total area cultivated using machinery in 2018 was adjusted according to the Third National Agricultural Census.

11−4 农业自然灾害情况

Statistics on Agriculture Covered and Affected by Natural Disasters

项 目	Item	2000	2010	2019	2020	2021
农作物受灾面积 (万亩)	Area of Farm Crops Covered by Natural Disasters(10000 mu)	948.43	916.21	162.54	126.15	119.56
#绝收面积	Area without Output	84.14	106.45	6.72	12.30	22.61
受灾人口 (万人)	Number of Persons Covered by Natural Disasters (10000 persons)	1801.00	1197.00	105.23	120.08	96.05
紧急转移安置人口(万人)	Number of Persons Receiving Evacuation and Re-settlement (10000 persons)	27.73	71.61	10.39	12.42	0.89
因灾死亡人口 (人)	Death Toll in Natural Disasters (person)	102	177	62	17	2
因灾伤病人口 (人)	Number of Wounded Persons in Natural Disasters (person)	14454	1121	11	11	2
倒塌房屋 (间)	Number of Broken Buildings (room)	27743	73666	6417	1894	267
损坏房屋 (间)	Number of Damaged Buildings (room)	74052	137066	8298	3820	1778
因灾死亡大牲畜(头、只)	Number of Large Livestock Killed in Natural Disasters (head)	62417	74002	1256	256	2388
直接经济损失 (亿元)	Volume of Direct Economic Loss (100 million yuan)	38.20	180.01	56.10	54.33	25.59

11-5 农林牧渔业总产值

Gross Output Value of Agriculture, Forestry, Animal Husbandry and Fishery

单位：亿元 (100 million yuan)

年份 Year	农林牧渔业总产值 Total	农业产值 Farming	林业产值 Forestry	牧业产值 Animal Husbandry	渔业产值 Fishery	农林牧渔专业及辅助性活动产值 Professional and Support Activities for Agriculture, Forestry, Animal Husbandry, Fishery
1978	85.94	59.56	4.98	15.98	5.42	
1979	91.53	67.19	7.67	13.58	3.09	
1980	126.25	97.15	6.83	17.75	4.52	
1981	133.85	99.33	7.81	21.62	5.09	
1982	135.52	98.33	8.33	21.73	7.13	
1983	169.96	120.06	10.72	28.57	10.61	
1984	200.07	141.22	12.13	33.81	12.91	
1985	245.21	149.09	21.09	54.68	20.35	
1986	279.15	168.68	24.38	60.74	25.35	
1987	348.61	214.47	16.74	78.26	39.14	
1988	473.78	277.38	27.66	114.28	54.46	
1989	548.60	323.15	28.00	134.60	62.85	
1990	600.71	359.39	28.46	143.68	69.18	
1991	654.82	388.90	29.64	156.08	80.20	
1992	737.11	428.99	32.86	175.36	99.90	
1993	899.03	486.46	35.51	223.16	153.90	
1994	1151.38	628.17	41.07	279.98	202.16	
1995	1445.48	777.72	46.12	349.11	272.53	
1996	1577.89	825.60	49.64	398.12	304.53	
1997	1656.46	851.35	52.10	425.67	327.34	
1998	1705.44	861.97	54.65	441.61	347.21	
1999	1745.02	859.66	58.77	457.51	369.08	
2000	1701.18	807.94	59.64	450.18	383.42	
2001	1722.35	817.95	56.78	457.56	390.06	
2002	1781.06	841.77	57.09	465.91	416.29	
2003	1908.66	851.72	55.72	482.83	432.74	85.65
2004	2154.79	959.97	61.72	571.09	466.45	95.56
2005	2447.57	1109.18	66.25	638.61	523.79	109.74
2006	2536.27	1235.40	67.60	623.34	519.03	90.90
2007	2810.45	1268.70	116.96	781.97	540.58	102.24
2008	3276.02	1398.82	125.23	983.84	650.23	117.89
2009	3301.86	1442.40	139.95	939.67	657.65	122.18
2010	3697.18	1668.66	180.20	978.33	737.01	132.97
2011	4301.86	1910.21	213.71	1193.73	835.41	148.80
2012	4550.29	2060.91	228.75	1189.80	908.12	162.71
2013	4802.01	2229.64	256.99	1168.73	968.42	178.23
2014	5053.72	2357.16	289.66	1145.87	1068.00	193.03
2015	5303.63	2490.20	308.72	1195.97	1102.12	206.62
2016	5817.55	2763.79	330.04	1318.89	1179.15	225.68
2017	5969.87	2889.97	356.14	1202.30	1276.11	245.34
2018	6318.12	3089.57	390.62	1184.72	1383.81	269.39
2019	7175.89	3530.21	408.48	1404.13	1524.78	308.30
2020	7901.92	3769.26	414.29	1778.18	1581.54	358.64
2021	8305.84	3951.14	495.44	1707.82	1747.34	404.10

11-6 农林牧渔业总产值指数（1978年＝100）

Indices of Gross Output Value of Agriculture, Forestry, Animal Husbandry and Fishery (1978=100)

1978年＝100 (year of 1978=100)

年份 Year	农林牧渔业总产值 Total	农业产值 Farming	林业产值 Forestry	牧业产值 Animal Husbandry	渔业产值 Fishery	农林牧渔专业及辅助性活动产值 Professional and Support Activities for Agriculture, Forestry, Animal Husbandry, Fishery
1978	100.0	100.0	100.0	100.0	100.0	
1979	99.2	99.4	85.1	104.6	93.7	
1980	110.2	111.8	108.3	104.4	102.8	
1981	112.8	110.3	119.6	122.9	111.9	
1982	131.2	127.4	133.4	148.6	135.0	
1983	134.6	127.2	140.4	159.8	164.3	
1984	147.1	138.9	147.6	175.5	185.5	
1985	157.8	145.5	154.8	202.2	216.2	
1986	167.5	151.0	173.4	219.6	257.0	
1987	183.6	165.8	166.9	237.7	313.2	
1988	197.7	173.4	223.2	259.2	350.3	
1989	213.2	186.9	232.3	279.4	389.9	
1990	228.9	201.5	215.7	306.2	429.3	
1991	243.0	211.9	213.8	332.6	470.1	
1992	257.7	220.3	218.9	357.8	536.5	
1993	267.6	213.7	222.6	398.9	644.5	
1994	279.5	219.5	227.5	415.1	716.3	
1995	302.7	237.1	239.6	443.5	800.1	
1996	320.9	245.0	246.5	485.9	882.9	
1997	342.7	263.7	249.2	509.5	953.5	
1998	359.3	272.7	258.1	535.8	1033.7	
1999	379.1	286.8	271.8	563.9	1101.9	
2000	389.3	288.6	281.3	579.6	1184.5	
2001	400.1	295.6	294.0	592.7	1230.1	
2002	426.1	323.4	285.8	601.4	1310.6	
2003	438.2	331.6	277.8	614.8	1367.5	100.0
2004	457.9	350.5	287.2	625.9	1433.1	107.8
2005	479.9	362.3	295.5	660.4	1514.2	120.5
2006	499.1	375.2	280.8	680.7	1605.1	132.3
2007	515.5	385.5	289.1	701.2	1670.8	143.1
2008	536.1	392.4	289.9	750.8	1749.5	155.0
2009	562.9	414.3	310.6	779.3	1839.0	163.2
2010	586.9	434.2	324.5	803.9	1921.4	171.4
2011	609.9	458.6	351.1	795.6	2023.4	180.8
2012	632.7	476.3	373.0	811.3	2123.6	191.1
2013	647.0	490.9	393.7	796.8	2211.8	203.2
2014	666.4	512.8	413.2	788.5	2292.0	213.5
2015	687.0	534.0	437.6	785.6	2369.7	224.7
2016	707.1	554.6	467.1	777.7	2451.0	238.3
2017	730.8	580.3	490.1	771.7	2542.1	255.3
2018	761.2	609.8	521.8	780.5	2634.9	274.3
2019	787.7	645.5	548.4	739.9	2734.3	303.6
2020	819.3	681.8	555.1	716.3	2891.0	344.8
2021	877.7	713.7	559.4	824.6	3023.8	385.5

注：本表按可比价格计算。
Note: The indices are calculated at comparable prices.

11-7 农林牧渔业总产值指数（上年=100）

Indices of Gross Output Value of Agriculture, Forestry, Animal Husbandry and Fishery (preceding year=100)

上年=100 (preceding year=100)

年份 Year	农林牧渔业总产值 Total	农业产值 Farming	林业产值 Forestry	牧业产值 Animal Husbandry	渔业产值 Fishery	农林牧渔专业及辅助性活动产值 Professional and Support Activities for Agriculture, Forestry, Animal Husbandry, Fishery
1979	99.2	99.4	85.1	104.6	93.7	
1980	111.1	112.5	127.3	99.8	109.7	
1981	102.4	98.7	110.4	117.6	108.9	
1982	116.3	115.5	111.5	120.9	120.6	
1983	102.6	99.9	105.2	107.6	121.7	
1984	109.3	109.2	105.1	109.8	112.9	
1985	107.3	104.8	104.9	115.2	116.5	
1986	106.1	103.8	112.0	108.6	118.9	
1987	109.6	109.8	96.3	108.2	121.9	
1988	107.7	104.6	133.7	109.0	111.8	
1989	107.8	107.8	104.1	107.8	111.3	
1990	107.4	107.8	92.9	109.6	110.1	
1991	106.2	105.1	99.1	108.6	109.5	
1992	106.0	103.9	102.4	107.6	114.1	
1993	103.8	97.0	101.7	111.5	120.1	
1994	104.4	102.7	102.2	104.1	111.1	
1995	108.3	108.0	105.3	106.8	111.7	
1996	106.0	103.3	102.9	109.6	110.3	
1997	106.8	107.6	101.1	104.8	108.0	
1998	104.8	103.4	103.6	105.2	108.4	
1999	105.5	105.2	105.3	105.2	106.6	
2000	102.7	100.6	103.5	102.8	107.5	
2001	102.8	102.4	104.5	102.2	103.8	
2002	106.5	109.4	97.2	101.5	106.5	
2003	102.8	102.5	97.2	102.2	104.3	
2004	104.5	105.7	103.4	101.8	104.8	107.8
2005	104.8	103.4	102.9	105.5	105.7	111.8
2006	104.0	103.6	95.0	103.1	106.0	109.8
2007	103.3	102.7	103.0	103.0	104.1	108.2
2008	104.0	101.8	100.3	107.1	104.7	108.3
2009	105.0	105.6	107.1	103.8	105.1	105.3
2010	104.3	104.8	104.5	103.2	104.5	105.0
2011	103.9	105.6	108.2	99.0	105.3	105.5
2012	103.7	103.9	106.3	102.0	105.0	105.7
2013	102.3	103.1	105.5	98.2	104.2	106.3
2014	103.0	104.5	105.0	99.0	103.6	105.1
2015	103.1	104.1	105.9	99.6	103.4	105.2
2016	102.9	103.9	106.8	99.0	103.4	106.1
2017	103.3	104.6	104.9	99.2	103.7	107.1
2018	104.2	105.1	106.5	101.1	103.7	107.4
2019	103.5	105.8	105.1	94.8	103.8	110.7
2020	104.0	105.6	101.2	96.8	105.7	113.6
2021	107.1	104.7	100.8	115.1	104.6	111.8

注：本表按可比价格计算。

Note: The indices are calculated at comparable prices.

11−8 各市农林牧渔业总产值（2021年）
Gross Output Value of Farming, Forestry, Animal Husbandry and Fishery by City (2021)

单位：亿元 (100 million yuan)

市 别	City	农林牧渔业总产值 Total	农业产值 Farming	林业产值 Forestry	牧业产值 Animal Husbandry	渔业产值 Fishery	农林牧渔专业及辅助性活动产值 Professional and Support Activities for Agriculture, Forestry, Animal Husbandry, Fishery
全 省	**Provincial Total**	**8305.84**	**3951.14**	**495.44**	**1707.82**	**1747.34**	**404.10**
广 州	Guangzhou	542.55	296.58	5.80	38.13	123.69	78.35
深 圳	Shenzhen	46.29	15.23	0.71	3.27	25.07	2.01
珠 海	Zhuhai	98.94	15.63	0.02	2.31	71.00	9.98
汕 头	Shantou	236.04	116.85	0.63	30.82	72.21	15.52
佛 山	Foshan	394.24	135.93	1.78	56.73	170.79	29.01
韶 关	Shaoguan	360.41	192.83	32.86	116.37	14.19	4.18
河 源	Heyuan	240.56	133.26	41.71	55.14	6.55	3.90
梅 州	Meizhou	388.60	251.53	19.81	93.84	13.57	9.85
惠 州	Huizhou	387.46	255.56	11.32	62.74	52.12	5.72
汕 尾	Shanwei	278.44	107.78	6.81	35.07	114.12	14.65
东 莞	Dongguan	53.38	39.35	0.44	0.87	11.07	1.65
中 山	Zhongshan	139.84	46.65	0.19	3.36	86.57	3.07
江 门	Jiangmen	542.24	164.88	12.47	121.68	222.09	21.13
阳 江	Yangjiang	407.06	110.68	11.80	84.82	187.68	12.08
湛 江	Zhanjiang	1043.24	553.58	19.85	171.09	254.81	43.91
茂 名	Maoming	1042.75	525.44	83.41	281.41	119.60	32.89
肇 庆	Zhaoqing	721.75	321.42	107.04	168.99	91.42	32.89
清 远	Qingyuan	508.27	249.10	43.99	159.19	22.42	33.58
潮 州	Chaozhou	196.27	114.08	3.35	23.33	44.53	10.98
揭 阳	Jieyang	331.04	188.95	36.74	54.97	29.05	21.33
云 浮	Yunfu	346.47	115.83	54.70	143.71	14.81	17.42
按经济区域分	By Region						
珠 三 角	Pearl River Delta	2926.68	1291.21	139.78	458.07	853.81	183.81
东 翼	Eastern Region	1041.79	527.67	47.53	144.19	259.92	62.49
西 翼	Western Region	2493.05	1189.71	115.06	537.32	562.08	88.88
山 区	Mountainous Region	1844.31	942.55	193.06	568.25	71.53	68.92

注：本表按当年价格计算。
Note: Data in this table are calculated at current prices.

11-9 各市农林牧渔业总产值指数(2021年)

Indices of Gross Output Value of Agriculture,Forestry, Animal Husbandry and Fishery by City (2021)

上年=100 (preceding year=100)

市别	City	农林牧渔业总产值 Total	农业产值 Farming	林业产值 Forestry	牧业产值 Animal Husbandry	渔业产值 Fishery	农林牧渔专业及辅助性活动产值 Professional and Support Activities for Agriculture, Forestry, Animal Husbandry, Fishery
全　省	**Provincial Total**	**107.1**	**104.7**	**100.8**	**115.1**	**104.6**	**111.8**
广　州	Guangzhou	107.2	108.1	128.4	99.6	102.2	115.8
深　圳	Shenzhen	101.4	102.6	49.3	127.5	101.3	89.8
珠　海	Zhuhai	107.1	104.0	81.3	186.6	106.5	103.0
汕　头	Shantou	101.2	100.7	97.5	103.0	100.6	103.8
佛　山	Foshan	105.9	99.8	113.4	146.0	99.5	105.1
韶　关	Shaoguan	113.1	103.6	111.9	131.3	99.9	109.3
河　源	Heyuan	107.4	102.7	97.2	123.1	103.5	113.7
梅　州	Meizhou	103.2	102.5	89.5	107.8	96.7	107.1
惠　州	Huizhou	111.3	103.1	118.4	126.0	151.3	115.0
汕　尾	Shanwei	110.4	104.0	94.5	144.6	107.5	111.0
东　莞	Dongguan	113.1	113.5	133.0	136.1	110.1	107.8
中　山	Zhongshan	113.2	130.1	247.7	94.3	105.8	118.1
江　门	Jiangmen	111.0	104.8	126.8	115.9	111.2	117.5
阳　江	Yangjiang	101.8	103.0	72.4	106.3	100.2	108.2
湛　江	Zhanjiang	107.4	104.7	92.0	117.9	105.6	110.7
茂　名	Maoming	106.1	104.8	102.6	108.1	106.6	113.6
肇　庆	Zhaoqing	107.6	104.4	107.5	114.2	102.6	118.7
清　远	Qingyuan	108.0	105.0	97.1	116.1	102.7	107.7
潮　州	Chaozhou	108.4	111.1	74.6	109.1	102.5	116.8
揭　阳	Jieyang	105.4	105.1	102.9	103.8	106.3	116.1
云　浮	Yunfu	107.9	98.3	102.2	119.6	96.5	108.1
按经济区域分	By Region						
珠三角	Pearl River Delta	108.6	105.5	110.2	118.3	106.4	113.5
东　翼	Eastern Region	106.3	105.1	99.0	112.7	104.5	111.7
西　翼	Western Region	105.9	104.6	95.9	110.8	103.8	111.4
山　区	Mountainous Region	107.8	102.9	99.9	118.9	99.8	108.1

注：本表按可比价格计算。

Note: The indices are calculated at comparable prices.

11-10 农作物播种面积

Total Sown Area of Farm Crops

单位：万亩 (10000 mu)

年份 Year	农作物总播种面积 Total Sown Area	一、粮食作物 Grain Crops	#稻谷 Rice	#薯类 Tubers	二、大豆 Soybean
1978	9962.46	7603.47	5790.39	873.02	163.71
1979	9492.62	7300.54	5691.88	845.65	185.91
1980	8954.84	6908.02	5596.10	800.67	198.18
1981	8567.83	6548.40	5450.29	767.07	199.33
1982	8539.77	6475.65	5373.51	778.51	218.52
1983	8364.03	6485.66	5406.97	780.98	197.43
1984	8313.00	6269.47	5272.01	765.51	193.21
1985	8036.82	5750.76	4815.81	730.83	175.22
1986	8037.18	5731.76	4804.77	745.48	177.59
1987	8064.78	5679.94	4750.06	743.22	174.25
1988	8063.89	5598.29	4678.26	726.61	172.60
1989	8322.71	5777.18	4768.32	743.93	173.64
1990	8507.35	5822.06	4763.67	751.70	172.44
1991	8489.09	5643.92	4596.92	746.74	163.30
1992	8231.36	5303.82	4313.79	710.56	157.48
1993	7718.41	4840.76	3944.83	681.66	160.54
1994	7807.99	4959.10	4005.47	747.93	157.12
1995	7957.19	5052.24	4052.13	775.96	155.84
1996	8156.22	5120.09	4066.33	778.70	155.04
1997	8267.25	5144.06	4055.92	772.52	149.14
1998	8310.73	5147.65	4029.10	768.09	146.06
1999	7894.24	4912.04	3836.30	697.22	144.52
2000	7735.35	4649.83	3619.05	640.15	145.46
2001	7868.21	4634.79	3638.28	661.15	132.19
2002	7207.37	4021.44	3151.22	582.81	102.14
2003	7294.58	4012.81	3144.56	578.14	114.54
2004	7211.96	4184.55	3208.50	581.55	120.60
2005	7223.06	4179.75	3206.40	579.75	125.70
2006	6573.85	3700.00	2912.90	468.40	96.90
2007	6444.51	3662.24	2895.53	448.58	85.95
2008	6410.77	3638.75	2896.11	425.09	81.17
2009	6416.17	3638.09	2900.39	404.84	73.18
2010	6394.16	3579.49	2877.21	392.65	72.66
2011	6367.10	3524.67	2847.03	372.05	63.76
2012	6372.63	3497.08	2847.31	355.91	61.87
2013	6363.36	3399.78	2774.98	339.63	58.22
2014	6337.79	3346.61	2740.15	333.84	54.53
2015	6291.83	3289.94	2707.15	319.78	51.71
2016	6271.95	3266.67	2709.05	304.07	48.47
2017	6341.26	3254.59	2708.13	300.04	46.74
2018	6419.04	3226.56	2681.09	299.72	47.68
2019	6536.07	3240.96	2690.51	303.74	48.86
2020	6677.71	3307.03	2751.65	304.33	48.92
2021	6747.53	3319.55	2741.13	317.08	48.95

11-10 续表 continued

单位：万亩 (10000 mu)

年份 Year	三、经济作物 Economic Crops	#糖蔗 Sugarcane	#花生 Peanuts	#烟叶 Tobacco	#蔬菜 Vegetables
1978	2195.28	258.96	486.62	69.19	
1979	2006.17	227.15	519.73	59.44	
1980	1848.64	218.57	553.24	38.62	
1981	1820.10	272.52	595.41	45.06	
1982	1845.60	331.53	588.01	48.73	
1983	1680.94	312.86	489.74	43.25	
1984	1850.32	341.02	523.56	39.06	
1985	2110.84	442.83	545.78	55.25	
1986	2127.83	405.07	560.80	41.87	
1987	2210.59	344.72	533.13	41.42	
1988	2293.00	354.90	497.82	61.39	
1989	2371.89	338.02	486.05	72.25	
1990	2512.85	419.73	485.96	68.55	776.00
1991	2681.87	453.90	472.15	81.93	867.95
1992	2770.06	461.14	471.88	79.08	946.88
1993	2717.11	353.65	499.78	73.92	1057.02
1994	2691.77	325.62	505.35	53.15	1147.53
1995	2749.11	320.18	499.60	44.33	1244.96
1996	2881.09	329.28	497.42	45.10	1348.64
1997	2974.06	334.02	499.70	55.45	1416.62
1998	3017.02	325.59	510.83	50.30	1484.82
1999	2837.68	261.47	468.50	42.72	1441.85
2000	2940.05	239.60	496.61	46.64	1515.15
2001	3101.23	215.25	511.57	53.48	1685.69
2002	3083.79	222.66	472.49	46.27	1692.00
2003	3167.23	198.29	488.66	44.86	1792.29
2004	3027.41	193.45	462.20	47.42	1720.01
2005	3043.31	188.08	464.11	47.47	1744.08
2006	2873.85	195.13	462.28	30.23	1627.80
2007	2782.27	206.37	446.50	28.62	1570.07
2008	2772.02	203.87	455.75	33.57	1612.13
2009	2778.08	203.79	459.64	34.44	1621.20
2010	2814.67	205.08	461.08	32.54	1651.25
2011	2842.42	211.58	461.80	32.31	1662.82
2012	2875.55	219.42	466.41	31.22	1669.40
2013	2963.58	231.18	469.80	29.99	1736.59
2014	2991.19	225.68	470.91	28.23	1772.00
2015	3001.88	215.36	474.87	27.42	1782.70
2016	3005.28	214.36	471.77	26.71	1784.79
2017	3086.67	219.36	478.65	26.11	1840.83
2018	3192.48	223.17	498.73	26.21	1908.37
2019	3295.11	220.60	510.77	25.10	1980.78
2020	3370.68	205.18	521.36	24.73	2045.32
2021	3427.98	192.60	524.52	23.77	2088.37

11-11 主要农产品产量

Output of Major Farm Products

单位：万吨 (10000 tons)

年份 Year	粮食作物 Grain Crops	#稻谷 Rice	#薯类 Tubers	大豆 Soybean	糖蔗 Sugarcane	花生 Peanuts	烟叶 Tobacco	蔬菜 Vegetables	茶叶 Tea	水果 Fruits
1978	1509.51	1328.56	121.04	7.99	835.42	35.17	4.73		0.92	29.40
1979	1605.36	1435.22	125.15	9.56	742.90	40.70	4.00		0.89	26.20
1980	1681.91	1523.92	123.68	11.47	834.73	50.00	2.72		1.00	29.10
1981	1521.00	1372.22	122.53	12.01	1235.50	57.39	3.68		1.13	39.20
1982	1795.72	1627.37	138.98	14.44	1496.10	61.90	4.67		1.31	46.30
1983	1817.48	1673.12	138.98	10.80	1159.83	48.08	3.41		1.45	53.00
1984	1819.33	1666.08	130.21	11.90	1454.15	53.40	3.50		1.61	73.90
1985	1604.37	1454.29	131.88	11.32	1831.40	57.07	4.89		1.75	116.28
1986	1567.00	1421.55	128.01	12.27	1622.13	60.40	3.50		2.03	185.50
1987	1701.81	1536.46	146.48	12.43	1338.60	53.50	4.05		2.28	264.10
1988	1636.70	1472.95	143.42	12.32	1538.68	51.80	5.80		2.39	277.98
1989	1817.21	1630.29	153.47	13.25	1681.34	55.38	7.15	916.88	2.35	275.83
1990	1896.29	1687.00	167.05	13.87	2093.46	57.95	7.08	976.83	2.59	328.58
1991	1873.50	1651.65	176.59	12.60	2286.38	56.11	8.46	1106.19	2.67	394.19
1992	1810.40	1602.27	170.28	13.94	2271.06	60.30	8.62	1203.54	2.87	453.62
1993	1629.11	1425.81	169.20	15.28	1603.11	66.02	7.70	1367.22	3.07	402.44
1994	1662.66	1434.04	194.68	15.44	1397.22	63.71	5.30	1509.93	3.32	401.55
1995	1803.33	1553.90	209.40	16.50	1472.21	69.98	5.04	1703.86	3.96	414.51
1996	1891.43	1626.29	210.28	17.32	1392.00	73.05	5.29	1865.10	3.62	381.17
1997	1966.75	1669.33	228.35	17.61	1629.27	74.10	7.33	1995.99	3.66	414.48
1998	1884.13	1688.53	238.28	17.32	1616.94	69.38	6.61	2011.13	3.89	453.12
1999	1935.82	1630.13	214.38	17.91	1218.30	73.31	5.80	2109.68	4.06	622.68
2000	1822.33	1528.53	199.05	18.73	1137.59	77.68	6.21	2214.80	4.21	643.52
2001	1721.55	1441.35	198.15	17.36	1073.38	79.73	6.79	2377.60	4.15	590.74
2002	1484.16	1243.46	171.02	12.67	1136.45	75.19	6.08	2442.53	4.24	698.91
2003	1488.00	1250.38	166.77	14.92	952.87	80.73	6.00	2584.20	4.14	718.59
2004	1390.00	1123.13	180.28	18.10	940.77	76.47	6.27	2557.65	4.04	787.85
2005	1394.97	1116.99	185.48	18.87	946.02	75.86	6.30	2596.02	4.45	831.69
2006	1242.42	1015.90	150.48	14.92	1025.66	76.54	4.23	2380.56	4.74	893.47
2007	1267.03	1041.38	148.04	12.64	1078.06	75.45	4.07	2316.01	4.91	934.12
2008	1210.02	994.97	136.91	12.10	1043.21	77.93	4.71	2355.51	4.88	948.32
2009	1261.99	1044.00	133.43	11.08	1062.73	79.58	4.98	2446.67	5.20	1004.99
2010	1249.15	1041.80	129.01	11.20	1064.09	81.59	5.00	2551.00	5.38	1049.21
2011	1275.73	1072.65	122.86	9.60	1111.28	83.72	5.00	2633.02	6.04	1100.20
2012	1295.69	1097.00	120.06	10.15	1164.49	86.66	5.06	2722.03	6.39	1147.12
2013	1202.48	1012.80	112.48	9.88	1218.46	89.17	4.83	2808.09	7.09	1206.39
2014	1229.97	1053.29	106.12	9.45	1159.89	91.77	4.61	2898.53	7.51	1248.18
2015	1211.66	1040.82	102.34	9.03	1093.58	94.48	4.52	2994.70	8.07	1298.52
2016	1204.22	1039.53	96.53	8.63	1096.56	95.48	4.40	3036.45	8.92	1331.99
2017	1208.56	1046.34	95.43	8.48	1144.14	98.42	4.26	3177.49	9.29	1421.23
2018	1193.49	1032.07	94.67	8.71	1207.97	104.40	4.33	3330.24	9.99	1547.81
2019	1240.80	1075.05	97.41	9.04	1241.64	108.69	4.17	3527.96	11.08	1644.38
2020	1267.56	1099.58	97.29	9.10	1176.25	112.05	4.12	3706.85	12.82	1756.16
2021	1279.87	1104.41	102.72	8.64	1118.20	115.87	3.88	3855.73	13.95	1826.73

11−12 主要畜产品和水产品产量

Output of Major Farm Products

单位：万吨　　　　　　　　　　　　　　　　　　　　　　　　Units: (10000 tons)

年份 Year	肉类 Meat	#猪肉 Pork	牛奶 Cow Milk	水产品 Aquatic Products	海水产品 Seawater Aquatic Products	淡水产品 Freshwater Aquatic Products
1978	48.45	48.09	1.66	65.50	46.47	19.03
1979	58.96	58.30	1.90	57.44	36.71	20.73
1980	63.20	62.62	2.18	63.34	41.54	21.80
1981	69.61	69.10	2.56	64.17	39.63	24.54
1982	76.85	76.20	2.88	76.32	47.12	29.20
1983	85.24	84.50	3.16	85.61	51.58	34.03
1984	90.00	89.00	3.89	95.63	54.33	41.30
1985	128.12	97.59	4.09	109.44	58.74	50.70
1986	154.16	106.60	4.39	136.54	78.18	58.36
1987	154.15	114.12	4.55	155.36	90.17	65.19
1988	172.45	124.64	4.99	174.66	102.02	72.64
1989	181.66	132.40	5.08	189.75	113.47	76.28
1990	202.45	145.35	5.51	207.66	124.53	83.13
1991	225.08	158.01	6.03	225.31	135.11	90.20
1992	245.69	166.22	5.72	251.06	147.42	103.64
1993	271.46	173.89	5.71	280.75	158.46	122.29
1994	278.50	176.89	5.71	314.10	174.80	139.30
1995	305.06	188.75	5.49	354.34	197.21	157.13
1996	252.03	162.03	5.81	395.08	218.39	176.69
1997	275.62	176.59	6.03	520.96	330.66	190.30
1998	305.45	197.53	6.97	554.28	346.20	208.07
1999	315.86	204.40	7.77	575.95	355.37	220.58
2000	324.48	206.85	9.19	593.19	360.45	232.73
2001	333.25	213.65	10.18	609.67	367.07	242.60
2002	343.63	220.17	10.82	628.06	374.36	253.70
2003	358.50	232.77	10.55	648.55	379.21	269.34
2004	365.32	242.14	10.94	664.56	381.79	282.78
2005	384.31	256.28	11.64	695.23	397.95	297.28
2006	382.08	251.46	12.00	658.84	373.59	285.25
2007	388.60	237.41	12.17	664.34	373.12	291.22
2008	418.32	258.39	13.62	680.41	376.81	303.60
2009	436.92	268.98	14.75	702.60	387.15	315.45
2010	454.86	285.14	14.95	729.03	401.50	327.53
2011	451.65	282.93	14.95	762.53	418.23	344.31
2012	464.13	291.09	14.33	739.35	408.92	330.43
2013	459.22	295.09	14.46	764.29	418.58	345.71
2014	456.69	302.86	14.20	783.22	426.44	356.78
2015	454.71	296.31	13.61	803.71	434.71	369.00
2016	448.70	288.24	13.61	818.29	441.54	376.75
2017	444.08	277.96	13.88	833.54	451.81	381.73
2018	449.90	281.52	13.89	842.44	449.17	393.28
2019	412.12	221.93	13.92	866.40	455.49	410.91
2020	400.99	192.42	15.10	875.81	450.53	425.28
2021	457.42	263.23	17.23	884.52	455.04	429.47

注：2012−2017年水产品数据以第三次全国农业普查数据为基础做了调整。下表同。

Note: From 2012 to 2017, data of aquatic products are adjusted in accordance with the Third National Agricultural Census. The same applies to the following tables.

11-13 主要农作物播种面积、亩产及总产量

Sown Area, Yield per Mu and Total Output of Major Farm Crops

单位：万亩、公斤、万吨 (10000 mu, kg, 10000 tons)

作物名称	Farm Crop	2010			2020			2021		
		播种面积 Sown Area	亩产 Yield per Mu	总产量 Total Output	播种面积 Sown Area	亩产 Yield per Mu	总产量 Total Output	播种面积 Sown Area	亩产 Yield per Mu	总产量 Total Output
农作物播种面积	**Total Sown Area**	**6394.16**			**6677.71**			**6747.53**		
粮食作物	**Grain Crops**	**3579.49**	**349**	**1249.15**	**3307.03**	**383**	**1267.56**	**3319.55**	**386**	**1279.87**
稻谷	Rice	2877.21	362	1041.80	2751.65	400	1099.58	2741.13	403	1104.41
早稻	Early Rice	1386.98	362	502.04	1303.70	398	518.52	1287.84	407	524.15
晚稻	Late Rice	1490.23	362	539.76	1447.95	401	581.06	1453.29	399	580.26
小麦	Wheat	1.30	191	0.25	0.57	244	0.14	0.37	243	0.09
玉米	Corn	209.12	296	61.94	184.71	315	58.15	194.68	312	60.80
薯类(折粮)	Tubers	392.65	329	129.01	304.33	320	97.29	317.08	324	102.72
大豆	Soybean	72.66	154	11.20	48.92	186	9.10	48.95	177	8.64
经济作物	**Economic Crops**	**2814.67**			**3370.68**			**3427.98**		
甘蔗	Sugarcane and Fruit Cane	233.16	5253	1224.73	238.39	5734	1366.81	225.16	5803	1306.60
#糖蔗	Sugarcane	205.08	5189	1064.09	205.18	5733	1176.25	192.60	5806	1118.20
油料作物	Oil-bearing Crops	477.28	175	83.34	532.94	213	113.52	536.16	219	117.30
#花生	Peanuts	461.08	177	81.59	521.36	215	112.05	524.52	221	115.87
麻类	Fiber Crops	0.29	164	0.05	0.10	206	0.02	0.09	212	0.02
烟叶	Tobacco	32.54	154	5.00	24.73	167	4.12	23.77	163	3.88
中草药材	Chinese Herbal Medicine	16.92			79.60			84.57		
蔬菜	Vegetables	1651.25	1544	2551.00	2045.32	1812	3706.85	2088.37	1846	3855.73
瓜果类	Melons and Fruits	57.67	1724	99.43	63.58	1988	126.41	64.70	2026	131.06
其他农作物	Other Crops	345.56			386.04			405.16		
#木薯	Cassava	114.94	1223	140.61	95.96	1416	135.83	95.41	1429	136.33

11-14 各市主要农作物播种面积、亩产及总产量（2021年）

Sown Area, Yield per Mu and Total Output of Major Farm Crops by City (2021)

单位：亩、公斤、吨 (mu, kg, ton)

市别	City	粮食作物 Grain Crops			#稻谷 Rice		
		播种面积 Sown Area	亩产 Yield per Mu	总产量 Total Output	播种面积 Sown Area	亩产 Yield per Mu	总产量 Total Output
全 省	**Provincial Total**	**33195539**	**386**	**12798747**	**27411300**	**403**	**11044147**
广 州	Guangzhou	438419	344	150769	344755	357	122909
深 圳	Shenzhen	19558	290	5680	11651	304	3536
珠 海	Zhuhai	74581	383	28528	65880	392	25836
汕 头	Shantou	1029716	446	459378	687883	468	321783
佛 山	Foshan	138578	351	48614	99539	373	37095
韶 关	Shaoguan	1806933	417	754222	1559953	438	683329
河 源	Heyuan	1995193	407	811542	1832610	422	773607
梅 州	Meizhou	2751370	413	1136898	2426109	436	1058587
惠 州	Huizhou	1681343	362	609069	1270937	374	474675
汕 尾	Shanwei	1225995	353	433270	1035122	364	377195
东 莞	Dongguan	28285	336	9508	20663	367	7590
中 山	Zhongshan	42519	345	14655	33314	356	11857
江 门	Jiangmen	2792441	353	986611	2532616	363	919329
阳 江	Yangjiang	1810095	349	631472	1586381	362	574293
湛 江	Zhanjiang	4216111	360	1518008	3393950	373	1266192
茂 名	Maoming	3761203	407	1530140	3154579	425	1341722
肇 庆	Zhaoqing	2993413	409	1224288	2516821	429	1080450
清 远	Qingyuan	2257082	325	733604	1827598	349	638090
潮 州	Chaozhou	634457	425	269670	473855	462	218721
揭 阳	Jieyang	1958776	409	801659	1217520	427	520246
云 浮	Yunfu	1539471	417	641162	1319564	445	587105
按经济区域分	By Region						
珠 三 角	Pearl River Delta	8209137	375	3077722	6896176	389	2683277
东 翼	Eastern Region	4848944	405	1963977	3414380	421	1437945
西 翼	Western Region	9787409	376	3679620	8134910	391	3182207
山 区	Mountainous Region	10350049	394	4077428	8965834	417	3740718

11-14 续表 1 continued

单位：亩、公斤、吨 (mu, kg, ton)

市别	City	大豆 Soybean 播种面积 Sown Area	亩产 Yield per Mu	总产量 Total Output	经济作物 Economic Crops 播种面积 Sown Area	#糖蔗 Sugarcane 播种面积 Sown Area	亩产 Yield per Mu	总产量 Total Output
全省	**Provincial Total**	**489450**	**177**	**86379**	**34279842**	**1925967**	**5806**	**11182045**
广州	Guangzhou	5500	170	936	2685184			
深圳	Shenzhen	322	12	4	143743	68	838	57
珠海	Zhuhai	729	170	124	151586			
汕头	Shantou	6138	179	1096	736833			
佛山	Foshan	1046	191	200	799100			
韶关	Shaoguan	44747	175	7826	2010200	5077	5615	28508
河源	Heyuan	38043	181	6873	1067909	5548	5032	27918
梅州	Meizhou	58293	174	10133	1877403	2900	1887	5472
惠州	Huizhou	18911	165	3128	2225679	9421	7367	69406
汕尾	Shanwei	19187	183	3511	1118083	1030	4819	4964
东莞	Dongguan	1002	154	154	329357			
中山	Zhongshan	448	192	86	482596	50	3040	152
江门	Jiangmen	31357	170	5342	1908287	12384	6442	79775
阳江	Yangjiang	47581	172	8198	1329684	3299	4521	14914
湛江	Zhanjiang	25035	180	4515	5795070	1756335	5802	10189707
茂名	Maoming	39041	172	6730	3074922	99633	5036	501722
肇庆	Zhaoqing	33756	177	5968	2562279	2190	5103	11176
清远	Qingyuan	49424	186	9171	3506079	28032	8857	248274
潮州	Chaozhou	9495	174	1649	317632			
揭阳	Jieyang	38489	181	6947	1074752			
云浮	Yunfu	20906	181	3788	1083464			
按经济区域分	By Region							
珠三角	Pearl River Delta	93071	171	15942	11287811	24113	6659	160566
东翼	Eastern Region	73309	180	13203	3247300	1030	4819	4964
西翼	Western Region	111657	174	19443	10199676	1859267	5758	10706343
山区	Mountainous Region	111657	178	37791	9545055	41557	7464	310172

11-14 续表 2 continued

单位：亩、公斤、吨 (mu, kg, ton)

市 别	City	#花生 Peanuts 播种面积 Sown Area	亩产 Yield per Mu	总产量 Total Output	#烟叶 Tobacco 播种面积 Sown Area	亩产 Yield per Mu	总产量 Total Output
全 省	**Provincial Total**	**5245186**	**221**	**1158706**	**237683**	**163**	**38782**
广 州	Guangzhou	56919	190	10793			
深 圳	Shenzhen	4099	128	523			
珠 海	Zhuhai	2824	275	777			
汕 头	Shantou	20212	176	3561			
佛 山	Foshan	11704	212	2486	5	600	3
韶 关	Shaoguan	552976	252	139576	127167	158	20122
河 源	Heyuan	363260	217	78680			
梅 州	Meizhou	186461	192	35728	66964	159	10632
惠 州	Huizhou	266000	195	51795			
汕 尾	Shanwei	194365	175	33974			
东 莞	Dongguan	764	213	163			
中 山	Zhongshan	206	354	73			
江 门	Jiangmen	188187	176	33206	16	125	2
阳 江	Yangjiang	304268	159	48234	83	193	16
湛 江	Zhanjiang	967544	255	246794	4384	193	847
茂 名	Maoming	705341	229	161621	13908	193	2685
肇 庆	Zhaoqing	414513	214	88848	15401	181	2790
清 远	Qingyuan	581883	219	127720	9690	172	1668
潮 州	Chaozhou	28443	179	5084			
揭 阳	Jieyang	123634	278	34348	65	262	17
云 浮	Yunfu	271583	201	54722			
按经济区域分	By Region						
珠 三 角	Pearl River Delta	945216	200	188664	15422	181	2795
东 翼	Eastern Region	366654	210	76967	65	262	17
西 翼	Western Region	1977153	231	456649	18375	193	3548
山 区	Mountainous Region	1956163	223	436426	203821	159	32422

11-14 续表 3 continued

单位：亩、公斤、吨 (mu, kg, ton)

市别	City	#木薯 Cassava			#蔬菜 Vegetables		
		播种面积 Sown Area	亩产 Yield per Mu	总产量 Total Output	播种面积 Sown Area	亩产 Yield per Mu	总产量 Total Output
全　省	**Provincial Total**	**954111**	**1429**	**1363294**	**20883737**	**1846**	**38557342**
广　州	Guangzhou	626	1439	901	2199663	1836	4038410
深　圳	Shenzhen	128	2500	320	133741	1259	168334
珠　海	Zhuhai	65	1077	70	106877	1295	138400
汕　头	Shantou	300	3420	1026	686405	2574	1766741
佛　山	Foshan	265	1313	348	506534	1683	852604
韶　关	Shaoguan	9624	1717	16525	871706	1633	1423362
河　源	Heyuan	32016	990	31684	589963	1352	797646
梅　州	Meizhou	97147	1116	108390	1075409	2283	2454867
惠　州	Huizhou	924	1634	1510	1864038	1823	3398609
汕　尾	Shanwei	24977	2308	57656	823882	1748	1439765
东　莞	Dongguan				294958	1399	412653
中　山	Zhongshan	16	1625	26	230976	1592	367652
江　门	Jiangmen	33738	1594	53780	1123022	1613	1811739
阳　江	Yangjiang	50137	1069	53590	836704	1141	954640
湛　江	Zhanjiang	145486	1877	273101	2413679	1822	4397706
茂　名	Maoming	79298	1391	110288	1861529	1995	3713452
肇　庆	Zhaoqing	227477	1338	304395	1378322	2268	3125666
清　远	Qingyuan	101017	1272	128530	2384278	1638	3906297
潮　州	Chaozhou	2323	1201	2791	240163	2303	553169
揭　阳	Jieyang	8434	1592	13427	854856	2570	2196937
云　浮	Yunfu	140113	1463	204936	407032	1569	638693
按经济区域分	By Region						
珠三角	Pearl River Delta	263239	1373	361350	7838131	1826	14314067
东　翼	Eastern Region	36034	2079	74900	2605306	2286	5956612
西　翼	Western Region	274921	1589	436979	5111912	1773	9065798
山　区	Mountainous Region	379917	1290	490065	5328388	1731	9220865

11-15 造林面积及主要林产品产量

Area of Afforestation and Output of Major Forest Products

项 目	Item	2000	2010	2015	2019	2020	2021
人工造林面积 (万亩)	Artificial Afforestation Area (10000 mu)	25.76	142.72	177.69	33.20	30.03	29.61
年末实有育苗面积 (万亩)	Actual Area of Seedlings Raising at the Year-end (10000 mu)	3.12	4.54	12.17	3.52	3.57	3.63
主要林产品产量	Output of Major Forest Products						
油茶籽 (吨)	Tea-oil Seeds (ton)	26268	82417	149374	161528	162656	177622
竹笋干 (吨)	Dried Bamboo Shoots (ton)	14132	30291	39805	60677	55591	66153
板栗 (吨)	Chinese Chestnuts (ton)	5440	10616	21229	39589	46006	55592
松香类产品 (万吨)	Rosin Products (10000 tons)	9.61	12.91	15.62	13.65	18.90	18.64
木材竹材产量	Output of Wood and Bamboo						
木材 (万立方米)	Wood (10000 cubic meters)	275	655	791	945	1011	1264
大径竹 (万根)	Large Diameter Bamboo (10000 sticks)	6809	13252	12754	23491	25737	30907

11-16 水产养殖面积和水产品产量

Area of Cultivation and Output of Aquatic Products

指 标	Item	2000	2010	2015	2019	2020	2021
水产品产量(万吨)	**Output of Aquatic Products(10000 tons)**	**593.19**	**729.03**	**803.71**	**866.40**	**875.81**	**884.52**
海水产品	Seawater Aquatic Products	360.45	401.50	434.71	455.49	450.53	455.04
捕捞	Catches	191.48	152.43	154.00	126.36	119.29	118.80
养殖	Artificially Cultured	168.97	249.07	280.71	329.13	331.24	336.24
淡水产品	Freshwater Aquatic Products	232.73	327.53	369.00	410.91	425.28	429.47
捕捞	Catches	13.52	12.86	12.26	10.79	9.87	8.91
养殖	Artificially Cultured	219.21	314.67	356.74	400.12	415.41	420.57
养殖面积 (万亩)	**Area of Cultivation (10000 mu)**	**846.76**	**845.12**	**734.88**	**717.32**	**711.15**	**713.43**
海水养殖	Seawater	292.33	298.89	247.76	247.48	247.05	248.58
淡水养殖	Freshwater	554.43	546.24	487.12	469.84	464.10	464.85

11-17 牲畜头数及肉类产量

Number of Livestock and Output of Meat

项 目	Item	2000	2010	2015	2019	2020	2021
牛年末存栏头数（万头）	**Number of Cattle and Buffaloes (at the year-end) (10000 heads)**	**420.64**	**175.49**	**132.92**	**120.58**	**122.41**	**112.99**
役用牛	Farming Cattle	295.20	89.62	54.61	31.73	29.69	25.24
肉用牛	Beef Cattle	121.72	80.29	72.52	82.88	85.87	81.55
奶牛	Milch Cows	3.72	5.57	5.79	5.97	6.84	6.20
牛奶产量（万吨）	**Output of Milk (10000 tons)**	**9.19**	**14.95**	**13.61**	**13.92**	**15.10**	**17.23**
山羊年末存栏只数（万只）	**Number of Goats on Hand at the Year-end (10000 heads)**	**29.33**	**50.52**	**83.55**	**93.57**	**94.31**	**88.64**
生猪年末存栏头数（万头）	**Number of Hogs at the Year-end (10000 heads)**	**2034.79**	**2332.51**	**2308.54**	**1333.79**	**1767.27**	**2075.48**
#能繁殖母猪	Number of Female Hogs with Fertility	143.75	262.65	242.52	131.01	184.72	191.18
肉猪出栏头数（万头）	**Number of Slaughtered Fattened Hogs (10000 heads)**	**2954.98**	**3863.23**	**3959.62**	**2940.17**	**2537.36**	**3336.63**
家禽年末存栏（亿只）	**Poultry at year-end (100 million heads)**	**3.89**	**4.09**	**3.74**	**4.01**	**4.03**	**3.94**
出售和自宰的家禽（亿只）	**Poultry sold or slaughtered (100 million heads)**	**9.29**	**11.75**	**10.48**	**12.12**	**13.74**	**12.80**
禽蛋产量（万吨）	**Poultry Eggs (10 000 tons)**	**33.08**	**35.54**	**36.40**	**41.48**	**44.63**	**43.66**
肉类产量（万吨）	**Output of Meat (10000 tons)**	**324.48**	**454.86**	**454.71**	**412.12**	**400.99**	**457.42**
#猪肉	Pork	206.85	285.14	296.31	221.93	192.42	263.23
牛肉	Beef	5.17	4.97	4.14	4.08	4.22	4.37
羊肉	Mutton	0.43	1.24	1.83	1.97	1.92	1.96
禽肉	Meat of Poultry	111.50	158.04	145.01	176.24	195.27	182.19
兔肉	Rabbit Meat	0.53	0.65	0.90	1.08	0.79	0.68

11-18 各市造林面积、水产品产量、牲畜头数及猪肉产量（2021年）

Area of Afforestation, Output of Aquatic Products, Number of Livestock and Output of Pork by City (2021)

市 别	City	人工造林面积（万亩）Artificial Afforestation Area (10000 mu)	水产品产量（万吨）Output of Aquatic Products (10000 tons)	#淡水养殖 Freshwater	牛年末存栏头数（万头）Number of Cattles and Buffalos at the Year-end (10000 heads)	生猪年末存栏头数（万头）Number of Hogs at the Year-end (10000 heads)	肉猪出栏头数（万头）Number of Slaughtered Fattened Hogs (10000 heads)	猪肉产量（万吨）Output of Pork (10000 tons)
全 省	**Provincial Total**	**29.61**	**884.52**	**420.57**	**112.99**	**2075.48**	**3336.63**	**263.23**
广 州	Guangzhou	0.52	50.77	34.55	1.18	30.84	61.56	4.69
深 圳	Shenzhen	0.09	7.97	0.31	0.24	4.95	8.08	0.57
珠 海	Zhuhai	0.26	33.34	22.41	0.00	6.37	4.25	0.35
汕 头	Shantou	1.20	47.35	8.89	0.48	25.19	54.65	4.36
佛 山	Foshan	0.87	75.78	75.22	0.45	62.60	82.25	6.53
韶 关	Shaoguan	7.61	8.31	8.08	3.33	196.75	264.84	21.36
河 源	Heyuan	1.99	4.71	4.53	5.79	75.82	129.31	10.10
梅 州	Meizhou	1.47	10.47	9.41	9.67	123.06	191.94	15.12
惠 州	Huizhou	2.45	19.21	12.29	5.77	110.94	135.77	10.56
汕 尾	Shanwei	2.72	59.05	5.04	6.13	56.10	89.60	7.10
东 莞	Dongguan		4.95	4.25	0.01	0.86	1.34	0.11
中 山	Zhongshan	0.23	36.22	36.07	0.04	3.18	1.90	0.15
江 门	Jiangmen	0.92	83.07	51.95	1.96	147.73	207.94	16.49
阳 江	Yangjiang	0.80	118.98	10.03	6.48	138.71	260.39	20.54
湛 江	Zhanjiang	1.64	121.04	16.99	22.45	245.80	370.24	29.10
茂 名	Maoming	0.91	92.45	33.15	16.41	306.20	572.84	44.97
肇 庆	Zhaoqing	1.29	51.72	51.38	16.57	163.90	306.67	24.58
清 远	Qingyuan	1.79	13.78	13.61	8.06	158.99	281.39	22.06
潮 州	Chaozhou	0.68	20.59	4.83	0.70	25.72	40.86	3.28
揭 阳	Jieyang	0.97	14.64	7.59	4.70	65.48	118.07	9.11
云 浮	Yunfu	0.73	10.09	9.97	2.56	126.30	152.76	12.12
按经济区域分	By Region							
珠 三 角	Pearl River Delta	6.62	363.04	288.44	26.22	531.38	809.76	64.01
东 翼	Eastern Region	5.57	141.64	26.36	12.01	172.48	303.17	23.85
西 翼	Western Region	3.35	332.48	60.17	45.34	690.71	1203.47	94.61
山 区	Mountainous Region	13.58	47.36	45.60	29.41	680.91	1020.24	80.76

注：分市人工造林数据未包括当地国家级自然保护区和省属林场完成量。

Note: The artificial afforestation data by city do not include the completed amount of local national nature reserves and provincial forest farms.

11-19 茶叶、桑、水果面积及产量

Planted Area and Output of Tea, Mulberry and Fruits

指 标	Item	2000	2010	2015	2019	2020	2021
茶叶年末实有面积 (万亩)	Planted Area of Tea at the Year-end(10000 mu)	64.80	62.76	78.07	108.33	117.29	133.90
茶叶总产量 (万吨)	Output of Tea (10000 tons)	4.21	5.38	8.07	11.08	12.82	13.95
桑地年末实有面积 (万亩)	Planted Area of Mulberries at the Year-end (10000 mu)	26.89	47.73	51.25	38.76	39.62	31.00
桑叶产量 (万吨)	Output of mulberry leaves (10000 tons)	51.25	94.35	113.54	101.82	105.62	87.77
水果年末实有面积 (万亩)	Planted Area of Fruits at the Year-end (10000 mu)	1502.35	1510.61	1452.71	1510.50	1546.97	1576.14
水果总产量 (万吨)	Gross Output of Fruits (10000 tons)	643.52	1049.21	1298.52	1644.38	1756.16	1826.73
#柑橘橙年末实有面积 (万亩)	Planted Area of Citruses at the Year-end (10000 mu)	123.34	326.83	296.62	288.04	292.47	287.95
柑橘橙总产量 (万吨)	Output of Citruses (10000 tons)	81.06	259.34	317.53	362.16	388.20	399.72
香(大)蕉年末实有面积 (万亩)	Planted Area of Bananas at the Year-end (10000 mu)	151.51	171.85	162.22	166.99	166.89	167.13
香(大)蕉总产量 (万吨)	Output of Bananas (10000 tons)	235.30	334.13	357.83	464.83	478.73	483.30
菠萝年末实有面积(万亩)	Planted Area of Pineapples at the Year-end (10000 mu)	44.58	38.81	44.58	53.46	58.44	58.87
菠萝总产量 (万吨)	Output of Pineapples (10000 tons)	47.53	63.21	83.76	110.99	121.02	125.98
荔枝年末实有面积(万亩)	Planted Area of Lychees at the Year-end (10000 mu)	474.83	390.99	371.82	373.05	381.21	393.98
荔枝总产量 (万吨)	Output of Lychees (10000 tons)	64.75	96.53	116.18	109.22	135.09	151.62
龙眼年末实有面积(万亩)	Planted Area of Longans at the Year-end (10000 mu)	236.31	182.45	170.54	171.77	171.37	172.39
龙眼总产量 (万吨)	Output of Longans (10000 tons)	34.68	58.22	76.04	90.29	93.10	104.23

11-20 各市水果面积及产量（2021年）

Planted Area and Output of Fruits by City (2021)

单位：万亩、万吨 (10000 mu，10000 tons)

市别	City	水果合计 Fruits 年末面积 Year-end Area	水果合计 Fruits 总产量 Total Output	#柑橘橙 Citrus 年末面积 Year-end Area	#柑橘橙 Citrus 总产量 Total Output	#香(大)蕉 Banana 年末面积 Year-end Area	#香(大)蕉 Banana 总产量 Total Output
全　省	**Provincial Total**	**1576.14**	**1826.73**	**287.95**	**399.72**	**167.13**	**483.30**
广　州	Guangzhou	106.07	81.94	6.07	8.66	8.36	27.92
深　圳	Shenzhen	5.17	4.30	0.44	0.64	0.18	0.28
珠　海	Zhuhai	8.48	10.36	0.07	0.07	0.98	2.99
汕　头	Shantou	21.06	30.21	1.33	2.68	3.09	6.06
佛　山	Foshan	2.94	4.73	0.14	0.27	1.19	3.36
韶　关	Shaoguan	70.50	67.24	34.54	34.77	0.70	0.62
河　源	Heyuan	56.27	44.84	13.46	12.75	1.21	1.05
梅　州	Meizhou	123.28	155.48	11.28	16.72	5.64	8.18
惠　州	Huizhou	96.64	96.10	26.89	28.27	14.70	38.68
汕　尾	Shanwei	54.37	32.39	1.48	3.96	3.51	4.31
东　莞	Dongguan	21.17	7.50	0.03	0.01	2.59	4.02
中　山	Zhongshan	5.02	10.38	0.24	0.27	1.25	4.10
江　门	Jiangmen	35.52	40.13	12.48	18.20	4.52	9.20
阳　江	Yangjiang	74.71	41.39	6.88	9.33	7.14	9.91
湛　江	Zhanjiang	164.95	317.84	9.34	8.97	43.35	135.84
茂　名	Maoming	358.06	443.65	12.67	14.68	43.72	185.30
肇　庆	Zhaoqing	119.70	209.16	83.51	165.27	9.99	17.03
清　远	Qingyuan	76.27	80.40	37.37	39.92	2.12	4.08
潮　州	Chaozhou	25.95	29.86	2.70	3.69	0.94	3.05
揭　阳	Jieyang	84.18	66.80	6.70	7.96	6.67	11.13
云　浮	Yunfu	65.83	52.05	20.35	22.62	5.27	6.20
按经济区域分	By Region						
珠三角	Pearl River Delta	400.70	464.59	129.85	221.67	43.77	107.58
东　翼	Eastern Region	185.56	159.25	12.21	18.28	14.20	24.54
西　翼	Western Region	597.72	802.88	28.90	32.98	94.22	331.05
山　区	Mountainous Region	392.16	400.00	116.99	126.78	14.93	20.13

11-20 续表 continued

单位：万亩、万吨 (10000 mu，10000 tons)

市 别	City	#菠萝 Pineapple 年末面积 Year-end Area	#菠萝 Pineapple 总产量 Total Output	#荔枝 Lychee 年末面积 Year-end Area	#荔枝 Lychee 总产量 Total Output	#龙眼 Longan 年末面积 Year-end Area	#龙眼 Longan 总产量 Total Output
全 省	**Provincial Total**	**58.87**	**125.98**	**393.98**	**151.62**	**172.39**	**104.23**
广 州	Guangzhou	0.04	0.08	55.11	12.59	12.23	4.91
深 圳	Shenzhen	0.17	0.14	2.70	1.39	0.77	0.43
珠 海	Zhuhai	0.04	0.11	4.20	0.83	0.91	0.34
汕 头	Shantou	0.01	0.01	4.99	1.14	0.60	0.56
佛 山	Foshan	0.01	0.05	0.24	0.09	0.75	0.12
韶 关	Shaoguan			0.01	0.01	0.23	0.14
河 源	Heyuan			5.33	0.92	1.72	0.72
梅 州	Meizhou	0.24	0.13	4.52	1.99	5.23	3.24
惠 州	Huizhou	0.56	0.61	30.19	10.60	12.54	6.53
汕 尾	Shanwei	2.10	1.00	24.72	11.60	3.63	2.75
东 莞	Dongguan	…	…	15.97	2.40	1.78	0.38
中 山	Zhongshan	0.36	0.55	1.06	0.77	0.70	0.84
江 门	Jiangmen	0.05	0.10	8.14	2.80	5.69	2.06
阳 江	Yangjiang	0.03	0.02	32.68	8.50	15.08	6.48
湛 江	Zhanjiang	48.16	113.88	31.85	20.49	6.93	4.68
茂 名	Maoming	0.11	0.10	134.69	58.14	78.50	54.17
肇 庆	Zhaoqing	0.71	0.58	2.76	2.81	3.29	2.43
清 远	Qingyuan	0.01	0.01	2.36	1.00	1.44	0.83
潮 州	Chaozhou	0.61	0.77	2.89	2.77	5.17	5.67
揭 阳	Jieyang	5.50	7.63	18.03	7.26	8.54	3.60
云 浮	Yunfu	0.18	0.21	11.54	3.52	6.68	3.36
按经济区域分	By Region						
珠 三 角	Pearl River Delta	1.94	2.22	120.37	34.28	38.65	18.04
东 翼	Eastern Region	8.22	9.40	50.64	22.76	17.94	12.57
西 翼	Western Region	48.30	114.00	199.22	87.13	100.50	65.33
山 区	Mountainous Region	0.43	0.35	23.76	7.44	15.30	8.28

11-21 主要农产品产量与最高年份比较（2021年）

Output of Major Farm Products in Comparison with Peak Year (2021)

指标	Item	2021	新中国成立以来最高年 Peak Year since 1949		
			年份 Year	产量 Output	2021为新中国成立以来最高年份% Percentage of 2021 to Peak Year%
粮食总产量　（万吨）	**Total Output of Grain　(10000 tons)**	**1279.87**	**1997**	**1966.75**	**65.08**
#稻谷	Output of Rice	1104.41	1998	1688.53	65.41
#早稻	Early Rice	524.15	1983	862.25	60.79
晚稻	Late Rice	580.26	1998	866.51	66.97
薯类	Tubers	102.72	1998	238.28	43.11
经济作物　（万吨）	**Economic Crops　(10000 tons)**				
甘蔗	Sugarcane and Fruit Canes	1306.60	1992	2376.62	55.0
#糖蔗	Sugarcane	1118.20	1992	2271.06	49.2
油料作物	Oil-bearing Crops	117.30	2020	113.52	103.3
#花生	Peanuts	115.87	2020	112.05	103.4
烟叶	Tobacco	3.88	1992	8.62	45.0
蔬菜　（万吨）	Vegetables　(10000 tons)	3855.73	2020	3706.85	104.0
水果　（万吨）	**Fruits　(10000 tons)**	**1826.73**	**2020**	**1756.16**	**104.0**
水产品　（万吨）	**Aquatic Products　(10000 tons)**	**884.52**	**2020**	**875.81**	**101.0**
生猪年末存栏量　（万头）	**Number of Hogs at the Year-end　(10000 heads)**	**2075.48**	**2009**	**2455.11**	**84.54**
生猪出栏头数　（万头）	**Number of Slaughtered Fattened Hogs　(10000 heads)**	**3336.63**	**2014**	**4062.02**	**82.14**
猪肉产量　（万吨）	**Output of Pork　(10000 tons)**	**263.23**	**2014**	**302.86**	**86.91**
家禽年末存栏　（亿只）	**Poultry at year-end　(100 million heads)**	**3.94**	**2010**	**4.09**	**96.27**
出售和自宰的家禽（亿只）	**Poultry sold or slaughtered(100 million heads)**	**12.80**	**2020**	**13.74**	**93.20**
禽肉产量　（万吨）	**Output of Poultry Meat　(10 000 tons)**	**182.19**	**2020**	**195.27**	**93.30**

11-22 农林牧渔业分项产值

Agricultural Production Basic Conditions

单位：亿元 (100 million yuan)

指　　标	Item	2018	2019	2020	2021
农林牧渔业总产值	Gross Output Value of Agriculture	6318.12	7175.89	7901.92	8305.84
农业产值	Farming	3089.57	3530.21	3769.26	3951.14
谷物及其他作物	Cereal and other Crops	713.50	742.91	768.96	783.80
#谷物	Cereal	349.26	361.50	375.02	390.66
薯类	Tubers	90.39	97.11	98.20	98.32
豆类	Beans	8.48	8.88	9.13	9.33
糖料	Sugar Crops	87.37	82.72	84.14	82.02
油料	Oil Bearing Crops	89.60	97.83	105.44	110.10
蔬菜园艺作物	Horticulture Vegetables	1417.20	1564.92	1682.44	1834.07
#蔬菜(含菜用瓜、食用菌)	Vegetables	1256.69	1387.68	1464.81	1574.19
水果、坚果、饮料和香料作物	Fruits, Nuts, Drink, and Spice Crops	870.17	1114.38	1194.48	1208.42
#水果(含果用瓜)、坚果	Fruits (Including Fruit Melons), Nuts	803.23	1017.53	1084.18	1057.52
中草药材	Chinese Medicinal Herbs	88.70	108.00	123.38	124.85
林业产值	Forestry	390.62	408.48	414.29	495.44
林木的培育和种植	Planting and Nurturing of Trees	35.02	34.20	35.14	32.49
竹木采运	Lumbering and Transport of Bamboo	122.11	132.30	134.76	165.29
林产品	Forestry Production	233.50	241.98	244.38	297.67
牧业产值	Animal Husbandry	1184.72	1404.13	1778.18	1707.82
牲畜饲养	Breeding and Raising of Domestic Animals	34.99	42.61	54.97	56.49
猪的饲养	Raising of Swine	595.93	677.45	1000.35	940.13
家禽饲养	Raising of Poultry	455.82	572.63	632.64	633.00
其他畜牧业	Raising of Other Animals	97.97	111.43	90.22	78.19
渔业产值	Fishery	1383.81	1524.78	1581.54	1747.34
海水产品	Seawater Aquatic Production	751.71	789.84	793.73	909.96
淡水产品	Freshwater Aquatic Production	632.10	734.94	787.81	837.38
农林牧渔专业及辅助性活动产值	Professional and Auxiliary Activities of Agriculture, Forestry,Animal Husbandry, and Fishery Industries	269.39	308.30	358.64	404.10

主要统计指标解释

农林牧渔业总产值 是以货币表现的农林牧渔业的全部产品总量和对农林牧渔业生产活动进行的各种支持性服务活动的价值。它反映一定时期内农林牧渔业生产总规模和总成果，是观察农林牧渔业生产水平和发展速度，研究农林牧渔业内部比例关系、农林牧渔业与工业、农林牧渔业与国家建设、人民生活比例关系的重要指标，同时也是计算农林牧渔业劳动生产率和农林牧渔业增加值的基础资料。

农林牧渔业总产值的计算，一般采用“产品法”，即凡有产品产量的，都按单位产品价格乘产量的办法求得每种产品产量的产值，然后相加求得各业的产值，最后各业相加求出农林牧渔业总产值。

乡镇户数 指长期（一年以上）居住在乡镇（不包括城关镇）行政管理区域内的住户，还包括居住在城关镇所辖行政村范围内的农村住户。

乡镇人口 指乡镇地区常住居民户数中的常住人口数，即经常在家或在家居住 6 个月以上，而且经济和生活与本户连成一体的人口，与乡镇户数统计范围相一致。

农作物播种面积 指农业生产经营者在日历年度内收获的农作物在全部土地（耕地或非耕地）上的播种或移植面积。凡是本年内收获的作物，无论是本年还是上年播种，都算为当年播种面积，但不包括本年播种，下年收获的作物面积。

农作物产量 指农业生产经营者日历年度内生产的农作物数量。

Explanatory Notes on Main Statistical Indicators

Value-added of Agriculture, Forestry, Animal Husbandry and Fishery refers to the value-added of goods produced or services provided by farming, forestry, animal husbandry, fishery in a given period of time. It shows the final results of the activities of production and management of agriculture and its contributions to the society.

The value-added of agriculture is calculated with two approaches:

(1) Production approach is a method from the production angle, i.e. total output of agriculture minus intermediate consumption of agriculture. The value-added of agriculture is usually calculated with the production approach as no complete accounting records of the rural households are available;

(2) Distribution approach is a method from the distribution angle, i.e. various incomes from the activities of production and management of the productive units of agriculture without intermediate consumption, including incomes of the rural laborers, welfare funds, profit and tax, depreciation of fixed assets and major overhaul and others.

Gross Output Value of Agriculture Forestry, Animal Husbandry and Fishery refers to the total volume of products of farming, forestry, animal husbandry, and fishery and the value of various services supporting the production of farming, forestry, animal husbandry and fishery in monetary terms, which reflects the total scale and total results of farming, forestry, animal husbandry and fishery production during a given period of time. It is an important indicator to observe the production level and development speed of farming, forestry, animal husbandry and fishery, to study the internal structure of farming, forestry, animal husbandry and fishery, and to review the proportionate relationship of farming, forestry, animal husbandry and fishery to industry, to national construction and to people's life. It is also the foundation for calculating the labor productivity and value-added of farming, forestry, animal husbandry and fishery.

Generally, the gross output value of farming, forestry, animal husbandry and fishery is calculated with the production approach. Where applicable, the gross output value of each single product is obtained by multiplying the output of each product by its price. These values are then summed up to obtain the output value of each sector. The sum of output values of all sectors is the gross output value of farming, forestry, animal husbandry and fishery.

Number of Rural Households refers to the residents who live in the administrative areas of townships (not including the location of the county people's government) for a long time (including more than one year), and also include rural households living within the administrative villages under the the location of the county people's government.

Rural Population refers to the number of residents in the rural households, live in the home for more than 6 months, and their economy and life are integrated with the household。The statistical coverage are consistent with the Number of Rural Households.

Sown Area of Crops refers to area of all land (cultivated or non-cultivated area) sown or transplanted with crops that are harvested within the calendar year by agricultural producers. All crops harvested within the year are counted as sown area, regardless of being sown in this year or the previous year. Crops sown this year but will be harvested in the coming year are excluded.

Crops Output refers to total output of crops produced by agricultural producers within a calendar year.

十二、工业

INDUSTRY

十二 工业

简要说明

一、本篇主要包括如下资料：1. 全省及各地市全部工业和规模以上工业生产主要指标总量及速度。2. 规模以上工业主要产品产量。3. 全省及各地市规模以上工业主要经济效益指标。4. 规模以上工业企业按主要经济类型和企业规模分组的主要财务指标。5. 规模以上工业中高技术制造业、先进制造业主要经济指标。6. 全省工业总产值和主营业务收入 50 强企业排行榜。

二、本篇资料由广东省统计局工业交通统计处整理提供。

三、本篇工业资料是根据国家统计局工业统计报表制度填报。2011 年定报及以前数据经各市、县统计局布置、收集、汇总整理，2011 年起通过网上直报系统收集、汇总整理。其中 1995 年度资料通过第三次全国工业普查取得，2004 年数据根据第一次全国经济普查取得，2008 年数据根据第二次全国经济普查取得。2013 年数据根据第三次全国经济普查取得。2018 年数据根据 2018 年广东省第四次全国经济普查取得。

四、规模以上工业法人单位的统计范围。1998 年至 2006 年为全部国有和年主营业务收入 500 万元及以上的非国有工业企业；2007 至 2010 年为年主营业务收入 500 万元及以上的工业企业(即规模以上工业企业)；从 2011 年开始，为年主营业务收入 2000 万元及以上的工业企业（即规模以上工业企业）；2021 年起，为年主营业务收入 2000 万元及以上的工业企业和个体经营户（即规模以上工业法人单位）。

五、从 2017 年年报起，工业行业分类按 2017 年《国民经济行业分类标准》划分；企业规模划分按 2017 年《统计上大中小微型企业划分办法》标准执行，增加了微型企业分组。

六、本篇规模以上工业增加值从 2011 年起按收入法公布。

12 Industry

Brief Introduction

Ⅰ. This chapter covers the following data:（1）Principal aggregate indicators and growth rates of industrial production of total industry and industry above designated size of the province and cities;（2）Output of major products of industry above designated size;（3）Main indicators on economic benefits of industry above designated size of the province and cities;（4）Main financial indicators on industry above designated size grouped by sector and scale;（5）Main economic indicators on advanced manufacturing industries and hi-tech manufacturing industries above designated size;（6）Top 50 Industrial Enterprises of the Province in terms of gross industrial output value and principal business revenue、

Ⅱ. The data in this chapter are prepared and provided by the Division of Industry and Transport Statistics of Statistics Bureau of Guangdong Province.

Ⅲ. The data in this chapter are compiled mainly in accordance with the industrial statistical reporting scheme stipulated by the National Bureau of Statistics. The annual data of 2011 and before 2011 are collected, tabulated and prepared by the municipal and county statistical bureaus. Since 2011, the annual data are collected, tabulated and prepared by the network reporting system. Of which the annual data of 1995 were collected in the Third National Industrial Census and the data of 2004 were collected in the First National Economic Census of Guangdong, the data of 2008 were collected in the Second National Economic Census of Guangdong, the data of 2013 were collected in the Third National Economic Census of Guangdong, the data of 2018 were collected in the Third Fourth Economic Census of Guangdong..

Ⅳ. Industrial legal entities above designated size refers to all State-owned industrial enterprises and non-State-owned industrial enterprises with revenue from principal business over 5 million yuan from 1998 to 2006. For 2007 to 2010, the scopes of industrial statistics were all industrial enterprises with revenue from principal business over 5 million yuan, (or the industrial enterprises above designated size). Since 2011, the scope is adjusted to all industrial enterprises with revenue from principal business above 20 million yuan (i.e. industrial enterprises above designated size). From 2021, the scope is industrial enterprise and self-employed household with an annual main business income of 20 million yuan or more(i.e. industrial legal entities above designated size).

Ⅴ. Industrial sectors since 2017 in this chapter has been categorized in accordance with the 2017 Industrial Classification of the National Economy and the size of industrial enterprises have been categorized in accordance with the 2017 Interim Regulations on Statistical Categorization of Large, Medium , Small and Micro Industrial Enterprises. Micro industrial enterprises are added.

Ⅵ. The value-added of industrial enterprises above designated size in this chapter is calculated by income approach since 2011.

12-1 工业主要指标

Main Indicators of Industry

指 标	Item	2000	2010	2015	2019	2020	2021
全部工业	**All Industrial Enterprises**						
企业单位数 (个)	Number of Enterprises (unit)	380231	481022	582813	626046	660897	674522
工业总产值 (亿元)	Gross Industrial Output Value (100 million yuan)	16904.47	93462.97	135308.14	157662.91	155210.54	182919.33
工业增加值 (亿元)	Value-added of Industry (100 million yuan)	4518.65	21387.71	31315.46	39141.79	38903.90	45142.95
规模以上工业	**Industrial Enterprises above Designated Size**						
企业单位数 (个)	Number of Enterprises (unit)	19695	53418	42134	55415	58504	66329
亏损企业数 (个)	Number of Loss-making Enterprises (unit)	4805	6385	5850	7889	9524	10759
工业总产值 (亿元)	Gross Industrial Output Value (100 million yuan)	12480.93	85824.64	124649.16	146121.72	148469.69	171979.82
工业增加值 (亿元)	Value-added of Industry (100 million yuan)	3422.60	20338.34	29446.21	32493.98	32500.17	37306.53
工业销售产值 (亿元)	Sales Output Value of Industry (100 million yuan)	12156.19	83646.51	121049.68	142931.11	143226.67	164660.77
出口交货值 (亿元)	Export Delivery Value (100 million yuan)	4634.44	25919.08	32035.16	35248.86	33551.22	37553.99
营业收入 (亿元)	Business Revenue (100 million yuan)	12480.93	85824.64	124649.16	146726.43	149930.12	173649.71
资产总计 (亿元)	Total Assets (100 million yuan)	14370.57	62626.90	95411.22	137738.29	150717.82	175746.01
流动资产合计 (亿元)	Average Balance of Circulating Funds (100 million yuan)	6891.49	34339.97	54715.38	82870.22	90365.50	105030.92
固定资产合计 (亿元)	Average Balance of Net Value of Fixed Assets (100 million yuan)	5884.78	22407.53	26943.69	28550.89	30415.82	32626.99
负债总计 (亿元)	Total Liabilities (100 million yuan)	8272.36	35073.74	54747.90	77970.04	84861.65	100629.77
所有者权益合计(亿元)	Total Creditors' Equity (100 million yuan)	6098.21	27461.84	40239.01	59768.11	65856.33	75120.93
利润总额 (亿元)	Total Profits (100 million yuan)	564.75	6239.64	7723.16	9140.48	9572.09	11278.35
亏损企业亏损额(亿元)	Loss Value of Loss-making Enterprises (100 million yuan)	156.03	227.26	510.18	953.15	1016.48	1219.85
利税总额 (亿元)	Total Pre-tax Profits (100 million yuan)	1042.77	9418.42	12375.00	13766.51	14119.76	16325.16
应交增值税 (亿元)	Value-added Tax Payable (100 million yuan)	360.83	2280.56	3284.50	3093.23	3008.71	3259.11
所得税费用 (亿元)	Fee of Income Tax Payable (100 million yuan)	62.79	820.89	1179.43	1437.55	1357.92	1511.50
本年应付工资总额 (亿元)	Total Salary Payable in Current Year (100 million yuan)	676.06	5747.72	9888.11	13378.53	13380.36	15585.50
就业人员平均人数 (万人)	Average Employed Persons (10000 persons)	572.89	1568.00	1439.33	1315.80	1277.06	1343.58

注：1.2011年起，规模以上工业统计口径从年主营业务收入500万元及以上调整为2000万元及以上工业企业,2021年调整为主业务收入2000万元及以上工业企业和工业个体经营户，为反映可比口径速度，本表规模以上工业主要指标使用快报增速，全部工业数据含个体数据。

2.表中全部工业增加值及增长速度是核算的年度数据，2010年及以后规模以上工业增加值按照收入法计算，与全社会工业增加值不可直接比对。2010年全部工业增加值按照第三次全国经济普查数据修正。

3.2011年起，本年应付工资总额指标数据为本年应付职工薪酬；所得税费用数据2014年以前为应交所得税。

4.本表中营业收入数据2017年及以前为主营业务收入数据，2018年后为营业收入数据。

5.本表中工业销售产值、出口交货值为快报数(年报没有这两项指标统计)；固定资产合计2021年数为固定资产净额。

Notes: a) Since 2011, the annual principal business revenue of industrial enterprises above designated size is changed from industrial enterprises of 5 million yuan or above to 20 million yuan or above. It is adjusted to industrial enterprises and industrial self-employed households with main business income of 20 million yuan and above in 2021. Growth rates in this table are calculated at current price with flash statistics report in order to compare the rate. Data on all industrial enterprises include self-employed individuals.

b) The value-added and growth rates of all industries in this table are calculated figures of the year. The value-added of industry above designated size is calculated by income approach since 2010, and hence is not directly comparable with the value-added of all industries. All value-added of industry from 2010 have been adjusted with the third economic census.

c) Total salary payable in current year from 2011 are total employee pay payable and income tax payable are tax expenses.Data of fee of income tax payable before 2014 are income tax payable.

d) The indicator was Revenue from Principal Business in 2017 and before,and are Business Revenue since 2018.

e) In this table, sales output value of industry and export delivery value were obtained from flash report(there are no statistics of these two indicators in the annual report); The data of total fixed assets in 2021 is net fixed assets.

12-2 规模以上工业企业增加值和指数

Value-added of Industrial Enterprises above Designated Size and Their Indices

项　目	Item	2000	2010	2015	2019	2020	2021
工业增加值　(亿元)	**Value-added of Industry (100 million yuan)**	**3422.60**	**20338.34**	**29446.21**	**32493.98**	**32500.17**	**37306.53**
按工业门类分	Grouped by Industries						
采矿业	Mining	267.07	673.52	577.51	656.13	562.38	819.09
制造业	Manufacturing	2769.10	18317.70	26568.90	29649.37	29737.47	34319.83
电力、热力、燃气及水生产和供应业	Production and Supply of Electricity Gas and Water	386.43	1347.08	2299.80	2188.48	2200.32	2167.63
按经济类型分	Grouped by Ownership						
#国有控股工业	Of the Total: State-holding Industry	1035.41	3729.48	5051.87	5160.82	4806.95	6210.72
国有工业	State-owned Industry	574.73	1172.21	173.46	71.96	169.27	150.33
集体工业	Collective-owned Industry	301.48	199.38	116.59	42.97	30.04	30.99
股份合作工业	Share-holding Cooperative Industry	29.15	42.23	23.10	18.61	16.46	14.72
股份制工业	Share-holding Industry	158.86	7351.85	16289.21	20708.07	20688.83	23915.12
外商投资工业	Foreign-funded Industry	575.31	5200.37	5689.44	5334.90	5291.74	5912.13
港澳台投资工业	Industry with Funds from Hong Kong, Macao and Taiwan	1290.47	5393.8	6545.58	6018.16	6008.66	6952.86
按轻重工业分	Grouped by Light and Heavy Industries						
轻工业	Light Industry	1628.13	8038.97	11387.50	11077.67	10872.65	12472.98
重工业	Heavy Industry	1794.47	12299.37	18058.71	21416.31	21627.52	24833.56
按企业规模分	Grouped by Size of Enterprises						
大型企业	Large Enterprises	610.13	6579.38	13698.60	16369.35	15916.19	18384.41
中型企业	Medium Enterprises	1513.26	7107.28	7864.85	7491.75	7610.08	8318.96
小微型企业	Small and Micro Enterprises	1298.55	6651.68	7882.76	8632.88	8973.89	10603.16
工业增加值指数 (2000年=100)	**Indices of Value-added of Industry (2000=100)**	**100.0**	**592.4**	**913.2**	**1162.6**	**1180.0**	**1286.2**
按经济类型分	Grouped by Ownership						
#国有控股工业	Of the Total: State-holding Industry	100.0	354.9	502.2	603.1	635.7	718.3
国有工业	State-owned Industry	100.0	226.2	304.3	384.3	404.6	488.4
集体工业	Collective-owned Industry	100.0	81.0	110.3	104.5	77.1	80.8
股份合作工业	Share-holding Cooperative Industry	100.0	188.0	345.9	441.1	425.7	402.3
股份制工业	Share-holding Industry	100.0	4296.3	7734.8	10856.4	11171.2	12187.8
外商投资工业	Foreign-funded Industry	100.0	844.5	1126.3	1277.2	1290.0	1377.7
港澳台投资工业	Industry with Funds from Hong Kong, Macao and Taiwan	100.0	468.8	640.9	687.8	676.1	754.5
按轻重工业分	Grouped by Light and Heavy Industries						
轻工业	Light Industry	100.0	532.0	790.1	927.5	932.2	1020.7
重工业	Heavy Industry	100.0	653.6	1032.2	1373.1	1399.2	1522.3
按企业规模分	Grouped by Size of Enterprises						
大型企业	Large Enterprises	100.0	978.4	1481.0	1955.4	1988.7	2086.1
中型企业	Medium Enterprises	100.0	412.9	578.4	706.9	734.5	831.5
小微型企业	Small and Micro Enterprises	100.0	637.7	1095.9	1352.8	1341.9	1507.0

注：1.2011年起，规模以上工业统计口径从年主营业务收入500万元及以上调整为2000万元及以上工业企业,2021年调整为主业务收入2000万元及以上工业企业和工业个体经营户。

2.本表工业增加值2010年以前采用生产法计算，2011年起采用收入法计算，按当年价格计算，速度为可比口径计算。

3.企业规模划分：2003年以前为一个标准，2003-2010年为一个标准，2011年起采用新的标准，并增加微型企业。

Note: a) Since 2011, the annual principal business revenue of industrial enterprises above designated size is changed from industrial enterprises of 5 million yuan or above to 20 million yuan or above. It is adjusted to industrial enterprises and industrial self-employed households with main business income of 20 million yuan and above in 2021.

b)Data of value-added in this table prior to 2010 are calculated with production approach and since 2011 calculated with income approach.Data of value-added of industry are calculated at current prices and the growth rates are calculated at comparable coverage.

c) Size of Industrial enterprise categorization: The standard prior to 2003 is not the same as the period from 2003 to 2010.Since 2011, New standard is adopted and micro-enterprises is added.

12-3 历年规模以上工业增加值增长速度

Growth Rates of Industrial Enterprises above Designated Size

单位：% (%)

年份 Year	工业增加值 Gross Industrial Output Value	按轻重工分 Grouped by Light & Heavy Industry		按规模分 Grouped by Size			按经济类型分 Grouped by Ownership	
		轻工业 Light Industry	重工业 Heavy Industry	大型企业 Large Enterprises	中型企业 Medium Enterprises	小微型企业 Small and Micro Enterprises	国有控股工业 Of the Total: State-holding Industry	外商及港澳台商投资工业 Industry with Investment from Foreign Country, Hong Kong, Macao and Taiwan
2001	15.1	12.4	18.4				4.0	14.2
2002	20.0	20.4	19.7				14.7	15.9
2003	28.4	23.4	38.5				20.8	22.2
2004	28.0	26.0	31.1	30.8	26.8	27.4	20.8	23.9
2005	24.7	20.6	25.0	23.2	21.5	28.0	6.1	16.2
2006	23.4	18.2	24.2	15.5	19.3	32.4	19.4	14.8
2007	18.2	24.2	13.2	19.2	14.2	22.1	12.6	16.9
2008	12.8	14.2	12.2	14.2	9.1	16.3	7.8	10.9
2009	8.9	7.4	10.0	11.4	-0.1	17.5	7.0	4.1
2010	16.8	16.4	17.1	15.0	13.4	22.2	12.8	14.5
2011	12.6	12.4	12.8	12.1	8.8	17.7	12.5	8.4
2012	8.4	9.2	7.9	8.1	6.0	8.8	7.3	5.7
2013	8.7	7.7	9.3	8.5	6.9	10.9	8.0	7.1
2014	8.4	7.4	9.1	8.3	7.4	9.7	6.3	5.0
2015	7.2	4.6	8.8	6.3	5.8	10.3	2.1	4.1
2016	6.7	3.3	8.7	7.0	4.8	7.9	5.0	2.3
2017	7.2	6.1	7.8	7.6	6.7	6.8	2.0	5.6
2018	6.3	4.6	7.2	8.5	5.0	3.4	7.2	2.0
2019	4.7	2.4	5.9	5.7	4.1	3.6	4.6	-0.1
2020	1.5	0.5	1.9	1.7	3.9	-0.8	5.4	-0.4
2021	9.0	9.5	8.8	4.9	13.2	12.3	13.0	9.2

注：本表按可比口径计算。

Note: Data in this table are calculated in comparable coverage.

12-4 规模以上分行业工业增加值和增长速度

Value-added and Growth Rates of Industry above Designated Size by Sector

行业	Sector	工业增加值(亿元) Value-added of Industry (100 million yuan) 2020	2021	2021比2020增长(%) Growth Rate in 2021 over 2020 (%)
总计	**Total**	**32500.17**	**37306.53**	**9.0**
煤炭开采和洗选业	Mining and Washing of Coal			
石油和天然气开采业	Extraction of Petroleum and Natural Gas	452.38	639.26	2.8
黑色金属矿采选业	Mining and Dressing of Ferrous Metal Ores	11.01	27.62	4.1
有色金属矿采选业	Mining and Dressing of Nonferrous Metal Ores	28.95	38.73	19.9
非金属矿采选业	Mining and Dressing of Nonmetal Ores	58.33	100.67	24.7
开采专业及辅助性活动	Mining Specialized and Auxiliary Operations	11.71	12.81	-18.5
其他采矿业	Mining and Dressing of Other Ores			
农副食品加工业	Processing of Farm and Sideline Food	342.46	405.51	6.8
食品制造业	Manufacture of Food	676.55	705.28	8.6
酒、饮料和精制茶制造业	Manufacture of Wine, Beverage and Refined Tea	289.82	340.82	14.5
烟草制品业	Tobacco Products	399.62	453.41	5.1
纺织业	Textile Industry	481.83	521.78	-10.5
纺织服装、服饰业	Manufacture of Textile Garments, Footwear and Headgear	643.03	759.88	9.4
皮革、毛皮、羽毛及其制品和制鞋业	Leather, Fur, Feather, Down and Related Products	322.12	371.45	9.9
木材加工和木、竹、藤、棕、草制品业	Timber Processing, Bamboo, Cane, Palm Fiber & Straw Products	105.91	109.95	12.1
家具制造业	Manufacture of Furniture	461.03	556.16	13.1
造纸和纸制品业	Papermaking and Paper Products	500.51	539.94	3.7
印刷和记录媒介复制业	Printing and Record Medium Reproduction	336.47	360.85	12.2
文教、工美、体育和娱乐用品制造业	Manufacture of Cultural, Educational,Sports and Entertainment Articles	559.56	669.24	17.4
石油、煤炭及其他燃料加工业	Petroleum, Coal and other Fuel Processing	734.45	1084.33	7.4
化学原料和化学制品制造业	Manufacture of Raw Chemical Materials and Chemical Products	1191.46	1416.87	7.8
医药制造业	Manufacture of Medicines	605.83	702.36	18.7
化学纤维制造业	Manufacture of Chemical Fibers	43.69	67.54	18.9
橡胶和塑料制品业	Rubber and Plastic Products	1287.54	1499.68	6.8
非金属矿物制品业	Nonmetal Mineral Products	1470.76	1607.23	7.4
黑色金属冶炼和压延加工业	Smelting and Pressing of Ferrous Metals	386.3	469.24	11.4
有色金属冶炼和压延加工业	Smelting and Pressing of Nonferrous Metals	451.3	543.53	5.8
金属制品业	Metal Products	1411.89	1850.14	12.1
通用设备制造业	Manufacture of General-purpose Machinery	1014.13	1204.59	6.6
专用设备制造业	Manufacture of Special-purpose Machinery	1255.83	1454.63	13.3
汽车制造业	Manufacture of Automobile	1864.66	2007.74	9.4
铁路、船舶、航空航天和其他运输设备制造业	Manufacture of Railway ,Ship,Aeronautics and Other Transport equipment	213.83	235.07	15.9
电气机械和器材制造业	Manufacture of Electrical Machinery and Equipment	3494.57	4134.74	13.4
计算机、通信和其他电子设备制造业	Manufacture of Communication Equipment, Computers and Other Electronic Equipment	8583.90	9555.10	5.0
仪器仪表制造业	Manufacture of Instruments and Meters	341.92	417.04	11.2
其他制造业	Other Manufactures	94.83	109.58	12.3
废弃资源综合利用业	Comprehensive Utilization of Waste	111.06	99.36	17.0
金属制品、机械和设备修理业	Manufacture of Metal Products,Machinery and Equipment Maintenance	60.58	66.80	…
电力、热力生产和供应业	Production and Supply of Electric Power and Heat Power	1678.14	1603.18	16.5
燃气生产和供应业	Production and Supply of Gas	254.37	255.62	24.3
水的生产和供应业	Production and Supply of Water	267.81	308.83	16.4

注：本表工业增加值按当年价格计算，增长速度按快报可比价格计算。

Note: Data of value-added of industry in this table are calculated at current prices whereas their growth rates are calculated at constant prices in accordance with flash reports.

12-5 规模以上工业企业单位数和产值

Number of Industrial Enterprises above Designated Size and Their Gross Output Values

项　目	Item	2000	2010	2019	2020	2021
工业企业单位数（个）	**Total Number of Industrial Enterprises (unit)**	**19695**	**53418**	**55415**	**58504**	**66329**
按经济类型分	Grouped by Ownership					
#国有控股工业	Of the Total: State-holding Industry	3320	1279	1202	1250	1439
国有工业	State-owned Industry	2383	567	148	244	215
集体工业	Collective-owned Industry	4158	872	112	105	88
股份合作工业	Share-holding Cooperative Industry	299	223	40	45	39
股份制工业	Share-holding Industry	1875	25490	41555	44574	52183
外商投资工业	Foreign-funded Industry	1682	5790	4022	3864	3880
港澳台投资工业	Industry with Funds from Hong Kong, Macao and Taiwan	6731	13151	8099	7953	7994
按轻重工业分	Grouped by Light and Heavy Industries					
轻工业	Light Industry	12255	29678	26353	26962	29844
重工业	Heavy Industry	7440	23740	29062	31542	36485
按企业规模分	Grouped by Size of Enterprises					
大型企业	Large Enterprises	823	524	1480	1448	1564
中型企业	Medium Enterprises	1228	6968	6949	6769	6812
小微型企业	Small and Micro Enterprises	17644	45926	46986	50287	57953
工业总产值　（亿元）	**Gross Industrial Output Value (100 million yuan)**	**12480.93**	**85824.64**	**146121.72**	**148469.69**	**171979.82**
按经济类型分	Grouped by Ownership					
#国有控股工业	Of the Total: State-holding Industry	3126.12	13166.37	21270.03	21191.00	28733.57
国有工业	State-owned Industry	1450.86	4595.82	240.20	633.27	801.98
集体工业	Collective-owned Industry	1202.49	767.03	142.76	102.77	102.59
股份合作工业	Share-holding Cooperative Industry	106.87	175.69	91.05	86.73	77.96
股份制工业	Share-holding Industry	1780.64	30626.84	94064.24	96637.42	111887.28
外商投资工业	Foreign-funded Industry	2527.06	23705.89	25606.45	24877.60	27596.08
港澳台投资工业	Industry with Funds from Hong Kong, Macao and Taiwan	4747.30	21813.34	24403.44	24624.51	29834.65
按轻重工业分	Grouped by Light and Heavy Industries					
轻工业	Light Industry	6607.84	32867.30	46185.68	45387.73	53378.95
重工业	Heavy Industry	5873.09	52957.34	99936.04	103081.95	118600.86
按企业规模分	Grouped by Size of Enterprises					
大型企业	Large Enterprises	4523.92	28306.79	69573.36	69073.57	77076.51
中型企业	Medium Enterprises	1427.65	28566.98	31948.32	32689.04	38215.85
小微型企业	Small and Micro Enterprises	6529.37	28950.88	44600.04	46707.07	56687.45

注：1.2011年起，规模以上工业统计口径从年主营业务收入500万元及以上调整为2000万元及以上工业企业,2021年调整为主业务收入2000万元及以上工业企业和工业个体经营户。

2.企业规模划分：2003年以前为一个标准，2003-2010年为一个标准，2011年起采用新的标准，并增加微型企业.

Note: a) Since 2011,the annual principal business revenue of industrial enterprises above designated size is changed from industrial enterprises of 5 million yuan or above to 20 million yuan or above. It is adjusted to industrial enterprises and industrial self-employed households with main business income of 20 million yuan and above in 2021.

b) Size of Industrial enterprise categorization: The standard prior to 2003 is not the same as the period from 2003 to 2010. Since 2011, New standard is adopted and micro-enterprises is added.

12-6 全部工业总产值和指数
Gross Industrial Output Value of All Industrial Enterprises and Theirs Indices

年份 Year	绝对数（亿元） Absolute Figures (100 million yuan)			指数（1978年＝100） Indices(1978=100)	
	全部工业总产值 Gross Industrial Output Value	#国有控股工业 State-holding Industry	#国有工业 State-owned Industry	全部工业总产值 Gross Industrial Output Value	#国有工业 State-owned Industry
1978	206.56		131.83	100.0	100.0
1979	221.46		142.64	107.5	106.1
1980	248.68		146.95	117.4	109.2
1981	282.95		165.53	134.5	120.3
1982	313.76		178.78	145.7	129.5
1983	356.91		204.68	163.4	144.1
1984	433.40		240.19	196.4	164.0
1985	534.72		298.42	249.6	194.0
1986	632.89		334.59	288.3	209.7
1987	878.29		427.10	384.6	255.4
1988	1318.90		594.98	519.3	316.7
1989	1647.24		714.93	603.9	335.8
1990	1902.25		765.43	707.1	366.9
1991	2524.12		973.59	909.6	442.1
1992	3479.39		1202.46	1243.0	532.5
1993	5237.37		1445.38	1731.0	552.4
1994	7273.95		1562.24	2305.9	536.8
1995	9720.54		1709.89	2880.8	539.8
1995(新规定) (New Stipulations)	8849.90		1465.82		
1996	10530.93		1544.58	3404.9	549.8
1997	12372.69		1574.39	4040.7	590.0
1998	13799.16		1453.79	4708.5	526.3
1999	15303.33	3025.68	1427.42	5385.9	487.2
2000	16904.47	3126.12	1536.50	6376.7	472.1
2001	18909.91	3309.51	1186.24	7428.9	374.8
2002	21788.71	3369.50	1217.66	8847.8	392.4
2003	27375.56	4017.54	979.19	11281.8	379.3
2004	34443.48	6039.24	1862.55	13958.7	709.5
2005	41661.74	6375.54	2068.75	16634.5	776.4
2006	51131.94	7253.17	2923.76	20137.8	1082.3
2007	62759.92	8603.94	2791.73	24399.0	1267.4
2008	74414.31	11144.50	2877.31	27636.7	1267.0
2009	75886.62	10790.11	3654.86	29405.4	1280.4
2010	93462.97	13166.37	4595.82	35110.0	1554.0
2011	103493.35	13927.70	5102.02	39358.3	1765.3
2012	105049.54	15529.16	5938.25	43490.9	1899.5
2013	119139.72	17525.16	1242.18	48796.8	2076.2
2014	130081.02	18225.94	635.82	52944.5	2153.0
2015	135308.14	17032.30	605.34	54956.4	2200.4
2016	144926.09	17172.18	665.85	58418.7	2347.8
2017	148173.99	19525.92	802.95	65078.4	2014.4
2018	148876.81	20855.98	153.00	70610.1	2433.4
2019	157662.91	21270.03	240.20	73858.2	2762.0
2020	155210.54	21191.00	633.27	73569.1	3134.1
2021	182919.33	28733.57	801.98	81220.3	3773.5

注：1.工业总产值按当年价计算，2008年根据经济普查结果进行调整，指数按可比价计算。
2.2000年起全部工业总产值中规模以下部分为抽样调查数。

Notes: a) Gross industrial output values are calculated at current prices, whereas their indices have been adjusted in accordance with the national economic census in 2008 and are calculated at constant prices.

b) Since 2000, data of the industrial enterprises below designated size in the gross industrial output value have been obtained from sample surveys.

12-7 规模以上工业总产值和指数

Gross Output Value of Industrial Enterprises above Designated Size and Their Indices

单位:亿元 (100 million yuan)

年份 Year	工业总产值 Gross Industrial Output Value	轻工业 Light Industry	重工业 Heavy Industry	#大中型工业 Large and Medium-sized Industry	指数(1978年=100) Indices (1978=100)	轻工业 Light Industry	重工业 Heavy Industry	#大中型工业 Large and Medium-sized Industry
1978	180.73	102.32	78.41	49.34	100.0	100.0	100.0	100.0
1979	194.64	110.28	84.36	54.91	105.8	105.3	106.4	109.5
1980	212.69	128.17	84.52	56.33	115.8	127.7	100.7	103.1
1981	241.93	152.97	88.96	66.89	128.7	151.3	102.1	133.0
1982	263.02	164.17	98.85	75.37	139.9	164.2	111.2	148.5
1983	293.70	180.60	113.10	92.78	157.1	184.5	124.7	181.5
1984	359.87	223.29	136.58	110.63	188.1	226.1	142.8	209.9
1985	471.83	289.68	182.15	166.11	236.0	279.6	179.8	302.0
1986	550.49	344.70	205.79	210.27	269.5	327.7	194.7	379.7
1987	747.47	472.45	275.02	299.19	350.1	426.5	252.2	522.3
1988	1118.00	718.03	399.97	459.74	472.5	582.1	332.2	720.2
1989	1399.45	893.20	506.25	622.42	543.2	594.3	389.2	863.6
1990	1605.80	1057.02	548.78	734.35	637.6	795.5	435.8	1042.2
1991	2144.93	1371.46	773.47	1057.02	820.0	1009.7	622.1	1476.1
1992	2884.93	1796.12	1088.23	1408.48	1096.0	1331.0	854.4	1980.5
1993	4252.70	2515.77	1736.93	1891.29	1470.7	1751.6	1188.8	2412.8
1994	5565.48	3224.69	2340.79	2563.27	1819.1	2135.9	1507.6	2863.3
1995(原规定) (Original Stipulations)	7189.24	4148.78	3040.46	3227.59	2274.1	2581.8	1993.2	3519.7
1995(新规定) (New Stipulations)	6502.97	3776.94	2726.03	2824.61				
1996	7490.49	4344.25	3146.24	3470.81	2625.4	2989.5	2290.2	4253.6
1997	8442.32	4914.09	3528.23	3950.86	3045.3	3470.5	2652.8	5176.4
1998	9738.56	5765.51	3973.05	4169.16	3508.2	3866.1	3228.5	5927.0
1999	10538.17	6011.06	4527.11	4711.94	4016.9	4299.1	3861.3	7070.9
2000	12480.93	6607.84	5873.09	5951.56	4757.4	4737.6	5027.4	8590.8
2001	14035.35	7165.90	6869.44	7534.70	5637.5	5400.9	6234.0	12181.8
2002	16378.60	8161.63	8216.97	8755.02	6787.6	6313.7	7742.6	14472.0
2003	21513.46	9959.51	11553.95	14353.53	9051.9	7845.4	11063.4	19955.4
2004	29554.92	12146.01	17408.91	19799.88	12228.7	9549.6	15380.9	27054.8
2005	35942.74	14506.76	21435.97	24403.13	14652.0	11434.3	17914.1	32852.0
2006	44674.75	17148.09	27526.65	30828.93	17963.7	13549.8	21927.5	40937.6
2007	55252.86	21221.12	34031.74	37718.60	21931.9	16667.6	26370.0	49436.3
2008	65424.61	25035.86	40388.76	43866.65	25188.6	19373.2	29468.8	55765.6
2009	68275.77	26685.86	41589.91	44755.10	27430.4	20806.8	32415.7	57494.3
2010	85824.64	32867.30	52957.34	56873.77	33437.7	25200.5	39064.6	70824.4
2011	94871.68	36005.33	58866.35	67492.96	38954.9	29333.4	45549.3	79606.6
2012	95602.09	35817.39	59784.70	70178.27	43162.0	32032.1	49147.7	86134.3
2013	109673.07	41669.48	68003.59	76417.82	48686.7	36420.5	55192.9	95695.2
2014	119713.04	45756.65	73956.39	85194.40	53019.8	39953.3	59829.1	103446.5
2015	124649.16	47604.61	77044.55	88503.28	54981.5	41471.5	62042.8	106239.6
2016	133768.04	50237.52	83530.51	94758.85	58555.4	43379.2	66758.0	112826.4
2017	135722.42	47827.76	87894.65	95951.23	65582.0	47587.0	75703.6	126252.8
2018	140398.93	44520.43	95878.50	99544.89	71156.5	50394.6	83046.9	133954.2
2019	146121.72	46185.68	99936.04	101521.68	74429.7	51956.9	87531.4	144335.9
2020	148469.69	45387.73	103081.95	101762.61	75546.1	52216.6	89194.5	147800.0
2021	171979.82	53378.95	118600.86	115292.4	83176.3	58743.7	97222.0	160658.6

注：1.工业总产值按当年价格计算，指数按可比价计算。

2.1997年以前为乡及乡以上工业，2011年起规模以上工业统计口径从年主营业务收入500万元及以上调整为2000万元及以上，2021年调整为主业务收入2000万元及以上工业企业和工业个体经营户。

Notes: a) Gross industrial output values are calculated at current prices, whereas their indices are calculated at constant prices.

b) Data prior to 1997 refer to the industrial enterprises at or above the township level.Since 2011,the annual principal business revenue of 20 industrial enterprises above designated size is changed from industrial enterprises of 5 million yuan or above to million yuan or above. It is adjusted to industrial enterprises and industrial self-employed households with main business income of 20 million yuan and above in 2021.

12-8 规模以上工业产品产量

Output of Industrial Products of Enterprises above Designated Size

产品名称		Item		2000	2010	2019	2020	2021
化学纤维	(万吨)	Chemical Fiber	(10000 tons)	45.00	44.54	65.17	83.05	84.71
#合成纤维	(万吨)	Synthetic Fiber	(10000 tons)	45.00	42.45	46.47	44.28	55.27
纱	(万吨)	Yarn	(10000 tons)	16.99	45.16	28.02	25.36	25.27
布	(亿米)	Cloth	(100 million m)	16.99	28.27	20.62	19.50	25.75
#棉布	(亿米)	Pure Cotton Cloth	(100 million m)	7.49	19.54	11.11	10.51	11.37
蚕丝	(万吨)	Silk	(10000 tons)	0.05	0.17	0.05	0.04	0.04
呢绒	(万米)	Woolen Piece Goods	(10000 m)	676.00	13.00	816.50	580.00	694.50
服装	(亿件)	Clothing	(100 million pieces)	21.99	70.26	42.98	37.29	39.16
皮革鞋靴	(亿双)	Leather Shoes and Boots	(100 million pair)	9.05	12.18	5.12	3.06	3.36
机制纸及纸板	(万吨)	Machine-made Paper and Paperboard	(10000 tons)	260.30	1434.68	2223.09	2435.96	2410.29
家用电冰箱	(万台)	Household Refrigerators	(10000 sets)	320.70	1457.76	1631.42	2305.76	2091.56
家用冷柜	(万台)	Freezers	(10000 sets)		180.14	295.24	512.12	554.31
家用洗衣机	(万台)	Household Washing Machines	(10000 sets)	244.18	467.83	672.56	741.57	757.57
家用吸尘器	(万台)	Vacuum Cleaners	(10000 sets)	251.80	2626.67	3023.95	3216.94	2551.32
家用电风扇	(万台)	Electric Fans	(10000 sets)	6759.02	14813.38	18760.03	20552.78	21170.92
房间空气调节器	(万台)	House Air Conditioners	(10000 sets)	697.91	5477.85	6691.42	6714.61	6736.25
家用吸排油烟机	(万台)	Smoke Absorbers	(10000 sets)	43.39	1324.67	2033.02	1979.95	2427.27
电饭锅	(万个)	Electric Rice Cookers	(10000 sets)		15207.47	16930.12	10728.50	10357.51
微波炉	(万台)	Microwave Ovens	(10000 sets)	906.51	5341.00	7627.95	8471.34	9140.69
程控交换机	(万线)	Program Controlled Switchboards	(10000 lines)	3554.88	1602.61	638.40	596.26	591.11
电话单机	(万部)	Telephone Sets	(10000 sets)	7700.05	14766.80	5016.61	4413.19	4758.81
移动通信手持机(手机)	(万台)	Mobile Telephone	(10000 units)	1001.30	48626.59	70502.84	61979.77	66965.36
#智能手机	(万台)	Smart Telephone	(10000 units)			64165.71	51592.27	52476.53
微型计算机设备	(万台)	Micro-computers Equipment	(10000 units)	169.74	3581.11	5784.73	4621.58	5935.41
服务器	(万台)	Servers	(10000 units)		2.98	148.69	135.97	148.36
集成电路	(亿块)	Semiconductor Integrated Circuit	(100 million pieces)	11.76	161.01	363.24	373.57	539.39
彩色电视机	(万部)	Color TV Sets	(10000 sets)	1531.53	4494.78	10422.30	11233.36	9810.91
#智能电视	(万台)	Smart TV	(10000 sets)			6505.79	6701.71	7418.27
数字激光音、视盘机	(万台)	Laser Digital Audio,Video Disc Machine	(10000sets)	637.69	7589.01	1161.61	1113.54	572.78
组合音响	(万部)	Hi-fi Stereo Component System	(10000 sets)	2344.58	9713.01	12726.15	12352.10	17252.45
照相机	(万架)	Cameras	(10000 sets)	3545.88	3798.93	682.58	487.45	529.65
#数码照相机	(万台)	Digital Cameras	(10000 sets)		3687.89	464.81	336.95	466.00
表	(万只)	Watches	(10000 units)	19123.23	11892.26	11644.91	7284.44	8032.13
日用玻璃制品	(万吨)	Daily Use Glassware	(10000 tons)	51.46	150.93	127.02	125.98	112.86
合成洗涤剂	(万吨)	Synthetic Detergents	(10000 tons)	26.31	224.61	279.21	345.78	324.62
精制食用植物油	(万吨)	Refined Edible Vegetable oil	(100000tons)	7.87	244.21	791.71	799.53	756.40
成品糖	(万吨)	Refined Sugar	(10000 tons)	91.30	91.66	98.91	119.54	131.42
食用盐	(万吨)	Edible Salt	(10000 tons)			0.44	0.41	0.18
卷烟	(万箱)	Cigarettes	(10000 units)	177.30	260.69	257.57	255.67	258.30
罐头	(万吨)	Canned Food	(10000 tons)	7.11	30.18	34.67	25.16	22.87
饮料酒	(万千升)	Alcoholic Beverages (mixed weight)	(10000 kiloliter)	178.66	415.80	404.48	374.42	428.86
#白酒	(万千升)	Spirits	(10000 kiloliter)	17.88	10.27	14.51	10.10	10.74
啤酒	(万千升)	Beer	(10000 kiloliter)	158.89	401.40	384.89	357.46	408.25
乳制品	(万吨)	Dairy Products	(10000 tons)	1.29	58.12	97.83	96.37	82.74
中成药	(万吨)	Traditional Chinese Patent Medicine	(10000 tons)	6.05	19.01	20.53	20.08	24.41
化学药品原药	(万吨)	Chemical Active Pharmaceutical Ingredient	(10000 tons)	1.94	4.78	8.14	10.28	11.73

12-8 续表 continued

产品名称		Item		2000	2010	2019	2020	2021
农用氮、磷、钾化学肥料(折纯)	(万吨)	Chemical Fertilizer	(10000 tons)	34.65	62.15	13.62	10.49	6.44
#磷肥(折五氧化二磷100%)	(万吨)	Phosphate Fertilizer	(10000 tons)	18.67	50.66	9.43	5.69	2.45
化学农药原药(折有效成分100%)	(万吨)	Chemical Pesticide	(10000 tons)	0.84	0.86	3.54	1.98	2.28
乙烯	(万吨)	Ethylene	(10000 tons)	54.85	203.96	348.23	365.68	417.75
合成橡胶	(万吨)	Synthetic Rubber	(10000 tons)	5.45	38.36	75.71	74.82	72.78
橡胶轮胎外胎	(万条)	Tires	(10000 pieces)	359.13	6907.25	3716.11	2215.67	3277.46
交流电动机	(万千瓦)	Alternating Current Motors	(10000 kw)	236.21	753.39	1302.30	1634.06	5185.75
汽车	(万辆)	Motor Vehicles	(10000 units)	3.94	156.29	311.97	313.31	338.46
#载货汽车	(万辆)	Trucks	(10000 units)	0.53	0.34	0.95	0.62	0.82
客车	(万辆)	Buses	(10000 units)	0.18	0.20	0.69	0.64	0.45
轿车	(万辆)	Cars	(10000 units)	3.22	132.67	182.83	172.70	183.34
#新能源汽车	(万辆)	New Energy Vehicle	(10000 units)			15.59	20.87	53.54
城市轨道车辆	(辆)	Urban Rail Vehicle	(unit)			114	184	246
民用钢质船舶	(万载重吨)	Civil Steel ship	(10000ton)		177.18	57.94	89.87	71.73
摩托车整车	(万辆)	Motorcycles	(10000 units)	146.31	917.60	651.95	659.37	732.23
两轮脚踏自行车	(万辆)	Bicycles	(10000 units)	1038.00	788.75	544.02	570.89	884.83
生铁	(万吨)	Pig Iron	(10000 tons)	201.57	806.68	2086.15	2158.74	2053.64
粗钢	(万吨)	Crude Steel	(10000 tons)	286.99	1239.34	3229.12	3382.34	3178.33
钢材	(万吨)	Rolled Steel Products	(10000 tons)	406.28	2918.89	4510.45	4866.19	5111.18
十种有色金属	(万吨)	Ten Kinds of Nonferrous Metals	(10000 tons)		45.31	42.94	46.13	49.99
铝材	(万吨)	Aluminum	(10000 tons)		496.85	470.49	528.32	510.11
汽车用发动机	(万千瓦)	Automotive engines	(10000 kw)		8727.56	20887.71	28164.86	24047.87
工业机器人	(万套)	Industrial Robots	(10000 sets)			4.47	7.04	12.44
光纤	(万千米)	Optical fiber	(10000km)			672.04	730.26	672.97
光缆	(万芯千米)	Optical Cable	(10000km)		835.99	2100.76	2542.34	2975.71
太阳能电池(光伏电池)	(万千瓦)	Solar cells (photovoltaic cells)	(10000kw)			320.91	269.91	216.46
水泥	(万吨)	Cement	(10000 tons)	5872.00	11536.67	16711.79	17075.63	17005.20
平板玻璃	(万重量箱)	Plate Glass	(10000 wt.cases)	632.59	7821.07	9997.96	9963.69	11083.79
硫酸(折100%)	(万吨)	Sulphuric Acid	(10000 tons)	138.75	236.74	244.02	229.43	251.57
纯碱（碳酸钠)	(万吨)	Soda Ash	(10000 tons)	24.28	40.01	58.04	54.39	57.28
烧碱(折100%)	(万吨)	Caustic Soda	(10000 tons)	16.43	27.62	36.61	33.16	34.56

注：1.纱包括纯棉纱、棉混纺纱、化学纤维纱，不包括棉线、代用纤维纱和手工纺纱。
2.布包括纯棉布、棉混纺布、化学纤维布，不包括代用纤维布、手工织布。
3.农用化肥按有效成分100%计算。

Notes: a) Yarn includes pure and blended cotton yarn, chemical fiber yarn, but excludes cotton thread, substitute fiber yarn and handmade yarn.
b) Cloth includes pure and blended cotton cloth,chemical fiber cloth and canvas,but excludes substitute fiber cloth,hand-woven cloth and cord fabric.
c) Output of chemical fertilizers is calculated on the basis of 100 percent effective content equivalent.

12-9 各市规模以上工业企业单位数和工业总产值

Number and Gross Output Value of Industrial Enterprises above Designated Size by City

市别	City	工业企业单位数（个） Number of Industrial Enterprises (unit)								
		2000	2005	2010	2015	2017	2018	2019	2020	2021
广州	Guangzhou	4531	5240	6969	4644	4661	4809	5802	6208	6757
深圳	Shenzhen	1834	5214	8249	6539	7943	9006	10337	11255	13027
珠海	Zhuhai	771	992	1347	1023	1163	1236	1388	1492	1655
汕头	Shantou	794	1490	2580	1771	1988	1983	1972	1928	2061
佛山	Foshan	2180	5148	7684	5787	6212	6631	7902	8020	9370
韶关	Shaoguan	406	392	559	628	536	439	475	504	603
河源	Heyuan	148	226	440	575	602	611	567	581	623
梅州	Meizhou	371	392	521	440	461	467	474	505	536
惠州	Huizhou	689	1243	1853	1893	2366	2546	2764	3055	3873
汕尾	Shanwei	94	179	452	238	237	248	244	258	289
东莞	Dongguan	1663	4504	5899	5688	7669	10054	10658	11525	12778
中山	Zhongshan	1074	3291	5063	3045	3211	3376	3635	3868	4626
江门	Jiangmen	1599	2365	3246	2036	2112	2300	2458	2535	2903
阳江	Yangjiang	250	498	596	571	542	309	334	386	461
湛江	Zhanjiang	458	578	850	828	866	893	870	780	788
茂名	Maoming	447	590	792	957	1026	949	810	751	652
肇庆	Zhaoqing	981	684	1131	1110	1163	1189	1269	1321	1446
清远	Qingyuan	304	426	813	611	644	733	772	834	949
潮州	Chaozhou	326	727	1245	890	923	889	936	939	1035
揭阳	Jieyang	455	714	2525	2030	1956	1581	1393	1376	1464
云浮	Yunfu	320	264	604	830	943	342	355	383	433
按经济区域分	By Region									
珠三角	Pearl River Delta	15322	28681	41441	31765	36500	41147	46213	49279	56435
东翼	Eastern Region	1669	3110	6802	4929	5104	4701	4545	4501	4849
西翼	Western Region	1155	1666	2238	2356	2434	2151	2014	1917	1901
山区	Mountainous Region	1549	1700	2937	3084	3186	2592	2643	2807	3144

注：2011年起，规模以上工业统计口径从年主营业务收入500万元及以上调整为2000万元及以上工业企业,2021年为主业务收入2000万元及以上工业企业和工业个体经营户。

Note: Since 2011, the annual principal business revenue of industrial enterprises above designated size is changed from industrial enterprises of 5 million yuan or above to 20 million yuan or above. It is adjusted to industrial enterprises and industrial self-employed households with main business income of 20 million yuan and above in 2021.

12−9 续表 continued

市 别	City	工业总产值（亿元） Gross Industrial Output Value（100 million yuan）								
		2000	2005	2010	2015	2017	2018	2019	2020	2021
广 州	Guangzhou	2568.57	6032.05	13831.25	18424.73	17751.17	18595.11	19407.64	20310.16	23121.00
深 圳	Shenzhen	2566.93	9867.55	18526.82	25542.44	32119.15	35439.02	37326.16	38460.79	42453.96
珠 海	Zhuhai	630.17	1569.56	2976.18	3966.02	3943.56	4481.34	4646.99	4565.80	5272.44
汕 头	Shantou	344.34	761.37	1897.57	2968.80	3517.94	3405.47	3060.82	2985.44	3378.20
佛 山	Foshan	1560.55	4780.88	14527.47	19544.95	21015.53	21595.71	23222.05	23037.41	26312.48
韶 关	Shaoguan	151.01	393.36	773.37	1221.78	1098.72	1128.83	1210.17	1256.83	1645.23
河 源	Heyuan	35.81	182.10	832.73	1443.02	1345.94	1333.76	1352.91	1244.61	1459.68
梅 州	Meizhou	81.81	206.98	455.97	704.76	624.34	639.19	713.19	725.80	865.46
惠 州	Huizhou	657.83	1428.66	3905.17	7044.73	8166.93	7700.39	7431.43	7714.43	9949.28
汕 尾	Shanwei	30.08	113.45	432.42	1166.08	1089.04	1165.46	1236.29	1180.04	1462.56
东 莞	Dongguan	914.64	3940.11	7739.09	12744.42	17628.53	20392.92	21561.78	21862.96	24513.14
中 山	Zhongshan	532.95	2221.45	5023.63	6345.28	4916.88	5115.30	5162.50	5375.84	6619.31
江 门	Jiangmen	871.15	1453.25	3828.91	3998.76	4161.11	4409.29	4246.64	4382.58	5451.19
阳 江	Yangjiang	66.17	213.82	693.46	1990.04	1734.18	949.29	1237.44	1526.51	2124.62
湛 江	Zhanjiang	269.10	644.27	1404.95	2272.40	2666.04	2399.65	2231.12	2102.93	2951.80
茂 名	Maoming	373.22	702.04	1360.15	2328.05	2679.24	2125.61	1988.87	1771.25	2231.07
肇 庆	Zhaoqing	392.04	321.20	1744.19	4034.37	2941.20	2881.44	3123.28	3272.42	4272.96
清 远	Qingyuan	77.51	364.34	2887.04	1680.13	1593.82	1846.42	2003.40	2173.68	2864.73
潮 州	Chaozhou	73.88	293.72	723.12	1325.80	1352.55	1358.37	1543.11	1196.57	1458.80
揭 阳	Jieyang	136.46	298.82	1794.82	4803.12	4787.84	2941.07	2873.24	2745.02	2900.65
云 浮	Yunfu	146.71	153.77	466.34	1099.49	588.72	495.32	542.68	578.59	671.27
按经济区域分	By Region									
珠三角	Pearl River Delta	10694.83	31614.71	72102.70	101645.70	112644.06	120610.50	126128.47	128982.41	147965.76
东 翼	Eastern Region	584.76	1467.36	4847.93	10263.80	10747.37	8870.36	8713.46	8107.07	9200.20
西 翼	Western Region	708.49	1560.13	3458.56	6590.49	7079.46	5474.55	5457.43	5400.69	7307.49
山 区	Mountainous Region	492.85	1300.55	5415.45	6149.17	5251.53	5443.52	5822.36	5979.52	7506.36

注：本表产值按当年价格计算。
Note: Data of gross industrial output value in this table are calculated at current prices.

12-10 各市规模以上工业增加值和指数

Value-added and Indices of Industry above Designated Size by City

市别	City	工业增加值(亿元) Value-add of Industry (100 million yuan)								
		2000	2005	2010	2015	2017	2018	2019	2020	2021
广州	Guangzhou	708.40	1654.03	4073.35	4535.25	4131.02	4209.48	4324.08	4544.60	4963.72
深圳	Shenzhen	706.85	2571.95	5015.33	6426.39	8022.73	8290.54	8893.21	8565.79	9578.00
珠海	Zhuhai	156.16	328.74	683.98	916.94	1139.37	1190.46	1206.38	1190.66	1329.49
汕头	Shantou	88.56	190.30	483.20	694.62	834.13	799.46	676.71	676.32	739.85
佛山	Foshan	401.78	1303.31	3915.12	4364.33	4335.33	4569.02	4874.23	4650.46	5432.94
韶关	Shaoguan	50.72	108.63	219.25	309.71	307.23	325.51	313.85	321.22	361.23
河源	Heyuan	10.66	57.78	312.36	327.57	279.18	277.27	279.92	284.91	345.77
梅州	Meizhou	29.46	72.49	166.00	214.34	194.78	208.46	229.76	242.47	264.09
惠州	Huizhou	129.08	315.32	881.16	1617.38	1850.49	1630.40	1654.17	1689.86	2215.85
汕尾	Shanwei	8.74	29.17	112.34	245.10	193.32	208.14	184.14	178.24	191.95
东莞	Dongguan	259.44	1060.49	1760.02	2611.96	3618.19	3914.38	4192.78	4477.91	5187.03
中山	Zhongshan	136.16	551.20	1263.08	1281.05	1073.72	1127.44	1140.09	1172.11	1361.97
江门	Jiangmen	189.49	355.10	1053.39	965.74	991.68	1060.78	1008.60	1027.95	1201.92
阳江	Yangjiang	21.55	66.26	184.14	452.02	366.78	269.94	298.09	299.11	359.84
湛江	Zhanjiang	99.80	229.87	528.83	721.26	742.90	772.53	636.54	653.64	855.33
茂名	Maoming	78.44	165.28	362.29	757.29	848.49	608.75	502.47	463.25	537.14
肇庆	Zhaoqing	36.36	76.86	434.51	961.07	605.68	656.83	668.90	653.82	765.69
清远	Qingyuan	21.22	90.83	686.02	396.65	398.19	453.19	482.07	546.58	678.83
潮州	Chaozhou	20.19	69.46	194.91	352.08	318.29	276.26	269.93	251.75	273.11
揭阳	Jieyang	39.09	77.62	512.46	1054.89	969.08	587.20	525.30	462.04	511.51
云浮	Yunfu	22.37	41.70	146.58	240.58	128.90	121.05	132.77	147.47	151.27
按经济区域分	By Region									
珠三角	Pearl River Delta	2723.72	8217.00	19079.95	23680.10	25768.21	26649.33	27962.44	27973.15	32036.61
东翼	Eastern Region	156.58	366.55	1302.91	2346.69	2314.82	1871.05	1656.07	1568.36	1716.42
西翼	Western Region	199.79	461.41	1075.26	1930.57	1958.16	1651.22	1437.10	1416.01	1752.31
山区	Mountainous Region	134.43	371.44	1530.20	1488.84	1308.28	1385.48	1438.37	1542.65	1801.19

注：1.本表统计口径从2011年起从年主营业务收入500万元及以上调整为2000万元及以上。
2.本表增加值2010年及以前用生产法计算，2011年起用收入法计算。

Note:a) Since 2011, the annual principal business revenue of industrial enterprises above designated size is changed from 5 million yuan or above to 20 million yuan or above.
b) The value-added in this table in 2010 and prior to are calculated with production approach and since 2011 calculated with income approach.

12-10 续表 continued

市 别	City	指数(2000年＝100) Indices (2000＝100)									
		2000	2005	2009	2010	2016	2017	2018	2019	2020	2021
广 州	Guangzhou	100.0	223.8	391.6	455.8	770.0	797.0	840.8	883.7	905.8	976.4
深 圳	Shenzhen	100.0	391.6	635.6	723.3	1196.5	1307.8	1432.0	1499.3	1529.3	1601.2
珠 海	Zhuhai	100.0	229.9	360.5	426.1	750.9	830.5	947.6	985.5	999.3	1087.2
汕 头	Shantou	100.0	183.0	346.9	407.9	821.7	903.9	989.7	1013.5	1031.7	1120.4
佛 山	Foshan	100.0	312.0	713.0	851.3	1574.1	1712.6	1820.5	1947.9	1990.8	2175.9
韶 关	Shaoguan	100.0	159.8	286.3	332.4	616.8	629.1	638.6	668.6	688.7	776.1
河 源	Heyuan	100.0	460.0	1488.9	1844.7	4318.1	4456.3	4803.8	5096.8	5209.0	5860.1
梅 州	Meizhou	100.0	210.7	355.6	422.1	845.2	857.0	868.1	882.9	884.6	980.2
惠 州	Huizhou	100.0	215.2	457.3	582.5	1320.7	1431.6	1526.1	1553.6	1570.7	1792.1
汕 尾	Shanwei	100.0	367.4	1169.4	1541.3	4242.3	4726.0	5283.6	5738.0	5887.2	7152.9
东 莞	Dongguan	100.0	327.6	430.2	512.0	793.0	872.2	928.1	1007.0	995.9	1097.5
中 山	Zhongshan	100.0	494.0	869.0	1026.2	1898.6	1991.6	2053.4	2012.3	2056.6	2303.4
江 门	Jiangmen	100.0	207.7	424.5	525.1	1026.1	1128.7	1234.8	1253.3	1282.1	1470.6
阳 江	Yangjiang	100.0	266.8	530.5	705.0	2144.0	2315.5	2389.6	2795.8	3271.1	3954.8
湛 江	Zhanjiang	100.0	183.7	287.8	340.2	689.1	747.7	785.1	782.7	825.0	947.1
茂 名	Maoming	100.0	163.6	242.3	276.9	620.2	664.2	679.5	682.9	667.2	697.9
肇 庆	Zhaoqing	100.0	211.8	712.5	952.6	2205.8	2313.9	2496.7	2669.0	2738.4	3242.2
清 远	Qingyuan	100.0	353.0	1716.2	2310.0	4235.6	4371.2	4685.9	4971.7	5304.8	6058.1
潮 州	Chaozhou	100.0	321.1	663.3	796.0	1680.1	1787.6	1853.8	1916.8	1868.9	2022.2
揭 阳	Jieyang	100.0	188.3	633.4	879.7	2266.9	2334.9	2435.3	2423.1	2357.7	2407.2
云 浮	Yunfu	100.0	174.7	393.1	517.4	1551.7	1629.3	1627.6	1726.9	1790.8	1917.9
按经济区域分	By Region										
珠三角	Pearl River Delta	100.0	205.0	343.0	399.6	647.5	697.3	746.1	783.4	795.9	864.4
东 翼	Eastern Region	100.0	208.4	430.3	532.7	1135.1	1205.4	1279.0	1308.4	1286.2	1390.4
西 翼	Western Region	100.0	199.8	318.1	373.3	785.0	846.2	868.2	893.4	939.8	1062.0
山 区	Mountainous Region	100.0	207.5	507.7	638.6	1230.6	1267.5	1316.9	1384.1	1432.5	1610.1

注：本表工业增加值按当年价格计算，指数按可比价格计算。

Note: Data of value-added of industry in this table are calculated at current prices, whereas their indices are calculated at constant prices.

12-11 各市规模以上工业企业单位数（2021年）

单位：个

项 目	Item	全省 Provincial Total	广州 Guangzhou
总 计	**Total**	**66329**	**6757**
按经济类型分	Grouped by Ownership		
在总计中：国有控股工业	Of the Total:State-holding Industry	1439	333
国有工业	State-owned Industry	215	27
集体工业	Collective-owned Industry	88	13
股份合作工业	Share-holding Cooperative Industry	39	12
股份制工业	Share-holding Industry	52183	5254
外商投资工业	Foreign-funded Industry	3880	655
港澳台投资工业	Industry with Funds from Hong Kong, Macao and Taiwan	7994	664
按轻重工业分	Grouped by Light and Heavy Industries		
轻工业	Light Industry	29844	3259
重工业	Heavy Industry	36485	3498
按企业规模分	Grouped by Size of Enterprises		
大型企业	Large Enterprises	1564	167
中型企业	Medium Enterprises	6812	606
小微型企业	Small and Micro Enterprises	57953	5984
按行业分	Grouped by Sector		
煤炭开采和洗选业	Mining and Washing of Coal		
石油和天然气开采业	Extraction of Petroleum and Natural Gas	4	
黑色金属矿采选业	Mining and Dressing of Ferrous Metal Ores	12	
有色金属矿采选业	Mining and Dressing of Nonferrous Metal Ores	28	
非金属矿采选业	Mining and Dressing of Nonmetal Ores	217	4
开采专业及辅助性活动	Mining Specialized and Auxiliary Operations	6	
其他采矿业	Mining and Dressing of Other Ores		
农副食品加工业	Processing of Farm and Sideline Food	1185	136
食品制造业	Manufacture of Food	870	175
酒、饮料和精制茶制造业	Manufacture of Wine, Beverage and Refined Tea	225	37
烟草制品业	Tobacco Products	35	1
纺织业	Textile Industry	1641	151
纺织服装、服饰业	Manufacture of Textile Garments, Footwear and Headgear	2593	443
皮革、毛皮、羽毛及其制品和制鞋业	Leather, Fur, Feather, Down and Related Products	1638	307
木材加工和木、竹、藤、棕、草制品业	Timber Processing, Bamboo, Cane, Palm Fiber & Straw Products	594	66
家具制造业	Manufacture of Furniture	1925	155
造纸和纸制品业	Papermaking and Paper Products	1543	155
印刷和记录媒介复制业	Printing and Record Medium Reproduction	1187	124
文教、工美、体育和娱乐用品制造业	Manufacture of Cultural, Educational,Sports and Entertainment Articles	1891	155
石油、煤炭及其他燃料加工业	Petroleum, Coal and other Fuel Processing	111	15
化学原料和化学制品制造业	Manufacture of Raw Chemical Materials and Chemical Products	3108	660
医药制造业	Manufacture of Medicines	592	137
化学纤维制造业	Manufacture of Chemical Fibers	87	10
橡胶和塑料制品业	Rubber and Plastic Products	5814	464
非金属矿物制品业	Nonmetal Mineral Products	3731	291
黑色金属冶炼和压延加工业	Smelting and Pressing of Ferrous Metals	494	30
有色金属冶炼和压延加工业	Smelting and Pressing of Nonferrous Metals	1075	64
金属制品业	Metal Products	6513	384
通用设备制造业	Manufacture of General-purpose Machinery	3731	469
专用设备制造业	Manufacture of Special-purpose Machinery	3959	435
汽车制造业	Manufacture of Automobile	1064	344
铁路、船舶、航空航天和其他运输设备制造业	Manufacture of Railway ,Ship,Aeronautics and Other Transport equipment	503	95
电气机械和器材制造业	Manufacture of Electrical Machinery and Equipment	7814	511
计算机、通信和其他电子设备制造业	Manufacture of Communication Equipment, Computers and Other Electronic Equipment	9112	627
仪器仪表制造业	Manufacture of Instruments and Meters	1087	108
其他制造业	Other Manufactures	470	32
废弃资源综合利用业	Comprehensive Utilization of Waste	250	16
金属制品、机械和设备修理业	Manufacture of Metal Products,Machinery and Equipment Maintenance	77	23
电力、热力生产和供应业	Production and Supply of Electric Power and Heat Power	517	63
燃气生产和供应业	Production and Supply of Gas	251	35
水的生产和供应业	Production and Supply of Water	375	35

Number of Industrial Enterprises above Designated Size by City (2021)

(unit)

深圳 Shenzhen	珠海 Zhuhai	汕头 Shantou	佛山 Foshan	韶关 Shaoguan	河源 Heyuan	梅州 Meizhou	惠州 Huizhou	汕尾 Shanwei
13027	**1655**	**2061**	**9370**	**603**	**623**	**536**	**3873**	**289**
211	61	42	105	76	18	26	61	24
20	9	12	13	6	9	1	3	7
1	1	6	9	2	1	1	3	8
		5	8			1	1	
10672	1150	1788	7865	513	459	471	2874	207
594	195	52	380	21	24	15	217	7
1616	293	111	649	51	113	26	655	47
3867	553	1648	4414	146	233	193	1754	164
9160	1102	413	4956	457	390	343	2119	125
353	77	13	157	16	22	9	128	53
1341	230	176	868	52	89	55	408	30
11333	1348	1872	8345	535	512	472	3337	206
2	1							
	1			1	5	1		
		1		7	2	3		
		1	2	7	12	5	26	3
2								
50	22	48	122	16	16	23	54	20
48	33	64	83	9	15	12	19	9
17	8	8	27	5	6	9	11	3
27		2		3		1		
78	14	175	466	8	10	8	59	14
165	31	563	266	3	21	6	63	24
77	1	14	155	3	7	4	163	6
22	6	2	83	15	23	7	61	7
125	7	6	584		9	16	303	1
225	28	67	193	13	9	3	73	5
237	36	72	129	1	9	4	46	3
380	22	247	87	18	32	21	150	25
7	8	1	13			1	8	
259	134	87	421	112	10	13	198	6
89	31	26	65	7	11	11	17	
2	5	3	14	1	2	1	2	
913	132	260	751	23	39	12	445	26
207	71	49	541	78	105	137	225	38
30	4	1	199	6	15	5	15	
125	16	3	344	17	6	4	46	
785	96	42	1518	62	27	14	334	28
873	108	42	689	25	32	10	122	3
1246	108	61	578	28	31	15	110	2
88	31	12	230	9	3	19	54	1
100	29	3	61	1	2	1	33	1
1889	210	70	1231	27	40	24	415	12
4186	337	42	306	28	73	104	678	21
503	67	5	54	2	11	3	42	
144	1	10	30	3	10	3	23	1
15	11	26	36	14	1	7	17	1
20	4	2		1			3	2
33	22	20	29	36	17	15	23	13
11	11	5	13	7	9	8	10	4
47	9	21	50	7	3	6	25	10

12-11 续表

单位：个

项目	Item	东莞 Dongguan	中山 Zhongshan
总 计	**Total**	**12778**	**4626**
按经济类型分	Grouped by Ownership		
在总计中：国有控股工业	Of the Total:State-holding Industry	65	38
国有工业	State-owned Industry	2	
集体工业	Collective-owned Industry	22	7
股份合作工业	Share-holding Cooperative Industry	2	
股份制工业	Share-holding Industry	9362	3585
外商投资工业	Foreign-funded Industry	1023	321
港澳台投资工业	Industry with Funds from Hong Kong, Macao and Taiwan	2171	536
按轻重工业分	Grouped by Light and Heavy Industries		
轻工业	Light Industry	5440	2957
重工业	Heavy Industry	7338	1669
按企业规模分	Grouped by Size of Enterprises		
大型企业	Large Enterprises	305	91
中型企业	Medium Enterprises	1482	466
小微型企业	Small and Micro Enterprises	10991	4069
按行业分	Grouped by Sector		
煤炭开采和洗选业	Mining and Washing of Coal		
石油和天然气开采业	Extraction of Petroleum and Natural Gas		
黑色金属矿采选业	Mining and Dressing of Ferrous Metal Ores		
有色金属矿采选业	Mining and Dressing of Nonferrous Metal Ores		
非金属矿采选业	Mining and Dressing of Nonmetal Ores	2	
开采专业及辅助性活动	Mining Specialized and Auxiliary Operations		
其他采矿业	Mining and Dressing of Other Ores		
农副食品加工业	Processing of Farm and Sideline Food	76	35
食品制造业	Manufacture of Food	89	44
酒、饮料和精制茶制造业	Manufacture of Wine, Beverage and Refined Tea	15	12
烟草制品业	Tobacco Products		
纺织业	Textile Industry	214	134
纺织服装、服饰业	Manufacture of Textile Garments, Footwear and Headgear	461	254
皮革、毛皮、羽毛及其制品和制鞋业	Leather, Fur, Feather, Down and Related Products	403	70
木材加工和木、竹、藤、棕、草制品业	Timber Processing, Bamboo, Cane, Palm Fiber & Straw Products	70	25
家具制造业	Manufacture of Furniture	405	164
造纸和纸制品业	Papermaking and Paper Products	408	120
印刷和记录媒介复制业	Printing and Record Medium Reproduction	269	81
文教、工美、体育和娱乐用品制造业	Manufacture of Cultural, Educational,Sports and Entertainment Articles	465	132
石油、煤炭及其他燃料加工业	Petroleum, Coal and other Fuel Processing	14	5
化学原料和化学制品制造业	Manufacture of Raw Chemical Materials and Chemical Products	424	168
医药制造业	Manufacture of Medicines	25	36
化学纤维制造业	Manufacture of Chemical Fibers	22	6
橡胶和塑料制品业	Rubber and Plastic Products	1648	438
非金属矿物制品业	Nonmetal Mineral Products	302	144
黑色金属冶炼和压延加工业	Smelting and Pressing of Ferrous Metals	51	18
有色金属冶炼和压延加工业	Smelting and Pressing of Nonferrous Metals	170	57
金属制品业	Metal Products	1332	485
通用设备制造业	Manufacture of General-purpose Machinery	821	272
专用设备制造业	Manufacture of Special-purpose Machinery	965	170
汽车制造业	Manufacture of Automobile	110	52
铁路、船舶、航空航天和其他运输设备制造业	Manufacture of Railway ,Ship,Aeronautics and Other Transport equipment	41	14
电气机械和器材制造业	Manufacture of Electrical Machinery and Equipment	1422	1236
计算机、通信和其他电子设备制造业	Manufacture of Communication Equipment, Computers and Other Electronic Equipment	2087	286
仪器仪表制造业	Manufacture of Instruments and Meters	208	61
其他制造业	Other Manufactures	135	52
废弃资源综合利用业	Comprehensive Utilization of Waste	6	2
金属制品、机械和设备修理业	Manufacture of Metal Products,Machinery and Equipment Maintenance	9	4
电力、热力生产和供应业	Production and Supply of Electric Power and Heat Power	27	15
燃气生产和供应业	Production and Supply of Gas	34	8
水的生产和供应业	Production and Supply of Water	48	26

12-11 continued

(unit)

江 门 Jiangmen	阳 江 Yangjiang	湛 江 Zhanjiang	茂 名 Maoming	肇 庆 Zhaoqing	清 远 Qingyuan	潮 州 Chaozhou	揭 阳 Jieyang	云 浮 Yunfu
2903	**461**	**788**	**652**	**1446**	**949**	**1035**	**1464**	**433**
40	26	104	62	42	39	14	25	27
3	4	35	34	4	6	3	13	4
1			3	1	1	3	5	
1						8	1	
2103	372	651	529	1170	747	786	1289	336
170	15	35	8	66	48	7	10	17
518	39	40	27	140	126	49	65	58
1536	262	422	320	516	325	716	990	129
1367	199	366	332	930	624	319	474	304
63	9	9	5	30	32	4	10	11
299	56	66	32	186	136	76	111	47
2541	396	713	615	1230	781	955	1343	375
		1						
				1	1			2
		7	3	2	2			1
16	9	17	38	32	17	7	4	15
2		1		1				
80	45	143	148	30	29	39	39	14
55	9	19	19	25	5	57	74	7
9	3	11	3	11	9	12	8	1
		1						
113	2	14	9	47	34	7	74	10
71	6	3	9	16	8	29	144	7
46	5	46	27	27	39	48	188	2
40	13	48	25	31	11	10	21	8
83	1	16	2	22	13	2	10	1
93	13	22	6	37	12	34	20	7
43	4	11	3	11	6	69	28	1
33	3	3	12	27	29	9	36	5
6	1	4	23			2	3	
168	12	30	61	143	119	22	20	41
18	2	12	28	11	9	10	29	18
8				1	3		6	1
231	32	27	25	69	91	57	123	8
184	40	117	116	184	181	409	157	155
14	16	2	5	6	11	8	57	1
49	5	1	1	80	55	13	7	12
594	140	29	18	264	49	105	176	31
107	19	7	6	68	28	11	9	10
62	2	12	7	59	23	4	31	10
40	3	5		30	23		3	7
103	1	1	1	2	9		5	
373	24	93	5	58	21	14	121	18
178	5	3	16	58	31	8	25	13
7			1	7	2	1	3	2
13	2	1		5	1	1	3	
12	8	10	1	28	24	3	9	3
2		6		1				
22	23	44	21	27	35	9	14	9
8	5	10	7	14	10	30	5	7
20	8	11	6	11	9	5	12	6

12-12 各市规模以上工业总产值（2021年）

单位：亿元

项 目	Item	全 省 Provincial Total	广 州 Guangzhou
总 计	**Total**	**171979.82**	**23121.00**
按经济类型分	Grouped by Ownership		
在总计中：国有控股工业	Of the Total:State-holding Industry	28733.57	10267.92
国有工业	State-owned Industry	801.98	236.26
集体工业	Collective-owned Industry	102.59	14.21
股份合作工业	Share-holding Cooperative Industry	77.96	10.22
股份制工业	Share-holding Industry	111887.28	11123.84
外商投资工业	Foreign-funded Industry	27596.08	9331.82
港澳台投资工业	Industry with Funds from Hong Kong, Macao and Taiwan	29834.65	2344.16
按轻重工业分	Grouped by Light and Heavy Industries		
轻工业	Light Industry	53378.95	5536.85
重工业	Heavy Industry	118600.86	17584.16
按企业规模分	Grouped by Size of Enterprises		
大型企业	Large Enterprises	77076.51	12258.40
中型企业	Medium Enterprises	38215.85	3649.32
小微型企业	Small and Micro Enterprises	56687.45	7213.28
按行业分	Grouped by Sector		
煤炭开采和洗选业	Mining and Washing of Coal		
石油和天然气开采业	Extraction of Petroleum and Natural Gas	792.18	
黑色金属矿采选业	Mining and Dressing of Ferrous Metal Ores	60.04	
有色金属矿采选业	Mining and Dressing of Nonferrous Metal Ores	97.17	
非金属矿采选业	Mining and Dressing of Nonmetal Ores	321.19	50.58
开采专业及辅助性活动	Mining Specialized and Auxiliary Operations	33.99	
其他采矿业	Mining and Dressing of Other Ores		
农副食品加工业	Processing of Farm and Sideline Food	3969.47	411.15
食品制造业	Manufacture of Food	2220.05	568.13
酒、饮料和精制茶制造业	Manufacture of Wine, Beverage and Refined Tea	1187.00	321.87
烟草制品业	Tobacco Products	539.18	231.29
纺织业	Textile Industry	2323.15	153.37
纺织服装、服饰业	Manufacture of Textile Garments, Footwear and Headgear	3066.40	284.10
皮革、毛皮、羽毛及其制品和制鞋业	Leather, Fur, Feather, Down and Related Products	1457.97	147.64
木材加工和木、竹、藤、棕、草制品业	Timber Processing, Bamboo, Cane, Palm Fiber & Straw Products	527.98	31.11
家具制造业	Manufacture of Furniture	2361.20	364.46
造纸和纸制品业	Papermaking and Paper Products	2799.60	182.47
印刷和记录媒介复制业	Printing and Record Medium Reproduction	1471.81	118.72
文教、工美、体育和娱乐用品制造业	Manufacture of Cultural, Educational,Sports and Entertainment Articles	3999.05	171.41
石油、煤炭及其他燃料加工业	Petroleum, Coal and other Fuel Processing	3938.66	610.98
化学原料和化学制品制造业	Manufacture of Raw Chemical Materials and Chemical Products	6816.92	1320.85
医药制造业	Manufacture of Medicines	2053.47	499.98
化学纤维制造业	Manufacture of Chemical Fibers	256.40	7.89
橡胶和塑料制品业	Rubber and Plastic Products	6447.72	603.06
非金属矿物制品业	Nonmetal Mineral Products	7289.47	695.03
黑色金属冶炼和压延加工业	Smelting and Pressing of Ferrous Metals	3664.34	201.87
有色金属冶炼和压延加工业	Smelting and Pressing of Nonferrous Metals	4838.65	636.15
金属制品业	Metal Products	8799.83	537.70
通用设备制造业	Manufacture of General-purpose Machinery	5625.51	890.84
专用设备制造业	Manufacture of Special-purpose Machinery	5295.40	512.05
汽车制造业	Manufacture of Automobile	9647.90	6121.74
铁路、船舶、航空航天和其他运输设备制造业	Manufacture of Railway ,Ship,Aeronautics and Other Transport equipment	1510.47	529.58
电气机械和器材制造业	Manufacture of Electrical Machinery and Equipment	19429.70	1216.42
计算机、通信和其他电子设备制造业	Manufacture of Communication Equipment, Computers and Other Electronic Equipment	45416.50	2607.97
仪器仪表制造业	Manufacture of Instruments and Meters	1525.94	189.11
其他制造业	Other Manufactures	490.60	29.56
废弃资源综合利用业	Comprehensive Utilization of Waste	624.85	38.38
金属制品、机械和设备修理业	Manufacture of Metal Products,Machinery and Equipment Maintenance	201.71	87.63
电力、热力生产和供应业	Production and Supply of Electric Power and Heat Power	8201.42	1765.85
燃气生产和供应业	Production and Supply of Gas	1916.80	859.77
水的生产和供应业	Production and Supply of Water	760.13	122.28

注：本表产值按当年价格计算。

Gross Output Value of Industry above Designated Size by City (2021)

(100 million yuan)

深 圳 Shenzhen	珠 海 Zhuhai	汕 头 Shantou	佛 山 Foshan	韶 关 Shaoguan	河 源 Heyuan	梅 州 Meizhou	惠 州 Huizhou	汕 尾 Shanwei
42453.96	**5272.44**	**3378.20**	**26312.48**	**1645.23**	**1459.68**	**865.46**	**9949.28**	**1462.56**
4846.17	713.25	351.69	1361.35	806.32	131.14	226.57	1805.22	140.99
90.67	101.75	94.77	61.41	4.64	5.76	1.27	1.72	7.67
0.86	0.22	4.94	21.50	2.11	0.47	0.63	1.67	25.63
		4.66	53.18			0.98	0.50	
28995.36	2911.63	2764.31	18856.38	1394.41	949.74	751.08	5488.95	1068.91
4890.58	1468.43	158.45	2865.44	119.17	156.58	46.47	1955.85	94.69
8379.45	786.40	252.85	3961.70	122.63	337.61	50.49	2423.88	215.51
7595.23	1752.52	2419.03	13250.55	261.68	329.90	233.06	2181.71	707.53
34858.73	3519.92	959.17	13061.93	1383.55	1129.78	632.40	7767.57	755.02
23183.77	2203.26	324.59	9482.92	683.24	589.01	246.18	5692.01	934.63
8013.25	1202.94	1008.91	8159.48	407.55	356.48	294.67	1514.54	294.18
11256.94	1866.23	2044.70	8670.09	554.44	514.19	324.61	2742.73	233.75
406.42	152.83							
	17.22			0.43	39.74	0.35		
				39.53	2.02	6.81		
		0.88	1.50	3.56	14.73	4.24	15.69	0.62
23.83								
260.81	101.90	95.39	587.97	37.21	22.49	34.19	95.66	45.77
85.03	79.20	71.46	359.95	7.61	31.61	9.97	11.66	12.85
209.20	17.72	11.58	246.94	3.54	28.22	8.36	58.39	3.44
115.23		3.91		73.19		88.25		
133.28	18.93	253.31	873.31	17.36	6.05	5.13	33.53	23.20
284.41	22.24	883.43	431.49	1.22	28.46	1.99	54.29	96.25
86.79	0.38	26.20	202.29	1.21	20.23	11.20	88.08	12.00
16.98	5.60	1.14	127.22	20.22	10.31	1.61	41.19	7.44
129.58	19.83	3.98	707.78		10.51	9.01	224.59	0.21
148.66	71.93	90.30	363.10	11.99	9.32	3.28	64.65	17.96
306.30	20.51	104.95	231.18	3.05	5.89	1.57	35.50	4.72
1521.36	24.35	306.07	594.78	35.48	73.83	9.16	114.72	202.48
34.43	77.55	0.39	130.45			0.20	900.17	
386.35	422.64	203.03	1140.51	134.85	11.82	7.75	1049.86	5.91
504.65	200.17	62.01	278.28	12.16	12.11	8.87	29.72	
1.42	89.39	5.14	51.16	0.20	0.71	0.44	1.47	
873.60	137.76	346.70	1374.95	18.50	36.46	15.09	410.06	160.48
616.22	171.74	105.94	1649.73	88.06	121.04	148.45	419.34	94.79
37.42	137.46		590.88	485.11	152.50	27.33	34.95	
708.90	98.59	3.12	1351.36	115.85	10.03	12.04	53.86	
747.33	151.65	51.22	2814.19	85.67	40.89	10.42	252.98	128.28
1245.89	150.11	34.65	1207.70	32.12	37.97	8.05	134.42	83.46
1976.07	134.82	65.11	1008.56	21.58	47.73	8.64	142.97	0.74
939.07	72.56	38.62	1266.37	3.86	6.62	27.34	181.60	73.74
195.23	106.41	2.85	103.79	0.20	2.20	0.48	53.79	7.58
3646.92	1144.57	113.57	6538.18	50.21	46.99	33.84	1140.39	33.68
24361.02	996.53	124.95	755.00	91.51	480.37	193.07	3728.74	284.25
624.61	101.32	8.98	129.98	11.20	12.07	1.37	48.44	
208.34	0.34	8.76	29.40	1.28	9.83	0.68	13.00	0.48
108.36	10.20	40.83	129.93	27.74	1.25	6.23	26.37	0.20
21.53	75.84	2.15		0.54			1.82	0.42
1053.27	286.56	284.65	617.22	198.76	117.19	150.41	436.11	154.53
281.11	134.06	6.63	161.96	6.60	7.01	4.99	23.37	2.22
154.33	19.52	16.28	255.37	3.64	1.47	4.66	27.90	4.86

Note: Data in this table are calculated at current prices.

12-12 续表

单位：亿元

项 目	Item	东 莞 Dongguan	中 山 Zhongshan
总 计	**Total**	**24513.14**	**6619.31**
按经济类型分	Grouped by Ownership		
在总计中：国有控股工业	Of the Total:State-holding Industry	1291.01	458.34
国有工业	State-owned Industry	2.48	
集体工业	Collective-owned Industry	16.63	2.76
股份合作工业	Share-holding Cooperative Industry	0.60	
股份制工业	Share-holding Industry	15747.16	3712.53
外商投资工业	Foreign-funded Industry	3125.63	1608.07
港澳台投资工业	Industry with Funds from Hong Kong, Macao and Taiwan	5526.95	1224.16
按轻重工业分	Grouped by Light and Heavy Industries		
轻工业	Light Industry	7419.39	3283.47
重工业	Heavy Industry	17093.75	3335.85
按企业规模分	Grouped by Size of Enterprises		
大型企业	Large Enterprises	11022.93	2496.06
中型企业	Medium Enterprises	5330.39	1567.02
小微型企业	Small and Micro Enterprises	8159.82	2556.23
按行业分	Grouped by Sector		
煤炭开采和洗选业	Mining and Washing of Coal		
石油和天然气开采业	Extraction of Petroleum and Natural Gas		
黑色金属矿采选业	Mining and Dressing of Ferrous Metal Ores		
有色金属矿采选业	Mining and Dressing of Nonferrous Metal Ores		
非金属矿采选业	Mining and Dressing of Nonmetal Ores	3.24	
开采专业及辅助性活动	Mining Specialized and Auxiliary Operations		
其他采矿业	Mining and Dressing of Other Ores		
农副食品加工业	Processing of Farm and Sideline Food	816.88	52.61
食品制造业	Manufacture of Food	187.06	63.22
酒、饮料和精制茶制造业	Manufacture of Wine, Beverage and Refined Tea	87.21	39.93
烟草制品业	Tobacco Products		
纺织业	Textile Industry	228.75	105.33
纺织服装、服饰业	Manufacture of Textile Garments, Footwear and Headgear	436.42	170.92
皮革、毛皮、羽毛及其制品和制鞋业	Leather, Fur, Feather, Down and Related Products	307.65	52.55
木材加工和木、竹、藤、棕、草制品业	Timber Processing, Bamboo, Cane, Palm Fiber & Straw Products	48.44	24.24
家具制造业	Manufacture of Furniture	418.65	174.83
造纸和纸制品业	Papermaking and Paper Products	1049.75	149.04
印刷和记录媒介复制业	Printing and Record Medium Reproduction	342.27	57.28
文教、工美、体育和娱乐用品制造业	Manufacture of Cultural, Educational,Sports and Entertainment Articles	538.90	159.86
石油、煤炭及其他燃料加工业	Petroleum, Coal and other Fuel Processing	16.12	3.39
化学原料和化学制品制造业	Manufacture of Raw Chemical Materials and Chemical Products	609.27	293.74
医药制造业	Manufacture of Medicines	58.96	90.88
化学纤维制造业	Manufacture of Chemical Fibers	23.84	1.65
橡胶和塑料制品业	Rubber and Plastic Products	1349.17	383.76
非金属矿物制品业	Nonmetal Mineral Products	568.99	205.91
黑色金属冶炼和压延加工业	Smelting and Pressing of Ferrous Metals	75.87	117.13
有色金属冶炼和压延加工业	Smelting and Pressing of Nonferrous Metals	279.40	79.35
金属制品业	Metal Products	1341.76	393.26
通用设备制造业	Manufacture of General-purpose Machinery	1077.01	365.41
专用设备制造业	Manufacture of Special-purpose Machinery	947.04	163.15
汽车制造业	Manufacture of Automobile	258.17	168.86
铁路、船舶、航空航天和其他运输设备制造业	Manufacture of Railway ,Ship,Aeronautics and Other Transport equipment	87.80	12.74
电气机械和器材制造业	Manufacture of Electrical Machinery and Equipment	2271.26	1897.75
计算机、通信和其他电子设备制造业	Manufacture of Communication Equipment, Computers and Other Electronic Equipment	9688.82	872.45
仪器仪表制造业	Manufacture of Instruments and Meters	280.40	77.85
其他制造业	Other Manufactures	117.04	46.58
废弃资源综合利用业	Comprehensive Utilization of Waste	3.42	4.42
金属制品、机械和设备修理业	Manufacture of Metal Products,Machinery and Equipment Maintenance	5.23	1.80
电力、热力生产和供应业	Production and Supply of Electric Power and Heat Power	821.92	322.28
燃气生产和供应业	Production and Supply of Gas	104.64	46.37
水的生产和供应业	Production and Supply of Water	61.78	20.77

12-12 continued

(100 million yuan)

江 门 Jiangmen	阳 江 Yangjiang	湛 江 Zhanjiang	茂 名 Maoming	肇 庆 Zhaoqing	清 远 Qingyuan	潮 州 Chaozhou	揭 阳 Jieyang	云 浮 Yunfu
5451.19	**2124.62**	**2951.80**	**2231.07**	**4272.96**	**2864.73**	**1458.80**	**2900.65**	**671.27**
618.23	1182.68	1773.88	1465.68	443.66	344.82	159.35	204.40	140.88
108.13	2.91	25.75	21.12	1.77	10.02	2.16	7.34	14.41
0.20			1.09	0.88	0.37	2.54	5.89	
0.86						6.55	0.40	
3117.96	1765.74	1668.93	2112.50	3199.64	2017.40	1211.81	2533.00	495.99
654.80	90.32	326.68	44.26	350.03	202.62	45.64	20.09	40.48
1515.20	247.58	917.70	31.63	572.98	596.70	74.36	138.31	114.41
2232.75	338.91	817.02	312.52	1380.16	712.64	663.37	1747.57	203.09
3218.44	1785.71	2134.78	1918.55	2892.79	2152.09	795.43	1153.08	468.17
1571.37	898.33	1886.21	1336.31	941.49	728.80	133.04	298.82	165.14
1591.99	697.02	379.75	269.04	1218.54	1032.75	291.86	728.05	208.15
2287.84	529.27	685.84	625.72	2112.92	1103.18	1033.91	1873.78	297.98
		232.94						
				1.69	0.11			0.50
		13.69	9.13	18.33	5.07			2.59
35.56	5.94	11.56	18.07	113.51	19.00	2.84	2.81	16.85
2.86		7.09		0.21				
234.49	139.84	444.68	214.04	89.23	100.70	67.49	84.67	32.31
302.84	45.05	17.25	11.03	78.79	5.24	54.11	214.03	3.95
23.96	1.97	20.56	1.08	47.57	34.72	12.21	8.16	0.35
		27.31						
169.31	0.23	6.89	4.46	109.12	41.78	2.78	133.62	3.41
44.87	5.38	3.67	9.81	29.71	2.36	8.85	257.83	8.71
29.07	3.54	19.11	6.35	59.31	99.13	37.54	243.81	3.90
40.78	5.60	23.46	12.38	62.38	13.06	5.56	21.96	7.30
71.33	9.56	25.43	0.64	129.95	43.36	0.85	16.24	0.40
250.99	11.03	148.74	5.33	80.90	27.14	33.07	51.97	27.98
63.56	2.30	8.49	0.94	30.21	9.63	51.99	72.09	0.66
25.51	1.21	0.62	7.99	75.24	54.07	10.99	62.31	8.72
6.14	0.22	830.75	1282.38			43.77	1.72	
259.74	6.86	54.69	305.73	240.87	217.60	37.48	55.12	52.25
29.24	1.77	31.36	20.60	37.58	53.51	10.70	88.55	22.39
53.44				1.89	1.18		16.37	0.22
213.77	14.19	18.87	22.97	117.03	105.18	40.82	190.82	14.47
316.33	99.63	117.18	80.26	574.40	469.67	369.16	229.01	148.59
12.95	676.57	550.71	11.72	5.07	253.33	5.54	287.64	0.27
160.67	357.85	0.18	0.25	237.09	414.07	245.71	16.33	57.83
677.93	135.58	11.08	7.49	880.45	112.10	94.03	261.60	64.21
141.96	33.50	5.40	4.11	78.48	49.22	21.34	16.67	7.21
71.90	0.79	5.74	12.85	73.03	15.70	3.16	77.84	5.93
115.95	1.21	10.50		263.51	49.76		17.27	31.11
316.54	1.76	0.15	0.29	4.84	53.22		31.02	
611.70	172.38	45.43	2.67	177.32	84.43	14.78	163.67	23.52
628.96	2.68	3.89	6.33	242.67	217.73	58.19	32.17	39.19
3.74			0.40	12.89	1.22	2.47	18.97	0.90
11.43	0.29	0.11		4.63	1.77	0.30	6.79	
16.17	9.09	17.08	0.61	104.77	65.77	2.75	9.77	1.51
1.43		2.56		0.77				
433.79	361.17	218.58	161.35	209.92	205.61	144.64	181.95	75.67
52.48	13.63	7.49	5.84	71.72	29.23	72.31	19.74	5.63
19.79	3.82	8.58	3.97	7.88	9.06	3.34	8.12	2.72

12-13 各市规模以上工业增加值（2021年）

单位：亿元

项　目	Item	全省 Provincial Total	广州 Guangzhou
总　计	**Total**	**37306.53**	**4963.72**
按经济类型分	Grouped by Ownership		
在总计中：国有控股工业	Of the Total:State-holding Industry	6210.72	2066.59
国有工业	State-owned Industry	150.33	35.07
集体工业	Collective-owned Industry	30.99	9.06
股份合作工业	Share-holding Cooperative Industry	14.72	2.31
股份制工业	Share-holding Industry	23915.12	2261.33
外商投资工业	Foreign-funded Industry	5912.13	2060.27
港澳台投资工业	Industry with Funds from Hong Kong, Macao and Taiwan	6952.86	581.08
按轻重工业分	Grouped by Light and Heavy Industries		
轻工业	Light Industry	12472.98	1612.68
重工业	Heavy Industry	24833.56	3351.04
按企业规模分	Grouped by Size of Enterprises		
大型企业	Large Enterprises	18384.41	2885.38
中型企业	Medium Enterprises	8318.96	847.05
小微型企业	Small and Micro Enterprises	10603.16	1231.29
按行业分	Grouped by Sector		
煤炭开采和洗选业	Mining and Washing of Coal		
石油和天然气开采业	Extraction of Petroleum and Natural Gas	639.26	
黑色金属矿采选业	Mining and Dressing of Ferrous Metal Ores	27.62	
有色金属矿采选业	Mining and Dressing of Nonferrous Metal Ores	38.73	
非金属矿采选业	Mining and Dressing of Nonmetal Ores	100.67	24.03
开采专业及辅助性活动	Mining Specialized and Auxiliary Operations	12.81	
其他采矿业	Mining and Dressing of Other Ores		
农副食品加工业	Processing of Farm and Sideline Food	405.51	43.57
食品制造业	Manufacture of Food	705.28	207.33
酒、饮料和精制茶制造业	Manufacture of Wine, Beverage and Refined Tea	340.82	110.62
烟草制品业	Tobacco Products	453.41	204.71
纺织业	Textile Industry	521.78	34.74
纺织服装、服饰业	Manufacture of Textile Garments, Footwear and Headgear	759.88	105.50
皮革、毛皮、羽毛及其制品和制鞋业	Leather, Fur, Feather, Down and Related Products	371.45	35.22
木材加工和木、竹、藤、棕、草制品业	Timber Processing, Bamboo, Cane, Palm Fiber & Straw	109.95	13.67
家具制造业	Manufacture of Furniture	556.16	80.95
造纸和纸制品业	Papermaking and Paper Products	539.94	31.80
印刷和记录媒介复制业	Printing and Record Medium Reproduction	360.85	39.53
文教、工美、体育和娱乐用品制造业	Manufacture of Cultural, Educational and Sports Articles	669.24	55.85
石油、煤炭及其他燃料加工业	Petroleum, Coal and other Fuel Processing	1084.33	190.32
化学原料和化学制品制造业	Manufacture of Raw Chemical Materials and Chemical Products	1416.87	334.57
医药制造业	Manufacture of Medicines	702.36	177.15
化学纤维制造业	Manufacture of Chemical Fibers	67.54	1.84
橡胶和塑料制品业	Rubber and Plastic Products	1499.68	136.39
非金属矿物制品业	Nonmetal Mineral Products	1607.23	96.39
黑色金属冶炼和压延加工业	Smelting and Pressing of Ferrous Metals	469.24	16.57
有色金属冶炼和压延加工业	Smelting and Pressing of Nonferrous Metals	543.53	25.90
金属制品业	Metal Products	1850.14	110.19
通用设备制造业	Manufacture of General-purpose Equipment	1204.59	195.67
专用设备制造业	Manufacture of Special-purpose Equipment	1454.63	132.31
汽车制造业	Manufacture of Transport Equipment	2007.74	1267.52
铁路、船舶、航空航天和其他运输设备制造业	Manufacture of Railway ,Ship,Aeronautics and Other Transport equipment	235.07	60.37
电气机械和器材制造业	Manufacture of Electrical Machinery and Equipment	4134.74	175.71
计算机、通信和其他电子设备制造业	Manufacture of Communication Equipment, Computers and Other Electronic Equipment	9555.10	584.79
仪器仪表制造业	Manufacture of Instruments and Meters	417.04	50.90
其他制造业	Other Manufactures	109.58	5.07
废弃资源综合利用业	Comprehensive Utilization of Waste	99.36	5.20
金属制品、机械和设备修理业	Manufacture of Metal Products,Machinery and Equipment Maintenance	66.80	39.16
电力、热力生产和供应业	Production and Supply of Electric Power and Heat Power	1603.18	238.78
燃气生产和供应业	Production and Supply of Gas	255.62	72.50
水的生产和供应业	Production and Supply of Water	308.83	58.91

注：本表工业增加值按收入法、当年价格计算。

Value-added of Industry above Designated Size by City (2021)

(100 million yuan)

深 圳 Shenzhen	珠 海 Zhuhai	汕 头 Shantou	佛 山 Foshan	韶 关 Shaoguan	河 源 Heyuan	梅 州 Meizhou	惠 州 Huizhou	汕 尾 Shanwei
9578.00	**1329.49**	**739.85**	**5432.94**	**361.23**	**345.77**	**264.09**	**2215.85**	**191.95**
1100.00	113.21	72.96	273.53	196.10	24.60	99.58	394.93	16.98
21.38	12.11	24.72	11.58	1.07	1.75	1.11	0.62	1.54
0.11	0.10	1.30	4.21	0.69	0.08	0.22	0.83	4.60
		1.01	8.85			0.43	0.15	
6939.37	778.23	593.17	3883.05	307.73	231.26	231.33	1192.43	127.56
876.99	343.92	39.71	600.11	18.24	33.75	14.70	432.12	10.01
1718.47	193.60	57.55	830.89	32.90	77.13	13.79	575.17	41.12
1607.01	607.92	542.68	2960.09	106.27	83.09	113.01	520.19	96.96
7970.99	721.56	197.17	2472.85	254.96	262.68	151.08	1695.66	94.99
5945.53	661.98	75.87	2238.54	131.59	138.38	117.34	1255.16	131.18
1708.97	277.87	232.53	1693.15	123.53	100.72	77.47	368.72	30.11
1923.49	389.64	431.45	1501.26	106.11	106.68	69.27	591.96	30.66
374.88	73.08							
	4.55			0.19	21.53	0.15		
				27.21	1.13	1.73		
		0.22	0.34	1.47	3.62	0.88	5.35	0.15
8.78								
27.02	8.00	5.22	65.33	0.81	1.19	3.96	10.25	5.42
25.00	37.16	21.61	120.21	1.86	6.01	2.01	3.77	2.20
44.75	5.20	3.17	65.58	1.05	14.94	3.03	17.61	0.98
80.85		1.08		64.50		78.11		
30.22	4.76	56.88	178.35	3.23	1.39	0.90	7.19	4.95
86.88	6.91	189.52	99.35	0.55	7.91	0.70	19.50	18.81
18.51	0.09	6.85	40.82	0.56	5.69	5.20	29.65	1.17
2.30	1.21	0.22	21.85	3.89	1.93	0.33	7.72	0.99
28.21	5.73	0.74	146.26		2.66	1.90	51.59	0.05
33.07	14.17	20.12	73.98	1.53	1.95	0.50	10.09	2.29
74.08	4.66	25.98	44.63	1.21	1.76	0.39	9.95	0.69
126.12	6.14	70.24	71.58	12.58	18.24	2.96	28.90	24.92
1.10	10.40	0.11	21.36			0.02	200.97	
58.94	60.20	37.84	222.35	30.55	2.21	2.00	254.10	0.98
168.65	82.14	20.09	85.01	5.68	3.15	2.19	8.74	
0.31	34.15	0.71	11.74	0.04	0.19	0.36	0.32	
200.27	48.05	84.44	290.37	4.22	8.55	3.16	114.51	23.35
92.19	28.62	21.36	363.22	29.76	30.11	43.07	88.43	11.40
2.14	25.71		82.13	60.68	25.12	3.77	2.11	
10.75	7.94	0.56	194.51	14.68	1.58	2.24	12.92	
180.56	36.46	10.59	532.60	9.33	9.03	2.81	62.40	13.97
303.33	37.27	9.37	220.13	7.08	6.21	1.74	30.11	3.06
570.63	44.74	16.48	220.76	5.02	14.24	2.38	39.73	0.20
160.22	15.43	10.44	291.68	0.76	1.47	8.13	49.29	2.62
51.38	10.91	0.23	20.94	0.03	0.92	0.07	10.36	0.84
707.07	371.79	18.32	1537.92	14.19	9.31	6.22	231.57	1.77
5470.99	232.28	26.54	148.83	20.26	113.77	47.51	768.59	45.44
164.49	30.91	2.20	34.79	1.42	3.46	0.49	12.31	
47.33	0.07	1.98	4.45	0.29	2.24	0.09	3.54	0.12
1.15	6.29	7.43	20.60	8.72	0.25	0.98	6.80	0.04
9.67	11.11	0.58		0.30			0.58	0.12
263.64	50.51	60.68	115.76	24.83	22.11	31.04	91.89	22.69
86.99	2.79	1.19	12.05	1.18	1.25	0.89	9.83	0.40
65.51	10.05	6.86	73.46	1.57	0.64	2.17	15.15	2.32

Note: Data of value-added of industry in this table are calculated with income approach and at current prices.

12-13 续表

单位：亿元

项　目	Item	东莞 Dongguan	中山 Zhongshan
总　计	**Total**	**5187.03**	**1361.97**
按经济类型分	Grouped by Ownership		
在总计中：国有控股工业	Of the Total:State-holding Industry	241.56	73.62
国有工业	State-owned Industry	0.80	
集体工业	Collective-owned Industry	6.83	1.12
股份合作工业	Share-holding Cooperative Industry	0.18	
股份制工业	Share-holding Industry	3199.36	754.74
外商投资工业	Foreign-funded Industry	636.38	310.94
港澳台投资工业	Industry with Funds from Hong Kong, Macao and Taiwan	1320.63	279.34
按轻重工业分	Grouped by Light and Heavy Industries		
轻工业	Light Industry	1753.48	753.75
重工业	Heavy Industry	3433.55	608.22
按企业规模分	Grouped by Size of Enterprises		
大型企业	Large Enterprises	2176.52	478.84
中型企业	Medium Enterprises	1219.72	357.68
小微型企业	Small and Micro Enterprises	1790.80	525.45
按行业分	Grouped by Sector		
煤炭开采和洗选业	Mining and Washing of Coal		
石油和天然气开采业	Extraction of Petroleum and Natural Gas		
黑色金属矿采选业	Mining and Dressing of Ferrous Metal Ores		
有色金属矿采选业	Mining and Dressing of Nonferrous Metal Ores		
非金属矿采选业	Mining and Dressing of Nonmetal Ores	1.02	
开采专业及辅助性活动	Mining Specialized and Auxiliary Operations		
其他采矿业	Mining and Dressing of Other Ores		
农副食品加工业	Processing of Farm and Sideline Food	73.57	4.58
食品制造业	Manufacture of Food	43.58	23.68
酒、饮料和精制茶制造业	Manufacture of Wine, Beverage and Refined Tea	22.13	11.80
烟草制品业	Tobacco Products		
纺织业	Textile Industry	69.73	29.12
纺织服装、服饰业	Manufacture of Textile Garments, Footwear and Headgear	98.22	46.61
皮革、毛皮、羽毛及其制品和制鞋业	Leather, Fur, Feather, Down and Related Products	85.40	17.14
木材加工和木、竹、藤、棕、草制品业	Timber Processing, Bamboo, Cane, Palm Fiber & Straw	14.36	4.51
家具制造业	Manufacture of Furniture	123.77	47.41
造纸和纸制品业	Papermaking and Paper Products	208.68	23.43
印刷和记录媒介复制业	Printing and Record Medium Reproduction	83.18	17.17
文教、工美、体育和娱乐用品制造业	Manufacture of Cultural, Educational and Sports Articles	152.11	44.57
石油、煤炭及其他燃料加工业	Petroleum, Coal and other Fuel Processing	4.33	0.73
化学原料和化学制品制造业	Manufacture of Raw Chemical Materials and Chemical Products	116.14	71.68
医药制造业	Manufacture of Medicines	28.39	33.91
化学纤维制造业	Manufacture of Chemical Fibers	6.47	0.46
橡胶和塑料制品业	Rubber and Plastic Products	352.43	85.48
非金属矿物制品业	Nonmetal Mineral Products	134.24	37.91
黑色金属冶炼和压延加工业	Smelting and Pressing of Ferrous Metals	20.90	11.14
有色金属冶炼和压延加工业	Smelting and Pressing of Nonferrous Metals	67.68	6.43
金属制品业	Metal Products	398.79	96.11
通用设备制造业	Manufacture of General-purpose Equipment	225.48	88.17
专用设备制造业	Manufacture of Special-purpose Equipment	301.97	39.55
汽车制造业	Manufacture of Transport Equipment	55.19	44.87
铁路、船舶、航空航天和其他运输设备制造业	Manufacture of Railway ,Ship,Aeronautics and Other Transport equipment	18.72	2.31
电气机械和器材制造业	Manufacture of Electrical Machinery and Equipment	493.00	348.66
计算机、通信和其他电子设备制造业	Manufacture of Communication Equipment, Computers and Other Electronic Equipment	1676.40	120.81
仪器仪表制造业	Manufacture of Instruments and Meters	85.59	22.61
其他制造业	Other Manufactures	27.44	11.10
废弃资源综合利用业	Comprehensive Utilization of Waste	0.39	1.01
金属制品、机械和设备修理业	Manufacture of Metal Products,Machinery and Equipment Maintenance	2.64	0.66
电力、热力生产和供应业	Production and Supply of Electric Power and Heat Power	156.97	50.05
燃气生产和供应业	Production and Supply of Gas	8.79	8.30
水的生产和供应业	Production and Supply of Water	29.36	10.01

12-13 continued

(100 million yuan)

江 门 Jiangmen	阳 江 Yangjiang	湛 江 Zhanjiang	茂 名 Maoming	肇 庆 Zhaoqing	清 远 Qingyuan	潮 州 Chaozhou	揭 阳 Jieyang	云 浮 Yunfu
1201.92	**359.84**	**855.33**	**537.14**	**765.69**	**678.83**	**273.11**	**511.51**	**151.27**
141.57	212.44	513.18	385.28	85.04	96.46	34.39	30.29	38.42
18.60	1.75	1.47	3.39	0.25	5.39	1.76	2.90	3.07
0.07			0.33	0.17	0.22	0.47	0.60	
0.20						1.54	0.06	
609.25	212.93	322.03	503.60	539.98	454.19	225.03	445.41	103.15
171.97	12.50	209.46	15.45	74.17	35.24	2.80	3.99	9.41
389.37	129.76	320.16	9.13	126.03	178.43	17.57	26.02	34.71
512.81	64.36	142.06	61.84	241.88	183.52	135.92	329.92	43.53
689.12	295.48	713.27	475.30	523.81	495.31	137.19	181.60	107.74
371.32	208.27	674.08	364.77	224.97	174.58	43.05	48.18	38.88
365.69	78.19	75.70	39.59	211.37	252.55	75.03	130.49	52.84
464.91	73.38	105.55	132.79	329.34	251.70	155.03	332.84	59.55
		191.30						
				0.93	0.05			0.22
		3.46	1.61	1.04	1.11			1.45
14.09	2.82	3.27	6.18	18.78	4.66	0.70	0.39	12.69
0.24		3.77		0.02				
20.44	8.13	35.62	28.45	6.70	30.01	12.96	12.18	2.11
120.92	14.41	3.18	3.52	15.67	1.13	13.46	37.13	1.45
7.45	0.62	8.31	0.31	8.55	9.65	2.82	2.17	0.09
		24.17						
34.33	0.10	1.95	1.23	20.94	10.55	0.63	29.27	1.33
13.89	1.72	0.88	4.03	8.33	0.73	2.70	43.22	3.91
8.57	1.81	2.88	8.33	16.62	27.33	6.95	51.76	0.89
8.33	1.20	3.93	2.89	11.57	2.91	0.66	3.75	1.71
18.77	2.70	2.08	0.15	25.78	14.54	0.20	2.57	0.09
44.51	2.40	33.05	1.09	12.58	4.03	4.46	8.50	7.73
21.41	0.55	4.67	0.23	5.93	3.09	8.36	13.22	0.16
6.00	0.21	0.11	2.06	15.39	13.52	1.35	14.20	2.20
1.50	0.02	305.88	346.30			1.12	0.17	
50.13	1.08	11.87	50.76	34.01	43.24	13.15	10.89	10.18
11.45	0.42	10.79	6.02	10.89	21.46	1.92	17.91	6.39
6.85				0.76	0.26		3.05	0.05
50.29	4.21	3.81	4.24	17.83	23.52	8.25	34.54	1.74
78.75	33.71	21.98	21.10	127.03	178.87	93.91	35.81	39.39
6.77	30.62	119.44	2.50	0.67	20.02	0.75	38.17	0.04
35.52	47.05	0.02	0.03	42.83	62.30	4.18	1.68	4.73
139.69	28.74	2.26	1.82	115.23	24.66	10.28	50.45	14.17
33.01	9.82	1.69	0.88	14.28	8.07	4.63	2.98	1.61
21.92	0.20	1.86	4.17	13.36	3.11	1.34	19.04	1.62
24.11	0.28	3.30		44.71	16.52		2.94	8.27
45.60	0.43	0.03	0.05	0.96	6.52		4.37	
115.22	23.28	8.77	0.47	24.62	13.40	2.73	27.24	3.48
131.09	0.50	0.63	2.06	69.53	51.80	28.94	5.72	8.61
1.25			0.10	2.78	0.72	0.50	2.26	0.25
2.69	0.06	0.02		1.19	0.37	0.06	1.49	
2.31	1.20	4.62	0.06	22.28	6.60	0.41	2.75	0.27
0.36		1.38		0.23				
105.01	136.83	29.41	33.07	37.73	65.84	29.89	24.13	12.31
9.39	2.44	1.34	1.05	12.81	5.23	12.94	3.25	1.01
10.07	2.28	3.60	2.40	3.16	3.00	2.85	4.33	1.13

12-14 规模以上工业企业主要经济指标
Main Indicators of Industrial Enterprises above Designated Size

年份 Year	全部就业人员平均人数（万人） Annual Average Number of Employed Persons (10000 persons)	总产值（亿元） Gross Output Value of Industry (100 million yuan)	固定资产原价（亿元） Original Value of Fixed Assets (100 million yuan)	营业收入（亿元） Business Revenue (100 million yuan)	利润总额（亿元） Total Profits (100 million yuan)	利税总额（亿元） Total Pre-tax Profits (100 million yuan)	百元固定资产实现利税（元） Pre-tax Profits per 100 yuan of Original Value of Fixed Assets (yuan)	总资产贡献率（%） Ratio of Total Assets to Industrial Output Value (%)	产值利税率（%） Ratio of Pre-tax Profits to Gross Output Value (%)	百元营业收入实现利税（元） Pre-tax Profits per 100 yuan of Business Revenue (yuan)	全员劳动生产率（元/人） Overall Labor Productivity (yuan/person)
1978	170.51	168.91	111.42		16.78	32.91	29.54		19.48		9906
1979	171.76	181.96	129.09	170.09	15.21	34.48	26.71		18.45	20.27	10594
1980	182.39	198.83	136.59	189.97	19.41	38.51	28.19		19.37	20.27	10902
1981	189.08	226.26	152.58	215.09	21.18	42.12	27.60		18.61	19.58	11966
1982	194.33	245.54	172.00	231.20	22.44	44.62	25.94		18.17	19.30	12635
1983	197.50	275.25	226.58	226.91	26.17	48.59	21.45		17.65	21.42	13937
1984	241.42	336.45	221.46	313.33	30.44	56.83	25.66		16.89	18.14	13937
1985	298.66	438.91	269.13	412.77	39.09	75.99	29.23		17.31	18.41	14696
1986	323.16	522.35	335.19	498.80	37.74	80.90	24.14		15.49	16.22	16164
1987	353.95	711.04	433.95	692.47	51.35	102.24	23.56		14.38	14.76	20089
1988	382.19	1056.47	540.37	1016.20	68.67	140.65	26.03		13.31	13.84	27643
1989	387.90	1321.33	700.66	1222.20	60.42	138.71	19.80		10.50	11.35	34064
1990	390.28	1379.98	843.88	1287.91	37.04	121.50	14.40		8.80	9.43	35359
1991	433.18	2018.62	1339.04	1875.02	71.83	188.08	14.05		9.32	10.03	46600
1992	450.99	2696.47	1485.36	2537.84	115.34	248.78	22.32		9.23	9.80	59790
1993	478.39	4085.35	2099.09	3920.98	211.80	397.40	18.93		9.73	10.14	85379
1994	537.57	5325.35	3309.63	4826.68	210.36	478.41	14.46		8.89	9.91	99063
1995	537.83	6325.19	4298.15	6195.84	171.87	445.53	10.37		7.04	7.19	117606
1996	529.13	7308.51	5066.23	6808.08	178.75	489.26	9.66		6.69	7.19	36094
1997	522.94	8201.71	5904.95	7767.79	270.90	617.90	10.46	7.54	7.53	7.95	40040
1998	548.59	9738.56	6968.36	9243.42	224.89	622.82	8.94	7.37	6.40	6.74	44553
1999	537.77	10538.17	7399.10	10208.99	356.79	778.94	10.53	7.62	7.39	7.63	50307
2000	572.89	12480.93	8005.77	12380.65	564.75	1042.77	13.03	8.86	8.35	8.42	58836
2001	578.94	14035.35	8655.82	13891.46	595.60	1139.98	13.17	8.70	8.12	8.21	67012
2002	644.39	16378.60	9550.47	16247.73	769.09	1380.24	14.45	9.17	8.43	8.50	58940
2003	741.17	21513.46	10768.77	21566.93	1075.41	1850.90	17.19	10.42	8.60	8.56	77150
2004	996.44	29554.92	12713.34	28998.45	1449.96	2329.79	18.33	10.52	7.90	8.03	74661
2005	1085.65	35942.74	14453.16	34781.58	1693.99	2877.81	19.91	11.29	8.01	8.27	86735
2006	1203.58	44674.75	17824.33	43550.87	2217.73	3907.10	21.92	12.24	8.75	8.97	97882
2007	1307.40	55252.86	19763.42	53927.94	3061.60	5105.93	25.83	13.59	9.24	9.46	107880
2008	1493.38	65424.61	24529.17	63371.65	3272.60	6136.69	25.02	14.32	9.38	9.68	117940
2009	1436.02	68275.77	26293.23	66117.81	4204.40	6793.59	25.84	14.18	9.95	10.27	126984
2010	1568.00	85824.64	33489.49	84114.85	6239.64	9418.42	28.12	15.63	10.97	11.20	129709
2011	1463.86	94871.68	33244.26	92996.88	5874.03	9608.33	28.9	14.98	10.13	10.33	147987
2012	1452.16	95602.09	35983.70	93821.74	5464.90	9383.63	26.08	13.94	9.82	10.00	156463
2013	1455.81	109673.07	39339.68	106361.21	6496.42	11008.36	27.98	14.53	10.04	10.35	182303
2014	1455.78	119713.04	43635.95	115451.13	7014.99	11663.66	26.73	13.97	9.74	10.10	193633
2015	1439.33	124649.16	48104.10	119157.86	7723.16	12375.00	25.73	13.58	9.93	10.39	204582
2016	1417.84	133768.04	52729.34	129151.31	8383.04	13150.85	24.94	12.98	9.83	10.18	220972
2017	1403.19	135722.42	52619.74	133924.37	8864.36	13769.27	26.17	12.45	10.15	10.28	223415
2018	1341.31	140398.93	53725.45	142597.86	8748.68	13706.38	25.51	11.56	9.31	9.61	235271
2019	1315.80	146121.72	58026.73	146726.43	9140.48	13766.51	23.72	10.49	9.42	9.38	246953
2020	1277.06	148469.69	62452.78	149930.12	9572.09	14119.76	22.61	9.82	9.51	9.42	254491
2021	1343.58	171979.82	68125.54	173649.71	11278.35	16325.16	23.96	9.71	9.49	9.40	277665

注：1.利税总额包括增值税。
2.全员劳动生产率1996年后按工业增加值计算。
3.1997年以前为独立核算工业企业，1998年起统计口径改为年主营业务收入500万元及以上的规模以上工业，2011年调整为年主营业务收入2000万元及以上工业企业，2021年调整为主业务收入2000万元及以上工业企业和工业个体经营户。
4.本表中营业收入数据2017年及以前为主营业务收入数据，2018年后为营业收入数据。

Note:a) Total pre-tax profits include value-added tax.
b) Since 1996, figures of overall labor productivity have been calculated by value-added of industry.
c) From 1998 to 2010, data are statistics of industrial enterprises above designated size with annual principal business revenue of over 5 million yuan, while data prior to 1997 are statistics of industrial enterprises with independent accounting systems. Since 2011, data are statistics of legal person industrial enterprises with annual principal business revenue of over 20 million yuan. It is adjusted to industrial enterprises and industrial self-employed households with main business income of 20 million yuan and above in 2021.
d) The indicator was Revenue from Principal Business in 2017 and before,and are Business Revenue since 2018.

12-15 规模以上国有控股工业企业主要经济指标
Main Indicators of State-owned and State-holding Industrial Enterprises above Designated Size

年份 Year	全部就业人员平均人数(万人) Annual Average Number of Employed Persons (10000 persons)	总产值(亿元) Gross Output Value of Industry (100 million yuan)	固定资产原价(亿元) Original Value of Fixed Assets (100 million yuan)	营业收入(亿元) Business Revenue (100 million yuan)	利润总额(亿元) Total Profits (100 million yuan)	利税总额(亿元) Total Pre-tax Profits (100 million yuan)	百元固定资产实现利税(元) Pre-tax Profits per 100 yuan of Original Value of Fixed Assets (yuan)	总资产贡献率(%) Ratio of Total Assets to Industrial Output Value (%)	产值利税率(%) Ratio of Pre-tax Profits to Gross Output Value (%)	百元主营业务收入实现利税(元) Pre-tax Profits per 100 yuan of Principal Business Revenue (yuan)	全员劳动生产率(元/人) Overall Labor Productivity (yuan/person)
1978	120.35	122.28	96.06			26.09	27.16		21.34		10159
1979	121.97	132.30	103.51	126.87		26.89	25.96		20.31	21.18	10847
1980	126.09	136.30	107.27	127.97		28.33	25.90		20.57	22.19	10829
1981	132.60	153.54	118.82	147.85		31.18	26.24		20.31	21.09	11579
1982	139.90	165.82	131.82	158.43		33.29	25.26		20.08	21.01	11853
1983	142.18	188.09	147.53	178.04		38.18	25.88		20.30	21.45	13228
1984	143.08	222.35	162.13	205.73		44.02	27.15		19.80	21.39	15540
1985	144.14	277.87	203.80	265.05		56.34	27.64		20.28	21.26	19278
1986	150.14	312.74	235.47	305.42		59.70	25.36		19.09	19.55	20829
1987	156.48	400.55	294.46	402.63		72.44	24.60		18.09	17.99	25598
1988	162.43	555.41	328.58	545.00		91.05	27.71		16.39	16.71	34194
1989	162.85	670.95	404.50	631.61		94.11	23.26		14.93	14.90	41200
1990	163.80	713.88	488.36	689.83		84.35	17.27		11.82	12.23	43582
1991	173.85	906.72	612.24	853.62		116.26	18.99		12.82	13.62	52155
1992	171.60	1118.86	751.42	1073.94		131.24	17.47		11.73	12.22	65202
1993	153.26	1371.58	856.85	1372.66		169.40	19.77		12.35	12.34	89494
1994	152.25	1498.80	1076.47	1400.87		176.81	16.42		11.80	12.62	98443
1995	142.83	1396.35	1315.16	1499.25		160.57	12.21		11.50	10.71	97763
1996	137.50	1476.12	1599.77	1555.28		139.01	8.69		9.42	8.94	34057
1997	124.71	1505.06	1794.89	1657.79		160.92	8.97		10.69	9.71	36596
1998	102.67	1453.79	1790.91	1616.64		163.10	9.11		11.22	10.09	47019
1999	128.16	3025.68	3520.17	3153.04		376.11	10.68	8.63	12.34	11.93	72606
2000	104.39	3126.12	3513.50	3583.55	226.08	433.35	12.33	9.09	13.86	12.09	91413
2001	91.77	3236.65	3982.54	3757.95	241.30	486.46	12.21	9.53	15.03	12.94	112515
2002	83.25	3264.46	3942.57	3800.38	224.39	483.25	12.26	9.34	14.80	12.72	132894
2003	75.20	3949.03	4603.66	4717.48	623.49	623.49	13.54	10.88	15.79	13.22	191590
2004	72.53	6039.24	4913.92	6031.47	423.55	779.41	15.86	12.39	12.91	12.92	213941
2005	69.42	6375.54	5153.83	6261.70	387.31	800.26	15.53	13.03	12.55	12.78	243447
2006	60.80	7253.17	6557.86	6887.69	672.39	1213.73	18.50	14.89	16.73	17.62	391250
2007	60.86	8603.94	6702.65	8258.85	926.24	1603.72	23.92	17.68	18.63	19.41	464322
2008	77.84	11144.50	8327.10	11045.88	782.48	1676.74	20.14	15.49	15.05	15.18	430063
2009	75.33	10790.11	9249.22	10637.39	861.47	1747.60	18.89	14.73	16.20	16.43	457743
2010	78.89	13166.37	10456.03	13418.41	1235.97	2398.44	22.94	17.21	18.22	17.87	518203
2011	82.98	13927.70	10891.43	13871.28	723.19	1963.69	18.03	13.54	14.10	14.16	441471
2012	82.87	15529.16	12395.46	15602.52	700.33	2172.26	17.52	14.03	13.99	13.92	515822
2013	81.67	17525.16	13124.26	17095.26	1105.5	2800.64	21.34	16.57	15.98	16.38	625429
2014	79.95	18225.94	14561.95	17804.39	1081.26	2810.73	19.30	15.61	15.42	15.79	645329
2015	83.23	17032.30	15949.18	16453.02	1196.46	2660.82	16.68	13.53	15.62	16.17	606956
2016	82.67	17172.18	17041.31	16266.66	1437.99	2889.08	16.95	13.36	16.82	17.76	626612
2017	78.17	19525.92	17858.14	19783.07	1597.99	3144.43	17.61	13.04	16.10	15.89	699173
2018	74.93	20855.98	19117.62	22071.06	1559.97	3150.36	16.48	12.93	14.93	14.27	742900
2019	71.17	21270.03	20440.64	21286.03	1343.26	2636.84	12.90	10.21	12.40	12.39	725147
2020	68.68	21191.00	21222.22	21279.76	1250.19	2512.04	11.84	9.16	11.85	11.80	699905
2021	74.91	28733.57	24230.32	28816.61	1676.42	3387.13	13.98	9.40	11.79	11.75	829085

注：1998年以前为国有工业，1999年起为国有及国有控股工业，2007年起改为国有控股工业。

Note: Data prior to 1998 are statistics of state-owned industrial enterprises,data since 1999 are statistics of state-owned and state-holding industrial enterprises, and data since 2007 are statistics of state-holding industrial enterprises.

12-16 规模以上工业企业主要经济指标（2021年）

单位：亿元

项 目	Item	企业单位数（个） Number of Enterprises (unit)	工业总产值（当年价） Gross Industrial Output Value (at current prices)
全 省	**Provincial Total**	**66329**	**171979.82**
按经济类型分	Grouped by Ownership		
在总计中：国有控股工业	Of the Total: State-holding Industry	1439	28733.57
国有工业	State-owned Industry	215	801.98
集体工业	Collective-owned Industry	88	102.59
股份合作工业	Share-holding Cooperative Industry	39	77.96
股份制工业	Share-holding Industry	52183	111887.28
外商投资工业	Foreign-funded Industry	3880	27596.08
港澳台投资工业	Industry with Funds from Hong Kong, Macao and Taiwan	7994	29834.65
按轻重工业分	Grouped by Light and Heavy Industries		
轻工业	Light Industry	29844	53378.95
重工业	Heavy Industry	36485	118600.86
按企业规模分	Grouped by Size of Enterprises		
大型企业	Large Enterprises	1564	77076.51
中型企业	Medium Enterprises	6812	38215.85
小微型企业	Small and Micro Enterprises	57953	56687.45
按行业分	Grouped by Sector		
煤炭开采和洗选业	Mining and Washing of Coal		
石油和天然气开采业	Extraction of Petroleum and Natural Gas	4	792.18
黑色金属矿采选业	Mining and Dressing of Ferrous Metal Ores	12	60.04
有色金属矿采选业	Mining and Dressing of Nonferrous Metal Ores	28	97.17
非金属矿采选业	Mining and Dressing of Nonmetal Ores	217	321.19
开采专业及辅助性活动	Mining Specialized and Auxiliary Operations	6	33.99
其他采矿业	Mining and Dressing of Other Ores		
农副食品加工业	Processing of Farm and Sideline Food	1185	3969.47
食品制造业	Manufacture of Food	870	2220.05
酒、饮料和精制茶制造业	Manufacture of Wine, Beverage and Refined Tea	225	1187.00
烟草制品业	Tobacco Products	35	539.18
纺织业	Textile Industry	1641	2323.15
纺织服装、服饰业	Manufacture of Textile Garments, Footwear and Headgear	2593	3066.40
皮革、毛皮、羽毛及其制品和制鞋业	Leather, Fur, Feather, Down and Related Products	1638	1457.97
木材加工和木、竹、藤、棕、草制品业	Timber Processing, Bamboo, Cane, Palm Fiber & Straw Products	594	527.98
家具制造业	Manufacture of Furniture	1925	2361.20
造纸和纸制品业	Papermaking and Paper Products	1543	2799.60
印刷和记录媒介复制业	Printing and Record Medium Reproduction	1187	1471.81
文教、工美、体育和娱乐用品制造业	Manufacture of Cultural, Educational,Sports and Entertainment Articles	1891	3999.05
石油、煤炭及其他燃料加工业	Petroleum, Coal and other Fuel Processing	111	3938.66
化学原料和化学制品制造业	Manufacture of Raw Chemical Materials and Chemical Products	3108	6816.92
医药制造业	Manufacture of Medicines	592	2053.47
化学纤维制造业	Manufacture of Chemical Fibers	87	256.40
橡胶和塑料制品业	Rubber and Plastic Products	5814	6447.72
非金属矿物制品业	Nonmetal Mineral Products	3731	7289.47
黑色金属冶炼和压延加工业	Smelting and Pressing of Ferrous Metals	494	3664.34
有色金属冶炼和压延加工业	Smelting and Pressing of Nonferrous Metals	1075	4838.65
金属制品业	Metal Products	6513	8799.83
通用设备制造业	Manufacture of General-purpose Machinery	3731	5625.51
专用设备制造业	Manufacture of Special-purpose Machinery	3959	5295.40
汽车制造业	Manufacture of Automobile	1064	9647.90
铁路、船舶、航空航天和其他运输设备制造业	Manufacture of Railway ,Ship,Aeronautics and Other Transport equipment	503	1510.47
电气机械和器材制造业	Manufacture of Electrical Machinery and Equipment	7814	19429.70
计算机、通信和其他电子设备制造业	Manufacture of Communication Equipment, Computers and Other Electronic Equipment	9112	45416.50
仪器仪表制造业	Manufacture of Instruments and Meters	1087	1525.94
其他制造业	Other Manufactures	470	490.60
废弃资源综合利用业	Comprehensive Utilization of Waste	250	624.85
金属制品、机械和设备修理业	Manufacture of Metal Products,Machinery and Equipment Maintenance	77	201.71
电力、热力生产和供应业	Production and Supply of Electric Power and Heat Power	517	8201.42
燃气生产和供应业	Production and Supply of Gas	251	1916.80
水的生产和供应业	Production and Supply of Water	375	760.13

Main Economic Indicators of Industrial Enterprises above Designated Size (2021)

(100 million yuan)

工业增加值 Value-added of Industry	年末资产总计 Total Assets at the Year-end	流动资产合计 Total Working Capital	营业收入 Business Revenue	营业成本 Cost of Business	税金及附加 Tax and Extra Charges on Main Business	利润总额 Total Profits	利税总额 Total Pre-tax Profits	本年应交增值税 Value-added Tax Payable in Current Year	全部就业人员年平均人数(万人) Annual Average Number of Employed Persons (10000 persons)
37306.53	**175746.01**	**105030.92**	**173649.71**	**143986.13**	**1787.71**	**11278.35**	**16325.16**	**3259.11**	**1343.58**
6210.72	38481.17	13317.51	28816.61	24394.00	1137.32	1676.42	3387.13	573.40	74.91
150.33	1529.39	451.45	866.93	777.14	3.84	48.80	68.79	16.15	3.89
30.99	79.07	35.86	99.70	86.11	0.48	1.66	3.96	1.82	2.43
14.72	21.29	13.60	74.33	66.05	0.35	4.96	6.87	1.56	0.41
23915.12	116668.92	68717.93	112950.59	92973.43	1134.46	7082.01	10445.47	2229.00	809.90
5912.13	26511.85	16367.64	28299.08	23944.15	304.20	2002.81	2797.39	490.38	178.47
6952.86	30232.25	18983.93	29761.96	24731.99	336.76	2065.09	2889.33	487.47	333.59
12472.98	47678.91	31316.75	53675.07	43433.20	537.07	3509.86	5271.26	1224.33	576.37
24833.56	128067.10	73714.17	119974.65	100552.93	1250.64	7768.49	11053.90	2034.77	767.21
18384.41	89345.18	51297.74	78835.12	63545.99	1259.39	6547.82	9387.02	1579.81	470.02
8318.96	38259.28	22339.89	38390.21	31918.32	286.65	2410.71	3436.49	739.12	368.89
10603.16	48141.55	31393.29	56424.38	48521.82	241.67	2319.81	3501.65	940.17	504.66
639.26	1322.14	257.34	719.63	300.04	40.19	358.34	456.65	58.13	0.52
27.62	60.63	30.66	51.03	29.19	2.13	6.63	11.66	2.90	0.15
38.73	106.65	35.98	92.85	65.05	2.16	16.14	22.99	4.68	0.65
100.67	258.02	118.71	246.79	180.60	7.11	22.90	38.98	8.97	1.41
12.81	74.47	32.19	33.99	25.46	0.10	7.41	8.01	0.50	0.13
405.51	2269.33	1565.73	4344.18	4007.13	7.02	136.03	167.81	24.76	14.51
705.28	1963.72	1162.91	2391.21	1604.27	16.08	245.15	357.88	96.65	18.94
340.82	1150.23	693.80	1207.96	866.31	22.29	129.57	192.02	40.15	7.30
453.41	570.87	435.47	551.08	164.29	280.90	43.24	375.61	51.47	1.22
521.78	1715.11	1017.73	2256.55	1926.45	12.33	120.12	181.74	49.29	23.77
759.88	1887.87	1274.79	2803.38	2288.30	15.19	127.71	202.75	59.85	49.82
371.45	821.98	596.77	1449.58	1263.14	6.64	34.11	64.38	23.63	31.16
109.95	473.60	318.37	514.48	448.49	3.14	20.66	37.21	13.41	5.33
556.16	2123.75	1404.42	2286.42	1882.87	11.43	101.26	163.42	50.74	33.19
539.94	2483.57	1417.13	2773.89	2396.76	12.41	134.70	222.06	74.94	20.26
360.85	1457.87	854.22	1442.94	1206.74	6.82	77.38	113.66	29.46	21.03
669.24	2508.05	1931.14	4040.84	3577.40	13.05	135.28	186.11	37.78	55.75
1084.33	1994.85	871.07	4064.07	3194.34	584.36	231.52	935.37	119.49	2.23
1416.87	6226.49	3773.06	7135.66	5765.35	32.38	543.56	750.47	174.54	32.95
702.36	3981.77	2367.21	1897.35	981.67	14.99	423.68	517.61	78.93	15.75
67.54	205.68	106.62	246.57	193.57	1.24	33.32	40.54	5.98	1.35
1499.68	5388.69	3426.00	6486.58	5482.38	29.20	327.31	476.22	119.71	83.55
1607.23	6683.72	4218.44	7088.84	5927.95	37.07	503.05	729.28	189.16	54.26
469.24	2004.55	827.14	3843.10	3525.45	10.09	177.90	232.04	44.05	6.93
543.53	2128.39	1519.53	4922.91	4592.69	9.12	125.69	174.89	40.08	15.22
1850.14	6951.68	4780.13	8598.90	7390.67	35.38	450.77	650.40	164.25	92.11
1204.59	5555.33	4171.61	5639.36	4632.86	24.52	324.48	455.85	106.85	56.35
1454.63	6304.54	4426.82	5049.78	3822.84	27.84	482.64	623.02	112.53	63.30
2007.74	7781.27	5312.72	9646.22	8242.38	226.57	628.28	1059.50	204.65	42.48
235.07	1899.68	1293.58	1524.12	1347.74	7.87	31.78	49.17	9.51	11.97
4134.74	20419.50	14298.11	19904.06	16337.82	79.26	1351.35	1872.75	442.14	182.74
9555.10	48942.75	33493.22	46395.14	37827.77	153.98	3222.42	3968.94	592.54	338.93
417.04	1878.80	1343.45	1540.40	1160.37	6.94	143.09	183.94	33.91	20.05
109.58	459.81	306.78	476.19	391.82	2.23	20.70	29.65	6.73	7.74
99.36	474.76	305.52	671.58	603.85	2.30	31.67	44.21	10.25	2.19
66.80	262.90	180.22	203.68	172.60	1.13	13.19	18.45	4.14	2.31
1603.18	20680.92	3753.33	8392.28	7832.31	33.83	267.18	445.28	144.27	17.31
255.62	1301.02	402.78	1935.61	1761.09	2.92	119.37	133.36	11.08	2.28
308.83	2971.09	706.22	780.49	566.12	5.51	108.76	131.27	16.99	6.43

12-17 规模以上国有控股工业企业主要经济指标（2021年）

单位：亿元

项 目	Item	企业单位数（个）Number of Enterprises (unit)	工业总产值（当年价）Gross Industrial Output Value (at current prices)
全 省	**Provincial Total**	**1439**	**28733.57**
按轻重工业分	Grouped by Light and Heavy Industries		
轻工业	Light Industry	334	2277.96
重工业	Heavy Industry	1105	26455.61
按企业规模分	Grouped by Size of Enterprises		
大型企业	Large Enterprises	144	20949.01
中型企业	Medium Enterprises	248	3421.60
小微型企业	Small and Micro Enterprises	1047	4362.96
按行业分	Grouped by Sector		
煤炭开采和洗选业	Mining and Washing of Coal		
石油和天然气开采业	Extraction of Petroleum and Natural Gas		
黑色金属矿采选业	Mining and Dressing of Ferrous Metal Ores	1	0.95
有色金属矿采选业	Mining and Dressing of Nonferrous Metal Ores	10	60.76
非金属矿采选业	Mining and Dressing of Nonmetal Ores	12	56.56
开采专业及辅助性活动	Mining Specialized and Auxiliary Operations	2	25.55
其他采矿业	Mining and Dressing of Other Ores		
农副食品加工业	Processing of Farm and Sideline Food	125	356.14
食品制造业	Manufacture of Food	24	105.26
酒、饮料和精制茶制造业	Manufacture of Wine, Beverage and Refined Tea	20	142.40
烟草制品业	Tobacco Products	6	500.27
纺织业	Textile Industry	1	33.08
纺织服装、服饰业	Manufacture of Textile Garments, Footwear and Headgear	4	3.82
皮革、毛皮、羽毛及其制品和制鞋业	Leather, Fur, Feather, Down and Related Products	1	0.55
木材加工和木、竹、藤、棕、草制品业	Timber Processing, Bamboo, Cane, Palm Fiber & Straw Products	6	16.19
家具制造业	Manufacture of Furniture	1	1.34
造纸和纸制品业	Papermaking and Paper Products	9	95.04
印刷和记录媒介复制业	Printing and Record Medium Reproduction	24	29.93
文教、工美、体育和娱乐用品制造业	Manufacture of Cultural, Educational,Sports and Entertainment Articles	7	26.26
石油、煤炭及其他燃料加工业	Petroleum, Coal and other Fuel Processing	7	3557.17
化学原料和化学制品制造业	Manufacture of Raw Chemical Materials and Chemical Products	52	379.25
医药制造业	Manufacture of Medicines	43	500.47
化学纤维制造业	Manufacture of Chemical Fibers	1	27.94
橡胶和塑料制品业	Rubber and Plastic Products	34	138.59
非金属矿物制品业	Nonmetal Mineral Products	68	242.06
黑色金属冶炼和压延加工业	Smelting and Pressing of Ferrous Metals	13	1664.14
有色金属冶炼和压延加工业	Smelting and Pressing of Nonferrous Metals	22	1193.44
金属制品业	Metal Products	57	457.61
通用设备制造业	Manufacture of General-purpose Machinery	34	156.96
专用设备制造业	Manufacture of Special-purpose Machinery	29	72.71
汽车制造业	Manufacture of Automobile	36	4581.25
铁路、船舶、航空航天和其他运输设备制造业	Manufacture of Railway ,Ship,Aeronautics and Other Transport equipment	31	511.13
电气机械和器材制造业	Manufacture of Electrical Machinery and Equipment	62	464.13
计算机、通信和其他电子设备制造业	Manufacture of Communication Equipment, Computers and Other Electronic Equipment	114	3934.44
仪器仪表制造业	Manufacture of Instruments and Meters	12	48.69
其他制造业	Other Manufactures	4	12.22
废弃资源综合利用业	Comprehensive Utilization of Waste	14	36.77
金属制品、机械和设备修理业	Manufacture of Metal Products,Machinery and Equipment Maintenance	20	84.75
电力、热力生产和供应业	Production and Supply of Electric Power and Heat Power	286	7449.07
燃气生产和供应业	Production and Supply of Gas	60	1291.97
水的生产和供应业	Production and Supply of Water	187	474.72

Main Economic Indicators of State-holding Industrial Enterprises above Designated Size (2021)

(100 million yuan)

工业增加值 Value-added of Industry	年末资产总计 Total Assets at the Year-end	流动资产合计 Total Working Capital	营业收入 Business Revenue	营业成本 Cost of Business	税金及附加 Tax and Other Charges on Principal Business	利润总额 Total Profits	利税总额 Total Pre-tax Profits	本年应交增值税 Value-added Tax Payable in Current Year	全部就业人员年平均人数(万人) Annual Average Number of Employed Persons (10000 persons)
6210.72	**38481.17**	**13317.51**	**28816.61**	**24394.00**	**1137.32**	**1676.42**	**3387.13**	**573.40**	**74.91**
880.66	2771.06	1746.11	2402.44	1565.84	294.33	250.81	646.64	101.50	11.64
5330.07	35710.10	11571.41	26414.16	22828.16	842.98	1425.60	2740.48	471.90	63.27
4663.28	25649.29	8871.26	20532.65	17177.70	993.95	1242.55	2672.54	436.04	51.30
884.79	6478.13	2336.83	3609.88	2963.96	123.16	220.60	449.04	105.28	13.24
662.66	6353.74	2109.42	4674.08	4252.35	20.21	213.26	265.55	32.08	10.37
0.46	1.22	0.30	0.51	0.28	0.01	0.10	0.12	0.01	0.01
30.17	74.35	13.33	58.56	36.09	1.87	13.67	19.12	3.59	0.52
29.96	71.49	24.96	53.12	46.57	1.44	1.31	5.34	2.59	0.24
8.01	66.15	26.44	25.55	19.75	0.06	5.08	5.38	0.24	0.08
35.24	146.81	91.57	423.14	392.51	0.93	12.39	15.88	2.56	1.09
32.78	152.14	83.22	109.41	82.99	0.75	5.44	10.11	3.91	1.57
46.91	178.02	132.36	140.31	91.56	4.89	23.80	34.13	5.44	0.56
437.20	536.64	414.36	512.40	132.27	280.70	40.74	372.41	50.98	0.60
6.54	9.09	2.10	32.72	27.09	0.11	4.65	5.95	1.19	0.10
1.88	4.17	2.93	3.44	2.76	0.02	0.17	0.39	0.20	0.08
0.17	0.07	0.07	0.55	0.49		0.01	0.01		0.01
3.71	44.32	12.85	16.77	14.03	0.14	1.78	2.47	0.55	0.14
0.74	1.34	0.61	1.33	1.18		0.09	0.13	0.03	0.04
17.47	214.53	122.96	109.27	97.37	0.60	4.71	7.53	2.23	0.48
11.52	137.59	53.23	36.33	28.61	0.20	4.26	5.49	1.02	0.53
9.43	40.15	37.52	26.75	19.41	0.22	3.61	4.78	0.96	0.33
1028.06	1633.35	642.03	3611.04	2779.02	574.77	222.09	912.45	115.58	1.53
76.07	300.88	117.08	411.54	366.52	2.09	22.97	33.65	8.59	0.86
199.95	939.04	541.76	482.55	226.78	4.06	121.96	153.19	27.16	2.79
12.06	20.37	7.86	28.76	19.04	0.22	8.38	10.00	1.39	0.04
36.22	203.12	100.57	147.72	122.08	0.77	6.78	10.23	2.68	1.81
83.24	279.11	137.57	250.73	178.26	1.88	50.46	62.38	10.03	0.96
216.63	1166.63	316.59	1727.02	1572.08	4.71	94.54	119.28	20.02	1.61
92.18	389.99	266.62	1272.83	1213.63	1.42	30.41	36.08	4.25	0.98
83.70	465.51	285.88	516.74	451.30	1.85	31.19	38.32	5.28	1.81
30.27	310.23	206.40	167.49	142.33	0.70	5.75	9.43	2.98	1.11
19.36	120.04	81.01	75.50	60.00	0.45	3.59	6.65	2.61	0.63
880.31	2382.86	1615.11	4580.93	3960.83	195.57	299.20	583.31	88.54	5.73
61.28	919.59	596.91	525.26	482.98	2.57	-2.09	18.38	17.89	2.17
60.06	691.90	411.97	532.33	479.42	1.60	18.62	22.87	2.65	3.01
777.88	4732.69	2941.86	3322.97	2479.29	15.53	254.22	313.35	43.60	20.30
12.92	167.75	82.92	58.08	41.81	0.39	3.62	5.45	1.45	0.42
0.90	5.93	5.13	5.34	4.25	0.02	0.19	0.34	0.12	0.06
10.22	59.14	19.83	37.28	29.49	0.22	4.83	6.18	1.13	0.19
39.65	139.19	75.40	85.04	74.21	0.70	1.78	4.92	2.44	1.42
1448.78	18717.91	3114.57	7629.18	7165.38	29.67	226.44	378.73	122.62	15.44
162.40	911.63	218.19	1302.81	1185.09	2.04	90.44	99.43	6.95	1.19
206.40	2246.22	513.42	495.31	367.23	4.14	59.22	73.30	9.94	4.48

12-18 规模以上集体工业企业主要经济指标（2021年）

单位：亿元

项 目	Item	企业单位数（个） Number of Enterprises (unit)	工业总产值（当年价） Gross Industrial Output Value (at current prices)
全 省	**Provincial Total**	**88**	**102.59**
按轻重工业分	Grouped by Light and Heavy Industries		
轻工业	Light Industry	24	56.84
重工业	Heavy Industry	64	45.75
按企业规模分	Grouped by Size of Enterprises		
大型企业	Large Enterprises	4	33.22
中型企业	Medium Enterprises	12	19.04
小微型企业	Small and Micro Enterprises	72	50.33
按行业分	Grouped by Sector		
煤炭开采和洗选业	Mining and Washing of Coal		
石油和天然气开采业	Extraction of Petroleum and Natural Gas		
黑色金属矿采选业	Mining and Dressing of Ferrous Metal Ores		
有色金属矿采选业	Mining and Dressing of Nonferrous Metal Ores		
非金属矿采选业	Mining and Dressing of Nonmetal Ores	2	0.78
开采专业及辅助性活动	Mining Specialized and Auxiliary Operations		
其他采矿业	Mining and Dressing of Other Ores		
农副食品加工业	Processing of Farm and Sideline Food	2	1.87
食品制造业	Manufacture of Food	1	1.95
酒、饮料和精制茶制造业	Manufacture of Wine, Beverage and Refined Tea		
烟草制品业	Tobacco Products		
纺织业	Textile Industry		
纺织服装、服饰业	Manufacture of Textile Garments, Footwear and Headgear	1	0.33
皮革、毛皮、羽毛及其制品和制鞋业	Leather, Fur, Feather, Down and Related Products	4	2.09
木材加工和木、竹、藤、棕、草制品业	Timber Processing, Bamboo, Cane, Palm Fiber & Straw Products		
家具制造业	Manufacture of Furniture	2	1.37
造纸和纸制品业	Papermaking and Paper Products	2	3.26
印刷和记录媒介复制业	Printing and Record Medium Reproduction		
文教、工美、体育和娱乐用品制造业	Manufacture of Cultural, Educational,Sports and Entertainment Articles	3	27.93
石油、煤炭及其他燃料加工业	Petroleum, Coal and other Fuel Processing	1	0.25
化学原料和化学制品制造业	Manufacture of Raw Chemical Materials and Chemical Products	1	0.10
医药制造业	Manufacture of Medicines		
化学纤维制造业	Manufacture of Chemical Fibers		
橡胶和塑料制品业	Rubber and Plastic Products	2	5.81
非金属矿物制品业	Nonmetal Mineral Products	10	9.05
黑色金属冶炼和压延加工业	Smelting and Pressing of Ferrous Metals		
有色金属冶炼和压延加工业	Smelting and Pressing of Nonferrous Metals	1	0.86
金属制品业	Metal Products	2	1.17
通用设备制造业	Manufacture of General-purpose Machinery	1	1.43
专用设备制造业	Manufacture of Special-purpose Machinery	4	6.37
汽车制造业	Manufacture of Automobile		
铁路、船舶、航空航天和其他运输设备制造业	Manufacture of Railway ,Ship,Aeronautics and Other Transport equipment	1	0.43
电气机械和器材制造业	Manufacture of Electrical Machinery and Equipment	3	2.88
计算机、通信和其他电子设备制造业	Manufacture of Communication Equipment, Computers and Other Electronic Equipment	5	8.92
仪器仪表制造业	Manufacture of Instruments and Meters		
其他制造业	Other Manufactures	1	0.37
废弃资源综合利用业	Comprehensive Utilization of Waste		
金属制品、机械和设备修理业	Manufacture of Metal Products,Machinery and Equipment Maintenance		
电力、热力生产和供应业	Production and Supply of Electric Power and Heat Power	2	1.08
燃气生产和供应业	Production and Supply of Gas	2	2.36
水的生产和供应业	Production and Supply of Water	35	21.95

Main Economic Indicators of Collective-owned Industrial Enterprises above Designated Size (2021)

(100 million yuan)

工业增加值 Value-added of Industry	年末资产总计 Total Assets at the Year-end	流动资产合计 Total Working Capital	营业收入 Business Revenue	营业成本 Cost of Business	税金及附加 Tax and Other Charges on Principal Business	利润总额 Total Profits	利税总额 Total Pre-tax Profits	本年应交增值税 Value-added Tax Payable in Current Year	全部就业人员年平均人数(万人) Annual Average Number of Employed Persons (10000 persons)
30.99	**79.07**	**35.86**	**99.70**	**86.11**	**0.48**	**1.66**	**3.96**	**1.82**	**2.43**
10.53	15.85	10.54	55.73	51.45	0.22	1.07	2.06	0.78	1.25
20.46	63.22	25.32	43.97	34.66	0.27	0.59	1.90	1.04	1.18
5.99	7.40	4.98	32.88	31.44	0.14	0.19	0.68	0.35	0.80
9.83	7.43	4.43	18.91	14.30	0.06	0.27	0.47	0.15	1.01
15.17	64.23	26.44	47.92	40.37	0.28	1.21	2.81	1.32	0.61
0.29	0.75	0.43	0.80	0.59	0.03	0.06	0.13	0.04	0.01
0.13	0.23	0.12	1.73	1.42		0.08	0.12	0.04	0.01
0.21	0.14	0.03	1.85	1.59	0.01	0.06	0.11	0.05	0.01
0.12	1.68	1.54	0.31	0.29			0.01	0.01	
0.43	0.89	0.52	1.99	1.92	0.01	-0.19	-0.13	0.06	0.10
0.25	0.54	0.11	1.23	1.02	0.01	0.06	0.09	0.02	0.01
0.62	1.34	0.95	3.24	2.78	0.01	0.15	0.22	0.06	0.04
5.05	6.51	4.55	27.59	26.47	0.10	0.14	0.54	0.31	0.65
0.07	0.28	0.27	0.25	0.23			0.01		
0.02	0.15	0.12	0.13	0.11		-0.02	-0.01		
1.25	0.99	0.51	5.81	5.43	0.04	0.02	0.10	0.04	0.22
2.37	5.43	4.37	8.85	7.66	0.03	0.54	0.86	0.29	0.11
0.12	0.10	0.10	0.48	0.47					0.01
0.24	0.70	0.69	1.14	1.10	0.01	0.01	0.04	0.02	0.01
1.07	0.31	0.27	1.43	0.92		0.03	0.04		0.09
1.52	2.31	1.40	6.22	5.19	0.03	0.48	0.64	0.14	0.14
0.07	0.18	0.17	0.41	0.36		-0.13	-0.11	0.01	0.01
0.25	0.79	0.69	2.15	1.94		0.07	0.09	0.01	0.03
6.59	2.92	2.14	8.91	5.81	0.03	0.15	0.20	0.02	0.57
0.06	0.15	0.07	0.37	0.31	0.01	0.02	0.03	0.01	
0.24	2.36	0.26	0.83	0.62	0.01	0.03	0.06	0.02	0.03
0.42	1.23	0.41	2.36	2.09	0.01	0.19	0.26	0.06	0.01
9.59	49.09	16.14	21.62	17.78	0.15	-0.09	0.65	0.60	0.37

12-19 规模以上股份合作工业企业主要经济指标（2021年）

单位：亿元

项　　目	Item	企业单位数（个） Number of Enterprises (unit)	工业总产值（当年价） Gross Industrial Output Value (at current prices)
全　省	**Provincial Total**	**39**	**77.96**
按轻重工业分	Grouped by Light & Heavy Industries		
轻工业	Light Industry	26	44.80
重工业	Heavy Industry	13	33.15
按企业规模分	Grouped by Size of Enterprises		
大型企业	Large Enterprises		
中型企业	Medium Enterprises	3	8.29
小微型企业	Small and Micro Enterprises	36	69.67
按行业分	Grouped by Sector		
煤炭开采和洗选业	Mining and Washing of Coal		
石油和天然气开采业	Extraction of Petroleum and Natural Gas		
黑色金属矿采选业	Mining and Dressing of Ferrous Metal Ores		
有色金属矿采选业	Mining and Dressing of Nonferrous Metal Ores		
非金属矿采选业	Mining and Dressing of Nonmetal Ores		
开采专业及辅助性活动	Mining Specialized and Auxiliary Operations		
其他采矿业	Mining and Dressing of Other Ores		
农副食品加工业	Processing of Farm and Sideline Food	1	0.40
食品制造业	Manufacture of Food		
酒、饮料和精制茶制造业	Manufacture of Wine, Beverage and Refined Tea		
烟草制品业	Tobacco Products		
纺织业	Textile Industry	1	6.97
纺织服装、服饰业	Manufacture of Textile Garments, Footwear and Headgear	3	0.68
皮革、毛皮、羽毛及其制品和制鞋业	Leather, Fur, Feather, Down and Related Products		
木材加工和木、竹、藤、棕、草制品业	Timber Processing, Bamboo, Cane, Palm Fiber & Straw Products		
家具制造业	Manufacture of Furniture	1	0.60
造纸和纸制品业	Papermaking and Paper Products	1	1.15
印刷和记录媒介复制业	Printing and Record Medium Reproduction	4	3.03
文教、工美、体育和娱乐用品制造业	Manufacture of Cultural, Educational,Sports and Entertainment Articles	1	0.20
石油、煤炭及其他燃料加工业	Petroleum, Coal and other Fuel Processing		
化学原料和化学制品制造业	Manufacture of Raw Chemical Materials and Chemical Products	4	5.14
医药制造业	Manufacture of Medicines		
化学纤维制造业	Manufacture of Chemical Fibers		
橡胶和塑料制品业	Rubber and Plastic Products	2	0.46
非金属矿物制品业	Nonmetal Mineral Products	4	4.80
黑色金属冶炼和压延加工业	Smelting and Pressing of Ferrous Metals		
有色金属冶炼和压延加工业	Smelting and Pressing of Nonferrous Metals		
金属制品业	Metal Products	4	22.65
通用设备制造业	Manufacture of General-purpose Machinery	1	0.31
专用设备制造业	Manufacture of Special-purpose Machinery	2	0.58
汽车制造业	Manufacture of Automobile		
铁路、船舶、航空航天和其他运输设备制造业	Manufacture of Railway ,Ship,Aeronautics and Other Transport equipment		
电气机械和器材制造业	Manufacture of Electrical Machinery and Equipment	5	25.46
计算机、通信和其他电子设备制造业	Manufacture of Communication Equipment, Computers and Other Electronic Equipment	3	4.25
仪器仪表制造业	Manufacture of Instruments and Meters	1	0.26
其他制造业	Other Manufactures	1	1.03
废弃资源综合利用业	Comprehensive Utilization of Waste		
金属制品、机械和设备修理业	Manufacture of Metal Products,Machinery and Equipment Maintenance		
电力、热力生产和供应业	Production and Supply of Electric Power and Heat Power		
燃气生产和供应业	Production and Supply of Gas		
水的生产和供应业	Production and Supply of Water		

Main Economic Indicators of Share-holding Cooperative Industrial Enterprises above Designated Size (2021)

(100 million yuan)

工业增加值 Value-added of Industry	年末资产总计 Total Assets at the Year-end	流动资产合计 Total Working Capital	营业收入 Business Revenue	营业成本 Cost of Business	税金及附加 Tax and Other Charges on Principal Business	利润总额 Total Profits	利税总额 Total Pre-tax Profits	本年应交增值税 Value-added Tax Payable in Current Year	全部就业人员年平均人数(万人) Annual Average Number of Employed Persons (10000 persons)
14.72	**21.29**	**13.60**	**74.33**	**66.05**	**0.35**	**4.96**	**6.87**	**1.56**	**0.41**
8.09	10.10	6.17	41.99	38.08	0.20	2.30	3.41	0.91	0.25
6.63	11.19	7.43	32.35	27.97	0.15	2.66	3.46	0.65	0.16
2.85	7.11	4.84	8.30	6.29	0.03	1.13	1.41	0.25	0.11
11.87	14.18	8.75	66.03	59.76	0.33	3.82	5.47	1.32	0.31
0.06	0.60	0.24	0.40	0.33		0.02	0.02		0.01
1.42	0.59	0.12	6.38	5.91	0.03	0.38	0.49	0.07	0.02
0.22	0.37	0.21	0.69	0.61		0.02	0.02		0.01
0.18	0.20	0.18	0.52	0.44		0.01	0.03	0.02	0.02
0.24	0.21	0.11	1.15	0.99	0.02	0.07	0.12	0.03	0.02
0.57	2.04	1.00	2.21	1.86		0.20	0.26	0.05	0.01
0.05	0.04	0.02	0.20	0.16			0.01	0.01	0.03
0.69	3.48	3.16	5.52	4.59	0.02	0.38	0.53	0.12	0.02
0.11	0.21	0.17	0.49	0.42		0.01	0.02	0.01	0.02
2.13	5.87	4.27	4.93	3.80	0.03	0.77	1.04	0.24	0.08
3.84	1.79	0.80	21.46	19.86	0.12	1.23	1.90	0.55	0.04
0.06	0.13	0.13	0.31	0.26		-0.01		0.01	
0.13	0.42	0.35	0.63	0.45	0.01	0.08	0.11	0.02	0.02
3.90	2.44	1.08	24.41	22.52	0.11	1.39	1.86	0.36	0.05
0.88	2.25	1.35	4.08	3.00		0.41	0.45	0.03	0.05
0.07	0.37	0.35	0.26	0.21			0.02	0.01	0.01
0.17	0.27	0.07	0.69	0.61		-0.01	0.01	0.02	0.01

12-20 规模以上股份制工业企业主要经济指标（2021年）

单位：亿元

项目	Item	企业单位数（个） Number of Enterprises (unit)	工业总产值（当年价） Gross Industrial Output Value (at current prices)
全省	**Provincial Total**	**52183**	**111887.28**
按轻重工业分	Grouped by Light and Heavy Industries		
轻工业	Light Industry	22923	34971.50
重工业	Heavy Industry	29260	76915.78
按企业规模分	Grouped by Size of Enterprises		
大型企业	Large Enterprises	752	44202.86
中型企业	Medium Enterprises	4033	23985.29
小微型企业	Small and Micro Enterprises	47398	43699.13
按行业分	Grouped by Sector		
煤炭开采和洗选业	Mining and Washing of Coal		
石油和天然气开采业	Extraction of Petroleum and Natural Gas		
黑色金属矿采选业	Mining and Dressing of Ferrous Metal Ores	8	40.07
有色金属矿采选业	Mining and Dressing of Nonferrous Metal Ores	26	93.31
非金属矿采选业	Mining and Dressing of Nonmetal Ores	182	247.69
开采专业及辅助性活动	Mining Specialized and Auxiliary Operations	4	10.16
其他采矿业	Mining and Dressing of Other Ores		
农副食品加工业	Processing of Farm and Sideline Food	920	2739.35
食品制造业	Manufacture of Food	665	1129.12
酒、饮料和精制茶制造业	Manufacture of Wine, Beverage and Refined Tea	155	448.24
烟草制品业	Tobacco Products	33	538.50
纺织业	Textile Industry	1228	1440.12
纺织服装、服饰业	Manufacture of Textile Garments, Footwear and Headgear	2027	2192.06
皮革、毛皮、羽毛及其制品和制鞋业	Leather, Fur, Feather, Down and Related Products	1202	848.78
木材加工和木、竹、藤、棕、草制品业	Timber Processing, Bamboo, Cane, Palm Fiber & Straw Products	481	431.54
家具制造业	Manufacture of Furniture	1609	1705.00
造纸和纸制品业	Papermaking and Paper Products	1174	1613.15
印刷和记录媒介复制业	Printing and Record Medium Reproduction	910	963.26
文教、工美、体育和娱乐用品制造业	Manufacture of Cultural, Educational,Sports and Entertainment Articles	1224	1985.36
石油、煤炭及其他燃料加工业	Petroleum, Coal and other Fuel Processing	84	2951.77
化学原料和化学制品制造业	Manufacture of Raw Chemical Materials and Chemical Products	2427	3727.85
医药制造业	Manufacture of Medicines	462	1420.18
化学纤维制造业	Manufacture of Chemical Fibers	61	118.99
橡胶和塑料制品业	Rubber and Plastic Products	4419	4170.68
非金属矿物制品业	Nonmetal Mineral Products	3147	5853.98
黑色金属冶炼和压延加工业	Smelting and Pressing of Ferrous Metals	402	2957.84
有色金属冶炼和压延加工业	Smelting and Pressing of Nonferrous Metals	889	3627.21
金属制品业	Metal Products	5245	6346.50
通用设备制造业	Manufacture of General-purpose Machinery	3062	3310.51
专用设备制造业	Manufacture of Special-purpose Machinery	3254	3648.77
汽车制造业	Manufacture of Automobile	610	1770.67
铁路、船舶、航空航天和其他运输设备制造业	Manufacture of Railway ,Ship,Aeronautics and Other Transport equipment	366	1030.83
电气机械和器材制造业	Manufacture of Electrical Machinery and Equipment	6399	14056.47
计算机、通信和其他电子设备制造业	Manufacture of Communication Equipment, Computers and Other Electronic Equipment	7205	29501.04
仪器仪表制造业	Manufacture of Instruments and Meters	854	990.23
其他制造业	Other Manufactures	343	345.22
废弃资源综合利用业	Comprehensive Utilization of Waste	227	560.13
金属制品、机械和设备修理业	Manufacture of Metal Products,Machinery and Equipment Maintenance	57	60.10
电力、热力生产和供应业	Production and Supply of Electric Power and Heat Power	379	7054.27
燃气生产和供应业	Production and Supply of Gas	170	1410.42
水的生产和供应业	Production and Supply of Water	273	547.91

Main Economic Indicators of Share-holding Industrial Enterprises above Designated Size (2021)

(100 million yuan)

工业增加值 Value-added of Industry	年末资产总计 Total Assets at the Year-end	流动资产合计 Total Working Capital	营业收入 Business Revenue	营业成本 Cost of Business	税金及附加 Tax and Other Charges on Principal Business	利润总额 Total Profits	利税总额 Total Pre-tax Profits	本年应交增值税 Value-added Tax Payable in Current Year	全部就业人员年平均人数(万人) Annual Average Number of Employed Persons (10000 persons)
23915.12	**116668.92**	**68717.93**	**112950.59**	**92973.43**	**1134.46**	**7082.01**	**10445.47**	**2229.00**	**809.90**
8071.45	30661.96	20062.69	34955.57	28313.03	436.35	2317.29	3592.45	838.81	337.04
15843.67	86006.96	48655.24	77995.02	64660.41	698.11	4764.72	6853.01	1390.19	472.85
10860.05	57297.18	31305.01	45617.23	35664.83	748.58	4105.78	5847.19	992.83	215.78
4993.13	23821.63	13945.95	23997.87	19965.35	214.73	1349.47	2045.96	481.77	206.98
8061.94	35550.12	23466.97	43335.49	37343.26	171.16	1626.76	2552.31	754.40	387.14
21.63	48.69	27.36	27.67	10.05	2.04	2.84	7.27	2.39	0.09
36.17	97.26	33.84	88.70	62.78	2.00	15.46	21.93	4.47	0.56
85.84	234.29	107.88	205.55	147.07	6.39	18.99	33.35	7.97	1.20
4.03	6.20	4.64	10.15	7.75	0.05	2.13	2.52	0.33	0.05
294.72	1569.37	1067.46	3029.75	2799.23	4.99	83.58	106.86	18.29	10.86
288.35	958.14	522.00	1123.95	884.38	5.87	100.07	137.92	31.98	10.48
129.02	457.39	261.17	455.88	340.12	10.97	55.33	79.77	13.47	2.65
452.97	570.60	435.21	550.43	163.70	280.90	43.28	375.66	51.48	1.20
312.00	909.22	511.41	1394.92	1190.89	5.95	74.08	112.17	32.14	13.10
514.59	1267.24	816.49	1992.24	1607.50	10.35	100.20	153.67	43.12	30.00
201.59	410.19	303.53	828.70	733.80	3.75	18.93	37.50	14.82	14.39
89.09	350.81	222.33	416.98	364.20	2.20	16.65	30.03	11.18	4.15
398.60	1539.47	991.22	1662.77	1368.83	7.91	68.21	115.57	39.44	23.36
294.36	1295.48	716.13	1582.78	1378.67	6.44	56.20	100.61	37.96	12.81
215.87	860.97	494.63	939.12	793.16	4.33	46.31	71.46	20.82	11.48
308.48	1153.04	876.26	1993.33	1757.86	6.67	73.80	103.49	23.02	21.60
758.62	1284.39	624.69	3063.66	2461.25	394.94	177.41	656.47	84.13	1.75
733.80	3370.02	2040.47	3911.76	3233.71	18.28	235.58	335.07	81.22	22.20
504.82	2759.35	1553.69	1294.15	694.96	9.94	333.77	396.89	53.17	10.62
24.68	95.71	54.88	113.29	95.40	0.56	8.28	10.90	2.06	0.74
924.30	3217.14	1980.21	4147.16	3528.81	18.10	183.83	286.10	84.17	48.54
1181.30	5030.07	3240.80	5625.64	4769.97	28.32	317.66	495.15	149.17	42.64
380.21	1586.82	595.29	3044.82	2795.32	8.38	139.24	185.60	37.98	5.65
389.05	1476.79	1057.25	3665.64	3447.37	6.07	80.35	112.57	26.15	10.40
1288.78	4025.08	2727.78	6146.98	5297.53	25.65	302.75	452.58	124.17	63.39
735.92	3630.44	2643.17	3250.19	2599.76	15.65	181.47	270.25	73.13	35.46
954.55	4356.46	3137.69	3420.86	2571.54	18.98	266.89	370.61	84.74	41.61
297.75	2220.62	1337.81	1744.19	1552.11	18.60	15.31	65.41	31.50	12.95
139.58	1292.24	886.87	1003.89	886.70	4.15	26.81	58.11	27.15	7.03
3020.49	15000.13	10460.79	14475.40	11677.51	56.67	1040.92	1460.49	362.90	116.30
6812.83	33357.93	23659.37	30545.14	23573.18	108.53	2561.75	3158.28	488.00	191.19
278.94	1362.05	993.76	1002.97	725.72	4.79	101.62	133.03	26.62	12.15
71.38	340.60	220.12	331.81	275.47	1.40	13.11	19.40	4.89	4.99
90.03	420.59	270.80	610.52	551.05	2.10	26.77	37.99	9.11	1.98
20.72	73.38	51.94	62.03	53.86	0.36	2.34	4.77	2.07	1.00
1255.88	16999.13	3025.24	7203.58	6849.54	26.05	143.12	274.46	105.29	15.30
182.23	879.63	207.78	1414.16	1297.58	1.93	75.40	84.00	6.68	1.62
221.95	2162.02	555.97	569.83	425.11	4.23	71.55	87.57	11.79	4.44

12-21 规模以上“三资”工业企业主要经济指标（2021年）

单位：亿元

项目	Item	企业单位数（个） Number of Enterprises (unit)	工业总产值（当年价） Gross Industrial Output Value (at current prices)
全　省	**Provincial Total**	**11874**	**57430.74**
按经济类型分	Grouped by Ownership		
外商投资工业	Foreign-funded Industry	3880	27596.08
港澳台投资工业	Industry with Funds from Hong Kong, Macao and Taiwan	7994	29834.65
按轻重工业分	Grouped by Light and Heavy Industries		
轻工业	Light Industry	5690	17301.80
重工业	Heavy Industry	6184	40128.94
按企业规模分	Grouped by Size of Enterprises		
大型企业	Large Enterprises	796	32596.52
中型企业	Medium Enterprises	2692	13670.00
小微型企业	Small and Micro Enterprises	8386	11164.22
按行业分	Grouped by Sector		
煤炭开采和洗选业	Mining and Washing of Coal		
石油和天然气开采业	Extraction of Petroleum and Natural Gas	4	792.18
黑色金属矿采选业	Mining and Dressing of Ferrous Metal Ores	2	18.91
有色金属矿采选业	Mining and Dressing of Nonferrous Metal Ores	1	2.59
非金属矿采选业	Mining and Dressing of Nonmetal Ores	9	31.35
开采专业及辅助性活动	Mining Specialized and Auxiliary Operations	1	5.37
其他采矿业	Mining and Dressing of Other Ores		
农副食品加工业	Processing of Farm and Sideline Food	132	1090.08
食品制造业	Manufacture of Food	183	1072.28
酒、饮料和精制茶制造业	Manufacture of Wine, Beverage and Refined Tea	63	733.49
烟草制品业	Tobacco Products		
纺织业	Textile Industry	322	748.97
纺织服装、服饰业	Manufacture of Textile Garments, Footwear and Headgear	481	815.60
皮革、毛皮、羽毛及其制品和制鞋业	Leather, Fur, Feather, Down and Related Products	339	566.20
木材加工和木、竹、藤、棕、草制品业	Timber Processing, Bamboo, Cane, Palm Fiber & Straw Products	61	66.88
家具制造业	Manufacture of Furniture	265	632.75
造纸和纸制品业	Papermaking and Paper Products	276	1085.22
印刷和记录媒介复制业	Printing and Record Medium Reproduction	207	455.56
文教、工美、体育和娱乐用品制造业	Manufacture of Cultural, Educational,Sports and Entertainment Articles	627	1951.20
石油、煤炭及其他燃料加工业	Petroleum, Coal and other Fuel Processing	24	985.68
化学原料和化学制品制造业	Manufacture of Raw Chemical Materials and Chemical Products	598	3011.72
医药制造业	Manufacture of Medicines	112	614.47
化学纤维制造业	Manufacture of Chemical Fibers	21	136.12
橡胶和塑料制品业	Rubber and Plastic Products	1191	2082.78
非金属矿物制品业	Nonmetal Mineral Products	367	1247.29
黑色金属冶炼和压延加工业	Smelting and Pressing of Ferrous Metals	60	642.34
有色金属冶炼和压延加工业	Smelting and Pressing of Nonferrous Metals	136	988.95
金属制品业	Metal Products	969	2154.60
通用设备制造业	Manufacture of General-purpose Machinery	583	2264.75
专用设备制造业	Manufacture of Special-purpose Machinery	640	1577.90
汽车制造业	Manufacture of Automobile	442	7865.83
铁路、船舶、航空航天和其他运输设备制造业	Manufacture of Railway ,Ship,Aeronautics and Other Transport equipment	108	436.79
电气机械和器材制造业	Manufacture of Electrical Machinery and Equipment	1274	5258.63
计算机、通信和其他电子设备制造业	Manufacture of Communication Equipment, Computers and Other Electronic Equipment	1795	15790.43
仪器仪表制造业	Manufacture of Instruments and Meters	224	511.99
其他制造业	Other Manufactures	115	134.28
废弃资源综合利用业	Comprehensive Utilization of Waste	16	32.02
金属制品、机械和设备修理业	Manufacture of Metal Products,Machinery and Equipment Maintenance	16	119.88
电力、热力生产和供应业	Production and Supply of Electric Power and Heat Power	104	888.25
燃气生产和供应业	Production and Supply of Gas	72	488.23
水的生产和供应业	Production and Supply of Water	34	129.18

Main Economic Indicators of Foreign-funded Industrial Enterprises above Designated Size (2021)

(100 million yuan)

工业增加值 Value-added of Industry	年末资产总计 Total Assets at the Year-end	流动资产合计 Total Working Capital	营业收入 Business Revenue	营业成本 Cost of Business	税金及附加 Tax and Other Charges on Principal Business	利润总额 Total Profits	利税总额 Total Pre-tax Profits	本年应交增值税 Value-added Tax Payable in Current Year	全部就业人员年平均人数(万人) Annual Average Number of Employed Persons (10000 persons)
12864.99	**56744.10**	**35351.58**	**58061.04**	**48676.14**	**640.97**	**4067.90**	**5686.72**	**977.85**	**512.06**
5912.13	26511.85	16367.64	28299.08	23944.15	304.20	2002.81	2797.39	490.38	178.47
6952.86	30232.25	18983.93	29761.96	24731.99	336.76	2065.09	2889.33	487.47	333.59
4188.77	16576.26	10966.04	17650.33	14170.68	95.77	1144.65	1605.11	364.69	227.73
8676.22	40167.84	24385.53	40410.71	34505.46	545.20	2923.25	4081.61	613.16	284.33
7465.99	31631.00	19896.37	32926.93	27611.75	509.32	2434.48	3525.35	581.55	251.45
3205.20	13990.77	8208.01	13795.43	11431.38	69.06	1024.38	1336.55	243.11	157.42
2193.80	11122.33	7247.20	11338.68	9633.00	62.58	609.04	824.82	153.19	103.19
639.26	1322.14	257.34	719.63	300.04	40.19	358.34	456.65	58.13	0.52
5.48	10.63	2.92	22.66	18.67	0.08	3.69	4.27	0.50	0.05
1.45	4.62	1.28	2.57	1.54	0.11	0.58	0.71	0.02	0.03
6.72	12.96	6.81	18.55	14.39	0.43	2.03	2.98	0.52	0.09
4.54	7.29	5.05	5.37	2.82	0.03	2.20	2.39	0.16	0.04
100.17	659.08	469.15	1173.84	1076.95	1.79	50.09	57.33	5.46	2.87
413.44	963.61	611.29	1247.96	702.99	10.10	144.50	218.89	64.29	8.21
210.22	683.24	429.68	748.01	522.59	11.31	74.07	112.04	26.66	4.61
182.90	765.49	486.48	731.84	621.61	5.91	36.10	56.63	14.62	9.88
229.46	595.47	439.48	754.51	630.44	4.45	25.30	45.27	15.52	18.93
158.35	397.33	282.76	581.01	493.50	2.65	14.40	25.21	8.16	15.89
15.66	108.94	87.05	67.49	57.05	0.84	2.92	5.33	1.58	0.86
152.11	576.35	407.56	601.68	494.79	3.41	32.41	46.72	10.91	9.51
226.76	1160.07	681.77	1093.56	932.60	5.31	73.77	113.59	34.51	6.82
134.23	571.17	342.94	453.35	370.49	2.20	28.59	38.23	7.45	9.04
348.95	1332.19	1042.58	1986.79	1763.46	6.17	60.13	80.42	14.12	32.94
325.48	709.91	245.85	999.23	732.02	189.42	54.09	278.87	35.35	0.48
667.24	2806.61	1702.23	3144.85	2464.38	13.76	302.35	408.02	91.91	10.32
193.46	1210.69	804.24	586.21	273.45	4.93	89.34	119.38	25.11	4.96
42.57	109.62	51.46	131.92	96.96	0.68	25.02	29.59	3.90	0.60
536.54	2096.28	1401.88	2150.46	1784.49	10.26	135.02	176.64	31.36	33.05
378.35	1551.18	924.97	1282.19	1004.79	7.77	170.73	213.56	35.07	9.76
82.60	402.00	223.21	733.68	669.00	1.55	37.19	44.11	5.37	1.10
145.12	611.04	431.75	1035.35	928.79	2.84	43.07	59.03	13.12	4.51
504.15	2796.44	1967.34	2167.66	1844.02	8.33	131.48	173.93	34.12	26.26
457.86	1885.24	1498.56	2343.97	1995.25	8.72	143.37	184.79	32.70	20.22
482.06	1899.25	1260.45	1561.30	1194.56	8.60	211.14	245.74	26.01	21.03
1707.71	5549.61	3967.05	7891.58	6681.39	207.93	612.84	993.70	172.93	29.38
85.19	545.55	359.98	455.37	401.73	3.35	3.29	-12.06	-18.70	4.55
1094.03	5374.19	3803.66	5316.94	4562.03	21.98	305.37	404.26	76.91	65.39
2709.53	15477.56	9771.48	15723.41	14147.00	45.04	651.89	798.46	101.52	146.18
133.86	509.16	342.67	514.05	415.40	2.07	39.94	48.66	6.65	7.67
36.27	112.56	81.12	133.70	107.48	0.78	6.85	9.38	1.75	2.64
5.77	45.86	27.89	31.87	25.72	0.15	3.33	4.30	0.81	0.16
38.92	140.73	101.56	121.09	101.75	0.64	10.08	12.73	2.01	1.02
287.98	3038.12	599.63	897.16	719.55	5.79	108.21	144.34	30.34	1.49
71.28	341.33	160.05	501.61	445.56	0.91	39.04	44.03	4.08	0.60
49.33	360.60	70.40	128.62	76.86	0.53	35.15	38.62	2.94	0.39

12-22 规模以上私营工业企业主要经济指标（2021年）

单位：亿元

项目	Item	企业单位数（个） Number of Enterprises (unit)	工业总产值（当年价） Gross Industrial Output Value (at current prices)
全　省	**Provincial Total**	**44356**	**63013.27**
按轻重工业分	Grouped by Light & Heavy Industries		
轻工业	Light Industry	20514	26310.80
重工业	Heavy Industry	23842	36702.47
按企业规模分	Grouped by Size of Enterprises		
大型企业	Large Enterprises	355	14125.43
中型企业	Medium Enterprises	2938	15638.66
小微型企业	Small and Micro Enterprises	41063	33249.17
按行业分	Grouped by Sector		
煤炭开采和洗选业	Mining and Washing of Coal		
石油和天然气开采业	Extraction of Petroleum and Natural Gas		
黑色金属矿采选业	Mining and Dressing of Ferrous Metal Ores	4	1.24
有色金属矿采选业	Mining and Dressing of Nonferrous Metal Ores	15	24.77
非金属矿采选业	Mining and Dressing of Nonmetal Ores	150	171.52
开采专业及辅助性活动	Mining Specialized and Auxiliary Operations	2	1.36
其他采矿业	Mining and Dressing of Other Ores		
农副食品加工业	Processing of Farm and Sideline Food	678	1370.02
食品制造业	Manufacture of Food	533	785.54
酒、饮料和精制茶制造业	Manufacture of Wine, Beverage and Refined Tea	105	179.23
烟草制品业	Tobacco Products	23	33.34
纺织业	Textile Industry	1176	1350.63
纺织服装、服饰业	Manufacture of Textile Garments, Footwear and Headgear	1883	1975.97
皮革、毛皮、羽毛及其制品和制鞋业	Leather, Fur, Feather, Down and Related Products	1160	809.31
木材加工和木、竹、藤、棕、草制品业	Timber Processing, Bamboo, Cane, Palm Fiber & Straw Products	454	378.66
家具制造业	Manufacture of Furniture	1485	1466.52
造纸和纸制品业	Papermaking and Paper Products	1104	1214.79
印刷和记录媒介复制业	Printing and Record Medium Reproduction	838	829.35
文教、工美、体育和娱乐用品制造业	Manufacture of Cultural, Educational,Sports and Entertainment Articles	1060	1443.14
石油、煤炭及其他燃料加工业	Petroleum, Coal and other Fuel Processing	58	142.04
化学原料和化学制品制造业	Manufacture of Raw Chemical Materials and Chemical Products	1992	2420.64
医药制造业	Manufacture of Medicines	300	477.53
化学纤维制造业	Manufacture of Chemical Fibers	53	56.90
橡胶和塑料制品业	Rubber and Plastic Products	3942	3593.36
非金属矿物制品业	Nonmetal Mineral Products	2736	4518.51
黑色金属冶炼和压延加工业	Smelting and Pressing of Ferrous Metals	378	1229.68
有色金属冶炼和压延加工业	Smelting and Pressing of Nonferrous Metals	788	2145.77
金属制品业	Metal Products	4721	5166.80
通用设备制造业	Manufacture of General-purpose Machinery	2638	2468.87
专用设备制造业	Manufacture of Special-purpose Machinery	2682	2725.66
汽车制造业	Manufacture of Automobile	450	644.13
铁路、船舶、航空航天和其他运输设备制造业	Manufacture of Railway ,Ship,Aeronautics and Other Transport equipment	313	472.18
电气机械和器材制造业	Manufacture of Electrical Machinery and Equipment	5509	10472.86
计算机、通信和其他电子设备制造业	Manufacture of Communication Equipment, Computers and Other Electronic Equipment	5720	12744.96
仪器仪表制造业	Manufacture of Instruments and Meters	689	633.98
其他制造业	Other Manufactures	294	265.52
废弃资源综合利用业	Comprehensive Utilization of Waste	181	482.29
金属制品、机械和设备修理业	Manufacture of Metal Products,Machinery and Equipment Maintenance	36	20.70
电力、热力生产和供应业	Production and Supply of Electric Power and Heat Power	77	97.26
燃气生产和供应业	Production and Supply of Gas	64	154.61
水的生产和供应业	Production and Supply of Water	65	43.62

Main Economic Indicators of Private Industrial Enterprises above Designated Size (2021)

(100 million yuan)

工业增加值 Value-added of Industry	年末资产总计 Total Assets at the Year-end	流动资产合计 Total working Capital	营业收入 Business Revenue	营业成本 Cost of Business	税金及附加 Tax and Other Charges on Principal Business	利润总额 Total Profits	利税总额 Total Pre-tax Profits	本年应交增值税 Value-added Tax Payable in Current Year	全部就业人员年平均人数(万人) Annual Average Number of Employed Persons (10000 persons)
12414.37	**47847.10**	**33940.16**	**62790.32**	**52754.57**	**253.61**	**3371.18**	**4916.69**	**1291.90**	**562.41**
5740.09	18692.48	12490.84	25511.97	21152.97	117.62	1549.88	2301.75	634.25	269.46
6674.28	29154.62	21449.31	37278.35	31601.60	135.99	1821.29	2614.94	657.65	292.95
2973.71	13738.84	9743.16	14917.20	11908.43	53.93	1358.53	1773.67	361.21	88.61
3170.65	11412.83	7430.10	15412.42	12904.17	71.26	891.27	1270.31	307.78	147.29
6270.01	22695.44	16766.90	32460.70	27941.97	128.42	1121.38	1872.71	622.92	326.51
0.55	5.86	5.62	1.30	1.07	0.02	0.04	0.13	0.07	0.01
5.54	17.59	13.55	24.58	21.47	0.16	1.22	1.88	0.50	0.07
41.51	109.68	50.27	117.97	85.80	2.95	9.88	16.95	4.12	0.78
0.11	0.78	0.51	1.35	1.25		0.07	0.12	0.04	0.01
164.83	906.25	603.59	1489.24	1368.06	2.83	38.05	53.97	13.09	7.08
198.60	611.87	338.52	785.33	624.85	3.90	68.48	94.30	21.92	7.08
42.36	162.71	77.94	171.02	137.90	5.37	10.56	20.11	4.18	1.46
11.88	31.80	19.44	33.67	27.88	0.19	2.42	3.05	0.43	0.56
286.11	770.50	433.67	1307.49	1136.34	5.56	67.71	102.72	29.45	11.66
475.85	1016.52	712.04	1805.87	1480.45	9.70	91.16	141.20	40.35	27.29
191.20	361.03	265.07	784.65	697.62	3.38	19.03	35.85	13.45	13.45
75.24	238.24	166.84	364.41	320.60	1.85	12.22	23.58	9.50	3.63
340.19	1172.52	793.96	1436.12	1183.23	6.80	70.14	110.65	33.71	19.77
216.98	694.00	452.73	1168.64	1033.48	4.34	38.12	68.88	26.42	10.34
179.04	528.41	311.83	801.78	683.24	3.79	38.81	61.17	18.57	9.67
223.57	866.94	646.79	1440.95	1281.28	4.90	40.05	62.46	17.51	17.34
23.86	102.71	49.80	141.36	128.74	0.39	5.30	7.17	1.47	0.30
486.66	1733.65	1178.33	2382.95	1937.21	10.95	147.23	214.98	56.80	16.54
133.13	838.12	547.46	429.90	271.87	2.93	138.37	154.95	13.65	4.15
14.10	46.44	29.47	53.28	43.80	0.31	4.29	6.17	1.57	0.48
771.98	2441.84	1518.89	3554.28	3045.67	15.46	153.04	241.35	72.85	39.37
850.18	3399.92	2237.57	4271.43	3694.50	20.57	181.78	310.98	108.63	33.04
166.63	441.27	273.27	1243.06	1149.60	3.83	44.96	67.65	18.86	3.96
244.20	880.23	653.90	2097.54	1956.31	4.13	47.99	71.31	19.18	8.13
1051.37	3005.94	2031.05	4996.38	4320.46	21.65	232.74	362.88	108.49	53.14
543.54	2240.37	1668.38	2396.55	1923.68	9.82	137.66	202.50	55.01	27.12
676.51	2762.56	2007.50	2529.09	1942.10	14.24	180.01	255.85	61.60	30.61
136.04	791.10	513.92	629.15	519.58	4.24	24.99	45.31	16.08	7.44
72.94	366.52	261.45	474.09	410.62	2.75	16.89	27.56	7.92	4.42
2262.27	8638.14	6090.47	10181.94	8180.01	43.52	729.02	1084.32	311.78	88.14
2150.31	10935.31	8865.00	13969.86	11739.83	36.44	713.91	921.46	171.11	100.10
178.73	717.96	565.48	623.09	448.79	2.94	62.62	83.26	17.70	8.21
54.87	219.41	153.05	257.40	215.21	1.11	9.44	14.71	4.16	4.08
69.01	304.41	218.33	529.10	482.07	1.54	22.21	30.82	7.07	1.47
7.06	21.94	17.45	21.21	17.37	0.12	1.08	2.01	0.80	0.47
18.47	278.92	89.98	80.32	70.15	0.44	1.38	3.76	1.94	0.38
34.00	51.66	32.47	150.95	142.35	0.21	3.54	4.88	1.12	0.24
14.95	133.99	44.58	43.02	30.14	0.27	4.74	5.79	0.78	0.47

12-23 规模以上大中型工业企业主要经济指标（2021年）

单位：亿元

项　　目	Item	企业单位数（个）Number of Enterprises (unit)	工业总产值（当年价）Gross Industrial Output Value (at current prices)
全　省	**Provincial Total**	**8376**	**115292.36**
按轻重工业分	Grouped by Light & Heavy Industry		
轻工业	Light Industry	3885	32559.16
重工业	Heavy Industry	4491	82733.20
按企业规模分	Grouped by Size of Enterprises		
大型企业	Large	1564	77076.51
中型企业	Medium	6812	38215.85
按行业分	Grouped by Sector		
煤炭开采和洗选业	Mining and Washing of Coal		
石油和天然气开采业	Extraction of Petroleum and Natural Gas	2	636.37
黑色金属矿采选业	Mining and Dressing of Ferrous Metal Ores	2	17.16
有色金属矿采选业	Mining and Dressing of Nonferrous Metal Ores	4	50.65
非金属矿采选业	Mining and Dressing of Nonmetal Ores	3	39.19
开采专业及辅助性活动	Mining Specialized and Auxiliary Operations	3	30.92
其他采矿业	Mining and Dressing of Other Ores		
农副食品加工业	Processing of Farm and Sideline Food	114	1617.80
食品制造业	Manufacture of Food	135	1500.71
酒、饮料和精制茶制造业	Manufacture of Wine, Beverage and Refined Tea	54	907.57
烟草制品业	Tobacco Products	14	522.99
纺织业	Textile Industry	144	1077.48
纺织服装、服饰业	Manufacture of Textile Garments, Footwear and Headgear	344	1480.23
皮革、毛皮、羽毛及其制品和制鞋业	Leather, Fur, Feather, Down and Related Products	188	595.51
木材加工和木、竹、藤、棕、草制品业	Timber Processing, Bamboo, Cane, Palm Fiber & Straw Products	23	107.53
家具制造业	Manufacture of Furniture	236	1422.78
造纸和纸制品业	Papermaking and Paper Products	134	1465.18
印刷和记录媒介复制业	Printing and Record Medium Reproduction	147	800.96
文教、工美、体育和娱乐用品制造业	Manufacture of Cultural, Educational,Sports and Entertainment Articles	420	2757.77
石油、煤炭及其他燃料加工业	Petroleum, Coal and other Fuel Processing	7	3543.38
化学原料和化学制品制造业	Manufacture of Raw Chemical Materials and Chemical Products	212	2886.35
医药制造业	Manufacture of Medicines	138	1572.22
化学纤维制造业	Manufacture of Chemical Fibers	13	179.55
橡胶和塑料制品业	Rubber and Plastic Products	527	2699.51
非金属矿物制品业	Nonmetal Mineral Products	364	3197.65
黑色金属冶炼和压延加工业	Smelting and Pressing of Ferrous Metals	42	2645.02
有色金属冶炼和压延加工业	Smelting and Pressing of Nonferrous Metals	87	1832.54
金属制品业	Metal Products	595	4186.88
通用设备制造业	Manufacture of General-purpose Machinery	339	3302.97
专用设备制造业	Manufacture of Special-purpose Machinery	423	2936.27
汽车制造业	Manufacture of Automobile	304	8613.23
铁路、船舶、航空航天和其他运输设备制造业	Manufacture of Railway ,Ship,Aeronautics and Other Transport equipment	86	1106.52
电气机械和器材制造业	Manufacture of Electrical Machinery and Equipment	1145	14282.78
计算机、通信和其他电子设备制造业	Manufacture of Communication Equipment, Computers and Other Electronic Equipment	1757	38335.16
仪器仪表制造业	Manufacture of Instruments and Meters	170	776.15
其他制造业	Other Manufactures	53	196.19
废弃资源综合利用业	Comprehensive Utilization of Waste	13	146.98
金属制品、机械和设备修理业	Manufacture of Metal Products,Machinery and Equipment Maintenance	16	162.76
电力、热力生产和供应业	Production and Supply of Electric Power and Heat Power	66	6892.52
燃气生产和供应业	Production and Supply of Gas	6	306.14
水的生产和供应业	Production and Supply of Water	46	460.81

Main Economic Indicators of Large and Medium-sized Industrial Enterprises above Designated Size (2021)

(100 million yuan)

工业增加值 Value-added of Industry	年末资产总计 Total Assets at the Year-end	流动资产合计 Total Working Capital	营业收入 Business Revenue	营业成本 Cost of Business	税金及附加 Tax and Other Charges	利润总额 Total Profits	利税总额 Total Pre-tax Profits	本年应交增值税 Value-added Tax Payable in Current Year	全部就业人员年平均人数(万人) Annual Average Number of Employed Persons (10000 persons)
26703.37	**127604.46**	**73637.63**	**117225.33**	**95464.31**	**1546.04**	**8958.53**	**12823.51**	**2318.94**	**838.92**
8274.24	32499.99	20984.18	33061.71	25761.94	446.39	2763.24	4072.78	863.15	337.94
18429.14	95104.47	52653.45	84163.62	69702.36	1099.64	6195.29	8750.73	1455.79	500.98
18384.41	89345.18	51297.74	78835.12	63545.99	1259.39	6547.82	9387.02	1579.81	470.02
8318.96	38259.28	22339.89	38390.21	31918.32	286.65	2410.71	3436.49	739.12	368.89
564.27	987.56	85.07	636.89	264.51	35.99	312.48	406.44	57.97	0.49
14.69	22.64	9.68	17.47	4.04	0.47	2.39	4.80	1.94	0.08
29.10	61.76	6.96	50.81	30.22	1.60	13.23	18.16	3.33	0.47
20.44	45.06	25.95	39.29	19.35	1.53	10.82	14.25	1.91	0.28
12.56	73.44	31.49	30.92	22.57	0.09	7.28	7.77	0.40	0.12
178.74	930.00	618.19	1740.59	1593.04	2.95	64.54	79.36	11.86	5.89
513.24	1334.17	805.71	1683.24	1028.32	12.20	198.32	288.23	77.71	11.60
256.84	722.87	466.53	909.05	638.89	14.46	100.78	146.24	31.00	5.36
442.80	548.15	424.47	534.51	150.11	280.80	41.82	373.73	51.10	0.97
247.44	863.63	518.00	1056.68	885.18	4.74	69.98	99.99	25.26	11.15
400.28	998.15	677.81	1369.40	1066.19	8.55	74.38	118.33	35.40	27.36
164.74	354.29	247.48	594.76	503.88	3.20	18.15	31.45	10.09	16.70
25.29	174.72	112.06	101.24	83.43	0.96	6.24	10.66	3.45	1.16
359.73	1474.31	913.11	1375.21	1100.64	6.95	80.13	119.96	32.87	18.69
312.98	1630.50	815.11	1459.97	1228.95	7.88	104.56	162.28	49.83	8.75
206.68	846.56	484.87	786.85	648.50	3.74	51.10	69.81	14.97	11.95
468.56	1630.41	1278.42	2791.76	2461.86	8.85	110.87	142.88	23.15	38.90
1028.04	1772.16	716.38	3582.72	2747.52	573.77	222.81	910.32	113.74	1.62
689.79	3034.45	1702.29	3104.94	2408.92	15.49	302.92	417.73	99.32	12.44
561.78	3306.66	1948.14	1471.22	728.94	12.15	393.57	469.62	63.91	11.16
49.51	145.08	69.74	178.99	137.84	0.91	27.99	33.33	4.42	0.76
681.71	2696.73	1615.14	2821.71	2361.87	14.09	181.51	244.74	49.15	40.00
879.89	3525.24	1937.34	3153.13	2533.80	17.26	344.24	445.36	83.86	26.10
347.74	1630.43	552.12	2822.12	2568.58	7.92	154.40	197.78	35.47	4.20
267.60	1061.54	674.23	1880.84	1676.38	5.53	94.02	127.66	28.10	8.82
969.31	3948.57	2570.79	4106.43	3454.91	17.84	302.57	397.43	77.01	42.22
701.17	3429.16	2530.04	3368.02	2787.83	14.93	217.90	285.33	52.51	29.39
858.15	3631.07	2447.20	2772.09	2050.27	14.27	332.90	404.45	57.28	33.50
1822.86	6817.09	4660.34	8607.80	7339.70	222.45	596.51	1005.87	186.90	34.30
169.52	1477.22	992.29	1117.12	999.98	5.08	22.77	49.85	22.01	7.87
3227.65	16257.35	11100.95	14761.96	11943.40	60.57	1197.11	1612.11	354.44	121.83
8307.14	42177.11	28348.53	39173.25	31702.11	132.29	2923.80	3542.30	486.20	269.01
215.41	1081.94	730.56	789.94	615.56	3.50	64.55	82.95	14.89	11.59
51.79	233.72	140.04	193.01	157.01	1.08	10.68	14.58	2.81	3.49
28.44	120.98	74.39	143.17	120.41	0.55	13.98	17.62	3.09	0.68
51.44	217.58	142.41	162.90	140.54	0.87	9.51	12.80	2.42	1.71
1317.10	16051.95	2717.59	7047.42	6656.96	25.92	180.52	338.83	132.39	14.14
61.12	427.60	81.65	312.48	260.48	1.01	31.97	37.74	4.76	0.72
197.83	1862.61	364.58	475.43	341.63	3.60	65.21	80.79	11.99	3.44

12-24 规模以上高技术制造业主要经济指标（2021年）

单位：亿元

项目	Item	企业单位数（个）Number of Enterprises (unit)	工业总产值（当年价）Gross Industrial Output Value (at current prices)
高技术制造业合计	**Total**	**12372**	**53060.48**
信息化学品制造	**Manufacture of Information Chemical Products**	**19**	**51.92**
医药制造业	**Manufacture of Medicines**	**592**	**2053.47**
化学药品制造	Manufacture of Chemical Medicines	138	705.50
中成药生产	Manufacture of Traditional Chinese Patent Medicines	100	507.39
生物药品制造	Manufacture of Biological and Biochemical Products	89	415.28
航空航天器及设备制造	**Manufacture of Aircraft and Spacecraft**	**26**	**145.21**
飞机制造	Manufacture of Aircraft	6	16.84
航天器制造	Manufacture of Spacecraft	1	0.21
航空、航天相关设备制造	Manufacture of Aircraft and Spacecraft related products	2	0.78
其他飞行器制造	Manufacture of Air Vehicle	8	14.29
航空航天器修理	Repair of Aircraft and Spacecraft	9	113.09
电子及通信设备制造业	**Manufacture of Electronic and Communication Equipment**	**8916**	**42991.75**
电子工业专用设备制造	Equipment for Electronic Industry	589	887.43
光纤、光缆及锂离子电池制造	Optical Fiber,Cable Manufacturing	498	1806.47
通信设备、雷达及配套设备制造	Manufacture of Communication Equipment	780	19366.04
#通信系统设备制造	Manufacture of Communication Transmission Equipment	294	3081.97
通信终端设备制造	Manufacture of Communication Exchange Equipment	475	16256.93
雷达及配套设备制造	Manufacture of Radar Equipment	11	27.14
广播电视设备制造	Manufacture of Broadcasting and Television Equipment	225	537.26
非专业视听设备制造	Manufacture of Audio-visual Equipment	711	2854.07
电子器件制造	Manufacture of Electronic Parts	1939	7254.32
电子元件及电子专用材料制造	Manufacture of Electronic component and Electronic Specialized Materials	2968	7390.36
智能消费设备制造	Manufacturing of Intelligent Consumption Equipment	414	1175.12
其他电子设备制造	Manufacture of Electronic Devices	792	1720.67
电子计算机及办公设备制造业	**Manufacture of Computers and Office Equipment**	**1367**	**5449.06**
计算机整机制造	Manufacture of Complete Computers	190	1838.20
计算机零部件制造	Manufacture of Computer part Equipment	419	1071.65
计算机外围设备制造	Manufacture of Computer Peripheral Equipment	431	1430.73
工业控制计算机及系统制造	Manufacture of Industrial Control Computer and System	43	61.52
信息安全设备制造	Manufacture of Information Security Equipment	21	31.53
其他计算机制造	Other computer equipment	142	586.81
办公设备制造	Manufacture of Office Equipment	121	428.62
医疗设备及仪器仪表制造业	**Manufacture of Medical Equipment, Instruments and Meters**	**1452**	**2369.08**
#医疗设备及器械制造	Manufacture of Medical Equipment and Appliances	558	1068.86
通用仪器仪表制造	Manufacture of General Measuring Instruments and Machinery	536	690.23
专用仪器仪表制造	Manufacture of Special Measuring Instruments and Machinery	194	223.75

Main Indicators on High-tech Manufacturing Enterprises above Designated Size (2021)

(100 million yuan)

工业增加值 Value-added of Industry	年末资产总计 Total Assets at the Year-end	流动资产合计 Total Working Capital	营业收入 Business Revenue	营业成本 Cost of Business	税金及附加 Tax and Other Charges	利润总额 Total Profits	利税总额 Total Pre-tax Profits	本年应交增值税 Value-added Tax Payable in Current Year	全部就业人员年平均人数(万人) Annual Average Number of Employed Persons (10000 persons)
11672.39	**60100.79**	**40879.15**	**53914.93**	**43220.30**	**194.92**	**4124.20**	**5077.47**	**758.35**	**413.81**
13.64	**42.91**	**29.65**	**51.00**	**35.70**	**0.27**	**7.58**	**9.27**	**1.42**	**0.37**
702.36	**3981.77**	**2367.21**	**1897.35**	**981.67**	**14.99**	**423.68**	**517.61**	**78.93**	**15.75**
193.52	1530.70	889.41	655.72	329.40	5.33	96.51	131.59	29.75	4.40
163.46	893.21	481.21	477.10	266.44	4.43	75.99	106.35	25.94	4.51
193.94	819.02	495.61	376.76	139.83	2.21	98.70	113.92	13.02	2.40
44.77	**203.82**	**142.74**	**167.91**	**143.11**	**0.71**	**11.76**	**14.57**	**2.09**	**1.21**
6.17	53.44	34.97	39.99	36.03	0.06	1.30	1.37	0.01	0.18
0.08	0.16	0.15	0.05	0.06		-0.09	-0.08		
0.30	1.18	1.14	0.78	0.40	0.01	0.10	0.16	0.05	0.01
2.99	12.97	8.95	12.79	10.05	0.05	1.11	1.47	0.31	0.11
35.24	136.06	97.53	114.29	96.57	0.59	9.34	11.65	1.72	0.91
9365.05	**48248.48**	**32971.92**	**43935.13**	**35491.18**	**153.75**	**3106.90**	**3841.40**	**580.75**	**329.19**
235.79	1128.13	940.71	840.44	652.88	6.66	62.82	86.92	17.43	10.97
320.05	2349.64	1584.94	1905.36	1669.29	4.81	64.21	82.11	13.09	16.64
4429.82	21519.62	16110.75	20409.37	15480.93	70.78	1826.39	2212.22	315.06	84.02
660.62	3188.76	2402.38	2602.16	1990.56	13.14	183.24	218.54	22.16	20.48
3763.28	18296.28	13680.39	17781.85	13471.39	57.53	1646.74	1996.91	292.64	63.28
5.93	34.57	27.98	25.35	18.98	0.10	-3.59	-3.22	0.26	0.26
130.67	660.61	349.57	531.86	421.97	2.29	35.94	46.18	7.95	6.29
315.65	2632.63	1992.42	2932.91	2643.30	7.35	66.57	107.42	33.50	23.05
1651.10	9643.02	5014.48	6950.10	5833.42	25.87	473.55	578.43	79.01	62.24
1763.76	7833.12	4982.64	7469.16	6334.31	27.36	449.28	564.76	88.12	97.26
158.51	1022.15	796.75	1163.77	992.31	3.31	38.41	49.29	7.57	8.89
359.68	1459.55	1199.67	1732.16	1462.77	5.31	89.73	114.06	19.02	19.83
819.55	**4506.72**	**3266.70**	**5546.70**	**4964.15**	**12.96**	**269.49**	**327.58**	**45.13**	**40.72**
219.84	1033.97	878.87	1906.91	1776.91	2.63	67.84	77.30	6.84	6.11
158.53	990.16	619.68	1061.19	952.95	2.64	62.44	75.70	10.62	12.03
207.95	1306.87	898.20	1460.78	1303.27	4.05	58.97	73.18	10.16	12.39
13.35	53.44	47.14	60.64	44.50	0.26	8.26	10.18	1.66	0.48
3.86	37.07	32.89	23.94	17.10	0.08	1.66	2.20	0.45	0.22
129.64	578.48	444.08	605.41	501.18	1.80	53.20	65.50	10.50	5.06
86.37	506.72	345.83	427.83	368.24	1.50	17.11	23.52	4.91	4.43
727.02	**3117.09**	**2100.93**	**2316.84**	**1604.48**	**12.24**	**304.78**	**367.04**	**50.02**	**26.57**
380.55	1472.09	917.65	1002.97	623.69	6.33	171.56	198.22	20.32	12.19
194.31	991.95	693.71	693.36	505.29	3.41	70.15	92.81	19.25	7.43
57.77	293.37	229.73	231.00	164.37	1.05	27.34	33.70	5.31	2.68

12－25 规模以上先进制造业主要经济指标（2021年）

单位：亿元

项 目	Item	企业单位数（个） Number of Enterprises (unit)	工业总产值（当年价） Gross Industrial Output Value (at current prices)	工业增加值 Value-added of Industry
合 计	**Total**	**39240**	**92652.95**	**20869.30**
高端电子信息制造业	**Manufacture of Advanced Electronic Equipment and Communication Equipment**	**6459**	**36947.17**	**8318.52**
集成电路及关键元器件	Integrated Circuits and Key Components	5502	15849.90	3724.79
信息通信设备	Communication Equipment	769	19338.89	4423.90
新型显示	New-Type Displays	188	1758.37	169.83
先进装备制造业	**Manufacture of Advanced Equipment**	**10470**	**27296.42**	**6125.81**
智能制造装备	Intelligent Manufacturing Equipment	3083	4757.18	1309.05
船舶与海洋工程装备	Equipment for Ships and Marine Engineering	94	541.27	68.16
节能环保装备	Equipment for Energy Conservation and Environmental Protection	1320	2641.54	544.55
轨道交通设备	Equipment for Rail Transportation	34	81.40	16.63
航空装备	Equipment for Aviation	49	332.73	34.39
新能源装备	Equipment for New Energy	1832	3217.29	748.97
汽车制造	Automobiles	1064	9647.90	2007.74
卫星及应用	Satellites and Applications	545	3459.43	745.93
重要基础件	Critical Basic Components	2449	2617.67	650.38
石油化工产业	**Petrochemical Manufacturing**	**3010**	**10141.67**	**2355.45**
先进轻纺制造业	**Manufacture of Advanced Light Textiles**	**12052**	**11222.96**	**2592.11**
绿色食品饮料	Green Foods and Drinks	2363	2283.76	451.17
高附加值纺织服装	High Added-value Textile Clothing	5984	2180.83	523.69
环保多功能家具	Environmental Friendly and Multi-purpose Furniture	1925	708.36	166.85
智能节能型家电	Intelligent Energy Saving Household Appliances	1780	6050.01	1450.41
新材料制造业	**Manufacture of New Materials**	**7638**	**9807.14**	**1912.27**
高端精品钢材	High-end Fine Steel	466	2833.82	356.39
高性能复合材料及特种功能材料	High Performance Composite Materials and Special Purpose Materials	7165	6958.60	1553.69
战略前沿材料	Strategic Materials	7	14.72	2.19
生物医药及高性能医疗器械	**Manufacture of Biological Medicines and Advanced Medical Equipment**	**1239**	**2606.73**	**908.47**
生物制药	Biological Medicine	592	1642.78	561.89
高性能医疗器械	Advanced Medical Equipment	647	963.95	346.58

Main Indicators on Advanced Manufacturing Enterprises above Designated Size (2021)

(100 million yuan)

年末资产总计 Total Assets at the Year-end	流动资产合计 Total Working Capital	营业收入 Business Revenue	营业成本 Cost of Business	税金及附加 Tax and Other Charges on Principal Business	利润总额 Total Profits	利税总额 Total Pre-tax Profits	本年应交增值税 Value-added Tax Payable in Current Year	全部就业人员年平均人数(万人) Annual Average Number of Employed Persons (10000 persons)
93035.92	**61522.73**	**94129.93**	**76166.26**	**1139.69**	**6955.97**	**9875.87**	**1780.22**	**851.76**
42253.43	**28351.09**	**37851.23**	**30233.32**	**133.28**	**2946.97**	**3600.21**	**519.97**	**264.39**
18738.10	10885.30	15615.32	13111.04	58.30	1056.89	1299.73	184.54	172.11
21485.04	16082.76	20384.01	15461.95	70.68	1829.98	2215.45	314.79	83.76
2030.29	1383.02	1851.90	1660.33	4.30	60.10	85.04	20.64	8.51
27293.36	**19176.18**	**26648.66**	**21767.37**	**306.56**	**1916.19**	**2716.21**	**493.47**	**218.81**
5877.56	4134.54	4556.57	3370.24	25.17	467.51	592.19	99.52	50.61
1124.79	699.85	528.73	484.97	2.34	-10.95	-10.95	-2.34	2.87
2714.61	2017.18	2753.88	2316.49	10.84	160.15	217.47	46.47	27.21
136.58	97.80	82.49	67.18	0.55	6.23	9.06	2.28	0.47
267.93	216.13	344.43	298.14	1.33	12.85	14.91	0.74	1.17
3660.69	2522.74	3193.35	2572.43	13.28	266.97	333.07	52.83	34.09
7781.27	5312.72	9646.22	8242.38	226.57	628.28	1059.50	204.65	42.48
3522.44	2667.53	2968.16	2285.14	14.48	198.10	241.07	28.49	25.88
2207.50	1507.69	2574.82	2130.40	12.01	187.05	259.89	60.83	34.02
7587.44	**4238.38**	**10516.71**	**8486.17**	**613.49**	**712.43**	**1599.18**	**273.27**	**32.06**
9843.69	**6875.72**	**11513.10**	**9246.41**	**55.18**	**833.72**	**1206.82**	**317.92**	**245.44**
1673.91	1060.17	2451.21	1999.41	13.88	155.87	219.55	49.79	41.72
1444.72	949.03	2074.04	1738.46	10.76	96.56	150.11	42.79	106.06
637.12	421.33	685.93	564.86	3.43	30.38	49.03	15.22	33.19
6087.94	4445.19	6301.91	4943.69	27.10	550.92	788.13	210.11	64.46
7433.08	**4355.21**	**9993.65**	**8670.18**	**37.87**	**536.83**	**729.50**	**154.80**	**109.56**
1582.47	647.41	2980.84	2737.12	7.69	135.72	175.86	32.45	6.67
5835.97	3695.94	6996.49	5918.95	30.13	399.77	551.92	122.02	102.81
14.64	11.86	16.32	14.10	0.05	1.33	1.72	0.33	0.08
4458.57	**2682.73**	**2427.09**	**1376.92**	**17.62**	**480.59**	**578.16**	**79.94**	**31.97**
3185.42	1893.77	1517.88	785.34	11.99	338.95	414.09	63.15	15.75
1273.15	788.97	909.21	591.58	5.63	141.65	164.07	16.79	16.22

12-26 规模以上工业企业主要经济效益指标（2021年）

项　目	Item
全　省	**Provincial Total**
按经济类型分	Grouped by Ownership
在总计中：国有控股工业	Of the Total: State-holding Industry
国有工业	State-owned Industry
集体工业	Collective-owned Industry
股份合作工业	Share-holding Cooperative Industry
股份制工业	Share-holding Industry
外商投资工业	Foreign-funded Industry
港澳台投资工业	Industry with Funds from Hong Kong, Macao and Taiwan
按轻重工业分	Grouped by Light and Heavy Industries
轻工业	Light Industry
重工业	Heavy Industry
按企业规模分	Grouped by Size of Enterprises
大型企业	Large Enterprises
中型企业	Medium Enterprises
小微型企业	Small and Micro Enterprises
按行业分	Grouped by Sector
煤炭开采和洗选业	Mining and Washing of Coal
石油和天然气开采业	Extraction of Petroleum and Natural Gas
黑色金属矿采选业	Mining and Dressing of Ferrous Metal Ores
有色金属矿采选业	Mining and Dressing of Nonferrous Metal Ores
非金属矿采选业	Mining and Dressing of Nonmetal Ores
开采专业及辅助性活动	Mining Specialized and Auxiliary Operations
其他采矿业	Mining and Dressing of Other Ores
农副食品加工业	Processing of Farm and Sideline Food
食品制造业	Manufacture of Food
酒、饮料和精制茶制造业	Manufacture of Wine, Beverage and Refined Tea
烟草制品业	Tobacco Products
纺织业	Textile Industry
纺织服装、服饰业	Manufacture of Textile Garments, Footwear and Headgear
皮革、毛皮、羽毛及其制品和制鞋业	Leather, Fur, Feather, Down and Related Products
木材加工和木、竹、藤、棕、草制品业	Timber Processing, Bamboo, Cane, Palm Fiber & Straw Products
家具制造业	Manufacture of Furniture
造纸和纸制品业	Papermaking and Paper Products
印刷和记录媒介复制业	Printing and Record Medium Reproduction
文教、工美、体育和娱乐用品制造业	Manufacture of Cultural, Educational,Sports and Entertainment Articles
石油、煤炭及其他燃料加工业	Petroleum, Coal and other Fuel Processing
化学原料和化学制品制造业	Manufacture of Raw Chemical Materials and Chemical Products
医药制造业	Manufacture of Medicines
化学纤维制造业	Manufacture of Chemical Fibers
橡胶和塑料制品业	Rubber and Plastic Products
非金属矿物制品业	Nonmetal Mineral Products
黑色金属冶炼和压延加工业	Smelting and Pressing of Ferrous Metals
有色金属冶炼和压延加工业	Smelting and Pressing of Nonferrous Metals
金属制品业	Metal Products
通用设备制造业	Manufacture of General-purpose Machinery
专用设备制造业	Manufacture of Special-purpose Machinery
汽车制造业	Manufacture of Automobile
铁路、船舶、航空航天和其他运输设备制造业	Manufacture of Railway ,Ship,Aeronautics and Other Transport equipment
电气机械和器材制造业	Manufacture of Electrical Machinery and Equipment
计算机、通信和其他电子设备制造业	Manufacture of Communication Equipment, Computers and Other Electronic Equipment
仪器仪表制造业	Manufacture of Instruments and Meters
其他制造业	Other Manufactures
废弃资源综合利用业	Comprehensive Utilization of Waste
金属制品、机械和设备修理业	Manufacture of Metal Products,Machinery and Equipment Maintenance
电力、热力生产和供应业	Production and Supply of Electric Power and Heat Power
燃气生产和供应业	Production and Supply of Gas
水的生产和供应业	Production and Supply of Water

Main Indicators on Economic Benefit of Industrial Enterprises above Designated Size (2021)

总资产贡献率 (%) Ratio of Total Assets to Industrial Output Value (%)	资产负债率 (%) Assets-Liability Ratio (%)	成本费用利润率 (%) Ratio of Profits to Industrial Costs (%)	全员劳动生产率 (元/人) Overall Labor Productivity (yuan/person)	产品销售率 (%) Proportion of Products Sold (%)
9.71	**57.26**	**6.93**	**277665**	**97.08**
9.40	57.85	6.36	829085	97.59
5.17	54.79	5.82	386681	98.41
5.25	59.49	1.70	127619	96.94
32.40	45.67	7.18	357604	93.99
9.42	58.78	6.66	295286	96.72
10.89	56.93	7.63	331272	98.76
9.89	51.71	7.46	208425	96.79
11.37	54.06	7.01	216406	96.14
9.10	58.45	6.89	323687	97.51
10.80	56.94	9.01	391138	96.91
9.60	53.71	6.71	225512	96.89
7.80	60.67	4.28	210104	97.46
34.52	65.70	110.06	12379175	98.53
19.87	70.21	19.85	1843464	100.14
22.30	65.33	21.85	594506	94.42
15.72	60.58	10.69	714920	95.93
10.73	28.53	27.29	1006444	99.95
8.00	65.72	3.24	279378	100.36
18.43	46.61	11.40	372323	97.11
16.77	45.26	12.12	467016	98.01
65.15	22.98	19.72	3728683	101.89
11.04	54.71	5.64	219480	95.44
11.16	49.99	4.80	152528	92.73
8.07	58.46	2.42	119211	97.77
8.45	58.16	4.19	206106	97.95
8.07	59.44	4.68	167571	98.07
9.72	51.70	5.09	266516	97.53
8.10	46.79	5.64	171618	96.85
7.88	59.44	3.46	120042	95.56
47.47	54.34	7.10	4867248	99.41
12.58	51.12	8.24	429952	99.12
13.48	42.28	26.05	446028	89.13
20.00	39.21	15.64	500345	96.48
9.30	55.54	5.32	179496	98.42
11.35	61.38	7.66	296198	97.12
12.10	58.16	4.87	677551	98.24
8.88	71.62	2.62	357212	98.80
9.72	62.46	5.55	200864	97.12
8.46	56.83	6.09	213751	97.55
10.22	50.38	10.39	229789	94.46
13.59	62.09	7.05	472630	98.07
2.75	66.14	2.14	196407	97.08
9.37	58.62	7.25	226257	95.20
8.42	57.33	7.29	281918	96.67
10.15	49.66	10.07	208008	97.85
6.83	49.26	4.56	141534	94.66
10.10	64.68	4.93	452977	97.54
7.45	55.01	6.88	289339	98.85
3.16	59.82	3.25	925958	99.80
10.91	54.48	6.51	1119134	99.87
5.75	59.03	15.69	480403	97.81

12-27 规模以上制造业工业企业主要经济指标

Main Economic Indicators of Manufacturing Enterprises above Designated Size

项　目	Item	2000	2010	2015	2019	2020	2021
企业单位数 (个)	Number of Enterprises (unit)	18571	52102	42134	54225	57230	64919
工业总产值 (亿元)	Gross Industrial Output Value (100 million yuan)	11352.62	79504.12	124649.16	136214.66	138707.96	159796.90
工业销售产值 (亿元)	Sales Output Value of Industry (100 million yuan)						
出口交货值 (亿元)	Export Delivery Value (100 million yuan)						
工业增加值 (亿元)	Value-added of Industry (100 million yuan)	2768.88	18317.74	29446.21	29649.37	29737.46	34319.83
营业收入 (亿元)	Business Revenue (100 million yuan)	10865.66	77730.85	120886.73	136722.23	140163.33	161397.04
资产总计 (亿元)	Total Assets (100 million yuan)	11653.11	52734.31	95411.22	118259.62	129502.06	148971.08
流动资产合计 (亿元)	Total Liquid Assets (100 million yuan)		32414.52	54715.38	79247.90	86415.14	99693.71
固定资产净额 (亿元)	Total Fixed Assets (100 million yuan)		16420.14	26943.69	19056.99	19812.10	21734.04
负债总计 (亿元)	Total Liabilities (100 million yuan)	6950.47	29407.47	54747.90	67807.77	73749.37	84636.43
所有者权益合计 (亿元)	Total Creditors' Equity (100 million yuan)	4576.24	23243.24	40239.01	50451.72	55752.84	64335.99
利润总额 (亿元)	Total Profits (100 million yuan)	348.92	5313.74	7723.16	8016.15	8597.54	10371.61
亏损企业亏损额 (亿元)	Loss Value of Loss-making Enterprises (100 million yuan)	131.89	195.53	510.18	880.76	975.92	1035.17
利税总额 (亿元)	Total Pre-tax Profits (100 million yuan)	729.92	8150.46	12375.00	12330.74	12845.43	15076.96
应交增值税 (亿元)	Value-added Tax Payable (100 million yuan)	277.66	2003.07	3284.50	2870.55	2780.71	3011.58
从业人员平均人数 (万人)	Average Employed Persons (10000 persons)	546.03	1533.72	1439.33	1287.40	1248.52	1314.70

注：1. 本表总产值和增加值绝对数按当年价格计算，增加值2009年及以前用生产法计算，2010年起用收入法计算，2011年统计口径从年业务收入500万元及以上调整为2000万元及以上工业企业，2021年为主业务收入2000万元及以上工业企业和工业个体经营户。

2. 本表中营业收入指标数据2017年及以前为主营业务收入数据，2018年后为营业收入数据。

Note: a) Gross industrial output values and value-added are calculated at current prices.Value-added is calculated by production approach in 2009 and prior to and since 2010 by income approach. Since 2011,the annual principal business revenue of industrial enterprises above designated size is changed from industrial enterprises of 5 million yuan or above to 20 million yuan or above. It is adjusted to industrial enterprises and industrial self-employed households with main business income of 20 million yuan and above in 2021.

b) The indicator was Revenue from Principal Business in 2017 and before,and are Business Revenue since 2018.

12-28 各市规模以上工业企业主要经济指标（2021年）

Main Economic Indicators of Industrial Enterprises above Designated Size by City (2021)

单位：亿元 (100 million yuan)

市别	City	营业收入 Business Revenue	营业成本 Cost of Principal Business	资产合计 Total Assets	负债合计 Total Liabilities	利润总额 Total Profits	利税总额 Total Pre-tax Profits	全部就业人员年平均人数(万人) Annual Average Number of Employed Persons (10000 persons)
广州	Guangzhou	23863.58	19683.86	28201.74	15968.38	1519.49	2519.85	125.02
深圳	Shenzhen	42441.90	33385.19	52546.79	28943.34	3461.99	4342.63	305.87
珠海	Zhuhai	6120.78	4907.92	8923.94	5196.46	545.49	645.44	44.77
汕头	Shantou	3298.42	2728.97	3127.71	1430.84	211.40	291.29	29.97
佛山	Foshan	25628.48	21458.10	19611.21	11237.82	1881.12	2693.36	157.88
韶关	Shaoguan	1752.78	1484.33	1848.20	1153.60	81.54	166.34	11.65
河源	Heyuan	1380.15	1205.39	1186.42	707.76	60.32	95.06	16.63
梅州	Meizhou	895.24	705.90	1164.06	619.12	48.53	131.07	9.16
惠州	Huizhou	10023.35	8719.03	8569.56	5189.99	446.87	771.12	99.42
汕尾	Shanwei	1304.97	1223.57	866.66	516.82	10.92	24.38	14.10
东莞	Dongguan	25511.07	21695.17	20449.35	12210.08	1209.01	1700.81	276.41
中山	Zhongshan	6753.33	5745.44	6294.15	3805.90	312.44	475.37	85.45
江门	Jiangmen	5467.61	4656.50	5632.83	3330.88	241.65	389.94	51.28
阳江	Yangjiang	2166.17	1869.75	2527.94	1657.59	158.60	194.34	8.73
湛江	Zhanjiang	3122.05	2509.40	3760.22	2532.98	235.70	526.91	10.53
茂名	Maoming	2372.97	1980.37	1443.79	716.86	148.99	379.49	7.23
肇庆	Zhaoqing	3856.08	3339.98	3063.10	1820.32	201.89	299.38	27.09
清远	Qingyuan	2974.61	2548.57	3108.40	1974.72	180.78	245.97	22.90
潮州	Chaozhou	1372.11	1207.44	1055.74	439.03	80.96	112.44	13.50
揭阳	Jieyang	2666.14	2360.13	1591.90	726.02	202.69	264.07	18.33
云浮	Yunfu	677.95	571.11	772.29	451.24	37.97	55.90	7.68
按经济区域分	By Region							
珠三角	Pearl River Delta	149666.17	123591.20	153292.67	87703.18	9819.95	13837.90	1173.17
东翼	Eastern Region	8641.63	7520.11	6642.01	3112.71	505.96	692.18	75.89
西翼	Western Region	7661.19	6359.52	7731.96	4907.43	543.29	1100.73	26.49
山区	Mountainous Region	7680.72	6515.30	8079.37	4906.45	409.14	694.34	68.02

12-29 各市私营工业企业主要经济指标（2021年）
Main Economic Indicators of Private Industrial Enterprises by City (2021)

单位：亿元　　(100 million yuan)

市别	City	营业收入 Business Revenue	营业成本 Cost of Business	资产合计 Total Assets	负债合计 Total Liabilities	利润总额 Total Profits	利税总额 Total Pre-tax Profits	全部就业人员年平均人数(万人) Annual Average Number of Employed Persons (10000 persons)
广　州	Guangzhou	4163.43	3407.34	3664.67	2150.25	198.15	299.02	42.30
深　圳	Shenzhen	12624.64	10586.73	11045.65	6784.66	555.17	755.49	114.85
珠　海	Zhuhai	1312.68	1059.88	1797.71	931.47	99.79	128.45	14.18
汕　头	Shantou	2096.55	1721.73	1295.28	595.90	144.71	195.49	19.88
佛　山	Foshan	15211.00	12596.63	10114.47	5934.83	1132.15	1669.17	92.13
韶　关	Shaoguan	419.43	372.65	392.83	278.27	11.11	20.46	3.27
河　源	Heyuan	529.39	452.56	378.27	224.61	27.89	42.31	5.66
梅　州	Meizhou	374.31	315.50	432.21	293.63	18.08	29.61	5.26
惠　州	Huizhou	2355.80	2039.94	1820.28	1236.91	85.28	142.12	28.66
汕　尾	Shanwei	498.03	467.02	143.57	79.07	7.38	13.24	6.78
东　莞	Dongguan	11393.97	9468.79	8819.86	5824.15	556.34	790.75	103.61
中　山	Zhongshan	2874.20	2467.08	2182.53	1454.86	78.50	148.69	42.93
江　门	Jiangmen	1966.31	1697.55	1468.37	971.12	63.38	116.86	22.65
阳　江	Yangjiang	321.35	274.55	226.53	140.10	19.42	26.42	4.97
湛　江	Zhanjiang	437.86	389.64	455.25	361.35	8.58	17.85	4.94
茂　名	Maoming	357.51	311.83	307.91	163.81	14.73	24.43	3.68
肇　庆	Zhaoqing	1858.63	1588.83	1006.30	585.17	100.88	154.62	13.28
清　远	Qingyuan	1068.71	952.64	778.62	569.22	27.39	50.42	7.84
潮　州	Chaozhou	874.50	778.53	429.48	205.11	41.25	61.03	9.89
揭　阳	Jieyang	1813.54	1597.45	825.51	310.24	175.53	219.12	12.71
云　浮	Yunfu	238.49	207.69	261.81	178.74	5.47	11.16	2.96
按经济区域分	By Region							
珠三角	Pearl River Delta	53760.65	44912.79	41919.82	25873.43	2869.65	4205.14	474.59
东　翼	Eastern Region	5282.62	4564.72	2693.84	1190.31	368.87	488.88	49.26
西　翼	Western Region	1116.72	976.01	989.69	665.26	42.73	68.70	13.59
山　区	Mountainous Region	2630.33	2301.04	2243.75	1544.47	89.93	153.96	24.98

12-30 各市工业企业主要经济效益指标（2021年）
Main Indicators on Economic Benefit of Industrial Enterprises by City (2021)

市 别	City	总资产贡献率 (%) Ratio of Total Assets to Industrial Output Value (%)	资产负债率 (%) Assets-Liability Ratio (%)	成本费用利润率 (%) Ratio of Profits to Industrial Costs (%)	全员劳动生产率 (元/人) Overall Labor Productivity (yuan/person)	产品销售率 (%) Proportion of Products Sold (%)
全 省	**Provincial Total**	**9.71**	**57.26**	**6.93**	**277665**	**97.08**
广 州	Guangzhou	9.19	56.62	6.85	397038	98.63
深 圳	Shenzhen	8.69	55.08	8.70	313140	96.74
珠 海	Zhuhai	7.17	58.23	9.77	296991	96.17
汕 头	Shantou	9.75	45.75	6.88	246887	96.71
佛 山	Foshan	14.16	57.30	7.93	344117	95.89
韶 关	Shaoguan	10.03	62.42	5.03	309976	99.26
河 源	Heyuan	8.50	59.66	4.62	207945	95.08
梅 州	Meizhou	11.90	53.19	6.12	288330	98.19
惠 州	Huizhou	9.51	60.56	4.73	222888	96.55
汕 尾	Shanwei	3.62	59.63	0.85	136090	91.21
东 莞	Dongguan	8.62	59.71	4.92	187659	97.19
中 山	Zhongshan	8.01	60.47	4.84	159383	98.51
江 门	Jiangmen	7.76	59.13	4.63	234391	97.38
阳 江	Yangjiang	9.07	65.57	7.90	412240	100.44
湛 江	Zhanjiang	14.90	67.36	8.84	812240	100.58
茂 名	Maoming	26.79	49.65	7.21	742648	99.62
肇 庆	Zhaoqing	10.48	59.43	5.54	282696	95.84
清 远	Qingyuan	8.43	63.53	6.50	296476	98.39
潮 州	Chaozhou	11.07	41.58	6.29	202370	96.67
揭 阳	Jieyang	17.82	45.61	7.94	279098	94.80
云 浮	Yunfu	7.75	58.43	5.94	196888	100.29

12-30 续表 continued

市 别	City	总资产贡献率比去年增减(百分点) Percentage Gain in Ratio of Total Assets to Industrial Output Value over Preceding Year	资产负债率比去年增减(百分点) Percentage Gain in Assets-Liability Ratio over Preceding Year	成本费用利润率比去年增减(百分点) Percentage Gain in Ratio of Profits to Industrial Costs over Preceding Year	全员劳动生产率比去年增长(%) Growth in Overall Labor Productivity over Preceding Year (%)	产品销售率比去年增减(百分点) Percentage Gain in Proportion of Products Sold over Preceding Year
全 省	**Provincial Total**	**-0.11**	**0.96**	**0.11**	**9.11**	**-0.40**
广 州	Guangzhou	-1.57	6.29	-0.74	5.51	-0.76
深 圳	Shenzhen	0.21	-2.05	1.04	8.90	-0.46
珠 海	Zhuhai	-0.56	0.58	-1.46	7.27	0.98
汕 头	Shantou	-2.62	2.19	-2.13	5.09	2.03
佛 山	Foshan	-0.58	1.92	-0.36	8.97	0.20
韶 关	Shaoguan	-1.15	0.21	-2.58	5.65	0.04
河 源	Heyuan	-1.43	5.78	-1.07	11.80	0.61
梅 州	Meizhou	-1.13	3.35	-3.29	4.66	-0.59
惠 州	Huizhou	1.52	1.13	0.59	21.85	-0.68
汕 尾	Shanwei	-2.07	0.22	-1.43	-1.00	-5.93
东 莞	Dongguan	1.07	0.22	1.35	10.37	-1.79
中 山	Zhongshan	-0.91	1.71	-1.10	5.94	-0.07
江 门	Jiangmen	-0.18	0.99	-0.94	6.31	0.71
阳 江	Yangjiang	-0.59	-0.91	-1.25	4.55	0.84
湛 江	Zhanjiang	2.87	1.54	-1.14	32.23	1.44
茂 名	Maoming	3.57	0.06	0.77	20.73	1.08
肇 庆	Zhaoqing	-1.48	3.53	-1.07	8.22	0.08
清 远	Qingyuan	-0.99	3.31	-1.48	14.75	-0.93
潮 州	Chaozhou	-1.26	0.83	-1.20	7.96	1.01
揭 阳	Jieyang	8.42	-7.06	4.69	11.14	-1.25
云 浮	Yunfu	-3.85	1.83	-3.24	-3.01	0.88

12-31 各市规模以上国有控股工业企业主要经济效益指标（2021年）

Main Indicators on Economic Benefit of State-holding Industrial Enterprises above Designated Size by City (2021)

市 别	City	总资产贡献率 (%) Ratio of Total Assets to Industrial Output Value (%)	资产负债率 (%) Assets-Liability Ratio (%)	成本费用利润率 (%) Ratio of Profits to Industrial Costs (%)	全员劳动生产率 (元/人) Overall Labor Productivity (yuan/person)	产品销售率 (%) Proportion of Products Sold (%)
全 省	**Provincial Total**	**9.40**	**57.85**	**6.36**	**829085**	**97.59**
广 州	Guangzhou	8.68	59.09	6.27	954156	98.77
深 圳	Shenzhen	7.98	54.38	10.66	659257	89.94
珠 海	Zhuhai	5.36	52.02	4.48	542829	99.93
汕 头	Shantou	3.79	52.98	3.58	563159	97.98
佛 山	Foshan	7.92	55.84	5.62	643317	95.79
韶 关	Shaoguan	12.44	62.02	5.17	729799	100.23
河 源	Heyuan	-0.36	66.38	-3.86	654321	97.14
梅 州	Meizhou	23.74	46.90	2.04	1334651	98.62
惠 州	Huizhou	18.27	56.43	4.07	913800	99.22
汕 尾	Shanwei	0.92	58.38	-2.74	301157	99.55
东 莞	Dongguan	4.30	63.74	1.11	372757	99.61
中 山	Zhongshan	3.65	55.67	1.64	359157	99.32
江 门	Jiangmen	3.50	65.15	0.83	961655	99.58
阳 江	Yangjiang	9.86	66.44	10.49	1544655	99.50
湛 江	Zhanjiang	17.40	58.09	7.25	2139772	101.14
茂 名	Maoming	39.54	45.53	8.90	2740813	100.19
肇 庆	Zhaoqing	6.40	52.56	5.67	361470	98.95
清 远	Qingyuan	6.71	63.06	4.97	984794	98.81
潮 州	Chaozhou	6.10	61.19	4.03	910341	99.99
揭 阳	Jieyang	2.24	60.26	0.59	465640	100.00
云 浮	Yunfu	11.13	45.83	9.64	551669	100.30

12-32 各市按经济类型分的工业企业资产（2021年）

Total Assets of Industrial Enterprises by Ownership and by City (2021)

单位：亿元 (100 million yuan)

市别	City	资产合计 Total Assets	#国有控股工业 State-holding Industry	集体工业 Collective-owned Industry	股份合作制工业 Share-holding Cooperative Industry	股份制工业 Share-holding Industry	外商投资工业 Foreign-funded Industry	港澳台投资工业 Industry with Funds from Hong Kong,Macao and Taiwan
广州	Guangzhou	28201.74	14758.88	8.94	8.47	17531.27	7368.43	2742.09
深圳	Shenzhen	52546.79	7879.87	0.55		36606.41	5661.57	10022.16
珠海	Zhuhai	8923.94	987.47	0.48		6282.07	1500.61	1003.87
汕头	Shantou	3127.71	683.56	4.75	2.40	2289.08	257.85	343.01
佛山	Foshan	19611.21	1583.37	6.66	4.11	13138.30	3038.32	3120.93
韶关	Shaoguan	1848.20	922.79	0.91		1613.36	85.40	134.12
河源	Heyuan	1186.42	217.69	1.16		823.83	82.32	264.19
梅州	Meizhou	1164.06	281.89	0.22	1.34	1019.81	55.10	76.18
惠州	Huizhou	8569.56	1288.09	4.39	0.28	4587.78	1758.75	2177.69
汕尾	Shanwei	866.66	184.07	4.91		598.84	91.62	150.71
东莞	Dongguan	20449.35	1271.20	37.74	0.29	13787.59	2167.02	4393.58
中山	Zhongshan	6294.15	553.32	2.70		3264.34	1658.75	1331.16
江门	Jiangmen	5632.83	1563.38	0.20	0.31	2508.60	1488.75	1489.40
阳江	Yangjiang	2527.94	1596.01			1536.06	63.16	897.01
湛江	Zhanjiang	3760.22	2099.53			2554.11	512.16	676.46
茂名	Maoming	1443.79	827.53	1.02		1317.96	35.24	52.39
肇庆	Zhaoqing	3063.10	588.08	2.16		2398.46	300.44	320.84
清远	Qingyuan	3108.40	427.58	0.06		2025.85	336.35	687.24
潮州	Chaozhou	1055.74	208.79	1.49	3.50	885.98	9.48	94.44
揭阳	Jieyang	1591.90	389.01	0.73	0.60	1329.95	6.34	103.39
云浮	Yunfu	772.29	169.06			569.26	34.22	151.39
按经济区域分	By Region							
珠三角	Pearl River Delta	153292.67	30473.66	63.82	13.45	100104.82	24942.62	26601.73
东翼	Eastern Region	6642.01	1465.43	11.87	6.50	5103.86	365.29	691.54
西翼	Western Region	7731.96	4523.07	1.02		5408.14	610.56	1625.85
山区	Mountainous Region	8079.37	2019.00	2.35	1.34	6052.10	593.38	1313.13

12-33 各市规模以上大中型工业企业产值资产（2021年）

Gross Output Value and Total Assets of Large and Medium-sized Industrial Enterprises above Designated Size by City (2021)

单位：亿元 (100 million yuan)

市 别	City	企业个数（个）Number of Enterprises (unit)	#大型 Large sized	工业总产值（当年价）Gross Industrial Output Value (at current prices)	#大型 Large sized	资产总计 Total Assets	#大型 Large sized
全 省	**Provincial Total**	**8376**	**1564**	**115292.36**	**77076.51**	**127604.46**	**89345.18**
广 州	Guangzhou	773	167	15907.72	12258.40	21821.72	17404.44
深 圳	Shenzhen	1694	353	31197.02	23183.77	41266.43	30229.64
珠 海	Zhuhai	307	77	3406.20	2203.26	6525.86	4659.53
汕 头	Shantou	189	13	1333.50	324.59	1444.04	354.40
佛 山	Foshan	1025	157	17642.40	9482.92	14306.86	9334.82
韶 关	Shaoguan	68	16	1090.79	683.24	1004.35	524.46
河 源	Heyuan	111	22	945.49	589.01	638.37	379.25
梅 州	Meizhou	64	9	540.85	246.18	702.76	333.33
惠 州	Huizhou	536	128	7206.54	5692.01	6134.12	4830.83
汕 尾	Shanwei	83	53	1228.80	934.63	643.48	420.21
东 莞	Dongguan	1787	305	16353.32	11022.93	14468.63	10154.43
中 山	Zhongshan	557	91	4063.09	2496.06	4126.03	2678.82
江 门	Jiangmen	362	63	3163.35	1571.37	3814.51	1522.39
阳 江	Yangjiang	65	9	1595.35	898.33	1727.41	1157.45
湛 江	Zhanjiang	75	9	2265.96	1886.21	2691.45	2128.64
茂 名	Maoming	37	5	1605.35	1336.31	897.11	621.56
肇 庆	Zhaoqing	216	30	2160.04	941.49	1830.10	1058.39
清 远	Qingyuan	168	32	1761.55	728.80	1869.55	752.52
潮 州	Chaozhou	80	4	424.89	133.04	505.61	242.58
揭 阳	Jieyang	121	10	1026.87	298.82	750.41	396.78
云 浮	Yunfu	58	11	373.28	165.14	435.66	160.72
按经济区域分	By Region						
珠 三 角	Pearl River Delta	7257	1371	101099.68	68852.21	114294.26	81873.29
东 翼	Eastern Region	473	80	4014.07	1691.08	3343.54	1413.96
西 翼	Western Region	177	23	5466.66	4120.85	5315.97	3907.65
山 区	Mountainous Region	469	90	4711.96	2412.37	4650.70	2150.28

12-34 各市现代产业增加值及比重（2021年）

Value Added and Ratio of Modern Industries by City (2021)

市别	City	先进制造业增加值（亿元）Value-added of Advanced Manufacturing Industry (100 Million yuan)	先进制造业增加值占规模以上工业比重(%) Ratio of Value-added to that of Industry (%)	高技术制造业增加值（亿元）Value-added of High-tech Industry (100 Million yuan)	高技术制造业增加值占规模以上工业比重(%) Ratio of Value-added to that of Industry (%)
全省	**Provincial Total**	**20869.30**	**55.9**	**11672.39**	**31.3**
广州	Guangzhou	2967.37	59.8	884.90	17.8
深圳	Shenzhen	6669.84	69.6	6284.13	65.6
珠海	Zhuhai	796.91	59.9	412.91	31.1
汕头	Shantou	277.46	37.5	55.87	7.6
佛山	Foshan	2682.54	49.4	308.93	5.7
韶关	Shaoguan	126.25	35.0	26.46	7.3
河源	Heyuan	170.30	49.3	121.38	35.1
梅州	Meizhou	71.61	27.1	51.11	19.4
惠州	Huizhou	1424.27	64.3	901.15	40.7
汕尾	Shanwei	84.30	43.9	47.19	24.6
东莞	Dongguan	2683.29	51.7	1962.98	37.8
中山	Zhongshan	674.31	49.5	186.74	13.7
江门	Jiangmen	475.32	39.5	150.02	12.5
阳江	Yangjiang	99.37	27.6	0.97	0.3
湛江	Zhanjiang	455.27	53.2	12.37	1.4
茂名	Maoming	424.11	79.0	11.54	2.1
肇庆	Zhaoqing	250.40	32.7	92.70	12.1
清远	Qingyuan	228.02	33.6	75.73	11.2
潮州	Chaozhou	75.21	27.5	38.92	14.3
揭阳	Jieyang	193.59	37.8	30.96	6.1
云浮	Yunfu	39.56	26.2	15.44	10.2
按经济区域分	By Region				
珠三角	Pearl River Delta	18624.24	58.1	11184.47	34.9
东翼	Eastern Region	630.56	36.7	172.93	10.1
西翼	Western Region	978.76	55.9	24.87	1.4
山区	Mountainous Region	635.74	35.3	290.12	16.1

注：本表现代产业增加值按年报收入法计算；高技术制造业增加值采用新的国家统计局高技术产业(制造业)分类(2017)。

Note: Value-added of modern industries in this table is calculated in accordance with the income method of the annual report. Date of high-tech industry are based on National Classification of High-tech Industry(2017).

12-35 全省工业总产值最大的50家工业企业（2021年）

Top 50 Industrial Enterprises of the Province in Terms of Gross Industrial Output Value (2021)

序号 Rank	企业名称	Name of Enterprises
1	华为技术有限公司	HUAWEI TECHNOLOGIES CO., LTD.
2	广东电网公司	GUANGDONG POWER GRID CORPORATION
3	美的集团股份有限公司	MIDEA GROUP CO.,LTD.
4	华为终端有限公司	HUAWEI
5	中兴通讯股份有限公司	ZHONGXING TELECOM EQUIPMENT
6	东风汽车有限公司东风日产乘用车公司	DONGFENG-NISSAN
7	中国石油化工股份有限公司茂名分公司	CHINA PETROLEUM & CHEMICAL CORPORATION MAOMING BRANCH
8	富泰华工业(深圳)有限公司	FUTAIHUA INDUSTRY (SHENZHEN) CO., LTD.
9	广汽丰田汽车有限公司	GAC TOYOTA
10	广汽本田汽车有限公司	GAC HONDA AUTOMOBILE CO., LTD.
11	OPPO广东移动通信有限公司	GUANGDONG OPPO MOBILE TELECOMMUNICATIONS CO., LTD.
12	荣耀终端有限公司	HONOR DEVICE CO., LTD.
13	中海油惠州石化有限公司	CNOOC HUIZHOU PETROCHEMICALS COMPANY LIMITED
14	维沃移动通信有限公司	VIVO MOBILE COMMUNICATION CO., LTD.
15	中国南方电网有限责任公司	CHINA SOUTHERN POWER GRID COMPANY LIMITED
16	中科（广东）炼化有限公司	ZHONGKE（GUANGDONG）REFINERY AND PETROCHEMICAL CO., LTD.
17	比亚迪汽车工业有限公司	BYD AUTO INDUSTRY COMPANY LIMITED
18	深圳供电局有限公司	SHENZHEN POWER SUPPLY CO., LTD.
19	深圳市裕展精密科技有限公司	SHENZHEN YUZHAN PRECISION TECHNOLOGY CO., LTD.
20	珠海格力电器股份有限公司	GREE ELECTRIC APPLIANCES,INC.OF ZHUHAI
21	中国石油化工股份有限公司广州分公司	CHINA PETROLEUM & CHEMICAL CORPORATION GUANGZHOU BRANCH
22	周大福珠宝金行（深圳）有限公司	CHOW TAI FOOK (SHENZHEN) JEWELLERY CO., LTD.
23	宝钢湛江钢铁有限公司	BAOSTEEL ZHANJIANG IRON & STEEL CO., LTD.
24	中海壳牌石油化工有限公司	CNOOC AND SHELL PETROCHEMICALS COMPANY LIMITED
25	比亚迪精密制造有限公司	BYD PRECISION MANUFACTURE CO., LTD.
26	广东中烟工业有限责任公司	GUANGDONG ZHONGYAN INDUSTRY CO., LTD.
27	东莞华贝电子科技有限公司	DONGGUAN HUABEL ELECTRONIC TECHNOLOGY CO., LTD.
28	中海石油（中国）有限公司深圳分公司	CNOOC CHINA LIMITED SHENZHEN BRANCH
29	伯恩光学（惠州）有限公司	BIEL CRYSTAL MANUFACTORY(HUIZHOU)LIMITED.
30	广汽乘用车有限公司	GAC MOTOR CO., LTD.
31	广东韶钢松山股份有限公司	SGIS SONGSHAN CO.,LTD.
32	广州江铜铜材有限公司	GUANGZHOU JCC COPPER PRODUCTS CO., LTD.
33	深圳富桂精密工业有限公司	SHENZHEN FUGUI PRECISION INDUSTRY CO., LTD.
34	纬创资通(中山)有限公司	WISTRON INFOCOMM(ZHONGSHAN)CORPORATION
35	乐金显示（广州）有限公司	LG DISPLAY (GUANGZHOU) CO., LTD.
36	广东广青金属压延有限公司	GUANGDONG GUANGQING METAL ROLLING CO., LTD.
37	广东广青金属科技有限公司	GUANGDONG GUANGQING METAL TECHNOLOGY CO., LTD.
38	本田汽车零部件制造有限公司	HONDA AUTO-PARTS MANUFACTURING CO., LTD.
39	联想信息产品(深圳)有限公司	LENOVO INFORMATION PRODUCTS (SHENZHEN) CO., LTD.
40	TCL华星光电技术有限公司	SHENZHEN CSOT TECHNOLOGY CO., LTD.
41	明阳智慧能源集团股份公司	GUANGDONG MINGYANG WIND POWER INDUSTRY GROUP CO., LTD.
42	欣旺达电子股份有限公司	SUNWODA ELECTRONIC CO.,LTD.
43	深圳市大疆百旺科技有限公司	SZ DJI BAIWANG TECHNOLOGY CO., LTD.
44	深圳创维-RGB电子有限公司	SHENZHEN CHUANGWEI-RGB ELECTRONICS CO., LTD.
45	东风本田发动机有限公司	DONGFENG HONDA ENGINE CO., LTD.
46	惠州比亚迪电子有限公司	HUIZHOU BYD ELECTRONIC CO., LTD.
47	广州宝洁有限公司	PROCTER & GAMBLE (GUANGZHOU) LTD.
48	ＴＣＬ王牌电器（惠州）有限公司	TCL KING ELECTRICAL APPLIANCES（HUIZHOU） CO., LTD.
49	联想系统集成（深圳）有限公司	LENOVO SYSTEMS TECHNOLOGY COMPANY LIMITED.
50	日立电梯(中国)有限公司	HITACHI ELEVATOR（CHINA）CO.,LTD.

12-36 全省营业收入最大的50家工业企业（2021年）
Top 50 Industrial Enterprises of the Province in Terms of Business Revenue (2021)

序号 Rank	企业名称	Name of Enterprises
1	华为技术有限公司	HUAWEI TECHNOLOGIES CO., LTD.
2	广东电网公司	GUANGDONG POWER GRID CORPORATION
3	美的集团股份有限公司	MIDEA GROUP CO.,LTD.
4	华为终端有限公司	HUAWEI
5	OPPO广东移动通信有限公司	GUANGDONG OPPO MOBILE TELECOMMUNICATIONS CO., LTD.
6	维沃移动通信有限公司	VIVO MOBILE COMMUNICATION CO., LTD.
7	东风汽车有限公司东风日产乘用车公司	DONGFENG-NISSAN
8	中国石油化工股份有限公司茂名分公司	CHINA PETROLEUM & CHEMICAL CORPORATION MAOMING BRANCH
9	富泰华工业(深圳)有限公司	FUTAIHUA INDUSTRY (SHENZHEN) CO., LTD.
10	广汽丰田汽车有限公司	GAC TOYOTA
11	珠海格力电器股份有限公司	GREE ELECTRIC APPLIANCES,INC.OF ZHUHAI
12	中兴通讯股份有限公司	ZHONGXING TELECOM EQUIPMENT
13	广汽本田汽车有限公司	GAC HONDA AUTOMOBILE CO., LTD.
14	中海油惠州石化有限公司	CNOOC HUIZHOU PETROCHEMICALS COMPANY LIMITED
15	中科（广东）炼化有限公司	ZHONGKE（GUANGDONG）REFINERY AND PETROCHEMICAL CO., LTD.
16	中国南方电网有限责任公司	CHINA SOUTHERN POWER GRID COMPANY LIMITED
17	荣耀终端有限公司	HONOR DEVICE CO., LTD.
18	比亚迪汽车工业有限公司	BYD AUTO INDUSTRY COMPANY LIMITED
19	深圳供电局有限公司	SHENZHEN POWER SUPPLY CO., LTD.
20	周大福珠宝金行（深圳）有限公司	CHOW TAI FOOK (SHENZHEN) JEWELLERY CO., LTD.
21	深圳市裕展精密科技有限公司	SHENZHEN YUZHAN PRECISION TECHNOLOGY CO., LTD.
22	中国石油化工股份有限公司广州分公司	CHINA PETROLEUM & CHEMICAL CORPORATION GUANGZHOU BRANCH
23	宝钢湛江钢铁有限公司	BAOSTEEL ZHANJIANG IRON & STEEL CO., LTD.
24	中海壳牌石油化工有限公司	CNOOC AND SHELL PETROCHEMICALS COMPANY LIMITED
25	广东韶钢松山股份有限公司	SGIS SONGSHAN CO.,LTD.
26	比亚迪精密制造有限公司	BYD PRECISION MANUFACTURE CO., LTD.
27	东莞华贝电子科技有限公司	DONGGUAN HUABEL ELECTRONIC TECHNOLOGY CO., LTD.
28	广东中烟工业有限责任公司	GUANGDONG ZHONGYAN INDUSTRY CO., LTD.
29	广汽乘用车有限公司	GAC MOTOR CO., LTD.
30	中海石油（中国）有限公司深圳分公司	CNOOC CHINA LIMITED SHENZHEN BRANCH
31	广州江铜铜材有限公司	GUANGZHOU JCC COPPER PRODUCTS CO., LTD.
32	ＴＣＬ王牌电器（惠州）有限公司	TCL KING ELECTRICAL APPLIANCES (HUIZHOU) CO., LTD.
33	深圳富桂精密工业有限公司	SHENZHEN FUGUI PRECISION INDUSTRY CO., LTD.
34	纬创资通(中山)有限公司	WISTRON INFOCOMM(ZHONGSHAN)CORPORATION
35	广东广青金属科技有限公司	GUANGDONG GUANGQING METAL TECHNOLOGY CO., LTD.
36	本田汽车零部件制造有限公司	HONDA AUTO-PARTS MANUFACTURING CO., LTD.
37	乐金显示（广州）有限公司	LG DISPLAY (GUANGZHOU) CO., LTD.
38	广东广青金属压延有限公司	GUANGDONG GUANGQING METAL ROLLING CO., LTD.
39	TCL华星光电技术有限公司	SHENZHEN CSOT TECHNOLOGY CO., LTD.
40	联想信息产品(深圳)有限公司	LENOVO INFORMATION PRODUCTS (SHENZHEN) CO., LTD.
41	明阳智慧能源集团股份公司	MING YANG SMART ENERGY GROUP LIMITED
42	惠州比亚迪电子有限公司	HUIZHOU BYD ELECTRONIC CO., LTD.
43	广东联塑科技实业有限公司	GUANGDONG LESSO TECHNOLOGY INDUSTRIAL CO., LTD.
44	广州宝洁有限公司	PROCTER & GAMBLE (GUANGZHOU) LTD.
45	东风本田发动机有限公司	DONGFENG HONDA ENGINE CO., LTD.
46	深圳创维-RGB电子有限公司	SHENZHEN CHUANGWEI-RGB ELECTRONICS CO., LTD.
47	深圳市大疆百旺科技有限公司	DJI BAIWANG TECHNOLOGY CO., LTD.
48	日立电梯(中国)有限公司	HITACHI ELEVATOR（CHINA）CO.,LTD.
49	中海石油(中国)有限公司湛江分公司	CNOOC CHINA LIMITED ZHANJIANG BRANCH
50	联想系统集成（深圳）有限公司	LENOVO SYSTEMS TECHNOLOGY COMPANY LIMITED.

12-37 规模以上工业主要产品生产能力

Main Industrial Products above Designated Size

名　　称		Item		2018	2019	2020	2021
天然原油	(万吨)	Crude Oil	(10 000 tons)	1405.69	1498.29	1696.60	1857.88
卷烟	(亿支)	Cigarettes	(100 million pieces)	2429.01	2905.98	1616.40	1611.76
棉纺锭	(万锭)	Cotton Hasp	(10 000 ingots)	121.62	61.59	50.32	44.42
气流纺锭	(万头)	Rotor Hasp	(10 000 ingots)	2.61	2.41	1.94	2.78
棉布织机	(万台)	Printing and Dyeing Cotton Cloth	(10 000 sets)	16.10	2.32	1.86	2.88
原油加工能力	(万吨)	Crude Oil Processing Capacity	(10 000 tons)	6140.19	6159.41	7160.54	7138.12
焦炭	(万吨)	Coke	(10 000 tons)	629.00	629.00	626.00	786.00
烧碱(折100%)	(万吨)	Caustic Soda	(10 000 tons)	37.40	37.40	37.40	37.40
农用氮、磷、钾化肥	(万吨)	Chemical Fertilizers	(10 000 tons)	78.81	85.49	60.50	30.71
初级形态塑料	(万吨)	Primary Plastic	(10 000 tons)	906.78	863.81	906.68	932.91
化学纤维	(万吨)	Chemical Fibre	(10 000 tons)	68.58	77.37	77.54	84.60
硅酸盐水泥熟料	(万吨)	Clinker	(10 000 tons)	10539.20	10796.50	11302.28	11257.50
水泥	(万吨)	Cement	(10 000 tons)	21115.76	22034.98	22161.03	22612.75
平板玻璃	(万重量箱)	Plate Glass	(10 000 weight cases)	12480.26	11294.03	10746.76	14493.47
生铁	(万吨)	Pig Iron	(10 000 tons)	1968.50	1951.50	2000.00	1950.80
粗钢	(万吨)	Crude Steel	(10 000 tons)	3185.75	3550.20	4644.66	4909.36
钢材	(万吨)	Rolled Steel	(10 000 tons)	5738.83	5738.23	6270.86	6750.80
金属切削机床	(万台)	Metal- cutting Machine Tools	(10 000 tons)	5.62	5.78	5.82	6.83
汽车	(万辆)	Motor Vehicles	(10 000 sets)	362.81	416.16	363.00	379.60
#乘用车	(万辆)	Passenger Vehicle	(10 000 sets)	354.40	406.70	358.70	367.00
新能源乘用车	(万辆)	New energy Passenger Vehicle	(10 000 sets)	31.00	31.30	36.30	41.00
商用车	(万辆)	Commercial vehicle	(10 000 sets)	8.41	9.46	3.80	12.10
新能源商用车	(万辆)	New energy Commercial Vehicle	(10 000 sets)	1.90	2.87	2.22	2.52
民用钢质船舶	(万载重吨)	Civil Steel Ship	(10 000 tons)	2584.44	178.44	188.38	193.96
太阳能电池	(万千瓦)	Solar Cells	(10 000kw)	325.39	413.38	388.06	827.07
家用电冰箱	(万台)	Household Refrigerators	(10 000 sets)	1894.69	2049.55	2518.88	2490.10
房间空气调节器	(万台)	Air Conditioners	(10 000 sets)	10359.62	10515.18	11084.01	10319.57
微型计算机设备	(万台)	Micro Computer Equipment	(10 000 sets)	7121.25	8833.13	8006.55	8298.74
移动通信手持机(手机)	(万台)	Mobile Telephones	(10 000 sets)	81665.04	47811.34	66804.00	67565.07
彩色电视机	(万台)	Color TV Set	(10 000 sets)	13138.80	12614.83	13687.49	13113.82
发电设备容量总计	(万千瓦)	Installed Capacity of Power Generation	(10 000 Kw)	10511.24	11675.13	12866.83	13970.00
#火电设备容量	(万千瓦)	Thermal Power	(10 000 Kw)	7893.36	8523.74	9580.73	10183.91
水电设备容量	(万千瓦)	Hydropower	(10 000 Kw)	714.94	942.38	959.24	941.49
核电设备容量	(万千瓦)	Nuclear Power	(10 000 Kw)	1330.21	1613.81	1613.81	1613.81
风电设备容量	(万千瓦)	Wind Power	(10 000 Kw)	355.99	388.55	424.56	883.20

注：农用氮、磷、钾化肥指农用氮、磷、钾化学肥料总计(折纯)。

Note: Output of chemical fertilizers is calculated on the basis of 100 percent effective content equivalent.

主要统计指标解释

工业 指从事自然资源的开采，对采掘品和农产品进行加工和再加工的物质生产部门。具体包括：(1)对自然资源的开采，如采矿、晒盐、森林采伐等（但不包括禽兽捕猎和水产捕捞）；(2)对农副产品的加工、再加工，如粮油加工、食品加工、轧花、缫丝、纺织、制革等；(3)对采掘品的加工、再加工，如炼铁、炼钢、化工生产、石油加工、机器制造、木材加工等，以及电力、自来水、煤气的生产和供应等；(4)对工业品的修理、翻新，如机器设备的修理、交通运输工具（包括小卧车）的修理等。

1984 年以前农村的村及村以下办工业归属农业，1984 年以后划归工业。

工业统计调查单位 工业统计调查单位分为两类：独立核算法人工业企业和工业生产活动单位。

(1)独立核算法人工业企业 是指从事工业生产经营活动的单位。独立核算法人工业企业应同时具备以下条件：①依法成立，有自己的名称、组织机构和场所，能够承担民事责任；②独立拥有和使用资产，承担负债，有权与其他单位签订合同；③独立核算盈亏，并能够编制资产负债表。

(2)工业生产活动单位 是指在一个场所从事一种或主要从事一种工业生产活动的经济单位。它包括独立核算工业企业按主营业务活动(即工业生产活动)划分的主营业务活动单位和非工业企业所属的工业生产活动单位（即原非独立核算工业生产单位）。工业生产活动单位，一般应同时具备以下三个条件：①具有一个场所，从事一种或主要从事一种工业活动；②单独组织工业生产、经营或业务活动；③单独核算收入和支出。

轻工业 指主要提供生活消费品和制作手工工具的工业。按其所使用的原料不同，可分为两大类：(1)以农产品为原料的轻工业，是指直接或间接以农产品为基本原料的轻工业。主要包括食品制造、饮料制造、烟草加工、纺织、缝纫、皮革和毛皮制作、造纸以及印刷等工业；(2)以非农产品为原料的轻工业，是指以工业品为原料的轻工业。主要包括文教体育用品、化学药品制造、合成纤维制造、日用化学制品、日用玻璃制品、日用金属制品、手工工具制造、医疗器械制造、文化和办公用机械制造等工业。

重工业 是指为国民经济各部门提供物质技术基础的主要生产资料的工业。按其生产性质和产品用途，可分为下列三类：(1)采掘（伐）工业，是指对自然资源的开采，包括石油开采、煤炭开采、金属矿开采、非金属矿开采和木材采伐等工业；(2)原材料工业，指向国民经济各部门提供基本材料、动力和燃料的工业。包括金属冶炼及加工、炼焦及焦炭化学、化工原料、水泥、人造板以及电力、石油和煤炭加工等工业；(3)加工工业，是指对工业原材料进行再加工制造的工业。包括装备国民经济各部门的机械设备制造工业、金属结构、水泥制品等工业，以及为农业提供的生产资料如化肥、农药等工业。

根据上述划分原则，修理业中以重工业产品为修理作业对象的划为重工业，反之划为轻工业。

工业总产值 是以货币表现的工业企业在一定时期内生产的已出售或可供出售工业产品总量，它反映一定时间内工业生产的总规模和总水平。它包括：在本企业内不再进行加工，经检验、包装入库（规定不需包装的产品除外）的成品价值，对外加工费收入，自制半成品、在产品期末期初差额价值。工业总产值采用“工厂法”计算，即以工业企业作为一个整体，按企业工业生产活动的最终成果来计算，企业内部不允许重复计算，不能把企业内部各个车间（分厂）生产的成果相加。但在企业之间、行业之间、地区之间存在着重复计算。

轻重工业总产值的划分也是按“工厂法”计算的，即一个工业企业在正常情况下生产的主要产品的性质属于轻工业，则该企业的全部总产值作为轻工业总产值；一个工业企业生产的主要产品的性质属于重工业，则该企业的全部总产值作为重工业总产值。

工业销售产值（当年价格） 是以货币形式表现的，工业企业在本年内销售的本企业生产的工业产品或提供工业性劳务价值的总价值量。工业销售产值包括的内容为：

（1）销售成品价值：指企业在报告期内实际销售（包括本期生产和非本期生产）的全部成品、半成品的总价值，即按报告期产品的实际销售数量乘以不含增值税（销项税额）的产品实际销售平均单价计算。销售成品价值中包括企业生产的自制设备及提供给本企业在建工程、其他非工业部门和生活福利部门等单位使用的成品价值，但不包括用订货者来料加工，并且只收取加工费的成品（半成品）价值。

（2）对外加工费收入：指企业在报告期内完成的对外承接的工业品加工（包括用定货者来料加工的产品）的加工费收入；对外工业品修理作业可收取的加工费收入和对内非工业部门提供的加工修理、设备安装等收入。对外加工费收入按不含增值税（销项税额）的价格计算。

对于以对外加工生产为主，对外加工费收入所占比重较大的企业，如果对外加工费收入出现跨年度支付的情况，为保证总产值生产口径计算的准确性，则应将对外加工费收入按实际情况调整，记录本年应实际收取的对外加工费收入。

出口交货值 指工业企业交给外贸部门或自营（委托）出口（包括销往香港、澳门、台湾），用外汇价格结算的产品价值，以及外商来样、来料加工、来件装配和补偿贸易等生产的产品价值。在计算出口交货值时，要把外汇价格按交易时的汇率折成人民币计算。

工业增加值 是指工业行业在报告期内以货币表现的工业生产活动的最终成果，是企业全部生产活动的总成果扣除了在生产过程中消耗或转移的物质产品和劳务价值后的余额，是企业生产过程中新增加的价值。

计算工业增加值通常采用两种方法。

一是“生产法”，即从工业生产过程中产品和劳务价值形成的角度入手，剔除生产环节中间投入的价值，从而得到新增价值的方法。公式为：

工业增加值＝工业总产值－工业中间投入＋本期应交增值税

二是“收入法”，即从工业生产过程中创造的原始收入初次分配的角度，对工业生产活动最终成果进行核算的一种方法，其计算公式为：

工业增加值＝固定资产折旧＋劳动者报酬＋生产税净额＋营业盈余

流动资产合计 资产满足以下条件之一应归为流动资产：（1）预计在一个正常营业周期中变现、出售或耗用，主要包括存货、应收账款等；（2）主要为交易目的而持有；（3）预计在资产负债表日起一年内（含一年）变现；（4）自资产负债日起一年内，交换其他资产或清偿负债的能力不受限制的现金或现金等价物。包括货币资金、应收票据、应收账款、存货等项目。来源于“资产负债表”中“流动资产合计”项目的期末余额数。

应收账款 指企业因销售商品、提供劳务等经营活动所形成的债权，包括应向客户收取的货款、增值税款和为客户代垫的运杂费等。来源于会计“资产负债表”中“应收账款”项目的期末余额数。

存货 指企业在日常活动中持有以备出售的产成品或商品、处在生产过程中的在产品、在生产过程或提供劳务过程中耗用的材料或物料等，通常包括原材料、在产品、半成品、产成品、商品以及周转材料等。来源于会计“资产负债表”中“存货”项目的期末余额数。

产成品 指企业已经完成全部生产过程并验收入库，可以按照合同规定的条件送交订货单位，或者可以作为商品对外销售的产品。来源于会计“产成品”科目的借方余额。

固定资产合计 指企业为生产商品、提供劳务、出租或经营管理而持有的，使用寿命超过一个会计年度的有形资产。包括使用期限超过一年的房屋、建筑物、机器、机械、运输工具以及其他与生产、经营有关的设备、器具、工具等。固定资产合计是时点指标，表示固定资产经过扣减折旧、减值准备等后的期末余额。执行《企业会计准则》或《小企业会计准则》的企业，来源于会计“资产负债表”中“固定资产”项目的期末余额数。

资产总计 指企业过去的交易或者事项形成的、由企业拥有或者控制的、预期会给企业带来经济利益的资源。资产一般按流动性（资产的变现或耗用时间长短）分为流动资产和非流动资产。其中流动资产可分为货币资金、交易性金融资产、应收票据、应收账款、预付款项、其他应收款、存货等；非流动资产可分为长期股权投资、固定资产、无形资产及其他非流动资产等。来源于会计“资产负债表”中“资产总计”项目的期末余额数。

负债合计 指企业过去的交易或者事项形成的，预期会导致经济利益流出企业的现时义务。负债一般按偿还期长短分为流动负债和非流动负债。来源于会计“资产负债表”中“负债合计”项目的期末余额数。

流动负债合计 负债满足下列条件之一的应归为流动负债：（1）预计在一个正常营业周期中清偿；（2）主要为交易目的而持有；（3）自资产负债表日起一年内到期应予清偿；（4）企业无权自主地将清偿推迟至资产负债表日后一年以上。包括短期借款、应付票据、应付账款、应付职工薪酬、应交税费等项目。来源于会计“资产负债表”中“流动负债合计”项目的期末余额数。

所有者权益合计 指企业资产扣除负债后由所有者享有的剩余权益。公司的所有者权益又称股东权益。包括实收资本、资本公积、盈余公积、未分配利润等。来源于会计“资产负债表”中“所有者权益合计”项目的期末余额数。

实收资本 指企业各投资者实际投入的资本（或股本）总额，包括货币、实物、无形资产等各种形式的投入。实收资本按投资主体可分为国家资本、集体资本、法人资本、个人资本、港澳台资本和外商资本。来源于会计“资产负债表”中“所有者权益”项下“实收资本”的期末余额数。

国家资本 指有权代表国家投资的政府部门或机构、直属事业单位对企业形成的资本金。来源于会计“实收资本”科目。

集体资本 指由本企业职工等自然人集体投资或各种机构对企业进行扶持形成的集体性质的资本金。来源于会计“实收资本”科目。

法人资本 指法人以其依法可支配的资产投入企业形成的资本金。来源于会计“实收资本”科目。

个人资本 指自然人实际投入企业的资本金。来源于会计“实收资本”科目。

港澳台资本 指我国香港、澳门和台湾地区投资者实际投入企业的资本金。来源于会计“实收资本”科目。

外商资本 指外国投资者实际投入企业的资本金。来源于会计“实收资本”科目。

营业收入 指企业经营主要业务和其他业务所确认的收入总额。营业收入合计包括“主营业务收入”和“其他业务收入”。来源于会计“利润表”中“营业收入”项目的本期金额数。

营业成本 指企业从事销售商品、提供劳务和让渡资产使用权等生产经营活动发生的实际成本。“营业成本”应当与“营业收入”进行配比。包括“主营业务成本”和“其他业务成本”。根据会计“利润表”中“营业成本”项目的本年累计数填报。

销售费用 指企业在销售商品和材料、提供劳务的过程中发生的各种费用，包括保险费、包装费、展览费和广告费、商品维修费、预计产品质量保证损失、运输费、装卸费等以及为销售本企业商品而专设的销售机构（含销售网点、售后服务网点等）的职工薪酬、业务费、折旧费等经营费用。

管理费用 指企业为组织和管理企业生产经营所发生的费用，包括企业在筹建期间内发生的开办费、董事会和行政管理部门在企业经营管理中发生的，或者应当由企业统一负担的公司经费等。根据会计“利润表”中“管理费用”项目的本期金额数填报。

研发费用 指企业在新知识、新技术、新产品、新工艺等的研究与开发过程中发生的费用化支出，以及计入“管理费用”会计科目的企业自行开发无形资产的摊销。费用化支出主要包括研发活动的人工费用、直接投入费用、用于研发活动的仪器、设备的折旧费、用于研发活动的软件、专利权、非专利技术的摊销费用、新产品设计费、新工艺规程制定费以及其他研发活动相关费用。执行企业会计准则的企业,根据会计“利润表”中“研发费用”项目的本年累计数填报。执行《小企业会计准则》的企业,根据会计“利润表”中“研究费用”项目的本年累计数填报。执行其他企业会计制度的企业以及会计“利润表”未列示“研发费用”或“研究费用”的企业，根据会计“管理费用”科目下“研究费用”明细科目的本期发生额，以及“管理费用”科目下“无形资产摊销”明细科目的本期发生额分析填报。

财务费用 指企业为筹集生产经营所需资金等而发生的筹资费用，包括企业生产经营期间发生的利息支出（减利息收入）、汇兑损失（减汇兑收益）以及相关的手续费等。根据会计“利润表”中“财务费用”项目的本期金额数填报。

利润总额 指企业在一定会计期间的经营成果，是生产经营过程中各种收入扣除各种耗费后的盈余，反映企业在报告期内实现的盈亏总额。来源于会计“利润表”中“利润总额”项目的本期金额数。

本年应交增值税 指企业按税法规定，从事货物销售或提供加工、修理修配劳务等增加货物价值的活动本期应交纳的税金。计算公式为：

本年应交增值税=销项税额－（进项税额－进项税额转出）－出口抵减内销产品应纳税额
－减免税款+出口退税

本年进项税额：指工业企业在报告期内购入货物或接受应税劳务而支付的、准予从销项税额中抵扣的增值税额。

本年销项税额：指工业企业在报告期内销售货物或提供应税劳务应收取的增值税额。

利税总额 指企业利润总额、产品销售税金及附加和应交增值税之和。

工业经济效益综合指数 是指现行综合评价工业经济效益总体水平及工业经济运行质量的指数。它是用工业产品销售率、总资产贡献率、资本保值增值率、资产负债率、流动资金周转率、成本费用利润率、全员劳动生产率等七项代表性经济效益指标，分别除以各项指标的标准值，再乘以各自的权数，加总后除以总权数求得。其计算公式为：

$$工业经济效益综合指数=\sum(\frac{某项经济效益指标报告期数值}{该项指标标准值}\times 权数)\div 总权数$$

上式总权数为100。

总资产贡献率 是指企业一定时期内全部资产获利能力，是企业经营业绩和管理水平的集中体现，是评价和考核企业盈利能力的核心指标。计算公式为：

$$总资产贡献率（\%）=\frac{利润总额+税金总额+利息支出}{平均资产总额}\times 100\%$$

税金总额为产品销售税金及附加与应交增值税之和，平均资产总额为期初、期末资产总计的算术平均值 。

资产负债率 是指反映企业经营风险的大小，反映企业利用债权人提供的资金从事经营活动的能力。计算公式为：

$$资产负债率（\%）=\frac{负债总计}{资产总计}\times 100\%$$

资产及负债均为报告期末数。

成本费用利润率 是指工业企业投入生产成本及费用的经济效益，同时也反映企业降低成本所取得的经济效益。计算公式为：

$$成本费用利润率（\%）=\frac{利润总额}{成本费用总额}\times 100\%$$

成本费用总额为主营业务成本和营业费用、管理费用、财务费用三项期间费用。

全员劳动生产率 是指反映企业的生产效率和劳动投入的经济效益。一般用平均每人一年创造的工业增加值表示。计算公式为：

$$全员劳动生产率（元/人）=\frac{工业增加值}{全部职工平均人数}\times 100\%$$

全部职工平均人数为企业在报告期内全部从业人员的平均人数，计算公式为：

$$全部从业人员年平均人数=\frac{1至12月各月全部从业人员平均人数之和}{12}$$

或：

$$全部从业人员年平均人数=\frac{1至12月各月月初、月末全部从业人员之和}{24}$$

工业产品销售率 是指反映工业产品已实现销售的程度，是分析工业产销衔接情况、研究工业产品满足社会需求的指标。计算公式为：

$$产品销售率（\%）=\frac{现价工业销售产值}{现价工业总产值}\times 100\%$$

Explanatory Notes on Main Statistical Indicators

Industry refers to the material production sector which is engaged in extraction of natural resources and processing and reprocessing of minerals and agricultural products. It includes: (1) Extraction of natural resources, such as mining, salt production, and logging (but excluding hunting and fishing); (2) Processing and reprocessing of farm and sideline produces, such as rice husking, flour milling, wine making, oil pressing, cotton ginning, silk reeling, spinning and weaving, and leather making; (3) Manufacture of industrial products, such as steel making, iron smelting, chemicals manufacturing, petroleum processing, machine building, timber processing; and production and supply of electricity, water and gas; (4) Repair and renovation of industrial products, such as the repair of machinery and means of transport (including cars).

Prior to 1984, industrial enterprises run by villages and cooperative organizations under village were classified into agriculture. Since 1984, these enterprises have been grouped into industry.

Units of Industrial Statistics Survey These are classified into two categories: corporate industrial enterprises with independent accounting system and industrial establishments.

(1) Corporate industrial enterprises with independent accounting system refer to enterprises engaging in industrial production activities which simultaneously meet the following requirements: ①They are established legally, having their own names, organizations, location, able to take civil liability; ②They possess and use their assets independently, assume liabilities, and are entitled to sign contracts with other units; ③They are financially independent and compile their own balance sheets.

(2) Industrial establishments refer to economic units located in one single place and engaged entirely or primarily in one kind of industrial production activity, including units engaged in main business activities (industrial production activities) under industrial enterprises with independent accounting system and units engaged in industrial production activities under non-industrial enterprises (formerly industrial establishments with dependent accounting system). Industrial establishments generally meet the following requirements simultaneously: ① They have each one location and are engaged entirely or primarily in one kind of industrial activity each; ② They operate and manage their industrial production activities separately; ③ They have accounts of income and expenditure separately.

Light Industry refers to the industry that produces consumer goods and hand tools. It consists of two categories, depending on the materials used:

(1) Industries using farm products as raw materials. These are branches of light industry which directly or indirectly use farm products as basic raw materials, including the manufacture of food and beverages, tobacco processing, textile, clothing, fur and leather manufacturing, paper making, printing, etc.

(2) Industries using non-farm products as raw materials. These are branches of light industry which use manufactured goods as raw materials, including the manufacture of cultural, educational and sports articles, chemicals, synthetic fiber, chemical products for daily use, glass products for daily use, metal products for daily use, hand tools, medical apparatus and instruments, and the manufacture of cultural and clerical machinery.

Heavy Industry refers to the industry which produces capital goods and provides various sectors of the national economy with necessary material and technical basis. It consists of the following three branches according to the purpose of production or the use of products:

(1) Mining, quarrying and logging industry refers to the industry that extracts natural resources, including extraction of petroleum, coal, metal and non-metal ores, and logging.

(2) Raw materials industry refers to the industry that provides various sectors of the national economy with raw materials, fuels and power. It includes smelting and processing of metals, coking and coke chemistry, chemical materials and building materials such as cement, plywood, and power, petroleum refining and coal dressing.

(3) Manufacturing industry refers to the industry that processes raw materials. It includes machine-building industry which equips sectors of the national economy, industries of metal structure and cement products, industries producing means of agricultural production, such as chemical fertilizers and pesticides.

According to the above principle of classification, repairing trades engaged primarily in repairing products of heavy industry are classified into heavy industry, while those engaged in repairing products of light industry are classified into light industry.

Gross Industrial Output Value refers to the total volume of industrial products sold or available for sale in monetary terms during a given period, which reflects the total achievements and overall scale of industrial production during a given period. It includes the value of the finished products in the enterprises, which are not to be further processed and have been inspected, packed and put in storage (where applicable), the income from external processing and the value gain of semi-finished products at the end of the reference period over the beginning. The gross industrial output value is calculated by the factory approach, i.e. the whole industrial enterprise is regarded as the basic accounting unit in calculating the gross industrial output value. No double calculations are to be made within the same enterprise and the output value of different workshops (branch factories) should not be added. However, this approach does not exclude the possibility of double calculations between enterprises, sectors and regions.

Output value of light and heavy industries is also classified by the factory approach. Under normal conditions, if the major products of an industrial enterprise belong to light industry products, the gross output value of that enterprise is classified wholly into light industry; the same principle applies to heavy industry.

Sales Value of Industry (Current Price) refers to refers to the total value of industrial products sold or industrial services provided in monetary terms within the current year. It includes:

(1) Sales Value of Finished Products. Sale value of finished products refers to the total value of finished and semi-finished products sold within the reporting period (including those produced within and outside the period). It equals the actual sales volume of products sold within the reporting period timing the actual average sales price (excluding value added or sales tax). It includes the equipment made by the enterprise itself, as well as the finished products provided to the projects under construction, non-industrial departments and welfare department, and excludes the value of finished or semi-finished products of external processing with supplied materials that produces only processing charges.

(2) Income from External Processing: refers to income from contracted external processing of industrial products (including processing of industrial products using materials from the clients), and the income from industrial repairing work provided to other units. Income from external processing is calculated using information from the item "products sales income" in the enterprise accounting at the prices excluding value-added tax.

For an enterprise whose main business is external processing and the charges of external processing constitute a large proportion of its income, in case of cross-year payment, the income of external processing charges shall be adjusted and the actual income of external processing charges of the current year shall be recorded to ensure the accuracy of the coverage of gross industrial output.

Export Delivery Value refers to the value of the products that an industrial enterprises have delivered to export units or have exported on its own or per procuration (including those sold to Hong Kong, Macaw and Taiwan), and the value of the products from processing and compensation trades(processing with given materials or samples, assembling supplied components). In calculating the export delivery value, the foreign exchanges shall be converted into yuan at current exchange rates.

Value-added of Industry refers to the final results of industrial production of industrial enterprises in monetary terms during the reference period. It equals to the total achievements of all industrial production minus the goods and services consumed or transferred during the industrial production of enterprises, in other terms the newly added value during the industrial production of enterprises. It is calculated by the following two approaches:

a) The production approach. The value added is calculated by taking the value of industrial intermediate input out of the final value of products and labor services that comes from industrial production. The formula used is:

Value-added of industry = gross industrial output − industrial intermediate input + value-added tax

b) The income approach. It is calculation of the final value of industrial activities by approaching the primary distribution of the primary income of industrial production. The formula used is:

Value-added of industry = depreciation of fixed assets + remuneration of laborers + net production tax+ operating surplus

Total Current Assets refer to the assets that meet one of the following requirements: (1) expected to be cashed, sold or used in a normal operation cycle, mainly including inventory and accounts receivable; (2) be owned for trading purpose mainly; (3) expected to be cashed in one year (including one year) from the day of the Balance

Sheet; (4) unlimited cash or cash equivalents that can be exchanged with other assets or being capable of settling debts during one year since the day of the Balance Sheet. Included are monetary capital, notes receivable, accounts receivable and inventories. Data on this indicator can be obtained from the year-end figures of Total Current Assets in the Balance Sheet of accounting records.

Accounts Receivable refers to creditor's rights formed by business activities such as selling goods, providing labor, which include payment for goods that should be charged to the customer, value-added tax and advance freight for the clients. It comes from the ending balance of Accounts Receivable in Balance Sheet of accounting records.

Inventories refers to finished goods or commodities held in preparation for sale in enterprises' daily activities, goods in the production process, material or the physical materials consumed in the production process or in the process of providing labor, usually include raw materials, goods in the production process, semi-finished products, finished products, goods and materials in flow. It comes from the ending balance of Inventory in Balance Sheet of accounting records.

Finished Goods refers to the products that the enterprises have completed all of the production process and accepted and put in storage, and can be sent to the ordering units in accordance with the contract stipulations, or can be on sale. It comes from the debit balance of Finished Products of accounting.

Fixed Assets refers to houses, buildings machines, vehicles and other equipment, appliances and tools related to production and operation that have been used for more than one year. It also includes articles that are not major equipment of production or operation, but the value of which exceeds 2000 yuan and the service period of which exceeds 2 years. Data can be obtained from the year-end figures of Fixed Assets in the Balance Sheet of accounting records.

Total Assets refer to all resources that are owned or controlled by enterprises through previous trades or transactions with expectation of making economic profits. Classified by the degree of liquidity, total assets include current assets and non-current assets. Current assets can be classified into monetary capital, trading financial assets, notes receivable, accounts receivable, advanced payments, other receivables and inventories. Non-current assets can be divided into long-term equity investment, fixed assets, intangible assets and other non-current assets. Data on this indicator can be obtained from the year-end figures of total assets in the Balance Sheet of accounting records.

Total Liabilities refer to payable liabilities of enterprises that accumulated from previous trades or transactions with expectation of economic profits leaking out. In terms of payment, it can be divided into liquid liabilities and long-term liabilities. Data on this indicator can be obtained from the year-end figures of total liabilities in the Balance Sheet of accounting records. It comes from the debit balance of Total Liabilities in the Balance Sheet of accounting records.

Total Liquid Liabilities refer to total debt payable by enterprises within an operating cycle of one year or over one year, including short-term loans, payables and advance payments, wages payable, taxes payable and profits payable, etc. Data can be obtained from the year-end figures of Total Liquid Liabilities in the Balance Sheet of accounting records.

Creditors' Equity refers to investors' ownership of net assets of the enterprise. It is equal to the total assets of the enterprise minus its total liabilities, including the primary input from investors, capital accumulation fund, surplus accumulation fund and undistributed profit. Data can be obtained from the year-end figures of Creditors' Equity in the Balance Sheet of accounting records.

Paid-in Capital refers to the capital (or share) actually invested by the investors of an enterprise, including currency, goods, intangible assets, etc. Classified by the investing bodies, paid-in capital includes state capital, collective capital, corporate capital, individual capital, Hong Kong, Macaw and Taiwan capital and foreign capital. Data on this indicator can be obtained from the accounting subject of Paid-in Capital in the accounting record of enterprise.

State Capital refers to the investment in an enterprises made by government departments or agencies under government's jurisdiction on behalf of state. Data on this indicator can be obtained from the accounting subject of Paid-in Capital in the accounting record of enterprise.

Collective Capital refers to the collective capital contributed by work staff or other institutions to support an enterprise. Data on this indicator can be obtained from the accounting subject of Paid-in Capital in the accounting record of enterprise.

Corporate Capital refers to the investment in an enterprise made by a corporate body out of its legal disposable assets. Data on this indicator can be obtained from the accounting subject of Paid-in Capital in the accounting record of enterprise.

Individual Capital refers to the capital actually invested in an enterprise by an individual. Data on this indicator can be obtained from the accounting subject of Paid-in Capital in the accounting record of enterprise.

Hong Kong, Macaw and Taiwan Capital refers to the capital actually invested in an enterprises by investors from Hong Kong, Macaw and Taiwan. Data on this indicator can be obtained from the accounting subject of Paid-in Capital in the accounting record of enterprise.

Foreign Capital refers to the capital actually invested in an enterprise by a foreign investor. Data on this indicator can be obtained from the accounting subject of Paid-in Capital in the accounting record of enterprise.

Business Revenue refers to the revenue from the sales of products (or commodities) and from rendering of industrial services by industrial enterprises. It is classified into two categories: principal business revenue (or basic business revenue) and other business revenue (or additional business revenue). It comes from current amount of Business Revenue in income statement.

Business Cost refers to the total cost incurred by an enterprise in its principal business and other business operations.It includes "Cost of principal business" and "Cost of other business".It come from this year's cumulative report of "operating cost" items from the "income statement".

Selling Expense refers to the cost during the sale of goods and materials, providing labour services, including insurance, packing, exhibition fees and advertising fees, merchandise maintenance costs, expected product quality guarantee loss, transportation fees, handling fees, and operating expenses for the sales of the company's products such as employee compensation, business expenses, depreciation costs for dedicated sales offices (including sales outlets, after-sales service outlets, etc.).

Administrative Expense refers to the expenses for the organization and management of enterprise operating, including the start-up costs during the construction of enterprises, funds occurred during enterprises operating by board of directors and executive management in the enterprise management, or burden by enterprises. It comes from current amount of management cost in income statement.

Financial Expenses refers to cost of raising fund for enterprises to raise funds for production and operation, including interest payments (a reduction in interest income), exchange loss (less exchange gains) and related fees during the period of production. It comes from current amount of financial expenses in income statement.

Total Profits refers to the operation results in a certain accounting period, and it is the balance of various incomes minus various spending in the course of operation, reflecting the total profits and losses of enterprises in reference period. Data are obtained from the amount of total profits in the profit statement of the accounting record of enterprise.

Value-added Tax Payable refers to the amount of the value-added tax which should be paid by the enterprises according to tax laws during the reference period of selling goods or providing such services as processing, repairing or assembling that add value to goods. The formula used is:

$$\text{Value-added Tax Payable} = \text{Output Tax} - (\text{Input Tax} - \text{Input Tax Returns}) - \text{Export Deduct Domestic Sales Goods Tax} - \text{Tax Deduction} + \text{Export Tax Refund}$$

Amount of Input Tax at Current Year refers to the VAT an industrial enterprise pays for purchasing goods or receiving taxable services within the reference period, which is allowed to be deducted from the amount of output tax.

Amount of Output Tax at Current Year refers to the VAT an industrial enterprise pays for selling goods or providing taxable services within the reference period.

Total Pre-Tax Profits refers to the sum of total profits, sales tax as well as additional and payable value-added taxes.

Comprehensive Index on Economic Benefit of Industry refers to the current comprehensive evaluation of the general level of economic benefit of industry and the performance of industrial economy. It is calculated by a selection of representative indicators on economic benefit divided by the standard value of each indicator respectively, multiplied by the weight of each indicator, summed and divided by total weight. The formula used is:

$$\begin{array}{c}\text{Comprehensive Index on}\\ \text{Economic Benefit of Industry}\end{array} = \left(\frac{\text{Value of an Indicator on Economic Benefit in the Reference Period}}{\text{Standard Value of the Indicator}} \times \text{Weight}\right) \div \text{Total Weight where Total Weight} = 100$$

Ratio of Total Assets to Industrial Output Value refers to the profit-making capability of all assets of the enterprise. As a core indicator for the evaluation and assessment of the profit-making potential of the enterprise, it is a focused reflection of the performance and management efficiency of the enterprise. This ratio is calculated as follows:

$$\begin{array}{c}\text{Ratio of Total Assets to}\\ \text{Industrial Output Value (\%)}\end{array} = \left(\frac{\text{Total Profits} + \text{Total Taxes} + \text{Interest Expenditure}}{\text{Average Assets}}\right) \times 100\% \times \left(\frac{12}{\text{cumulative number of months}}\right)$$

where Total Taxes are the sum of tax and extra charges on the sales of products and value-added tax payable; and Average Assets are the arithmetic mean of beginning assets and ending assets.

Ratio of Capital Maintenance and Appreciation is an important indicator of the changes of net assets of an enterprise and a focused reflection of the development capability of enterprises. It is the ratio of total creditors' equity at the end of the reference period to that of the same period of the previous year, calculated as follows:□

$$\text{Ratio of Capital Maintenance and Appreciation (\%)} = \left(\frac{\text{Total Creditors' Equity at the End of the Reference Period}}{\text{Total Creditors' Equity of the Same Period of the Previous Year}}\right) \times 100\%$$

where Creditors' equity is equal to the total assets of the enterprise minus its total liabilities.

Assets-Liability Ratio reflects both the operation risk and the capability of the enterprise in making use of the capital from the creditors. It is calculated as follows:

$$\text{Assets-Liability Ratio(\%)} = \left(\frac{\text{Total Debts}}{\text{Total Assets}}\right) \times 100\%$$

where both assets and debts are figures at the end of the reference period.

Ratio of Profits to Industrial Costs refers to the ratio of profits realized in a given period to the total production costs of industrial enterprises in the same period, which also reflects the economic benefit attained by the enterprises from reduced costs. This ratio is calculated as follows:

$$\text{Ratio of Profits to Industrial Costs (\%)} = \left(\frac{\text{Total Profits}}{\text{Total Costs}}\right) \times 100\%$$

where Total costs are the sum of cost of products sold, marketing cost, management cost and financial cost.

Value-added Labor Productivity reflects the production efficiency of the enterprise and economic benefit of its labor input. It is usually expressed as the industrial value-added created by an average member of an industrial enterprise in a year. The formula used is:

$$\text{Value-added Labor Productivity (yuan/person)} = \left(\frac{\text{Value-added of Industry}}{\text{Average Number of Staff and Workers}}\right) \times \left(\frac{12}{\text{Cumulative Number of Months}}\right)$$

Average Number of Staff and Workers refers to the average number of all employed persons by an industrial enterprise within the reference period. The formula used is:

$$\text{Average Number of Staff and Workers} = \frac{\text{Sum of Average Monthly Numbers from January to December}}{12}$$

Or

$$\text{Average Number of Staff and Workers} = \frac{\text{Sum of Average Numbers at the Beginning and End of Each Month from January to December}}{24}$$

Proportion of Products Sold refers to the sales of industrial products to the gross industrial output value, and is used to analyze the linkage between production and sales and the extent to which the needs of the society are met by the supply of industrial products. It is calculated as follows:

$$\text{Proportion of Products Sold (\%)} = \left(\frac{\text{Value of Industrial Sales at Current Prices}}{\text{Gross Industrial Output Value at Current Prices}}\right) \times 100\%$$

十三、建筑业

CONSTRUCTION

十三 建筑业

简要说明

一、本篇资料反映广东省建筑业发展的基本情况。主要内容包括全省和各市建筑业企业生产经营的情况，主要指标有企业个数、就业人员数、建筑业总产值、房屋建筑面积、房屋建筑施工新开工面积、利润总额、利税总额和建筑业劳动生产率等。

二、本篇资料由广东省统计局固定资产投资统计处整理提供。

三、本篇资料是根据国家统计局制定的《建筑业统计报表制度》整理汇总的。统计范围包括：广东境内具有法人资格的独立核算建筑业企业和辖区内建筑业法人所属的产业活动单位。

四、从 2004 年开始到 2018 年止，统计范围为具有建筑业资质的独立核算建筑业企业（包括具有总承包和专业承包资质和劳务分包资质的独立核算建筑业企业）。从 2019 年开始，统计范围为具有总承包和专业承包资质的独立核算建筑业企业。

五、本篇资料中，2018 年的数据修正为第四次全国经济普查的数据。

13 Construction

Brief Introduction

Ⅰ. The data in this chapter show the development of the construction industry in Guangdong Province. They cover mainly the statistics of production and management of the enterprises of construction of the whole province and its cities, including the number of enterprises, the number of employed persons, gross output value of construction, floor space of buildings, value-added of construction, total profits and total pre-tax profits, construction enterprise labor productivity, etc.

Ⅱ. The data in this chapter are prepared and provided by the Division of Investment and Construction Statistics of Statistics Bureau of Guangdong Province.

Ⅲ. The data in this chapter are collected in accordance with the Reporting Scheme of Construction Statistics stipulated by the National Bureau of Statistics. The coverage of construction statistics includes construction enterprises with legal person qualifications and independent accounting system and industrial establishments affiliated with corporate construction enterprises under the jurisdiction of Guangdong Province.

Ⅳ. From 2004 to 2018, the scope of the construction statistics include all construction enterprises with construction qualifications and independent accounting system (including independent accounting construction enterprises with general contracting and professional contracting qualification and labor subcontracting qualification). Starting from 2019, the statistical scope is independent accounting construction enterprises with general contracting and professional contracting qualifications.

Ⅴ. In this chapter,the data in 2018 have been adjusted in accordance with the result of the fourth national economic census.

13-1 建筑业企业生产情况

Production Conditions of Construction Enterprises

项　　目	Item	2020 合计 Total of 2020	#国有及国有控股企业 State-owned and State-holding	2021 合计 Total of 2021	#国有及国有控股企业 State-owned and State-holding
企业个数　（个）	**Number of Construction Enterprises (unit)**	**8334**	**489**	**9674**	**585**
建筑业合同情况	**Contracts of Construction**				
签订的合同额　（亿元）	Value of Contracts Signed (100 million yuan)	51994.79	29288.60	60427.40	35675.22
上年结转合同额(亿元)	Value of Contracts Carried-over from the Previous Year (100 million yuan)	26279.54	15869.44	30637.32	18838.74
本年新签合同额(亿元)	Value of Newly-signed Contracts in Current Year (100 million yuan)	25715.25	13419.17	29790.08	16836.99
承包工程完成情况	**Contracted Projects Completed**				
直接从建设单位承揽工程完成产值　（亿元）	Completed Output Value of Contracted Projects Directly from Construction Units (100 million yuan)	19289.36	8786.90	21574.33	10394.07
自行完成施工产值　（亿元）	Output Value of Self-completed Projects (100 million yuan)	17320.90	7310.82	19467.23	8862.44
分包出去工程的产值　（亿元）	Output Value of Outsourcing Projects (100 million yuan)	1968.46	1476.07	2107.10	1531.63
从建设单位以外承揽工程完成产值　（亿元）	Completed Output Value of Contracted Projects outside Construction Units (100 million yuan)	1108.95	647.78	1878.89	1153.73
建筑业总产值　（亿元）	**Gross Output Value of Construction (100 million yuan)**	**18429.84**	**7958.60**	**21346.12**	**10016.17**
#装配式建筑工程产值　（亿元）	Output value of prefabricated construction (100 million yuan)	426.28	243.88	475.68	339.34
#装饰装修产值　（亿元）	Output Value of Decoration Projects (100 million yuan)	1380.76	149.66	1446.91	180.80
#在外省完成的产值　（亿元）	Output Value Completed in Other Provinces (100 million yuan)	4328.31	2402.56	4974.99	2901.42
建筑工程产值　（亿元）	Output Value of Construction Projects (100 million yuan)	16086.68	7519.59	18940.78	9443.38
安装工程产值　（亿元）	Output Value of Installation Projects (100 million yuan)	1768.49	312.20	1745.71	409.40
其他产值　（亿元）	Other Output Values (100 million yuan)	574.67	126.81	659.63	163.39
竣工产值　（亿元）	**Output Value Completed (100 million yuan)**	**6366.95**	**2225.98**	**6788.49**	**2458.41**
房屋建筑施工面积　（万平方米）	**Floor Space of Buildings under Construction (10000 sq.m)**	**91890.63**	**42117.11**	**105978.61**	**52420.27**
#新开工面积　（万平方米）	Floor Space of Newly-started Buildings (10000 sq.m)	29175.62	12136.87	30525.21	13086.68
劳动人员情况	**Labor Force**				
从事建筑业活动的就业人员平均人数　（万人）	Average Number of Employed Persons in the Main Business Activities (10000 persons)	373.43	132.29	393.94	160.52
期末就业人数　（万人）	Number of Employed Persons at the Year-end (10000 persons)	342.44	116.74	355.40	138.12
#工程技术人员　（万人）	Number of Engineering Technical Personnel (10000 persons)	40.15	16.01	37.62	14.59

13-2 建筑业企业主要指标

Main Indicators on Construction Enterprises

年份 Year	建筑业企业单位数(个) Number of Construction Enterprises (unit)	建筑业企业总产值(亿元) Gross Output Value of Construction Enterprises (100 million yuan)	建筑业企业增加值(亿元) Value-added of Construction Enterprises (100 million yuan)	建筑业企业利税总额(亿元) Total Pre-tax Profits of Construction Enterprises (100 million yuan)	建筑业企业期末就业人员(万人) Number of Employed Persons of Construction Enterprises at the Year-end (10000 persons)
1978	178	5.47	10.49	0.20	14.78
1979	188	6.32	9.29	0.23	16.27
1980	204	8.88	12.66	0.32	19.45
1981	224	13.44	16.74	0.49	24.29
1982	246	19.66	22.24	0.72	29.94
1983	269	24.51	26.45	0.90	36.23
1984	357	36.83	33.22	1.31	47.12
1985	462	50.45	44.01	1.54	54.47
1986	448	57.14	47.42	1.28	58.24
1987	492	65.96	56.58	1.56	59.08
1988	596	86.74	73.82	2.74	66.56
1989	646	125.65	90.07	3.62	71.88
1990	686	113.40	92.45	3.12	67.22
1991	705	137.30	107.12	4.33	67.71
1992	910	216.56	201.04	9.65	84.80
1993	1766	459.95	318.05	23.03	144.12
1994	1587	535.75	387.80	31.29	150.05
1995	1618	635.83	451.40	39.47	135.56
1996	2031	632.16	464.66	35.74	146.56
1997	2399	732.97	468.97	38.26	143.89
1998	2961	800.00	502.87	43.11	142.82
1999	3283	954.44	526.56	53.06	144.78
2000	4593	944.61	537.06	58.24	141.46
2001	3699	1179.03	565.75	84.51	147.07
2002	4019	1418.41	596.03	88.95	150.12
2003	4488	1702.87	710.77	127.48	161.48
2004	4166	1901.86	780.81	143.75	152.10
2005	4182	2200.58	847.44	164.38	166.78
2006	4172	2594.04	934.97	191.62	169.33
2007	4326	3005.32	1073.17	256.59	179.13
2008	4470	3375.03	1208.40	205.07	173.77
2009	4508	3826.83	1350.61	329.00	179.34
2010	4551	4742.09	1574.96	393.87	196.32
2011	4589	5804.21	1755.04	470.75	190.28
2012	4637	6564.37	1876.07	517.82	198.31
2013	4977	7927.13	2260.48	653.70	204.79
2014	4982	8440.29	2496.15	675.99	211.07
2015	4926	8984.86	2684.40	724.74	185.50
2016	5054	9805.00	2909.50	736.98	246.17
2017	5606	11571.33	3289.32	851.86	289.97
2018	6509	14199.49	3849.75	1083.08	313.50
2019	7171	16633.41	4333.96	1041.77	329.51
2020	8334	18429.84	4651.50	1024.55	342.44
2021	9674	21346.12	5170.10	938.58	355.40

13-3 各市建筑业企业个数

Number of Construction Enterprises by City

单位：个 (unit)

市别	City	2000	2005	2010	2015	2017	2018	2019	2020	2021
全省	**Provincial Total**	**4593**	**4182**	**4551**	**4926**	**5606**	**6509**	**7171**	**8334**	**9674**
广州	Guangzhou	757	764	779	877	952	1177	1330	1639	2011
深圳	Shenzhen	447	604	808	776	989	1117	1262	1389	1501
珠海	Zhuhai	143	165	144	393	416	349	407	510	517
汕头	Shantou	271	199	212	175	178	173	174	175	187
佛山	Foshan	248	502	497	427	458	524	612	719	802
韶关	Shaoguan	110	66	76	94	112	146	187	257	335
河源	Heyuan	117	82	85	104	114	126	135	160	168
梅州	Meizhou	154	111	146	151	163	169	181	191	194
惠州	Huizhou	241	124	111	103	176	284	259	328	663
汕尾	Shanwei	100	43	38	36	43	39	41	58	87
东莞	Dongguan	183	361	444	540	624	869	949	1017	1096
中山	Zhongshan	385	273	314	319	367	369	395	460	509
江门	Jiangmen	342	156	165	164	204	235	235	269	286
阳江	Yangjiang	122	91	95	113	115	115	108	142	172
湛江	Zhanjiang	238	125	106	127	138	176	195	211	241
茂名	Maoming	146	100	97	129	148	195	206	219	252
肇庆	Zhaoqing	136	122	119	90	92	96	117	142	169
清远	Qingyuan	136	74	80	88	110	114	123	153	174
潮州	Chaozhou	139	90	83	66	57	55	61	61	63
揭阳	Jieyang	121	84	107	111	110	128	142	166	175
云浮	Yunfu	57	46	45	43	40	53	52	68	72
按经济区域分	By Region									
珠三角	Pearl River Delta	2882	3071	3381	3689	4278	5020	5566	6473	7554
东翼	Eastern Region	631	416	440	388	388	395	418	460	512
西翼	Western Region	506	316	298	369	401	486	509	572	665
山区	Mountainous Region	574	379	432	480	539	608	678	829	943

13-4 各市建筑业企业总产值

Gross Output Value of Construction Enterprises by City

单位：亿元 (100 million yuan)

市 别	City	2000	2005	2010	2015	2017	2018	2019	2020	2021
全 省	**Provincial Total**	**944.61**	**2200.58**	**4742.09**	**8984.86**	**11571.33**	**14199.49**	**16633.41**	**18429.84**	**21346.12**
广 州	Guangzhou	256.13	633.99	1296.19	2546.94	3234.86	4118.51	5304.90	5961.63	7069.68
深 圳	Shenzhen	153.02	545.62	1460.99	2275.20	2869.95	3715.70	4361.44	4772.22	5412.91
珠 海	Zhuhai	33.11	52.48	100.81	477.45	750.97	795.05	986.91	1106.13	1235.98
汕 头	Shantou	80.67	127.78	219.12	405.52	519.64	609.74	713.30	787.63	827.85
佛 山	Foshan	73.08	154.68	315.42	497.09	538.42	569.88	616.92	713.07	880.15
韶 关	Shaoguan	24.14	29.25	102.76	214.35	194.46	211.89	213.35	239.64	271.26
河 源	Heyuan	5.74	17.01	20.68	69.31	116.35	128.42	138.34	138.69	160.89
梅 州	Meizhou	15.14	54.81	125.91	241.12	302.28	375.09	392.94	402.36	400.61
惠 州	Huizhou	20.35	46.94	69.83	141.29	198.87	215.14	237.03	273.55	425.69
汕 尾	Shanwei	5.49	6.95	15.44	14.41	26.40	42.49	43.77	55.64	62.15
东 莞	Dongguan	40.45	84.35	122.06	224.59	322.58	479.76	562.68	664.48	842.63
中 山	Zhongshan	26.20	73.41	133.70	153.67	217.15	263.99	256.81	313.35	404.56
江 门	Jiangmen	47.18	56.06	119.18	225.24	284.34	314.85	316.38	334.60	367.51
阳 江	Yangjiang	18.80	32.97	66.18	120.05	111.18	115.01	133.89	117.91	124.08
湛 江	Zhanjiang	45.61	75.96	168.08	461.75	612.86	795.20	838.24	881.02	967.14
茂 名	Maoming	39.05	92.14	134.67	481.04	768.49	860.01	938.44	1024.10	1227.18
肇 庆	Zhaoqing	15.40	39.99	99.40	125.49	142.57	157.70	169.03	183.33	210.89
清 远	Qingyuan	11.49	20.19	52.78	101.72	132.02	166.10	142.50	198.03	207.30
潮 州	Chaozhou	12.71	18.99	25.98	43.84	44.97	47.36	50.70	51.29	54.36
揭 阳	Jieyang	12.24	21.78	75.06	133.02	143.40	164.82	152.24	139.38	103.36
云 浮	Yunfu	8.61	15.20	17.85	31.75	39.55	52.79	63.60	71.79	89.95
按经济区域分	By Region									
珠 三 角	Pearl River Delta	664.92	1687.53	3717.58	6666.97	8559.73	10630.57	12812.10	14322.35	16850.00
东 翼	Eastern Region	111.11	175.50	335.60	596.79	734.41	864.41	960.01	1033.94	1047.71
西 翼	Western Region	103.46	201.08	368.93	1062.85	1492.53	1770.22	1910.58	2023.03	2318.39
山 区	Mountainous Region	65.12	136.47	319.98	658.26	784.66	934.29	950.72	1050.52	1130.01

13-5 各市建筑业企业利税总额

Total Pre-tax Profits of Construction Enterprises by City

单位：亿元 (100 million yuan)

市 别	City	2000	2005	2010	2015	2017	2018	2019	2020	2021
全 省	**Provincial Total**	**58.24**	**164.38**	**393.87**	**724.74**	**851.86**	**1083.08**	**1041.77**	**1024.55**	**938.58**
广 州	Guangzhou	15.17	45.42	118.16	171.85	195.66	265.62	224.60	264.28	247.84
深 圳	Shenzhen	13.79	39.76	105.09	212.92	192.42	245.38	259.51	211.86	144.15
珠 海	Zhuhai	1.43	4.16	7.44	34.12	49.36	65.02	60.08	64.95	72.06
汕 头	Shantou	4.14	9.86	17.64	32.64	47.96	70.77	91.92	80.07	56.42
佛 山	Foshan	4.70	14.31	30.47	38.40	29.14	39.29	42.93	34.07	44.83
韶 关	Shaoguan	2.00	1.57	6.66	14.55	14.44	16.75	10.06	12.58	10.38
河 源	Heyuan	0.53	1.23	2.08	10.72	16.14	16.55	16.94	12.70	12.02
梅 州	Meizhou	0.81	6.47	13.70	26.53	27.52	44.16	39.87	39.26	31.95
惠 州	Huizhou	1.02	3.63	4.96	5.44	10.12	14.58	12.69	16.16	17.92
汕 尾	Shanwei	0.58	0.58	1.43	1.29	2.77	5.99	4.28	3.42	4.08
东 莞	Dongguan	2.25	6.36	9.80	17.09	29.32	40.63	36.91	36.86	42.77
中 山	Zhongshan	1.53	6.09	13.71	11.87	15.12	19.08	20.90	20.82	21.99
江 门	Jiangmen	2.37	3.79	9.61	20.34	27.68	23.94	22.75	21.11	20.11
阳 江	Yangjiang	1.15	3.24	6.26	9.09	12.47	13.50	14.60	10.98	9.44
湛 江	Zhanjiang	1.69	3.80	10.69	23.94	39.43	54.28	42.30	49.68	52.60
茂 名	Maoming	1.82	5.97	10.01	52.94	89.97	96.42	88.22	81.99	82.86
肇 庆	Zhaoqing	0.77	2.55	6.32	7.79	11.31	11.28	7.96	9.48	10.25
清 远	Qingyuan	0.40	1.20	6.24	5.78	9.87	11.85	11.91	28.83	35.21
潮 州	Chaozhou	0.66	1.17	2.12	3.18	3.62	4.82	5.01	4.32	3.67
揭 阳	Jieyang	0.73	2.09	9.48	21.01	22.12	17.51	20.31	13.17	9.35
云 浮	Yunfu	0.70	1.13	1.98	3.26	5.44	5.68	8.01	7.96	8.71
按经济区域分	By Region									
珠 三 角	Pearl River Delta	43.03	126.06	305.57	519.81	560.11	724.81	688.33	679.59	621.90
东 翼	Eastern Region	6.11	13.70	30.68	58.12	76.47	99.09	121.52	100.98	73.53
西 翼	Western Region	4.66	13.01	26.96	85.97	141.87	164.20	145.13	142.66	144.89
山 区	Mountainous Region	4.44	11.61	30.66	60.84	73.41	94.98	86.79	101.33	98.26

13-6 各市建筑业企业利润总额

Total Profits of Construction Enterprises by City

单位：亿元 (100 million yuan)

市别	City	2000	2005	2010	2015	2017	2018	2019	2020	2021
全省	**Provincial Total**	**22.73**	**70.53**	**205.47**	**396.36**	**463.19**	**543.03**	**570.14**	**541.11**	**445.33**
广州	Guangzhou	5.20	18.64	65.51	96.23	106.11	129.95	122.71	150.99	139.73
深圳	Shenzhen	7.57	15.65	50.44	115.51	119.06	121.92	154.70	116.91	40.88
珠海	Zhuhai	0.37	1.98	3.47	19.05	30.31	48.99	44.06	48.90	53.58
汕头	Shantou	1.36	3.74	8.23	15.63	24.91	42.75	61.77	45.36	29.21
佛山	Foshan	2.00	6.54	19.27	24.99	16.18	22.80	23.06	15.36	19.22
韶关	Shaoguan	0.23	0.43	2.95	5.44	7.25	6.61	4.23	4.97	3.97
河源	Heyuan	0.29	0.48	0.95	7.71	10.10	9.53	9.39	7.28	6.89
梅州	Meizhou	0.21	4.56	8.44	17.08	16.80	30.59	26.08	27.66	20.12
惠州	Huizhou	0.35	1.02	1.68	2.37	3.63	4.34	4.88	7.31	7.86
汕尾	Shanwei	0.22	0.18	0.56	0.55	1.33	1.99	1.38	1.13	1.72
东莞	Dongguan	1.14	3.81	5.78	9.67	19.44	18.23	20.81	17.34	18.46
中山	Zhongshan	0.78	3.63	7.46	6.25	10.19	11.30	14.61	14.09	14.51
江门	Jiangmen	0.34	1.55	4.88	11.33	12.98	10.54	11.10	10.47	9.73
阳江	Yangjiang	0.61	1.38	3.59	4.71	5.68	5.35	5.58	4.47	4.81
湛江	Zhanjiang	0.28	1.19	3.76	8.68	12.32	20.15	13.16	11.34	13.08
茂名	Maoming	0.77	2.49	4.43	27.67	38.84	35.53	29.41	22.01	18.72
肇庆	Zhaoqing	0.09	0.65	2.51	3.26	5.61	3.91	2.65	3.47	3.58
清远	Qingyuan	0.01	0.46	3.44	3.24	4.24	4.64	3.75	19.50	27.21
潮州	Chaozhou	0.28	0.49	1.12	1.77	1.74	1.71	1.61	2.25	1.71
揭阳	Jieyang	0.26	1.22	5.90	13.46	13.86	10.23	11.29	5.51	4.42
云浮	Yunfu	0.37	0.43	1.10	1.77	2.62	1.97	3.89	4.79	5.92
按经济区域分	By Region									
珠三角	Pearl River Delta	17.84	53.48	161.00	288.67	323.51	371.99	398.59	384.84	307.55
东翼	Eastern Region	2.12	5.62	15.81	31.41	41.84	56.67	76.06	54.25	37.06
西翼	Western Region	1.66	5.06	11.78	41.05	56.84	61.03	48.16	37.82	36.61
山区	Mountainous Region	1.11	6.36	16.87	35.23	41.01	53.35	47.34	64.20	64.11

13-7 各市建筑业企业房屋建筑施工面积

Floor Space of Buildings under Construction by Construction Enterprises by City

单位：万平方米 (10000 sq.m)

市别	City	2000	2005	2010	2015	2017	2018	2019	2020	2021
全省	**Provincial Total**	**16333.82**	**26886.00**	**33140.39**	**50461.59**	**60247.20**	**74183.34**	**84392.33**	**91890.63**	**105978.61**
广州	Guangzhou	3161.25	5311.14	7135.48	15163.70	19323.31	27932.75	32046.22	35123.20	39243.58
深圳	Shenzhen	1999.65	4800.07	5980.34	7682.65	9240.74	10792.06	15901.54	16948.79	20769.52
珠海	Zhuhai	733.57	625.51	877.39	1969.64	1957.27	1672.12	1826.83	2374.35	3972.99
汕头	Shantou	1477.16	2176.29	2381.63	4218.81	4956.34	5429.38	5976.68	5992.08	5896.33
佛山	Foshan	1763.57	2782.45	3335.62	2731.91	3225.98	3639.70	3240.81	5141.61	8638.64
韶关	Shaoguan	362.44	424.57	781.78	1063.36	1117.79	1254.89	1201.06	955.25	1149.05
河源	Heyuan	79.80	294.41	218.83	453.06	582.98	648.15	647.47	567.99	639.97
梅州	Meizhou	273.56	776.23	1315.80	1632.23	1870.78	2519.37	2242.01	2017.01	1749.27
惠州	Huizhou	366.05	772.13	942.90	1162.39	1274.14	1335.43	1522.36	2529.10	3538.18
汕尾	Shanwei	127.42	114.77	175.11	118.61	223.13	302.60	284.54	250.63	217.73
东莞	Dongguan	1217.56	1234.98	733.44	1045.99	946.91	1316.67	1517.73	2269.60	2845.68
中山	Zhongshan	400.99	945.60	601.02	470.87	500.92	559.48	654.55	919.87	1505.28
江门	Jiangmen	1329.02	1585.95	1640.13	2457.27	2516.28	2833.76	2401.03	2554.04	2173.77
阳江	Yangjiang	270.81	525.95	825.31	920.64	882.57	817.25	732.08	760.53	673.78
湛江	Zhanjiang	857.19	1399.47	1943.66	3361.23	3816.55	4624.23	5243.37	4840.73	4330.77
茂名	Maoming	734.43	1395.55	1770.78	3264.79	5195.03	5664.90	6021.54	5768.60	5792.18
肇庆	Zhaoqing	386.93	531.11	728.47	640.44	539.77	516.21	586.08	514.49	498.22
清远	Qingyuan	249.02	466.45	632.87	562.07	643.97	763.72	728.31	754.23	915.57
潮州	Chaozhou	217.15	206.67	373.12	597.67	470.33	471.52	507.10	586.08	565.22
揭阳	Jieyang	193.91	277.75	559.41	638.29	579.61	607.42	599.14	539.17	370.64
云浮	Yunfu	132.34	238.96	187.29	305.99	382.80	481.73	511.88	483.28	492.23
按经济区域分	By Region									
珠三角	Pearl River Delta	11358.59	18588.94	21974.80	33324.85	39525.32	50598.17	59697.16	68375.04	83185.86
东翼	Eastern Region	2015.64	2775.47	3489.27	5573.38	6229.40	6810.92	7367.46	7367.96	7049.92
西翼	Western Region	1862.43	3320.97	4539.75	7546.67	9894.15	11106.38	11996.99	11369.86	10796.73
山区	Mountainous Region	1097.16	2200.62	3136.57	4016.70	4598.32	5667.86	5330.73	4777.76	4946.10

13-8 各市建筑业企业房屋建筑施工新开工面积
Floor Space of Buildings Started This Year by Construction Enterprises by City

单位：万平方米 (10000 sq.m)

市别	City	2000	2005	2010	2015	2017	2018	2019	2020	2021
全省	**Provincial Total**	**6423.16**	**11879.41**	**14529.68**	**15802.23**	**21644.31**	**26316.94**	**26469.33**	**29175.62**	**30525.21**
广州	Guangzhou	1153.97	2313.48	2995.47	3473.80	5320.11	8645.05	7929.47	9866.93	8959.73
深圳	Shenzhen	791.59	1933.19	2443.02	1833.43	3141.98	4757.48	5229.78	5669.14	5361.42
珠海	Zhuhai	236.23	298.50	476.92	687.28	681.01	718.85	535.43	804.74	1363.85
汕头	Shantou	576.48	942.72	1129.55	1421.14	1847.85	1796.75	2051.94	1631.85	1606.44
佛山	Foshan	943.98	1230.74	931.63	682.05	1526.92	1225.51	971.21	1709.02	3721.59
韶关	Shaoguan	160.10	196.57	360.77	551.67	544.49	447.81	350.82	270.43	294.38
河源	Heyuan	40.48	151.18	126.65	283.87	398.48	409.20	380.26	284.69	309.44
梅州	Meizhou	124.38	323.52	655.48	541.14	863.42	1521.14	996.67	652.37	572.65
惠州	Huizhou	185.75	380.49	444.14	325.94	379.57	394.37	437.96	1248.76	1021.09
汕尾	Shanwei	84.60	50.11	122.07	55.53	96.35	89.93	65.10	86.18	84.32
东莞	Dongguan		589.95	345.07	328.25	305.67	468.08	708.78	1120.94	1222.85
中山	Zhongshan	200.38	503.83	287.82	212.48	207.17	187.51	248.78	410.65	592.32
江门	Jiangmen	668.83	631.55	833.99	928.62	760.05	813.06	690.12	528.54	664.31
阳江	Yangjiang	354.20	249.55	369.70	326.31	281.79	229.41	225.77	150.17	123.05
湛江	Zhanjiang	290.52	639.64	922.67	1299.72	1254.26	1604.86	2326.96	1726.68	1680.67
茂名	Maoming	138.54	600.67	848.76	1614.28	2741.81	1723.16	2212.01	1970.72	2080.79
肇庆	Zhaoqing	115.93	248.72	298.32	337.26	284.74	230.20	260.08	178.64	159.06
清远	Qingyuan	97.89	235.35	318.47	269.03	313.23	316.72	229.65	281.33	330.25
潮州	Chaozhou	99.95	96.79	134.94	98.21	97.12	41.09	56.54	148.70	85.38
揭阳	Jieyang	108.93	147.23	388.76	408.95	493.66	513.71	405.94	337.88	184.71
云浮	Yunfu	50.43	115.64	95.48	123.25	104.62	183.04	156.06	97.25	106.91
按经济区域分	By Region									
珠三角	Pearl River Delta	4296.66	8130.45	9056.38	8809.12	12607.22	17440.12	17011.62	21537.36	23066.21
东翼	Eastern Region	869.96	1236.84	1775.32	1983.84	2534.99	2441.49	2579.51	2204.62	1960.85
西翼	Western Region	783.26	1489.86	2141.14	3240.31	4277.86	3557.43	4764.74	3847.57	3884.52
山区	Mountainous Region	473.28	1022.26	1556.84	1768.97	2224.24	2877.90	2113.47	1586.07	1613.63

13-9 各市建筑业企业期末就业人员

Number of Employed Persons of Construction Enterprises at the Year-end by City

单位：万人 (10000 persons)

市别	City	2000	2005	2010	2015	2017	2018	2019	2020	2021
全省	**Provincial Total**	**141.46**	**166.78**	**196.32**	**185.50**	**289.97**	**313.50**	**329.51**	**342.44**	**355.40**
广州	Guangzhou	26.40	30.80	39.65	40.03	68.76	77.50	84.73	87.41	88.27
深圳	Shenzhen	20.15	26.85	45.59	41.35	73.75	69.42	79.94	82.70	90.54
珠海	Zhuhai	3.55	3.24	4.36	6.37	13.41	21.22	21.24	25.87	22.25
汕头	Shantou	14.29	12.63	14.35	13.60	15.94	16.00	16.57	15.90	16.14
佛山	Foshan	8.62	13.71	11.02	10.49	9.03	8.85	9.44	9.72	10.99
韶关	Shaoguan	4.46	3.69	5.71	6.81	7.09	6.47	6.97	7.71	7.91
河源	Heyuan	1.74	2.09	1.72	1.92	3.31	4.56	3.80	3.68	4.13
梅州	Meizhou	3.58	7.27	9.13	6.55	8.57	10.66	10.39	10.59	8.38
惠州	Huizhou	3.33	3.94	3.24	1.57	4.65	4.97	4.53	4.70	7.21
汕尾	Shanwei	1.25	1.28	1.31	0.70	0.94	1.34	1.18	1.35	1.46
东莞	Dongguan	6.65	7.78	5.73	7.58	12.98	12.58	14.36	15.10	17.91
中山	Zhongshan	3.71	5.75	5.32	4.00	5.38	4.65	4.82	5.46	6.92
江门	Jiangmen	10.26	10.58	8.50	6.12	7.16	8.63	7.38	7.75	7.77
阳江	Yangjiang	3.54	4.54	5.49	4.85	5.07	4.91	4.86	4.68	3.76
湛江	Zhanjiang	8.03	7.87	10.29	10.71	21.79	24.65	24.25	23.53	23.29
茂名	Maoming	8.92	10.44	8.27	10.53	15.91	17.12	17.41	18.23	20.35
肇庆	Zhaoqing	3.61	3.70	4.12	2.53	3.75	6.11	4.01	3.47	3.77
清远	Qingyuan	2.74	2.46	3.43	2.87	4.19	4.93	4.00	4.89	5.59
潮州	Chaozhou	2.10	2.17	1.46	1.54	1.72	1.90	1.95	2.02	2.01
揭阳	Jieyang	2.88	3.86	5.75	3.85	4.68	4.89	5.48	5.07	3.94
云浮	Yunfu	1.65	2.13	1.85	1.51	1.89	2.13	2.18	2.59	2.82
按经济区域分	By Region									
珠三角	Pearl River Delta	86.28	106.35	127.54	120.03	198.86	213.93	230.46	242.19	255.63
东翼	Eastern Region	20.52	19.94	22.88	19.70	23.28	24.13	25.18	24.34	23.55
西翼	Western Region	20.49	22.86	24.06	26.09	42.77	46.68	46.53	46.44	47.39
山区	Mountainous Region	14.17	17.64	21.84	19.67	25.06	28.76	27.33	29.46	28.83

13-10 各市建筑业企业劳动生产率

Labor Productivity of Construction Enterprises by City

单位：元/人 (yuan/person)

市 别	City	2000	2005	2010	2015	2017	2018	2019	2020	2021
全 省	**Provincial Total**	**70137**	**132056**	**239595**	**382570**	**401193**	**435580**	**475704**	**493524**	**541866**
广 州	Guangzhou	91086	204454	315033	552068	508843	491331	574751	573454	623186
深 圳	Shenzhen	107549	183515	300502	345823	356148	496908	474309	484905	527352
珠 海	Zhuhai	85936	162503	228342	385938	506501	353682	448816	415380	534504
汕 头	Shantou	56057	99266	159623	296273	346526	400077	454946	498467	522338
佛 山	Foshan	86795	115051	285616	586097	606710	641907	641674	714819	757575
韶 关	Shaoguan	57743	83704	189045	313316	315880	307486	320481	315172	349030
河 源	Heyuan	33395	82741	121383	280999	353735	282586	354389	334064	335343
梅 州	Meizhou	44258	78866	141903	327465	354985	354976	405335	405034	480570
惠 州	Huizhou	60374	119974	217933	406527	446018	400993	490286	559940	595367
汕 尾	Shanwei	46496	51367	116927	211873	297909	343840	235210	329961	355300
东 莞	Dongguan	64176	108136	218052	263489	258138	371984	410150	457503	484333
中 山	Zhongshan	73597	119772	249502	333178	420283	545571	510957	534601	620575
江 门	Jiangmen	49612	64418	147038	336038	411990	367407	425974	425780	469581
阳 江	Yangjiang	59689	78360	123368	241168	223448	245808	293671	269880	315154
湛 江	Zhanjiang	57160	98452	173336	315036	299524	339105	355164	405312	419062
茂 名	Maoming	46992	90457	170522	396918	481102	493231	517968	572739	605481
肇 庆	Zhaoqing	46380	107435	257334	385010	385081	233086	431525	522676	527241
清 远	Qingyuan	42073	90596	158598	266337	340057	383481	310542	439627	384343
潮 州	Chaozhou	57817	91838	146120	237822	220225	219501	197879	241983	251802
揭 阳	Jieyang	40672	57368	131884	242247	296304	343561	275180	260243	257864
云 浮	Yunfu	49773	74640	101721	204748	216979	232881	299633	268503	313760
按经济区域分	By Region									
珠 三 角	Pearl River Delta	82426	156714	283028	418380	426741	465450	510891	519647	573671
东 翼	Eastern Region	53458	87357	149042	274993	322626	368911	374504	414196	440862
西 翼	Western Region	55234	90945	160692	334707	360425	388504	412842	459920	490318
山 区	Mountainous Region	47252	81395	151686	298647	331560	326671	352562	363911	387438

主要统计指标解释

建筑业总产值 是以货币表现的建筑业企业在一定时期内生产的建筑业产品和服务的总和。建筑业总产值包括三部分内容：

⑴建筑工程产值：指列入建筑工程预算内的各种工程价值。

⑵设备安装工程产值：指设备安装工程价值，但不包括设备本身的价值。

⑶其他产值：建筑业总产值中除建筑工程、安装工程以外的产值。包括房屋构筑物修理产值、非标准设备制造产值、总包企业向分包企业收取的管理费以及不能明确划分的施工活动所完成的产值。

①房屋构筑物修理产值：指房屋和构筑物的修理所完成的价值，但不包括被修理房屋构筑物的本身价值和生产设备的修理价值。

②非标准设备制造产值：指加工制造没有定型的非标准生产设备的加工费和原材料价值以及附属加工厂为本企业承建工程制作的非标准设备的价值。

竣工产值 一般是以单位工程为对象，当该工程按照设计所规定的工程内容全部完成，达到了设计规定的交工条件，经有关部门检查验收鉴定合格的单位工程价值，即为竣工产值。

房屋施工面积 指在报告期内施工的全部房屋建筑面积，它包括本期新开工的房屋面积、上期跨入本期继续施工的房屋面积、上期停缓建在本期恢复施工的房屋面积、本期竣工的房屋面积以及本期施工后又停缓建的房屋面积。

房屋新开工面积 指房地产开发企业本年新开工建设的房屋建筑面积，以单位工程为核算对象。不包括在上年开工跨入本年继续施工的房屋建筑面积和上年停缓建而在本年恢复施工的房屋建筑面积。房屋的开工应以房屋正式开始破土刨槽（地基处理或打永久桩）的日期为准。房屋新开工面积指整栋房屋的全部建筑面积，不能分割计算。

从事建筑业活动的就业人员平均人数 指建筑业企业(或单位)报告期实际拥有的、与建筑施工活动有关的人员的平均人数，包括参加本企业(或单位)建筑施工活动的非本企业(或单位)人员，但不包括企业内部社会服务性机构的人员以及由本企业支付工资但所从事的工作与本企业生产基本无关的人员。

年末就业人员中工程技术人员 指负担工程技术和工程技术管理工作，并具有工程技术工作能力的人员。

利润总额 指企业在生产经营过程中各种收入扣除各种耗费后的盈余，反映企业在报告期内实现的亏盈总额，包括营业利润、补贴收入、投资净收益和营业外收支净额。

工程结算税金及附加 指因从事建筑业生产活动，取得工程价款结算收入而按规定应该交纳的营业税、城市维护建设税等以及随同营业税金一并计算交纳的教育费附加等。

应交增值税 指按照税法规定，以销售货物、服务、无形资产、不动产或提供加工、修理修配劳务的增值额和货物进口金额为计税依据而课征的一种流转税。指按照税法规定，针对销售货物或提供加工、修理修配劳务以及进口货物实现的增值额，企业在报告期内应交纳的税金。填报本指标时，应按权责发生制核算企业本期应负担的增值税，按销项税额与进项税额之间的差额填写。如果一般纳税人企业进项税大于销项税，致使应交税金出现负数时，该项一律填零，不填负数。

应交增值税=销项税额-(进项税额-进项税额转出)-出口抵减内销产品应纳税额-减免税款+出口退税

利税总额=工程结算税金及附加+应交增值税+利润总额

建筑业全员劳动生产率=建筑业总产值÷计算建筑业劳动生产率的平均人数

Explanatory Notes on Main Statistical Indicators

Gross Output Value of Construction refers to the sum in monetary terms of construction products and services completed by construction enterprises during a given period of time. It includes:

(1) Output value of construction projects, which is the value of various projects covered by the project budgets.

(2)Output value of equipment installation projects refers to the value of the installation of equipment. It does not include the value of the equipment itself.

(3) Other output values, which are output values other than output value of construction projects and output value of installation projects, including output value of house and building repair, output value of non-standard equipment manufacture, management expenses received by overall contractor enterprises from subcontractor enterprises and output value completed in unclassified construction activities.

①Output value of house and building repair is the value created through the repairs of houses and buildings, excluding the value of houses or buildings being repaired and the value of the repair of production equipment.

②Output value of non-standard equipment manufacture is the value of non-standard production equipment with unique specifications (including raw materials and manufacturing costs), and equipment manufactured by subsidiary workshops for construction projects contracted by construction enterprises.

Output Value Completed refers to the value of unit project completed, which has come up to the designed standards for putting into use and has been checked and accepted as qualified project by related departments.

Floor Space of Buildings under Construction refers to the floor space of buildings under construction during the reference period, including newly started buildings, buildings started earlier and continued into the reference period, buildings suspended in preceding periods but resumed during the reference period, buildings completed during the reference period, and buildings started and then suspended during the reference period.

Floor Space of Buildings Started This Year refers to the total floor space area of the buildings started in the year by real estate development companies. It excludes the buildings started in previous years and continued in the year, and the buildings suspended in previous years but restarted in the year. The start of a construction is defined by the date of ground breaking or pile driving. The floor space of the building includes that of the entire building.

Average Number of Persons for Labor Productivity Calculation of the Construction Industry refers to the average number of persons actually employed in the construction enterprises (units) and engaged in related activities of construction in the reference period, including non-staff personnel engaged in the construction activities of the enterprises (units), but excluding personnel employed in social service institutions of the enterprises and those receiving remunerations therefrom but engaged in activities basically irrelevant to the production of the enterprises.

Number of Engineering Technical Personnel Employed at the Year-end refers to personnel capable of and engaged in engineering technical work and related management.

Total Profits refer to the surplus of various incomes in the production and operation of the enterprises after deducting all expenses. This reflects the total profits or losses realized by the enterprises in the reference period, including profits from operation, income from subsidies, net investment earnings and net income from activities other than operations.

Taxes and Extra Charges on Project Settlement Accounts refer to business tax, city maintenance and construction tax and extra charges for education calculated and paid with business tax, which should be borne by the enterprises obtaining project settlement incomes from the production activities of construction.

Value added tax payable According to the tax law refers to, in order to sell goods, services, intangible assets, real estate or providing processing, repairs and replacement services appreciation and the amount of goods imported for a turnover tax assessed on profits realized from tax basis.In accordance with the provisions of the tax law, the enterprise shall pay the tax in the report period according to the value added value of goods sold or provided for processing, repair and repair services and import goods.When filling in this index, the value added tax shall be calculated according to the accrual basis of accrual basis, and the difference between the output tax and the input tax shall be filled in.If the average taxpayer enterprise enters into a tax more than the sales tax, resulting in the negative tax payable, the item will be filled to zero, and no negative value will be filled.

Value added tax payable = sales tax - (input tax - input tax) - export offset shall be tax payable - tax deduction Export tax rebate

Total Pre-tax Profits = Taxes and Extra Charges on Project Settlement Accounts +Value added tax payable + Total Profits

Overall Labor Productivity of Construction = Gross Output Value of Construction ÷ Average Number of Persons for Labor Productivity Calculation

十四、规模以上服务业

SERVICE ENTERPRISES ABOVE DESIGNATED SIZE

十四　规模以上服务业

简要说明

一、本篇资料主要反映规模以上服务业的基本情况、财务状况、从业人员及劳动报酬情况等。

二、本篇资料由广东省统计局服务业统计处整理、编辑。

三、据国家统计报表制度，2012 年规模以上服务业年报首次纳入“一套表”联网直报系统。规模以上服务业统计范围：辖区内年营业收入 2000 万元及以上服务业法人单位。包括：交通运输、仓储和邮政业，信息传输、软件和信息技术服务业，水利、环境和公共设施管理业，卫生。辖区内年营业收入 1000 万元及以上服务业法人单位。包括：租赁和商务服务业，科学研究和技术服务业，教育，以及物业管理、房地产中介服务、房地产租赁经营和其他房地产业。辖区内年营业收入 500 万元及以上服务业法人单位。包括：居民服务、修理和其他服务业，文化、体育和娱乐业，社会工作。调查方法为符合上述条件企业的全面调查。

14 Service Enterprises Above Designated Size

Brief Introduction

Ⅰ. This data in this chapter reflect the basic information, financial condition, employed persons, labor remuneration and ecommerce transactions of some service enterprises above designated size.

Ⅱ. Data of some service enterprises above designated size are prepared and edited by the Division of Service Statistics of Statistics Bureau of Guangdong Province.

Ⅲ. According to the National Statistical Reporting System, some service enterprises above designated size have been integrated into the "network reporting" system since 2012. Statistics coverage of some service enterprises above designated size all the corporative enterprises of services sector with over 50 employees by the end of the year or with annual business revenue of over 10 million yuan, including transport, storage and postal services, information transmission, software and information technology services, leasing and business services, scientific research and technical services, management of Water Conservancy, Environment and Public Facilities, education, health and social work, real estate agent services, real estate intermediary services, own real estate business activities and other real estate,etc. Also, it covers some service enterprises above designated size all the corporative enterprises of services sector with over 50 employees by the end of the year or with annual business revenue of over 5 million yuan, including households service, repair and other services, culture, sports and entertainment services. Survey method is a comprehensive survey.

14-1 规模以上服务业企业财务指标
Main Financial Indicators of Service Enterprises above Designated Size

单位：亿元 (100 million yuan)

项　目	Item	2018	2019	2020	2021	2021年比2020年增长(%) Growth Rate in 2021 Over 2020(%)
年初存货	**Inventory at Year-beginning**	**2341.67**	**2538.04**	**2747.27**	**3169.54**	**6.8**
期末资产负债	**Closing Balance**					
固定资产原价	Original Value of Fixed Assets	33451.51	34434.71	37402.65	39758.55	5.8
本年折旧	Depreciation Drawn in Current Year	1548.74	1919.26	1752.55	1872.23	0.0
资产总计	Total Assets	123906.91	137989.75	163089.18	182956.23	10.2
负债合计	Total Liabilities	64102.06	73587.25	90997.01	103752.20	12.1
所有者权益合计	Total Creditors'Equity	59804.85	64402.50	72092.17	79204.03	7.8
损益及分配	**Profits and Loss**					
营业收入	Business Revenue	28553.34	33516.56	35728.23	44419.85	21.8
营业成本	Business Costs	20349.34	23684.36	25677.66	32352.12	23.6
税金及附加	Tax and Extra Charges	211.29	253.80	226.93	269.94	15.0
销售费用	Sales Expenses	1547.68	1827.46	1973.81	2439.96	20.2
管理费用	Management Expenses	3727.60	3585.28	3817.65	4641.61	17.3
财务费用	Financial Expenses	882.31	943.08	1029.83	1026.18	0.7
其中：利息收入	Interest Revenue	282.77	480.48	607.03	730.38	19.0
利息支出	Interest Expense	1043.08	1174.94	1408.93	1539.25	9.8
投资收益(损失以“-”号记)	Investment Income(loss with “-”mark)	2280.95	2509.06	3009.38	2982.87	-1.5
营业利润	Business Profits	4450.17	5035.18	5068.14	5339.28	4.5
利润总额	Total Profits	4578.58	5131.67	5180.83	5316.25	1.8
所得税费用	Income Taxes Payable	643.00	640.65	588.00	632.66	6.0
人工成本及增值税	**Labor Cost and Value-added Tax**					
应付职工薪酬(本年贷方累计发生额)	Total Wages Payable(Credit Accumulated Amount in this year)	5919.15	6883.07	7522.62	8898.92	16.3
应交增值税(本期累计发生额)	Value-added Tax Payable	668.55	746.21	766.86	960.12	21.3

注：增速按可比口径计算。
Note: The growth rates are calculated on comparable coverage.

14-2 规模以上服务业企业分行业主要指标（2021年）

单位：亿元

项目	Item	企业单位数(个) Number of Enterprises (unit)	营业收入 Business Revenue 总量 Total	比2020年增长(%) Growth Rate in 2021 Over 2020(%)
全省	**Provincial Total**	**33493**	**44419.85**	**21.8**
按经济类型分	Grouped by Ownership			
内资企业	Domestic-funded Enterprises	30877	37362.79	22.3
#国有企业	State-owned Enterprises	731	1417.28	21.6
集体企业	Collective-owned Enterprises	740	268.39	10.7
有限责任公司	Limited Liability Corporations	8027	13781.23	20.6
私营企业	Private Enterprises	19680	17802.31	26.1
港澳台商投资企业	Enterprises with Investment from Hong Kong, Macao and Taiwan	1745	5333.06	20.6
外商投资企业	Enterprises with Foreign Investment	871	1724.00	15.9
按行业分	Grouped by Sector			
交通运输、仓储和邮政业	Transport, Storage and Postal Services	5309	11391.18	30.6
铁路运输业	Railway Transport Service	20	970.13	19.5
#铁路旅客运输	Railway Passenger Transport	7	915.84	17.5
铁路货物运输	Railway Freight Transport	11	45.49	63.0
道路运输业	Road Transport Services	1888	2302.40	14.4
#城市公共交通运输	Urban Public Transport	167	412.78	-7.8
公路旅客运输	Highway Passenger Transport	146	67.65	-2.3
道路货物运输	Road Freight Transport	1427	1143.44	14.0
水上运输业	Waterway Transport Service	291	915.01	32.4
#水上旅客运输	Waterway Passenger Transport	24	9.68	11.4
水上货物运输	Waterway Freight Transport	159	583.86	42.9
航空运输业	Air Transport Service	40	1257.82	12.3
#航空客货运输	Air Passenger and Freight Transport	15	1131.43	12.3
管道运输业	Pipeline Transport Service	6	29.98	10.5
多式联运和运输代理业	Multimodal Transport and Transport Agency Industry	2140	4179.74	66.8
#运输代理业	Transportation Agency	2105	3902.10	71.0
装卸搬运和仓储业	Handling and Storage	641	598.99	21.7
邮政业	Postal Service	283	1137.12	6.8
#快递服务	Express Service	245	924.82	10.7
信息传输、软件和信息技术服务业	Information Transmission, Software and Information Technology Services	5338	15107.78	18.5
电信、广播电视和卫星传输服务	Telecommunications, Broadcasting Television and Satellite Transmission Services	306	2263.66	8.3
#电信	Telecommunications	274	2164.43	8.8
互联网和相关服务	Internet and Related Services	819	5134.33	19.4
#互联网信息服务	Internet Information Services	372	3460.00	8.3
软件和信息技术服务业	Software and Information Technology Services	4213	7709.79	21.1
#软件开发	Software Development	2623	4949.61	19.9
信息系统集成和物联网技术服务	Information System Integration and Internet of Things Technology Services	576	818.31	20.4
信息技术咨询服务	Information Technology Consulting Services	417	742.23	24.1
房地产业(不含房地产开发经营)	Realty Industry	5357	3577.55	14.7
#物业管理业	Property Management Industry	2276	1863.52	16.7
房地产中介服务业	Real Estate Agent Services	613	493.75	2.0

Main Indicators of Service Enterprises above Designated Size by Sector(2021)

(100 million yuan)

营业成本 Business Costs		税金及附加 Tax and Extra Charges		销售费用 Selling Expenses		管理费用 Management Expenses	
总量 Total	比2020年增长(%) Growth Rate in 2021 Over 2020(%)	总量 Total	比2020年增长(%) Growth Rate in 2021 Over 2020(%)	总量 Total	比2020年增长(%) Growth Rate in 2021 Over 2020(%)	总量 Total	比2020年增长(%) Growth Rate in 2021 Over 2020(%)
32352.12	**23.6**	**269.94**	**15.0**	**2439.96**	**20.2**	**4641.61**	**17.3**
28242.26	23.2	220.04	13.0	1872.12	22.7	3848.54	17.1
1128.73	18.6	10.03	31.8	37.17	7.2	157.44	12.2
75.52	-3.2	7.15	17.0	4.20	-7.1	57.99	21.4
10439.13	20.7	111.41	6.1	578.22	20.8	1253.53	20.5
13479.15	28.4	62.89	18.4	1046.26	27.1	1863.23	19.6
3010.88	28.0	33.80	21.2	474.54	13.5	586.04	20.8
1098.98	21.9	16.10	31.4	93.30	9.3	207.03	10.5
10404.98	29.7	55.88	-18.5	174.40	9.5	601.97	13.9
1021.55	15.4	1.71	27.2	0.05	40.9	25.99	-2.4
940.25	13.3	1.55	24.3	0.01	17.4	23.78	-4.0
45.49	54.9	0.13	46.7	0.02	18.1	1.93	21.9
2017.60	12.1	36.22	-30.1	37.98	11.2	171.84	11.9
552.92	2.9	28.82	-36.8	3.38	25.2	45.82	4.4
70.43	-3.9	0.62	29.0	1.04	40.7	14.99	0.9
1007.85	13.2	2.93	8.7	32.71	9.1	78.37	18.6
689.38	26.9	3.21	30.3	4.42	-10.1	60.87	13.8
11.33	6.4	0.05	4.4	0.24	3.7	2.12	-5.3
476.70	32.5	1.24	40.4	2.72	-3.7	31.50	15.7
1288.50	12.2	4.87	11.7	49.19	-5.6	46.41	-6.8
1165.37	12.3	2.79	4.2	47.64	-6.2	38.19	-6.7
15.10	14.3	0.15	44.7	0.05	52.2	0.98	-32.6
3856.73	68.5	2.62	22.4	53.92	31.6	164.32	34.3
3596.27	73.0	2.33	24.0	50.82	31.1	152.81	35.3
458.09	22.3	4.88	14.9	17.60	1.5	55.69	11.9
1058.02	9.0	2.21	6.6	11.20	16.2	75.87	6.1
860.75	13.7	0.94	-1.8	10.34	19.6	56.11	7.2
9282.74	21.3	48.20	17.4	1439.33	27.0	1418.92	31.1
1547.20	11.4	7.73	32.0	189.27	2.7	116.59	9.5
1476.04	12.1	7.54	32.0	182.95	2.8	100.07	12.3
3292.25	25.0	12.85	19.0	585.78	56.8	400.39	24.5
2239.35	15.4	9.94	15.4	238.38	24.9	192.30	12.2
4443.29	22.5	27.61	13.2	664.29	15.4	901.94	37.9
2622.42	18.6	18.87	14.2	498.19	15.0	562.83	53.5
609.39	21.5	2.60	11.1	33.17	5.8	69.02	20.6
472.74	28.0	2.00	17.0	48.43	35.8	107.13	15.9
2317.38	13.3	73.24	35.8	133.76	2.8	609.56	7.3
1363.77	17.3	17.81	38.2	41.09	3.8	255.92	9.3
373.24	5.7	2.30	-3.5	51.46	-2.1	73.26	4.8

14-2 续表 1

单位：亿元

项　　目	Item	财务费用 Financial Expenses 总量 Total	比2020年增长(%) Growth Rate in 2021 Over 2020(%)
全　省	**Provincial Total**	**1026.18**	**0.7**
按经济类型分	Grouped by Ownership		
内资企业	Domestic-funded Enterprises	941.86	1.5
#国有企业	State-owned Enterprises	27.00	14848.0
集体企业	Collective-owned Enterprises	2.25	-5.6
有限责任公司	Limited Liability Corporations	524.27	7.5
私营企业	Private Enterprises	214.64	-2.7
港澳台商投资企业	Enterprises with Investment from Hong Kong,Macao and Taiwan	46.15	19.5
外商投资企业	Enterprises with Foreign Investment	38.17	-26.7
按行业分	Grouped by Sector		
交通运输、仓储和邮政业	Transport, Storage and Postal Services	377.48	9.3
铁路运输业	Railway Transport Service	41.51	19.4
#铁路旅客运输	Railway Passenger Transport	20.52	27.3
铁路货物运输	Railway Freight Transport	4.75	-5.3
道路运输业	Road Transport Services	211.64	3.4
#城市公共交通运输	Urban Public Transport	57.68	9.8
公路旅客运输	Highway Passenger Transport	2.99	-2.9
道路货物运输	Road Freight Transport	5.39	8.1
水上运输业	Waterway Transport Service	27.41	-27.0
#水上旅客运输	Waterway Passenger Transport	0.26	39.7
水上货物运输	Waterway Freight Transport	20.10	-32.9
航空运输业	Air Transport Service	50.02	89.6
#航空客货运输	Air passenger and freight Transport	45.48	69.2
管道运输业	Pipeline Transport Service	1.72	5.9
多式联运和运输代理业	Multimodal Transport and Transport Agency Industry	10.81	-15.2
#运输代理业	Transportation Agency	8.91	-21.0
装卸搬运和仓储业	Handling and Storage	27.75	17.7
邮政业	Postal Service	6.62	68.1
#快递服务	Express Service	4.04	60.6
信息传输、软件和信息技术服务业	Information Transmission, Software and Information Technology Services	-40.03	-116.5
电信、广播电视和卫星传输服务	Telecommunications, Broadcasting Television and Satellite Transmission Services	-6.45	-104.6
#电信	Telecommunications	-7.81	-102.7
互联网和相关服务	Internet and Related Services	-35.48	-18.6
#互联网信息服务	Internet Information Services	-40.54	-13.0
软件和信息技术服务业	Software and Information Technology Services	1.89	-87.0
#软件开发	Software Development	-5.27	-207.5
信息系统集成和物联网技术服务	Information System Integration and Internet of Things Technology Services	3.14	-21.1
信息技术咨询服务	Information Technology Consulting services	2.00	38.5
房地产业(不含房地产开发经营)	Realty Industry	252.73	8.6
#物业管理业	Property Management Industry	31.42	17.2
房地产中介服务业	Real Estate Agent Services	-0.81	35.3

14-2 1 continued

(100 million yuan)

利润总额 Total Profits		所得税费用 Income Taxes Payable		应付职工薪酬 Total Wages Payable		应交增值税 Value-added Taxes Payable		期末用工人数 (万人) Average number of employed persons (10000 persons)
总量 Total	比2020年增长(%) Growth Rate in 2021 Over 2020(%)	总量 Total	比2020年增长(%) Growth Rate in 2021 Over 2020(%)	总量 Total	比2020年增长(%) Growth Rate in 2021 Over 2020(%)	总量 Total	比2020年增长(%) Growth Rate in 2021 Over 2020(%)	
5316.25	**1.8**	**632.66**	**6.0**	**8898.92**	**16.3**	**960.12**	**21.3**	**620.58**
3831.56	1.5	431.95	5.7	7340.18	15.6	784.12	21.9	552.83
251.00	-18.9	36.40	39.1	402.95	11.8	31.22	24.8	25.25
126.94	14.4	4.42	8.9	42.81	18.0	6.76	17.6	6.08
1613.63	14.4	265.28	9.2	2784.99	14.6	333.38	20.0	188.10
796.26	3.3	121.00	1.5	3015.27	19.6	327.41	19.9	273.92
1134.81	2.1	149.78	11.9	1067.56	18.9	134.60	22.6	43.91
349.87	5.1	50.93	-6.2	491.18	21.8	41.40	8.2	23.85
312.87	16.9	78.91	13.7	1622.86	11.9	149.96	27.2	105.67
-112.51	11.6	-1.70	-202.8	234.88	5.5	52.94	43.5	14.49
-65.40	28.7	-1.75	-206.9	223.16	5.0	52.12	42.9	13.77
-4.79	42.4	0.04	115.9	6.82	14.7	0.82	94.5	0.49
228.04	4.6	47.68	45.3	494.76	6.2	50.59	5.9	40.60
24.65	-75.8	1.68	38.8	260.24	-0.6	9.86	-37.6	17.66
-4.44	-26.1	0.36	-18.3	36.14	4.5	1.96	3.3	4.39
19.27	39.3	6.16	23.3	117.19	16.3	16.10	16.1	12.73
181.21	141.2	33.13	60.4	130.08	29.0	11.08	79.4	4.88
-3.27	-10.6	-0.03	63.4	5.84	14.1	0.18	2.0	0.35
62.90	489.7	11.09	335.9	68.03	42.5	6.60	89.4	1.86
-142.80	-47.1	-38.08	-44.4	300.93	8.5	7.70	438.3	11.59
-137.96	-38.8	-36.16	-33.8	259.01	7.4	4.95	1169.4	9.88
11.93	11.0	2.94	4.0	2.73	35.8	0.32	117.8	0.07
99.15	95.1	19.46	108.2	232.29	41.4	11.30	15.0	16.16
97.92	97.1	18.70	111.7	174.16	34.3	9.81	17.8	13.10
45.89	-50.8	12.25	-48.4	86.64	14.8	8.81	15.5	7.78
1.95	-95.6	3.23	-31.6	140.53	-1.2	7.22	-9.5	10.10
11.21	-77.4	5.10	-25.9	82.20	-4.0	5.74	-20.3	6.60
2010.22	-3.1	256.02	1.4	2677.49	22.1	335.00	17.5	109.49
480.16	-0.2	100.49	6.0	310.03	10.9	45.98	6.9	12.80
475.52	0.7	100.49	6.0	279.48	10.8	45.46	6.9	11.28
647.71	-14.0	64.31	-20.2	564.46	19.4	85.58	18.6	17.18
679.77	-9.9	55.67	-20.0	353.14	14.9	63.04	14.0	6.80
882.35	5.2	91.21	18.4	1803.00	25.2	203.44	19.7	79.51
660.64	5.5	63.62	28.2	1162.22	25.1	139.10	16.0	47.85
52.83	33.5	7.00	8.2	143.53	17.3	20.12	51.0	7.00
54.86	5.8	6.86	-9.7	195.96	29.4	14.38	26.4	9.73
452.38	-20.5	110.99	21.9	932.83	9.6	136.31	18.1	98.98
223.50	10.6	49.51	18.3	648.91	13.6	67.48	21.1	82.42
43.34	-43.0	1.94	-71.7	147.17	-4.2	17.56	-2.9	7.70

14-2 续表 2

单位：亿元

项　　目	Item	企业单位数(个) Number of Enterprises (unit)	营业收入 Business Revenue 总量 Total	比2020年增长(%) Growth Rate in 2021 Over 2020(%)
租赁和商务服务业	Leasing and Business Services	8935	7819.10	24.2
租赁业	Leasing	640	317.85	16.8
#机械设备租赁	Machinery Equipment Leasing	624	302.88	19.0
商务服务业	Business Services	8295	7501.25	24.5
#组织管理服务	Organizational Management Services	1610	1333.06	13.0
咨询与调查	Consultation and Investigation	1162	773.48	16.3
广告业	Advertising	1127	1467.17	35.0
其他商务服务	Other Business Services	823	493.33	2.5
科学研究和技术服务业	Scientific Research and Technical Services	3940	3840.64	15.1
研究和试验发展	Research and Experimental Development	403	353.54	5.0
#工程和技术研究和试验发展	Engineering and Technology Research and Experimental Development	268	245.55	17.5
专业技术服务业	Professional Technical Services	3012	3061.08	14.4
科技推广和应用服务业	Services of Science and Technology Exchanges and Promotion	525	426.01	31.3
水利环境和公共设施管理业	Management of Water Conservancy, Environment and Public Facilities	569	643.37	12.5
水利管理业	Management of Water Conservancy	18	23.20	37.4
生态保护和环境治理业	Ecological Protection and Environmental Treatment	160	144.56	8.2
#生态保护	Ecological Protection	2	2.30	63.8
环境治理业	Environmental Treatment	158	142.26	7.6
公共设施管理业	Management of Public Facilities	378	373.77	6.4
土地管理业	Management of Land	13	101.85	45.3
居民服务、修理和其他服务业	Households' service, Repair and Other Services	1324	445.97	16.6
居民服务业	Services to Households	324	114.95	27.6
机动车、电子产品和日用产品修理业	Motor Vehicle, Electronic Products and Consumer Products repair	397	126.41	21.7
#汽车、摩托车修理与维护	Automobile, Motorcycle Repair and Maintenance	267	63.58	20.5
其他服务业	Other Services	603	204.61	8.5
教育	Education	864	471.35	14.8
#中等教育	Secondary Education	179	123.54	18.7
高等教育	Higher Education	21	49.49	7.2
卫生和社会工作	Health and Social Work	638	565.79	27.5
卫生	Health	551	545.41	27.2
#医院	Hospital	355	407.89	25.2
基层医疗卫生服务	Primary Health Care Services	108	52.83	28.0
社会工作	Social Work	87	20.39	35.0
文化、体育和娱乐业	Culture, Sports and Entertainment	1219	557.12	29.5
新闻和出版业	News and Publication	97	102.49	17.0
#出版业	Publication	93	100.01	17.5
广播、电视、电影和影视录音制作业	Production of Radio, Television, Film and Video Recording	431	178.58	49.1
文化艺术业	Culture and Arts	138	32.87	25.9
体育	Sports	185	81.03	3.7
娱乐业	Entertainment	368	162.15	36.8

14-2 2 continued

(100 million yuan)

营业成本 Business Costs		税金及附加 Tax and Extra Charges		销售费用 Selling Expenses		管理费用 Management Expenses	
总量 Total	比2020年增长(%) Growth Rate in 2021 Over 2020(%)	总量 Total	比2020年增长(%) Growth Rate in 2021 Over 2020(%)	总量 Total	比2020年增长(%) Growth Rate in 2021 Over 2020(%)	总量 Total	比2020年增长(%) Growth Rate in 2021 Over 2020(%)
5745.90	26.4	54.39	20.4	326.51	13.2	1091.99	14.5
234.96	11.3	1.15	27.4	23.62	12.4	40.38	9.3
225.81	13.2	1.12	35.2	16.78	15.3	38.93	10.5
5510.94	27.2	53.24	20.3	302.89	13.3	1051.62	14.7
629.46	12.4	26.11	21.2	27.78	20.6	376.25	8.4
407.05	16.4	3.71	6.3	79.20	24.7	214.36	21.3
1295.32	35.3	2.27	8.3	49.69	11.3	63.51	18.3
373.14	5.1	1.63	10.4	32.94	-3.8	62.27	-3.7
2704.96	17.3	17.42	8.1	150.53	12.2	475.66	11.1
204.86	10.0	1.71	-0.9	22.87	37.3	44.99	3.8
151.79	19.4	1.35		8.11	22.3	29.78	10.3
2212.11	15.8	13.69	8.2	99.81	4.8	368.19	12.6
287.99	36.9	2.02	16.7	27.85	25.1	62.49	8.0
477.30	11.9	10.73	313.6	15.99	3.9	59.92	8.3
15.45	30.2	0.17	67.2	0.09	-9.4	3.73	35.8
103.79	8.8	0.77	-10.1	3.88	22.0	15.55	17.8
1.45	42.7	0.03	50.5	0.06	-44.2	0.30	11.1
102.33	8.4	0.74	-11.5	3.81	24.5	15.25	17.9
290.44	4.9	1.21	4.2	9.58	-17.8	36.89	1.9
67.62	59.2	8.58	1691.8	2.45	437.3	3.75	18.4
318.17	17.8	2.07	19.3	40.14	20.5	71.59	14.0
66.68	25.6	0.42	18.6	20.63	30.5	23.74	32.0
95.99	25.2	0.55	16.3	12.45	18.4	14.78	17.0
46.52	23.0	0.28	21.2	6.93	20.5	9.55	20.7
155.50	10.8	1.10	21.1	7.05	1.0	33.07	2.8
304.97	16.3	0.87	62.0	44.25	5.4	115.51	5.6
93.64	20.6	0.05	165.5	0.63	-13.4	31.16	9.7
31.84	22.3	0.12	-5.1	0.31	3.1	9.66	-9.9
383.57	26.6	0.54	15.7	61.48	23.8	88.39	19.6
368.33	26.2	0.53	16.2	60.44	24.0	83.22	19.6
288.82	23.3	0.42	15.1	37.59	23.1	67.21	22.3
33.51	29.9	0.02	14.2	10.40	23.1	8.70	3.1
15.24	36.8	0.01	-6.1	1.04	11.5	5.16	19.4
412.16	19.3	6.59	42.7	53.56	21.9	108.09	12.5
70.67	13.8	0.83	25.8	5.58	24.7	21.28	14.1
69.01	13.8	0.82	29.6	5.55	25.1	20.88	15.4
142.47	34.7	1.98	87.3	15.70	29.7	22.41	15.0
23.15	19.3	0.22	53.6	2.41	14.7	7.87	22.9
59.65	-18.9	2.43	19.9	11.53	13.1	20.71	12.6
116.23	37.0	1.13	54.5	18.34	21.8	35.81	8.2

14-2　续表 3

单位：亿元

项　目	item	财务费用 Financial Expenses 总量 Total	财务费用 Financial Expenses 比2020年增长(%) Growth Rate in 2021 Over 2020(%)
租赁和商务服务业	Leasing and Business Services	351.96	-10.8
租赁业	Leasing	13.38	15.7
#机械设备租赁	Machinery Equipment Leasing	13.17	15.6
商务服务业	Business Services	338.58	-11.6
#组织管理服务	Organizational Management Services	277.19	-15.8
咨询与调查	Consultation and Investigation	14.41	-28.0
广告业	Advertising	1.57	219.9
其他商务服务业	Other Business Services	6.21	20.5
科学研究和技术服务业	Scientific Research and Technical Services	26.15	12.9
研究和试验发展	Research and Experimental Development	0.78	135.8
#工程和技术研究和试验发展	Engineering and Technology Research and Experimental Development	-0.17	93.7
专业技术服务业	Professional Technical Services	20.05	-9.3
科技推广和应用服务业	Services of Science and Technology Exchanges and Promotion	5.31	64.0
水利环境和公共设施管理业	Management of Water Conservancy, Environment and Public Facilities	29.98	62.8
水利管理业	Management of Water Conservancy	1.59	97.8
生态保护和环境治理业	Ecological Protection and Environmental Treatment	3.39	-5.1
#生态保护	Ecological Protection	0.11	367.3
环境治理业	Environmental Treatment	3.28	-7.6
公共设施管理业	Management of Public Facilities	15.23	247.3
土地管理业	Management of Land	9.79	1.3
居民服务、修理和其他服务业	Households' service, Repair and Other Services	2.98	7.5
居民服务业	Services to Households	1.47	6.1
机动车、电子产品和日用产品修理业	Motor Vehicle, Electronic Products and Consumer Products repair	0.40	49.8
#汽车、摩托车修理与维护	Automobile, Motorcycle Repair and	0.18	110.9
其他服务业	Other Services	1.12	-0.7
教育	Education	9.82	10.2
#中等教育	Secondary Education	3.30	7.6
高等教育	Higher Education	1.90	21.0
卫生和社会工作	Health and Social Work	7.03	43.5
卫生	Health	6.71	41.2
#医院	Hospital	5.18	29.2
基层医疗卫生服务	Primary Health Care Services	0.32	16.5
社会工作	Social Work	0.32	116.4
文化、体育和娱乐业	Culture, Sports and Entertainment	8.08	28.5
新闻和出版业	News and Publication	-0.97	-384.8
#出版业	Publication	-0.94	-429.8
广播、电视、电影和影视录音制作业	Production of Radio, Television, Film and Video Recording	6.21	167.7
文化艺术业	Culture and Arts	0.22	49.6
体育	Sports	3.82	19.5
娱乐业	Entertainment	-1.20	-245.5

14-2 3 continued

(100 million yuan)

利润总额 Total Profits		所得税费用 Income Taxes Payable		应付职工薪酬 Total Wages Payable		应交增值税 Value-added Tax Payable		期末用工人数（万人） Average Number of Employed Persons (10000 persons)
总量 Total	比2020年增长(%) Growth Rate in 2021 Over 2020(%)	总量 Total	比2020年增长(%) Growth Rate in 2021 Over 2020(%)	总量 Total	比2020年增长(%) Growth Rate in 2021 Over 2020(%)	总量 Total	比2020年增长(%) Growth Rate in 2021 Over 2020(%)	
2131.25	10.0	110.48	2.5	1792.73	15.9	182.84	24.4	164.52
-7.80	45.3	2.54	0.8	40.47	8.3	8.47	28.6	3.94
-4.13	62.8	2.52	0.3	36.53	12.8	7.91	31.3	3.60
2139.05	9.6	107.94	2.5	1752.27	16.1	174.37	24.2	160.59
1718.45	5.4	39.34	-27.6	326.05	9.9	52.32	31.2	17.54
127.74	15.6	14.97	77.4	281.78	16.9	24.13	30.6	16.73
38.72	239.1	7.91	15.8	104.78	28.1	11.01	-21.4	5.06
29.02	51.1	8.26	-10.4	76.41	3.2	9.90	17.2	6.30
314.12	-8.0	45.88	-13.8	1021.38	16.8	107.34	15.4	54.82
61.33	-28.4	10.22	-29.2	88.26	15.9	8.93	7.3	4.01
50.16	-22.4	7.07	-37.1	56.23	20.4	7.28	8.6	2.46
243.95	1.5	30.05	-6.5	835.24	16.0	88.64	15.2	45.85
8.84	-42.1	5.61	-15.5	97.88	25.6	9.77	26.1	4.96
63.42	0.3	10.49	23.9	131.72	14.8	16.88	50.4	17.94
4.90	102.0	0.27	-12.5	7.53	36.3	1.00	77.0	0.32
15.42	-5.5	2.36	21.5	20.89	26.8	3.52	4.5	1.44
1.11	112.0	0.28	108.8	0.82	5.3	0.23	5379.1	0.07
14.31	-9.4	2.08	15.0	20.07	27.8	3.29	-2.3	1.36
26.93	14.2	4.59	9.3	100.29	11.3	7.28	22.0	16.08
16.17	-22.6	3.27	62.6	3.02	15.7	5.08	284.6	0.10
10.70	-11.0	3.86	0.7	172.37	15.0	13.91	31.0	28.88
1.91	12.6	1.39	-10.7	37.80	28.8	1.87	48.3	4.23
2.03	-37.9	1.01	15.2	23.93	15.4	4.13	18.5	2.34
0.35	-68.2	0.48	19.9	12.35	22.6	2.05	28.4	1.22
6.76	-4.2	1.47	4.3	110.63	10.9	7.90	34.7	22.30
-6.00	50.6	2.96	10.6	212.76	12.8	4.25	198.5	15.71
-3.72	18.3	0.39	11.9	59.36	21.0	0.19	263.1	4.71
6.92	-17.1	0.13	105.4	19.10	13.9	0.16	60.8	1.22
22.23	157.3	7.16	36.3	179.31	29.5	1.23	124.1	14.14
23.00	135.9	7.12	38.7	168.52	29.0	1.17	123.6	11.93
8.59	522.6	4.64	55.2	135.17	28.6	0.41	96.7	9.53
-0.13	91.9	0.30	19.0	13.77	29.2	0.13	117.6	1.10
-0.77	30.2	0.04	-66.6	10.79	37.2	0.07	132.0	2.21
5.07	112.6	5.91	102.0	155.47	8.8	12.40	36.7	10.43
28.56	101.5	2.28	189.9	34.03	19.1	2.89	17.8	1.31
28.09	104.2	2.28	190.1	32.93	19.5	2.79	15.8	1.24
-0.07	99.5	-0.31	-160.6	27.27	22.1	2.80	-1.4	2.39
2.53	1634.4	0.41	90.1	9.94	29.6	0.96	38.5	0.65
-21.54	23.1	1.35	18.1	41.56	-13.9	2.42	104.8	2.56
-4.41	66.0	2.17	698.7	42.67	18.2	3.33	75.0	3.53

14-3 规模以上服务业企业分行业营业收入

Business Revenue of Service Enterprises above Designated Size by Sector

单位：亿元 (100 million yuan)

项目	Item	营业收入 Business Revenue 2016	2017	2018
全 省	**Provincial Total**	**19726.90**	**24325.20**	**28553.34**
按行业分	Grouped by Sector			
交通运输、仓储和邮政业	Traffic, Transport, Storage and Post	6048.90	7174.80	8264.88
信息传输、软件和信息技术服务业	Information Transfer, Software and Information Technology Services	5492.60	7589.40	8522.24
房地产业(不含房地产开发经营)	Realty Industry	1206.50	1547.30	2002.50
租赁和商务服务业	Tenancy and Business Services	3954.60	4195.30	5351.76
科学研究和技术服务业	Scientific Research and Technical Service	1788.90	2249.50	2579.68
水利、环境和公共设施管理业	Management of Water Conservancy, Environment and Public Facilities	243.10	324.80	380.08
居民服务、修理和其他服务业	Resident Services, Repair and other Services	189.70	252.90	292.23
教育	Education	204.70	249.20	333.38
卫生和社会工作	Health and Social Work	214.30	264.20	324.20
文化、体育和娱乐业	Culture, Sports and Entertainment	383.70	477.90	502.38

14-3 续表 continued

单位：亿元 (100 million yuan)

项目	Item	营业收入 Business Revenue 2019	2020	2021
全 省	**Provincial Total**	**33516.56**	**35728.23**	**44419.85**
按行业分	Grouped by Sector			
交通运输、仓储和邮政业	Traffic, Transport, Storage and Post	8708.66	8704.79	11391.18
信息传输、软件和信息技术服务业	Information Transfer, Software and Information Technology Services	10665.72	12482.65	15107.78
房地产业(不含房地产开发经营)	Realty Industry	2598.26	3016.96	3577.55
租赁和商务服务业	Tenancy and Business Services	6195.57	6096.01	7819.10
科学研究和技术服务业	Scientific Research and Technical Service	3084.71	3293.50	3840.64
水利、环境和公共设施管理业	Management of Water Conservancy, Environment and Public Facilities	460.72	516.40	643.37
居民服务、修理和其他服务业	Resident Services, Repair and other Services	369.21	372.62	445.97
教育	Education	398.25	405.97	471.35
卫生和社会工作	Health and Social Work	406.93	428.23	565.79
文化、体育和娱乐业	Culture, Sports and Entertainment	628.51	411.09	557.12

14-4 规模以上服务业企业分行业营业利润

Business Profits of Service Enterprises above Designated Size by Sector

单位：亿元 (100 million yuan)

项　　目	Item	营业利润 Business Profits 2016	2017	2018
全　省	**Provincial Total**	**3104.40**	**4281.80**	**4450.17**
按行业分	Grouped by Sector			
交通运输、仓储和邮政业	Traffic, Transport, Storage and Post	188.80	433.60	490.76
信息传输、软件和信息技术服务业	Information Transfer, Software and Information Technology Services	1285.20	1742.70	1628.82
房地产业(不含房地产开发经营)	Realty Industry	236.30	269.00	423.91
租赁和商务服务业	Tenancy and Business Services	1145.10	1462.00	1543.85
科学研究和技术服务业	Scientific Research and Technical Service	166.50	249.30	294.48
水利、环境和公共设施管理业	Management of Water Conservancy, Environment and Public Facilities	28.00	74.40	44.28
居民服务、修理和其他服务业	Resident Services, Repair and other Services	9.10	13.40	13.76
教育	Education	9.90	9.00	5.42
卫生和社会工作	Health and Social Work	13.20	11.70	10.26
文化、体育和娱乐业	Culture, Sports and Entertainment	22.40	16.60	-5.37

14-4 续表 continued

单位：亿元 (100 million yuan)

项　　目	Item	营业利润 Business Profits 2019	2020	2021
全　省	**Provincial Total**	**5035.18**	**5068.14**	**5339.28**
按行业分	Grouped by Sector			
交通运输、仓储和邮政业	Traffic, Transport, Storage and Post	591.81	209.63	282.52
信息传输、软件和信息技术服务业	Information Transfer, Software and Information Technology Services	1985.38	2109.54	2025.74
房地产业(不含房地产开发经营)	Realty Industry	337.80	527.37	475.32
租赁和商务服务业	Tenancy and Business Services	1760.50	1882.80	2146.27
科学研究和技术服务业	Scientific Research and Technical Service	251.66	321.02	313.00
水利、环境和公共设施管理业	Management of Water Conservancy, Environment and Public Facilities	39.92	51.95	58.48
居民服务、修理和其他服务业	Resident Services, Repair and other Services	14.30	11.17	9.51
教育	Education	0.04	-10.18	-3.24
卫生和社会工作	Health and Social Work	8.83	8.32	20.67
文化、体育和娱乐业	Culture, Sports and Entertainment	44.94	-43.49	11.02

14-5 规模以上服务业企业分行业应付职工薪酬
Total Wages Payable of Service Enterprises above Designated Size by Sector

单位：亿元 (100 million yuan)

项　　目	Item	应付职工薪酬 Total Wages Payable 2016	2017	2018
全　省	**Provincial Total**	**3810.80**	**4813.60**	**5919.15**
按行业分	Grouped by Sector			
交通运输、仓储和邮政业	Traffic, Transport, Storage and Post	1142.10	1398.60	1585.44
信息传输、软件和信息技术服务业	Information Transfer, Software and Information Technology Services	844.50	1148.30	1439.38
房地产业(不含房地产开发经营)	Realty Industry	412.60	484.60	645.54
租赁和商务服务业	Tenancy and Business Services	659.80	834.40	1066.75
科学研究和技术服务业	Scientific Research and Technical Service	411.40	515.80	636.47
水利、环境和公共设施管理业	Management of Water Conservancy, Environment and Public Facilities	42.30	48.30	68.45
居民服务、修理和其他服务业	Resident Services, Repair and other Services	70.60	95.10	108.59
教育	Education	79.10	99.40	148.68
卫生和社会工作	Health and Social Work	58.20	75.00	95.77
文化、体育和娱乐业	Culture, Sports and Entertainment	90.30	114.20	124.09

14-5 续表 continued

单位：亿元 (100 million yuan)

项　　目	Item	应付职工薪酬 Total Wages Payable 2019	2020	2021
全　省	**Provincial Total**	**6883.07**	**7522.62**	**8898.92**
按行业分	Grouped by Sector			
交通运输、仓储和邮政业	Traffic, Transport, Storage and Post	1507.99	1455.49	1622.86
信息传输、软件和信息技术服务业	Information Transfer, Software and Information Technology Services	1844.25	2151.83	2677.49
房地产业(不含房地产开发经营)	Realty Industry	737.74	836.82	932.83
租赁和商务服务业	Tenancy and Business Services	1344.03	1505.35	1792.73
科学研究和技术服务业	Scientific Research and Technical Service	762.46	853.26	1021.38
水利、环境和公共设施管理业	Management of Water Conservancy, Environment and Public Facilities	86.14	104.55	131.72
居民服务、修理和其他服务业	Resident Services, Repair and other Services	135.47	152.26	172.37
教育	Education	175.39	188.88	212.76
卫生和社会工作	Health and Social Work	122.33	134.60	179.31
文化、体育和娱乐业	Culture, Sports and Entertainment	167.27	139.58	155.47

14-6 规模以上服务业企业分行业就业人员平均人数

Average number of Employed Persons of Service Enterprises above Designated Size by Sector

单位：万人 (10000 persons)

项　目	Item	就业人员平均人数 Average Number of Employed Persons		
		2016	2017	2018
全　省	**Provincial Total**	**393.76**	**437.95**	**496.20**
按行业分	Grouped by Sector			
交通运输、仓储和邮政业	Traffic, Transport, Storage and Post	109.58	112.08	115.67
信息传输、软件和信息技术服务业	Information Transfer, Software and Information Technology Services	57.71	67.80	77.34
房地产业(不含房地产开发经营)	Realty Industry	61.66	67.21	83.39
租赁和商务服务业	Tenancy and Business Services	84.39	98.28	112.96
科学研究和技术服务业	Scientific Research and Technical Service	32.24	36.37	41.91
水利、环境和公共设施管理业	Management of Water Conservancy, Environment and Public Facilities	6.86	7.78	10.93
居民服务、修理和其他服务业	Resident Services, Repair and other Services	15.99	20.20	21.64
教育	Education	9.94	11.14	13.94
卫生和社会工作	Health and Social Work	6.87	7.81	9.03
文化、体育和娱乐业	Culture, Sports and Entertainment	8.53	9.28	9.39

14-6 续表 continued

单位：万人 (10000 persons)

项　目	Item	期末用工人数 Average Number of Employed Persons		
		2019	2020	2021
全　省	**Provincial Total**	**539.58**	**590.85**	**620.58**
按行业分	Grouped by Sector			
交通运输、仓储和邮政业	Traffic, Transport, Storage and Post	109.32	109.12	105.67
信息传输、软件和信息技术服务业	Information Transfer, Software and Information Technology Services	87.44	95.74	109.49
房地产业(不含房地产开发经营)	Realty Industry	88.93	96.13	98.98
租赁和商务服务业	Tenancy and Business Services	133.59	160.23	164.52
科学研究和技术服务业	Scientific Research and Technical Service	45.92	48.72	54.82
水利、环境和公共设施管理业	Management of Water Conservancy, Environment and Public Facilities	12.57	15.89	17.94
居民服务、修理和其他服务业	Resident Services, Repair and other Services	25.09	27.30	28.88
教育	Education	15.38	16.38	15.71
卫生和社会工作	Health and Social Work	10.43	11.66	14.14
文化、体育和娱乐业	Culture, Sports and Entertainment	10.92	9.69	10.43

14-7 各市规模以上服务业企业主要指标（2021年）

单位：亿元

市别	City	企业单位数（个） Number of Enterprises (unit)	营业收入 Business Revenue 总量 Total	营业收入 Business Revenue 比2020年增长(%) Growth Rate in 2021 Over 2020(%)	营业成本 Business Costs 总量 Total	营业成本 Business Costs 比2020年增长(%) Growth Rate in 2021 Over 2020(%)
广州	Guangzhou	12587	17050.91	20.8	13078.44	21.3
深圳	Shenzhen	10771	19911.64	23.6	13950.13	27.5
珠海	Zhuhai	1164	1282.71	24.1	862.47	23.7
汕头	Shantou	522	314.20	23.9	240.84	20.5
佛山	Foshan	1843	1302.95	17.7	950.60	19.2
韶关	Shaoguan	188	100.96	11.8	80.70	13.2
河源	Heyuan	116	74.20	29.9	47.45	14.0
梅州	Meizhou	82	72.82	12.8	59.10	11.7
惠州	Huizhou	1043	591.34	14.5	437.54	13.0
汕尾	Shanwei	153	104.52	20.0	90.13	19.3
东莞	Dongguan	2429	1850.74	20.4	1242.64	21.8
中山	Zhongshan	840	473.49	18.1	345.80	16.9
江门	Jiangmen	381	251.56	18.2	184.06	20.7
阳江	Yangjiang	120	87.45	7.7	69.34	7.4
湛江	Zhanjiang	344	295.28	20.4	217.73	19.0
茂名	Maoming	240	153.64	17.2	118.49	16.8
肇庆	Zhaoqing	153	119.98	13.9	88.35	12.5
清远	Qingyuan	265	178.93	22.7	131.60	24.2
潮州	Chaozhou	53	51.81	14.3	40.51	10.7
揭阳	Jieyang	120	105.24	15.1	82.33	16.3
云浮	Yunfu	79	45.49	6.4	33.85	6.4
按经济区域分	By Region					
珠三角	Pearl River Delta	31211	42835.32	21.9	31140.03	23.8
东翼	Eastern Region	848	575.77	20.6	453.82	18.6
西翼	Western Region	704	536.37	17.2	405.56	16.2
山区	Mountainous Region	730	472.40	17.9	352.71	16.2

Main Indicators of Service Enterprises above Designated Size by City (2021)

(100 million yuan)

税金及附加 Tax and Extra Charges		销售费用 Selling Expenses		管理费用 Management Expenses	
总量 Total	比2020年增长(%) Growth Rate in 2021 Over 2020(%)	总量 Total	比2020年增长(%) Growth Rate in 2021 Over 2020(%)	总量 Total	比2020年增长(%) Growth Rate in 2021 Over 2020(%)
95.50	23.0	865.90	15.3	1651.91	14.7
111.88	0.5	1246.28	26.3	2150.74	20.6
16.84	128.0	52.94	25.9	174.70	15.5
2.05	9.6	18.63	49.1	30.60	27.6
11.66	19.1	60.81	6.3	146.79	6.0
0.55	12.8	3.99	10.0	10.41	10.7
0.36	35.0	3.27	-18.0	19.58	79.0
0.36	12.0	3.27	-16.3	7.81	12.3
4.57	2.9	20.23	10.2	65.59	22.4
0.44	3.4	3.29	16.6	10.51	16.6
13.26	26.9	83.77	13.4	189.00	14.6
4.55	27.3	22.95	7.5	54.91	8.4
2.30	19.0	10.20	-3.6	25.70	11.2
0.37	-0.6	4.00	21.6	8.47	-2.9
1.73	16.9	9.97	0.3	32.11	20.6
0.66	48.5	7.81	16.2	13.18	14.0
0.84	10.3	5.78	-5.4	12.10	9.0
1.09	24.7	5.91	2.6	19.31	11.7
0.23	9.3	3.30	21.2	4.15	19.9
0.38	5.5	5.50	-2.7	8.49	13.3
0.31	-7.7	2.18	13.0	5.56	6.5
261.42	15.0	2368.86	20.4	4471.44	17.1
3.09	8.2	30.71	29.7	53.74	22.3
2.76	20.2	21.78	9.2	53.76	14.6
2.67	16.8	18.62	-3.1	62.67	25.8

14-7 续表

单位：亿元

市别	City	财务费用 Financial Expenses 总量 Total	比2020年增长(%) Growth Rate in 2021 Over 2020(%)	利润总额 Total Profits 总量 Total	比2020年增长(%) Growth Rate in 2021 Over 2020(%)
广　州	Guangzhou	420.62	10.1	1641.26	32.6
深　圳	Shenzhen	359.44	-17.5	2780.72	-8.3
珠　海	Zhuhai	33.67	52.5	173.92	-44.1
汕　头	Shantou	5.22	-19.5	15.77	-37.8
佛　山	Foshan	38.80	3.7	125.73	23.1
韶　关	Shaoguan	1.44	-0.5	4.78	-25.1
河　源	Heyuan	1.79	13.8	2.13	276.1
梅　州	Meizhou	6.98	-8.6	-4.58	29.2
惠　州	Huizhou	45.45	25.4	75.84	3.2
汕　尾	Shanwei	2.98	10.4	9.56	-1.0
东　莞	Dongguan	57.74	36.5	315.44	13.3
中　山	Zhongshan	10.98	-1.4	63.85	6.3
江　门	Jiangmen	11.20	47.5	25.40	2.9
阳　江	Yangjiang	1.00	1.2	5.06	18.8
湛　江	Zhanjiang	8.32	40.3	38.92	57.3
茂　名	Maoming	2.36	18.4	13.68	36.3
肇　庆	Zhaoqing	7.51	25.4	10.05	30.8
清　远	Qingyuan	8.84	19.5	12.25	13.6
潮　州	Chaozhou	0.57	-4.0	2.48	30.3
揭　阳	Jieyang	0.48	-1.0	8.94	41.7
云　浮	Yunfu	0.80	-16.2	-4.96	-387.2
按经济区域分	By Region				
珠三角	Pearl River Delta	985.39	0.5	5212.20	1.7
东　翼	Eastern Region	9.25	-9.9	36.76	-14.9
西　翼	Western Region	11.69	31.1	57.66	47.7
山　区	Mountainous Region	19.84	4.4	9.63	-14.2

14-7 continued

(100 million yuan)

所得税费用 Income Taxes Payable		应付职工薪酬 Total Wages Payable		应交增值税 Value-added Tax Payable		期末用工人数 (万人) Average Number of Employed Persons (10000 persons)
总量 Total	比2020年增长(%) Growth Rate in 2021 Over 2020(%)	总量 Total	比2020年增长(%) Growth Rate in 2021 Over 2020(%)	总量 Total	比2020年增长(%) Growth Rate in 2021 Over 2020(%)	
223.02	12.3	3572.92	18.3	364.55	22.1	236.30
262.80	-1.6	3780.44	14.6	417.72	18.6	235.00
28.50	-4.4	335.07	23.6	36.62	27.4	24.31
3.71	-58.0	67.34	14.4	5.36	39.4	6.70
23.13	20.7	278.29	12.9	33.62	12.9	26.71
0.95	-25.1	19.84	12.7	2.53	66.4	2.38
0.88	145.8	13.80	8.4	5.01	351.5	1.76
1.46	42.7	17.00	7.6	1.88	10.6	1.67
12.36	28.5	120.43	17.4	13.08	13.1	14.00
1.27	79.8	24.22	19.3	1.46	-8.8	2.34
38.73	29.9	322.29	13.2	36.84	24.0	33.36
9.72	12.7	103.86	9.5	11.01	21.5	11.42
5.24	9.5	46.26	14.2	4.88	34.6	4.77
1.11	-11.4	20.29	35.2	2.40	2.7	1.89
7.82	34.6	61.48	28.0	10.33	89.7	5.39
2.74	3.4	26.24	16.1	3.48	30.4	2.91
2.75	31.6	22.12	10.5	2.61	25.7	2.36
2.94	18.8	30.13	14.3	4.06	13.2	3.26
0.67	6.7	7.90	6.2	0.59	37.9	0.75
2.00	24.3	18.10	26.4	1.07	2.6	2.29
0.86	24.2	10.92	13.0	1.02	39.5	1.01
606.25	6.4	8581.67	16.3	920.93	20.4	588.24
7.64	-35.1	117.56	16.5	8.48	22.6	12.08
11.67	20.2	108.00	26.1	16.21	55.2	10.19
7.09	21.9	91.69	11.6	14.50	67.7	10.08

主要统计指标解释

期末用工人数　指报告期最后一日24时企业实际拥有的、参与本企业生产经营活动的人员数，无论是否从本企业领取劳动报酬均视为用工人数。该指标为时点指标，不包括最后一日当天及以前已经不再参与本企业生产经营活动的人员。包括企业的正式人员、劳务派遣人员和其他临时人员。

Explanatory Notes on Main Statistical Indicators

The average number of persons engaged in service activities　refers to the average number of persons engaged in the service industry activities within the reporting period, according to the statistics principle of "who labor, who statistics", including the formal staff, labor dispatch personnel and temporary staff who participate in the activities of the service industry enterprises. And the people receiving wages, dividends, bonus from the enterprise but not participating in the service industry activities are not included.

十五、运输和邮电

TRANSPORTATION, POSTAL AND TELECOMMUNICATION SERVICES

十五　运输和邮电

简要说明

一、本篇资料反映广东运输和邮电通信业发展的基本状况。

交通运输业资料主要包括：运输线路里程、运输设备拥有量、货物运输量和旅客运输量、港口设备和吞吐量、航站吞吐量等。

邮电通信业资料主要包括：邮电通信主要工具及设备情况，主要邮电业务完成情况，邮电通信发展水平等。

二、资料调查范围和统计单位

1. 铁路资料：包括国家铁路、地方铁路和合资铁路运营情况，不含军用铁路及由厂矿企事业单位自建的铁路专用线和专用铁道。

2. 公路、水路、港口资料：(1)公路和水路线路里程为年末通车和通航里程数。公路里程、桥梁、渡口统计从 2006 年起包括农村公路。(2)民用汽车拥有量，根据公安交通管理局所属车管部门登记注册的车辆资料整理；(3)民用运输船舶拥有量，不含渔船、水上施工作业船，根据水上航运管理部门登记注册的船舶资料整理；(4)公路、水路客货运输量资料，包括在广东公路水路运输管理部门注册登记或审批备案的、从事营业性公路、水路客、货运输的营业性运输工具(包括个体联户)所完成的运输量。此部分数据 2005 年之前由统计局收集整理，2005 年起改由省交通运输厅通过抽样调查方法负责收集整理。2009 年，交通运输部统一部署更换调查方法收集整理。2014-2015 年，按交通运输部要求，公路水路客货运输量采用经济调查结果进行推算。2016 年，公路水路客货运输量采用 2015 年专项调查结果进行推算。2020 年客货运输量中，公路货物运输量根据 2019 年道路货物运输量专项调查结果推算，海洋水路客货运输量统计方式改为企业一套表联网直报，管道运输纳统增加 6 家企业，增速按可比口径计算。2021 年，道路货物运输量统计方法调整为“规上企业全面调查+规下业户波动推算”。每次更换调查方法，均会导致公路水路客货运输量数据与以往不可比，使用时敬请注意。(5)港口设备及吞吐量，根据各地港务管理部门注册的港口企业和从事港口生产活动单位的资料整理。2019 年起，港口统计数据采集方式改为企业一套表联网直报，统计范围是辖区内各港口。

3. 管道运输资料：包括输原油、输成品油、输天然气、输其他气体的管线长度、输送能力及完成的运输量。数据主要来源于中国石油天然气集团公司和中国石油化工集团公司所属的本地各管道运输单位。

4. 民航运输资料：统计对象为在广东境内注册、从事民用航空运输飞行和通用飞行的航空运输企业和民用航空机场，不包括在境内运输飞行的国内其他航空公司及外国航空公司。统计范围为各航空公司从事国内运输、港澳台运输、国际运输的定期航班航线条数及里程、运输量及期末飞机在册架数、民用航空机场航班起降架次和客货吞吐量等。

5. 邮电通信资料：包括全省电信和邮政运营企业为社会公众提供的各类电信和邮政服务，不含专用网业务资料。资料主要来源于省通信管理局、邮政管理局以及邮政、电信、移动、联通等运营单位。

三、本篇资料由广东省统计局服务业统计处整理、编辑。资料主要来源于省内民航、铁路、公路、水运、港口、公安、邮政、通信等行业主管部门以及各有关单位。

15 Transportation,Postal and Telecommunication Services

Brief Introduction

Ⅰ. The data in this chapter cover mainly the basic conditions of the development of transport, postal and telecommunication services in Guangdong Province.

The data on transport cover mainly the route length of five means of transportation, the possession of transport equipment, the freight and passenger traffic the possession of port equipment and the volume of freight handled in ports, the passenger and freight throughput of airports, etc.

The data on postal and telecommunication services cover mainly major means and equipment of post and telecommunications, achievements of main businesses of postal and telecommunication services, and the level of development of postal and telecommunication services, etc.

II. Coverage and Statistical Units

1. Data on railway transportation: including the operation and management of the national, local and joint-venture railways, but excluding the railways for military purpose, lines built by factories, mines, enterprises and institutions for exclusive use, and special railways.

2. Data on highways, waterways and ports: (1) The length of highways and waterways refer to the length open to traffic or navigation at the end of the year. The Statistical of length of highways,bridges,ferries from 2006 include rural highway. (2) The data on the possession of civil motor vehicles are compiled according to registration data of vehicles at the divisions of vehicle management under the traffic management departments of public security authorities. (3) The data on the possession of civil vessels exclusive of fishing boats and engineering ships over water are compiled according to registration data of vessels at the authorities of navigation and port management. (4) The data on the volume of transportation by highways and waterways, including all enterprises, institutions, and individuals (or individual partnerships) registered in Guangdong for passenger and freight transportation by highways and waterways, were collected and prepared by the Bureau of Statistics before 2005. Since 2005, the data were collected and prepared by the Department of Transport of Guangdong through sample survey. Since 2009, the data are collected and prepared in accordance with the new survey method stipulated by the Ministry of Transport. Since 2015, the data are prepared according to the third economic census of Guangdong Province.In the passenger and cargo traffic in 2020, cargo traffic by highway have been calculated according special survey of road cargo traffic in 2019,statistics of passenger and cargo traffic by waterway have been obtained by corporations reporting directly online,pipeline transportation enterprises increased by 6,the growth rate is calculated by comparable coverage.In 2021, the statistical method of road freight transport volume have adjusted to "comprehensive survey of Enterprises above Designated Size + fluctuating calculation of enterprises below Designated Size". Since the new survey method has new criteria for survey target and urban-rural division, the data are not comparable with those of the previous years. (5) The data on possession of port equipment and production capacity and handling capacity of ports are compiled according to registration data of port enterprises and production units at local port authorities. Starting in 2019, data related to ports have been compiled from direct online reporting by port enterprises, with the statistical scope being ports within each jurisdiction.

3. Data on pipeline transport: the data on pipeline transport cover the length, transport capacity and the volume transported of pipelines of petroleum (crude oil), petroleum products, natural gas and other gases. The data are mainly provided by enterprises engaged in the pipeline transport subordinate to the China National Petroleum Corporation and China Petrochemical Corporation.

4. Data on civil aviation transport: data on civil aviation transport include air transport enterprises and civil airports registered for civil aviation transport and general aviation, excluding other domestic aviation companies and foreign aviation companies engaged in air transport within Chinese territory. The statistics cover regular flights of domestic transport, transport between the mainland of China and Hong Kong, Macao and Taiwan, and international transport managed by various aviation companies, concerning the number of lines, length, transport volume, number of registered aircrafts at the end of the reference period, sorties at civil airports, and volumes of passenger and freight handled at civil airports.

5. Data on post and telecommunications: data in this category include telecommunications and postal services rendered to the public by telecommunications and postal enterprises of the whole province, but exclude services provided through dedicated networks. Statistics are mainly provided by Guangdong Communications Administration and corresponding enterprises, including China Post, China Telecom, China Mobile, China Unicom ,and China Netcom.

III. The data in this chapter are prepared and compiled by the Division of Service Industry Statistics of Statistics Bureau of Guangdong Province. Raw data are mainly provided by authorities and related enterprises and institutions within the province of civil aviation, railways, highways, waterways, ports, public securities, and post and telecommunications.

15-1 运输邮电主要指标

Main Indicators on Transport, Postal and Telecommunication Services

指 标	Item	2000	2010	2020	2021	2021比2020增长% Growth Rate in 2021 over 2020 (%)
铁路营业里程 (公里)	Length of Railways in Operation (km)	1942	2297	4871	5101	4.7
公路通车里程 (公里)	Length of Highways (km)	102606	190144	221873	222987	0.5
内河通航里程 (公里)	Length of Navigable Inland Waterways (km)	13696	13596	12252	12266	0.1
民航航线里程 (万公里)	Length of Civil Aviation Routes (10000 km)	50.03	180.74	369.21	339.56	-8.0
管道输油(气)里程 (公里)	Length of Petroleum and Gas Pipelines (km)	1535.57	6033.62	10136.90	9664.23	-4.7
港口码头泊位 (个)	Number of Berths in Coastal Ports (unit)	3191	3082	2378	2295	-3.5
#万吨级泊位	Berths at 10000 Ton Class	126	245	342	349	2.0
码头泊位长度 (米)	Length of Quay Line (m)	180238	252762	248844	241392	-3.0
公路桥梁 (座)	Number of Highway Bridges (unit)	19668	42330	50036	51302	2.5
#永久式	Permanent	19656	42233	49939	51243	2.6
民用汽车 (万辆)	Number of Civil Motor Vehicles (10000 units)	172.91	783.50	2500.92	2702.55	8.1
机动船艘数 (艘)	Number of Motor Vessels (unit)	21733	8793	6835	6646	-3.1
吨位数 (万净载重吨)	Tonnage (10000 dead weight ton)	526.88	1140.71	2251.25	2369.96	5.1
民用运输飞机 (架)	Number of Civil Aircrafts (unit)	106	441	886	901	1.7
本地交换设备容量 (万门)	Capacity of Local Telephone Exchanges (10000 lines)	1939.45	5383.59	390.04	377.97	-3.1
移动电话交换机容量 (万户)	Capacity of Mobile Telephone Exchanges (10000 subscribers)	1825.40	14766.90	23803.81	23803.81	0.0
本地电话用户 (万户)	Subscribers of Local Fixed Telephones (10000 subscribers)	1414.94	3169.14	2131.88	2072.20	-2.8
移动电话用户 (万户)	Subscribers of Mobile Telephones (10000 subscribers)	1357.26	9710.09	15536.92	16267.80	4.7
客运量 (万人)	Passenger Traffic (10000 persons)	164791	467049	87777	62126	-29.2
旅客周转量 (亿人公里)	Passenger-kilometers (100 million passenger-km)	1218.59	3342.23	2617.23	2352.19	-10.1
货运量 (万吨)	Freight Traffic (10000 tons)	119216	205034	356221	398420	11.8
货物周转量 (亿吨公里)	Freight Ton-kilometers (100 million ton-km)	3064.51	5933.88	27575.18	28388.06	2.9
港口货物吞吐量 (万吨)	Volume of Freight Handled in Ports (10000 tons)	31649	122258	202226	209600	3.6
港口旅客吞吐量 (万人)	Volume of Passengers Handled in Ports(10000 persons)	1670.32	2483.21	1699.27	1849.17	8.8
航站旅客吞吐量 (万人)	Volume of Passengers Handled at Airports (10000 persons)	2142.84	7188.64	9942.26	9594.04	-3.5
邮电业务总量 (亿元)	Business Volume of Postal and Telecommunication Services (100 million yuan)	757.22	4832.94	20833.11	4954.59	26.5
邮政 (亿元)	Postal Service (100 million yuan)	50.40	118.57	5807.81	3021.10	25.9
电信 (亿元)	Telecommunication Service (100 million yuan)	706.82	4714.37	15025.30	1933.49	27.5

注：1.邮电业务总量1988年及以前按1980年不变价格计算，1989—2000年按1990年不变价格计算，2001—2010年按2000年不变价格计算，2011—2016年按2010年不变价格计算，2017年起，电信业务总量按2015年不变价格计算，邮政业务总量仍按2010年不变价格计算。2021年起，按2020年不变价计算。增速按可比价格计算。

2.2017年起，铁路客运量和货运量改为按发送量计算，客运量货运量数据与往年不可比。增长速度按可比口径计算。

3.从2019年起，港口统计数据采集方式改为企业一套表联网直报，统计范围是辖区内各港口，增长速度按可比口径计算。

Notes:a) The business volume of postal and telecommunication services in and before 1998 was calculated at 1980 constant prices, that from 1998 to 2000 was calculated at 1990 constant prices, that from 2001 to 2010 was calculated at 2000 constant prices and that from 2011 to 2016 was calculated at 2010 constant prices. Since 2017, the tltal amount of telecommunications was calculated at 2015 constant prices, while the total amount of postal business was calculated at 2010 constant prices. From 2021, that was calculated at 2020 constant prices. The growth rate was calculated at comparable prices.

b) Since 2017, passenger and cargo traffic by rail have been calculated according traffic sent, as such, data of cargo and passenger traffic by rail is incomparable with previous years. Growth rate is calculated with a comparable prices.

c) Since 2019, dockyard statistics have been obtained by corporations reporting directly online, the statistical scope of the data is organized by dockyards within each jurisdiction, growth rates are calculated with comparable data

15-2 全社会旅客运输量

Total Passenger Traffic

年份 Year	客运量(万人) Passenger Traffic (10000 persons)					旅客周转量（亿人公里） Passenger-kilometers (100 million passenger-km)				
	合计 Total	铁路 Railways	公路 Highways	水路 Waterways	民航 Civil Aviation	合计 Total	铁路 Railways	公路 Highways	水路 Waterways	民航 Civil Aviation
1985	49848	3357	41826	4427	238	270.23	50.41	178.27	20.46	21.09
1986	126890	3742	113561	9295	292	450.35	56.70	346.81	19.82	27.02
1987	158715	4129	144684	9557	345	796.86	66.98	678.04	21.20	30.64
1988	218915	4828	204278	9420	389	402.34	82.53	261.18	22.43	36.20
1989	66727	4882	58110	3377	358	447.62	84.38	309.25	20.50	33.49
1990	78046	4467	70681	2428	470	453.21	82.56	307.40	19.68	43.57
1991	83460	5004	75570	2317	569	526.66	102.11	348.85	20.89	54.81
1992	93678	6243	83128	3503	804	624.55	131.99	385.76	25.75	81.05
1993	95468	6835	84708	3078	847	696.92	161.04	422.88	25.60	87.40
1994	125036	6920	111447	5636	1033	929.48	164.11	619.52	33.21	112.64
1995	130998	6283	118406	5146	1163	936.29	163.11	613.07	31.13	128.98
1996	128831	5593	117815	4232	1191	938.65	153.86	626.60	20.65	137.54
1997	123649	6201	113259	3032	1157	957.20	177.61	616.48	17.21	145.90
1998	132462	6743	121795	2729	1195	994.84	194.16	630.65	13.87	156.16
1999	148636	7553	137324	2605	1154	1082.14	212.13	700.74	13.62	155.65
2000	164791	12165	148945	2363	1318	1218.59	241.51	780.74	11.65	184.69
2001	178676	12783	161967	2382	1544	1342.12	252.37	858.86	11.40	219.49
2002	188657	13310	171191	2347	1809	1490.34	273.19	945.16	11.31	260.68
2003	191202	12935	174288	2208	1771	1505.83	267.14	983.67	11.41	243.61
2004	202414	15142	183012	1827	2433	1738.21	308.38	1076.06	10.17	343.60
2005	212104	16106	189881	2062	4055	2122.14	327.74	1190.73	9.54	594.13
2005(调整) (adjusted)	161357	16106	139158	2038	4055	2043.23	327.74	1111.57	9.79	594.13
2006	197314	15109	175567	2073	4565	2245.37	347.60	1212.76	12.14	672.87
2007	211215	16762	186835	2071	5548	2626.71	387.61	1410.72	10.98	817.40
2007(调整) (adjusted)	206504	12050	186835	2071	5548	2626.71	387.61	1410.72	10.98	817.40
2008	238375	13739	216902	1902	5832	2844.79	420.12	1566.73	9.80	848.14
2008(调整) (adjusted)	484161	13739	462997	1593	5832	2551.92	420.12	1276.12	7.54	848.14
2009	428705	13394	406704	1873	6734	2853.30	407.72	1470.06	7.06	968.46
2010	467049	14956	442224	2241	7628	3342.23	456.46	1736.34	8.36	1141.07
2011	522095	17902	493618	2594	7981	3851.84	505.16	2082.68	9.63	1254.37
2012	586299	18528	556510	2725	8535	4372.06	514.88	2470.11	10.01	1377.06
2013	636816	20459	604934	2426	8997	4852.41	565.91	2776.08	10.23	1500.19
2013(调整) (adjusted)	175109	20459	143406	2247	8997	3538.10	565.91	1462.82	9.18	1500.19
2014	193363	23744	157234	2613	9771	3967.28	670.78	1629.79	10.67	1656.05
2015	207345	26536	168028	2728	10054	4335.79	747.05	1769.61	10.50	1808.63
2015(调整) (adjusted)	137368	26536	98050	2728	10054	3601.12	747.05	1034.94	10.50	1808.63
2016	144262	28954	102094	2648	10566	3842.58	793.44	1079.80	10.34	1959.00
2017	148549	28476	105919	2733	11420	4140.29	872.08	1129.53	10.85	2127.82
2018	154682	33745	105249	2775	12913	4501.97	953.75	1120.71	11.13	2416.38
2019	155770	38213	101012	2614	13931	4764.98	1023.05	1092.97	9.71	2639.26
2019(调整) (adjusted)	155892	38213	101012	2736	13931	4765.31	1023.05	1092.97	10.04	2639.26
2020	87777	22609	54946	1345	8878	2617.23	630.33	556.31	4.27	1426.32
2021	62126	23977	27567	1580	9002	2352.19	670.39	265.96	4.51	1411.33

15-3 旅客运输量指数

Indices of Passenger Traffic

上年=100 (preceding year=100)

年份 Year	客运量 Passenger Traffic					旅客周转量 Passenger-kilometers				
	合计 Total	铁路 Railways	公路 Highways	水路 Waterways	民航 Civil Aviation	合计 Total	铁路 Railways	公路 Highways	水路 Waterways	民航 Civil Aviation
1978	107.9	105.6	109.0	104.8	144.8	110.4	112.8	109.8	102.3	151.9
1979	114.9	115.5	116.0	109.2	144.2	123.5	129.1	119.8	117.1	165.2
1980	117.3	101.0	125.2	97.7	118.6	121.2	120.4	128.0	109.3	97.4
1981	107.4	100.0	110.0	99.1	125.1	110.9	109.0	112.2	106.0	121.0
1982	119.7	95.7	126.6	99.9	122.4	111.8	102.6	117.1	102.4	125.4
1983	107.2	107.2	108.6	96.4	89.6	111.9	117.8	114.0	99.7	94.6
1984	119.7	109.2	124.4	87.3	142.9	125.6	115.3	130.4	98.3	183.2
1985	109.2	112.6	109.1	103.6	131.6	118.1	121.3	116.1	101.0	148.7
1986	90.0	102.8	88.2	91.7	125.2	95.0	106.7	86.0	91.4	130.8
1987	125.1	110.3	127.4	102.8	118.2	176.9	118.1	195.5	107.0	113.4
1988	137.9	116.9	141.2	98.6	112.8	50.5	123.2	38.5	105.8	118.1
1989	30.5	101.1	28.4	35.8	92.0	111.3	102.2	118.4	91.4	92.5
1990	117.0	91.5	121.6	71.9	131.3	101.2	97.8	99.4	96.0	130.1
1991	106.9	112.0	106.9	95.4	121.1	116.2	123.7	113.5	106.1	125.8
1992	112.2	124.8	110.0	151.2	141.3	118.6	129.3	110.6	123.3	147.9
1993	101.9	109.5	101.9	87.9	105.3	111.6	122.0	109.6	99.4	107.8
1994	131.0	101.2	131.6	183.1	122.0	133.4	101.9	146.5	129.7	128.9
1995	104.8	90.8	106.2	91.3	112.6	100.7	99.4	99.0	93.7	114.5
1996	98.3	89.0	99.5	82.2	102.4	100.3	94.3	102.2	66.3	106.6
1997	96.0	110.9	96.1	71.6	97.1	102.0	115.4	98.4	83.3	106.1
1998	107.1	108.7	107.5	90.0	103.3	103.9	109.3	102.3	80.6	107.0
1999	112.2	112.0	112.8	95.5	96.6	108.8	109.3	111.1	98.2	99.7
2000	108.4	111.9	108.5	90.7	114.2	112.6	113.8	111.4	85.5	118.7
2001	108.4	105.1	108.7	100.8	117.1	110.1	104.5	110.0	97.9	118.8
2002	105.6	104.1	105.7	98.5	117.2	111.0	108.2	110.0	99.2	118.8
2003	101.3	97.2	101.8	94.1	97.9	101.0	97.8	104.1	100.9	93.5
2004	105.9	117.1	105.0	82.7	137.4	115.4	115.4	109.4	89.1	141.0
2005	104.8	106.4	103.8	112.9	166.7	122.1	106.3	110.7	93.8	172.9
2006	122.3	93.8	126.2	101.7	112.6	109.9	106.1	109.1	124.0	113.3
2007	107.0	110.9	106.4	99.9	121.5	117.0	111.5	116.3	90.4	121.5
2008	115.4	114.0	116.1	91.8	105.1	108.3	108.4	111.1	89.3	103.8
2009	88.5	97.5	87.8	117.6	115.4	111.8	97.0	115.2	93.6	114.2
2010	108.9	111.7	108.7	119.6	113.3	117.1	112.0	118.1	118.4	117.8
2011	111.8	119.7	111.6	115.8	104.6	115.2	110.7	119.9	115.2	109.9
2012	112.3	103.5	112.7	105.1	106.9	113.5	101.9	118.6	103.9	109.8
2013	108.6	110.4	108.7	89.0	105.4	111.0	109.9	112.4	102.2	108.9
2014	110.4	116.1	109.6	116.3	108.6	112.1	118.5	111.4	116.2	110.4
2015	107.2	111.8	106.9	104.4	102.9	109.3	111.4	108.6	98.4	109.2
2016	105.0	109.1	104.1	97.1	105.1	106.7	106.2	104.3	98.5	108.3
2017	105.6	112.1	103.7	103.2	108.1	107.6	109.4	104.6	104.9	108.6
2018	103.9	118.5	99.4	101.5	110.2	107.5	109.4	99.2	102.6	111.1
2019	100.7	113.2	96.0	94.2	107.9	105.8	107.3	97.5	87.2	109.2
2020	56.3	59.2	54.4	49.1	63.7	54.9	61.6	50.9	42.6	54.0
2021	70.8	106.1	50.2	117.5	101.4	89.9	106.4	47.8	105.5	98.9

15-4 各市客运量

Passenger Traffic by City

单位：万人 (10000 persons)

市别	City	2005	2010	2015	2017	2018	2019	2020	2021
全　省	**Provincial Total**	**161357**	**467049**	**207345**	**148549**	**154682**	**155770**	**87777**	**62126**
广　州	Guangzhou	22583	47872	85170	25482	25780	25658	18063	6731
深　圳	Shenzhen	9500	151404	7040	6467	6654	6907	5266	4636
珠　海	Zhuhai	4874	19078	4017	3393	3191	3121	1406	1003
汕　头	Shantou	1991	2539	1642	1604	1635	1676	1133	305
佛　山	Foshan	11472	25166	5387	5268	5057	4359	1448	2000
韶　关	Shaoguan	2280	10200	5515	5291	5558	5638	2934	1173
河　源	Heyuan	1969	3294	3257	3527	3654	2980	783	992
梅　州	Meizhou	3550	4399	2859	2856	3027	2598	863	340
惠　州	Huizhou	5049	12763	6799	6617	6616	4686	926	889
汕　尾	Shanwei	3800	7250	1237	1371	1348	1221	514	537
东　莞	Dongguan	30951	77446	5071	4342	3383	3276	831	899
中　山	Zhongshan	9200	13258	1822	1518	1401	1488	523	624
江　门	Jiangmen	8249	18096	10272	9606	9417	8935	5127	1360
阳　江	Yangjiang	1585	4111	1586	1549	1582	1594	532	266
湛　江	Zhanjiang	6413	12745	9026	9429	9187	9439	3729	2674
茂　名	Maoming	5079	6830	6367	6515	6658	6753	5783	1419
肇　庆	Zhaoqing	4436	6388	3119	3042	2893	2722	1245	813
清　远	Qingyuan	1959	9874	3088	2997	3060	3251	2390	1182
潮　州	Chaozhou	733	2056	2255	2377	2334	1953	797	156
揭　阳	Jieyang	3014	4789	2041	2221	2363	2398	1381	658
云　浮	Yunfu	2509	4907	3188	3179	3225	2972	619	489
不分地区	Unclassified	20161	22584	36589	39897	46658	52144	31487	32979
按经济区域分	By Region								
珠三角	Pearl River Delta	126475	394055	165285	105632	111050	113296	66321	51934
东　翼	Eastern Region	9538	16634	7175	7573	7680	7248	3825	1656
西　翼	Western Region	13077	23686	16979	17494	17427	17787	10044	4359
山　区	Mountainous Region	12267	32674	17907	17850	18525	17440	7588	4177

注：分市数据仅含公路和水路运输，铁路和民航运输在“不分地区”反映。下表同。

Note: Data by city only include the figures of highway and waterway transportation, whereas data of railway and civil aviation transportation are reflected in the category “Unclassified by Region”. The same applies to the following table.

15-5 各市旅客周转量

Passenger-kilometers by City

单位：亿人公里 (100 million passenger-km)

市 别	City	2005	2010	2015	2017	2018	2019	2020	2021
全 省	**Provincial Total**	**2043.23**	**3342.23**	**4335.79**	**4140.29**	**4501.97**	**4764.98**	**2617.23**	**2352.19**
广 州	Guangzhou	193.24	461.34	861.08	258.07	265.45	263.18	180.69	66.86
深 圳	Shenzhen	71.42	242.13	144.31	125.76	129.04	134.93	60.08	31.85
珠 海	Zhuhai	41.69	68.90	69.18	53.77	48.59	47.94	22.60	8.60
汕 头	Shantou	21.08	51.67	22.45	22.30	22.71	23.42	17.02	6.80
佛 山	Foshan	50.94	82.76	59.31	66.67	65.18	57.88	16.53	18.76
韶 关	Shaoguan	14.17	40.41	28.55	27.31	28.75	29.17	15.38	5.91
河 源	Heyuan	36.97	38.18	38.44	41.05	43.16	37.55	11.10	10.93
梅 州	Meizhou	41.73	51.79	39.52	39.44	41.74	35.70	12.17	5.53
惠 州	Huizhou	35.97	49.46	57.43	55.60	55.94	40.80	10.01	8.95
汕 尾	Shanwei	26.90	52.98	14.05	15.68	15.71	15.66	6.79	6.03
东 莞	Dongguan	158.53	129.07	81.55	68.14	45.63	42.29	11.46	9.49
中 山	Zhongshan	48.84	88.99	21.77	24.05	23.04	23.36	8.75	5.55
江 门	Jiangmen	60.30	58.99	64.71	61.10	61.34	58.54	33.12	9.88
阳 江	Yangjiang	26.29	21.80	11.01	10.53	10.74	10.96	4.13	3.37
湛 江	Zhanjiang	62.10	82.45	95.49	96.14	95.10	105.51	37.75	20.76
茂 名	Maoming	64.83	61.47	59.23	60.93	62.26	63.27	56.27	21.20
肇 庆	Zhaoqing	25.40	33.22	14.71	13.88	13.41	12.73	6.36	7.41
清 远	Qingyuan	35.45	38.68	24.08	23.51	24.59	26.23	20.26	10.95
潮 州	Chaozhou	19.37	23.93	27.53	29.28	29.93	24.93	11.13	3.21
揭 阳	Jieyang	67.53	37.28	22.22	23.87	25.45	25.84	12.33	4.03
云 浮	Yunfu	18.62	29.21	23.49	23.30	24.08	22.77	6.63	4.39
不分地区	Unclassified	921.87	1597.53	2555.68	2999.90	3370.13	3662.31	2056.65	2081.72
按经济区域分	By Region								
珠 三 角	Pearl River Delta	1608.20	2812.37	3929.73	3726.96	4077.75	4343.96	2406.25	2249.09
东 翼	Eastern Region	134.87	165.86	86.25	91.14	93.80	89.85	47.28	20.06
西 翼	Western Region	153.23	165.72	165.73	167.60	168.10	179.74	98.15	45.33
山 区	Mountainous Region	146.93	198.27	154.08	154.60	162.32	151.43	65.55	37.71

15-6 全社会货物运输量

Total Freight Traffic

年份 Year	货运量(万吨) Freight Traffic (10000 tons)						货物周转量(亿吨公里) Freight Ton-kilometers (100 million ton-km)					
	合计 Total	铁路 Railways	公路 Highways	水路 Waterways	民航 Civil Aviation	管道 Pipelines	合计 Total	铁路 Railways	公路 Highways	水路 Waterways	民航 Civil Aviation	管道 Pipelines
1985	58726	3000	42813	12045	4	864	1767.86	102.29	156.45	1503.47	0.38	5.27
1986	65078	4269	49030	10831	4	944	1845.33	130.02	127.28	1581.60	0.45	5.98
1987	74571	4493	57393	11664	5	1016	1982.59	142.56	179.41	1653.81	0.54	6.27
1988	79811	4504	57717	16583	6	1001	2209.11	151.55	216.22	1834.41	0.67	6.26
1989	85054	4888	63254	15820	6	1086	2419.57	168.39	301.16	1942.79	0.71	6.52
1990	85809	4803	63709	16198	8	1091	2598.88	179.54	346.27	2065.69	0.90	6.48
1991	94136	5347	69784	17718	10	1277	3181.83	206.18	386.49	2580.79	1.06	7.31
1992	113119	6089	84181	21346	12	1491	3560.59	239.34	583.36	2727.97	1.41	8.51
1993	125273	6595	87567	29660	14	1437	3797.09	261.91	428.17	3097.19	1.70	8.12
1994	119901	6971	81361	30165	20	1384	4326.09	280.31	443.54	3592.35	2.39	7.50
1995	111063	7634	68884	32952	21	1572	4642.91	290.78	352.45	3990.19	2.75	6.74
1996	95598	8138	60131	25699	24	1606	3761.09	294.12	327.81	3129.27	3.27	6.62
1997	99763	8430	62728	26873	25	1707	3837.78	294.45	341.08	3185.26	3.99	13.00
1998	101933	8288	65682	25669	28	2266	3453.92	290.65	371.08	2750.19	4.90	37.10
1999	106334	8150	70626	24857	31	2670	2980.69	282.68	426.70	2223.75	5.45	42.11
2000	119216	15172	75365	25696	31	2952	3064.51	295.97	472.49	2247.86	6.45	41.74
2001	131621	15435	86555	26434	35	3162	3221.47	296.79	522.89	2350.73	7.54	43.52
2002	137032	14790	92736	26263	42	3201	3229.39	277.87	576.35	2323.27	9.94	41.96
2003	143964	15375	97806	27412	42	3329	3666.83	285.02	614.01	2719.83	11.76	36.21
2004	156094	19495	102843	29783	49	3924	4148.54	341.26	657.49	3091.39	13.22	45.18
2005	158470	18647	105581	30179	73	3989	4359.97	319.68	781.41	3195.85	17.45	45.58
2005(调整) (adjusted)	133992	18647	84861	26422	73	3989	3917.43	319.68	646.55	2888.17	17.45	45.58
2006	145911	16170	97461	27503	79	4698	4162.77	333.12	742.67	2964.89	18.70	103.39
2007	165426	16480	112611	30893	87	5355	4430.93	337.31	906.84	3043.53	20.14	123.11
2007(调整) (adjusted)	160455	11285	112611	30893	87	5578	4489.69	337.31	906.84	3043.53	20.14	181.87
2008	176279	11545	126068	32318	85	6263	4520.12	344.96	1064.55	2878.85	18.38	213.38
2008(调整) (adjusted)	153256	11545	101428	33935	85	6263	4591.22	344.96	1225.30	2853.92	18.38	148.66
2009	179722	11254	125433	36623	90	6322	4942.83	309.55	1518.43	2937.94	18.83	158.08
2010	205034	12170	142389	43092	116	7267	5933.88	329.49	1753.40	3642.22	32.98	175.79
2011	234978	12034	166567	48856	118	7403	7113.29	322.25	2150.04	4427.64	37.00	176.36
2012	266359	12002	189034	57737	128	7458	9780.56	306.04	2434.95	6820.29	42.40	176.89
2013	305833	12042	217630	68378	131	7652	12495.93	301.55	2875.68	9104.57	44.20	169.94
2013(调整) (adjusted)	328138	12042	239462	68851	131	7652	12212.56	301.55	2668.03	9028.84	44.20	169.94
2014	353732	11143	257135	77220	144	8090	15020.92	274.81	3113.84	11407.80	51.05	173.42
2015	376434	10072	279983	78093	149	8137	15130.59	253.90	3454.99	11190.91	56.47	174.33
2015(调整) (adjusted)	349832	10072	255993	75481	149	8137	14667.43	253.90	3108.81	11073.92	56.47	174.33
2016	377645	10135	272826	85633	160	8891	22032.27	254.41	3381.92	18160.35	61.85	173.74
2017	400601	7254	288904	94871	166	9407	28192.23	261.97	3636.89	24011.92	68.73	212.71
2018	424996	7617	304743	102352	226	10058	28644.77	267.99	3890.32	24177.41	80.53	228.53
2019	446018	8185	319279	108371	238	9944	29230.88	297.35	4113.62	24508.26	82.98	228.67
2019(调整) (adjusted)	374823	8185	239744	113159	238	13496	27635.28	297.35	2563.96	24432.75	82.98	258.24
2020	356221	7845	231171	103759	238	13209	27575.18	278.44	2524.20	24404.83	85.93	281.78
2021	398420	9919	267489	107206	240	13564	28388.06	356.53	2980.46	24688.52	92.35	270.20

15-7 货物运输量指数

Indices of Freight Traffic

上年=100 (preceding year=100)

年份 Year	货运量 Freight Traffic 合计 Total	铁路 Railways	公路 Highways	水路 Waterways	民航 Civil Aviation	管道 Pipelines	货物周转量 Freight Ton-kilometers 合计 Total	铁路 Railways	公路 Highways	水路 Waterways	民航 Civil Aviation	管道 Pipelines
1978	96.3	109.2	74.9	104.5	126.6		110.9	110.9	93.0	111.1	140.0	
1979	92.1	103.5	88.9	87.2	100.0	197.2	138.4	103.5	96.6	141.9	142.9	192.9
1980	101.4	93.8	85.3	111.3	151.0	151.4	98.2	99.1	90.7	98.1	100.0	596.3
1981	92.2	84.8	87.0	93.1	102.6	165.3	84.3	92.7	93.8	83.5	100.0	280.7
1982	104.6	107.8	98.1	105.7	125.8	105.7	104.9	105.4	105.3	104.9	130.0	103.8
1983	100.4	104.9	92.4	100.5	118.5	108.7	110.1	108.8	87.6	110.3	123.1	109.8
1984	100.0	108.6	92.6	98.4	133.8	105.3	98.8	112.2	84.7	97.9	162.5	101.9
1985	177.1	105.5	225.5	115.1	133.3	101.2	109.2	111.8	206.5	104.0	146.2	100.4
1986	110.8	142.3	114.5	89.9	100.0	109.3	104.4	127.1	81.4	105.2	118.4	113.5
1987	114.6	105.2	117.1	107.7	125.0	107.6	107.4	109.6	141.0	104.6	120.0	104.8
1988	107.0	100.2	100.6	142.2	120.0	98.5	111.4	106.3	120.5	110.9	124.1	99.8
1989	106.6	108.5	109.6	95.4	100.0	108.5	109.5	111.1	139.3	105.9	106.0	104.2
1990	100.9	98.3	100.7	102.4	133.3	100.5	107.4	106.6	115.0	106.3	126.8	99.4
1991	109.7	111.3	109.5	109.4	125.0	117.0	122.4	114.8	111.6	124.9	117.8	112.8
1992	120.2	113.9	120.6	120.5	120.0	116.8	111.9	116.1	150.9	105.7	133.0	116.4
1993	110.7	108.3	104.0	138.9	116.7	96.4	106.6	109.4	73.4	113.5	120.6	95.4
1994	95.7	105.7	92.9	101.7	142.9	96.3	113.9	107.0	103.6	116.0	140.6	92.4
1995	92.6	109.5	84.7	109.2	105.0	113.6	107.3	103.7	79.5	111.1	115.1	89.9
1996	86.1	106.6	87.3	78.0	114.3	102.2	81.0	101.1	93.0	78.4	118.9	98.2
1997	104.4	103.6	104.3	104.6	104.2	106.3	102.0	100.1	104.0	101.8	122.0	196.4
1998	102.2	98.3	104.7	95.5	112.0	132.7	90.0	98.7	108.8	86.3	122.8	285.4
1999	104.3	98.3	107.5	96.8	110.7	117.8	86.3	97.3	115.0	80.9	111.2	113.5
2000	106.0	106.0	106.7	103.4	100.0	110.6	102.8	104.7	110.7	101.1	118.3	99.1
2001	110.4	101.7	114.8	102.9	112.9	107.1	105.1	100.3	110.7	104.6	116.9	104.3
2002	104.1	95.8	107.1	99.4	120.0	101.2	100.2	93.6	110.2	98.8	131.8	96.4
2003	105.1	104.0	105.5	104.4	100.0	104.0	113.5	102.6	106.5	117.1	118.3	86.3
2004	108.4	126.8	105.1	108.6	116.7	117.9	113.1	119.7	107.1	113.7	112.4	124.8
2005	101.5	95.7	102.7	101.3	149.0	101.7	105.1	93.7	118.8	103.4	132.0	100.9
2006	108.9	86.7	114.8	104.1	108.1	117.8	106.3	104.2	114.9	102.7	107.2	226.8
2007	113.4	101.9	115.5	112.3	110.5	114.0	106.4	101.3	122.1	102.7	107.7	119.1
2008	109.9	102.3	111.9	104.6	97.1	112.3	100.7	102.3	117.4	94.6	91.3	117.3
2009	117.3	97.5	123.7	107.9	106.8	101.0	107.7	89.7	123.9	102.9	102.4	106.3
2010	114.1	108.1	113.5	117.7	128.1	114.9	120.1	106.4	115.5	124.0	175.1	111.2
2011	114.6	98.9	117.0	113.4	102.4	101.9	119.9	97.8	122.6	121.6	112.2	100.3
2012	111.5	99.7	113.5	109.1	107.9	100.7	116.0	95.0	113.3	119.5	114.6	100.3
2013	114.8	100.3	115.1	118.4	102.7	102.6	127.8	98.5	118.1	133.5	104.2	96.1
2014	107.8	92.5	107.4	112.2	110.0	105.7	123.0	91.1	116.7	126.3	115.5	102.0
2015	106.4	90.4	108.9	101.1	102.9	100.6	100.7	92.4	111.0	98.1	110.6	100.5
2016	108.0	100.6	106.6	113.4	107.6	109.3	150.2	100.2	108.8	164.0	109.5	99.7
2017	106.9	101.3	105.9	110.8	103.7	105.8	128.0	104.3	107.5	132.2	111.1	122.4
2018	106.1	105.0	105.5	107.9	106.5	106.9	101.6	99.7	107.0	100.7	107.3	107.4
2019	104.9	107.5	104.8	105.9	105.6	98.9	102.0	111.0	105.7	101.4	103.0	100.1
2020	95.0	95.8	96.4	91.7	99.8	97.9	99.8	93.6	98.4	99.9	103.6	109.1
2021	111.8	126.4	115.7	103.3	100.9	102.7	102.9	128.0	118.1	101.2	107.5	95.9

15-8 各市货运量

Freight Traffic by City

单位：万吨 (10000 tons)

市 别	City	2005	2010	2015	2017	2018	2019	2020	2021
全 省	**Provincial Total**	**133992**	**205034**	**376434**	**400601**	**424996**	**446018**	**356221**	**398420**
广 州	Guangzhou	28026	51335	94303	114595	124641	132922	89191	93968
深 圳	Shenzhen	7837	25706	32331	32100	32586	33982	41150	43657
珠 海	Zhuhai	2225	7038	11626	11471	12541	12883	7575	7947
汕 头	Shantou	1703	3087	6469	6403	6928	7533	7704	8651
佛 山	Foshan	17354	19153	29428	30997	32165	33311	23779	27128
韶 关	Shaoguan	3251	6364	19024	19442	20878	22570	10298	9358
河 源	Heyuan	986	2244	6509	6702	6861	6879	4372	6548
梅 州	Meizhou	3751	4092	7820	8356	8824	9070	9310	11211
惠 州	Huizhou	4786	11104	23435	24693	26080	27853	21387	24483
汕 尾	Shanwei	1106	1232	2536	2722	2879	3071	2260	3662
东 莞	Dongguan	5127	9312	15923	16725	17272	17653	17139	17449
中 山	Zhongshan	5985	7820	17963	17656	16640	11529	10666	10661
江 门	Jiangmen	5626	7458	15407	14975	15893	16901	17921	18568
阳 江	Yangjiang	417	1752	11385	10013	10231	10538	5499	7415
湛 江	Zhanjiang	5016	6808	16528	17559	19010	22177	18652	20726
茂 名	Maoming	4388	4365	9895	10520	11340	12486	10303	13236
肇 庆	Zhaoqing	3689	2869	7303	7171	7847	8509	8096	9705
清 远	Qingyuan	3200	7155	15267	15866	17318	19443	17594	25774
潮 州	Chaozhou	1310	2339	4928	5482	5976	6385	2795	2775
揭 阳	Jieyang	2213	1945	3898	4092	4448	4813	2422	2870
云 浮	Yunfu	3286	2303	6099	6236	6738	7141	6817	8903
不分地区	Unclassified	22710	19553	18358	16826	17901	18368	21291	23724
按经济区域分	By Region								
珠 三 角	Pearl River Delta	103365	161348	266078	287210	303566	313912	258195	277290
东 翼	Eastern Region	6332	8603	17831	18699	20230	21802	15181	17958
西 翼	Western Region	9821	12925	37808	38091	40582	45201	34454	41377
山 区	Mountainous Region	14474	22158	54719	56602	60618	65103	48391	61795

注：分市数据仅含公路和水路运输，铁路、民航和管道运输在“不分地区”反映。下表同。

Note: Data by city only include the figures of highway and waterway transportation, whereas data of railway, civil aviation and pipeline transportation are reflected in the category “Unclassified by Region”. The same applies to the following table.

15－9 各市货物周转量

Freight Ton-kilometers by City

单位：亿吨公里 (100 million ton-km)

市 别	City	2005	2010	2015	2017	2018	2019	2020	2021
全 省	**Provincial Total**	**3917.43**	**5933.88**	**15130.59**	**28192.23**	**28644.77**	**29230.88**	**27575.18**	**28388.06**
广 州	Guangzhou	2431.16	2032.86	8225.53	21173.71	21398.46	21737.17	21525.32	21760.26
深 圳	Shenzhen	317.28	1627.56	2241.11	2286.82	2156.25	2174.03	1987.07	2169.88
珠 海	Zhuhai	84.89	168.12	167.01	155.57	206.48	237.64	442.37	459.28
汕 头	Shantou	38.41	101.79	170.80	147.81	162.25	175.31	78.41	83.43
佛 山	Foshan	182.11	152.08	266.40	299.24	323.76	336.53	238.96	295.92
韶 关	Shaoguan	26.97	118.91	359.42	360.51	391.58	430.09	187.06	161.56
河 源	Heyuan	8.48	34.02	87.46	90.02	94.65	97.83	36.39	56.01
梅 州	Meizhou	45.95	73.69	177.60	182.46	190.77	195.06	89.27	119.92
惠 州	Huizhou	40.29	152.97	476.75	462.92	481.45	505.40	375.63	409.37
汕 尾	Shanwei	8.60	13.44	29.30	31.92	34.26	36.06	20.58	31.23
东 莞	Dongguan	32.94	109.03	508.71	483.62	527.26	535.47	528.77	507.04
中 山	Zhongshan	43.03	64.81	167.46	156.77	138.98	98.83	74.55	82.26
江 门	Jiangmen	70.96	112.55	182.29	186.62	168.36	178.22	158.20	157.17
阳 江	Yangjiang	2.98	39.93	195.05	101.15	98.25	100.76	37.08	47.88
湛 江	Zhanjiang	57.47	177.54	469.13	528.66	591.61	595.97	398.17	461.70
茂 名	Maoming	23.78	92.42	211.71	238.97	267.16	283.52	227.90	279.39
肇 庆	Zhaoqing	24.87	38.56	76.11	76.11	81.21	84.95	67.78	80.94
清 远	Qingyuan	29.37	118.19	262.28	261.90	287.65	321.25	183.13	264.47
潮 州	Chaozhou	25.27	103.37	234.40	276.26	307.01	326.98	168.69	111.81
揭 阳	Jieyang	22.64	26.93	77.53	75.16	81.91	89.13	23.96	28.11
云 浮	Yunfu	17.26	36.83	59.85	72.59	78.42	81.69	79.77	101.38
不分地区	Unclassified	382.72	538.26	484.69	543.42	577.04	608.99	646.15	719.08
按经济区域分	By Region								
珠 三 角	Pearl River Delta	3610.25	4996.80	12796.07	25824.80	26059.25	26497.23	26044.79	26641.18
东 翼	Eastern Region	94.92	245.54	512.03	531.16	585.42	627.47	291.64	254.58
西 翼	Western Region	84.22	309.90	875.89	868.78	957.03	980.25	663.14	788.97
山 区	Mountainous Region	128.04	381.64	946.61	967.49	1043.07	1125.93	575.62	703.33

15-10 运输工具和线路拥有量

Number of Means of Transport and Length of Transport Routes

项目	Item	2000	2010	2015	2019	2020	2021
铁路	**Railways**						
铁路机车 （台）	Number of Locomotives (unit)	538	448	350	324	319	319
铁路营业里程 （公里）	Length of Railways in Operation (km)	1942	2297	3859	4825	4871	5101
中央铁路	National Railways	694	629	629	629	629	633
地方铁路	Local Railways	1248	1668	3230	4196	4302	4468
公路	**Highways**						
公路通车里程 （公里）	Length of Highways (km)	102606	190144	216023	220290	221873	222987
民用汽车 （万辆）	Civil Motor Vehicles (10000 units)	172.91	783.50	1472.33	2326.95	2500.92	2702.55
载客汽车 （万辆）	Passenger Vehicles (10000 units)	85.34	629.30	1290.57	2080.96	2231.96	2410.37
（万客位）	Passenger Vehicle Seats (10000 seats)	796.92	4148.85	7572.21	11687.17	12502.03	13376.17
私人轿车 （万辆）	Private Vehicles (10000 units)	25.39	380.46	820.12	1267.18	1359.83	1464.24
载货汽车 （万辆）	Freight Vehicles (10000 units)	84.38	147.53	174.90	237.50	259.49	281.77
（万吨位）	Tonnage of Freight Vehicles (10000 tonnages)	351.75	268.23	354.81	551.83	693.72	781.61
水运	**Waterways**						
内河通航里程 （公里）	Length of Navigable Inland Waterways (km)	13696	13596	12150	12111	12252	12266
机动船 （艘）	Number of Motor Vessels (unit)	21733	8793	8716	7136	6835	6646
（万净载重吨位）	Tonnage of Motor Vessels (1000 dead weight tonnage)	526.88	1140.71	2703.55	2250.12	2251.25	2369.96
（客位）	Number of Motor Vessel Seats (seat)	149004	65960	80219	79664	80815	80824
（总功率万千瓦）	Total Power (10000 kws)	307.42	420.54	688.33	610.30	587.97	619.56
驳船 （艘）	Number of Barges (unit)	1076	23	19	7	9	9
（净载重吨位）	Tonnage of Barges (dead weight tonnage)	274836	29318	28220	15742	21283	35147
民航	**Civil Aviation**						
民用航空航线条数 （条）	Number of Civil Aviation Routes (line)	329	815	963	1569	1623	1629
民用航空航线里程(万公里)	Length of Civil Aviation Routes(10000 kms)	50.03	180.74	237.29	306.05	369.21	339.56
民用运输飞机 （架）	Number of Civil Aircrafts (unit)	106	441	625	978	886	901
管道	**Pipelines**						
条数 （条）	Number of Pipelines (line)	45	105	116	139	156	154
输油(气)里程 （公里）	Length of Petroleum and Gas Pipelines (km)	1535.57	6033.62	6500.90	9187.49	10136.90	9664.23

15-11 各市民用汽车拥有量（2021年）
Possession of Civil Vehicles by City (2021)

单位：辆 (unit)

市 别	City	民用汽车总计 Total	载客汽车 Passenger Vehicles	#轿车 Sedan Cars	按车型分 By Vehicle Type 大型 Large	中型 Medium	小型 Small	微型 Minibuses
全 省	**Provincial Total**	**27025468**	**24103703**	**15694407**	**157149**	**43583**	**23839537**	**63434**
广 州	Guangzhou	3198405	2708867	1579338	34853	7494	2656691	9829
深 圳	Shenzhen	3726797	3188583	1907713	31300	5382	3143555	8346
珠 海	Zhuhai	830656	764203	506905	8368	1191	754628	16
汕 头	Shantou	955792	849005	572810	4645	1376	839871	3113
佛 山	Foshan	3164218	2899613	1904393	11740	3142	2876097	8634
韶 关	Shaoguan	509840	464145	306744	2179	1393	459278	1295
河 源	Heyuan	513941	459694	320517	2104	1153	455400	1037
梅 州	Meizhou	686335	603985	425562	3098	1204	598145	1538
惠 州	Huizhou	1564766	1440393	966628	7145	1509	1428634	3105
汕 尾	Shanwei	356882	332449	225648	2522	630	328421	876
东 莞	Dongguan	3639042	3385268	2147757	17115	3281	3360605	4267
中 山	Zhongshan	1392334	1247992	829717	4996	1020	1237731	4245
江 门	Jiangmen	1046526	936406	659200	3860	1285	928241	3020
阳 江	Yangjiang	528678	471768	353287	1373	442	468706	1247
湛 江	Zhanjiang	853884	759506	541455	3941	1493	752661	1411
茂 名	Maoming	914492	820558	598183	3326	2618	812134	2480
肇 庆	Zhaoqing	694478	611164	405411	3012	1304	605603	1245
清 远	Qingyuan	822130	727092	477272	3467	1734	720006	1885
潮 州	Chaozhou	448587	393741	266052	1022	406	389447	2866
揭 阳	Jieyang	717831	637011	425717	3352	1089	630928	1642
云 浮	Yunfu	424877	373761	266435	1445	1100	369880	1336
不分地区	Unclassified	34977	28499	7663	2286	3337	22875	1
按经济区域分	By Region							
珠 三 角	Pearl River Delta	19292199	17210988	10914725	124675	28945	17014660	42708
东 翼	Eastern Region	2479092	2212206	1490227	11541	3501	2188667	8497
西 翼	Western Region	2297054	2051832	1492925	8640	4553	2033501	5138
山 区	Mountainous Region	2957123	2628677	1796530	12293	6584	2602709	7091

15-11 续表 continued

单位：辆 (unit)

市别	City	载货汽车 Freight Vehicles	按车型分 By Vehicle Type 重型 Heavy	中型 Medium	轻型 Light	微型 Mini Trucks	其他汽车 Others
全省	**Provincial Total**	**2817674**	**565618**	**101265**	**2137658**	**13133**	**104091**
广州	Guangzhou	469530	103130	19629	344660	2111	20008
深圳	Shenzhen	519695	122079	11975	384561	1080	18519
珠海	Zhuhai	63107	13561	1455	48091		3346
汕头	Shantou	104629	10514	1965	87721	4429	2158
佛山	Foshan	255988	47017	11866	196826	279	8617
韶关	Shaoguan	43794	8717	780	34237	60	1901
河源	Heyuan	50202	11258	1893	36874	177	4045
梅州	Meizhou	79777	15259	1685	62429	404	2573
惠州	Huizhou	118260	29574	3566	84960	160	6113
汕尾	Shanwei	22980	4847	1274	16755	104	1453
东莞	Dongguan	245704	50554	13609	181327	214	8070
中山	Zhongshan	141299	16773	5409	119051	66	3043
江门	Jiangmen	107115	19501	4318	83141	155	3005
阳江	Yangjiang	54729	12124	2157	40215	233	2181
湛江	Zhanjiang	91097	16186	4878	69908	125	3281
茂名	Maoming	90506	19100	3045	68175	186	3428
肇庆	Zhaoqing	81319	17259	3991	60037	32	1995
清远	Qingyuan	91993	24737	2923	64231	102	3045
潮州	Chaozhou	52565	3387	1048	47105	1025	2281
揭阳	Jieyang	78748	8074	2371	67787	516	2072
云浮	Yunfu	49639	11946	1257	34761	1675	1477
不分地区	Unclassified	4998	21	171	4806		1480
按经济区域分	By Region						
珠三角	Pearl River Delta	2007015	419469	75989	1507460	4097	74196
东翼	Eastern Region	258922	26822	6658	219368	6074	7964
西翼	Western Region	236332	47410	10080	178298	544	8890
山区	Mountainous Region	315405	71917	8538	232532	2418	13041

15-12 各市私人汽车拥有量（2021年）

Possession of Private Vehicles by City (2021)

单位：辆 (unit)

市别	City	汽车总计 Total	载客汽车 Passenger Vehicles	#轿车 Sedan Cars	载货汽车 Freight Vehicles	其它汽车 Others
全省	**Provincial Total**	**23664932**	**22134234**	**14642432**	**1494749**	**35949**
广州	Guangzhou	2528163	2325090	1365431	197009	6064
深圳	Shenzhen	2936787	2837727	1720998	95921	3139
珠海	Zhuhai	732824	694449	470632	37542	833
汕头	Shantou	894222	816464	558003	76974	784
佛山	Foshan	2843759	2690673	1790732	150607	2479
韶关	Shaoguan	469197	438834	294637	29606	757
河源	Heyuan	467548	428515	303281	36310	2723
梅州	Meizhou	630174	567427	405243	61408	1339
惠州	Huizhou	1370665	1308677	890525	60247	1741
汕尾	Shanwei	326197	308343	212373	17142	712
东莞	Dongguan	3205739	3077393	1978621	126068	2278
中山	Zhongshan	1273155	1179490	793383	92719	946
江门	Jiangmen	952961	884728	634962	67294	939
阳江	Yangjiang	503559	458507	347032	43964	1088
湛江	Zhanjiang	809167	732694	529742	74391	2082
茂名	Maoming	867510	794898	585795	70229	2383
肇庆	Zhaoqing	631640	579709	391097	51067	864
清远	Qingyuan	731635	668275	444179	62008	1352
潮州	Chaozhou	427584	382278	261182	43984	1322
揭阳	Jieyang	676052	608835	410344	65815	1402
云浮	Yunfu	386394	351228	254240	34444	722
按经济区域分	By Region					
珠三角	Pearl River Delta	16475693	15577936	10036381	878474	19283
东翼	Eastern Region	2324055	2115920	1441902	203915	4220
西翼	Western Region	2180236	1986099	1462569	188584	5553
山区	Mountainous Region	2684948	2454279	1701580	223776	6893

15-13 各市公路基本情况（2021年）

Basic Conditions of Highways by City (2021)

单位：公里 (km)

市别	City	通车里程 Length of Highways	按等级分 By Class		按路面分 By Pavement			桥梁 Bridges	
			等级路 Express-sways and Class I to IV Highways	等外路 Highways below Class IV	有铺装路面 Paved Highways	简易铺装路面 Simply-paved Highways	未铺装路面 Unpaved Highways	座 Number (unit)	米 Span (meter)
全省	**Provincial Total**	**222987**	**222779**	**208**	**222320**	**575**	**92**	**51302**	**4924474**
广州	Guangzhou	9045	9045		9045			3639	672235
深圳	Shenzhen	726	726		726			671	144395
珠海	Zhuhai	1480	1480		1480			471	148686
汕头	Shantou	4054	4051	2	4050		3	1289	156552
佛山	Foshan	5412	5412		5412			2827	575749
韶关	Shaoguan	17195	17195		17195			2633	231619
河源	Heyuan	17363	17349	14	17279	35	48	4163	249232
梅州	Meizhou	20854	20696	158	20573	281		4171	251811
惠州	Huizhou	13515	13514	1	13509	4	1	3367	263405
汕尾	Shanwei	5875	5875		5842	26	6	1327	72024
东莞	Dongguan	5266	5266		5266			1600	364118
中山	Zhongshan	2730	2730		2730			1082	182166
江门	Jiangmen	9824	9818	6	9824			2818	227282
阳江	Yangjiang	10831	10831		10744	85	2	2481	124854
湛江	Zhanjiang	22539	22539		22461	70	8	2664	164422
茂名	Maoming	19148	19148		19137	10		4396	207059
肇庆	Zhaoqing	14337	14337		14271	61	5	2790	230365
清远	Qingyuan	20778	20778		20769		10	3855	272881
潮州	Chaozhou	5470	5470		5468	0	3	1115	100206
揭阳	Jieyang	7624	7624		7621	0	2	1960	133356
云浮	Yunfu	8923	8896	27	8918	2	3	1983	152057
按经济区域分	By Region								
珠三角	Pearl River Delta	62335	62328	7	62264	65	6	19265	2808401
东翼	Eastern Region	23022	23020	2	22981	27	14	5691	462138
西翼	Western Region	52518	52518		52342	165	10	9541	496335
山区	Mountainous Region	85112	84913	199	84733	318	61	16805	1157599

15-14 公路通车里程和桥梁数

Length of Highways and Number of Bridges

项目	Item	2000	2010	2015	2018	2019	2020	2021
通车里程 （公里）	**Length of Highways (km)**	**102606**	**190144**	**216023**	**217699**	**220290**	**221873**	**222987**
按等级分	By Class							
等级路	Expressways and Class Ⅰ to Ⅳ Highways	93695	170144	201456	209131	214923	**221651**	222779
高速公路	Expressways	1186	4839	7021	9003	9495	10488	11042
一 级	First Class	5391	10126	10936	11329	11534	12021	12421
二 级	Second Class	13397	19082	19213	18975	19152	19636	19374
三 级	Third Class	9156	16089	18662	19185	19764	22403	23945
四 级	Fourth Class	64565	120008	145624	150640	154977	157103	155997
等外公路	Highways below Class Ⅳ	8911	19999	14567	8568	5368	222	208
按路面分	By Pavement							
有铺装路面	Paved Highways		123784	147976	169114	186807	221024	222320
简易铺装路面	Simply-paved Highways		5721	9418	5433	4370	685	575
未铺装路面	Unpaved Highways		60638	58629	43151	29113	164	92
桥 梁 （座）	**Number of Bridges (unit)**	**19668**	**42330**	**45589**	**48883**	**49685**	**50036**	**51302**
（米）	Span of Bridges (m)	819770	2340261	3205460	4110563	4397710	4693655	4924474
#永久式 （座）	Number of Permanent Bridges (unit)	19656	42233	45501	48787	49584	49939	51243
（米）	Span of Permanent Bridges (m)	819502	2337490	3202958	4107749	4394823	4691065	4923071
半永久式 （座）	Number of Semi-permanent Bridges (unit)	12	52	48	57	69	67	31
（米）	Span of Semi-permanent Bridges (m)	268	1391	1266	1578	1753	1575	751
渡 口 （个）	**Number of Ferries (unit)**	**33**	**71**	**79**	**74**	**74**	**67**	**64**

15-15 输油(气)管道长度和运输量

Length and Traffic of Petroleum and Gas Pipelines

项目	Item	2000	2010	2015	2018	2019	2020	2021
总 计	**Total**							
条 数 （条）	Number of Pipelines (line)	45	105	116	138	139	156	154
输送里程 （公里）	Length of Pipelines (km)	1535.57	6033.62	6500.90	8966.34	9187.49	10136.90	9664.23
输油(气)量 （万吨）	Pipeline Traffic (10000 tons)	2952	7267	8137	10058	9944	13209	13564
输油(气)周转量(万吨公里)	Ton-kilometers (10000 ton-km)	417432	1757891	1743309	2285259	2286693	2817764	2701993
原油管道	**Crude Oil Pipelines**							
条 数 （条）	Number of Pipelines (line)	7	17	25	40	43	44	45
输送里程 （公里）	Length of Pipelines (km)	352.67	634.18	595.38	681.34	729.70	741.80	745.80
输油量 （万吨）	Pipeline Traffic (10000 tons)	1912	3364	4474	5183	5105	6347	5970
输油周转量 （万吨公里）	Ton-kilometers (10000 ton-km)	189623	352764	382146	439693	431203	450767	422756
成品油管道	**Refined Oil Pipelines**							
条 数 （条）	Number of Pipelines (line)	27	62	53	47	44	44	48
输送里程 （公里）	Length of Pipelines (km)	211.00	3925.88	4283.67	6511.44	6510.69	6300.69	7357.59
输油量 （万吨）	Pipeline Traffic (10000 tons)	663	3015	3431	3924	3953	3439	4306
输油周转量 （万吨公里）	Ton-kilometers (10000 ton-km)	13250	1153210	1247144	1742654	1744326	1810463	1769311
其他管道	**Other Pipelines**							
条 数 （条）	Number of Pipelines (line)	11	26	38	51	52	68	61
输送里程 （公里）	Length of Pipelines (km)	971.90	1473.56	1621.85	1773.56	1947.10	3094.41	1560.84
输气量 （万吨）	Pipeline Traffic (10000 tons)	377	887	233	951	886	3423	3288
输气周转量 （万吨公里）	Ton-kilometers(10000 ton-km)	214559	251917	114020	102912	111164	556533	509926

15-16 民航航站吞吐量

Throughput of Civil Aviation Airports

年份 Year	合计 Total			进港 In-port			出港 Out-port		
	架次（万次）Sorties (10000 sorties)	旅客（万人）Passenger Traffic (10000 persons)	货物（万吨）Freight Traffic (10000 tons)	架次（万次）Sorties (10000 sorties)	旅客（万人）Passenger Traffic (10000 persons)	货物（万吨）Freight Traffic (10000 tons)	架次（万次）Sorties (10000 sorties)	旅客（万人）Passenger Traffic (10000 persons)	货物（万吨）Freight Traffic (10000 tons)
1980	1.60	161	2.90	0.80	81	1.40	0.80	80	1.50
1985	4.00	318	6.20	2.00	160	3.00	2.00	158	3.20
1990	6.20	687	13.50	3.10	343	5.90	3.10	344	7.60
1995	17.70	1963	39.50	8.80	963	14.10	8.90	1000	25.40
1996	18.20	2025	45.60	9.10	993	15.90	9.10	1032	29.70
1997	19.00	1981	49.00	9.50	974	16.70	9.50	1007	32.30
1998	20.80	2010	55.80	10.40	986	20.80	10.40	1024	35.00
1999	22.20	1929	63.70	11.10	942	25.60	11.10	987	38.10
2000	23.60	2143	73.00	11.80	1044	30.90	11.80	1099	42.10
2001	25.10	2344	81.00	12.50	1136	33.90	12.60	1208	47.10
2002	28.00	2731	95.70	14.00	1340	40.40	14.00	1391	55.30
2003	28.10	2751	82.40	14.10	1351	34.90	14.00	1400	47.50
2004	34.70	3661	115.80	17.30	1801	50.80	17.40	1860	65.00
2005	38.40	4100	133.00	19.20	2023	58.60	19.20	2077	74.40
2006	42.36	4599	151.13	21.18	2262	64.40	21.18	2337	86.70
2007	46.61	5407	133.20	23.30	2614	53.00	23.31	2793	80.20
2008	49.33	5738	130.47	24.60	2756	52.70	24.60	2982	77.78
2009	54.20	6462	158.50	27.10	3150	65.30	27.10	3312	93.20
2010	58.56	7189	198.40	29.30	3533	83.00	29.30	3655	115.50
2011	61.18	7768	203.96	30.59	3837	84.56	30.59	3931	119.40
2012	65.60	8283	213.59	32.79	4090	86.81	32.81	4193	126.78
2013	70.83	9124	226.75	35.41	4502	91.96	35.42	4622	134.79
2014	76.90	9924	246.27	38.45	4877	99.93	38.45	5047	146.34
2015	79.90	10494	260.26	39.95	5170	108.06	39.96	5324	152.20
2016	85.65	11440	284.36	42.82	5642	118.26	42.83	5798	166.10
2017	94.30	12940	301.27	47.15	6408	125.95	47.15	6532	175.32
2018	100.29	14184	319.22	50.14	7019	133.28	50.15	7165	185.94
2019	105.69	15303	329.75	52.84	7560	133.22	52.85	7743	196.54
2020	84.16	9942	323.89	42.06	4990	126.96	42.10	4952	196.94
2021	85.01	9594	369.93	42.47	4764	138.70	42.53	4830	231.23

15-17 港口泊位及吞吐量

Berth and Throughput of Coastal Ports

项目	Item	2000	2010	2015	2019	2020	2021
码头泊位合计 （个）	**Number of Berths (unit)**	**3191**	**3082**	**3093**	**2398**	**2376**	**2295**
沿海港口	**Coastal Ports**	**1373**	**1884**	**2005**	**1557**	**1603**	**1488**
#广州港	Guangzhou Port	141	633	584	558	621	497
湛江港	Zhanjiang Port	41	184	174	132	159	162
汕头港	Shantou Port	28	91	92	91	34	37
深圳港	Shenzhen Port	121	172	156	157	166	164
内河港口	**Ports of Inland Rivers**	**1818**	**1198**	**1088**	**841**	**773**	**807**
万吨级码头泊位合计 （个）	**Berths at 10000 Ton Class (unit)**	**126**	**245**	**291**	**322**	**342**	**349**
沿海港口	**Coastal Ports**	**126**	**245**	**291**	**322**	**342**	**349**
#广州港	Guangzhou Port	32	62	74	75	80	80
湛江港	Zhanjiang Port	24	31	33	36	42	44
汕头港	Shantou Port	6	18	19	19	11	14
深圳港	Shenzhen Port	34	69	67	75	75	74
内河港口	**Ports of Inland Rivers**						
码头泊位长度 （米）	**Length of Quay Line (m)**	**180238**	**252762**	**266828**	**252587**	**248844**	**241392**
沿海港口	**Coastal Ports**	**105193**	**176753**	**200025**	**193883**	**193971**	**186842**
#广州港	Guangzhou Port	13496	51673	51722	56055	50011	40283
湛江港	Zhanjiang Port	6635	17458	18419	17388	22878	23577
汕头港	Shantou Port	3152	9715	9898	10223	5013	6029
深圳港	Shenzhen Port	17150	31377	30627	33196	34036	33736
内河港口	**Ports of Inland Rivers**	**75045**	**76009**	**66803**	**58704**	**54873**	**54550**
货物吞吐量合计 （万吨）	**Total Volume of Freight Handled (10000 tons)**	**31649**	**122258**	**171109**	**191819**	**202226**	**209600**
沿海港口	**Coastal Ports**	**25495**	**105300**	**142059**	**167871**	**175499**	**181604**
#广州港	Guangzhou Port	11128	42526	50053	60616	61239	62367
湛江港	Zhanjiang Port	2038	13638	22036	21570	23391	25555
汕头港	Shantou Port	1284	3509	5181	3155	3351	4138
深圳港	Shenzhen Port	4224	22097	21706	25785	26506	27838
内河港口	**Ports of Inland Rivers**	**6154**	**16958**	**29050**	**23948**	**26726**	**27996**
集装箱吞吐量合计（万TEU）	**Total Volume of Containers Handled (10000 TEUS)**	**862.68**	**4360.14**	**5512.12**	**6710.76**	**6728.95**	**7078.20**
沿海港口	**Coastal Ports**	**655.15**	**3867.77**	**4914.73**	**5976.36**	**6027.89**	**6428.94**
#广州港	Guangzhou Port	142.98	1270.00	1739.66	2283.43	2317.10	2417.96
湛江港	Zhanjiang Port	7.48	32.01	60.12	111.53	122.54	140.47
汕头港	Shantou Port	11.44	93.50	117.86	135.04	159.38	179.99
深圳港	Shenzhen Port	395.84	2250.96	2420.45	2576.91	2654.79	2876.76
内河港口	**Ports of Inland Rivers**	**207.53**	**492.37**	**597.38**	**734.40**	**701.05**	**649.25**
旅客吞吐量合计 （万人）	**Total Volume of Passengers Handled(10000 persons)**	**1670.32**	**2483.21**	**3432.96**	**3021.14**	**1699.27**	**1849.17**
沿海港口	**Coastal Ports**	**1330.81**	**2109.39**	**2867.17**	**2985.83**	**1696.87**	**1849.17**
#广州港	Guangzhou Port	15.00	79.01	61.32	78.10	7.98	3.81
湛江港	Zhanjiang Port	29.60	1051.41	1299.79	1494.38	1180.87	1252.53
汕头港	Shantou Port	5.50					
深圳港	Shenzhen Port	203.36	333.88	586.52	722.00	222.03	259.92
内河港口	**Ports of Inland Rivers**	**339.51**	**373.82**	**565.79**	**35.31**	**2.40**	

注：从2019年起，港口统计数据采集方式改为企业一套表联网直报，统计范围是辖区内各港口。

Note: From 2019, the port statistical data collection method are changed to online reporting, and the statistical scope is all ports within the jurisdiction.

15-18 各市港口货物吞吐量
Freight Throughput of Ports by City

单位：万吨 (10000 tons)

市 别	City	2000	2005	2010	2015	2017	2018	2019	2020	2021
全 省	**Provincial Total**	**31649**	**70926**	**122258**	**171109**	**198015**	**211037**	**191819**	**202226**	**209600**
广 州	Guangzhou	12455	27283	42526	52096	59012	61313	62687	63643	65130
深 圳	Shenzhen	5697	15351	22098	21706	24136	25127	25785	26506	27838
珠 海	Zhuhai	1770	3557	6056	11209	13586	13799	13838	13367	12826
汕 头	Shantou	1284	1736	3509	5181	4890	3963	3155	3351	4138
佛 山	Foshan	2033	3951	5410	6147	7967	8973	9636	9285	9341
韶 关	Shaoguan	131	118	40	62	54	47	98	299	291
河 源	Heyuan	45	49			16				
梅 州	Meizhou	145	306	132	114	102				
惠 州	Huizhou	825	1515	4673	7013	7214	8757	8956	9636	9644
汕 尾	Shanwei	25	107	489	858	1155	1245	1310	1274	1666
东 莞	Dongguan	746	2280	5657	13149	15714	16417	19808	19857	18896
中 山	Zhongshan	635	2072	4798	7319	8044	11965	1547	1312	1434
江 门	Jiangmen	879	2438	4965	7525	8267	9369	6832	10698	10510
阳 江	Yangjiang	68	222	799	2139	2734	2627	3235	3350	3403
湛 江	Zhanjiang	2688	6620	13638	22036	28209	30185	21570	23391	25555
茂 名	Maoming	1104	1360	2284	2685	2491	2540	2508	2683	2887
肇 庆	Zhaoqing	189	520	1597	2945	3973	3921	4057	4789	4657
清 远	Qingyuan	193	461	639	2927	3910	3894	1462	1864	2570
潮 州	Chaozhou	60	80	635	1144	1153	1458	824	1366	1737
揭 阳	Jieyang	266	248	1290	2851	2968	3080	1898	2370	2768
云 浮	Yunfu	411	654	1023	2002	2419	2357	2613	3186	4307
按经济区域分	By Region									
珠 三 角	Pearl River Delta	25229	58966	97779	129108	147914	159642	153147	159092	160276
东 翼	Eastern Region	1635	2171	5924	10035	10166	9746	7187	8361	10310
西 翼	Western Region	3860	8202	16721	26860	33434	35352	27312	29424	31845
山 区	Mountainous Region	925	1588	1834	5106	6501	6297	4173	5349	7169

15-19 各市城市公共交通情况（2021年）

Basic Statistics on Public Transportation in Cities by City (2021)

市别	City	公共汽电车 Public Bus and Trolly Bus				出租汽车 Taxi	
		运营车辆（辆） Number of Vehicles under Operation (unit)	运营线路条数(条) Number of operating lines	运营线路长度(公里) Length under Operation (Km)	客运量（万人） Passenger Traffic (10000 persons)	运营车辆（辆） Number of Vehicles in Operation (unit)	客运量（万人） Passengers Transported (10000 persons)
全　省	**Provincial Total**	**67683**	**6178**	**131583**	**410330**	**58031**	**100383**
广　州	Guangzhou	15437	1441	26681	134787	21897	46848
深　圳	Shenzhen	16252	936	21089	108986	21127	33136
珠　海	Zhuhai	2446	209	4293	30333	3755	5979
汕　头	Shantou	2053	146	4382	10005	806	609
佛　山	Foshan	6922	698	15551	32986	2768	2541
韶　关	Shaoguan	747	112	1988	3653	134	73
河　源	Heyuan	510	79	1406	2020	324	609
梅　州	Meizhou	2025	224	5548	5967	75	56
惠　州	Huizhou	2931	223	6538	11570	1390	2083
汕　尾	Shanwei	1336	114	2986	3550	249	289
东　莞	Dongguan	6330	480	9436	18486	1659	3466
中　山	Zhongshan	2422	224	4224	11845	942	1116
江　门	Jiangmen	1775	381	6340	9149	163	392
阳　江	Yangjiang	418	71	1310	2404	107	76
湛　江	Zhanjiang	1202	112	2307	4617	656	1616
茂　名	Maoming	1196	118	3124	3608	598	225
肇　庆	Zhaoqing	1032	156	4116	6833	141	140
清　远	Qingyuan	1104	259	5665	4999	530	609
潮　州	Chaozhou	405	52	1284	1113	386	135
揭　阳	Jieyang	649	58	1576	2544	102	86
云　浮	Yunfu	491	85	1740	875	222	299
按经济区域分	By Region						
珠三角	Pearl River Delta	55547	4748	98268	364974	53842	95701
东　翼	Eastern Region	4443	370	10228	17212	1543	1119
西　翼	Western Region	2816	301	6740	10629	1361	1917
山　区	Mountainous Region	4877	759	16347	17515	1285	1646

15-19 续表 continued

市别	City	轨道交通 Subway, Light Rail and Streetcar				客运轮渡 Passenger Ferryboat	
		运营车数(辆) Number of Vehicles under Operation (unit)	运营线路条数(条) Number of operating lines	运营线路长度(公里) Length under Operation (km)	客运量(万人) Passengers Transported (10000 persons)	运营船舶(艘) Number of Vehicles under Operation (unit)	客运量(万人) Passengers Transported (10000 persons)
全 省	**Provincial Total**	**7311**	**35**	**1138**	**508358**	**57**	**1276**
广 州	Guangzhou	3392	17	612	285489	43	1166
深 圳	Shenzhen	3556	13	431	218589		
珠 海	Zhuhai	30	1	9	6		
汕 头	Shantou					5	96
佛 山	Foshan	213	3	48	199	5	
韶 关	Shaoguan						
河 源	Heyuan						
梅 州	Meizhou						
惠 州	Huizhou						
汕 尾	Shanwei						
东 莞	Dongguan	120	1	38	4074		
中 山	Zhongshan						
江 门	Jiangmen						
阳 江	Yangjiang						
湛 江	Zhanjiang					4	14
茂 名	Maoming						
肇 庆	Zhaoqing						
清 远	Qingyuan						
潮 州	Chaozhou						
揭 阳	Jieyang						
云 浮	Yunfu						
按经济区域分	By Region						
珠 三 角	Pearl River Delta	7311	35	1138	508358	48	1166
东 翼	Eastern Region					5	96
西 翼	Western Region					4	14
山 区	Mountainous Region						

15-20 邮电业务总量和指数

Business Volume of Postal and Telecommunication Services and Their Indices

年份 Year	邮电业务总量(亿元) Business Volume of Postal and Telecommunication Services (100million yuan)			指数(上年=100) Indices (preceding year=100)		
	合计 Total	邮政 Postal Services	电信 Telecommunication Services	合计 Total	邮政 Postal Services	电信 Telecommunication Services
1978	0.90			103.4		
1979	0.96			106.7		
1980	1.05			109.4		
1981	1.15			109.5		
1982	1.17			101.7		
1983	1.31			112.0		
1984	1.56			119.1		
1985	2.05			131.4		
1986	2.54			123.9		
1987	3.49			137.4		
1988	5.11			146.4		
1989	10.33	0.75	9.58	135.9	90.4	141.5
1990	26.30	3.91	22.39	254.6	521.3	233.7
1991	38.89	4.60	34.29	147.9	117.6	153.1
1992	57.06	5.59	51.47	146.7	121.5	150.1
1993	94.25	7.10	87.15	165.2	127.0	169.3
1994	142.78	8.32	134.46	151.5	117.2	154.3
1995	204.93	9.63	202.60	143.5	115.7	150.7
1996	265.56	10.92	254.64	129.6	113.4	125.7
1997	330.38	11.44	318.94	124.4	104.8	125.3
1998	418.18	15.20	402.98	126.6	132.9	126.3
1999	542.65	19.72	522.93	129.8	129.8	129.8
2000	757.22	50.40	706.82	139.5	255.5	135.2
2001	782.67	42.13	740.54	129.9	105.1	131.7
2002	917.87	48.36	869.51	117.3	114.8	117.4
2003	1202.52	54.33	1148.19	131.0	112.3	132.1
2004	1781.78	55.12	1726.66	148.2	101.5	150.4
2005	2121.94	59.82	2062.12	119.1	108.5	119.4
2006	2540.54	69.48	2471.06	119.7	116.1	119.8
2007	3070.55	77.30	2993.25	120.9	111.3	121.1
2008	3564.85	87.97	3476.88	116.1	113.8	116.2
2009	3938.15	101.16	3837.00	110.5	115.0	110.4
2010	4832.94	118.57	4714.37	122.9	125.2	122.7
2011	1918.01	291.36	1626.65	116.4	129.9	114.3
2012	2174.67	395.18	1779.49	113.4	135.6	109.4
2013	2507.99	592.00	1915.99	115.3	149.8	107.7
2014	3394.39	859.81	2534.58	120.4	145.2	113.7
2015	4397.09	1228.75	3168.34	129.5	142.9	125.0
2016	6892.41	1886.25	5006.16	156.7	153.5	158.0
2017	6107.19	2526.29	3580.90	158.0	133.9	181.0
2018	11010.28	3215.75	7794.53	180.3	127.3	217.7
2019	16451.23	4403.44	12047.79	149.4	136.9	154.6
2020	20833.11	5807.81	15025.30	126.6	131.9	124.7
2021	4954.59	3021.10	1933.49	126.5	125.9	127.5

注：1.邮电业务总量1988年及以前按1980年不变价格计算，1989—2000年按1990年不变价格计算，2001—2010年按2000年不变价格计算，2011—2016年按2010年不变价格计算，2017年起，电信业务总量按2015年不变价格计算，邮政业务总量仍按2010年不变价格计算。2021年起，按2020年不变价计算。指数按可比价格计算。

2.统计范围是辖区内全社会所有从事电信运营企业和国家邮政企业，以及获得快递业务经营许可的快递服务企业。

Notes:a) The business volume of postal and telecommunication services in and before 1998 was calculated at 1980 constant prices, that from 1998 to 2000 was calculated at 1990 constant prices, that from 2001 to 2010 was calculated at 2000 constant prices and that from 2011 to 2016 was calculated at 2010 constant prices. Since 2017, the tltal amount of telecommunications was calculated at 2015 constant prices, while the total amount of postal business was calculated at 2010 constant prices. From 2021, that was calculated at 2020 constant prices. The index was calculated at comparable prices.

b) The statistical coverages of business volume of postal and Telecommunication services are all telecom enter prises, the national postal enterprises and express mail enterprises with express license.

15－21 各市邮电业务总量

Business Volume of Postal and Telecommunication Services by City

单位：亿元 (100 million yuan)

市别	City	2000	2010	2015	2017	2018	2019	2020	2021
全省	**Provincial Total**	**757.22**	**4832.94**	**4397.09**	**6107.19**	**11010.28**	**16451.23**	**20833.11**	**4954.59**
广州	Guangzhou	168.26	1051.65	1092.94	1544.90	2613.08	3814.51	4707.38	1298.94
深圳	Shenzhen	154.20	1031.26	1069.43	1659.20	2769.27	3998.91	4917.38	1273.12
珠海	Zhuhai	22.31	137.61	91.22	108.48	198.58	315.81	403.91	71.55
汕头	Shantou	36.61	173.81	134.46	198.12	357.95	537.54	735.30	210.94
佛山	Foshan	66.29	428.72	282.87	360.64	686.93	1050.49	1336.25	288.80
韶关	Shaoguan	11.11	69.58	45.17	51.96	103.44	170.58	219.63	35.74
河源	Heyuan	6.26	46.33	41.85	50.99	103.58	170.72	217.26	35.02
梅州	Meizhou	12.87	52.48	68.43	67.78	136.76	207.09	255.72	46.91
惠州	Huizhou	27.19	201.02	146.50	203.73	381.31	606.36	786.86	137.20
汕尾	Shanwei	11.10	48.01	38.05	47.46	87.89	140.18	184.88	33.69
东莞	Dongguan	74.05	674.09	475.59	694.35	1282.22	1947.19	2562.96	521.90
中山	Zhongshan	30.10	194.98	156.64	211.28	397.51	628.18	784.05	141.22
江门	Jiangmen	32.02	135.08	102.06	128.86	258.22	382.65	462.90	80.23
阳江	Yangjiang	8.60	50.67	45.30	54.18	104.34	165.89	216.27	43.43
湛江	Zhanjiang	19.38	116.85	122.72	146.05	290.67	465.47	580.50	85.91
茂名	Maoming	13.21	87.27	86.71	107.57	221.24	356.74	441.01	68.30
肇庆	Zhaoqing	13.22	95.05	69.81	84.18	169.07	270.97	342.96	60.55
清远	Qingyuan	9.96	56.06	61.24	78.23	150.30	235.91	301.45	47.94
潮州	Chaozhou	12.78	54.52	46.13	62.34	122.21	197.87	272.79	70.47
揭阳	Jieyang	20.81	94.01	96.30	202.66	373.97	575.54	830.84	305.00
云浮	Yunfu	6.89	33.91	37.69	42.72	85.01	130.19	164.37	25.90
不分地区	Unclassified			85.99	1.50	116.72	82.42	108.45	71.83
按经济区域分	By Region								
珠三角	Pearl River Delta	587.64	3949.45	3573.05	4997.13	8872.90	13097.48	16413.10	3945.34
东翼	Eastern Region	81.31	370.35	314.94	510.58	942.03	1451.14	2023.82	620.10
西翼	Western Region	41.19	254.79	254.72	307.80	616.25	988.11	1237.77	197.63
山区	Mountainous Region	47.09	258.35	254.38	291.68	579.10	914.50	1158.43	191.52

15−22 各市邮电业务情况（2021年）

Conditions of Postal and Telecommunication Services by City (2021)

市 别	City	业务总量（亿元）Business Volume of Postal and Telecom-munication Services (100million yuan)	#电信 Business Volume of Telecom-munications	函 件（万件）Number of Letters (10000 pcs)	报刊累计数（万份）Newspaper and Magazine Issue (10000 copies)	快递（万件）Pieces of Express Mail Services (10000 pcs)	移动电话用户（万户）Subscribers of Mobile Telephones (10000 subscribers)	本地电话用户（万户）Subscribers of Local Fixed Telephones (10000 subscribers)
全 省	**Provincial Total**	**4954.59**	**1933.49**	**13008.29**	**69918.97**	**2945749.44**	**16267.80**	**2072.20**
广 州	Guangzhou	1298.94	383.87	4458.05	17967.59	1067831.25	3089.73	326.62
深 圳	Shenzhen	1273.12	383.00	2807.68	8553.79	597984.35	2804.11	394.24
珠 海	Zhuhai	71.55	48.72	1258.30	1793.50	15642.01	376.89	60.66
汕 头	Shantou	210.94	53.84	70.59	3491.87	216245.07	636.96	78.68
佛 山	Foshan	288.80	144.68	1036.69	4099.50	142372.94	1228.01	204.28
韶 关	Shaoguan	35.74	27.01	53.29	1545.17	2837.25	287.59	36.10
河 源	Heyuan	35.02	27.56	15.92	3728.02	3549.96	273.74	31.98
梅 州	Meizhou	46.91	33.97	97.45	1962.04	6481.12	413.61	39.55
惠 州	Huizhou	137.20	89.45	166.13	3678.85	49100.87	717.65	107.86
汕 尾	Shanwei	33.69	21.60	9.52	718.93	11102.91	246.43	33.81
东 莞	Dongguan	521.90	205.69	1980.19	2875.45	268421.28	1634.55	216.75
中 山	Zhongshan	141.22	77.34	114.08	1574.55	72558.80	659.66	80.10
江 门	Jiangmen	80.23	55.71	378.69	3720.66	18493.93	547.56	91.67
阳 江	Yangjiang	43.43	24.26	78.09	1262.24	18678.21	262.06	41.04
湛 江	Zhanjiang	85.91	67.87	94.40	2659.61	8586.57	699.05	54.98
茂 名	Maoming	68.30	51.99	148.46	2250.57	7909.35	569.72	53.51
肇 庆	Zhaoqing	60.55	38.57	71.99	1649.55	17085.88	407.93	58.41
清 远	Qingyuan	47.94	37.86	70.70	3034.55	4887.13	379.27	34.70
潮 州	Chaozhou	70.47	24.53	42.87	1443.96	61471.29	275.56	46.26
揭 阳	Jieyang	305.00	44.26	25.13	1085.64	353294.53	526.41	53.66
云 浮	Yunfu	25.90	19.88	30.07	822.93	1214.73	231.31	27.33
不分地区	Unclassified	71.83	71.83					0.00
按经济区域分	By Region							
珠 三 角	Pearl River Delta	3945.34	1498.87	12271.80	45913.44	2249491.31	11466.09	1540.60
东 翼	Eastern Region	620.10	144.22	148.11	6740.40	642113.80	1685.36	212.40
西 翼	Western Region	197.63	144.13	320.95	6172.42	35174.13	1530.84	149.53
山 区	Mountainous Region	191.52	146.28	267.43	11092.71	18970.20	1585.52	169.67

15−23　邮政通信业基本情况

Basic Conditions of Postal and Telecommunication Services

项　目	Item	2000	2010	2015	2019	2020	2021
邮政业务量	**Business Volume of Postal Services**						
邮路长度　(万公里)	Length of Postal Routes (10000 km)	18.07	13.77	13.79	24.12	25.81	306.90
农村投递路线　(万公里)	Rural Delivery Routes (10000 km)	18.52	21.49	23.19	31.09	31.61	32.20
城市投递路线　(万公里)	Urban Delivery Routes (10000 km)		11.47	12.53	28.22	25.35	22.20
函件　(万件)	Number of Letters (10000 pcs)	106603	76204	64547	45593	22840	13008
包裹　(万件)	Package (10000 pcs)		332	182	156	206	225
快递　(亿件)	Pieces of Express Mail Services (10000 pcs)	0.13	5.91	50.13	168.06	220.82	294.57
报刊累计数　(万份)	Newspaper and Magazine Circulation (10000 copies)	107755	87895	91159	72436	71120	69919
全省平均每人每年发函件数　(件)	Annual Number of Per Capita Letter Mailed (pcs)	13.80	8.31	5.95	3.96	1.80	1.00
全省平均每百人每年订报刊数　(份)	Annual Average Number of Newspapers and Magazines Subscribed per 100 Persons(copies)	15.10	8.21	8.40	6.29	5.00	4.20
电信业务量	**Business Volume of Telecommunication Services**						
长途光缆线路长度　(公里)	Length of Long-distance Optical Cable Routes (km)		46289	52662	58261	57751	57870
本地交换设备容量　(万门)	Capacity of Local Telephone Exchanges (10000 lines)	1939.45	5383.59	2810.28	413.46	390.04	377.97
移动电话交换机容量(万户)	Capacity of Mobile Telephone Exchanges (10000 subscribers)	1825.40	14766.90	22025.80	23803.81	23803.81	23803.81
本地电话用户　(万户)	Number of Subscribers of Local Telephones (10000 subscribers)	1414.94	3169.14	2807.11	2303.28	2131.88	2072.20
移动电话用户　(万户)	Number of Mobile Telephones Subscribers (10000 subscribers)	1357.26	9710.09	15009.75	16533.05	15536.92	16267.80
固定互联网宽带接入用户　(万户)	Broadband Subscribers of Internet (10000 subscribers)	216.41	1523.22	2285.19	3801.64	3889.99	4277.71
移动互联网用户　(万户)	Number of Mobile Broadband Internet Subscribers (10000 subscribers)		6918.7	10950.25	14200.29	14251.39	15070.27
本地电话普及率　(户/百人)	Popularization Rate of Local Telephones (subscribers/100 persons)	18.40	30.38	25.87	19.99	16.89	16.34
移动电话普及率　(户/百人)	Popularization Rate of Mobile Telephones (subscribers/100 persons)	17.61	93.09	138.35	143.50	123.07	128.25

注：2020年前广东省邮路总长度(单程)指标由省邮政集团公司报送，不含单独机要，不含速递邮路长度，2021年该指标由省邮政管理局汇总后报送，包含邮政邮路(含单独机要邮路)、速递邮路。

Note: Before 2020，the total length (one-way) of postal routes in Guangdong Province submitted by the provincial postal group company，excluding Individual confidential information and the length of express postal routes，In 2021,the index submitted by the provincial postal administration after being summarized, including postal routes (including separate confidential postal routes) and express postal routes。

主要统计指标解释

铁路营业里程 又称营业长度(包括正式营业和临时营业里程)，指办理客货运输业务的铁路正线总长度。凡是全线或部分建成双线及以上的线路，以第一线的实际长度计算；复线、站线、段管线、岔线和特殊用途线以及不计算运费的联络线都不计算营业里程。该指标可以反映铁路运输业基础设施的发展水平，也是计算客货周转量、运输密度和机车车辆运用效率等指标的基础资料。

公路通车里程 指在一定时期内实际达到《公路工程技术标准 JTJ01-88》规定的等级公路，并经公路主管部门正式验收交付使用的公路里程数。包括大中城市的郊区公路以及通过小城镇街道部分的公路里程和桥梁、渡口的长度，不包括大中城市的街道、厂矿、林区生产用道和农业生产用道的里程。两条或多条公路共同经由同一路段，只计算一次，不得重复计算里程长度。该指标可以反映公路建设的发展规模，也是计算运输网密度等指标的基础资料。

内河航道里程 也称内河通航里程，指在一定时期内，能通航运输船舶及排筏的天然河流、湖泊水库、运河及通航渠道的长度。包括全年季节性通航累计三个月以上的航道，不包括仅供零散流放竹、木排的河道。该指标可以反映内河水运网的规模、水平和发展情况。

民用航空航线里程 指民航运输定期班机飞行的航线长度的总和。航线长度按机场之间的距离计算，通常有两种计算方法：一是将每条航线长度相加称为重复计算航线里程；一是将两线或两条以上航线经过同一区段里程，只计算一次航线长度称为不重复计算航线里程。一般常用的是后者，该指标可以确切反映民航运输网的规模，是表明民航事业为国民经济服务和方便人民生活程度的主要指标。

输油(气)管道里程 指油品(或天然气)的实际输送距离，一般按输油(气)管道的单线长度计算。若包括复线和备用线长度则称为输油(气)管道延展长度，是指管道铺设的实际长度。我们通常使用的是不包括复线的“输油(气)管道里程”，该指标可以反映管道运输的发展规模和水平。

货(客)运量 指在一定时期内，各种运输工具实际运送的货物(旅客)数量。该指标是反映运输业为国民经济和人民生活服务的数量指标，也是制定和检查运输生产计划、研究运输发展规模和速度的重要指标。货运按吨计算，客运按人计算。货物不论运输距离长短、货物类别，均按实际重量统计。旅客不论行程远近或票价多少，均按一人一次客运量统计；半价票、小孩票也按一人统计。

货物(旅客)周转量 指在一定时期内，由各种运输工具运送的货物(旅客)数量与其相应运输距离的乘积之总和。该指标可以反映运输业生产的总成果，也是编制和检查运输生产计划，计算运输效率、劳动生产率以及核算运输单位成本的主要基础资料。计算货物(旅客)周转量通常按发出站与到达站之间的最短距离，也就是计费距离计算。计算公式为：

货物（旅客）周转量=Σ（货物（旅客）运输量×运输距离）

港口货物吞吐量 指经水运进出港区范围，并经过装卸的货物数量，包括邮件及办理托运手续的行李、包裹以及补给运输船舶的燃料、物料和淡水。货物吞吐量按货物流向分为进口、出口吞吐量，按货物交流性质分为外贸货物吞吐量和国内贸易货物吞吐量。货物吞吐量的货类构成及其流向，是衡量港口生产能力大小的重要指标。

港口集装箱吞吐量 指用集装箱装载货物、按箱数表示的港口货物吞吐量。计量单位为国际标准箱（TEU）。将各种不同规格尺寸的集装箱自然箱数，按换算比例折合成 TUE（TWENTY FT EQUAL TO UNIT 的缩写）统计，即折合成 20 英尺标准箱统计，换算比例为：40 英尺箱为 1:2，35 英尺箱为 1:1.75，20 英尺箱为 1:1，10 英尺箱为 1:0.5。

民用汽车 指报告期末，在公安交通管理部门按照《机动车注册登记工作规范》，已注册登记领有民用车辆牌照的全部汽车数量。汽车统计的主要分类：根据汽车结构分为载客汽车、载货汽车及其他汽车；根据汽车所有者不同分为个人(私人)汽车、单位汽车；根据汽车的使用性质分为营运汽车、非营运汽车；根据汽车大小规格不同载客汽车分为大型、中型、小型和微型，载货汽车分为重型、中型、轻型和微型。

机动船 又称自航船，指装有各种发动机推进装置，以机械动力行驶的船舶。

驳船 指本身无动力装置，或只设简易动力装置，依靠拖船或推船带动的平底船。

船舶净载重量 指报告期末所拥有船舶的总载重量减去燃（物）料、淡水、粮食及供应品、人员及其行李等的重量及船舶常数后，能够装载货物的实际重量。

沿海港口 指位于海沿岸，具有一定设施和条件，供船舶停靠、旅客上下、货物装卸、生活物料供应等作业的港口。

内河港口 指位于江、河、湖沿岸，具有一定设施和条件，供船舶停靠、旅客上下、货物装卸、生活物料供应等作业的港口。

民用航空航线条数 民用航空航线指出于商业的目的，运输飞机从地球表面一点(起飞)飞到另一点(终点)的航行线路。应同时具备三个条件：一是有运输飞机定期飞行，二是有足以保证运输飞机飞行和起降所需要的机场及地面设施，三是经过批准并在一个航季中正常执行。计算条数时，来回程计为一条。分为国内航线、国际航线和地区航线。

民航运输飞机 从事公共航空运输的民用飞机。分为大中型飞机和小型飞机，大中型飞机指 100 座及以上的运输飞机，小型飞机指 100 座以下的运输飞机。

城市公共交通 指城市中供公众乘用的、经济方便的各种交通方式的总称。包括公共汽车、电车、轨道交通（地铁、轻轨、有轨电车、磁悬浮、索道、缆车等)、出租汽车、公共轮渡等客运交通设施。

运营线路网长度 指公共交通线路所通过的运营线路净长度。计算公式：运营线路网长度=运营线路总长度－Σ重复的线路长度

运营线路总长度 指全部运营线路长度之和。计算公式：运营线路长度=Σ各条运营线路长度=Σ〔1/2（上行起点至终点里程+下行起点至终点里程+上下行终点掉头里程〕。单向行驶的环行线路长度等于起点至终点里程与终点下客站至起点里程之和的一半，不包括折返、试车、联络线等非运营线路。

运营车辆数 指城市中用于公共交通运营业务的全部车辆数。地铁和轻轨在统计时一自然节为一辆。出租汽车指已经领取出租汽车专用牌照的运营车辆，包括技术完好的、在修的、长期行驶的以及拟报废尚未经上级机关批准的车辆。

轮渡运营船舶数 指用于城市客渡运营业务的全部船舶数。不含旅游客轮（长途旅游、市内供游人游览江、河、湖泊的船只)。

城市公共交通客运总量 指报告期内城市公共交通各种运输方式运送乘客的总人次。

邮电业务总量 指以价值量形式表现的邮电通信企业为社会提供各类邮电通信服务的总数量。邮电业务量按专业分类包括函件、包件、汇票、报刊发行、邮政快件、特快专递、邮政储蓄、集邮、公众电报、用户电报、传真、长途电话、出租电路、无线寻呼、移动电话、分组交换数据通信、出租代维等。计算方法为各类产品乘以相应的平均单价(不变价)之和，再加上出租电路和设备、代用户维护电话交换机和线路等的服务收入。该指标综合反映了一定时期邮电业务发展的总成果，是研究邮电业务量构成和发展趋势的重要指标。计算公式为：

邮电业务总量=Σ（各类邮电业务量×不变单价）+出租代维及其他业务收入
=邮政业务总量+通信业务总量

移动电话用户 指通过移动电话交换机进入移动电话网、占用移动电话号码的各类电话用户。包括签约用户和智能网预付费用户。一个移动电话号码统计为一户。

本地电话用户 指接入本地电信运营商固定电话网上的电话用户。包括：住宅用户、单位用户、公用电话用户等。

国际互联网用户 包括互联网窄带拨号用户和互联网宽带接入用户。互联网窄带拨号用户又分为互联网注册拨号用户、互联网主叫电话记费用户、互联网上网卡用户等几种。互联网注册拨号用户指由基础电信运营商用户提供的，使用固定帐号上网的一种方式，由用户到运营商的营业厅或业务代理商处申请办理，获得拨号上网帐号及密码，用户根据该帐号及密码拨叫上网特服号，通过认证获得动态 IP 地址接入宽带互联网。互联网主叫电话记费用户指用户不需要到运营商的营业厅或业务代理商处申请办理，只需要拨打某一运营商已经开通的主叫特服号码即可上网，上网费用随主叫电话收取。互联网上网卡用户指使用上网卡上的帐号和密码认证，通过 PSTN、N-ISDN 等方式接入宽带互联网的用户。互联网宽带接入用户指采用分组交换网、DDN 网、帧中继/ATM 网以及模拟专线、数字专线等方式，不经过基础电信运营商的宽带 IP 城域网，直接接入宽带互联网节点的用户，不含 XDSL、专线和 LAN 专线用户。

本地交换设备容量 指安装在电信运营企业内用于接续本地固定电话的电话交换机容量，包括现用和备用的人工或自动交换机的全部容量。包括局用交换机容量、接入网设备容量（含无线市话）和用户交换机容量。

移动电话交换机容量 指移动电话交换机根据一定话务模型和交换机处理能力计算出来的最大同时服务用户的数量。

Explanatory Notes on Main Statistical Indicators

Length of Railways in Operation refers to the total length of the trunk line under passenger and freight transportation (including both regular operations and temporary operations). In the case of wholly or partially double or multiple track railways, calculation is based on the actual length of the first track, regardless of other tracks, station sidings, tracks under the charge of stations, branch lines, special-purpose lines and non-payable connecting lines. The length of railways in operation is an important indicator of the development of infrastructure for railway transport, as well as the foundation for the calculation of passenger-kilometers and freight ton-kilometers, traffic density and utilization efficiency of locomotives and carriages.

Length of Highways refers to the length of highways built in conformity with the grades specified by the Technical Standards JTJ01-88 for Highway Engineering, formally checked and accepted by highway authorities and put into use. The length of highways includes that of suburban highways at large and medium sized cities and highways passing through streets at small cities and towns, as well as the span of bridges and ferries. However, it does not include the length of streets in large and medium sized cities and highways built for production purposes at factories, mines, forest areas and agricultural areas. If two or more highways share the same segment, the length of the shared segment is only calculated for once and no duplication is allowed. The length of highways is an important indicator of the scale of development of highway construction, as well as the foundation for the calculation of transport network density and other indicators.

Length of Navigable Inland Waterways refers to the length of natural rivers, lakes, reservoirs, canals, and ditches open to navigation during a given period, which enables the transport by ships and rafts. This includes channels open to seasonal navigation for an accumulative period of over 3 months in a year, but excludes river courses used exclusively for wood or bamboo rafts on an irregular basis. This indicator reflects the scale, level and development situation of the inland waterway network.

Length of Civil Aviation Routes refers to the length of all routes for regular civil aviation flights. Calculation of route lengths is based on the distance between airports, usually in either of the following ways: duplicated calculation of route lengths, which directly sums up the length of every single air route, or singular calculation of route lengths, which calculates the same segments of aviation routes shared by two or more routes only once. In general practice, the latter is used, as it can precisely reflect the size of the civil aviation network and indicate the extent to which civil aviation serves the national economy and the needs of the people.

Length of Petroleum and Gas Pipelines refers to the actual transport distance of oil or gas products, generally calculated as the length of single pipelines. Inclusion of double pipelines and alternate pipeline in the calculation is termed the extension length of petroleum and gas pipelines, which indicates the actual length of the pipelines built. In general practice, the "Length of Petroleum and Gas Pipelines" exclusive of double pipelines is used, which reflects the scale and degree of development in pipeline transport.

Freight (Passenger) Traffic refers to the volume of freight (passengers) transported with various means. This indicator provides a quantitative measure of how the transport industry serves the national economy and the needs of the people, as well as an important reference for drafting and checking production plans in the transport industry and for studying the scale and speed of development in the transport industry. Freight transport is calculated in tons and passenger traffic is calculated in the number of persons. Freight transport is calculated in the actual weight of goods regardless of traveling distances and types of freight, while passenger traffic is calculated as the number of individuals traveling once, regardless of traveling distances, ticket prices, whether the passengers are traveling with half-price tickets or child tickets.

Freight Ton-kilometers (Passenger-kilometers) refer to the sum of the products of the volume of transported cargo (passengers) multiplied by the transport distance. These are important indicators of the total achievements of the transport industry, as well as the major foundation for drafting and checking production plans in the transport industry and for calculating the efficiency, labor productivity and the cost of transport enterprises. Normally, the shortest distance between the departure station and the destination station (i.e. the payable distance) is the basis to calculate the freight ton-kilometers and passenger-kilometers on. These indicators are calculated as follows:

Freight Ton-kilometers (Passenger-kilometers) = Σ (Freight (Passenger) Traffic $\times$ Transport Distance)

Volume of Freight Handled in Ports refers to the volume of cargo passing in and out of the harbor area that undergoes the loading and unloading processes, including mails, checked baggage and bales, as well as fuel, material and fresh water supplies to ships. The volume of freight handled may be classified by direction of flow as import volume and export volume, or by nature of cargo as volume of freight for domestic trade and volume of freight for foreign trade. The classification of volume of freight handled and its direction of flow are important indicators of the production capacity of ports.

Volume of Container Handled in Ports refers to the volume of freight handled in Ports that are loaded and unloaded in containers.The unit of measurement is TEU. The number of natural containers of various sizes of containers is converted into TEU (TWENTY FT EQUAL TO UNIT) according to the conversion ratio, that is to say, the conversion ratio is 1:2 for 40 foot container, 1:1.75 for 35 foot container, 1:1 for 20 foot container, and 1:0.5 for 10 foot container.

Possession of Civil Motor Vehicles refers to the total number of vehicles that are registered at transport management offices under the public security authorities and provided with civil vehicle licenses and tags according to the Work Standard for Motor Vehicles Registration at the end of the reference period. Major categories of vehicle are: passenger vehicles, freight vehicles and other vehicles in terms of structure; private vehicles and organization-owned vehicles in terms of ownership; commercial vehicles and non-commercial vehicles in terms of use; large, medium, small and mini passenger vehicles, and heavy, medium, light and mini trucks in terms of size.

Motor Vessels refer to vessels installed with power units and propelled by mechanical power. It is also known as self-propelled vessels.

Barges refer to flat-bottomed vessels driven by drawers or propellers. It has no power units or has only simple power units.

Dead Weight Tonnage of Vessels refers to the actual tonnage all the vessels within the reference period are capable of carrying. It equals the tonnage of all the vessels minus that of fuel, material and fresh water, foods, supplies, persons and luggage on vessels.

Coastal Seaports refer to seaports located alongside the coasts that have the right facilities and conditions for vessel mooning, passenger boarding and alighting, cargo loading and unloading, and supply of daily life materials.

Inland Ports refer to ports located along rivers and lakes that have the right facilities and conditions for vessel mooning, passenger boarding and alighting, cargo loading and unloading, and supply of daily life materials.

Number of Civil Aviation Routes refers to the number of all routes of commercial civil aviation flights from one point of the earth to another. Civil aviation routes shall meet three conditions. Firstly, there shall be regular flights. Secondly, there shall be adequate airport and ground facilities to ensure the flight, takeoff and landing. Thirdly, the flights are approved and carried out normally during the flight season. Singular calculation is used in calculating the number of routes. Civil aviation routes are divided into domestic routes, international routes and regional routes.

Civil Aviation Aircraft refer to aircraft used in public civil aero transport. They are divided into large and medium sized aircraft and small sized aircraft. The former refer to those with 100 seats and above, and the latter refer to those with less than 100 seats.

Urban Public Transportation refers to all the economical transport taken by the public in cities. It includes bus, trolley bus, rail transport (subway, light rail, streetcar, magnetically levitated trains, cableway, telpher, etc.), taxi, ferry boast, etc.

Length of Public Transportation Network refers to the net length covered by the public transportation routes. The following formula is used:

Length of Public Transportation Network=Length of Public Transportation under Operation - ΣLength of Repeated Routes

Length of Public Transportation under Operation refers to the sum of all public transportation routes under operation. The following formula is used:

Length of Public Transportation under Operation= -Σ(1/2 (length from starting station to terminal of forward trip+length from terminal to beginning station of backward trip+length of take-turning of both trips)

Number of Vehicles under Operation refers to the total number of vehicles under operation in public transportation in cities. For subway and light rail, each compartment is calculated as one unit. Taxi refers to all those with special operation license, including those in good condition, under maintenance, in long-term operation and with pending approval for writing-off.

Number of Ferry Boats refer to the total number of boats for ferry operation., excluding the long-distance or intra-city cruiser.

Total Passenger Traffic in Cities refers to the total number of persons transported by public transportation in cities.

Business Volume of Postal and Telecommunication Services refers to the total amount of postal and telecommunication services, expressed in value terms, provided by postal and telecommunication enterprises for the society. Postal and telecommunication services can be classified as letters, parcels, remittance, delivery of newspapers and magazines, fast mail service, express mail service, savings deposits, stamps for collection, public and individual telegraph service, facsimiles, long-distance telephone service, leasing of telephone lines, urban paging service, mobile telephone service, data communication through packet networks, network elements lease and maintenance, etc. To calculate the volume, the business volume of each product is multiplied by its average unit price (at constant prices), summed, and added to income from other services such as leasing of telephone lines and equipment, maintenance of telephone switchboards and lines on behalf of customers. This indicator reflects the overall achievements of postal and telecommunication services during a given period, and is an important reference for studying the composition of business volume and the development trend of postal and telecommunication services. This volume is calculated as follows:

Business Volume of Postal and Telecommunication Services = Σ(Business Volume of Each Product× Constant Unit Price) + Income from Leasing, Maintenance, and Other Services = Business Volume of Postal Services + Business Volume of Telecommunication Services

Mobile Telephone Subscribers refer to persons who own mobile telephone numbers and are connected with the mobile telephone communication network through mobile telephone switchboards, including contracted subscribers and pre-paid subscribers for intelligent network. One mobile telephone number is calculated as one subscriber.

Local Telephone Subscribers refer to subscribers that are connected to the local telecommunication service provider through fix line network, including household subscribers, institutional subscribers and public telephones.

Number of Internet Subscribers include both narrow-band dial-up users and broad-band access users of the internet. Narrow-band dial-up users are further classified into registered dial-up users, pay-per-calling users, and pre-pay card users. Registered dial-up service enables internet access through fixed accounts provided by basic telecommunication operators. Users of this service apply to the operators or their agents for accounts and passwords, with which they dial special numbers for internet connection and acquire dynamic IP addresses through authentification to gain access to the broad-band internet. Pre-pay calling service implies that instead of applying to the operators or their agents, users only need to dial a certain operator's special numbers to gain access to the internet and pay internet fees together with their calling fees. Pre-pay card users refer to those connected to the broad-band internet through PSTN and N-ISDN networks with accounts and passwords provided by the pre-pay cards. Broad-band access users (exclusive of XDSL and LAN users) refer to users directly connected to broad-band internet nodes through packet networks, DDN networks, frame relay/ATM networks, and special analog or digital lines, bypassing the broad-band IP MAN provided by basic telecommunication operators.

Capacity of Local Telephone Exchanges refers to the capacity of telephone exchanges installed in the offices of telecommunication service providers for communication between fixed telephones. It includes the capacity of both manual and automatic exchanges in use and for stand-by purpose. It consists of the capacity of office telephone exchanges, access network equipment(including wireless city call) and subscriber exchanges.

Capacity of Mobile Telephone Exchanges refers to the maximum number of subscribers that can be served simultaneously, calculated according to a certain calling model and the handling capacity of the mobile telephone exchanges.

十六、批发和零售业

WHOLESALE AND RETAIL TRADES

十六　批发零售业

简要说明

一、本篇资料反映包括批发零售业商品流通情况、社会消费品零售总额等。

二、本篇资料主要根据国家统计局《批发和零售业统计报表制度》进行搜集和加工整理。资料中限额以上批发和零售业采用全面调查的方法自下而上逐级综合汇总而得，限额以下企业及个体户资料采用抽样调查方法推算而得。

三、各表的调查范围：

限额以上批发和零售业统计限额标准：批发业年销售额2000万元及以上；零售业年销售额500万元及以上。

商品购、销、存总额表为各种经济类型的限额以上和限额以下批发零售业法人及产业活动单位和个体户。

社会消费品零售总额表为各种经济类型的法人及产业活动单位、个体户对城乡居民和社会集团的零售。

四、本篇资料由广东省统计局贸易外经统计处整理提供。

16 Wholesale and Retail Trades

Brief Introduction

Ⅰ. The date in this chapter show the development of Guangdong's domestic market，including mainly the circulation of commodities in the wholesale and retail trades and the total retail sales of consumer goods，etc.

Ⅱ. The data are collected and processed in accordance with the Statistical Reporting Scheme on Wholesale and Retail Trades stipulated by the National Bureau of Statistics. Data on basic conditions for all corporate enterprises of wholesale, retail above the designated size are collected through comprehensive reporting systems and data are reported level by level in a bottom-up manner. Data on small-size enterprises and individual enterprises below the designated size are collected through sample surveys.

Ⅲ. The statistical coverage in this chapter comes as follows:

Criteria for wholesale and retail sale trades above designated size is defined as follows：wholesale trade with annual sales of 20 million yuan or above, retail sale trade with annual sales of 5 million yuan or above.

The table of total purchases，sales and inventory include corporate units, establishments and individuals of various types of ownership both above and below designated size by category of commodities.

The table of total retail sales of consumer goods includes the retail sales of corporate units, establishments and individuals of various types of ownership to urban and rural residents and institutions.

Ⅳ. The data in this chapter are prepared and provided by the Division of Trade and External Economic Relations Statistics of Statistics Bureau of Guangdong Province.

16-1 批发零售业主要指标
Main Indicators on Domestic Trade

指　标	Item	2000	2010	2015	2019	2020	2021
社会消费品零售总额（亿元）	**Total Retail Sales of Consumer Goods (100 million yuan)**	**4320.73**	**16991.39**	**30326.76**	**42951.75**	**40207.85**	**44187.71**
按消费形态分	By pattern						
商品零售	Retail Sales			26574.66	37884.34	36083.09	39427.05
餐饮收入	Catering Income			3752.09	5067.41	4124.76	4760.66
按城乡分	By Urban and Rural Area						
城镇	Urban Areas	3292.69	14766.77	27089.25	38314.75	35904.43	38923.93
乡村	Rural Areas	1028.04	2224.62	3237.50	4637.00	4303.42	5263.78
批发零售业商品销售总额（亿元）	**Total Sales in Wholesale and Retail Trades (100 million yuan)**	**10316.88**	**47217.39**	**89778.91**	**134231.95**	**136273.02**	**164806.14**
按行业分	By Sector						
批发业销售额	Sales in Wholesale Trade	7053.14	30173.58	69695.48	105223.71	108583.11	133290.44
零售业销售额	Sales in Retail Trade	3263.74	17043.81	20083.43	29008.24	27689.90	31515.70
按规模分	By Size						
限额以上销售额	Sales above Designated Size	4922.10	30316.84	66166.10	95367.95	105031.21	133208.82
限额以下销售额	Sales below Designated Size	5394.78	16900.55	23612.81	38864.00	31241.80	31597.32
限额以上连锁总店数（个）	**Number of General Chain Stores above Designated Size (unit)**		**206**	**386**	**395**	**399**	**416**
限额以上连锁门店数（个）	**Number of Branch Chain Stores above Designated Size (unit)**		**23096**	**25903**	**31186**	**34501**	**35112**
限额以上连锁店销售总额（亿元）	**Total Sales of Chain Stores above Designated Size (100 million yuan)**		**3502.08**	**5241.15**	**3976.48**	**3451.16**	**3827.81**
#零售额	Retail Value		2980.36	4420.51	3436.84	2883.53	3002.13
亿元以上商品交易市场成交额（亿元）	**Transaction Value of Commodity Markets above 100 Million Yuan (100 million yuan)**		**4828.13**	**5576.63**	**5495.80**	**5368.52**	**5534.20**

注：本表社会消费品零售总额及批发零售业商品销售总额数据根据第四次全国经济普查资料进行了调整。

Note: The data of total retail sales of consumer goods and total sales of wholesale and retail goods in this table are adjusted according to the figure of fourth national economic census.

16-2 按城乡分社会消费品零售总额

Total Retail Sales of Consumer Goods by Urban and Rural Area

单位：亿元 (100 million yuan)

年份 Year	社会消费品零售总额 Total Retail Sales of Consumer Goods	按城乡分 By Urban and Rural Area	
		城镇 Urban Areas	乡村 Rural Areas
1978	79.86	38.42	41.44
1979	92.69	43.25	49.44
1980	117.67	66.72	50.95
1981	142.38	71.19	71.19
1982	164.23	82.77	81.46
1983	183.62	97.32	86.30
1984	226.13	131.61	94.52
1985	289.23	178.45	110.78
1986	327.02	172.67	154.35
1987	405.19	214.34	190.85
1988	568.07	306.19	261.88
1989	636.15	345.43	290.72
1990	667.36	457.34	210.02
1991	786.64	531.57	255.07
1992	1109.55	809.96	299.59
1993	1515.73	1137.96	377.78
1994	1984.58	1511.22	473.36
1995	2465.76	1865.49	600.27
1996	2754.06	2093.87	660.19
1997	3112.79	2363.79	749.00
1998	3530.86	2689.95	840.91
1999	3885.99	2962.03	923.96
2000	4320.73	3292.69	1028.04
2001	4783.01	3641.78	1141.23
2002	5301.86	4048.11	1253.76
2003	5918.30	4544.02	1374.28
2004	6741.88	5201.17	1540.71
2005	7777.23	5997.87	1779.36
2006	9019.22	6950.06	2069.16
2007	10509.88	8107.94	2401.94
2008	12699.80	9809.61	2890.20
2009	14531.85	11328.71	3203.14
2010	16991.39	14766.77	2224.62
2011	19693.70	17201.99	2491.71
2012	21954.29	19479.27	2475.02
2013	24589.96	21917.34	2672.62
2014	27436.68	24486.93	2949.75
2015	30326.76	27089.25	3237.50
2016	33303.21	29759.18	3544.02
2017	36598.59	32708.58	3890.01
2018	39767.12	35543.82	4223.30
2019	42951.75	38314.75	4637.00
2020	40207.85	35904.43	4303.42
2021	44187.71	38923.93	5263.78

注：本表1992—2018年数据根据第四次全国经济普查资料进行了调整。

Note: Data of 1992 to 2018 in this table have been adjusted in accordance with the figures from the forth national economic census.

16−3 各市社会消费品零售总额（2021年）

Total Retail Sales of Consumer Goods by City (2021)

单位：亿元 (100 million yuan)

市别	City	社会消费品零售总额 Total Retail Sales of Consumer Goods	按消费形态分 By Sector		按城乡分 By Urban and Rural Area	
			商品零售 Retail Sales	餐饮收入 Catering Income	城镇 Urban Area	乡村 Rural Area
广州	Guangzhou	10122.56	9350.82	771.74	9794.14	328.42
深圳	Shenzhen	9498.12	8391.97	1106.15	9476.27	21.85
珠海	Zhuhai	1048.24	945.45	102.80	1018.89	29.35
汕头	Shantou	1503.84	1353.67	150.17	1088.76	415.08
佛山	Foshan	3556.66	3298.26	258.40	3447.16	109.50
韶关	Shaoguan	488.16	448.69	39.47	418.88	69.28
河源	Heyuan	387.62	357.13	30.49	294.75	92.87
梅州	Meizhou	654.37	593.61	60.76	490.07	164.30
惠州	Huizhou	1978.92	1818.77	160.15	1585.11	393.81
汕尾	Shanwei	477.30	416.68	60.62	345.37	131.92
东莞	Dongguan	4239.24	3896.45	342.78	3830.19	409.05
中山	Zhongshan	1530.11	1421.86	108.25	1394.28	135.83
江门	Jiangmen	1278.10	1161.80	116.30	994.50	283.60
阳江	Yangjiang	482.71	429.99	52.72	373.19	109.52
湛江	Zhanjiang	1784.46	1569.67	214.78	1441.48	342.98
茂名	Maoming	1497.32	1309.78	187.53	1061.14	436.18
肇庆	Zhaoqing	1160.82	1101.16	59.66	948.95	211.87
清远	Qingyuan	579.62	547.46	32.17	477.30	102.33
潮州	Chaozhou	480.70	442.96	37.73	396.28	84.42
揭阳	Jieyang	1055.76	1013.47	42.29	759.72	296.04
云浮	Yunfu	375.50	341.39	34.12	281.57	93.94
按经济区域分	By Region					
珠三角	Pearl River Delta	34412.76	31386.53	3026.24	32489.50	1923.27
东翼	Eastern Region	3517.59	3226.79	290.80	2590.13	927.47
西翼	Western Region	3764.49	3309.44	455.04	2875.81	888.68
山区	Mountainous Region	2485.28	2288.28	197.00	1962.57	522.71

16-4 各市社会消费品零售总额

Total Retail Sales of Consumer Goods by City

单位：亿元 (100 million yuan)

市别	City	2000	2005	2010	2015	2017	2018	2019	2020	2021
广州	Guangzhou	1079.59	1765.01	3809.04	6994.42	8190.63	8810.91	9551.57	9218.66	10122.56
深圳	Shenzhen	854.79	1757.85	3646.89	6419.78	7788.17	8519.50	9144.46	8664.83	9498.12
珠海	Zhuhai	121.33	210.43	421.33	741.78	869.44	932.10	996.30	921.26	1048.24
汕头	Shantou	208.62	304.14	639.03	1101.82	1345.27	1451.36	1562.73	1417.06	1503.84
佛山	Foshan	340.06	609.45	1470.02	2585.63	3150.01	3425.44	3685.27	3289.09	3556.66
韶关	Shaoguan	75.98	111.72	219.10	359.20	408.98	439.64	477.55	445.25	488.16
河源	Heyuan	38.91	74.41	153.54	271.31	327.81	356.93	386.83	360.74	387.62
梅州	Meizhou	67.16	126.76	284.21	490.54	591.01	642.31	689.33	634.88	654.37
惠州	Huizhou	143.35	291.29	652.02	1258.11	1597.14	1769.13	1924.55	1746.08	1978.92
汕尾	Shanwei	60.56	98.42	219.60	339.09	378.89	407.21	442.26	435.65	477.30
东莞	Dongguan	271.05	608.38	1456.27	2622.65	3313.05	3637.37	4003.89	3740.14	4239.24
中山	Zhongshan	156.97	311.11	700.88	1206.61	1477.85	1560.40	1617.09	1407.22	1530.11
江门	Jiangmen	191.38	301.36	542.35	854.97	1024.08	1110.87	1206.96	1162.62	1278.10
阳江	Yangjiang	69.80	115.53	229.27	376.57	430.15	463.59	502.25	451.18	482.71
湛江	Zhanjiang	174.57	289.73	657.45	1198.96	1431.25	1575.26	1717.27	1638.76	1784.46
茂名	Maoming	134.85	241.37	554.67	1010.03	1215.28	1324.07	1440.68	1356.48	1497.32
肇庆	Zhaoqing	86.31	162.25	362.34	727.62	925.09	1031.14	1107.52	1062.16	1160.82
清远	Qingyuan	67.35	105.37	265.04	420.67	489.80	529.78	573.94	520.09	579.62
潮州	Chaozhou	58.70	93.58	201.06	345.92	416.69	450.89	490.84	444.88	480.70
揭阳	Jieyang	80.38	131.34	365.23	751.47	917.20	994.32	1069.76	955.16	1055.76
云浮	Yunfu	39.05	67.75	142.08	249.62	310.78	334.87	360.69	337.24	375.50
按经济区域分	By Region									
珠三角	Pearl River Delta	3244.82	6017.12	13061.13	23411.58	28335.47	30796.88	33237.60	31212.06	34412.76
东翼	Eastern Region	408.25	627.48	1424.92	2538.30	3058.06	3303.78	3565.60	3252.74	3517.59
西翼	Western Region	379.22	646.63	1441.38	2585.55	3076.69	3362.92	3660.20	3446.43	3764.49
山区	Mountainous Region	288.44	486.01	1063.96	1791.33	2128.38	2303.53	2488.35	2298.21	2485.28

注：本表数据根据第四次全国经济普查资料进行了调整。
Note: The data in this table have been adjusted in accordance with the figures from the forth national economic census.

16-5 批发零售业商品销售总额

Total Sales of Commodities in Wholesale and Retail Trades

单位：亿元 (100 million yuan)

项　目	Item	2010	2015	2019	2020	2021
合　计	**Total**	**47217.39**	**89778.91**	**134231.95**	**136273.02**	**164806.14**
按行业分组	By sector					
批发业	Wholesale Trade	30173.58	69695.48	105223.71	108583.11	133290.44
零售业	Retail Trade	17043.81	20083.43	29008.24	27689.90	31515.70
按规模分组	By Size of Enterprises					
限额以上企业和个体户	**Enterprises above Designated Size and Individuals**	**30316.84**	**66166.10**	**95367.95**	**105031.21**	**133208.82**
食品、饮料、烟酒类	Food, Beverages, Tobacco and Liquor	2635.17	7097.34	8793.12	10080.56	11307.32
粮油类	Grain and Edible Oil	366.51	1134.22	1535.35	1700.26	1712.15
肉禽蛋类	Meat, Poultry and Eggs	230.13	703.26	911.01	1207.09	1373.81
饮料类	Beverages	192.76	1046.10	777.17	860.87	1079.32
烟酒类	Tobacco and Liquor	1175.56	1939.10	2438.98	2606.93	2847.79
其它食品类	Other Food	670.21	2274.66	3130.61	2706.72	3340.34
服装鞋帽、针纺织品类	Garments,Footwear,Headgear,Knitwear and Textiles	1869.06	5244.01	3153.19	2859.80	3600.19
服装类	Garments	1133.19	3451.73	1895.53	1695.49	2183.39
鞋帽类	Footwear and Headgear	206.49	689.94	522.13	496.60	648.41
针、纺织品类	Knitwear and Textiles	529.38	1102.34	735.52	667.61	772.07
化妆品类	Cosmetics	138.83	401.67	785.12	860.15	796.74
金银珠宝类	Gold, Silver and Jewelry	221.13	1280.64	1122.81	1006.14	1381.26
日用品类	Daily-use Articles	762.55	2347.19	2273.51	2595.20	2970.17
#洗涤用品类	Detergents	232.11				
儿童玩具类	Toys for Children	32.61	96.89			
五金、电料类	Hardware and Electrical Appliances	266.24	761.81	928.86	1021.62	1250.84
体育、娱乐用品类	Sports and Recreational Articles	153.92	168.46	284.50	317.44	451.05
书报杂志类	Newspapers and Magazines	77.67	161.28	172.94	198.35	191.57
电子出版物及音像制品类	E-journals and Video Products	23.12	29.96	16.86	13.76	17.32
家用电器和音像器材类	Household Appliances and Video Appliances	1221.85	2459.14	2996.72	3223.93	3783.35
中西药品类	Traditional Chinese and Western Medicines	1248.10	2957.35	4005.48	4322.44	4958.16
#西药	Western Medicines	848.37	1939.97	2752.82	2941.52	3430.88
中草药及中成药	Traditional Chinese Medicines	256.71	659.07	665.16	703.59	787.90
文化办公用品类	Articles for Cultural and Office Use	637.27	3586.88	2209.66	2153.83	3192.55
家具类	Furniture	189.07	542.19	632.00	624.02	765.24
通讯器材类	Communication Appliances	719.27	3176.14	3998.99	4330.03	5599.90
煤炭及制品类	Coal and Related Products	1144.17	1293.35	1638.45	1707.50	2807.68
木材及制品类	Timber and Related Products	60.20	163.68	376.48	493.07	743.07
石油及制品类	Petroleum and Related Products	7779.83	7792.01	12221.06	10496.03	12347.91
化工材料及制品类	Chemical Materials and Products	1566.66	3952.91	6029.71	6582.43	8902.66
金属材料类	Metal Materials	4380.16	8268.17	21820.12	27657.15	37741.11
建筑及装潢材料类	Construction and Decoration Materials	432.07	1171.45	2466.13	3108.47	3811.46
机电产品及设备类	Mechanical and Electrical Products and Equipment	1235.24	2888.60	4728.26	5568.81	7584.80
汽车类	Motor Vehicles	2773.14	6494.43	10806.61	11260.63	12781.05
种子饲料类	Seeds and Feedstuff	53.57	208.81	351.96	467.46	659.18
棉麻类	Cotton and Hemp	20.81	93.09	91.14	130.48	278.08
其它类	Others	707.74	3625.54	3464.27	3951.91	5286.17
限额以下企业和个体户	**Enterprises below Designated Size and Individuals**	**16900.55**	**23612.81**	**38864.00**	**31241.80**	**31597.32**

注：本表数据根据第四次全国经济普查资料进行了调整。
Note: The data in this table have been adjusted in accordance with the figures from the forth national economic census.

16-6 限额以上批发零售业商品批发额

Total Wholesale Value of Commodities in Wholesale and Retail Trades

单位：亿元 (100 million yuan)

项　目	Item	2010	2015	2019	2020	2021
限额以上企业和个体户	**Enterprises above Designated Size and Individuals**	**24600.85**	**53553.50**	**81832.55**	**91518.94**	**117680.13**
食品、饮料、烟酒类	Food, Beverages, Tobacco and Liquor	2067.13	5863.76	7327.90	8407.85	9444.53
粮油类	Grain and Edible Oil	279.88	928.33	1348.75	1451.73	1538.31
肉禽蛋类	Meat, Poultry and Eggs	168.66	536.39	775.56	1029.53	1199.33
饮料类	Beverages	134.29	907.60	622.83	669.50	820.44
烟酒类	Tobacco and Liquor	1065.75	1737.72	2210.78	2338.65	2507.17
其它食品类	Other Food	418.55	1753.72	2369.98	2379.40	2534.95
服装鞋帽、针纺织品类	Garments,Footwear,Headgear,Knitwear and Textiles	1385.88	3993.25	2113.27	1934.23	2612.60
服装类	Garments	786.06	2606.88	1151.98	1039.20	1462.88
鞋帽类	Footwear and Headgear	117.36	415.44	323.46	310.69	465.54
针、纺织品类	Knitwear and Textiles	482.46	970.93	637.82	584.25	687.87
化妆品类	Cosmetics	56.22	228.49	433.64	518.48	432.74
金银珠宝类	Gold, Silver and Jewelry	151.49	1045.36	882.86	762.07	1025.64
日用品类	Daily-use Articles	569.53	1760.89	1605.47	1840.31	2134.73
#洗涤用品类	Detergents	166.98				
儿童玩具类	Toys for Children	19.52	61.29			
五金、电料类	Hardware and Electrical Appliances	241.86	635.55	875.63	983.95	1216.88
体育、娱乐用品类	Sports and Recreational Articles	131.35	97.62	171.07	202.97	279.94
书报杂志类	Newspapers and Magazines	50.89	109.76	120.94	129.95	117.79
电子出版物及音像制品类	E-journals and Video Products	16.38	14.56	15.17	11.60	15.94
家用电器和音像器材类	Household Appliances and Video Appliances	790.44	1742.73	2143.47	2349.56	2851.61
中西药品类	Traditional Chinese and Western Medicines	957.64	2349.21	3535.59	3715.33	4231.42
#西药	Western Medicines	651.83	1524.78	2409.33	2519.92	2922.80
中草药及中成药	Traditional Chinese Medicines	216.34	571.22	599.54	623.97	694.51
文化办公用品类	Articles for Cultural and Office Use	570.14	3229.34	1821.44	1751.45	2651.04
家具类	Furniture	156.89	392.91	457.71	465.80	606.45
通讯器材类	Communication Appliances	639.96	2731.33	3319.62	3604.56	4698.99
煤炭及制品类	Coal and Related Products	1137.75	1264.48	1638.41	1707.50	2807.67
木材及制品类	Timber and Related Products	60.20	163.68	376.48	493.07	743.07
石油及制品类	Petroleum and Related Products	6488.12	5822.76	10181.54	8881.90	10266.37
化工材料及制品类	Chemical Materials and Products	1566.66	3952.91	6029.71	6582.43	8902.66
金属材料类	Metal Materials	4380.16	8268.17	21820.12	27657.15	37741.11
建筑及装潢材料类	Construction and Decoration Materials	392.48	1021.24	2390.13	3059.01	3744.73
机电产品及设备类	Mechanical and Electrical Products and Equipment	1200.20	2741.70	4684.93	5532.01	7536.06
汽车类	Motor Vehicles	920.60	2720.82	6107.29	6509.55	7551.10
种子饲料类	Seeds and Feedstuff	53.57	208.81	351.96	467.46	659.18
棉麻类	Cotton and Hemp	20.81	92.93	91.05	130.48	278.08
其它类	Others	594.50	3101.24	3337.16	3820.27	5129.81

16-7 限额以上批发零售业商品零售额

Total Retail Value of Commodities in Wholesale and Retail Trades

单位：亿元 (100 million yuan)

项　目	Item	2010	2015	2019	2020	2021
限额以上企业和个体户	**Enterprises above Designated Size and Individuals**	**5715.99**	**12612.60**	**13535.39**	**13512.27**	**15528.69**
食品、饮料、烟酒类	Food, Beverages, Tobacco and Liquor	568.04	1233.58	1465.22	1672.71	1862.79
粮油类	Grain and Edible Oil	86.63	205.89	186.60	248.53	173.84
肉禽蛋类	Meat, Poultry and Eggs	61.47	166.87	135.45	177.56	174.48
饮料类	Beverages	58.47	138.50	154.34	191.37	258.88
烟酒类	Tobacco and Liquor	109.81	201.38	228.20	268.27	340.63
其它食品类	Other Food	251.66	520.94	760.63	327.32	805.39
服装鞋帽、针纺织品类	Garments,Footwear,Headgear,Knitwear and Textiles	483.18	1250.76	1039.92	925.57	987.59
服装类	Garments	347.13	844.85	743.55	656.29	720.51
鞋帽类	Footwear and Headgear	89.13	274.50	198.67	185.91	182.87
针、纺织品类	Knitwear and Textiles	46.92	131.41	97.70	83.37	84.20
化妆品类	Cosmetics	82.61	173.18	351.48	341.67	364.00
金银珠宝类	Gold, Silver and Jewelry	69.64	235.28	239.95	244.06	355.62
日用品类	Daily-use Articles	193.02	586.30	668.04	754.89	835.44
#洗涤用品类	Detergents	65.13				
儿童玩具类	Toys for Children	13.09	35.60			
五金、电料类	Hardware and Electrical Appliances	24.38	126.26	53.23	37.67	33.96
体育、娱乐用品类	Sports and Recreational Articles	22.57	70.84	113.44	114.47	171.11
书报杂志类	Newspapers and Magazines	26.78	51.52	52.00	68.39	73.77
电子出版物及音像制品类	E-journals and Video Products	6.74	15.40	1.69	2.16	1.39
家用电器和音像器材类	Household Appliances and Video Appliances	431.41	716.41	853.25	874.37	931.74
中西药品类	Traditional Chinese and Western Medicines	290.46	608.14	469.89	607.11	726.74
#西药	Western Medicines	196.54	415.19	343.49	421.60	508.08
中草药及中成药	Traditional Chinese Medicines	40.37	87.85	65.61	79.61	93.39
文化办公用品类	Articles for Cultural and Office Use	67.13	357.54	388.22	402.38	541.51
家具类	Furniture	32.18	149.28	174.29	158.22	158.79
通讯器材类	Communication Appliances	79.31	444.81	679.37	725.47	900.91
煤炭及制品类	Coal and Related Products	6.42	28.87	0.04		0.01
木材及制品类	Timber and Related Products					
石油及制品类	Petroleum and Related Products	1291.71	1969.25	2039.52	1614.13	2081.54
化工材料及制品类	Chemical Materials and Products					
金属材料类	Metal Materials					
建筑及装潢材料类	Construction and Decoration Materials	39.59	150.21	76.00	49.46	66.73
机电产品及设备类	Mechanical and Electrical Products and Equipment	35.04	146.90	43.33	36.80	48.74
汽车类	Motor Vehicles	1852.54	3773.61	4699.32	4751.08	5229.94
种子饲料类	Seeds and Feedstuff					
棉麻类	Cotton and Hemp		0.16	0.09	0.01	
其它类	Others	113.24	524.30	127.12	131.64	156.36

16-8 各市批发零售业商品销售总额

Total Sales of Enterprises in Wholesale and Retail Trades by City

单位：亿元 (100 million yuan)

市别	City	2020 销售总额 Total Sales	2020 批发业 Wholesale Trade	2020 零售业 Retail Trade	2021 销售总额 Total Sales	2021 批发业 Wholesale Trade	2021 零售业 Retail Trade
广州	Guangzhou	45235.24	39289.45	5945.78	56670.31	50092.08	6578.23
深圳	Shenzhen	39996.07	33087.95	6908.12	47220.57	39325.05	7895.51
珠海	Zhuhai	4860.22	4362.17	498.05	5604.51	5010.81	593.70
汕头	Shantou	2553.98	1720.07	833.91	2905.28	1962.90	942.38
佛山	Foshan	15522.28	13526.09	1996.18	19309.40	17075.38	2234.02
韶关	Shaoguan	851.13	607.50	243.63	1015.07	734.30	280.76
河源	Heyuan	383.11	134.66	248.44	416.45	138.77	277.68
梅州	Meizhou	684.07	303.92	380.15	775.59	343.25	432.35
惠州	Huizhou	2091.92	1018.26	1073.66	2566.67	1311.19	1255.48
汕尾	Shanwei	419.98	105.53	314.45	513.63	139.32	374.31
东莞	Dongguan	9027.03	6502.84	2524.19	10677.27	7774.70	2902.57
中山	Zhongshan	2292.42	1348.48	943.93	2610.29	1563.51	1046.78
江门	Jiangmen	1850.15	1186.36	663.79	2148.94	1371.95	776.99
阳江	Yangjiang	531.59	260.56	271.03	568.77	257.02	311.75
湛江	Zhanjiang	2666.04	1172.84	1493.19	3058.93	1269.33	1789.60
茂名	Maoming	2973.76	1781.02	1192.74	3533.79	2119.16	1414.63
肇庆	Zhaoqing	1393.29	507.15	886.14	1808.52	778.13	1030.39
清远	Qingyuan	684.34	423.99	260.35	828.60	531.40	297.20
潮州	Chaozhou	446.11	196.64	249.47	526.13	242.11	284.03
揭阳	Jieyang	1308.02	734.14	573.89	1469.59	812.23	657.36
云浮	Yunfu	502.29	289.09	213.20	577.83	325.63	252.20
按经济区域分	By Region						
珠三角	Pearl River Delta	122268.61	100828.75	21439.86	148616.47	124302.81	24313.66
东翼	Eastern Region	4728.09	2756.38	1971.71	5414.64	3156.56	2258.08
西翼	Western Region	6171.38	3214.42	2956.96	7161.49	3645.51	3515.98
山区	Mountainous Region	3104.93	1759.16	1345.77	3613.54	2073.35	1540.19

注：本表数据根据第四次全国经济普查资料进行了调整。
Note: The data in this table have been adjusted in accordance with the figures from the forth national economic census.

16-9 限额以上批发企业商品购、销、存总额（2021年）
Total Purchases, Sales and Inventory of Enterprises above Designated Size in Wholesale Trade (2021)

单位：亿元　　(100 million yuan)

项　目	Item	企业单位数（个）Number of Enterprises (unit)	购进总额 Total Purchases	#进口 Imports	商品销售总额 Total Sales of Commodities
批发业合计	**Total Wholesale Trade**	**35993**	**119464.92**	**7239.56**	**124338.77**
#国有控股	State-owned and State-controlled Enterprises	1019	31473.52	1324.17	31689.53
按登记注册类型分组	By Status of Registration				
内资企业	Domestic-funded Enterprises	33875	107657.60	5597.74	111340.68
国有企业	State-owned Enterprises	239	3096.68	95.35	3240.73
集体企业	Collective-owned Enterprises	28	23.02		24.04
股份合作企业	Share-holding Cooperative Enterprises	41	23.63	0.36	27.29
联营企业	Joint-operation Enterprises	7	38.15	0.08	38.42
国有联营企业	State-owned Joint-operation Enterprises	5	32.28	0.08	32.44
集体联营企业	Collective Joint-operation Enterprises	2	5.87		5.97
国有与集体联营企业	State-collective Joint-operation Enterprises				
其他联营企业	Other Joint-operation Enterprises				
有限责任公司	Limited Liability Corporations	4656	36124.76	1696.46	37731.09
国有独资企业	State Sole Investment Enterprises	158	3695.70	103.78	3896.66
其他有限责任公司	Other Limited Liability Companies	4498	32429.05	1592.68	33834.43
股份有限公司	Share-holding Corporations Ltd.	295	8202.31	98.17	7499.64
私营企业	Private Enterprises	28594	60132.62	3707.31	62760.36
私营独资企业	Private Sole Investment Enterprises	474	574.74	22.12	602.89
私营合伙企业	Private Partnership Enterprises	83	86.16	1.31	92.45
私营有限责任公司	Private Limited Liability Corporations	27793	58705.10	3605.16	61222.72
私营股份有限公司	Private Share-holding Corporations Ltd.	244	766.63	78.72	842.30
其他企业	Other Enterprises	15	16.43		19.12
港、澳、台商投资企业	Enterprises with Investment from Hong Kong, Macao and Taiwan	1333	6199.03	862.07	7004.03
合资经营企业	Joint Ventures	165	980.58	209.59	1033.84
合作经营企业	Cooperative Enterprises	8	93.00	0.01	94.02
独资经营企业	Sole Investment Enterprises	1096	4898.98	640.90	5605.37
投资股份有限公司	Share-holding Corporations Ltd.	28	87.28	1.85	124.36
其他港、澳、台商投资企业	Others	36	139.18	9.72	146.44
外商投资企业	Enterprises with Foreign Investment	785	5608.28	779.75	5994.05
中外合资经营企业	Sino-foreign Joint Ventures	130	2395.19	120.76	2585.47
中外合作经营企业	Sino-foreign Cooperative Enterprises	2	1.69		3.27
外资企业	Foreign-funded Enterprises	608	3090.66	655.25	3262.48
外商投资股份有限公司	Share-holding Corporations Ltd.	20	57.61	1.66	69.21
其他外商投资企业	Others	25	63.13	2.09	73.63
按国民经济行业分组	By Economic Sector				
农、林、牧、渔产品批发	Wholesale of Farm and Livestock Products	708	1843.94	175.50	1889.86
食品、饮料及烟草制品批发业	Wholesale of Food, Beverages and Tobacco Products	3661	8811.34	697.11	9794.13
#米、面制品及食用油批发业	Wholesale of Rice, Flour Products and Edible Oil	466	869.37	39.53	879.51
烟草制品批发业	Wholesale of Tobacco Products	42	1335.95	6.69	1821.96
纺织、服装及日用品批发业	Wholesale of Textiles, Garments and Daily-use Products	4631	6558.89	204.85	7354.13
#服装批发业	Wholesale of Garments	684	784.79	19.09	893.01
家用视听设备批发	Wholesale of Household Audio-visual Equipments	258	482.28	9.78	504.17
日用家电批发	Wholesale of Household Appliances	719	1716.21	28.35	1862.09
文化、体育用品及器材批发业	Wholesale of Cultural and Sports Articles and Appliances	1328	3008.70	62.74	3266.43
医药及医疗器材批发业	Wholesale of Medicines and Medical Appliances and Chemical Products	2197	4757.30	328.94	5289.11
矿产品、建材及化工产品批发	Wholesale of Mineral Products, Building Materials	13819	66529.67	2245.10	67037.09
#煤炭及制品批发业	Wholesale of Coal and Related Products	311	2834.89	218.11	2930.69
石油及制品批发业	Wholesale of Petroleum and Related Products	1144	11804.68	722.51	10964.58
金属及金属矿批发业	Wholesale of Metal and Related Products	4638	37768.71	706.60	38082.61
建材批发业	Wholesale of Building Materials	2722	5107.08	78.36	5565.32
化肥批发业	Wholesale of Chemical Fertilizers	101	207.46	8.79	218.32
机械设备、五金交电及电子产品批发业	Wholesale of Machinery, Hardware, Electric and Electronic Products	8438	23086.25	1989.92	24649.88
#汽车及零配件批发	Wholesale of Motor Vehicles and Parts	890	7522.44	75.96	8024.40
计算机、软件及辅助设备批发业	Wholesale of Computers, Software and Assistant Equipments	829	1933.38	162.15	2029.06
贸易经纪与代理	Trade Broker and Agency	325	2914.58	1367.70	2998.05
其他批发业	Other Wholesale Trades	886	1954.25	167.69	2060.09

16−9 续表 continued

单位：亿元 (100 million yuan)

项目	Item	批发额 Wholesale Trade	#出口 Exports	零售额 Retail Trade	年末库存总额 Inventory at the Year-end
批发业合计	**Total Wholesale Trade**	**122675.27**	**5391.25**	**1663.49**	**5823.02**
#国有控股	State-owned and State-controlled Enterprises	31364.72	709.06	324.81	1063.95
按登记注册类型分组	By Status of Registration				
内资企业	Domestic-funded Enterprises	109990.43	4802.46	1350.25	5110.50
国有企业	State-owned Enterprises	3212.56	62.48	28.16	223.34
集体企业	Collective-owned Enterprises	23.50	3.25	0.54	1.23
股份合作企业	Share-holding Cooperative Enterprises	25.43		1.86	4.03
联营企业	Joint-operation Enterprises	38.42	11.16	…	1.67
国有联营企业	State-owned Joint-operation Enterprises	32.44	11.16	…	1.66
集体联营企业	Collective Joint-operation Enterprises	5.97			0.01
国有与集体联营企业	State-collective Joint-operation Enterprises				
其他联营企业	Other Joint-operation Enterprises				
有限责任公司	Limited Liability Corporations	37382.91	1025.89	348.18	1241.43
国有独资企业	State Sole Investment Enterprises	3888.09	38.55	8.57	98.50
其他有限责任公司	Other Limited Liability Companies	33494.82	987.34	339.61	1142.93
股份有限公司	Share-holding Corporations Ltd.	7225.22	304.84	274.42	251.35
私营企业	Private Enterprises	62063.35	3394.84	697.00	3384.13
私营独资企业	Private Sole Investment Enterprises	597.42	29.69	5.47	38.60
私营合伙企业	Private Partnership Enterprises	88.75	2.04	3.70	7.00
私营有限责任公司	Private Limited Liability Corporations	60571.17	3329.91	651.56	3270.19
私营股份有限公司	Private Share-holding Corporations Ltd.	806.02	33.20	36.28	68.34
其他企业	Other Enterprises	19.04		0.08	3.32
港、澳、台商投资企业	Enterprises with Investment from Hong Kong, Macao and Taiwan	6870.27	164.53	133.76	466.38
合资经营企业	Joint Ventures	1022.72	44.71	11.12	77.55
合作经营企业	Cooperative Enterprises	93.13	1.22	0.89	0.84
独资经营企业	Sole Investment Enterprises	5492.25	106.14	113.13	366.67
投资股份有限公司	Share-holding Corporations Ltd.	122.91	1.17	1.45	12.45
其他港、澳、台商投资企业	Others	139.26	11.28	7.17	8.86
外商投资企业	Enterprises with Foreign Investment	5814.57	424.26	179.48	246.13
中外合资经营企业	Sino-foreign Joint Ventures	2429.63	59.82	155.83	38.39
中外合作经营企业	Sino-foreign Cooperative Enterprises	3.27			0.38
外资企业	Foreign-funded Enterprises	3241.24	362.37	21.25	194.72
外商投资股份有限公司	Share-holding Corporations Ltd.	67.03	1.10	2.18	9.51
其他外商投资企业	Others	73.41	0.97	0.22	3.13
按国民经济行业分组	By Economic Sector				
农、林、牧、渔产品批发	Wholesale of Farm and Livestock Products	1881.33	31.43	8.53	155.90
食品、饮料及烟草制品批发业	Wholesale of Food, Beverages and Tobacco Products	9677.36	247.93	116.77	735.57
#米、面制品及食用油批发业	Wholesale of Rice, Flour Products and Edible Oil	873.72	3.15	5.79	166.70
烟草制品批发业	Wholesale of Tobacco Products	1820.39	106.46	1.57	48.32
纺织、服装及日用品批发业	Wholesale of Textiles, Garments and Daily-use Products	6997.78	1612.09	356.35	544.74
#服装批发业	Wholesale of Garments	850.33	317.45	42.68	80.75
家用视听设备批发	Wholesale of Household Audio-visual Equipments	488.51	113.70	15.65	25.67
日用家电批发	Wholesale of Household Appliances	1760.63	294.98	101.46	122.35
文化、体育用品及器材批发业	Wholesale of Cultural and Sports Articles and Appliances	3100.10	128.44	166.34	420.63
医药及医疗器材批发业	Wholesale of Medicines and Medical Appliances and Chemical Products	5211.91	134.29	77.21	499.20
矿产品、建材及化工产品批发	Wholesale of Mineral Products, Building Materials	66505.78	615.61	531.31	1831.61
#煤炭及制品批发业	Wholesale of Coal and Related Products	2930.41	0.00	0.28	78.87
石油及制品批发业	Wholesale of Petroleum and Related Products	10538.29	130.75	426.30	370.86
金属及金属矿批发业	Wholesale of Metal and Related Products	38038.28	138.87	44.33	752.99
建材批发业	Wholesale of Building Materials	5527.26	189.18	38.06	266.77
化肥批发业	Wholesale of Chemical Fertilizers	217.48	2.75	0.84	19.76
机械设备、五金交电及电子产品批发业	Wholesale of Machinery, Hardware, Electric and Electronic Products	24268.53	2093.24	381.34	1496.36
#汽车及零配件批发	Wholesale of Motor Vehicles and Parts	7944.05	73.16	80.35	115.78
计算机、软件及辅助设备批发业	Wholesale of Computers, Software and Assistant Equipments	1980.61	231.88	48.45	143.21
贸易经纪与代理	Trade Broker and Agency	2993.02	348.90	5.02	56.07
其他批发业	Other Wholesale Trades	2039.47	179.32	20.62	82.93

16-10 限额以上零售企业商品购、销、存总额（2021年）

Total Purchases, Sales and Inventory of Enterprises above Designated Size in Retail Trade (2021)

单位：亿元 (100 million yuan)

项 目	Item	企业单位数(个) Number of Enterprises (unit)	购进总额 Total Purchases	#进口 Imports	商品销售总额 Total Sales of Commodities
零售业合计	**Total Retail Trade**	**9438**	**13700.93**	**375.98**	**16243.83**
#国有控股	State-owned and State-controlled Enterprises	556	1521.82	24.72	2591.84
按登记注册类型分组	By Status of Registration				
内资企业	Domestic-funded Enterprises	8911	10542.24	283.63	12481.32
国有企业	State-owned Enterprises	73	57.15	3.15	120.84
集体企业	Collective-owned Enterprises	93	46.10		54.19
股份合作企业	Share-holding Cooperative Enterprises	24	13.59		15.42
联营企业	Joint-operation Enterprises	26	16.92		19.98
国有联营企业	State-owned Joint-operation Enterprises	8	9.87		11.02
集体联营企业	Collective Joint-operation Enterprises	6	3.23		3.89
国有与集体联营企业	State-collective Joint-operation Enterprises	5	1.82		2.34
其他联营企业	Other Joint-operation Enterprises	7	2.00		2.73
有限责任公司	Limited Liability Corporations	2045	4351.16	131.66	4741.01
国有独资企业	State Sole Investment Enterprises	70	72.18	10.25	88.13
其他有限责任公司	Other Limited Liability Companies	1975	4278.98	121.41	4652.88
股份有限公司	Share-holding Corporations Ltd.	102	651.15	0.70	1470.41
私营企业	Private Enterprises	6545	5405.54	148.12	6058.82
私营独资企业	Private Sole Investment Enterprises	434	120.50	4.50	139.99
私营合伙企业	Private Partnership Enterprises	50	22.88		25.76
私营有限责任公司	Private Limited Liability Corporations	5997	5116.00	143.62	5707.83
私营股份有限公司	Private Share-holding Corporations Ltd.	64	146.17		185.23
其他企业	Other Enterprises	3	0.63		0.65
港、澳、台商投资企业	Enterprises with Investment from Hong Kong, Macao and Taiwan	303	1632.44	55.47	1909.24
合资经营企业	Joint Ventures	54	356.69	12.47	439.14
合作经营企业	Cooperative Enterprises	18	20.36		25.00
独资经营企业	Sole Investment Enterprises	219	1220.06	40.12	1404.68
投资股份有限公司	Share-holding Corporations Ltd.	7	18.97	2.88	23.59
其他港澳台投资企业	Others	5	16.37		16.84
外商投资企业	Enterprises with Foreign Investment	224	1526.25	36.88	1853.26
中外合资经营企业	Sino-foreign Joint Ventures	50	486.64	3.51	673.88
中外合作经营企业	Sino-foreign Cooperative Enterprises	2	3.69		4.38
外资企业	Foreign-funded Enterprises	153	962.52	28.23	1109.98
外商投资股份有限公司	Share-holding Corporations Ltd.	8	5.15		6.58
其他外商投资企业	Other Foreign Enterprises	11	68.25	5.15	58.45
按国民经济行业分组	By Economic Sector				
综合零售业	Comprehensive Retail Trade	740	1616.99	0.72	1831.71
#百货零售	Retail of General Merchandise	337	750.20	0.42	876.74
超级市场零售	Retail in Supermarkets	325	735.51	0.14	800.96
食品、饮料及烟草制品专门零售业	Retail of Food, Beverages and Tobacco Products	579	332.46	5.39	458.96
纺织、服装及日用品专门零售业	Retail of Textiles, Garments and Daily-use Products	589	464.49	11.98	708.51
#服装零售	Retail of Garments	282	189.00	5.40	303.45
文化、体育用品及器材专门零售业	Retail of Cultural and Sports Articles and Appliances	414	232.10	0.20	314.92
#体育用品及器材零售	Retail of Sports Articles and Appliances	22	7.69		11.45
图书、报刊零售	Retail of Books	164	54.64		65.14
医药及医疗器材专门零售业	Retail of Medicines and Medical Appliances	439	410.92	0.85	512.28
#西药零售	Retail of Western Medicines	353	384.54	0.64	476.57
中药零售	Retail of Traditional Chinese Medicines	52	19.38		24.16
汽车、摩托车、燃料及零配件零售业	Retail of Motor Vehicles, Motorcycles and Parts	4118	6464.19	322.66	7748.79
#汽车新车零售	Retail of Motor Vehicles	2805	5234.66	316.89	5476.77
机动车燃油零售	Retail of Motor Vehicle Fuels	1015	1093.66	1.26	2124.56
家用电器及电子产品专门零售业	Retail of Household Appliances and Electronic Products	989	672.74	2.03	728.04
#家用视听设备零售	Retail of Household Audio-visual Equipments	35	26.84	1.78	26.66
日用家电零售	Retail of Household Appliances	425	321.81	0.01	351.17
计算机、软件及辅助设备零售业	Retail of Computers, Software and Assistant Equipments	256	85.99	0.09	93.39
通讯设备零售	Retail of Communication Equipments	182	209.60		224.38
五金、家具及室内装修材料专门零售业	Retail of Hardware, Furniture and Interior Decoration Materials	437	131.07	3.40	164.19
货摊、无店铺及其他零售业	Stall,Non-shop and Other Retails	1133	3375.98	28.74	3776.44

16−10 续表 continued

单位：亿元 (100 million yuan)

项目	Item	批发额 Wholesale Trade	#出口 Exports	零售额 Retail Trade	年末库存总额 Inventory at the Year-end
零售业合计	**Total Retail Trade**	**1773.07**	**12.40**	**14470.76**	**1135.18**
#国有控股	State-owned and State-controlled Enterprises	674.60	0.07	1917.24	133.96
按登记注册类型分组	By Status of Registration				
内资企业	Domestic-funded Enterprises	1307.13	12.04	11174.20	897.69
国有企业	State-owned Enterprises	37.17	0.07	83.67	9.58
集体企业	Collective-owned Enterprises	2.37		51.82	2.11
股份合作企业	Share-holding Cooperative Enterprises	5.81		9.61	0.80
联营企业	Joint-operation Enterprises	0.99		19.00	1.13
国有联营企业	State-owned Joint-operation Enterprises	0.32		10.69	0.97
集体联营企业	Collective Joint-operation Enterprises	0.55		3.34	0.05
国有与集体联营企业	State-collective Joint-operation Enterprises			2.34	0.06
其他联营企业	Other Joint-operation Enterprises	0.11		2.62	0.05
有限责任公司	Limited Liability Corporations	330.30	0.55	4410.70	286.04
国有独资企业	State Sole Investment Enterprises	11.22		76.91	17.12
其他有限责任公司	Other Limited Liability Companies	319.08	0.55	4333.79	268.92
股份有限公司	Share-holding Corporations Ltd.	360.90		1109.51	40.86
私营企业	Private Enterprises	569.43	11.42	5489.39	557.13
私营独资企业	Private Sole Investment Enterprises	9.07		130.92	6.10
私营合伙企业	Private Partnership Enterprises	1.14		24.62	3.34
私营有限责任公司	Private Limited Liability Corporations	524.17	11.10	5183.66	534.35
私营股份有限公司	Private Share-holding Corporations Ltd.	35.05	0.32	150.19	13.34
其他企业	Other Enterprises	0.15		0.51	0.04
港、澳、台商投资企业	Enterprises with Investment from Hong Kong, Macao and Taiwan	169.17	0.29	1740.07	128.14
合资经营企业	Joint Ventures	50.20	0.09	388.95	28.48
合作经营企业	Cooperative Enterprises	0.11		24.89	0.92
独资经营企业	Sole Investment Enterprises	118.19	0.20	1286.49	96.87
投资股份有限公司	Share-holding Corporations Ltd.	0.28		23.30	1.04
其他港澳台投资企业	Others	0.39		16.44	0.82
外商投资企业	Enterprises with Foreign Investment	296.78	0.07	1556.49	109.35
中外合资经营企业	Sino-foreign Joint Ventures	226.06	0.06	447.82	36.13
中外合作经营企业	Sino-foreign Cooperative Enterprises			4.38	0.34
外资企业	Foreign-funded Enterprises	70.63	0.01	1039.34	70.11
外商投资股份有限公司	Share-holding Corporations Ltd.	0.02		6.55	0.55
其他外商投资企业	Other Foreign Enterprises	0.07		58.38	2.21
按国民经济行业分组	By Economic Sector				
综合零售业	Comprehensive Retail Trade	263.94	0.57	1567.77	134.08
#百货零售	Retail of General Merchandise	27.49	0.57	849.25	53.98
超级市场零售	Retail in Supermarkets	229.55		571.41	66.67
食品、饮料及烟草制品专门零售业	Retail of Food, Beverages and Tobacco Products	110.40	0.11	348.56	40.61
纺织、服装及日用品专门零售业	Retail of Textiles, Garments and Daily-use Products	123.18	1.90	585.33	134.72
#服装零售	Retail of Garments	45.12	1.19	258.33	68.92
文化、体育用品及器材专门零售业	Retail of Cultural and Sports Articles and Appliances	64.96	2.08	249.96	82.91
#体育用品及器材零售	Retail of Sports Articles and Appliances	0.47		10.98	1.38
图书零售	Retail of Books	12.29		52.84	13.37
医药及医疗器材专门零售业	Retail of Medicines and Medical Appliances	69.52		442.75	64.20
#西药零售	Retail of Western Medicines	62.80		413.78	57.25
中药零售	Retail of Traditional Chinese Medicines	2.04		22.12	5.54
汽车、摩托车、燃料及零配件零售业	Retail of Motor Vehicles, Motorcycles and Parts	718.53	0.01	7030.26	447.37
#汽车新车零售	Retail of Motor Vehicles	236.10	0.01	5240.67	390.40
机动车燃油零售	Retail of Motor Vehicle Fuels	468.83		1655.72	36.44
家用电器及电子产品专门零售业	Retail of Household Appliances and Electronic Products	120.26	0.27	607.78	70.32
#家用视听设备零售	Retail of Household Audio-visual Equipments	2.18		24.48	3.43
日用家电零售	Retail of Household Appliances	30.82	0.12	320.35	29.25
计算机、软件及辅助设备零售业	Retail of Computers, Software and Assistant Equipments	9.86		83.53	8.04
通讯设备零售	Retail of Communication Equipments	64.51		159.87	26.99
五金、家具及室内装修材料专门零售业	Retail of Hardware, Furniture and Interior Decoration Materials	30.52	0.70	133.67	21.04
货摊、无店铺及其他零售业	Stall,Non-shop and Other Retails	271.77	6.77	3504.67	139.91

16-11 各市限额以上批发零售企业商品购、销、存总额（2021年）
Total Purchases, Sales and Inventory of Enterprises above Designated Size in Wholesale and Retail Trades by City (2021)

单位：万元 (10000 yuan)

市 别	City	商品购进总额 Total Purchases	#进口 Imports	商品销售总额 Total Sales	批发额 Wholesale Trade	#出口 Exports	零售额 Retail Trade	年末库存总额 Inventory at the Year-end
合 计	**Total**	**1331658455**	**76155391**	**1405825965**	**1244483460**	**54036542**	**161342505**	**69581976**
批发业	**Wholesale Trade**	**1194649155**	**72395582**	**1243387657**	**1226752717**	**53912502**	**16634940**	**58230178**
广 州	Guangzhou	489297956	17447307	499907459	493556402	9806044	6351057	19764753
深 圳	Shenzhen	352109846	39240097	369082682	365097134	18115971	3985547	21849146
珠 海	Zhuhai	48564095	5752537	50844279	50343898	4716747	500382	1629243
汕 头	Shantou	17026050	878195	17905112	17729600	444271	175513	1095687
佛 山	Foshan	135243271	2418083	140805626	139110935	5851432	1694691	5120527
韶 关	Shaoguan	5373702	73340	6385866	6043804	5089	342063	213728
河 源	Heyuan	808110	9282	997349	976128	69099	21221	67934
梅 州	Meizhou	1837367	6516	2109191	2088819	16695	20372	101487
惠 州	Huizhou	10526375	173038	11604977	10864626	278949	740351	431722
汕 尾	Shanwei	790925		977394	972255	3244	5139	42498
东 莞	Dongguan	60481498	2716381	64443430	63033054	6008571	1410377	4199194
中 山	Zhongshan	14939086	433915	15951709	15760952	3887446	190757	916968
江 门	Jiangmen	11274930	636639	12228166	12026568	2742983	201598	599632
阳 江	Yangjiang	1724851	10491	2026052	2009830	454844	16221	101646
湛 江	Zhanjiang	8728015	510171	9241348	9089612	205267	151735	589054
茂 名	Maoming	17680369	910016	18301716	18222080	13613	79636	481841
肇 庆	Zhaoqing	5280016	499713	5576534	5569387	187531	7148	256496
清 远	Qingyuan	4551319	387488	5462832	4908754	62001	554078	260496
潮 州	Chaozhou	1190904	20193	1407240	1320506	34756	86734	68722
揭 阳	Jieyang	5753851	121051	6477389	6388971	1007951	88418	385822
云 浮	Yunfu	1466621	151132	1651308	1639403		11904	53585
零售业	**Retail Trade**	**137009299**	**3759808**	**162438308**	**17730742**	**124040**	**144707565**	**11351798**
广 州	Guangzhou	44822302	914902	52274433	5355136	24860	46919297	2980587
深 圳	Shenzhen	37474779	1231483	42401697	5969624	87344	36432074	4162227
珠 海	Zhuhai	3544340	24508	4418880	284633	917	4134248	316970
汕 头	Shantou	2637564	139657	2895178	271669	3936	2623510	200772
佛 山	Foshan	8689676	254573	9541224	568579	3373	8972645	735278
韶 关	Shaoguan	777998	16751	875262	34482		840781	92397
河 源	Heyuan	1180167	32772	1223883	168852		1055031	73383
梅 州	Meizhou	829189	20432	1251604	143521		1108083	79655
惠 州	Huizhou	4036541	190968	5768626	669640		5098986	385589
汕 尾	Shanwei	392431	6159	578912	65396		513516	37582
东 莞	Dongguan	13085632	675847	15436837	620740	869	14816097	902299
中 山	Zhongshan	4553144	119421	6023583	963670	1766	5059914	344809
江 门	Jiangmen	3058318	3357	4090481	451774		3638707	254515
阳 江	Yangjiang	785922	86	1235142	192647		1042495	67967
湛 江	Zhanjiang	1551817	37840	2438809	412531		2026278	133942
茂 名	Maoming	1494794	31041	2405601	633426		1772174	151908
肇 庆	Zhaoqing	3817577	17924	4647066	557009	23	4090057	138695
清 远	Qingyuan	936511	1577	1090796	71745		1019051	74521
潮 州	Chaozhou	528380	18580	563718	43950		519767	47303
揭 阳	Jieyang	2045144	3027	2417562	171185	953	2246377	81672
云 浮	Yunfu	767076	18904	859015	80536		778479	89729

16-12 限额以上连锁批发零售业经营情况（2021年）
Business of Chain Stores above Designated Size in Wholesale and Retail Trade (2021)

项目	Item	连锁总店数(个) Number of General Chain Stores (unit)	销售总额(万元) Total Sales Revenue (10000 yuan)	#零售额(万元) Retail Sales (10000 yuan)	营业面积(平方米) Operational Area (sq.m)
批发零售业合计	**Wholesale and Retail Trade**	**316**	**34413683**	**26318806**	**17757718**
按注册登记类型分	By Status of Registration				
内资企业	Domestic-funded Enterprises	269	25239964	18866596	9627232
国有企业	State-owned Enterprises	10	3349409	2117998	1382918
集体企业	Collective-owned Enterprises	1	40979	40979	983
股份合作企业	Share-holding Cooperative Enterprises	1	21769	14214	7124
联营企业	Joint-operation Enterprises	1	89916	89916	18306
有限责任公司	Limited Liability Corporations	131	8828655	7510865	4106206
股份有限公司	Share-holding Corporations Ltd.	30	11127794	7562627	2712339
私营企业	Private Enterprises	95	1781442	1529997	1399356
其他企业	Other Enterprises				
港、澳、台商投资企业	Enterprises with Investment from Hong Kong, Macao and Taiwan	27	3372794	3038816	5701172
合资经营企业(港或澳、台资)	Joint Ventures	4	2399997	2276082	5023712
合作经营企业(港或澳、台资)	Cooperative Enterprises	3	61728	61728	13332
港、澳、台商独资经营企业	Sole Investment Enterprises	19	876680	677621	638779
港、澳、台商投资股份有限公司	Share-holding Corporations Ltd.	1	34390	23385	25349
外商投资企业	Enterprises with Foreign Investment	20	5800925	4413395	2429314
中外合资经营企业	Sino-foreign Joint Ventures	6	1213784	1204836	431515
中外合作经营企业	Sino-foreign Cooperative Enterprises	4	909536	599538	877705
外资企业	Foreign-funded Enterprises	9	3634582	2565999	1108934
其他外商投资	Others	1	43022	43022	11160
按零售业态分	By Type of Operation				
便利店	Convenience Store	13	697283	511046	262788
超市	Supermarket	34	1516201	1165117	1042684
大型超市	HyperMarket	16	4924338	3616292	3056372
百货商店	Department Store	14	3796857	3611212	6003095
专业店	Specialty Store	164	20340692	14993592	6274405
专卖店	Franchised Store	52	2235568	1689570	688819
家居建材店	Building Material Store				
其他	Others	20	776820	606054	233522

16-12 续表 continued

项 目	Item	从业人数(人) Number of Employed Persons (person)	连锁门店数(个) Number of Branch Chain Stores (unit)	直营店(个) Under Direct Management (unit)	加盟店(个) Through License Arrangement (unit)
批发零售业合计	**Retail Trade**	**191033**	**28155**	**21692**	**6463**
按注册登记类型分	By Status of Registration				
内资企业	Domestic-funded Enterprises	125993	22557	16983	5574
国有企业	State-owned Enterprises	9962	492	469	23
集体企业	Collective-owned Enterprises	252	5	5	
股份合作企业	Share-holding Cooperative Enterprises	154	29	29	
联营企业	Joint-operation Enterprises	617	199	152	47
有限责任公司	Limited Liability Corporations	63854	12348	9816	2532
股份有限公司	Share-holding Corporations Ltd.	23559	4063	3438	625
私营企业	Private Enterprises	27595	5421	3074	2347
其他企业	Other Enterprises				
港、澳、台商投资企业	Enterprises with Investment from Hong Kong, Macao and Taiwan	27566	4064	3440	624
合资经营企业(港或澳、台资)	Joint Ventures	17288	2273	1743	530
合作经营企业(港或澳、台资)	Cooperative Enterprises	484	83	70	13
港、澳、台商独资经营企业	Sole Investment Enterprises	8909	1517	1504	13
港、澳、台商投资股份有限公司	Share-holding Corporations Ltd.	885	191	123	68
外商投资企业	Enterprises with Foreign Investment	37474	1534	1269	265
中外合资经营企业	Sino-foreign Joint Ventures	7230	396	394	2
中外合作经营企业	Sino-foreign Cooperative Enterprises	9194	510	467	43
外资企业	Foreign-funded Enterprises	20933	504	284	220
其他外商投资	Others	117	124	124	
按零售业态分	By Type of Operation				
便利店	Convenience Store	12272	3157	1849	1308
超市	Supermarket	14947	813	773	40
大型超市	HyperMarket	34732	362	314	48
百货商店	Department Store	19264	946	939	7
专业店	Specialty Store	72859	10881	9247	1634
专卖店	Franchised Store	24425	6901	6003	898
家居建材店	Building Material Store				
其他	Others	12102	4857	2329	2528

16-13 亿元以上商品交易市场成交额
Turnover of Commodity Exchange Markets with Transaction Value over 100 Million Yuan

单位：亿元 (100 million yuan)

项　目	Item	2005	2010	2015	2018	2019	2020	2021
合　计	**Total**	**1948.95**	**4828.13**	**5576.63**	**5309.98**	**5495.80**	**5368.52**	**5534.20**
食品、饮料、烟酒类	Food, Beverages, Tobacco and Liquor	853.12	1591.87	1933.27	2181.03	2199.17	2151.80	2230.54
#粮油类	Grain and Edible Oil	136.45	192.61	172.99	164.04	161.00	149.86	157.87
服装鞋帽、针、纺织品类	Garments,Footwear,Headgear,Knitwear and Textiles	457.60	1028.01	1294.61	1181.96	1397.50	1415.27	1439.38
化妆品类	Cosmetics	8.18	15.69	18.67	16.13	16.49	11.95	13.90
金银珠宝类	Gold, Silver and Jewelry	1.14	47.17	21.98	16.70	66.97	57.19	35.25
日用品类	Daily-use Articles	42.93	209.48	197.15	185.11	151.52	139.52	163.63
五金、电料类	Hardware and Electrical Appliances	19.07	121.51	191.98	174.89	184.42	142.61	143.90
体育、娱乐用品类	Sports and Recreational Articles	5.09	7.44	10.09	13.15	10.97	7.11	6.43
书报杂志类	Newspapers and Magazines	2.37	4.75	2.64	2.01	1.91	1.21	1.32
电子出版物及音像制品类	E-journals and Video Products	2.22	5.84	11.52	0.44	0.78	0.42	0.42
家用电器和音像器材类	Household Appliances and Video Appliances	15.20	33.88	19.31	17.16	19.56	13.20	9.01
中西药品类	Traditional Chinese and Western Medicines	13.24	12.49	16.39	25.77	21.80	24.52	21.08
#中草药及中成药类	Chinese Herbal Medicines and Chinese Patent Medicines	12.52	11.76	13.49	18.02	17.91	20.77	20.42
文化办公用品类	Articles for Cultural and Office Use	62.63	66.35	57.66	31.71	20.83	17.32	13.38
家具类	Furniture	3.03	9.05	8.28	22.86	19.63	17.24	13.60
通讯器材类	Communication Appliances	2.24	52.00	38.80	39.07	12.45	9.96	9.66
煤炭及制品类	Coal and Related Products			0.17				
木材及制品类	Timber and Related Products	34.84	45.27	70.78	64.77	74.92	67.09	31.10
化工材料及制品类	Chemical Materials and Products	5.11	388.17	431.15	339.21	338.20	390.92	409.25
金属材料类	Metal Materials	82.11	485.52	418.28	176.46	164.79	163.96	159.23
建筑及装潢材料类	Construction and Decoration Materials	43.93	73.64	110.99	168.61	159.53	139.17	144.95
机电产品及设备类	Mechanical and Electrical Products and Equipments	17.68	28.11	47.40	63.53	51.01	45.15	48.28
汽车类	Motor Vehicles	175.68	531.59	555.89	511.61	491.76	463.52	489.38
种子饲料类	Seeds and Feedstuff		0.07	0.08	0.09	0.09	0.14	0.15
其他类	Others	101.54	70.23	119.54	77.71	91.49	89.25	150.36

16-14 限额以上批发零售企业财务状况（2021年）
Financial Indicators of Enterprises above Designated Size in Wholesale and Retail Trades Services (2021)

单位：万元　　(10000 yuan)

项　目	Item	批发零售业合计 Wholesale and Retail Trades	批发业 Wholesale Trade	零售业 Retail Trade
企业数（个）	Number of Enterprises (unit)	45643	36191	9452
年初存货	Inventory at the Year-beginning	59556001	48920224	10635777
流动资产合计	Circulating Assets	498860802	439909744	58951057
#存货	Inventory	114155445	107532010	6623435
固定资产原价	Original Value of Fixed Assets	68499641	20971334	10157279
累计折旧	Accumulated Depreciation	13700148	9021684	4678463
#本年折旧	Depreciation Drawn in Current Year	2111661	1392705	718956
资产合计	Total Assets	634153109	553454856	80698254
负债合计	Total Liabilities	468196032	414254162	53941871
所有者权益合计	Total Creditors' Equity	165717222	138911502	26805720
实收资本	Paid-up Capital	85599447	71043390	14556056
#个人资本	Personal Capital	9123166	7466556	1656609
营业收入	Business Revenue	1274711960	1125576865	149135095
#主营业务收入	Main Business Revenue	1262314909	1117389466	144925443
营业成本	Business Costs	1195424481	1066932655	128491827
营业税金及附加	Tax and Extra Charges on Business	3755073	3206419	548654
其它业务利润	Profits from Other Businesses	2756888	1506888	1250000
销售费用	Marketing Expenses	39905891	25428780	14477111
管理费用	Management Expenses	19356028	14645264	4710764
财务费用	Financial Expenses	3499500	2843173	656327
#利息支出	Interests	3472985	3134057	338928
营业利润	Business Profits	18140382	17430028	710354
营业外收入	Non-operating Revenue	1310819	966036	344784
利润总额	Total Profits	18719394	17832583	886811
应交所得税	Income Taxes Payable	3694823	3070368	624454
本年应付职工薪酬	Total Wages Payable in Current Year	21348880	14987953	6360927
本年应交增值税	Value-added Tax Payable in Current Year	8341454	6506440	1835014

16-15 限额以上批发企业财务状况（2021年）

单位:万元

项目	Item	企业数(个) Number of Enterprises	年初库存 Beginning Inventory	流动资产合计 Circulating Assets
批发业合计	**Total Wholesale Trade**	**36191**	**48920224**	**439909744**
#国有及国有控股	State-owned and State-controlled Enterprises	1030	10154363	77838642
按登记注册类型分	By Status of Registration			
内资企业	Domestic-funded Enterprises	34061	42168964	383104168
国有企业	State-owned Enterprises	244	1505592	10242963
集体企业	Collective-owned Enterprises	28	19550	92193
股份合作企业	Share-holding Cooperative Enterprises	41	31982	245107
联营企业	Joint-operation Enterprises	7	10798	162247
国有联营企业	State-owned Joint-operation Enterprises	5	8940	152967
集体联营企业	Collective Joint-operation Enterprises	2	1858	9280
国有与集体联营企业	State-collective Joint-operation Enterprises			
其他联营企业	Other Joint-operation Enterprises			
有限责任公司	Limited Liability Corporations	4701	11433597	126286742
国有独资企业	State Sole Investment Enterprises	159	938179	10473261
其他有限责任公司	Other Limited Liability Companies	4542	10495418	115813481
股份有限公司	Share-holding Corporations Ltd.	297	3378451	27832134
私营企业	Private Enterprises	28728	25765036	218146601
私营独资企业	Private Sole Investment Enterprises	477	342695	1901890
私营合伙企业	Private Partnership Enterprises	83	43251	298180
私营有限责任公司	Private Limited Liability Corporations	27922	24713425	209894238
私营股份有限公司	Private Share-holding Corporations Ltd.	246	665664	6052293
其他企业	Other Enterprises	15	23958	96182
港、澳、台商投资企业	Enterprises with Investment from Hong Kong, Macao and Taiwan	1344	4656079	33730246
合资经营企业	Joint Ventures	165	797776	4163905
合作经营企业	Cooperative Enterprises	8	11128	388860
独资经营企业	Sole Investment Enterprises	1106	3558359	26997792
投资股份有限公司	Share-holding Corporations Ltd.	29	143606	1523486
其它港澳台商投资企业	Others	36	145211	656203
外商投资企业	Enterprises with Foreign Investment	786	2095181	23075331
中外合资经营企业	Sino-foreign Joint Ventures	130	343410	7920678
中外合作经营企业	Sino-foreign Cooperative Enterprises	2	2260	7474
外资企业	Foreign-funded Enterprises	609	1564205	13094175
外商投资股份有限公司	Share-holding Corporations Ltd.	20	133914	1374838
其它外商投资企业	Others	25	51393	678166
按国民经济行业分	By Economic Sector			
农林牧产品批发业	Wholesale of Farm and Livestock Products	720	1488400	8988858
食品、饮料及烟草制品批发业	Wholesale of Food, Beverages and Tobacco Products	3668	6365739	40248140
#米、面制品及食用油批发业	Wholesale of Rice, Flour Products and Edible Oil	467	1432849	6480097
烟草制品批发业	Wholesale of Tobacco Products	42	394352	3896296
纺织、服装及日用品批发业	Wholesale of Textiles, Garments and Daily-use Products	4666	5532547	37688593
#服装批发业	Wholesale of Garments	697	809312	4810236
家用视听设备批发	Wholesale of Household Audio-visual Equipments	259	232248	2511465
日用家电批发	Wholesale of Household Appliances	723	1462404	9608028
文化、体育用品及器材批发业	Wholesale of Cultural and Sports Articles and Appliances	1331	3817513	15198162
医药及医疗器材批发业	Wholesale of Medicines and Medical Appliances	2200	4410178	27268553
矿产品、建材及化工产品批发	Wholesale of Mineral Products, Building Materials and Chemical Products	13916	16434853	187240074
#煤炭及制品批发业	Wholesale of Coal and Related Products	314	621115	6149978
石油及制品批发业	Wholesale of Petroleum and Related Products	1162	3669684	23729528
金属及金属矿批发业	Wholesale of Metal and Related Products	4673	6368161	91861844
建材批发业	Wholesale of Building Materials	2734	2579399	40196119
化肥批发业	Wholesale of Chemical Fertilizers	104	179997	1025274
机械设备、五金交电及电子产品批发业	Wholesale of Machinery, Hardware, Electric and Electronic Products	8464	9607159	102261913
汽车零配件批发业	Wholesale of Motor Vehicles and Parts	892	2092848	30896486
计算机、软件及辅助设备批发业	Wholesale of Computers, Software and Assistant Equipments	832	1099176	6330358
贸易经纪与代理	Trade Broker and Agency	334	529326	12444347
其他批发业	Other Wholesale Trades	892	734509	8571106

Financial Indicators of Enterprises above Designated Size in Wholesale Trade (2021)

(10000 yuan)

固定资产原价 Original Value of Fixed Assets	累计折旧 Accumulated Depreciation	本年折旧 Depreciation Drawn in Current Year	资产合计 Total Assets	负债合计 Total Liabilities	所有者权益合计 Total Creditors' Equity	实收资本 Paid-up Capital	营业收入 Business Revenue	主营业务收入 Main Business Revenue
20971334	**9021684**	**1392705**	**553454856**	**414254162**	**138911502**	**71043390**	**1125576865**	**1117389466**
8582075	3733413	429155	109648630	70490260	39141604	16824122	294377825	292952390
18012887	7633497	1178610	480093069	366678715	113135352	59648036	1008932351	1002251679
1315631	467255	87537	14134851	7975364	6161509	2224644	29065016	28928793
36118	26942	363	142493	91073	51420	13424	257671	255347
11989	7322	527	267298	198435	68863	20554	246983	242101
41943	12136	1474	224879	116219	108660	24186	326070	324870
41274	11626	1464	215165	107321	107844	23478	273016	271817
669	510	11	9714	8898	816	709	53054	53054
4856076	1845755	262807	152623593	117248620	35436586	21045027	338347825	336887202
479365	196475	21438	13817493	9182996	4649364	2021209	34494641	34430600
4376711	1649280	241369	138806101	108065624	30787222	19023818	303853184	302456602
4963907	2379980	274800	47845898	26645919	21200554	7256536	77508809	76691627
6780652	2891788	550251	264752553	214365910	50043780	29059033	563006903	558749832
39391	13175	3968	2003761	1786953	211625	130275	5476010	5440052
3594	1866	548	303488	261565	41923	19883	834650	833283
6160395	2651521	504468	250769390	207416335	43028669	27478516	548989814	544911254
577273	225226	41267	11675913	4901057	6761563	1430359	7706428	7565243
6572	2319	851	101504	37175	63980	4633	173074	171908
1466499	610712	91686	44541006	27491337	17039769	7590988	63202854	62477424
247999	105454	12131	4957393	3929611	1027322	486554	9370631	9275765
11631	6529	716	493755	369543	124212	65670	794745	792160
1129960	466183	74106	36380022	21734400	14636181	6716223	50577231	49963732
60877	24627	3633	2029378	1049349	980029	213786	1113423	1107353
16032	7919	1100	680459	408434	272025	108754	1346823	1338414
1491948	777476	122409	28820781	20084110	8736381	3804367	53441660	52660364
854320	420732	68756	9825206	6761304	3063778	1458106	21612617	21386417
92	54	3	7526	5650	1876	211	29404	29404
605316	341797	51399	15829678	11723195	4106484	1828624	30499771	29969793
25690	12755	1512	2363646	865000	1498646	332164	637879	620761
6529	2137	740	794725	728963	65597	185262	661989	653988
724584	199315	33896	13417616	8151566	5263438	2685553	17846306	17700287
3067216	1249733	177908	48684691	33958427	14726812	5063463	90434160	88946502
706238	173752	22498	7896013	5927228	1971403	921402	8385659	8275798
541175	287500	30943	4582212	844528	3737685	56350	16193683	16180765
1681534	692488	114613	45019356	34423478	10551142	8554030	68008239	67174815
363707	142146	23083	6246957	4565643	1680775	2085979	8278552	8184077
3457	3974524	2418454	861395	2969382	1004772	2587701	4691516	4621698
19961	10151686	8360582	2661918	8886588	1259767	560525	17085496	16890692
578348	282542	43091	17103566	11636695	5461816	2443923	29501034	29192426
1284050	556912	104631	32413455	22716822	9685743	3574693	47400545	46703006
9643520	4364161	529267	247815713	190612225	57103388	31554637	609449601	606319743
10087	8297625	5100320	1373883	6298470	1996917	1192653	25591042	25482171
270520	35644418	18854597	3425002	23466843	12301235	5821956	110275175	109286603
104358	112551358	75687334	8940657	90620522	21731222	13983333	338341035	336819791
65243	48271032	34984748	7088750	37483863	10775411	5232814	50201285	49962644
1901	1156064	893519	150794	932870	221736	126568	2014898	2009809
3318042	1400335	343144	120634796	93340379	27200237	12981140	221589413	220118030
97978	34848883	30140601	13631226	31359101	3490772	2944461	71193103	70841981
16382	7245553	5194351	1984256	5559229	1685649	984528	18477923	18319720
332680	114561	13667	14920167	11789821	3129991	1199608	22515898	22460092
341359	161638	32489	13445496	7624748	5788935	2986346	18831670	18774565

16-15 续表

单位:万元

项目	Item	营业成本 Business Costs	营业税金及附加 Tax and Extra Charges on Business	其他业务利润 Profits from Other Businesses
批发业合计	**Total Wholesale Trade**	**1066932655**	**3206419**	**1506888**
#国有及国有控股	State-owned and State-controlled Enterprises	279852240	2239262	121511
按登记注册类型分	By Status of Registration			
内资企业	Domestic-funded Enterprises	961318609	2988898	832887
国有企业	State-owned Enterprises	27487549	446207	23749
集体企业	Collective-owned Enterprises	239891	481	652
股份合作企业	Share-holding Cooperative Enterprises	226075	746	-793
联营企业	Joint-operation Enterprises	304426	1110	216
国有联营企业	State-owned Joint-operation Enterprises	253548	1088	216
集体联营企业	Collective Joint-operation Enterprises	50879	22	
国有与集体联营企业	State-collective Joint-operation Enterprises			
其他联营企业	Other Joint-operation Enterprises			
有限责任公司	Limited Liability Corporations	322546119	1829364	266000
国有独资企业	State Sole Investment Enterprises	33112997	281781	18263
其他有限责任公司	Other Limited Liability Companies	289433123	1547583	247737
股份有限公司	Share-holding Corporations Ltd.	73356757	97777	60683
私营企业	Private Enterprises	537012569	613073	482379
私营独资企业	Private Sole Investment Enterprises	5197579	8736	506
私营合伙企业	Private Partnership Enterprises	790450	888	82
私营有限责任公司	Private Limited Liability Corporations	524074905	590419	441783
私营股份有限公司	Private Share-holding Corporations Ltd.	6949635	13030	40009
其他企业	Other Enterprises	145222	140	
港、澳、台商投资企业	Enterprises with Investment from Hong Kong, Macao and Taiwan	56843439	139036	275707
合资经营企业	Joint Ventures	8855918	17876	14049
合作经营企业	Cooperative Enterprises	782610	532	1846
独资经营企业	Sole Investment Enterprises	45241348	113516	258553
投资股份有限公司	Share-holding Corporations Ltd.	782444	5156	1184
其它港澳台商投资企业	Others	1181119	1956	75
外商投资企业	Enterprises with Foreign Investment	48770607	78486	398295
中外合资经营企业	Sino-foreign Joint Ventures	19754821	36018	62127
中外合作经营企业	Sino-foreign Cooperative Enterprises	13867	97	
外资企业	Foreign-funded Enterprises	27834245	39153	331254
外商投资股份有限公司	Share-holding Corporations Ltd.	581441	1425	2849
其它外商投资企业	Others	586233	1793	2065
按国民经济行业分	By Economic Sector			
农林牧产品批发业	Wholesale of Farm and Livestock Products	17186466	13871	25906
食品、饮料及烟草制品批发业	Wholesale of Food, Beverages and Tobacco Products	79518827	2025249	445427
#米、面制品及食用油批发业	Wholesale of Rice, Flour Products and Edible Oil	7935375	9305	29408
烟草制品批发业	Wholesale of Tobacco Products	11894693	1923236	1795
纺织、服装及日用品批发业	Wholesale of Textiles, Garments and Daily-use Products	59870187	198882	272524
#服装批发业	Wholesale of Garments	7165543	22384	29524
家用视听设备批发	Wholesale of Household Audio-visual Equipments	4338735	5736	9610
日用家电批发	Wholesale of Household Appliances	15778008	18406	44596
文化、体育用品及器材批发业	Wholesale of Cultural and Sports Articles and Appliances	27319689	66907	19544
医药及医疗器材批发业	Wholesale of Medicines and Medical Appliances	41587151	110568	153570
矿产品、建材及化工产品批发	Wholesale of Mineral Products, Building Materials and Chemical Products	593936130	489907	278335
#煤炭及制品批发业	Wholesale of Coal and Related Products	24785744	29194	8290
石油及制品批发业	Wholesale of Petroleum and Related Products	106465261	98769	57442
金属及金属矿批发业	Wholesale of Metal and Related Products	334894437	187904	57666
建材批发业	Wholesale of Building Materials	46860425	77627	35254
化肥批发业	Wholesale of Chemical Fertilizers	1900883	2019	2538
机械设备、五金交电及电子产品批发业	Wholesale of Machinery, Hardware, Electric and Electronic Products	207861044	267611	289028
汽车零配件批发业	Wholesale of Motor Vehicles and Parts	67171296	83314	13429
计算机、软件及辅助设备批发业	Wholesale of Computers, Software and Assistant Equipments	17429670	20941	7362
贸易经纪与代理	Trade Broker and Agency	21804149	12143	6461
其他批发业	Other Wholesale Trades	17849012	21281	16094

16-15 continued

(10000 yuan)

销售费用 Marketing Expenses	管理费用 Management Expenses	财务费用 Financial Expenses	营业利润 Business Profits	营业外收入 Non-operating revenue	利润总额 Total Profits	应交所得税 Income Taxes Payable	本年应付职工薪酬 Staff Salary Payable in Current Year	本年应交增值税 Value-added Tax Payable in Current Year
25428780	**14645264**	**2843173**	**17430028**	**966036**	**17832583**	**3070368**	**14987953**	**6506440**
4880535	1749048	441025	5992716	175289	6072924	1338859	3155231	1836725
20101756	11902596	2791791	12682564	611593	12834733	2287875	11915078	5448541
363298	300792	16204	682077	52095	728063	163712	459350	221759
5633	9095	799	2054	3543	4976	901	8453	2495
10363	10627	1353	-21127	621	-21110	587	11720	2596
8669	6732	-1689	6141	1428	5696	1337	9691	402
7578	6571	-1704	5255	1334	4716	1337	9444	282
1090	161	15	886	94	980		247	120
6140215	2688279	972230	4929383	118855	4943302	1116687	3304669	1869612
367748	219852	52239	594481	25026	605661	100441	290927	173236
5772467	2468427	919991	4334902	93829	4337642	1016246	3013743	1696375
2123457	699931	293928	1381663	66084	1372679	198006	1471034	443823
11422660	8181661	1508901	5706876	368766	5805444	806644	6632226	2907576
126286	89727	10206	43424	2525	42985	6316	91628	38610
12486	18784	1533	10422	165	10538	425	11424	7485
10927897	7835163	1433734	5304936	356042	5393529	767763	6311436	2783463
355991	237987	63428	348095	10035	358393	32141	217738	78018
27462	5479	67	-4503	202	-4318	2	17935	278
3232464	1560388	32135	3012673	237041	3172968	362748	1875009	638286
214892	124361	34548	131407	153085	274511	30009	125314	100681
6527	8309	4574	20	89	-587	-1160	6165	909
2686663	1356138	-6333	2722119	80480	2741726	327460	1645655	489137
202917	50568	-5077	157642	1996	156797	4579	70111	37357
121465	21012	4424	1485	1392	521	1861	27765	10202
2094561	1182280	19248	1734791	117402	1824883	419746	1197866	419613
832570	179531	-12449	1130280	47164	1169081	255357	350020	185651
12267	848	-5	2129	2	2128	572	2569	833
1133266	888205	29355	628477	64956	680389	155792	796238	211559
49122	98093	403	-18643	1822	-22451	2950	21361	9551
67337	15604	1942	-7452	3458	-4265	5076	27679	12020
209085	284290	88145	203387	50254	247116	38139	233601	37580
3886010	2553661	27820	3028362	278194	3227040	721328	2654962	1104861
267088	162396	65196	93287	35687	93133	22483	188194	47157
257643	530239	-89888	1709476	891	1706304	432671	648798	554458
4854580	2224701	208578	752120	100051	754287	250483	2372132	811249
550169	427003	31973	73602	23490	76171	40062	385569	100237
243229	106541	45300	60062	3279	62141	6231	153100	33222
826357	284977	21870	148294	15702	157491	24163	365530	163640
1094012	707966	57496	588059	46300	621080	76527	910210	248052
3045526	1455450	163492	1533393	32908	1520522	247590	1494330	725302
6210605	3453650	1757180	6077000	285396	6163775	809099	3388028	1915032
258502	117931	98943	317024	20875	330783	52929	75910	129546
1858094	465852	291322	1186996	109747	1231043	245451	924527	453382
961942	838368	967104	2000393	66854	2023174	142727	733674	473254
1512319	874997	259004	1404525	40188	1398389	172466	795175	382869
47504	34843	4358	27370	1597	28510	4095	31113	5027
5541062	3456263	388081	4419560	147964	4460273	839749	3507773	1495552
2238194	337434	-26765	1442624	12329	1428950	432977	503054	385753
318555	316090	35337	222889	16969	234039	35581	340097	132661
165237	185274	102498	287672	14840	297457	47234	135275	64826
422664	324010	49883	540474	10129	541034	40220	291643	103986

16-16 限额以上零售企业财务状况（2021年）

单位:万元

项　　目	Item	企业数（个）Number of Enterprises (unit)	年初库存 Beginning Inventory	流动资产合计 Circulating Assets
零售业合计	**Total Retail Trade**	**9452**	**10635777**	**58951057**
#国有及国有控股	State-owned and State-controlled Enterprises	557	1465996	9370140
按登记注册类型分	By Status of Registration			
内资企业	Domestic-funded Enterprises	8925	8564075	46931594
国有企业	State-owned Enterprises	73	68972	458697
集体企业	Collective-owned Enterprises	93	27466	159732
股份合作企业	Share-holding Cooperative Enterprises	24	7332	34101
联营企业	Joint-operation Enterprises	26	7330	51514
国有联营企业	State-owned Joint-operation Enterprises	8	5265	26770
集体联营企业	Collective Joint-operation Enterprises	6	126	6181
国有与集体联营企业	State-collective Joint-operation Enterprises	5	1077	6222
其他联营企业	Other Joint-operation Enterprises	7	863	12341
有限责任公司	Limited Liability Corporations	2048	2804809	15259399
国有独资企业	State Sole Investment Enterprises	71	203364	954071
其他有限责任公司	Other Limited Liability Companies	1977	2601445	14305329
股份有限公司	Share-holding Corporations Ltd.	104	526119	6288952
私营企业	Private Enterprises	6554	5121686	24676168
私营独资企业	Private Sole Investment Enterprises	436	67554	309802
私营合伙企业	Private Partnership Enterprises	50	21922	89438
私营有限责任公司	Private Limited Liability Corporations	6004	4870428	23521571
私营股份有限公司	Private Share-holding Corporations Ltd.	64	161782	755357
其他企业	Other Enterprises	3	360	3031
港、澳、台商投资企业	Enterprises with Investment from Hong Kong, Macao and Taiwan	303	1107581	6043734
合资经营企业	Joint Ventures	54	259941	1761085
合作经营企业	Cooperative Enterprises	18	9390	86609
独资经营企业	Sole Investment Enterprises	219	816341	3859459
投资股份有限公司	Share-holding Corporations Ltd.	7	13154	273628
其他港澳台商投资企业	Others	5	8755	62953
外商投资企业	Enterprises with Foreign Investment	224	964121	5975730
中外合资经营企业	Sino-foreign Joint Ventures	50	321397	1912361
中外合作经营企业	Sino-foreign Cooperative Enterprises	2	2241	22594
外资企业	Foreign-funded Enterprises	153	619007	3740993
外商投资股份有限公司	Share-holding Corporations Ltd.	8	5149	75728
其它外商投资企业	Others	11	16327	224054
按国民经济行业分	By Economic Sector			
综合零售业	Comprehensive Retail	740	1289220	8720382
#百货零售业	Retail of General Merchandise	336	525905	5594820
超级市场零售业	Retail in Supermarkets	325	669589	2565720
食品、饮料及烟草制品专门零售业	Retail of Food, Beverages and Tobacco Products	579	421286	3418276
纺织、服装及日用品专门零售业	Retail of Textiles, Garments and Daily-use Products	592	1310769	3851304
#服装零售业	Retail of Garments	284	659804	2067974
文化、体育用品及器材专门零售业	Retail of Cultural and Sports Articles and Appliances	413	399181	2547356
#体育用品及器材零售	Retail of Sports Articles and Appliances	22	17928	47430
图书零售业	Retail of Books	164	128959	592114
医药及医疗器材专门零售业	Retail of Medicines and Medical Appliances	439	648103	2337359
#西药零售	Retail of Western Medicines	353	586743	2152128
中药零售	Retail of Traditional Chinese Medicines	52	45210	119306
汽车、摩托车、燃料及零配件专门零售业	Retail of Motor Vehicles, Motorcycles and Parts	4128	4716164	23593547
#汽车新车零售	Retail of Motor Vehicles	2813	3968677	16198753
机动车燃料零售业	Retail of Motor Vehicle Fuels	1017	547478	6533321
家用电器及电子产品专门零售业	Retail of Household Appliances and Electronic Products	990	613042	4729560
#家用视听设备零售	Retail of Household Audio-visual Equipments	34	27621	168531
日用家电零售	Retail of Household Appliances	428	284080	2822551
计算机、软件及辅助设备零售业	Retail of Computers, Software and Assistant Equipments	256	91669	637346
通讯设备零售业	Retail of Communication Equipments	182	183014	958057
五金、家具及室内装修材料专门零售业	Retail of Hardware, Furniture and Interior Decoration Materials	438	145921	717249
货摊、无店铺及其他零售业	Stall,Non-shop and Other Retails	1133	1092091	9036025

Financial Indicators of Enterprises above Designated Size in Retail Trade (2021)

(10000 yuan)

固定资产原价 Original Value of Fixed Assets	累计折旧 Accumulated Depreciation		资产合计 Total Assets	负债合计 Total Liabilities	所有者权益合计 Total Creditors' Equity	实收资本 Paid-up Capital	营业收入 Business Revenue	主营业务收入 Main Business Revenue
		本年折旧 Depreciation Drawn in Current Year						
10157279	**4678463**	**718956**	**80698254**	**53941871**	**26805720**	**14556056**	**149135095**	**144925443**
2880991	1373137	146903	16482790	4057441	12410475	2087952	22553411	21997107
7484219	3296377	521139	61851624	41237564	20668910	10660193	114959985	111761601
382763	190662	12174	1011468	161968	848930	195856	1087268	1053890
41564	20653	2948	199616	111855	81710	9017	492879	477291
10828	5142	1603	60000	26914	32146	14630	136159	133799
9568	6388	445	63499	32038	31462	6762	179875	175606
4487	2912	209	36103	24125	11977	4419	99436	98614
2010	1246	96	7087	3709	3377	267	35122	34997
1654	1114	96	7303	1059	6244	1637	21027	17991
1417	1117	45	13007	3144	9864	439	24291	24004
2772865	1165516	188477	20450506	14846838	5598404	4700384	43500490	42109577
162819	96854	9461	1596736	562591	1034145	410907	926869	884925
2610047	1068661	179016	18853769	14284246	4564259	4289478	42573621	41224652
1191956	561138	58607	9684016	1160324	8520878	499586	12899445	12639921
3074437	1346867	256876	30379296	24894485	5555299	5233907	56657504	55165152
101721	26050	5950	425871	274437	147554	54080	1291908	1277915
7556	4595	457	100034	83824	16210	23426	233471	231101
2826323	1246164	241432	28653200	23914715	4812854	4950584	53466423	52006578
138837	70058	9037	1200190	621509	578681	205818	1665702	1649558
238	12	9	3224	3143	82	50	6365	6365
1069121	576567	96669	8919656	5779967	3134226	2069260	17564040	16996187
312070	162545	27037	3211402	2093123	1118279	308110	3630112	3522032
22557	16367	1264	102213	54998	47164	43909	226020	221811
683506	375060	65622	4991803	3402003	1584389	1566741	13242283	12807798
45556	18219	2501	394476	126109	268367	53396	315360	295167
5431	4376	245	219762	103735	116027	97105	150265	149378
1603940	805520	101149	9926974	6924339	3002584	1826603	16611070	16167654
660292	309175	32955	4004884	2015567	1985773	754220	5641559	5492539
28844	21696	963	28876	17797	11079	8702	42674	39745
808912	440603	55096	5346703	4616231	733965	763253	10331836	10048265
57589	21879	7216	135683	70247	65437	54941	63221	57951
48303	12167	4919	410828	204498	206330	245489	531780	529155
2452957	1388475	165253	14952159	11605686	3326603	2523082	15942615	15131104
1245209	689239	70089	9743231	6642091	3074552	1271011	6943387	6606832
1070579	628254	77854	4363986	3892503	472888	1139281	7555241	7216762
450181	203986	29021	4687222	2417171	2269140	730635	3982323	3913723
296901	158210	24675	5167038	3906554	1272828	1218450	6112383	6010395
11449	2811112	1665286	545733	2010878	817966	634137	2630750	2571870
376099	165577	25642	3334913	1990373	1344550	362832	2947193	2894210
3108	80847	38898	19503	63229	17108	16198	102801	100278
11627	1141296	589388	182383	700862	439924	162552	682976	651026
361163	90815	24112	2991247	2336358	635577	1325454	4693041	4572274
22545	2759257	1922646	671267	2145728	594218	1282510	4362758	4249574
1042	158889	119220	69416	140204	18686	32274	222519	218898
4787973	2178738	377839	32656848	17613987	15020845	5766855	71550239	69705650
255268	20297929	13814273	1547146	15690477	4594759	4749464	51193708	49748678
96164	11274740	-1004305	-9982273	1106459	10151650	726879	18948483	18635769
191461	89960	13552	5222182	4630206	604821	542583	6701491	6593204
765	180819	181918	67562	188567	-7748	11530	226647	223508
5769	3135448	2413005	587584	2821586	326868	294150	3147468	3087676
2451	674543	436426	85496	511551	162889	102346	891649	879047
3387	1077112	599224	146724	1001203	75911	102733	2122749	2095519
226267	69005	12740	999549	788339	209968	321322	1509064	1476232
1014277	333697	46122	10687097	8653196	2121390	1764844	35696746	34628651

16-16 续表

单位:万元

项目	Item	营业成本 Business Costs	营业税金及附加 Tax and Extra Charges on Business	其它业务利润 Profits from Other Businesses
零售业合计	**Total Retail Trade**	**128491827**	**548654**	**1250000**
#国有及国有控股	State-owned and State-controlled Enterprises	20175627	67074	181500
按登记注册类型分	By Status of Registration			
内资企业	Domestic-funded Enterprises	100801100	411381	751545
国有企业	State-owned Enterprises	920707	3303	12104
集体企业	Collective-owned Enterprises	417723	1999	169
股份合作企业	Share-holding Cooperative Enterprises	121872	299	13
联营企业	Joint-operation Enterprises	149929	488	1819
国有联营企业	State-owned Joint-operation Enterprises	84618	210	
集体联营企业	Collective Joint-operation Enterprises	28833	113	
国有与集体联营企业	State-collective Joint-operation Enterprises	16838	86	10
其他联营企业	Other Joint-operation Enterprises	19640	79	1809
有限责任公司	Limited Liability Corporations	38703066	126204	234934
国有独资企业	State Sole Investment Enterprises	738618	5371	12338
其他有限责任公司	Other Limited Liability Companies	37964448	120833	222596
股份有限公司	Share-holding Corporations Ltd.	11742030	48710	33538
私营企业	Private Enterprises	48739872	230375	468969
私营独资企业	Private Sole Investment Enterprises	1083304	15625	1100
私营合伙企业	Private Partnership Enterprises	211958	424	127
私营有限责任公司	Private Limited Liability Corporations	46173487	209839	465051
私营股份有限公司	Private Share-holding Corporations Ltd.	1271123	4487	2691
其他企业	Other Enterprises	5899	2	
港、澳、台商投资企业	Enterprises with Investment from Hong Kong, Macao and Taiwan	14453607	82750	224059
合资经营企业	Joint Ventures	2751745	13954	92443
合作经营企业	Cooperative Enterprises	186029	638	3151
独资经营企业	Sole Investment Enterprises	11154121	66261	128128
投资股份有限公司	Share-holding Corporations Ltd.	231128	1299	328
其他港澳台商投资企业	Others	130583	597	10
外商投资企业	Enterprises with Foreign Investment	13237120	54524	274395
中外合资经营企业	Sino-foreign Joint Ventures	4341048	19601	102217
中外合作经营企业	Sino-foreign Cooperative Enterprises	32564	49	180
外资企业	Foreign-funded Enterprises	8349064	31805	169622
外商投资股份有限公司	Share-holding Corporations Ltd.	50156	137	936
其它外商投资企业	Others	464288	2931	1439
按国民经济行业分	By Economic Sector			
综合零售业	Comprehensive Retail	12762875	59978	530011
#百货零售业	Retail of General Merchandise	5313764	43586	209237
超级市场零售业	Retail in Supermarkets	6388200	13283	265655
食品、饮料及烟草制品专门零售业	Retail of Food, Beverages and Tobacco Products	2763690	20996	5233
纺织、服装及日用品专门零售业	Retail of Textiles, Garments and Daily-use Products	3952930	27661	32725
#服装零售业	Retail of Garments	1512618	11890	18484
文化、体育用品及器材专门零售业	Retail of Cultural and Sports Articles and Appliances	2089736	62520	23295
#体育用品及器材零售	Retail of Sports Articles and Appliances	67860	567	295
图书零售业	Retail of Books	494740	3057	15160
医药及医疗器材专门零售业	Retail of Medicines and Medical Appliances	3513033	11752	58459
#西药零售	Retail of Western Medicines	3271195	10603	57501
中药零售	Retail of Traditional Chinese Medicines	162466	730	819
汽车、摩托车、燃料及零配件专门零售业	Retail of Motor Vehicles, Motorcycles and Parts	65336303	223887	495606
#汽车新车零售	Retail of Motor Vehicles	46863338	170359	450108
机动车燃料零售业	Retail of Motor Vehicle Fuels	17204300	50864	42235
家用电器及电子产品专门零售业	Retail of Household Appliances and Electronic Products	6007483	34990	19891
#家用视听设备零售	Retail of Household Audio-visual Equipments	197069	672	2109
日用家电零售	Retail of Household Appliances	2889234	4033	7708
计算机、软件及辅助设备零售业	Retail of Computers, Software and Assistant Equipments	759075	26773	2007
通讯设备零售业	Retail of Communication Equipments	1891359	2936	7719
五金、家具及室内装修材料专门零售业	Retail of Hardware, Furniture and Interior Decoration Materials	1158010	13057	4361
货摊、无店铺及其他零售业	Stall,Non-shop and Other Retails	30907767	93814	80420

16-16 continued

(10000 yuan)

销售费用 Marketing Expenses	管理费用 Manag-ement Expenses	财务费用 Financial Expenses	营业利润 Business Profits	营业外收入 Non-operating revenue	利润总额 Total Profits	应交所得税 Income Taxes Payable	本年应付职工薪酬 Staff Salary Payable in Current Year	本年应交增值税 Value-added Tax Payable in Current Year
14477111	**4710764**	**656327**	**710354**	**344784**	**886811**	**624454**	**6360927**	**1835014**
1654676	437247	126856	138216	79839	189888	111366	984739	244969
9635820	3368080	493754	599242	239157	728919	416132	4668217	1302592
99188	62329	6056	26847	10381	35551	4547	80383	11201
33637	15619	1337	22677	478	22785	4203	17881	8581
6527	1937	517	4932	50	4948	1275	3879	1661
10187	5685	422	13691	17	13689	3325	6993	2935
5153	3200	400	6366	1	6367	1582	4098	1152
2738	746	15	2678	1	2678	610	738	783
976	782	-16	2375	1	2368	600	1250	424
1320	957	24	2272	15	2277	534	907	577
3424195	897866	141968	286234	85239	348617	179830	1534364	463228
102327	46010	-8465	116411	5973	120865	14934	98410	12106
3321867	851856	150433	169823	79266	227752	164896	1435953	451123
825568	204833	56331	130669	32854	139357	42082	369138	133887
5236211	2179763	287097	114108	110139	163913	180869	2655430	681083
81254	54715	6204	51088	1308	51424	6977	43621	15902
10723	7413	414	1020	186	980	227	6142	2290
4900500	2045268	272145	-18551	109219	32631	166272	2476464	641504
243735	72367	8334	80551	-573	78878	7393	129203	21387
306	47	26	84		62	…	150	15
2327700	733715	49919	66445	43852	85814	101957	977119	252701
670062	184822	22706	60772	9274	63502	23743	325482	68543
23013	5516	51	12065	143	11763	3984	12228	4108
1567243	523318	25637	-23718	33392	-7657	72223	599853	169864
53580	18638	436	14523	268	14629	809	33797	7625
13802	1421	1089	2803	775	3577	1200	5759	2561
2513591	608969	112655	44668	61775	72078	106366	715591	279721
997341	190113	62590	-76330	37100	-45142	33949	308956	104984
9056	3458	408	-2015	542	-1452	225	5914	398
1401187	389959	49412	170945	24056	166882	81653	363585	164577
12766	2237	517	-1572	43	-1604	321	4878	784
93241	23202	-272	-46361	33	-46607	-9782	32259	8977
2414549	713486	150329	-213726	75203	-178869	76830	1159214	173796
1169779	319897	77348	116463	26026	119371	64206	531862	96331
972602	262187	64885	-306775	44956	-274347	8865	503581	53668
837676	237228	3406	196070	25755	212088	38798	320408	89862
1744161	460826	43930	-15252	24797	-6422	43478	700702	170219
817427	269106	19889	11212	10541	14969	22552	380150	79382
375414	287157	11907	191398	6095	193480	36806	259228	62518
23011	7818	1549	2595	253	2158	799	7706	3105
82642	97620	2651	25539	4152	28070	2692	91228	5458
968088	211781	18525	-33540	14937	-25473	16714	539089	76596
914114	181579	16402	-34398	13543	-27050	15627	494440	68853
41839	17872	1785	-1656	1121	-829	761	35063	4574
3393857	1602174	327458	954409	123366	1016331	304713	2195474	766564
2267903	1243280	206905	634556	75842	682881	214165	1640106	522582
1043270	296718	112892	334939	34908	337710	87515	481244	229116
480510	217658	35303	-77834	7897	-75000	1634	281149	55285
28180	7725	1474	-1348	519	-965	1207	10369	3926
213379	77761	16536	-58232	2691	-58117	-1025	86871	20164
65804	46163	3890	3555	1136	3874	-331	64292	11385
156967	64362	12537	-20880	2703	-19447	1485	99507	16186
198729	110867	12464	17116	3053	19459	7614	98967	27116
4064128	869587	53005	-308285	63683	-268782	97866	806696	413058

16-17 各市限额以上批发零售企业财务状况（2021年）

单位：万元

市 别	City	企业数(个) Number of Enterprises (unit)	年初库存 Beginning Inventory	流动资产合计 Circulating Assets	固定资产原价 Original Value of Fixed Assets
批发零售业合计	**Total Wholesale and Retail Trades**	**45643**	**59556001**	**498860802**	**31128613**
批发业	**Wholesale Trade**	**36191**	**48920224**	**439909744**	**20971334**
广 州	Guangzhou	11476	17885849	135992393	8458364
深 圳	Shenzhen	10236	16048126	186011967	5873865
珠 海	Zhuhai	1048	2274978	19731599	558640
汕 头	Shantou	818	905162	4413493	408073
佛 山	Foshan	4048	4444769	35998666	1227704
韶 关	Shaoguan	254	359163	1516766	178770
河 源	Heyuan	60	47506	510801	35579
梅 州	Meizhou	85	98319	774297	107935
惠 州	Huizhou	723	417586	3833401	458969
汕 尾	Shanwei	60	43876	276728	38736
东 莞	Dongguan	3477	2862271	22033375	1390968
中 山	Zhongshan	904	856520	5841920	457544
江 门	Jiangmen	745	661583	4369503	430775
阳 江	Yangjiang	193	112705	516484	167849
湛 江	Zhanjiang	512	497146	5089916	324194
茂 名	Maoming	631	487524	5459287	175643
肇 庆	Zhaoqing	200	191325	1710334	91059
清 远	Qingyuan	237	197039	2661526	180972
潮 州	Chaozhou	61	53724	369344	62310
揭 阳	Jieyang	354	379414	2100806	133436
云 浮	Yunfu	69	95640	697142	209951
零售业	**Retail Trade**	**9452**	**10635777**	**58951057**	**10157279**
广 州	Guangzhou	2013	2821762	16381214	2728700
深 圳	Shenzhen	1750	3528016	20219236	2639140
珠 海	Zhuhai	333	348962	2510770	292680
汕 头	Shantou	400	214530	776508	199239
佛 山	Foshan	716	746356	3152669	726221
韶 关	Shaoguan	204	94991	357482	80210
河 源	Heyuan	140	78579	1349632	118747
梅 州	Meizhou	135	95171	299181	161027
惠 州	Huizhou	566	346192	2057594	414593
汕 尾	Shanwei	110	49589	149049	62453
东 莞	Dongguan	742	859560	3738951	848502
中 山	Zhongshan	406	319883	1937226	377214
江 门	Jiangmen	419	249851	1775261	327210
阳 江	Yangjiang	115	74951	220251	113388
湛 江	Zhanjiang	231	183236	1325991	265225
茂 名	Maoming	243	157532	752967	178041
肇 庆	Zhaoqing	185	152196	891964	256114
清 远	Qingyuan	187	97841	308738	85992
潮 州	Chaozhou	86	43233	145335	46459
揭 阳	Jieyang	318	115634	413557	148413
云 浮	Yunfu	153	57713	187480	87713

Financial Indicators of Enterprises above Designated Size in Wholesale and Retail Trades by City (2021)

(10000 yuan)

累计折旧 Accumulated Depreciation	#本年折旧 Depreciation Drawn in Current Year	资产合计 Total Assets	负债合计 Total Liabilities	所有者权益合计 Total Creditors' Equity	实收资本 Paid-up Capital	营业收入 Business Revenue	主营业务收入 Main Business Revenue
13700148	**2111661**	**634153109**	**468196032**	**165717222**	**85599447**	**1274711960**	**1262314909**
9021684	**1392705**	**553454856**	**414254162**	**138911502**	**71043390**	**1125576865**	**1117389466**
3616924	568392	168962512	125710132	43194375	22346770	459725266	456836066
2667651	412385	239025200	183766658	55052408	30558406	327573269	324135643
209505	34320	23127511	16597825	6505491	2311891	45984272	45735505
175125	21045	5392524	3576603	1776645	813159	16041351	16005746
542471	81903	40245020	32870165	7363337	3874617	125963467	125721527
55679	8716	1905668	1239549	661681	366711	5705815	5660461
14399	2771	619652	242148	377255	47964	904215	900878
46447	6092	939136	695126	244009	63465	1923676	1918812
162352	29334	5640308	3459904	2179462	1264192	10651163	10571288
13024	1898	303547	203420	100128	23288	881874	874857
584818	93467	29901634	20822723	9076827	5110492	58889263	58451561
210128	30261	7720218	5578267	2142472	736767	14680290	14534101
147036	27299	7511804	3670497	3840207	563526	11282739	11203446
75561	11861	683034	570141	112349	69968	1925745	1864851
110984	15175	6888863	5017743	1868815	1807987	8363928	8198353
77916	10819	5728602	3991005	1733982	312742	16374992	16262001
28968	3869	1849234	1648210	198561	92230	4986126	4967614
81623	9612	3259399	1997807	1259793	263947	5042223	4996846
32355	3096	479267	358534	120732	49142	1281642	1274673
56471	10086	2334835	1877539	527950	209763	5859064	5751886
112251	10306	936889	360168	575021	156366	1536486	1523353
4678463	**718956**	**80698254**	**53941871**	**26805720**	**14556056**	**149135095**	**144925443**
1228371	191345	23879196	17779398	6187684	3907917	47921840	46309945
1305105	216912	26757993	19493640	7281402	4889921	38921832	37987620
155247	21035	3155511	1793947	1325467	436346	4098069	3979429
82663	12521	1086434	566856	513947	177179	2634847	2574597
359308	50719	4151185	3106441	1045467	751779	9115965	8843617
43113	8779	467466	352979	113232	93808	818453	801834
49105	8022	1521105	1104583	415832	67390	1116364	1088584
72080	8806	502779	365750	134324	95891	1144381	1123028
165552	34572	2866909	1751273	1121530	306387	5291517	5159410
26472	2840	220923	101098	119825	23088	532366	516063
373161	55414	5038526	2662010	2382703	757656	14329090	13960430
172037	22398	2626296	1017013	1608452	421369	5087320	4989029
167329	19679	2240068	1277913	952631	1294472	3738670	3621050
56483	8335	342688	1878	339587	47920	1146834	1118323
97465	14534	1872507	835876	1036801	717097	2175946	2088857
76533	11255	1042377	233753	804332	99546	2197156	2096830
106610	8969	1333629	553823	779154	226574	4334653	4217070
38343	6556	421327	333005	87961	74847	995582	977672
25018	2909	215393	145217	70970	39110	532616	523609
41475	7655	625896	360951	260156	87290	2246507	2207574
36995	5699	330047	104469	224263	40469	755088	740870

16-17 续表

单位:万元

市 别	City	营业成本 Business Costs	营业税金及附加 Tax and Extra Charges on Business	其它业务利润 Profits from Other Businesses	销售费用 Marketing Expenses
批发零售业合计	**Total Wholesale and Retail Trades**	**1195424481**	**3755073**	**2756888**	**39905891**
批发业	**Wholesale Trade**	**1066932655**	**3206419**	**1506888**	**25428780**
广 州	Guangzhou	436980710	769832	484081	11361463
深 圳	Shenzhen	309208572	686337	752623	6751725
珠 海	Zhuhai	43826327	97467	22851	815285
汕 头	Shantou	15010657	139238	4895	345085
佛 山	Foshan	121867600	218596	120869	2139893
韶 关	Shaoguan	5283467	62427	3168	150641
河 源	Heyuan	743480	53833	517	23082
梅 州	Meizhou	1664133	74008	814	66982
惠 州	Huizhou	9798010	100548	7634	384926
汕 尾	Shanwei	734026	53919	126	20972
东 莞	Dongguan	55287944	212289	73679	1616757
中 山	Zhongshan	13492279	88333	10570	607739
江 门	Jiangmen	10556539	89206	3792	310179
阳 江	Yangjiang	1760571	38995	485	61885
湛 江	Zhanjiang	7843667	78741	6215	155973
茂 名	Maoming	15757283	69263	1663	169594
肇 庆	Zhaoqing	4737530	66319	1155	82764
清 远	Qingyuan	4661027	66211	7633	136262
潮 州	Chaozhou	1121605	51872	832	38300
揭 阳	Jieyang	5207766	149663	3034	163881
云 浮	Yunfu	1389463	39323	255	25393
零售业	**Retail Trade**	**128491827**	**548654**	**1250000**	**14477111**
广 州	Guangzhou	41368678	163553	454253	5031009
深 圳	Shenzhen	32443392	171014	306711	4717228
珠 海	Zhuhai	3490396	10606	40456	310484
汕 头	Shantou	2337854	17604	24573	169517
佛 山	Foshan	7925470	33139	70343	734231
韶 关	Shaoguan	700165	1683	6828	74832
河 源	Heyuan	989104	2546	4569	68441
梅 州	Meizhou	1025297	2721	3761	78922
惠 州	Huizhou	4643717	35551	19083	341270
汕 尾	Shanwei	489692	1093	8580	34929
东 莞	Dongguan	12988454	29468	141453	892778
中 山	Zhongshan	4113071	15586	36112	648327
江 门	Jiangmen	3238921	9193	32096	384362
阳 江	Yangjiang	1029967	1955	8385	71144
湛 江	Zhanjiang	1909791	3824	11742	158960
茂 名	Maoming	1993782	4700	17199	115837
肇 庆	Zhaoqing	3829671	9070	49272	374944
清 远	Qingyuan	866628	2201	6043	77789
潮 州	Chaozhou	489494	1011	2839	28455
揭 阳	Jieyang	1940349	30688	3854	109284
云 浮	Yunfu	677935	1449	1850	54367

16-17 continued

(10000 yuan)

管理费用 Management Expenses	财务费用 Financial Expenses	营业利润 Business Profits	营业外收入 Non-operating revenue	利润总额 Total Profits	应交所得税 Income Taxes Payable	本年应付职工薪酬 Staff Salary Payable in Current Year	本年应交增值税 Value-added Tax Payable in Current Year
19356028	**3499500**	**18140382**	**1310819**	**18719394**	**3694823**	**21348880**	**8341454**
14645264	**2843173**	**17430028**	**966036**	**17832583**	**3070368**	**14987953**	**6506440**
5129786	795702	5662009	346527	5763775	1317259	5950476	2466414
5411999	1380482	6117178	400494	6320355	920927	5119858	1925040
429333	110794	824038	33735	843974	136672	409026	236406
205655	13123	323974	4944	318852	66145	147760	109893
944318	169218	1854296	75135	1900476	173615	997032	459295
93934	14276	103994	7149	108244	24001	98648	82008
33185	63	83902	261	83585	12597	43055	18925
54781	4586	58984	1499	59538	15504	72189	32333
185227	10582	95383	5293	98464	33841	223485	89128
25010	-101	47589	267	47530	11851	26498	22809
988977	167664	899782	28087	895917	136748	863314	421562
244507	32879	253388	14220	262393	48731	308741	187028
175889	35725	331775	17572	341377	29983	167156	79476
59300	5563	-15689	1445	-16415	8973	68349	16901
162596	52603	90588	4208	91225	23639	101861	83493
92249	17763	280221	4577	280429	16047	90597	80891
57868	4944	36286	7065	42662	15953	68682	45645
158786	5813	71165	10793	79689	20442	81765	46793
25540	1129	41665	399	41271	11800	28297	23542
116931	19626	188498	1474	188229	38735	71210	65033
49394	741	81003	894	81014	6906	49953	13824
4710764	**656327**	**710354**	**344784**	**886811**	**624454**	**6360927**	**1835014**
1543925	214117	-221517	101635	-168085	168008	2053894	630089
1542826	176667	56164	142020	142410	204212	2079767	482292
131273	13861	166112	14231	170093	40323	174650	50913
71012	8639	19858	2490	18228	7982	74955	28852
295480	41991	123540	18033	136503	46292	373545	114400
32585	4691	5771	1356	6587	2616	53359	9253
28552	7137	21734	1159	20191	2344	41556	9937
28698	5874	3464	1196	2662	1580	45792	13757
128620	26246	101864	3863	99693	14978	204166	51744
19434	2198	-11994	358	-12736	247	24300	5390
284265	64205	88048	20004	100640	49778	431149	151614
156053	19019	149823	11310	154198	38195	194811	100166
97048	12202	13784	6407	15720	10405	154454	47965
18056	3934	20345	1500	20425	3843	39667	9154
57043	10232	37646	5717	40878	5470	112321	17029
41617	9160	34247	3897	37228	7114	72918	22703
96418	9473	19450	5162	20648	7937	72113	38503
36431	5120	9153	1847	10238	3970	53169	12051
10602	1572	1620	177	855	1007	19877	12569
69356	16339	75180	990	73973	6601	43715	17604
21471	3649	-3936	1432	-3539	1553	40749	9027

主要统计指标解释

社会消费品零售总额 指各种经济类型的批发零售业、住宿餐饮业和其他行业的企业（单位）或个体户，售予城乡居民用于生活消费和社会集团用于公共消费的商品金额的总和。

批发零售业商品购进总额 指从本企业以外的单位和个人购进（包括从国外直接进口）作为转卖或加工后转卖的商品金额。本指标由“从生产者购进额” “从批发零售业购进额” “进口额”和“其他购进”组成。 这个指标反映批发零售企业从国内、国外市场上购进商品的总量。

批发零售业商品销售总额 指售予本企业以外的单位和个人的商品金额（包括对国（境）外直接出口及售给本单位消费用的商品）。本指标由“对生产经营单位批发额” “对批发零售业批发额” “出口额”和“对居民和社会集团商品零售额”项目组成。这个指标反映批发零售业在国内市场上销售商品以及出口商品的总量。

批发 指除零售以外的一切商品销售活动。包括对生产经营单位批发、对批发零售业批发和出口。

对生产经营单位批发 指售给国民经济和社会各部门作为生产或经营使用的商品。

零售 指出售城乡居民用于生活消费商品和社会集团直接用于公用消费商品的活动。

批发零售业年末库存总额 指批发零售企业已取得所有权的全部商品。这个指标反映批发零售贸易企业的商品库存情况，对市场商品供应的保证程度。

批发零售业住宿餐饮业法人单位 指各种经济类型独立核算法人批发零售企业、住宿餐饮企业的单位个数。法人单位应同时具备以下条件：1. 依法成立，有自己的名称、组织机构和场所，能够独立承担民事责任；2. 独立拥有和使用资产，承担负债，有权与其他单位签订合同；3. 独立核算盈亏，并能够编制资产负债表。

批发业 是指从工农业生产者或从商品流通企业单位和个体户购进商品，转卖给工业、农业、建筑业、运输邮电业、住宿餐饮业、服务业等生产经营单位作为生产经营用，以及将商品转卖给其他批发企业或零售企业的商品流通企业(单位)和个体户。

零售业 是指从工农业生产者、批发业或居民购进商品，转卖给城乡居民作为生活消费和售给社会集团作为公共消费的商品流通企业(单位)和个体户。

Explanatory Notes on Main Statistical Indicators

Total Retail Sales of Consumer Goods refer to the sum of retail sales of consumer goods sold by enterprises (establishments) or individuals in wholesale，retail trade，accommodations, catering services and other industries of various types of ownership to urban and rural households for living consumption and to social institutions for public consumption.

Total Purchases of Commodities by Wholesale and Retail Trades refer to the purchases of commodities from other establishments or individuals (including direct import from abroad) for the purpose of reselling，either with or without further processing of the commodities purchased. This indicator includes the purchases from producers，the purchases from wholesale and retail trades，imports and other purchases. It is used to show the total value of purchases of commodities by wholesale and retail establishments from domestic and overseas markets.

Total Sales of Commodities by Wholesale and Retail Trades refer to the value of commodities sold to other establishments and individuals (including direct export and commodities sold to the sellers themselves for consumption). This indicator includes the value of wholesale to production and operation units，the value of wholesale to wholesale and retail trades，exports and retail sales to urban and rural households and social institutions. It is an indicator of the total value of sales of commodities at domestic markets and export.

Wholesale refers to all selling activities of commodities except retail trade, including wholesale to production and operation units, wholesale to wholesale and retail trades and export.

Wholesale to Production and Operation Units refers to commodities sold to departments of national economy and social departments for their production and operation.

Retail Sale refers to the selling of commodities to urban and rural households for living consumption and to social institutions for direct public consumption.

Total Inventory of Wholesale and Retail Trades at the Year-end refers to the total commodities possessed by wholesale and retail enterprises, which reflects the commodity stock level of various wholesale and retail enterprises and the potential for market supply.

Corporate Units in Wholesale and Retail Trades, Accommodations and Catering Services refer to the number of corporate enterprises of various types of ownership in the wholesale and retail trades, accommodations and catering services with independent accounting systems. An enterprise can be called a corporate enterprise only when it simultaneously meets the following requirements: (1)It is established according to law, with its own name, organization and location for business operation, as well as the capability to independently assume civil responsibility; (2)It owns and uses its assets independently, assumes liabilities and is entitled to sign contracts with other units; (3)It has an independent accounting system and is able to compile balance sheets.

Wholesale Trade refers to the commodity circulation enterprises (establishments) and individuals which purchase commodities from producers in industry and agriculture or from commodity circulation enterprises and individuals for the purpose of reselling them to establishments in industry, agriculture, construction, transportation, postal and telecommunications services, accommodations and catering services and other services for their production and operation as well as reselling them to other wholesale or retail enterprises.

Retail Trade refers to the commodity circulation enterprises (establishments) and individuals which purchase commodities from producers in industry and agriculture, wholesale trade or residents for the purpose of reselling them to urban and rural households for living consumption and to social institutions for public consumption.

十七、住宿餐饮业和旅游

HOTELS, CATERING SERVICES AND TOURISM

十七 住宿餐饮业和旅游

简要说明

一、本篇资料主要反映住宿和餐饮业的基本情况、经营情况和旅游产业的发展情况。主要内容包括：限额以上住宿和餐饮业基本情况、经营情况、财务情况；连锁餐饮业经营情况；经广东口岸入境游客人数（港澳台和外国人）、城市接待国内外旅游人数、旅行社组织接待人数以及旅游收入等基本情况。

二、本篇资料来源

本篇资料中住宿和餐饮业主要根据国家统计局《住宿和餐饮业统计报表制度》进行搜集和加工整理；旅游资料主要由广东省文化和旅游厅提供。入境游客人数由广州、深圳、珠海、汕头出入境边防检查站，武警广东省边防总队所报资料汇总而得。

三、本篇资料的统计范围

限额以上住宿和餐饮业的企业、个体户；餐饮连锁集团；旅行社、星级饭店和旅游者。住宿业年营业额200万元及以上；餐饮业年营业额200万元及以上。

四、本篇的调查方法

限额以上住宿和餐饮业资料采用全面调查的方法自下而上逐级综合汇总而得，限额以下企业及个体户资料采用抽样调查方法推算而得。旅游部门基本情况、住宿设施接待人数、旅行社接待人数由各基层企业上报汇总，城市接待旅游人数、国内外旅游收入根据抽样调查资料测算。

五、本篇资料由广东省统计局贸易外经统计处整理、编辑。

17 Hotels,Catering Services and Tourism

Brief Introduction

Ⅰ. Data in this chapter reflect the development of hotel and catering services and tourism in China. They mainly include: the basic conditions, operating and financial status of hotel and catering services above the designated size; the operating status of chain catering services; number of international tourists entering China through ports in Guangdong (including foreigners, Chinese compatriots from Hong Kong, Macao and Taiwan), number of domestic and international tourists received by cities, number of tourists received by travel agencies, and earnings from tourism, etc.

Ⅱ. Data sources :

The data are collected and processed in accordance with the Statistical Reporting Scheme on Accommodations and Catering Services stipulated by the National Bureau of Statistics. The data in this chapter are provided by the Department of Culture and Tourism of Guangdong Province. Number of international tourists entering China through ports in Guangdong is a summary of data provided by the frontier inspection posts of Guangzhou, Shenzhen, Zhuhai, and Shantou, as well as the Guangdong Provincial Command of the Chinese People's Armed Police Force.

Ⅲ. The statistical coverage in this chapter comes as follows:

Data in this chapter cover the enterprises of hotel and catering services above the designated size, self-employed households of hotel and catering services; chain catering services, travel agencies, star-rated hotels and tourists; hotels with annual turnover of 2 million yuan or above, and catering services with annual turnover of 2 million yuan or above.

Ⅳ. The statistical coverage in this chapter comes as follows:

Data on basic conditions for all corporate enterprises of accommodations and catering services above the designated size are collected through comprehensive reporting systems and data are reported level by level in a bottom-up manner. Data on small-size enterprises and individual enterprises below the designated size are collected through sample surveys. Basic statistics on tourist agencies, the number of tourists received by lodging facilities, and the number of tourists received by travel agencies are summaries of reports from various enterprises, whereas the number of tourists received by cities and earnings from domestic and international tourism are estimates from sample surveys.

V. The data in this chapter are prepared and edited by the Division of Trade and External Economic Relations Statistics of Statistics Bureau of Guangdong Province.

17-1 住宿、餐饮业、旅游主要指标
Main Indicators on Hotels, Catering Services and Tourism

指　标	Item	2000	2010	2015	2018	2019	2020	2021
限额以上住宿餐饮业营业额（亿元）	**Business Revenue from Hotels and Catering Services above Designated Size (100 million yuan)**		**901.95**	**1600.72**	**1466.90**	**1700.39**	**1424.61**	**1756.22**
#客房收入	Revenue from Accommodations		189.48	326.56	316.84	354.09	254.85	315.85
餐费收入	Revenue from Restaurants		645.66	1153.00	1003.66	1200.19	1031.14	1255.00
商品销售收入	Revenue from Sales of Commodities		15.17	30.78	44.28	49.93	54.20	77.26
旅行社数（个）	**Number of Travel Agencies (unit)**	**504**	**1292**	**2150**	**2962**	**3276**	**3425**	**3605**
旅行社从业人员（人）	**Engaged Persons of Travel Agencies (person)**		**37841**	**62779**	**66369**	**66507**	**52805**	**48418**
星级宾馆(酒店)数(个)	**Number of Star-rated Hotels (unit)**	**750**	**1209**	**972**	**739**	**677**	**613**	**549**
接待过夜旅游者人数（万人次）	**Number of Tourists Staying Overnight Received (10000 person-times)**	**7662.95**	**21283.05**	**36225.18**	**49000.85**	**53141.02**	**23059.46**	**25701.06**
入境过夜游客	Inbound Tourists	1198.94	3141.09	3445.36	3748.06	3731.40	468.85	320.44
外国人	Foreigners	212.85	732.25	781.83	862.37	856.96	80.46	64.48
港澳同胞	Chinese Compatriots from Hong Kong and Macao	813.84	2091.07	2382.48	2604.42	2588.41	341.30	229.08
台湾同胞	Chinese Compatriots from Taiwan	172.25	316.74	281.05	281.27	286.03	47.09	26.87
国内旅游者	Domestic Tourists	6464.01	18141.96	32779.82	45252.79	49409.62	22590.61	25380.63
旅行社组织接待人数（万人）	**Number of Visitors Received by Travel Agencies (10000 persons)**	**653.41**	**2409.36**	**2498.08**	**2856.54**	**2682.09**	**767.54**	
入境游客	Overseas Visitor Arrivals	264.22	448.74	341.33	346.99	304.52	21.03	
国内游客	Domestic Visitors	389.19	1960.62	2156.75	2509.55	2377.57	746.51	
团体出境旅游人数（万人）	**Number of Outbound Visitors in Group Tours (10000 persons)**	**116.20**	**426.52**	**899.53**	**1035.42**	**1057.9**	**59.27**	
港澳游	Visits to Hong Kong and Macao	86.07	276.74	467.56	431.44	364.94	13.05	
其他	Others	30.13	149.78	431.97	603.98	692.96	46.22	
旅游收入（亿元）	**Earnings from Tourism (100 million yuan)**	**1149.95**	**3809.44**	**9080.76**	**13610.61**	**15157.95**	**4690.59**	**5433.73**
国际旅游收入	Foreign Exchange Earnings	340.08	844.85	1104.16	1357.31	1417.93	162.28	144.51
国内旅游收入	Domestic Tourism Earnings	809.87	2964.59	7976.60	12253.30	13740.02	4528.31	5289.21

注：2020年起，接待过夜旅游者人数统计口径调整，由联网住宿企业根据公安系统网身份证登记信息统计过夜人数。接待过夜旅游者人数、旅游收入均与2019年以前年份不可比。

Note: From the year of 2020, the statistic caliber on the number of tourists staying overnight has been changed, networked hotels record the number according to ID card registration information in public security system, therefore the number of tourists staying overnight and earnings from tourism are incomparable with those in the year of 2019.

17-2 限额以上住宿业经营情况（2021年）

Business of Hotels above Designated Size (2021)

单位：万元　　(10000 yuan)

项　目	Item	企业(单位)数(个) Number of Enterprises (unit)	营业额合计 Business Revenue	#客房收入 Revenue from Hotels	#餐费收入 Revenue from Restaurants	#商品销售收入 Revenue from Sales of Commodities
住宿业合计	**Total Accommodations**	**3289**	**5261009**	**3006686**	**1361084**	**131134**
#国有及国有控股	State-owned and State-controlled Enterprises	226	908445	367257	261420	43804
按登记注册类型分组	By Status of Registration					
内资企业	Domestic-funded Enterprises	3069	4397175	2618945	1077842	102767
国有企业	State-owned Enterprises	91	265768	98470	73598	16162
集体企业	Collective-owned Enterprises	20	25045	12819	5334	159
股份合作企业	Share-holding Cooperative Enterprises	2	792	593	199	
联营企业	Joint-operation Enterprises	1	535	450		
国有联营企业	State-owned Joint-operation Enterprises					
集体联营企业	Collective Joint-operation Enterprises					
国有与集体联营企业	State-collective Joint-operation Enterprises	1	535	450		
其他联营企业	Other Joint-operation Enterprises					
有限责任公司	Limited Liability Corporations	651	1644437	869653	456837	50826
国有独资企业	State Sole Investment Enterprises	49	240590	97065	76895	16634
其他有限责任公司	Other Limited Liability Companies	602	1403847	772588	379942	34192
股份有限公司	Share-holding Corporations Ltd.	29	80488	37767	21131	4561
私营企业	Private Enterprises	2275	2380110	1599193	520743	31059
私营独资企业	Private Sole Investment Enterprises	172	129508	83843	31144	4174
私营合伙企业	Private Partnership Enterprises	35	25240	16478	5978	283
私营有限责任公司	Private Limited Liability Corporations	2045	2195935	1482309	474817	26159
私营股份有限公司	Private Share-holding Corporations Ltd.	23	29428	16563	8805	443
其他企业	Other Enterprises					
港、澳、台商投资企业	Enterprises with Investment from Hong Kong,Macao and Taiwan	156	537812	244195	190292	20776
与港澳台商合资经营企业	Joint Ventures	49	145805	62645	51283	4928
与港澳台商合作经营企业	Cooperative Enterprises	24	104960	42491	39503	8091
港澳台商独资经营企业	Sole Investment Enterprises	80	281489	138080	95433	7317
港澳台商投资股份有限公司	Share-holding Corporations Ltd.					
其他港澳台投资企业	Others	3	5559	979	4074	440
外商投资企业	Enterprises with Foreign Investment	64	326022	143546	92950	7591
中外合资经营企业	Sino-foreign Joint Ventures	22	111206	50295	41611	1591
中外合作经营企业	Sino-foreign Cooperative Enterprises	4	15310	5269	5267	
外资企业	Foreign-funded Enterprises	33	186499	79212	43145	5600
外商投资股份有限公司	Share-holding Corporations Ltd.	2	1086	988	78	3
其他外商投资企业	Others	3	11920	7783	2850	398
个体工商户	Self-employed Individuals					
按国民经济行业分组	By Economic Sector					
旅游饭店	Tourist Hotels	1557	3697238	1848553	1156016	101594
一般旅馆	General Hotels	1578	1410397	1048123	182734	27619
其它住宿服务	Others	154	153374	110010	22334	1921

17-3 限额以上餐饮业经营情况（2021年）

Business of Catering Services Enterprises above Designated Size (2021)

单位：万元 (10000 yuan)

项目	Item	企业(单位)数(个) Number of Enterprises (unit)	营业额 Business Revenue	#客房收入 Revenue from Hotels	#餐费收入 Revenue from Restaurants	#商品销售收入 Revenue from Sales of Commodities
餐饮业合计	**Total Catering Services**	**5669**	**12301220**	**151848**	**11188884**	**641422**
#国有及国有控股	State-owned and State-controlled Enterprises	58	437943	14421	321175	55923
按登记注册类型分	By Status of Registration					
内资企业	Domestic-funded Enterprises	5338	8794403	137197	7895700	530737
国有企业	State-owned Enterprises	16	42771	5355	28931	2662
集体企业	Collective-owned Enterprises	19	27621	3602	17449	2161
股份合作企业	Share-holding Cooperative Enterprises	37	35770		35687	72
联营企业	Joint-operation Enterprises					
国有联营企业	State-owned Joint-operation Enterprises					
集体联营企业	Collective Joint-operation Enterprises					
国有与集体联营企业	State-collective Joint-operation Enterprises					
其他联营企业	Other Joint-operation Enterprises					
有限责任公司	Limited Liability Corporations	772	2033563	32259	1792857	154621
国有独资企业	State Sole Investment Enterprises	12	51462	1815	37892	5568
其他有限责任公司	Other Limited Liability Companies	760	1982101	30444	1754965	149053
股份有限公司	Share-holding Corporations Ltd.	18	86382	2165	61964	14200
私营企业	Private Enterprises	4475	6568229	93816	5958745	357022
私营独资企业	Private Sole Investment Enterprises	531	383929	10676	359788	9780
私营合伙企业	Private Partnership Enterprises	77	80398	1678	73242	4052
私营有限责任公司	Private Limited Liability Corporations	3830	6049002	78708	5489827	327431
私营股份有限公司	Private Share-holding Corporations Ltd.	37	54900	2755	35888	15759
其他企业	Other Enterprises	1	68		68	
港、澳、台商投资企业	Enterprises with Investment from Hong Kong, Macao and Taiwan	253	1768136	8547	1627760	80975
与港澳台商合资经营企业	Joint Ventures	51	149070	3043	137675	2812
与港澳台商合作经营企业	Cooperative Enterprises	10	79236	4001	65213	4965
港澳台商独资经营企业	Sole Investment Enterprises	183	1527586	1504	1412750	73199
港澳台商投资股份有限公司	Share-holding Corporations Ltd.	4	9882		9761	
其他港澳台投资企业	Others	5	2362		2362	
外商投资企业	Enterprises with Foreign Investment	78	1738682	6104	1665425	29710
中外合资经营企业	Sino-foreign Joint Ventures	13	475493	3072	445583	8590
中外合作经营企业	Sino-foreign Cooperative Enterprises					
外资企业	Foreign-funded Enterprises	59	1235720	3031	1194882	19955
外商投资股份有限公司	Share-holding Corporations Ltd.	1	15694		14353	387
其他外商投资企业	Others	5	11774		10607	779
个体工商户	Self-employed Individuals					
按国民经济行业分	By Economic Sector					
正餐服务业	Restaurant Service	4721	6939035.5	150583	6484319	158569
快餐服务业	Fast Food Service	228	2617892	3	2509848	34943
饮料及冷饮服务业	Beverage and Cold Drink Service	136	1115556	80	972722	88915
其他餐饮服务业	Other Services	584	1628736	1182	1221995	358996

17-4 各市限额以上住宿餐饮业经营情况（2021年）

Business of Enterprises above Designated Size of Hotels and Catering Services by City (2021)

单位：万元 (10000 yuan)

市 别	Item	企业(单位)数(个) Number of Enterprises (unit)	营业额 Business Revenue	#客房收入 Revenue from Hotels	#餐费收入 Revenue from Restaurants	#商品销售收入 Revenue from Sales of Commodities
合 计	**Total**	**8958**	**17562229**	**3158533**	**12549969**	**772556**
住宿业	**Accommodation**	**3289**	**5261009**	**3006686**	**1361084**	**131134**
广 州	Guangzhou	827	1532087	816358	351797	50889
深 圳	Shenzhen	607	1390034	915353	277848	8517
珠 海	Zhuhai	179	261744	153096	62305	9405
汕 头	Shantou	144	148594	97777	39415	1621
佛 山	Foshan	260	336017	175182	113210	16321
韶 关	Shaoguan	104	90306	49652	26501	2657
河 源	Heyuan	56	60487	35621	18994	3231
梅 州	Meizhou	41	46856	22601	18200	850
惠 州	Huizhou	191	239745	145869	61940	5326
汕 尾	Shanwei	43	29652	21914	6016	93
东 莞	Dongguan	226	401024	174898	159731	9105
中 山	Zhongshan	134	134194	65271	46354	3211
江 门	Jiangmen	91	128325	56331	47361	7505
阳 江	Yangjiang	19	20639	16111	3052	120
湛 江	Zhanjiang	64	81266	42903	32074	1404
茂 名	Maoming	48	46882	25805	14776	1076
肇 庆	Zhaoqing	61	52839	30642	17783	656
清 远	Qingyuan	76	120060	70887	32598	4209
潮 州	Chaozhou	31	21943	14351	5998	76
揭 阳	Jieyang	58	71974	49723	13208	2491
云 浮	Yunfu	29	46342	26342	11925	2372
餐饮业	**Catering Service**	**5669**	**12301220**	**151848**	**11188884**	**641422**
广 州	Guangzhou	1617	4443866	32017	4104302	220663
深 圳	Shenzhen	1422	4611206	30370	4214364	222490
珠 海	Zhuhai	226	299932	304	280095	15435
汕 头	Shantou	159	150088	403	144607	3386
佛 山	Foshan	530	544538	4343	491168	41980
韶 关	Shaoguan	103	54241	3504	48159	2046
河 源	Heyuan	33	26319	2474	23351	356
梅 州	Meizhou	14	12061	751	10925	242
惠 州	Huizhou	215	258757	16166	209623	16241
汕 尾	Shanwei	56	44124	2944	40099	10
东 莞	Dongguan	522	927104	3253	820443	85528
中 山	Zhongshan	265	334952	159	309527	13361
江 门	Jiangmen	139	216620	1477	203699	4055
阳 江	Yangjiang	46	48000	5437	36170	2484
湛 江	Zhanjiang	106	126084	12255	107043	3394
茂 名	Maoming	68	45371	4922	39808	65
肇 庆	Zhaoqing	44	38213	4178	28366	3399
清 远	Qingyuan	24	33771	5157	26224	245
潮 州	Chaozhou	25	15775	362	14089	1207
揭 阳	Jieyang	38	57173	19629	26037	4596
云 浮	Yunfu	17	13027	1744	10785	239

17-5 限额以上连锁住宿餐饮业经营情况（2021年）
Business of Chain Stores above Designated Size in Hotels and Catering Services (2021)

项　　目	Item	连锁总店数(个) Number of General Chain Stores (unit)	营业额(万元) Total Business Revenue (10000 yuan)	#零售额(万元) Retail Sales (10000 yuan)	营业面积(平方米) Operational Area (sq.m)
住宿餐饮业合计	**Catering Service**	**100**	**3864393**	**3702476**	**1935767**
按注册登记类型分	By Status of Registration				
内资企业	Domestic-funded Enterprises	63	1299209	1221324	598962
国有企业	State-owned Enterprises	2	33141	29535	3750
集体企业	Collective-owned Enterprises	1	8981	8225	12000
股份合作企业	Cooperative Enterprises	1	803	803	1440
有限责任公司	Limited Liability Corporations	25	633493	619111	274714
股份有限公司	Share-holding Enterprises	2	86093	79721	75388
私营企业	Private Enterprises	32	536697	483930	231670
其他企业	Other Enterprises				
港、澳、台商投资企业	Enterprises with Investment from Hong Kong, Macao and Taiwan	19	964220	924109	477004
与港澳台商合资经营企业	Joint Ventures	3	17765	17686	5601
与港澳台商合作经营企业	Cooperative Enterprises	1	25597	25597	20000
港澳台商独资经营企业	Sole Investment Enterprises	15	920858	880826	451403
港澳台商投资股份有限公司	Share-holding Corporations Ltd.				
外商投资企业	Enterprises with Foreign Investment	18	1600965	1557042	859801
中外合资经营企业	Sino-foreign Joint Ventures	3	476560	443931	250547
中外合作经营企业	Sino-foreign Cooperative Enterprises				
外资企业	Foreign-funded Enterprises	13	1105018	1095059	599869
外商投资股份有限公司	Share-holding Corporations Ltd.	1	15694	14360	8251
其他外商投资企业	Others	1	3693	3693	1134
按行业分	By Sector				
旅游饭店	Tour Hotel	4	31402	368	2001
一般旅馆	General Hotel	6	14635	552	383
正餐服务	Restaurant	35	738452	737591	420038
快餐服务	Fast Food	40	2227908	2161985	1139276
饮料及冷饮服务	Beverages and Cold Drinks Services	13	847313	797985	372590
其他餐饮业	Other Catering Industries	2	4684	3995	1479

17−5 续表 continued

项　　目	Item	就业人数(人) Number of Employed Persons (person)	连锁门店数(个) Number of Branch Chain Stores (unit)	直营店(个) Under Direct Management (unit)	加盟店(个) Through License Arrangement (unit)
住宿餐饮业合计	**Catering Service**	**162877**	**6957**	**6824**	**133**
按注册登记类型分	By Status of Registration				
内资企业	Domestic-funded Enterprises	42802	2563	2488	75
国有企业	State-owned Enterprises	662	64	64	
集体企业	Collective-owned Enterprises	385	2	2	
股份合作企业	Share-holding Cooperative Enterprises	16	2	2	
有限责任公司	Limited Liability Corporations	20917	1430	1369	61
股份有限公司	Share-holding Corporations Ltd.	2961	30	16	14
私营企业	Private Enterprises	17861	1035	1035	
其他企业	Other Enterprises				
港、澳、台商投资企业	Enterprises with Investment from Hong Kong, Macao and Taiwan	40051	1712	1654	58
与港澳台商合资经营企业	Joint Ventures	626	29	29	
与港澳台商合作经营企业	Cooperative Enterprises	595	5	5	
港澳台商独资经营企业	Sole Investment Enterprises	38830	1678	1620	58
港澳台商投资股份有限公司	Share-holding Corporations Ltd.				
外商投资企业	Enterprises with Foreign Investment	80024	2682	2682	
中外合资经营企业	Sino-foreign Joint Ventures	26250	562	562	
中外合作经营企业	Sino-foreign Cooperative Enterprises				
外资企业	Foreign-funded Enterprises	52975	2033	2033	
外商投资股份有限公司	Share-holding Corporations Ltd.	668	78	78	
其他外商投资企业	Others	131	9	9	
按行业分	By Sector				
旅游饭店	Tourist Hotel	815	25	25	
一般旅馆	General Hotel	663	42	42	
正餐服务	Restaurant	26981	881	867	14
快餐服务	Fast Food	112774	3828	3709	119
饮料及冷饮服务	Beverages and Cold Drinks Services	21480	2167	2167	
其他餐饮业	Other Catering Industries	164	14	14	

17–6 限额以上住宿餐饮企业财务状况（2021年）

Financial Indicators of Enterprises above Designated Size in Hotels and Catering Services (2021)

单位：万元 (10000 yuan)

项　目	Item	住宿和餐饮业合计 Total Hotels and Catering Services	住宿业 Hotels Services	餐饮业 Catering Services
企业数 (个)	Number of Enterprises (unit)	8957	3289	5668
年初存货	Inventory at the Year-beginning	901032	673207	227825
流动资产合计	Circulating Assets	16518129	11354133	5163996
#存货	Inventory	950571	661480	289090
固定资产原价	Original Value of Fixed Assets	13086131	10468978	2617153
累计折旧	Accumulated Depreciation	6886502	5544258	1342244
#本年折旧	Depreciation Drawn in Current Year	605035	399982	205053
资产合计	Total Assets	30425712	21163104	9262608
负债合计	Total Liabilities	26202647	19126664	7075983
所有者权益合计	Total Creditors' Equity	4263658	2038032	2225626
实收资本	Paid-up Capital	7657145	5684435	1972710
#个人资本	Personal Capital	583920	310862	273058
营业收入	Business Revenue	17006760	5234781	11771979
#主营业务收入	Main Business Revenue	16657241	5068344	11588897
营业成本	Business Costs	8798942	2574183	6224760
营业税金及附加	Tax and Extra Charges on Business	97629	74609	23020
其它业务利润	Profits from Other Businesses	165263	94174	71089
销售费用	Marketing Expenses	5299514	1423733	3875782
管理费用	Management Expenses	3304695	1697826	1606868
财务费用	Financial Expenses	398177	297311	100867
#利息支出	Interests	223405	193957	29448
营业利润	Business Profits	-721981	-718206	-3775
营业外收入	Non-operating Revenue	174763	96969	77795
利润总额	Total Profits	-492550	-521893	29343
所得税费用	Income Taxes Expenses	83999	21188	62812
本年应付职工薪酬	Total Wages Payable in Current Year	4253720	1516689	2737032

17–7 限额以上住宿企业财务状况（2021年）

单位：万元

项　目	Item	企业数（个）Number of Enterprises (unit)	年初库存 Beginning Inventory	流动资产合计 Circulating Assets
住宿业合计	**Total Hotels**	**3289**	**673207**	**11354133**
#国有及国有控股	State-owned and State-controlled Enterprises	226	29432	1597372
按登记注册类型分	By Status of Registration			
内资企业	Domestic-funded Enterprises	3069	569095	8172277
国有企业	State-owned Enterprises	91	8015	263767
集体企业	Collective-owned Enterprises	20	223	13323
股份合作企业	Share-holding Cooperative Enterprises	2	9	351
联营企业	Joint-operation Enterprises	1		730
国有联营企业	State-owned Joint-operation Enterprises			
集体联营企业	Collective Joint-operation Enterprises			
国有与集体联营企业	State-collective Joint-operation Enterprises	1		730
其他联营企业	Other Joint-operation Enterprises			
有限责任公司	Limited Liability Corporations	651	438927	4362053
国有独资企业	State Sole Investment Enterprises	49	4603	379799
其他有限责任公司	Other Limited Liability Companies	602	434324	3982254
股份有限公司	Share-holding Corporations Ltd.	29	1620	231366
私营企业	Private Enterprises	2275	120301	3300687
私营独资企业	Private Sole Investment Enterprises	172	3579	125485
私营合伙企业	Private Partnership Enterprises	35	466	9995
私营有限责任公司	Private Limited Liability Corporations	2045	115812	3142802
私营股份有限公司	Private Share-holding Corporations Ltd.	23	444	22405
其他企业	Other Enterprises			
港、澳、台商投资企业	Enterprises with Investment from Hong Kong, Macao and Taiwan	156	85463	1178486
合资经营企业	Joint Ventures	49	65738	366341
合作经营企业	Cooperative Enterprises	24	3286	175015
独资经营企业	Sole Investment Enterprises	80	16106	636818
投资股份有限公司	Share-holding Corporations Ltd.			
其他港澳台商投资企业	Others	3	332	313
外商投资企业	Enterprises with Foreign Investment	64	18649	2003370
中外合资经营企业	Sino-foreign Joint Ventures	22	1902	494961
中外合作经营企业	Sino-foreign Cooperative Enterprises	4	562	24941
外资企业	Foreign-funded Enterprises	33	15993	1350688
外商投资股份有限公司	Share-holding Corporations Ltd.	2	3	1249
其它外商投资企业	Others	3	190	131532
按国民经济行业分	By Economic Sector			
旅游饭店	Tourist Hotels	1557	570040	8968578
一般旅馆	General Hotels	1578	100790	2132297
其它住宿服务	Others	154	2377	253258
按控股情况分组	By Holdings			
国有控股	State Holdings	226	29432	1597372
集体控股	Collective Holdings	53	76730	294454
私人控股	Private Holdings	2807	253934	6044237
港澳台商控股	Hongkong,Macaw and Taiwan Holdings	141	295100	1668172
外商控股	Foreign Holdings	52	17285	1707013
其他	Others	10	726	42886
按星级分组	By Star Rating			
五星	Five Star	129	123969	3059245
四星	Four Star	244	29696	982654
三星	Three Star	329	24667	982627
二星	Two Star	40	533	13020
一星	One Star	16	58	16783
其他	Others	2531	494284	6299804

Financial Indicators of Hotels above Designated Size (2021)

(10000 yuan)

固定资产原价 Original Value of Fixed Assets	累计折旧 Accumulated Depreciation	本年折旧 Depreciation Drawn in Current Year	资产合计 Total Assets	负债合计 Total Liabilities	所有者权益合计 Total Creditors' Equity	实收资本 Paid-up Capital	营业收入 Business Revenue	主营业务收入 Main Business Revenue
10468978	**5544258**	**399982**	**21163104**	**19126664**	**2038032**	**5684435**	**5234781**	**5068344**
2356617	1274829	89158	4073099	1977567	2082791	1337320	862771	834896
7460304	3760604	313537	15888551	14261164	1629115	4039822	4402396	4254878
666149	335400	26428	846464	381085	456653	197738	252252	238142
25342	18868	499	25262	43301	-18040	8682	21527	20860
3521	2751	46	2502	4066	-1564	490	782	782
1384	1334	…	946	219	727	1387	511	430
1384	1334	…	946	219	727	1387	511	430
3896125	1915368	156327	8372334	7061923	1317986	2241891	1736138	1661278
590566	309139	22805	1144929	427962	715053	278734	229320	222675
3305559	1606228	133522	7227404	6633961	602933	1963157	1506818	1438603
209963	127079	6848	476134	124879	351253	99128	76501	75832
2657821	1359806	123389	6164909	6645692	-477901	1490505	2314686	2257554
114907	59018	5553	269468	183599	84821	43472	123402	121205
18963	11690	935	23370	16126	7145	4297	23805	23486
2511628	1282026	115543	5840894	6426013	-581089	1430876	2138787	2084366
12323	7072	1359	31177	19954	11223	11861	28691	28497
2154816	1282946	61403	2685359	2704546	-19325	1218203	519543	510260
597500	364163	22848	760157	864499	-104342	229128	139597	135148
508223	335409	9028	474935	453136	21799	399354	99003	98914
1049014	583316	29513	1449894	1384545	65212	589721	275477	270732
79	59	14	373	2366	-1994		5466	5466
853859	500707	25042	2589195	2160954	428241	426410	312842	303207
274420	141259	9161	657401	497851	159550	77688	106565	106544
53788	33328	1114	71554	35624	35930	46364	14740	14740
486941	293754	13738	1641614	1465729	175885	250249	179226	169717
1604	1187	157	2295	2490	-195	1319	1031	1018
37107	31179	872	216331	159260	57071	50790	11281	11188
9017420	4847026	322561	17255073	15599240	1655570	4361113	3727594	3609202
1272959	610068	66698	3506610	3134887	372719	1263245	1357122	1311930
178600	87164	10723	401422	392537	9742	60076	150065	147212
2356617	1274829	89158	4073099	1977567	2082791	1337320	862771	834896
125302	77518	5908	396229	416748	-20521	42948	104948	100885
5060095	2525778	219477	11059437	11575542	-526452	2363113	3346460	3252015
2244968	1262649	67063	3407298	3203945	203215	1587237	642819	614967
621899	379472	17625	2131928	1855277	276652	351817	263998	253956
60098	24013	751	95114	97585	22347	2000	13785	11625
3000854	1836865	91558	5423901	4616671	830692	1166800	996988	968642
1199106	746932	41810	2013768	1825093	173413	457580	547467	527849
542741	351335	16906	1496879	1212912	284807	409907	352811	341887
26846	15305	892	29753	24344	3020	15260	17621	16691
11454	4837	785	25191	29984	-4793	2493	9567	9567
5687977	2588984	248031	12173612	11417659	750893	3632395	3310327	3203709

17-7 续表

单位：万元

项　目	Item	营业成本 Business Costs	营业税金及附加 Tax and Extra Charges on Business	其它业务利润 Profits from Other Businesses
住宿业合计	**Total Hotels**	**2574183**	**74609**	**94174**
#国有及国有控股	State-owned and State-controlled Enterprises	440363	17824	10924
按登记注册类型分	By Status of Registration			
内资企业	Domestic-funded Enterprises	2220952	56759	72996
国有企业	State-owned Enterprises	110953	4032	7624
集体企业	Collective-owned Enterprises	13107	442	603
股份合作企业	Share-holding Cooperative Enterprises	205	1	
联营企业	Joint-operation Enterprises	246	2	
国有联营企业	State-owned Joint-operation Enterprises			
集体联营企业	Collective Joint-operation Enterprises			
国有与集体联营企业	State-collective Joint-operation Enterprises	246	2	
其他联营企业	Other Joint-operation Enterprises			
有限责任公司	Limited Liability Corporations	809066	35743	43763
国有独资企业	State Sole Investment Enterprises	121354	4483	1969
其他有限责任公司	Other Limited Liability Companies	687711	31261	41794
股份有限公司	Share-holding Corporations Ltd.	45475	1993	268
私营企业	Private Enterprises	1241901	14546	20739
私营独资企业	Private Sole Investment Enterprises	63438	1095	1046
私营合伙企业	Private Partnership Enterprises	12472	313	197
私营有限责任公司	Private Limited Liability Corporations	1155369	13091	19418
私营股份有限公司	Private Share-holding Corporations Ltd.	10622	47	77
其他企业	Other Enterprises			
港、澳、台商投资企业	Enterprises with Investment from Hong Kong, Macao and Taiwan	194377	12836	18737
合资经营企业	Joint Ventures	48395	2251	1317
合作经营企业	Cooperative Enterprises	39245	2275	16
独资经营企业	Sole Investment Enterprises	104546	8290	17405
投资股份有限公司	Share-holding Corporations Ltd.			
其他港澳台商投资企业	Others	2191	20	
外商投资企业	Enterprises with Foreign Investment	158854	5014	2441
中外合资经营企业	Sino-foreign Joint Ventures	51673	1820	393
中外合作经营企业	Sino-foreign Cooperative Enterprises	3706	376	1182
外资企业	Foreign-funded Enterprises	97991	2541	866
外商投资股份有限公司	Share-holding Corporations Ltd.	1003	9	
其它外商投资企业	Others	4481	268	
按国民经济行业分	By Economic Sector			
旅游饭店	Tourist Hotels	1808480	64878	82641
一般旅馆	Ordinary Hotels	681944	8138	11257
其它住宿服务	Others	83759	1593	276
按控股情况分组	By Holdings			
国有控股	State Holdings	440363	17824	10924
集体控股	Collective Holdings	55573	1542	684
私人控股	Private Holdings	1684269	30254	41678
港澳台商控股	Hongkong,Macaw and Taiwan Holdings	248191	21632	38448
外商控股	Foreign Holdings	135576	3339	2440
其他	Others	10210	18	
按星级分组	By Star Rating			
五星	Five Star	427677	23390	24368
四星	Four Star	247948	7973	4451
三星	Three Star	163692	3904	5044
二星	Two Star	10287	209	1
一星	One Star	8198	99	9
其他	Others	1716380	39035	60302

17-7 continued

(10000 yuan)

销售费用 Marketing Expenses	管理费用 Management Expenses	财务费用 Financial Expenses	营业利润 Business Profits	营业外收入 Non-operating revenue	利润总额 Total Profits	所得税费用 Income Taxes Expenses	本年应付职工薪酬 Staff Salary Payable in Current Year
1423733	**1697826**	**297311**	**-718206**	**96969**	**-521893**	**21188**	**1516689**
216876	308064	10894	-101570	17031	-94031	7769	381870
1190938	1416426	248874	-621686	82308	-431878	15912	1259902
76780	91938	2888	-33893	11455	-24298	1426	123549
3896	4531	460	-362	57	-317	63	5440
382	270	…	-77	20	-57	1	456
	105	-1	159	20	179	11	234
	105	-1	159	20	179	11	234
465202	537007	143158	-181740	17371	-180605	7382	514765
57295	82480	4567	-24137	2531	-28486	2949	99460
407907	454527	138592	-157604	14841	-152119	4433	415305
13268	25743	-1604	-3823	690	-3186	449	30593
631409	756833	103972	-401950	52696	-223594	6580	584866
28208	25353	2642	4434	330	4612	1354	27389
4693	4669	172	1047	112	1093	128	4924
590657	717165	101060	-407087	52063	-229075	4920	543572
7852	9646	98	-344	191	-224	179	8981
173140	188092	31869	-75976	9883	-72004	3039	171074
48364	49516	11806	-20591	1768	-19196	-276	44023
28810	36517	3514	-10945	1860	-9190	1167	39234
92411	100932	16544	-43007	6159	-42278	2148	85826
3554	1128	5	-1432	95	-1340		1992
59655	93308	16568	-20544	4777	-18011	2237	85713
21779	35393	15582	-19783	1027	-19694	-2	28462
7280	4586	-129	-978	211	-776	394	5143
28518	50263	1025	-2204	3525	1254	1844	48740
940	135	1	-125	3	-123		79
1138	2932	90	2546	11	1328	1	3288
1078416	1204657	253162	-580928	80576	-397596	15698	1140630
309741	447947	35510	-114659	14763	-102789	3746	331976
35576	45222	8638	-22619	1630	-21507	1744	44083
216876	308064	10894	-101570	17031	-94031	7769	381870
24805	36190	11852	-12585	469	-12172	-738	20998
954893	1087535	189552	-539700	66194	-356272	9208	873329
177697	183725	74892	-53069	8737	-50640	2853	161962
48184	78215	9382	-10311	3877	-8474	1779	72750
1278	4098	741	-971	661	-304	316	5780
254368	353990	61793	-105370	9612	-102975	4778	312545
171792	165201	20532	-193595	15031	-49032	4292	174911
109891	118330	8924	-43211	5005	-39432	3952	125910
5654	4088	275	-1696	97	-1655	46	5251
391	5859	540	-5659	71	-5615	9	6130
881637	1050359	205247	-368675	67154	-323183	8111	891942

17-8 限额以上餐饮企业财务状况（2021年）

单位：万元

项目	Item	企业数（个）Number of Enterprises (unit)	年初库存 Beginning Inventory	流动资产合计 Circulating Assets
餐饮业合计	**Total Catering Services**	**5668**	**227825**	**5163996**
#国有及国有控股	State-owned and State-controlled Enterprises	58	5685	359577
按登记注册类型分	By Status of Registration			
内资企业	Domestic-funded Enterprises	5337	175582	3979235
国有企业	State-owned Enterprises	16	881	21254
集体企业	Collective-owned Enterprises	19	480	12616
股份合作企业	Share-holding Cooperative Enterprises	37	549	10905
联营企业	Joint-operation Enterprises			
国有联营企业	State-owned Joint-operation Enterprises			
集体联营企业	Collective Joint-operation Enterprises			
国有与集体联营企业	State-collective Joint-operation Enterprises			
其他联营企业	Other Joint-operation Enterprises			
有限责任公司	Limited Liability Corporations	772	27103	732412
国有独资公司	State Sole Investment Enterprises	12	899	22688
其他有限责任公司	Other Limited Liability Companies	760	26204	709724
股份有限公司	Share-holding Corporations Ltd.	18	2613	197448
私营企业	Private Enterprises	4474	143956	3004591
私营独资企业	Private Sole Investment Enterprises	531	9067	129965
私营合伙企业	Private Partnership Enterprises	77	2796	28385
私营有限责任公司	Private Limited Liability Corporations	3829	131632	2824886
私营股份有限公司	Private Share-holding Corporations Ltd.	37	462	21355
其他企业	Other Enterprises	1		10
港、澳、台商投资企业	Enterprises with Investment from Hong Kong,Macao and Taiwan	253	29773	981394
合资经营企业	Joint Ventures	51	2979	129632
合作经营企业	Cooperative Enterprises	10	4887	44523
独资经营企业	Sole Investment Enterprises	183	21683	804144
投资股份有限公司	Share-holding Corporations Ltd.	4	118	2339
其他港澳台商投资企业	Others	5	107	756
外商投资企业	Enterprises with Foreign Investment	78	22470	203367
中外合资经营企业	Sino-foreign Joint Ventures	13	5453	37598
中外合作经营企业	Sino-foreign Cooperative Enterprises			
外资企业	Foreign-funded Enterprises	59	16292	151248
外商投资股份有限公司	Share-holding Corporations Ltd.	1	16	3200
其它外商投资企业	Others	5	709	11321
按国民经济行业分	By Economic Sector			
正餐服务	Dinner Service	4720	161978	3178366
快餐服务	Fast Food Service	228	27351	637837
饮料及冷饮服务	Beverage and Cold Drink Service	136	13181	729185
餐饮配送及外卖送餐服务	Food and Beverage Distribution and Takeout Service	374	20795	453409
其他餐饮业	Other Services	210	4521	165199
按控股情况分组	By Holdings			
国有控股	State Holdings	58	5685	359577
集体控股	Collective Holdings	29	647	20627
私人控股	Private Holdings	5258	170940	3663675
港澳台商控股	Hongkong,Macaw and Taiwan Holdings	237	32390	940969
外商控股	Foreign Holdings	73	18009	175431
其他	Others	13	154	3718

Financial Indicators of Catering Services Enterprises above Designated Size (2021)

(10000 yuan)

固定资产原价 Original Value of Fixed Assets	累计折旧 Accumulated Depreciation	本年折旧 Depreciation Drawn in Current Year	资产合计 Total Assets	负债合计 Total Liabilities	所有者权益合计 Total Creditors' Equity	实收资本 Paid-up Capital	营业收入 Business Revenue	主营业务收入 Main Business Revenue
2617153	**1342244**	**205053**	**9262608**	**7075983**	**2225626**	**1972710**	**11771979**	**11588897**
276367	125824	23650	928427	615951	312476	247515	414584	403819
1663821	793900	140638	6414348	5358907	1081411	1489825	8448137	8292697
56888	41166	1475	89981	53580	36401	33647	40595	37588
3722	2497	98	27223	10680	16543	4440	25662	25612
4741	3130	438	13492	11945	1547	1115	34623	34588
604739	272808	65781	1447335	1341356	119311	331180	1928327	1887894
11651	3502	961	43718	45336	-1618	5700	49060	48614
593088	269306	64821	1403617	1296020	120929	325480	1879267	1839280
74716	22095	2845	539092	252155	286899	128912	82451	78457
918981	452196	69997	4297145	3689198	620710	990531	6336413	6228558
84850	35053	5250	221935	176115	46860	34088	371217	365820
23251	12444	1776	45143	36628	8844	10820	77805	77284
802626	403417	62370	3999480	3446361	565538	938411	5832141	5731197
8255	1282	600	30587	30094	-531	7212	55250	54257
34	9	3	81	-7			67	
548293	329234	38551	1718071	952756	776403	347626	1677704	1666540
92208	52419	3338	208901	113885	95316	78742	143527	142518
35530	28141	941	65858	64516	1342	21256	74727	71153
419562	248195	34124	1435124	765889	680024	246773	1447383	1440928
607	317	89	6278	6073	204	204	9724	9599
385	161	59	1910	2394	-483	651	2343	2343
405039	219111	25865	1130189	764320	367813	135260	1646137	1629660
168137	95371	10535	341234	123536	217698	28455	448937	448935
234359	122905	14906	763068	620799	143624	101909	1170807	1154693
2012	464	342	9089	8219	870	1000	14991	14966
530	370	82	16798	11766	5621	3896	11402	11066
1741555	886787	141919	5569227	4720574	883279	1513783	6653272	6544037
651989	347125	38450	1974287	1367082	606228	196829	2480633	2465522
115559	59329	12842	949822	461441	493399	59104	1059143	1016368
81582	35695	9400	557993	386314	169764	145406	1177301	1167092
26467	13310	2443	211280	140572	72956	57588	401630	395878
276367	125824	23650	928427	615951	312476	247515	414584	403819
8767	3670	27	40216	18429	21787	5990	38093	37910
1382568	673734	111138	5462617	4699602	784383	1246130	7873524	7726202
706381	410630	54426	2019704	1076785	953769	354562	2218049	2211375
242847	128198	15805	807388	656121	153211	118515	1226023	1209591
223	188	7	4257	9095			1707	

17-8 续表

单位：万元

项　目	Item	营业成本 Business Costs	营业税金及附加 Tax and Extra Charges on Business	其它业务利润 Profits from Other Businesses
餐饮业合计	**Total Catering Services**	**6224760**	**23020**	**71089**
#国有及国有控股	State-owned and State-controlled Enterprises	333344	1670	1570
按登记注册类型分	By Status of Registration			
内资企业	Domestic-funded Enterprises	4826874	19333	55303
国有企业	State-owned Enterprises	25830	562	145
集体企业	Collective-owned Enterprises	18966	362	20
股份合作企业	Share-holding Cooperative Enterprises	17023	65	18
联营企业	Joint-operation Enterprises			
国有联营企业	State-owned Joint-operation Enterprises			
集体联营企业	Collective Joint-operation Enterprises			
国有与集体联营企业	State-collective Joint-operation Enterprises			
其他联营企业	Other Joint-operation Enterprises			
有限责任公司	Limited Liability Corporations	1110853	4560	5216
国有独资公司	State Sole Investment Enterprises	35879	67	…
其他有限责任公司	Other Limited Liability Companies	1074974	4493	5217
股份有限公司	Share-holding Corporations Ltd.	68354	545	
私营企业	Private Enterprises	3585815	13239	49904
私营独资企业	Private Sole Investment Enterprises	221005	1635	80
私营合伙企业	Private Partnership Enterprises	43770	271	348
私营有限责任公司	Private Limited Liability Corporations	3285178	11255	49476
私营股份有限公司	Private Share-holding Corporations Ltd.	35863	79	
其他企业	Other Enterprises	32		
港、澳、台商投资企业	Enterprises with Investment from Hong Kong,Macao and Taiwan	601558	2732	16130
合资经营企业	Joint Ventures	56315	288	8689
合作经营企业	Cooperative Enterprises	46283	277	6
独资经营企业	Sole Investment Enterprises	494679	2149	7435
投资股份有限公司	Share-holding Corporations Ltd.	3387	18	
其他港澳台商投资企业	Others	894	…	
外商投资企业	Enterprises with Foreign Investment	796329	955	-344
中外合资经营企业	Sino-foreign Joint Ventures	152867	192	2
中外合作经营企业	Sino-foreign Cooperative Enterprises			
外资企业	Foreign-funded Enterprises	633710	728	-387
外商投资股份有限公司	Share-holding Corporations Ltd.	5470	5	25
其它外商投资企业	Others	4281	31	16
按国民经济行业分	By Economic Sector			
正餐服务	Dinner Service	3485308	18262	27708
快餐服务	Fast Food Service	1182656	2068	10516
饮料及冷饮服务	Beverage and Cold Drink Service	382913	492	31874
餐饮配送及外卖送餐服务	Food and Beverage Distribution and Takeout Service	917346	1582	711
其他餐饮业	Other Services	256536	615	280
按控股情况分组	By Holdings			
国有控股	State Holdings	333344	1670	1570
集体控股	Collective Holdings	26978	408	39
私人控股	Private Holdings	4426849	17547	62248
港澳台商控股	Hongkong,Macaw and Taiwan Holdings	785827	2681	7594
外商控股	Foreign Holdings	650928	800	-362
其他	Others	834	-87	

17-8 continued

(10000 yuan)

销售费用 Marketing Expenses	管理费用 Management Expenses	财务费用 Financial Expenses	营业利润 Business Profits	营业外收入 Non-operating revenue	利润总额 Total Profits	所得税费用 Income Taxes Expenses	本年应付职工薪酬 Staff Salary Payable in Current Year
3875782	**1606868**	**100867**	**-3775**	**77795**	**29343**	**62812**	**2737032**
62954	54829	1981	20279	3199	23048	609	144838
2372437	1319654	67878	-133466	53592	-105390	23043	1905219
6579	9639	539	-1806	664	-1170	-79	17114
2303	3449	72	506	80	584	21	5451
14466	4847	266	-2052	273	-1815	28	8997
563190	271165	25132	-52267	12898	-46104	9690	429780
14848	7767	1080	-9195	280	-8968	…	18310
548342	263398	24052	-43073	12618	-37137	9690	411470
10043	18084	-3235	46928	148	46956	-268	33100
1775812	1012470	45105	-124765	39529	-103832	13651	1410777
84325	58310	2177	-2204	1712	123	1379	83962
22579	11347	475	-766	403	-457	228	19534
1660054	932737	42268	-121087	37298	-102875	11988	1295803
8854	10075	185	-709	116	-623	55	11477
44	1		-9		-9		
862304	145901	10402	85803	13007	90242	26688	457864
68047	26023	641	-6720	614	-6537	257	32560
24313	7763	277	-3850	429	-3455	-387	22257
762242	110588	9458	97778	11860	101566	26784	399215
5663	1440	17	-719	100	-651	33	3065
2038	89	10	-686	5	-681	1	767
641041	141314	22587	43888	11196	44491	13080	373949
234104	17555	4885	39776	525	38543	8991	83912
391400	122451	17581	4432	10489	6214	4059	284876
9456	52	17	14	…	-6		2647
6080	1257	104	-334	182	-260	30	2513
2185676	1072894	60500	-120067	47708	-91931	22282	1596915
969376	250093	36261	44422	16722	45092	17073	602841
511836	102794	-787	74426	6745	73667	20161	249398
120646	126958	3695	-3972	4865	-89	1531	204292
88248	54130	1198	1416	1754	2604	1765	83586
62954	54829	1981	20279	3199	23048	609	144838
5129	4544	195	894	142	955	149	10578
2256831	1257529	62713	-185015	50235	-159283	15289	1758643
1126330	162806	18065	154909	13120	157481	42659	525309
423555	127007	17910	5425	10979	7600	4106	297663
983	155	2	-268	119	-458		

17-9 各市限额以上住宿和餐饮企业财务状况（2021年）

单位：万元

市别	City	企业数（个） Number of Enterprises (unit)	年初库存 Beginning Inventory	流动资产合计 Circulating Assets	固定资产原价 Original Value of Fixed Assets
住宿餐饮业合计	**Total Hotels and Catering Services**	**8957**	**901032**	**16518129**	**13086131**
住宿业	**Hotels**	**3289**	**673207**	**11354133**	**10468978**
广　州	Guangzhou	827	314135	3840271	2754784
深　圳	Shenzhen	607	19028	3792769	2430841
珠　海	Zhuhai	179	8370	331851	669463
汕　头	Shantou	144	5273	94547	278026
佛　山	Foshan	260	21665	586530	826259
韶　关	Shaoguan	104	10653	87061	133840
河　源	Heyuan	56	11068	138504	100894
梅　州	Meizhou	41	4128	72152	142511
惠　州	Huizhou	191	104803	505267	387975
汕　尾	Shanwei	43	1276	55467	77968
东　莞	Dongguan	226	92226	568219	1095959
中　山	Zhongshan	134	2834	128440	323165
江　门	Jiangmen	91	3813	192901	282637
阳　江	Yangjiang	19	169	18462	56059
湛　江	Zhanjiang	64	28295	292811	146147
茂　名	Maoming	48	2411	141656	54443
肇　庆	Zhaoqing	61	1623	158940	113185
清　远	Qingyuan	76	4016	156725	280404
潮　州	Chaozhou	31	20050	41117	184370
揭　阳	Jieyang	58	5692	45444	71719
云　浮	Yunfu	29	11680	105000	58330
餐饮业	**Catering Services**	**5668**	**227825**	**5163996**	**2617153**
广　州	Guangzhou	1617	67413	1530185	905126
深　圳	Shenzhen	1421	83946	2191528	691304
珠　海	Zhuhai	226	8393	138225	45141
汕　头	Shantou	159	2501	37181	12633
佛　山	Foshan	530	14747	216066	131332
韶　关	Shaoguan	103	1583	21637	61404
河　源	Heyuan	33	867	13804	9493
梅　州	Meizhou	14	529	7838	12126
惠　州	Huizhou	215	4819	128259	136845
汕　尾	Shanwei	56	1142	21943	12096
东　莞	Dongguan	522	18206	402080	167475
中　山	Zhongshan	265	6724	104060	90789
江　门	Jiangmen	139	5444	61791	57771
阳　江	Yangjiang	46	1557	41369	29743
湛　江	Zhanjiang	106	3495	70730	125670
茂　名	Maoming	68	1476	35037	37778
肇　庆	Zhaoqing	44	1937	50345	23483
清　远	Qingyuan	24	924	52588	21237
潮　州	Chaozhou	25	489	3618	6108
揭　阳	Jieyang	38	1229	28429	26296
云　浮	Yunfu	17	402	7285	13304

Financial Indicators of Enterprises above Designated Size of Hotels and Catering Services by City (2021)

(10000 yuan)

累计折旧 Accumulated Depreciation	#本年折旧 Depreciation Drawn in Current Year	资产合计 Total Assets	负债合计 Total Liabilities	所有者权益合计 Total Creditors' Equity	实收资本 Paid-up Capital	营业收入 Business Revenue	主营业务收入 Main Business Revenue
6886502	**605035**	**30425712**	**26202647**	**4263658**	**7657145**	**17006760**	**16657241**
5544258	**399982**	**21163104**	**19126664**	**2038032**	**5684435**	**5234781**	**5068344**
1463605	97893	6774241	5329990	1429900	1792814	1612236	1535033
1336917	88206	6182273	5434653	750050	1155946	1341639	1311474
382097	24529	913662	891000	22990	467668	251008	244855
143489	8306	313693	306985	6565	124219	141321	140053
466349	32256	1157752	1156130	1842	516968	333271	324071
49899	5904	245847	199854	44783	61598	86865	84741
52636	3298	271539	225642	47118	35890	57941	57502
72470	5881	163178	167736	-4568	47965	44740	44238
195931	21255	836347	919054	-82050	235774	239378	227546
34167	4289	146120	104514	41605	49786	28650	28360
632997	41373	1296384	1672259	-375875	219780	388102	380246
152909	11529	366913	337870	29040	316742	128647	126365
158818	11694	408328	397447	32401	115230	117218	112620
20124	3088	59516	46936	12580	28916	19709	18803
64388	9249	573475	613189	-38630	50677	77060	75125
22265	2809	233886	266170	-29910	17527	44607	42605
60627	-2920	266067	269484	-18055	34726	49756	48071
138519	12303	406267	455009	-48664	331313	115779	113299
30837	13359	219180	68981	150199	22450	21058	20074
42031	2805	118384	139930	-19511	8677	63241	61495
23183	2877	210053	123831	86222	49768	72557	71769
1342244	**205053**	**9262608**	**7075983**	**2225626**	**1972710**	**11771979**	**11588897**
506226	84782	3168082	2141513	1026138	614134	4209528	4176789
356777	51447	3348399	2686315	699526	598740	4422423	4313617
27751	4798	193176	178102	13918	242559	289562	286106
5185	1678	56809	33849	22959	10910	146777	145642
62518	8058	378701	331170	48418	63695	529868	526799
19341	3241	88741	47263	41858	20553	52921	52002
4180	321	25244	17344	7900	4760	25545	25198
4961	575	15607	10706	3155	5454	11634	11412
70953	8491	247142	226256	20325	81505	253320	244965
6418	519	31511	17932	13579	13872	42064	42036
79301	7606	794580	524428	270150	182501	899199	893826
34011	4857	212214	182921	33099	32096	324439	321576
26636	3775	156556	127116	26365	28031	207604	203735
14728	1494	65135	50863	13408	7524	46273	40877
68657	16464	154944	167993	-12986	21621	117804	116187
8568	1751	75441	70987	4043	8668	44252	43751
9359	1449	69159	80139	-6285	7066	36525	34220
11445	1923	104706	128999	-24292	8593	32221	32046
1914	215	9239	6010	3229	2398	15716	15612
15798	396	51251	22882	28349	16936	51202	49980
7519	1214	15972	23196	-7229	1098	13104	12523

17-9 续表

单位：万元

市 别	City	营业成本 Business Costs	营业税金及附加 Tax and Extra Charges on Business	其它业务利润 Profits from Other Businesses	销售费用 Marketing Expenses
住宿餐饮业合计	**Total Hotels and Catering Services**	**8798942**	**97629**	**165263**	**5299514**
住宿业	**Hotels**	**2574183**	**74609**	**94174**	**1423733**
广 州	Guangzhou	713350	29379	36456	415081
深 圳	Shenzhen	655387	14990	24876	322631
珠 海	Zhuhai	112783	4211	1875	81285
汕 头	Shantou	67251	2531	33	37591
佛 山	Foshan	167403	7597	1927	92063
韶 关	Shaoguan	42251	836	289	22766
河 源	Heyuan	21501	509	316	26409
梅 州	Meizhou	21214	487	1080	12344
惠 州	Huizhou	107957	2834	737	66994
汕 尾	Shanwei	16457	506	2104	7204
东 莞	Dongguan	148439	2664	5821	134721
中 山	Zhongshan	61599	1170	850	45615
江 门	Jiangmen	50750	1743	735	33322
阳 江	Yangjiang	7314	164	77	8154
湛 江	Zhanjiang	184846	1023	1681	32790
茂 名	Maoming	22732	357	143	12754
肇 庆	Zhaoqing	25428	552	352	13392
清 远	Qingyuan	43842	1485	14171	38981
潮 州	Chaozhou	11471	302	366	5244
揭 阳	Jieyang	45989	647	166	4972
云 浮	Yunfu	46221	624	120	9420
餐饮业	**Catering Services**	**6224760**	**23020**	**71089**	**3875782**
广 州	Guangzhou	2068499	5227	11261	1471327
深 圳	Shenzhen	2202120	7498	46734	1697817
珠 海	Zhuhai	165126	446	85	76968
汕 头	Shantou	109304	1007	222	18722
佛 山	Foshan	327433	1784	641	132903
韶 关	Shaoguan	34804	467	30	8655
河 源	Heyuan	16881	107	8	4101
梅 州	Meizhou	8441	39		1139
惠 州	Huizhou	145160	718	611	54886
汕 尾	Shanwei	26805	429	1	7532
东 莞	Dongguan	613986	1627	9092	151899
中 山	Zhongshan	185570	528	926	99899
江 门	Jiangmen	116318	606	63	57724
阳 江	Yangjiang	24148	263	42	11911
湛 江	Zhanjiang	63315	939	797	33765
茂 名	Maoming	25098	339	445	10042
肇 庆	Zhaoqing	19758	152	117	12022
清 远	Qingyuan	14781	125	15	13112
潮 州	Chaozhou	12220	83		1486
揭 阳	Jieyang	37789	574		5425
云 浮	Yunfu	7205	62		4448

17-9 continued

(10000 yuan)

管理费用 Management Expenses	财务费用 Financial Expenses	营业利润 Business Profits	营业外收入 Non-operating revenue	利润总额 Total Profits	所得税费用 Income Taxes Expenses	本年应付职工薪酬 Staff Salary Payable in Current Year
3304695	**398177**	**-721981**	**174763**	**-492550**	**83999**	**4253720**
1697826	**297311**	**-718206**	**96969**	**-521893**	**21188**	**1516689**
533265	94811	-133853	18087	-133409	8361	517172
443568	74425	-276619	18957	-129592	6552	358070
91429	13292	-51411	2650	-51439	-80	88764
36058	3257	-7957	2125	-6817	349	29849
114009	12514	-38552	5488	-38248	2026	84971
31998	3787	-14143	1550	-12705	32	26395
14968	3049	-8586	754	-8300	47	16947
16726	3987	-10023	946	-9126	8	15431
72566	12711	-25854	2105	-24353	1546	65707
10061	539	-3991	227	-3771	56	9914
130147	28985	-54688	3698	-50749	395	110858
43612	2594	-24383	1104	-23245	53	41147
38662	8620	-14666	1127	-13916	43	33808
8079	1081	-5492	366	-5265	6	5595
20498	8379	-14858	820	-13833	84	21300
11172	6875	-8963	1066	-7804	37	13062
13562	5330	-8432	34318	25831	24	14495
39794	10369	-17836	1244	-17026	209	33761
5739	653	-2191	59	-2146	24	4944
10173	1519	74	192	200	329	10200
11741	534	4216	88	3820	1085	14301
1606868	**100867**	**-3775**	**77795**	**29343**	**62812**	**2737032**
579779	34736	87724	32029	102382	38968	980185
575617	36706	-66690	27525	-60050	12780	1107697
49537	3022	-5392	2422	-3284	851	67200
10444	759	5132	629	5163	349	19280
75041	3276	-12251	4328	-8975	1201	107432
8561	583	-484	337	-421	43	11761
3990	263	-11	69	42	68	5149
2200	68	-97	44	-74	15	2270
43077	4598	-1071	613	-929	835	54831
5999	519	256	140	342	68	7369
121343	2299	7327	3725	9465	4437	163227
39152	1340	-6539	2883	-4360	1105	77790
29698	2753	2595	699	3135	1019	49644
9079	653	248	250	479	162	12356
24048	4080	-8957	804	-8294	237	30470
8021	1149	-152	199	-864	189	11526
6869	1236	-3480	725	-2796	38	7641
8322	1488	-5233	174	-5079	22	10037
1333	59	409	41	418	44	2880
2724	1131	3668	60	3705	359	4888
2037	150	-779	101	-662	22	3400

17-10 各市住宿餐饮业营业额

Business of Enterprises above Designated Size of Hotels and Catering Services by City

单位：万元 (10000 yuan)

市别	Item	2020		2021	
		住宿业 Hotels Service	餐饮业 Catering Service	住宿业 Hotels Service	餐饮业 Catering Service
广州	Guangzhou	1416831	7128240	1696967	8608782
深圳	Shenzhen	1424318	9589290	1657184	10973943
珠海	Zhuhai	667432	799218	447571	931552
汕头	Shantou	188899	913079	210764	1073201
佛山	Foshan	379780	2384380	444643	2848668
韶关	Shaoguan	97902	331524	115101	362110
河源	Heyuan	87841	296252	92945	375735
梅州	Meizhou	77659	401005	88746	483537
惠州	Huizhou	280813	1312192	328072	1539417
汕尾	Shanwei	73010	508442	88374	630545
东莞	Dongguan	453784	4066568	517455	4904266
中山	Zhongshan	146623	944428	175042	1128499
江门	Jiangmen	175514	1087373	190514	1267584
阳江	Yangjiang	45066	399296	49235	471734
湛江	Zhanjiang	158805	2105240	178366	2567394
茂名	Maoming	141873	1256276	165125	1606415
肇庆	Zhaoqing	98848	807114	115811	952946
清远	Qingyuan	131395	409191	150063	477300
潮州	Chaozhou	33903	376068	40009	460087
揭阳	Jieyang	124501	509760	139349	575392
云浮	Yunfu	57224	266685	65413	329246
按经济区域分	By Region				
珠三角	Pearl River Delta	5043944	28118804	5573260	33155659
东翼	Eastern Region	420312	2307349	478497	2739225
西翼	Western Region	345744	3760811	392727	4645543
山区	Mountainous Region	452021	1704658	512269	2027928

17-11 旅游部门基本情况

Basic Statistics on Tourism-related Agencies

指　标	Item	2000	2010	2015	2019	2020	2021
宾馆(酒店)　(家)	Number of Hotels (unit)	2655	9179	16440	17391	15696	17692
按星级分：五星	By Star Rating: Five Star	19	94	117	105	102	95
四星	Four Star	61	194	178	142	135	136
三星	Three Star	283	661	566	375	338	292
二星	Two Star	339	246	107	52	36	25
一星	One Star	48	14	4	3	2	1
未评星级	Unrated	1905	7970	15468	16714	15083	17143
宾馆(酒店)接待能力	Reception Capability of Hotels						
客房　(间)	Number of Guest Rooms (unit)	202277	565582	982628	1122734	967022	1173307
床位　(张)	Number of Beds (unit)	401718	938389	1535288	1682471	1451175	1742855
客房出租率　(%)	Room Occupancy (%)	58.0	59.9	61.5	58.3	40.4	
旅行社　(家)	Number of Travel Agencies(unit)	504	1292	2150	3276	3425	3605

17-12 城市接待外国游客人数

Number of Foreign Visitors Received by Cities

单位：人次　(person-time)

国　别	Country	2000	2005	2010	2015	2019	2020	2021
总计	**Total**	**2128501**	**4639133**	**7322478**	**7818342**	**8569587**	**804613**	**584893**
日本	Japan	413833	962727	1077329	892362	938755	122929	124329
韩国	Republic of Korea	71841	239213	418115	474549	473876	35551	35948
菲律宾	Philippines	20793	30847	47184	59613	94214	6533	3005
新加坡	Singapore	93762	179559	284832	285197	352516	20860	20670
泰国	Thailand	48341	150502	134313	147501	215589	8542	7182
印度尼西亚	Indonesia	63159	128428	158879	118720	176295	7027	2706
马来西亚	Malaysia	110384	220598	421556	351926	441382	19545	12942
美国	United States	196362	361224	645783	710768	703534	79971	59688
加拿大	Canada	35968	67844	133138	133020	168033	16126	14451
英国	United Kingdom	59123	105238	138353	146989	173870	16312	13530
法国	France	43578	99158	119850	148791	142918	10059	10191
德国	Germany	44707	87158	118332	142266	151395	25600	18498
意大利	Italy	19792	56071	86454	78488	87658	5416	6973
俄罗斯	Russia	10407	26692	58568	84489	132026	17132	11856
澳大利亚	Australia	34595	73346	149780	138169	189335	14696	9844
新西兰	New Zealand	5835	15702	24119	30740	37080	4111	3313
其他	Others	856021	1834826	3305893	3874754	4091111	394203	229767

17−13 各市旅游宾馆(酒店)住宿设施（2021年）

Lodging Facilities of Tourist Hotels by City (2021)

市 别	City	宾馆(酒店)(个) Number of Hotels (unit)	五星级 Five Star	四星级 Four Star	三星级 Three Star	二星级 Two Star	一星级 One Star	客房(间) Number of Rooms (unit)	床位(张) Number of Beds (unit)
全 省	**Provincial Total**	**17692**	**95**	**136**	**292**	**25**	**1**	**1173307**	**1742855**
广 州	Guangzhou	3802	22	29	73	11		226364	384820
深 圳	Shenzhen	717	21	16	22	3		81472	51018
珠 海	Zhuhai	583	7	7	26	2		58540	83874
汕 头	Shantou	282	3	5	13			29493	41240
佛 山	Foshan	1185	8	16	13			92466	126700
韶 关	Shaoguan	693		2	35	1	1	35021	55942
河 源	Heyuan	691	1	2	11	2		36657	60896
梅 州	Meizhou	744	2	6	20	1		32608	50279
惠 州	Huizhou	1186	4	6	10			84414	119786
汕 尾	Shanwei	11	1	2	8			16871	25021
东 莞	Dongguan	1555	11	7	4			130100	171500
中 山	Zhongshan	599	2	1	7	1		44991	60353
江 门	Jiangmen	1277	4	1	5			44400	67800
阳 江	Yangjiang	1054	3	2	7			57176	108126
湛 江	Zhanjiang	678	2	6	8	1		47627	74000
茂 名	Maoming	575	1	2	3			28100	64720
肇 庆	Zhaoqing	525	1	7	16	1		32546	50532
清 远	Qingyuan	825	1	4	3			39775	65835
潮 州	Chaozhou	11		6	3	2		10032	16575
揭 阳	Jieyang	389	1	5	2			26226	35174
云 浮	Yunfu	310		4	3			18428	28664
按经济区域分	By Region								
珠 三 角	Pearl River Delta	11429	80	90	176	18		795293	1116383
东 翼	Eastern Region	693	5	18	26	2		82622	118010
西 翼	Western Region	2307	6	10	18	1		132903	246846
山 区	Mountainous Region	3263	4	18	72	4	1	162489	261616

注：本表星级宾馆(酒店)指2021年底止已得到国家文化和旅游部或广东省文化和旅游厅批准的，不包已报未批部分。

Note: Star-rated hotels in this table refer to those approved by the National Culture And Tourism Ministry or Guangdong Provincial Culture and Tourism Department by the end of 2021, excluding hotels under examination.

17-14 各市接待过夜旅游者人数

Number of Overnight Tourists by City

单位：万人次 (10000 person-times)

市别	City	2020 合计 Total	2020 入境游客 Overseas Tourist Arrivals	2020 国内游客 Domestic Tourists	2021 合计 Total	2021 入境游客 Overseas Tourist Arrivals	2021 国内游客 Domestic Tourists
全省	**Provincial Total**	**23059.46**	**468.85**	**22590.61**	**25701.06**	**320.44**	**25380.63**
广州	Guangzhou	4182.59	209.73	3972.86	5795.30	67.95	5727.35
深圳	Shenzhen	4998.83	120.08	4878.75	6364.32	131.49	6232.84
珠海	Zhuhai	960.35	35.96	924.39	1004.72	42.44	962.27
汕头	Shantou	496.41	2.62	493.79	493.15	1.75	491.40
佛山	Foshan	1757.19	10.65	1746.54	1596.86	8.58	1588.28
韶关	Shaoguan	424.90	1.07	423.83	464.91	0.75	464.16
河源	Heyuan	306.50	0.93	305.57	317.87	0.50	317.37
梅州	Meizhou	768.47	3.37	765.10	313.64	0.92	312.72
惠州	Huizhou	1306.09	9.37	1296.72	1374.42	7.83	1366.58
汕尾	Shanwei	505.44	4.85	500.60	430.13	4.20	425.93
东莞	Dongguan	1672.97	24.83	1648.14	1961.56	22.88	1938.68
中山	Zhongshan	817.69	8.06	809.63	782.61	6.92	775.68
江门	Jiangmen	722.07	21.66	700.41	776.97	10.23	766.74
阳江	Yangjiang	865.20	1.00	864.20	490.12	1.72	488.39
湛江	Zhanjiang	754.39	1.73	752.66	807.23	1.61	805.62
茂名	Maoming	536.49	0.66	535.83	557.27	0.68	556.59
肇庆	Zhaoqing	501.65	3.70	497.95	618.19	1.32	616.87
清远	Qingyuan	570.75	2.67	568.07	638.14	2.27	635.86
潮州	Chaozhou	280.41	0.89	279.52	273.00	0.70	272.30
揭阳	Jieyang	265.61	0.66	264.95	274.19	0.68	273.51
云浮	Yunfu	365.48	4.37	361.11	366.47	5.01	361.46
按经济区域分	By Region						
珠三角	Pearl River Delta	16919.42	444.03	16475.39	20274.93	299.64	19975.29
东翼	Eastern Region	1547.87	9.01	1538.86	1470.48	7.33	1463.15
西翼	Western Region	2156.08	3.40	2152.68	1854.62	4.02	1850.60
山区	Mountainous Region	2436.09	12.41	2423.68	2101.04	9.45	2091.58

17-15 各市旅游业收入
Tourism Earnings by City

单位：亿元 (100 million yuan)

市别	City	收入合计 Total Earnings		国际旅游收入 Foreign Exchange Earnings		国内旅游收入 Domestic Tourism Earnings	
		2020	2021	2020	2021	2020	2021
全　省	**Provincial Total**	**4690.59**	**5433.73**	**162.28**	**144.51**	**4528.31**	**5289.21**
广　州	Guangzhou	986.25	1424.21	55.59	40.20	930.66	1384.01
深　圳	Shenzhen	1383.74	1598.98	65.02	65.52	1318.72	1533.46
珠　海	Zhuhai	187.59	207.71	10.86	11.57	176.73	196.13
汕　头	Shantou	87.04	94.65	0.99	0.66	86.06	93.99
佛　山	Foshan	325.05	333.55	3.53	2.63	321.51	330.92
韶　关	Shaoguan	64.57	69.11	0.65	0.51	63.91	68.60
河　源	Heyuan	53.35	51.09	0.12	0.06	53.23	51.03
梅　州	Meizhou	106.96	54.72	1.23	0.34	105.73	54.38
惠　州	Huizhou	205.78	219.60	2.19	1.71	203.59	217.89
汕　尾	Shanwei	69.02	58.34	1.05	3.07	67.97	55.27
东　莞	Dongguan	358.63	379.58	8.07	8.59	350.56	370.99
中　山	Zhongshan	120.45	129.58	1.74	1.06	118.71	128.52
江　门	Jiangmen	103.54	124.83	4.69	2.11	98.84	122.72
阳　江	Yangjiang	117.13	85.47	0.34	0.45	116.79	85.03
湛　江	Zhanjiang	147.60	149.99	0.56	0.50	147.04	149.49
茂　名	Maoming	88.62	102.02	0.22	0.21	88.40	101.81
肇　庆	Zhaoqing	68.72	102.71	1.17	0.40	67.55	102.32
清　远	Qingyuan	90.93	111.40	0.83	1.17	90.11	110.22
潮　州	Chaozhou	29.37	30.62	0.67	0.51	28.70	30.10
揭　阳	Jieyang	35.76	41.59	0.22	0.20	35.54	41.39
云　浮	Yunfu	60.49	63.99	2.54	3.04	57.95	60.95
按经济区域分	By Region						
珠三角	Pearl River Delta	3739.75	4520.75	152.86	133.79	3586.87	4386.96
东　翼	Eastern Region	221.19	225.20	2.93	4.44	218.27	220.75
西　翼	Western Region	353.35	337.48	1.12	1.16	352.23	336.33
山　区	Mountainous Region	376.30	350.31	5.37	5.12	370.93	345.18

17-16 各市国际旅游外汇收入

Foreign Exchange Earnings from International Tourism by City

单位：万美元 (USD 10000)

市 别	City	2000	2005	2010	2015	2017	2018	2019	2020	2021
全 省	**Provincial Total**	**411221**	**639739**	**1243154**	**1788466**	**1966330**	**2051180**	**2052131**	**235267**	**224002**
广 州	Guangzhou	150580	229400	468858	569601	631422	648214	653027	80595	62311
深 圳	Shenzhen	141669	200869	318058	496837	498586	512094	500331	94272	101563
珠 海	Zhuhai	39395	70148	122339	96263	121001	146830	164980	15750	17934
汕 头	Shantou	11705	5950	5016	8927	15930	19874	21001	1430	1023
佛 山	Foshan	15973	34485	72896	137548	151468	161096	108054	5122	4084
韶 关	Shaoguan	351	2782	10309	2848	2408	2391	3108	949	788
河 源	Heyuan	798	850	1389	1420	1574	2240	4098	172	93
梅 州	Meizhou	1487	1975	2962	10321	15443	17471	19542	1779	525
惠 州	Huizhou	5333	16549	50168	88494	96975	104291	106940	3177	2651
汕 尾	Shanwei	387	455	1175	2538	3581	3390	3996	1522	4765
东 莞	Dongguan	7618	28189	67592	157743	159582	163012	159108	11696	13317
中 山	Zhongshan	14692	21027	27591	29843	35327	27227	30528	2518	1636
江 门	Jiangmen	8295	10521	47657	96887	129040	135315	176782	6802	3269
阳 江	Yangjiang	230	852	1876	3729	4252	4293	4841	491	692
湛 江	Zhanjiang	1004	1483	2716	7305	10761	11724	12521	810	773
茂 名	Maoming	169	676	1198	1739	2178	2815	3338	317	322
肇 庆	Zhaoqing	6264	4718	12440	32231	34946	36152	21960	1693	620
清 远	Qingyuan	834	2051	11062	15608	16691	10168	11592	1199	1815
潮 州	Chaozhou	3071	5264	13207	22296	28167	34745	37193	973	794
揭 阳	Jieyang	701	587	2150	1820	1942	2557	3361	318	316
云 浮	Yunfu	665	907	2499	4468	5056	5280	5830	3682	4713
按经济区域分	By Region									
珠 三 角	Pearl River Delta	389819	615907	1187597	1705447	1858347	1934231	1921710	221625	207384
东 翼	Eastern Region	15864	12256	21547	35581	49620	60566	65551	4243	6898
西 翼	Western Region	1403	3012	5790	12773	17191	18833	20700	1618	1787
山 区	Mountainous Region	4135	8564	28220	34665	41172	37550	44170	7781	7934

注：本表数为广东省文化和旅游厅抽样调查测算数。
Note: Data in this table are obtained from the sample surveys of Guangdong Provincial Culture and Tourism Department.

主要统计指标解释

住宿业 是指为顾客提供临时住宿服务的企业(单位)和个体户。

餐饮业 是指从事食品的烹饪、调制并直接售给居民和社会集团的企业(单位)和个体户。

入境旅游人数 指来我国参观、访问、旅行、探亲、访友、休养 、考察、参加会议和从事经济、科技、文化、教育、体育、宗教等活动的外国人、华侨、港澳台同胞的人数。不包括外国在我国的常驻机构，如使领馆、通讯社、企业办事处的工作人员；来我国常驻的外国专家、留学生以及在岸逗留不过夜人员。

国际旅游外汇收入 指入境旅游的外国人、华侨、港澳台同胞在中国大陆旅游过程中发生的一切旅游支出，对于国家来说就是国际旅游外汇收入。

Explanatory Notes on Main Statistical Indicators

Hotel Services refers to the enterprises (establishments) and individuals engaged in providing temporary accommodation to customers.

Catering Services refer to the enterprises (establishments) and individuals engaged in food cooking, seasoning and selling food directly to households and social institutions.

Number of Overseas Visitor Arrivals refers to the number of foreigners, overseas Chinese, Chinese compatriots from Hong Kong, Macao and Taiwan coming to China for sight-seeing, visits, tours, family reunions, gatherings of friends, recuperation, inspection, conferences and other activities in the nature of business, science and technology, culture, education, sports, and religion. The statistics excludes representatives and employees of resident institutions of foreign countries in China such as embassies, consulates, news agencies and offices of foreign companies and organizations, as well as long-term foreign experts or students residing in China, and persons in transition without staying overnight in China.

Foreign Exchange Earnings from International Tourism refer to the total expenditures of foreigners, overseas Chinese, Chinese compatriots from Hong Kong, Macao and Taiwan during their stay in the mainland of China, or earnings of foreign exchange from international tourism in terms of national economy.

十八、房地产业

REAL ESTATE

十八　房地产业

简要说明

一、本篇资料反映广东省房地产开发企业经营活动情况，主要包括房地产开发企业土地开发和购置情况、投资规模及完成情况、房屋建筑情况及商品房销售情况等。

二、本篇资料由广东省统计局固定资产投资统计处整理提供。

三、本篇统计资料是根据《房地产开发统计报表制度》搜集和加工整理而得，全部数据采用全面调查的统计方法。

18 Real Estate

Brief Introduction

I. The information within this section reflects the operation and activities of real estate development enterprises within the Guangdong Province. The information focuses on the land development and purchasing activities of real estate development enterprises, the scope of investments and their completion, the construction of buildings, and the sale of commodity buildings

II. The information within this section was edited and provided by the Statistics Office on Investment in Fixed Assets from the Guangdong Statistics Bureau

III. The statistical information within this section was collected and further edited in accordance to the "Real Estate Development Statistics Reporting System," all data has been compiled by full investigation.

18-1 房地产开发主要指标
Main Indicators on Real Estate Development

项　　目	Item	2000	2010	2015	2019	2020	2021
土地开发及购置	**Land Development and Purchases**						
本年土地购置面积（万平方米）	Land Space Purchased in Current Year (10000 sq.m)	1942.30	1726.31	1478.80	1240.33	1565.26	1637.98
本年完成投资额　（亿元）	**Investment Completed in Current Year (100 million yuan)**	**858.61**	**3659.69**	**8538.47**	**15852.16**	**17312.74**	**17465.85**
#住宅	Residential Buildings	593.74	2539.03	5890.51	10852.77	11910.43	12438.31
本年实际到位资金（亿元）	**Total Actual Funds in Place This Year (100 million yuan)**	**1064.51**	**7426.13**	**14164.30**	**23908.05**	**26338.87**	**28156.22**
#国内贷款	Domestic Loans	228.53	1256.11	2577.81	4345.34	4799.69	4377.99
利用外资	Foreign Investment	39.16	90.85	26.65	13.21	13.05	15.19
自筹资金	Self-raising Funds	287.71	1582.94	3933.40	7218.31	8370.36	9183.75
定金及预收款	Deposit and Advances Received	423.32	1537.64	4656.66	8095.78	8485.31	9589.35
个人按揭贷款	Personal Mortgage Loan		974.17	2322.61	3664.46	3939.32	4231.62
其他到位资金	Others	85.79	1984.42	647.17	570.95	731.14	758.32
房屋建筑面积（万平方米）	**Floor Space of Buildings(10000 sq.m)**						
施工面积	Floor Space under Construction	9922.12	29301.36	57941.86	86824.87	91642.42	94247.53
#住宅	Residential Buildings	7400.38	22253.76	40388.82	59664.36	62695.09	63828.96
竣工面积	Floor Space Completed	3161.39	5659.10	6044.43	9955.54	7763.75	8043.47
#住宅	Residential Buildings	2598.52	4589.22	4435.40	6578.17	5573.29	5587.55
竣工房屋价值　（亿元）	**Value of Buildings Completed (100 million yuan)**	**511.46**	**1587.46**	**2256.69**	**4569.93**	**3760.73**	**4291.48**
#住宅	Residential Buildings	415.94	1276.09	1639.45	3042.55	2640.72	3094.66
商品房销售额　（亿元）	**Total Sales of Commercial Buildings (100 million yuan)**	**729.50**	**5480.77**	**11442.80**	**19748.21**	**22572.51**	**22320.27**
#住宅	Residential Buildings	597.36	4589.82	9967.32	16758.01	19829.63	19457.63
商品房销售面积（万平方米）	**Floor Space of Commercial Buildings Sold (10000 sq.m)**	**2259.95**	**7321.76**	**11681.01**	**13846.54**	**14908.25**	**14011.26**
#住宅	Residential Buildings	2009.34	6552.81	10497.62	11872.61	12930.66	11826.26

注：2000年其他到位资金包括个人按揭贷款。
Note:Others funds in place in 2000 include personal mortgage loan.

18-2 按用途分房地产开发企业房屋建筑及销售情况

Situation of Real Estate Development, Corporate Building Construction and Sales by Purpose

单位：万平方米 (10000 sq.m)

指标	Item	2005	2010	2015	2019	2020	2021
房屋施工面积（万平方米）	**Floor Space under Construction (10000 sq.m)**	**15110.04**	**29301.36**	**57941.86**	**86824.87**	**91642.42**	**94247.53**
住宅	Residential Buildings	11399.99	22253.76	40388.82	59664.36	62695.09	63828.96
办公楼	Office Buildings	691.43	946.33	2607.81	5159.27	5737.68	6103.22
商业营业用房	Commercial Retail Buildings	1756.51	2621.92	6208.54	7846.26	7937.75	7828.19
其他	Other Buildings	1262.11	3479.35	8736.69	14154.98	15271.90	16487.16
房屋新开工面积（万平方米）	**Newly Started Constructing Floor Space (10000 sq.m)**	**4989.82**	**9904.38**	**12676.74**	**18437.38**	**18407.77**	**16097.26**
住宅	Residential Buildings	4010.39	7826.80	8681.76	12904.92	12573.97	11392.51
办公楼	Office Buildings	99.04	160.47	566.83	1063.16	1133.75	584.57
商业营业用房	Commercial Retail Buildings	494.79	688.69	1573.31	1283.32	1388.11	1009.17
其他	Other Buildings	385.61	1228.41	1854.85	3185.97	3311.94	3111.00
房屋竣工面积（万平方米）	**Floor Space Completed(10000 sq.m)**	**4385.16**	**5659.10**	**6044.43**	**9955.54**	**7763.75**	**8043.47**
住宅	Residential Buildings	3476.73	4589.22	4435.40	6578.17	5573.29	5587.55
办公楼	Office Buildings	118.20	120.07	237.18	640.10	326.47	419.80
商业营业用房	Commercial Retail Buildings	427.16	474.79	504.54	939.51	593.35	627.82
其他	Other Buildings	363.08	475.01	867.30	1797.76	1270.65	1408.30
竣工房屋价值（亿元）	**Value of Buildings Completed (100 million yuan)**	**829.35**	**1587.46**	**2256.69**	**4569.93**	**3760.73**	**4291.48**
住宅	Residential Buildings	632.53	1276.08	1639.45	3042.55	2640.72	3094.66
办公楼	Office Buildings	29.84	42.50	114.29	374.61	230.86	320.52
商业营业用房	Commercial Retail Buildings	98.59	154.56	234.71	518.93	418.36	371.91
其他	Other Buildings	68.40	114.32	268.24	633.83	470.79	504.38
商品房销售面积（万平方米）	**Floor Space of Commercial Buildings Sold (10000 sq.m)**	**5038.91**	**7321.76**	**11681.01**	**13846.54**	**14908.25**	**14011.26**
住宅	Residential Buildings	4546.32	6552.81	10497.62	11872.61	12930.66	11826.26
办公楼	Office Buildings	107.76	163.03	311.12	511.54	448.14	457.52
商业营业用房	Commercial Retail Buildings	277.08	371.91	479.21	654.53	610.92	725.69
其他	Other Buildings	107.75	234.01	393.05	807.86	918.54	1001.79
商品房销售额（亿元）	**Total Sales of Commercial Buildings (100 million yuan)**	**2238.66**	**5480.77**	**11442.80**	**19748.21**	**22572.51**	**22320.27**
住宅	Residential Buildings	1886.39	4589.82	9967.32	16758.01	19829.63	19457.63
办公楼	Office Buildings	89.61	248.43	583.87	1280.19	1189.86	1076.79
商业营业用房	Commercial Retail Buildings	224.58	483.00	624.73	1107.60	954.31	1143.97
其他	Other Buildings	38.09	159.52	266.87	602.42	598.71	641.87

18-3 按登记注册类型分组房地产开发投资情况

Investment in Real Estate Development

单位：亿元 (100 million yuan)

按登记注册类型分组	By Registration Status	2020		2021	
		完成投资额 Investment Completed	#住宅 Residential Buildings	完成投资额 Investment Completed	#住宅 Residential Buildings
全省	**Provincial Total**	**17312.74**	**11910.43**	**17465.85**	**12438.31**
内资	Domestic	16156.24	11171.85	15954.95	11420.62
国有	State-owned	844.27	442.14	666.53	473.78
集体	Collective-owned	55.65	43.49	48.48	36.12
股份合作	Cooperative	6.49	3.39	29.64	23.26
联营	Joint	0.22	0.19	6.30	5.27
有限责任公司	Limited Liability	9140.50	6403.01	8903.03	6459.78
股份有限公司	Share-holding	257.17	164.17	305.43	216.74
私营	Private	5842.48	4106.17	5975.48	4191.77
其他	Others	9.47	9.29	20.05	13.90
港、澳、台商投资	Funds from Hong Kong, Macao and Taiwan	704.69	424.30	822.38	491.32
外商投资	Foreign Funded	451.81	314.28	688.53	526.37

18-4 按登记注册类型分组房地产开发房屋建筑面积及价值（2021年）

Floor Space and Value of Buildings in Real Estate Development (2021)

按登记注册类型分组	By Registration Status	房屋建筑面积(万平方米) Floor Space of Buildings(10000 sq.m)			竣工房屋价值（亿元） Value of Buildings Completed (100 million yuan)	
		施工面积 Floor Space of Buildings under Construction	竣工面积 Floor Space of Buildings Completed	#住宅 Residential Buildings		#住宅 Residential Buildings
全省	**Provincial Total**	**94247.53**	**8043.47**	**5587.55**	**4291.48**	**3094.66**
内资	Domestic-funded Economy	84837.96	7345.40	5150.30	3868.84	2836.07
国有	State-owned	1058.84	0.11	0.10	0.03	0.02
集体	Collective-owned	472.41	69.34	46.92	26.70	18.19
股份合作	Cooperative	36.23				
联营	Joint	12.85				
有限责任公司	Limited Liability	46023.84	3718.00	2524.11	2165.92	1604.92
股份有限公司	Share-holding	1212.84	49.37	32.08	44.16	27.07
私营	Private	35969.52	3508.58	2547.09	1632.03	1185.87
其他	Others	51.44				
港、澳、台商投资	Funds from Hong Kong, Macao and Taiwan	5908.56	434.80	245.95	274.70	151.41
外商投资	Foreign Funded	3501.01	263.26	191.30	147.94	107.18

18-5 各市房地产开发投资情况（2021年）

Investment in Real Estate Development by City (2021)

单位：亿元 (100 million yuan)

市 别	City	完成投资额 Investment Completed	按用途分 By use #住宅 Residential Buildings	办公楼 Office Buildings	商业营业用房 Buildings for Business Use	其他 Others
全 省	**Provincial Total**	**17465.85**	**12438.31**	**1268.27**	**1354.95**	**2404.33**
广 州	Guangzhou	3626.44	2538.80	342.80	248.49	496.35
深 圳	Shenzhen	3012.68	1626.59	598.30	344.00	443.79
珠 海	Zhuhai	1162.14	802.03	105.07	89.29	165.76
汕 头	Shantou	484.57	339.11	15.75	25.71	104.01
佛 山	Foshan	2342.88	1807.59	84.98	136.54	313.77
韶 关	Shaoguan	220.61	179.33	1.22	18.24	21.81
河 源	Heyuan	275.55	212.24	2.18	30.43	30.69
梅 州	Meizhou	217.86	167.62	1.44	25.41	23.40
惠 州	Huizhou	1323.32	1040.21	24.84	96.16	162.11
汕 尾	Shanwei	241.95	211.11	1.80	16.95	12.09
东 莞	Dongguan	972.29	760.37	53.93	50.25	107.73
中 山	Zhongshan	520.42	374.37	5.35	30.07	110.64
江 门	Jiangmen	702.47	537.17	1.58	57.44	106.27
阳 江	Yangjiang	104.29	89.51	0.77	8.03	5.99
湛 江	Zhanjiang	484.04	390.76	7.00	24.68	61.60
茂 名	Maoming	341.01	269.28	0.97	32.88	37.88
肇 庆	Zhaoqing	540.22	426.43	8.22	53.10	52.48
清 远	Qingyuan	359.71	270.82	2.53	23.46	62.90
潮 州	Chaozhou	100.25	69.57	2.02	7.09	21.57
揭 阳	Jieyang	290.85	216.38	5.42	23.67	45.38
云 浮	Yunfu	142.32	109.00	2.13	13.08	18.11
按经济区域分	By Region					
珠 三 角	Pearl River Delta	14202.86	9913.57	1225.06	1105.32	1958.90
东 翼	Eastern Region	1117.62	836.17	24.98	73.41	183.05
西 翼	Western Region	929.34	749.54	8.73	65.59	105.47
山 区	Mountainous Region	1216.04	939.02	9.49	110.62	156.90

18-6 各市房地产开发房屋建筑面积及价值（2021年）

Floor Space and Value of Buildings in Real Estate Development by City (2021)

市别	City	房屋建筑面积(万平方米) Floor Space of Buildings(10000 sq.m) 施工面积 Floor Space of Buildings under Construction	竣工面积 Floor Space of Buildings Completed	#住宅 Residential Buildings	竣工房屋价值(亿元) Value of Buildings Completed (100 million yuan)	#住宅 Residential Buildings
全省	**Provincial Total**	**94247.53**	**8043.47**	**5587.55**	**4291.48**	**3094.66**
广州	Guangzhou	12750.78	1093.13	656.77	586.77	343.04
深圳	Shenzhen	10497.10	675.31	377.45	904.43	602.15
珠海	Zhuhai	4009.70	317.40	164.05	251.32	164.10
汕头	Shantou	3417.66	321.40	205.08	157.54	113.63
佛山	Foshan	9438.91	432.81	286.18	274.64	205.92
韶关	Shaoguan	2362.40	353.58	272.95	109.81	88.61
河源	Heyuan	2081.45	220.17	159.61	88.41	62.58
梅州	Meizhou	2573.62	369.45	274.18	121.86	93.63
惠州	Huizhou	9291.55	767.33	603.93	390.59	335.91
汕尾	Shanwei	1706.35	66.82	46.84	29.25	19.34
东莞	Dongguan	4455.52	314.41	202.83	240.29	171.81
中山	Zhongshan	4342.92	348.53	239.07	140.83	97.51
江门	Jiangmen	4664.31	626.46	447.36	253.83	196.80
阳江	Yangjiang	1923.65	139.29	113.95	39.76	32.63
湛江	Zhanjiang	3941.90	271.07	181.90	118.76	94.03
茂名	Maoming	3751.95	171.90	138.62	54.82	45.28
肇庆	Zhaoqing	4221.85	692.03	555.46	225.94	182.36
清远	Qingyuan	4702.91	520.00	386.91	187.54	150.22
潮州	Chaozhou	974.32	34.66	24.98	11.27	9.12
揭阳	Jieyang	1467.25	97.57	89.39	32.45	30.04
云浮	Yunfu	1671.44	210.15	160.02	71.36	55.95
按经济区域分	By Region					
珠三角	Pearl River Delta	63672.64	5267.41	3533.12	3268.64	2299.59
东翼	Eastern Region	7565.58	520.45	366.30	230.51	172.13
西翼	Western Region	9617.50	582.26	434.46	213.34	171.94
山区	Mountainous Region	13391.82	1673.35	1253.68	578.99	450.99

18-7 按用途分商品房销售面积（2021年）
Floor Space of Commercial Buildings Sold by Use (2021)

单位：万平方米 (10 000 sq.m)

按登记注册类型分组	By Registration Status	商品房销售面积合计 Floor Space of Commercial Buildings Sold	按用途分 By use 住宅 Residential Buildings	办公楼 Office Buildings	商业营业用房 Buildings for Business Use	其他 Others
全　省	**Provincial Total**	**14011.26**	**11826.26**	**457.52**	**725.69**	**1001.79**
内资	Domestic-funded Economy	12894.24	10916.41	390.86	668.62	918.34
国有	State-owned	161.93	155.30	2.91	1.14	2.58
集体	Collective-owned	65.08	57.32	2.08	2.64	3.05
股份合作	Cooperative	17.19	15.66		0.75	0.77
联营	Joint	6.94	6.94			
有限责任公司	Limited Liability	7161.67	6018.23	250.17	375.45	517.82
股份有限公司	Share-holding	212.22	175.87	11.18	11.51	13.66
私营	Private	5032.00	4301.21	109.31	263.67	357.82
其他	Others	18.83	18.83			
港、澳、台商投资	Funds from Hong Kong, Macao and Taiwan	614.79	481.58	52.52	30.87	49.82
外商投资	Foreign Funded	502.23	428.26	14.13	26.21	33.62

18-8 按用途分商品房销售额（2021年）
Sales of Commercial Buildings by Use (2021)

单位：亿元 (100 million yuan)

按登记注册类型分组	By Registration Status	商品房销售额合计 Total sales of Commercial Buildings Sold	按用途分 By use 住宅 Residential Buildings	办公楼 Office Buildings	商业营业用房 Buildings for Business Use	其他 Others
全　省	**Provincial Total**	**22320.27**	**19457.63**	**1076.79**	**1143.97**	**641.87**
内资	Domestic-funded Economy	20079.30	17626.28	887.31	1019.21	546.50
国有	State-owned	328.94	314.62	10.77	2.44	1.11
集体	Collective-owned	104.77	97.09	2.60	3.25	1.83
股份合作	Cooperative	25.41	24.31		0.80	0.30
联营	Joint	9.19	9.19			
有限责任公司	Limited Liability	11204.43	9805.07	454.89	646.53	297.94
股份有限公司	Share-holding	468.13	396.45	37.70	24.44	9.55
私营	Private	7409.22	6573.41	297.08	310.86	227.87
其他	Others	31.58	31.58			
港、澳、台商投资	Funds from Hong Kong, Macao and Taiwan	1419.29	1132.22	140.89	86.99	59.19
外商投资	Foreign Funded	821.69	699.14	48.60	37.77	36.18

18—9 各市商品房屋销售情况（2021年）
Sales of Commercial Buildings by City (2021)

市别	City	商品房销售面积（万平方米）Floor Space of Commercial Buildings Sold (10000 sq.m)	#住宅 Residential Buildings	商品房销售额（亿元）Total Sales of Commercial Buildings (100 million yuan)	#住宅 Residential Buildings
全省	**Provincial Total**	**14011.26**	**11826.26**	**22320.27**	**19457.63**
广州	Guangzhou	1736.31	1371.01	4867.54	4192.57
深圳	Shenzhen	821.05	643.28	4710.97	3864.14
珠海	Zhuhai	495.59	428.22	1264.86	1101.26
汕头	Shantou	502.33	461.00	514.30	462.96
佛山	Foshan	1962.50	1495.77	2903.01	2515.73
韶关	Shaoguan	334.03	301.89	194.55	173.03
河源	Heyuan	399.77	353.67	262.65	237.03
梅州	Meizhou	383.89	345.46	224.29	200.54
惠州	Huizhou	1619.96	1502.77	1932.48	1827.25
汕尾	Shanwei	365.23	352.48	253.16	239.11
东莞	Dongguan	659.33	533.31	1630.10	1441.19
中山	Zhongshan	602.23	482.87	738.31	675.82
江门	Jiangmen	724.79	619.49	578.10	522.42
阳江	Yangjiang	354.06	332.08	205.78	190.93
湛江	Zhanjiang	527.00	492.18	458.93	430.46
茂名	Maoming	469.58	440.26	315.17	293.04
肇庆	Zhaoqing	691.42	586.11	422.86	365.54
清远	Qingyuan	678.96	495.51	426.89	354.93
潮州	Chaozhou	136.25	128.93	89.22	84.07
揭阳	Jieyang	272.82	256.87	194.70	177.48
云浮	Yunfu	274.16	203.10	132.40	108.14
按经济区域分	By Region				
珠三角	Pearl River Delta	9313.17	7662.83	19048.22	16505.91
东翼	Eastern Region	1276.64	1199.27	1051.38	963.63
西翼	Western Region	1350.64	1264.52	979.89	914.42
山区	Mountainous Region	2070.80	1699.63	1240.79	1073.68

主要统计指标解释

本年土地购置面积 指房地产开发企业本年通过各种方式获得土地使用权的土地面积。

土地购置费 指房地产开发企业通过各种方式取得土地使用权而支付的费用。土地购置费按实际发生额填报，分期付款的应分期计入。项目分期开发的，只计入与本期项目有关的土地购置费。前期支付的土地购置费，项目纳入统计后计入。

房地产开发投资 指房地产开发企业本年完成的全部用于房屋建设工程、土地开发工程的投资额以及公益性建筑和土地购置费等的投资。

本年实际到位资金 指房地产开发企业本年实际到位的，可用于房地产开发的各种货币资金。包括国内贷款、利用外资、自筹资金、定金及预收款、个人按揭贷款和其他资金。

房屋施工面积 指房地产开发企业本年施工的全部房屋建筑面积。包括本年新开工的房屋建筑面积、上年跨入本年继续施工的房屋建筑面积、上年停缓建在本年恢复施工的房屋建筑面积、本年竣工的房屋建筑面积以及本年施工后又停缓建的房屋建筑面积。多层建筑应填各层建筑面积之和。

房屋新开工面积 指房地产开发企业本年新开工建设的房屋建筑面积，以单位工程为核算对象。不包括在上年开工跨入本年继续施工的房屋建筑面积和上年停缓建而在本年恢复施工的房屋建筑面积。房屋的开工应以房屋正式开始破土刨槽（地基处理或打永久桩）的日期为准。房屋新开工面积指整栋房屋的全部建筑面积，不能分割计算。

房屋竣工面积 指房地产开发企业本年按照设计要求已全部完工，达到住人和使用条件，经验收鉴定合格或达到竣工验收标准，可正式移交使用的各栋房屋建筑面积的总和。

商品房销售面积 指房地产开发企业本年出售商品房屋的合同总面积(即双方签署的正式买卖合同中所确定的建筑面积)。

商品房销售额 指房地产开发企业本年出售商品房屋的合同总价款(即双方签署的正式买卖合同中所确定的合同总价)。该指标与商品房销售面积同口径。

Explanatory Notes on Main Statistical Indicators

Land Area Purchased in Current Year refer to land area of land use right obtained by real estate development enterprises in various ways this year.

Land Purchase Fee refers to fees paid by real estate development enterprises for obtaining land use rights in various ways. The land purchase fee shall be filled in according to the actual amount, which paid by installments shall be counted by stages. If the project is developed by stages, only included the land purchase fees related to the current project. The land purchase fees paid in the previous period are included after the statistics.

Real Estate Development Investment refers to total investments completed by real estate development enterprises in this year for housing construction projects, land development projects, public welfare buildings and land acquisition costs.

Funds Actually Paid in this year refers to various monetary funds that actually in place by real estate development enterprises this year and available for real estate development. Including domestic loans, utilization of foreign capital, self raised funds, deposits and advances, personal mortgage loans and other funds.

Building Area under Construction refers to total area of houses constructed by real estate development enterprises in this year. Including the building area of newly started houses in this year, houses continued to be constructed from previous year to this year, houses suspended from construction in the previous year and resumed in this year, houses completed in this year and houses suspended from construction after construction in this year. For multi-storey buildings, the area of each floor shall be filled into total area.

New Construction Area refers to building area of the newly constructed houses of the real estate development enterprises in this year, which is accounted for by the unit project. It does not include the building area of houses that started in previous year and continued construction in current year and stopped construction in previous year and resumed construction in current year. The commencement of the house shall be subject to the date when the house officially starts the earth breaking and trenching (foundation treatment or permanent pile driving). The newly started area of the house refers to the total construction area of the whole house which cannot be calculated separately.

Building Area Completed refers to total area of each building that the real estate development enterprise has completed in accordance with the design requirements this year, has reached the occupancy and use conditions, passed the acceptance appraisal or reached the completion acceptance standard, and can be officially handed over for use.

Area of Commercial Building Sold refers to total contracted area of commercial buildings sold by real estate development enterprises in this year (i.e. the building area determined in the formal sales contract signed by both parties).

Sales of Commercial Building refers to total contract price of the commercial building sold by the real estate development enterprise this year (i.e. the total contract price determined in the formal sales contract signed by both parties). This indicator use the same caliber as area of commercial building sold.

十九、教育和科技

EDUCATION AND TECHNOLOGY

十九　教育和科技

简要说明

一、本篇资料主要反映广东教育、科学技术活动基本情况。

二、本篇资料主要包括：

1. 高、中、初等教育，幼儿教育和各种类型的各级成人教育，指标主要包括各级各类的学校数、在校生数、招生数、毕业生数、教职工数和专任教师数等。

2. 科技成果奖励和技术市场情况，专利申请受理量和批准量，研究与开发机构基本情况，高校研究与发展人员及经费，科协系统科技活动情况等数据。

三、本篇资料由广东省统计局社会和科技统计处负责整理、编辑。

四、统计资料来源：

教育统计资料根据广东省教育厅、广东省人力资源和社会保障厅提供的统计年报加工整理。科技统计资料根据广东省科技厅、广东省人力资源和社会保障厅、广东省教育厅、广东省科协等部门提供的统计年报加工整理。

19 Education and Technology

Brief Introduction

Ⅰ. The data in this chapter show the basic conditions on the development Guangdong's education, science and technology.

Ⅱ. The data in this chapter mainly include:

(1) The data on tertiary, secondary, primary, and kindergarten education and various types of adult education at all levels, including the number of schools, the number of students enrolled, the number of new enrollments, the number of graduates, the number of staff and workers, and the number of full-time teachers of various levels and categories.

(2) The data on scientific and technological achievements and prizes, conditions of technological markets, numbers of patent applications accepted and granted, basic conditions of R&D institutions, R&D personnel and funds in universities and colleges, and scientific and technological activities of associations of science and technology, etc.

Ⅲ. The data are prepared and edited by the Division of Social, Scientific and Technological Statistics of Statistics Bureau of Guangdong Province.

Ⅳ. Data sources:

Data on education are processed and prepared in accordance with the annual statistical reports provided by Guangdong Provincial Department of Education and Guangdong Provincial Department of Human Resources and Social Security. Data on science and technology are processed and prepared in accordance with the annual statistical reports provided by Guangdong Provincial Department of Science and Technology, Guangdong Provincial Department of Human Resources and Social Security，Guangdong Provincial Department of Education, Guangdong Provincial Department of Personnel and Guangdong Provincial Association of Science and Technology.

19-1 教育、科技主要指标

Main Indicators on Education, Science and Technology

指 标	Item	2000	2010	2015	2019	2020	2021
在校学生数 (万人)	Number of Total Enrollment (10000 persons)						
普通本专科	Regular Institutions of Higher Education	29.95	142.66	185.64	205.40	240.02	253.98
成人本专科	Institutions of Higher Education for Adults	20.14	46.40	66.45	93.15	110.31	97.51
中等学校	Secondary Schools	541.72	939.23	736.79	716.50	743.40	783.17
#普通中学	Regular Secondary Schools	460.69	709.05	560.72	572.77	595.82	629.98
高等教育毛入学率(%)	Gross Enrollment Rate of High Education (%)	11.35	28.00	33.00	48.80	53.41	57.65
高中毛入学率 (%)	Gross Enrollment Rate of Senior Secondary Schools (%)	38.70	86.20	95.70	96.88	97.29	97.71
小学毕业生升学率(%)	Percentage of Graduates of Primary School Entering Junior Secondary School (%)	96.15	95.51	95.85	96.50	96.60	97.20
学龄儿童入学率 (%)	Percentage of School-age Children Enrolled (%)	99.70	99.95	99.98	100.00	100.00	100.00
每万人口普通本专科在校学生数 (人)	Number of Students Enrolled in Regular Institutions of Higher Education per 10000 Population (person)	41.19	140.83	173.10	181.03	208.33	201.55
科技研究机构数 (个)	Number of R&D Institutions (unit)		4452	8164	32347	31772	
研究与实验发展(R&D)人员 (万人)	Number of R&D Personnel (10000 persons)		44.66	68.02	109.15	117.54	
R&D人员全时当量 (万人年)	Full-time Equivalent of (R&D Personnel (10 000 man-year)	7.11	36.47	50.17	80.32	87.23	
研究与实验发展(R&D)经费内部支出(亿元)	R&D Expenditure Internal Expenditure (100 million yuan)	107.12	808.75	1798.17	3098.49	3479.88	
#基础研究	Basic Research		16.72	54.21	141.8552	204.10	
应用研究	Applied Research		37.32	165	247.2767	319.89	
试验发展	Experimental Development		754.70	1478.96	2709.36	2955.90	
#政府资金	Government Funds	101.38	65.76	145.85	397.26	440.57	
企业资金	Enterprises Funds	86.44	708.93	1606.21	2649.95	2988.29	
R&D经费支出占地区生产总值比例 (%)	Percentage of Research and Development Expenditure in Provincial GDP (%)	0.99	1.74	2.43	2.88	3.14	
研究与实验发展(R&D)课题 (项目)数 (个)	Number of R&D Programs/Projects (item)		72747	112680	224904	263694	
省级及以上科技奖励成果 (项)	Number of Achievements in Science and Technology Awarded by Provincial-level and Higher Agencies(item)	289	296	269	223	212	176
专利申请授权量 (件)	Number of Patent Applications Granted (piece)	15799	119346	241176	527389	709725	872209
#发明专利	Inventions	261	13691	33477	59742	70695	102850
技术合同成交额(亿元)	Transaction Value of Technological Contracts (100 million yuan)	48.21	242.5	663.53	2272.78	3465.92	4292.73

注：1.全省小学毕业生升学率，按照教育部统一口径，根据教育统计报表，当年本省初中招生数除以小学毕业生数计算，不考虑学生跨省流动。
2.R&D经费支出占地区生产总值比例指标历史数据，已根据修订后的地区生产总值数据进行调整。
3.中等学校含中等职业学校、技工学校、普通高中、初中。

Note: a) According to the Ministry of Education, the percentage of graduates of primary schools entering junior secondary schools is calculated as the number of new enrollments of local junior secondary schools divided by the number of graduates from local primary schools and the trans-provincial flow of students are without consideration.
b) Historical statistics on ratio of expenditure on R&D to GDP have been adjusted according to amended GDP statistics.
c) Secondary Schools include Secondary Technical Vocational Schools, Skilled Workers Schools, Ordinary High Schools and Junior High School.

19-2 各级各类学校在校学生数

Number of Total Enrollment by Level and Type of School

单位：万人 (10000 persons)

年份 Year	高等学校 Institutions of Higher Education	中等学校 Secondary Schools			小学 Primary Schools
		中等职业教育学校 Vocational Secondary Schools	技工学校 Technical Schools	普通中学 Regular Secondary Schools	
1978	3.07	3.64		313.32	743.02
1979	3.79	4.51	0.71	268.73	743.81
1980	4.10	6.28	1.61	252.11	748.86
1981	4.47	6.12	1.39	218.71	734.78
1982	4.09	6.51	0.99	200.19	723.03
1983	4.56	9.96	0.92	199.59	705.34
1984	5.47	12.99	1.01	220.69	692.73
1985	6.99	18.01	1.45	236.45	671.25
1986	7.83	28.22	1.45	249.93	670.62
1987	8.63	34.26	2.63	252.60	677.37
1988	9.72	37.63	3.40	244.23	688.72
1989	10.04	42.09	3.93	235.73	715.15
1990	9.59	45.27	5.22	234.03	747.29
1991	9.27	44.74	5.63	238.28	788.93
1992	9.74	46.29	6.58	255.02	808.98
1993	11.70	50.24	7.68	277.19	832.14
1994	13.75	55.89	9.57	307.38	862.21
1995	15.18	66.67	11.10	339.46	883.19
1996	16.40	67.30	12.28	373.19	897.64
1997	17.47	72.70	13.29	400.85	911.34
1998	18.50	70.50	14.50	423.61	918.02
1999	22.08	69.50	23.00	443.91	920.96
2000	29.95	65.57	15.46	460.69	929.93
2001	38.19	62.00	16.67	489.70	952.98
2002	46.78	61.20	17.82	513.40	979.61
2003	58.78	63.08	23.90	545.91	1025.37
2004	72.69	65.54	28.11	580.86	1049.62
2005	87.47	71.02	32.81	611.69	1067.03
2006	100.86	80.84	38.16	639.29	1056.99
2007	111.97	90.76	45.81	655.38	1017.62
2008	121.64	100.08	53.54	679.65	956.47
2009	133.41	120.46	64.11	696.11	887.65
2010	142.66	154.78	75.56	709.05	848.55
2011	152.73	152.05	85.13	699.47	822.06
2012	161.68	149.57	88.52	668.40	808.24
2013	170.99	140.89	87.62	625.24	807.94
2014	179.42	128.22	62.26	590.77	831.91
2015	185.64	117.21	58.86	560.72	868.88
2016	189.29	106.57	53.26	545.22	905.22
2017	192.58	99.39	55.37	545.37	941.96
2018	196.32	86.73	54.27	556.18	988.37
2019	205.40	85.97	57.77	572.77	1033.43
2020	240.02	86.68	60.89	595.82	1057.11
2021	253.98	90.30	62.88	629.98	1079.01

注：1.高等学校人数指普通本、专科人数，下同。

2.1986年后中等职业教育学校包括普通中专、成人中专、职业高中，1986年前缺成人中专数据。

Notes: a) Number of students in institutions of higher education refers to the number of students in regular universities with full undergraduate courses and colleges with specialized courses. The same applies to the following tables.

b) Since 1986, vocational secondary schools have included regular specialized secondary schools, specialized secondary schools for adults and vocational senior secondary schools. Prior to 1986, no data of specialized secondary schools for adults are available.

19-3 各级各类学校情况

Statistics on Various Levels and Types of Schools

项目	Item	2000	2005	2010	2015	2019	2020	2021
高等学校	**Institutions of Higher Education**							
学校数 (所)	Number of Schools (unit)	52	111	131	143	154	154	160
毕业生数 (万人)	Number of Graduates (10000 persons)	5.00	15.71	33.42	47.69	52.21	55.01	57.44
本科	Universities with Full Undergraduate Courses	2.40	6.11	15.29	22.41	26.76	27.44	28.22
专科	Colleges with Specialized Courses	2.60	9.60	18.13	25.28	25.45	27.57	29.22
招生数 (万人)	Number of New Enrollments (10000 persons)	12.08	30.70	44.02	56.15	64.01	91.72	75.19
本科	Universities with Full Undergraduate Courses	5.01	13.65	21.7	27.54	30.59	34.52	35.46
专科	Colleges with Specialized Courses	7.07	17.04	22.31	28.61	33.42	57.20	39.73
在校学生数(万人)	Number of Enrolled Students (10000 persons)	29.95	87.47	142.66	185.64	205.40	240.02	253.98
本科	Universities with Full Undergraduate Courses	15.03	42.86	77.86	104.08	115.98	122.25	128.57
专科	Colleges with Specialized Courses	14.92	44.61	64.8	81.56	89.42	117.77	125.41
教职工数 (万人)	Number of Teachers and Staff (10000 persons)	4.68	9.08	11.4	14.54	16.82	17.79	19.03
#专任教师	Full-time Teachers	2.04	5.43	7.86	9.89	11.47	12.24	12.88
中等职业教育	**Vocational Secondary Schools**							
学校数 (所)	Number of Schools (unit)	658	641	566	481	426	396	382
毕业生数 (万人)	Number of Graduates (10000 persons)	21.54	18.91	33.17	41.73	27.93	26.61	26.05
招生数 (万人)	Number of New Enrollment (10000 persons)	21.10	27.93	74.13	39.54	31.48	31.39	33.60
在校学生数(万人)	Number of Total Enrollment (10000 persons)	65.57	71.02	154.78	117.21	85.97	86.68	90.30
教职工数 (万人)	Number of Teachers and Staff (10000 persons)	5.70	4.91	5.86	5.78	5.63	5.59	5.72
#专任教师	Full-time Teachers	3.70	3.37	4.35	4.50	4.40	4.38	4.49
技工学校	**Technical Schools**							
学校数 (所)	Number of Schools (unit)	186	191	246	163	163	146	148
毕业生数 (万人)	Number of Graduates (10000 persons)	4.28	9.60	12.80	14.46	18.48	15.39	15.45
招生数 (万人)	Number of New Enrollments (10000 persons)	5.84	12.90	28.2	19.94	21.28	21.67	21.94
在校学生数(万人)	Number of Total Enrollment (10000 persons)	15.46	32.81	75.56	58.86	57.77	60.89	62.88
教职工数 (万人)	Number of Teachers and Staff (10000 persons)	1.07	1.46	2.78	2.94	3.09	3.17	3.27
#专任教师	Full-time Teachers	0.68	1.03	1.98	2.10	2.31	2.40	2.49
普通中学	**Regular Secondary Schools**							
学校数 (所)	Number of Schools (unit)	3964	4282	4334	4434	4720	4783	4908
毕业生数 (万人)	Number of Graduates (10000 persons)	131.82	174.33	210.23	201.96	177.80	180.26	185.57
招生数 (万人)	Number of New Enrollments (10000 persons)	171.16	219.64	241.96	182.89	201.97	209.14	225.14
在校学生数(万人)	Number of Total Enrollment (10000 persons)	460.69	611.69	709.05	560.72	572.77	595.82	629.98
教职工数 (万人)	Number of Teachers and Staff (10000 persons)	27.57	36.03	44.53	47.54	49.73	66.13	70.93
#专任教师	Full-time Teachers	22.86	30.73	39.15	42.67	44.04	45.27	47.25

注：1.普通高等学校数包含独立学院数。
2.根据教育部指标解释，对高等教育教职工取数口径从2012年开始调整为全口径教职工数，2011年及以前年份取校本部教职工数。(下同)
3.自2020年起，九年一贯制学校、十二年一贯制学校的教职工数计入普通中学教职工数；专任教师数则按教育层次进行归类。(下同)

Note: a)The number of regular schools (institutions) of higher education includes independent colleges.
b) According to the explanation of Ministry of Education indicators,the teachers and staff of higher education began to adjust to the whole caliber from 2012, fetched the number of main campus teachers and staff in 2011 and before. (The same below)
c) Since 2020, the number of teachers and staff in regular secondary schools include the number in nine-year and twelve-year education schools; The number of full-time teachers are grouped by education level. (The same below)

19-3 续表 continued

项 目	Item	2000	2005	2010	2015	2019	2020	2021
小学	**Primary Schools**							
学校数 (万所)	Number of Schools (10000 units)	2.42	2.12	1.68	1.01	1.06	1.06	1.06
毕业生数 (万人)	Number of Graduates (10000 persons)	148.48	167.43	174.19	121.49	143.03	146.95	159.08
招生数 (万人)	Number of New Enrollments (10000 persons)	155.73	164.16	135.92	165.80	194.42	177.07	183.80
在校学生数 (万人)	Number of Students Enrolled (10000 persons)	929.93	1067.03	848.55	868.88	1033.4	1057.11	1079.01
教职工数 (万人)	Number of Teachers and Staff (10000 persons)	42.08	46.37	48.78	51.44	61.20	49.10	51.15
专任教师	Full-time Teachers	36.41	40.38	43.07	46.86	55.32	57.34	59.22
学龄儿童	**School-age Children**							
学龄儿童总数 (万人)	Total number (10000 persons)	905.39	1026.90	801.82	836.09	983.17	1007.79	1027.88
已入学学龄儿童数(万人)	Primary School Enrollment number (10000 persons)	902.65	1023.60	801.45	835.93	983.17	1007.79	1027.88
学龄儿童入学率 (%)	Enrollment Rate (%)	99.70	99.68	99.95	99.98	100.00	100.00	100.00
小学毕业生	**Primary School Graduates**							
小学毕业生人数 (万人)	Number of Graduates (10000 persons)	148.48	167.43	174.19	121.49	143.03	146.95	159.08
已升学人数 (万人)	Number of Students Entering into Junior Secondary Schools (10000 persons)	142.77	162.66	166.37	116.45	138.03	141.96	154.62
小学毕业生升学率 (%)	Promotion Rate from Primary Schools to Junior Secondary Schools (%)	96.15	97.15	95.51	95.85	96.50	96.60	97.20
幼儿园	**Kindergartens**							
幼儿园数 (所)	Number of Kindergartens (unit)	12027	10359	11161	16368	19885	20747	21101
在园幼儿数 (万人)	Number of Children in Kindergartens(10000 persons)	214.18	213.92	227.23	402.28	464.5	480.18	500.39
教职工数 (万人)	Number of Teachers and Staff (10000 persons)	12.91	15.90	23.68	43.62	58.24	61.13	65.28
#专任教师	Full-time Teachers	8.36	9.18	13.63	24.07	30.8	32.15	34.51
特殊教育学校	**Special Schools**							
特殊教育学校数 (所)	Number of Schools (unit)	61	67	75	116	141	143	150
招生数 (人)	Number of New Enrollments (persons)	2000	3363	3666	7303	10149	12550	13198
在校学生数 (人)	Number of Total Enrollment (persons)	27507	25752	26064	36048	52869	63802	71170

注：1.2003年起中等职业教育学校包括：普通中等专业学校、成人中等专业学校、职业高中数据。
2.特殊教育学校是指独立设置招收盲哑和智残儿童，以及其他特殊需要的儿童、青少年进行普通或职业初、中等教育的教学机构。
3.学龄儿童总数取6-11岁校内外学龄人口数，已入学学龄儿童数取6-11岁在校学龄人口数。
4.自2020年起，小学教职工数仅统计小学及小学教学点的教职工数；专任教师数则按教育层次进行归类。

Notes: a) Since 2003 , vocational secondary schools have included regular specialized secondary schools , specialized secondary schools for adults and vocational senior secondary schools.

b) Special schools refer to separate institutions providing regular or vocational primary and secondary education for blinded, dumb or mentally-retarded children, or other children and adolescents in need of special care in education.

c)The total number of School-age Children is the School-age population inside and outside the school aged 6-11,the Primary School Enrollment number is the School-age population aged 6-11.

d) Since 2020, the number of teachers and staff in primary school only counted the number in primary school and primary school place; The number of full-time teachers are grouped by education level.

19-4 研究生教育情况
Statistics on Postgraduate Education

项 目	Item	2000	2005	2010	2015	2019	2020	2021
培养单位数（个）	**Number of Institutions of Postgraduate Education (unit)**	**26**	**29**	**31**	**28**	**30**	**30**	**30**
高等学校	Institutions of Higher Education	18	21	23	25	27	27	27
科研单位	Research Institutions	8	8	8	3	3	3	3
招生数 （人）	**Number of New Enrollments (person)**	**5672**	**17054**	**25798**	**30650**	**46576**	**59918**	**64501**
攻读博士学位	For Doctor Degree	1053	2802	3307	3540	5697	6394	7023
高等学校	Institutions of Higher Education	1001	2599	3117	3532	5689	6386	7015
科研单位	Research Institutions	52	203	190	8	8	8	8
攻读硕士学位	For Master Degree	4619	14252	22491	27110	40879	53524	57478
高等学校	Institutions of Higher Education	4510	13953	22135	27018	40751	53399	57340
科研单位	Research Institutions	109	299	356	92	128	125	138
在校学生数（人）	**Number of Enrolled Students (person)**	**13023**	**43942**	**72455**	**89404**	**129572**	**151347**	**174309**
攻读博士学位	For Doctor Degree	2558	9049	12341	14474	19430	22127	25020
高等学校	Institutions of Higher Education	2445	8406	11706	14443	19404	22100	24996
科研单位	Research Institutions	113	643	635	31	26	27	24
攻读硕士学位	For Master Degree	10405	34893	60114	74930	110142	129220	149289
高等学校	Institutions of Higher Education	10161	34066	59159	74682	109800	128853	148888
科研单位	Research Institutions	244	827	955	248	342	367	401
毕业生数 （人）	**Number of Graduates (person)**	**2182**	**9489**	**17862**	**26174**	**30178**	**36011**	**38911**
攻读博士学位	For Doctor Degree	417	1342	2436	2947	3085	3393	3735
高等学校	Institutions of Higher Education	387	1241	2288	2937	3075	3386	3724
科研单位	Research Institutions	30	101	148	10	10	7	11
攻读硕士学位	For Master Degree	1765	8147	15426	23227	27093	32618	35176
高等学校	Institutions of Higher Education	1692	7941	15158	23151	26999	32518	35071
科研单位	Research Institutions	73	206	268	76	94	100	105

注：2014年起中国科学院大学下辖广州化学研究所、南海海洋研究所、华南植物研究所、广州能源研究所和广州地球化学研究所的教育事业报表统一归口中国科学院大学管理，并调整2013年起数据，从2013年起研究生数据均不含以上培养研究生单位数据。

Notes: Since 2014,Guangzhou Institute of Chemistry,South China Sea Institute of Oceanography,South China Institute of Botany,Guangzhou Institute of Energy and the Guangzhou Institute of Geochemistry's education statistics are under the centralized to the University of Chinese Academy of Sciences and since 2013 data has been adjusted and the number of students has excluded the number of students in these institutions.

19-5 各级各类成人教育在校学生数
Number of Total Enrollment by Level and Type of Adult School

单位：人 (person)

项 目	Item	2000	2005	2010	2015	2019	2020	2021
成人高等教育	**Higher Education for Adults**	**201410**	**295618**	**463987**	**664495**	**931474**	**1103093**	**975147**
成人高等学校	Institutions of Higher Education for Adults	84057	30081	22025	17556	194092	276342	25174
开放大学	The Open University	34242	10740	10980	10256	185641	265802	12956
职工高等学校	Schools of Higher Education for Staff and Workers	17147	6865	6344	5411	8451	10540	12218
管理干部学院	Colleges for Management Cadres	20142	2686	4398				
教育学院	Teachers' Colleges	12526	9790	303	1889			
普通、职业高等学校	Regular HEIs	117353	265537	441962	646939	737382	826751	949973
函授	Correspondence	51028	100260	173761	281334	332878	393209	538311
业余	Spare time Schools	43063	141532	265713	365605	404504	433542	411662
脱产	Full-time Courses for Adults	23262	23745	2488				
成人中等教育	**Secondary Education for Adults**			**29105**				
成人中专学校	Specialized Secondary Schools for Adults			27327	7341	4560	4596	4943
成人中学	Secondary Schools for Adults	44006		5358				

注：2021年起，广东开放大学学生统计从成人教育学生调整为网络教育学生。

Notes: From 2021, the scope of student statistics in Guangdong Open University have been adjusted from adult education students to online education students.

19−6 高等学校情况（2021年）

Statistics on Institutions of Higher Education (2021)

项目	Item	学校数（所）Number of Schools (unit)	毕业生数（人）Number of Graduates (person)	招生数（人）Number of New Enrollments (person)	在校学生数（人）Number of Total Enrollment (person)	教职工数（人）Number of Teachers and Staff (person)	#专任教师 Full-time Teachers
总计	**Total**	**160**	**574407**	**751886**	**2539779**	**190310**	**128811**
#女性	Female		303861	371928	1266170	95161	63933
按隶属关系分	**Grouped by Relation of Leadership**						
中央属	Under Central Government	4	22598	26088	99848	21621	10640
地方属	Under Local Government	156	551809	725798	2439931	168689	118171
按学校类别分	**Grouped by Type of Institution**						
综合大学	University	71	260213	305314	1079714	88622	55525
理工院校	Science and Engineering College	36	153095	214040	693563	42481	30925
农业院校	Agriculture College	4	21940	31266	113782	7678	5848
医药院校	Medicine College	12	27311	42125	135535	13952	10122
师范院校	Teacher Education College	10	29904	53047	169994	14031	9285
语文院校	Language and Literature College	2	6877	6741	28618	3095	1940
财经院校	Economics and Finance College	14	60687	81445	264185	14979	11886
政法院校	Politics and Law College	2	3188	3803	12255	981	559
体育院校	Physical Culture College	3	3777	5093	14729	1458	851
艺术院校	Art College	6	7415	9012	27404	3033	1870
其他	Others						
总计中：职业技术学院	Vocational Technological College	93	270066	386488	1180528	61479	46452

19−7 中等学校情况（2021年）

Statistics on Secondary Schools (2021)

项目	Item	学校数（所）Number of Schools (unit)	毕业生数（人）Number of Graduates (person)	招生数（人）Number of New Enrollments (person)	在校学生数（人）Number of Total Enrollment (person)	教职工数（人）Number of Teachers and Staff (person)	#专任教师 Full-time Teachers
中等职业教育	**Vocational Secondary Education**	**382**	**260465**	**335993**	**903049**	**57214**	**44944**
调整后中等职业学校	Vocational Secondary Schools after Adjustment	236	163807	206590	550381	34660	26806
普通中专	General Secondary Schools	54	33611	44056	116575	6792	4790
成人中等专业学校	Specialized Secondary Schools for Adults	1	1327	1858	4943	251	205
职业高中学校	Vocational Senior Secondary Schools	91	54364	70496	198505	14540	11904
其他机构	Other Institutions	19	5628	8488	22864	971	759
附设中职班	Affiliated Vocational Class	26	1728	4505	9781		480
技工学校	**Technical Schools**	**148**	**154507**	**219396**	**628794**	**32677**	**24866**
普通中学	**Regular Secondary Schools**	**4908**	**1855733**	**2251435**	**6299810**	**709301**	**472469**
#高中	Senior Schools	1076	592106	705236	2007726	181580	157383

注：1．2011年起增加附设中职班。其他机构和附设中职班不计学校数。普通中专包括中等技术学校和中等师范学校。

2．自2020年起，九年一贯制学校教职工数计入普通初中教职工数、十二年一贯制学校及完全中学学校的教职工数计入普通高中教职工数；专任教师数则按教育层次进行归类。

Note: a) Since 2011, the item of Affiliated Vocational Class is added. The number of schools of other institutions and affiliated secondary vocational classes is not included in the total number schools of vocational secondary education. The general secondary schools include the secondary technical schools and secondary normal schools.

b)Since 2020, the number of teachers and staff in ordinary junior middle school include the number in nine-year education schools, the number of teachers and staff in ordinary high school include the number in twelve-year education school and complete secondary schools; the number of full-time teachers are grouped by education level.

19-8 各市普通中学情况（2021年）

Statistics on Regular Secondary Schools by City (2021)

市别	City	学校数（所）Number of Schools (unit)	毕业生数（人）Number of Graduates (person)	高中 Senior Secondary Schools	初中 Junior Secondary Schools	招生数（人）Number of New Enrollments (person)
广州	Guangzhou	551	166059	51850	114209	200003
深圳	Shenzhen	475	151558	44718	106840	208778
珠海	Zhuhai	87	32446	10276	22170	40022
汕头	Shantou	312	118742	43219	75523	135295
佛山	Foshan	228	115681	39917	75764	139525
韶关	Shaoguan	153	52663	16517	36146	58734
河源	Heyuan	200	67992	21351	46641	82412
梅州	Meizhou	239	78772	26451	52321	90819
惠州	Huizhou	300	107510	30502	77008	133542
汕尾	Shanwei	164	58710	17508	41202	65294
东莞	Dongguan	258	106994	27563	79431	146787
中山	Zhongshan	112	53208	15086	38122	66120
江门	Jiangmen	197	70934	24923	46011	83469
阳江	Yangjiang	120	47620	14575	33045	59497
湛江	Zhanjiang	302	130651	42246	88405	156973
茂名	Maoming	269	143315	50690	92625	164402
肇庆	Zhaoqing	204	76072	22810	53262	91292
清远	Qingyuan	187	68155	21191	46964	85880
潮州	Chaozhou	145	42540	15746	26794	50045
揭阳	Jieyang	299	119001	40069	78932	135984
云浮	Yunfu	106	47110	14898	32212	56562
按经济区域分	By Region					
珠三角	Pearl River Delta	2412	880462	267645	612817	1109538
东翼	Eastern Region	920	338993	116542	222451	386618
西翼	Western Region	691	321586	107511	214075	380872
山区	Mountainous Region	885	314692	100408	214284	374407

19-8 续表 continued

市别	City	在校学生数（人）Number of Total Enrollment (person)	高中 Senior Secondary Schools	初中 Junior Secondary Schools	教职工数（人）Number of Teachers and Staff (person)	专任教师 Full-time Teachers
广州	Guangzhou	569589	161633	407956	73369	47167
深圳	Shenzhen	563174	169533	393641	97258	45870
珠海	Zhuhai	113754	35443	78311	12261	8649
汕头	Shantou	386730	140739	245991	41860	29351
佛山	Foshan	393967	133772	260195	45355	29822
韶关	Shaoguan	165477	53177	112300	15593	12582
河源	Heyuan	232530	74669	157861	24028	17703
梅州	Meizhou	262028	87545	174483	24935	20710
惠州	Huizhou	368124	112554	255570	40903	25211
汕尾	Shanwei	181935	57508	124427	18172	13273
东莞	Dongguan	383281	107201	276080	56079	26614
中山	Zhongshan	184931	54507	130424	22210	13018
江门	Jiangmen	236892	84916	151976	22664	17451
阳江	Yangjiang	163502	51161	112341	17503	11245
湛江	Zhanjiang	434800	130341	304459	40215	31227
茂名	Maoming	466691	161504	305187	41878	35450
肇庆	Zhaoqing	258448	78014	180434	24869	17872
清远	Qingyuan	238450	72035	166415	23458	16914
潮州	Chaozhou	144001	51371	92630	14756	11543
揭阳	Jieyang	391803	142326	249477	38127	29249
云浮	Yunfu	159703	47777	111926	13808	11548
按经济区域分	By Region					
珠三角	Pearl River Delta	3072160	937573	2134587	394968	231674
东翼	Eastern Region	1104469	391944	712525	112915	83416
西翼	Western Region	1064993	343006	721987	99596	77922
山区	Mountainous Region	1058188	335203	722985	101822	79457

注：自2020年起，九年一贯制学校、十二年一贯制学校的教职工数计入普通中学教职工数；专任教师数则按教育层次进行归类。

Note: Since 2020, the number of teachers and staff in regular secondary schools include the number in nine-year and twelve-year education schools; the number of full-time teachers are grouped by education level.

19–9 各市中等职业教育基本情况（2021年）

Basic Statistics on Vocational Secondary Education by City (2021)

市别	City	学校数（所）Number of Schools (unit)	毕业生数（人）Number of Graduates (person)	招生数（人）Number of New Enrollments (person)	在校学生数（人）Number of Total Enrollment (person)	教职工数（人）Number of Teachers and Staff (person)	#专任教师 Full-time Teachers
广州	Guangzhou	78	57864	57152	171402	9541	6905
深圳	Shenzhen	15	12519	14144	40186	3985	2886
珠海	Zhuhai	8	6407	7142	20634	1269	1078
汕头	Shantou	15	7656	11784	30214	2039	1646
佛山	Foshan	27	17245	22915	66284	5111	3829
韶关	Shaoguan	14	9050	11940	34127	2243	1866
河源	Heyuan	13	6260	11129	27200	1533	1230
梅州	Meizhou	16	7641	8704	24832	1323	1007
惠州	Huizhou	24	14801	21370	53142	3203	2472
汕尾	Shanwei	10	4295	7397	17558	1036	855
东莞	Dongguan	21	18284	22252	57362	4356	3229
中山	Zhongshan	7	7661	10218	26333	1866	1568
江门	Jiangmen	17	10068	11983	32533	2051	1784
阳江	Yangjiang	6	3792	6799	16840	896	707
湛江	Zhanjiang	38	16327	25475	65865	3302	2719
茂名	Maoming	12	19967	26948	67182	3805	3313
肇庆	Zhaoqing	16	16639	22892	61176	3482	2920
清远	Qingyuan	14	8300	13894	34293	2102	1790
潮州	Chaozhou	8	2718	3906	9835	910	720
揭阳	Jieyang	15	8015	10813	26927	2114	1498
云浮	Yunfu	8	4956	7136	19124	1047	922
按经济区域分	By Region						
珠三角	Pearl River Delta	213	161488	190068	529052	34864	26671
东翼	Eastern Region	48	22684	33900	84534	6099	4719
西翼	Western Region	56	40086	59222	149887	8003	6739
山区	Mountainous Region	65	36207	52803	139576	8248	6815

19−10 各市小学情况（2021年）

Statistics on Primary Schools by City (2021)

市 别	City	学校数（所） Number of Schools (unit)	毕业生数（人） Number of Graduates (person)	升学率（%） Percentage of Graduates of Primary Schools Entering Junior Secondary Schools (%)	招生数（人） Number of New Enrollments (person)	在校学生数（人） Number of Total Enrollment (person)	教职工数（人） Number of Teachers and Staff (person)	专任教师 Full-time Teachers
广 州	Guangzhou	986	159637	90.93%	211956	1164403	57417	64993
深 圳	Shenzhen	343	155758	92.35%	204514	1133041	33642	63640
珠 海	Zhuhai	144	27543	99.73%	34833	194961	9717	10424
汕 头	Shantou	733	89789	97.30%	99581	584147	25051	29924
佛 山	Foshan	417	91992	100.84%	115707	664264	33858	36648
韶 关	Shaoguan	215	40091	100.65%	41433	269636	14165	15188
河 源	Heyuan	363	54222	103.18%	46345	303570	18112	20738
梅 州	Meizhou	452	60535	101.19%	59914	373597	21516	21961
惠 州	Huizhou	577	94606	98.39%	105655	633683	26441	33864
汕 尾	Shanwei	451	44010	101.51%	48705	289694	16242	16917
东 莞	Dongguan	337	123454	84.93%	143850	848515	34460	44168
中 山	Zhongshan	211	49432	95.57%	61507	350094	14612	18117
江 门	Jiangmen	326	54132	99.83%	60154	360059	16269	18417
阳 江	Yangjiang	165	41455	100.26%	40826	260989	11768	15219
湛 江	Zhanjiang	918	111460	100.22%	134215	770820	37992	40475
茂 名	Maoming	1398	108450	101.35%	118693	712258	42595	40927
肇 庆	Zhaoqing	237	64502	101.23%	64182	408882	19061	21194
清 远	Qingyuan	353	59474	101.99%	68962	421202	21100	22668
潮 州	Chaozhou	579	33632	96.41%	35310	213900	10866	11379
揭 阳	Jieyang	1212	86343	100.28%	99139	567135	30257	30154
云 浮	Yunfu	182	40295	99.29%	42529	265250	16342	15181
按经济区域分	By Region							
珠 三 角	Pearl River Delta	3578	821056	94.24%	1002358	5757902	245477	311465
东 翼	Eastern Region	2975	253774	98.93%	282735	1654876	82416	88374
西 翼	Western Region	2481	261365	100.70%	293734	1744067	92355	96621
山 区	Mountainous Region	1565	254617	101.41%	259183	1633255	91235	95736

注：1.各地市小学毕业生升学率，由于跨地市流动学生较多，如按教育部口径计算将与实际差异较大，因此采用各地填报的小学升上本地及外地高一级学校(包括普通初中、职业初中等)就读的学生数除以小学毕业生进行计算。

2.自2020年起，小学教职工数仅统计小学及小学教学点的教职工数；专任教师数则按教育层次进行归类。

Note: a) Due to the large number of mobile students,the percentage of graduates of primary schools entering junior secondary schools by city would be greatly different from the real situation if calculated as the method by the Ministry of Education. Thus the percentage of graduates of primary schools entering junior secondary schools by city in this table is calculated as the number of new enrollments of local junior and outside secondary Schools (ordinary secondary schools and professional secondary schools are include) from local primary school divided by the umber of graduates from local primary schools

b) Since 2020, the number of teachers and staff in primary school only counted the number in primary school and primary school place; The number of full-time teachers are grouped by education level.

19—11 各市学龄儿童入学情况

Statistics on School-age Children Enrolled in Schools by City

市别	City	2020			2021		
		学龄儿童人数(人) Number of School-age Children (person)	已入学人数(人) Number of School-age Children Enrolled in Schools (person)	入学率(%) Enrollment Rate (%)	学龄儿童人数(人) Number of School-age Children (person)	已入学人数(人) Number of School-age Children Enrolled in Schools (person)	入学率(%) Enrollment Rate (%)
广州	Guangzhou	1108365	1108365	100.0	1146179	1146179	100.0
深圳	Shenzhen	1070241	1070241	100.0	1108367	1108367	100.0
珠海	Zhuhai	181648	181648	100.0	189753	189753	100.0
汕头	Shantou	553800	553800	100.0	561324	561324	100.0
佛山	Foshan	624331	624331	100.0	649734	649734	100.0
韶关	Shaoguan	261527	261527	100.0	262901	262901	100.0
河源	Heyuan	291722	291722	100.0	288059	288059	100.0
梅州	Meizhou	315047	315047	100.0	311597	311597	100.0
惠州	Huizhou	615852	615852	100.0	626470	626470	100.0
汕尾	Shanwei	281421	281421	100.0	282664	282664	100.0
东莞	Dongguan	824725	824725	100.0	828959	828959	100.0
中山	Zhongshan	330496	330496	100.0	345609	345608	100.0
江门	Jiangmen	341141	341141	100.0	347264	347264	100.0
阳江	Yangjiang	250059	250059	100.0	249033	249033	100.0
湛江	Zhanjiang	718553	718553	100.0	739485	739485	100.0
茂名	Maoming	632950	632950	100.0	638890	638888	100.0
肇庆	Zhaoqing	343323	343323	100.0	346145	346145	100.0
清远	Qingyuan	393145	393145	100.0	401745	401745	100.0
潮州	Chaozhou	198747	198747	100.0	199315	199315	100.0
揭阳	Jieyang	520111	520111	100.0	534416	534416	100.0
云浮	Yunfu	220681	220681	100.0	220876	220876	100.0
按经济区域分	By Region						
珠三角	Pearl River Delta	5440122	5440122	100.0	5588480	5588479	100.0
东翼	Eastern Region	1554079	1554079	100.0	1577719	1577719	100.0
西翼	Western Region	1601562	1601562	100.0	1627408	1627406	100.0
山区	Mountainous Region	1482122	1482122	100.0	1485178	1485178	100.0

注：学龄人口数取校内外学龄人口6—11岁人口数；已入学人数取在校学龄人口6—11岁人口数。

Note: The School-age population is the School-age population inside and outside school aged 6-11; the Primary School Enrollment number is the School-age population aged 6-11.

19-12 研究与试验发展(R&D)基本情况
Basic Statistics on Research and Development (R&D)

指标	Item	2010	2015	2018	2019	2020
研究机构数 (个)	**Number of R&D Institutions (units)**	**4452**	**8164**	**25484**	**32347**	**31772**
科学研究与技术开发机构	Scientific Research and Technological Development Institutions	186	189	182	187	193
全日制普通高等学校	Full-time Regular Institutions of Higher Education	450	850	1549	1781	1873
工业企业	Industrial Enterprises	3309	6553	21740	25891	28262
其他	Others	507	572	2013	4488	1444
研究与试验发展(R&D)活动人员 (人)	**Number of R&D Personnel (persons)**	**446579**	**680237**	**1023101**	**1091544**	**1175441**
科学研究与技术开发机构	Scientific Research and Technological Development Institutions	9488	15739	18187	24335	30356
全日制普通高等学校	Full-time Regular Institutions of Higher Education	33865	57346	68510	83351	85733
工业企业	Industrial Enterprises	359476	534293	806431	838891	911222
其他	Others	43750	72859	129973	144967	148130
研究与试验发展(R&D)经费内部支出 (亿元)	**Internal Expenditure on R&D (100 million yuan)**	**808.75**	**1798.17**	**2704.70**	**3098.49**	**3479.88**
科学研究与技术开发机构	Scientific Research and Technological Development Institutions	21.35	63.98	81.76	112.16	180.04
全日制普通高等学校	Full-time Regular Institutions of Higher Education	28.58	62.97	153.12	185.78	202.94
工业企业	Industrial Enterprises	703.68	1520.55	2107.20	2374.63	2996.70
其他	Others	55.14	150.67	362.62	425.92	100.21
研究与试验发展(R&D)活动课题(项目)数 (个)	**Number of R&D Programs/Projects (item)**	**72747**	**112680**	**184118**	**224904**	**263694**
科学研究与技术开发机构	Scientific Research and Technological Development Institutions	3499	6712	7774	7947	8851
全日制普通高等学校	Full-time Regular Institutions of Higher Education	35749	61677	88119	91361	100303
工业企业	Industrial Enterprises	28423	37375	76985	106340	132120
其他	Others	5076	6916	11240	19256	22420

19-13 公有经济企业、事业单位专业技术人员年末人数

Number of Professional and Technical Personnel in State-owned Enterprises and Institutions at the Year-end

单位：人 (person)

年 份 Year	专业技术人员 Professional and Technical Personnel	#工程技术人员 Engineering	#农业技术人员 Agriculture	#科学技术人员 Scientific Research	#卫生技术人员 Health Care	#教学人员 Teaching
1978	211149	48836	16017	7852	53068	80287
1979	211117	48641	16975	7277	53155	79748
1980	291939	56144	18176	7356	61445	86192
1981	303892	60071	19017	6763	63536	97109
1982	328455	70699	19431	7822	69056	102178
1983	547038	85327	21636	5744	74183	109210
1984	579740	89348	22505	5573	79806	120016
1985	642542	102506	23030	6431	86174	133013
1986	656380	108210	23854	6368	89545	313009
1987	664085	118601	23553	6231	93553	333245
1988	674085	119167	19478	4904	85092	313419
1989	810130	137803	20644	5986	90751	364965
1990	838403	145535	21194	5731	92912	379894
1991	814651	140906	13050	4810	93141	398276
1992	883821	149916	13749	4566	104334	412681
1993	957725	163440	14246	4388	117959	434036
1994	1017804	174960	14670	4118	128079	460702
1995	1077848	180530	15219	4425	134586	511418
1996	1167583	186156	15449	4610	147155	573934
1997	1223897	191954	15779	4443	156889	613121
1998	1262343	190486	15703	4413	165721	649873
1999	1291078	184304	15660	4585	171461	677110
2000	1297804	180223	15083	4705	175521	696005
2001	1285708	168354	14151	4467	181703	710967
2002	1274140	160458	13386	4425	184192	721719
2003	1264983	135621	12575	4918	202548	734721
2004	1374679	149214	17321	5253	238886	774022
2005	1399042	146411	17407	5434	248547	791255
2006	1375416	137802	16999	5163	246679	805397
2007	1391934	140828	17311	5711	246480	824462
2008	1419852	144941	16701	5745	260940	837059
2009	1462861	153563	15805	5984	268796	856665
2010	1458044	149724	14084	4551	259131	885446
2011	1448011	151700	13475	5260	253992	879621
2012	1459018	151998	12256	5021	264976	861104
2013	1455605	139807	12538	3813	269147	888962
2014	1493095	155964	12772	5850	283499	888862
2015	1449255	139817	16076	6139	288384	928348
2016	1486082	151883	16681	7340	308402	893189
2017	1551010	169994	13161	10992	306208	897089
2018	1643815	178876	12111	12286	298778	883820
2019	1560074	195106	12001	7752	301505	901015
2020	1604988	214557	12214	8900	308073	913578
2021	1619331	215319	10926	6071	313637	924604

注：本表未包中央单位专业技术人员数。
Note:Data in this table do not include professional and technical personnel from the central units stationed in Guangdong.

19−14 高层次人才情况

Statistics on High-level Talents

单位：人 (person)

项　目	Item	2000	2005	2010	2015	2019	2020	2021
享受国家津贴新增人数	Number of Persons Granted State Allowances	164		137			168	
高级职称批准人数	Number of Persons with Senior Professional Titles	6111	19336	19031	16581	30330	35649	36756
博士后招收人数	Number of Persons in Working Stations for Post-doctoral Research	163	380	560	1297	3835	4215	4427
博士生情况	Status of Doctorate Students							
招生数	Number of New Enrollments	1053	2802	3307	3540	5697	6394	7023
在校生	Number of Enrolled Students	2558	9049	12341	14474	19430	22127	25020
毕业生	Number of Graduates	417	1342	2436	2947	3085	3393	3735

注：享受国家津贴的人数从2003年起逢双年评比一次。

Note: The number of persons granted state allowances has been appraised every double-digital year since 2003.

19−15 各类技术合同签订情况

Statistics on Technical Contracts Signed by Type

项　目	Item	2000	2005	2010	2015	2019	2020	2021
技术合同项目数（项）	**Number of Technical Contracts (item)**	**5464**	**14432**	**17558**	**17344**	**33796**	**39845**	**49261**
技术开发合同	Technical Development Contracts	921	5983	11629	13786	17891	15990	19366
技术咨询合同	Technical Consultation Contracts	572	1279	1649	430	1223	3728	5699
技术转让合同	Technical Transfer Contracts	297	639	868	1242	1320	1486	2083
技术服务合同	Technical Service Contracts	3674	6531	3412	1886	13362	18641	22113
技术合同金额（万元）	**Value of Technical Contracts (10000 yuan)**	**482104**	**1124740**	**2425045**	**6635253**	**22727781**	**34659205**	**42927258**
技术开发合同	Technical Development Contracts	142107	571458	1961788	2359626	10684636	9403438	14024662
技术咨询合同	Technical Consultation Contracts	12530	31696	48539	17050	107875	1185716	417379
技术转让合同	Technical Transfer Contracts	110279	288881	344264	2923722	3060817	5849315	7683299
技术服务合同	Technical Service Contracts	217188	232705	70454	1334855	8874452	18220736	20801917

19-16 科技成果项数

Number of Achievements for Scientific and Technological Research

单位：项 (item)

项目	Item	2000	2005	2010	2015	2019	2020	2021
国家级科技奖励成果	**National Prizes for Scientific and Technological Research Achievements**	**24**	**15**	**36**	**32**	**50**	**36**	
国际合作奖	National Cooperation Prize							
国家发明奖	National Invention Prize		1	2	5	8	6	
国家自然科学奖	National Prize for Natural Sciences		1	1	5	3	2	
国家科技进步奖	National Prize for Progress in Science and Technology	24	13	33	22	39	28	
省级重大科技成果	**Major Provincial Scientific and Technological Achievements**				**2133**	**2755**	**3302**	**2546**
基础理论成果	Achievements in Fundamental Theory				126	580	854	602
应用技术成果	Achievements in Applied Technology				1990	2049	2299	1779
软科学成果	Achievements in Soft Sciences				17	126	149	165
省级科技奖励成果	**Provincial Prizes for Scientific and Technological Achievements**	**265**	**288**	**260**	**237**	**173**	**176**	**176**
省科技进步奖	Provincial Prize for Progress in Science and Technology	265	288	260	237	135	142	142
农业方面	Agriculture	46	51	31	31	16	13	11
工业方面	Industry	113	117	145	148	87	90	96
医药卫生方面	Medicine and Health Care	72	68	65	42	30	34	31
其他	Others	34	52	19	16	2	5	4

注：省级重大科技成果为全社会口径。
Note: Data of major provincial scientific and technological achievements are the whole society caliber.

19-17 县级政府部门属研究与开发机构基本情况

Basic Statistics on Research and Development Institutions under Government Departments at County Level

项目	Item	2000	2005	2010	2015	2019	2020	2021
机构数 (个)	Number of Institutions (unit)	183	166	143	124	106	93	90
职工总数 (人)	Number of Staff and Workers(person)	4379	3433	2798	2054	1575	1441	1517
科技活动人员(人)	Scientists and Engineers (person)			1390	1119	1089	1003	1120
经费收入 (万元)	Funds (10000 yuan)	13409	12229	16592	27162	31058	26722	37671
#来自政府的经费	Government Funds	5426	5187	9605	17467	23054	20889	27776

19-18 县级以上政府部门属研究与开发机构基本情况
Basic Statistics on Research and Development Institutions under Government Departments at and above County Level

项 目	Item	2000	2005	2010	2015	2019	2020	2021
总 计	**Total**							
机构数 (个)	Number of Institutions (unit)	296	192	181	184	183	189	196
职工总数 (人)	Number of Staff and Workers (person)	24926	14216	16922	22582	25641	29376	33417
科技活动人员 (人)	Scientists and Engineers			12819	17929	21878	26107	30496
经费收入 (万元)	Funds (10000 yuan)	358844	384866	665228	1450489	2156268	2717041	2934065
#政府拨款	Government Appropriations	98386	153946	332815	781376	1459657	2353141	2172171
经费支出 (万元)	Expenditures (10000 yuan)	330098	363973	674994	1363744	1844163	2458054	2712108
科技经费支出(万元)	Expenditures on Purchase of Assets(10000 yuan)			408216	962263	1491477	2231653	2475991
自然科学及技术领域	**Natural Sciences and Technology**							
机构数 (个)	Number of Institutions (unit)	263	163	156	158	160	167	176
职工总数 (人)	Number of Staff and Workers (person)	23623	13026	15601	21011	23980	27637	31816
科技活动人员 (人)	Scientists and Engineers			11738	16675	20466	24601	29020
经费收入 (万元)	Funds (10000 yuan)	345582	360334	626119	1375436	2058986	2622047	2834725
#政府拨款	Government Appropriations	89595	137906	306735	728278	1387283	2278854	2091386
经费支出 (万元)	Expenditures (10000 yuan)	317219	341823	634843	1297806	1749663	2362899	2610756
科技经费支出(万元)	Expenditures on Purchase of Assets(10000 yuan)			378555	919010	1416479	2153356	2394432
社会及人文科学领域	**Social Sciences and Humanities**							
机构数 (个)	Number of Institutions (unit)	16	13	10	10	10	10	11
职工总数 (人)	Number of Staff and Workers (person)	780	655	645	675	773	800	1045
科技活动人员 (人)	Scientists and Engineers			567	616	700	723	928
经费收入 (万元)	Funds (10000 yuan)	6906	10914	18906	32129	54206	53910	72870
#政府拨款	Government Appropriations	5908	9370	14003	26643	47777	50844	64383
经费支出 (万元)	Expenditures (10000 yuan)	6897	10207	17585	30830	52364	53609	74386
科技经费支出(万元)	Expenditures on Purchase of Assets(10000 yuan)			14334	23636	43525	45523	57684
科技情报和文献机构	**Scientific-Technological Information and Literature Institutions**							
机构数 (个)	Number of Institutions (unit)	17	16	15	16	13	12	9
职工总数 (人)	Number of Staff and Workers (person)	523	535	676	896	888	939	556
科技活动人员 (人)	Scientists and Engineers			514	638	712	783	548
经费收入 (万元)	Funds (10000 yuan)	6356	13619	20203	42923	43076	41085	26470
#政府拨款	Government Appropriations	2883	6670	12078	26455	24597	23443	16402
经费支出 (万元)	Expenditures (10000 yuan)	5982	11944	22566	35108	42136	41546	26966
科技经费支出(万元)	Expenditures on Purchase of Assets(10000 yuan)			15327	19618	31474	32774	23875

19-19 各市县级及以上政府部门属研究与开发机构基本情况

Basic Statistics on Research and Development Institutions under Government Departments at and above County Level by City

市别	City	2020 机构数(个) Number of Institutions (unit)	就业人员(人) Number of Employed Persons (person)	#科技活动人员(人) R&D Personnel (person)	经费收入(万元) Funds (10000 yuan)	#政府拨款 Government Appropr-iations	经费支出(万元) Expenditures (10000 yuan)	科技经费支出(万元) R&D Expenditure (100 million yuan)
全　省	**Provincial Total**	**282**	**30817**	**27110**	**2743764**	**2374030**	**2484607**	**2247879**
广　州	Guangzhou	93	20660	18048	1521624	973617	1449776	1257209
深　圳	Shenzhen	7	3939	3827	638536	838803	538263	530374
珠　海	Zhuhai	3	258	222	82660	82402	65012	61173
汕　头	Shantou	12	466	428	42285	41962	31007	28895
佛　山	Foshan	7	805	719	166146	168029	136154	130195
韶　关	Shaoguan	15	298	254	9320	7010	9169	7172
河　源	Heyuan	13	191	131	2077	2045	2373	1991
梅　州	Meizhou	22	334	281	8218	7371	7249	5532
惠　州	Huizhou	16	690	668	23754	23795	20275	18998
汕　尾	Shanwei	6	94	58	1705	1890	2187	1143
东　莞	Dongguan	9	977	788	96375	91189	91446	84986
中　山	Zhongshan	2	86	70	4404	4320	4401	3109
江　门	Jiangmen	9	206	170	5971	4175	5126	3744
阳　江	Yangjiang	4	97	78	17969	17847	10350	10088
湛　江	Zhanjiang	16	888	683	98315	87166	91119	87264
茂　名	Maoming	11	229	186	4329	3764	5467	3542
肇　庆	Zhaoqing	14	182	144	5289	4049	5519	4706
清　远	Qingyuan	6	60	44	1514	1466	1419	806
潮　州	Chaozhou	6	154	138	8611	8487	4506	4121
揭　阳	Jieyang	6	149	138	2673	2664	2419	2193
云　浮	Yunfu	5	54	35	1989	1981	1370	639

19−19 续表 continued

市别	City	2021 机构数(个) Number of Institutions (unit)	就业人员(人) Number of Employed Persons (person)	#科技活动人员(人) R&D Personnel (person)	经费收入(万元) Funds (10000 yuan)	#政府拨款 Government Appropr-iations	经费支出(万元) Expenditures (10000 yuan)	科技经费支出(万元) R&D Expenditure (100 million yuan)
全省合计	**Provincial Total**	**286**	**34934**	**31616**	**2971736**	**2199948**	**2750411**	**2502417**
广州	Guangzhou	92	21165	19194	1694444	1065362	1620463	1446951
深圳	Shenzhen	11	5913	5576	623536	529760	512644	500740
珠海	Zhuhai	3	258	227	101878	101112	73923	70688
汕头	Shantou	12	527	485	34949	33990	36694	34680
佛山	Foshan	7	962	899	113619	116680	147055	141576
韶关	Shaoguan	16	341	297	9488	7199	9196	7211
河源	Heyuan	12	170	118	1947	1880	1947	1658
梅州	Meizhou	22	322	277	8933	7909	10716	9241
惠州	Huizhou	17	714	666	37041	35753	34011	31366
汕尾	Shanwei	5	78	57	1518	6252	6025	5619
东莞	Dongguan	12	2146	1842	192121	154168	147567	133734
中山	Zhongshan	3	127	111	5166	4787	5340	4134
江门	Jiangmen	9	212	172	9957	10927	10611	8535
阳江	Yangjiang	4	132	111	16648	16377	7558	7127
湛江	Zhanjiang	15	987	803	92777	80596	101548	77121
茂名	Maoming	11	249	227	4920	4401	4948	4207
肇庆	Zhaoqing	14	198	175	5912	5543	6439	5594
清远	Qingyuan	6	66	49	1499	1333	1685	909
潮州	Chaozhou	6	161	146	7135	6852	7859	7361
揭阳	Jieyang	6	147	136	2527	2499	2498	2374
云浮	Yunfu	3	59	48	5723	6569	1685	1592

19-20 三种专利申请量与授权量

Three Types of Patent Application and Granted

单位：件 (item)

年份 Year	申请量 Number of Patent Applications	发明 Inventions	实用新型 Utility Models	外观设计 Designs	授权量 Number of Patent Applications Granted	发明 Inventions	实用新型 Utility Models	外观设计 Designs
1990	1948	231	1001	716	889	40	571	278
1995	7729	463	2367	4899	4611	57	1446	3108
2000	21123	1760	6033	13330	15799	261	4797	10741
2001	27596	2549	8144	16903	18259	301	5246	12712
2002	34339	3806	9972	20561	22760	351	6396	16013
2003	43186	6181	12985	24020	29235	953	7921	20361
2004	52201	8093	14682	29426	31446	1941	9307	20198
2005	72220	12887	18951	40382	36894	1876	11017	24001
2006	90886	21351	23886	45649	43516	2441	15644	25431
2007	102449	26692	25389	50368	56451	3714	21636	31101
2008	103883	28099	28883	46901	62031	7604	25072	29355
2009	125673	32247	39027	54399	83621	11355	27438	44828
2010	152907	40866	47706	64335	119346	13691	43901	61754
2011	196275	52012	67336	76927	128415	18242	51402	58771
2012	229514	60448	78731	90335	153598	22153	65946	65499
2013	264265	68990	93592	101683	170430	20084	77503	72843
2014	278351	75148	96136	107067	179953	22276	83202	74475
2015	355939	103941	135717	116281	241176	33477	105254	102445
2016	505667	155581	203609	146477	259032	38626	118157	102249
2017	627819	182639	283560	161620	332648	45740	169017	117891
2018	793819	216469	367938	209412	478082	53259	268508	156315
2019	807700	203311	369143	235246	527389	59742	282740	184907
2020	967204	215926	470055	281223	709725	70695	380882	258148
2021	980634	242551	456220	281863	872209	102850	484320	285039

注：2017年起，专利申请量统计口径调整为国家知识产权局受理的按规定缴足申请费、符合进入初步审查阶段条件的专利申请数量，2017年前，该口径数据称为专利申请受理量。2020年起，国家知识产权局不再反馈各省专利申请量数据。

Note: Starting from 2017, the statistic for the number of patent applications accepted only includes patents that have passed initial review conditions and paid application fees as stipulated by the State Intellectual Property Office. Data before 2017 of this coverage were named as number of patent applications accepted. Since 2020, the State Intellectual Property Office will no longer feed back the data of patent applications in each province.

19-21 分市全社会研究与试验发展人员与经费（2020年）
Personnel and Intramural Expenditure on R&D by City (2020)

市 别	City	R&D活动人员（人） Number of R&D Personnel (person)	#企业 Enterprises	R&D经费内部支出（亿元） Internal Expenditure on R&D(100 million yuan)	#企业 Enterprises
全 省	**Provincial Total**	**1175441**	**1036259**	**3479.9**	**2996.7**
广 州	Guangzhou	239333	151969	774.8	475.2
深 圳	Shenzhen	428515	409614	1510.8	1408.8
珠 海	Zhuhai	41870	38243	113.5	107.3
汕 头	Shantou	14853	12189	28.4	22.3
佛 山	Foshan	107715	103022	288.6	268.6
韶 关	Shaoguan	7608	6383	19.1	18.1
河 源	Heyuan	2380	2201	4.6	4.4
梅 州	Meizhou	2711	1649	4.4	3.1
惠 州	Huizhou	60581	58166	126.5	120.6
汕 尾	Shanwei	1846	1731	6.3	6.2
东 莞	Dongguan	142158	137984	342.1	322.8
中 山	Zhongshan	34519	33056	74.0	71.9
江 门	Jiangmen	39301	37663	78.6	73.1
阳 江	Yangjiang	2337	2080	5.7	5.4
湛 江	Zhanjiang	7776	2655	15.3	10.5
茂 名	Maoming	8328	6824	16.0	10.8
肇 庆	Zhaoqing	12069	10404	24.9	23.6
清 远	Qingyuan	8158	7871	14.5	14.5
潮 州	Chaozhou	4125	3730	7.5	5.6
揭 阳	Jieyang	6897	6719	21.5	21.4
云 浮	Yunfu	2361	2106	2.7	2.5

19-22 规模以上工业企业的科技活动基本情况
Basic Statistics on Science and Technology Activities of Industrial Enterprises above Designated size

指　　标	Item	2019	2020	2021
企业基本情况	**Statistics on Industrial Enterprises**			
有R&D活动企业数 (个)	Number of Enterprises with R&D Activities (unit)	20922	23081	26688
有R&D活动企业所占比重 (%)	Percentage of Enterprises with R&D Activities (%)	37.8	39.5	40.3
R&D活动情况	**Statistics on R&D Activities**			
R&D人员全时当量 (万人年)	Full-time Equivalent of R&D Personnel (10 000 man-years)	64.25	70.00	70.91
R&D经费支出 (亿元)	Expenditure on R&D (100 million yuan)	2314.86	2499.95	2902.18
R&D经费支出与主营业务收入之比 (%)	Percentage of Expenditure on R&D to Sales Revenue (%)	1.58	1.67	1.67
R&D项目数 (项)	R&D Projects (item)	106340	132120	146858
R&D项目经费支出 (亿元)	Expenditure on R&D Projects (100 million yuan)	2375.75	2566.01	3091.68
企业办R&D机构情况	**Statistics on R&D Institutions**			
机构数 (个)	Number of R&D Institutions (units)	25891	28262	32938
机构人员数 (万人)	R&D Personnel (10 000 persons)	103.63	108.99	122.41
机构经费支出 (亿元)	Expenditure on R&D (100 million yuan)	3913.48	4274.02	5046.84
新产品开发及生产情况	Statistics on New Products Development and Production			
新产品开发项目数 (个)	Number of New Products (unit)	146954	166140	201009
新产品开发经费支出 (亿元)	Expenditure on New Products Development (100 million yuan)	3864.98	4127.13	4636.98
新产品销售收入 (亿元)	Sales Revenue of New Products (100 million yuan)	42970.06	44313.05	4968.49
#新产品出口	Export	11846.14	13132.99	14296.30
专利情况	**Statistics on Patents**			
专利申请数 (件)	Number of Patent Applications (piece)	272616	305665	340935
#发明专利	Inventions	121320	127497	139727
有效发明专利数 (件)	Number of Inventions in Force (piece)	375515	435509	511717
技术获取和技术改造情况	**Statistics on Technology Acquisition and Technology Reconstruction**			
引进国外技术经费支出 (亿元)	Expenditure for Acquisition of Foreign Technology(100 million yuan)	142.55	211.15	167.28
引进技术消化吸收经费支出(亿元)	Expenditure for Assimilation of Technology (100 million yuan)	2.16	2.99	2.70
购买国内技术经费支出 (亿元)	Expenditure for Purchase of Domestic Technology (100 million yuan)	259.74	233.89	152.77
技术改造经费支出 (亿元)	Expenditure for Technical Renovation (100 million yuan)	564.63	668.89	612.70

19-23 规模以上工业企业研究与发展经费内部支出

Internal Expenditures of Industrial Enterprises Above Designated Size

单位：亿元 (100 million yuan)

指　　标	Item	2019	2020	2021
总　计	**Totals**	**2314.86**	**2499.95**	**2902.18**
按登记注册类型分	**By Status of Registration**			
内资企业	Domestic Funded	1755.88	1892.69	2179.69
国有企业	State-owned Enterprises	1.24	7.25	12.39
集体企业	Collective-owned Enterprises	0.49	0.46	0.17
股份合作企业	Cooperative Enterprises	0.52	0.67	0.27
联营企业	Joint Ownership Enterprises	0.13	0.18	0.30
有限责任公司	Limited Liability Enterprises	779.17	780.31	897.35
#国有独资	State Sole Funded Corporations	27.33	28.23	27.38
股份有限公司	Share-holding Corporations Limited	319.09	315.07	319.91
私营企业	Private Enterprises	655.24	788.74	949.17
其他企业	Other Enterprises		0.01	0.13
港、澳、台商投资企业	Enterprises with Funds from Hong Kong,Macao, and Taiwan	306.18	332.32	360.14698
外商投资企业	Foreign Funded Enterprises	252.79	274.95	362.34
按企业规模分	**By Size of Enterprises**			
大型企业	Large Enterprises	1351.74	1429.55	1684.46
中型企业	Medium-sized Enterprises	440.53	487.25	549.18
小微型企业	Small Enterprises	522.59	583.15	668.55
按行业分	**By Industry**			
采矿业	**Mining**	**4.44**	**6.91**	**7.34**
煤炭开采和洗选业	Mining and Washing of Coal			
石油和天然气开采业	Extraction Petroleum and Natural Gas	2.28	5.29	4.87
黑色金属矿采选业	Mining and Processing of Ferrous Metal Ores	0.16	0.00	0.02
有色金属矿采选业	Mining and Processing of Non-ferrous Metal Ores	0.55	0.57	1.28
非金属矿采选业	Mining and Processing of Non-metal Ores	0.88	0.60	0.85
开采辅助活动	Support Activities for Mining	0.57	0.45	0.33
其他采矿业	Mining of Other Ores			
制造业	**Manufacturing**	**2285.42**	**2461.82**	**2862.10**
农副食品加工业	Processing of Food from Agricultural Products	22.54	23.70	22.69
食品制造业	Manufacture of Foods	21.22	20.40	21.44
酒、饮料和精制茶制造业	Manufacture of Liquor, Beverages and Refined Tea	6.60	4.47	4.75
烟草制品业	Manufacture of Tobacco	3.28	4.16	2.10
纺织业	Manufacture of Textile	15.13	10.86	12.54
纺织服装、服饰业	Manufacture of Textile, Wearing Apparel, and Accessories	13.14	13.59	15.14

19—23 续表 continued

单位：亿元 (100 million yuan)

指 标	Item	2019	2020	2021
皮革、毛皮、羽毛及其制品和制鞋业	Manufacture of Leather, Fur, Feather and Related Products and Footwear	11.33	11.69	12.68
木材加工和木、竹、藤、棕、草制品业	Processing of Timber, Manufacture of Wood,Bamboo, Rattan, Palm and Straw Products	4.22	3.72	6.53
家具制造业	Manufacture of Furniture	21.48	26.34	30.03
造纸和纸制品业	Manufacture of Paper and Paper Products	24.13	14.37	17.83
印刷和记录媒介复制业	Printing and Reproduction of Recording Media	12.74	18.48	13.56
文教、工美、体育和娱乐用品制造业	Manufacture of Articles for Culture, Education, Arts and Crafts, Sport and Entertainment Activities	19.43	12.89	14.62
石油加工、炼焦和核燃料加工业	Processing of Petroleum, Coking and Processing of Nuclear Fuel	6.39	4.72	5.54
化学原料和化学制品制造业	Manufacture of Raw Chemical Materials and Chemical Products	69.17	47.14	61.39
医药制造业	Manufacture of Medicines	44.05	58.73	80.35
化学纤维制造业	Manufacture of Chemical Fibers	1.86	2.10	3.10
橡胶和塑料制品业	Manufacture of Rubber and Plastics Products	72.72	83.57	97.23
非金属矿物制品业	Manufacture of Non-metallic Mineral Products	49.34	35.71	44.95
黑色金属冶炼和压延加工业	Smelting and Pressing of Ferrous Metals	18.48	9.36	11.09
有色金属冶炼和压延加工业	Smelting and Pressing of Non-ferrous Metals	30.75	11.68	18.81
金属制品业	Manufacture of Metal Products	66.73	78.04	98.64
通用设备制造业	Manufacture of General Purpose Machinery	91.48	105.36	121.34
专用设备制造业	Manufacture of Special Purpose Machinery	106.06	122.58	133.32
汽车制造业	Manufacture of Automobiles	104.70	129.57	169.51
铁路、船舶、航空航天和其他运输设备制造业	Manufacture of Railway, Ship, Aerospace and Other Transport Equipment	19.56	22.79	26.19
电气机械和器材制造业	Manufacture of Electrical Machinery and Apparatus	338.55	342.93	364.99
计算机、通信和其他电子设备制造业	Manufacture of Computers, Communication and Other Electronic Equipment	1044.28	1182.61	1392.61
仪器仪表制造业	Manufacture of Measuring Instruments and Machinery	34.32	45.71	43.32
其他制造业	Other Manufacture	6.09	7.26	8.17
废弃资源综合利用业	Utilization of Waste Resources	3.02	3.34	4.32
金属制品、机械和设备修理业	Repair Service of Metal Products, Machinery and Equipment	2.64	3.96	3.34
电力、热力、燃气及水生产和供应业	**Production and Supply of Electric Power, Heat Power, and Water**	**25.00**	**31.22**	**32.74**
电力、热力生产和供应业	Production and Supply of Electric Power and Heat Power	17.61	19.88	22.23
燃气生产和供应业	Production and Supply of Gas	4.33	7.22	7.19
水的生产和供应业	Production and Supply of Water	3.06	4.11	3.32

19-24 分市规模以上工业企业R&D活动人员和经费

R&D Personnel and Expenditure of Industrial Enterprises by City

市别	City	R&D活动人员(人) Number of R&D Personnel (person)			R&D经费内部支出(亿元) Internal Expenditure on R&D(100 million yuan)		
		2019	2020	2021	2019	2020	2021
全　省	**Provincial Total**	**838891**	**911222**	**1090330**	**2314.86**	**2499.95**	**2902.18**
广　州	Guangzhou	99979	105364	138895	286.24	315.11	377.92
深　圳	Shenzhen	302042	345344	420021	1049.92	1157.31	1259.73
珠　海	Zhuhai	34234	34522	33891	93.33	93.94	84.41
汕　头	Shantou	12762	11822	11203	23.26	18.45	20.93
佛　山	Foshan	92022	98761	98476	259.71	238.86	298.07
韶　关	Shaoguan	6342	5870	5836	16.88	13.13	14.05
河　源	Heyuan	2320	2180	5541	3.67	4.26	8.68
梅　州	Meizhou	1859	1574	2632	2.38	2.77	5.61
惠　州	Huizhou	56291	57344	71722	99.78	115.26	157.30
汕　尾	Shanwei	1479	1731	1988	4.65	6.08	8.25
东　莞	Dongguan	124459	135841	182268	260.57	308.42	405.61
中　山	Zhongshan	31176	32129	34895	59.66	68.03	75.16
江　门	Jiangmen	33170	37269	38086	65.07	70.13	82.33
阳　江	Yangjiang	1489	2045	2442	4.77	5.23	4.46
湛　江	Zhanjiang	2746	2454	2918	9.12	9.85	10.65
茂　名	Maoming	6480	6452	6193	11.94	10.11	10.10
肇　庆	Zhaoqing	10640	10340	11296	23.35	21.19	26.69
清　远	Qingyuan	7644	7831	8810	13.12	14.01	19.71
潮　州	Chaozhou	3540	3692	3370	6.04	4.57	5.84
揭　阳	Jieyang	6970	6606	6239	19.19	20.82	20.22
云　浮	Yunfu	1247	2051	3608	2.19	2.43	6.45
按经济区域分	By Region						
珠三角	Pearl River Delta	784013	856914	1029550	2197.63	2388.24	2767.22
东　翼	Eastern Region	24751	23851	22800	53.14	49.92	55.24
西　翼	Western Region	10715	10951	11553	25.83	25.18	25.22
山　区	Mountainous Region	19412	19506	26427	38.25	36.60	54.50

19-25 分市规模以上工业企业新产品开发与销售情况(2021年)
New Products Delevlopment and Sale by Industrial Enterprises by City(2021)

单位：亿元 (100 million yuan)

市 别	City	新产品开发项目数(项) New Products (unit)	新产品开发经费支出 Expenditure on New Products Delevelopment	新产品销售收入 Sale Revenue of New Products	#出口 Exports
全 省	**Provincial Total**	**201009**	**4636.98**	**49684.90**	**14296.30**
广 州	Guangzhou	24767	521.78	6100.51	869.89
深 圳	Shenzhen	61478	2108.19	17146.54	6729.43
珠 海	Zhuhai	6762	167.61	1726.29	521.49
汕 头	Shantou	3147	33.03	457.93	73.62
佛 山	Foshan	24694	421.02	5844.61	1158.50
韶 关	Shaoguan	1360	28.50	222.14	27.99
河 源	Heyuan	1398	15.39	178.79	42.76
梅 州	Meizhou	796	10.80	166.65	17.74
惠 州	Huizhou	11458	217.32	3235.64	1100.84
汕 尾	Shanwei	284	10.62	204.78	64.95
东 莞	Dongguan	32821	637.63	9121.20	2429.92
中 山	Zhongshan	11102	136.52	1608.92	560.46
江 门	Jiangmen	9405	121.14	1495.79	415.22
阳 江	Yangjiang	492	25.78	101.34	15.50
湛 江	Zhanjiang	903	26.19	204.01	14.55
茂 名	Maoming	774	13.95	100.10	5.03
肇 庆	Zhaoqing	3810	50.21	601.63	58.06
清 远	Qingyuan	2278	41.54	750.42	112.21
潮 州	Chaozhou	927	9.63	128.22	35.18
揭 阳	Jieyang	1531	28.73	193.83	20.07
云 浮	Yunfu	822	11.43	95.58	22.90
按经济区域分	By Region				
珠 三 角	Pearl River Delta	186297	4381.41	46881.12	13843.79
东 翼	Eastern Region	5889	82.01	984.76	193.82
西 翼	Western Region	2169	65.92	405.45	35.08
山 区	Mountainous Region	6654	107.66	1413.57	223.60

19-26 科协机构及活动情况

Statistics on Associations for Science and Technology and Their Activities

项　目	Item	2000	2005	2010	2015	2020	2021
科协机构　（个）	**Number of Associations for Science and Technology (unit)**	**357**	**196**	**1026**	**142**	**141**	**141**
省科协	Provincial Associations	1	1	1	1	1	1
市科协	City Associations	21	21	21	21	21	21
县(市、区)科协	County (County-level City, District) Associations	123	120	121	120	119	119
厂矿科协	Factory and Mine Associations	212	54	883			
各级学会及农技协　（个）	**Number of Learned Societies and Research Societies at Various Levels (unit)**	**3780**	**2901**	**2371**	**3777**	**2046**	**2164**
省级学会	Provincial Learned Societies	146	**151**	151	151	184	194
市级学会	City Learned Societies	734	802	780	838	894	1013
县级学会	County Learned Societies				1428	571	557
农村专业技术协会	Rural Specialized Technological Societies	2900	1948	1440	1360	397	400
各级学会及农技协会员（人）	**Number of Members of Learned Societies and Rural Specialized Technological Societies at Various Levels (person)**	**704094**	**729671**	**393734**	**710402**	**592879**	**496946**
省级学会会员	Members of Provincial Learned Societies	203861	205212	265046	581796	553021	457466
#学会从业人员	Personnel in Learned Societies			574	909	1387	1595
农村专业技术协会会员	Members of Rural Specialized Technological Societies	223687	112200	128688	128606	39858	39480
科协活动开展情况	**Activities of Associations for Science and Technology**						
举办各类学术交流会(次)	Number of Academic Meetings Held	4769	1232	677	1466	1475	1833
举办科技科普展览　(次)	Number of Scientific and Technological Popularization Exhibitions Lectures (time)	2258	2319	3582	1561	547	893
青少年科技竞赛　(次)	Number of Scientific and Technological Competitions for Adolescents (time)	1286	760	407	327	314	289
参加科协各类活动人次（人次）	**Number of Participants in Activities Organized by Associations for Science and Technology (person-time)**	**8367629**	**8716871**	**11164480**	**8641510**	**30253019**	**50127359**
参加各类学术交流会	Number of Participants in Academic Meetings	505235	169988	295009	335713	4245603	3055664
参加各类科技培训	Number of Participants in Training Programs	654742	469514	251993	325922	250847	378843
参加各类科普活动	Number of Participants in Scientific and Technological Popularization Activities	7207652	8077369	10617478	7979875	25756569	46692852
主办科技期刊　（种）	**Publications of Academic Journals and Scientific and Technological Popularization Readings (kind)**	**582**	**216**	**611**	**110**	**41**	**42**
科技期刊总印数（万册、万份）	Number of Academic Journals and Scientific and Technological Popularization Readings Issued (10000 copies)	562	522	513	303	43	46

注：1.2013年，科协机构数不包括厂矿科协。
　　2.2013年起，主办科技期刊只统计在新闻出版机构注册登记，有正式刊号或内部准印证并由本单位直接主办、负责编辑的期刊。
　　3.各类科技培训统计口径变更为实用技术培训。

Note: a) In 2013, factory and mice associations are not included in number of associations for science and technology.
b) From 2013,publications of academic journals and scientific and technological popularization readings refer only to those with official numbers registered by press and publication or those with internal permit directly edited by the unit.
c) The scope of participants in training programs has been changed to operative technology training.

主要统计指标解释

普通高等学校 指按照国家规定的设置标准和审批程序批准举办，通过国家统一招生考试，收高中毕业生为主要培养对象，实施高等教育的全日制大学、独立设置的学院和高等专科学校，高等职业学校和其他机构。

成人高等学校 指按照国家有关规定审批、招收通过全国成人高教统一招生考试的具有高中毕业或同等学历的在职从业人员利用脱产、半脱产、业余或函授等多种形式对其实施高等学历教育，培养高等教育专科或本科毕业水平的专门人才，修业年限、课程设置和总学时的数按高等学历教育要求付诸实施的学校。包括广播电视大学、职工高等学校、农民高等学校、管理干部学院、教育学院、独立设置的函授学院等。

小学学龄儿童入学率 指调查范围内已入小学学习的学龄儿童占校内外学龄儿童总数（包括弱智儿童在内，但不包括盲聋哑儿童）的比重。

研究与试验发展(R&D) 指在科学技术领域，为增加知识总量，以及运用这些知识去创造新的应用进行的系统的创造性的活动，包括基础研究、应用研究、试验发展三类活动。国际上通常采用 R&D 活动的规模和强度指标反映一国的科技实力和核心竞争力。

基础研究 指为了获得关于现象和可观察事实的基本原理的新知识(揭示客观事物的本质、运动规律，获得新发现、新学说)而进行的实验性或理论性研究，它不以任何专门或特定的应用或使用为目的。其成果以科学论文和科学著作为主要形式。用来反映知识的原始创新能力。

应用研究 指为获得新知识而进行的创造性研究，主要针对某一特定的目的或目标。应用研究是为了确定基础研究成果可能的用途，或是为达到预定的目标探索应采取的新方法(原理性)或新途径。其成果形式以科学论文、专著、原理性模型或发明专利为主。用来反映对基础研究成果应用途径的探索。

试验发展 指利用从基础研究、应用研究和实际经验所获得的现有知识，为产生新的产品、材料和装置，建立新的工艺、系统和服务，以及对已产生和建立的上述各项作实质性的改进而进行的系统性工作。其成果形式主要是专利、专有技术、具有新产品基本特征的产品原型或具有新装置基本特征的原始样机等。在社会科学领域，试验发展是指把通过基础研究、应用研究获得的知识转变成可以实施的计划(包括为进行检验和评估实施示范项目)的过程。人文科学领域没有对应的试验发展活动。主要反映将科研成果转化为技术和产品的能力，是科技推动经济社会发展的物化成果。

R&D 人员 指参与研究与试验发展项目研究、管理和辅助工作的人员，包括项目(课题)组人员，企业科技行政管理人员和直接为项目(课题)活动提供服务的辅助人员。反映投入从事拥有自主知识产权的研究开发活动的人力规模。

R&D 人员全时当量 指全时人员数加非全时人员按工作量折算为全时人员数的总和。例如：有两个全时人员和三个非全时人员(工作时间分别为 20%、30%和 70%)，则全时当量为 2+0.2+0.3+0.7=3.2 人年。为国际上比较科技人力投入而制定的可比指标。

R&D 经费支出合计 指调查单位用于内部开展 R&D 活动（基础研究、应用研究和试验发展）的实际支出。包括用于 R&D 项目（课题）活动的直接支出，以及间接用于 R&D 活动的管理费、服务费、与 R&D 有关的基本建设支出以及外协加工费等。不包括生产性活动支出、归还贷款支出以及与外单位合作或委托外单位进行 R&D 活动而转拨给对方的经费支出。

R&D 经费支出中政府资金 指 R&D 经费内部支出中来自各级政府部门的各类资金，包括财政科学技术拨款、科学基金、教育等部门事业费以及政府部门预算外资金的实际支出。

R&D 经费支出中企业资金 指 R&D 经费内部支出中来自本企业的自有资金和接受其他企业委托而获得的经费，以及科研院所、高校等事业单位从企业获得的资金的实际支出。

R&D 项目（课题）数 指在当年立项并开展研究工作、以前年份立项仍继续进行研究的研发项目（课题）数，包括当年完成和年内研究工作已告失败的研发项目（课题），但不包括委托外单位进行的研发项目（课题）数。

新产品销售收入 指报告期企业销售新产品实现的销售收入。新产品是指采用新技术原理、新设计构思研制、生产的全新产品，或在结构、材质、工艺等某一方面比原有产品有明显改进，从而显著提高了产品性能或扩大了使用功能的产品。既包括经政府有关部门认定并在有效期内的新产品，也包括企业自行研制开发，未经政府有关部门认定，从投产之日起一年之内的新产品。

专利 是专利权的简称，是对发明人的发明创造经审查合格后，由专利局依据专利法授予发明人和设计人对该项发明创造享有的专有权。包括发明、实用新型和外观设计。反映拥有自主知识产权的科技和设计成果情况。

发明（专利） 指对产品、方法或者其改进所提出的新的技术方案。是国际通行的反映拥有自主知识产权技术的核心指标。

实用新型（专利） 指对产品的形状、构造或者其结合所提出的适于实用的新的技术方案。反映具有一定技术含量的技术成果情况。

外观设计（专利） 指对产品的形状、图案、色彩或者其结合所作出的富有美感并适于工业上应用的新设计。反映拥有自主知识产权的外观设计成果情况。

Explanatory Notes on Main Statistical Indicators

Regular Institutions of Higher Education refer to educational establishments set up according to government standards and evaluation and approval procedures, mainly enrolling graduates from senior secondary schools through uniform national matriculation examinations and providing higher education. Such institutions include full-time universities, independent colleges, technical colleges, professional colleges, and other institutions.

Institutions of Higher Learning for Adults refer to educational establishments approved according to relevant government rules, enrolling staff and workers with senior secondary or equivalent education through uniform national matriculation examinations, and providing them with regular higher education in various forms such as full-time, part-time, spare-time and correspondence courses in accordance with requirements of regular higher education in years of education, curricula, and total learning hours, so that they meet the standards for graduation of universities or junior colleges. Institutions of higher learning for adults include radio and TV universities, colleges for staff and workers, colleges for farmers, colleges for management cadres, teachers' colleges, and independent correspondence colleges.

Enrollment Rate of Primary School-age Children refers to the proportion of school-age children enrolled at primary schools in the total number of school-age children both in and outside schools (including retarded children, but excluding blind, deaf and dumb children).

Research and Development (R&D) refers to systematic and creative activities in the field of science and technology aiming at increasing the knowledge and using the knowledge for new application. R&D includes 3 categories of activities: basic research, applied research and experiments and development. The scale and intensity of R&D are widely used internationally to reflect the strength of S&T and the core competitiveness of a country in the world.

Basic Research refers to empirical or theoretical research aiming at obtaining new knowledge on the fundamental principles regarding phenomena or observable facts to reveal the intrinsic nature and underlying laws and to acquire new discoveries or new theories. Basic research takes no specific or designated application as the aim of the research. Results of basic research are mainly released or disseminated in the form of scientific papers or monographs. This indicator reflects the innovation capacity for original knowledge.

Applied Research refers to creative research aiming at obtaining new knowledge on a specific objective or target. Purpose of the applied research is to identify the possible uses of results from basic research, or to explore new (fundamental) methods or new approaches. Results of applied research are expressed in the form of scientific papers, monographs, fundamental models or invention patents. This indicator reflects the exploration of ways to apply the results of basic research.

Experiments and Development refer to systematic activities aiming at using the knowledge from basic and applied researches or from practical experience to develop new products, materials and equipment, to establish new production process, systems and services, or to make substantial improvement on the existing products, process or services. Results of experiment and development activities are embodied in patents, exclusive technology, and monotype of new products or equipment. In social sciences, experiment and development activities refer to the process of converting the knowledge from basic or applied researches into feasible programmes (including conduct of demonstration projects for assessment and evaluation). There are no experiment and development activities in the science of humanities. This indicator reflects the capability of transferring the results of S&T into technique and products, and measures the realization of S&T in spearheading the economic and social development.

R & D Personnel refer to persons engaged in research, management and supporting activities of R & D, including persons in the project teams, persons engaged in the management of S&T activities of enterprises and supporting staff providing direct service to the research projects. This indicator reflects the size of personnel engaged in R&D activities with independent intellectual property.

Full-time Equivalent of R&D Personnel refers to the sum of the full-time persons and the full-time equivalent of part-time persons converted by workload. For instance, if there are 2 full-time persons and 3 part-time workers (20%, 30% and 70% of working hours respectively on R&D activities), the full-time equivalent are 2+0.2+0.3+0.7=3.2 person-years. This is an internationally comparable indicator of S&T manpower input.

Total Expenditure of Funds on R&D refers to the real expenditure of surveyed units on their own R&D activities (basic research, applied research, experiments and development) including direct expenditure on R&D activities, indirect expenditure of management and services on R&D activities, expenditure on capital construction and material processing by others. Excluding the expenditure on production activities, return of loan, and fees transferred to cooperated or entrusted agencies on R&D activities.

Expenditure of Government Funds on R&D refers to the expenditure of funds on R&D activities from government agencies at different levels, including appropriate funds on science and technology from financial departments, scientific funds, operating expenses from education departments and the real expenditure of extra budgetary funds from government agencies.

Expenditure of Funds of Enterprises on R&D refers to the expenditure of funds on R&D activities from self-raised funds of enterprises and funds from other enterprises through entrustment, and the expenditure of funds of institutions, such as institution of scientific research and universities, from enterprises.

Number of R&D Projects (subjects) refers to the number of R&D projects (subjects) set up and implemented at the reference year, and the number of R&D projects (subjects) set up in former years and under implementation, including the projects (subjects) finished and failed at the reference year, excluding the projects (subjects) implemented by others through entrustment.

Sales Income of New Products refers to the sales income of new products of the enterprises at the reference period. New products refer to products developed and produced with new technologies and designs or improved in structure, material, process or other aspects so that their performance are improved or their functions expanded. New products include those affirmed by government authorities in their validity period and also those developed by enterprises without the affirmation of government authorities within one year after they are put into production.

Patent is an abbreviation for the patent right and refers to the exclusive right of ownership by the inventors or designers for the creation or inventions, given from the patent offices after due process of assessment and approval in accordance with the Patent Law. Patents are granted for inventions, utility models and designs. This indicator reflects the achievements of S&T and design with independent intellectual property.

Patented Inventions refer to new technical proposals to the products or methods or their modifications. This is universal core indicator reflecting the technologies with independent intellectual property.

Patented Utility Models refer to the practical and new technical proposals on the shape and structure of the product or the combination of both. This indicator reflects the condition of technological results with certain technical content.

Designs refer to the aesthetics and industrially applicable new designs for the shape, pattern and colour of the product, or their combinations. This indicator reflects the appearance design achievements with independent intellectual property.

二十、文化与体育

CULTURE AND SPORTS

二十　文化与体育

简要说明

一、本篇资料主要反映文化事业和体育的基本情况。

二、本篇资料主要包括：

1. 文化艺术、文物、图书馆、新闻出版、广播、电影、电视等文化事业的机构、人员及业务活动开展情况等。

2. 体育系统职工人数、群众体育活动开展情况及运动竞技成绩等。

三、本篇资料由广东省统计局社会和科技统计处负责整理、编辑。

四、统计资料来源：

文化、体育统计资料根据广东省文化和旅游厅、广东省广播电视局、广东省体育局及广东省档案局等有关部门提供的统计年报加工整理。

20 Culture and Sports

Brief Introduction

Ⅰ. The data in this chapter show the basic conditions on the development Guangdong's cultural undertakings. as well as sports.

Ⅱ. The data in this chapter mainly include:

(1) The data on institutions, personnel and business activities of culture and arts, cultural relics, libraries, news and publication, radio, film and television, etc.

(2) The number of staff and workers in sports departments，mass sports and athletics sports，etc.

Ⅲ. The data are prepared and edited by the Division of Social, Scientific and Technological Statistics of Statistics Bureau of Guangdong Province.

Ⅳ. Data sources:

The data on culture and sport are processed and prepared in accordance with the annual statistical reports provided by the Department of Culture and Tourism of Guangdong Province, Radio and Television Administration of Guangdong Province, Guangdong Provincial Bureau of Sports, Guangdong Provincial Bureau of Archives and the related departments.

20-1 文化、体育主要指标

Main Indicators on Culture and Education

指标	Item	2000	2010	2015	2020	2021
电影放映单位 (个)	Number of Film Projection Units (unit)	1626	1392	1793	2845	3026
艺术表演团体 (个)	Number of Art Performance Troupes (unit)	138	133	72	71	76
文化馆 (个)	Number of Cultural Centers (unit)	118	129	146	144	144
公共图书馆 (个)	Number of Public Libraries (unit)	125	133	140	148	150
公共图书馆藏量 (万册、件)	Holdings of Public Libraries (10000 volumes)	2330	4615	7008	11687	12687
博物馆（含美术馆） (个)	Number of Museums (including arts museum) (unit)	131	169	193	324	385
博物馆藏品数(含美术馆) (万件)	Holdings of Museums (including arts museum) (10000 pieces)	49.09	84.46	101.83	265.82	268.17
全省每万人拥有公共文化设施面积 (平方米)	Area of Public Cultural Facilities per 10000 People (Sq m)		416	1189.24	1299.45	1379.26
档案馆 (个)	Number of Archives (unit)	161	205	217	186	189
利用档案 (万卷次)	Archives Utilized (10000 volume-times)	36.32	301.00	495.00	669.65	873.84
图书出版量 (万册)	Number of Books Published (10000 copies)	26978	23134	31287	43448	50566
杂志出版量 (万册)	Number of Magazines Published (10000 copies)	26299	21201	14458	9887	9539
报纸出版量 (亿份)	Number of Newspapers Published (100 million copies)	34.63	45.59	32.77	15.33	14.48
广播电台 (座)	Number of Radio Stations (unit)	106	22	22	2	2
电视台 (座)	Number of TV Stations (unit)	67	24	24	3	3
广播电视台 (座)	Number of Radio and Television Stations	83	79		95	95
广播综合人口覆盖率 (%)	Overall Population Coverage Rate of Radio (%)	96.0	98.0	99.9	99.9	99.98
电视综合人口覆盖率 (%)	Overall Population Coverage Rate of Television (%)	96.4	98.0	99.9	99.9	99.98
举办全民健身活动次数 (次)	Number of National Body-building Activities Held (time)		9477	5000	2959	2000
全省人均拥有体育场地面积 (平方米)	Per Capita Area of Sports Venues (Sqm)	1.91	2.01		2.39	2.54

注：1.由于统计口径出现变化，已对2012年全省公共图书馆藏量数进行了调整。

2.由于文化部门改制，2012年起只统计事业单位和省直企业中的文化部门艺术表演团体。自2013年起，艺术表演团体口径进行调整，分为公有制艺术表演团体(事业)和公有制艺术表演团体(企业)。

3.2019年博物馆的统计范围增加了民办博物馆。

4.2019年起，广播电台、电视台数据只包含独立的广播电台和电视台，广播电台和电视台合并机构纳入广播电视台统计。

5.2020年全省人均体育场地面积数据依据最新人口统计数据统计。

Note: a)Data of 2012 of holdings of public libraries have been adjusted due to the change of coverage.

b)Due to institutional restructuring of cultural departments, the data of art performance troupes since 2012 only covers those of institutional organizations and directly under provincial jurisdiction.Since 2013,the coverage of art performance troupes has been adjusted to include public ownership art performance troupes(Institution) and public ownership art performance troupes(Enterprises).

c)The number of museums in 2019 includes private museums.

d)Since 2019, the number of radio stations and the number of television stations only include independent radio and television stations, and the combined institutions of radio and television stations are included in the radio and television stations.

e)Per capita area of sports venues in 2020 is based on the latest Census data.

20-2 文化艺术、文物事业机构数

Number of Institutions of Culture, Arts and Cultural Relics

单位：个 (unit)

年份 Year	电影放映单位 Film Projection Units	艺术表演团体 Arts Performance Troupes	文化馆 Cultural Centers	公共图书馆 Public Libraries	博物馆 Museums	档案馆 Archives
1978	6346	172	124	76	30	
1980	7375	195	113	97	26	
1985	6037	171	123	117	106	
1990	4024	130	113	103	106	138
1991	4041	122	110	104	107	147
1992	3917	125	113	108	108	150
1993	3974	126	115	110	108	148
1994	3750	132	116	111	111	156
1995	3668	134	115	114	113	155
1996	3670	136	115	115	114	157
1997	3463	138	117	119	117	157
1998	3621	139	117	120	122	157
1999	2938	140	117	121	128	162
2000	1626	138	118	125	131	161
2001	1794	139	118	129	140	175
2002	904	141	120	131	140	185
2003	840	144	117	129	144	185
2004	684	140	119	128	143	185
2005	720	139	117	129	146	185
2006	1542	138	120	129	147	186
2007	1844	128	122	130	153	186
2008	1450	130	121	132	152	188
2009	1265	127	128	133	160	197
2010	1392	133	129	133	169	205
2011	1357	100	134	134	161	209
2012	1419	61	137	137	168	209
2013	1506	75	147	137	191	214
2014	1673	72	147	138	192	218
2015	1793	72	146	140	193	217
2016	1974	72	146	142	192	192
2017	2323	74	146	143	197	192
2018	2490	74	145	143	199	188
2019	2666	72	145	146	259	189
2020	2845	71	144	148	324	186
2021	2839	76	144	150	385	189

注：由于全国文化文物统计制度统计口径的改变，2009年以后博物馆包含美术馆，其他年份博物馆不含美术馆。

Note: Due to the change in statistical coverage in national culture and cultural relics survey, the number of museums after 2009 includes arts museum and that of other years does not include arts museum.

20−3 文化部门艺术表演团体演出基本情况（2021年）

Basic Statistics on Performances of Art Troupes under(of) Cultural Departments (2021)

项　目	Item	剧团数（个）Number of Troupes (unit)	国内演出场次（万场）Number of Domestic Performances (10000 shows)	#到农村演出 Shows in Rural Areas	国内演出观众人次(万人次) Number of Domestic Spectators (10000 person-times)
合　计	**Total**	**447**	**8.91**	**5.39**	**4538.47**
公有制艺术表演团体(事业)	Public Ownership Arts Performance Troupes (Institution)	29	0.19	0.05	226.70
国有	State-owned	29	0.19	0.05	226.70
集体	Collective-owned				
其他	Others				
公有制艺术表演团体(企业)	Public Ownership Arts Performance Troupes (Enterprises)	47	0.41	0.20	305.98
国有	State-owned	41	0.36	0.16	280.20
集体	Collective-owned				
其他	Others	6	0.05	0.04	25.78
按剧种分	**By Type of Art Performance Troupe**				
#话剧、儿童剧、滑稽剧类	Modern Drama, Children Drama, Farce Drama	10	0.08	0.02	191.60
歌舞、音乐类	Dance, Music	115	1.94	0.26	780.14
京剧、昆曲类	Beijing Opera, Kunqu Opera	2	0.03	0.03	0.10
地方戏曲类	Local Opera	206	5.80	4.49	791.25
杂技、魔术、马戏类	Magic, Acrobatics, Circus	8	0.02	0.01	15.68
曲艺类	Chinese Folk Art	33	0.28	0.21	41.52
乌兰牧骑	Nei Monggol Cultural Troupe Mounted on Horseback				
综合性艺术表演团体	Comprehensive Art Troupes	73	0.74	0.38	2718.18

20–4 文化、文物机构及人员数（2021年）

Number of Institutions and Personnel in Culture and Cultural Relics (2021)

项 目	Item	合计 Total		文化部门 Cultural Departments		其他部门 Others	
		机构数（个） Number of Institutions (unit)	人数（人） Number of Personnel (person)	机构数（个） Number of Institutions (unit)	人数（人） Number of Personnel (person)	机构数（个） Number of Institutions (unit)	人数（人） Number of Personnel (person)
总 计	**Total**	**15553**	**287778**	**2541**	**45471**	**13012**	**242307**
文化合计	**Culture**	**15181**	**280669**	**2305**	**39833**	**12876**	**240836**
艺术事业	Arts	583	18670	118	6131	465	12539
图书馆事业	Libraries	150	5417	150	5417		
群众文化事业	Mass Culture	1761	14197	1761	14197		
艺术教育业	Art Education	2	338	2	338		
文化市场经营机构(不含非公有制艺术表演团体)	Cultural Market Operating Units	12365	224768			12365	224768
文艺科研	Scientific Research on Arts	7	96	7	96		
艺术展览创作机构	Art Exhibition Creative Agency	53	815	35	619	18	196
文化行政主管部门	Administrative Department	152	8129	152	8129		
其他文化机构	Other Agencies	108	8239	80	4906	28	3333
文物合计	**Cultural Relics**	**372**	**7109**	**236**	**5638**	**136**	**1471**
文物科研机构	Institutions for Cultural Relics	4	170	4	170		
文物保护管理机构	Agencies of Cultural Relics Preservation	26	313	24	313	2	
博物馆	Museums	339	6545	205	5074	134	1471
其他文物机构	Other Agencies	3	81	3	81		

20–5 公共图书馆、群众文化事业机构及人员数（2021年）

Number of Institutions and Personnel in Public Libraries and Mass Culture (2021)

项 目	Item	合计 Total		文化部门 Cultural Departments		其他部门 Others	
		机构数（个） Number of Institutions (unit)	人数（人） Number of Personnel (person)	机构数（个） Number of Institutions (unit)	人数（人） Number of Personnel (person)	机构数（个） Number of Institutions (unit)	人数（人） Number of Personnel (person)
图书馆事业	**Libraries**	**150**	**5417**	**150**	**5417**		
#少儿图书馆	Children's Libraries	5	228	5	228		
群众文化事业	**Mass Culture**	**1761**	**14197**	**1761**	**14197**		
群众艺术馆、文化馆	Mass Art Centers	144	2644	144	2644		
文化站	Cultural Stations	1617	11553	1617	11553		

20-6 各市文化、文物事业机构数（2021年）

Number of Institutions in Culture and Cultural Relics by City (2021)

单位：个 (unit)

市别	City	艺术表演团体 Art Troupes	文化馆 Cultural Centers	公共图书馆 Public Libraries	博物馆(含美术馆) Museums (including art museums)	档案馆 Archives
全省	**Provincial Total**	**76**	**144**	**150**	**385**	**189**
广州	Guangzhou	7	12	13	64	14
深圳	Shenzhen	3	10	12	86	11
珠海	Zhuhai	2	4	4	9	5
汕头	Shantou	6	8	9	11	10
佛山	Foshan	1	6	6	27	9
韶关	Shaoguan	2	11	11	14	13
河源	Heyuan	5	7	7	10	8
梅州	Meizhou	6	9	10	26	13
惠州	Huizhou	1	6	5	10	8
汕尾	Shanwei	4	5	5	7	5
东莞	Dongguan		1	1	20	3
中山	Zhongshan		1	1	9	2
江门	Jiangmen	1	8	8	12	11
阳江	Yangjiang	1	5	5	7	6
湛江	Zhanjiang	8	10	11	14	13
茂名	Maoming	6	6	6	7	7
肇庆	Zhaoqing	2	9	9	17	10
清远	Qingyuan	4	9	10	9	10
潮州	Chaozhou	2	4	4	11	5
揭阳	Jieyang	5	6	6	7	6
云浮	Yunfu	1	6	6	6	6
省直属单位	Units Directly under Provincial Government	9	1	1	2	14
按经济区域分	By Region					
珠三角	Pearl River Delta	17	57	59	254	73
东翼	Eastern Region	17	23	24	36	26
西翼	Western Region	15	21	22	28	26
山区	Mountainous Region	18	42	44	65	50

注：1.自2013年起，艺术表演团体分为公有制艺术表演团体(事业)和公有制艺术表演团体(企业)。
2.各区域不包省直单位部分。

Note: a) The coverage of art performance troupes has been adjusted to include public ownership art performance troupes(Institution) and public ownership art performance troupes(Enterprises) since 2013.
b) By Region does not include agencies directly under provincial jurisdiction.

20-7 各市文化、文物事业机构的人员数（2021年）
Number of Personnel in Culture and Cultural Relics by City (2021)

单位：人 (person)

市 别	City	艺术表演团体 Art Troupes	文化馆 Cultural Centers	公共图书馆 Public Libraries	博物馆(含美术馆) Museums (including art museums)	档案馆 Archives
全 省	**Provincial Total**	**4732**	**2644**	**5417**	**7247**	**2631**
广 州	Guangzhou	836	253	961	1311	386
深 圳	Shenzhen	393	385	1740	1448	147
珠 海	Zhuhai	245	83	128	239	62
汕 头	Shantou	203	128	111	201	122
佛 山	Foshan	52	153	349	733	257
韶 关	Shaoguan	83	185	112	222	132
河 源	Heyuan	146	121	118	128	78
梅 州	Meizhou	161	137	162	397	121
惠 州	Huizhou	92	111	126	198	109
汕 尾	Shanwei	229	55	63	110	51
东 莞	Dongguan		77	179	511	24
中 山	Zhongshan		58	54	122	112
江 门	Jiangmen	42	99	154	164	146
阳 江	Yangjiang	45	71	66	195	92
湛 江	Zhanjiang	331	107	104	198	124
茂 名	Maoming	173	71	139	87	90
肇 庆	Zhaoqing	68	124	184	293	69
清 远	Qingyuan	110	121	123	102	93
潮 州	Chaozhou	119	62	68	185	41
揭 阳	Jieyang	183	109	114	92	63
云 浮	Yunfu	34	87	73	54	72
省直属单位	Units Directly under Provincial Government	1187	47	289	257	240
按经济区域分	By Region					
珠三角	Pearl River Delta	1728	1343	3875	5019	1312
东 翼	Eastern Region	734	354	356	588	277
西 翼	Western Region	549	249	309	480	306
山 区	Mountainous Region	534	651	588	903	496

注：1.2012年起，分市数只统计事业单位的文化部门艺术表演团体。
2.各区域不包省直单位部分。

Note: a)Since 2012, the number of art troupes by city only covers data of art troupes of institutional organizations.
b)"By Region" does not include agencies directly under provincial jurisdiction.

20-8 图书、杂志、报纸出版数量

Number of Books, Magazines and Newspapers Published

项　目	Item	2000	2005	2010	2015	2019	2020	2021
图书出版	**Books Published**							
种数　(种)	Number of Publications　(kind)	4374	5908	6354	10089	11061	10970	11565
总印数　(万册)	Total Printed Copies(10000 copies)	26978	22600	23134	31287	39467	43448	50566
总印张数(千印张)	Total Printed Sheets　(1000 sheets)	1482942	1514191	1597301	2434970	3122677	3394245	3982308
杂志出版	**Magazines Published**							
种数　(种)	Number of Publications　(kind)	337	366	380	382	380	380	380
总印数　(万册)	Total Printed Copies(10000 copies)	26299	20371	21201	14458	10480	9887	9539
总印张数(千印张)	Total Printed Sheets　(1000 sheets)	919514	116814	1251752	844427	539431	492203	475097
报纸出版	**Newspapers Published**							
种数　(种)	Number of Publications　(kind)	101	102	100	100	97	97	92
总印数　(万份)	Total Printed Copies(10000 copies)	346268	398152	455912	327660	171635	153310	144834
总印张数(千印张)	Total Printed Sheets　(1000 sheets)	17669099	28996964	43788152	20081573	6598193	5117384	4601690

注：2000年开始报纸出版统计不包校报、院报。
Note: Since 2000, the number of newspaper published does not include that of college and institute newspaper.

20-9 图书出版情况（2021年）

Statistics on Books Published (2021)

门　类	Category	图书出版种数(种) Number of Publications (kind)	#新出 New Public-ations	总印数(万册) Total Printed Copies (10000 copies)	总印张数(千印张) Total Printed Sheets (1000 sheets)
合　计	**Total**	**11565**	**5692**	**50566**	**3982308**
马克思主义、列宁主义、毛泽东思想	Marxism, Leninism and Mao Zedong Thought	13	3	2	147
哲学	Philosophy	134	80	89	11125
社会科学总论	General Social Sciences	85	52	25	3602
政治、法律	Politics and Law	285	211	1056	80573
军事	Military Affairs	21	11	12	2211
经济	Economy	512	312	283	36805
文化、科学、教育、体育	Culture, Science, Education and Sports	6446	2427	45380	3430059
语言、文字	Language, Philology	274	135	218	24071
文学	Literature	1450	894	2457	281347
艺术	Arts	557	423	215	24439
历史、地理	History and Geography	590	455	396	33936
自然科学总论	General Natural Sciences	9	3	3	286
数理科学、化学	Mathematics, Physics and Chemistry	55	9	12	1570
天文学、地理科学	Astronomy and Geology	29	19	9	891
生物科学	Biological Science	52	28	33	2899
医药、卫生	Medicine and Health Care	404	264	169	19232
农业科学	Agricultural Science	43	27	11	1331
工业技术	Industrial Technology	418	199	138	20280
交通运输	Transportation	39	27	9	892
航空、航天	Aeronautics and Aerospace	6	4	2	144
环境科学	Environmental Science	39	23	12	1477
综合性图书	General Books	104	86	35	4991

注：本表图书种数、总印数和总印张不包含非"中国标准书号"部分。
Notes: Total Printed Copies and Total Printed Sheets does not include publications without "China International Standard Book Number".

20-10 杂志出版情况（2021年）
Statistics on Magazines Published (2021)

项　目	Item	种数（种） Number of Publications (kind)	平均期印数（万册） Average Printed Copies per Issue (10000 copies)	总印数（万册） Total Printed Copies (10000 copies)	总印张数（千印张） Total Printed Sheets (1000 sheets)
合　计	**Total**	**380**	**435**	**9539**	**475097**
综　合	General	26	13	155	8468
哲学、社会科学	Philosophy, Social Sciences	97	203	4543	215981
自然科学、技术	Natural Sciences, Technology	180	161	3582	182732
文化、教育	Culture, Education	46	47	1129	57208
文学、艺术	Literature, Arts	31	11	129	10708

20-11 报纸出版情况（2021年）
Statistics on Newspapers Published (2021)

项　目	Item	种数(种) Number of Publications (kind)	平均期印数(万册) Average Printed Copies per Issue (10000 copies)	总印数(万册) Total Printed Copies (10000 copies)	总印张数(千印张) Total Printed Sheets (1000 sheets)
合　计	**Total**	**92**	**538**	**144834**	**4601690**
按类型分	**By Type**				
综合类	General Newspapers	46	413	128669	4072116
专业类	Specialized Newspapers	30	74	10744	394819
生活服务类	Life Service Newspapers	10	8	404	32827
读者对象类	Reader Oriented Newspapers	5	38	4519	91958
文摘类	Digest Newspapers	1	5	499	9971
按范围分	**By Region**				
省　级	Provincial-level Newspapers	31	250	59359	2247762
市　级	City-level Newspapers	61	288	85475	2353928

注：根据《全国报纸出版统计调查制度(2019)》，将报纸分为“综合类”“专业类”“生活服务类”“读者对象类”“文摘类”(以上为非高校校报）和“高校校报”六类。本表不包含高校校报。其中以前年度将“综合类”“生活服务类”“读者对象类”对应以前年度的“综合报”，将“文摘类”“专业类”对应以前年度的“专业报”。

Note: According to the 《National Newspaper Publishing Statistical Survey System (2019)》, newspapers are divided into six categories: "General", "Specialized", "Life Service", " Reader Oriented", "Digest"(the above are not college newspapers) and "college newspapers". This table does not include college newspapers. In the previous year, "General", "Life Service" and " Reader Oriented" correspond to "General Newspaper" , and "Digest" and "Specialized Newspaper" correspond to "Specialized Newspapers".

20-12 广播、电视事业发展情况
Statistics on Radio and Television Stations

项 目	Item	2000	2010	2015	2017	2018	2019	2020	2021
广播电台 (座)	Number of Radio Stations	106	22	22	22	22	2	2	2
中波广播发射台和转播台 (座)	Number of Medium Wave Radio Transmission Stations and Relaying Stations	10	21	27	27	27	26	22	22
电视台 (座)	Number of Television Stations	67	24	24	24	24	3	3	3
100瓦及以上电视发射台和转播台 (座)	Number of Television Transmission and Relaying Stations at 1000 W and above	49	83	83	83	83	103	95	95
广播电视台 (座)	Number of Radio and Television Stations	83	79	79	79	79	95	95	95
有线广播电视用户 (万户)	Number of Subscribers to Cable Radio and Television (10000 subscribers)		1702	2089	1798	1845	1767	1706	1710
数字电视用户 (万户)	Number of Subscribers to Digital Television (10000 subscribers)		950.45	1622	1692	1761	1705	1639	1642

注：1000瓦及以上电视发射台和转播台，从2006年起改为100瓦以上(含100瓦)电视发射台和转播台。
Note: Television transmission and relaying stations at 1000 W and above since 2006 have been replaced by television transmission and relaying stations at 100W and above.

20-13 广播电台宣传基本情况（2021年）
Basic Statistics on Radio Stations (2021)

项 目	Item	广播电视台(座) Number of Radio and TV Stations (unit)	广播电台(座) Number of Radio Stations (unit)	节目套数(套) Number of Programs (unit)	平均每日播音时间(小时) Average Daily Broadcasting Hours (hour)	#自办节目时间 Self-produced Programs	#新闻节目 News Programs	#专题节目 Special Subject Programs	#文艺节目 Programs of Entertainment
合 计	**Total**	**95**	**2**	**139**	**2271**	**1766**	**391**	**399**	**307**
省 级	Provincial Level	1		9	215	206	29	81	29
市 级	City Level	19	2	58	1088	976	148	192	132
县 级	County Level	75		72	968	584	214	126	146

20-14 电视台宣传基本情况（2021年）

Basic Statistics on Television Stations (2021)

项 目	Item	广播电视台（座）Number of Radio and TV Stations (unit)	电视台（座）Television Stations (unit)	节目套数（套）Number of Programs (unit)	平均每日播出音时间(小时) Average Daily Broadcasting Hours (hour)	#自办节目时间 Self-produced Programs	#新闻节目 News Programs	#专题节目 Special Subject Programs	#文艺节目 Entertainment Programs
合 计	**Total**	**95**	**3**	**156**	**2353**	**714**	**364**	**324**	**72**
省 级	Provincial Level	1		13	286	112	39	42	4
市 级	City Level	19	3	63	1122	387	170	166	41
县 级	County Level	75		80	945	215	155	116	27

20-15 各市广播、电视事业机构数（2021年）

Number of Institutions of Radio and Television by City (2021)

单位：座 (unit)

市 别	City	广播电台 Number of Radio Stations	中波广播发射台和转播台 Number of Medium Wave Radio Transmission Stations and Relaying Stations	电视台 Number of Television Stations	100瓦及以上电视发射台和转播台 Number of Television Transmission and Relaying Stations at 100 W and above	广播电视台 Number of Radio and Television Stations
广 州	Guangzhou				5	5
深 圳	Shenzhen	1	2	2	1	
珠 海	Zhuhai				1	2
汕 头	Shantou		1		2	4
佛 山	Foshan	1		1	7	
韶 关	Shaoguan				13	9
河 源	Heyuan				5	6
梅 州	Meizhou				4	8
惠 州	Huizhou				5	5
汕 尾	Shanwei				3	4
东 莞	Dongguan				1	1
中 山	Zhongshan				1	1
江 门	Jiangmen				3	6
阳 江	Yangjiang				2	4
湛 江	Zhanjiang		1		10	6
茂 名	Maoming				2	5
肇 庆	Zhaoqing				7	7
清 远	Qingyuan				7	8
潮 州	Chaozhou				2	3
揭 阳	Jieyang				4	5
云 浮	Yunfu				4	5
省直属单位	Units Directly under Provincial Government		18		6	1

20−16 体育事业情况
Statistics on Sports

指　标	Item	2010	2015	2019	2020	2021
体育系统年末职工人数（人）	**Number of Staff and Workers in Sports Departments at the Year-end (person)**	**9405**	**10620**	**11839**	**12512**	**11987**
正式运动员	Official Athletes	1036	1649	1470	1679	2085
体育教练员	Sports Coaches	1094	1485	2282	1874	1942
专职文化教师	Full-time Teachers for Literacy Classes	918	907	870	927	898
科技人员	Scientific and Technological Personnel	113	114	101	104	91
医务人员	Medical Personnel	97	60	103	101	110
管理人员	Administrative Personnel	3328	4401	5086	5224	5076
其他人员	Others	2819	2004	1927	2603	1785
体育比赛成绩	**Achievements in Sports Tournament**					
破世界纪录（项）	Number of World Records Chalked Up (item)	1	1	1	1	3
获世界冠军（人次）	Number of World Championships Won (unit)	27	27	30	1	10
破亚洲纪录（项）	Number of Asian Records Chalked Up (item)	2	4	7	2	6
破全国纪录（项次）	Number of National Records Chalked Up (item-time)	5	5	17	5	8
获得全国冠军（项次）	Number of National Championships Won (item-time)	132	124	102	114	124
体育活动开展情况	**Sports Meets and Activities**					
举办全民健身活动次数（次）	Number of National Body-building Activities Held (time)	9477	5000	5971	2959	2000

主要统计指标解释

文化事业机构 指从事专业文化工作和为专业文化工作服务的独立建制的单独核算的单位。不包括这些单位另外举办独立核算的其他机构和各部门的业余文化组织。

艺术表演团体 指由文化部门主办或者实行行业管理（经文化行政部门审批并领取营业性演出许可证），专门从事表演艺术等活动的各类专业艺术表演团体，含民间职业剧团（不包括群众业余文艺表演团体）。

电影放映单位 指具有放映机器设备、固定或不固定的放映场所与专职或兼职的放映技术人员，经有关部门登记批准，经常为一定的观众对象放映电影的机构。包括经批准对外开放进行营业，并与电影发行放映管理机构分帐的专用放映单位和军委系统租片单位。

艺术表演观众人数(人次) 指售票、包场等有演出收入的场次和政府采纳的公益性演出场次及参加汇演、 等无演出收入的公开演出场次，不包括彩排审查和内部观摩演出的观看人次数。

Explanatory Notes on Main Statistical Indicators

Cultural Institutions refer to units which have their own organizational system and independent accounting system and specialize in or serve cultural development. They exclude other establishments with independent accounting system run by these cultural institutions and amateur cultural groups established by various departments.

Arts Performance Troupes refer to the various professional performing arts groups, which sponsored by the cultural sectors or guided by the cultural society (approved by the cultural administration authority, or registered and permitted with the relative certificate), including non-governmental troupes. The mass amateur arts performance troupes are not included.

Film Projection Units refer to units with film projection equipment, full or part-time projectionists, permanent or non-permanent cinemas, approved by and registered with related administrative departments to show films regularly for certain groups of audience, including film projection units which have been approved to give commercial shows and share profits with administrative agencies of film circulation and projection, as well as film renting units of the military system.

Number of Spectators at Art Performance (person-time) refers to the number of attendants at commercial shows, completely booked shows or free shows given in minority national areas, excluding the number of spectators at rehearsals for examination and internal shows for study.

二十一、卫生、
社会福利、社会保障和其他

PUBLIC HEALTH, SOCIAL WELFARE, SOCIAL INSURANCE AND OTHERS

二十一　卫生、社会福利、社会保障和其他

简要说明

一、本篇资料主要反映广东卫生、社会福利、社会保险、安全生产及其他事业的发展情况。

二、本篇资料由广东省统计局社会和科技统计处负责整理、编辑。

三、卫生部分主要包括卫生事业机构、床位及人员数等，资料由广东省卫生健康委员会提供。

四、社会福利部分主要包括各种社会福利事业情况、城乡基层社会保障情况、婚姻登记状况等，资料由广东省民政厅提供。

五、社会保险部分主要包括城乡基本养老保险、失业保险、城乡基本医疗保险等基金征缴收入和参保人数，资料由广东省人力资源和社会保障厅提供。

六、亿元生产总值安全生产事故死亡率数据由广东省应急管理厅提供。

七、其他部分主要包括司法工作开展情况和交通、火灾事故发生情况等，资料由广东省司法厅 、广东省公安厅提供。

21 Public Health,Social Welfare,Social Insurance and Others

Brief Introduction

Ⅰ. The data in this chapter mainly show the development of Guangdong's public health，social welfare，social security, safe production and other undertakings.

Ⅱ. The data are prepared by the Division of Social，Scientific and Technological Statistics of Statistics Bureau of Guangdong Province.

Ⅲ. The data on public health mainly include the number of health institutions， hospital beds and personnel，etc. The data are provided by Health Department of Guangdong Province.

Ⅳ. The data on social welfare mainly include the social welfare services， grassroots social security in urban and rural areas and marriage registration status，etc. The data are provided by Guangdong Provincial Department of Civil Affairs.

Ⅴ.The data on social security mainly include the statistics on basic pension insurance for urban and rural residents, the unemployment insurance, the amount collected and percentage of collection and the number of persons participating in urban and rural basic medical care insurance.The data is provided by Guangdong Provincial Department of Human Resources and Social Security.

Ⅵ. The rate of death from work safety accidents per 100 million yuan of GDP is provided by the Department of Emergency Management of Guangdong Province.

Ⅶ. Other data mainly include judicial conditions and basic statistics on traffic and fire accidents，etc. The data are provided by Guangdong Provincial Department of Justice and Guangdong Provincial Department of Public Security.

21-1 卫生、社会福利和其他主要指标

Main Indicators of Sports, Public Health, Social Welfare, Environmental Protection and Others

指 标	Item	2000	2010	2019	2020	2021
医疗卫生机构数 (个)	Number of Health Care Institutions (unit)	8984	44880	53928	55900	57955
#医院、卫生院	Hospitals	2426	2444	2817	2875	2935
医疗卫生机构床位数 (万张)	Number of Beds in Health Care Institutions (10000 units)	16.81	30.01	54.52	56.47	58.90
#医院、卫生院床位	Hospital Beds	15.72	27.71	50.39	52.39	54.66
卫生技术人员数 (万人)	Number of Medical Technical Personnel (10000 persons)	26.50	45.55	79.51	83.21	87.58
#执业(助理)医师	Licensed Physicians & Physician Assistants	11.12	17.51	29.21	30.73	32.09
平均每千人口有卫生机构床位数 (张)	Number of Beds in health Institutions per 1000 Population (bed)	1.94	2.87	4.37	4.47	4.64
平均每千人口有卫生技术人员数 (人)	Number of Medical Technical Personnel per 1000 Population (person)	3.07	4.36	6.37	6.59	6.90
#执业(助理)医师	Licensed Physicians & Physician Assistants	1.29	1.68	2.34	2.43	2.53
社会救助总人数 (万人)	Total Number under Social Relief (10000 persons) (10000 persons)	154.70	288.00	176.64	180.35	173.95
全省常住人口社保卡持卡率 (%)	Percentage of Permanent Provincial Residents with Social Security Card (%)		17.34	97.50	98.95	94.2
登记结婚件数 (对)	Registered Marriages (couple)	562118	857146	674522	633341	591124
离婚总数 (对)	Registered Divorces (couple)	47521	127048	248061	245816	167209
执业律师人数 (人)	Number of Full-time Lawyers (person)	7292	20230	48971	54957	61946
公证人员数 (人)	Number of Notarial Personnel (person)	1380	1694	2524	2750	2928
人民调解委员会调解人员数 (人)	Number of Mediators of People's Mediation Committees (person)	135192	194224	172280	172816	182304
亿元生产总值生产安全事故死亡率	Rate of Death from Work Safety Accidents per 100 Million Yuan of Gross Regional Product	1.080	0.153	0.029	0.023	0.019
交通事故发生数 (起)	Number of Traffic Accidents (unit)	66072	30480	23630	26444	48206
交通事故损失折款 (万元)	Losses from Traffic Accidents Converted into Cash (10000 yuan)	27526	8051	7689	7673	10534
火灾事故发生数 (起)	Number of Fire Accidents (unit)	8622	6065	13197	54711	64134
火灾事故损失折款 (万元)	Losses from Fire Accidents Converted into Cash (10000 yuan)	10065	17500	31738	56007	79931

注：2010年起医疗卫生机构、人员数总数含村卫生室数，千人口数据分母为常住人口。

Note: Since 2010,Data of village clinics was included in the total number of health care institutions and their personnel. The population of per 1000 persons used in this table are resident population.

21-2 医疗卫生机构、床位及人员数

Number of Health Care Institutions, Beds and Personnel

年份 Year	机构 (个) Health Institutions (unit)	#医院及卫生院 Hospitals	床位 (张) Beds (bed)	#医院及卫生院床位 Hospital Beds	卫生工作人员 (人) Medical Personnel (person)	#卫生技术人员 Medical Technical Personnel
1978	6949	1968	90645	84120	159583	126606
1979	7304	1974	91955	85144	171703	136568
1980	7649	1988	92506	84999	181480	144537
1981	8045	2002	94794	87010	191370	151971
1982	8331	2014	97441	88688	202162	160710
1983	8443	2037	100042	90851	208506	166543
1984	8525	2042	103231	93770	213193	170495
1985	8479	1853	107702	98231	220593	175337
1986	8713	1860	110022	99632	225526	180045
1987	8705	1880	114773	104932	230444	184126
1988	8820	1906	119328	109280	234807	187307
1989	8948	1886	122055	111816	240581	192147
1990	8989	1885	124015	114056	244039	194771
1991	9032	1906	129774	119079	249717	199051
1992	8989	1943	135527	124835	257043	205110
1993	8572	1968	139812	129317	267432	211874
1994	8720	2231	144865	134334	277398	220153
1995	8848	2267	148825	137756	288715	229894
1996	8921	2319	151553	141221	196108	237623
1997	8942	2348	155313	144496	305562	245862
1998	8805	2373	158351	147604	313737	252213
1999	8699	2415	162398	151367	320432	258591
2000	8984	2426	168143	157164	327065	264990
2001	8638	2444	172735	162197	330418	268347
2002	15500	2415	180791	165498	323294	262633
2003	15409	2410	188543	172981	336175	273620
2004	15744	2391	200056	183107	348203	283351
2005	16318	2428	209741	192551	364520	297334
2006	16953	2433	221886	204071	408972	332829
2007	16490	2435	234179	216951	452080	360674
2008	15821	2428	250497	231583	479462	383876
2009	16238	2442	271972	250364	513997	413444
2010	44880	2444	300083	277126	593503	455524
2011	45935	2411	325038	298070	627347	486356
2012	46556	2437	355274	324744	664825	520243
2013	47855	2447	378367	346478	710288	555498
2014	48087	2482	405707	372637	734345	584356
2015	48367	2539	435666	400745	771034	620004
2016	49124	2581	465228	428423	821880	667525
2017	49926	2666	492113	453022	866925	709894
2018	51527	2745	516973	477526	921703	757840
2019	53928	2817	545190	503893	964914	795132
2020	55900	2875	564701	523883	1009408	832061
2021	57955	2935	588953	546566	1062390	875803

注：从2002年开始，机构数中包含个体诊所机构数；从2010年开始机构、人员总计中含村卫生室数。

Note: Since 2002, the number of institutions has included the number of individual clinics;since 2010,number of village clinics was included in health care institutions.

21-3 医疗卫生机构、床位和人员数（2021年）

Number of Health Care Institutions, Beds and Personnel (2021)

机构类别	Type of Institution	机构（个）Number of Institutions (unit)	床位数（张）Beds (bed)	人员数（人）Personnel (person)	#卫生技术人员 Medical Technical Personnel	#执业(助理)医师 Licensed Physicians & Physician Assistants
医疗卫生机构数	**Health Care Institutions**	**57955**	**588953**	**1062390**	**875803**	**320923**
医　院	Hospitals	1762	479712	636408	528197	172386
卫生院	Health Centers	1173	66854	100686	86145	31823
疗养院	Sanatoriums	9	388	778	408	163
社区卫生服务中心	Community Health Service Centers	1231	8757	57366	49696	21522
社区卫生服务站	Community Health Service Stations	1505	40	7046	6589	2895
门诊部、诊所、卫生所等	Outpatient Departments and Clinics	25782	183	131081	116212	56901
#诊所	Outpatient Departments	20071		64254	58667	30803
卫生所(医务室)	Clinics (Medical Stations)	2781		9302	8487	4503
急救中心(站)	Emergency Centers (Stations)	53		1006	584	142
采供血机构	Blood Taking and Supply Agencies	49		2955	2197	255
妇幼保健机构	Maternity and Child Care Centers	130	26743	57872	48603	15614
专科疾病防治院(所、站)	Specialized Prevention and Treatment Stations	128	6276	9935	7647	2903
疾病预防控制机构	Disease Prevention and Control Centers (Antiepidemic Stations)	142		10832	7984	4035
卫生监督所	Sanitation Supervision Stations	151		4630	2987	
卫生监督检验(监测、检测)所(站)	Sanitation Supervision Quarantine Stations	1		3		
医学科学研究机构	Research Institutions of Medical Science	10		168	31	16
医学在职培训机构	On-the-job Medical Training Institutions	5		588	140	19
健康教育所(站、中心)	Health Education Stations (Centers)	35		518	197	104
村卫生室	Rural Medical Stations	25448		31990	13182	10973
其他卫生机构	Other Health Agencies	341		8528	5004	1172

注：总数中含村卫生室数。
Note: Number of village clinics was included in health care institutions.

21-4 各市医疗卫生机构、床位和人员数（2021年）

Number of Health Care Institutions, Beds and Personnel by City (2021)

市别	City	机构（个）Number of Institutions (unit)	#医院 Hospitals	床位数（张）Beds (bed)	#医院床位 Hospital Beds	卫生工作人员（人）Medical Personnel (person)	#卫生技术人员 Medical Technical Personnel	执业(助理)医师（人）Licensed Physicians & Physician Assistants (person)
全　省	**Provincial Total**	**57955**	**1762**	**588953**	**479712**	**1062390**	**875803**	**320923**
广　州	Guangzhou	5814	291	106513	97117	227267	187703	66204
深　圳	Shenzhen	5844	145	51921	48645	139789	113303	45623
珠　海	Zhuhai	1046	45	11689	10248	27092	22507	8652
汕　头	Shantou	1963	60	21464	18814	35057	29769	11876
佛　山	Foshan	2532	136	39909	36879	75127	64093	22994
韶　关	Shaoguan	2145	59	21106	15710	29447	24211	8108
河　源	Heyuan	2116	69	20429	13109	26213	21484	7134
梅　州	Meizhou	2947	56	22370	15482	34003	28150	10583
惠　州	Huizhou	3547	84	23844	18286	48861	41247	15903
汕　尾	Shanwei	1623	43	12340	8756	17056	12810	4764
东　莞	Dongguan	3434	117	34463	33663	73197	61046	22884
中　山	Zhongshan	1145	69	16523	16378	31426	27171	10000
江　门	Jiangmen	1737	55	25789	19271	40637	34284	11799
阳　江	Yangjiang	1810	61	16356	12907	22293	17713	6155
湛　江	Zhanjiang	3643	128	42946	32621	55552	44582	14546
茂　名	Maoming	3932	78	38572	23589	44332	36688	14103
肇　庆	Zhaoqing	3215	67	20185	15418	36030	28777	9644
清　远	Qingyuan	2622	63	19664	12856	31080	25938	9268
潮　州	Chaozhou	2248	34	7680	5587	15143	11309	4763
揭　阳	Jieyang	3196	73	23395	17074	33363	27205	10676
云　浮	Yunfu	1396	29	11795	7302	19425	15813	5244
按经济区域分	By Region							
珠 三 角	Pearl River Delta	28314	1009	330836	295905	699426	580131	213703
东　翼	Eastern Region	9030	210	64879	50231	100619	81093	32079
西　翼	Western Region	9385	267	97874	69117	122177	98983	34804
山　区	Mountainous Region	11226	276	95364	64459	140168	115596	40337

注：机构、人员数含村卫生室数。

Note: Number of village clinics was included in health care institutions.

21-5 各类医疗卫生机构、床位和人员数

Number of Health Institutions, Beds and Personnel by Type

指　　标	Item	2000	2005	2010	2015	2019	2020	2021
医疗卫生机构数（个）	**Number of Institutions (unit)**	**8984**	**40175**	**44880**	**48367**	**53928**	**55900**	**57955**
#医院	Hospitals	746	965	1088	1323	1631	1700	1762
卫生院	Health Centers	1680	1463	1356	1216	1186	1175	1173
门诊部、诊所、卫生所（所）	Clinics, Health Stations and Community Health	5710	12224	11056	14068	21465	23328	25782
专科疾病防治院（所、站）	Specialized Disease Prevention &Treatment Institution	158	157	147	131	130	130	128
疾病预防控制机构	Sanitation and Anti-epidemic Institutions	171	134	134	137	134	137	142
妇幼保健机构	Maternity and Child Care Centers	31	125	126	130	130	130	130
医学科学研究机构	Research Institutions of Medical Science	20	20	18	17	12	12	10
村卫生室	Rural Medical Stations	28913	23763	28339	27178	25788	25887	25448
床位数（张）	**Number of Beds (unit)**	**168143**	**209573**	**300083**	**435666**	**545190**	**564701**	**588953**
人员数（人）	**Number of Personnel (person)**	**327065**	**364401**	**593503**	**771034**	**964914**	**1009408**	**1062390**
卫生技术人员	Medical Technical Personnel	264990	271230	455524	620004	795132	832061	875803
#执业(助理)医师	Licensed Physicians & Physician Assistants	111172	120875	175100	229389	292128	307289	320923
注册护士	Nurses	83198	98681	168043	254430	356784	374807	402047
其他技术人员	Other Technical Personnel	8910	42559	54491	50033	52181	55268	54729
管理人员	Administrative Personnel	24320	21617	29541	30638	35157	36995	38236
工勤人员	Logistics Personnel	28845	28995	53947	70359	82444	85084	93622

注：从2002年开始，机构数中包含个体诊所机构数；门诊部(所)含门诊部、诊所、卫生所、医务室、护理站等；妇幼保健院归入妇幼保健机构统计；医生指执业(助理)医师。2008年起，门诊部(所)含护理站，不含社区卫生服务站(纳入其他卫生机构)。2010年起机构、人员数含村卫生室数。2021年起，管理人员为仅从事管理人员数。

Note: Since 2002, the number of institutions has included the number of individual clinics, covered in the category of outpatient departments (clinics); maternity and child care centers have been included in the number of maternity and child care institutions; doctors have referred to certified (assistant) doctors; and since 2008, clinics include nurse stations, but exclude community health stations, which is listed as Other Healthcare Institutions. Since 2010,Number of village clinics was included in health care institutions. Since 2021,the number of managers only includes the persons who are engaged in management.

21-6 各市社会保险基金征缴收入(2021年)
Amount Collected of Security Insurance (2021)

单位：万元 (10000 yuan)

市别	City	城镇职工基本养老保险基金征缴收入 Amount Collected of Urban Employee Basic Pension Insurance	城乡居民基本养老保险基金征缴收入 Amount Collected of Basic Pension Insurance for Urban and Rural Residents	城镇职工基本医疗保险基金征缴收入 Amount Collected of Urban Employee Basic Medical Insurance	城乡居民基本医疗保险基金征缴收入 Amount Collected of Basic Medical Care Insurance for Urban and Rural Residents	失业保险基金征缴收入 Amount Collected of Unempl-oyment Insurance	工伤保险基金征缴收入 Amount Collected of Work Injury Insurance
全省	**Provincial Total**	**52680629**	**628139**	**52680629**	**628139**	**1045369**	**442467**
广州	Guangzhou	10878391	148718	10878391	148718	283701	86070
深圳	Shenzhen	13719565	1246	13719565	1246	324247	111201
珠海	Zhuhai	1701120	17080	1701120	17080	33065	12413
汕头	Shantou	859680	35497	859680	35497	16000	7084
佛山	Foshan	4031133	15386	4031133	15386	69263	37572
韶关	Shaoguan	685413	28368	685413	28368	9575	7389
河源	Heyuan	483240	17931	483240	17931	6457	4482
梅州	Meizhou	705431	17300	705431	17300	9096	4157
惠州	Huizhou	2041012	43029	2041012	43029	30631	23991
汕尾	Shanwei	275570	44050	275570	44050	3845	2596
东莞	Dongguan	5620324	65	5620324	65	136419	63922
中山	Zhongshan	2107827	1185	2107827	1185	40714	19627
江门	Jiangmen	1335385	29102	1335385	29102	18756	12890
阳江	Yangjiang	485681	19098	485681	19098	1963	3511
湛江	Zhanjiang	875718	52495	875718	52495	12557	4875
茂名	Maoming	687464	48111	687464	48111	10864	5125
肇庆	Zhaoqing	755128	25735	755128	25735	10876	8092
清远	Qingyuan	774525	37431	774525	37431	12868	7366
潮州	Chaozhou	383783	10404	383783	10404	5448	2375
揭阳	Jieyang	541353	22659	541353	22659	4717	3731
云浮	Yunfu	328109	13248	328109	13248	4306	3417
省直	Directly under Provincial Government	3404778		3404778			10580
按经济区域分	By Region						
珠三角	Pearl River Delta	42189884	281547	42189884	281547	947673	375780
东翼	Eastern Region	2060386	112611	2060386	112611	30009	15786
西翼	Western Region	2048863	119704	2048863	119704	25383	13511
山区	Mountainous Region	2976718	114278	2976718	114278	42303	26810

注：1.各区域数据不包含省直单位部分；本表生育保险收入不再单独填列，合并在职工医保收入中体现。
2.东莞、中山、珠海、佛山建立城乡一体化基本医疗保险制度，本表中4市居民基本医疗基金合并在职工基本医疗基金统计。

Note: a)The data of each region does not include the agencies directly under provincial jurisdiction. The Maternity Insurance income in this table are no longer filled in individually, consolidated in the Medical Care Insurance income of employees.

b)Dongguan, Zhongshan, Zhuhai and Foshan have established the urban-rural integrated basic medical insurance system.In this table, the urban employee medical care insurance in the four cities include the basic medical care insurance for urban and rural residents.

21－7 各市社会保险参保人数（2021年）

Number of Persons Participating in Social Insurance by City (2021)

单位：万人 (10000 persons)

市别	City	城镇职工基本养老保险参保人数 Urban Employee Basic Pension Insurance Contributors	城乡居民基本养老保险参保人数 Basic Pension Insurance for Urban and Rural Residents Contributors	城镇职工基本医疗保险 Urban Employees Basic Medical Care Insurance Contributors	城乡居民基本医疗保险参保人数 Basic Medical Care Insurance for Urban and Rural Residents Contributors	失业保险参保人数 Unemployment Insurance Contributors	工伤保险参保人数 Work Injury Insurance Contributors	生育保险参保人数 Maternity Insurance Contributors
全省	**Provincial Total**	**5079.48**	**2680.40**	**4757.14**	**6514.78**	**3725.12**	**4068.57**	**3973.88**
广州	Guangzhou	864.33	139.57	894.48	502.33	715.71	729.23	689.67
深圳	Shenzhen	1337.76	1.18	1334.68	324.94	1249.26	1284.47	1330.31
珠海	Zhuhai	149.52	12.20	148.44	67.88	119.08	123.97	121.13
汕头	Shantou	103.38	220.28	83.03	437.74	54.68	78.27	59.77
佛山	Foshan	435.50	49.05	395.69	236.50	323.69	354.72	323.76
韶关	Shaoguan	74.89	103.00	79.58	233.97	34.63	44.34	46.87
河源	Heyuan	54.30	131.54	43.52	266.47	29.00	38.54	40.81
梅州	Meizhou	104.66	169.06	61.19	399.42	38.29	49.35	41.39
惠州	Huizhou	207.94	111.28	224.69	252.72	157.37	168.68	194.42
汕尾	Shanwei	33.36	95.55	33.08	258.37	12.72	19.60	22.39
东莞	Dongguan	600.90	5.53	658.27		454.58	474.36	507.02
中山	Zhongshan	241.88	0.79	182.38	114.69	170.42	183.20	168.00
江门	Jiangmen	163.56	151.33	174.19	246.15	102.92	109.28	117.54
阳江	Yangjiang	43.03	124.86	32.99	239.29	19.98	35.57	26.49
湛江	Zhanjiang	108.40	283.21	82.40	642.60	47.72	54.76	59.14
茂名	Maoming	82.63	270.39	63.01	612.98	35.83	39.08	40.41
肇庆	Zhaoqing	85.13	163.59	87.18	336.33	50.64	65.97	59.14
清远	Qingyuan	88.37	173.01	85.19	333.28	48.23	55.11	58.38
潮州	Chaozhou	51.46	109.52	33.95	224.72	22.92	37.83	23.99
揭阳	Jieyang	62.63	245.81	26.07	551.76	18.63	31.17	18.83
云浮	Yunfu	37.16	119.65	33.13	232.64	18.80	23.21	24.42
省直	Directly under Provincial Government	148.69					67.86	
按经济区域分	By Region							
珠三角	Pearl River Delta	4087	635	4100.00	2081.54	3344	3494	3511.00
东翼	Eastern Region	251	671	176.12	1472.59	109	167	124.99
西翼	Western Region	234	678	178.40	1494.87	104	129	126.04
山区	Mountainous Region	359	696	302.61	1465.78	169	211	211.86

注：1.各区域不包省直单位部分。
2.2012年8月起，新型社会农村养老保险和城镇居民社会养老保险制度全覆盖工作全面启动，合并为城乡居民社会养老保险。
3.2021年东莞市仍实施城乡一体化基本医疗保险制度，基本医疗保险参保人数填列在城镇职工基本医疗保险栏。

Note: a) "By Region" does not include agencies directly under provincial jurisdiction.
b) Since August 2012,system of new old-age insurance and urban basic pension insurance have started completely, and called basic pension insurance for urban and rural residents as total.
c) In 2021, Dongguan still implement the urban-rural integrated basic medical care insurance system, the number of participants in basic medical care insurance listed in the column of basic medical insurance for urban employees.

21-8 优抚、社会救济和福利事业情况

Statistics on Preferential Treatment and Resettlement, Social Relief and Welfare

项 目	Item	2010	2015	2018	2019	2020	2021
优抚事业	**Preferential Treatment and Resettlement**						
优抚事业单位数 (个)	Number of Institutions for Preferential Treatment and Resettlement (unit)				33	39	42
优抚事业单位服务对象人数 (人次)	Number of Persons Adopted by Preferential Treatment and Resettlement Institutions (person-time)				2966	35347	42090
优抚事业费用 (万元)	Expenses on Preferential Treatment and Resettlement (10000 yuan)				516766	542804	585915
社会救助	**Social Relief**						
社会救助总人数 (万人)	Total Number under Social Relief (10000 persons)	288.00	227.25	177.62	176.64	180.35	173.95
城乡居民最低生活保障人数 (万人)	Number of Urban and Rural Residents Receiving Minimum Income Relief (10000 persons)	224.70	183.30	141.09	140.40	142.97	142.33
城镇	Urban Areas	40.70	29.69	17.34	15.66	15.21	15.00
农村	Rural Areas	184.00	153.60	123.75	124.74	127.76	127.33
城乡居民最低生活保障家庭户数 (万户)	Number of Urban and Rural Households Receiving Minimum Income Relief (10000 households)	91.80	86.39	57.83	58.65	59.52	58.63
城镇	Urban Areas	17.30	15.19	9.27	8.45	8.17	7.93
农村	Rural Areas	74.50	71.20	48.56	50.20	51.35	50.70
城乡居民最低生活保障金支出 (万元)	Expenditures on Minimum Income Relief for Urban and Rural Residents (10000 yuan)	244490	553022	623506	646105	827367	794511
城镇	Urban Areas	79665	159530	145315	134570	151952	145289
农村	Rural Areas	164825	393493	478191	511535	675415	649222
社会福利支出 (亿元)	Expenses on Social Welfare (100 million yuan)		40.89	89.25	109.50	117.74	131.47
社会救助支出 (亿元)	Expenses on Social Relief(Medical Aid for Special-care Recipient not included(100 million yuan)		94.79	102.47	103.26	124.34	118.65
自然灾害救济费 (万元)	Relief Funds for Natural Calamities (10000 yuan)	45995	51051	41926	9441	3423	

21-8 续表 continued

项　目	Item	2010	2015	2018	2019	2020	2021
社会工作机构情况	**Social Welfare**						
提供住宿的社会工作机构(个)	Number of Social Welfare Institutions with Accommodations (unit)	2514	1588	1711	1909	2039	2109
编制登记	Registered with State Office for Scopes	256	1282	1314	1419	1440	1455
工商登记	Registered with Industry and Commerce Administration	27	48	97	148	215	272
民政登记	Registered with Civil Affairs Administration	1791	220	280	322	359	354
一个机构多块牌子	Unregistered	440	38	20	20	24	28
提供住宿的社会服务机构年末在院人数 (人)	Number of People Taken in by Social Welfare Institutions with Accommodations at the year-end (person)	92224	92043	91238	98700	102212	101126
编制登记	Registered with State Office for Scopes	26402	61360	51903	51677	50335	47844
工商登记	Registered with Industry and Commerce Administration	3188	8481	13070	16617	19506	21160
民政登记	Registered with Civil Affairs Administration	51516	20525	25858	30037	32065	31555
未登记	Unregistered	11118	1677	407	369	306	567
社区服务	**Community Service**						
社区综合服务机构和设施总数 (个)	Number of Community Nursing Service Facilities and Insitution (unit)	15960	57108	65001	71249	30978	31894
社区服务指导中心	Community Service Guidance Centers		29	17	21	18	17
社区服务中心	Community Service Centers	1366	2893	2054	1964	1863	2073
社区服务站	Community Service Stations	1632	13284	22850	25627	26605	27146
社区专项服务机构和设施数 (个)	Number of Community Special Service Facilities and Insitution (unit)	12962	40281	36383	30890	2492	2658
社区养老服务机构和设施数 (个)	Number of Community Nursing Service Facilities and Insitution (unit)					22364	21450
未登记和挂靠的特困人员救助供养机构	Unregistered and Affiliated Rescue and Feeding Institutions for the Poor People			7	45	16	11
全托服务社区养老服务机构和设施	Total Care Community Nursing Service Facilities and Insitution					1442	1579
日间照料社区养老服务机构和设施	Daily Care Community Nursing Service Facilities and Insitution					14917	13698
社区养老机构和设施	Community Nursing Facilities and Insitution		621	3377	9469		
互助型养老设施	Community Mutual Aid Nursing Facilities			313	3233	3931	3936
其他社区养老服务设施	Other Community Service Facilities					2058	2226

注：1.2013年起，社会福利收养性事业单位数和社会福利收养性事业单位收养人数指标分别修改为提供住宿的社会服务机构数和提供住宿的社会服务机构年末在院人数。

2.2015年以前，一个机构多块牌子的机构为未登记注册机构。

3.2019年以前社区服务机构和设施总数包括(1)社区服务指导中心；(2)社区服务中心；(3)社区服务站；(4)未登记注册的特困人员供养机构；(5)社区养老照料机构和设施；(6)社区互助型养老设施；(7)其他社区服务机构和设施，数据填至2019年。从2020年起，根据《民政事业统计调查制度》，将社区综合服务机构和设施与社区养老服务机构和设施分开单独统计，2020年按新的口径进行填报。

Note: a) Since 2013, the indicator of number of social welfare institutions and number of people taken in by social welfare institutions are amended as the indicator of social welfare institutions with accommodations and number of people taken in by social welfare institutions with accommodations at year-end respectively.

b) Unregistered Institutions include one organization with a few brands.

c) The total number of community service facilities and insitutions before 2019 includes (1)Community Service Guidance Centers;(2)Community Service Centers; (3)Community Service Stations; (4)Unregistered Feeding Institutions for the Poor People; (5)Community Nursing Facilities and Institution; (6)Community Mutual Aid Nursing Facilities;(7)Other Community Service Facilities, data to 2019. Since 2020，according to the Statistical Survey System of Civil Affairs, counted the Community Comprehensive Service Facilities and the Community Nursing Service Facilities and Institution separately and fill in new caliber in 2000.

21-9 婚姻登记情况

Statistics on Marriage Registration

项 目	Item	2010	2015	2019	2020	2021
登记结婚件数 （对）	**Marriage Registration number (couple)**	**857146**	**840411**	**674522**	**633341**	**591124**
登记结婚人数 （人）	**Nmber of Persons Registered (person)**	**1714292**	**1680822**	**1349044**	**1266682**	**1182248**
按居住地分类	By Place of Residence					
内地居民登记结婚件数 （对）	Mainland Residents Marriage Registration Number (couple)	850448	832694	665124	629197	586212
内地居民登记结婚人数 （人）	Number of mainland residents registered (person)	1700896	1665442	1330244	1258394	1172424
涉外及华侨、港澳台居民登记结婚件数（对）	Marriage Registration Number with Foreigners, Overseas Chinese and Citizens of HongKong, Macao and Taiwan (couple)	6698	7717	9398	4144	4912
内地居民 （人）	Mainland Residents (person)	6676	7676	9386	4142	4901
#女性 （人）	Female (person)	5241	5324	4172	1829	2570
香港居民 （人）	Hongkong Residents (person)	1552	2436	2259	713	1575
澳门居民 （人）	Macao Residents (person)	765	827	668	579	616
台湾居民 （人）	Taiwan Residents (person)	770	840	694	328	356
华侨 （人）	Overseas Chinese (person)	1069	1526	660	98	106
外国人 （人）	Foreigners (person)	2564	2129	5129	2428	2270
按婚前状况分类	By pre marital status					
初婚人数 （人）	Number of First Marriages (person)	1583025	1501835	1143482	1065152	987392
再婚人数 （人）	Number of Remarriages (person)	131267	178987	205562	201530	194856
#女性 （人）	Female (person)	57536	85208	104469	105297	103362
恢复结婚件数 （对）	Resumption of Marriages (couple)	12764	27356	29898	27742	23364
按年龄分类	By age					
#20～24 （人）	20～24 (person)	549611	490868	291542	243187	184422
25～29 （人）	25～29 (person)	703191	718631	571978	550444	521992
30～34 （人）	30～34 (person)	237064	230655	242260	247435	258661
35～39 （人）	35～39 (person)	105735	90905	96878	93691	94449
40以上 （人）	above 40 (person)	118691	149763	146386	131925	122724
离婚总数 （对）	**Total Number of Divorce (couple)**	**127048**	**193360**	**248061**	**245816**	**167209**
民政离婚登记 （对）	Registered Divorce (couple)	100759	167544	222463	222287	144933
内地居民登记离婚（对）	Number of Mainland Residents Registered Divorces (couple)	99536	166142	220974	220703	144402
涉外及华侨、港澳台居民登记离婚 （对）	Divorce from Foreigners,Overseas Chinese and Citizens of Hong Kong, Macao and Taiwan (couple)	1223	1402	1489	1584	531
#外国人 （人）	Foreigners (person)	397	290	409	202	138
法院调解离婚 （对）	Divorces through Law Court Mediation (couple)	17644	15268	14629	13090	11821
法院判决离婚 （对）	Divorces through Law Court Judgment (couple)	8645	10548	10969	10439	10455

21-10 律师、公证、基层司法基本情况

Basic Statistics on Lawyers, Notarization, Grassroots Judicial Work

项　目	Item	2005	2010	2015	2019	2020	2021
律师工作	**Lawyers**						
律师事务所　(个)	Number of Law Offices (unit)	1110	1668	2290	3418	3541	3857
执业律师　(人)	Number of Full-time Lawyers (person)	15779	20230	28221	48971	54957	61946
担任常年法律顾问　(家)	Number of Units as Permanent Legal Advisors(unit)	20533	36484	59664	84359	92416	100925
民事案件诉讼代理　(件)	Agent of Civil Cases (case)	61800	150817	225385	514353	610739	866545
非诉讼代理　(件)	Agent of Non-litigious Legal Affairs (case)	157212	126726	174951	317205	262059	390888
刑事诉讼辩护及代理(件)	Defender of Criminal Cases (case)	18675	38116	30739	109733	117566	
公证工作	**Notarization**						
公证处　(个)	Number of Notary Offices (unit)	114	139	146	156	156	154
工作人员（公证员、公证员助理）　(人)	Number of Notarial Personnel (person)	1374	1694	2190	2524	2750	2928
出证总数　(份)	Number of Notarized Documents (case)	1055486	1358974	1525912	1582512	1421210	1305061
国内公证　(件)	Domestic Notary	636337	912609	1044876	1182491	1235756	1066235
涉外及涉台港澳公证(件)	Foreign-related and Hong Kong, Macao and	419149	490745	481036	400021	185454	238826
基层司法行政工作	**Grassroots Judicial Work**						
基层司法所　(个)	Number of Law Service Offices (unit)	1647	1617	1616	1631	1631	1628
工作人员　(人)	Number of Personnel Working in Law Service Offices (person)	4938	4976	6036	8413	8798	8896
人民调解委员会　(个)	Number of People's Mediation Committees (unit)	28923	33789	32549	31666	31494	31689
调解人员　(人)	Number of Mediators (person)	163459	194224	181205	172280	172816	182304
调解纠纷总数　(件)	Number of Disputes Mediated (case)	169991	384531	326174	460474	444984	489348

注：自2021年起，司法部统计报表中将值班律师法律帮助案件以及法律援助受援人数不列入受理案件总数以及法律援助受援人数统计。

Note: Since 2021, the Ministry of Justice has excluded the legal assistance cases of duty lawyers and the number of legal aid recipients from the total number of cases accepted and the number of legal aid recipients in the statistical statements.

21−11 交通事故发生情况（2021年）

Statistics on Traffic Accidents (2021)

项目	Item	合计 Total	按道路横断面位置分 By Cross-section Location of Roads				按事故发生道路类型分 By Type of Roads Where Accidents Occurs			
			机动车道 Roads for Motored Vehicles	非机动车道 Roads for Non-motored Vehicles	混合道 Mixed Roads	其他道 Others	高速公路 Express Highways	等级公路 Classified Highways	城市道路 Urban Roads	其他路 Others
发生（起）	Number of Traffic Accidents (case)	48206	33344	1701	11625	1536	1033	16468	25246	5459
死亡（人）	Number of Deaths (person)	5371	4142	118	884	227	436	2054	2373	508
受伤（人）	Number of Injuries (person)	46652	31896	1816	11655	1285	1214	17811	23444	4183
损失折款（万元）	Losses Converted into Cash (10000 yuan)	10534	8091	259	1675	509	2276	2793	4744	722
平均每起事故损失（元）	Average Loss per Traffic Accident (yuan)	2185	2426	1522	1441	3317	22032	1696	1879	1322

注：1.等级公路分为一至四级公路和等外公路；
2.城市道路包括城市快速路和一般城市道路；
3.其他路包括单位小区自建路、公共停车场、公共广场、乡道、村道、田间地头、农垦区等区域。

Notes: a) Classified highways refer to highways of Class I to IV and Unclassified Highway.
b) Urban roads include express roads and normal roads in urban areas.
c) Other roads include roads within residential neighborhoods, public parking lots, squares, country roads, village roads, farm roads and reclaimed areas.

21−12 火灾事故发生情况（2021年）

Statistics on Fire Accidents (2021)

项目	Item	合计 Total	特大 Extraordinarily Serious Accidents	重大 Serious Accidents	较大 Relatively Serious Accidents	一般 Ordinary Accidents
发生（起）	Number of Traffic Accidents (case)	64134			4	64130
死亡（人）	Number of Deaths (person)	122			17	105
受伤（人）	Number of Injuries (person)	227			3	224
损失折款（万元）	Losses Converted into Cash(10000 yuan)	79931			45	79886
平均每起事故损失(元)	Average Loss per Traffic Accident(yuan)	12463			111625	12457

注：2021年火灾事故发生起数、死亡人数、受伤人数、损失折款和平均每起事故损失为全口径统计数据。

Note: In 2021, the number of fire accidents,deaths,injuries,the loss of money and the average loss per accident were calculated by full caliber.

21-13 各市亿元生产总值生产安全事故死亡率

Rate of Death from Work Safety Accidents per 100 Million Yuan of Gross Domestic Product by City

单位：% (%)

市别	City	2010	2012	2013	2014	2015	2016	2017	2018	2019	2020	2021
全省	**Provincial Rate**	**0.153**	**0.111**	**0.100**	**0.092**	**0.085**	**0.050**	**0.041**	**0.034**	**0.029**	**0.023**	**0.019**
广州	Guangzhou	0.104	0.071	0.060	0.056	0.051	0.026	0.021	0.016	0.015	0.013	0.012
深圳	Shenzhen	0.071	0.040	0.040	0.033	0.032	0.020	0.014	0.012	0.011	0.010	0.008
珠海	Zhuhai	0.111	0.085	0.080	0.067	0.060	0.036	0.029	0.022	0.017	0.017	0.019
汕头	Shantou	0.181	0.148	0.130	0.110	0.107	0.035	0.044	0.035	0.027	0.027	0.014
佛山	Foshan	0.129	0.099	0.070	0.061	0.058	0.032	0.029	0.034	0.028	0.023	0.018
韶关	Shaoguan	0.356	0.263	0.220	0.196	0.170	0.116	0.113	0.104	0.091	0.062	0.057
河源	Heyuan	0.260	0.198	0.180	0.167	0.135	0.087	0.099	0.085	0.104	0.102	0.066
梅州	Meizhou	0.286	0.216	0.210	0.182	0.175	0.063	0.047	0.041	0.031	0.023	0.018
惠州	Huizhou	0.200	0.128	0.110	0.104	0.098	0.066	0.061	0.049	0.041	0.038	0.027
汕尾	Shanwei	0.302	0.193	0.230	0.198	0.188	0.139	0.167	0.102	0.089	0.062	0.048
东莞	Dongguan	0.135	0.104	0.100	0.089	0.084	0.052	0.043	0.039	0.028	0.021	0.016
中山	Zhongshan	0.185	0.134	0.120	0.114	0.108	0.065	0.047	0.049	0.057	0.056	0.045
江门	Jiangmen	0.261	0.202	0.200	0.174	0.162	0.080	0.061	0.036	0.029	0.024	0.016
阳江	Yangjiang	0.278	0.180	0.160	0.139	0.137	0.122	0.085	0.077	0.093	0.069	0.059
湛江	Zhanjiang	0.167	0.112	0.110	0.095	0.091	0.070	0.055	0.051	0.051	0.029	0.033
茂名	Maoming	0.190	0.124	0.120	0.109	0.104	0.043	0.032	0.028	0.025	0.020	0.013
肇庆	Zhaoqing	0.241	0.155	0.150	0.133	0.127	0.094	0.064	0.059	0.057	0.040	0.032
清远	Qingyuan	0.199	0.217	0.180	0.154	0.158	0.195	0.187	0.144	0.119	0.077	0.045
潮州	Chaozhou	0.172	0.126	0.110	0.155	0.156	0.070	0.052	0.049	0.051	0.036	0.035
揭阳	Jieyang	0.207	0.127	0.110	0.110	0.103	0.037	0.043	0.044	0.051	0.029	0.030
云浮	Yunfu	0.383	0.222	0.200	0.199	0.169	0.164	0.139	0.151	0.124	0.085	0.063

注：1.2005—2015年全省生产安全事故包括工矿商贸、道路交通、火灾、铁路路外、水上交通及渔业船舶死亡人数；各市生产安全事故包括工矿商贸、道路交通、火灾事故死亡人数。

2.2016年原国家安全监管总局开展生产安全事故统计改革，调整了生产安全事故统计范围。

Note: 1.Work safery accidents from 2005 to 2015 of the Province include the number of deaths related to industry, mining,traffic,fire,railway,water traffic and fishing boats accidents, and work safety accidents of each city include the number of deaths related to mining, traffic and fire accidents.

2. Due to the statistics reform of production safety accident conducted by State Administration of Work Safety in 2016, the statistical coverage of production safety accident has been adjusted.

主要统计指标解释

卫生技术人员 指卫生事业机构支付工资的全部固定职工和合同制职工，现任职务为卫生技术工作的专业人员。包括中医师、西医师、中西医结合高级医师、护师、中药师、西药师、检验师、其他技师、中医士、西医士、护士、助产士、中药剂士、西药剂士、检验士、其他技士、其他中医、护理员、中药剂员、西药剂员、检验员，其他初级卫生技术人员。

医生 指经卫生部门审查合格，具有执业资格的医疗专业人员。

提供住宿的社会服务活动机构 根据《2014 年社会服务业统计制度》，提供住宿的社会服务活动机构包括：为老年人与残疾人提供收留抚养服务的机构、为智障与精神病人提供收留抚养服务的机构、为儿童提供收留抚养和救助服务机构以及其他提供住宿的服务机构。

律师 指受聘参加法律顾问处工作，提任法律顾问、刑（民）事代理人、刑事辩护人，办理非诉讼事件、解答法律询问，代写法律事务文书等主要从事律师事务的司法人员。

公证人员 指在国家公证机关依法办理公证事务的司法人员。包括公证员、助理公证员和在公证处工作的其他人员。

调解人员 在人民调解委员会担负调解民间一般民事纠纷和轻微违法行为所引起的纠纷的工作人员。包括调解委员会的委员和调解小组的调解员。

亿元生产总值生产安全事故死亡率 指一定时期内，每生产亿元生产总值，因各类生产安全事故造成的死亡人数。

Explanatory Notes on Main Statistical Indicators

Medical Technical Personnel refer to all permanent and contract medical staff and workers employed by medical institutions, including doctors of Chinese and Western medicine, senior doctors who integrate traditional Chinese therapeutics with Western therapeutics in practice, senior nurses, pharmacists of Chinese and Western medicine, laboratory specialists, other specialists, paramedics of Chinese and Western medicine, nurses, midwives, druggists in Chinese and Western medicine, laboratory technicians, other technicians, other practitioners of Chinese medicine, nursing attendants, pharmacological workers of Chinese and Western medicine, laboratory workers, and other primary medical personnel.

Doctors refer to qualified medical professionals approved to practice by public health departments.

Social Welfare Institutions with Accommodations In accordance with Statistical System of Social Service in 2014, Social Welfare Institutions with Accommodations includes: Institutions taking care of old people and handicapped people, institutions taking care of retarded people and mental patients, institutions adopting and salving children and other social welfare institutions with accommodations. That is, from 1995 to 2012 the caliber is Number of Social Welfare Institutions (unit); since 2013, due to the change of system in Ministry of Civil Affairs, the caliber changes to Social Welfare Institutions with Accommodations .

Lawyers refer to legal workers who are employed by legal counseling firms to act as legal advisers, agents in criminal or civil lawsuits, or defenders in criminal lawsuits, or to handle non litigious legal affairs, to advise on matters of law or to write legal papers for others.

Notary Personnel refer to judicial workers of the state notary offices handling notarization work according to law. They include notaries, assistant notaries, and other people working for notary offices.

Mediators refer to workers on people’s mediation committees responsible for mediating in civil disputes and cases of slight infraction of the law. They include members of the mediation committees and mediators of mediation groups.

Rate of Death from Work Safety Accidents per 100 Million Yuan of Gross Domestic Product refers to the number of deaths due to various work safety accidents in the production process of every 100 million yuan of gross domestic product within a certain period.

二十二、区域经济主要指标

MAJOR ECONOMIC REGIONS

二十二　区域主要经济指标

简要说明

一、本篇主要反映广东境内主要区域社会经济发展的基本情况，内容主要包括：珠江三角洲、广州和深圳、东西两翼、山区县以及少数民族县等经济区域的主要统计指标数据。

二、本篇资料分别由广东省统计局各有关专业处整理提供，综合统计处负责编辑。

三、本篇资料根据国家统计局制定的各有关专业统计报表制度填报汇总而成。

四、本篇各项指标数据为各经济区域汇总数，由于部分年份各市生产总值等指标汇总数不等于全省数，因此仅适合反映该地区发展变化情况。

22 Major Economic Regions

Brief Introduction

Ⅰ. The data in this chapter mainly reflect the basic conditions of social and economic development of main economic regions in Guangdong, including the main indicators on the cities of the Pearl River Delta, Guangzhou and Shenzhen, the East and West Wings, counties in mountainous areas and minority counties.

Ⅱ. The data in this chapter are prepared and provided by the related specialized divisions and compiled by the Division of Comprehensive Statistics of Statistics Bureau of Guangdong Province.

Ⅲ. The data in this chapter are tabulated and reported in accordance with the various statistical reporting schemes stipulated by the National Bureau of Statistics.

Ⅳ. The indicators in this chapter are overall figures of various economic regions that only reflect the status of development of the corresponding regions, as the provincial total is not equal to the sum of indicators of various cities, such as gross domestic product.

22-1 区域主要经济指标
Main Indicators on Regional Economies

指标	Item	2020 珠江三角洲 Pearl River Delta	东翼 East Wing	西翼 West Wing	山区 Mountainous Areas
土地面积 (平方公里)	Land Area (sq.km.)	54766	15495	32682	76751
年末常住人口 (万人)	Permanent Population at the Year-end (10000 persons)	7823.54	1631.84	1576.66	1591.96
#城镇人口 (万人)	Urban Population (10000 persons)	6825.60	988.90	727.68	821.80
地区生产总值 (亿元)	Gross Domestic Product (100 million yuan)	89850.38	7008.25	7738.29	6554.71
第一产业	Primary Industry	1576.19	592.01	1511.94	1052.60
第二产业	Secondary Industry	35942.30	3025.92	2633.18	2266.64
第三产业	Tertiary Industry	52331.89	3390.31	3593.17	3235.47
人均地区生产总值 (元)	Per Capita GDP (yuan)	115880	42842	49192	41126
地区生产总值指数（上年=100)	Index of Gross Domestic Product (preceding year=100)	102.4	101.7	102.2	102.8
第一产业	Primary Industry	105.3	102.8	102.6	104.4
第二产业	Secondary Industry	101.7	101.5	104.3	104.0
第三产业	Tertiary Industry	102.9	101.8	100.3	101.5
人均地区生产总值指数 (上年=100)	Index of Per Capita Gross Domestic Product (preceding year=100)	100.5	102.1	101.7	103.0
规模以上工业增加值 (亿元)	Value-added of Industry above Designated Size (100 million yuan)	27973.15	1568.36	1416.01	1542.65
固定资产投资同比上年增长(%)	Investment in Fixed Assets (100 million yuan)	9.4	-1.0	-0.5	4.5
#房地产开发投资 (亿元)	Investment in Real Estate Development	14106.37	1103.23	854.16	1248.98
社会消费品零售总额 (亿元)	Total Retail Sales of Consumer Goods(100 million yuan)	31212.06	3252.74	3446.43	2298.21
出口总额 (亿元)	Total Exports (100 million yuan)	41346.06	964.94	504.86	677.20
进口总额 (亿元)	Total Imports (100 million yuan)	26330.76	262.57	330.78	445.47
实际外商直接投资 (亿元)	Foreign Direct Investment Actually Utilized (100 million yuan)	1551.42	7.70	30.19	30.98
地方一般公共预算收入 (亿元)	Local Public Budgetary Revenue (100 million yuan)	8496.03	312.09	346.15	462.62
地方一般公共预算支出 (亿元)	Local Public Budgetary Expenditure (100 million yuan)	11538.02	1285.41	1268.18	1881.20
金融机构本外币存款 (亿元)	Deposits in Renminbi and Foreign Currencies in All Financial Institutions (100 million yuan)	239220.69	9425.22	8824.06	10168.30
#本外币住户存款	Savings Deposits by Resident	70049.84	6394.59	5820.47	6711.76
金融机构本外币贷款 (亿元)	Loans in Renminbi and Foreign Currencies in All Financial Institutions (100 million yuan)	177090.87	4687.33	6157.70	7744.72
全体居民人均可支配收入 (元)	Per Capita Disposable Income of Households (yuan)	54809.6	24575.6	25087.4	24504.7
城镇居民人均可支配收入 (元)	Per Capita Disposable Income of Urban Households (yuan)	59225.1	29622.2	31971.0	31095.7
农村居民人均可支配收入 (元)	Per Capita Disposable Income of Rural Households (yuan)	26856.5	17357.1	19267.8	17698.0

22-1 续表 continued

指标	Item	2021 珠江三角洲 Pearl River Delta	东翼 East Wing	西翼 West Wing	山区 Mountainous Areas
土地面积 (平方公里)	Land Area (sq.km.)	54766	15495	32682	76751
年末常住人口 (万人)	Permanent Population at the Year-end (10000 persons)	7860.60	1640.87	1587.13	1595.40
#城镇人口 (万人)	Urban Population (10000 persons)	6875.67	1002.08	750.87	837.90
地区生产总值 (亿元)	Gross Domestic Product (100 million yuan)	100585.25	7728.20	8773.89	7282.33
第一产业	Primary Industry	1709.93	620.68	1538.80	1134.26
第二产业	Secondary Industry	40971.75	3345.13	3284.93	2617.38
第三产业	Tertiary Industry	57903.57	3762.39	3950.17	3530.70
人均地区生产总值 (元)	Per Capita GDP (yuan)	128264	47228	55464	45695
地区生产总值指数 (上年=100)	Index of Gross Domestic Product (preceding year=100)	107.9	107.7	108.1	107.7
第一产业	Primary Industry	108.8	106.3	106.5	109.1
第二产业	Secondary Industry	108.6	106.8	110.4	108.6
第三产业	Tertiary Industry	107.3	108.7	107.1	106.7
人均地区生产总值指数 (上年=100)	Index of Per Capita Gross Domestic Product (preceding year=100)	106.6	107.6	107.5	107.7
规模以上工业增加值 (亿元)	Value-added of Industry above Designated Size (100 million yuan)	32036.61	1716.42	1752.31	1801.19
固定资产投资同比上年增长(%)	Growth Rate of Investment in Fixed Assets (%)	8.1	-10.5	16.7	2.9
#房地产开发投资 (亿元)	Investment in Real Estate Development (100 million yuan)	14202.86	1117.62	929.34	1216.04
社会消费品零售总额 (亿元)	Total Amount of Retail Sales of Consumer Goods (100 million yuan)	34412.76	3517.59	3764.49	2485.28
出口总额 (亿元)	Total Exports (100 million yuan)	48127.25	1069.80	570.38	758.04
进口总额 (亿元)	Total Imports (100 million yuan)	30806.57	316.90	472.05	560.58
实际外商直接投资 (亿元)	Foreign Direct Investment Actually Utilized (100 million yuan)	1747.69	16.94	40.25	31.40
地方一般公共预算收入 (亿元)	Local Public Budgetary Revenue (100 million yuan)	9366.17	330.21	386.49	501.05
地方一般公共预算支出 (亿元)	Local Public Budgetary Expenditure (100 million yuan)	12325.44	1268.25	1279.55	1822.80
金融机构本外币存款 (亿元)	Deposits in Renminbi and Foreign Currencies in All Financial Institutions (100 million yuan)	263012.21	10080.00	9368.24	10708.77
#本外币住户存款	Savings Deposits by Resident	76818.54	6965.80	6415.40	7398.83
金融机构本外币贷款 (亿元)	Loans in Renminbi and Foreign Currencies in All Financial Institutions (100 million yuan)	201530.79	5351.47	6802.13	8549.91
全体居民人均可支配收入 (元)	Per Capita Disposable Income of Households (yuan)	60729.7	27006.0	27538.1	27038.0
城镇居民人均可支配收入 (元)	Per Capita Disposable Income of Urban Households (yuan)	65118.6	32240.7	34861.6	34008.9
农村居民人均可支配收入 (元)	Per Capita Disposable Income of Rural Households (yuan)	30464.7	19211.4	21261.0	19599.6

注：1.珠江三角洲包括：广州、深圳、珠海、佛山、惠州、东莞、中山、江门和肇庆。东翼指汕头、汕尾、潮州和揭阳。西翼指阳江、湛江和茂名。山区指韶关、河源、梅州、清远和云浮。

2.本表地区生产总值、工业增加值绝对数按当年价格计算，指数按可比价格计算，下表同。

Notes: a) The pearl river delta include Guangzhou, Shenzhen, Zhuhai, Foshan, Jiangmen, Dongguan, Zhongshan, Huizhou and Zhaoqing. The East Wing includes Shantou, Shanwei, Chaozhou and Jieyang. The West Wing includes Yangjiang，Zhanjiang and Maoming. The mountainous areas include Shaoguan, Heyuan, Meizhou, Qingyuan and Yunfu.

b) The figures in value terms on GDP and value-added of industry are calculated at current prices, whereas the index are calculated at comparable prices.The same applies to the following tables.

22-2 区域主要经济指标占全省比重

Percentage of Main Regional Economic Indicators to the Provincial Total

单位：% (%)

指 标	Item	2020 珠江三角洲占全省比重 Percentage of Pearl River Delta to the Whole Province	东翼占全省比重 Percentage of East Wing to the Whole Province	西翼占全省比重 Percentage of West Wing to the Whole Province	山区占全省比重 Percentage of Mountainous Areas to the Whole Province
土地面积	Land Area	30.5	8.6	18.2	42.7
年末常住人口	Permanent Population at the Year-end	62.0	12.9	12.5	12.6
#城镇人口	Urban Population	72.9	10.5	7.8	8.8
地区生产总值	Gross Domestic Product	80.8	6.3	7.0	5.9
第一产业	Primary Industry	33.3	12.5	31.9	22.2
第二产业	Secondary Industry	81.9	6.9	6.0	5.2
第三产业	Tertiary Industry	83.7	5.4	5.7	5.2
规模以上工业增加值	Value-added of Industry above Designated Size	86.1	4.8	4.4	4.7
固定资产投资总额	Investment in Fixed Assets	74.7	11.0	5.9	8.3
#房地产开发投资	Investment in Real Estate Development	81.5	6.4	4.9	7.2
社会消费品零售总额	Total Retail Sales of Consumer Goods	77.6	8.1	8.6	5.7
出口总额	Total Exports	95.0	2.2	1.2	1.6
进口总额	Total Imports	96.2	1.0	1.2	1.6
实际外商直接投资	Foreign Direct Investment Actually Utilized	95.7	0.5	1.9	1.9
地方一般公共预算收入	Local Public Budgetary Revenue	88.3	3.2	3.6	4.8
地方一般公共预算支出	Local Public Budgetary Expenditure	72.2	8.0	7.9	11.8
金融机构本外币存款	Deposits in Renminbi and Foreign Currencies in All Financial Institutions	89.4	3.5	3.3	3.8
#本外币住户存款	Savings Deposits by Resident	78.7	7.2	6.5	7.5
金融机构本外币贷款	Loans in Renminbi and Foreign Currencies in All Financial Institutions	90.5	2.4	3.1	4.0

22-2 续表 continued

单位：%　　(%)

指　　标	Item	2021 珠江三角洲占全省比重 Percentage of Pearl River Delta to the Whole Province	东翼占全省比重 Percentage of East Wing to the Whole Province	西翼占全省比重 Percentage of West Wing to the Whole Province	山区占全省比重 Percentage of Mountainous Areas to the Whole Province
土地面积	Land Area	30.5	8.6	18.2	42.7
年末常住人口	Permanent Population at the Year-end	62.0	12.9	12.5	12.6
#城镇人口	Urban Population	72.6	10.6	7.9	8.9
地区生产总值	Gross Domestic Product	80.9	6.2	7.0	5.9
第一产业	Primary Industry	34.2	12.4	30.8	22.7
第二产业	Secondary Industry	81.6	6.7	6.5	5.2
第三产业	Tertiary Industry	83.7	5.4	5.7	5.1
规模以上工业增加值	Value-added of Industry above Designated Size	85.9	4.6	4.7	4.8
固定资产投资总额	Investment in Fixed Assets	76.1	9.3	6.5	8.1
#房地产开发投资	Investment in Real Estate Development	81.3	6.4	5.3	7.0
社会消费品零售总额	Total Retail Sales of Consumer Goods	77.9	8.0	8.5	5.6
出口总额	Total Exports	95.3	2.1	1.1	1.5
进口总额	Total Imports	95.8	1.0	1.5	1.7
实际外商直接投资	Foreign Direct Investment Actually Utilized	95.2	0.9	2.2	1.7
地方一般公共预算收入	Local Public Budgetary Revenue	88.5	3.1	3.7	4.7
地方一般公共预算支出	Local Public Budgetary Expenditure	73.8	7.6	7.7	10.9
金融机构本外币存款	Deposits in Renminbi and Foreign Currencies in All Financial Institutions	89.7	3.4	3.2	3.7
#本外币住户存款	Savings Deposits by Resident	78.7	7.1	6.6	7.6
金融机构本外币贷款	Loans in Renminbi and Foreign Currencies in All Financial Institutions	90.7	2.4	3.1	3.8

注：各指标在计算分区域占全省比重时，分母为21个市相加的合计数。

Notes: While calculating the percentage of each indicator of Pearl River Delta, East Wing, West Wing and Mountainous Areas to the whole province, the denominator is the sum of 21 cities.

22–3 珠江三角洲主要经济指标

Main Economic Indicators of the Pearl River Delta Economic Zone

年份 Year	年末常住人口(万人) Permanent Population at the Year-end (10000 persons)	#城镇人口 Urban Population	年末户籍总人口(万人) Total Population with Residence Registration at the Year-end (10000 persons)	城镇单位就业人员 Employed Persons in Urban Areas
1990	2369.93	1696.63	2371.57	
1995	3292.03		2372.76	
2000	4289.78	2981.23	2563.60	495.46
2005	4547.14	3516.06	2763.32	636.10
2006	4735.47	3771.33	2821.27	675.38
2007	4930.68	3919.89	2872.47	718.88
2008	5138.48	4119.52	2920.82	724.38
2009	5361.72	4375.17	2967.02	767.05
2010	5622.95	4650.64	3024.57	823.67
2011	5937.94	4935.29	3073.87	927.40
2012	6216.60	5183.35	3105.01	969.59
2013	6446.86	5390.61	3156.02	1552.80
2014	6664.86	5590.56	3207.94	1555.45
2015	6868.51	5797.80	3265.69	1532.73
2016	7101.24	6018.53	3350.52	1547.13
2017	7338.07	6240.51	3475.10	1560.00
2018	7545.46	6463.52	3628.04	1603.20
2019	7683.95	6616.26	3767.72	1699.00
2020	7823.54	6825.60	3892.19	1719.68
2021	7860.60	6875.67	4015.66	1746.73

注：2011—2019年年末常住人口根据2020年第七次全国人口普查初步汇总数进行平滑调整，城镇人口也作了相应的调整。

Note: The year-end populations from 2011 to 2019 have been adjusted in accordance with the preliminary sum figure obtained from the 7th National Population Census and the same applied to urban population.

22–3 续表 1 continued

年份 Year	地区生产总值(亿元) Gross Domestic Product (100 million yuan)	第一产业 Primary Industry	第二产业 Secondary Industry	第三产业 Tertiary Industry	人均地区生产总值(元) Per Capita Gross Domestic Product(yuan)
1990	1006.89	153.77	441.65	411.46	4612
1995	4077.74	346.94	1984.48	1746.32	13019
2000	8471.28	460.17	4044.38	3966.73	20369
2005	18426.64	559.23	9377.60	8489.80	40661
2006	21866.00	567.69	11266.58	10031.73	47112
2007	25971.88	631.40	13165.60	12174.88	53738
2008	30212.28	698.72	15107.89	14405.68	60010
2009	32478.00	694.61	15709.73	16073.65	61862
2010	38028.65	772.96	18655.55	18600.14	69281
2011	43890.08	876.91	21430.14	21583.03	76014
2012	47939.37	928.85	22670.54	24339.99	78967
2013	53472.83	984.03	24809.05	27679.75	84537
2014	57844.44	1030.07	26763.44	30050.94	88318
2015	62541.37	1073.87	28097.17	33370.33	92510
2016	68196.86	1153.92	29741.79	37301.15	97721
2017	74953.26	1181.53	32004.91	41766.82	103863
2018	80440.72	1265.53	34038.02	45137.18	108094
2019	87213.05	1430.38	35748.98	50033.69	114120
2020	89850.38	1576.19	35942.30	52331.89	115880
2021	100585.25	1709.93	40971.75	57903.57	128264

22-3 续表 2 continued

年份 Year	地区生产总值指数(上年=100) Index of Gross Domestic Product (preceding year=100)	第一产业 Primary Industry	第二产业 Secondary Industry	第三产业 Tertiary Industry	人均地区生产总值指数(上年=100) Index of Per Capita Gross Domestic Product(preceding year=100)
1990	117.3	107.4	119.9	118.6	116.1
1995	120.5	108.2	122.5	120.1	112.1
2000	113.9	104.4	114.6	114.1	106.5
2005	115.7	103.6	118.3	113.7	114.6
2006	116.8	98.5	118.7	115.8	113.9
2007	116.3	100.6	116.0	117.5	112.0
2008	112.8	101.7	111.9	114.5	107.9
2009	110.9	104.0	109.6	112.5	106.3
2010	113.1	104.1	115.5	110.9	108.2
2011	111.1	103.9	112.1	110.3	105.6
2012	109.5	103.3	108.8	110.4	104.1
2013	110.7	102.6	111.2	110.6	106.3
2014	108.6	102.9	108.7	108.7	104.9
2015	108.6	102.8	107.5	109.8	105.2
2016	108.0	102.2	107.2	108.9	104.6
2017	107.8	103.1	107.2	108.5	104.3
2018	106.8	104.8	107.2	106.4	103.6
2019	106.4	104.1	104.7	107.9	104.0
2020	102.4	105.3	101.7	102.9	100.5
2021	107.9	108.8	108.6	107.3	106.6

22-3 续表 3 continued

年份 Year	公路通车里程(公里) Total Length of Highways in Operation (km)	货运量(万吨) Freight Traffic (10000 tons)	邮电业务总量(亿元) Total Business Volume of Postal and Telecommunication Services (100 million yuan)	本地电话年末用户(万户) Number of Subscribers of Local Telephones at the Year-end (10000 subscribers)	移动电话年末用户 (万户) Number of Subscribers of Mobile Telephones at the Year-end (10000 subscribers)	房地产开发投资(亿元) Investment in Real Estate Development (100 million yuan)	社会消费品零售总额(亿元) Total Retail Sales of Consumer Goods (100 million yuan)
1990							424.35
1995	20323		152.60				1793.50
2000	29029		587.64				3244.82
2005	32312	103365	1738.94	2355.10	5317.71		6017.12
2006	52139	113275	2068.19	2559.62	5497.75		6983.89
2007	53106	122408	2348.22	2651.33	6075.36		8136.58
2008	53418	120916	2754.77	2529.77	6463.22		9820.96
2009	54261	142733	2983.47	2400.25	6867.61	2583.17	11177.86
2010	55848	161348	3949.45	2269.84	7457.64	3118.66	13061.13
2011	56380	182281	1544.39	2284.31	8285.85	4022.87	15125.61
2012	58590	203570	1730.31	2295.29	9573.16	4483.67	16934.22
2013	59555	243500	2019.89	2288.94	11228.38	5362.75	19023.38
2014	61548	254491	2751.65	2195.47	11318.90	6293.55	21253.37
2015	63054	266078	3573.05	2086.68	11437.39	7075.57	23411.58
2016	63631	271565	5487.87	1954.24	10933.74	8601.16	25748.56
2017	64119	287210	4997.13	1801.51	10828.40	9827.78	28335.47
2018	62670	303566	8872.90	1659.62	12248.45	11490.33	30796.88
2019	61498	313912	13097.48	1706.89	11855.06	12849.54	33237.60
2020	62196	258195	16413.10	1579.55	10971.73	14106.37	31212.07
2021	62335	277290	3945.34	1540.60	11466.09	14202.86	34412.76

22-3 续表 4 continued

年份 Year	出口总额 (亿美元) Total Exports (USD 100 million)	出口总额 (亿元) Total Exports (100 million yuan)	进口总额 (亿美元) Total Imports (USD 100 million)	进口总额 (亿元) Total Imports (100 million yuan)	实际外商直接投资额 (亿美元) Foreign Direct Investment Actually Utilized (USD 100 million)	实际外商直接投资额 (亿元) Foreign Direct Investment Actually Utilized (RMB 100 million)	地方一般公共预算收入 (亿元) Local Public General Budgetary Revenue (100 million yuan)
1990	222.21		196.77		12.36		97.98
1995	513.31		429.29		79.47		275.26
2000	847.77		743.15		103.87		599.06
2005	2273.18		1837.58		113.34		1218.48
2006	2887.45		2181.97		130.86		1460.77
2007	3540.85		2560.28		151.88		1882.01
2008	3872.08		2697.61		169.21		2248.16
2009	3417.77		2430.46		175.08		2522.29
2010	4318.02		3195.01		183.47		3139.58
2011	5064.89		3678.00		195.29		3674.70
2012	5477.09		3956.56		215.53		4129.09
2013	6070.93	37698.26	4403.38	27353.93	230.62		4669.16
2014	6137.68	37706.40	4153.86	25515.29	248.61		5375.37
2015	6087.57	37824.33	3664.49	22777.35	256.24		6391.70
2016	5650.87	37310.47	3450.88	22809.29	225.90		6923.98
2017	5902.41	39982.37	3709.89	25107.96	218.11		7455.96
2018	6152.58	40643.62	4239.27	27970.16		1350.73	7915.51
2019	5969.36	41173.44	3931.77	27108.47		1459.98	8277.81
2020	5972.95	41346.06	3805.68	26330.76		1551.42	8496.03
2021	7447.57	48127.25	4768.16	30806.57		1747.69	9366.17

22-3 续表 5 continued

年份 Year	地方一般公共预算支出 (亿元) Local Public Genera Budgetary Expenditure (100 million yuan)	金融机构本外币存款（亿元） Deposits in Renminbi and Foreign Currencies in All Financial Institutions (100 million yuan)	#本外币住户存款 (亿元) Savings Deposits by Urban and Rural Residents (100 million yuan)	金融机构本外币贷款(亿元) Loans in Renminbi and Foreign Currencies in All Financial Institutions (100 million yuan)	全体居民人均可支配收入(元) Per Capita Disposable Income of Households (yuan)	城镇居民人均可支配收入(元) Per Capita Annual Disposable Income of Urban Households (yuan)	农村居民人均可支配收入(元) Per Capita Disposable Income of Rural Households (yuan)
1990	80.03						
1995	322.81						
2000	690.64	16211.75	7941.93	11227.42			
2005	1567.23	32962.25	16389.71	21073.93			
2006	1714.73	37367.68	18306.14	23613.32			
2007	2145.82	42555.31	18485.09	27982.87			
2008	2550.77	48512.14	22711.25	31044.80			
2009	2882.33	60618.78	25914.62	40608.44			
2010	3654.91	71294.51	29770.92	47159.74			
2011	4444.97	79575.13	33015.57	53133.57			
2012	4798.40	91585.24	37059.20	60568.45			
2013	5240.59	104255.28	40218.90	67988.65			
2014	5973.23	110800.56	41899.85	76017.12	33642.1	37063.7	15754.0
2015	8421.36	141609.04	42737.49	85741.78	36662.0	40284.5	17296.4
2016	9285.10	158966.41	46321.96	100149.59	40109.1	43967.4	19063.7
2017	10329.95	171937.41	48505.37	113683.01	43840.1	47926.9	20813.5
2018	10608.94	183537.91	54607.65	131084.22	47911.0	52129.1	22805.6
2019	11637.61	205988.39	61660.42	151816.93	52213.7	56638.7	25025.8
2020	11538.02	239220.69	70049.84	177090.87	54809.6	59225.1	26856.5
2021	12325.44	263012.21	76818.54	201530.79	60729.7	65118.6	30464.7

22-4 珠江三角洲工业企业主要指标（2021年）

单位：亿元

项　　目	Item	企业单位数（个）Number of Enterprises (unit)
总　计	**Total**	**56435**
按经济类型分	Grouped by Ownership	
在总计中：国有控股经济	Of the Total: State-controlled Economy	956
国有经济	State-owned Economy	81
集体经济	Collective-owned Economy	58
股份合作经济	Share-holding Cooperative Economy	24
股份制经济	Share-holding Economy	44035
外商投资经济	Economy with Foreign Investment	3621
港澳台投资经济	Economy with Investment from Hong Kong, Macao and Taiwan	7242
按轻重工业分	Grouped by Light and Heavy Industry	
轻工业	Light Industry	24296
重工业	Heavy Industry	32139
按企业规模分	Grouped by Size of Enterprise	
大型企业	Large	1371
中型企业	Medium	5886
小微型企业	Small and Micro	49178
按行业分	Grouped by Sector	
煤炭开采和洗选业	Mining and Washing of Coal	
石油和天然气开采业	Extraction of Petroleum and Natural Gas	3
黑色金属矿采选业	Mining and Dressing of Ferrous Metal Ores	2
有色金属矿采选业	Mining and Dressing of Nonferrous Metal Ores	2
非金属矿采选业	Mining and Dressing of Nonmetal Ores	82
开采专业及辅助性活动	Mining Specialized and Auxiliary Operations	5
其他采矿业	Mining and Dressing of Other Ores	
农副食品加工业	Processing of Farm and Sideline Food	605
食品制造业	Manufacture of Food	571
酒、饮料和精制茶制造业	Manufacture of Beverage	147
烟草制品业	Tobacco Products	28
纺织业	Textile Industry	1276
纺织服装、服饰业	Manufacture of Textile Garments, Footwear and Headgear	1770
皮革、毛皮、羽毛及其制品和制鞋业	Leather, Fur, Feather, Down and Related Products	1249
木材加工和木、竹、藤、棕、草制品业	Timber Processing, Bamboo, Cane, Palm Fiber & Straw Products	404
家具制造业	Manufacture of Furniture	1848
造纸和纸制品业	Papermaking and Paper Products	1332
印刷和记录媒介复制业	Printing and Record Medium Reproduction	976
文教、工美、体育和娱乐用品制造业	Manufacture of Cultural, Educational and Sports Articles	1451
石油、煤炭及其他燃料加工业	Petroleum, Coal and other Fuel Processing	76
化学原料和化学制品制造业	Manufacture of Raw Chemical Materials and Chemical Products	2575
医药制造业	Manufacture of Medicines	429
化学纤维制造业	Manufacture of Chemical Fibers	70
橡胶和塑料制品业	Plastic Products	5091
非金属矿物制品业	Nonmetal Mineral Products	2149
黑色金属冶炼和压延加工业	Smelting and Pressing of Ferrous Metals	367
有色金属冶炼和压延加工业	Smelting and Pressing of Nonferrous Metals	951
金属制品业	Metal Products	5792
通用设备制造业	Manufacture of General-purpose Machinery	3529
专用设备制造业	Manufacture of Special-purpose Machinery	3733
汽车制造业	Manufacture of Automobile	979
铁路、船舶、航空航天和其他运输设备制造业	Manufacture of Railway ,Ship,Aeronautics and Other Transport Equipment	478
电气机械和器材制造业	Manufacture of Electrical Machinery and Equipment	7345
计算机、通信和其他电子设备制造业	Manufacture of Communication Equipment, Computers and Other Electronic Equipment	8743
仪器仪表制造业	Manufacture of Instruments and Meters	1057
其他制造业	Other Manufactures	435
废弃资源综合利用业	Comprehensive Utilization of Waste	143
金属制品、机械和设备修理业	Manufacture of Metal Products,Machinery and Equipment Maintenance	66
电力、热力生产和供应业	Production and Supply of Electric Power and Heat Power	261
燃气生产和供应业	Production and Supply of Gas	144
水的生产和供应业	Production and Supply of Water	271

注：本表统计范围为年主营业务收入2000万元及以上的工业法人企业。

Main Indicators of Industrial Enterprises of the Pearl River Delta (2021)

(100 million yuan)

#亏损企业 Loss-making Enterprises	工业总产值(当年价) Gross Industrial Output Value (at current prices)	工业增加值(收入法) Value-added of Industry (by production approach)	年末资产总计 Total Assets at the Year-end	#产成品 Finished Products	流动资产合计 Total Current Asserts	年末负债合计 Total Liabilities at the Year-end
9299	**147965.76**	**32036.61**	**153292.67**	**7218.98**	**95029.64**	**87703.18**
180	21805.16	4490.05	30473.66	691.57	11287.11	17576.73
13	604.17	100.41	1063.30	15.36	348.44	559.68
20	58.93	22.49	63.82	0.91	30.11	41.05
6	65.37	11.68	13.45	2.05	9.08	7.12
6721	93153.46	20157.73	100104.82	4532.98	61182.11	58907.53
773	26250.65	5506.89	24942.62	1121.98	15657.68	13966.88
1631	26734.88	6014.59	26601.73	1518.52	17449.52	13880.30
4301	44632.63	10569.81	41251.91	2623.49	27734.17	22542.37
4998	103333.14	21466.80	112040.77	4595.49	67295.47	65160.80
178	68852.21	16238.25	81873.29	3436.47	48630.90	46702.35
1021	32247.47	7050.22	32420.97	1617.80	19397.29	17335.45
8100	46866.08	8748.14	38998.42	2164.71	27001.45	23665.37
	559.24	447.96	889.63	2.49	221.14	436.22
	18.91	5.48	10.63	0.25	2.92	2.77
	18.33	1.04	3.85	0.03	0.97	0.98
21	220.09	63.62	128.43	2.55	56.81	93.58
	26.91	9.04	69.30	0.45	28.24	16.07
119	2650.69	259.45	1338.88	77.49	920.00	823.11
125	1735.88	597.31	1603.27	74.65	988.80	786.34
27	1052.80	293.69	963.73	37.70	609.46	428.71
4	346.52	285.56	336.72	2.86	265.45	72.33
268	1824.93	409.37	1394.89	91.71	841.79	734.76
381	1758.45	485.20	1392.94	158.78	1007.97	741.07
239	973.77	252.02	560.96	51.02	428.56	355.90
73	397.95	85.52	366.59	26.84	250.19	207.68
347	2241.00	528.47	1889.28	94.69	1311.44	1100.48
205	2361.50	452.31	1936.32	93.32	1170.39	981.22
146	1205.53	300.55	1253.71	47.31	757.59	616.62
320	3226.13	506.66	2050.66	519.64	1698.46	1295.99
11	1779.22	430.70	948.35	36.83	490.54	586.79
358	5723.83	1202.12	5072.77	225.23	3066.71	2485.64
98	1729.45	606.35	3296.22	140.44	1973.47	1394.05
5	232.14	62.88	180.71	14.49	90.80	69.66
717	5463.17	1295.62	4739.37	257.79	3109.29	2676.33
319	5217.69	1046.77	4778.00	228.75	3053.15	3032.76
58	1213.61	168.14	630.59	50.82	378.97	414.95
101	3605.37	404.48	1562.81	88.89	1135.51	1136.48
754	7797.27	1672.02	6321.81	408.78	4441.66	3961.57
523	5291.82	1147.45	5313.44	382.22	4014.08	3018.24
567	5029.59	1384.97	5972.58	370.74	4218.78	2998.50
212	9387.85	1953.02	7536.85	251.17	5154.59	4677.50
94	1410.71	221.57	1850.06	47.16	1253.22	1229.25
1222	18644.52	4005.56	19853.99	1051.99	13924.34	11647.51
1598	43882.16	9203.30	47275.47	2181.81	32435.07	27196.21
144	1468.35	405.64	1855.51	109.32	1326.50	924.24
62	460.31	102.87	429.74	23.92	285.05	214.89
23	442.01	66.03	315.75	49.55	221.66	208.30
5	196.04	64.42	254.69	2.75	174.95	140.63
66	5946.93	1110.34	15314.02	0.99	2779.68	8884.91
28	1735.48	223.45	1091.89	11.02	349.71	599.04
59	689.63	275.67	2508.26	2.54	591.72	1511.88

Notes: The statistical coverage of industry refers to the legal person industrial enterprises with annual main business revenue over 20 million yuan.

22-4 续表

单位：亿元

项　目	Item	营业收入 Business Revenue
总　计	**Total**	**149666.17**
按经济类型分	Grouped by Ownership	
在总计中：国有控股经济	Of the Total: State-controlled Economy	21628.71
国有经济	State-owned Economy	633.47
集体经济	Collective-owned Economy	57.47
股份合作经济	Share-holding Cooperative Economy	62.69
股份制经济	Share-holding Economy	94246.16
外商投资经济	Economy with Foreign Investment	26931.92
港澳台投资经济	Economy with Investment from Hong Kong, Macao and Taiwan	26692.11
按轻重工业分	Grouped by Light and Heavy Industry	
轻工业	Light Industry	45179.40
重工业	Heavy Industry	104486.77
按企业规模分	Grouped by Size of Enterprise	
大型企业	Large	70501.37
中型企业	Medium	32287.18
小微型企业	Small and Micro	46877.63
按行业分	Grouped by Sector	
煤炭开采和洗选业	Mining and Washing of Coal	
石油和天然气开采业	Extraction of Petroleum and Natural Gas	477.64
黑色金属矿采选业	Mining and Dressing of Ferrous Metal Ores	22.66
有色金属矿采选业	Mining and Dressing of Nonferrous Metal Ores	17.08
非金属矿采选业	Mining and Dressing of Nonmetal Ores	152.38
开采专业及辅助性活动	Mining Specialized and Auxiliary Operations	26.90
其他采矿业	Mining and Dressing of Other Ores	
农副食品加工业	Processing of Farm and Sideline Food	2918.67
食品制造业	Manufacture of Food	1919.91
酒、饮料和精制茶制造业	Manufacture of Beverage	1069.12
烟草制品业	Tobacco Products	350.88
纺织业	Textile Industry	1770.01
纺织服装、服饰业	Manufacture of Textile Garments, Footwear and Headgear	1648.87
皮革、毛皮、羽毛及其制品和制鞋业	Leather, Fur, Feather, Down and Related Products	973.58
木材加工和木、竹、藤、棕、草制品业	Timber Processing, Bamboo, Cane, Palm Fiber & Straw Products	385.31
家具制造业	Manufacture of Furniture	2167.92
造纸和纸制品业	Papermaking and Paper Products	2312.53
印刷和记录媒介复制业	Printing and Record Medium Reproduction	1191.69
文教、工美、体育和娱乐用品制造业	Manufacture of Cultural, Educational and Sports Articles	3314.39
石油、煤炭及其他燃料加工业	Petroleum, Coal and other Fuel Processing	1778.93
化学原料和化学制品制造业	Manufacture of Raw Chemical Materials and Chemical Products	5961.29
医药制造业	Manufacture of Medicines	1618.33
化学纤维制造业	Manufacture of Chemical Fibers	226.76
橡胶和塑料制品业	Plastic Products	5527.53
非金属矿物制品业	Nonmetal Mineral Products	5102.55
黑色金属冶炼和压延加工业	Smelting and Pressing of Ferrous Metals	1339.31
有色金属冶炼和压延加工业	Smelting and Pressing of Nonferrous Metals	3652.78
金属制品业	Metal Products	7613.19
通用设备制造业	Manufacture of General-purpose Machinery	5334.42
专用设备制造业	Manufacture of Special-purpose Machinery	4802.22
汽车制造业	Manufacture of Automobile	9418.81
铁路、船舶、航空航天和其他运输设备制造业	Manufacture of Railway ,Ship,Aeronautics and Other Transport equipment	1425.93
电气机械和器材制造业	Manufacture of Electrical Machinery and Equipment	19133.04
计算机、通信和其他电子设备制造业	Manufacture of Communication Equipment, Computers and Other Electronic Equipment	44866.41
仪器仪表制造业	Manufacture of Instruments and Meters	1484.37
其他制造业	Other Manufactures	447.81
废弃资源综合利用业	Comprehensive Utilization of Waste	494.17
金属制品、机械和设备修理业	Manufacture of Metal Products,Machinery and Equipment Maintenance	197.49
电力、热力生产和供应业	Production and Supply of Electric Power and Heat Power	6057.75
燃气生产和供应业	Production and Supply of Gas	1757.83
水的生产和供应业	Production and Supply of Water	705.71

22-4 continued

(100 million yuan)

税金及附加 Tax and Extra Charges	利润总额 Total Profits	#亏损总额 Total Losses	利税总额 Total Pretax Profits	本年应交增值税 Value-added Tax Payable in Current Year	全部从业人员年平均人数（万人） Annual Average Number of Employed Persons (10000 persons)
1212.44	**9819.95**	**1034.29**	**13837.90**	**2805.51**	**1173.17**
660.14	1254.77	137.20	2333.17	418.27	61.36
2.22	36.87	2.28	46.77	7.68	2.50
0.27	0.73	1.39	2.24	1.24	1.50
0.31	3.80	0.03	5.42	1.32	0.23
775.96	6095.26	649.47	8777.03	1905.81	688.55
285.69	1853.12	203.63	2594.80	455.99	168.49
143.40	1784.61	173.24	2338.73	410.73	302.52
388.89	3005.32	347.02	4465.50	1071.29	477.97
823.54	6814.63	687.27	9372.40	1734.23	695.20
821.71	5858.32	190.47	8074.91	1394.88	425.64
197.08	2088.07	365.91	2888.24	603.08	320.15
193.64	1873.56	477.91	2874.75	807.55	427.39
26.39	270.94		334.94	37.62	0.31
0.08	3.69		4.27	0.50	0.05
0.04	0.62		0.68	0.02	0.06
4.19	10.92	5.68	19.90	4.79	0.45
0.06	5.41		5.73	0.26	0.09
4.42	102.54	10.53	123.20	16.24	7.10
13.39	210.17	20.12	309.87	86.30	14.70
20.18	111.84	3.12	167.94	35.91	6.23
175.95	26.98	0.08	234.82	31.89	0.88
10.04	93.60	11.01	145.77	42.12	18.95
8.30	55.70	27.81	105.24	41.24	35.03
4.44	19.06	13.69	38.78	15.28	22.39
2.51	15.71	2.84	28.27	10.05	3.79
10.70	108.95	18.93	167.23	47.58	31.23
9.83	110.06	9.96	184.83	64.94	17.11
4.98	59.62	6.01	88.23	23.63	18.40
8.99	107.32	14.71	144.04	27.72	41.05
233.36	73.51	5.76	358.81	51.95	1.18
25.89	467.58	31.52	647.72	154.25	27.38
12.55	311.17	55.42	392.49	68.77	12.38
1.09	32.51	0.16	38.73	5.14	1.15
24.06	274.49	50.90	403.97	105.42	72.70
24.36	309.87	19.15	462.17	127.95	34.91
3.43	60.66	2.27	79.09	14.99	3.24
6.66	82.82	8.14	119.60	30.12	12.51
30.85	419.82	33.47	602.00	151.33	80.46
23.37	307.90	43.66	433.75	102.48	53.30
26.69	468.17	54.00	601.54	106.67	60.03
225.47	613.40	68.41	1043.02	204.15	39.54
7.19	25.34	27.50	40.52	7.99	11.41
75.11	1320.02	108.67	1826.44	431.31	174.41
147.30	3129.35	272.72	3850.31	573.66	322.45
6.75	139.01	12.46	178.46	32.71	19.31
2.00	20.11	3.56	28.41	6.31	7.25
1.41	20.36	2.25	27.98	6.20	1.34
1.10	12.97	0.10	18.01	3.94	2.15
21.89	211.95	72.19	341.03	107.18	11.71
2.54	105.45	10.01	117.35	9.35	1.66
4.85	100.36	7.49	122.77	17.56	4.87

22-5 广州、深圳主要经济指标（2021年）
Main Economic Indicators of Guangzhou and Shenzhen (2021)

指标	Item	合计 Total	广州 Guangzhou	深圳 Shenzhen
土地面积（平方公里）	Land Area (sq.km)	9224.87	7238.46	1986.41
年末常住人口（万人）	Permanent Population at the Year-end (10000 persons)	3649.22	1881.06	1768.16
#城镇人口	Urban Population	3391.16	1626.36	1764.80
年末户籍总人口（万人）	Total Population with Residence Registration at the Year-end (10000 persons)	1639.47	1011.53	627.94
城镇单位就业人员	Employed Persons in Urban Areas	940.54	426.94	513.60
地区生产总值（亿元）	Gross Domestic Product (100 million yuan)	58896.82	28231.97	30664.85
第一产业	Primary Industry	333.00	306.41	26.59
第二产业	Secondary Industry	19061.26	7722.67	11338.59
第三产业	Tertiary Industry	39502.57	20202.89	19299.67
人均地区生产总值（元）	Per Capita Gross Domestic Product (yuan)	161657	150366	173663
地区生产总值指数（上年=100）	Index of Gross Domestic Product (preceding year=100)	107.4	108.1	106.7
第一产业	Primary Industry	105.4	105.5	105.1
第二产业	Secondary Industry	106.4	108.5	104.9
第三产业	Tertiary Industry	107.9	108.0	107.8
人均地区生产总值指数(上年=100)	Index of Per Capita Gross Domestic Product (preceding year=100)	105.8	106.7	105.0
公路通车里程（公里）	Total Length of Highways in Operation (km)	9771	9045	726
民用汽车拥有量（万辆）	Number of Civil Vehicles Owned (100 million unit)	693	320	373
私人汽车拥有量	Number of Private Vehicles Owned	546	253	294
邮电业务总量（亿元）	Total Business Volume of Postal and Telecommunication (100 million yuan)	2572	1298.94	1273.12
本地电话年末用户（万户）	Number of Subscribers of Local Telephones at the Year-end (10000 subscribers)	721	326.62	394.24
移动电话年末用户（万户）	Number of Subscribers of Mobile Telephones at the Year-end (10000 subscribers)	5894	3089.73	2804.11
房地产开发投资（亿元）	Investment in Real Estate Development (100 million yuan)	6639.12	3626.44	3012.68
社会消费品零售总额（亿元）	Total Retail Sales of Consumer Good (100 million yuan)	19620.68	10122.56	9498.12
出口总额（亿元）	Total Exports (RMB100 million)	25573.85	6311.24	19262.61
进口总额（亿元）	Total Imports (RMB 100 million)	20687.98	4513.85	16174.13
实际外商直接投资额（亿元）	Foreign Direct Investment Actually Utilized (RMB 100 million)	1273.36	543.26	730.10
地方一般公共预算收入（亿元）	Local Public Budgetary Revenue (100 million yuan)	6141.95	1884.26	4257.70
地方一般公共预算支出（亿元）	Local Public Budgetary Expenditure (100 million yuan)	7591.41	3021.18	4570.22
金融机构本外币存款（亿元）	Deposits in Renminbi and Foreign Currencies in All Financial Institutions (100 million yuan)	187534.04	74988.86	112545.17
#本外币住户存款	Savings Deposits by Residents	43985.16	23151.08	20834.08
金融机构本外币贷款（亿元）	Loans in Renminbi and Foreign Currencies in All Financial Institutions (100 million yuan)	138640.39	61399.61	77240.78
全体居民人均可支配收入（元）	Per Capita Disposable Income of Households (yuan)		68908.3	70847.3
城镇居民人均可支配收入（元）	Per Capita Disposable Income of Urban Households (yuan)		74416.2	70847.3
农村居民人均可支配 收入（元）	Per Capita Disposable Income of Rural Households (yuan)		34533.3	

22-6 粤东西北主要经济指标

Main Economic Indicators of the East and West and Mountainous Area

年份 Year	年末常住人口(万人) Permanent Population at the Year-end (10000 persons)	#城镇人口 Urban Population	年末户籍总人口(万人) Total Population with Residence Registration at the Year-end (10000 persons)	城镇单位就业人员 Employed Persons in Urban Areas
2000	4235.41	1787.22	4934.94	274.48
2001	4357.08		4970.09	262.55
2002	4427.40		5024.37	254.28
2003	4499.14		5062.96	255.45
2004	4594.16		5090.66	257.74
2005	4646.85	2098.62	5136.32	266.15
2006	4706.60	2191.04	5227.44	277.04
2007	4728.84	2202.07	5283.58	280.72
2008	4755.00	2216.23	5346.26	281.78
2009	4768.46	2256.19	5398.98	287.98
2010	4817.99	2259.21	5496.98	294.85
2011	4818.06	2268.59	5563.33	310.82
2012	4824.41	2275.05	5530.87	334.39
2013	4823.14	2283.13	5603.44	403.50
2014	4824.14	2293.19	5678.95	407.20
2015	4809.50	2319.58	5742.67	404.70
2016	4806.76	2334.93	5814.38	410.44
2017	4802.92	2348.03	5841.81	403.10
2018	4802.54	2403.58	5874.08	390.93
2019	4805.05	2457.00	5895.69	365.59
2020	4800.46	2538.38	5916.46	365.58
2021	4823.40	2590.85	5931.29	364.17

注：粤东西北地区包括汕头、汕尾、潮州、揭阳、阳江、湛江、茂名、韶关、河源、梅州、清远和云浮12市。

Note: East and West Wings and Mountainous areas in Guangdong include Shantou, Shanwei, Chaozhou, Jieyang, Zhanjiang, Maoming, Yangjiang, Shaoguan,Heyuan,Meizhou,Qingyuan and Yunfu.

22-6 续表 1 continued

年份 Year	地区生产总值(亿元) Gross Domestic Product (100 million yuan)	第一产业 Primary Industry	第二产业 Secondary Industry	第三产业 Tertiary Industry	人均地区生产总值(元) Per Capita Gross Domestic Product(yuan)
2000	2775.18	726.47	1054.10	994.61	6576
2001	2967.84	745.05	1141.98	1080.80	6908
2002	3181.57	778.07	1224.68	1178.82	7244
2003	3550.67	818.69	1426.03	1305.94	7955
2004	4083.32	897.96	1681.55	1503.81	8981
2005	4640.29	901.99	1989.52	1748.77	10043
2006	5464.89	957.22	2523.24	1984.43	11685
2007	6465.64	1062.06	3058.40	2345.19	13705
2008	7630.76	1208.84	3618.56	2803.36	16092
2009	8129.39	1256.17	3640.60	3232.62	17072
2010	9529.29	1433.71	4282.62	3812.96	19867
2011	11183.63	1667.60	4969.43	4546.59	23181
2012	12348.50	1808.63	5394.13	5145.74	25579
2013	13729.70	1916.89	6061.82	5750.99	28425
2014	14929.56	2018.70	6632.09	6278.78	30911
2015	15722.21	2145.60	6686.52	6890.10	32598
2016	16998.21	2345.85	6939.89	7712.48	35308
2017	18311.86	2428.58	7074.33	8808.96	38087
2018	19504.50	2570.99	7361.29	9572.22	40611
2019	20773.87	2920.23	7619.23	10234.41	43241
2020	21301.25	3156.55	7925.75	10218.95	44352
2021	23784.42	3293.73	9247.44	11243.25	49428

22-6 续表 2 continued

年份 Year	地区生产总值指数(上年=100) Index of Gross Domestic Product (preceding year=100)	第一产业 Primary Industry	第二产业 Secondary Industry	第三产业 Tertiary Industry	人均地区生产总值指数(上年=100) Index of Per Capita Gross Domestic Product(preceding year=100)
2000	108.2	105.3	108.1	110.4	107.5
2001	106.4	104.8	105.5	108.5	105.0
2002	108.5	105.4	109.3	109.9	106.5
2003	110.8	104.4	114.8	111.1	109.5
2004	112.3	104.5	115.8	113.5	110.4
2005	113.7	103.6	117.8	115.3	112.3
2006	115.3	104.7	121.3	114.0	114.6
2007	115.5	103.6	119.5	116.2	115.1
2008	111.5	103.1	111.6	115.0	111.0
2009	111.3	105.5	109.8	115.1	110.8
2010	114.1	105.0	116.3	114.7	113.3
2011	112.1	104.5	114.0	112.9	111.5
2012	110.3	104.8	112.9	109.1	110.2
2013	112.0	103.5	114.9	111.4	111.9
2014	109.3	103.6	111.7	108.0	109.3
2015	107.9	103.6	107.4	109.9	108.1
2016	107.4	103.0	105.9	110.3	107.6
2017	106.7	103.8	104.5	109.5	106.8
2018	105.2	104.5	104.7	105.9	105.3
2019	105.1	103.5	103.7	106.8	105.1
2020	102.2	103.3	103.1	101.2	102.2
2021	107.8	107.4	108.5	107.5	107.6

22-6 续表 3 continued

年份 Year	公路通车里程(公里) Total Length of Highways in Operation (km)	货运量(万吨) Freight Traffic (10000 tons)	邮电业务总量(亿元) Total Business Volume of Postal and Telecommunication Services (100 million yuan)	本地电话年末用户(万户) Number of Subscribers of Local Telephones at the Year-end (10000 subscribers)	移动电话年末用户 (万户) Number of Subscribers of Mobile Telephones at the Year-end (10000 subscribers)	房地产开发投资(亿元) Investment in Real Estate Development (100 million yuan)	社会消费品零售总额(亿元) Total Retail Sales of Consumer Goods (100 million yuan)
2000	69133		169.58	549.37		73.33	1075.91
2001	70449	48307	168.33	641.30	543.26	80.39	1153.03
2002	73076	50111	189.63	730.86	706.06	95.52	1245.99
2003	74106	52616	236.67	848.28	888.71	99.40	1348.52
2004	74690	54202	333.87	1210.00	1317.44	112.74	1526.88
2005	77369	30627	383.01	1083.96	1448.30	142.70	1760.11
2006	124739	32636	472.35	1073.86	1620.17	179.68	2035.34
2007	128900	38046	722.32	1091.75	1766.69	281.61	2373.30
2008	129736	42258	810.08	1043.60	1932.03	370.54	2878.84
2009	130699	36989	954.68	966.38	2071.24	378.15	3353.98
2010	134296	43686	883.49	899.35	2252.45	541.04	3930.26
2011	134345	52697	373.62	862.85	2507.03	787.04	4568.09
2012	136354	62789	444.36	840.51	2894.83	869.12	5020.07
2013	143359	75952	488.10	810.96	3477.68	1126.85	5566.58
2014	150546	99242	642.75	753.98	3624.47	1344.90	6183.31
2015	152969	110358	824.04	720.43	3572.36	1462.90	6915.18
2016	154454	106080	1404.54	655.48	3415.21	1706.63	7554.65
2017	155461	113392	1110.06	604.59	3970.45	2247.92	8263.13
2018	155029	121430	2137.38	551.81	4574.81	2921.86	8970.24
2019	158793	132107	3353.75	596.40	4677.99	3002.62	9714.15
2020	159677	98026	4420.01	552.32	4565.20	3206.37	8997.37
2021	160652	121130	1009.25	531.60	4801.71	3262.99	9767.36

22-6 续表 4 continued

年份 Year	出口总额(亿美元) Total Exports (USD 100 million)	出口总额(亿元) Total Exports (RMB 100 million)	进口总额(亿美元) Total Imports (USD 100 million)	进口总额(亿元) Total Imports (RMB 100 million)	实际外商直接投资额(亿美元) Foreign Direct Investment Actually Utilized (USD 100 million)	实际外商直接投资额(亿元) Foreign Direct Investment Actually Utilized (RMB 100 million)	地方一般公共预算收入(亿元) Local Public General Budgetary Revenue (100 million yuan)
2000	71.42		38.72		13.70		88.89
2001	45.92		34.34		14.14		101.53
2002	58.50		33.77		15.68		108.83
2003	77.92		44.27		19.14		121.96
2004	91.26		59.17		9.96		133.47
2005	108.53		60.74		10.30		176.54
2006	132.04		70.27		14.25		219.70
2007	151.53		87.68		19.38		278.37
2008	169.80		95.43		22.24		338.91
2009	171.79		91.17		20.27		400.35
2010	213.89		122.04		19.14		513.91
2011	253.04		137.41		22.70		619.29
2012	263.49		142.32		19.96		718.42
2013	292.71	1815.69	151.20	938.21	18.90		842.56
2014	323.19	1986.91	151.11	928.61	20.10		949.18
2015	347.12	2158.74	128.79	799.25	12.51		1011.79
2016	334.77	2210.07	116.33	769.86	7.59		990.73
2017	326.32	2210.50	128.17	868.03	10.95		1059.05
2018	317.88	2100.44	141.30	931.50		97.41	1058.94
2019	325.28	2242.60	139.37	959.88		60.59	1086.33
2020	310.04	2147.00	150.34	1038.82		68.87	1120.85
2021	371.02	2398.22	208.92	1349.53		88.59	1217.74

22-6 续表 5 continued

年份 Year	地方一般公共预算支出(亿元) Local Public Genera Budgetary Expenditure (100 million yuan)	金融机构本外币存款(亿元) Deposits in Renminbi and Foreign Currencies in All Financial Institutions (100 million yuan)	#本外币住户存款(亿元) Savings Deposits by Urban and Rural Residents (100 million yuan)	金融机构本外币贷款(亿元) Loans in Renminbi and Foreign Currencies in All Financial Institutions (100 million yuan)	全体居民人均可支配收入(元) Per Capita Disposable Income of Households (yuan)	城镇居民人均可支配 收入(元) Per Capita Disposable Income of Urban Households (yuan)	农村居民人均可支配收入(元) Per Capita Disposable Income of Rural Households (yuan)
2000	216.28	2871.90	2089.75	1984.98			
2001	239.76	3149.51	2321.72	2011.43			
2002	300.61	3511.40	2638.20	2134.33			
2003	348.73	4066.83	3037.48	2353.51			
2004	386.45	4547.77	3438.04	2312.68			
2005	438.76	5157.66	3878.05	2187.28			
2006	538.75	5894.51	4371.05	2321.86			
2007	673.46	6399.72	4528.21	2634.39			
2008	801.64	7607.15	5469.95	2791.07			
2009	965.51	9072.69	6221.71	3901.78			
2010	1184.81	10724.89	7194.83	4639.56			
2011	1464.85	12015.02	8045.99	5481.70			
2012	1726.82	13514.31	9206.38	6508.63			
2013	1983.95	15429.88	10419.74	7675.51			
2014	2323.42	17080.90	11316.03	8904.68	15397.9	20239.9	10935.7
2015	3230.36	18779.17	12271.21	9919.34	16843.9	22018.2	12019.1
2016	3263.41	20862.78	13446.79	10778.82	18364.5	23871.9	13147.1
2017	3473.17	22598.34	14436.89	12348.94	19948.4	25767.5	14297.8
2018	3882.98	24513.25	15685.83	14085.18	21578.1	27522.0	15570.2
2019	4245.80	26470.25	17298.73	16177.66	23383.7	29523.1	16992.8
2020	4434.79	28417.57	18926.81	18589.75	24716.7	30759.0	18176.9
2021	4370.61	30157.00	20780.03	20703.50	27191.4	33564.5	20112.8

22−7 东翼主要经济指标

Main Economic Indicators of the East Wing

指标	Item	2020	2021	2021比2020增长% Growth Rate in 2021 over 2020
土地面积 (平方公里)	Land Area (sq.km)	15495	15495	0.0
年末常住人口 (万人)	Permanent Population at the Year-end (10000 persons)	1631.84	1640.87	0.6
#城镇人口	Urban Population	988.90	1002.08	1.3
年末户籍总人口 (万人)	Total Population with Residence Registration at the Year-end (10000 persons)	1926.77	1930.05	0.2
城镇单位就业人员	Employed Persons in Urban Areas	114.98	115.49	0.4
地区生产总值 (亿元)	Gross Domestic Product (100 million yuan)	7008.25	7728.20	7.7
第一产业	Primary Industry	592.01	620.68	6.3
第二产业	Secondary Industry	3025.92	3345.13	6.8
第三产业	Tertiary Industry	3390.31	3762.39	8.7
人均地区生产总值 (元)	Per Capita Gross Domestic Product (yuan)	42842	47228	7.6
地区生产总值指数 (上年=100)	Index of Gross Domestic Product (preceding year=100)	101.7	107.7	
第一产业	Primary Industry	102.8	106.3	
第二产业	Secondary Industry	101.5	106.8	
第三产业	Tertiary Industry	101.8	108.7	
人均地区生产总值指数(上年=100)	Index of Per Capita Gross Domestic Product(preceding year=100)	102.1	107.6	
公路通车里程 (公里)	Total Length of Highways in Operation (km)	22865	23022	0.7
邮电业务总量 (亿元)	Total Business Volume of Postal and Telecommunication (100 million yuan)	2023.82	620.10	44.3
本地电话年末用户 (万户)	Number of Subscribers of Local Telephones at the Year-end (10000 subscribers)	222.09	212.40	-4.4
移动电话年末用户 (万户)	Number of Subscribers of Mobile Telephones at the Year-end (10000 subscribers)	1615.98	1685.36	4.3
房地产开发投资 (亿元)	Investment in Real Estate Development (100 million yuan)	1103.23	1117.62	1.3
社会消费品零售总额 (亿元)	Total Retail Sales of Consumer Goods (100 million yuan)	3252.74	3517.59	8.1
出口总额 (亿元)	Total Exports (RMB 100 million)	964.94	1069.80	10.9
进口总额 (亿元)	Total Imports (RMB 100 million)	262.57	316.90	20.7
实际外商直接投资额 (亿元)	Foreign Direct Investment Actually Utilized (RMB 100 million)	7.70	16.94	120.0
地方一般公共预算收入 (亿元)	Local Public Budgetary Revenue (100 million yuan)	312.09	330.21	5.8
地方一般公共预算支出 (亿元)	Local Public Budgetary Expenditure (100 million yuan)	1285.41	1268.25	-1.3
金融机构本外币存款 (亿元)	Deposits in Renminbi and Foreign Currencies in All Financial Institutions (100 million yuan)	9425.22	10080.00	6.9
#住户存款	Savings Deposits by Residents	6394.59	6965.80	8.9
金融机构本外币贷款 (亿元)	Loans in Renminbi and Foreign Currencies in All Financial Institutions (100 million yuan)	4687.33	5351.47	14.2
全体居民人均可支配收入 (元)	Per Capita Disposable Income of Households (yuan)	24575.6	27006.0	9.9
城镇居民人均可支配收入 (元)	Per Capita Disposable Income of Urban Households (yuan)	29622.2	32240.7	8.8
农村居民人均可支配收入 (元)	Per Capita Disposable Income of Rural Households (yuan)	17357.1	19211.4	10.7

22-8 西翼主要经济指标

Main Economic Indicators of the West Wing

指标		Item		2020	2021	2021比2020增长% Growth Rate in 2021 over 2020
土地面积	(平方公里)	Land Area	(sq.km)	32682	32682	0.0
年末常住人口	(万人)	Permanent Population at the Year-end	(10000 persons)	1576.66	1587.13	0.7
#城镇人口		Urban Population		727.68	750.87	3.2
年末户籍总人口	(万人)	Total Population with Residence Registration at the Year-end	(10000 persons)	1984.91	1997.09	0.6
城镇单位就业人员		Employed Persons in Urban Areas		113.63	110.50	-2.8
地区生产总值	(亿元)	Gross Domestic Product	(100 million yuan)	7738.29	8773.89	8.1
第一产业		Primary Industry		1511.94	1538.80	6.5
第二产业		Secondary Industry		2633.18	3284.93	10.4
第三产业		Tertiary Industry		3593.17	3950.17	7.1
人均地区生产总值	(元)	Per Capita Gross Domestic Product	(yuan)	49192	55464	7.5
地区生产总值指数	(上年=100)	Index of Gross Domestic Product	(preceding year=100)	102.2	108.1	
第一产业		Primary Industry		102.6	106.5	
第二产业		Secondary Industry		104.3	110.4	
第三产业		Tertiary Industry		100.3	107.1	
人均地区生产总值指数	(上年=100)	Index of Per Capita Gross Domestic Product	(preceding year=100)	101.7	107.5	
公路通车里程	(公里)	Total Length of Highways in Operation	(km)	52177	52518	0.7
邮电业务总量	(亿元)	Total Business Volume of Postal and Telecommunication	(100 million yuan)	1237.77	197.63	31.8
本地电话年末用户	(万户)	Number of Subscribers of Local Telephones at the Year-end	(10000 subscribers)	154.80	149.53	-3.4
移动电话年末用户	(万户)	Number of Subscribers of Mobile Telephones at the Year-end	(10000 subscribers)	1463.34	1530.84	4.6
房地产开发投资	(亿元)	Investment in Real Estate Development	(100 million yuan)	854.16	929.34	8.8
社会消费品零售总额	(亿元)	Total Retail Sales of Consumer Goods	(100 million yuan)	3446.42	3764.49	9.2
出口总额	(亿元)	Total Exports	(RMB 100 million)	504.86	570.38	13.0
进口总额	(亿元)	Total Imports	(RMB 100 million)	330.78	472.05	42.7
地方一般公共预算收入	(亿元)	Local Public Budgetary Revenue	(100 million yuan)	346.15	386.49	11.7
地方一般公共预算支出	(亿元)	Local Public Budgetary Expenditure	(100 million yuan)	1268.18	1279.55	0.9
金融机构本外币存款	(亿元)	Deposits in Renminbi and Foreign Currencies in All Financial Institutions	(100 million yuan)	8824.06	9368.24	6.2
#本外币住户存款		Savings Deposits by Residents		5820.47	6415.40	10.2
金融机构本外币贷款	(亿元)	Loans in Renminbi and Foreign Currencies in All Financial Institutions	(100 million yuan)	6157.70	6802.13	10.5
全体居民人均可支配收入	(元)	Per Capita Disposable Income of Households	(yuan)	25087.4	27538.1	9.8
城镇居民人均可支配收入	(元)	Per Capita Disposable Income of Urban Households	(yuan)	31971.0	34861.6	9.0
农村居民人均可支配收入	(元)	Per Capita Disposable Income of Rural Households	(yuan)	19267.8	21261.0	10.3

22-9 山区主要经济指标

Main Economic Indicators of Mountainous Areas

指　　标	Item	2020	2021	2021比2020增长% Growth Rate in 2021over 2020
土地面积　(平方公里)	Land Area (sq.km)	76751	76751	0.0
年末常住人口　(万人)	Permanent Population at the Year-end (10000 persons)	1591.96	1595.40	0.2
#城镇人口	Urban Population	821.80	837.90	2.0
年末户籍总人口　(万人)	Total Population with Residence Registration at the Year-end (10000 persons)	2004.78	2004.15	0.0
城镇单位就业人员	Employed Persons in Urban Areas	136.97	138.18	0.9
地区生产总值　(亿元)	Gross Domestic Product (100 million yuan)	6554.71	7282.33	7.7
第一产业	Primary Industry	1052.60	1134.26	9.1
第二产业	Secondary Industry	2266.64	2617.38	8.6
第三产业	Tertiary Industry	3235.47	3530.70	6.7
人均地区生产总值　(元)	Per Capita Gross Domestic Product (yuan)	41126	45695	7.7
地区生产总值指数　(上年=100)	Index of Gross Domestic Product (preceding year=100)	102.8	107.7	
第一产业	Primary Industry	104.4	109.1	
第二产业	Secondary Industry	104.0	108.6	
第三产业	Tertiary Industry	101.5	106.7	
人均地区生产总值指数(上年=100)	Index of Per Capita Gross Domestic Product (preceding year=100)	103.0	107.7	
公路通车里程　(公里)	Total Length of Highways in Operation (km)	84634	85112	0.6
邮电业务总量　(亿元)	Total Business Volume of Postal and Telecommunication (100 million yuan)	1158.43	191.52	31.5
本地电话年末用户　(万户)	Number of Subscribers of Local Telephones at the Year-end (10000 subscribers)	175.43	169.67	-3.3
移动电话年末用户　(万户)	Number of Subscribers of Mobile Telephones at the Year-end (10000 subscribers)	1485.87	1585.52	6.7
房地产开发投资　(亿元)	Investment in Real Estate Development (100 million yuan)	1248.98	1216.04	-2.6
社会消费品零售总额　(亿元)	Total Retail Sales of Consumer Goods (100 million yuan)	2298.21	2485.28	8.1
出口总额　(亿元)	Total Exports (RMB 100 million)	677.20	758.04	11.9
进口总额　(亿元)	Total Imports (RMB 100 million)	445.47	560.58	25.8
地方一般公共预算收入　(亿元)	Local Public Budgetary Revenue (100 million yuan)	462.62	501.05	8.3
地方一般公共预算支出　(亿元)	Local Public Budgetary Expenditure (100 million yuan)	1881.20	1822.80	-3.1
金融机构本外币存款　(亿元)	Deposits in Renminbi and Foreign Currencies in All Financial Institutions (100 million yuan)	10168.30	10708.77	5.3
#本外币住户存款	Savings Deposits by Residents	6711.76	7398.83	10.2
金融机构本外币贷款　(亿元)	Loans in Renminbi and Foreign Currencies in All Financial Institution	7744.72	8549.91	10.4
全体居民人均可支配收入　(元)	Per Capita Disposable Income of Households (yuan)	24504.7	27038.0	10.3
城镇居民人均可支配收入　(元)	Per Capita Disposable Income of Urban Households (yuan)	31095.7	34008.9	9.4
农村居民人均可支配收入　(元)	Per Capita Disposable Income of Rural Households (yuan)	17698.0	19599.6	10.7

22-10 山区县(市、区)主要经济指标

Main Economic Indicators of Counties (County-level Cities and Districts) in Mountainous Areas

指 标	Item	2020	2021	2021比2020增长% Growth Rate in 2021 over 2020
年末户籍总人口 (万人)	Total Population with Residence Registration at the Year-end (10000 persons)	3463.44	3465.11	0.0
地区生产总值 (亿元)	Gross Domestic Product (100 million yuan)	10600.85	11805.28	8.3
第一产业	Primary Industry	2100.73	2225.19	8.5
第二产业	Secondary Industry	3570.49	4149.26	8.8
第三产业	Tertiary Industry	4929.64	5430.83	7.8
人均地区生产总值 (元)	Per Capita Gross Domestic Product (yuan)	39475	44321	9.1
地区生产总值指数 (上年=100)	Index of Gross Domestic Product (preceding year=100)	102.1	108.3	
第一产业	Primary Industry	105.0	108.5	
第二产业	Secondary Industry	101.8	108.8	
第三产业	Tertiary Industry	101.3	107.8	
人均地区生产总值指数(上年=100)	Index of Per Capita Gross Domestic Product(preceding year=100)	102.1	109.1	
房地产开发投资 (亿元)	Investment in Real Estate Development (100 million yuan)	1582.38	1507.24	-4.7
社会消费品零售总额 (亿元)	Total Retail Sales of Consumer Goods (100 million yuan)	3972.12	4283.54	7.8
地方一般公共预算收入 (亿元)	Local Public Budgetary Revenue (100 million yuan)	497.42	543.43	9.2
地方一般公共预算支出 (亿元)	Local Public Budgetary Expenditure (100 million yuan)	2487.56	2398.86	-3.6

注：50个山区县(市、区)包括：从化区、南澳县、曲江区、乐昌市、南雄市、仁化县、始兴县、翁源县、新丰县、乳源县、东源县、和平县、龙川县、紫金县、连平县、梅江区、兴宁市、梅县区、平远县、蕉岭县、大埔县、丰顺县、五华县、惠东县、龙门县、海丰县、陆河县、阳春市、信宜市、高州市、高要区、广宁县、德庆县、封开县、怀集县、英德市、连州市、佛冈县、清新区、连山县、连南县、阳山县、饶平县、潮安区、普宁市、揭西县、罗定市、新兴县、郁南县、云安区。

Notes: Counties(county-level cities and districts)in mountainous areas total 50, including Conghua District, Nan'ao County,Qujiang District,Nanxiong City, Lechang City,Renhua County, Shixing County, Wengyuan County, Xinfeng County, Ruyuan County, Dongyuan County, Heping County, Longchuan County, Zijin County, Lianping County, Meijiang District, Xingning City,Meixian County, Pingyuan County,Jiaoling County,Dabu County,Fengshun County,Wuhua County,Huidong County,Longmen County,Haifeng County,Luhe County,Yangchun City,Xinyi City,Gaozhou City, Gaoyao City, Guangning County,Deqing County, Fengkai County, Huaiji County,Yingde City, Lianzhou City, Fogang County, Qingxin County,Lianshan County, Liannan County,Yangshan County, Raoping County, Chao'an District, Puning City, Jiexi County, Luoding City, Xinxing County, Yunan County, and Yun'an District.

22-11 少数民族县主要经济指标（2021年）
Main Economic Indicators of Minority Counties (2021)

指标	Item	合计 Total	乳源县 Ruyuan County	连山县 Lianshan County	连南县 Liannan County
土地面积 (平方公里)	Land Area (sq.km)	4758	2299	1218	1241
年末户籍总人口 (万人)	Total Population with Residence Registration at the Year-end (10000 persons)	53.49	23.29	12.48	17.73
少数民族人口 (万人)	Population of Minority Nationalities (10000 persons)	21.21	2.79	8.18	10.24
地区生产总值 (亿元)	Gross Domestic Product (100 million yuan)	217.14	107.52	42.12	67.50
第一产业	Primary Industry	32.39	9.12	11.03	12.24
第二产业	Secondary Industry	78.77	52.34	7.18	19.25
第三产业	Tertiary Industry	105.97	46.06	23.90	36.01
人均地区生产总值 (元)	Per Capita Gross Domestic Product (yuan)	51938	57287	44187	49974
地区生产总值指数 (上年=100)	Index of Gross Domestic Product (preceding year=100)	110.6	112.2	107.6	109.8
第一产业	Primary Industry	109.5	115.0	108.5	106.2
第二产业	Secondary Industry	110.5	110.2	106.5	112.9
第三产业	Tertiary Industry	110.9	113.7	107.5	109.7
人均地区生产总值指数 (上年=100)	Index of Per Capita Gross Domestic Product (preceding year=100)	110.2	111.7	107.5	109.6
公路通车里程 (公里)	Total Length of Highways in Operation (km)	3933	1764	1015	1154
本地电话年末用户 (户)	Number of Subscribers of Local Telephones at the Year-end (subscriber)	40665	21033	8761	10871
移动电话年末用户 (户)	Number of Subscribers of Mobile Telephones at the Year-end (subscriber)	252083	27219	99818	125046
房地产开发投资 (亿元)	Investment in Real Estate Development (100 million yuan)	12.70	10.45	0.37	1.88
社会消费品零售总额 (亿元)	Total Retail Sales of Consumer Goods (100 million yuan)	40.53	24.16	5.44	10.93
地方一般公共预算收入 (亿元)	Local Public Budgetary Revenue (100 million yuan)	10.46	6.13	2.21	2.12
地方一般公共预算支出 (亿元)	Local Public Budgetary Expenditure (100 million yuan)	67.38	29.04	17.60	20.73
农村居民人均可支配收入 (元)	Per Capita Annual Disposable Income of Rural Residents (yuan)		18972	16788	17210
普通中学 (所)	Number of Regular Secondary Schools (unit)	27	8	10	9
在校学生数 (人)	Number of Students Enrolled in Regular Secondary Schools (person)	24434	10256	5743	8435
小学 (所)	Number of Primary Schools (unit)	50	12	8	30
在校学生数 (人)	Number of Students Enrolled in Primary Schools (person)	44887	18753	10177	15957

二十三、县（市、区）主要经济指标

COUNTIES AND DISTRICTS UNDER CITY ADMINISTRATION

二十三　县（市、区）主要经济指标

简要说明

一、本篇资料反映广东县（市、区）经济发展基本情况，主要包括：各县（市、区）的地区生产总值、工农业总产值、主要农产品产量、固定资产投资、消费品零售总额、就业人员和工资水平、财政收支等内容。

二、本篇资料由广东省统计局各有关专业处整理提供，综合统计处负责编辑。

三、本篇资料依据国家统计局制定的各有关专业年度报表制度填报汇总而成。

四、本篇各县（市、区）生产总值、产值、财政类指标数据汇总数不等于全省数。

23 Counties and Districts Under City Administration

Brief Introduction

Ⅰ. The data in this chapter show the basic conditions of the economic development of counties and districts under city administration in Guangdong Province, mainly including gross domestic product, gross output value of industry and agriculture, output of major agriculture products, investment in fixed assets, total retail sales of consumer goods, number and wages of fully employed staff and workers, local government budgetary revenue and expenditure, etc.

Ⅱ. The data in this chapter are prepared and provided by the related specialized divisions and compiled by the Division of Comprehensive Statistics of Statistics Bureau of Guangdong Province.

Ⅲ. The data in this chapter are reported and compiled in accordance with related specialized annual report schemes formulated by the National Bureau of Statistics.

Ⅳ. The tabulated data on gross domestic product, output value and government finance of the counties and districts in this chapter do not sum up to the provincial total.

23-1 各县(市、区)地区生产总值

Gross Domestic Product by County (County-level City and District)

县(市、区)	County (County-level City and District)	地区生产总值(亿元) Gross Domestic Product (100 million yuan)		指数(上年=100) Index (preceding year=100)	
		2020	2021	2020	2021
广州市	Guangzhou				
越秀区	Yuexiu District	3318.94	3629.48	102.7	106.1
海珠区	Haizhu District	2090.73	2405.16	102.8	109.3
荔湾区	Liwan District	1076.61	1209.79	97.2	108.5
天河区	Tianhe District	5323.30	6012.20	102.7	108.2
白云区	Baiyun District	2251.26	2551.00	100.2	108.1
黄埔区	Huangpu District	3710.41	4158.37	104.1	108.2
花都区	Huadu District	1667.50	1800.41	103.5	106.6
番禺区	Panyu District	2298.40	2653.91	104.1	109.0
南沙区	Nansha District	1878.47	2131.61	107.1	109.6
从化区	Conghua District	387.96	413.39	102.2	103.5
增城区	Zengcheng District	1065.18	1266.66	105.1	110.8
深圳市	Shenzhen				
福田区	Futian District	4777.37	5318.19	103.6	108.6
罗湖区	Luohu District	2360.56	2571.67	101.3	108.0
盐田区	Yantian District	650.63	760.49	105.4	111.1
南山区	Nanshan District	6527.40	7630.59	105.1	109.1
宝安区	Baoan District	3847.04	4421.83	102.0	111.3
龙岗区	Longgang District	5110.62	4866.80	101.1	93.5
龙华区	Longhua District	2491.01	2828.45	103.0	110.2
坪山区	Pingshan District	805.67	910.60	104.6	111.7
光明区	Guangming District	1127.32	1285.33	106.0	112.9
珠海市	Zhuhai				
香洲区	Xiangzhou District	2371.79	2598.63	103.1	107.2
金湾区	Jinwan District	707.80	815.09	102.9	107.7
斗门区	Doumen District	438.67	468.03	102.6	104.1
汕头市	Shantou				
金平区	Jinping District	545.77	591.20	103.0	106.1
龙湖区	Longhu District	550.48	600.26	103.6	106.3
澄海区	Chenghai District	450.70	486.68	97.2	105.8
濠江区	Haojiang District	169.45	184.71	103.8	106.7
潮阳区	Chaoyang District	490.21	529.32	101.8	105.8
潮南区	Chaonan District	465.91	502.96	102.8	106.4
南澳县	Nanao County	32.22	34.73	101.8	105.6
佛山市	Foshan				
禅城区	Chancheng District	1911.52	2148.90	100.0	108.2
南海区	Nanhai District	3119.78	3560.89	100.4	108.8
顺德区	Shunde District	3614.09	4064.38	103.8	108.2
高明区	Gaoming District	880.50	977.10	100.9	107.0
三水区	Sanshui District	1232.48	1405.19	100.1	108.6
韶关市	Shaoguan				
浈江区	Zhengjiang District	208.35	229.21	102.9	106.1
武江区	Wujiang District	278.82	306.72	101.3	105.2
曲江区	Qujiang District	187.43	222.49	103.5	111.6
乐昌市	Lechang City	124.30	137.71	103.3	109.5
南雄市	Nanxiong City	121.01	131.90	103.2	107.0
仁化县	Renhua County	98.68	111.43	102.9	108.1
始兴县	Shixing County	83.75	98.16	103.0	113.1
翁源县	Wengyuan County	109.34	128.27	106.1	113.5
新丰县	Xinfeng County	72.64	80.52	105.6	107.0
乳源县	Ruyuan County	90.86	107.52	102.3	112.2

注：海丰县不包含深汕合作区地区生产总值数据。
Notes: GDP of Shenzhen-Shanwei Cooperation Zone not included Haifeng county.

23-1 续表 1 continued

县(市、区)	County (County-level City and District)	地区生产总值(亿元) Gross Domestic Product (100 million yuan) 2020	2021	指数(上年=100) Index(preceding year=100) 2020	2021
河源市	Heyuan				
源城区	Yuancheng District	446.08	522.74	102.7	110.3
东源县	Dongyuan County	139.51	167.19	104.5	112.6
和平县	Heping County	118.86	127.87	94.7	102.1
龙川县	Longchuan County	158.68	170.25	97.4	102.9
紫金县	Zijin County	163.84	188.11	104.2	108.7
连平县	Lianping County	87.34	97.82	101.3	105.5
梅州市	Meizhou				
梅江区	Meijiang District	272.61	287.12	99.2	104.3
梅县区	Meixian District	220.44	237.71	103.5	106.2
兴宁市	Xingning City	179.60	196.32	100.4	108.8
平远县	Pingyuan County	79.42	85.66	101.9	105.9
蕉岭县	Jiaoling County	101.94	106.40	105.1	105.0
大埔县	Dabu County	92.19	100.27	101.7	106.7
丰顺县	Fengshun County	114.50	118.68	100.4	102.3
五华县	Wuhua County	166.58	175.84	102.3	105.1
惠州市	Huizhou				
惠城区	Huicheng District	1519.36	1781.04	100.3	111.3
惠阳区	Huiyang District	1358.97	1556.12	102.2	107.3
惠东县	Huidong County	612.84	710.87	101.5	111.2
博罗县	Boluo County	625.11	741.46	102.2	112.6
龙门县	Longmen County	167.45	187.87	102.1	108.7
汕尾市	Shanwei				
市城区	Urban District	320.24	357.24	104.5	111.0
陆丰市	Lufeng City	358.26	423.90	104.6	113.9
海丰县	Haifeng County	346.38	406.14	105.1	113.5
陆河县	Luhe County	87.75	100.77	102.9	110.9
东莞市	Dongguan	9756.77	10855.35	101.1	108.2
中山市	Zhongshan	3189.15	3566.17	101.5	108.2
江门市	Jiangmen				
蓬江区	Pengjiang District	731.68	831.73	102.2	109.1
江海区	Jianghai District	245.08	285.32	103.5	109.9
新会区	Xinhui District	807.08	896.14	102.8	108.9
台山市	Taishan City	454.65	503.23	102.5	108.5
开平市	Kaiping City	392.22	438.45	101.8	108.3
鹤山市	Heshan City	383.46	440.69	103.2	109.7
恩平市	Enping City	188.80	205.72	101.0	107.1
阳江市	Yangjiang				
江城区	Jiangcheng District	488.04	561.40	108.3	110.3
阳东区	Yangdong District	316.31	343.60	101.3	107.9
阳春市	Yangchun City	339.49	366.77	100.5	105.7
阳西县	Yangxi County	205.69	244.09	104.3	108.5

23-1 续表 2 continued

县(市、区)	County (County-level City and District)	地区生产总值(亿元) Gross Domestic Product (100 million yuan) 2020	2021	指数(上年=100) Index(preceding year=100) 2020	2021
湛江市	Zhanjiang				
赤坎区	Chikan District	328.42	358.08	103.4	107.1
霞山区	Xiashan District	400.23	430.67	102.9	103.0
麻章区	Mazhang District	397.56	635.94	111.3	135.1
坡头区	Potou District	320.38	331.47	107.3	101.2
雷州市	Leizhou City	322.33	354.12	100.2	107.5
廉江市	Lianjiang County	483.07	516.16	100.2	107.1
吴川市	Wuchuan City	278.51	304.41	102.5	107.2
遂溪县	Suixi County	375.42	415.48	102.3	108.8
徐闻县	Xuwen County	197.40	213.59	100.7	106.8
茂名市	Maoming				
茂南区	Maonan District	927.71	1096.52	104.2	106.0
电白区	Dianbai District	673.68	766.83	101.9	108.9
信宜市	Xinyi City	488.09	522.23	100.9	107.1
高州市	Gaozhou City	633.58	687.16	100.5	107.8
化州市	Huazhou City	562.39	625.35	101.6	108.4
肇庆市	Zhaoqing				
端州区	Duanzhou District	424.84	477.27	103.1	107.9
鼎湖区	Dinghu District	131.09	146.62	102.5	107.7
高要区	Gaoyao District	435.62	507.44	103.1	111.5
四会市	Sihui City	615.89	725.22	104.1	114.0
广宁县	Guangning County	159.06	176.80	100.2	108.3
德庆县	Deqing County	157.03	175.65	104.6	107.7
封开县	Fengkai County	145.42	164.32	100.1	107.8
怀集县	Huaiji County	244.30	276.67	102.8	110.7
清远市	Qingyuan				
清城区	Qingcheng District	667.52	712.39	103.3	105.4
清新区	Qingxin District	275.91	302.76	103.4	105.3
英德市	Yingde City	348.47	403.67	105.2	111.0
连州市	Lianzhou City	159.82	181.43	103.3	109.1
佛冈县	Fogang County	133.50	158.52	103.9	112.8
阳山县	Yangshan County	124.40	139.06	103.4	109.7
连山县	Lianshan County	37.44	42.12	103.5	107.6
连南县	Liannan County	57.30	67.50	104.1	109.8
潮州市	Chaozhou				
湘桥区	Xiangqiao District	267.68	301.84	101.6	109.1
潮安区	Chaoan District	549.90	618.58	100.9	108.0
饶平县	Raoping County	285.30	324.44	101.8	111.8
揭阳市	Jieyang				
榕城区	Rongcheng District	550.70	592.35	98.1	105.2
揭东区	Jiedong District	469.05	509.54	102.0	105.8
普宁市	Puning City	558.95	607.58	100.1	106.3
揭西县	Jiexi County	241.57	262.01	101.6	106.8
惠来县	Huilai County	267.72	293.95	96.5	107.3
云浮市	Yunfu				
云城区	Yuncheng District	226.00	249.43	102.5	108.1
云安区	Yunan District	116.19	130.25	105.3	109.2
罗定市	Luoding City	287.18	312.19	103.5	106.0
新兴县	Xinxing County	278.00	308.91	106.5	109.9
郁南县	Yunan County	126.24	138.20	102.9	108.1

23-2 各县(市、区)三次产业地区生产总值

Gross Domestic Product of the Three Strata of Industry by County (County-level City and District)

单位：亿元 (100 million yuan)

县(市、区)	County (County-level City and District)	第一产业 Primary Industry 2020	2021	第二产业 Secondary Industry 2020	2021	第三产业 Tertiary Industry 2020	2021
广州市	Guangzhou						
越秀区	Yuexiu District			135.95	147.92	3182.99	3481.55
海珠区	Haizhu District	1.66	1.37	343.31	423.68	1745.76	1980.11
荔湾区	Liwan District	4.87	5.09	296.52	330.49	775.21	874.20
天河区	Tianhe District	2.04	2.00	395.66	447.81	4925.60	5562.39
白云区	Baiyun District	35.06	34.03	503.21	592.44	1712.99	1924.54
黄埔区	Huangpu District	3.95	4.70	2195.56	2468.16	1510.90	1685.50
花都区	Huadu District	45.91	49.63	731.53	801.67	890.05	949.10
番禺区	Panyu District	34.70	41.85	781.43	964.43	1482.27	1647.63
南沙区	Nansha District	66.07	69.96	780.43	885.96	1031.97	1175.70
从化区	Conghua District	30.92	32.53	126.53	135.92	230.52	244.93
增城区	Zengcheng District	61.09	65.25	426.03	524.19	578.06	677.22
深圳市	Shenzhen						
福田区	Futian District	1.55	1.60	357.02	472.08	4418.79	4844.50
罗湖区	Luohu District	0.66	0.42	159.44	176.99	2200.45	2394.25
盐田区	Yantian District	0.14	0.51	91.71	126.97	558.78	633.00
南山区	Nanshan District	1.47	1.17	1784.02	2188.40	4741.91	5441.02
宝安区	Baoan District	0.70	0.92	1873.71	2230.47	1972.63	2190.44
龙岗区	Longgang District	2.22	2.25	3551.59	3199.55	1556.82	1665.00
龙华区	Longhua District	0.52	0.59	1267.92	1446.99	1222.57	1380.87
坪山区	Pingshan District	1.01	1.13	515.39	593.40	289.27	316.07
光明区	Guangming District	2.23	2.38	757.41	875.45	367.68	407.50
珠海市	Zhuhai						
香洲区	Xiangzhou District	2.90	3.21	766.82	850.76	1602.07	1744.66
金湾区	Jinwan District	9.74	11.46	493.98	556.39	204.08	247.25
斗门区	Doumen District	38.36	40.35	202.36	220.32	197.95	207.36
汕头市	Shantou						
金平区	Jinping District	2.53	2.78	218.48	234.86	324.77	353.56
龙湖区	Longhu District	7.48	7.90	205.55	214.58	337.45	377.79
澄海区	Chenghai District	40.41	41.80	234.54	254.39	175.75	190.50
濠江区	Haojiang District	7.41	7.71	95.68	97.90	66.37	79.11
潮阳区	Chaoyang District	31.84	32.32	282.22	305.05	176.14	191.95
潮南区	Chaonan District	20.88	20.58	281.67	300.19	163.37	182.19
南澳县	Nanao County	11.96	11.97	4.40	5.59	15.86	17.17
佛山市	Foshan						
禅城区	Chancheng District	0.52	0.65	640.61	748.81	1270.38	1399.43
南海区	Nanhai District	51.07	60.88	1642.64	1907.77	1426.07	1592.23
顺德区	Shunde District	71.78	72.66	2079.72	2411.33	1462.60	1580.39
高明区	Gaoming District	29.48	32.41	656.29	728.78	194.73	215.91
三水区	Sanshui District	37.07	43.95	868.53	1010.25	326.87	351.00
韶关市	Shaoguan						
浈江区	Zhengjiang District	8.41	8.77	57.92	67.42	142.01	153.02
武江区	Wujiang District	8.53	8.61	105.05	119.19	165.24	178.93
曲江区	Qujiang District	19.18	21.03	104.68	131.74	63.57	69.72
乐昌市	Lechang City	29.16	31.50	25.27	30.89	69.87	75.32
南雄市	Nanxiong City	36.02	36.55	28.22	32.90	56.77	62.45
仁化县	Renhua County	22.84	23.70	37.03	45.35	38.80	42.38
始兴县	Shixing County	24.22	25.54	23.47	32.76	36.06	39.86
翁源县	Wengyuan County	28.71	34.55	27.42	35.23	53.21	58.49
新丰县	Xinfeng County	14.18	15.96	22.60	25.12	35.86	39.44
乳源县	Ruyuan County	8.64	9.12	42.70	52.34	39.52	46.06

23-2 续表 1 continued

单位：亿元 (100 million yuan)

县(市、区)	County (County-level City and District)	第一产业 Primary Industry 2020	2021	第二产业 Secondary Industry 2020	2021	第三产业 Tertiary Industry 2020	2021
河源市	Heyuan						
源城区	Yuancheng District	3.36	3.47	195.33	245.81	247.38	273.46
东源县	Dongyuan County	22.68	29.22	49.50	62.80	67.33	75.17
和平县	Heping County	22.94	25.50	34.21	32.68	61.71	69.69
龙川县	Longchuan County	33.04	33.85	38.61	39.23	87.02	97.17
紫金县	Zijin County	32.66	39.36	47.21	56.01	83.97	92.74
连平县	Lianping County	18.84	22.42	23.48	26.61	45.03	48.79
梅州市	Meizhou						
梅江区	Meijiang District	8.21	8.70	118.39	121.48	146.01	156.94
梅县区	Meixian District	55.19	59.52	75.37	79.34	89.87	98.85
兴宁市	Xingning City	50.28	52.37	29.12	33.50	100.20	110.45
平远县	Pingyuan County	14.77	15.73	23.11	23.39	41.54	46.54
蕉岭县	Jiaoling County	17.32	17.85	47.32	47.42	37.30	41.14
大埔县	Dabu County	26.15	28.30	19.32	21.54	46.72	50.44
丰顺县	Fengshun County	25.72	25.84	43.98	43.90	44.80	48.94
五华县	Wuhua County	41.02	43.04	39.74	38.57	85.82	94.23
惠州市	Huizhou						
惠城区	Huicheng District	33.56	34.72	683.79	851.65	802.02	894.68
惠阳区	Huiyang District	22.36	22.72	862.26	1053.99	474.36	479.40
惠东县	Huidong County	60.98	65.60	212.48	269.60	339.38	375.67
博罗县	Boluo County	68.65	76.74	310.15	393.99	246.31	270.73
龙门县	Longmen County	31.43	32.76	68.93	83.53	67.09	71.58
汕尾市	Shanwei						
市城区	Urban District	32.06	37.10	101.01	112.03	187.17	208.11
陆丰市	Lufeng City	71.75	78.86	133.34	171.46	153.17	173.58
海丰县	Haifeng County	37.91	42.79	154.63	186.95	153.84	176.40
陆河县	Luhe County	15.44	16.33	22.66	28.52	49.65	55.92
东莞市	Dongguan	30.40	34.66	5534.57	6319.41	4191.80	4501.28
中山市	Zhongshan	71.01	90.81	1525.97	1761.78	1592.17	1713.58
江门市	Jiangmen						
蓬江区	Pengjiang District	5.41	6.40	268.89	321.48	457.38	503.85
江海区	Jianghai District	5.34	6.25	141.39	170.86	98.35	108.22
新会区	Xinhui District	50.67	57.23	402.24	461.81	354.17	377.09
台山市	Taishan City	102.50	108.74	174.22	201.71	177.94	192.77
开平市	Kaiping City	47.84	52.26	176.18	205.21	168.20	180.98
鹤山市	Heshan City	30.76	31.90	185.55	222.76	167.15	186.03
恩平市	Enping City	30.39	32.11	52.22	56.82	106.19	116.79
阳江市	Yangjiang						
江城区	Jiangcheng District	53.42	52.60	164.66	218.08	269.96	290.71
阳东区	Yangdong District	59.86	57.66	159.11	179.25	97.35	106.69
阳春市	Yangchun City	73.98	73.61	98.24	112.79	167.26	180.37
阳西县	Yangxi County	67.48	65.13	51.80	82.39	86.41	96.58

23-2 续表 2 continued

单位：亿元 (100 million yuan)

县(市、区)	County (County-level City and District)	第一产业 Primary Industry 2020	2021	第二产业 Secondary Industry 2020	2021	第三产业 Tertiary Industry 2020	2021
湛江市	Zhanjiang						
赤坎区	Chikan District	0.84	1.31	73.09	77.28	254.50	279.48
霞山区	Xiashan District	2.42	2.56	185.27	194.89	212.54	233.23
麻章区	Mazhang District	45.98	48.08	241.80	465.09	109.78	122.76
坡头区	Potou District	23.70	24.26	216.94	220.06	79.74	87.15
雷州市	Leizhou City	137.61	145.28	35.83	40.79	148.89	168.05
廉江市	Lianjiang County	131.59	134.07	157.46	166.39	194.01	215.69
吴川市	Wuchuan City	36.22	37.56	87.00	96.30	155.29	170.55
遂溪县	Suixi County	129.30	141.55	82.83	91.08	163.29	182.86
徐闻县	Xuwen County	100.87	106.27	18.24	21.29	78.29	86.03
茂名市	Maoming						
茂南区	Maonan District	39.82	36.14	506.74	638.72	381.15	421.67
电白区	Dianbai District	153.69	156.84	207.68	270.01	312.31	339.99
信宜市	Xinyi City	143.14	142.54	82.12	87.50	262.82	292.19
高州市	Gaozhou City	170.43	165.87	142.96	169.47	320.19	351.83
化州市	Huazhou City	141.58	147.47	121.81	154.47	299.00	323.42
肇庆市	Zhaoqing						
端州区	Duanzhou District	0.18	0.20	121.69	144.62	302.97	332.45
鼎湖区	Dinghu District	11.92	11.38	50.64	61.57	68.53	73.67
高要区	Gaoyao District	98.31	106.16	214.27	266.00	123.03	135.28
四会市	Sihui City	72.43	69.45	301.41	384.26	242.05	271.50
广宁县	Guangning County	51.83	57.01	48.85	55.59	58.38	64.20
德庆县	Deqing County	37.24	40.25	63.98	73.66	55.81	61.74
封开县	Fengkai County	54.61	61.79	46.41	52.63	44.40	49.89
怀集县	Huaiji County	105.47	112.21	48.44	63.15	90.38	101.31
清远市	Qingyuan						
清城区	Qingcheng District	27.82	28.00	280.75	312.65	358.95	371.74
清新区	Qingxin District	54.17	55.93	118.44	133.41	103.30	113.43
英德市	Yingde City	71.43	79.97	134.53	166.39	142.51	157.31
连州市	Lianzhou City	45.98	46.76	39.22	52.07	74.62	82.60
佛冈县	Fogang County	20.11	22.71	60.11	76.99	53.28	58.82
阳山县	Yangshan County	47.60	47.18	16.72	26.32	60.08	65.56
连山县	Lianshan County	10.43	11.03	5.49	7.18	21.52	23.90
连南县	Liannan County	11.31	12.24	14.43	19.25	31.56	36.01
潮州市	Chaozhou						
湘桥区	Xiangqiao District	9.33	9.31	74.43	90.56	183.91	201.97
潮安区	Chaoan District	26.20	27.44	351.53	401.49	172.17	189.65
饶平县	Raoping County	73.40	78.30	90.18	110.03	121.72	136.11
揭阳市	Jieyang						
榕城区	Rongcheng District	14.02	13.38	234.22	243.67	302.46	335.30
揭东区	Jiedong District	42.37	42.99	219.55	235.46	207.13	231.09
普宁市	Puning City	43.07	44.24	165.32	177.63	350.55	385.71
揭西县	Jiexi County	46.93	47.64	70.75	77.03	123.90	137.35
惠来县	Huilai County	57.01	57.26	85.78	97.73	124.92	138.96
云浮市	Yunfu						
云城区	Yuncheng District	17.02	19.28	69.78	80.13	139.21	150.02
云安区	Yunan District	15.14	16.93	62.20	70.51	38.85	42.81
罗定市	Luoding City	56.66	64.04	84.55	86.82	145.97	161.33
新兴县	Xinxing County	72.69	75.80	91.27	107.60	114.04	125.50
郁南县	Yunan County	30.18	33.92	30.10	32.83	65.96	71.45

23-3 各县(市、区)三次产业地区生产总值指数

Gross Domestic Product of the Tree Industries by County (County-level City and District)

上年=100　　(preceding year=100)

县(市、区)	County (County-level City and District)	第一产业 Primary Industry		第二产业 Secondary Industry		第三产业 Tertiary Industry	
		2020	2021	2020	2021	2020	2021
广州市	Guangzhou						
越秀区	Yuexiu District			95.1	101.1	103.0	106.4
海珠区	Haizhu District	109.0	75.9	105.1	113.0	102.1	108.6
荔湾区	Liwan District	110.1	108.5	101.6	106.6	95.2	109.3
天河区	Tianhe District	78.6	100.2	99.8	105.5	103.0	108.5
白云区	Baiyun District	110.8	94.8	119.7	111.1	94.4	107.4
黄埔区	Huangpu District	109.3	119.3	104.2	107.2	103.8	109.6
花都区	Huadu District	110.5	109.9	100.5	106.4	106.5	106.6
番禺区	Panyu District	110.0	107.2	107.6	114.6	101.4	106.1
南沙区	Nansha District	109.7	106.0	104.8	108.3	109.0	110.7
从化区	Conghua District	114.4	108.8	96.8	98.8	104.8	105.3
增城区	Zengcheng District	111.9	104.8	99.8	110.4	109.5	111.8
深圳市	Shenzhen						
福田区	Futian District	71.1	103.5	92.7	126.6	104.6	107.2
罗湖区	Luohu District	64.0	76.3	93.4	107.9	102.1	108.0
盐田区	Yantian District	74.8	359.5	98.9	125.7	106.5	108.6
南山区	Nanshan District	150.1	94.1	104.1	110.2	105.7	108.6
宝安区	Baoan District	76.2	124.4	102.1	113.8	101.9	108.8
龙岗区	Longgang District	128.8	106.2	100.1	88.7	103.7	104.3
龙华区	Longhua District	155.5	113.8	103.3	111.8	102.7	108.7
坪山区	Pingshan District	114.8	109.9	106.2	113.9	101.1	107.7
光明区	Guangming District	88.6	96.4	105.9	115.0	106.3	108.8
珠海市	Zhuhai						
香洲区	Xiangzhou District	72.4	107.5	101.5	106.3	104.2	107.6
金湾区	Jinwan District	103.5	113.9	102.9	107.6	103.1	107.8
斗门区	Doumen District	104.1	105.3	101.4	104.3	104.0	103.7
汕头市	Shantou						
金平区	Jinping District	88.3	102.7	106.3	104.2	101.0	107.4
龙湖区	Longhu District	95.4	106.3	105.5	101.5	102.7	109.2
澄海区	Chenghai District	101.5	102.1	90.5	105.3	106.9	107.4
濠江区	Haojiang District	100.4	103.3	107.8	99.3	99.5	117.8
潮阳区	Chaoyang District	98.8	100.6	104.2	105.6	98.6	107.2
潮南区	Chaonan District	98.0	103.5	105.0	105.8	99.6	107.9
南澳县	Nanao County	100.6	100.2	109.4	119.1	100.9	105.9
佛山市	Foshan						
禅城区	Chancheng District	197.2	114.2	96.5	110.3	102.5	107.1
南海区	Nanhai District	99.6	107.9	99.6	109.5	101.7	108.1
顺德区	Shunde District	106.7	104.8	105.0	109.8	101.5	106.1
高明区	Gaoming District	101.1	110.1	100.6	106.3	102.4	109.0
三水区	Sanshui District	86.2	120.7	99.1	109.5	104.4	104.8
韶关市	Shaoguan						
浈江区	Zhengjiang District	103.0	114.7	107.6	106.0	101.4	105.6
武江区	Wujiang District	101.9	110.3	96.6	102.8	104.6	106.4
曲江区	Qujiang District	106.9	117.4	106.5	112.7	98.6	107.8
乐昌市	Lechang City	103.1	117.2	109.4	110.6	101.5	105.8
南雄市	Nanxiong City	102.9	106.0	108.2	105.7	101.6	108.2
仁化县	Renhua County	105.4	105.4	105.0	110.5	99.6	107.3
始兴县	Shixing County	103.4	108.1	103.6	125.8	102.4	108.1
翁源县	Wengyuan County	109.2	122.5	115.4	115.3	101.1	107.6
新丰县	Xinfeng County	104.2	117.6	112.5	98.9	102.8	107.9
乳源县	Ruyuan County	117.0	115.0	107.8	110.2	95.0	113.7

23−3 续表 1 continued

上年=100 (preceding year=100)

县(市、区)	County (County-level City and District)	第一产业 Primary Industry 2020	2021	第二产业 Secondary Industry 2020	2021	第三产业 Tertiary Industry 2020	2021
河源市	Heyuan						
源城区	Yuancheng District	105.3	102.9	100.5	117.5	105.0	104.7
东源县	Dongyuan County	110.0	116.3	108.6	117.9	99.3	107.5
和平县	Heping County	105.3	104.2	82.6	88.0	99.3	109.1
龙川县	Longchuan County	105.6	101.5	91.9	94.3	97.2	107.2
紫金县	Zijin County	104.9	111.4	122.8	110.0	95.5	106.9
连平县	Lianping County	104.7	109.2	101.0	106.2	100.2	103.7
梅州市	Meizhou						
梅江区	Meijiang District	87.6	106.1	98.4	103.2	100.7	105.1
梅县区	Meixian District	101.4	105.7	107.6	105.6	101.3	106.9
兴宁市	Xingning City	101.3	106.2	91.2	115.3	104.1	108.2
平远县	Pingyuan County	102.4	103.6	105.2	100.8	99.4	109.5
蕉岭县	Jiaoling County	105.1	108.4	108.9	100.5	101.3	109.0
大埔县	Dabu County	103.4	105.1	103.5	110.5	100.0	106.0
丰顺县	Fengshun County	100.9	101.7	98.7	96.2	101.9	108.6
五华县	Wuhua County	101.0	108.6	104.2	93.1	101.9	108.9
惠州市	Huizhou						
惠城区	Huicheng District	96.7	106.6	99.3	115.2	101.4	108.2
惠阳区	Huiyang District	112.3	103.9	100.8	112.4	104.7	98.1
惠东县	Huidong County	105.7	113.5	101.8	115.9	100.6	107.8
博罗县	Boluo County	103.9	112.7	101.4	117.4	102.9	106.6
龙门县	Longmen County	101.2	106.9	101.9	114.1	102.7	104.1
汕尾市	Shanwei						
市城区	Urban District	104.1	117.2	103.0	112.8	105.8	108.9
陆丰市	Lufeng City	103.6	109.3	104.8	120.6	105.0	110.2
海丰县	Haifeng County	104.0	111.4	105.2	116.3	105.3	111.2
陆河县	Luhe County	104.0	109.4	97.8	115.3	106.2	109.4
东莞市	Dongguan	105.9	111.8	99.2	110.5	103.4	105.1
中山市	Zhongshan	117.5	120.4	101.4	111.0	101.1	105.0
江门市	Jiangmen						
蓬江区	Pengjiang District	105.5	109.9	103.4	113.8	101.5	106.3
江海区	Jianghai District	103.2	110.6	105.4	113.0	101.0	105.5
新会区	Xinhui District	102.4	109.4	104.2	112.3	101.0	104.9
台山市	Taishan City	104.5	111.0	101.9	111.0	102.3	104.7
开平市	Kaiping City	104.4	110.3	102.9	110.3	100.2	105.6
鹤山市	Heshan City	97.1	106.3	105.1	114.2	102.0	105.3
恩平市	Enping City	105.6	110.8	101.0	101.9	100.1	108.5
阳江市	Yangjiang						
江城区	Jiangcheng District	99.5	100.4	119.7	122.0	99.6	105.1
阳东区	Yangdong District	101.8	102.4	100.5	110.7	103.1	106.6
阳春市	Yangchun City	102.0	107.5	101.4	105.2	99.2	105.1
阳西县	Yangxi County	101.8	99.9	110.2	118.4	101.2	109.3

23-3 续表 2 continued

上年=100 (preceding year =100)

县(市、区)	County (County-level City and District)	第一产业 Primary Industry 2020	第一产业 Primary Industry 2021	第二产业 Secondary Industry 2020	第二产业 Secondary Industry 2021	第三产业 Tertiary Industry 2020	第三产业 Tertiary Industry 2021
湛江市	Zhanjiang						
赤坎区	Chikan District	60.4	215.7	97.1	100.6	105.6	108.6
霞山区	Xiashan District	98.0	98.4	105.6	99.4	100.5	106.2
麻章区	Mazhang District	90.6	106.7	120.1	152.7	103.8	108.0
坡头区	Potou District	116.6	108.8	102.6	98.8	119.9	105.4
雷州市	Leizhou City	100.7	105.9	107.8	108.0	97.6	108.9
廉江市	Lianjiang County	99.7	108.6	96.6	104.5	103.5	108.1
吴川市	Wuchuan City	106.1	106.8	92.5	109.2	109.4	106.1
遂溪县	Suixi County	101.7	110.0	109.3	109.3	99.7	107.6
徐闻县	Xuwen County	100.7	106.3	104.8	111.1	99.5	106.4
茂名市	Maoming						
茂南区	Maonan District	105.1	100.7	105.6	104.0	102.0	109.1
电白区	Dianbai District	104.8	107.3	106.9	111.8	97.9	107.7
信宜市	Xinyi City	105.6	106.4	97.2	101.7	100.4	109.2
高州市	Gaozhou City	106.5	107.1	91.1	107.3	102.9	108.4
化州市	Huazhou City	104.9	110.1	102.5	110.0	100.0	106.9
肇庆市	Zhaoqing						
端州区	Duanzhou District	106.1	107.0	102.8	111.5	103.2	106.5
鼎湖区	Dinghu District	90.5	99.4	99.2	113.7	107.9	104.7
高要区	Gaoyao District	103.3	108.5	103.5	115.9	102.2	106.4
四会市	Sihui City	107.0	107.5	103.7	119.6	104.1	108.9
广宁县	Guangning County	108.9	110.9	92.3	107.0	101.5	107.1
德庆县	Deqing County	106.0	104.8	105.2	109.3	103.1	108.0
封开县	Fengkai County	105.3	107.9	90.7	106.2	104.7	109.5
怀集县	Huaiji County	106.1	107.1	98.9	121.7	101.6	109.1
清远市	Qingyuan						
清城区	Qingcheng District	101.1	103.1	108.9	109.6	100.4	102.4
清新区	Qingxin District	104.3	105.9	104.5	103.0	101.8	107.8
英德市	Yingde City	108.3	115.5	105.7	110.4	103.4	109.4
连州市	Lianzhou City	103.1	108.1	105.5	115.5	102.1	106.5
佛冈县	Fogang County	104.8	116.1	104.7	115.8	102.7	108.3
阳山县	Yangshan County	104.0	106.3	107.6	135.3	101.6	105.4
连山县	Lianshan County	107.4	108.5	99.6	106.5	103.0	107.5
连南县	Liannan County	104.1	106.2	110.9	112.9	101.6	109.7
潮州市	Chaozhou						
湘桥区	Xiangqiao District	102.9	103.1	99.4	113.0	102.5	107.7
潮安区	Chaoan District	103.2	104.3	101.7	108.3	98.9	108.0
饶平县	Raoping County	105.1	109.1	102.6	116.5	99.8	109.8
揭阳市	Jieyang						
榕城区	Rongcheng District	99.6	99.3	96.9	101.2	99.3	108.5
揭东区	Jiedong District	105.0	103.6	101.8	103.6	101.5	108.5
普宁市	Puning City	101.5	105.3	99.0	102.7	100.9	108.1
揭西县	Jiexi County	105.1	107.1	101.5	104.9	100.5	107.8
惠来县	Huilai County	104.8	103.7	89.0	104.8	100.1	110.7
云浮市	Yunfu						
云城区	Yuncheng District	109.1	111.6	98.8	111.9	104.2	105.8
云安区	Yunan District	105.4	109.4	105.7	110.1	104.5	107.7
罗定市	Luoding City	107.4	107.7	104.8	99.8	101.3	108.8
新兴县	Xinxing County	106.6	109.0	114.1	113.0	100.6	108.0
郁南县	Yunan County	107.6	114.3	101.3	105.6	101.8	106.4

23-4 各县(市、区)人均地区生产总值及指数

Per Capita Gross Domestic Product and Growth Rates by County (County-level City and District)

县(市、区)	County (County-level City and District)	绝对数（元） Absolute Figure (yuan)		指数(上年=100) Index(Preceding year=100)	
		2020	2021	2020	2021
广州市	Guangzhou				
越秀区	Yuexiu District	320670	348051	102.1	105.3
海珠区	Haizhu District	115366	132093	102.2	108.8
荔湾区	Liwan District	87636	102040	94.5	112.5
天河区	Tianhe District	239696	267828	100.4	107.1
白云区	Baiyun District	60611	68500	98.3	107.8
黄埔区	Huangpu District	295780	337106	102.3	110.0
花都区	Huadu District	102761	107161	100.3	102.9
番禺区	Panyu District	87521	96666	100.9	104.3
南沙区	Nansha District	223680	243696	104.4	105.2
从化区	Conghua District	54386	57129	100.6	102.0
增城区	Zengcheng District	73012	84447	103.3	107.8
深圳市	Shenzhen				
福田区	Futian District	309575	341303	102.8	107.6
罗湖区	Luohu District	208752	224042	98.8	106.4
盐田区	Yantian District	302758	353962	106.4	111.1
南山区	Nanshan District	368655	421778	102.2	106.7
宝安区	Baoan District	85848	98548	101.3	111.1
龙岗区	Longgang District	125293	116841	97.0	91.5
龙华区	Longhua District	100236	111394	98.9	107.9
坪山区	Pingshan District	148909	162491	101.0	107.8
光明区	Guangming District	106567	115837	97.7	107.7
珠海市	Zhuhai				
香洲区	Xiangzhou District	174596	186275	98.2	104.4
金湾区	Jinwan District	163294	181052	95.7	103.7
斗门区	Doumen District	73258	76363	98.3	101.8
汕头市	Shantou				
金平区	Jinping District	69993	76136	104.0	106.6
龙湖区	Longhu District	87726	94232	102.1	104.7
澄海区	Chenghai District	51580	55545	96.9	105.6
濠江区	Haojiang District	62888	68476	103.9	106.6
潮阳区	Chaoyang District	29685	31922	101.4	105.4
潮南区	Chaonan District	37811	40730	103.2	106.2
南澳县	Nanao County	50071	53797	101.4	105.3
佛山市	Foshan				
禅城区	Chancheng District	144108	160713	99.3	107.3
南海区	Nanhai District	85362	96277	98.4	107.5
顺德区	Shunde District	112048	124962	102.7	107.3
高明区	Gaoming District	188141	207651	100.2	106.5
三水区	Sanshui District	153983	174136	98.8	107.7
韶关市	Shaoguan				
浈江区	Zhengjiang District	57097	63104	103.3	106.5
武江区	Wujiang District	75315	81378	98.5	103.3
曲江区	Qujiang District	64320	76612	104.7	111.9
乐昌市	Lechang City	32369	35947	103.7	109.7
南雄市	Nanxiong City	34274	37220	102.3	106.6
仁化县	Renhua County	53038	59965	103.2	108.2
始兴县	Shixing County	42255	49554	103.6	113.1
翁源县	Wengyuan County	33908	39765	106.1	113.4
新丰县	Xinfeng County	37073	41181	106.8	107.2
乳源县	Ruyuan County	48639	57287	101.8	111.7

23-4 续表 1 continued

县(市、区)	County (County-level City and District)	绝对数（元） Absolute Figure (yuan) 2020	2021	指数(上年=100) Index(Preceding year=100) 2020	2021
河源市	Heyuan				
源城区	Yuancheng District	65450	74063	96.3	106.5
东源县	Dongyuan County	39214	47837	109.6	114.6
和平县	Heping County	33563	36153	94.8	102.2
龙川县	Longchuan County	26251	28644	100.9	104.6
紫金县	Zijin County	29307	34209	106.3	110.5
连平县	Lianping County	30434	34324	102.3	106.3
梅州市	Meizhou				
梅江区	Meijiang District	62504	65733	99.0	104.1
梅县区	Meixian District	39686	42677	103.1	105.9
兴宁市	Xingning City	22755	25232	102.8	110.3
平远县	Pingyuan County	41406	45168	104.1	107.1
蕉岭县	Jiaoling County	55027	57890	106.5	105.8
大埔县	Dabu County	27736	30408	103.2	107.5
丰顺县	Fengshun County	23898	24748	100.6	102.2
五华县	Wuhua County	17991	19127	103.9	105.8
惠州市	Huizhou				
惠城区	Huicheng District	72591	84886	99.5	111.0
惠阳区	Huiyang District	98220	110062	97.5	105.0
惠东县	Huidong County	50856	69772	100.3	112.0
博罗县	Boluo County	61654	61205	101.0	110.6
龙门县	Longmen County	52466	58837	101.9	108.7
汕尾市	Shanwei				
市城区	Urban District	70841	79078	105.3	111.1
陆丰市	Lufeng City	28863	34249	105.7	114.3
海丰县	Haifeng County	47018	54906	105.0	113.1
陆河县	Luhe County	35248	40470	103.7	110.9
东莞市	Dongguan	93194	103284	100.9	107.8
中山市	Zhongshan	72329	80157	99.9	107.2
江门市	Jiangmen				
蓬江区	Pengjiang District	86553	96657	100.0	107.1
江海区	Jianghai District	68390	76978	98.7	106.3
新会区	Xinhui District	89043	98191	101.8	108.1
台山市	Taishan City	49995	55504	103.0	108.9
开平市	Kaiping City	52527	58448	101.0	107.8
鹤山市	Heshan City	72549	82396	102.1	108.4
恩平市	Enping City	39017	42491	101.1	107.0
阳江市	Yangjiang				
江城区	Jiangcheng District	60170	68547	106.6	109.2
阳东区	Yangdong District	66285	71561	100.6	107.2
阳春市	Yangchun City	38790	41736	100.2	105.2
阳西县	Yangxi County	47295	56067	104.7	108.4

23-4 续表 2 continued

县(市、区)	County (County-level City and District)	绝对数（元） Absolute Figure (yuan) 2020	2021	指数(上年=100) Index(Preceding year=100) 2020	2021
湛江市	Zhanjiang				
赤坎区	Chikan District	80171	85226	100.7	104.4
霞山区	Xiashan District	61916	65412	100.3	101.1
麻章区	Mazhang District	75705	119808	110.8	133.6
坡头区	Potou District	94858	97606	107.2	100.6
雷州市	Leizhou City	24355	26773	100.7	107.6
廉江市	Lianjiang County	35404	37816	100.5	107.0
吴川市	Wuchuan City	30629	33502	103.1	107.2
遂溪县	Suixi County	45332	50301	103.3	109.1
徐闻县	Xuwen County	31014	33676	101.8	107.1
茂名市	Maoming				
茂南区	Maonan District	90126	104955	102.5	104.4
电白区	Dianbai District	44815	50826	101.8	108.5
信宜市	Xinyi City	48417	51237	99.2	106.0
高州市	Gaozhou City	47776	51670	100.0	107.5
化州市	Huazhou City	43784	48206	100.0	107.3
肇庆市	Zhaoqing				
端州区	Duanzhou District	71186	78556	100.7	106.0
鼎湖区	Dinghu District	63638	69720	98.1	105.5
高要区	Gaoyao District	58681	68420	103.3	111.7
四会市	Sihui City	96663	112542	102.3	112.7
广宁县	Guangning County	38913	43343	100.6	108.5
德庆县	Deqing County	47319	52979	104.9	107.8
封开县	Fengkai County	38707	43870	100.8	108.2
怀集县	Huaiji County	30308	34350	103.0	110.8
清远市	Qingyuan				
清城区	Qingcheng District	60083	63227	100.6	104.0
清新区	Qingxin District	44338	49013	105.1	106.1
英德市	Yingde City	37027	42835	105.2	110.9
连州市	Lianzhou City	42359	48049	103.3	109.1
佛冈县	Fogang County	42315	50154	103.8	112.6
阳山县	Yangshan County	33869	37836	103.4	109.7
连山县	Lianshan County	39352	44187	103.3	107.5
连南县	Liannan County	42527	49974	103.9	109.6
潮州市	Chaozhou				
湘桥区	Xiangqiao District	46387	52084	101.9	109.0
潮安区	Chaoan District	46705	52574	101.2	108.0
饶平县	Raoping County	34780	39684	102.4	112.1
揭阳市	Jieyang				
榕城区	Rongcheng District	58880	63326	98.4	105.2
揭东区	Jiedong District	50166	54534	102.2	105.9
普宁市	Puning City	27838	30251	100.6	106.3
揭西县	Jiexi County	35432	38872	104.0	108.0
惠来县	Huilai County	25580	28116	97.3	107.5
云浮市	Yunfu				
云城区	Yuncheng District	55809	60947	100.9	107.0
云安区	Yunan District	49192	55191	106.2	109.3
罗定市	Luoding City	30596	33224	103.6	105.8
新兴县	Xinxing County	64487	71614	106.5	109.8
郁南县	Yunan County	33877	37125	103.4	108.2

注：本表中，绝对数按当年价格计算，指数按可比价格计算。
Note: In this table, the absolute figures are calculated at current prices, and indices are calculated at comparable prices.

23-5 各县(市、区)工、农林牧渔业总产值

Gross Output Value of Industry and Agriculture by County (County-level City and District)

单位：万元 (10000 yuan)

县(市、区)	County (County-level City and District)	工业总产值 Gross Output Value of Industry		农林牧渔业总产值 Gross Output Value of Agriculture	
		2020	2021	2020	2021
广州市	Guangzhou				
越秀区	Yuexiu District	622533	747491		
海珠区	Haizhu District	5059035	6827143	26715	20824
荔湾区	Liwan District	4290453	3731577	75702	79303
天河区	Tianhe District	8546058	9881616	84977	96907
白云区	Baiyun District	9927976	11888076	683034	639388
黄埔区	Huangpu District	81519991	89305478	79944	84914
番禺区	Panyu District	19555984	23456795	607296	673501
花都区	Huadu District	26824684	28057691	791056	869677
南沙区	Nansha District	29530252	35683830	1116971	1226562
从化区	Conghua District	4390278	5133642	566008	592087
增城区	Zengcheng District	12834378	16496685	1108582	1142341
深圳市	Shenzhen				
福田区	Futian District	11663671	24523414	39551	41067
罗湖区	Luohu District	9316278	11192393	11772	7219
盐田区	Yantian District	5407149	9680759	2606	2715
南山区	Nanshan District	58186226	68171843	38958	29547
宝安区	Baoan District	77767014	93590366	15436	20522
龙岗区	Longgang District	117240340	95520843	50502	43961
龙华区	Longhua District	52538750	58248768	8965	9686
坪山区	Pingshan District	18721057	22128121	18220	20601
光明区	Guangming District	27980903	35414965	41453	44601
珠海市	Zhuhai				
香洲区	Xiangzhou District	19263584	21691195	49863	56070
金湾区	Jinwan District	18439049	22461760	163579	182337
斗门区	Doumen District	7955410	8571441	717135	750961
汕头市	Shantou				
金平区	Jinping District	4538837	4852388	49708	55059
龙湖区	Longhu District	4269925	4776157	157137	157755
澄海区	Chenghai District	2610821	3007891	791605	817101
濠江区	Haojiang District	2177552	2715814	137424	144396
潮阳区	Chaoyang District	7791499	8677301	561607	582284
潮南区	Chaonan District	8430934	9711368	370530	367520
南澳县	Nanao County	34865	41049	230674	236246
佛山市	Foshan				
禅城区	Chancheng District	16911665	19727308	10351	13485
南海区	Nanhai District	63940663	70285149	960481	1126573
顺德区	Shunde District	81537496	95691725	1347724	1312633
高明区	Gaoming District	33142066	36948612	595529	594472
三水区	Sanshui District	34842252	40472039	771435	895253
韶关市	Shaoguan				
浈江区	Zhengjiang District	1303149	1602409	146745	146805
武江区	Wujiang District	1598748	1870298	149720	156494
曲江区	Qujiang District	4622864	6426896	337267	372245
乐昌市	Lechang City	492445	646850	494701	531556
南雄市	Nanxiong City	634119	773870	610608	615905
仁化县	Renhua County	698756	928857	372164	384536
始兴县	Shixing County	567874	885000	396128	418564
翁源县	Wengyuan County	679273	924602	470099	566703
新丰县	Xinfeng County	526879	575825	229572	258819
乳源县	Ruyuan County	1444240	1817673	143979	152506

23-5 续表 1 continued

单位：万元 (10000 yuan)

县(市、区)	County (County-level City and District)	工业总产值 Gross Output Value of Industry		农林牧渔业总产值 Gross Output Value of Agriculture	
		2020	2021	2020	2021
河源市	Heyuan				
源城区	Yuancheng District	7106665	8192018	56832	59881
东源县	Dongyuan County	1690956	1987018	372268	458052
和平县	Heping County	706315	746514	365051	417136
龙川县	Longchuan County	1140253	1291114	519885	493817
紫金县	Zijin County	1324139	1542052	520487	657637
连平县	Lianping County	477818	838089	293086	319052
梅州市	Meizhou				
梅江区	Meijiang District	2469114	2847321	135611	128891
梅县区	Meixian District	1549309	1879818	878449	901960
兴宁市	Xingning City	538205	733417	813848	828255
平远县	Pingyuan County	422749	512379	237435	239560
蕉岭县	Jiaoling County	819211	967399	276264	274927
大埔县	Dabu County	416522	497818	422733	431772
丰顺县	Fengshun County	696216	860062	441804	419418
五华县	Wuhua County	346635	356383	686482	661245
惠州市	Huizhou				
惠城区	Huicheng District	28929111	36897458	532329	595048
惠阳区	Huiyang District	34322187	44684490	338739	368987
惠东县	Huidong County	2498864	3429540	977260	1099682
博罗县	Boluo County	10287045	13128392	1112815	1284179
龙门县	Longmen County	1107087	1352894	495155	526693
汕尾市	Shanwei				
市城区	Urban District	4206598	4470376	510489	588944
陆丰市	Lufeng City	3608297	5133466	1199291	1239013
海丰县	Haifeng County	3190135	4139246	650092	698976
陆河县	Luhe County	795370	882478	254657	257466
东莞市	Dongguan	218629637	245131431	465165	533753
中山市	Zhongshan	53758434	66193140	1178341	1398351
江门市	Jiangmen				
蓬江区	Pengjiang District	9475446	11776424	112835	131981
江海区	Jianghai District	4966554	6740638	91705	107503
新会区	Xinhui District	11324774	13662649	935431	1070418
台山市	Taishan City	6352653	7034946	1805013	1912205
开平市	Kaiping City	4227011	5084601	935417	1021613
鹤山市	Heshan City	5920787	8271721	584912	607525
恩平市	Enping City	1558610	1940939	543053	571206
阳江市	Yangjiang				
江城区	Jiangcheng District	8708637	13030177	875151	860232
阳东区	Yangdong District	2708708	3319092	1013999	992590
阳春市	Yangchun City	2666550	3286506	1309528	1202553
阳西县	Yangxi County	1181186	1610427	1060207	1015199

23-5 续表 2 continued

单位：万元 (10000 yuan)

县(市、区)	County (County-level City and District)	工业总产值 Gross Output Value of Industry		农林牧渔业总产值 Gross Output Value of Agriculture	
		2020	2021	2020	2021
湛江市	Zhanjiang				
赤坎区	Chikan District	913529	1106927	13051	21685
霞山区	Xiashan District	3963312	3135865	38000	48352
麻章区	Mazhang District	8398574	16520708	753533	801828
坡头区	Potou District	2592372	3013119	397297	389842
雷州市	Leizhou City	629161	705913	2179396	2316949
廉江市	Lianjiang County	1507076	1710111	2193081	2191400
吴川市	Wuchuan City	1053962	1029131	656790	675240
遂溪县	Suixi County	1694794	2051376	2110575	2303768
徐闻县	Xuwen County	276494	244849	1567643	1683363
茂名市	Maoming				
茂南区	Maonan District	13159348	16804234	691042	600199
电白区	Dianbai District	2131395	2935501	2500643	2614285
信宜市	Xinyi City	343877	229339	2220582	2170644
高州市	Gaozhou City	1227678	1331747	2716594	2705029
化州市	Huazhou City	850250	1009868	2256115	2337379
肇庆市	Zhaoqing				
端州区	Duanzhou District	2536009	3166128	2983	3669
鼎湖区	Dinghu District	1679616	2101140	239731	232606
高要区	Gaoyao District	8832831	11748061	1569938	1714702
四会市	Sihui City	14635271	19321887	1195416	1148001
广宁县	Guangning County	1623196	2123433	740194	813805
德庆县	Deqing County	1988901	2530707	593462	655966
封开县	Fengkai County	883071	996094	866166	973351
怀集县	Huaiji County	545315	742107	1544188	1675408
清远市	Qingyuan				
清城区	Qingcheng District	10923006	14509545	506925	514627
清新区	Qingxin District	3416914	4118938	874220	900325
英德市	Yingde City	3780362	5071296	1276359	1448948
连州市	Lianzhou City	752362	1156470	768135	769498
佛冈县	Fogang County	2612034	3438661	317515	353729
阳山县	Yangshan County	166051	226508	766146	747203
连山县	Lianshan County	39901	47940	160663	166366
连南县	Liannan County	46149	77932	169466	181999
潮州市	Chaozhou				
湘桥区	Xiangqiao District	2292788	3715367	148606	148598
潮安区	Chaoan District	7144747	7956679	443889	465916
饶平县	Raoping County	2528179	2915964	1252413	1348226
揭阳市	Jieyang				
榕城区	Rongcheng District	8824635	8748105	225726	211025
揭东区	Jiedong District	8750771	9586915	657221	673017
普宁市	Puning City	5669039	6093939	658557	655252
揭西县	Jiexi County	1902565	2139343	787339	826707
惠来县	Huilai County	2303152	2438173	912554	944394
云浮市	Yunfu				
云城区	Yuncheng District	1103357	1422214	270808	310478
云安区	Yunan District	1181669	1390035	231267	261482
罗定市	Luoding City	1505132	1458006	872048	994289
新兴县	Xinxing County	1562526	1945357	1302804	1360763
郁南县	Yunan County	433236	497056	473799	537668

注：本表按当年价格计算。
Note: The data in this table are calculated at current prices.

23-6 各县(市、区)粮食产量

Output of Grain by County (County-level City and District)

单位：吨 (ton)

县(市、区)	County (County-level City and District)	粮食 Grain 2020	粮食 Grain 2021	#稻谷 Rice 2020	#稻谷 Rice 2021
广州市	Guangzhou				
越秀区	Yuexiu District				
海珠区	Haizhu District				
荔湾区	Liwan District				
天河区	Tianhe District				
白云区	Baiyun District	2946	3120	1072	1114
黄埔区	Huangpu District	2616	2658	1714	1412
番禺区	Panyu District	662	698	173	315
花都区	Huadu District	10487	11120	3181	3464
南沙区	Nansha District	6632	7032	3650	3933
从化区	Conghua District	68539	72686	62931	65622
增城区	Zengcheng District	50367	53455	43282	47049
深圳市	Shenzhen				
福田区	Futian District				
罗湖区	Luohu District				
盐田区	Yantian District				
南山区	Nanshan District				
宝安区	Baoan District				
龙岗区	Longgang District	93	151	10	30
龙华区	Longhua District				
坪山区	Pingshan District				
光明区	Guangming District	312	146	312	135
珠海市	Zhuhai				
香洲区	Xiangzhou District	177	120	44	34
金湾区	Jinwan District	2204	2087	1324	1322
斗门区	Doumen District	26495	26321	24765	24480
汕头市	Shantou				
金平区	Jinping District	10708	10759	10499	10536
龙湖区	Longhu District	20208	20477	15547	15495
澄海区	Chenghai District	92484	91333	70952	71880
濠江区	Haojiang District	15006	15068	8517	8474
潮阳区	Chaoyang District	164890	161414	111155	106659
潮南区	Chaonan District	157175	156544	107650	106879
南澳县	Nanao County	3893	3783	2260	1860
佛山市	Foshan				
禅城区	Chancheng District				
南海区	Nanhai District	2194	3787	761	1946
顺德区	Shunde District	145	168		
高明区	Gaoming District	37468	35263	32215	30226
三水区	Sanshui District	7414	9396	3131	4923
韶关市	Shaoguan				
浈江区	Zhengjiang District	19432	19569.8	18090	18010
武江区	Wujiang District	24541	24558.6	22951	22990
曲江区	Qujiang District	75240	75931.2	70558	70483
乐昌市	Lechang City	89771	89940.2	74477	73007
南雄市	Nanxiong City	204818	207244.8	187675	189913
仁化县	Renhua County	68501	69342.8	65316	65520
始兴县	Shixing County	71052	74068.4	67340	69076
翁源县	Wengyuan County	95234	95260.2	88997	88235
新丰县	Xinfeng County	52917	54414	47769	48855
乳源县	Ruyuan County	43005	43892	36085	37240

23-6 续表 1 continued

单位：吨 (ton)

县(市、区)	County (County-level City and District)	粮食 Grain 2020	粮食 Grain 2021	#稻谷 Rice 2020	#稻谷 Rice 2021
河源市	Heyuan				
源城区	Yuancheng District	11245	11345	10785	10768
东源县	Dongyuan County	151496	153825	145132	146892
和平县	Heping County	117268	117956	111825	112392
龙川县	Longchuan County	236155	238790	225231	227484
紫金县	Zijin County	196217	199654	187638	190611
连平县	Lianping County	89220	89973	85192	85460
梅州市	Meizhou				
梅江区	Meijiang District	21675	22739	16186	17441
梅县区	Meixian District	175102	175410	162522	163600
兴宁市	Xingning City	285672	293526	276330	283956
平远县	Pingyuan County	77958	78016	65347	66192
蕉岭县	Jiaoling County	61961	66032	58898	61411
大埔县	Dabu County	36505	36556	31399	31154
丰顺县	Fengshun County	119039	119428	102222	102558
五华县	Wuhua County	343177	345191	330546	332275
惠州市	Huizhou				
惠城区	Huicheng District	97590	95331	73616	69037
惠阳区	Huiyang District	44563	44055	25710	25070
惠东县	Huidong County	203210	202061	153502	151259
博罗县	Boluo County	152672	155743	118561	124403
龙门县	Longmen County	106348	111879	99817	104906
汕尾市	Shanwei				
市城区	Urban District	24459	24509	21693	20396
陆丰市	Lufeng City	180304	181848	153953	155759
海丰县	Haifeng County	165378	169959	153769	151180
陆河县	Luhe County	56825	56954	49482	49860
东莞市	Dongguan	8177	9508	6133	7590
中山市	Zhongshan	13378	14655	9925	11857
江门市	Jiangmen				
蓬江区	Pengjiang District	1953	2301	1090	1360
江海区	Jianghai District	297	422	247	371
新会区	Xinhui District	140281	139659	121277	120442
台山市	Taishan City	402046	402672	382447	383356
开平市	Kaiping City	224650	232916	209711	217791
鹤山市	Heshan City	63704	63717	56918	56692
恩平市	Enping City	146236	144924	140818	139317
阳江市	Yangjiang				
江城区	Jiangcheng District	89395	81951	84983	78169
阳东区	Yangdong District	135814	136075	122384	122435
阳春市	Yangchun City	274008	274587	244686	246322
阳西县	Yangxi County	132000	129043	122059	117997

23-6 续表 2 continued

单位：吨 (ton)

县(市、区)	County (County-level City and District)	粮食 Grain 2020	粮食 Grain 2021	#稻谷 Rice 2020	#稻谷 Rice 2021
湛江市	Zhanjiang				
赤坎区	Chikan District	1909	1923	1687	1645
霞山区	Xiashan District	7904	4412	7534	4158
麻章区	Mazhang District	84749	84495	73974	73592
坡头区	Potou District	64518	65539	55902	56080
雷州市	Leizhou City	361910	376768	334303	336904
廉江市	Lianjiang County	417733	432309	357855	360371
吴川市	Wuchuan City	168757	170454	156417	156852
遂溪县	Suixi County	241531	246828	202012	198736
徐闻县	Xuwen County	134866	135280	79896	77854
茂名市	Maoming				
茂南区	Maonan District	135996	136017	123154	119902
电白区	Dianbai District	298603	298717	269045	265681
信宜市	Xinyi City	344354	344538	263358	261217
高州市	Gaozhou City	404388	405023	387647	387814
化州市	Huazhou City	344386	345845	306785	307108
肇庆市	Zhaoqing				
端州区	Duanzhou District				
鼎湖区	Dinghu District	36717	35536	30623	30063
高要区	Gaoyao District	236545	237818	213023	214495
四会市	Sihui City	123942	122210	92044	91334
广宁县	Guangning County	172794	180182	150589	153322
德庆县	Deqing County	136854	138480	127416	128591
封开县	Fengkai County	216771	216852	194233	194003
怀集县	Huaiji County	288566	293210	265664	268642
清远市	Qingyuan				
清城区	Qingcheng District	68201	69123	65554	66420
清新区	Qingxin District	128141	130403	119382	121458
英德市	Yingde City	188016	192018	167112	170705
连州市	Lianzhou City	107075	109172	92622	94645
佛冈县	Fogang County	54353	57405	52278	55179
阳山县	Yangshan County	96574	101267	67211	70797
连山县	Lianshan County	39485	40490	36704	37665
连南县	Liannan County	32870	33726	20340	21221
潮州市	Chaozhou				
湘桥区	Xiangqiao District	25120	24679	20490	19811
潮安区	Chaoan District	99851	96335	77694	75197
饶平县	Raoping County	150648	148656	127191	123713
揭阳市	Jieyang				
榕城区	Rongcheng District	72601	71036	57875	56557
揭东区	Jiedong District	179264	179852	113108	111414
普宁市	Puning City	198900	195992	131602	132154
揭西县	Jiexi County	176701	176498	119817	119522
惠来县	Huilai County	181057	178281	102851	100599
云浮市	Yunfu				
云城区	Yuncheng District	48986	49628	44789	45349
云安区	Yunan District	68886	70681	56122	56747
罗定市	Luoding City	246853	247899	230840	231388
新兴县	Xinxing County	137754	139847	131741	133372
郁南县	Yunan County	129891	133107	116740	120249

23-7 各县(市、区)糖蔗、水果和蔬菜产量

Output of Sugarcane,Fruits and Vegetable by County (County-level City and District)

单位：吨 (ton)

县(市、区)	County (County-level City and District)	糖蔗 Sugarcane 2020	糖蔗 Sugarcane 2021	水果 Fruits 2020	水果 Fruits 2021	蔬菜 Vegetable 2020	蔬菜 Vegetable 2021
广州市	Guangzhou						
越秀区	Yuexiu District						
海珠区	Haizhu District			4372	3993	14256	12359
荔湾区	Liwan District					3276	2945
天河区	Tianhe District			344	367	6277	6298
白云区	Baiyun District			5783	13151	881985	799689
黄埔区	Huangpu District			12326	16568	60146	63937
番禺区	Panyu District			10313	8251	185422	186433
花都区	Huadu District			24384	28802	526842	539884
南沙区	Nansha District			268518	261600	675613	710086
从化区	Conghua District			129352	147862	316848	318674
增城区	Zengcheng District			337102	338806	1367538	1398105
深圳市	Shenzhen						
福田区	Futian District						
罗湖区	Luohu District			120	64	110	95
盐田区	Yantian District			3	2		
南山区	Nanshan District			9603	11812	167	160
宝安区	Baoan District			1122	1104	22773	22887
龙岗区	Longgang District	1	57	674	547	18204	22674
龙华区	Longhua District					9442	8975
坪山区	Pingshan District			609	669	32540	37436
光明区	Guangming District			1148	856	41231	41332
珠海市	Zhuhai						
香洲区	Xiangzhou District			1636	5944	5441	4652
金湾区	Jinwan District	1		76119	76506	45688	45828
斗门区	Doumen District			21206	21165	92739	87920
汕头市	Shantou						
金平区	Jinping District			1008	1074	44951	46001
龙湖区	Longhu District			163	204	203384	211994
澄海区	Chenghai District			108744	112503	722125	712591
濠江区	Haojiang District			761	769	61160	62005
潮阳区	Chaoyang District			157017	148002	341017	349139
潮南区	Chaonan District			31766	34388	358427	372733
南澳县	Nanao County			4980	5140	12086	12278
佛山市	Foshan						
禅城区	Chancheng District					3066	3131
南海区	Nanhai District			3497	3538	305301	296959
顺德区	Shunde District			8688	8486	89939	86864
高明区	Gaoming District	268		11831	11302	173056	177006
三水区	Sanshui District			25259	23943	279247	288644
韶关市	Shaoguan						
浈江区	Zhengjiang District			25910	19957	74682	72720
武江区	Wujiang District			11972	12152	91241	87267
曲江区	Qujiang District			39023	38769	116327	112717
乐昌市	Lechang City	1102	204	170337	175325	248010	257452
南雄市	Nanxiong City			55206	59131	220405	236472
仁化县	Renhua County			152375	141803	96364	103052
始兴县	Shixing County		393	96605	103359	146800	171465
翁源县	Wengyuan County	28878	27241	71844	71434	135202	137586
新丰县	Xinfeng County	694	670	39356	36878	171620	184699
乳源县	Ruyuan County			10277	13587	51635	59932

23-7 续表 1 continued

单位：吨 (ton)

县(市、区)	County (County-level City and District)	糖蔗 Sugarcane 2020	糖蔗 Sugarcane 2021	水果 Fruits 2020	水果 Fruits 2021	蔬菜 Vegetable 2020	蔬菜 Vegetable 2021
河源市	Heyuan						
源城区	Yuancheng District	866	860	5605	5092	42192	42314
东源县	Dongyuan County	29427	27058	40196	39906	117949	121623
和平县	Heping County			55836	42021	138137	140439
龙川县	Longchuan County			82532	83878	152173	156107
紫金县	Zijin County	30320		151707	157568	217434	222244
连平县	Lianping County			125495	119955	111328	114919
梅州市	Meizhou						
梅江区	Meijiang District			39913	43898	110208	114513
梅县区	Meixian District			760992	800564	475173	500888
兴宁市	Xingning City			172577	178617	791537	814266
平远县	Pingyuan County			90033	93633	67625	70323
蕉岭县	Jiaoling County	5273	5472	51636	58149	122166	129990
大埔县	Dabu County			216588	223418	192891	206683
丰顺县	Fengshun County			64218	65473	217259	222547
五华县	Wuhua County			88008	91038	381433	395657
惠州市	Huizhou						
惠城区	Huicheng District	2780	2898	47024	47856	579375	588061
惠阳区	Huiyang District		840	51895	45515	488944	506069
惠东县	Huidong County			110312	124395	863867	900606
博罗县	Boluo County	64807	60611	229587	241662	1016869	1064751
龙门县	Longmen County	5011	5057	495200	501551	321912	339122
汕尾市	Shanwei						
市城区	Urban District			12778	14222	69380	76177
陆丰市	Lufeng City			114793	116675	684800	728197
海丰县	Haifeng County	4952	4964	80651	79103	497206	525000
陆河县	Luhe County			123847	122811	102772	110391
东莞市	Dongguan			69661	75045	396983	412653
中山市	Zhongshan	120	152	93029	103790	358335	367652
江门市	Jiangmen						
蓬江区	Pengjiang District			3194	2914	74755	80821
江海区	Jianghai District			7842	7786	45808	50274
新会区	Xinhui District	2886	2967	168050	171329	185739	190858
台山市	Taishan City	2500		88753	82375	515689	561167
开平市	Kaiping City			59729	57061	380146	401326
鹤山市	Heshan City			19901	22346	301576	315079
恩平市	Enping City	91963	76808	60559	57464	202109	212214
阳江市	Yangjiang						
江城区	Jiangcheng District			11172	14278	97078	97676
阳东区	Yangdong District	10057	6170	69078	70747	207850	214213
阳春市	Yangchun City	18711	8744	273220	282494	415648	432713
阳西县	Yangxi County			47437	46389	210177	210038

23−7 续表 2 continued

单位：吨 (ton)

县(市、区)	County (County-level City and District)	糖蔗 Sugarcane 2020	糖蔗 Sugarcane 2021	水果 Fruits 2020	水果 Fruits 2021	蔬菜 Vegetable 2020	蔬菜 Vegetable 2021
湛江市	Zhanjiang						
赤坎区	Chikan District	887	876	298	297	20466	20781
霞山区	Xiashan District	1542		282	445	15190	17665
麻章区	Mazhang District	391504	296228	90828	91554	110555	117268
坡头区	Potou District	17352	13665	26580	22030	103082	100653
雷州市	Leizhou City	4210955	4237285	832241	836567	953374	1008314
廉江市	Lianjiang County	312909	325232	469793	486953	1012539	1077001
吴川市	Wuchuan City	39273	40058	85447	81614	158213	167395
遂溪县	Suixi County	4646035	4275670	314629	450055	926725	992890
徐闻县	Xuwen County	1086433	1000693	1161779	1208876	862846	895739
茂名市	Maoming						
茂南区	Maonan District	12192	16042	43709	51266	393524	396124
电白区	Dianbai District	4688	4680	436669	435268	975949	1009028
信宜市	Xinyi City			1151015	1202669	563584	596206
高州市	Gaozhou City	11048	10167	1849525	1954681	926036	960452
化州市	Huazhou City	461595	470833	775381	792616	736643	751642
肇庆市	Zhaoqing						
端州区	Duanzhou District			425	864	5414	5061
鼎湖区	Dinghu District			24853	25563	119120	122002
高要区	Gaoyao District			228763	210637	1067351	1092704
四会市	Sihui City			145785	183222	312793	323665
广宁县	Guangning County			184086	180856	270979	283512
德庆县	Deqing County			443529	494007	274417	291282
封开县	Fengkai County	10426	10985	463367	477216	345964	363459
怀集县	Huaiji County	188	191	496718	519190	604657	643981
清远市	Qingyuan						
清城区	Qingcheng District	5961	6123	35617	37559	259243	273880
清新区	Qingxin District			289835	279760	645197	698394
英德市	Yingde City	248506	241781	69438	63971	820180	861391
连州市	Lianzhou City	130	115	142982	144015	800071	833486
佛冈县	Fogang County			111908	125530	189845	241505
阳山县	Yangshan County	276	255	94446	90012	654098	701085
连山县	Lianshan County			39629	38605	123128	148435
连南县	Liannan County			23912	24513	131702	148121
潮州市	Chaozhou						
湘桥区	Xiangqiao District			82686	82905	70453	70845
潮安区	Chaoan District			52543	52671	177853	179225
饶平县	Raoping County			149618	163039	295995	303099
揭阳市	Jieyang						
榕城区	Rongcheng District			39701	40398	192428	204714
揭东区	Jiedong District			41599	40656	658858	669322
普宁市	Puning City			242847	266697	429883	471236
揭西县	Jiexi County			131369	175098	354305	381104
惠来县	Huilai County			139707	145112	457296	470561
云浮市	Yunfu						
云城区	Yuncheng District			39259	39279	26902	35603
云安区	Yunan District			65389	65897	60475	64851
罗定市	Luoding City			81735	77479	125155	120796
新兴县	Xinxing County			119486	130761	350213	376190
郁南县	Yunan County			204059	207060	41840	41253

23-8 各县(市、区)猪肉产量、禽肉产量
Output of Pork and Output of Meat of Poultry by County (County-level City and District)

单位：万吨 (10000 tons)

县(市、区)	County (County-level City and District)	猪肉产量 Output of Pork 2020	2021	禽肉产量 Output of Meat of Poultry 2020	2021
广州市	Guangzhou				
越秀区	Yuexiu District				
海珠区	Haizhu District				
荔湾区	Liwan District				
天河区	Tianhe District				
白云区	Baiyun District	0.22	0.31	2.82	0.80
黄埔区	Huangpu District			0.01	
番禺区	Panyu District			1.13	0.47
花都区	Huadu District	0.35	1.16	0.88	0.70
南沙区	Nansha District	0.57	0.73	0.55	0.31
从化区	Conghua District	1.31	1.73	0.72	0.71
增城区	Zengcheng District	0.66	0.76	1.90	2.10
深圳市	Shenzhen				
福田区	Futian District				
罗湖区	Luohu District				
盐田区	Yantian District				
南山区	Nanshan District				
宝安区	Baoan District				
龙岗区	Longgang District				
龙华区	Longhua District				
坪山区	Pingshan District				
光明区	Guangming District			0.03	0.02
珠海市	Zhuhai				
香洲区	Xiangzhou District				
金湾区	Jinwan District			0.08	0.07
斗门区	Doumen District	0.07	0.35	0.14	0.18
汕头市	Shantou				
金平区	Jinping District			0.01	0.00
龙湖区	Longhu District	0.12	0.06	0.61	0.76
澄海区	Chenghai District	1.06	1.13	2.63	2.90
濠江区	Haojiang District	0.15	0.22	0.06	0.08
潮阳区	Chaoyang District	1.10	1.27	0.43	0.30
潮南区	Chaonan District	1.40	1.58	0.08	0.03
南澳县	Nanao County	0.12	0.09	0.03	0.03
佛山市	Foshan				
禅城区	Chancheng District				
南海区	Nanhai District	0.28	1.15	0.82	0.60
顺德区	Shunde District	0.46	0.70	0.44	0.17
高明区	Gaoming District	0.85	1.61	3.34	2.02
三水区	Sanshui District	0.20	3.07	6.46	5.75
韶关市	Shaoguan				
浈江区	Zhengjiang District	0.69	1.07	0.22	0.09
武江区	Wujiang District	0.86	1.30	0.22	0.16
曲江区	Qujiang District	1.76	3.22	1.23	0.84
乐昌市	Lechang City	2.64	3.63	0.46	0.26
南雄市	Nanxiong City	2.72	3.48	1.85	1.31
仁化县	Renhua County	1.27	1.69	0.80	0.69
始兴县	Shixing County	1.16	1.53	0.71	0.48
翁源县	Wengyuan County	1.48	3.48	1.50	2.54
新丰县	Xinfeng County	0.69	1.07	0.54	1.12
乳源县	Ruyuan County	0.71	0.88	0.11	0.14

23-8 续表 1 continued

单位：万吨 (10000 tons)

县(市、区)	County (County-level City and District)	猪肉产量 Output of Pork 2020	2021	禽肉产量 Output of Meat of Poultry 2020	2021
河源市	Heyuan				
源城区	Yuancheng District	…	…	0.78	0.74
东源县	Dongyuan County	1.33	2.17	1.31	1.42
和平县	Heping County	1.32	1.89	1.42	1.51
龙川县	Longchuan County	1.93	2.62	0.97	0.94
紫金县	Zijin County	1.37	1.93	1.71	1.74
连平县	Lianping County	1.01	1.49	0.60	0.65
梅州市	Meizhou				
梅江区	Meijiang District	0.21	0.29	0.16	0.20
梅县区	Meixian District	1.96	2.43	1.64	1.36
兴宁市	Xingning City	2.87	3.68	2.01	2.12
平远县	Pingyuan County	0.81	0.87	0.34	0.31
蕉岭县	Jiaoling County	1.14	1.25	0.57	0.51
大埔县	Dabu County	1.12	1.24	0.88	0.83
丰顺县	Fengshun County	1.26	1.30	3.44	3.20
五华县	Wuhua County	3.01	4.06	1.41	1.64
惠州市	Huizhou				
惠城区	Huicheng District	0.95	1.30	0.91	0.79
惠阳区	Huiyang District	0.08	0.09	0.22	0.20
惠东县	Huidong County	2.93	4.36	1.24	1.18
博罗县	Boluo County	2.65	3.80	4.15	4.53
龙门县	Longmen County	0.73	1.01	0.79	0.78
汕尾市	Shanwei				
市城区	Urban District	0.37	0.49	0.27	0.26
陆丰市	Lufeng City	2.08	3.80	1.68	1.43
海丰县	Haifeng County	0.74	1.82	0.81	0.82
陆河县	Luhe County	0.71	1.01	0.38	0.38
东莞市	Dongguan	0.10	0.11	0.08	0.15
中山市	Zhongshan	0.12	0.15	1.14	1.13
江门市	Jiangmen				
蓬江区	Pengjiang District			0.50	0.27
江海区	Jianghai District			0.04	0.01
新会区	Xinhui District	1.16	1.83	3.75	3.14
台山市	Taishan City	2.42	4.23	2.06	1.55
开平市	Kaiping City	3.52	3.94	6.21	7.07
鹤山市	Heshan City	2.26	2.50	2.21	2.09
恩平市	Enping City	2.68	4.00	1.17	1.25
阳江市	Yangjiang				
江城区	Jiangcheng District	1.57	1.59	0.37	0.39
阳东区	Yangdong District	3.95	4.44	1.27	1.29
阳春市	Yangchun City	7.60	11.66	2.27	1.59
阳西县	Yangxi County	2.92	2.85	1.30	1.32

23−8 续表 2 continued

单位：万吨 (10000 tons)

县(市、区)	County (County-level City and District)	猪肉产量 Output of Pork 2020	2021	禽肉产量 Output of Meat of Poultry 2020	2021
湛江市	Zhanjiang				
赤坎区	Chikan District			0.01	0.01
霞山区	Xiashan District			0.06	0.04
麻章区	Mazhang District	1.48	1.65	0.79	0.73
坡头区	Potou District	1.78	1.90	0.53	0.48
雷州市	Leizhou City	2.41	3.67	1.84	1.66
廉江市	Lianjiang County	7.88	10.66	3.28	2.93
吴川市	Wuchuan City	1.96	2.59	3.02	2.71
遂溪县	Suixi County	5.21	7.24	4.39	4.27
徐闻县	Xuwen County	0.99	1.40	0.81	0.73
茂名市	Maoming				
茂南区	Maonan District	4.37	4.44	4.85	3.55
电白区	Dianbai District	8.50	9.98	5.64	5.11
信宜市	Xinyi City	6.12	7.15	12.69	11.65
高州市	Gaozhou City	8.83	10.33	7.03	6.60
化州市	Huazhou City	9.60	13.07	4.42	3.25
肇庆市	Zhaoqing				
端州区	Duanzhou District				
鼎湖区	Dinghu District	0.55	0.19	0.39	0.35
高要区	Gaoyao District	3.55	6.18	5.34	5.71
四会市	Sihui City	1.74	3.05	5.87	5.36
广宁县	Guangning County	2.34	4.24	1.52	1.37
德庆县	Deqing County	0.66	0.87	1.13	0.99
封开县	Fengkai County	1.64	2.73	1.37	1.06
怀集县	Huaiji County	5.92	7.31	2.92	2.48
清远市	Qingyuan				
清城区	Qingcheng District	1.43	1.70	5.26	4.76
清新区	Qingxin District	2.32	2.82	4.59	4.39
英德市	Yingde City	4.21	7.69	2.35	2.92
连州市	Lianzhou City	2.74	3.27	0.80	0.77
佛冈县	Fogang County	0.94	1.31	0.41	0.41
阳山县	Yangshan County	4.00	4.31	1.87	1.97
连山县	Lianshan County	0.57	0.69	0.24	0.23
连南县	Liannan County	0.21	0.27	0.45	0.44
潮州市	Chaozhou				
湘桥区	Xiangqiao District	0.35	0.38	0.30	0.35
潮安区	Chaoan District	0.60	0.63	0.44	0.43
饶平县	Raoping County	1.94	2.26	1.98	2.13
揭阳市	Jieyang				
榕城区	Rongcheng District	0.45	0.35	0.29	0.04
揭东区	Jiedong District	1.32	1.60	0.82	0.71
普宁市	Puning City	1.97	2.09	0.39	0.37
揭西县	Jiexi County	2.74	3.07	1.55	1.69
惠来县	Huilai County	1.82	2.00	1.33	1.32
云浮市	Yunfu				
云城区	Yuncheng District	0.91	1.49	2.10	1.98
云安区	Yunan District	0.62	1.15	0.70	0.67
罗定市	Luoding City	1.52	2.94	2.32	2.11
新兴县	Xinxing County	3.56	4.67	15.39	16.23
郁南县	Yunan County	0.50	1.87	2.75	2.62

23−9 各县(市、区)规模以上工业企业单位数及利润总额

Number of Industrial Enterprises And Total Profits by County (County-level City and District)

县(市、区)	County (County-level City and District)	单位数（个） Number of Enterprises (unit)		利润总额（万元） Total Profit(10000 yuan)	
		2020	2021	2020	2021
广州市	Guangzhou				
越秀区	Yuexiu District	11	14	67720	-23677
海珠区	Haizhu District	67	75	28549	247093
荔湾区	Liwan District	84	91	500137	426534
天河区	Tianhe District	139	150	-174812	239263
白云区	Baiyun District	1002	1058	510620	559498
黄埔区	Huangpu District	1120	1229	7752453	7186701
番禺区	Panyu District	1063	1209	897967	973664
花都区	Huadu District	1051	1132	1534706	1330589
南沙区	Nansha District	602	687	2530574	3206577
从化区	Conghua District	267	300	301635	212771
增城区	Zengcheng District	802	812	664462	835886
深圳市	Shenzhen				
福田区	Futian District	180	204	771469	1777190
罗湖区	Luohu District	130	138	435546	590554
盐田区	Yantian District	64	75	288786	337129
南山区	Nanshan District	855	970	4693573	7038301
宝安区	Baoan District	4302	4937	4823105	5695813
龙岗区	Longgang District	1940	2290	10376710	11467005
龙华区	Longhua District	1622	1889	2392476	2672731
坪山区	Pingshan District	648	703	782150	781037
光明区	Guangming District	1423	1718	2038494	3222188
珠海市	Zhuhai				
香洲区	Xiangzhou District	652	710	3183830	3218074
金湾区	Jinwan District	566	637	1777395	1909491
斗门区	Doumen District	274	308	369654	327378
汕头市	Shantou				
金平区	Jinping District	287	305	339337	306765
龙湖区	Longhu District	269	289	200040	224918
澄海区	Chenghai District	332	354	100569	-3465
濠江区	Haojiang District	111	123	160078	110152
潮阳区	Chaoyang District	437	471	1078641	979613
潮南区	Chaonan District	487	514	470221	490083
南澳县	Nanao County	5	5	6342	5887
佛山市	Foshan				
禅城区	Chancheng District	555	600	629840	982670
南海区	Nanhai District	3436	4042	4485126	4473933
顺德区	Shunde District	2449	3053	6481643	7373992
高明区	Gaoming District	563	605	3448907	3749818
三水区	Sanshui District	1017	1070	1984103	2230775
韶关市	Shaoguan				
浈江区	Zhengjiang District	52	57	55586	29557
武江区	Wujiang District	68	82	168355	89403
曲江区	Qujiang District	61	84	297295	248997
乐昌市	Lechang City	51	66	26711	1395
南雄市	Nanxiong City	61	71	43124	-18383
仁化县	Renhua County	29	36	86360	118702
始兴县	Shixing County	34	41	35142	53783
翁源县	Wengyuan County	58	64	49778	60468
新丰县	Xinfeng County	33	40	45409	66376
乳源县	Ruyuan County	57	62	97995	165126

23-9 续表 1 continued

单位：万元 (10000 yuan)

县(市、区)	County (County-level City and District)	单位数（个） Number of Enterprises (unit) 2020	2021	利润总额（万元） Total Profit(10000 yuan) 2020	2021
河源市	Heyuan				
源城区	Yuancheng District	217	241	277032	234127
东源县	Dongyuan County	101	112	74426	88368
和平县	Heping County	58	45	78491	113939
龙川县	Longchuan County	80	72	76218	52495
紫金县	Zijin County	78	101	89704	70961
连平县	Lianping County	47	52	31317	43354
梅州市	Meizhou				
梅江区	Meijiang District	72	74	154721	158408
梅县区	Meixian District	104	101	261152	205437
兴宁市	Xingning City	75	83	-3879	-40
平远县	Pingyuan County	50	54	22962	30512
蕉岭县	Jiaoling County	43	47	132123	125227
大埔县	Dabu County	61	63	9325	-53738
丰顺县	Fengshun County	56	64	17529	14415
五华县	Wuhua County	44	50	4836	5068
惠州市	Huizhou				
惠城区	Huicheng District	1026	1293	1138504	1335080
惠阳区	Huiyang District	933	1200	1285249	2321891
惠东县	Huidong County	267	329	139205	169809
博罗县	Boluo County	775	972	330943	485716
龙门县	Longmen County	54	79	190749	156178
汕尾市	Shanwei				
市城区	Urban District	55	63	114674	-11892
陆丰市	Lufeng City	75	83	88145	55199
海丰县	Haifeng County	108	117	34991	64924
陆河县	Luhe County	20	26	10687	943
东莞市	Dongguan	11525	12778	7969135	12090057
中山市	Zhongshan	3868	4626	3097252	3124396
江门市	Jiangmen				
蓬江区	Pengjiang District	476	549	425382	374040
江海区	Jianghai District	329	396	294779	477927
新会区	Xinhui District	573	649	723513	813278
台山市	Taishan City	256	281	320779	165428
开平市	Kaiping City	341	382	176491	232911
鹤山市	Heshan City	430	500	274907	313006
恩平市	Enping City	130	146	36596	39959
阳江市	Yangjiang				
江城区	Jiangcheng District	140	170	293426	542282
阳东区	Yangdong District	134	165	595302	727264
阳春市	Yangchun City	67	75	293447	328111
阳西县	Yangxi County	45	51	112265	-11669

23-9 续表 2 continued

单位：万元 (10000 yuan)

县(市、区)	County (County-level City and District)	单位数（个） Number of Enterprises (unit) 2020	2021	利润总额（万元） Total Profit(10000 yuan) 2020	2021
湛江市	Zhanjiang				
赤坎区	Chikan District	27	29	104366	-34106
霞山区	Xiashan District	59	60	90424	-2323
麻章区	Mazhang District	780	108	1890820	1322810
坡头区	Potou District	61	62	764972	921734
雷州市	Leizhou City	75	59	35209	-52121
廉江市	Lianjiang County	179	179	64889	63980
吴川市	Wuchuan City	132	132	-14478	8230
遂溪县	Suixi County	103	115	82548	74605
徐闻县	Xuwen County	40	44	56830	54181
茂名市	Maoming				
茂南区	Maonan District	113	114	694420	1150383
电白区	Dianbai District	211	206	174894	239014
信宜市	Xinyi City	83	50	23434	13951
高州市	Gaozhou City	217	154	91592	73238
化州市	Huazhou City	127	128	16848	13341
肇庆市	Zhaoqing				
端州区	Duanzhou District	136	138	159357	204710
鼎湖区	Dinghu District	83	95	31843	37095
高要区	Gaoyao District	347	391	681706	804378
四会市	Sihui City	501	560	601140	663329
广宁县	Guangning County	77	77	124241	62037
德庆县	Deqing County	87	90	66634	54454
封开县	Fengkai County	31	36	188247	175657
怀集县	Huaiji County	59	59	21966	17280
清远市	Qingyuan				
清城区	Qingcheng District	335	362	653044	604397
清新区	Qingxin District	145	167	269037	259960
英德市	Yingde City	166	204	480844	503088
连州市	Lianzhou City	48	63	97946	155398
佛冈县	Fogang County	103	109	146644	255563
阳山县	Yangshan County	20	24	25011	27025
连山县	Lianshan County	6	7	2812	450
连南县	Liannan County	11	13	3752	1927
潮州市	Chaozhou				
湘桥区	Xiangqiao District	140	161	74838	99455
潮安区	Chaoan District	666	730	500854	536506
饶平县	Raoping County	133	144	189533	173620
揭阳市	Jieyang				
榕城区	Rongcheng District	497	542	291654	275624
揭东区	Jiedong District	398	440	370601	394515
普宁市	Puning City	300	297	-228617	1016365
揭西县	Jiexi County	83	93	261300	284553
惠来县	Huilai County	97	91	110582	55834
云浮市	Yunfu				
云城区	Yuncheng District	86	101	33279	9207
云安区	Yunan District	68	73	193740	189430
罗定市	Luoding City	81	89	172042	111336
新兴县	Xinxing County	94	111	68365	50418
郁南县	Yunan County	54	59	17991	19265

23-10 各县(市、区)房地产开发投资

Investment in Fixed Assets by County (County-level City and District)

单位：万元 (10000 yuan)

县(市、区)	County (County-level City and District)	房地产开发投资 Investment in Real Estate Development 2020	2021
广州市	Guangzhou		
越秀区	Yuexiu District	344695	370272
海珠区	Haizhu District	1610876	2140949
荔湾区	Liwan District	2450294	2678974
天河区	Tianhe District	2688132	2695755
白云区	Baiyun District	3796484	4694062
黄埔区	Huangpu District	5273058	4569753
番禺区	Panyu District	3577056	3772955
花都区	Huadu District	2101542	2273767
南沙区	Nansha District	3359606	5358846
从化区	Conghua District	1103556	911808
增城区	Zengcheng District	6634166	6797257
深圳市	Shenzhen		
福田区	Futian District	2585142	3597154
罗湖区	Luohu District	2272839	2492723
盐田区	Yantian District	873231	988201
南山区	Nanshan District	6999878	4603735
宝安区	Baoan District	6110453	5382833
龙岗区	Longgang District	6441743	4787136
龙华区	Longhua District	6050858	4456839
坪山区	Pingshan District	1358295	994824
光明区	Guangming District	2686010	2487331
珠海市	Zhuhai		
香洲区	Xiangzhou District	6349436	6996628
金湾区	Jinwan District	2382423	3326278
斗门区	Doumen District	2025977	1298530
汕头市	Shantou		
金平区	Jinping District	582717	875871
龙湖区	Longhu District	1984944	1902935
澄海区	Chenghai District	372018	712992
濠江区	Haojiang District	761238	630053
潮阳区	Chaoyang District	533991	494316
潮南区	Chaonan District	257367	185352
南澳县	Nanao County	59270	44226
佛山市	Foshan		
禅城区	Chancheng District	4044466	4054423
南海区	Nanhai District	8093335	8155028
顺德区	Shunde District	6799242	7605724
高明区	Gaoming District	1488068	1410976
三水区	Sanshui District	2475924	2202604
韶关市	Shaoguan		
浈江区	Zhengjiang District	161611	143918
武江区	Wujiang District	782644	783458
曲江区	Qujiang District	68624	135308
乐昌市	Lechang City	199265	207110
南雄市	Nanxiong City	162263	229337
仁化县	Renhua County	112985	132252
始兴县	Shixing County	105246	104687
翁源县	Wengyuan County	170093	184929
新丰县	Xinfeng County	112281	180565
乳源县	Ruyuan County	51320	104497

23-10 续表 1 continued

单位：万元 (10000 yuan)

县(市、区)	County (County-level City and District)	房地产开发投资 Investment in Real Estate Development 2020	2021
河源市	Heyuan		
源城区	Yuancheng District	1222022	1361647
东源县	Dongyuan County	549066	572027
和平县	Heping County	180304	171727
龙川县	Longchuan County	287422	274940
紫金县	Zijin County	311802	310889
连平县	Lianping County	94406	58277
梅州市	Meizhou		
梅江区	Meijiang District	627309	687270
梅县区	Meixian District	611935	353349
兴宁市	Xingning City	272722	315513
平远县	Pingyuan County	105740	81593
蕉岭县	Jiaoling County	60767	113452
大埔县	Dabu County	182661	97148
丰顺县	Fengshun County	222484	139542
五华县	Wuhua County	241119	390739
惠州市	Huizhou		
惠城区	Huicheng District	4844896	5519168
惠阳区	Huiyang District	4397279	4290113
惠东县	Huidong County	1497200	1438345
博罗县	Boluo County	1477728	1711652
龙门县	Longmen County	314205	273932
汕尾市	Shanwei		
市城区	Urban District	842391	987170
陆丰市	Lufeng City	194957	366020
海丰县	Haifeng County	940531	752128
陆河县	Luhe County	300657	314158
东莞市	Dongguan	8705444	9722868
中山市	Zhongshan	4535655	5204245
江门市	Jiangmen		
蓬江区	Pengjiang District	1594125	1694876
江海区	Jianghai District	912494	709006
新会区	Xinhui District	1626680	1487321
台山市	Taishan City	1185281	1020131
开平市	Kaiping City	945416	734981
鹤山市	Heshan City	902765	874122
恩平市	Enping City	665730	504228
阳江市	Yangjiang		
江城区	Jiangcheng District	639931	408712
阳东区	Yangdong District	172432	193628
阳春市	Yangchun City	213555	217886
阳西县	Yangxi County	282851	222672

23-10 续表 2 continued

单位：万元 (10000 yuan)

县(市、区)	County (County-level City and District)	房地产开发投资 Investment in Real Estate Development 2020	2021
湛江市	Zhanjiang		
赤坎区	Chikan District	725695	952458
霞山区	Xiashan District	516635	1333964
麻章区	Mazhang District	429441	361191
坡头区	Potou District	186089	358384
雷州市	Leizhou City	126486	134593
廉江市	Lianjiang County	385179	535903
吴川市	Wuchuan City	622281	692876
遂溪县	Suixi County	258145	305661
徐闻县	Xuwen County	253715	165372
茂名市	Maoming		
茂南区	Maonan District	853179	1052498
电白区	Dianbai District	1073506	863810
信宜市	Xinyi City	434535	596442
高州市	Gaozhou City	716365	534248
化州市	Huazhou City	349105	363099
肇庆市	Zhaoqing		
端州区	Duanzhou District	963083	997012
鼎湖区	Dinghu District	1330458	1577929
高要区	Gaoyao District	621471	498091
四会市	Sihui City	1629977	1534133
广宁县	Guangning County	193021	236033
德庆县	Deqing County	117503	60365
封开县	Fengkai County	29601	84238
怀集县	Huaiji County	349549	414372
清远市	Qingyuan		
清城区	Qingcheng District	2626236	2190617
清新区	Qingxin District	509109	277322
英德市	Yingde City	553953	481013
连州市	Lianzhou City	141302	148548
佛冈县	Fogang County	375796	395737
阳山县	Yangshan County	103590	81322
连山县	Lianshan County	8858	3683
连南县	Liannan County	12802	18838
潮州市	Chaozhou		
湘桥区	Xiangqiao District	648338	523012
潮安区	Chaoan District	138152	181392
饶平县	Raoping County	286739	298069
揭阳市	Jieyang		
榕城区	Rongcheng District	1424236	1212516
揭东区	Jiedong District	489188	473327
普宁市	Puning City	875576	757999
揭西县	Jiexi County	208457	226634
惠来县	Huilai County	131580	238008
云浮市	Yunfu		
云城区	Yuncheng District	273413	448662
云安区	Yunan District	57598	56199
罗定市	Luoding City	309452	369387
新兴县	Xinxing County	418906	378858
郁南县	Yunan County	202666	170059

注：湛江含市直数据，深圳含深汕合作区数据，分县区合计小于全市。
Note: Due to the projects that can't be classified by region and the development zone projects, the sum of the counties are less than the city.

23-11 各县(市、区)社会消费品零售总额

Total Retail Sales of Consumer Goods by County (County-level City and District)

单位：万元 (10000 yuan)

县(市、区)	County (County-level City and District)	社会消费品零售总额 Total Retail Sales of Consumer Goods 2020	2021	#商品零售 Retail Sales 2020	2021
广州市	Guangzhou				
越秀区	Yuexiu District	11591507	12533262	11411681	11478154
海珠区	Haizhu District	9901370	9742966	9056049	9027586
荔湾区	Liwan District	5634507	6440088	5331323	5541986
天河区	Tianhe District	17814341	20506402	16475057	18998888
白云区	Baiyun District	10290440	10763994	9138053	9625652
黄埔区	Huangpu District	11016570	12618338	10765467	12312536
番禺区	Panyu District	11463979	12710626	10389744	11613757
花都区	Huadu District	6448025	7138354	6102122	6776845
南沙区	Nansha District	2072375	2657093	1689516	2376911
从化区	Conghua District	1888329	1668257	1782890	1571283
增城区	Zengcheng District	4065162	4446224	3500899	4184584
深圳市	Shenzhen				
福田区	Futian District	20469784	22420358	18151640	19809287
罗湖区	Luohu District	12165369	13021525	10787676	11505040
盐田区	Yantian District	1192458	1452590	1057415	1283422
南山区	Nanshan District	12404858	13668141	11000044	12076352
宝安区	Baoan District	12897518	13895232	11436912	12276996
龙岗区	Longgang District	13124387	13607470	11638088	12022746
龙华区	Longhua District	10630283	12138222	9426434	10724607
坪山区	Pingshan District	1519505	1811549	1347425	1600576
光明区	Guangming District	1962563.1	2199031	1740309	1942932
珠海市	Zhuhai				
香洲区	Xiangzhou District	7984159	9198262	7195641	8296214
金湾区	Jinwan District	460412	482208	397575	434919
斗门区	Doumen District	768040	801969	634825	723322
汕头市	Shantou				
金平区	Jinping District	5010078	5331385	4477875	4758000
龙湖区	Longhu District	2950404	3113427	2680189	2843761
澄海区	Chenghai District	1702192	1805901	1559418	1667652
濠江区	Haojiang District	462804	487731	426517	451895
潮阳区	Chaoyang District	2072379	2175908	1862410	1940057
潮南区	Chaonan District	1791582	1933143	1611791	1716863
南澳县	Nanao County	181125	190903	147954	158519
佛山市	Foshan				
禅城区	Chancheng District	7549645	8144675	7198256	7746284
南海区	Nanhai District	10966865	12007378	10092026	10985132
顺德区	Shunde District	10977206	11830809	10265028	10960404
高明区	Gaoming District	1242140	1307195	1164348	1210703
三水区	Sanshui District	2155085	2276524	1996926	2080010
韶关市	Shaoguan				
浈江区	Zhengjiang District	1154036	1249645	1096638	1180032
武江区	Wujiang District	697615	753258	648155	697059
曲江区	Qujiang District	345165	383748	314480	348127
乐昌市	Lechang City	505198	553532	462845	504645
南雄市	Nanxiong City	425045	467920	386435	422738
仁化县	Renhua County	229469	257408	208464	234005
始兴县	Shixing County	259780	288517	235469	261586
翁源县	Wengyuan County	373048	417855	338911	378436
新丰县	Xinfeng County	240842	268117	218373	242186
乳源县	Ruyuan County	222330	241601	200639	218090

23-11 续表 1 continued

单位：万元 (10000 yuan)

县(市、区)	County (County-level City and District)	社会消费品零售总额 Total Retail Sales of Consumer Goods 2020	2021	#商品零售 Retail Sales 2020	2021
河源市	Heyuan				
源城区	Yuancheng District	1385206	1488020	1304950	1451201
东源县	Dongyuan County	405878	436161	361951	392545
和平县	Heping County	378719	407963	336182	363339
龙川县	Longchuan County	573055	613853	523849	565543
紫金县	Zijin County	528254	570983	491276	468206
连平县	Lianping County	336283	359246	307777	330506
梅州市	Meizhou				
梅江区	Meijiang District	1333923	1387662	1236736	1299668
梅县区	Meixian District	1465017	1493836	1311878	1361175
兴宁市	Xingning City	1013294	1040229	927980	932995
平远县	Pingyuan County	319946	332966	284236	296780
蕉岭县	Jiaoling County	379955	393705	343009	353312
大埔县	Dabu County	466406	484120	428018	432141
丰顺县	Fengshun County	553388	557242	525084	497456
五华县	Wuhua County	816886	853950	747233	762585
惠州市	Huizhou				
惠城区	Huicheng District	8006684	9072286	7480549	8438236
惠阳区	Huiyang District	2442966	2789766	2238917	2566586
惠东县	Huidong County	3633391	4118727	3462897	3749043
博罗县	Boluo County	2851513	3218352	2558551	2896886
龙门县	Longmen County	526248	590068	456829	536961
汕尾市	Shanwei				
市城区	Urban District	1031463	1148249	919016	1002105
陆丰市	Lufeng City	1525824	1648877	1330613	1418433
海丰县	Haifeng County	1440027	1583735	1301564	1393975
陆河县	Luhe County	359141	392107	329241	352288
东莞市	Dongguan	37401403	42392359	33917471	38964520
中山市	Zhongshan	14072229	15301141	13128168	14218636
江门市	Jiangmen				
蓬江区	Pengjiang District	2387110	2607198	2248430	2450766
江海区	Jianghai District	568027	633376	385954	507668
新会区	Xinhui District	2691485	2943197	2220881	2501718
台山市	Taishan City	2031648	2252212	1882495	2072035
开平市	Kaiping City	1657593	1822157	1553263	1694606
鹤山市	Heshan City	1419369	1557892	1385937	1503366
恩平市	Enping City	870942	964935	798223	887740
阳江市	Yangjiang				
江城区	Jiangcheng District	2012884	2170371	1811206	1936475
阳东区	Yangdong District	643494	691739	580311	617752
阳春市	Yangchun City	1359193	1437273	1222406	1278381
阳西县	Yangxi County	496257	527746	443359	467301

23-11 续表 2 continued

单位：万元 (10000 yuan)

县(市、区)	County (County-level City and District)	社会消费品零售总额 Total Retail Sales of Consumer Goods 2020	2021	#商品零售 Retail Sales 2020	2021
湛江市	Zhanjiang				
赤坎区	Chikan District	3866718	4239723	3408108	3792605
霞山区	Xiashan District	2896342	3139495	2599760	2855838
麻章区	Mazhang District	1360580	1469349	1186372	1309052
坡头区	Potou District	392750	428993	327361	364143
雷州市	Leizhou City	1633040	1779510	1451260	1573641
廉江市	Lianjiang County	2794735	3052247	2412334	2634508
吴川市	Wuchuan City	1479766	1592352	1303851	1394837
遂溪县	Suixi County	1291674	1413148	1071270	1175493
徐闻县	Xuwen County	672022	729747	549839	596600
茂名市	Maoming				
茂南区	Maonan District	4665773	5124175	4245099	4748345
电白区	Dianbai District	2684039	2981567	2071517	2301769
信宜市	Xinyi City	2039735	2246025	1862432	2048940
高州市	Gaozhou City	2244261	2478247	1965089	2151428
化州市	Huazhou City	1930977	2143168	1737258	1847367
肇庆市	Zhaoqing				
端州区	Duanzhou District	2574465	2968937	2396124	2787040
鼎湖区	Dinghu District	1117627	1179401	970049	1132397
高要区	Gaoyao District	845391	910396	754408	818090
四会市	Sihui City	4118257	4438309	4048239	4363895
广宁县	Guangning County	462832	494785	425929	457609
德庆县	Deqing County	489547	527322	448112	485312
封开县	Fengkai County	328511	352011	284867	308167
怀集县	Huaiji County	685000	737005	608806	659082
清远市	Qingyuan				
清城区	Qingcheng District	2519510	2801649	2402101	2646160
清新区	Qingxin District	631832	715574	602388	675860
英德市	Yingde City	886731	988294	845409	933444
连州市	Lianzhou City	362072	402259	345199	379934
佛冈县	Fogang County	340167	391899	324315	370149
阳山县	Yangshan County	313869	332871	299243	314397
连山县	Lianshan County	49889	54437	47564	51416
连南县	Liannan County	96860	109255	92347	103191
潮州市	Chaozhou				
湘桥区	Xiangqiao District	1271674	1391154	1157223	1275760
潮安区	Chaoan District	2216747	2368617	2017240	2192023
饶平县	Raoping County	960330	1047183	873901	961789
揭阳市	Jieyang				
榕城区	Rongcheng District	2767189	3065439	2658552	2942821
揭东区	Jiedong District	1956304	2175092	1881658	2088088
普宁市	Puning City	3076980	3385400	2953088	3249387
揭西县	Jiexi County	808724	902022	778760	865941
惠来县	Huilai County	942414	1029604	910269	988420
云浮市	Yunfu				
云城区	Yuncheng District	1050050	1154945	969292	1061883
云安区	Yunan District	185988	207724	172553	187203
罗定市	Luoding City	1212028	1353496	1121119	1234006
新兴县	Xinxing County	519649	588210	469263	518109
郁南县	Yunan County	404722	450672	373512	412674

23-12 各县(市、区)财政收支

Local Government Budgetary Revenue and Expenditure by County (County-level City and District)

单位：万元 (10000yuan)

县(市、区)	County (County-level City and District)	地方一般公共预算收入 Local Government Gernal Public Budget Revenue		地方一般公共预算支出 Local Government Gernal Public Budget Expenditure	
		2020	2021	2020	2021
广州市	Guangzhou				
越秀区	Yuexiu District	585925	540459	1357326	1320258
海珠区	Haizhu District	515478	557848	1328952	1323801
荔湾区	Liwan District	510219	531355	1030487	1052182
天河区	Tianhe District	762292	777556	1478833	1605605
白云区	Baiyun District	647517	694159	1892203	1923530
黄埔区	Huangpu District	1895588	2068206	3494543	3579234
番禺区	Panyu District	1031569	1076711	1840775	1953780
花都区	Huadu District	849236	862669	1688648	1709560
南沙区	Nansha District	903186	1082013	2537367	2713795
从化区	Conghua District	288785	317736	863729	914845
增城区	Zengcheng District	1081076	1138531	2005305	1762934
深圳市	Shenzhen				
福田区	Futian District	1828964	2142921	2286540	2962862
罗湖区	Luohu District	1370112	1072857	1782709	1832454
盐田区	Yantian District	339440	364446	597440	678298
南山区	Nanshan District	3166471	3610169	3262655	4024222
宝安区	Baoan District	2747901	2959961	4206782	4521591
龙岗区	Longgang District	2913255	3130525	4222655	4499416
龙华区	Longhua District	1435666	1522145	2878579	2923105
坪山区	Pingshan District	504640	640284	1361707	1578490
光明区	Guangming District	659596	788157	1483752	1823743
珠海市	Zhuhai				
香洲区	Xiangzhou District	332044	414117	923232	975021
金湾区	Jinwan District	210622	481417	524926	930046
斗门区	Doumen District	352139	353948	684134	697185
汕头市	Shantou				
金平区	Jinping District	102924	95529	468918	338483
龙湖区	Longhu District	187124	189179	329420	372243
澄海区	Chenghai District	163817	163977	422902	418293
濠江区	Haojiang District	61961	63329	228772	213898
潮阳区	Chaoyang District	187539	184395	789700	749796
潮南区	Chaonan District	107279	98022	659274	571951
南澳县	Nanao County	27857	24117	153054	138437
佛山市	Foshan				
禅城区	Chancheng District	1112347	1197372	1265749	1365771
南海区	Nanhai District	2479018	2665677	2878423	2894196
顺德区	Shunde District	2546082	2740080	2593797	2657726
高明区	Gaoming District	435170	458124	500914	606298
三水区	Sanshui District	677216	715167	759600	816670
韶关市	Shaoguan				
浈江区	Zhengjiang District	44461	48975	182027	191854
武江区	Wujiang District	59375	61521	195980	196586
曲江区	Qujiang District	82253	72206	279387	262147
乐昌市	Lechang City	72504	82007	432815	410675
南雄市	Nanxiong City	61218	68899	411188	395196
仁化县	Renhua County	59441	47730	261921	257913
始兴县	Shixing County	48067	50545	264545	254274
翁源县	Wengyuan County	67091	79844	350570	346842
新丰县	Xinfeng County	45843	48139	279720	259726
乳源县	Ruyuan County	56454	61252	300702	290371

23-12 续表 1 continued

单位：万元 (10000yuan)

县(市、区)	County (County-level City and District)	地方一般公共预算收入 Local Government Gernal Public Budget Revenue		地方一般公共预算支出 Local Government Gernal Public Budget Expenditure	
		2020	2021	2020	2021
河源市	Heyuan				
源城区	Yuancheng District	119073	125927	306127	318867
东源县	Dongyuan County	118901	133904	534942	570408
和平县	Heping County	69931	61906	455959	387855
龙川县	Longchuan County	78499	83260	656171	676567
紫金县	Zijin County	84502	88981	518058	476523
连平县	Lianping County	51655	74860	392271	354800
梅州市	Meizhou				
梅江区	Meijiang District	61570	72767	293840	263063
梅县区	Meixian District	145807	163793	578192	561975
兴宁市	Xingning City	103378	106494	719282	692805
平远县	Pingyuan County	51824	52757	311349	290468
蕉岭县	Jiaoling County	64372	70242	318164	246220
大埔县	Dabu County	71454	65221	485622	453602
丰顺县	Fengshun County	73593	79205	545981	510013
五华县	Wuhua County	105476	121552	836360	840914
惠州市	Huizhou				
惠城区	Huicheng District	393854	440797	758598	810268
惠阳区	Huiyang District	577827	642828	741213	835883
惠东县	Huidong County	293052	314662	973074	877449
博罗县	Boluo County	503856	561168	985506	1044815
龙门县	Longmen County	163660	194475	488182	433249
汕尾市	Shanwei				
市城区	Urban District	67350	77672	303629	284579
陆丰市	Lufeng City	86789	101735	884145	909064
海丰县	Haifeng County	106327	122776	609437	626794
陆河县	Luhe County	37720	42956	322255	329347
东莞市	Dongguan	6947509	7695691	8403253	8825324
中山市	Zhongshan	2875729	3164715	3756349	4724790
江门市	Jiangmen				
蓬江区	Pengjiang District	303757	314013	442670	426466
江海区	Jianghai District	152910	157493	214937	231011
新会区	Xinhui District	568484	585627	940916	977310
台山市	Taishan City	325693	356698	721709	771886
开平市	Kaiping City	289805	316450	519207	519363
鹤山市	Heshan City	337983	365090	443260	495123
恩平市	Enping City	126842	138899	400514	400959
阳江市	Yangjiang				
江城区	Jiangcheng District	47867	51031	205617	202367
阳东区	Yangdong District	140532	155386	371640	406708
阳春市	Yangchun City	142745	168309	694834	657162
阳西县	Yangxi County	85348	94930	360712	363550

23-12 续表 2 continued

单位：万元 (10000yuan)

县(市、区)	County (County-level City and District)	地方一般公共预算收入 Local Government Gernal Public Budget Revenue		地方一般公共预算支出 Local Government Gernal Public Budget Expenditure	
		2020	2021	2020	2021
湛江市	Zhanjiang				
赤坎区	Chikan District	37256	33829	137837	142385
霞山区	Xiashan District	56067	72039	164502	203024
麻章区	Mazhang District	58831	65827	189532	185295
坡头区	Potou District	54351	46087	216691	219381
雷州市	Leizhou City	67056	95504	735187	725211
廉江市	Lianjiang County	150909	175281	812749	830450
吴川市	Wuchuan City	111569	150060	513688	545034
遂溪县	Suixi County	101291	93058	596967	478724
徐闻县	Xuwen County	60258	140448	384180	486422
茂名市	Maoming				
茂南区	Maonan District	104761	106339	478944	462290
电白区	Dianbai District	225851	268787	1026440	1032328
信宜市	Xinyi City	113756	117249	768473	757169
高州市	Gaozhou City	180193	171842	901662	900466
化州市	Huazhou City	132987	136960	868663	827933
肇庆市	Zhaoqing				
端州区	Duanzhou District	113519	119698	284519	288419
鼎湖区	Dinghu District	90139	94045	222696	176942
高要区	Gaoyao District	175656	224353	558215	520668
四会市	Sihui City	178330	204427	382856	361177
广宁县	Guangning County	59197	71745	348510	345621
德庆县	Deqing County	84648	90031	352906	365504
封开县	Fengkai County	118066	118614	414538	373435
怀集县	Huaiji County	67015	72618	540767	540775
清远市	Qingyuan				
清城区	Qingcheng District	167144	170518	559149	543671
清新区	Qingxin District	152088	159618	485176	461878
英德市	Yingde City	221711	252618	843542	814403
连州市	Lianzhou City	65665	66244	368465	362796
佛冈县	Fogang County	105842	116073	370490	365780
阳山县	Yangshan County	49223	59128	381170	367142
连山县	Lianshan County	16214	22092	187721	176034
连南县	Liannan County	17895	21242	209951	207349
潮州市	Chaozhou				
湘桥区	Xiangqiao District	44945	48800	237389	245472
潮安区	Chaoan District	123173	126305	645976	597035
饶平县	Raoping County	83960	92638	713291	666341
揭阳市	Jieyang				
榕城区	Rongcheng District	78638	76151	239519	220737
揭东区	Jiedong District	81437	68271	363556	473931
普宁市	Puning City	209839	226636	974519	1015656
揭西县	Jiexi County	47123	48191	575082	530136
惠来县	Huilai County	61836	89572	618928	609857
云浮市	Yunfu				
云城区	Yuncheng District	50764	58427	296436	272715
云安区	Yunan District	50430	57193	256501	264974
罗定市	Luoding City	157428	199687	809772	764543
新兴县	Xinxing County	185168	186244	498101	470642
郁南县	Yunan County	55936	63340	339125	340579

23-13 各县(市、区)城镇居民人均可支配收入

Per Capita Disposable Income of Urban Households by County (County-level City and District)

县(市、区)	County (County-level City and District)	2020 绝对值(元) Value (yuan)	2020 增速(%) Ratio(%)	2021 绝对值(元) Value (yuan)	2021 增速(%) Ratio(%)
广州市	Guangzhou				
越秀区	Yuexiu District	75663	5.4	82397	8.9
海珠区	Haizhu District	69948	4.2	76523	9.4
荔湾区	Liwan District	71344	4.2	74554	4.5
天河区	Tianhe District	79435	6.1	89206	12.3
白云区	Baiyun District	69087	4.2	75547	9.3
黄埔区	Huangpu District	70494	6.4	79474	12.7
番禺区	Panyu District	65025	4.9	70292	8.1
花都区	Huadu District	59147	5.2	64352	8.8
南沙区	Nansha District	57911	6.9	61559	6.3
从化区	Conghua District	45224	5.0	49339	9.1
增城区	Zengcheng District	53497	5.5	58419	9.2
深圳市	Shenzhen				
福田区	Futian District	84473	4.0	92608	9.6
罗湖区	Luohu District	67635	2.8	73911	9.3
盐田区	Yantian District	66117	6.0	73476	11.1
南山区	Nanshan District	82522	4.1	90378	9.5
宝安区	Baoan District	60874	6.2	66450	9.2
龙岗区	Longgang District	55502	1.1	60475	9.0
龙华区	Longhua District	57177	2.8	64341	12.5
坪山区	Pingshan District	57107	6.3	64154	12.3
光明区	Guangming District	55053	7.3	60002	9.0
珠海市	Zhuhai				
香洲区	Xiangzhou District	67424	5.5	73490	9.0
金湾区	Jinwan District	41056	6.9	45185	14.0
斗门区	Doumen District	47542	7.5	52892	11.3
汕头市	Shantou				
金平区	Jinping District	39640	4.8	42951	8.4
龙湖区	Longhu District	41359	5.1	44896	8.6
澄海区	Chenghai District	31185	5.0	33696	8.1
濠江区	Haojiang District	29592	1.6	31183	5.4
潮阳区	Chaoyang District	28085	4.7	30156	7.4
潮南区	Chaonan District	26073	5.5	28245	8.3
南澳县	Nanao County	17633	2.4	19292	9.4
佛山市	Foshan				
禅城区	Chancheng District	55140	3.6	60511	9.7
南海区	Nanhai District	58026	3.8	63840	10.0
顺德区	Shunde District	61485	4.5	67466	9.7
高明区	Gaoming District	40380	4.0	44231	9.5
三水区	Sanshui District	43825	5.9	48380	10.4
韶关市	Shaoguan				
浈江区	Zhengjiang District	41399	7.4	44886	8.4
武江区	Wujiang District	41306	4.9	45127	9.3
曲江区	Qujiang District	33601	7.3	36508	8.7
乐昌市	Lechang City	29476	5.2	31834	8.0
南雄市	Nanxiong City	29796	5.0	32418	8.8
仁化县	Renhua County	30910	4.8	33351	7.9
始兴县	Shixing County	28970	4.3	31896	10.1
翁源县	Wengyuan County	29821	7.8	32862	10.2
新丰县	Xinfeng County	29422	7.0	31758	7.9
乳源县	Ruyuan County	29698	6.3	32431	9.2

23-13 续表 1 continued

县(市、区)	County (County-level City and District)	2020 绝对值(元) Value (yuan)	2020 增速(%) Ratio(%)	2021 绝对值(元) Value (yuan)	2021 增速(%) Ratio(%)
河源市	Heyuan				
源城区	Yuancheng District	34310	7.7	35680	4.0
东源县	Dongyuan County	26564	0.2	27897	5.0
和平县	Heping County	26527	3.7	28819	8.6
龙川县	Longchuan County	24751	2.0	26468	6.9
紫金县	Zijin County	23212	1.4	25603	10.3
连平县	Lianping County	25225	2.7	27194	7.8
梅州市	Meizhou				
梅江区	Meijiang District	38298	2.2	40902	6.8
梅县区	Meixian District	36838	5.0	39822	8.1
兴宁市	Xingning City	27947	1.0	30434	8.9
平远县	Pingyuan County	26984	4.2	29628	9.8
蕉岭县	Jiaoling County	28952	5.1	31847	10.0
大埔县	Dabu County	26013	3.0	28146	8.2
丰顺县	Fengshun County	27033	4.4	29412	8.8
五华县	Wuhua County	22872	1.5	25090	9.7
惠州市	Huizhou				
惠城区	Huicheng District	57051	7.9	60987	6.9
惠阳区	Huiyang District	47317	5.7	50771	7.3
惠东县	Huidong County	32303	5.1	34306	6.2
博罗县	Boluo County	37668	5.0	40380	7.2
龙门县	Longmen County	28697	7.6	31107	8.4
汕尾市	Shanwei				
市城区	Urban District	30519	6.4	33623	10.2
陆丰市	Lufeng City	27238	6.4	30302	11.2
海丰县	Haifeng County	33807	8.0	37487	10.9
陆河县	Luhe County	24155	7.0	26382	9.2
东莞市	Dongguan	58052	5.3	63740	9.8
中山市	Zhongshan	54737	4.3	60323	10.2
江门市	Jiangmen				
蓬江区	Pengjiang District	49961	4.3	53591	7.3
江海区	Jianghai District	45190	3.0	49526	9.6
新会区	Xinhui District	41495	5.0	45962	10.8
台山市	Taishan City	30317	2.1	32782	8.1
开平市	Kaiping City	31540	2.6	34886	10.6
鹤山市	Heshan City	36196	2.3	37179	2.7
恩平市	Enping City	26990	3.2	29849	10.6
阳江市	Yangjiang				
江城区	Jiangcheng District	34530	3.2	37974	10.0
阳东区	Yangdong District	34155	4.5	36221	6.1
阳春市	Yangchun City	30471	4.6	32162	5.6
阳西县	Yangxi County	28334	3.2	29878	5.5

23-13 续表 2 continued

县(市、区)	County (County-level and District)	2020 绝对值(元) Value (yuan)	2020 增速(%) Ratio(%)	2021 绝对值(元) Value (yuan)	2021 增速(%) Ratio(%)
湛江市	Zhanjiang				
赤坎区	Chikan District	39814	7.5	42635	7.1
霞山区	Xiashan District	48160	8.0	51481	6.9
麻章区	Mazhang District	30384	4.4	33632	10.7
坡头区	Potou District	34723	7.1	36547	5.3
雷州市	Leizhou City	23548	3.1	26408	12.1
廉江市	Lianjiang County	28551	7.5	31293	9.6
吴川市	Wuchuan City	27571	4.6	29405	6.7
遂溪县	Suixi County	25922	8.2	28454	9.8
徐闻县	Xuwen County	26928	5.5	28996	7.7
茂名市	Maoming				
茂南区	Maonan District	33757	2.0	37205	10.2
电白区	Dianbai District	29732	4.3	31838	7.1
信宜市	Xinyi City	28450	4.4	30992	8.9
高州市	Gaozhou City	29643	4.7	31516	6.3
化州市	Huazhou City	28906	4.5	30918	7.0
肇庆市	Zhaoqing				
端州区	Duanzhou District	40187	7.2	43621	8.5
鼎湖区	Dinghu District	31433	3.9	33118	5.4
高要区	Gaoyao District	31108	5.9	33818	8.7
四会市	Sihui City	38448	5.7	41482	7.9
广宁县	Guangning County	27089	3.8	29232	7.9
德庆县	Deqing County	27999	4.8	30019	7.2
封开县	Fengkai County	27143	3.5	29692	9.4
怀集县	Huaiji County	31969	5.8	34152	6.8
清远市	Qingyuan				
清城区	Qingcheng District	37028	4.3	39749	7.3
清新区	Qingxin District	32792	5.2	35485	8.2
英德市	Yingde City	30675	5.1	32750	6.8
连州市	Lianzhou City	31558	6.0	34221	8.4
佛冈县	Fogang County	31198	5.9	34363	10.1
阳山县	Yangshan County	30358	5.7	32890	8.3
连山县	Lianshan County	26278	5.6	28853	9.8
连南县	Liannan County	27607	5.9	30130	9.1
潮州市	Chaozhou				
湘桥区	Xiangqiao District	30349	2.3	32551	7.3
潮安区	Chaoan District	24291	3.8	26454	8.9
饶平县	Raoping County	23478	3.9	25217	7.4
揭阳市	Jieyang				
榕城区	Rongcheng District	28081	1.2	30041	7.0
揭东区	Jiedong District	30032	4.8	30879	8.9
普宁市	Puning City	28247	4.1	30774	8.9
揭西县	Jiexi County	22669	3.4	23867	5.3
惠来县	Huilai County	22505	1.2	25418	12.9
云浮市	Yunfu				
云城区	Yuncheng District	28802	5.4	31326	8.8
云安区	Yunan District	28455	6.1	30008	5.5
罗定市	Luoding City	27588	5.7	30465	10.4
新兴县	Xinxing County	29986	5.8	32255	7.6
郁南县	Yunan County	27092	5.7	30076	11.0

23-14 各县(市、区)农村居民人均可支配收入
Per Capita Disposable Income of Rural Households by County (County-level City and District)

县(市、区)	County (County-level City and District)	2020 绝对值(元) Value (yuan)	2020 增速(%) Ratio (%)	2021 绝对值(元) Value (yuan)	2021 增速(%) Ratio (%)
广州市	Guangzhou				
越秀区	Yuexiu District				
海珠区	Haizhu District				
荔湾区	Liwan District				
天河区	Tianhe District				
白云区	Baiyun District	31474	8.1	34791	10.5
黄埔区	Huangpu District	42054	7.5		
番禺区	Panyu District	42526	7.9	46421	9.2
花都区	Huadu District	30057	8.3	33141	10.3
南沙区	Nansha District	36933	8.0	39818	7.8
从化区	Conghua District	23857	8.6	26381	10.6
增城区	Zengcheng District	28613	8.5	31740	10.9
深圳市	Shenzhen				
福田区	Futian District				
罗湖区	Luohu District				
盐田区	Yantian District				
南山区	Nanshan District				
宝安区	Baoan District				
龙岗区	Longgang District				
龙华区	Longhua District				
坪山区	Pingshan District				
光明区	Guangming District				
珠海市	Zhuhai				
香洲区	Xiangzhou District				
金湾区	Jinwan District				
斗门区	Doumen District	31119	7.0	34394	10.5
汕头市	Shantou				
金平区	Jinping District				
龙湖区	Longhu District	22805	7.2	25217	10.6
澄海区	Chenghai District	20961	7.1	23092	10.2
濠江区	Haojiang District	18610	6.0	20438	9.8
潮阳区	Chaoyang District	17643	5.8	19287	9.3
潮南区	Chaonan District	18185	7.6	20082	10.4
南澳县	Nanao County	14161	5.8	15811	11.7
佛山市	Foshan				
禅城区	Chancheng District				
南海区	Nanhai District	39242	7.2	43536	10.9
顺德区	Shunde District				
高明区	Gaoming District	28865	7.1	32291	11.9
三水区	Sanshui District	32339	5.9	35780	10.6
韶关市	Shaoguan				
浈江区	Zhengjiang District	21022	8.5	23009	9.5
武江区	Wujiang District	21849	7.0	24230	10.9
曲江区	Qujiang District	20022	9.3	22318	11.5
乐昌市	Lechang City	17508	8.1	19343	10.5
南雄市	Nanxiong City	17740	8.0	19522	10.0
仁化县	Renhua County	19409	4.6	21216	9.3
始兴县	Shixing County	18300	7.6	20276	10.8
翁源县	Wengyuan County	17462	8.9	19409	11.2
新丰县	Xinfeng County	17235	10.8	19005	10.3
乳源县	Ruyuan County	17185	8.7	18972	10.4

注:深圳市因完成城市化，无农村居民相关数据。
Note: There is on data of Shenzhen city due to its total urbanization.

23−14 续表 1 continued

县(市、区)	County (County-level City and District)	2020 绝对值(元) Value (yuan)	2020 增速(%) Ratio(%)	2021 绝对值(元) Value (yuan)	2021 增速(%) Ratio(%)
河源市	Heyuan				
源城区	Yuancheng District	23592	8.8	26455	12.1
东源县	Dongyuan County	18019	8.5	19520	8.3
和平县	Heping County	16428	7.6	18593	13.2
龙川县	Longchuan County	17531	7.5	19183	9.4
紫金县	Zijin County	17457	8.5	19573	12.1
连平县	Lianping County	16615	7.6	18932	13.9
梅州市	Meizhou				
梅江区	Meijiang District	22421	4.2	24170	7.8
梅县区	Meixian District	22047	8.0	24163	9.6
兴宁市	Xingning City	19241	3.1	21069	9.5
平远县	Pingyuan County	19156	6.5	21225	10.8
蕉岭县	Jiaoling County	18900	8.2	21017	11.2
大埔县	Dabu County	15777	6.0	17228	9.2
丰顺县	Fengshun County	15626	7.5	17251	10.4
五华县	Wuhua County	14123	3.7	15677	11.0
惠州市	Huizhou				
惠城区	Huicheng District	26094	10.3	28886	10.7
惠阳区	Huiyang District	27600	8.6	30470	10.4
惠东县	Huidong County	24357	7.0	26817	10.1
博罗县	Boluo County	24244	7.4	26717	10.2
龙门县	Longmen County	23228	10.0	25714	10.7
汕尾市	Shanwei				
市城区	Urban District	18407	9.2	20929	13.7
陆丰市	Lufeng City	17575	8.4	19643	11.8
海丰县	Haifeng County	19258	10.3	22072	14.6
陆河县	Luhe County	13848	9.2	15554	12.3
东莞市	Dongguan	38827	8.1	43188	11.2
中山市	Zhongshan	37633	7.1	41750	10.9
江门市	Jiangmen				
蓬江区	Pengjiang District				
江海区	Jianghai District				
新会区	Xinhui District	25053	7.6	27837	11.1
台山市	Taishan City	19981	4.7	21996	10.1
开平市	Kaiping City	20746	0.2	23001	10.9
鹤山市	Heshan City	20419	5.7	23424	14.7
恩平市	Enping City	17192	7.5	19249	12.0
阳江市	Yangjiang				
江城区	Jiangcheng District	21739	7.9	23624	8.7
阳东区	Yangdong District	21007	9.3	23633	12.5
阳春市	Yangchun City	18738	8.0	20799	11.0
阳西县	Yangxi County	20123	10.8	22517	11.9

23-14　续表 2　continued

县(市、区)	County (County-level City and District)	2020 绝对值(元) Value (yuan)	2020 增速(%) Ratio(%)	2021 绝对值(元) Value (yuan)	2021 增速(%) Ratio(%)
湛江市	Zhanjiang				
赤坎区	Chikan District				
霞山区	Xiashan District	19503	9.0	20544	5.3
麻章区	Mazhang District	19706	7.9	21981	11.5
坡头区	Potou District	18703	8.3	20468	9.4
雷州市	Leizhou City	15035	7.1	16798	11.7
廉江市	Lianjiang County	20415	8.6	22532	10.4
吴川市	Wuchuan City	22554	7.2	24081	6.8
遂溪县	Suixi County	19484	9.3	21596	10.8
徐闻县	Xuwen County	19456	7.7	21269	9.3
茂名市	Maoming				
茂南区	Maonan District	19609	4.2	22085	12.6
电白区	Dianbai District	19940	6.4	21682	8.7
信宜市	Xinyi City	19580	6.5	21521	9.9
高州市	Gaozhou City	19702	6.9	21666	10.0
化州市	Huazhou City	19820	6.6	21756	9.8
肇庆市	Zhaoqing				
端州区	Duanzhou District				
鼎湖区	Dinghu District	27636	6.3	29836	8.0
高要区	Gaoyao District	23854	7.9	26227	9.9
四会市	Sihui City	26953	6.7	29669	10.1
广宁县	Guangning County	17139	6.7	18847	10.0
德庆县	Deqing County	22233	7.4	24341	9.5
封开县	Fengkai County	16856	7.3	18668	10.8
怀集县	Huaiji County	18047	7.8	19890	10.2
清远市	Qingyuan				
清城区	Qingcheng District	22729	6.8	24851	9.3
清新区	Qingxin District	18296	8.5	19925	8.9
英德市	Yingde City	18399	9.0	20115	9.3
连州市	Lianzhou City	15736	9.1	17399	10.6
佛冈县	Fogang County	17573	8.3	19698	12.1
阳山县	Yangshan County	16819	8.2	18409	9.5
连山县	Lianshan County	15020	8.2	16788	11.8
连南县	Liannan County	15456	8.4	17210	11.3
潮州市	Chaozhou				
湘桥区	Xiangqiao District	18844	5.1	20893	10.9
潮安区	Chaoan District	18855	5.6	20856	10.6
饶平县	Raoping County	16386	6.1	18154	10.8
揭阳市	Jieyang				
榕城区	Rongcheng District				
揭东区	Jiedong District	19954	6.8	20750	9.1
普宁市	Puning City	18419	6.8	20271	10.1
揭西县	Jiexi County	13304	6.4	14427	8.4
惠来县	Huilai County	14093	3.3	15979	13.4
云浮市	Yunfu				
云城区	Yuncheng District	18416	6.1	20442	11.0
云安区	Yunan District	17317	6.6	19174	10.7
罗定市	Luoding City	17242	6.9	19061	10.6
新兴县	Xinxing County	19846	6.9	21983	10.8
郁南县	Yunan County	17103	7.0	18846	10.2

附录

APPENDIX

附　录

简要说明

一、本篇资料包括部分省市社会经济主要指标、中国香港特别行政区、中国澳门特别行政区、中国台湾省主要统计指标及国际主要统计指标。

二、附录 A、附录 B、附录 C 资料来源于国家统计局编辑、中国统计出版社出版的《中国统计年鉴》和《中国统计摘要》。附录 D 资料来源于国家统计局编辑、中国统计出版社出版的《国际统计年鉴——2021》。

三、一些国际组织及其组成成员：

经济合作与发展组织（经合组织，OECD），成员国有 38 个：澳大利亚、奥地利、比利时、加拿大、智利、捷克、丹麦、爱沙尼亚、芬兰、法国、德国、希腊、匈牙利、冰岛、爱尔兰、以色列、意大利、日本、韩国、拉脱维亚、立陶宛、卢森堡、墨西哥、荷兰、新西兰、挪威、波兰、葡萄牙、斯洛伐克、斯洛文尼亚、西班牙、瑞典、瑞士、土耳其、英国、美国、哥伦比亚、哥斯达黎加。

欧洲联盟（欧盟，EU），成员国有 27 个：法国、德国、意大利、荷兰、比利时、卢森堡、丹麦、爱尔兰、希腊、西班牙、葡萄牙、奥地利、芬兰、瑞典、塞浦路斯、捷克、爱沙尼亚、匈牙利、拉脱维亚、立陶宛、马耳他、波兰、斯洛伐克、斯洛文尼亚、保加利亚、罗马尼亚和克罗地亚。

欧洲货币联盟（欧元区，Euro Area），成员国有 19 个：德国、比利时、奥地利、荷兰、法国、意大利、西班牙、葡萄牙、卢森堡、爱尔兰、芬兰、希腊、斯洛文尼亚、塞浦路斯、马耳他、斯洛伐克、爱沙尼亚、拉脱维亚和立陶宛。

东南亚国家联盟（东盟，ASEAN），成员国有 10 个：菲律宾、马来西亚、泰国、新加坡、印度尼西亚、文莱（1984 年）、越南（1995 年）、缅甸（1997 年）、老挝（1997 年）和柬埔寨（1999 年）。

北美自由贸易区（NAFTA）：成立于 1994 年 1 月 1 日，成员国有 3 个，加拿大、墨西哥和美国。

西方七国（G7）：包括美国、日本、英国、德国、法国、意大利和加拿大。

四、一些国家(含地区)分类含义：

按收入分组国家：按照世界银行 2021 年分组标准，高收入国家指按图表集法计算的人均国民总收入 12696 美元及以上的国家，中等偏上收入国家指人均国民总收入 4096 美元至 12695 美元的国家，中等偏下收入国家指人均国民总收入 1046 美元至 4095 美元的国家，低收入国家指人均国民总收入 1045 美元及以下的国家。

发达国家或地区与发展中国家或地区：联合国统计司对“发达国家或地区”及“发展中国家或地区”没有一个明确的划分标准。通常是把亚洲的日本、塞浦路斯和以色列，北美的加拿大、美国、百慕大、格陵兰、圣皮埃尔和密克隆，大洋洲的澳大利亚、新西兰、赫德岛和麦克唐纳岛、诺福克岛、科科斯（基林）群岛、圣诞岛，欧洲，都列入发达国家或地区。国际货币基金组织指出“发达经济体”包括 39 个国家或地区，他们是：澳大利亚、奥地利、比利时、加拿大、塞浦路斯、捷克、丹麦、爱沙尼亚、芬兰、法国、德国、希腊、中国香港、冰岛、爱尔兰、以色列、意大利、日本、韩国、拉脱维亚、立陶宛、卢森堡、中国澳门、马耳他、荷兰、新西兰、挪威、葡萄牙、波多黎各、圣马力诺、新加坡、斯洛伐克、斯洛文尼亚、西班牙、瑞典、瑞士、中国台湾、英国及美国。其他为新兴市场及发展中经济体。

五、2021 年各省市资料均为快速年报数。

六、本篇资料由广东省统计局综合统计处负责整理、编辑。

Appendix

Brief Introduction

I. The data in this chapter include main social and economic indicators of some provinces and municipalities,main statistical indicators of Hong Kong and Macao Special Administrative Regions and Taiwan Province of the People’s Republic of China, as well as main international statistical indicators.

II. Data in Appendices A, B, C come from China Statistical Yearbook and China Statistical Abstract compiled by National Bureau of Statistics and published by China Statistics Press. Data in Appendix D come from International Statistical Yearbook compiled by National Bureau of Statistics and published by China Statistics Press.

III. International organizations and their members included are as follows:

Organization for Economic Co-operation and Development (OECD), has 38 members, i.e., Australia，Austria，Belgium， Canada, Chile，Czech Republic，Denmark，Estonia，Finland，France，Germany，Greece，Hungary，Iceland，Ireland，Israel， Italy，Japan，Korea，Latvia，Lithuania，Luxembourg，Mexico，Netherlands，New Zealand，Norway，Poland，Portugal，Slovak Republic，Slovenia，Spain，Sweden，Switzerland，Turkey，United Kingdom，United States，Columbia，Costa Rica.

European Union (EU), it expanded to 27 members, i.e., France, Germany, Italy, Netherlands, Belgium, Luxembourg, Denmark, Ireland, Greece, Spain, Portugal, Austria, Finland, Sweden, Cyprus, the Czech Republic, Estonia, Hungary, Latvia, Lithuania, Malta, Poland, Slovakia , Slovenia, Bulgaria, Romania and Croatia.

European Monetary Union (Euro Area), it has 19 members and member countries are Germany, Belgium, Austria, Netherlands, France, Italy, Spain, Portugal, Luxembourg, Ireland, Finland, Greece, Slovenia, Cyprus, Malta, Slovak, Estonia, Latvia and Lithuania. Association of South East Asian Countries (ASEAN), it has 10 members, i.e., the Philippines, Malaysia, Thailand, Singapore, Indonesia, Brunei Darussalam (1984), Viet Nam (1995), Myanmar (1997), Lao People's Democratic Republic (1997) and Cambodia (1999).

North American Free Trade Area(NAFTA), was founded on January 1, 1994, with members unchanged hitherto, i.e., Canada, Mexico and the United States.

Group 7, includes the United States, Japan, the United Kingdom, Germany, France, Italy and Canada.

IV. Countries (territories) are classified as follows:

Countries by Income Group According to the criteria by the World Bank, countries and territories (referred to as economies) are classified into high income (higher than $12696), higher middle income (between $4096 and $12695), lower middle income (between $1046 and $4095) and low income ($1045 and below) groups by their per capita GNI (calculated by Atlas method)in the year 2021.

Developed and Developing Countries or Areas: There is no established convention for the designation of "developed" and "developing" countries or areas in the United Nations system. In common practice, Japan, Cyprus, Israelin Asia, Canada, the United States, Bermuda, Greenland, Saint Pierre and Miquelon in northern America, Australia, New Zealand, Heard Island and McDonald Islands, Norfolk Island, Cocos (Keeling) Islands, Christmas Island in Oceania, and Europe are considered "developed" regions or areas. Advanced economies in International Monetary Fund (IMF) are composed of 39 countries: Australia, Austria, Belgium, Canada, Cyprus, Czech Republic, Denmark, Estonia, Finland, France, Germany, Greece, Hong Kong SAR, Iceland, Ireland, Israel, Italy, Japan, Korea, Latvia, Lithuania, Luxembourg, Macao SAR, Malta, Netherlands, New Zealand, Norway, Portugal, Puerto Rico, San Marino, Singapore, Slovak Republic, Slovenia, Spain, Sweden, Switzerland, Taiwan Province of China, United Kingdom, and United States. Others are emerging market and developing economies.

V. The data of various provinces and municipalities in 2021 all come from flash annual reports.

VI. The data in this chapter are prepared and compiled by the Division of Comprehensive Statistics of Guangdong Provincial Bureau of Statistics.

附录A-1 人口及地区生产总值（2021年）

Population and Gross Domestic Product (2021)

地 区	Province or Municipality	年末常住人口(万人) Year-end Permanent Population (10000 persons)	年末城镇人口比重(%) Proportion of Urban Population (%)	地区生产总值(亿元) Gross Domestic Product (100 million yuan)	第一产业 Primary Industry	第二产业 Secondary Industry	第三产业 Tertiary Industry	地区生产总值比上年增长(%) Increase by (%)	人均地区生产总值(元) Per Capita GDP (yuan)	人均地区生产总值比上年增长(%) Increase by(%)
全 国	**National Total**	**141260**	**64.72**	**1143669.7**	**83085.5**	**450904.5**	**609679.7**	**8.1**	**80976**	**8.0**
北 京	Beijing	2189	87.50	40269.6	111.3	7268.6	32889.6	8.5	183980	8.5
天 津	Tianjing	1373	84.88	15695.0	225.4	5854.3	9615.4	6.6	113732	7.0
河 北	Hebei	7448	61.14	40391.3	4030.3	16364.2	19996.7	6.5	54172	6.5
山 西	Shanxi	3480	63.42	22590.2	1286.9	11213.1	10090.2	9.1	64821	9.4
内蒙古	Nei Monggol	2400	68.21	20514.2	2225.2	9374.2	8914.8	6.3	85422	6.6
辽 宁	Liaoning	4229	72.81	27584.1	2461.8	10875.2	14247.1	5.8	65026	6.4
吉 林	Jilin	2375	63.36	13235.5	1553.8	4768.3	6913.4	6.6	55450	8.3
黑龙江	Heilongjiang	3125	65.69	14879.2	3463.0	3975.3	7440.9	6.1	47266	8.2
上 海	ShangHai	2489	89.30	43214.9	100.0	11449.3	31665.6	8.1	173630	7.9
江 苏	Jiangsu	8505	73.94	116364.2	4722.4	51775.4	59866.4	8.6	137039	8.3
浙 江	Zhejiang	6540	72.66	73515.8	2209.1	31188.6	40118.1	8.5	113032	7.1
安 徽	Anhui	6113	59.39	42959.2	3360.6	17613.2	21985.4	8.3	70321	8.1
福 建	Fujian	4187	69.70	48810.4	2897.7	22866.3	23046.3	8.0	116939	7.3
江 西	Jiangxi	4517	61.46	29619.7	2334.3	13183.2	14102.2	8.8	65560	8.8
山 东	Shandong	10170	63.94	83095.9	6029.0	33187.2	43879.7	8.3	81727	7.9
河 南	Henan	9883	56.45	58887.4	5620.8	24331.6	28934.9	6.3	59410	6.4
湖 北	Hubei	5830	64.09	50012.9	4661.7	18952.9	26398.4	12.9	86416	13.8
湖 南	Hunan	6622	59.71	46063.1	4322.9	18126.1	23614.1	7.7	69440	7.8
广 东	Guangdong	12684	74.63	124369.7	5003.7	50219.2	69146.8	8.0	98285	7.1
广 西	Guangxi	5037	55.08	24740.9	4015.5	8187.9	12537.5	7.5	49206	6.9
海 南	Hainan	1020	60.97	6475.2	1254.4	1238.8	3982.0	11.2	63707	9.8
重 庆	Chongqing	3212	70.32	27894.0	1922.0	11184.9	14787.1	8.3	86879	7.8
四 川	Sichuan	8372	57.82	53850.8	5661.9	19901.4	28287.6	8.2	64326	8.0
贵 州	Guizhou	3852	54.33	19586.4	2730.9	6984.7	9870.8	8.1	50808	8.0
云 南	Yunnan	4690	51.05	27146.8	3870.2	9589.4	13687.2	7.3	57686	7.5
西 藏	Tibet	366	36.61	2080.2	164.1	757.3	1158.8	6.7	56831	6.1
陕 西	Shaanxi	3954	63.63	29801.0	2409.4	13802.5	13589.1	6.5	75360	6.3
甘 肃	Gansu	2490	53.33	10243.3	1364.7	3466.6	5412.0	6.9	41046	7.3
青 海	Qinghai	594	61.02	3346.6	352.7	1332.6	1661.4	5.7	56398	5.4
宁 夏	Ningxia	725	66.04	4522.3	364.5	2021.6	2136.3	6.7	62549	6.1
新 疆	Xinjiang	2589	57.26	15983.6	2356.1	5967.4	7660.2	7.0	61725	6.3

注：地区生产总值为初步核算数。
Note: GDP is the preliminary calculated number.

附录A-2 固定资产投资完成情况（2021年）

Investment in Fixed Assets (2021年)

地 区	Province or Municipality	固定资产投资增速(不含农户)(%) Investment in Fixed Assets (excluding farmers) (%)	房地产开发投资额(亿元) Real Estate Development (100 million yuan)	商品房销售额(亿元) Total Sales of Commercial Housing (100 million yuan)	#住宅 Residential Buildings	房屋竣工面积(万平方米) Completion of Commercial Housing Area (10000 sq.m)	商品房销售面积(万平方米) Floor Space of Commercial Buildings Sold (10000 sq.m)
全 国	**National Total**	**4.9**	**147602.1**	**181929.9**	**162729.9**	**101412**	**179433**
北 京	Beijing	4.9	4139.0	4486.5	4117.2	1984	1107
天 津	Tianjing	4.8	2770.0	2322.8	2183.7	1893	1435
河 北	Hebei	3.0	5023.9	5052.9	4814.3	2523	6133
山 西	Shanxi	8.7	1945.2	2170.9	2030.1	2639	3204
内蒙古	Nei Monggol	9.8	1234.1	1214.8	1116.4	1052	1859
辽 宁	Liaoning	2.6	2900.7	3066.4	2849.3	2339	3434
吉 林	Jilin	11.0	1540.9	1291.0	1179.3	845	1836
黑龙江	Heilongjiang	6.4	936.0	858.1	751.9	968	1348
上 海	ShangHai	8.0	5035.2	6788.7	6104.9	2740	1880
江 苏	Jiangsu	5.8	13477.4	21361.3	19626.1	9141	16552
浙 江	Zhejiang	10.8	12389.1	19052.2	17172.8	6387	9991
安 徽	Anhui	9.4	7263.2	8143.2	7514.6	7013	10461
福 建	Fujian	6.0	6195.6	8217.3	7082.6	4042	6976
江 西	Jiangxi	10.8	2528.8	5894.1	5110.0	2517	7676
山 东	Shandong	6.0	9819.7	12155.6	11044.1	11374	14273
河 南	Henan	4.5	7874.3	8657.7	7892.0	6842	13277
湖 北	Hubei	20.4	6121.9	7250.3	6671.9	3398	7941
湖 南	Hunan	8.0	5427.8	6040.5	5390.4	4604	9189
广 东	Guangdong	6.3	17465.8	22320.3	19457.6	8043	14011
广 西	Guangxi	7.6	3733.9	3672.5	3164.4	2433	6178
海 南	Hainan	10.2	1379.6	1559.2	1179.6	475	889
重 庆	Chongqing	6.1	4355.0	5391.3	4786.1	4196	6198
四 川	Sichuan	5.9	7831.9	10796.7	9061.3	4379	13693
贵 州	Guizhou	-3.1	3383.1	3243.9	2713.4	916	5586
云 南	Yunnan	4.0	4309.9	2962.5	2524.7	2541	3881
西 藏	Tibet	-14.2	142.0	121.7	97.5	88	141
陕 西	Shanxi	-3.0	4441.0	4146.3	3762.1	1770	4260
甘 肃	Gansu	11.1	1525.9	1344.9	1267.8	1463	2224
青 海	Qinghai	-2.9	442.5	294.4	258.3	160	386
宁 夏	Ningxia	2.2	466.9	675.1	584.9	1144	1014
新 疆	Xinjiang	15.0	1501.4	1376.9	1220.3	1502	2399

注：各地固定资产投资不含跨省投资。

Note: Trans-provincial investments are not included in the investment in fixed assets of various province.

附录A-3 居民人均收入与支出(2021年)

Per Capita Income and Expenditure (2021)

单位：元 (yuan)

地　区	Province or Municipality	全体居民 All residents		城镇居民 Urban resident		农村居民 Rural resident	
		人均可支配收入 Per Capita Disposable Income	人均消费支出 Per Capita Consumption Expenditure	人均可支配收入 Per Capita Disposable Income	人均消费支出 Per Capita Consumption Expenditure	人均可支配收入 Per Capita Disposable Income	人均消费支出 Per Capita Consumption Expenditure
全　国	**National Total**	**35128.0**	**24100.1**	**47411.9**	**30307.2**	**18931.0**	**15915.6**
北　京	Beijing	75002.2	43640.4	81517.5	46775.7	33302.7	23574.0
天　津	Tianjing	47449.4	33188.4	51485.7	36066.9	27954.5	19285.5
河　北	Hebei	29383.0	19953.7	39791.0	24192.5	18178.9	15390.7
山　西	Shanxi	27425.9	17191.2	37433.1	21965.5	15308.3	11410.1
内蒙古	Nei Monggol	34108.4	22658.3	44376.9	27194.2	18336.8	15691.4
辽　宁	Liaoning	35111.7	23830.8	43050.8	28438.4	19216.6	14605.9
吉　林	Jilin	27769.8	19604.6	35645.8	24420.9	17641.7	13411.0
黑龙江	Heilongjiang	27159.0	20635.9	33646.1	24422.1	17889.3	15225.0
上　海	ShangHai	78026.6	48879.3	82428.9	51294.6	38520.7	27204.8
江　苏	Jiangsu	47498.3	31451.4	57743.5	36558.0	26790.8	21130.1
浙　江	Zhejiang	57540.5	36668.1	68486.8	42193.5	35247.4	25415.2
安　徽	Anhui	30904.3	21910.9	43008.7	26495.1	18371.7	17163.3
福　建	Fujian	40659.3	28440.1	51140.5	33942.0	23228.9	19290.4
江　西	Jiangxi	30609.9	20289.9	41684.4	24586.5	18684.2	15663.1
山　东	Shandong	35705.1	22820.9	47066.4	29314.3	20793.9	14298.7
河　南	Henan	26811.2	18391.3	37094.8	23177.5	17533.3	14073.2
湖　北	Hubei	30829.3	23846.1	40277.8	28505.6	18259.0	17646.9
湖　南	Hunan	31992.7	22798.2	44866.1	28293.8	18295.2	16950.7
广　东	Guangdong	44993.3	31589.3	54853.6	36621.1	22306.0	20011.8
广　西	Guangxi	26726.7	18087.9	38529.9	22555.3	16362.9	14165.3
海　南	Hainan	30456.8	22241.9	40213.2	27564.8	18076.3	15487.3
重　庆	Chongqing	33802.6	24597.8	43502.5	29849.6	18099.6	16095.7
四　川	Sichuan	29080.1	21518.0	41443.8	26970.8	17575.3	16444.0
贵　州	Guizhou	23996.2	17957.3	39211.2	25333.0	12856.1	12557.0
云　南	Yunnan	25666.2	18851.0	40904.9	27440.7	14197.3	12386.3
西　藏	Tibet	24949.9	15342.5	46503.3	28159.2	16932.3	10576.6
陕　西	Shaanxi	28568.0	19346.5	40713.1	24783.7	14744.8	13158.0
甘　肃	Gansu	22066.0	17456.2	36187.3	25756.6	11432.8	11206.1
青　海	Qinghai	25919.5	19020.1	37745.3	24512.5	13604.2	13300.2
宁　夏	Ningxia	27904.5	20023.8	38290.7	25385.6	15336.6	13535.7
新　疆	Xinjiang	26075.0	18960.6	37642.4	25724.0	15575.3	12821.4

附录A-4 居民消费价格指数（2021年）

Consumer Price Indices (2021)

上年=100 (Preceding Year=100)

地 区	Province or Municipality	居民消费价格指数 Consumer Price Index	食品烟酒 Foods, Tobacco and Liquor	衣 着 Clothing	居 住 Residence	生活用品及服务 Daily Necessities and Services	交通和通信 Transportation and Communication	教育文化和娱乐 Education, Culture and Recreation	医疗保健 Health Care	其他用品和服务 Other Articles and Services
全 国	**National Total**	**100.9**	**99.7**	**100.3**	**100.8**	**100.4**	**104.1**	**101.9**	**100.4**	**98.7**
北 京	Beijing	101.1	100.5	99.8	101.1	99.7	105.1	100.9	99.8	99.5
天 津	Tianjing	101.3	101.3	97.8	100.7	101.0	104.7	103.4	100.0	97.8
河 北	Hebei	101.0	100.9	99.3	100.2	99.7	104.5	101.2	100.3	99.3
山 西	Shanxi	101.0	100.4	100.3	100.4	100.4	104.4	102.6	99.5	98.1
内蒙古	Nei Monggol	100.9	100.5	99.2	100.5	99.8	104.0	101.0	100.3	99.4
辽 宁	Liaoning	101.1	100.3	100.5	100.6	99.9	104.7	102.3	99.8	99.3
吉 林	Jilin	100.6	99.7	99.9	101.3	99.9	103.8	100.4	100.0	98.1
黑龙江	Heilongjiang	100.6	99.5	100.8	100.3	99.8	104.0	100.5	101.1	99.4
上 海	ShangHai	101.2	100.5	99.5	101.1	100.7	104.0	102.7	98.9	100.9
江 苏	Jiangsu	101.6	100.9	101.5	101.3	101.1	104.3	101.8	101.0	98.9
浙 江	Zhejiang	101.5	100.7	101.0	100.9	101.6	104.1	103.5	100.8	97.1
安 徽	Anhui	100.9	99.5	101.1	100.7	100.1	104.8	102.8	100.5	96.1
福 建	Fujian	100.7	98.9	101.5	101.3	100.7	103.7	102.0	100.0	96.3
江 西	Jiangxi	100.9	99.3	99.7	100.9	100.4	104.3	103.0	99.9	98.7
山 东	Shandong	101.2	100.9	100.1	101.1	99.8	104.5	101.3	100.1	98.5
河 南	Henan	100.9	100.2	99.4	100.7	100.0	102.8	103.5	100.4	98.2
湖 北	Hubei	100.3	98.5	100.0	100.0	100.4	104.0	102.4	100.1	97.7
湖 南	Hunan	100.5	98.0	100.7	101.2	100.3	104.8	101.0	100.7	97.9
广 东	Guangdong	100.8	99.4	100.3	101.0	100.6	104.4	101.8	100.2	98.5
广 西	Guangxi	100.9	98.8	101.0	100.8	100.4	102.7	103.7	102.4	99.7
海 南	Hainan	100.3	98.9	100.9	101.0	101.2	103.7	99.3	99.4	98.8
重 庆	Chongqing	100.3	97.8	101.4	100.4	100.7	104.7	101.7	99.6	97.3
四 川	Sichuan	100.3	98.0	99.8	100.3	100.6	104.1	100.9	101.9	100.1
贵 州	Guizhou	100.1	97.7	99.3	100.0	99.7	103.9	101.3	100.4	100.2
云 南	Yunnan	100.2	98.4	99.7	100.2	99.6	103.6	100.7	100.1	100.0
西 藏	Tibet	100.9	100.5	100.7	100.2	99.8	103.8	100.4	100.8	99.2
陕 西	Shaanxi	101.5	101.4	100.5	101.9	100.3	102.9	102.9	99.3	101.0
甘 肃	Gansu	100.9	100.3	100.0	101.1	100.3	103.8	100.6	100.2	100.5
青 海	Qinghai	101.3	100.1	101.0	101.3	99.9	103.7	102.0	102.2	98.8
宁 夏	Ningxia	101.4	101.5	99.0	100.8	100.7	104.1	101.5	101.7	98.5
新 疆	Xinjiang	101.2	100.7	102.0	101.2	100.4	104.5	99.9	100.2	99.3

附录A-5 农林牧渔业总产值和增速（2021年）

Gross Output Value of Farming,Forestry,Animal Husbandry and Fishery and Growth Rate (2021)

地 区	Province or Municipality	农林牧渔业总产值（亿元）Gross Output Value of Farming, Forestry, Animal Husbandry and Fishery (100 million yuan)	#农业 Farming	#林业 Forestry	#畜牧业 Animal Husbandry	#渔业 Fishery	农林牧渔业总产值比上年增长(%) Growth Rate in Gross Output Value of Farming, Forestry ,Animal Husbandry and Fishery (%)
全 国	**National Total**	**147013.4**	**78339.5**	**6507.7**	**39910.8**	**14507.3**	**7.9**
北 京	Beijing	269.5	123.0	88.8	46.3	4.4	2.8
天 津	Tianjing	509.3	258.4	9.5	142.5	80.9	2.1
河 北	Hebei	7018.7	3645.0	263.7	2239.5	298.0	7.1
山 西	Shanxi	2134.0	1223.1	159.8	624.4	9.1	9.9
内蒙古	Nei Monggol	3815.1	1879.6	94.1	1755.3	29.8	5.1
辽 宁	Liaoning	4927.7	2222.5	120.9	1683.9	719.9	5.7
吉 林	Jilin	2972.3	1302.9	72.6	1454.3	54.4	7.5
黑龙江	Heilongjiang	6460.0	4099.5	208.0	1833.1	135.9	7.1
上 海	ShangHai	268.9	144.9	8.7	45.3	47.7	-6.7
江 苏	Jiangsu	8279.7	4426.1	178.2	1215.9	1833.5	4.3
浙 江	Zhejiang	3579.2	1697.9	168.3	402.7	1188.3	3.0
安 徽	Anhui	6004.3	2802.9	412.9	1810.9	621.7	9.3
福 建	Fujian	5201.0	1906.0	424.9	1059.9	1621.5	5.1
江 西	Jiangxi	3998.1	1796.3	398.9	1051.4	548.3	8.9
山 东	Shandong	11468.0	5814.6	219.9	2904.2	1652.6	8.6
河 南	Henan	10501.2	6564.8	134.1	2942.1	143.4	7.1
湖 北	Hubei	8296.4	3912.5	302.7	1990.2	1458.9	14.3
湖 南	Hunan	7662.4	3532.9	455.8	2542.5	570.8	10.4
广 东	Guangdong	8305.8	3951.1	495.4	1707.8	1747.3	7.1
广 西	Guangxi	6524.4	3690.7	538.1	1437.6	555.1	9.2
海 南	Hainan	2014.8	1049.6	118.3	327.7	435.2	5.1
重 庆	Chongqing	2935.6	1759.9	168.1	804.2	138.2	9.2
四 川	Sichuan	9383.3	5089.5	408.4	3305.3	327.8	7.5
贵 州	Guizhou	4692.0	3123.7	319.8	959.0	69.8	9.2
云 南	Yunnan	6351.8	3441.5	497.3	2113.3	112.4	10.4
西 藏	Tibet	255.3	115.3	4.0	129.3	0.3	5.6
陕 西	Shaanxi	4313.4	3035.6	100.0	917.8	35.0	6.7
甘 肃	Gansu	2439.5	1623.2	32.8	619.9	2.0	11.3
青 海	Qinghai	528.5	204.7	13.2	298.6	4.1	4.5
宁 夏	Ningxia	759.8	412.7	11.4	280.7	25.0	4.8
新 疆	Xinjiang	5143.1	3489.0	79.1	1265.7	35.9	8.8

注：本表绝对数按当年价格计算，增速按可比价格计算。

Note: the figures in this table are calculated at current prices, the growth rate is calculated at comparable prices.

附录A-6 主要农产品产量（2021年）

Output of Major Agricultural Products (2021)

单位：万吨 (10000 tons)

地 区	Province or Municipality	粮食 Grain	油料 Oil-bearing	糖料 Sugarcane	肉类 Meat	蔬菜 Vegetable	水果 Fruits
全 国	**National Total**	**68284.7**	**3613.2**	**11454.4**	**8990.0**	**77548.8**	**29970.2**
北 京	Beijing	37.8	0.5		4.4	165.6	48.8
天 津	Tianjing	249.9	0.3		30.5	239.0	49.4
河 北	Hebei	3825.1	118.4	39.6	464.3	5284.2	1445.1
山 西	Shanxi	1421.2	15.5	0.4	135.4	976.3	974.9
内蒙古	Nei Monggol	3840.3	213.9	362.1	277.3	993.7	190.8
辽 宁	Liaoning	2538.7	116.2	1.3	435.4	1990.2	856.4
吉 林	Jilin	4039.2	85.8	1.3	274.6	490.5	164.1
黑龙江	Heilongjiang	7867.7	13.6	16.0	300.4	725.4	184.3
上 海	ShangHai	94.0	0.5	0.1	9.1	248.6	32.6
江 苏	Jiangsu	3746.1	97.8	6.6	306.5	5856.6	969.1
浙 江	Zhejiang	620.9	31.7	42.4	103.6	1933.6	722.6
安 徽	Anhui	4087.6	167.1	9.9	456.3	2445.3	778.1
福 建	Fujian	506.4	23.3	28.8	286.5	1686.5	810.3
江 西	Jiangxi	2192.3	130.9	60.7	345.0	1730.6	744.6
山 东	Shandong	5500.7	285.9		819.3	8801.1	3032.6
河 南	Henan	6544.2	657.3	9.8	646.8	7607.2	2455.3
湖 北	Hubei	2764.3	354.1	27.2	425.5	4299.8	1119.4
湖 南	Hunan	3074.4	263.0	35.0	562.0	4268.9	1193.6
广 东	Guangdong	1279.9	117.3	1306.6	457.4	3855.7	1957.8
广 西	Guangxi	1386.5	75.9	7365.1	441.0	4047.5	3121.1
海 南	Hainan	146.0	7.5	94.4	66.9	588.9	525.7
重 庆	Chongqing	1092.8	68.5	8.3	196.6	2184.3	553.2
四 川	Sichuan	3582.1	416.6	38.7	664.0	5039.1	1290.9
贵 州	Guizhou	1094.9	94.9	53.7	228.2	3280.1	653.7
云 南	Yunnan	1930.3	63.9	1583.9	488.1	2748.9	1142.6
西 藏	Tibet	106.2	4.6		27.4	89.5	3.0
陕 西	Shaanxi	1270.4	58.3	0.3	128.0	2012.8	2141.1
甘 肃	Gansu	1231.5	58.8	15.9	135.3	1655.3	883.8
青 海	Qinghai	109.1	31.9		40.0	150.1	3.0
宁 夏	Ningxia	368.4	4.8	0.1	35.3	533.0	262.8
新 疆	Xinjiang	1735.8	34.6	346.5	198.7	1620.4	1659.5

注：水果产量含瓜果产量。

Note:The output of fruits includes melons in this table.

附录A-7 规模以上工业企业主要经济指标（2021年）

Main Economic Indicators of Industrial Enterprises above Designated Size (2021)

单位：亿元 (100 million yuan)

地 区	Province or Municipality	营业收入 Business Revenue	营业成本 Business Cost	利润总额 Total Profit	应收账款 Accounts Receivable	产成品 Finished Goods	资产总计 Total Assets
全 国	**National Total**	**1279226.5**	**1071247.1**	**87092.1**	**188730.0**	**53986.1**	**1412880.0**
北 京	Beijing	28054.0	21710.0	3664.9	4717.7	1150.3	60393.9
天 津	Tianjing	22571.2	19334.6	1456.9	3161.4	964.3	22897.8
河 北	Hebei	52125.4	45918.9	2294.3	6248.6	1904.3	55395.6
山 西	Shanxi	32396.2	25561.5	2949.9	5327.8	1042.3	55386.7
内蒙古	Nei Monggol	23947.1	18271.5	3380.8	2741.2	702.5	37260.6
辽 宁	Liaoning	35214.2	29672.0	1699.6	4472.1	1705.4	42272.9
吉 林	Jilin	14058.0	11608.6	1073.8	1729.0	523.6	18846.1
黑龙江	Heilongjiang	11253.1	9336.7	515.2	1618.2	495.3	17732.9
上 海	ShangHai	44173.0	36026.8	3032.0	8255.5	1968.6	51746.2
江 苏	Jiangsu	149920.7	126829.6	9358.1	29636.1	7840.3	149340.8
浙 江	Zhejiang	97967.6	81918.3	6788.7	18492.0	5181.7	110368.5
安 徽	Anhui	44775.9	38191.0	2669.9	8265.0	1946.9	48960.0
福 建	Fujian	64743.0	55815.5	4353.3	5753.0	2326.9	46172.9
江 西	Jiangxi	43976.7	37969.9	3122.4	4238.9	1326.5	30357.9
山 东	Shandong	102271.5	88711.2	5268.8	12573.7	4896.2	109712.9
河 南	Henan	54006.4	47301.5	2581.2	6149.5	1744.8	54479.5
湖 北	Hubei	49215.7	41300.3	3189.5	5458.3	1826.9	46565.5
湖 南	Hunan	42763.3	35350.4	2060.0	4724.7	1194.1	32485.2
广 东	Guangdong	169785.1	141095.1	10927.6	28748.0	8004.6	169766.7
广 西	Guangxi	21911.1	19081.5	1131.3	2696.9	941.3	22802.3
海 南	Hainan	2625.7	2052.8	212.1	361.1	84.5	4281.6
重 庆	Chongqing	27118.9	22920.4	1877.5	4095.0	891.6	24310.8
四 川	Sichuan	52583.4	43160.9	4359.2	6913.5	1794.2	57922.3
贵 州	Guizhou	9712.5	7563.3	1063.5	1374.2	394.6	16452.9
云 南	Yunnan	17359.5	13735.8	1211.0	1849.1	701.6	24804.5
西 藏	Tibet	401.7	291.3	48.9	88.2	14.3	2139.1
陕 西	Shaanxi	29585.6	22821.7	3605.1	4073.5	1148.2	40875.3
甘 肃	Gansu	9601.7	8075.2	516.5	1211.0	318.2	12876.3
青 海	Qinghai	3186.7	2512.6	301.6	627.4	126.7	6481.8
宁 夏	Ningxia	6491.2	5389.8	462.6	959.2	230.6	11930.2
新 疆	Xinjiang	15430.4	11718.5	1916.1	2170.1	594.9	27860.3

注：本表为快报数。
Note:The data in this table come from flash annual report.

附录A-8　主要工业产品产量（2021年）

Output of Major Industrial Products (2021)

地 区	Province or Municipality	发电量(亿千瓦小时) Generating Capacity (billion kilowatt hours)	生 铁(万吨) Pig Iron (ten thousand tons)	钢 材(万吨) Steels (ten thousand tons)	水 泥(万吨) Cement (ten thousand tons)	农用化肥(万吨) Agricultural Chemical Fertilizer (ten thousand tons)	汽 车(万辆) Car (10000 vehicles)	家 用 电冰箱(万台) Household Refrigerators (10000 sets)	微型计算机设备(万台) Micro-computers Equipment (10000 units)
全 国	**National Total**	**85342.5**	**86856.8**	**133666.8**	**237810.8**	**5543.6**	**2652.8**	**8992.1**	**46692.0**
北 京	Beijing	472.6		203.4	258.1		135.5		647.3
天 津	Tianjing	799.7	1818.4	5991.7	632.0	56.0	74.0	15.0	0.2
河 北	Hebei	3513.4	20203.0	29559.4	11354.6	201.6	110.0		
山 西	Shanxi	3926.2	5988.4	6173.9	5688.6	383.3	11.9		22.1
内蒙古	Nei Monggol	6119.9	2347.4	2957.6	3667.9	395.0	5.4		
辽 宁	Liaoning	2257.6	7024.7	7759.1	4938.9	37.1	80.9	170.8	72.1
吉 林	Jilin	1025.7	1366.0	1790.6	2125.3	28.8	242.4		
黑龙江	Heilongjiang	1200.5	846.5	951.4	2188.6	73.6	7.6		
上 海	ShangHai	1003.1	1391.0	1941.4	444.0	1.1	283.3		3093.3
江 苏	Jiangsu	5968.9	10023.9	15701.9	15402.1	178.7	77.6	1372.1	5472.2
浙 江	Zhejiang	4222.5	794.8	3451.8	13638.0	80.8	99.4	537.3	190.7
安 徽	Anhui	3083.4	2911.6	3820.3	15001.0	210.2	150.3	2381.4	3694.8
福 建	Fujian	2950.8	1145.2	3980.5	10131.0	66.7	34.3		1369.7
江 西	Jiangxi	1563.3	2315.6	3480.9	10403.8	98.6	43.6	72.3	1807.1
山 东	Shandong	6210.3	7524.4	10667.6	16617.5	403.7	107.3	888.8	1.9
河 南	Henan	3039.1	2746.7	4336.0	11385.9	359.0	52.8	278.9	5.8
湖 北	Hubei	3292.4	2624.4	3852.1	11872.8	582.2	209.9	562.8	2057.1
湖 南	Hunan	1741.9	2177.4	2979.7	10513.3	66.0	31.9		300.9
广 东	Guangdong	6306.2	2053.6	5111.2	17084.3	7.7	338.5	2091.6	5935.4
广 西	Guangxi	2081.9	3015.3	5282.1	11432.9	41.2	190.1	176.0	224.3
海 南	Hainan	391.2			1937.5	67.0	1.5		
重 庆	Chongqing	991.4	674.5	1310.5	6238.1	162.1	199.8	156.2	10730.4
四 川	Sichuan	4530.3	2092.0	3496.2	14171.5	343.0	72.7	124.2	9751.4
贵 州	Guizhou	2368.4	375.4	811.2	9332.8	336.7	8.8	162.0	10.4
云 南	Yunnan	3770.2	1711.6	2646.4	11511.5	248.4	1.8		1305.0
西 藏	Tibet	112.8			991.6				
陕 西	Shaanxi	2739.8	1136.3	2097.4	6698.5	166.4	80.1	2.7	
甘 肃	Gansu	1896.8	789.2	1080.6	4478.2	27.0			
青 海	Qinghai	995.7	154.2	182.0	1107.1	494.3			
宁 夏	Ningxia	2082.9	457.6	582.3	1870.1	62.7			
新 疆	Xinjiang	4683.6	1147.6	1467.7	4693.4	365.1	1.6		

附录A-9 建筑业主要指标（2021年）

Indicators of Construction Industry (2021)

地 区	Province or Municipality	企业个数（个）Number of Enterprises (unit)	从事建筑业活动的从业人员平均人数（万人）Number of Employed Persons of Construction Enterprises (10000 persons)	建筑业总产值（亿元）Gross Output Value of Construction Enterprises (100 million yuan)	房屋建筑施工面积（万平方米）Construction Area of Housing Construction (10000 square meters)	房屋建筑竣工面积（万平方米）Completion Area of Housing Construction (10000 square meters)	按建筑业总产值计算的劳动生产率（元/人）Labor Productivity Calculated by Gross Output Value of Construction Industry (yuan/person)
全 国	**National Total**	**128746**	**6193.7**	**293079.3**	**1575495.3**	**408257.1**	**473191**
北 京	Beijing	2518	218.5	13987.7	91154.8	13254.5	640303
天 津	Tianjing	2388	88.3	4653.0	18022.6	2189.8	526910
河 北	Hebei	3142	100.5	6484.6	35548.9	8212.2	645244
山 西	Shanxi	3733	122.8	5677.7	23316.4	5048.0	462396
内蒙古	Nei Monggol	1026	24.5	1279.4	7497.5	1320.7	521475
辽 宁	Liaoning	5816	69.9	4044.9	18129.7	3459.0	578784
吉 林	Jilin	2801	37.5	2246.3	8737.4	3006.1	598758
黑龙江	Heilongjiang	2195	31.1	1328.5	3753.5	786.8	427852
上 海	ShangHai	2362	121.4	9236.4	54802.9	9232.4	760647
江 苏	Jiangsu	11396	1035.3	38244.5	273463.3	74993.3	369389
浙 江	Zhejiang	8750	585.2	23011.0	181956.4	43302.4	393185
安 徽	Anhui	6834	198.6	10584.0	53887.4	14006.5	533025
福 建	Fujian	7758	490.9	15810.4	87172.3	19182.5	322044
江 西	Jiangxi	4663	181.7	9762.9	35525.6	14475.2	537197
山 东	Shandong	9297	306.9	16412.0	95011.9	24018.2	534836
河 南	Henan	8158	308.0	14192.0	67394.3	18988.6	460835
湖 北	Hubei	5077	250.0	19031.5	94015.9	33112.6	761375
湖 南	Hunan	3590	301.2	13280.1	76367.9	24029.1	440841
广 东	Guangdong	9674	393.9	21346.1	105978.6	24527.1	541866
广 西	Guangxi	2351	125.6	6699.6	29484.2	8596.7	533283
海 南	Hainan	271	6.6	447.1	1700.3	475.8	674177
重 庆	Chongqing	3500	227.9	9943.0	37895.2	14162.0	436359
四 川	Sichuan	7891	412.9	17351.2	72351.8	23250.8	420179
贵 州	Guizhou	1993	84.5	4578.0	17892.1	4035.6	541463
云 南	Yunnan	3770	162.3	7336.6	18747.2	6648.6	452088
西 藏	Tibet	410	4.6	270.7	425.5	196.4	586263
陕 西	Shaanxi	3636	165.8	9176.4	36561.9	7164.9	553355
甘 肃	Gansu	2168	49.3	2270.3	12419.0	2341.4	460361
青 海	Qinghai	390	8.2	587.3	935.5	277.1	713397
宁 夏	Ningxia	648	17.6	681.5	1989.7	839.9	388333
新 疆	Xinjiang	1713	62.9	3124.8	13355.6	3124.5	497108

注：本表为具有资质等级的施工总承包、专业承包建筑业企业(不含劳务分包建筑业企业)数据。

Note: Data in this table refer to construction enterprises with qualification grade of main contractor and professional contractors(not including labor subcontracting construction enterprises).

附录A−10　客运量和旅客周转量（2021年）

Passenger Traffic and Passenger-kilometers (2021)

地 区	Province or Municipality	客运量（万人）Passenger Traffic (10000 Persons)	铁路 Railways	公路 Highways	水运 Waterways	旅客周转量（亿人公里）Passenger-kilometers (100 million kilometers)	铁路 Railways	公路 Highways	水运 Waterways
全 国	**National Total**	**830256.6**	**261170.6**	**508693.3**	**16337.1**	**19758.2**	**9567.8**	**3627.5**	**33.1**
北 京	Beijing	36665.8	8607.0	28058.8		149.6	95.5	54.1	
天 津	Tianjing	12391.2	3405.6	8915.6	70.0	171.0	116.6	54.3	0.1
河 北	Hebei	15009.4	7930.7	7078.7		682.1	615.7	66.5	
山 西	Shanxi	11810.2	6454.4	5279.8	76.0	221.3	165.4	55.8	
内蒙古	Nei Monggol	6283.2	3597.2	2686.0		164.8	130.6	34.2	
辽 宁	Liaoning	27407.8	7778.1	19361.5	268.2	431.4	333.5	96.1	1.9
吉 林	Jilin	13470.3	4216.4	9155.4	98.5	208.7	135.7	72.9	0.1
黑龙江	Heilongjiang	13479.5	4867.3	8476.8	135.4	190.2	133.5	56.6	0.1
上 海	ShangHai	11125.1	9284.1	1479.5	361.4	134.7	84.3	49.7	0.7
江 苏	Jiangsu	67295.5	21366.7	43789.0	2139.8	991.5	689.1	301.6	0.8
浙 江	Zhejiang	46355.0	18263.4	24246.0	3845.7	713.6	531.8	176.9	4.9
安 徽	Anhui	27563.4	11118.1	16284.0	161.3	753.6	605.6	147.8	0.2
福 建	Fujian	19614.2	8350.4	10521.7	742.1	314.0	238.6	74.5	0.8
江 西	Jiangxi	24304.2	9167.2	14977.7	159.2	603.9	506.0	97.7	0.2
山 东	Shandong	29975.3	13789.6	15139.0	1046.7	706.8	525.1	177.8	3.9
河 南	Henan	50717.2	13126.4	37388.1	202.6	985.3	691.2	293.7	0.4
湖 北	Hubei	33039.9	11627.0	21098.4	314.5	620.8	490.3	128.6	1.9
湖 南	Hunan	50659.9	12865.1	37030.9	763.9	857.7	660.6	195.4	1.7
广 东	Guangdong	53598.6	24451.8	27567.2	1579.6	940.9	670.4	266.0	4.5
广 西	Guangxi	27917.8	9088.2	18325.8	503.8	521.9	335.6	184.2	2.1
海 南	Hainan	8943.6	2771.0	4855.5	1317.0	89.9	44.7	42.4	2.8
重 庆	Chongqing	32754.1	6497.2	25646.7	610.1	281.2	157.8	120.4	3.0
四 川	Sichuan	60287.2	14073.2	45349.2	864.7	596.6	325.3	270.3	1.0
贵 州	Guizhou	25855.5	6481.1	19004.3	370.1	410.2	255.4	153.9	0.9
云 南	Yunnan	20582.4	5252.5	14973.2	356.7	283.4	144.7	138.0	0.6
西 藏	Tibet	939.5	327.2	612.3		30.2	15.4	14.8	
陕 西	Shaanxi	20587.2	7727.6	12793.5	66.1	435.5	333.4	102.0	0.1
甘 肃	Gansu	15493.5	4601.4	10813.1	79.1	335.9	269.1	66.7	0.1
青 海	Qinghai	2474.2	821.3	1589.9	63.0	85.0	57.2	27.7	0.1
宁 夏	Ningxia	3574.7	720.3	2712.9	141.5	55.9	29.0	26.8	0.1
新 疆	Xinjiang	16025.6	2543.0	13482.6		260.8	180.7	80.1	
不分地区	Not Classified by Region	44055.7				6529.7			

注：不分地区合计为民航完成数。
Notes: The total passenger-kilometers not classified by region refers to that completed by civil aviation.

附录A-11 货运量和货物周转量(2021年)

Freight Traffic and Freight Ton_Kilometers (2021)

地区	Province or Municipality	货运量(万吨) Freight volume (10000 tons)	铁路 Railways	公路 Highways	水运 Waterways	货物周转量(亿吨公里) Turnover of goods (100 million tons)	铁路 Railways	公路 Highways	水运 Waterways
全国	**National Total**	**5298499.1**	**477371.6**	**3913888.5**	**823972.8**	**223600.4**	**33238.0**	**69087.7**	**115577.5**
北京	Beijing	23424.8	349.7	23075.1		1077.3	802.9	274.4	
天津	Tianjing	56435.4	11749.7	34527.0	10158.7	2677.6	553.6	672.7	1451.3
河北	Hebei	261208.4	29205.2	227203.4	4799.8	14769.5	5395.4	8650.1	724.0
山西	Shanxi	217622.9	102909.4	114697.8	15.7	6444.7	3218.9	3225.7	
内蒙古	Nei Monggol	215975.3	83128.3	132847.0		4933.8	2715.3	2218.5	
辽宁	Liaoning	179238.2	23151.3	152596.2	3490.6	4524.7	1246.1	2719.5	559.1
吉林	Jilin	53587.3	5912.2	47675.1		2068.6	544.8	1523.8	
黑龙江	Heilongjiang	55116.3	12512.2	42085.5	518.6	1744.8	882.8	815.8	46.2
上海	ShangHai	154792.7	513.5	52899.4	101379.8	34074.6	18.9	1037.3	33018.3
江苏	Jiangsu	294678.0	9738.5	186707.7	98231.9	11788.6	357.5	3687.8	7743.3
浙江	Zhejiang	328040.9	5177.4	213653.0	109210.5	12937.5	271.0	2637.0	10029.5
安徽	Anhui	401415.3	7791.2	259043.7	134580.4	11068.0	826.9	3727.9	6513.3
福建	Fujian	166113.1	5112.3	110777.0	50223.8	10159.1	201.4	1233.2	8724.6
江西	Jiangxi	198685.1	4818.2	181023.6	12843.3	4884.7	570.4	3960.1	354.2
山东	Shandong	342728.1	32203.2	291196.2	19328.6	12049.7	1729.7	7517.6	2802.4
河南	Henan	255551.2	11563.4	226447.2	17540.6	10674.6	2384.5	7026.3	1263.7
湖北	Hubei	214762.4	5828.0	161309.5	47624.8	6742.9	1100.3	2196.2	3446.4
湖南	Hunan	224465.5	4770.6	198422.6	21272.2	2897.7	986.9	1461.2	449.6
广东	Guangdong	386539.99	11844.3	267489.5	107206.2	28031.5	362.5	2980.5	24688.5
广西	Guangxi	216168.3	9119.3	169018.7	38030.4	4882.0	772.7	1873.4	2235.9
海南	Hainan	27990.7	1100.1	7608.1	19282.4	8771.8	16.2	44.7	8710.9
重庆	Chongqing	144592.6	1945.6	121185.2	21461.8	3846.5	254.7	1155.8	2435.9
四川	Sichuan	184312.4	7535.2	171376.7	5400.5	3078.9	1024.4	1789.8	264.7
贵州	Guizhou	96989.3	7275.6	89153.9	559.8	1435.9	685.9	726.3	23.7
云南	Yunnan	135007.2	5341.7	129089.6	575.9	1868.3	482.8	1377.6	7.9
西藏	Tibet	4583.0	81.0	4502.0		150.1	31.2	118.9	
陕西	Shaanxi	160694.8	37893.7	122716.1	85.0	3945.0	2126.1	1818.7	0.3
甘肃	Gansu	76108.8	6444.1	69664.7		2887.3	1689.9	1197.4	
青海	Qinghai	17817.3	3734.7	14082.7		591.6	431.1	160.5	
宁夏	Ningxia	46928.5	9422.7	37505.8		812.2	234.5	577.7	
新疆	Xinjiang	73507.6	19198.9	54308.6		2000.1	1318.7	681.3	
不分地区	Not Classified by Region	83417.8			151.6	5780.8			83.5

注：不分地区合计中包括民航、管道等完成数。货运量和货物周转量的全国总计等于分省数与不分地区数据之和。

Notes: The Freight Traffic and freight ton-kilometers not classified by region refer to pipelines ,civil aviation and that completed by companies abroad under the China Ocean Shipping (Group) Company.The Freight Traffic and freight ton-kilometers is equal to the sum of the provinces and the not classified by region .

附录A-12 国内外贸易（2021年）

Retail Trades and Foreign Trades (2021)

地 区	Province or Municipality	社会消费品零售总额（亿元）Total Retail Sales of Social Consumer Goods (100 million yuan)	进出口总额（亿美元）Total Import and Export Volume (100 million dollars)	出口 Export	进口 Import	进出口总额（亿元）Total Import and Export Volume (100 million yuan)	出口 Export	进口 Import
全 国	**National Total**	**440823.2**	**60514.9**	**33639.6**	**26875.3**	**391008.5**	**217347.6**	**173660.9**
北 京	Beijing	14867.7	4710.2	946.4	3763.8	30438.4	6118.5	24319.9
天 津	Tianjing	3769.8	1325.7	599.7	726.0	8567.4	3875.6	4691.8
河 北	Hebei	13509.9	838.1	469.0	369.2	5415.6	3029.8	2385.9
山 西	Shanxi	7747.3	345.1	211.4	133.7	2230.3	1365.9	864.3
内蒙古	Nei Monggol	5060.3	191.2	74.1	117.2	1235.6	478.4	757.2
辽 宁	Liaoning	9783.9	1194.8	512.5	682.3	7724.0	3312.6	4411.4
吉 林	Jilin	4216.6	232.4	54.7	177.7	1503.8	353.5	1150.2
黑龙江	Heilongjiang	5542.9	308.8	69.3	239.5	1995.0	447.7	1547.3
上 海	ShangHai	18079.3	6286.0	2433.1	3852.9	40610.4	15718.7	24891.7
江 苏	Jiangsu	42702.6	8068.7	5035.4	3033.3	52130.6	32532.3	19598.3
浙 江	Zhejiang	29210.5	6410.9	4661.2	1749.7	41429.1	30121.3	11307.8
安 徽	Anhui	21471.2	1071.0	633.8	437.1	6920.2	4094.8	2825.4
福 建	Fujian	20373.1	2855.0	1674.1	1180.9	18449.6	10816.5	7633.1
江 西	Jiangxi	12206.7	770.8	568.2	202.5	4980.4	3671.8	1308.6
山 东	Shandong	33714.5	4536.3	2722.3	1813.9	29304.1	17582.7	11721.4
河 南	Henan	24381.7	1271.0	778.1	492.9	8208.1	5024.1	3184.0
湖 北	Hubei	21561.4	831.4	543.1	288.3	5374.4	3509.3	1865.1
湖 南	Hunan	18596.9	927.1	652.4	274.8	5988.6	4212.7	1775.8
广 东	Guangdong	44187.7	12795.5	7819.1	4976.4	82680.3	50528.7	32151.6
广 西	Guangxi	8538.5	917.0	454.5	462.5	5930.6	2939.1	2991.5
海 南	Hainan	2497.6	228.7	51.5	177.2	1476.8	332.6	1144.2
重 庆	Chongqing	13967.7	1238.3	800.1	438.3	8000.6	5168.3	2832.3
四 川	Sichuan	24133.2	1473.2	884.1	589.1	9513.6	5708.7	3804.9
贵 州	Guizhou	8904.3	101.3	75.4	25.9	654.2	487.1	167.1
云 南	Yunnan	10731.8	486.6	273.5	213.1	3143.8	1766.7	1377.1
西 藏	Tibet	810.3	6.2	3.5	2.7	40.2	22.5	17.6
陕 西	Shaanxi	10250.5	736.4	397.3	339.2	4757.8	2566.1	2191.7
甘 肃	Gansu	4037.1	75.9	15.0	60.9	490.9	96.9	394.0
青 海	Qinghai	947.8	4.8	2.6	2.2	31.3	17.1	14.3
宁 夏	Ningxia	1335.1	33.2	27.1	6.1	214.0	174.8	39.2
新 疆	Xinjiang	3584.6	243.0	197.1	45.9	1569.1	1272.8	296.3

附录B-1　中国香港特别行政区主要社会经济指标
Main Statistical Indicators of Hong Kong Special Administrative Region

指　　标		Item		2000	2010	2020	2021
本地生产总值		**Gross Domestic Product**	**(GDP)**				
按2019年环比物量计算①		At 2019 Link Ratios①					
本地生产总值年增长率	(%)	Annual Growth Rate	(%)	7.7	6.8	-6.5@	6.4@
本地生产总值	(亿港元)	GDP	(HKD 100 million)	15391	22940	26600@	28308@
人均本地生产总值^	(港元)	Per Capita GDP^	(HKD)	230930	326589	355571@	381859@
按当年价格计算		At Current Prices					
本地生产总值年增长率	(%)	Annual Growth Rate	(%)	4.0	7.1	-6.0@	7.0@
本地生产总值	(亿港元)	GDP	(HKD 100 million)	13375	17763	26753@	28616@
人均本地生产总值^	(港元)	Per Capita GDP^	(HKD)	200675	252887	357614@	386022@
人口及生命统计		**Population and Vital Events**					
年中人口	(万人)	Mid-year Population	(10000 persons)	666.5	702.4	748.1	741.3
粗出生率	(‰)	Crude Birth Rate	(‰)	8.1	12.6	5.8	5.0@
粗死亡率	(‰)	Crude Death Rate	(‰)	5.1	6.0	6.8	6.9@
劳动、就业		**Labor and Employment⑥**					
劳动人口	(万人)	Labor Force	(10000 persons)	337.4	363.1	391.8^	387.0
劳动人口参与率	(%)	Labor Force Participation Rate	(%)	61.4	59.6	59.7^	59.4
失业率	(%)	Unemployment Rate	(%)	4.9	4.3	5.8	5.2
政府收支、货币、金融	**(亿港元)**	**Public Accounts, Money and Finance (HKD 100 million)**					
政府收入总额②		Total Government Revenue ②		2251	3765	5642	6936
政府支出总额②		Total Government Expenditure ②		2329	3014	8160	6933
货币供应量M3		Money Supply M3		36928	71563	156440	163109
居民消费物价指数③		**Consumer Price Index③**					
(2019年10月至2020年9月=100)			(Oct. 2019 to Sep. 2020 = 100)				
综合消费物价指数		Composite Consumer Price Index		70.9	74.0	99.9	101.4
工业生产		**Industrial Production**					
工业生产指数④	(2015年=100)	Index of Industrial Production④	(2015=100)		101.9	95.8	101.0
工业电力消费量	(万亿焦耳)	Industrial Electricity Consumption	(tera joules)	17769	11080	10672	11163
工业煤气消费量	(万亿焦耳)	Industrial Gas Consumption	(tera joules)	982	917	1653	1596
运输、旅游		**Transport and Tourism**					
进出香港的货物		**Goods in and out of Hong Kong**					
总卸下	**(万吨)**	**Total disburden**	**(10000 tons)**	**13035**	**17282**	**18380**	**15066@**
总装上	**(万吨)**	**Total laden**	**(10000 tons)**	**8692**	**12882**	**8900**	**8891@**
集装箱吞吐量⑤	(万标准集装箱单位)	Volume of Containers Handled⑤	(10000 TEUs)	1810	2370	1797	1780
访港旅客⑥	(万人次)	Visitor Arrivals⑥	(10000 person-times)	1306	3603	357	9
酒店入住率	(%)	Hotel Room Occupancy Rate	(%)	83	87	46	63
对外商品贸易		**External Merchandise Trade**					
港产品出口	(亿港元)	Domestic Exports	(HKD 100 million)	1810	695	474	745
转口	(亿港元)	Re-exports	(HKD 100 million)	13917	29615	38801	48861
进口	(亿港元)	Imports	(HKD 100 million)	16580	33648	42698	53078
教育		**Education**					
小学学生人数⑦	(人)	Student Enrolment in Primary Schools⑦	(person)	498175	334415	368255	352975
中学学生人数⑦⑧	(人)	Student Enrolment in Secondary Schools⑦⑧	(person)	490039	486817	343478	339992

注：本表数据由香港特别行政区政府统计处提供，国家统计局整理编辑。

@数字将于日后进行修订。

^统计数字在编制过程中涉及应用人口数字。根据2021年人口普查的结果得出的最新人口基准，2016年年中以后的人口数字已作修订。统计表内的统计数字亦相应作出了修订。

①以环比物量计算的本地生产总值及其组成部分的参照年为2019年。

②财政年度数字。指当年4月1日至第二年3月31日。

③2019年10月起的消费物价指数是根据2019/20年住户开支统计调查所得的开支权数编制。较早的指数则是根据旧的开支权数而经过按比例换算与新基期的指数拼接。

④自2005年统计年度开始，所有工业生产指数均按《香港标准行业分类2.0版》编制。

⑤1998年起，采用一系列新的集装箱吞吐量数字，与1998年以前的数字不可比。

⑥1996年及以后的数字包括澳门访港的非澳门居民旅客人数。

⑦数字包括特殊学校的学生人数。

⑧数字亦包括夜校、技工级课程及毅进文凭课程的学生人数。

Notes: Data in this table are provided by the Census and Statistics Department of the Government of Hong Kong Special Administrative Region, and further prepared and edited by the National Bureau of Statistics.

@Figures are subject to revision as more data become available.

^Figures of population are involved in the process of compiling data. The data of mid-year population since 2016 has been adjusted on the base of the mid-year population in 2021.

①The chain volume measures of GDP and its components have been re-referenced by 2019.

②Figures are as at end of the financial year. Financial year is from 1 April to 31 March of the next year,unless otherwise specified.

③The CPI from October 2019 is compiled based on the expenditure weights obtained from the 2019 / 20 household expenditure survey. The earlier indices are based on the old expenditure weights and split joint by converted in proportion to the indices of the new base period.

④Since 2005, all indices of industrial production are compiled based on the Hong Kong Standard Industrial Classification (HSIC) Version 2.0.

⑤Since 1998,new figures of container throughput are adopted,and therefore not comparable with the previous years.

⑥Figures of 1996 and after include arrival of non-Macao residents via Macao.

⑦Figures include students enrolled in special schools.

⑧Figures include students enrolled in night schools, technician level courses, and Yi Jin diploma courses.

附录B-2　中国澳门特别行政区主要社会经济指标

Main Statistical Indicators of Macao Special Administrative Region

指　　标	Item	2000	2010	2020	2021
本地生产总值①	**Gross Domestic Product① (GDP)**				
以2019年环比物量计算	At 2019 Link Ratios				
本地生产总值实际增长率（支出法） (%)	Real Growth Rate of GDP by Expenditure	5.7	25.1	-54	18
本地生产总值 (亿澳门元)	GDP (100 million MOP)	1193.1	3473.9	2048.9	2417.6
人均本地生产总值(万澳门元)	Per Capita GDP (10000 MOP)	27.7	64.7	30.1	35.4
按当年价格计算	At Current Prices				
本地生产总值名义增长率（支出法） (%)	Nominal Growth Rate of GDP by Expenditure	3.9	31.1	-54.1	17.1
本地生产总值 (亿澳门元)	GDP (100 million MOP)	543.7	2260	2044.1	2394.1
人均本地生产总值(万澳门元)	Per Capita GDP (10000 MOP)	12.6	42.1	30	35
人口及生命统计	**Population and Vital Events**				
年中人口 (万人)	Mid-year Estimates of Population (10000 persons)	43.1	53.7	68.5	68.25
出生率 (‰)	Crude Birth Rate (‰)	8.9	9.5	8.1	7.4
死亡率 (‰)	Crude Death Rate (‰)	3.1	3.3	3.3	3.4
劳动、就业	**Labor**				
劳动人口 (万人)	Labor Force (10000 persons)	20.9	32.4	40.5	38.99
失业率 (%)	Unemployment Rate (%)	6.8	2.8	2.5	2.9
对外商品贸易	**External Trade**				
出口 (亿澳门元)	Exports (100 million MOP)	203.8	69.6	108.1	129.64
本地产品出口 (亿澳门元)	Domestic Exports (100 million MOP)	170.8	23.9	15.6	20.02
转口 (亿澳门元)	Re-exports (100 million MOP)	33.0	45.7	92.5	109.6
进口 (亿澳门元)	Imports (100 million MOP)	181.0	441.2	925.6	1538.8
工业生产	**Industrial Production**				
工业电力消耗量 (亿千瓦小时)	Industrial Electricity Consumption (100 million kwh)	1.5	1.5	1.4	1.6
运输、旅游	**Transport and Tourism**				
进出澳门货运车辆数目(万辆)	Lorries Entering and Departing Macao(10000 times)	45.4	35.8	29.8	34.2
访澳旅客② (万人次)	Visitor Arrivals② (10000 person-times)	916.2	2496.5	589.7	770.6
酒店入住率 (%)	Hotel Room Occupancy Rate (%)	58	80	29	50
政府收支、货币、金融	**Government Accounts, Money and Finance**				
政府总收入① (亿澳门元)	Total Government Revenue① (100 million MOP)	153.4	884.9	1016.7	898.3
政府总开支① (亿澳门元)	Total Government Expenditure① (100 million MOP)	150.2	383.9	961.3	861.1
货币供应（广义货币供应量M2） (亿澳门元)	Money Supply (M2) (100 million MOP)	849.2	2430.5	6923.6	6875.42
消费价格指数 (2018年4月至2019年3月=100)	**Consumer Price Index** (Apr.2018 to Mar.2019= 100)				
综合消费价格指数	Composite Consumer Price Index	56.90	70.66	102.60	102.63
教育③	**Education③**				
小学生 (人)	Students in Primary Education (person)	46260	23785	35450	36791
中学生 (人)	Students in Secondary Education (person)	39673	37224	27627	28961
高等教育学生 (人)	Students in Higher Education (person)	9000	25539	39093	43964

注：本表数据由澳门特别行政区政府统计暨普查局提供，国家统计局整理编辑。

①数字在日后得到更多资料时会作出修订。

②自2008年开始，访澳旅客不包括外地雇员及学生等。

③不包括特殊教育学生。第n年的学生人数是指n/n+1学年年底学生人数。2007/2008学年起不包括回归教育学生人数；2010/2011学年起为注册学生人数。

Notes: Data in this table are provided by the Statistics and Census Services of the Government of Macao Special Administrative Region, and further prepared and edited by the National Bureau of Statistics.

①Figures are subject to revision as more data become available.

②Starting from 2008,foreign employees and students are not included in Macao Visitor arrivals.

③Special education students are not included.The number of students in year n refers to the number of students at the end of the n/n+1 academic year. The number of students returning to education will not be included from the 2007/2008 academic year.Starting from the 2010/2011 academic year, statistics only include registered students.

附录C 中国台湾省主要社会经济指标
Main Statistical Indicators of Taiwan Province

指 标	Item	2000	2010	2020	2021
国民经济核算	**National Accounts**				
本地居民生产总值(新台币亿元)	Gross National Product (NT$ 100 million)	104652	144761	203704	221239
本地生产总值 (新台币亿元)	Gross Domestic Product (NT$ 100 million)	103285	140603	197986	217065
经济增长率 (%)	Economic Growth Rate (%)	6.3	10.3	3.4	6.5
人均本地居民总收入	Per Capita Gross National Income				
新台币元	NT$	471734	625560	863806	942391
美元	USD	15105	19765	29202	33638
居民储蓄总额 (新台币亿元)	Gross Deposits (NT$ 100 million)	30597	47529	78206	93413
储蓄率 (%)	Deposit Rate	29.2	32.83	38.4	42.2
人口	**Population**				
户籍登记人口数① (万人)	Year-end Population① (10000 persons)	2228	2316	2356	2338
人口自然增加率 (‰)	Natural Population Growth Rate (‰)	8.08	0.91	-0.34	-1.27
人口密度 (人/平方公里)	Population Density (persons/sq.km)	616	640	651	646
劳动、就业	**Labor and Employment**				
劳动力人口 (万人)	Labor Force (10000 persons)	978	1107	1196	1192
失业率 (%)	Unemployment Rate (%)	57.7	58.1	59.1	59.0
工业	**Industry**				
工业生产指数 (2016年＝100)	Index of Industrial Production (2016=100)	54.4	87.7	116.1	131.7
制造业生产指数 (2016年=100)	Index of Industrial Production (2016=100)	52.6	87.0	117.2	133.9
对外贸易	**Foreign Trade**				
贸易额 (亿美元)	Total Value of Imports and Exports (USD 100 million)				
出口	Exports	1519	2774	3451	4464
进口	Imports	1407	2557	2861	3815
运输、旅游	**Transportation and Tourism**				
铁路客运人数 (亿人次)	Railways (100 million persons)	4.6	7.8	10.3	7.9
公路客运人数 (亿人次)	Highways (100 million persons)	11.5	11.1	10.8	7.9
航空客运人数 (亿人次)	Airway (100 million persons)	0.3	0.3	0.1	0.0
高速公路通行车辆数③(万辆次)	Vehicles for Motorway Transportation③ (10000 unit-times)	45381.1	55506	607532	579762
每百人机动车辆数① (辆)	Vehicles per 100 Persons① (unit)	76.4	93.8	94.6	96.7
港埠货物装卸量 (万收费吨)	Inward and Outward Movements Cargo (10000 tons)	56695	65540	70299	75004
观光 (万人次)	Tourism (10000 person-times)				
出岛旅客	Outbound Tourists	733	942	234	36
来台湾旅客	Inbound Tourists	262	557	138	14
财政、金融	**Public Accounts and Finance**				
赋税实征净额② (新台币亿元)	Revenue② (NT$ 100 million)	19298	16222	23987	28742
货币供应量M2① (新台币亿元)	Money Supply M2① (NT$ 100 million)	188978	309544	501879	538752
年增长率 (%)	Average Annual Growth Rate (%)	6.5	5.5	9.4	7.4
存款① (新台币亿元)	Deposits① (NT$ 100 million)	193087	310063	492197	527570
物价年涨跌率 (%)	**Price Indices Annual Growth Rate (%)**				
批发	Wholesale Trade Price	1.81	5.46	-7.77	9.45
消费者	Consumer Price	1.26	0.97	-0.23	1.96

注：①年底数。
②为年度资料。
③从2013年12月30日起，国道高速公路由计次收费改为计程电子收费。

Notes: ① Year-end data.
② Annual data.
③Since 30th December 2013, toll for national highway has been charged for mileage instead of charged by the number of times.

附录D-1 部分国家和地区主要经济指标（2020年）

Main Economic Indicators of Some Countries and Territories (2020)

国家和地区	Country or Territory	国内生产总值（亿美元）Gross Domestic Product (USD 100 million)	人均国民总收入（美元）Per Capita Gross National Income (USD)	国内生产总值增长率(%) Growth Rate of GDP (%)	对GDP增长贡献率(%) Contribution Share in GDP Growth (%)		
					第一产业 Primary Industry	第二产业 Secondary Industry	第三产业 Tertiary Industry
世　界	World	845780	11057	-3.4			
高收入国家	High Income	533994	44413	-4.6			
中等收入国家	Middle Income	304331	5308	-1.4			
中等偏下收入国家	Lower Middle Income	73288	2201	-3.9			
中等偏上收入国家	Upper Middle Income	231049	9426	-0.6			
中低收入国家	Low and Middle Income	308891	4835	-1.4			
低收入国家	Low Income	4583	680	1.2			
最不发达地区	Least Developed	11327	1078	-0.2			
中　国	China	147227	10610	2.3	9.4	43.3	47.3
巴　西	Brazil	14447	7850	-4.1	-3.0	21.9	81.1
加拿大	Canada	16440	43530	-5.3	-2.2	33.7	68.5
法　国	France	26303	39400	-7.9	0.0	27.2	72.8
德　国	Germany	38464	47060	-4.6	-0.2	45.7	54.6
印　度	India	26230	1900	-8.0	-8.7	33.4	75.3
印度尼西亚	Indonesia	10584	3870	-2.1	-14.3	72.7	41.6
意大利	Italy	18864	32200	-8.9	1.5	27.8	70.7
日　本	Japan	49754	40540	-5.8			
韩　国	Korea,Rep.	16305	32860	-1.0			
马来西亚	Malaysia	3367	10580	-5.6	2.8	41.1	56.1
墨西哥	Mexico	10762	8480	-8.2	0.2	36.7	63.1
俄罗斯	Russia	14835	10690	-3.0	-0.3	43.2	57.1
新加坡	Singapore	3400	54920	-5.4			
泰　国	Thailand	5018	7050	-6.1			
英　国	United Kingdom	27077	38950	-9.8	0.6	22.6	76.7
美　国	United States	209366	64530	-3.5			

附录D-1 续表 continued

国家和地区	Country or Territory	GDP产业构成 (%) Structure of GDP by Production Approach (%)			能源生产量(2017年，万吨标准油) Energy Production (2017, 10000 tons of SOE)	能源最终消费量(2017年，万吨标准油) Total Energy Consumption (2017, 10000 tons of SOE)	货物进出口贸易总额(亿美元) Total Merchandise Imports and Exports (USD 100 million)	货物出口总额(亿美元) Merchandise Exports (USD 100 million)	货物进口总额(亿美元) Merchandise Imports (USD 100 million)
		农业增加值占GDP比重 Agriculture	工业增加值占GDP比重 Industry	服务业增加值占GDP比重 Service Industry					
世　界	World	3.9①	26.2①	64.3①	1397028	970016	353950	175829	178121
高收入国家	High Income	1.2①	22.7①	70.1①					
中等收入国家	Middle Income	9.0	31.6	54.6					
中等偏下收入国家	Lower Middle Income	16.4	28.4	49.4					
中等偏上收入国家	Upper Middle Income	6.7	32.6	56.3					
中低收入国家	Low and Middle Income	9.2	31.5	54.4					
低收入国家	Low Income	27.6	23.9	40.8					
最不发达地区	Least Developed Countries	19.5	29.6	44.9					
中　国	China	7.7	37.8	54.5	245242	199990	46469	25911	20558
巴　西	Brazil	5.9	17.7	62.9	29455	22907	3762	2099	1663
加拿大	Canada	1.9②	24.0②	67.1②	51651	20111	8044	3907	4137
法　国	France	1.6	16.4	71.2	12907	15499	10707	4883	5824
德　国	Germany	0.7	26.5	63.4	11472	22689	25508	13800	11708
印　度	India	18.3	23.2	49.3	55088	59535	6481	2762	3719
印度尼西亚	Indonesia	13.7	38.3	44.4	42604	14777	3049	1633	1416
意大利	Italy	2.0	21.5	66.8	3402	11887	9190	4961	4229
日　本	Japan	1.0①	28.7①	69.3①	4072	29198	12759	6414	6345
韩　国	Korea,Rep.	1.8	32.8	57.0	4909	18321	9801	5125	4676
马来西亚	Malaysia	8.2	35.9	54.8	9584	6050	4240	2341	1899
墨西哥	Mexico	3.9	29.6	60.0	16547	12293	8109	4177	3932
俄罗斯	Russia	3.7	30.0	56.3	142925	48795	5715	3317	2397
新加坡	Singapore	…	24.4	70.9	65	1914	6924	3625	3298
泰　国	Thailand	8.6	33.1	58.3	7462	9893	4385	2315	2070
英　国	United Kingdom	0.6	16.9	72.8	12025	12793	10380	4033	6347
美　国	United States	0.9①	18.2①	77.3①	199257	152201	38392	14316	24075

注：①2019年数据。②2017年数据。
Note:①Data refer to 2019. ②Data refer to 2017.

附录D-2 部分国家和地区国内生产总值

Gross Domestic Product of Some Countries and Territories

单位：亿美元 (USD 100 million)

国家和地区	Country or Territory	2000	2005	2010	2015	2019	2020
世　界	**World**	**337035**	**475709**	**661646**	**750274**	**874367**	**845780**
高收入国家	High Income	276879	376916	454646	480199	549782	533994
中等收入国家	Middle Income	57950	95758	199863	263332	317096	304331
中等偏下收入国家	Lower Middle Income	14980	25406	51872	64398	77299	73288
中等偏上收入国家	Upper Middle Income	42970	70352	147990	198934	239797	231049
中、低收入国家	Low and Middle Income	59006	97346	203058	267484	321574	308891
低收入国家	Low Income	1054	1593	3213	4169	4459	4583
最不发达地区	Least Developed Countries	2153	3441	6930	9541	11339	11327
中　国	China	12113	22860	60872	110616	142799	147227
中国香港	HongKong SAR,China	1717	1816	2286	3094	3630	3466
中国澳门	Macao SAR,China	68	122	282	451	552	
阿 根 廷	Argentina	2842	1987	4236	5947	4454	3831
澳大利亚	Australia	4152	6934	11461	13517	13966	13309
孟加拉国	Bangladesh	534	694	1153	1951	3026	3242
白俄罗斯	Belarus	127	302	572	565	644	603
巴　西	Brazil	6554	8916	22089	18022	18778	14447
保加利亚	Bulgaria	132	299	504	506	686	691
加 拿 大	Canada	7448	11731	16173	15565	17416	16440
捷　克	Czech Rep.	618	1371	2091	1880	2525	2453
埃　及	Egypt	998	896	2190	3294	3031	3631
法　国	France	13622	21961	26426	24382	27289	26303
德　国	Germany	19431	28458	33964	33562	38883	38464
印　度	India	4684	8204	16756	21036	28705	26230
印度尼西亚	Indonesia	1650	2859	7551	8609	11191	10584
伊　朗	Iran	1096	2265	4868	3850	2582	1917
以 色 列	Israel	1327	1427	2340	3001	3947	4020
意 大 利	Italy	11438	18575	21340	18359	20049	18864
日　本	Japan	49684	48315	57591	44449	51488	49754
哈萨克斯坦	Kazakhstan	183	571	1480	1844	1817	1698
韩　国	Korea,Rep.	5762	9349	11441	14658	16467	16305
马来西亚	Malaysia	938	1435	2550	3014	3647	3367
墨 西 哥	Mexico	7079	8775	10578	11719	12689	10762
蒙　古	Mongolia	11	25	72	117	140	131
缅　甸	Myanmar	47	106	515	603	798	762
荷　兰	Netherlands	4164	6851	8466	7653	9102	9139
新 西 兰	New Zealand	526	1147	1465	1781	2129	2109
尼日利亚	Nigeria	694	1761	3615	4868	4481	4323
巴基斯坦	Pakistan	820	1201	1772	2706	2782	2637
菲 律 宾	Philippines	837	1074	2084	3064	3768	3615
波　兰	Poland	1722	3061	4798	4778	5959	5942
罗马尼亚	Romania	373	985	1663	1777	2497	2487
俄 罗 斯	Russia	2597	7640	15249	13635	16874	14835
新 加 坡	Singapore	961	1278	2398	3080	3744	3400
南　非	South Africa	1364	2578	3753	3176	3514	3019
西 班 牙	Spain	5969	11533	14207	11951	13930	12815
斯里兰卡	Sri Lanka	163	244	567	806	840	807
泰　国	Thailand	1264	1893	3411	4013	5443	5018
土 耳 其	Turkey	2743	5063	7770	8643	7614	7201
乌 克 兰	Ukraine	313	861	1360	910	1539	1556
英　国	United Kingdom	16582	25328	24816	29328	28308	27077
美　国	United States	102523	130366	149921	182383	214332	209366
委内瑞拉	Venezuela	1171	1455	3932			
越　南	Viet Nam	312	576	1159	1932	2619	2712

附录D-3 部分国家和地区国内生产总值增长率

Growth Rates of GDP of Some Countries and Territories

单位：% (%)

国家和地区	Country or Territory	2000	2005	2010	2015	2019	2020
世　　界	**World**	**4.5**	**4.1**	**4.5**	**3.2**	**2.6**	**-3.4**
高收入国家	High Income Countries	4.1	3.0	3.0	2.5	1.7	-4.6
中等收入国家	Middle Income Countries	5.8	7.3	7.8	4.5	4.0	-1.4
中等偏下收入国家	Lower Middle Income Countries	4.4	6.2	6.6	5.1	3.5	-3.9
中等偏上收入国家	Upper Middle Income Countries	6.4	7.7	8.3	4.3	4.1	-0.6
中低收入国家	Low and Middle Income Countries	5.8	7.3	7.8	4.4	4.0	-1.4
低收入国家	Low Income Countries	3.1	7.0	7.1	-0.3	4.5	1.2
最不发达地区	Most Underdeveloped Countries	4.1	7.9	6.2	2.6	4.7	-0.2
中　　国	China	8.5	11.4	10.6	7.0	5.9	2.3
中国香港	Hong Kong, China	7.7	7.4	6.8	2.4	-1.7	-6.1
中国澳门	Macao, China	5.7	8.1	25.1	-21.5	-2.6	-56.3
阿 根 廷	Argentina	-0.8	8.9	10.1	2.7	-2.1	-9.9
澳大利亚	Australia	3.9	3.2	2.1	2.2	2.2	-0.3
孟加拉国	Bangladesh	5.3	6.5	5.6	6.6	8.2	2.4
白俄罗斯	Belarus	5.8	9.4	7.8	-3.8	1.4	-0.9
巴　　西	Brazil	4.4	3.2	7.5	-3.5	1.4	-4.1
保加利亚	Bulgaria	4.8	7.2	0.6	4.0	3.7	-4.2
加 拿 大	Canada	4.9	5.0	3.1	0.7	1.9	-5.3
捷　　克	Czech Republi	4.0	6.6	2.4	5.4	3.0	-5.8
埃　　及	Egypt	6.4	4.5	5.1	4.4	5.6	3.6
法　　国	France	3.9	1.7	1.9	1.1	1.8	-7.9
德　　国	Germany	2.9	0.7	4.2	1.5	1.1	-4.6
印　　度	India	3.8	7.9	8.5	8.0	4.0	-8.0
印度尼西亚	Indonesia	4.9	5.7	6.2	4.9	5.0	-2.1
伊　　朗	Iran	5.8	3.2	5.8	-1.3	-6.8	1.7
以 色 列	Israel	7.5	3.8	5.6	2.2	3.5	-2.4
意 大 利	Italy	3.8	0.8	1.7	0.8	0.3	-8.9
日　　本	Japan	2.8	1.8	4.1	1.6	0.3	-5.8
哈萨克斯坦	Kazakhstan	9.8	9.7	7.3	1.2	4.5	-2.6
韩　　国	Korea，Rep.	9.1	4.3	6.8	2.8	2.0	-1.0
马来西亚	Malaysia	8.9	5.3	7.4	5.1	4.3	-5.6
墨 西 哥	Mexico	4.9	2.3	5.1	3.3	-0.1	-8.2
蒙　　古	Mongolia	1.1	7.3	6.4	2.4	5.2	-5.3
缅　　甸	Myanmar	13.7	13.6	9.6	7.0	1.7	-10.0
荷　　兰	Netherlands	4.2	2.1	1.3	2.0	2.0	-3.8
新 西 兰	New Zealand	2.9	3.3	1.5	3.7	1.6	1.0
尼日利亚	Nigeria	5.0	6.4	8.0	2.7	2.2	-1.8
巴基斯坦	Pakistan	4.3	6.5	1.6	4.7	1.0	0.5
菲 律 宾	Philippines	4.4	4.9	7.3	6.3	6.1	-9.6
波　　兰	Poland	4.6	3.5	3.7	4.2	4.5	-2.7
罗马尼亚	Romania	2.5	4.7	-3.9	3.0	4.1	-3.9
俄罗斯	Russia	10.0	6.4	4.5	-2.0	2.0	-3.0
新 加 坡	Singapore	9.0	7.4	14.5	3.0	1.3	-5.4
南　　非	South Africa	4.2	5.3	3.0	1.2	0.2	-7.0
西 班 牙	Spain	5.2	3.7	0.2	3.8	2.1	-10.8
斯里兰卡	Sri Lanka	6.0	6.2	8.0	5.0	2.3	-3.6
泰　　国	Thailand	4.5	4.2	7.5	3.1	2.3	-6.1
土 耳 其	Turkey	6.9	9.0	8.4	6.1	0.9	1.8
乌 克 兰	Ukraine	5.9	3.0	3.8	-9.8	3.2	-4.0
英　　国	United Kingdom	3.5	3.0	2.1	2.4	1.4	-9.8
美　　国	United States of America	4.1	3.5	2.6	3.1	2.2	-3.5
委内瑞拉	Venezuela	3.7	10.3	-1.5			
越　　南	Viet Nam	6.8	7.5	6.4	6.7	7.0	2.9

附录D-4 部分国家和地区人均国民总收入

Per Capita Gross National Income of Some Countries and Territories

单位：美元 (USD)

国家和地区	Country or Territory	2000	2005	2010	2015	2019	2020
世 界	**World**	**5493**	**7354**	**9417**	**10647**	**11527**	**11057**
高收入国家	High Income	25888	34762	39847	42331	46038	44413
中等收入国家	Middle Income	1207	1823	3551	4914	5523	5308
中等偏下收入国家	Lower Middle Income	588	918	1657	2119	2361	2201
中等偏上收入国家	Upper Middle Income	1899	2885	5875	8478	9677	9426
中低收入国家	Low and Middle Income	1130	1699	3285	4510	5036	4835
低收入国家	Low Income	221	324	585	682	688	680
最不发达地区	Least Developed Countries	298	439	788	1010	1113	1078
中 国	China	940	1760	4340	7940	10390	10610
中国香港	Hong Kong SAR,China	26930	28890	33620	41180	50480	48630
中国澳门	Macao SAR,China	14720	23950	45260	62090	75610	
阿根廷	Argentina	7470	4260	9270	12570	11130	8930
澳大利亚	Australia	21120	30310	46630	60500	55100	53730
孟加拉国	Bangladesh	440	550	800	1220	1940	2010
白俄罗斯	Belarus	1380	2810	6150	6710	6370	6330
巴 西	Brazil	3930	4000	9650	10190	9270	7850
保加利亚	Bulgaria	1660	3800	6940	7450	9570	9540
加拿大	Canada	22620	34810	44490	47590	46460	43530
捷 克	Czech Rep.	6340	12480	19400	18370	22110	22070
埃 及	Egypt	1420	1220	2370	3340	2690	3000
法 国	France	24970	35870	43850	41100	42270	39400
德 国	Germany	26150	35710	44550	45750	48550	47060
印 度	India	440	710	1220	1600	2120	1900
印度尼西亚	Indonesia	580	1220	2530	3430	4050	3870
伊 朗	Iran	1760	2960	6250	5370	3640	2870
以色列	Israel	19160	21440	29750	36060	43390	42600
意大利	Italy	21890	32430	37850	32980	34830	32200
日 本	Japan	36210	40610	43430	38850	41570	40540
哈萨克斯坦	Kazakhstan	1270	2930	7440	11380	8820	8680
韩 国	Korea,Rep.	11030	18520	22290	28720	33790	32860
马来西亚	Malaysia	3460	5270	8260	10680	11230	10580
墨西哥	Mexico	6210	8050	9040	10160	9480	8480
蒙 古	Mongolia	470	900	2000	3820	3790	3670
缅 甸	Myanmar		230	900	1160	1360	1260
荷 兰	Netherlands	28810	42050	53910	49820	53180	51060
新西兰	New Zealand	14080	25440	29680	40650	42870	41330
尼日利亚	Nigeria	470	1030	2140	2820	2030	2000
巴基斯坦	Pakistan	480	740	970	1260	1410	1280
菲律宾	Philippines	1150	1380	2370	3380	3850	3430
波 兰	Poland	4670	7340	12740	13310	15350	15270
罗马尼亚	Romania	1710	3880	8640	9600	12610	12570
俄罗斯	Russia	1710	4450	9980	11780	11250	10690
新加坡	Singapore	23680	28820	44930	53160	58390	54920
南 非	South Africa	3070	4990	6190	6050	6040	5410
西班牙	Spain	15770	25870	31880	28430	30340	27320
斯里兰卡	Sri Lanka	870	1210	2410	3760	4010	3720
泰 国	Thailand	1980	2790	4580	5710	7260	7050
土耳其	Turkey	4320	6820	10490	12030	9690	9050
乌克兰	Ukraine	700	1540	2980	2650	3370	3540
英 国	United Kingdom	29230	42740	41740	44340	42130	38950
美 国	United States	35960	46190	48990	56740	65910	64530
委内瑞拉	Venezuela	4120	4980	11810			
越 南	Viet Nam	410	630	1250	1970	2590	2660

附录D-5 部分国家和地区人均国内生产总值增长率

Growth Rates of Per Capita GDP of Some Countries and Territories

单位：%　　　　　　　　　　　　　　　　　　　　(%)

国家和地区	Country or Territory	2000	2005	2010	2015	2019	2020
世 界	**World**	**3.1**	**2.8**	**3.2**	**2.0**	**1.5**	**-4.4**
高收入国家	High Income	3.5	2.2	2.3	1.9	1.3	-5.0
中等收入国家	Middle Income	4.4	6.0	6.6	3.3	2.9	-2.4
中等偏下收入国家	Lower Middle Income	2.6	4.4	4.9	3.6	2.1	-5.2
中等偏上收入国家	Upper Middle Income	5.4	6.9	7.5	3.5	3.5	-1.2
中低收入国家	Low and Middle Income	4.3	5.8	6.4	3.1	2.7	-2.6
低收入国家	Low Income	0.3	4.0	4.3	-2.8	1.8	-1.4
最不发达地区	Least Developed Countries	1.6	5.3	3.8	0.3	2.3	-2.4
中 国	China	7.6	10.7	10.1	6.5	5.6	2.0
中国香港	Hong Kong SAR,China	6.7	6.9	6.0	1.5	-2.4	-5.8
中国澳门	Macao SAR,China	3.4	5.6	22.4	-23.0	-4.0	-56.9
阿根廷	Argentina	-1.9	7.7	9.3	1.6	-3.1	-10.8
澳大利亚	Australia	2.7	1.9	0.5	0.7	0.6	-1.5
孟加拉国	Bangladesh	3.3	5.0	4.4	5.4	7.0	1.4
白俄罗斯	Belarus	6.3	10.1	8.0	-4.0	2.1	-0.7
巴 西	Brazil	2.9	2.0	6.5	-4.4	0.7	-4.7
保加利亚	Bulgaria	5.3	8.0	1.2	4.7	4.4	-3.5
加拿大	Canada	3.9	4.0	1.9	-0.1	0.4	-6.3
捷 克	Czech Rep.	4.3	6.5	2.1	5.2	2.6	-6.0
埃 及	Egypt	4.3	2.6	3.1	2.1	3.5	1.6
法 国	France	3.2	0.9	1.4	0.8	1.6	-8.1
德 国	Germany	2.8	0.8	4.3	0.6	0.8	-4.7
印 度	India	2.0	6.2	7.0	6.8	3.0	-8.9
印度尼西亚	Indonesia	3.5	4.3	4.8	3.6	3.9	-3.1
伊 朗	Iran	4.5	2.0	4.6	-2.6	-8.0	0.4
以色列	Israel	4.7	2.0	3.7	0.2	1.5	-4.2
意大利	Italy	3.7	0.3	1.4	0.9	1.5	-8.6
日 本	Japan	2.6	1.8	4.1	1.7	0.5	-5.5
哈萨克斯坦	Kazakhstan	10.1	8.7	5.8	-0.3	3.2	-3.9
韩 国	Korea,Rep.	8.2	4.1	6.3	2.3	1.8	-1.1
马来西亚	Malaysia	6.4	3.3	5.6	3.7	2.9	-6.8
墨西哥	Mexico	3.4	0.9	3.6	2.0	-1.1	-9.2
蒙 古	Mongolia	0.3	6.0	4.6	0.4	3.4	-6.9
缅 甸	Myanmar	12.4	12.7	8.9	6.2	1.1	-10.6
荷 兰	Netherlands	3.5	1.8	0.8	1.5	1.3	-4.3
新西兰	New Zealand	2.3	2.2	0.4	1.6	...	-1.1
尼日利亚	Nigeria	2.4	3.7	5.2	...	-0.4	-4.3
巴基斯坦	Pakistan	1.5	4.1	-0.6	2.6	-1.0	-1.4
菲律宾	Philippines	2.2	3.0	5.6	4.7	4.7	-10.8
波 兰	Poland	5.7	3.6	4.0	4.3	4.6	-2.7
罗马尼亚	Romania	2.6	5.3	-3.3	3.4	4.7	-3.4
俄罗斯	Russia	10.5	6.8	4.5	-2.2	2.1	-2.8
新加坡	Singapore	7.2	4.9	12.5	1.8	0.2	-5.1
南 非	South Africa	2.7	4.0	1.6	-0.3	-1.2	-8.1
西班牙	Spain	4.8	1.9	-0.3	3.9	1.4	-11.2
斯里兰卡	Sri Lanka	5.4	5.4	7.3	4.0	1.6	-4.1
泰 国	Thailand	3.4	3.5	7.0	2.7	2.0	-6.3
土耳其	Turkey	5.3	7.6	6.9	4.3	-0.4	0.7
乌克兰	Ukraine	7.0	3.8	4.2	-9.4	3.8	-3.4
英 国	United Kingdom	3.1	2.3	1.3	1.6	0.8	-10.3
美 国	United States	3.0	2.6	1.7	2.3	1.7	-3.8
委内瑞拉	Venezuela	1.7	8.5	-2.9			
越 南	Viet Nam	5.6	6.6	5.4	5.6	6.0	2.0

主要统计指标解释

国民总收入 国内生产总值减去生产税和进口税净额，减去支付给国外的雇员报酬和财产收入，加来自国外的雇员报酬和财产收入（即国内生产总值减去支付给非常住单位的初次收入，加上收到的非常住单位的初次收入）。按市场价格计算国民总收入的另一种方法是各部门所有初次收入的总和。国民总收入即国民生产总值，国民生产总值是以往国民核算中使用的概念。

按购买力平价计算的人均国民总收入 根据购买力平价计算的人均国民总收入。购买力平价国民总收入是用购买力平价比率、以国际元计算的国民总收入。国民总收入中一国际元的购买力等于美国一美元购买力。

香港居民消费价格指数 《香港统计年刊》中称为“消费物价指数”。香港特别行政区政府统计处编制不同的居民消费价格指数数列，以反映消费价格变动对不同开支范围的住户的影响。甲类、乙类及丙类消费价格指数分别根据较低、中等及较高开支范围的住户消费模式编制而成。而综合消费价格指数是根据上述住户的整体开支模式而编制，反映消费价格转变对全体住户的影响。

Explanatory Notes on Main Statistical Indicators

Gross National Income is gross domestic product (GDP) minus net taxes on production and imports, minus remuneration and property income for employees abroad, plus the corresponding items from employees abroad (in other words, GDP minus primary incomes payable to non-resident units plus primary incomes receivable from non-resident units). An alternative approach to measuring GNI at market prices is the sum of gross primary incomes from all sectors. Gross national income is identical to gross national product (GNP), as previously used in national accounts.

Per Capita GNI in PPP is per capita GNI based on purchasing power parity (PPP). PPP GNI is gross national income (GNI) converted to international dollars using purchasing power parity rates. An international dollar has the same purchasing power over GNI as a U.S. dollar has in the United States of America.

Consumer Price Index by Residents in Hong Kong refers to a series of consumer price indices reflected in Hong Kong Annual Digest of Statistics. The series of consumer price indices (CPIs) are compiled by the Census and Statistics Department of Hong Kong Special Administrative Region to reflect the impact of consumer price changes on households in different expenditure ranges. The CPI(A), CPI(B) and CPI(C) are compiled based on the expenditure patterns of households in the relatively low, medium and relatively high expenditure ranges. By aggregating the expenditure patterns of all households covered by the above three indices, a composite CPI is also compiled to reflect the impact of consumer price changes on the household sector as a whole.

中国统计出版社有限公司最新图书简目

（仅供参考，以实际出版为准）

统计资料

中国统计年鉴　中国统计摘要　中国第三产业统计年鉴
国际统计年鉴　金砖国家联合统计手册　中国-东盟国家统计年鉴
中国农村统计年鉴　中国县域统计年鉴　中国农产品价格调查年鉴
中国城市统计年鉴　中国价格统计年鉴　中国贸易外经统计年鉴
中国住户调查年鉴　中国工业统计年鉴　中国环境统计年鉴
中国能源统计年鉴　中国建筑业统计年鉴　中国房地产统计年鉴
中国投资领域统计年鉴　长江经济带发展统计年鉴　中国人口和就业统计年鉴
中国劳动统计年鉴　中国社会统计年鉴　全国企业创新调查年鉴
中国科技统计年鉴　中国高技术产业统计年鉴　中国文化及相关产业统计年鉴
中国基本单位统计年鉴　中国妇女儿童状况统计资料　中国青年发展统计年鉴
中国民族统计年鉴　中国教育统计年鉴　中国教育经费统计年鉴
中国证券期货统计年鉴　中国残疾人事业统计年鉴　中国电力统计年鉴
中国城市建设统计年鉴　中国城乡建设统计年鉴　中国县城建设统计年鉴

省级综合统计年鉴系列

北京 天津 河北 山西 内蒙古 辽宁 吉林 黑龙江 上海 江苏 浙江 安徽 福建 江西 山东 河南 湖北 湖南 广东 广西 海南 重庆 四川 贵州 云南 西藏 陕西 甘肃 青海 宁夏 新疆 新疆生产建设兵团

市（县）级综合统计年鉴系列

滨海新区 石家庄 唐山 邯郸 邢台 保定 承德 沧州 衡水 太原 大同 晋城 晋中 长治 忻州 朔州 临汾 运城 阳泉 吕梁 呼和浩特 包头 鄂尔多斯 赤峰 大连 长春 四平 延吉 延边 哈尔滨 齐齐哈尔 黑龙江垦区 浦东新区 南京 无锡 徐州 常州 苏州 南通 淮安 盐城 扬州 镇江 宿迁 江阴 丹阳 海门 张家港 通州 如东 杭州 宁波 绍兴 台州 温州 金华 嘉兴 湖州 丽水 舟山 合肥 安庆 福州 厦门 漳州 宁德 龙岩 莆田 泉州 三明 南平 思明 南昌 上饶 抚州 赣州 九江 景德镇 宁都 济南 青岛 枣庄 潍坊 聊城 郑州 洛阳 三门峡 南阳 商丘 平顶山 信阳 济源 武汉 宜昌 十堰 荆州 荆门 咸宁 黄冈 长沙 广州 东莞 惠州 深圳 汕尾 珠海 南宁 桂林 柳州 防城港 贵港 梧州 玉林 钦州 海口 三亚 儋州 成都 贵阳 毕节 黔南 昆明 文山 德宏 西安 安康 延安 汉中 渭南 商洛 榆林 银川 兰州 庆阳

调查年鉴系列

天津 内蒙古 上海 浙江 安徽 福建 江西 河南 湖北 湖南 广西 重庆 四川 云南 甘肃 青海 宁夏

统计方法应用/实用手册

Python数据分析基础（第二版）　国民经济核算教程（第五版）　现代金融投资统计分析（第四版）
全国统计专业技术资格考试系列考试用书：统计业务知识（2021版）　统计业务知识学习指导与习题（2021版）
全国统计专业技术资格考试系列考试用书：统计相关知识（2021版）　统计相关知识学习指导与习题（2021版）

统计通俗读物/统计科普图书

领导干部统计知识问答（第二版）　新中国统计简史　2021中国宏观经济
中国国民经济核算知识读本　地区生产总值核算国际比较研究　中国投入产出理论与实践

重点图书

中国人口普查年鉴2020　中国人口普查分县资料2020　各地方人口普查年鉴2020
奋进新时代 谱写新篇章——从十八大到二十大　人间奇迹——中国脱贫攻坚统计监测报告
咨询工程师（投资）职业资格考试参考教材　咨询工程师（投资）职业资格考试指导用书
中华生物医学统计大辞典　挑大学选专业2022—高考志愿填报指南